德宏傣族景颇族自治州行政区划图

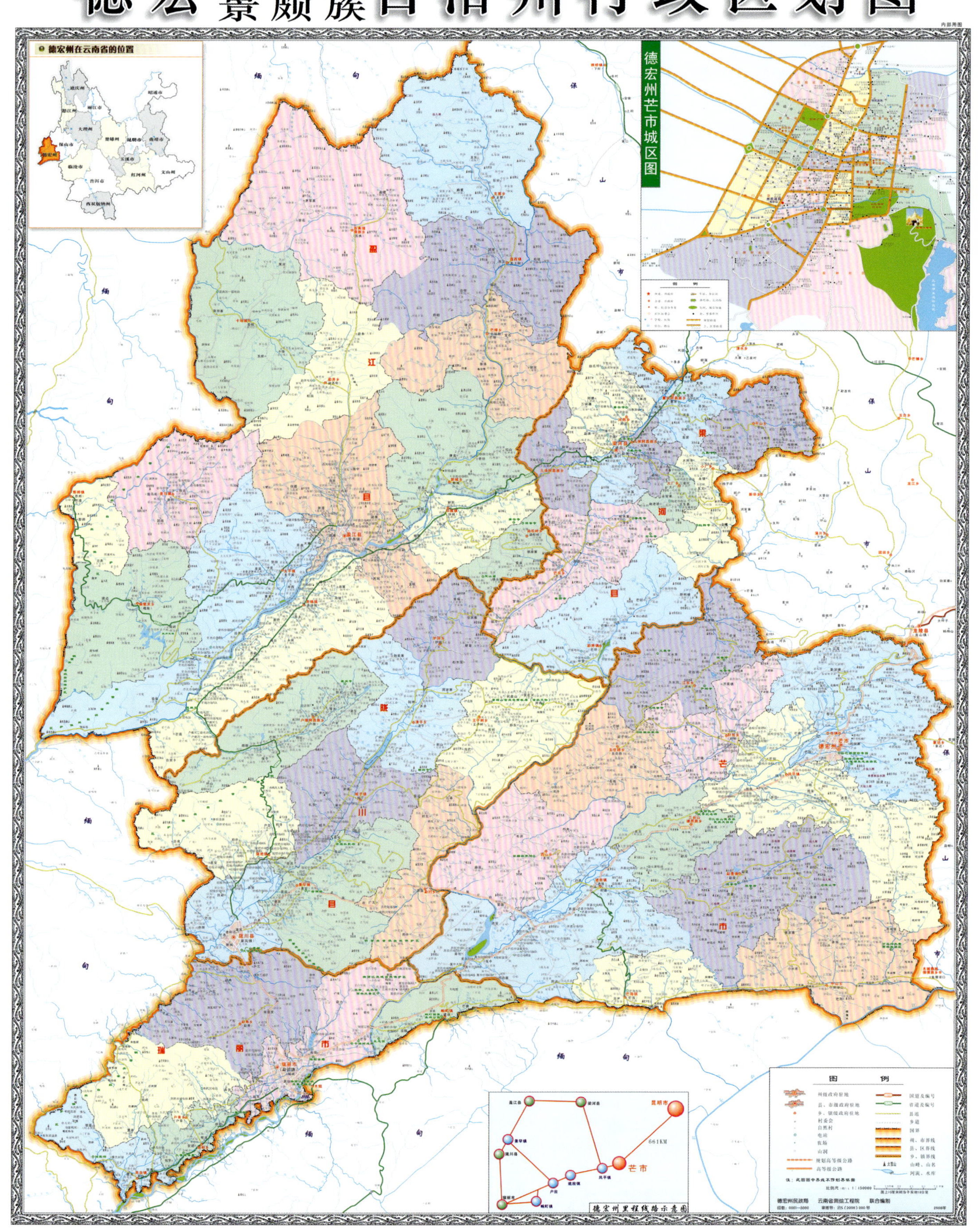

2012年8月16日，全国人大常委会副委员长、农工民主党中央主席蒋正华一行在德宏州人大主任余麻约的陪同下到梁河考察。

2012年8月10日，教育部部长袁贵仁在云南省省长李纪恒、德宏州委书记李磊等陪同下，到龙井村检查指导芒市城乡总体规划。

2012年7月1日，全国人大教科文卫委委员陶西平与三台山九年一贯制学校教师亲切交流。

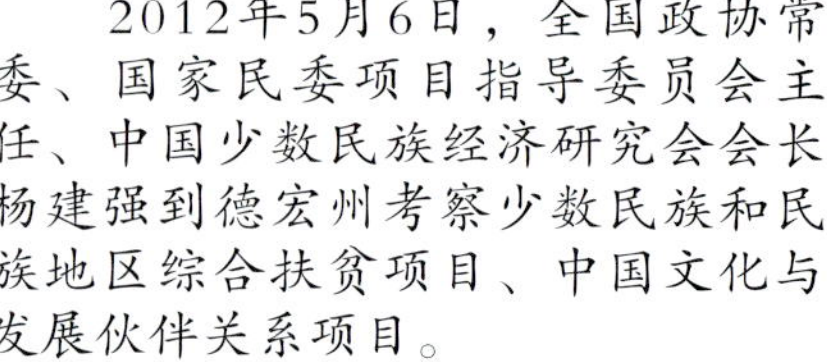

2012年5月6日，全国政协常委、国家民委项目指导委员会主任、中国少数民族经济研究会会长杨建强到德宏州考察少数民族和民族地区综合扶贫项目、中国文化与发展伙伴关系项目。

2012年4月11日，中央统战部副部长、全国工商联党组书记、第一副主席全哲洙，率由国内多位知名企业家组成的投资考察团到德宏州考察。

2012年5月8日，云南省政协主席王学仁到德宏州调研桥头堡建设。

2012年4月14日，云南省委常委、省委统战部部长黄毅到德宏州调研。

2012年8月11日，云南省副省长孔垂柱等领导为盈江“高原特色农业示范县”揭牌。

2012年1月15日，德宏州人大主任余麻约为龚敬政颁发当选州长证书。

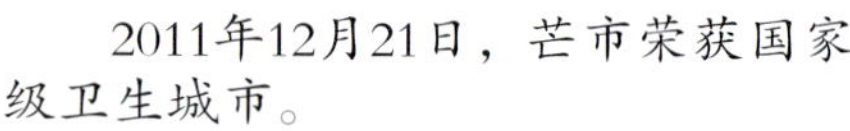
2011年12月21日，芒市荣获国家级卫生城市。

2012年1月5日，德宏州州长龚敬政与李光华签订合作框架协议现场。

2012年3月8日，州长龚敬政在京拜会中国民生银行行长洪崎。

2011年8月24日，副州长孔勒干和吴宝英分别代表州政府和云南电网公司签订合作协议。

2011年12月28日，副州长陈德金与工行云南省分行签订《金融战略合作协议》。

2012年3月24日，瑞丽重点开发开放试验区项目合作签字仪式。

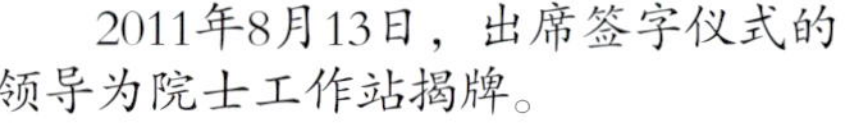

2011年8月13日，出席签字仪式的领导为院士工作站揭牌。

2012年7月29日，瑞丽市景成集团采购飞机签约仪式。

2011年10月14日，景罕糖厂日榨11000吨扩改项目火热建设中。

2012年1月31日，路梁公路最后一标段顺利合龙。

中缅输油管道施工现场

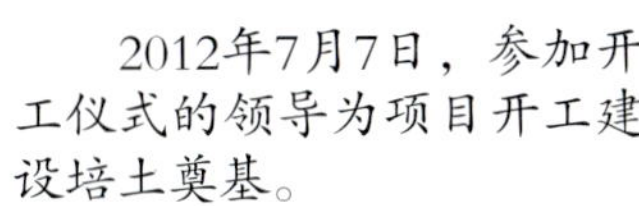

2012年7月7日，参加开工仪式的领导为项目开工建设培土奠基。

州委书记李磊向农业科技工作者了解德宏优质稻选育情况。

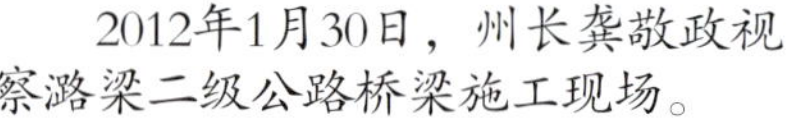

2012年1月30日，州长龚敬政视察路梁二级公路桥梁施工现场。

2012年2月5日，与会领导为开幕式剪彩。

德宏大节

2012年4月12日开始，德宏开始了为期三天的泼水狂欢。芒市知青联谊会暨民间傣族德昂族泼水节在芒市广场开幕，州委书记李磊、芒市委书记蔡四宏分别作了热情洋溢的致辞。聚首德宏的老知青还在芒市水库举行划龙舟比赛。瑞丽市举行了泼水暨首届红木文化节。中央统战部副部长、全国工商联第一副主席全哲洙，全国政协常委、全国工商联副主席、万达集团董事长王健林，省委宣传部副部长、省文产办主任尹欣，州委书记李磊，州长龚敬政等领导参加了开幕式。其他县市及一些村寨也都举行了丰富多彩的活动欢度泼水节。（陈子鸥）

祭龙亭

浴佛

2012年4月12日，领导和群众欢庆傣族泼水节。

一 傣族泼水节

圣水欢歌

2012年4月13日，泼水节期间举办的龙舟比赛。

德宏大节一景

2012年2月5日，中国·德宏景颇国际目瑙纵歌节开幕仪式上，领导齐按启动球。

瑙双领舞

2012中国·德宏景颇族国际目瑙纵歌节于2月5至7日在德宏州芒市举行。2月5日晚，德宏州人大常委会主任余麻约主持开幕式，中共德宏州委书记李磊致开幕式欢迎辞。省委常委、省委统战部部长黄毅宣布：2012中国·德宏景颇族国际目瑙纵歌节开幕！接着，省委宣传部常务副部长尹欣、中共德宏州委书记李磊、中共德宏州委副书记、州长龚敬政、德宏州副州长孔勒干等领导共同按下开幕启动球，礼炮齐鸣，烟花绽放，将会场的气氛引向高潮。随后举行《烈焰景颇》专场晚会，为此次目瑙纵歌节拉开了序幕。

2月6日上午10时许，1025位景颇族小伙子，身着景颇族传统服装，手持景颇族传统长刀汇入目瑙纵歌广场中心开始刀舞表演。当现场音乐响起的一刻，小伙子们踩着欢快的步伐，迅速在广场中心散开，站好整齐的队形，挥舞着手中的长刀开始了表演，其舞蹈动作极富民族特点，感染力十足。动作时而富有阳刚的张力，时而带有节日欢乐的魅力，整齐划一。随后，由云南省委常委、省统战部部长黄毅，德宏州委书记李磊，德宏州人民政府州长龚敬政等相关领导，为目瑙纵歌授冠。紧接着音乐响起，目瑙纵歌正式开始，全场各族人民踩着同一鼓点有序的舞进入广场目瑙纵歌。全场汇集了

世界最大规模的景颇族目瑙纵歌舞

颇族目瑙纵歌节

18604人参与这场欢乐的目瑙纵歌。最后，通过来自美国的世界纪录协会外籍高级认证官道克·罗宾宣布德宏景颇族国际目瑙纵歌节创下了“世界最大规模景颇族刀舞”和“世界最大规模景颇族目瑙纵歌舞”两项世界纪录，广场上参加目瑙纵歌的万余人顿时欢腾，将节日的气氛推向高潮。

2月6日晚，2012中国·德宏世界景颇小姐大赛总决赛在芒市体育中心体育场落下帷幕。本次世界景颇小姐大赛设初赛、半决赛、总决赛三场比赛，分设中国赛区和国外赛区。来自7个国家的300多名佳丽参加了此次大赛，通过激烈角逐，47位佳丽最终进入总决赛，比赛分参赛感言、形体展示、才艺展示、新概念景颇服饰走秀展示等环节。最终，119号中国陇川佳丽饶梓玉和33号缅甸佳丽迈龙摘得桂冠；113号中国芒市佳丽雷世成，117号中国昆明佳丽孔丽芹获得亚军；6号中国盈江佳丽岳金春，30号中国瑞丽佳丽赵蓓，25号缅甸佳丽麦亚获得季军。（陈子鸥）

2012年2月6日，颁发千人刀舞、万人之舞吉尼斯世界纪录证书

获奖佳丽

文艺表演

剽牛

2011年5月6日，中央统战部部长杜青林在三台山考察。

2011年，芒市人民政府团结带领全市各族干部群众，紧紧抓住国家实施新一轮西部大开发战略、中国面向西南开放重要桥头堡和瑞丽国家重点开发开放试验区建设等重大历史机遇，科学谋划，真抓实干，积极向上争取项目和资金支持，充分利用芒市的航空优势，加快芒市机场升格为国际口岸机场的前期建设，继续做好芒市至曼德勒航线包机试飞工作，争取新开通多条国内、国际航线，做好芒海通道基础设施建设，圆满和超额完成了年初确定的各项目标任务，实现“十二五”良好开局。

一、经济结构进一步优化。2011年，全市财政总收入7.61亿元，比上年增长38.2%，完成年计划的110%，其中财政一般预算收入4.46亿元，增长34.9%，完成年计划的107.8%；财政总支出18亿元，增长27.2%，完成年计划的126.2%，其中财政一般预算支出16.66亿元，增长24.7%，完成年计划的119.1%。

2011年9月29日，北京至芒市首航接机仪式。

芒市、文明芒市

全社会固定资产投资54.3亿元，增长30.5%，完成年计划的100.4%；社会消费品零售总额22.06亿元，增长20.5%，完成年计划的100.3%；外贸进出口总额17.37亿元，增长44.5%，完成年计划的131.6%；城镇居民人均可支配收入16100元，增长10.7%，完成年计划的100.6%；农村居民人均纯收入4197元，增长16.5%，完成年计划的104%；万元生产总值能耗下降3%。

二、公共保障水平不断提高。转移农村富余劳动力3000人次，新增城镇就业岗位1724个，城镇登记失业率控制在3.3%以内。社会“五大保险”参保31.3万人，启动实施城镇居民社会养老保险，实现参保2957人，新农保参保17.53万人、参保率97.3%，发放养老金1968万元。享受城乡低保21968户51187人，发放低保金7344.85万元；为8927名特殊群体发放救助、补助金1496.96万元。

签订友好交流协议

竹林深处

三、“五创”工作成效显著。举全市之力成功创建为国家卫生城市、全国双拥模范城和全国科普示范市；国家园林城市、省级文明城市创建工作全面推进；城市环境卫生质量明显提高，绿色芒市、清洁芒市、文明芒市整体形象不断提升。

四、城乡配套设施逐步完善。大瑞铁路保瑞段举行奠基仪式，龙瑞高速公路控制性工程、中缅油气管道芒市段、环城东路等项目开工建设，潞梁二级公路即将通车；新修军分区至机动大队、军分区至天龙街、农垦路延长线等12条城市道路；改扩建机场大道、金孔雀大街、团结大街北段等8条城市道路；维护人行道地砖3.24万平方米，设置交通标线、停车泊位5000平方米，修缮改造公厕48座。新增城市绿地面积10.75万平方米，日处理150吨粪便无害处理场投入使用，新增、更换城市路灯1000余盏。建设廉租住房552套，实施城市棚户区改造540户，增设金塔大街、勇罕街等路段交通信号灯。推行城市道路临时停车收费管理，城市数字化管理水平不断提高。城镇化率38.5%。

2011年4月9日，世界最大象脚鼓、最重长刀申报认证仪式。

五、突出规划引领作用。围绕“组团式建设、带状式发展”的理念，超前编制《芒市临空经济园总体规划》、《芒市加快桥头堡黄金口岸中心城市建设规划》、《天然气工业园规划》、《芒市铁路物流园区总体规划》等10个重大规划，调整《芒市城乡总体规划（2010—2030）》、《芒市近期建设规划（2011—2015）》，保护坝区优质耕地3万亩，完成绿化、环卫、人防专项规划和39个行政

村、421个自然村的规划编制工作，启动编制遮放、芒海、三台山特色小镇规划。芒市被列为国家级低丘缓坡土地综合开发利用试点县市。

芒别的新兴产业——老缅芫荽

六、旅游基础设施建设投入加大。德宏民族文化体育康乐谷、黑河老坡景区、勐焕大金塔二期等重点旅游项目稳步推进。成功举办和协办了首届中国·芒市国际咖啡文化节、首届中国·泛亚珠宝工艺品博览会、2011年芒市目脑纵歌节、中国·芒市2011国际泼水狂欢节等大型节庆活动。全年接待中外游客175.04万人次，比上年增长13.2%，实现旅游社会总收入18.1亿元，增长13.2%，完成年计划的122.3%。完成非公经济增加值19.9亿元，吸纳从业人员19106人，占生产总值的37%，上缴税金2.94亿元，占全市税收收入的81.2%，已成为全市财政收入的主力军。仓储物流、连锁经营、百货超市以及金融、信息、保险、培训、咨询、认证、鉴定等现代服务业稳步发展。

芒市年产20000吨罗非鱼加工厂试投产

七、招商引资成效明显。全年招商引资签约项目22个，签约资金136.9亿元，新签和结转项目当年到位资金26.54亿元。中国建材股份有限公司、浙江大华集团、中石油昆仑燃气有限公司、云南冶金集团、云天化集团、香港新中兴投资有限公司等一批知名央企、国企、民企落户芒市。

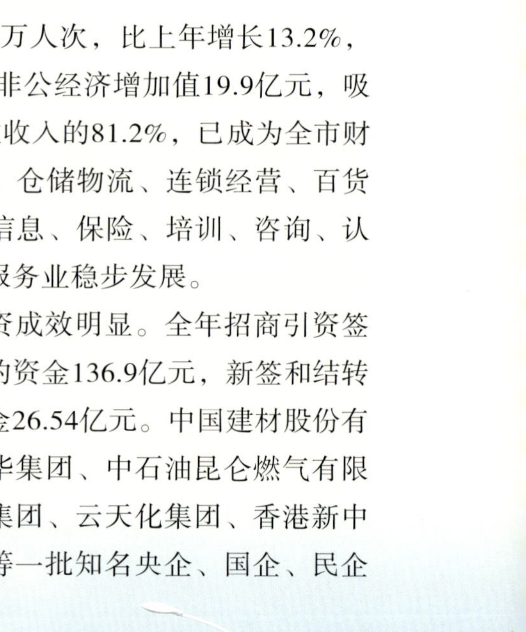

瑞丽国家重点

2012年8月10日，商务部部长陈德铭在云南省省长李纪恒的陪同下，到瑞丽试验区考察商务工作。

2012年8月2日，龚敬政、廖泽龙为瑞丽供电局揭牌。

2011年，瑞丽市面对千载难逢的历史机遇和繁重的改革发展任务及复杂多变的国内外经济形势，以“强基础、增投资，调结构、转方式，推改革、促开放，重民生、建和谐，抓试验、求创新，快发展、上水平”为主线，始终把促进经济持续较快发展作为首要任务，把桥头堡和试验区建设作为重要抓手，把加强基础设施建设作为重中之重，把培养支柱产业作为主攻方向，把招商引资作为重要手段，把改革创新作为强大动力，把改善民生促和谐作为根本目的，抢抓机遇，立志争先，经济和社会发展迈上了新台阶，实现了“十二五”开门红。全市实现生产总值35.2亿元，比上年增长16.6%，高于全州平均增幅1.1个百分点。其中：第一产业增加值6.9亿元，增长9.1%；第二产业增加值7.2亿元，增长16%；第三产业增加值21.1亿元，增长19.3%。口岸贸易进出口总额17.46亿美元（约合人民币110亿元），增长33.8%。全社会固定资产投资总额40.1亿元，增长35%。财政总收入17.02亿元；财政一般预算收入5.12亿元，增长37.3%。实现社会消费品零售总额18.41亿元，增长21%。城镇居民人均可支配收入16700元，增长11.8%。农民人

瑞丽一寨两国一景

开发开放试验区

2012年4月13日，州委副书记、试验区党委书记、主任王俊强向媒体通报瑞丽试验区建设情况。

2012年6月6日，州委副书记、试验区主任王俊强，瑞丽市长刀晓瑞视察昆交会瑞丽试验区参展情况。

2012年3月20～21日，王俊强调研试验区建设和城乡规划。

均纯收入4820元，增长14.3%。城镇登记失业率为4.2%。人口自然增长率控制在7.4‰以内。

2011年，瑞丽市承办了云南省建设桥头堡和瑞丽国家重点开发开放试验区启动仪式。在试验区建设效应带动下，开发开放水平不断提高，试验区建设效应凸显。全年共完成招商引资立项批复81项，协议资金357.65亿元，其中亿元以上项目14个；在建项目到位资金21.4亿元，增长87.6%。年内，瑞丽口岸实现历史性的“三大突破”：口岸进出口贸易总额首次突破百亿大关；出入境人员突破千万大关，达1053万人次，比上年增长22.78%；出入境车辆突破两百万大关，达233万辆次，增长19.52%。口岸进出口贸易总额、出入境人员、车辆多年位于全省之首。

2011年，瑞丽市重大项目建设成绩喜人。年内，龙瑞高速公路控制性工程、220KV瑞丽变电站和畹町芒满—缅甸105码二级公路等一批基础设施项目相继开工和竣工；瑞丽一中初高中剥离项目，民族中学教学楼，民族医院住院综合楼，国际医院，行政服务中心等民生工程加快推进；景成新城、北部新区、国门春城、闽麒国际、潮都国际、民族文化新村等一批经营性项目开工新建。年内，向上争取的329个项目4.5亿元资金全部到位，为瑞丽科学、和谐、跨越发展打下了坚实基础。

德龙国际珠宝城

2012年7月30日，瑞丽市景成集团总裁董勒成与中国南方航空公司珠海直升机代表签订托管协议。

2012年6月21日，市委书记杨跃国做客云南电视台《对话桥头堡》栏目。

面对千载难逢的历史机遇，瑞丽各族人民将以全面建设小康社会为目标，以实现超常规跨越式发展为战略取向，以构建和培育现代产业体系为重点，以保障和改善民生为落脚点，着力实施“五大战略”，强化“六项工程”，推进“六大产业”，努力把瑞丽建设成为中缅边境经济贸易中心、我国向西南开放重要国际陆港、国际文化交流窗口、国际绿色休闲度假黄金口岸城市、沿边统筹城乡发展先行区和中缅睦邻安邻富邻示范区，为我国沿边地区开发开放积累经验、提供示范，争当沿边开发开放和桥头堡建设的排头兵。

2012年8月2日，云南电网瑞丽供电局（正处级）成立。

2012年8月26日，瑞丽循环经济产业基地景成项目点火仪式和开工典礼。

2012年7月15日，云南论坛在国家重点开发开放试验区瑞丽举行。

2012年4月13日，召开通报会。

2012年6月6日，举行“瑞丽红木”现场会。

2012年4月14日，瑞丽国门公馆项目奠基。

瑞丽芒艾奘寺

2012年4月14日，国门公馆开工仪式。

云南高原特色农业

2011年7月13日，李纪恒到盈江检查指导工作。

2011年，盈江县发生“3·10”等系列地震，县委、县政府团结带领各族干部群众万众一心、众志成城，一手抓抗震救灾、恢复重建，一手抓经济社会发展，在全面夺取抗震救灾阶段性胜利，顺利推进恢复重建各项工作的同时，保持了全县经济社会健康快速发展。全县实现生产总值49.3亿元，比上年增长15.2%；固定资产投资完成45.16亿元，增长29%；财政总收入完成8.56亿元（含捐赠收入5128万元），增长40.6%；财政一般预算收入完成4.32亿元（含捐赠收入5128万元），增长49.7%；财政一般预算支出完成28.86亿元，增长1.6倍；社会消费品零售总额达16.41亿元，增长20.2%；城镇居民人均可支配收入15900元，增长11%；农民人均纯收入4712元，增长26.8%。

2011年10月27日，刀安仁故居落成。

恢复重建成效明显。进入恢复重建阶段后，县委及时研究制定灾后重建规划，按照优先推进民房重建和公共服务设施项目，积极推进基

示范县——盈江

础设施重建和产业发展的工作思路，组建了恢复重建领导小组，建立“四包”工作责任制。春节前7600余户重建户完成民房主体建设，平原镇弄门村、太平镇双合村、农场二队等整村喜迁新居，拉勐、允帽、贺哈等一批民房重建与产业发展相结合的新农村将呈现在世人面前，大盈江震损防洪堤应急除险加固、平原大桥修复加固、县城供排水、农村人饮工程、学校、医院业务用房、农村党组织活动室等一大批涉及民生的工程项目有效实施，工农业生产迅速恢复并取得较好成绩，恢复重建工作得到了中央、省、州领导的高度肯定。

2011年5月5日，中央统战部领导到盈江。

农民收入大幅提高。县委高度重视“三农”工作，结合恢复重建切实加强对农村受灾群众生产自救、产业发展和新农村建设的指导，全面启动了村庄规划编制工作，新启动了27个新农村典型示范村建设项目。全年完成冬季农业开发复种面积36.76万亩，实现产值2.82亿元，完成大春作物播种面积44.46万亩，实现总产15.56万吨。山区完成水改旱种植面积8581亩，实现总产4771吨。全县特色产业总面积达67.39万亩。坚果种植面积、产量稳居全国第一，被中国特产之乡宣传活动组委会授予“中国坚果之乡”荣誉称号。全年实现农林牧渔总收入20.75

2011年7月20日，举行捐赠仪式。

县委委员合影

纪委委员合影

2011年6月18日，召开中国共产党盈江县第十一次代表大会。

2012年5月20日，举行签约仪式。

亿元，同比增长8.6%。

工业经济显著提升。在恢复重建中，突出产业重建，认真做好平原糖厂搬迁、弄璋糖厂扩建、建筑石料加工、新型水泥砖等建材企业批建和工业园区建设等工业项目的协调服务工作。弄璋糖厂7000吨技改扩建按时完成，顺利投产开榨。新增工业硅技改扩容10条生产线，全县投产规模达27.6万千伏安，全年生产工业硅7.6万吨。水力发电快速增长，新投产电站3座，新增装机5.38万千瓦。已建成投产电站总数达70座，总装机容量达204.03万千瓦。矿产整合开发取得重大成果，以盈江昆润公司为主体的中国多金属公司在香港证交所主板上市，成为全州第一家在香港上市的股份公司。投资3.32亿元的“四纵四横”仕明园区道路基础设施建设进展顺利，20余户企业已完成审核即将进驻园区。全年工业总产值实现46.75亿元，同比增长28.2%。

发展后劲明显增强。水利方面：全年完成固定资产投资1.1亿元，回龙河水库全面完成设计建设内容，勐乃河水库前期工作顺利推进，年度大型灌区项目、山区五小水利工程全面完成，改善农田灌溉8.3万亩。交通方面：苏典和油松岭2条县乡道路建设有效推进，平原陇中、勐展，旧城下拉相，昔马等9条建制村通畅工程全面动工，芒章草坝桥、苏典大坝口桥等6座危桥改造顺利推进。在招商工作中着力向外宣传推介盈江灾后恢复重建带来的商机和建设美丽富饶新盈江的发展机遇。先后与浙江华汇集团签订大盈江国际商贸旅游项目合作协议，与重庆博赛集团、云南世博集团分别达成30万吨电铝合金大

签约仪式现场

盈江"3·10"抗震救灾中，支队官兵正在搜救被困群众。

板锭、大盈江赌石城意向协议，与昆钢水泥集团签订2500吨水泥生产线建设项目等多项合作协议。全年完成招商引资项目89个，协议总投资62.38亿元，实际到位资金达22.86亿元，同比增长49.9%。

2011年6月28日，举行平原镇"统规统建点"开工仪式。

商贸旅游迅速发展。全面完成县城控制性详细规划编制和城市土地利用规划修编调整，大力推进南部新区房地产开发和县城市政基础设施建设。金色旺角、盛世商都、风情雅苑等房地产项目顺利开盘，县城污水处理厂、垃圾处理场等一批关系市政长远发展的重点项目有效推进，国际商贸城顺利开工，允燕大道南北段将国际翡翠城与南部新区连成一体，县城规模不断扩大，新盈江城市框架初步形成。全县新增玉石毛料投标场3个，全年成功举办8次玉石毛料公盘交易，交易额达3亿元，被全国工商联金银珠宝业商会授予盈江"中华翡翠毛料城"殊荣，"翡翠盈江"品牌更加深入人心。旅游工作取得新突破，卡场景颇文化园建成并投入使用，刀安仁故居建成开馆，凯邦亚湖旅游综合开发项目全面启动，有效拉动了全县住宿、餐饮等第三产业发展，进出盈江的人流、物流不断增加，县城人气更加兴旺，商业更加繁荣。

即将完工的恢复重建点民房建设项目

德宏州

2011年11月2日，公安部副部长张新枫莅临德宏视察指导工作。

2011年5月26日，省公安厅严尚智副厅长到德宏视察禁毒工作。

2011年3月11日，省委常委、省政法委书记、公安厅长孟苏铁深入盈江地震灾区指导抗震救灾工作。

2011年1月23至24日，省公安厅先燕明副厅长到德宏州走访慰问公安英模、因公伤残、患重病民警。

2011年4月25至26日，省公安厅董家禄副厅长到德宏调研，并开展“大走访”开门评警活动。

公安局

2011年9月26日，为充分体现关爱民警的举措，马闻副州长向州局病故民警张聪家属兑现“局长责任险”保险金6万元。

2011年2月15日，省公安厅蒋平副厅长到德宏开展国家重点开发开放试验区边境管理体制政策调研工作。

2011年4月16至20日，全国公安摄影家协会首期研讨班在德宏州举办。

2011年5月23日，德宏州校园安全工作现场会在芒市召开。

2011年9月9日，州公安局工会、警察协会举办“公安民警向快乐出发”中秋游园活动。

2011年2月26日，德宏州公安局召开全州公安工作会议。

2011年12月19日，德宏公安首批现代“流动警务站”正式配发装备使用。

德宏州公安边防支队

2011年7月20日，中国人民解放军副总参谋长章沁生上将视察银井边防工作站。

2011年8月1日，公安部边防局政治部主任李乐民少将视察木康公安检查站。

2012年5月12日，德宏州委书记李磊到瑞丽边境一线调研。

2011年8月25日，公安边防部队重点边境反恐工作推进会在芒市召开。

2011年8月1日，省边防总队、德宏州委州政府联合举办木康公安检查站授荣誉称号10周年系列庆祝活动。

2011年7月1日，支队隆重开展纪念建党90周年活动。

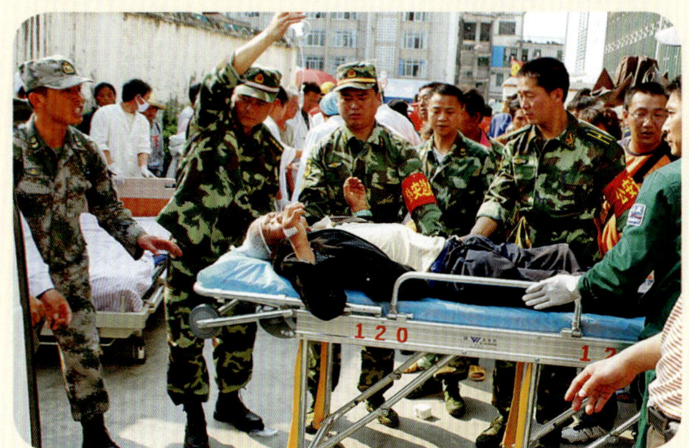

2011年3月10日，边防官兵在盈江“3·10”地震中救援受伤群众。

2011年8月29日，支队90后新兵姚元军与毒贩搏斗坠江英勇牺牲。

深入边境乡镇，免费医疗巡诊。

2011年10月2日，支队圆满完成中缅胞波节升旗仪式。

针对缅北局势复杂多变，2011年5月20日，边防官兵在边境一线武装巡逻。

执法为民，热情服务。

开门评警大走访

德宏州公安消防支队

支队长　嵇鹏

政委　杨志明

2011年，德宏州公安消防支队按照“工作创一流、边境当标兵、全省争先进”的总体设计，狠抓消防工作“十二五”发展规划和建设现代化云岭消防铁军三年规划的落实，坚持“管”得住、“守”得住、“防”得住、“靠”得住的理念，建立社会消防管理体系、部队事故预防体系、社会火灾防控体系、应急救援作战体系，实现社会消防管理科学化，做到部队安全稳定效能化，保持火灾形势平稳常态化，推进应急实战建设专业化，全面推进社会消防管理工程、社会消防安全“云岭防火墙”工程、云岭消防铁军工程和部队正规化管理工程，积极开展抢险救援、警民共建、拥政爱民、文明创建、捐资助学、社会救助、扶贫帮困、抗旱救灾等活动，为云南省“两强一堡”战略和德宏桥头堡黄金口岸建设、瑞丽重点开发开放试验区、美丽富饶新盈江建设创造良好的消防安全环境。

特别是在盈江“3·10”地震救援中，全体官兵充分发扬特别能战斗、特别能吃苦的精神，不顾频频余震、不顾个人安危，抢救伤员、搜救被困人员、帮助安置灾民。全州消防官兵从废墟中抢救9名被埋压群

2012年3月14日，召开盈江县公安消防大队荣立集体二等功表彰大会。

召开“桥头堡黄金口岸建设”消防研讨会

2012年8月3至5日，德宏消防支队在芒市举行打造现代化公安消防铁军暨专职消防队比武竞赛。

2012年8月10日，德宏消防支队在姐告金龙大厦组织开展高层建筑灭火救援实战演练。图为演练现场。

5月10日，德宏州人民政府召开全州消防应急能力建设会议。州人民政府副州长、州公安局局长马闻出席会议。

众，紧急疏散被困群众343人，搭建帐篷442顶，帮助群众拆除危房13间，拆除危险墙体320米，送水480吨，协助灾区群众安装生活用水应急管道500余米，清理水源废墟杂物12吨，帮助群众搬运和转移价值480万元的物资，抢救搬运大米6000余斤、化肥8000余斤。年内，全州发现火灾隐患或违法行为22742处，督促整改火灾隐患或违法行为22457处，下发《责令改正通知书》4638份，拘留118人，责令“三停”单位123家，有效地打击和震慑了消防违法违规行为，消除了一大批火灾隐患。

在盈江“3·10”抗震救灾中，有1人荣立一等功、1人荣立二等功、10人荣立三等功、60余人受到嘉奖，1个单位被省厅记集体三等功，支队和盈江大队分别被公安部表彰为集体三等功、集体二等功；5人在总队岗位练兵比武中受到表彰。

2012年1月16日，中共德宏州委书记李磊等党政领导深入消防支队看望慰问官兵。

2012年7月23日，受第8号台风“韦森特”影响，盈江县持续发生强降雨天气。盈江县平原镇河边巷幸福木材加工厂遭受洪灾，大量人员被困。消防官兵科学处置，在洪峰中勇救28名被困群众。

2012年2月29日，持续的高温久旱让德宏芒市轩岗镇江莲新村百姓饮水十分困难，德宏芒市消防官兵积极响应党委、政府的号召，主动为江莲新村百姓送去24吨生活用水，解决该村200余户700多村民的燃眉之急。

德宏州人防办

州防空办主任于江辉到四群教育和禁毒防艾挂钩点体察民情

查看疏散基地建设

州人防办干部到杨善洲林场重温入党誓词

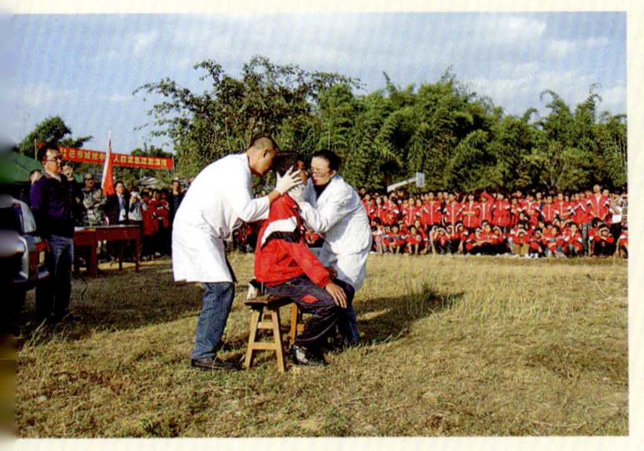

开展救护知识培训

开展校园防空紧急疏散演练

开展准军事化训练

召开德宏州人民防空办公室工作会议。

召开全州人防工程建设管理工作会议

组织射击训练

于江辉主任在盈江3·10地震救援队部署任务

州防空办被誉为全国人民防空先进单位

德宏州法院

2011年，全州法院坚持以邓小平理论、“三个代表”重要思想和党的十七大、省第九次党代会、州第六次党代会精神为指导，全面贯彻落实科学发展观，牢固树立社会主义法治理念，始终坚持“为大局服务，为人民司法”的工作主题，积极践行“忠诚、为民、公正、廉洁”的司法核心价值观，坚持“为民、便民、利民”的群众观，深入推进社会矛盾化解、社会管理创新、公正廉洁执法三项重点工作，全面加强审判和执行工作。全州受理刑事、民事、行政、再审、执行、申诉、暂予监外执行等各类案件4153件，办结3897件，结案率93.84%。

2011年4月11日，最高人民法院副院长苏泽林一行到盈江地震灾区慰问。

2012年5月25日，德宏州法院院长马真荣深入挂钩点开展“四群”教育活动。

每月10日、20日为院长接待日——马真荣院长接待来访当事人

裕安龙江糖厂系列执行案件兑现大会

2009年1月4日，当事人向院领导送锦旗表示感谢。

2012年6月28日，德宏州两级法院贯彻执行新刑事诉讼法培训会。

2012年8月21日，德宏州法院“阳光司法工程”巡回审判进傣乡。

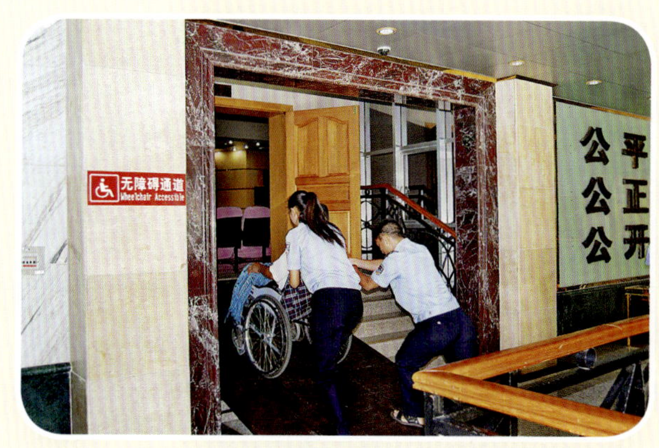

德宏州法院为特困群体开通“诉讼绿色通道”

2011年12月22日，德宏州法院对特殊困难群体进行司法救助。

背着国徽去开庭

德宏州法院参加政法系统庆祝建党九十周年歌咏比赛

德宏州农业局

2010年4月20日，“中国咖啡之乡—云南省德宏州”授牌仪式在北京人民大会堂重庆厅隆重举行，德宏州正式被评为“中国咖啡之乡”。

2010年7月中绿华夏有机食品认证中心及省农产品质量安全中心领导及认证人员到遮放检查“允午”牌遮放贡米有机食品。

与缅甸农业部官员座谈

在项目实施地检查

德宏州农业局为州政府组成部门，是全州农业主管行政单位。全局由局机关及局属单位组成，局机关设1个副处级内设机构、10个正科级内设机构；局属单位12个，其中副处级1个，正科级11个。全局现有在职干部职工2226人，其中局机关33人；副高以上职级30人，其中含2名农业推广研究员。2011年，州农业局狠抓各项措施落实，在农业生产上牢牢把握工作大局，在农业社会化服务上，始终抓好惠农政策有效落实、农村信息化建设、农产品质量安全、农业行政综合执法、农机安全等工作，圆满完成州委、州政府既定目标任务，确保全州社会发展和谐、稳定大局，各项工作不断推进，实现了农业农村经济持续健康发展。到2011年，全州农林牧渔业总产值达71.5亿元、农民人均纯收入达4090元，比2005年分别增124.8%、190.6%，农民纯收入增幅连续5年保持两位数，粮食生产连续8年丰产增收。2010年州农业局被省政府授予粮食增产、农民增收工作2个一等奖，2011年全省粮食生产先进单位。“十一五”期间，发放各种惠农补贴9.5亿元，从未出现过上访及群体性事件；“三农通”短信平台农民用户已达35万人；多年未发生农产品质量安全事故、重特大农机安全事故。

2011年由州农业局牵头组织实施的中缅综合农业示范园项目是贯彻落实“中缅经贸合作谅解备忘录”第六条款的部分内容、是维护2010年中国政府的诚信形象、帮助

“三农”无缝覆盖启动仪式

农机跨区作业

州农业局领导深入基地调研

缅甸联邦发展经济、增进中缅友谊和合作的援建性项目。该项目总投资630.60万元，由培训楼及园区管理中心，良种仔猪繁殖及商品猪饲养示范，虾、蟹种苗繁殖及饲养示范，热带鱼苗繁殖及饲养示范和热带水果柠檬种植示范等多个项目组成。目前，项目主体工程培训楼及园区管理中心土建项目正在实施过程中。项目所属的子项目中，水产养殖项目土建工程已经验收，正在完善配套设施，即将投入使用。良种仔猪繁殖饲养、热带水果柠檬种植示范2个子项目土建工程已基本建设完工，正在验收过程中。

市农业局在遮放镇示范种植烤烟

盈江旧城大棚蔬菜

订单甜椒收获场景

轩岗乡千亩连片种植的冬马铃薯

德宏州畜牧兽医局

2010年5月12日，李江副省长调研德宏州水牛产业。

2010年9月9日，孔垂柱副省长调研德宏州肉牛产业。

2010年10月21日，省农业厅寸强副厅长调研德宏畜牧业工作。

2009年6月25日，副州长板岩过调研畜牧产业。

“十一五”以来，德宏州畜牧兽医局围绕持续增强畜产品供给保障能力，努力确保不发生区域性重大动物疫病和努力确保不发生畜产品质量安全事件的目标，以转变畜牧业生产方式、加强动物疫病防控和强化畜产品质量安全监管为重点，采取有效措施，狠抓落实，全州畜牧业得到持续、健康、快速发展，成为德宏州产值超10亿元的传统优势产业和农民增收的重要来源之一，为促进德宏州农业农村经济发展做出了积极贡献。“十一五”时期，是德宏州畜牧业发展速度最快的时期，全州畜牧兽医工作呈现出“四突破、两强化”的特点。四突破：一是畜牧业产值突破10亿元，达12.75亿元，比“十五”末的5.42亿元增加7.33亿元，增长135.2%；二是肉蛋奶总产量突破8万吨，达8.54万吨，比“十五”末的4.78万吨增加3.76万吨，增长78.7%；三是肉蛋奶人均占有量突破70千克，达71.16千克，比“十五”末的44.75千克增加26.41千克，增长59%；四是水牛产业化开发有新突破。2010年末，全州水牛存栏10.45万头、奶水牛存栏10178头、水牛奶产量2255吨、牛肉产量7371吨，分别比“十五”期末增长15.2%和3倍、3.5倍、116.3%。两强化：一是进一步强化重大动物疫病防控工作，全面落实州、县、乡重大动物疫病防控责任制，加强动物防疫体系和基础设施建设。“十一五”期间全州无区域性重大动物疫病发生，保障了畜牧业健康发展，维护了公共卫生安全；二是进一步强化动物卫生执法监管工作，全面加强动物卫生监督体系和畜牧兽医执法队伍建设，加大执法监管力度。“十一五”时期

花园式标准化奶水牛养殖场

奶水牛标准化规模养殖小区

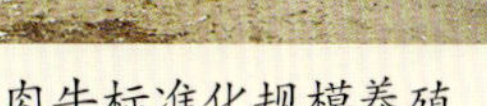
肉牛标准化规模养殖

山羊高床圈舍养殖技术

生猪标准化规模养殖

全州无重大畜产品安全责任事件发生。

“十二五”期间，全州畜牧兽医工作要围绕巩固整合提升畜牧传统产业一大目标，打造两大品牌，即德宏水牛奶、德宏高档牛肉，推进三个转变，即以扶持畜牧龙头企业和养殖合作组织为重点，推进畜牧业发展方式转变；以扶持规模养殖为突破口，推进畜牧业生产方式转变；以提高畜牧兽医技术应用水平为支撑，推进畜牧业增长方式的转变。完成四大任务，即肉蛋奶总产14.85万吨、奶水牛存栏2万头、畜牧业产值22亿元、转移农村劳动力4.5万人。实施七大工程，即动物保护工程、畜禽产品质量安全体系建设工程、畜禽良种繁育体系建设工程、饲草饲料开发利用工程、畜禽标准化养殖基地建设工程、德宏水牛产业化开发工程、养殖户素质提升工程。

肉鸭规模养殖

蛋鸡规模养殖

水牛奶产品

标准化肉鸡圈舍

德宏州

2011年1月14至15日，国家森林病虫害防治检疫总站长马爱国代表国务院检查组到德宏开展松材线虫病预防和除治工作年度检查。

2011年，州林业局设有9个行政科室、5个事业单位、3个直属单位，有干部职工84人，其中行政编制18人，实有32人；事业编制38人，实有36人（专业技术人员24人，管理人员7人，工人5人）；行政机关工人8人；参公管理11人（事业编制9人，实有6人；工勤编制2，实有2人）。

2011年，德宏州各级林业主管部门按程序做好中缅油气管道项目（德宏段）、龙瑞高速公路（德宏段）、大瑞铁路等重点工程项目征占用林地、林木采伐审批相关的咨询、指导、服务工作；围绕保护森林资源和野生动植物安全，严格按照《森林法》、《森林病虫害防治条例》、《森林植物检疫条例》及相关法律法规；坚持“预防为主，科学防控，依法治理，促进健康”的方针，积极开展林业有害生物综合防控工作；按照“巩固成果，确保质量，完善政策，稳步推进”的要求，围绕“生态建设产业化、产业发展生态化”的思路开展退耕还林工作；围绕“科技兴州、科技兴林”的主题，重点围绕“六棵树、一棵草”特色产业、木本油料产业建设、中低产林改造、病虫害防治等，开展基础研究和科技推广；围绕实现林业“兴林富民强州”的目标，突出林产业发展、森林防火、林业科技、林业有害生物防治等工作，广泛开展宣传活动，使重点工程建设依法依规、健康、有序进行，有效保护了生态资源，确保了林区社会治安的持续稳定，保障了全州森林“健康”，营造全社会参与

2012年3月9至10日，省林业厅厅长陈玉侯率厅相关处室领导到盈江县调研林业工作。

2011年3月14日，省林业厅党组成员、副厅长刘一丹到盈江视察灾情，查看林业局办公楼受损情况。

2011年4月20日，州政府组织召开铜壁关自然保护区调整工作会。

2011年8月11至12日，全国木材战略储备生产基地规划编制工作座谈会在德宏召开。

林业局

发展林业的氛围，积极为地方经济发展服务。

2011年，德宏州林业局获州委、州政府2011年全州综治维稳工作一等奖，获州政府“十一五”农业综合开发先进单位，获州政府“十一五”退耕还林工作先进单位，获依法治州和法制宣传教育工作2006至2010年全州“五五”普法和“三五”依法治州先进集体。全州森林公安有2个集体受到嘉奖，1人分别被云南省公安厅授予云南省第二届“百姓最喜爱的十大人民警察”提名奖、国家禁毒委员会评为“年度全国禁毒堵源截流工作先进个人”、国家人力资源和社会保障部、公安部授予“全国特级优秀人民警察”荣誉称号。

2012年3月6至8日，云南省发改委李新平副主任到德宏州调研林业产业发展工作。

2011年8月23日，州委、州政府在陇川县召开全州发展核桃产业现场推进会。

2011年11月1至5日，由省林业厅主办，德宏州人民政府承办的全省林业系统第二十届老年人体育运动会“德林杯”在芒市体育运动中心隆重开幕。

2011年7月7日，德宏州庆祝建党90周年、营建“杨善洲纪念林”暨2011年全民义务植树活动在芒市启动。

生物特色产业——核桃

生物特色产业——坚果

生物特色产业——油茶种植基地

德宏州水利局

2012年4月23日，副州长板岩过、州水利局局长何立洪到盈江检查工作。

2012年3月15日，州水利局局长何立洪安排部署工作。

2011年6月30日，州水利局党总支组织党员到善洲林场参观学习。

2011年，德宏州水利局进一步加快实施“兴水强州”战略，积极争取和筹措资金，全面加快水利建设步伐，按照中央1号文件要求，及时调整水利发展思路，围绕人水和谐的根本要求，注重科学治水、扎实推进依法治水，严格水资源费征收管理，突出加强薄弱环节建设，大力发展民生水利，不断深化水利改革，加快建设节水型社会，促进水利可持续发展，努力实现水利建设和谐有序、水利管理和谐统一、水利队伍和谐稳定和水利事业的和谐发展。年内，州委州政府出台《关于加快实施“兴水强州”战略的决定》，明确水利发展的目标任务和总体要求，提出强化增加水利投入四大措施，加快推进水利发展八大工程，实行最严格水资源管理三条红线制度，不断创新水利发展的五大体制，加强水利服务四大能力建设。同时，根据六届州委第11次、第12次常委会议决定，州委、州政府于4月成立专项督查组，对各县市（区）贯彻落实“兴水强州”战略情况、水利建设管理目标任务落实情况、抗旱工作情况等进行督查。创新水利发展的体制机制，已建立515个农民用水户协会。盈江“3·10”地震发生后，德宏州水利局全力以赴投入水利抗震救灾工作，灾后水利设施除险加固工程审批概算总投资2.4亿元。

2011年，全州水利各级各部门顺势而为，抓住机遇，迎难而上，抢前期、快立项、抓落地、促开工、保质量、

麻栗坝水库城子渡槽

陇川县抽水灌溉受旱农作物

2011年12月7日，瑞丽市弄岛镇通过冬春水利修建，拉开了大干农田水利建设的序幕。

防渗衬砌后的盈江县赖哈沟

强推进，使一批重点水利工程项目在德宏落地，并相继开工建设。一是水源工程建设加快推进，水利供水能力明显增强。二是江河治理工程建设取得显著成绩，防洪保安能力大幅提升。全州堤防总长度达391.55公里，其中达标堤防207.88公里，保护耕地69.89万亩，保护人口57.12万人。三是农村水利事业健康发展，农田水利基础设施进一步加强。截止目前，全州已建成引水渠道9858条，水利工程年实际供水能力11.39亿立方米。全州有效灌溉面积累计达100.95万亩，旱涝保收面积累计达50.81万亩，节水灌溉面积累计达29.58万亩，除涝面积累计达22.05万亩。四是突出解决好农村群众饮水安全问题，农村基本生存条件得到显著改善。截至2011年底，全州饮水安全达标人口64.82万人，占农村人口的66.6%，农村饮水安全工程真正成为“民心工程”。五是继续加快农村水电建设步伐。全州有6座水电站建成投产发电，新增装机容量9.08万千瓦。截止目前，全州建成投产水电站129座，总装机容量266.23万千瓦；在建水电站25座，总装机容量53.34万千瓦。六是依法治水管水能力显著提升。2011年征收水资源费7387万元，比原计划多征收2887万元，做到应收尽收。加强水利安全生产隐患排查治理督促检查活动，保障了工程安全、资金安全、生产安全、干部安全，为德宏州全面加快水利建设工作做出积极贡献。

2011年12月6日，瑞丽市帕色河水库工程开工典礼。

2011年12月7日，参观考察瑞丽市帮孔千亩柠檬滴灌节水高产示范基地。

2012年3月15日，全州水利局长暨防汛抗旱工作会议。

2011年12月7日，召开全州冬春农田水利基本建设现场暨山区中小水利建设工作会议。

2011年11月18日，德宏州水利系统首届“水利杯”职工篮球赛。

德宏州工业

德宏州工业和信息化委员会系德宏州人民政府工作部门，是州政府主管工业经济和信息化建设工作的职能部门。州工信委内设13个科室，现有干部职工45人，其中公务员32人，工勤人员13人。

2011年，州工信委秉承“面向基层，服务企业”的宗旨，以“建一流班子，带一流队伍，强一流管理，树一流形象，创一流业绩”为奋斗目标，以科学发展观为指导，紧紧围绕桥头堡黄金口岸和瑞丽国家重点开发开放实验区建设，坚持与时俱进、开拓创新的工作理念，求真务实，顽强拼搏，扎实工作，着力抓好工业发展和信息化建设工作，使全州工业经济实现平稳、快速的发展，超额完成了省、州下达的各项工作目标任务。2011年，全州工业企业完成工业总产值133亿元，同比增长29.4%，其中规模以上工业企业完成产值88亿元，增长23.1%。全州工业实现增加值47亿元，同比增长22 %，对全州GDP贡献率达到27 %，比2010年增长一个百分点，其中规模以上工业增加值完成39亿元，增长19.1%；主营业务收入92亿元，增长26.2%；实现利税总额24亿元，增长14.3 %；实现利润总额16亿元，增长11.9 %。全州完成工业投资23.61亿

省工信委刘绍忠主任陪同中国兵器装备集团领导邓智尤到德宏参观考察。

2011年10月18日，州工信委主任闫生赞陪同省工信委许云副主任到芒市贡米公司调研。

2011年10月18日，州工信委闫生赞主任、成保平副主任陪同省工信委许云副主任到德宏后谷咖啡公司调研。

2011年12月29日，州工信委主任闫生赞到芒市盈瑞畜牧养殖公司调研。

2011年5月28日，州工信委组织机关党员到杨善洲林场参观学习。

和信息化委员会

元（不含电力），同比增长107％。

2011年度，州工信委被省政府评为云南省“十一五”期间节能减排工作先进单位；被州委评为党风廉政建设责任制考核优秀单位；被州委、州政府评为安全生产目标责任制考核优秀单位、盈江“3·10”抗震救灾先进集体、综治维稳工作二等奖；被州委、州政府命名为“2011~2013年度文明单位”；被州政府评为政务督查先进集体；被州委组织部、州老干局评为老干部工作目标管理责任制建设一等奖。委机关党委被州直属机关工委评为先进基层党组织。

2011年12月12日，州工信委到挂钩点组织开展廉政文化进农村活动。

2011年7月1日，州工信委机关党员与州三象水泥公司党员开展“七一”植树活动。

2011年2月25日，全州2010年度经委系统工作总结暨表彰会在芒市召开。

2011年5月7日，州政府与中粮公司糖业合作签约仪式在芒市举行。

2011年2月25日，召开全州工业经济工作会。

2011年3月12日，州工信委派出工作组深入盈江“3·10”地震受灾企业查看灾情。

2011年4月29日，州工信委召开党风廉政建设工作会。

2011年3月12日，州工信委派出工作组深入盈江剑雄水泥厂查看受灾情况。

德宏州国土

2012年8月22日，省国土资源厅副厅长杜筑华、陈刚一行在瑞丽畹町芒满口岸调研。

2012年2月5日，州国土资源局局长肖利生等领导陪同省国土资源厅厅长和自兴一行到德宏芒市调研山地城镇建设情况。

2012年2月21日，州国土资源局党组书记、局长肖利生在陇川调研城镇上山工业园项目。

2011年以来，全州国土资源系统各项重点工作取得新业绩，为桥头堡、试验区建设和全州经济社会发展提供了资源保障。

一、建设用地保障持续有力。坚持土地利用计划重点保障桥头堡、试验区建设和灾后恢复重建的用地需求和落地，共报批用地117件，总面积3.96万亩；供地596宗，面积1.11万亩。

二、国土整治项目取得新成效。组织实施“兴地睦边”农田整治重大工程项目15个，建设规模25.36万亩，新增耕地1.69万亩，投资预算5.95亿元；实施中低产田地改造项目4个，建设规模1.24万亩，总投资0.24万元；实施耕地占补平衡项目23个，建设规模9.15万亩，新增耕地5.84万亩，投资预算2.73亿元；实施盈江“3·10”地震灾后特大型地质灾害治理工程项目10个和土地复垦项目1个，总投资1.233亿元。

三、用地上山实现良好开局。“三规合一”会审已通过省级审查实施。开展坝子界定和坝区面积核实，共确定核实全州大于1平方公里以上坝子33个，面积1314.36平方公里。积极推进低丘缓坡土地综合开发利用取得阶段性成效，德宏州被列为全省8个国家级山地综合开发试点州市之一，芒市、瑞丽、陇川被列为开展低丘缓坡土地综合开发利用国家级试点县市，3个县（市）共规划试点项目区12个，建设开发控制总规模9.34万亩。

2012年2月26日，召开德宏州国土资源工作会议。

2012年2月23日，省国土资源厅赴德宏帮助指导工作座谈会。

2011年8月18日，省政府耕地保护责任目标考核德宏汇报会。

资源局

芒市山地城镇建设规划图

四、地质灾害防治工作扎实有效。编制完成《德宏州地质灾害防治规划（2011~2020年）》和《德宏州2011、2012年度地质灾害防治方案》，深入推进地质灾害群测群防“十有县”建设，争取和投入地质灾害专项经费1949万元，全州共建监测点793个，明确监测人员925人，发放防灾工作明白卡2574份、防灾避险明白卡19601份。

五、土地执法监察得到切实履行。土地例行督查审核全州“批、供、用、补、查”卷宗1238件，发现146个违法违规或不规范的情况，其中土地登记类107个，土地供应类37个，综合性资料2个。

六、国土资源基础工作取得新突破。土地利用总体规划、矿产资源规划及各专项规划的编制任务如期完成，土地确权登记发证规范有序，测绘地理信息工作得到强化，全面推动“数字德宏”地理空间框架建设。完成梁河、盈江、陇川1:5000测图项目上报，争取投资经费1444万元。

2012年6月19日，陇川县隆重举行首批兴地睦边项目主体工程竣工文艺晚会。图为项目区代表赠送锦旗。

2011年2月12日，德宏州“兴地睦边”农田整治重大工程在陇川县章凤镇拉勐村举行启动仪式。省厅、州政府等相关领导出席启动仪式。

2012年6月16日，国土部调研矿产资源法修改座谈会

陇川项目区建成后的田间道路

正在夯实路基的田间道路

德宏州安监局

2012年5月25日，州委常委、副州长柳五三参观指导德宏州安全生产摄影展。

2011年12月2日，州安监局党组书记、局长郭山一行对矿山进行安全检查。

2012年2月24日，郭山局长率州市联合检查组对硅冶炼厂进行安全督查。

2012年2月24日，郭山局长深入新建项目施工工地进行安全检查。

德宏州安监局成立于2003年12月。现有工作人员15人，设有办公室、矿山监督管理科、危险化学品监督管理科、综合监督管理科、应急管理科（法制科），设有党组和1个党支部。州安监局成立后，全州2市3县及畹町经济开发区相继成立安监局，全州50个乡镇设立安监站，配有专兼职安监人员。

2011年，德宏州安监局认真贯彻落实“安全第一、预防为主、综合治理”的方针，紧紧围绕桥头堡黄金口岸建设和瑞丽重点开发开放试验区建设工作目标，以开展治大隐患防大事故隐患排查治理为重点，以强化企业安全生产主体责任和“一岗双责”为抓手，以事故指标控制为目标，继续深入开展“安全生产年”活动，开展安全生产“三项行动”，切实加强监督管理，全力维护全州安全生产形势稳定。2011年，全州开展安全生产执法行动571次，查处无证或证照不全从事建设、生产、经营活动183起，私挖滥采、越界开采

黄国荣副局长与消防官兵在应急救援现场指挥

2012年6月10日，省州市领导参加芒市地区第十一个安全生产月活动启动仪式。

11起；排查煤矿、非煤矿山、危险化学品、烟花爆竹、冶金等工矿企业1157户，排查出隐患2522项，已整改2361项，整改率达94%，累计落实隐患治理资金1737万元；排查交通运输、建筑、电力、水库、农机、学校、渔业、特种设备、商场市场人员密集场所等重点行业领域企业单位2231家，排查出事故隐患2148项，现已整改1981项，整改率达92%，累计落实隐患治理资金105万元。通过治理整顿，关闭和取缔不符合安全生产条件的企业6个。州安监局连续7年较好完成省政府下达的安全生产目标控制任务，各项工作受到州委、州政府及省安监局的充分肯定。

2012年6月10日，省安监局领导督查德宏州道路交通安全。

2011年8月21日，州县安监局领导对隧道施工进行隐患排查。

2012年2月22日，局领导客座德宏广播电台热风行线解答社会热点。

2012年3月30日，州安监局党组高度重视党风廉政建设。

招大引强 重点突破

助推桥头堡黄金口岸及瑞丽重点开发开放试验区建设

德宏州招商合作局

2012年3月8日，德宏桥头堡建设金融界（北京）座谈会在德宏驻京联络办举行，州委副书记、州长龚敬政，副州长高铁英出席并作专题推介。

2012年6月5日，第十届东盟华商投资西南项目推介会暨亚太华商论坛、第二十届中国昆明进出口商品交易会期间，王俊强副书记代表德宏州与中国钢海集团签订“瑞丽义乌国际商贸城项目投资框架协议”。

2012年4月14日，举行签约仪式。

为加快招商引资步伐，2003年中共德宏州委四届36次常委会决定组建招商引资机构;2004年4月州政府组建州招商局，下设办公室、业务科、政研科3个科室，核编制11人（处级2人，科级4人）;2009年州政府第13次常务会和2010年3月五届州委第63次常委会同意增设企业服务科，增加事业编制3人;2010年10月正式更名为德宏州招商合作局;2011年9月州编委（德机编【2011】125号）批复“增设企业服务科，增加事业编制2名，核科级职数1名”。现在编13人，退休干部9人；工会小组1个；有党员16人。2009年9月，经州委批准成立州招商合作局党组，设党组成员3人。

州招商合作局以宣传推介“桥头堡黄金口岸及瑞丽开发开放试验区建设”为抓手，以“大企业进入”战略和“招大引强”为重点，夯实项目基础，改善投资环境，不断拓展招商领域，务实深化区域合作，开拓进取，扎实工作，努力创新工作机制，招商工作取得了较好的成效。

2011年，全州招商引资项目实际到位资金83.91亿元（完成州政府下达引进州外资金66亿任务的127.14%），同比增加28.91亿元，增长

2012年7月25日，德宏州参加太原推介会的相关主要负责人留影。

2012年4月5日，德宏州组团参加第十六届西洽会。图为州招商合作局局长赵敏与陕西企业家交流，宣传推介德宏。

2012年2月24日，省招商合作局杨军副局长考察芒市工业园区招商引资情况。

52.56%。其中：省内到位资金16.04亿元，占到位资金的19.11%；省外到位资金67.9亿元，占到位资金的78.58%（完成省下达引进省外资金42亿年度目标任务的161.6%）。实际利用外资达5241万美元。全州新签订招商引资项目151个，实施国内合作项目178项，其中结转项目96项，新增项目82项；项目协议投资530.3亿元，其中新增项目总投资122.4亿元。招商引资成为拉动GDP增长、扩大全州固定资产投资重要动力源，对增加就业、增加财税收入的作用更加明显，促进了地方经济社会的快速发展。2012年，畹町经济开发区103平方公里的城市开发建设、中国瑞丽彩色宝石交易中心、芒市新城整体开发、芒瑞大道等一批重大项目的签约落地，为实现全省“招商引资年”德宏引资突破百亿元大关的目标奠定了良好的基础。

2012年6月6日，昆交会期间，瑞丽市政府领导与企业签订项目投资协议。

2012年9月6号，世界晋商建设桥头堡高峰论坛暨云南省山西商会揭牌仪式在昆明举行，德宏州与云南省山西商会签署战略合作框架协议。

2012年5月11日，州招商局领导陪同外地企业家实地考察。

2010年7月17日，云南省商务厅厅长熊清华视察瑞丽口岸。

2011年6月5日，昆交会上，州委书记赵金、州长孟必光巡查德宏红木家具展馆。

2011年12月27日，签署合作备忘录。

2010年3月30日，李舟宇局长与各科室负责人签订《党风廉政责任书》。

德宏州

德宏州商务局是2005年机构改革时经德宏州人民政府批准设立的政府组成部门。该局设办公室、政策法规科、外贸发展管理科、内贸市场管理科、对外经济技术合作科、外商投资管理科、口岸管理科和境外罂粟替代种植发展管理科8个科室，另设局机关党委1个。机关行政编制21名，处级领导职数3名，科级领导职数12名；实有公务员20名，工勤人员7名，临时工6人，挂任局党组副书记职务1人，离退休人员32人。全州各县市区从事商务管理的部门有：芒市商务局、瑞丽市商务局、瑞丽市畹町经济开发区商务局、瑞丽市姐告边境贸易区经济发展管理局、陇川县工业与商务局、盈江县工业与商务局、梁河县工业与商务局7个行政部门，有工作人员150余名。

“十一五”期间，德宏州全面完成省、州逐年下达的商务各项目标任务，各项指标快速增长：一是外贸进出口总值从2005年的3.9亿美元增长到2010年的11.4

2012年3月26日，举行“合作协议”签订仪式。

2011年11月30日，召开德宏州桥头堡黄金口岸现代物流规划听证会。

2012年2月1日，商务国税建立合作机制。

2010年12月17日，李舟宇局长与参加“2010年中国工业产品（缅甸）展览会”的外国客商了解参展情况。

2011年12月9日，第十一届中缅边交会上，李舟宇局长察看企业参展情况。

商务局

2010年4月6日，李舟宇局长到芒市新正公司调研。

亿美元，增长192.31%；5年累计完成进出口总额36.48亿美元，是“十五”期间的2.2倍。二是“走出去”取得实质性成果。“十一五”期间，全州实施对外承包工程77个，完成金额10678万美元，是“十五”期间的1.2倍；实施境外投资项目9个，实际完成投资1715万美元，是“十五”期间的3.7倍；5年来累计实施境外罂粟替代种植面积43.16万亩，替代工作成效明显。三是利用外资工作取得新进展。5年来实际利用外资11285万美元，是“十五”期间的5.8倍。四是口岸基础设施建设得到加强，口岸功能不断完善。2010年全州口岸出入境人员、出入境交通工具、进出口货运量、口岸通关货值分别是“十五”末的1.37倍、2.1倍、1.54倍和3.4倍。五是内贸流通市场平稳发展。5年来，全州社会消费品零售总额实现年均20%的增长。2010年完成社会消费品零售总额54.3亿元，是“十五”末的2.4倍。

2012年6月，芒市安兴生猪定点屠宰场食品安全宣传开放日。

“十二五”期间，全州商务工作的总体目标是：社会消费品零售总额年均增长16%以上；外贸进出口总额年均增长17%以上；对外工程承包营业额年均增长12%，对外实际投资年均增长12%以上；口岸通关便利化水平显著提高，四项指标年均增长15%以上；利用外资的规模和水平不断提高。

随着德宏州桥头堡黄金口岸建设和瑞丽重点开发开放试验区建设的深入推进，为德宏商务事业的发展提供千载难逢的机遇，德宏商务各项工作将通过努力，一定会取得更好的成绩，实现商务各项事业的跨越式发展。

德宏州人力资源和社会保障局

德宏州人力资源和社会保障局是2011年2月撤销原德宏州人事局、德宏州劳动和社会保障局共同组建的，隶属于德宏州人民政府。全局设有局长1名，副局长5名，局机关设11个内设科室（正科级），下设公务员局（副处级）和3个参照公务员法管理事业单位（社会保险局[副处级]、就业服务中心[正科级]、劳动保障监察支队[正科级]）；有在职员工82人。德宏州人力资源和社会保障局自组建以来，全面落实科学发展观，以人才队伍建设、人事制度改革、全民创业促就业、劳务经济和社会保障工作为重点，坚持以民生为本、人才优先、科学管理、强根筑基为统领，不断加强领导、落实责任、强化措施，全面提高人才素质、健全人事制度、推进全民创业促就业、构建和谐稳定的劳动关系、完善社会保障体系，为德宏的经济发展和社会稳定做出了巨大贡献。

2010年2月4日，杨志明副部长在德宏视察工作时，在劳动监察服务窗口了解情况。

2010年5月12日，李江副省长到德宏调研社会保障工作情况。

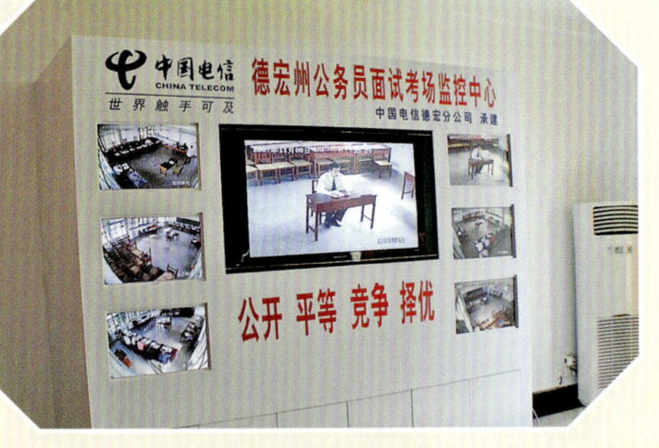

完成全省首家公务员面试监控系统建设

2011年5月17日，举行全州民营企业招聘会。

2011年5月20日，召开全州人力资源和社会保障工作会议。

2011年8月19日，德宏州居民养老社会保险全面启动。

德宏州工商行政管理局

德宏州工商局下辖5个县、市工商局，2个直属分局，27个基层工商所（分局），有在职干部职工458人，在职干部职工中有党员276人。

2011年，全州各级工商行政管理机关紧紧围绕全州工作大局，全面贯彻落实州政府批转的《德宏州工商局服务全州桥头堡黄金口岸和瑞丽重点开发开放试验区建设实施意见》，充分发挥职能作用，在服务发展、市场监管、消费维权、队伍建设等各方面都有了较大进展，取得了显著成绩。

一是促进非公经济健康发展。全州个体工商户首次突破4万户，新登记9592户，总数达41662户，比上年增长11%；资金数额260312万元，增长52%。私营企业首次突破4000户，新登记私营企业770户，总数达4092户，增长率为19%。

二是积极营造公平竞争、规范有序、诚信和谐的市场环境。全州工商部门坚持纠建并举，一手抓市场主体违法案件查处，充分发挥市场监管主力军作用；一手抓市场主体信用分类监管，确保流通领域没有发生重大食品安全事故。

三是深入推进商标战略实施。全州拥有注册商标944件，其中云南省著名商标42件、集体商标1件，“德宏水牛”、“德宏咖啡”首次获准注册为地理标志证明商标，实现德宏州地理标志证明商标零的突破。商标战略已经成为德宏州龙头企业开拓国内外市场，带动农民增收，促进农村经济发展的有效手段。

2011年3月，瑞丽市工商局党总支宝玉石协会支部被确定为全省50个学习型党组织建设示范点之一；州局机关党委等5个组织，陇川工商局宁敏等2名干部在全州建党90周年纪念大会上受到州委表彰；州工商局、盈江县工商局，州工商局副局长马向红、盈江县工商局局长杜江、盈江县个私协会秘书长张鸿在抗震救灾中受到州委、州政府表彰；州局机关党委、瑞丽市工商局党总支被州委确定为基层党建示范点。

2012年1月15日至17日，国家总局副局长刘玉亭在省局纳宗会局长、州局黄春伟局长的陪同下，到瑞丽视察桥头堡黄金口岸建设工作。

盈江“3·10”地震后，3月16日德宏州工商局成立抗震救灾应急分队支援盈江抗震救灾工作。

2012年6月22日，纪念建党90周年，德宏州工商局各支部举行“唱红歌颂党辉”歌咏比赛。

加强干部队伍建设，2012年4月19日至20日，德宏州工商局组织干部职工赴施甸学习杨善洲精神。

2012年6月14日，“德宏水牛”、“德宏咖啡”首次获准注册为地理标志证明商标。

德宏州总工会

2011年3月11日，云南省总工会党组书记、常务副主席王惠萍向盈江县总工会交付抗震救灾款700000元。

2011年，州委常委、宣传部长李燕兰，州人大副主任、工会主席孙春兰等领导到机场迎接州级劳模载誉归来。

2012年1月18日，州人大副主任、工会主席孙春兰到州医疗集团看望全国劳模李廷芳。

2012年4月9日，中华全国总工会到德宏开展“面心实”活动。机关常务副书记范凯声慰问环卫工人陈鲜美。

2012年4月27日，德宏州总工会举行庆五·一民族健身操比赛。

2012年8月24日，州总工会开展“金秋助学”活动。州人大副主任、工会主席孙春兰，州政协副主席杨丽云等领导为贫困学子发放助学金。

2011年12月18至19日，全国人大常委会副委员长、全国妇联主席陈至立一行到德宏视察妇女儿童工作。

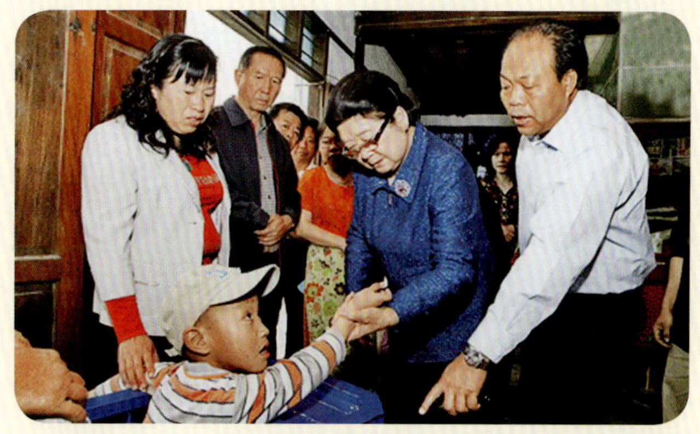

2012年2月29日至3月1日，第十届全国人大常委会副委员长、中国关心下一代工作委员会主任、中华少年儿童慈善救助基金会名誉会长顾秀莲到德宏州视察中华儿慈会“童缘”项目在德宏的实施进展情况。

德宏州妇女联合会

2012年1月4至6日，州政协副主席、妇联主席杨丽云率队到各县市（区）看望慰问农村妇女两癌患者（宫颈癌和乳腺癌），共为108名患两癌贫困妇女送去32.4万元的贫困妇女两癌救助金。

德宏州妇女联合会在州委、州政府的坚强领导和上级妇联的指导帮助下，坚持服务大局、服务妇女、服务基层的宗旨，深化建设“坚强阵地”和“温暖之家”的各项工作，认真履行代表和维护妇女权益、教育、参与、服务和联谊的职能，团结带领广大妇女投身社会主义建设实践、推动科学发展，着力解决妇女儿童最关心最直接最现实的问题，不断实现妇联工作的创新与发展。

全州现有专兼职妇联干部职工110人。农村社区妇代会、妇女小组3709个，城镇社区、机关事业单位妇委会、妇女小组752个，共建妇女之家（学校）724个，建妇女禁防组织、帮教小组等妇女自治组织1080个，注册巾帼志愿队伍82支、巾帼志愿者1594名。

2011年，德宏州妇联被评为全州“两基”先进集体、综治维稳工作一等奖、“五五”普法、“三五”依法治州工作先进单位（集体）。

2012年3月4日，州政协副主席、州妇联主席杨丽云深入基层开展“四群教育”活动。

盈江县“3·10”地震发生当晚，州委常委、原州妇联主席李燕兰连夜赶往盈江，视察灾情、慰问受灾妇女。

德宏州民族宗教局

2011年，德宏州民宗局进一步推进民族团结模范州建设。编制完成《德宏州扶持人口较少民族（阿昌、德昂、景颇）发展“十二五”规划》和《德宏州民族法制宣传教育第六个五年规划》。参加全国民族工作经验交流会，宣传德宏“十一五”民族工作取得的成效和经验；与省、州新闻媒体合作，广泛宣传“十一五”扶持人口较少民族工作，在芒市三台山德昂族乡开展全州第29个“民族团结月”活动，营造民族团结稳定良好氛围。在芒市丙午社区创建全州首个“民族团结进步示范社区”，不断推进城市民族工作创新发展。2011年，州民宗局进一步加大对民族地区经济社会发展的扶持力度。认真组织实施以扶持人口较少民族发展为主的建设项目588个，省下达项目资金8866万元，开展人口较少民族发展、兴边富民重点县、民族特色村寨建设。规划期内，全州5个县市42个乡镇161个建制村列入扶持范围，阿昌、德昂、景颇3个人口较少民族17.91万人将受有效扶持；进一步推进民族教育文化体育等社会事业协调发展。协助教育部门选送27名品学兼优少数民族应届毕业生到省内外中学、大中专院校就读；实施少数民族传统文化抢救保护项目；全国第九届少数民族传统体育运动会上，德宏州选送参赛的景颇族表演项目《谷斯伴》荣获一等奖；2011年，州民宗局获民族团结目标管理责任制省级考核一等奖及宗教工作目标管理责任制省级考核二等奖。

2011年4月13日，国家民委副主任丹珠昂奔、省民委主任王承才视察盈江“3·10”灾情。

2011年10月11日，刀保信副秘书长和王二软局长为先进集体揭牌。

2011年2月25日，召开德宏州民族宗教工作会议。

2011年5月30日至6月4日，在芒市西山乡文化站召开德宏州第二期景颇族民风民俗（董萨）培训会。

2011年12月18日，召开宗教工作目标管理责任制汇报会。

2011年3月17日，云南省民委与上海卢湾区到芒市卢姐萨村调研。

2011年10月24日，王二软局长在派立传道员仪式上讲话。

2011年，德宏州参加全国第九届少数民族运动会表演项目《谷斯伴》获一等奖。

梁河县九保乡丙盖村委会永和扶持人口较少民族示范村标志碑

德宏傣族景

2011年3月15日，云南省国家税务局李鸿文局长深入盈江灾区看望慰问受灾国税干部职工。

2012年3月29日，州国税局龙晖局长到陇川县局检查指导办税服务厅规范化建设工作。

新一届州局领导班子

2011年是“十二五”开局之年和全省国税工作的“服务基层年”，德宏州国家税务局新一届领导班子团结和谐，继往开来，带领全州国税系统振奋精神，扎实工作，以深入开展创先争优和各类学习活动为契机，以创新发展为核心，以学习找差距，以实践促工作，不断推进依法治税和科学化精细化专业化管理，有力推进了国税工作的顺利开展。全年组织国税收入13.73亿元，为计划的126.3%，同比增长39.3%，增3.88亿元，其中“三税”收入12.27亿元，为计划的127.7%，增长40.4%，增3.52亿元。在全力组织完成国税收入的同时，全系统认真贯彻执行好税收优惠政策，充分发挥税收职能作用，有力支持了边疆经济社会健康快速发展。

全系统着力突出“服务基层年”工作主题，采取有效措施，投入大量人力、物力和资金，狠抓干部职工的思想政治工作、素质教育提高和政策业务培训，开展干部竞争上岗，营造风清气正、干事创业的良好氛围；狠抓税源专业化管理和纳税评估等工作，开展执法风险点的排查梳理，规范系统内控机制建设，提高服务基层服务广大纳税人的质量效率；狠抓桥头堡黄金口岸和瑞丽重点开发开放试验区建设的相关调研工作，立足国税工作全力支持边疆德宏经济社会科学发展、和谐发展、跨越发展。

2012年4月27日，召开能力提升知识讲座动员会。

2012年4月19日，召开全州国税系统办税服务厅规范化建设工作现场会议。

2011年9月7日，组织开展纳税评估工作。

颁族自治州国家税务局

2012年3月12日，州委常委、纪委书记赵镇康深入州国税局指导廉政文化建设工作。

2012年6月6日，龙晖局长带队深入挂钩点开展"四群"工作。

通过各项措施的深入落实，取得了显著成效：州国税局惩防体系建设和党风廉政建设工作及社会治安综合治理工作均被州委考评为优秀单位，盈江局办税服务厅被省国税局和省妇联表彰为"巾帼文明岗"，畹町局被省局命名为"文明单位"。

2012月4月1日，税收宣传活动现场。

2012年3月12日，签订党风廉政建设、组织税收收入、综治维稳责任书。

2012年1月16日，举办迎新联欢活动。

德宏州2008-2010年禁毒防艾人民战争先进挂钩单位

一等奖

中共德宏州委
德宏州人民政府
二〇一一年四月

2010年度德宏州综治维稳工作

一等奖

中共德宏州委
德宏州人民政府

2006-2010年全国法制宣传教育

先进单位

中共中央宣传部　中华人民共和国司法部
二〇一一年五月

2011年全州综治维稳工作

一等奖

中共德宏州委
德宏州人民政府

中国人寿保险股份有限公司
China Life Insurance Company Limited Yunnan Branch

德宏分公司

德宏分公司2011年度精英表彰

2011年3月12日，盈江“3·10”地震省公司总经理阮建设（中）登门送理赔。

2011年9月26日，德宏分公司与德宏州公安局举行《局长责任险》签字仪式。

中国人寿保险股份有限公司德宏分公司是德宏地区最大的国有商业人寿保险公司。现有在编员工110人，大专及以上文化94人，占比85.45%，平均年龄31.9岁。同时，拥有专业营销人员900余人。分公司设机关9个部室、4个综合县市支公司、3个直属售销部、20个乡镇营销服务部。截至2011年末，德宏分公司实现股份总保费收入21993.35万元,同比增长9.31%，寿险市场平均占有率67%，继续领跑德宏寿险市场，保持甲AA公司地位。

德宏分公司主要向个人及团体提供人寿、意外和健康保险产品，涵盖生存、养老、疾病、医疗、身故、残疾等多种保障范围，全面满足客户在人身保险领域的保险保障和投资理财需求。公司秉承“成己为人,成人达己”的核心理念, 以“专业、真诚、感动、超越”为服务宗旨，依托覆盖全国城乡的服务网络，致力于为社会提供优质的保险产品和服务；公司加强风险管控，依法合规经营，深入开展“诚信我为先”活动，有效防范“销售误导”和“代签名”，维护消费者合法权益；不断延伸“国寿1+N”个性化、人性化服务，开展VIP客户大讲堂防震防灾知识讲座、社会质量监督员座谈会、联合美协举办“牵手国寿、绿动中国”少儿环保绘画作品征集活动；切实加强行风建设，提升行业形象，被州委、州政府授予2011“文

2011年5月10日，公司总经理聂永祥带队到禁防挂钩点梁河县勐宋村慰问。

明行业”；着力开展保险先进村和乡镇营销服务部星级网点“双创”活动，服务新农村建设，新增“保险先进村”11个；积极为社会搭建创业平台，全年新增留存人力464人，为社会再就业和稳定作出贡献；公司以人为本，为员工搭建施展才华的平台，有效推进企业文化建设，构建和谐发展新画卷。

“撒播爱心、造福社会”是中国人寿永恒的价值理念。2011年盈江“3·10”强烈地震，德宏分公司积极投身抗震救灾，开辟绿色通道，3天内快速理赔29万元，得到社会各界高度赞扬。全年支付死亡、医疗、伤残、满期、年金、红利、赔款等15741笔，金额5632.63万元。德宏分公司连续4年获得“德宏州消费者喜爱服务单位”荣誉称号。

中国人寿德宏分公司将围绕保险工作传递爱心的光荣使命，积极投身德宏桥头堡黄金口岸和瑞丽重点开发开放试验区建设，为地方经济社会发展保驾护航。

2012年2月9日，中国人寿德宏分公司在梁河县召开全州系统工作会。图为聂永祥为受表彰的先进个人颁奖。

2012年3月20日，开展“诚信·沟通·维权”为主题的“我与客户面对面”座谈会。

庆祝建党90周年活动

标准的现代化营业大厅

丰富多彩的企业文化

州侨办

2012年4月5日，由中央电视台侨联副主席吕涛（中）捐赠30万元修建的盈江县苏典乡鲁苗小学落成。

在第十届东盟华商投资西南推介会上，德宏成为海外侨商关注的热点

2012年6月4日，州委州政府领导会见泰国正大集团主席谢国民先生。

由香港雅居乐集团捐赠500万元捐建的盈江县灾后恢复重建项目——“雅居乐侨爱新村”

“2012海外华裔青少年夏令营”——参观昆明世博园

2012年6月5日，第十届东盟华商投资西南推介会签约仪式。

2012年7月23日，全省侨务工作会议在昆明召开。德宏州侨办、瑞丽市侨办、芒市侨办荣获全省侨务工作先进单位。

2012年7月6日，侨爱工程项目——梁河县曩宋乡中心小学侨爱楼奠基。

2011年12月28日，工行云南省分行与德宏州政府签订“金融战略合作协议”。

德宏州工商银行

2011年11月3日，龚敬政州长视察指导工行网点，并对各项工作提出希望和要求。

2011年8月4日，省分行余良副行长率队到瑞丽调研，与瑞丽市委、市政府领导举行银政合作座谈。

2011年12月16日，与德宏州企业发展联合会共同举办第一届年会，进一步支持地方企业发展。

2012年3月9日，德宏分行与芒市工业园区管委会签署《金融战略合作协议》，加大对芒市工业园区及“十二五”规划重点项目支持力度。

中国银行德宏州分行

中国银行德宏州分行恢复设立于1986年，可追溯至1939年创建的中国银行瑞丽雷允办事处，是德宏州历史最早的商业银行。德宏州分行下辖综合管理部、财务管理部、监察部、公司业务部、个人金融部、瑞丽支行6个部门和州分行营业部、勐焕路支行、目瑙纵歌路支行、阔时路支行、瑞丽支行营业部、畹町支行、姐告支行7个经营网点。现有在岗员工138人。

德宏分行积极支持德宏州的民族经济建设。2007年，德宏分行向德宏水电项目—龙江水电站枢纽工程核发10亿元的贷款，成为迄今为止银行业在德宏州最大的单笔授信。2010年，德宏分行为后谷咖啡公司成功办理云南省金融系统首笔跨境人民币结算业务。

德宏分行以全面实施目标管理为核心，以进一步打造和提升核心竞争力、充分发挥比较优势为主线，以管理精细化为切入点，以管理创新、服务创新、营销创新、产品创新和文化创新为推动力，以内控建设和构建和谐中行为保障，努力实现各项业务又好又快发展。2005年，德宏分行获德宏州深化国有企业改革工作“先进单位”称号；2007年获总行“劳动关系和谐单位”称号；2010年获德宏州委“落实党风廉政建设责任制先进单位”称号。

2012年是中国银行的百年诞辰，中国银行德宏分行将携“百年中行”的全球化优势，借“桥头堡”战略在德宏的实施，百尺竿头、更进一步，为德宏经济的腾飞增砖添瓦。

2011年3月9日，中国银行总行岳毅副行长在德宏州政府板岩过副州长陪同下，视察中行授信支持的德宏州龙头企业——后谷咖啡公司。

2011年6月28日，云南省分行赵玉忠副行长、德宏州人行罗本祥行长、德宏银监分局鲁建华局长、瑞丽市委杨跃国书记、刀晓瑞市长、州分行解近宏行长为姐告支行开业剪彩。

2011年10月15日，承办中国银行云南省分行第二届运动会德宏分赛区各项比赛，获得圆满成功。

2011年12月16日，支持瑞丽“桥头堡”建设，在辖属瑞丽支行建设德宏州最大、最先进的保管箱库房，为德宏人民提供更为全面和优质的金融服务。

2011年8月1日，云南省财监办到德宏分行检查指导合规经营和内控建设工作。

德宏州农垦局

德宏州农垦事业始于1951年12月，其后，根据各个时期的情况变化，农垦局机构及名称多次进行调整。2010年，省委、省政府进一步深化农垦改革，德宏农垦局建制整体移交属地管理。2011年5月州农垦局成立，并于年末加挂州橡胶产业办牌子，成为隶属州政府管理的职能部门。州农垦局切实履行好州委、州政府赋予的加强农垦改革研究，指导县市农场公共管理和公共服务工作，促进垦区经济社会发展，对全州天然橡胶产业进行宏观指导和行业管理的职能职责，抢抓桥头堡建设机遇，坚持“深化改革、优化结构、和谐发展”的方针，着力培育橡胶龙头企业，做大做强糖、茶、咖啡等特色优势产业，探索职工增收新兴产业，努力开创“产业发展集团化、农业建设现代化、民生保障和谐化”的农垦发展新局面。

至年末，全州垦区总人口40706人，其中在岗职工8586人，退离休人员8688人；种植粮食作物20949亩，产粮食7819吨；种甘蔗45073亩，入榨甘蔗312173吨，产糖46707吨，产酒精2659吨；种茶叶10251亩，产干毛茶980吨；种咖啡5908亩，产量382吨；种蔬菜瓜果8631亩，产量10194吨；种水果12519亩，产量9061吨。全州种植橡胶面积23.63万亩（其中农垦8.14万亩，民营15.49万亩），分布在2市（芒市、瑞丽）2县（盈江和陇川），有5个农场和18个乡镇种植橡胶，4万多种植户，受益人口20多万人，年产干胶8719.83吨，实现橡胶销售产值2.53亿元。

总结推广的独具特色的胶茶、胶咖、胶果等立体生态胶园建设模式。

局领导深入垦区农场调研职工肉牛养殖项目

垦区住房旧貌换新颜。至2011年末，德宏垦区累计进行危房改造户数13580户，累计完成投资8.45亿元，解决3万多职工群众的住房困难问题。

2011年12月25日，召开德宏农垦成立60周年座谈会暨《德宏农垦志》首发式。

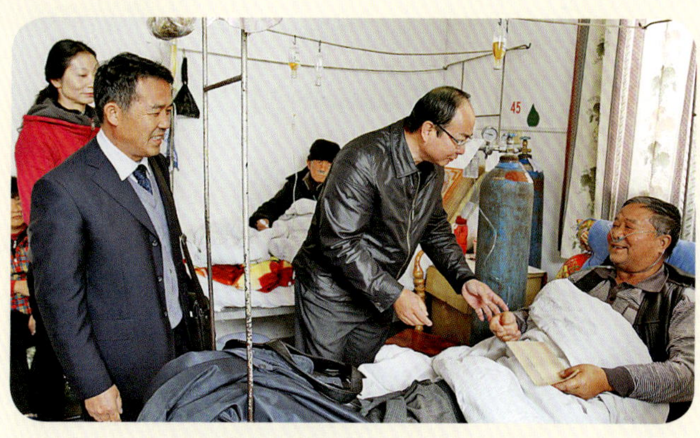

局领导到基层慰问职工群众

中国电信股份有

2012年7月10日，德宏分公司盛杰总经理深入陇川县清平乡广外村开展“四群”教育和实行干部直接联系群众工作。

2012年5月16日，德宏分公司领导做客“德宏热线”与听众沟通交流。

中国电信股份有限公司德宏分公司是德宏州的主体电信企业，是德宏州信息化建设的主力军。该公司正在全面实施智慧德宏建设，致力于政府信息化、行业信息化、企业信息化、社区信息化和农村信息化等的建设，为推动全州经济发展发挥着巨大的作用。

自全业务运营以来，中国电信德宏分公司用户规模不断扩大，网络能力不断提升，综合实力不断加强。目前，中国电信德宏分公司已建成四通八达、覆盖广泛和安全便捷的传输网络，中缅跨境国际光缆；拥有广覆盖、高质量和高带宽的宽带网络，全州三县二市行政村实现村村通宽带，户户通电话;拥有德宏州内覆盖面最广、网络质量最好的3G网络，并在向4G网络升级演进，有线无线网络覆盖范围通达全州各县市城区、村寨、公路沿线、边境沿线及主要景区景点；拥有“天翼”、“天翼宽带”、“ 天翼e家”和“天翼飞Young”等知名品牌，具备电信全业务、多产品融合的服务能力和渠道体系。

作为德宏州信息化建设的主力军，中国电信德宏分公司大力推广信息化应用，以全新的多业务、多网络、多终端融合及价值链延伸，努力使信息化成果惠及社会各行业和广大人民群众；认真履行电信普遍服务义务，积极服务“三农”，持续推进“村村通电话”工程和“千村行动”信息化示范工程；承建农村党员远程教育项目，为广大百姓提供“衣食住行用”

2012年8月7日，签订智慧陇川合作协议。

2012年7月11日，召开德宏教育信息化工作会。

2012年6月28日，召开中国电信创造争优活动表彰大会。

限公司德宏分公司

2012年2月6日，目瑙纵歌节应急通信保障。

2012年举办“5·17”电信日客户回馈活动。

2012年7月20日，德宏分公司参加“保护生态环境、建设森林德宏”义务植树活动。

等方面的综合信息服务，方便百姓享受信息新生活。

中国电信德宏分公司将继续以德宏州信息化建设为己任，凭借综合信息服务提供商的实力，为德宏州加快推进“中国面向西南开放的信息通道建设”做好长期的技术和业务支撑服务，为把德宏建设成为中国向西南开放重要桥头堡黄金口岸做出积极的贡献。

2012年3月19日，电信版iPhone4S上市“不一样的滋味”天翼苹果尝鲜会现场。

基站建设

红红火火过大年

2011年12月30日，举办喜迎新年健身活动。

中国移动云南

德宏分公司隶属于中国移动通信集团云南有限公司。下设9个专业部门和5个县市分公司。主要经营移动话音、数据、IP电话、多媒体、国际互联网、3G（TD-SCDMA）等业务，服务网号为："139、138、137、136、135、134、147、150、151、152、157、158、159、182、187、188"。

公司拥有"全球通"、"神州行"、"动感地带"和为政府、企事业、农村等集团客户提供信息化服务的"动力100"等品牌。目前是德宏州最具实力的通信运营企业。

截至2012年8月，公司拥有客户数106 万，固定资产7.9亿元，业务总收入突破4亿元。拥有基站1000余个，光缆 6000余公里。全州100%的行政村、99%以上的自然村和98.8%的主干公路线实现了网络信号覆盖。2000余个服务网点遍布全州乡镇、村寨，群众"足不出村"就可方便快捷地办理业务。优质的服务赢得了广大用户的信赖和赞誉。

德宏分公司在实现发展的同时，大力推进精神文明建设，现已建成为"省级文明行业"。2012年初被省文明办和公安厅授予"云南省文明交通示范企业"荣誉称号。

营业厅客户服务现场

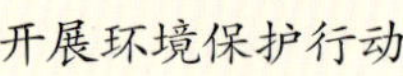
开展环境保护行动

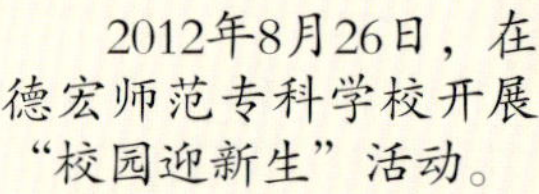
2012年8月26日，在德宏师范专科学校开展"校园迎新生"活动。

开展军民共建活动

公司德宏分公司

2012年1月10日，召开2011年度先进表彰大会。

2012年7月11日，在芒市会堂举办德宏州领导干部知识暨全球通VIP大讲堂。

2012年5月4日，到德宏州特殊学校开展献爱心活动。

2012年春节团拜会上，员工表演文艺节目。

安全生产月期间，开展消防灭火演练。

移动基站

2011年3月11日，南方电网副总经理王良友到盈江视察地震灾情。

2011年8月24日，云南电网公司副总经理吴宝英与德宏州政府签订《电网可持续发展框架协议》。

云南电网公司王文副总到盈江视察震后灾情

2011年1月21日，云南电网公司王文副总经理率春节慰问组一行到德宏供电有限公司困难家庭进行春节慰问。

德宏供电

2011年是德宏供电有限公司管理的提升之年、调整之年、规范之年。公司面对地震灾害频发、各种矛盾交织的不利局面，坚持以科学发展观为指导，深入贯彻落实南方电网中长期发展战略，开拓创新，狠抓落实，圆满完成既定的各项目标任务，各项指标完成情况良好，实现了“十二五”良好开局。

2011年末，公司完成组织构架一体化，内部机构设有办公室、企业管理部、计划发展部、人力资源部、财务部、市场营销部、生产技术部、基建部、安全监察部、监察审计部、政治工作部、工会办公室、系统运维部13个职能管理部门，以及物流中心、信息中心、计量中心、客户服务中心、营销稽查中心、电力调度中心、输电管理所、变电管理所8个二级机构，下辖芒市、梁河、盈江、陇川、瑞丽、畹町6个县级分公司和1个全资子公司，即德宏上源电力进出口有限责任公司。公司有员工2338人，

2011年7月1日，德宏公司党员到大亮山林场深切缅怀杨善洲同志。

畹町分公司服务分队走出国门服务边境居民

芒市分公司到小学开展安全用电知识宣传

2011年4月26日至28日，由云南电网公司安监部袁疆副主任带队的两票帮扶工作组，到德宏供电有限公司基层进行调研。

2011年9月28日，云南电网公司对口帮扶德宏、怒江、迪庆、丽江供电有限公司阶段工作座谈会在芒市召开。

2011年9月8日，德宏公司召开电网规划建设会，为瑞丽桥头堡建设服务。

有限公司

其中在岗员工1630人，退休、内退708人。拥有110千伏变电站18座，主变容量124.7万千伏安；110千伏线路1277千米。35千伏变电站43座，主变容量21.9万千伏安；35千伏线路1145千米；10千伏配电变压器7086台、容量99万千伏安，10千伏线路5141千米，400伏、220伏低压线路6333.6千米。全州用户数31.3万户。

2011年2月16日，德宏供电有限公司召开境外用电大客户座谈会。期间，分别会见缅甸南坎电力委员会主席姚世宗、中缅泰香园总经理马胜和荣茂商贸有限责任公司相关负责人等缅方大客户代表，并对今后的合作进行了探讨。

盈江"3·10"地震中临时成立红旗党支部。

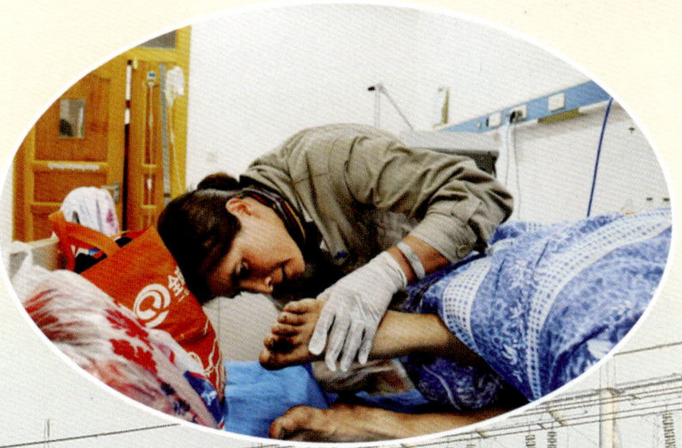

盈江"3·10"地震后，梁河分公司志愿者服务队到医院照顾伤员。

云南电网公司救灾分队严阵以待

云南电网公

2011年3月11日，南网王良友副总经理在重灾区220kV盈江变视察。

2011年9月16日，德宏局党委书记岳志强在220kV盈江集控站调研和谐温馨变电站。

大灾当前盈江变现场抢修

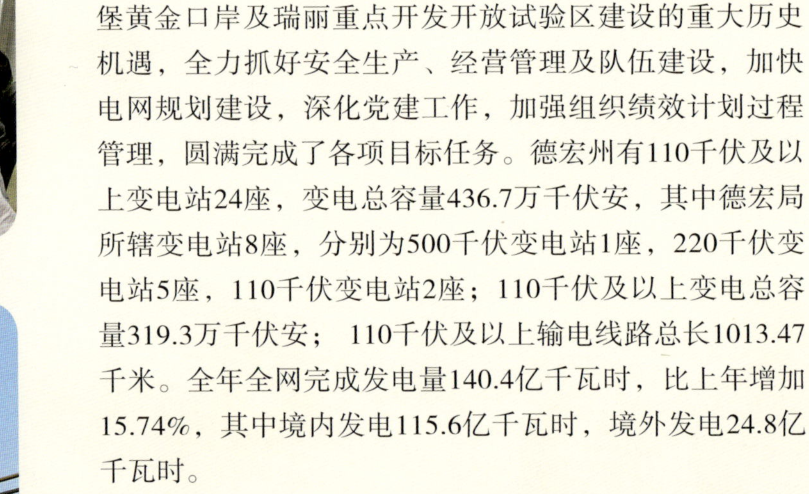

2011年，德宏供电局认真贯彻落实网公司中长期发展战略和网、省公司工作会议精神，紧紧抓住德宏桥头堡黄金口岸及瑞丽重点开发开放试验区建设的重大历史机遇，全力抓好安全生产、经营管理及队伍建设，加快电网规划建设，深化党建工作，加强组织绩效计划过程管理，圆满完成了各项目标任务。德宏州有110千伏及以上变电站24座，变电总容量436.7万千伏安，其中德宏局所辖变电站8座，分别为500千伏变电站1座，220千伏变电站5座，110千伏变电站2座；110千伏及以上变电总容量319.3万千伏安；110千伏及以上输电线路总长1013.47千米。全年全网完成发电量140.4亿千瓦时，比上年增加15.74%，其中境内发电115.6亿千瓦时，境外发电24.8亿千瓦时。

2011年，德宏供电局自动化组荣获“云南省工人先

大灾当前——盈江变220kV2号主变震后抢修检查试验

220kV瑞丽输电变工程现场

司德宏供电局

2011年7月3日，德宏局杨凡局长在220kV瑞丽变调研。

德宏局杨凡局长在盈江地震现场指挥

锋号”及南网公司“工人先锋号”荣誉称号；德宏局工会荣获省公司“2010年工会目标责任制考核先进单位”称号；在省公司团委开展的“感动云网——寻找身边榜样”活动中，盈江集控站荣获先进集体称号；局档案工作达到南网“优秀级”档案管理标准；德宏供电局荣获德宏州惩防体系建设暨党风廉政建设责任制优秀单位称号，获德宏州综治维稳先进集体一等奖。

2011年4月27日，召开220kV瑞丽输电变工程施工现场会。

220kV盈江和谐温馨变电站企业文化宣传

2011年10月25日，220kV瑞丽变投运宣誓。

深入持久宣贯南网中长期发展战略(一)

前　言

南方电网公司中长期发展战略，明确了公司未来十年的定位、发展方向、经营目标、主要任务和战略举措，是指导公司发展上层次、管理上水平，向国际先进企业迈进的纲领性文件。

为做好中长期发展战略的宣贯工作，云南电网公司领导纷纷走出机关，深入一线，引导广大干部员工深入理解南方电网公司的战略目标和核心价值观，凝心聚力、步调一致，确保中长期发展战略落地；云南电网公司德宏供电局领导干部带头学，党员干部集中学，全面贯彻落实南方电网中长期发展战略，同时通过网络、滚动屏、宣传栏、墙壁、知识竞赛等多种形式，横到边、纵到底、多层次、全方位地把中长期发展战略宣贯到每一个班组、每一位员工。一场宣贯南方电网公司中长期发展战略的热潮正在云南电网公司德宏供电局兴起。

使命：主动承担社会责任，全力做好电力供应

主动承担社会责任　明确公司作为关系国家能源安全和国民经济命脉的重要行业和关键领域的中央企业，必须坚定不移地服务党和国家的工作大局，承担维护社会公众利益的责任和电力普遍服务的义务，在重大灾害面前，责任在先，在构建和谐社会中做表率。

全力做好电力供应　强调公司作为电网企业，要协调好发电企业与电力客户，优化资源配置，提供安全、可靠、高效、环保的电力供应，服务经济社会发展。

战略目标：成为服务好、管理好、形象好的国际先进电网企业

服务好　在保障安全、可靠供电的基础上，持续提升优质服务水平，让客户满意、利益相关方满意、社会满意。

管理好　公司核心价值观深入人心，基础管理过硬，制度完备有效，流程清晰流畅，机制科学配套，现代化手段先进适用，价值创造能力和经济效益不断提升，经营合法合规，管控高效。

形象好　建立与政府、社会和公众长久和谐的公共关系，树立安全、可靠、诚信、负责的企业形象，持续提升“万家灯火、南网情深”的品牌。

核心价值观：万家灯火、南网情深

聚焦于“情”	内　涵
服务客户之情	以客户为中心，以提高供电可靠性为根本
关爱员工之情	以员工为本，员工与企业共同成长，建设幸福南网
回报社会之情	承担社会责任，打造绿色电网
南网人的真情	点亮万家灯火，给社会带来光明和幸福

南网中长期发展战略宣贯

德宏州人民

德宏州人民政府蔗糖生产办公室是德宏州人民政府特设的正县级蔗糖产业职能管理部门。1980年德宏州革委会成立蔗糖生产办公室；1984年改设德宏州蔗糖公司；1986年改名德宏傣族景颇族自治州蔗糖局，为州人民政府主管蔗糖生产的行政一级局；1998年机构改革撤局设德宏州人民政府蔗糖生产办公室，至2011年内设党委办公室、人事秘书科、甘蔗生产科、制糖综合科、科技教育科、计划财务科6个正科级科室，下属德宏州甘蔗科学研究所、德宏州制糖工业研究所2个事业单位，州甘科所为国家和省现代农业甘蔗产业科技推广体系综合试验站。2003年德宏糖业整合后，德宏州委撤销州蔗糖办党组成立州蔗糖办党委，由州委组织部直接管理，2011年有1个基层党委、7个党总支、33个党支部，有640多名党员。2011年6月，州委州政府调整充实了州蔗糖办领导班子，配备党委书记1名、主任1名、副主任3名。

2011年7月14日，省长李纪恒调研德宏英茂糖业有限公司景罕糖厂改扩建工程。

2012年1月1日，省委常委、宣传部部长赵金，德宏州委书记李磊深入制糖生产车间调研。

2012年3月3日，州长龚敬政调研德宏英茂糖业有限公司弄璋糖厂榨季生产。

2012年5月16日，云南省甘蔗产业体系首席科学家范源洪到德宏州检查指导工作。

机械化收获甘蔗

甘蔗套种马铃薯

政府蔗糖生产办公室

2011年8月29日，州人民政府与县市人民政府签订蔗糖生产目标责任书。

2011年3月7日，召开全省蔗糖产业调研德宏座谈会。

德宏州是云南省主要的蔗糖生产基地和国家滇西南甘蔗优势区域的重要组成部分，全州50个乡镇中有45个种植甘蔗，涉及农民65万人，拥有德宏英茂糖业有限公司、德宏力量生物制品有限公司、梁河力量生物制品有限公司、陇川糖厂、芒市康丰糖业有限公司5家制糖企业、13座糖厂、14条生产线，日处理规模4万吨，企业员工近4000人。2010/2011年，全州甘蔗收获面积81.62万亩，甘蔗总产399.09万吨，入榨甘蔗358.91万吨，生产食糖45.81万吨，生产酒精2.8万吨，实现工农业总产值42亿元，其中工业总产值（现价）26.59亿元、甘蔗农业总产值15.42亿元，蔗农人均甘蔗收入2372元，实现各项税收3.42亿元，制糖企业实现利润总额7.17亿元，进一步凸显了蔗糖产业的支柱地位。

蔗农高兴的领到甘蔗联动价蔗款

英茂糖业被认定为省农业产业化经营重点龙头企业

机械化种植甘蔗

蔗海绿茵

盈江县卫生局

2012年1月14日，省长李纪恒到盈江检查指导灾后重建工作。

2011年3月10日，盈江县发生5.8级地震，地震致使盈江县卫生系统房屋受损26栋，受损面积达60996平方米，其中业务用房房屋受损18栋，受损面积55736平方米；围墙倒塌、断裂4002米。

为做好卫生医疗系统业务用房恢复重建工作，云南省人民政府以《关于盈江“3·10”地震恢复重建规划》及（省抗办〔2011〕2号）文件，将盈江县卫生系统的9个项目列入重建，下达重建资金3200万元，其中：中央财力补助2700万元，部门整合资金500万元。项目建设的起止年限为2011年至2012年。项目包含：县疾控中心实验综合楼、县妇儿中心（县妇幼保健院）业务用房、莲花山卫生院业务用房、盈垦社区卫生服务站业务用房、太平镇中心卫生院芒允分院门诊楼、弄璋镇中心卫生院姐帽分院门诊楼、县卫生监督大队业务用房、那邦镇中心卫生院业务用房及盈江县120急救中心建设。

截止2012年8月30日，9项恢复重建项目已完成竣工验收，并投入使用8项，120急救体系建设项目调整并入县人民医院门诊综合大楼项目，项目完成投资3300万元。

重建后的妇幼保健院业务用房

重建前的盈垦社区卫生服务站业务用房

重建后的疾控中心实验楼

重建后的莲花山卫生院业务用房

2012年1月6日，召开恢复重建项目督查报告会。

重建后的卫生监督业务用房

在“3·10”地震中，盈江县卫生局荣获州委、州政府盈江“3·10”抗震救灾先进集体，荣获州卫生局抗震救灾先进集体；瞿炳生、张涛、王平、钏助流、杨世全荣获州委、州政府盈江“3·10”抗震救灾先进个人，明永济、李红梅、李仕刚荣获县委、县政府“3·10”地震灾后恢复重建先进个人，周云、杨正攀荣获州卫生局抗震救灾先进个人。

重建后的盈垦社区卫生服务站业务用房

重建后的芒允卫生院业务用房

重建后的姐帽卫生院业务用房

边疆各族人民支持中国
维护钓鱼岛领土主权

抗日战争时期蔡孝禹老人在滇缅公路通车仪式现场（中：背对观众者）

日军慰安所遗址（位于云南龙陵县城内）

1942年5月，日军入侵滇西，德宏沦为日军入侵滇西的大本营，在日军占领的两年零8个月的时间里，日军的暴行使边疆少数民族地区的德宏遭受了巨大的人员和财产损失：人员伤亡14449人，其中死亡9118人，伤3933人，失踪354人，间接伤1044人。财产损失：按1937年7月不变价计算：共造成直接经济损失140922233元，财产损失138923110元。有侵略就有反抗，在日寇占领的日子里，当地各族人民和土司山官的抵抗与反击从未间断，他们配合中国军队两次大反攻，先后经历了浑水沟战斗、放马桥战斗、红崖山战斗、三台山战斗、黑山门战斗……于1945年1月20日，最早将日寇赶出畹町国门——英雄的史诗一代接一代的传下去，美丽、动人、荡气回肠。今天的日本政府无视二战在边疆民族地区犯下的滔天罪行，如今又要再次挑衅入侵我钓鱼岛主权，引起边疆各族群众的愤慨与强烈不满，是可忍，孰不可忍！

潞西市政府所在地原为入侵滇西日军的总指挥部，这是至今遗留的碉堡（陈子鸥摄）

松山战役

坐落在畹町的南洋机工纪念碑

德宏年鉴

2012

（总第21期）

德宏民族出版社

图书在版编目（CIP）数据

德宏年鉴．2012／德宏州史志办编．—潞西：德宏民族出版社，2012.8
ISBN 978-7-80750-700-0

Ⅰ．①德… Ⅱ．①德… Ⅲ．①德宏傣族景颇族自治州—2012—年鉴
Ⅳ．①Z527.42

中国版本图书馆CIP数据核字(2012)第167491号

书　　名　德宏年鉴·2012
作　　者　德宏州史志办公室　编

出版·发行	德宏民族出版社	责任编辑	方　萍
社　　址	云南省德宏州芒市勇罕街1号	责任校对	张家本
邮政编码	678400	封面设计	陈德寿　杨星明　田启云
总编室电话	0692-2124877	排　　版	李维冉　王光海
电子邮件	dmpress@163.com	发行部电话	0692-2112886
印 刷 厂	昆明鹰达印刷有限公司	网　　址	www.dmpress.cn
开　　本	大16开	版　　次	2012年11月第1版
印　　张	44.75	印　　次	2012年11月第1次
字　　数	1000千	印　　数	1-1000
书　　号	ISBN 978-7-80750-700-0/Z·188	定　　价	180.00元

如出现印刷、装订错误，请与承印厂联系调换事宜。印刷厂联系电话：0871-3646096

德宏州地方志编纂委员会

《德宏年鉴》编辑部

《德宏年鉴》图片提供单位

州政府办、《德宏团结报》社、孔雀之乡网站、德宏之窗网站、德宏州人民政府公众信息网、州史志办、芒市委宣传部及中央、省级新闻媒体记者

《德宏年鉴》撰稿人员名单

(按出现先后顺序排名)

李　磊	龚敬政	王俊强	孔勒干	陈德金	宋雨发	岳志强
王绍山	李　娟	张建章	杨星明	龙路云	吴　翔	杨从德
宋元岫	甫如明	杨世洪	熊尚前	李加强	闫信佳	杨清志
李志祥	郑海洪	董履梁	赵兴荣	蒋　英	余胜连	项保英
李武周	王　浩	徐天泽	思院章	黄　蕊	陈娥昌	杨　芳
毛成才	聂茂华	陈友莉	谢志坚	付灿娥	瞿忠辉	濮玉珏
王　猛	杨发逵	肖占先	字登明	黄华康	师　琨	赵兴昌
哏留强	赵　海	何家松	尹丽莉	杨坤燕	明　艳	朗昌辉
卓君佳	林念兰	思治明	管有恒	尹朝红	李楠青	陈　进
殷昌荣	孙　伟	邵宗茂	邵　文	高　蕊	寸守庆	左爱萍
杨庆东	盛国斌	寸时良	字星运	李志远	岳志刚	邵庆周
王　刚	尹祖杏	陈玉田	李　彪	尚正宠	龚兴文	季柔杉
杨恩杰	赵新宏	尚正和	林　丽	冷　聪	孟令印	王　红
罗仁灿	曾　志	闫水林	黄学荣	李继云	郑小明	毕　鸣
孙　华	杨荣娟	彭应德	王继华	王　政	王　羽	孟成钟
李　斌	钟　珊	蒋志刚	马振宇	何琴远	舒　平	杨恩才
余祖凡	杨惠萍	郭丽娟	曹　英	王　涛	李　黎	雷存娣
蚌德启	母保生	刘　建	杨学政	赵俊峰	早兴生	杨惠玲
罗洪启	郑碧峰	郑加强	杨红梅	朗恩存	唐海赢	何本华
蒋丽茜	王华明	林国钦	曾广济	杨为珏	安顺川	李　燕
周爱国	何广修	陈　敏	李傣静	陆　勇	胡　斌	杨菊芬
张亚伟	赵　靖	魏　峰	线智林	田启云	李勒干	杨忠明
王文云	李宗旭	王瑞森	王光惠	李文芳	黄益民	吴瑞萍
方文慧	宁显流	李富文	杨开纪	余　梁	鲍　平	杨常升

编 辑 说 明

一、《德宏年鉴》是德宏州人民政府主办，由州史志办公室年鉴编辑部编辑出版的综合性地方年鉴。它全面系统地记载了上年德宏经济和社会发展的主要情况，为读者了解德宏、建设德宏提供了翔实的信息资料。本期为第21期，向国内外公开发行。

二、本书采用分类编辑法，由特载、专文、州情概览(综述条目)、大事专题(专题条目)、附录5块组成。州情概览设州概况、县(市)概况和州农垦分局概况。州概况由地理、历史、民族、宗教、民族节日、经济社会、年内大事、领导干部名录8个分目组成；县(市)概况及农垦由地理、历史、社会、年内大事和领导干部名录、乡镇概况一览表6个分目组成。部分行业部门设有综述条目，从本卷起，综述条目专题规并，以方便利用；条目是本刊的主要载体，以黑体字加【 】号作为标题。

三、稿件由德宏州相关职能部门提供，并经承撰单位领导审核。其主要数据以德宏州统计局提供的数据为准。为减少重复，本刊精减了部分部门、行业的统计表，并选列了部分年度统计资料。

四、本刊在卷首设中英文目录，卷尾设主题分析索引，索引按笔画、音序两种方法排列，以方便读者查阅。

五、《德宏年鉴》得到各界人士的关爱与帮助，特此表示感谢！由于成书仓促，本书在编纂质量方面仍存在不足，恳请广大读者多提意见，使《德宏年鉴》越办越好。

德宏年鉴编辑部

目　录

特　载

专　文

州情概览

芒　市

陇川县

中国人民政治协商会议德宏傣族景颇族自治州委员会

中共德宏州纪律检查委员会德宏傣族景颇族自治州监察局

人民团体

军 事

政　法

经　济　管　理

贸　　易

口岸管理

海 关

出入境检验检疫

旅　　游

交　　通

邮　　电

农 业

蔗　糖

林　业

水利水文

财政金融

税 务

金 融

环　保

教　育

文化体育

卫　生

社会生活

附　录

Main Contents

Special Contains

Monographs

Overview of Dehong Situation

Event project Party and Government Institutions

People's Organization

Military

Political Science and Law

Economic Management

Trade

Port Management

Industry

Traffic

Post

Agriculture

Water Resources and Hydropower

Financial

Insurance

Land Construction

Education

Science

Culture and sports

Health

Social life

Appendix

特　载

当好排头兵　创造新奇迹
全面推进德宏科学发展和谐发展跨越发展

——在中共德宏州委六届二次全体会议上的报告

中共德宏州委书记　李　磊

（2012年1月9日）

这次全委会的主要任务是：深入贯彻落实党的十七届六中全会、中央经济工作会议和省第九次党代会、省委九届二次全会以及州第六次党代会精神，审议通过《中共德宏州委关于加快建设民族文化强州的实施意见》，总结去年工作，部署今年任务，动员全州广大党员干部和各族群众，进一步解放思想，坚定信心，凝心聚力，奋力赶超，全力加快桥头堡黄金口岸和瑞丽重点开发开放试验区建设，当好排头兵，创造新奇迹，全面推进德宏科学发展和谐发展跨越发展。

一、凝心聚力，扎实工作，经济社会发展实现“十二五”开门红

2011年是实施“十二五”规划开局之年，也是桥头堡黄金口岸和瑞丽重点开发开放试验区建设启动之年。面对国内外复杂多变的形势和重大自然灾害的严峻考验，在党中央、国务院和省委、省政府的正确领导下，州委、州政府团结带领全州各族人民，深入贯彻落实科学发展观，紧紧抓住历史机遇，牢牢把握促进科学发展、增进民族团结、维护边疆稳定三大任务，高度重视民生民情，全心全意凝聚民心民力，聚精会神加快发展步伐，圆满完成了年初确定的各项目标任务，实现了“十二五”良好开局。全州继续呈现出经济发展、社会进步、文化繁荣、民族团结、边疆安宁以及生态文明建设和党的建设全面加强的可喜局面。

（一）经济持续强劲增长

2011年，预计生产总值完成172亿元，比上年增长15.5%，连续3年保持15%以上增速，增速居全省前列；财政总收入完成30.9亿元，增长42.2%；实现地方财政一般预算收入18.9亿元，增长42.8%；完成全社会固定资产投资总额171.1亿元，增长30.3%。坚持夯实农业基础地位，粮食产量达65万吨，连续8年丰收。建成全省最大的水牛肉、水牛奶生产基地和全国最大的香料烟种植基地。村庄规划编制工作扎实推进。积极推进97个新农村典型示范村项目建设工作，50个省州项目村建设项目通过州级验收，社会主义新农村建设取得新成效。特色产业“五个百亿元工程”成效明显，新兴生物特色产业“六棵树一棵草”加快发展，建成全国最大的1万吨速溶咖啡生产线和最大的咖啡、坚果种植基地，荣获“中国坚果之乡”称号。新型工业化步伐加快，芒市硅铝合金新技术推广示范项目等一批重大工业项目相继开工建设，以盈江昆润公司为主体的中国

多金属矿业有限公司在香港主板成功上市，成为州内首家上市公司。工业园区建设步伐加快。芒市天然气综合利用园前期工作积极推进。全年预计完成工业总产值133亿元、工业增加值47亿元，分别增长29.6%和22%。珠宝玉石产业发展呈显强劲态势，成功举办了中国·瑞丽第四届国际珠宝文化节、中国·芒市第二届泛亚国际珠宝博览会等一批有影响的展会活动，德宏(国际)珠宝小镇荣获“亚洲珠宝第一镇”称号，盈江荣获“中华翡翠毛料城”称号，全年预计珠宝玉石交易额达80亿元。旅游文化产业加快发展，芒市勐焕大金塔二期、瑞丽傣王宫遗址公园等一批景区景点和景成地海温泉二期、芒市国际会议中心等一批旅游酒店项目建设加快推进，成功举办了中国· 芒市2011国际泼水狂欢节等有影响的节庆活动，德宏入选“中国最具民俗文化特色旅游目的地”，全年实现旅游业总收入56亿元，增长21.2%。有一个美丽的地方——德宏正焕发出勃勃生机和无穷魅力。

(二)基础设施建设取得重大突破

全年共实施5000万元以上固定资产投资项目126个，增加13个；亿元以上项目61个，增加9个。交通基础设施建设取得重大突破。建成腾陇、潞梁两条二级公路，德宏迈入环州“高等级公路网”时代。建成畹町芒满至缅甸105码二级公路，成为我州首条跨境高等级公路。大瑞铁路保瑞段在瑞丽正式奠基，龙瑞高速公路、中缅油气管道(境内段)控制性工程开工建设。改建农村公路1071公里。麻栗坝水库等一批重大水利水电项目主体工程相继建成，盈江回龙河水库、瑞丽芒林中型水库相继完工，瑞丽220千伏等一批变电站建成运营。实施了一批小型农田水利、“兴地睦边”农田整治、病险水库除险加固、中小河流以及界河治理工程。瑞丽口岸查验货场、边民互市市场等一批口岸基础设施项目竣工并投入使用。市政基础设施建设力度加大。芒市机场大道、瑞丽大道等一批市政主干道路建设顺利竣工，城市园林绿化、亮化照明、供排水管网以及污水垃圾处理等市政建设不断完善，全州城市建成区面积达56.5平方公里。芒市成功创建国家卫生城市、省级园林城市。

(三)改革开放迈出坚实步伐

重点领域和关键环节改革成效明显，政府机构改革圆满完成，乡镇机构改革顺利实施，农村综合改革稳步推进，教育、医药卫生体制改革不断深化，农垦改革稳步推进并成立了德宏州农垦局。按照中央和省委、省政府的战略部署和要求，主动作为，超前谋划，深入研究，快速行动，确定了桥头堡黄金口岸和瑞丽试验区建设的定位和思路，编制完成了《瑞丽重点开发开放试验区实施方案》并上报国务院。云南省加快建设桥头堡动员大会在瑞丽隆重举行，瑞丽试验区建设正式启动，引起国内外广泛关注，人流、物流、资金流、信息流迅速聚集，德宏在全省、全国对外开放格局中的地位更加凸显。成功举办了第十一届中缅边交会。全州口岸人流量突破千万人次大关，车流量和货物流量再创历史新高。完成对外贸易进出口总额13.5亿美元，增长18.6%。成功包机试飞芒市至缅甸曼德勒的国际航线，新开通芒市至北京、上海、成都的国内航线。先后组织到北京、上海、深圳等国内大城市和缅甸、泰国等周边国家开展招商引资德宏专场推介会7场，积极与中国五矿、中粮、中国兵装、中电投、云冶、云投、云天化、正大集团等央企和国内外大型企业合作，全年新签订招商引资项目151个，其中投资规模上亿元的有22个，实际引进资金83.9亿元，增长52.6%。先后与国家开发银行、中国工商银行云南省分行等金融机构签订了共建金融服务平台战略合作协议。瑞丽国际华商产业园获国务院侨办正式授牌。德宏正迎来新一轮大开发、大开放、大建设、大发展的春天。

(四)保障和改善民生成效显著

坚持以人为本、民生为重，全州各级财政民生类支出达56.5亿元，增长85%，扎扎实实解决了一批事关民生的热点难点问题。预计城镇居民人均可支配收入达15230元，增长10.5%；农村居民人均纯收入达4090元，增长21.4%。坚持优先发展教育，大力实施校舍安全工程，“两基”成果进一步巩固，完成对州民一中晋升省一级二等中学的省级评估，德宏师专升本工作取得阶段性成果。实施人才强州战略，人才队伍建设得到加强。科技工作扎实推进。进一步健全覆盖城乡居民的公共卫生和基本医疗服务体系，新型农村合作医疗参合率居全省第一，实现了城镇基本医疗保险州级统筹和省内异地联网结算，提高了城镇基本医疗保险待遇。全面启动城乡居民养老保险试点工作，农村最低生活保障标准提高72%，企业退休人员养老金平均提高10%。失业、工伤、生育等社会保险覆盖面进一步扩大。艾滋孤儿得到有效救助。全州6788套保障性住房全部开建。千方百计扩大就业，城镇登记失业率控制在4%以内。安全生产和食品药品安全工作不断加强。

人口和计划生育工作扎实开展。体育事业健康发展。深入实施新一轮兴边富民行动，加大扶贫开发力度，实现脱贫4万人。州医疗集团内科住院大楼竣工，德宏职教园区、芒市国际中学、县市级医院门诊楼、瑞丽国际医院等一批重大民生项目开工建设和持续推进。科学、有序、有力、有效组织开展盈江“3·10”地震抗震救灾工作，得到了中央和省委、省政府“反应快捷，指挥有力，组织有序，成效显著”的充分肯定，以建设“美丽富饶新盈江”为目标的恢复重建工作顺利推进，截止2011年12月30日，灾区民房98.49%的修复加固户已入住，95.8%的拆除重建户正在加紧施工建设，春节前大部分受灾群众将搬进新居。深入实施“七彩云南德宏保护行动”，万元GDP能耗下降2.4%，污染治理和节能减排成效明显。

（五）边疆民族文化繁荣发展

坚持把社会主义核心价值体系建设作为根本任务，大力实施宣传思想文化六大工程，思想道德建设和精神文明创建活动深入推进。“自力更生、勤劳致富、感恩思进”主题教育活动和“花果乡村、和谐家庭、幸福家园”创建活动富有成效。新闻舆论引导和媒体建设得到加强，送中央台、省台外宣稿件在全省各州市中排名第一，组建了云南日报社德宏分社、香港大公报德宏联络处。基层公共文化设施建设不断完善，48个乡镇文化站实现达标，195个行政村建立了文化活动室，建成农家书屋374个。深入实施边疆解“五难”惠民工程，广播电视人口覆盖率达93%。群众性文化活动蓬勃开展，407支业余文艺演出队、61支农村电影放映队活跃在广大乡村。文化体制改革深入推进，经营性文化单位实现转企改制。文化产业加快发展，预计2011年全州文化产业增加值占生产总值的4.8%。加强民族文化传承和保护，中国德昂族博物馆建成开馆，《傣医药》、《目瑙斋瓦》被列为第三批国家级非物质文化遗产保护名录。文艺创作取得新成果，《烈焰景颇》荣获云南省第十一届新剧目展演金奖，积极创作编排大型傣剧《刀安仁》，组团参加云南省第四届青年歌手电视大奖赛获历史最好成绩。深入实施“四个一”民族文化传播工程，出版发行了《德宏五大文化系列丛书》和《德宏少数民族文化系列丛书》。成功举办了全国人口较少民族重点作家研讨会暨“百名作家德宏行”活动，建立了全国民族文学创作基地。云南卫视大型跨年晚会《有一个美丽的地方》在瑞丽完成录制。德宏知名度、美誉度和对外影响力不断提升。

（六）团结稳定的大好局面进一步巩固

牢牢把握各民族共同团结奋斗、共同繁荣发展的主题，全面贯彻落实党的民族政策和民族区域自治制度，组织开展了第29个民族团结月活动，平等、团结、互助、和谐的社会主义民族关系进一步巩固。采取特殊措施加大少数民族干部培养选拔力度，少数民族干部比例不断提高。深入开展第三轮禁毒防艾人民战争，进一步完善州、县、乡、村、组五级责任明确、联动作战的工作格局和“一打、二防、三戒、四教”的禁毒防艾工作模式。抽调各级干部1074人次、组成503支工作队进村入社开展禁防工作，探索建立了746个以抓禁毒防艾为切入点的村民理事会，继续保持强收、强戒、强打的高压态势，进一步巩固和扩大了禁毒防艾成果。加强和创新社会管理，认真做好新形势下的群众工作，州和县市分别成立了群众工作局。扎实做好信访维稳工作，全国“两会”和省第九次党代会期间德宏无人赴昆、进京上访。高度重视维护边疆稳定工作，建立完善边境管控、社会维稳工作机制，积极开展交通整治、消防安全、春季攻势、清网行动等专项行动，依法严厉打击各类违法犯罪活动，严密防范境内外敌对势力的渗透、破坏和分裂活动，切实维护了边疆社会和谐稳定。

（七）民主法制建设稳步推进

坚持党的领导、人民当家作主、依法治州有机统一。支持人大及其常委会依法履行职能，充分发挥人大代表的作用，积极开展民族自治地方立法工作。支持人民政协围绕团结、民主两大主题，充分发挥政治协商、民主监督、参政议政的职能作用。加强对台、侨务等工作，爱国统一战线不断巩固壮大。全面贯彻党的宗教工作方针，巩固了宗教和顺的大好局面。基层群众自治制度日益完善。深入开展普法和依法治州工作，依法行政水平明显提高。工商联工作进一步加强。工会、共青团、妇联等人民团体桥梁纽带作用积极发挥。国防动员和后备力量建设获得成都军区表彰。芒市成功创建“全国双拥模范城”，军政军民关系更加密切。关心下一代和老龄工作成效明显。政务、厂务、村务公开扎实开展。

（八）党的建设科学化水平不断提高

紧扣“强组织，建阵地，聚人心，固边疆，促发展”的目标，全面加强党的思想、组织、作风、制度和反腐倡廉建设。采取“五用”措施，全面推进党的科学理论在边疆民族地区的大众化。加强学习型党组织建设，党员干部的思想政治素质不断提高。进一步深化创先争优活动，开展了党员公开承诺、“评星晋级创三百”、“三联三创”等活动，深入开展向杨善洲同志学习活动，初步建立了党组织履职岗位创先进、党员立足岗位争优秀的长效机制。认真组织开展纪念建党90周年系列活动。全面启动“四群”教育，实行干部直接联系群众制度。深入实施基层组织建设“五项工程”，全年共发展农村党员2125人，全面消除党员空白村民小组。村级党员活动场所和农村党员干部现代远程教育站点建设实现全覆盖，社区党员活动场所建设扎实推进。非公经济组织和新社会组织党建工作扎实开展。严肃换届工作纪律，圆满完成州、县市、乡镇三级党委换届工作，各级领导班子结构进一步优化，整体功能进一步增强。加强领导班子建设，坚持民主集中制原则，进一步增强了各级领导班子团结干事的能力。加强干部队伍建设，深化干部人事制度改革，组织开展州级机关单位公开选调干部2批次，竞争上岗工作力度进一步加大。加强干部教育、管理、监督工作。深入推进党风廉政建设和反腐败斗争，加强惩治和预防腐败体系建设。扎实开展地方党组织党务公开试点工作。州、县、乡、村、组五级为民服务体系进一步健全完善。加大对州委重大决策部署贯彻落实情况的监督检查力度，强化对权力运行的制约和监督，严肃查处了一批违纪违法案件，全年立案查处79件，处分91人，问责32人，营造了风清气正的干事创业环境。

在总结成绩的同时我们也清醒地看到，德宏作为一个边疆民族欠发达地区，发展中还存在许多困难和问题，在今后的工作中还将面临各种严峻挑战和繁重任务。但我们坚信，在省委、省政府的坚强领导下，只要我们紧紧依靠全州广大党员干部和各族群众，解放思想，坚定信心，同心同德，勇于争先，就一定能够克难奋进，实现突破，全面推进德宏科学发展、和谐发展、跨越发展。

二、奋力赶超，勇立潮头，力争在桥头堡黄金口岸和瑞丽重点开发开放试验区建设上取得重大突破

今年是“十二五”规划承上启下的重要一年，也是德宏桥头堡黄金口岸和瑞丽重点开发开放试验区建设的“机遇年”、“关键年”、“突破年”。省第九次党代会吹响了科学发展、和谐发展、跨越发展的奋进号角，新一轮大开发、大开放、大建设、大发展、大跨越的热潮在云岭大地滚滚涌动。桥头堡战略的实施和瑞丽试验区建设的全面启动，历史性地把边陲德宏从开放末梢变成了桥头堡中的桥头堡、前沿中的前沿、窗口中的窗口。今天的德宏，生产总值、工业总产值、固定资产投资、金融机构存款和贷款余额、发电量六项主要经济指标相继跃上“百亿”大关，已经站在了新的历史起点上，即将振翅腾飞。可以说，我们正面临着不容错失的历史机遇，肩负着不可推卸的历史重任，经历着一场前所未有的历史考验。机遇稍纵即逝，不会留给我们漫无止境的准备时间，不容我们按部就班、慢条斯理地“散步”。在历史机遇、历史重任和历史考验面前，我们唯一的选择就是迎难而上、加快发展，义无反顾、率先突破。全州每一名党员、每一位干部都已走上了考验我们能不能抢抓机遇，创造大突破、大发展的大考场，走上了考验我们能不能奋力赶超、勇立潮头，实现历史性跨越的大考场。心弱则志衰，志衰则不达。展望旭日初升的德宏，我们充满必胜的信心和勇气。我们必须以知难而进的英雄气概，敢为人先的豪情壮志，一往无前的奋斗精神，全力推动德宏驶入跨越发展的快车道。

做好今年工作，必须全面贯彻党的十七大、十七届三中、四中、五中、六中全会、中央经济工作会议和省第九次党代会、省委九届二次全会以及州第六次党代会精神，高举中国特色社会主义伟大旗帜，坚持以邓小平理论和“三个代表”重要思想为指导，深入贯彻落实科学发展观，把握“稳中求进、好中求快、变中求新”的总要求，突出“科学发展、和谐发展、跨越发展”的新主题，紧紧围绕建设桥头堡黄金口岸和瑞丽重点开发开放试验区这个目标，坚持打基础增强发展后劲、重三农加速农业提升、强产业实现工业突破、扩开放推动贸易转型、优生态助推旅游崛起、城上山引领城市升级、兴文化促进文化繁荣、保民生增进人民幸福、促和谐维护团结稳定，进一步提高边疆党的建设科学化水平，努力在桥头堡黄金口岸和瑞丽试验区建设上取得重大突破。

今年全州经济社会发展的主要预期目标是：生产总值增长15%以上，规模以上固定资产投资增长30%以上，地方财政一般预算收入增长25%以上，外贸进出口总额增长15%以上，城镇居民人均可支配收入增长12%以上，农村居民人均纯收入增长15%以上。

要在桥头堡黄金口岸和瑞丽试验区建设上实现重大突破，必须扎实做好十个方面的工作。

(一)坚持打基础增强发展后劲

德宏近年来的快速发展，得益于基础设施的极大改善。实现德宏未来的跨越发展，必须继续加强基础设施建设不放松。要紧紧围绕交通、水利、能源、信息等重大基础设施建设，努力拓宽融资渠道，抢前期、快立项、抓落地、促开工、保质量、强推进，力争有更好、更多、更大的建设项目立项、落地、开工。加快构建以航空为先导、铁路主骨架、公路成网络、水运做补充以及通信、管道运输等全方位的综合交通运输体系。以全力打造“德宏1小时经济圈”为目标，加快龙瑞高速公路建设，扎实做好大瑞铁路德宏段建设的各项服务协调保障工作，加快推进芒市至瑞丽大道、畹町至弄岛大道、瑞丽至章凤高速公路、盈江平原至那邦二级公路项目前期工作。全力配合国家推进瑞丽—皎漂铁路和高速公路、中缅陆水联运大通道、中缅油气管道项目建设，促使尽早签订中缅便利化运输协定。实施“兴水强州”战略，大力发展民生水利，推动“龙江引水”工程取得实质进展，完成红石河、从岗等一批水库工程，加快推进盈江、麻栗坝两个大型灌区和清塘河、帕色河、弄回水库等一批水利项目建设，新开工箐头河、小河头等一批水源工程，推进和完成一批病险水库除险加固，建成1万件“五小水利”工程。加快推进芒市天然气热电联产等重大能源项目。加快新农村电气化县建设。继续加快推进轩岗500千伏变电站等一批骨干电网建设。继续推进工业园区和瑞丽国际华商产业园的水、电、路、标准厂房等基础设施建设。加大口岸基础设施建设力度，进一步提高通关便利化水平。加强城镇道路、供排水管网、污水和垃圾处理等市政基础设施建设，完善城市功能。加强信息基础设施建设，打造“数字德宏”。

(二)坚持重三农加速农业提升

必须始终高度重视“三农”工作，继续加大对“三农”的投入力度，千方百计增加农民收入。加快推进通建制村道路硬化、农村中小学校舍安全改造、村级卫生室附属设施建设、农村广播电视、农村饮水安全、农村电网升级改造“六个全覆盖”工程。不断整合巩固提升粮、糖、茶、胶、畜等传统产业，大力发展冬季农业，打造国家级亚热带农业示范区、国家级糖料生产基地和冬早蔬菜生产基地。大力发展以“六棵树一棵草”为重点的新兴生物特色产业，把德宏的大资源打造成富民强州的大产业。以打造云南特色优质烟叶后备战略基地和世界香料烟之乡为目标，扎实推进新烟区建设。加大农业和山区综合开发力度，继续实施“兴地睦边”、中低产田地和中低产林改造工程，合理推进土地、林地流转，优化种养结构。做大做强龙头企业，积极推广“公司+基地+专业合作组织+农户”等行之有效的经营模式，打造优势特色农产品品牌，扎实推进农业产业化进程。立足防大汛、抗大旱，切实做好防汛抗旱工作。加大农民工培训和劳务输出力度，提高农民素质，拓宽农民增收渠道。积极推进社会主义新农村建设，加快实施民房改造提升工程，以交通干线、边境沿线、乡镇政府所在地周边为重点，加强水、电、路建设，发展特色经济，加强绿化美化，努力建设“花果乡村、和谐家庭、幸福家园”。继续深化农垦、供销社和农村综合改革，增强农业农村发展动力。

(三)坚持强产业实现工业突破

产业兴则民富，产业强则州强。继续推进生物特色、水能电冶、外贸加工、珠宝玉石、旅游文化“五个百亿元工程”，实施品牌战略，着力培育1~2个年产值超10亿元的企业。大力发展实体经济，加快推进芒市10万吨速溶咖啡生产线、5万吨橡胶和陇川2万吨高效活性干酵母等项目建设，打造生物特色产业集群。大力发展电矿结合的清洁载能产业，继续推进芒市硅铝合金新技术推广示范项目、瑞丽景成循环经济产业园区、盈江星云碳化硅等项目建设。抓紧实施芒市和畹町2条年产50万辆摩托车装配生产线建设项目，加快进出口机械制造装配产业的发展。积极推进芒市年产140万吨、畹町年产80万吨、盈江年产120万吨和60万吨4条新型干法水泥熟料生产线建设，加快形成水泥等建材生产基地。加大项目储备和推介力度，强化以大项目、好项目招商引资，实施“大企业进入”战略，积极争取国家发改委、国资委等国家部委的大力支持，继续推进与中石油、中粮、中电投、中建材、中国五矿、中国兵装、云天化、正大等大企业集团的合作，确保已签合作协议项目尽快落地实施。抓住东部地区产业转移的有利时机，以更加积极的姿态、更加有力的措施、更加优良的环境吸引和承接东部产业转移，促成一批对环境无污染，对生态无破坏，能提高产业竞争力的项目落户德宏。围绕建设外向型特色优势产业基地，积极发展生物制药、食品加工、汽车、农用机械制造装配、IT、家电、轻纺服装、医疗器械等产业。进一步抓好节能降耗和资源综合利用，坚决限制高耗能、高污染、高排放产业进入，坚决淘汰落后产能。

(四)坚持扩开放推动贸易转型

要用足用好用活国家支持桥头堡和瑞丽试验区建设的各项政策，充分利用国际国内“两种资源”、“两个市场”，加快转变贸易发展方式，优化贸易结构，提升中缅边交会规模和层次，继续抓好边民互市、边境贸易、一般贸易，大力发展面向南亚、东南亚以及印度洋周边国家的加工贸易、转口贸易、补偿贸易、服务贸易、技术贸易，推动德宏从贸易大州向贸易强州转型。积极发展金融保险、商务会展、国际物流、信息服务等现代服务业，全面提升桥头堡黄金口岸综合服务功能。加大芒市机场开放为国际口岸机场工作力度，增加现有航线运力，推动建立低票价高客座率的航空经营模式，积极争取恢复和新开通芒市至厦门、重庆、贵阳等国内航线和芒市至缅甸密支那、仰光以及泰国、新加坡、印度各大城市的国际航线，打造德宏面向西南开放的“空中黄金走廊”。加大向上对接力度，积极争取国家早日批准《瑞丽重点开发开放试验区实施方案》和省政府支持瑞丽试验区政策意见早日出台。坚持规划引领，按照“一核两翼，联动发展；一区多园，政策叠加”的总体思路，高起点、高标准编制报批《瑞丽重点开发开放试验区建设总体发展规划》、《德宏州桥头堡黄金口岸建设总体发展规划》。继续推进中缅瑞丽—木姐跨境经济合作区建设。加大“走出去”步伐，积极开拓缅甸等南亚、东南亚国家市场，加快建立具有一定规模的生产加工基地。

（五）坚持优生态助推旅游崛起

德宏最优质的资源是环境，最宝贵的财富是生态。要把德宏的青山绿水作为助推旅游崛起的强劲支撑，坚持以大生态优大环境，以大思维谋大旅游，以大企业引大项目，以大气魄建大景点，以大手笔编大剧目，以大胸怀揽大世界，加快德宏旅游产业由观光型向观光购物、康体养生、休闲度假、商务旅居型转变。加快推进芒市国际会议中心、盈江光洋大酒店、梁河龙窝温泉酒店等一批重大旅游设施项目建设，积极做好瑞丽湾超五星级国际旅游休闲度假酒店项目前期工作，继续推进瑞丽江精品旅游集群、芒市勐焕大金塔二期、畹町抗战博览一条街、瑞丽傣王宫遗址公园、陇川云南景颇园、盈江凯邦亚湖、梁河世博城等一批景区景点项目建设，不断完善旅游基础设施。加强旅游从业人员培训，提高旅游服务水平。推进文化与旅游业深度融合，精心创作、编排和推出大型原生态旅游歌舞剧《有一个美丽的地方》，不断提升德宏旅游业的文化含量和文化品质。提升中缅胞波狂欢节、中国瑞丽国际珠宝文化节的规模和层次，认真筹办好2012年中国德宏国际目瑙纵歌节。坚持生态立州、环境优先，加强瑞丽江、大盈江流域和龙江库区的水污染综合治理和安全管理。巩固退耕还林成果，加强生物多样性保护，构建生态安全屏障，打造“绿色宜居德宏”，让美丽德宏成为面向南亚、东南亚的重要旅游集散地和目的地。

（六）坚持城上山引领城市升级

德宏城镇化已进入加速发展的关键期。必须按照省委、省政府的部署和要求，从德宏实际出发，坚持“一个思路”，即保护坝区农田，坚守耕地红线；城镇沿山建设，农民进城落户；以产业为支撑，以公共服务为保障；组团式建设，带状式发展，走出一条具有德宏边疆民族地区特色的统筹城乡发展路子。实施“五项工程”，即大力实施村寨建设提升、城镇建设提升、产业建设发展、就业再就业、社会服务保障五项工程，夯实城镇上山和农民进城的基础，增强发展后劲。落实“六条措施”，即加强领导，高位推进；科学规划，合理布局；政府推动，政策支持；明确责任，协同配合；加强宣传，正确引导；加强督查，跟踪问责。要加快调整完善全州城市总体规划、土地利用总体规划和林地保护利用规划，抓紧制定城镇近期建设规划和山地综合开发利用规划，全面完成村庄建设规划。加大政府土地收储力度，引导城镇、村庄和工业、旅游等项目向适合建设的山地发展，抓好芒市、瑞丽、陇川山地城镇建设和土地综合开发利用试点工作。按照“一核两翼三带四城”的区域空间布局，以建设“山水田林园城市”为目标，优化城镇布局，加快建设面向南亚、东南亚的瑞芒陇盈沿边国际口岸城市群。突出“民族文化、绿色生态、现代气息”三个特征，建设山地新城、改造坝区老城，以新城带动老城，加快县城、中心集镇、口岸乡镇、沿边特色城镇建设。坚持建设与管理并重，全面提升城市科学化管理水平。

（七）坚持兴文化促进文化繁荣

文化兴、人心齐、边疆稳、发展快。今年是德宏建设民族文化强州的起步之年。要按照中央和省委、省政府的安排部署，以高度的文化自觉和文化自信，下大决心、出大动作、使大力气，大力实施宣传思想文化建设“六大工程”，推动文化改革发展。实施“思想理论建设工程”，大力加强社会主义核心价值体系建设，筑牢全州各族人民团结奋斗的共同思想道德基础，深入开展科学理论宣传普及活动，繁荣发展哲学社会科学，加强公民和未成年人思想道德建设。实施“文化阵地建设工程”，正确把握舆论导向，切实加强报刊、广播、电视等传统媒体建设，办好新兴媒体，加强互联网管理。以社区、农村、边境民族地区为重点，建设和完善州县乡村组五级公共文化服务网络，加快推进芒市民族文化园区等一批标志性公共文化设施建设。积极组织开展健康向上、丰富多彩的群众性文化活动，打造育民、乐民、惠民的群众文化家园，不断满足边疆各族人民日益增长的文化生活需求。实施“文艺精品工程”，全面贯彻“二为”方向和“双百”方针，加大对民族民间艺术的挖掘、保护、开发力度，把德宏民族文化、边地文化、生态文化、珠宝文化、抗战文化等特色文化资源转化成文化产品，开机拍摄电视剧《刀安仁》，不断推出深受群众喜爱、体现德宏特色的文艺精品力作。实施“文化产业发展工程”，深化文化体制改革，发展壮大文化旅游、民族演艺、会展节庆、珠宝玉石、红木家具等特色文化产业，探索一条文化富民的有效途径。实施“对外宣传和文化交流工程”，推出一批外宣精品，构建“大外宣”格局。加快文化“走出去”步伐，促进国际人文交流合作，充分发挥德宏文化窗口作用。实施“宣传文化人才队伍建设工程”，加强基层文化人才队伍建设，重视发现和培养扎根基层的乡土文化能人、民族民间文化特别是非物质文化遗产传承人，大力培养和积极引进一批宣传文化领域各门类的高端人才和文化创意、文化产业领军人物，推动民族文化强州建设迈出坚实步伐。

(八)坚持保民生增进人民幸福

始终把兴边先富民、强州先富民、富州先富民的理念贯穿到经济社会发展的全过程，千方百计增加全州城乡各族群众的收入，尽快缩小与省内其他州市的收入差距，全面增进边疆各族人民的幸福感。继续深入推进新一轮兴边富民行动，扎扎实实抓好教育质量提升、群众健康、城乡居民收入增长、社会保障、科技创新、百姓安居、米袋子和菜篮子、扶贫攻坚“八大民生工程”。牢固树立在德宏抓教育就是抓基础、抓关键、抓未来的理念，实行党政“一把手”亲自管、分管领导负责抓的工作机制。以办人民满意的教育为目标，继续加大教育投入，加快发展学前教育，巩固提高“两基”成果，推进义务教育均衡发展，扩大高中阶段教育规模，大力发展职业教育，高度重视民族教育和特殊教育。加快推进德宏职教园区建设和德宏师专升本工作。高度重视校车安全，实施好“农村中小学生营养改善和农村中小学寄宿制学生生活补助全覆盖计划”。继续深化医药卫生体制改革，完善县乡村医疗卫生服务网络，加快城镇社区卫生服务机构建设，提高新农合补偿比例和住院补偿最高支付限额，扩大基本医疗保险覆盖面，继续抓好以艾滋病防治为重点的疾病预防控制和卫生应急等工作，加强食品药品安全监管，不断提高城乡医疗服务水平和边疆各族群众健康水平，打造“健康德宏”。严格实行“米袋子、菜篮子”行政首长负责制，从生产、流通、销售、监管四个重点环节入手，加快县城所在地蔬菜生产基地、农贸市场、冷藏设施建设，加强流通环节监管，严厉打击哄抬物价、囤积居奇等不法行为。全力抓好盈江“3·10”地震灾后恢复重建工作，加快建设美丽富饶新盈江。加大保障性住房建设力度。认真落实就业再就业政策。健全完善社会保障体系。加快推进德宏科技创新园建设。创新扶贫机制，整合扶贫资源，突出扶贫重点，加大对人口较少民族、特困民族及山区贫困人口的扶持力度，实行整村、整乡、连片推进，力争减少贫困人口3万人以上。

(九)坚持促和谐维护团结稳定

必须始终坚持党的领导、人民当家作主、依法治州有机统一。坚持和完善人民代表大会制度、中国共产党领导的多党合作和政治协商制度以及民族区域自治制度。在桥头堡黄金口岸和瑞丽试验区建设中充分发挥自治州人大的立法和监督职能，充分发挥政协的参政议政职能。加强对台、侨务工作，巩固和发展最广泛的爱国统一战线。支持工会、共青团、妇联等人民团体依照法律和各自章程开展工作。健全完善基层群众自治制度。推进政务、厂务、村务公开。支持司法机关依法独立行使职权。认真落实党的民族、宗教政策，围绕建设“民族团结模范州”的目标，认真组织开展第30个民族团结月活动，深入持续开展“自力更生、勤劳致富、感恩思进”主题教育和“花果乡村、和谐家庭、幸福家园”创建活动，促进边疆各民族共同团结奋斗、共同繁荣发展。深入开展“六五”普法和“四五”依法治州工作，切实加强政府自身建设，推进依法行政。认真做好老龄、老干部和关心下一代工作。深入开展双拥共建活动，不断巩固新型军政军民关系。强力推进第三轮禁毒防艾人民战争，认真抓好禁毒防艾、民族团结、新农村建设、社会稳定等各项工作，充分发挥村民理事会的作用，广泛发动群众投入禁防人民战争。加强和创新社会管理，扎实推进社会矛盾化解，全力做好信访维稳工作，确保党的十八大和全国、全省“两会”期间德宏不出现非正常赴昆、进京上访。加大社会治安综合治理力度，坚决打击各种违法犯罪行为，加强边境稳控工作，严密防范和打击境内外敌对势力的渗透、破坏和分裂活动。努力建设民族团结进步、边疆繁荣稳定示范区。

（十）深入开展“四群”教育，进一步提高边疆党的建设科学化水平

完成今年各项任务，关键在各级党组织。必须坚持以加强党的执政能力建设和先进性建设为主线，深入开展群众观点、群众路线、群众利益、群众工作教育，实行干部直接联系群众制度，密切党群干群关系，不断夯实党在边疆民族地区的执政基础。一是进一步加强思想政治建设。采取“五用”措施推进边疆民族地区科学理论的大众化，坚持用中国特色社会主义理论体系武装头脑、指导实践、推动工作。扎实推进学习型党组织建设，深入开展向杨善洲同志学习活动，强化党员理想信念教育，加强党性修养，不断提高领导干部领导科学发展、服务人民群众、驾驭复杂局面、促进社会和谐的能力。二是进一步加强领导班子和干部队伍建设。今年是州、县、乡三级党委换届后的第一年，要大力加强领导班子建设，不断提高各级领导班子的执政能力和水平。深化干部人事制度改革，坚持德才兼备、以德为先的选人用人标准，大力选拔任用政治坚定、有真才实学、实绩突出、群众公认的干部。深入实施干部教育培训“百千万工程”。坚持从严管理干部，把“高远、开放、包容，坚定、担当、务实”鲜明地写在德宏干部队伍的旗帜上，努力建造一支适应桥头堡黄金口岸建设和善于做新形势下群众工作的干部队伍。三是进一步加强基层组织建设。紧紧抓住基层党支部、支部书记和党员这三个重点，进一步巩固和扩大基层组织“五项工程”成果。继续深入开展创先争优活动，以“评星晋级创三百”和“五争三创”带群团活动为载体，推动和深化“四群”教育。认真落实基层党建工作经费，全面完成社区党员活动场所建设，扎实推进村民小组党员活动室建设，着力改善基层党组织工作条件，努力把全州基层党组织建设成为推动发展、服务群众、凝聚人心、促进和谐的坚强战斗堡垒。四是始终保持党同人民群众的血肉联系。深入实际、深入基层、深入群众，用心用力用情做好群众工作。在县以上机关和企事业单位开展“干部进农户、支部进农村、部门送服务”为主要内容的“两进一送”活动，认真落实干部直接联系群众、机关直接服务基层工作制度，继续坚持州级领导挂钩联系乡镇制度，严格执行州、县、乡各级领导干部和一般干部联系群众驻村时间和挂钩户数的规定，组织广大党员干部深入基层开展民情恳谈，驻村蹲点与群众同吃、同住、同劳动，凡是群众需要帮助办理的事项要代办，对群众反映强烈且基层难以解决的问题要代访。州直、县市、乡镇的机关和企事业单位党组织要与全州336个行政村、39个社区实行“一对一”结对共建。充分发挥好为民、利民、透明的五级为民服务体系功能作用，为各族群众提供联动、高效、便捷的服务。五是进一步加强党风廉政建设。认真落实党风廉政建设责任制，深入推进惩治和预防腐败体系建设。扎实推进地方党组织党务公开试点工作。进一步加大对重大决策部署执行情况的监督检查，特别是要加强对桥头堡黄金口岸和瑞丽重点开发开放试验区建设、盈江地震灾后恢复重建、民生项目资金等重点领域、重点项目、重点工程的监督检查，继续加大对领导干部的教育监督，深入推进农村基层党风廉政建设，严厉查处损害群众利益的行为，始终保持惩治腐败高压态势，以反腐倡廉建设的深入推进营造风清气正的干事创业环境。

同志们，让我们更加紧密地团结在以胡锦涛同志为总书记的党中央周围，在省委、省政府的正确领导下，团结带领全州广大党员和各族干部群众，树立高原情怀，弘扬大山精神，解放思想，勇于争先，凝心聚力，团结干事，当好桥头堡建设排头兵，创造沿边开放新奇迹，以科学发展、和谐发展、跨越发展的优异成绩迎接党的十八大胜利召开！

政府工作报告

——在德宏州第十三届人民代表大会第五次会议上的报告

德宏州人民政府代州长　龚敬政

（2012年1月11日）

现在，我代表州人民政府向大会报告政府工作，请各位代表审议，并请各位委员提出意见。

一、抢抓机遇，攻坚克难，实现“十二五”良好开局

2011年，是我州实施“十二五”规划的开局之年，是中国面向西南开放重要桥头堡和瑞丽重点开发开放试验区建设启动之年。一年来，在州委的领导下，州政府团结带领全州各族干部群众，突出桥头堡黄金口岸、瑞丽重点开发开放试验区、美丽富饶新盈江建设三大任务，抢抓机遇，攻克时艰，积极应对挑战，科学破解难题，全力推动全州经济社会健康、快速发展，圆满完成年初确定的各项目标任务，实现了“十二五”的良好开局，进一步巩固了经济发展、社会进步、民族团结、边境安宁、民生改善的良好局面。

（一）始终坚持发展第一要务，经济建设再上新台阶

——综合经济实力大幅提升。预计全州实现地区生产总值172亿元，比上年增长15.5%，其中：第一产业增加值完成45亿元，增长7.8%，第二产业增加值完成61亿元，增长22.2%，第三产业增加值完成66亿元，增长14.9%。经济结构进一步优化，三次产业比重由上年的26：34：40调整为26：36：38。完成财政总收入30.9亿元，增长42.2%，地方一般预算收入18.9亿元，增长42.8%，全州地方财政一般预算支出92.3亿元，增长58.8%。完成固定资产投资171.1亿元，增长30.3%。完成社会消费品零售总额65.3亿元，增长20%。完成对外贸易进出口总额13.5亿美元，增长18.6%。金融机构实现存款余额353.5亿元，比年初增长22%，贷款余额191.3亿元，增长18%。人口自然增长率7.4‰。万元生产总值能耗下降2.4%。

——农业农村经济平稳发展。预计全州农林牧渔业总产值71.5亿元，比上年增长8.6%。传统产业得到巩固。完成粮食作物播种面积210.5万亩，增长4.8%，粮食总产量65万吨，增长7.7%。新种甘蔗38.5万亩，完成年度计划的128.2%，甘蔗总面积达80.1万亩，预计总产量414.8万吨。茶叶种植面积35.5万亩、产量1.41万吨。天然橡胶种植面积22.6万亩，干胶产量6212吨。完成肉蛋奶总产量9.5万吨，实现畜牧业产值16.1亿元，按可比价增长9.6%。生物特色产业快速发展。全年新增“六树一草”种植面积42.15万亩，总面积达192.6万亩，建成全国最大的坚果种植基地，盈江县被授予“中国坚果之乡”。完成烟叶种植10.3万亩，收购烟叶30.7万担，实现农业产值2.4亿元、烟叶税5000余万元，建成全国最大的香料烟种植基地，德宏被列入全省新烟区开发建设州市。完成冬季农业开发109.9万亩，新增8.65万亩，实现农业产值8.9亿元，增长16.5%。农业基础设施进一步夯实。投资2.3亿元，实施9个“兴地睦边”农田整治项目，完成中低产田地改造15.5万亩。续建盈江大型灌区等配套项目工程，新增有效灌溉面积7万亩。解决农村饮水不安全人口5.1万人，治理水土流失面积41.4平方公里，完成干支渠防渗72.7公里。新农村建设取得新进展。全面启动了村庄规划编制工作，完成了27个行政村、548个自然村的村庄规划，对2010年实施的66个省州试点示范村进行了验收，新启动了97个新农村典型示范村建设，总投资9250万元。农村改革顺利推进。全

州农垦改革主体工作基本完成，华侨农场改革“德宏模式”得到国家和省的肯定。深化供销社体制改革，“乡村流通工程”扎实推进。

——工业经济快速增长。预计全州实现工业总产值133亿元，比上年增长29.6%，完成工业增加值47亿元，增长22%。制糖、电力、电冶、建材等支柱产业发展势头良好，规模以上工业企业实现产值90.5亿元，增长18.3%。芒市1万吨速溶咖啡生产线、弘安日产2500吨新型干法水泥熟料生产线、盈江昆润公司年产70万吨铅锌矿采选等项目建成投产。芒市30万吨硅铝合金、景罕糖厂和弄璋糖厂技改等一批重点项目加快推进。中国多金属矿业有限公司在香港主板成功上市，成为州内首家上市公司。芒市天然气综合利用园区、瑞丽市环山工业园区前期工作有序开展。芒市、瑞丽两个省级重点工业园区建设加快，建成标准厂房17.9万平方米，入园企业106户，带动就业人数1.3万人。

——旅游、商贸、服务业加快发展。预计全州第三产业增加值66亿元，比上年增长14.9%。旅游基础设施建设投入加大，一批重大旅游项目建设有序推进。成功包机试飞芒市至曼德勒国际航线，新开通芒市至北京、上海、成都等国内航线。成功举办中国·芒市2011国际泼水狂欢节、第十一届中缅胞波狂欢节暨第四届国际珠宝文化节和第十一届中缅边境经济贸易交易会。全年接待海内外游客517万人次，旅游总收入56亿元，增长21.2%。认真开展家电、汽车、摩托车下乡，兑付补贴资金8999万元。市场环境更加优化，市场秩序更加规范，消费市场更加活跃。仓储物流、连锁经营、百货超市以及金融、信息、科技、保险、培训、咨询、认证、鉴定等现代服务业稳步发展。

——非公经济健康发展。预计全年完成增加值63.5亿元，占全州GDP的36.9%，上交税金15.4亿元，同比增长66.3%，吸纳从业人员11.2万人。

(二)桥头堡战略深入推进，沿边开放呈现新局面

2011年，随着国务院支持云南省加快建设向西南开放桥头堡的意见出台、云南省桥头堡建设动员大会和瑞丽重点开发开放试验区建设启动大会在瑞丽召开，德宏在沿边开放中的战略地位进一步凸显。

政策研究取得新进展。《瑞丽重点开发开放试验区实施方案》已上报国务院，部分支持项目、政策已获得省政府批准。精心组织了向国务院相关部委对口汇报工作。桥头堡黄金口岸和瑞丽重点开发开放试验区建设思路更加明晰，政策洼地效应正在形成。

招商引资取得新突破。精心组织开展了一系列国内外招商引资专场推介会，新签订招商引资项目151个，实际引进国内外资金83.9亿元，增长52.6%。先后与昆明市、国家开发银行、国家进出口银行、上海商业银行、工商银行云南省分行签订了共建国际大通道、金融服务平台等重大战略合作协议，中国五矿、中粮集团、中石化、中石油、华能集团等央企以及上海农商村镇银行落户德宏。瑞丽华商产业园区招商工作积极推进，香港怡海集团、云南滇虹药业入驻园区。投资7.8亿元的瑞丽国际友谊医院动工兴建。

口岸建设进一步加快。瑞丽口岸扩容工程建成，全州口岸四项指标同比增长15%，其中：出入境人员达1234万人次，出入境交通工具达261万辆次，进出口货运量达206万吨，进出口货值达19.9亿美元。

(三)固定资产投资强劲增长，基础设施建设取得新突破

交通建设亮点突出。腾陇、畹町芒满至缅甸105码二级公路相继建成通车，潞梁二级公路完成主体工程。大瑞铁路保瑞段举行了奠基仪式，龙瑞高速公路控制性工程开工建设。改建农村公路1071公里，全州农村公路通车里程达6400公里，新增230公里。

能源建设速度加快。中缅油气管道(国内段)隧道及跨越工程开工。全州新投产水电站8座，新增装机9.1万千瓦，全州投产水电站达到127座，总装机324万千瓦，全年发电116亿千瓦小时，增长11.5%。电网运行平稳，州内用电量35.2亿千瓦小时，增长25%。瑞丽220千伏输变电工程建成，轩岗500千伏变电站建设有序推进。

水利建设成效突出。盈江回龙河、瑞丽芒林中型水库相继建成完工；畹町红石河、梁河丛岗、陇川弄回小(一)型水库有序推进；开工建设芒市清塘河、瑞丽帕色河水库。实施小型病险水库除险加固工程20座。实施芒市大河芒市坝区段，陇川县、梁河县中央财政小型农田水利重点县建设项目以及章凤口岸南宛河、盈江那邦通道、芒市勐古河芒海通道界河治理工程。

城镇基础设施建设成效显著。全年投入城镇基础设施建设资金6.5亿元，城市园林绿化投资6069万元。芒市机场大道、瑞丽大道主体工程及亮化绿

化工程、姐岗南路和瑞江路片区道路、梁河龙窝大道、盈江允燕大道和滨江路等一批重大市政道路主体工程竣工。芒市团结大街北段、金孔雀大街、瑞丽滨江大道、陇川三象北路等城市道路加快建设。城镇化水平不断提升，全州城镇规划区面积达665平方公里，城市建成区面积由上年的53.5平方公里扩展为56.5平方公里，城镇化率达35%。芒市成功创建国家卫生城市和全国科普示范城市。

（四）公共服务能力进一步提升，社会事业迈出新步伐

教育事业发展明显加速。"两基"成果进一步巩固，教育教学改革成效明显，教育教学质量稳步提升。州民一中顺利通过晋升一级二等学校评审验收，并荣获2012年北京大学"中学校长实名推荐制"资质。全州普通高考本科上线率比上年提高16个百分点。全州争取教育补助资金5.8亿元，筹措校安工程建设资金2.3亿元，重建和加固改造校舍18.3万平方米。德宏师专升本工作稳步推进。州职教园区建设项目加快实施，累计完成项目投资2.9亿元。

科技创新取得新突破。扎实推进"创新型云南行动计划"，科技投入不断增加，获国家、省立项支持项目53个。重点支持了6个国家级农业综合试验站和2个国家级品种资源库创新能力建设。组织开展了咖啡、柠檬、优质稻等特色生物产业发展的关键技术攻关。强化对技术创新人才、学科技术带头人、技术创新团队的培育工作。加强与云南农业大学州校合作。加大科技培训、科学普及、科技惠民工程工作力度。芒市、盈江达到全国科普示范县市测评标准。

文化事业亮点纷呈。大力实施"民族文化强州"战略。出版了《德宏五大文化系列丛书》、《德宏少数民族文化系列丛书》，打造了《烈焰景颇》等一批舞台艺术精品。完成第三次全国文物普查工作，非物质文化遗产保护及非遗代表性传承人申报工作取得新进展。实现农家书屋建设全州行政村全覆盖。巩固"西新"工程、广播电视村村通工程建设成果，积极实施城乡公益电影放映工程，稳步推进"三网融合"，手持电视、车载电视在全州开通，广播电视综合覆盖率达97%。新闻出版、传媒事业健康发展。推进实施"七彩云南全民健身工程"，民族体育运动、竞技体育运动水平不断提升。

医疗卫生和人口计生工作成效显著。积极开展公立医院改革，在全州二级以上医院开展临床路径管理试点，推行优质护理服务工作。乡镇卫生院、社区卫生服务中心、村卫生室全面推行基本药物制度。在全州范围内实施免费婚检。新农合制度稳步推进，全州共筹集新农合资金2.1亿元，补偿185.3万人次，补偿资金1.5亿元。疾病预防控制工作成效明显，疫情及突发公共卫生事件应急能力明显增强。加强食品药品监管，药械市场秩序进一步好转。人口和计划生育目标责任全面落实，推行人口和计划生育乡村常态化管理，抓好国家"三项制度"和云南省"奖优免补"惠民政策的落实。梁河县"少生快富"项目实施方案获省政府批准。

审计、监察、法制、统计、档案、史志、气象、防震减灾、民族宗教、外事侨务等各项工作稳步推进，妇女儿童、青少年、红十字会、残疾人和关心下一代工作健康发展。

（五）落实各项惠民政策，保障和改善民生取得新成绩

一年来，全州各级财政民生类支出达56.5亿元，民生保障水平明显提升。认真落实各项惠农政策，实施315个村级公益事业建设项目，惠及10余万群众。预计全州城镇居民人均可支配收入15230元，同比增长10.5%，农村居民人均纯收入4090元，同比增长21.4%。

就业工作进一步加强。全年实现城镇新增就业、下岗和困难人员再就业、零就业家庭人员就业4812人，开发公益性岗位907个，城镇登记失业率控制在4%以内。转移农村劳动力3.21万人。

社会保障力度不断加大。全面推行城乡医疗救助即时结算制度。新型农村社会养老保险参保37.1万人，增长35.5%。农村最低生活保障标准提高到每年1300元，增幅达72%，累计发放城乡低保金1.3亿元。老龄工作进一步加强，州县两级中心敬老院建设全面完成。艾滋孤儿救助示范项目稳步推进。开工建设保障性住房6788套，开工率100%，建设面积40.3万平方米，完成廉租、公租房和棚户区改造投资1.1亿元，为符合条件的低保对象发放租赁补贴312.6万元。

扶贫开发工作成效明显。全年共投入各类扶贫资金2.08亿元，全州预计脱贫4万人。人口较少民族扶持力度加大。完成了梁河县九保乡整乡推进试点项目，组织实施173个重点村整村推进扶贫项目，稳步推进梁河"县为单位、整合资金、整村推进、连片开发"试点。项目区基础条件明显改善，劳动者素质得到提高，脱贫基础得到夯实。完成龙江、芒林水库移民安置8266人。

市场环境更加优化。进一步加大市场监管力度，全面启动临时价格干预机制，确保物价基本稳定。实施质量兴州战略，创建边疆质量走廊，创建诚信市场27个，食品安全示范店68个。认真开展食品等产品质量安全风险监控，确保全州各族群众消费安全。

（六）始终坚持以人为本，盈江抗震救灾和恢复重建取得新进展

在党中央、国务院的亲切关怀下，在省委、省政府和州委的坚强领导下，在社会各界的大力支持下，州政府依靠全州各族干部群众，夺取了盈江“3·10”地震抗震救灾的阶段性胜利，确保了灾区群众有饭吃、有衣穿、有干净水喝、有房住，生病能得到及时医治，学生有学上，维护了灾区的社会稳定。全面启动恢复重建工作。科学编制恢复重建规划和方案，突出建设美丽富饶新盈江主题，以民房恢复重建工作为重点，统一思想，凝心聚力，高效有序地推进灾后恢复重建工作，迅速掀起了灾后恢复重建工作高潮。截至2011年底，全州民房拆除重建动工9170户，占总拆除重建户9572户的95.8%，其中：入住1618户，占16.9%；修复加固29462户已全部动工，其中：入住29017户，占98.5%。盈江灾区基础设施建设、社会事业发展、城镇建设、防灾减灾体系建设、生态环保、强基固本等工程全面启动。

（七）“平安德宏”创建成果进一步巩固，维护社会和谐安定取得新成效

深化“平安德宏”建设，严厉打击各类违法犯罪活动，严密防范境内外敌对势力的渗透、破坏和分裂活动。妥善处理涉外事务，积极应对境外突发事件，加强边境管控、社会维稳和社会治安防控体系建设。扎实推进民族团结进步事业，“民族团结模范州”建设迈出坚实步伐。启动瑞丽市省级社会管理创新综合试点工作。高度重视群众工作和信访工作，充分发挥网上“书记州长信箱”、“百姓留言板”和“德宏热线”作用，深入开展领导干部“大接访”、“大下访”活动，进一步密切与群众的联系，切实维护群众的合法权益。重视群众通过行政复议、行政诉讼等法定渠道，对政府行为实施有效监督。加强安全生产和重点企业监管，努力遏制重特大事故的发生。高度重视防灾减灾工作，应急处突能力明显提高。森林防火成绩突出，受到省政府表彰。认真做好国防动员、人民防空、民兵预备役、双拥共建和优抚安置工作。始终把禁毒和防治艾滋病作为重要任务，继续保持强收、强戒、强打的高压态势，第三轮禁毒防艾人民战争扎实推进。

（八）加强政府自身建设，依法行政能力得到新提升

全面推进新一轮政府机构改革，深化乡镇机构改革，完成了各项改革任务。扎实推进法治、责任、阳光、效能政府建设。大力推进行政执法责任制，加大行政问责力度，扎实开展重点领域、关键环节的执法监察、廉政监察、效能监察，全年共问责干部31人。扎实推进政务、厂务、村务公开。健全重大决策听证、公示制度。积极推进全州各级政务服务中心和公共资源交易中心建设，“五级为民服务体系”得到健全完善，实现了全州公共资源交易在阳光下运行，全州进场交易889项，交易额达53.87亿元。不断创新政府管理，完善绩效考核机制。自觉接受人大的法律监督，政协和社会各界的民主监督，认真办理人大代表建议和政协委员提案。充分发挥工会、共青团、妇联等人民团体的作用。

一年来的工作实践，使我们深刻认识到，要加快德宏的发展、办好人民的事情，必须坚持解放思想，转变观念，锐意进取，创造性地开展工作；必须坚持发展第一要务，抢抓机遇，攻坚克难，一切工作围绕加快发展来进行，一切问题依靠加快发展来解决；必须坚持实施项目带动战略，依靠项目拉动经济增长，增强发展后劲；必须坚持以人为本，把提高人民生活水平作为根本出发点和落脚点，大力保障和改善民生；必须坚持强化社会管理，维护社会稳定，营造加快发展的良好环境。

各位代表！过去一年的工作成绩显著，为全面实现“十二五”规划目标奠定了良好基础。这些成绩的取得，是州委总揽全局、励精图治的结果，是州人大、州政协有效监督、全力支持的结果，是社会各界积极参与、共同努力的结果，是全州各族人民团结一心、奋力拼搏的结果。在此，我代表州人民政府，向全州广大干部、群众，向各级人大代表、政协委员、工商联、各人民团体和社会各界人士、各届离退休老同志，向驻德宏人民解放军、武警部队官兵和公安干警，向中央、省属驻德宏各单位，向海内外所有关心、支持和帮助德宏发展的同志们、朋友们，表示衷心的感谢并致以崇高的敬意！

二、开拓创新，狠抓落实，扎实做好2012年各项工作

2012年是实施“十二五”规划承上启下的重要一

年，是面向西南开放重要桥头堡和瑞丽重点开发开放试验区建设大干快上之年。做好今年的各项工作，巩固好全州经济社会良好发展势头，具有十分重大的意义。

当前，世界经济又趋低迷，欧债危机可能延缓全球经济复苏，全球贸易保护主义抬头，国际市场需求不旺，未来发展不确定因素增多。国内经济平稳增长，但是增速趋缓，对外贸易和物价上涨形势严峻，转变经济增长方式任务艰巨。我州绿色资源丰富，区位优势突出，发展前景广阔，但是总体经济实力和自我发展能力还不强，经济结构还不够合理，经济运行中普遍存在建设用地紧、建设资金紧、电力紧、物价涨、人才缺等问题，财政收支矛盾突出；基础设施瓶颈制约依然存在，社会事业发展滞后，机制体制障碍仍未完全消除；禁毒防艾和维护边境稳定任务繁重，社会管理、群众工作面临许多新的课题，防范突发事件、化解各种风险、维护和谐稳定的任务艰巨；一些干部的思想观念、能力素质、工作作风与跨越发展的要求还不相适应，与广大群众加快发展的期盼还有差距；政府执行力有待进一步提高。

另一方面，国家深入实施西部大开发战略和向西南开放战略，中央经济工作会议提出了2012年经济社会发展“稳中求进”的方针；省第九次党代会作出了建设“开放富裕文明幸福新云南”的战略部署；州第六次党代会确定了今后五年的奋斗目标，都将为德宏的发展注入强大动力。更为重要的是，全州干部群众加快发展的信心足，劲头大，士气高，使我们拥有了战胜一切困难的群众基础。我们必须科学判断、准确把握国内外经济发展态势，抢抓机遇，发挥优势，突出重点，进一步增强自我发展能力和抵御风险的能力，全力加快桥头堡黄金口岸和瑞丽重点开发开放试验区建设，当好排头兵，大胆创造沿边开放新奇迹，谱写德宏经济社会跨越发展的新篇章，以优异成绩迎接党的十八大召开。

2012年政府工作的总体要求是：全面贯彻落实党的十七届六中全会和中央经济工作会议、省第九次党代会、省委九届二次全会、州第六次党代会及州委六届二次全会精神，坚持科学发展、和谐发展、跨越发展，以加快转变经济发展方式为主线，以改善民生为根本，稳增长，调结构，打基础，重三农，强产业，扩开放，兴文化，保民生，促和谐，努力做到稳中求进，好中求快，变中求新，为实现“十二五”发展目标奠定坚实基础。

2012年全州经济社会发展目标建议为：实现生产总值增长15%以上；地方财政一般预算收入增长25%以上；规模以上固定资产投资增长30%以上；社会消费品零售总额增长20%以上；外贸进出口总额增长15%以上；城镇居民人均可支配收入增长12%以上，农村居民人均纯收入增长15%以上；居民消费价格指数控制在104%以内；城镇登记失业率控制在4.6%以内；人口自然增长率控制在7.4‰以内；单位生产总值能耗控制在省下达指标以内。　　围绕上述总体要求和发展目标，今年要着力抓好以下十个方面重点工作：

（一）以落实支持政策和科学编制规划为重点，着力推进桥头堡黄金口岸和瑞丽重点开发开放试验区建设

2012年，中国面向西南开放重要桥头堡和瑞丽重点开发开放试验区建设将迈出更加强劲的步伐。我们必须在全省的大格局下，按照州委统一部署，加强对桥头堡黄金口岸和瑞丽重点开发开放试验区建设的领导，进一步建立健全工作机制，力求在开放战略、开放环境、开放平台、开放效应等方面取得新突破。

一是要强化政策落实。坚定不移贯彻落实国务院支持云南桥头堡建设的各项政策，力争国务院尽快批准《瑞丽重点开发开放试验区实施方案》，争取省政府尽快出台支持瑞丽重点开发开放试验区政策意见，着力落实好重大基础设施项目和出入境通关、土地、投资、产业、金融等重点领域政策。

二是要坚持规划引领。重点按照“一核两翼三带四城”的布局，高标准、高水平抓紧编制完成《瑞丽重点开发开放试验区总体发展规划》、《桥头堡黄金口岸总体发展规划》。各县市、各部门要按照州第六次党代会精神，进一步明确在桥头堡黄金口岸及瑞丽重点开发开放试验区建设中的定位和工作思路，同步完善或重新编制各级各类规划，并认真组织实施。

三是要注重功能整合。在总结提升姐告边境贸易区管理模式的基础上，扩大实施范围，实施分线管理；深入推进瑞丽、畹町两个国家级边境经济合作区在州内“扩区移位”，进一步夯实建立中缅瑞丽—木姐跨境经济合作区的基础条件，进一步加强与缅方沟通，争取设立双方联合专家组，共同推进跨境经济合作区建设。

（二）以抓好重大工程项目建设为重点，着力确保固定资产投资快速增长

全力抓好重大基础设施项目建设。继续实施20个重大建设项目。交通方面，确保完成公路投资20亿元以上。高度重视、全力以赴推进龙瑞高速公路建设，积极做好征地拆迁工作，保障工程建设用地，营造良好施工环境。做好腾陇、潞梁二级公路和取消政府还贷二级公路收费各项后续工作，实施好32项农村公路建设项目。加快瑞丽国家公路运输网枢纽客运工程建设，积极推进畹町至弄岛、芒市至瑞丽两条经济干线部分路段开工建设，推进瑞丽至章凤经济干线前期工作。积极争取国家支持，在跨境公路通道建设上实现新突破。力争大瑞铁路保瑞段尽快进入实质性施工阶段。巩固好已开通的国内航线，争取新开通省内、省外其它航线，加快推进芒市机场开放为口岸机场，做好搬迁至遮放的前期工作。能源方面，加快推进中缅油气管道德宏段建设，同步推进芒市天然气热电联产项目建设，抓好芒市、瑞丽两个500千伏变电站和芒市中山120万千瓦水电站项目前期工作。积极化解季节性窝电与缺电矛盾。信息通讯方面，加快信息通讯服务基础设施建设，大力发展电信产业，努力建设“数字城市”、“智慧德宏”。

努力拓展投融资渠道。进一步加强政、银、企合作，着力落实好中央赋予的“县域内银行业金融机构新吸收存款主要用于当地发放贷款”和国家支持小型微型企业发展等金融政策，积极发展和引进银行业金融机构，扩大金融服务覆盖面，进一步加大信贷投放力度，力争全州存款总量突破400亿元、贷款总量突破230亿元。鼓励社会资本进入市镇公共基础设施建设。加快州级行政事业单位国有资产划转工作，增强宏康投资公司投融资功能。

强力推进项目前期和招商引资工作。增加项目前期工作经费投入，科学编制好桥头堡黄金口岸、瑞丽重点开发开放试验区建设重要基础设施、鼓励类投资、重点产业、亿元以上工业和信息化投资以及重点民生工程项目目录，建立申报国家和省技改、节能、中小企业等专项项目库。进一步加大招商引资力度，加强与中石油、中粮、中电投、中国五矿集团、重庆兵装集团、重庆博赛、珠海振戎、云铝、云天化、昆钢以及泰国正大集团、香港雅居乐、缅甸图公司等国内外大企业的合作，推动深度谈判，签订实质性合作协议，力争在引进“央企”、世界500强、中国500强等大企业方面取得新突破，确保外来投资占全州固定资产投资的比重保持30%以上、国内经济合作实际到位资金递增20%以上。

(三)以加快农业产业化发展为重点，着力做好农业农村工作

大力发展立体农业、现代农业、高效农业，积极发展生态、绿色、环保、安全健康的农业，努力打造中国最安全的农产品生产基地。

巩固提升传统产业。计划完成粮食播种面积210万亩，总产量66万吨。完成冬季农业开发总面积115万亩，蔬菜种植面积20万亩。改造低产茶园2万亩，新植茶园2万亩。新植天然橡胶0.8万亩，投产开割面积10万亩，干胶产量8500吨。新种冬春甘蔗38万亩，力争2012/2013榨季甘蔗收获面积85万亩，产量420万吨。完成肉蛋奶总产量10.4万吨，水产养殖面积4.8万亩以上，养殖产量3.1万吨。

加快发展特色优势产业。计划改造中低产林63万亩，种植西南桦等用材林8万亩、竹子3万亩、咖啡8万亩、柠檬1万亩、坚果4.5万亩、油茶7.5万亩、核桃8.2万亩。种植烟叶15万亩，收购烟叶40万担。大力推进品牌战略，把“后谷咖啡”、“遮放贡”、“德宏柠檬”、“德宏水牛”打造成中国驰名商标。大力发展农民专业合作社，构建农民专业合作服务体系。扶持农业龙头企业发展壮大，支持后谷咖啡有限公司上市。

继续改善农业生产条件。加强国土整治，实施“兴地睦边”农田整治工程8个，完成投资3.7亿元，建设规模16.9万亩，新增耕地1.3万亩。改造中低产田地15.5万亩，建设高标准农田10万亩。计划完成水利水电固定资产投资11.9亿元，积极推进龙江引水工程和盈江、陇川两个大型灌区建设。完成中型水库建设4座，续建4座，新开工3座，不断增加库容。续建小型病险水库除险加固5座，新开工13座。继续推进小型农田水利建设，建成“五小水利”工程1万件，完成干支渠防渗50公里，新增有效灌溉面积2.88万亩。大力发展民生水利，解决农村饮水不安全人口7.06万人。积极防治山洪灾害，治理水土流失面积30平方公里。

加快推进新农村建设。巩固新农村建设成果，启动新农村典型示范村建设90个。加大农村环境整治，加强绿化美化改造，加快农村无害化卫生厕所建设。

(四)以优化产业结构为重点，着力推动实体经济快速发展

推动工业发展实现新突破。加快芒市、瑞丽两个省级重点工业园区和陇川、盈江、梁河工业园区基础设施建设，重点推进瑞丽国际华商产业园、章

凤口岸经济区、芒市天然气综合利用园区建设。大力推进汽车、摩托车、农用机械、粮油食品、医药器械等产业发展。加快实施芒市硅铝合金、摩托车、陇川景罕高活性干酵母、云龙公司稀土开发、盈江博赛铝合金新型板材等重点工业项目。计划全年工业总产值确保实现170亿元，万元GDP能耗下降2.4%。

推动对外贸易升级转型。全面推进各口岸基础设施建设，进一步提高通关便利化水平。加快转变贸易发展方式，优化贸易结构，扩大贸易规模，规范发展边民互市贸易，着力构建以进出口加工、商贸物流产业为主、服务外包、金融保险、国际会展、技术研发和人才培养为支撑的对外贸易体系。以交通、水电、林业、矿产、农业、旅游、文化等为切入点，提高对外经济技术合作水平，加大对缅农业合作力度，探索建立中缅农业技术合作(交流)中心。积极推进外汇核销制度改革，争取缅币兑换业务许可和进出口企业全部纳入跨境人民币结算试点。

大力发展现代服务业。重点发展金融保险、国际物流、信息服务、商务会展等现代生产性服务业，稳步发展康体休闲、房地产、家政保洁等生活性服务业。积极推广连锁经营、超市、物流配送等现代流通方式，发展商贸物流产业。进一步完善城乡消费体系建设，新建和改造一批标准化集贸市场。加强三农保险基层服务体系建设，扩大政策性农业保险覆盖面。

(五)以建设山地城镇为重点，着力推进城镇化发展

编制德宏州城镇体系规划，重点突出瑞芒陇盈沿边国际口岸城市群空间结构，使之有机融入滇西城市群，成为我州桥头堡黄金口岸建设的重要载体和带动德宏实现跨越式发展的火车头。抓住芒市列为全省山地综合开发利用试点县市的机遇，认真贯彻落实省委省政府关于保护坝区农田、建设山地城镇的工作部署，切实做好国土、住建、林业三个规划，有序推动城镇上山，用好用足相关政策，建立完善山地开发利用良性循环机制。切实抓好芒市城市综合体、芒市绕城一级公路前期工作。实施好城镇供排水、污水和垃圾处理等市政建设工程。统筹城乡一体化建设，加快城乡公共服务均等化。积极做好农村人口有序向城镇转移工作。

(六)以加快恢复重建工作为重点，着力建设美丽富饶新盈江

按照《盈江3·10地震灾后恢复重建总体规划》，切实抓好灾后公共服务和基础设施等各项恢复重建。今年要在民房恢复重建全面完成的基础上，优先抓好教育、医疗、文化等公共服务设施的恢复重建，上半年完成受损医院、秋季开学前完成受损学校的恢复重建。抓好允燕塔的修复工作。大力实施“引城临江、水灵城美”工程，建设山水城市。突出抓好大盈江县城段综合治理和盈江县行政中心建设项目，实施好城区市政道路、供排水管网及照明系统恢复重建项目。抓紧弄璋大桥等地震交通运输恢复重建项目建设，完成灾区震损堤防、水库的除险加固任务。加强灾后生态恢复，突出铜壁关自然保护区和大盈江流域水土保持两个重点，实施好10个地质灾害治理工程和灾毁土地整治项目。继续强化工程质量、项目建设监督和价格监管，严格灾后恢复重建资金和捐赠款物管理，坚决杜绝在恢复重建中出现腐败问题。

(七)以实施“民生工程”为重点，着力加快社会事业发展

采取切实措施，实施好“八大民生工程”。一是城乡居民收入增长工程。认真落实强农惠农政策，不断健全财政支农资金的稳定增长机制，拓宽农民增收渠道，促进农民收入持续较快增长，提高低收入者收入水平，扩大就业，增加居民财产性收入。二是教育质量提升工程。加快发展学前教育，巩固提高“两基”成果，加快普及高中阶段教育，稳步提升高等教育。认真组织实施农村学前教育试点工程，全力推进中小学校安工程，加快瑞丽一中初、高中分离办学。认真做好芒市、盈江、瑞丽三县市各新建一所普通高中前期准备工作，支持各县市一中开展晋级升等工作，加快职教园区建设，继续推进德宏师专升本和新校区建设工作。高度关注民族教育和特殊群体教育，积极扶持民办教育。认真组织实施农村义务教育阶段学生营养计划，全力抓好校园安全工作，加强对中小学、幼儿园接送车辆的管理，深入开展“安全文明校园”创建活动。继续打好提升质量、高中阶段扩招、校舍安全工程“三大攻坚战”，积极开展“办学特色年”主题活动，突出学校特色，促进学生全面发展。三是百姓健康工程。认真落实《州委州政府关于加快卫生事业发展的决定》，加快城乡医疗卫生服务体系建设。全面建立城乡居民健康档案。继续扩大和巩固基本医疗保险覆盖面，争取全州参合率达95%。继续抓好以艾滋病为主的疾病预防控制和卫生应急等工作。全面加强人口计生网络建设，积极推进优生促进、避孕节育和生殖健

康工程，努力提高出生人口素质。健全中医民族医药服务体系。继续实施“食品药品安全放心工程”。大力推进七彩云南全民健身活动。四是科技创新工程。着力推进德宏科技创新园建设。积极开展对外科技、科普交流合作。大力推进产业结构优化升级和产学研结合，积极筹建院士专家工作站，促进科技成果转化，培养创新人才，强化知识产权保护工作。认真实施《全民科学素质行动计划纲要》。五是社会救助保障工程。加强城乡社会救助体系建设，进一步完善城乡低保制度，不断提高对低保对象、优抚对象、“五保”对象的救助水平。认真落实《中共德宏州委关于加强新时期老年人工作的决定》，切实做好老年人工作。扩大艾滋孤儿救助示范项目实施范围。开发有效就业岗位12000个，城镇新增就业人员3200人，城镇登记失业率控制在4.6%以内。六是保障性安居工程。全年新建保障性住房29742套，其中廉租住房1988套、公租房21400套、国有工矿棚户区改造424套，新增廉租住房补贴5930户。七是“米袋子”“菜篮子”工程。大力提高粮油、蔬菜、畜产品产量，加强对流通环节和市场的规范、管理和服务工作，采取积极措施，确保物价基本稳定，强化食品安全。八是扶贫攻坚工程。继续抓好德昂、阿昌两个人口较少民族扶持后续工作，全面启动对景颇族扶持发展工作。实施贫困自然村整村推进170个，继续推进梁河县平山乡第二批整乡推进扶贫开发试点。完成农村劳动力转移培训4400人、易地扶贫搬迁贫困人口1300人、信贷扶贫贴息贷款1亿元，减少贫困人口3万人以上。

(八)以建设民族文化强州为重点，着力推动边疆民族文化大发展大繁荣

全面贯彻落实十七届六中全会精神，切实加强社会主义核心价值体系和社会主义精神文明建设。大力发展公益性文化事业、保障人民群众基本文化权益，重点抓好农村公共文化服务体系建设。加快推进芒市民族文化园区项目，重点做好州博物馆、图书馆、文化馆、新闻中心和芒市民族剧院等建设项目的前期工作。加快推进傣族文化国际园和芒市景颇目瑙文化园项目，力争尽快开工建设。积极筹建瑞丽重点开发开放试验区“三馆一中心”。迎接全国第三次文化馆评估定级工作。加强党报、广播、电视、互联网等主流媒体建设。整合历史人文资源，打造“德宏响声”系列文化旅游产品，开发一批以民族、生态、休闲、边境和珠宝为重点的特色旅游文化产品。认真组织对全州现有文化产业进行梳理，大力培育具有良好市场潜力的文化产业。建立健全文化产业投融资体系和支持文化精品创作的激励机制，加快电视连续剧《刀安仁》的拍摄工作。积极推进文化体制改革，稳步推进文艺演出团体的改革，鼓励发展经营性民营文化产业。继续推进广播电视村村通、农家书屋建设、文化信息资源共享、农村电影放映、乡镇和社区综合文化站及村文化活动室建设“五大”文化惠民工程，大力倡导群众性文化活动，巩固农村文艺演出队伍，丰富农村文化生活。大力培养造就文化人才队伍，组织开展第四批国家级项目代表性传承人及德宏州第三批传承人申报工作，鼓励支持非物质文化遗产传承人开展传承活动。加强文化交流合作，有序实施文化“走出去”战略。

加快旅游产业崛起。按照“两城、两江、两环线”的旅游产业布局，加快以瑞丽江精品旅游集群项目为代表的旅游景区景点开发建设。加快瑞丽弄莫湖酒店、芒市嘉源公馆、盈江光洋大酒店等一批重大旅游服务项目建设。继续提升中缅胞波狂欢节、中国瑞丽国际珠宝文化节的层次与水平，办好2012年中国德宏景颇族国际目瑙纵歌节。全年计划接待中外旅客568万人次，实现旅游总收入61.6亿元。

(九)以深化改革为重点，着力增强经济社会发展动力与活力

巩固新一轮政府机构改革成果。继续推进行政审批制度改革，完善政府部门内部机构设置。积极稳妥推进事业单位分类改革。

深化企业管理体制改革。进一步深化企业劳动用工、人事和收入分配制度改革，大力推进企业管理创新和科技创新。继续推进农垦改革工作，加强农场内部管理，完善生产经营机制。

深化医药卫生体制改革。加快推进乡镇卫生院、社区卫生服务中心、村卫生室的改革，完善新型农村合作医疗制度，促进基本公共卫生服务均等化。加大公共医疗卫生资源配置向边境、山区倾斜。鼓励社会资本进入医疗卫生领域。

深化财税金融体制改革。健全财力与事权相匹配的财税体制，健全县级基本财力保障机制。深化预算管理制度改革，积极推进预算公开，重点推进营业税、房产税和资源税改革，提升财政科学化精细化管理水平。加大税务稽查力度，推进税收征管现代化。深化农村金融体制改革，健全和完善现代农村金融体系。

深化价格体制改革。积极稳妥地推进水、电等资源性产品价格改革，积极推进能源资源开发、加工、运输、贸易和物流等相关环节的配套改革。

(十)以创新社会管理为重点，着力构建平安和谐新德宏

进一步加强和创新社会管理。强化政府社会管理职能和责任，完善社会管理体系，创新社会服务机制，探索建立“公共服务型”、“民生保障型”社会管理模式，巩固提升“五级为民服务体系”，不断提高社会管理能力和服务水平。

大力推进诚信德宏建设。着力建设诚信政府、诚信企业、诚信市场，努力提升全州社会诚信度。

进一步做好新时期群众工作。下真功夫，动真感情，花大力气，深入开展群众观点、群众路线、群众利益、群众工作“四群”教育活动，认真落实干部联系群众制度，更加关注弱势群体和困难群众，努力提高群众工作水平。坚持和完善领导干部大接访、大下访以及领导包案制度。进一步畅通信访渠道，依法规范信访秩序，切实解决好企业改制、征地拆迁、劳动就业、民族宗教、农垦改革等热点难点问题。

进一步加强民主政治建设。认真贯彻落实《民族区域自治法》，自觉接受党委领导，自觉接受人大法律监督和政协民主监督以及社会各界、人民群众的监督。扎实做好民族团结工作，创新民族团结月活动方式，丰富活动内容。依法加强对宗教工作的领导和管理。加强基层民主政治建设，努力推进和谐社区(村组)建设，认真做好社区换届工作。扎实推进“六五普法”和“四五”依法治州进程，加强和改进法律服务和法律援助工作。加强司法调解工作，正确处理人民内部矛盾。切实做好国防动员、人民防空和民兵预备役工作，积极支持驻德宏部队建设。

深化平安创建活动。加强社会治安综合治理，深入开展社会治安集中整治行动，坚决打击各类刑事犯罪和暴力犯罪，进一步提高人民群众对治安的满意率。强势推进第三轮禁毒防艾人民战争，健全完善禁毒防艾长效机制，始终坚持“大清查、大整治、大收戒、大打击”力度不减，积极开展“无毒乡镇、无毒村寨、无毒社区”创建和巩固工作，加大“绿色关爱社区”建设力度，强化对老弱病残特殊吸毒人员的管理，进一步巩固禁毒防艾成果。做好流动人口的服务和管理。严密防范、坚决打击境内外敌对势力的渗透破坏活动，做好边境突发事件应急处置工作，维护国家安全。

进一步增强安全发展能力。牢固树立安全发展的科学理念，全面落实安全生产责任制，坚持速度、质量、效益和安全的有机统一，把生命高于一切的理念落实到生产、经营、管理的全过程，加强产品、工程、服务、食品质量及特种设备安全监管，坚决守住安全这条红线。深入实施质量兴州战略，积极筹建省级珠宝、粮食产品质量监督检验中心。完善应急预案机制，强化应急救援能力建设。

进一步强化生态建设与环境保护。加快推进林权制度配套改革，进一步健全完善生态补偿机制。强化节能减排工作措施，建立节能减排奖惩机制，继续实施污染减排、环境治理、生态创建和农村环境综合整治工程。建立健全以工业污染防治、城镇污水和垃圾处理、农村农业面源污染控制为主的污染防控体系。加强城乡饮用水源保护，确保饮用水安全。严格环境影响评价，强化执法监督，杜绝重大环境事件和污染事件发生，增强可持续发展能力。

三、转变作风，提高效能，努力建设服务型政府

今年是州十三届人民政府履职的最后一年。要在认真总结前四年政府工作的基础上，始终坚持以人为本、执政为民的理念，以改革创新精神，切实加强政府自身建设。

优化发展环境，提升服务水平。努力营造高效务实的政务环境、公平竞争的市场环境、安全舒畅的社会环境、包容开放的人文环境。以制度建设为基础、政务公开为重点、绩效考评为手段、效能监察为保证，努力实现从管理型政府向服务型政府的转变。进一步深化行政管理体制改革，规范行政审批行为，建立权责明晰、行为规范、运转协调的行政运行机制。强化公共服务和社会管理职能，提高政府的执行力和公信力。按照建设法治政府、责任政府、阳光政府和效能政府的要求，认真组织好依托电子政务平台加强政务公开和政务服务的试点工作，积极稳妥地推进政府职能转变和体制机制创新，不断提高服务水平，努力营造良好发展环境。

严格依法行政，提升行政效能。着力建设法治政府，落实行政执法责任制，严格规范行政执法行为，切实提高依法行政能力，努力打造依法行政模范州。加强政府决策咨询工作，推进政府决策的科学化、民主化、制度化。加强政府法制建设，健全行政复议体制，完善行政补偿和行政赔偿制度。规范行政权力和行政行为。严格执行领导干部问责制，认真落实首问负责制、限时办结制、责任追究制。加强对重大决策、重要部署、重点工作的跟踪落实和督查。扩大政务公开和公共资源交易范围，凡涉

及群众切身利益的重大事项都要向社会公开，努力实现权力运行规则公开、程序公开、过程公开、结果公开，保证权力在阳光下运行。

加强廉政建设，确保廉洁从政。政府公职人员要坚定不移带头执行廉洁自律的各项规定，在思想上筑牢拒腐防变的大堤。加强领导干部经济责任审计，加大对财政资金、重大投资项目、土地招拍挂、政府采购工作的审计和监察力度。强化工程招投标、公共资源处置等重点领域的监督检查。加大惠农资金、民政资金、扶贫资金、救灾资金、社保资金的监管力度。加强政风行风建设，坚决纠正损害群众利益的不正之风，切实解决群众反映强烈的突出问题。厉行节约，严格控制“三公”支出和各种庆典、节会、论坛活动。

切实转变作风，狠抓工作落实。政府工作重在落实、贵在落实。要扎实推进深入实际、深入基层、深入群众“三深入”活动，大兴真抓实干之风，大兴调查研究之风，大兴读书学习之风。积极推行政府绩效考核，以重大项目和重点工作作为考核的重点内容，把考核的结果与公务员的职务晋升、奖励惩戒有机结合起来，努力形成你追我赶、竞争向上的干事氛围。进一步精简会议和文件，切实改进会风、文风。进一步加强公务员队伍建设，提高公务员素质。各级干部必须用新思路谋划发展，用新机制解决问题，用新方法推动工作，大力弘扬省委倡导的“高远、开放、包容”的高原情怀和“坚定、担当、务实”的大山精神，以求真务实的工作作风履行好党和人民赋予我们的神圣职责。

各位代表！建设桥头堡黄金口岸和瑞丽重点开发开放试验区任重道远，要当好排头兵，创造新奇迹，实现新跨越，我们深感责任重大。州第六次党代会为我们描绘了德宏经济社会发展的宏伟蓝图，在新的一年里，我们要继续以科学发展观统领全局，在省委、省政府和州委的正确领导下，以更加宽广的视野谋划发展，以更加昂扬的斗志迎接挑战，以更加务实的作风狠抓落实，团结一致，群策群力，锐意进取，奋力拼搏，为实现全州经济社会科学发展、和谐发展、跨越发展而努力奋斗！

专　文

勇当桥头堡建设排头兵　打造沿边开放新奇迹

——瑞丽国家重点开发开放试验区建设的思考

中共德宏州委副书记、瑞丽国家重点开发开放试验区党委书记　王俊强

改革开放30多年来，以深圳为代表的沿海地区在对外开放中率先突破，创造了举世瞩目的“深圳速度”，引领了中国经济的持续高速发展，在世界现代化进程中彰显了“中国模式”的强大动力。当前，中国经济总量跃居全球第二，仅次于美国，根据专家的预测，至2030年，中国经济总量将成为世界第一。在经济全球化和区域一体化加速发展、世界格局深刻变化的大背景下，对深化沿海开放，加快内地开放，提升沿边开放，实现对内对外开放相互促进提出了新的更高的要求。在总结我国对外开放由东向西、通过试点示范逐步梯度推进做法的基础上，为进一步完善我国对外开放战略格局，推动区域经济协调发展。2010年6月，党中央、国务院作出了建设云南瑞丽、广西东兴、内蒙古满洲里3个沿边开发开放试验区的决策部署。瑞丽国家重点开发开放试验区建设自2011年5月正式启动以来，德宏州举全州之力，集全民智慧，紧紧围绕试验区“开发什么、开放什么、试验什么”三个主题，对试验区建设的战略定位、建设目标、功能分区、基础设施、产业布局和政策支撑等方面进行了深入研究，进一步理清思路，凝聚智慧，形成共识，为加快推进瑞丽国家重点开发开放试验区建设奠定了基础。

一、以全球视野审视试验区建设的战略地位

瑞丽国家重点开发开放试验区是国家沿边开发开放的试验平台，也是云南、德宏加快发展的重要引擎，要将实验区打造成立足德宏、引领全省、放眼全国、辐射南亚、东南亚的窗口和前沿，必须在全球视野下审视和谋划实验区建设。

(一)全球化不可逆转

目前，我们已尽处于全球化加速发展的大环境中。改革开放的中国正日趋自觉地切入这个进程，努力获得自己的竞争位势。全球化意味着要素资源跨境配置与商品及服务的全球流通。在比较优势引导下，各国依据资源禀赋、经济条件与产业基础，致力于发展具有自身竞争优势的产业。从这个意义上讲，全球化是以资源跨境配置，国际产业分工重组来整合全球资源，扩大资源配置规模，提高资源配置效率，并以全球经济均衡来取代国家经济平衡的过程。全球化首先是一系列极为现实的全球问题。由于技术、市场、消费社会的发展，能源和环境问题成为全球性问题。参与全球治理、融入全球化就成为衡量综合国力的重要标准。

(二)区域一体化转向经济发展一体化

如今的世界，区域一体化是不可能阻挡的潮流。原来出于政治目的而成立的许多组织逐渐开始具备经济功能，弱化意识形态差别，最后达成合作。最典型的是欧盟，原来是冷战的产物，经过煤钢联营体、欧共体一路走到欧盟。亚洲也有非常清晰的一体化进程，首先成熟起来的是东盟。东盟原来是为

了对抗中国等国家而成立起来的，泰国、马来西亚、新加坡、菲律宾这些国家联合在一起从政治组织逐渐变为经济组织。伴随着整个中华民族的和平崛起和中国的主动外交，东盟逐渐转变了态度，开始跟中国从理论上的探索上升到实质性的合作。通过打通我国与东南亚、南亚国家的经济贸易通道，促进中国——东盟自由贸易区建设，把沿边开放提高到一个新的层次和水平，是区域一体化发展的现实需要。

(三)桥头堡建设必须纵观全局

与20世纪七八十年代开始的沿海开放相比，“桥头堡”陆路对外开放涉及的问题领域更加宽泛：能源安全等非传统安全成为突出问题，区域经济性组织的合作形式与作用越来越突出。对此，瑞丽国家重点开发开放试验区建设必须重点在三个层面上发挥次国家政府的外交功能和优势：一是积极参与国家在“桥头堡”战略下解决能源等突出的非传统安全问题，依托东南亚、南亚国家的沿海港口铺设进入云南的油气管道，在印度洋方向开辟新的出海大通道，化解“马六甲困局”，有效地保障我国的能源资源安全；二是主动融入国家在“桥头堡”战略下推进和强化地区组织合作，使我们能够在更大范围、更广领域和更高层次上参与国际竞争；三是在“桥头堡”开放框架下服务中国西部、中部和东部的对外开放，推动“走出去”大发展，拓展外部发展空间。

(四)合作共赢实现睦邻安邻富邻

建设瑞丽国家重点开发开放试验区，通过拓宽与缅甸及其地方政府在解决一系列非传统安全问题中的合作渠道，拓展双边在经济、文化等领域的交流与合作，为国家战略的落实提供多样性、便捷性的渠道。一方面可以拓展市场、提升中国产品的国际竞争力、增强经济抗风险能力；另一方面带动边疆民族地区经济和中国各地区经济的整体、平衡发展，最终实现将瑞丽国家重点开发开放试验区建设成为中缅边境经济贸易中心、西南开放重要国际陆港、国际文化交流窗口、沿边统筹城乡发展示范区和睦邻安邻富邻模范区。此外，试验区的建设还可以充分展示我国维护世界和平、促进共同发展的良好形象，对贯彻落实我国“与邻为善、以邻为伴”的外交方针和睦邻安邻富邻的外交政策，巩固民族团结、边境安宁、社会和谐的局面，维护边疆稳定和国家安全都具有十分重要的作用。

二、剖析沿边开放不同于沿海开放

“桥头堡”建设使瑞丽国家重点开发开放试验区的建设被纳入到国家战略规划当中，打造国际陆港、开放前沿类似当年率先开放的深圳。人们很自然的产生联想，瑞丽国家重点开发开放试验区能够成为第二个深圳吗？换句话说，瑞丽国家重点开发开放试验区的发展模式是不是也能照搬深圳模式呢？

回答是否定的。一个地区的经济社会发展取决于所处的时代背景、国际环境以及自身的条件，瑞丽国家重点开发开放试验区的发展也如此。综合分析比较，瑞丽沿边的开放和深圳沿海的开放存在五大不同：一是面临的世界格局不同。苏联解体、东欧剧变、两极格局终结，世界多极化趋势加快，经济全球化深入发展，综合国力竞争日趋激烈，全球范围内存在有少数大国或国家集团，它们之间在博弈后形成某种特定的权力与责任分配关系发生了深刻变化，在这个过程中，中国毫无疑问成长为世界格局中的重要一员，在全球事务中扮演更加重要的角色，作用日益彰显。二是经济社会发展水平不同。经过30多年努力，中国GDP占全球的比重由不到2%增长为接近7%，居世界第二位。数字背后是支撑中国经济飞速发展的科技水平、智力资源和产业发展水平等方方面面发生的翻天覆地变化。就瑞丽而言，瑞丽口岸出口商品80%以上来自省外，进口商品80%销往省外，约50%的出口商品通过缅甸转销印度、孟加拉国和泰国。这显示了基础产业之薄弱，也是整个云南的缩影。而深圳发展靠的是承接全球产业转移，形成产业集聚和产业支撑。此外，瑞丽尽管有区位优势，但仍未形成大通道优势，高速公路、铁路网建设滞后需尽快解决。三是面临的对象不同。沿海开放面临的是经济社会发育程度更高的发达国家和地区，其贸易、资本流动、技术进步与传播是以“引进来”为主；而我们面临的是欠发达国家和地区，需要我们以“走出去”为主，甚至创新对外投资和合作方式，积极鼓励企业通过合作并购等途径，参与开发境外能源，积极引导和组织国内有实力的企业到国外投资办厂，利用当地的市场和资源，加快提升企业的国际竞争力，通过“走出去”培育参与国际竞争新优势。四是思想观念不同。精英主导在后发展国家发展中具有必然性，其核心则是思想观念。深圳发展汇聚了中国现代精英集团，他们以全球国际化大都市的建设和现代化示范效应引领深圳发展，深圳面向并融入世界，从计划经济走向市场经济，全面融入到全球化的进程中。瑞丽面对的周边国家属相对保守区域，以理性化和科学精神为特征的精英阶层的规模出现还需要假以时日。

五是事权不同。改革开放初期，许多部门职权实行的是属地化管理，地方有直接的指挥权和较大的自由裁量权；但几轮机构改革之后，职权划为中央直属，地方要先行先试，难以突破现有的政策，协调的成本较大。

以上五个不同从根本上决定了瑞丽国家重点开发开放试验区的发展模式和深圳特区不尽相同，尽管我们仍然可以借鉴深圳发展的有益经验，但更重要的是从德宏、从瑞丽国家重点开发开放试验区的实际出发，突出“试验”两字，在不违背现行政策大原则的前提下，先行先试，大胆探索，努力在桥头堡建设中争当排头兵，打造沿边开放的新奇迹，走出一条属于瑞丽自己的路，同时为国家沿边开放探索和积累经验。

三、对瑞丽国家重点开发开放试验区建设再认识

(一)意义和作用

加快建设瑞丽国家重点开发开放试验区，是云南实施桥头堡战略的关键突破口，是云南开放发展的重要经济增长极，也是云南实现跨越式发展的重要引擎。其一，试验区建设对云南进一步扩大对内开放、提升沿边开放水平意义重大。瑞丽国家重点开发开放试验区是我省的特区，具有地理区位、政策扶持、项目倾斜以及各受关注等优势，是云南实施桥头堡战略的关键突破口。试验区的建设将有利于发挥德宏州乃至全省在国际国内区域合作中的区位优势，多方面挖掘发展潜力，充分利用国内国外两个市场、两种资源，深化对内对外经济合作，为全国沿边开发开放探索新路子，积累新经验。其二，试验区建设是推动云南跨越发展的增长极和重要引擎。从德宏州目前的发展情况来看，主要指标普遍低于全省、大大低于全国平均水平，发展不充分、发展不平衡、发展不协调、发展不可持续的问题仍然十分突出。但随着瑞丽国家重点开发开放试验区建设的加快推进，通过积极承接产业转移培育进出口加工、商贸流通、旅游文化、特色农业等特色优势产业，从而成为投资兴业的热土，展现出强劲的后发优势，为云南科学发展、和谐发展、跨越发展注入了强大动力。其三，试验区建设对加快转变经济发展方式影响深远。加快转变经济发展方式，是实现可持续发展的必然选择。我们现在的发展，对固定资产投资和土地等稀缺资源的消耗和依赖性还比较大，发展的不可持续问题值得引起高度重视。在试验区建设的过程中坚持在发展中促转变、在转变中谋发展，能够不断提高全面、协调、可持续发展的能力和水平，实现建设资源节约型、环境友好型社会的目标。其四，试验区建设对边疆繁荣稳定、民族团结进步具有引领示范作用。云南集边疆、民族、贫困为一体，特殊的省情决定了维护边疆安宁、增进民族团结在全省政治经济生活中的重要地位。在瑞丽国家重点开发开放试验区的建设过程中，通过深入实施兴边富民行动计划、边境贫困地区集中连片扶贫，加快城乡一体化，促进公共服务均等化，构建沿边统筹城乡发展的示范区，为德宏建设民族团结进步、边疆繁荣稳定示范区注入强大活力，也为全省乃至全国提供借鉴。

(二)优势突出

建设瑞丽国家重点开发开放试验区十分重要而紧迫，有必要对内外环境条件进行再认识。德宏因其特殊的地缘人缘关系，与缅甸及东南亚、南亚国家友好往来、互市贸易、文化交流源远流长，在区位、通道、开放、资源和文化等方面具有得天独厚的优势，概括起来有“九大优势”。一是区位优势。从德宏陆地瑞丽口岸出境进入印度洋，与经广州绕道马六甲海峡相比，可缩短路程3000多公里。距离最短，无天然屏障，节约时间，节约成本，减少风险，是我国向西南开放的一个最佳区位。二是资源优势。德宏州境内水能资源理论蕴藏量380万千瓦。人均占有水量1.8万立方米，为云南省人均的3.7倍，全国人均的3.9倍，水能开发潜力巨大。到2013年，中缅石油天然气管道工程建设完工投入运行，作为进入境内的第一站，德宏无疑具有得天独厚的能源优势。缅甸国土面积67万多平方公里，除天然气之外，还有丰富的水能、木材、宝石、玉石、有色金属以及充足的热带土地资源，是全球公认的黄金地和待开发的处女地，是中国重要的初级产品来源。三是通道优势。德宏现已初步形成了连接国内，通向东南亚、南亚的交通网络和沿边口岸群。特别是随着龙瑞高速、大瑞铁路以及中缅油气管道的加快建设，通道优势将进一步彰显。四是开放优势。德宏的对外开放一直走在全国沿边地区的前列，发挥着中国特别是云南省向缅甸及南亚东南亚开放合作探路者、先行者、示范者的独特作用，是中国向西南开放桥头堡的突破口、先行区。目前，瑞丽口岸已是中缅边境口岸中出入境人员、车辆、货物流量最大的口岸，进出口额和出入境人员、车辆均居全省口岸第一位。五是市场优势。缅甸开发开放已经

呈现全面加快的新态势，总口6700万的缅甸无疑是中国潜在的重要销售市场。此外，南亚地区有7个国家、近16亿人口，资源能源十分丰富，市场潜力巨大，是新世纪全球重要的发展极。六是生态环境优势。德宏州有覆盖热带、亚热带、温暖带和温带的各种动植物资源，有“竹乡”、“植物王国”、“物种基因库”之美誉，是发展生物特色产业、走低碳经济之路最具优势的地方之一。七是民族文化优势。德宏各民族纯朴善良、和睦相处，民族文化丰富多彩、交相辉映，是民族团结和睦的大家园、民族文化的大观园。傣族泼水节、景颇族目瑙纵歌节、中缅胞波狂欢节等特色文化节庆蜚声海内外。八是旅游优势。被誉为"孔雀之乡"、"神话之乡"和"歌舞之乡"的德宏旅游发展后劲十足。向世人掀开神秘面纱的缅甸被评为2012年度世界第三最佳旅游目的地，跨境异国风情游前景广阔。九是政策优势。瑞丽重点开发开放试验区实施方案已经国务院正式批准；云南省人民政府支持瑞丽重点开发开放试验区建设的若干政策意见可望近期获得省政府批准，重点将赋予德宏特殊的财政、税收、投资、土地、贸易以及其他配套的产业政策。当然，在看到优势的同时，我们也清醒地认识到，瑞丽国家重点开发开放试验区建设仍然面临基础设施建设滞后、资金筹措困难、产业培育缓慢、人才支撑匮乏等困难和问题。但两相比较，优势大于劣势，办法多于困难。

(三)总体构想和建设任务

按照“一核两翼，联动发展；一区多园，政策叠加”的思路，依托通道干线，以瑞丽为核心，芒市、陇川为两翼，项目和政策覆盖全州。用瑞陇一体化和芒瑞一体化两个一体化的两翼发展来带动德宏州发展和对外开放工作。重点规划建设边境经济合作区、国际物流仓储区、国际商贸旅游服务区、进出口加工区、特色农业示范区和生态屏障区6个功能区，积极推动建立中缅瑞丽—木姐跨境经济合作区。以此为抓手，重点实施6大开发开放试验任务：一是创新体制机制，提升开发开放水平。包括开展边境管理体制改革试点，创新边境管理体制；创新金融管理体制，提高国际区域性金融服务水平；消除贸易、投资壁垒，创新跨境合作机制；实行土地差别化管理，创新土地管理方式；深化行政管理体制、干部人事、人才管理制度改革，创新行政、人才管理体制。二是加快发展对外贸易，深化边境社会事务合作，深化国际经济技术合作，提高利用外资水平和国际商贸旅游服务水平，构建中缅边境经济贸易中心。三是推动西南国际大通道建设，加强口岸设施建设，完善市政和信息基础设施，强化水资源和能源保障，构建沿边重要国际陆港。四是积极承接产业转移，培育出口加工、进口加工、商贸流通、旅游文化、特色农业等特色优势产业，形成沿边经济增长极。五是加快城镇化发展，推进新农村建设和兴边富民行动，统筹城乡公共服务，加快城乡一体化，构建沿边统筹城乡发展示范区。六是建设生态屏障，增强可持续发展能力。

四、先行先试，抓住重点

瑞丽国家重点开发开放试验区建设是一项复杂庞大的系统工程，任务艰巨繁重，涉及不同层面和众多领域，必须抓住主要矛盾和矛盾的主要方面，突出重点，找准着力点和突破口，确保尽快掀起开发开放建设热潮。

一是科学编制好发展规划。试验区发展规划的制定是一项先导性、全局性、政策性很强的工作，对于试验区开发与建设至关重要。要围绕实施方案的要求，突出科学定位、优化发展、以人为本、地方特色、注重生态、加强衔接、节约集约七个原则，高起点、高标准、高水平地编制好试验区总体规划，尽快按程序完成总体发展规划报批工作，迅速、严格实施规划，同步细化研究好试验区各专项规划，形成层次分明、定位清晰、功能互补的规划体系。

二是加快优惠政策出台与运用。优惠政策是设置试验区的生命线和本质所在，没有优惠政策就无所谓试验区。一方面，要积极争取国家和省对试验区建设给予更加优惠、灵活的包括财政、税收、金融、投资、土地、产业、进出口、出入境、人才等方面的特殊政策，在项目上给予支持、资金上给予资助、产业上给予扶持、政策上给予倾斜，并根据开发开放的进程和需要，不断给予政策调整与政策供给。另一方面，要选准落实政策的角度，善于用政策推动各项工作，善于用政策解决各种矛盾和问题。充分借鉴国内各类经济特区和各类产业集聚区建设发展的成功经验，把桥头堡建设、国家西部大开发、扶贫开发、沿边开发开放、民族区域自治等优惠政策整合叠加，并有针对性地争取实行特殊优惠政策，先行先试一些重大改革开放措施，创新和完善管理体制、发展模式，充分发挥政策的最大效应，推动试验区又好又快发展。

三是加快推进跨境经济合作区取得实质性进展。通过赋予跨境经济合作区特殊的财政税收、投资贸易以及配套的产业政策，并对区内部分地区进行跨境海关特殊监管，吸引人流、物流、资金流、技术流、信息流等各种生产要素在此聚集，促进该区域加快发展，并发挥辐射带动作用。建立将国际贸易、国际物流、出口加工等多种功能融为一体的跨境经济合作区，设置综合保税区域，发挥“一线放松、二线管住、点线结合、联网管理”的政策优势，具体开展加工制造、检测维修研发、拆解翻新、储存进出口货物以及其他未办结海关手续货物、包括转口贸易等进出口贸易、国际采购分销配送、国际中转、商品展示展销以及经海关批准的其他加工和物流业务等。

四是进一步加快基础设施建设。加快推进龙瑞高速公路、芒瑞城际大道、瑞章城际大道、瑞丽大道、芒市口岸机场及产业园区基础设施建设步伐，积极争取建设陇川旅游支线机场。加大与商业银行合作，做大金融信贷规模，通过整合瑞丽国家重点开发开放试验区的政策资源、市场资源、土地等生产力要素资源，用现代投融资理念，建立统一高效、可管可控的试验区投融资平台，撬动资本运作，多渠道、多形式筹集基础设施建设资金，提供持续有力的资金保障，推动试验区内联外通的综合交通基础设施和产业园区发展条件得到大幅度提升，为重大项目落地建设创造良好条件，推动试验区建设步入“快车道”。

五是进一步加大招商引资力度。全力营造良好的发展环境。继续深化行政审批制度改革，进一步减少行政审批事项，减少对微观经济活动的干预，努力为投资者提供公平、稳定、透明的投资环境。树立正确的招商引资观念和品牌意识，扩宽招商引资思路，营造爱商、亲商、安商、富商的发展氛围和风清气正的招商引资环境。通过大招商、招大商、招好商，引进一批大项目、好项目，不断提高招商引资水平。积极推进产业招商，围绕核心企业、关键项目和龙头企业的产业延伸配套进行招商。加大实施“大企业进入”战略。

六是进一步发展好特色优势产业。始终把产业支撑作为瑞丽国家重点开发开放试验区实现可持续发展与繁荣的基础和根本，不断增强经济造血功能和自我发展能力。通过产业的大发展，集聚人气、提升财气，推动瑞丽国家重点开发开放试验区大发展。结合德宏实际和市场需求，着重发展好三大产业，即以机械制造、机电产品、矿产资源、珠宝玉石、红木家具等加工制造为重点的进出口加工业，以咖啡、坚果、柠檬、石斛和传统农业等为重点的生物特色优势产业，以跨境旅游、温泉度假、康体休闲、民族文化和免税购物等为重点的旅游文化产业。

七是进一步深化区域经济合作。积极开展“中国一东盟国家自由贸易区”合作，通过一系列贸易投资自由化和便利化措施，促进贸易与经济技术合作的开展。加强与缅甸政府间多层次的沟通与协调；加强与缅甸在海关、检验检疫、银行、保险、仲裁方面的合作，促进边境贸易的正常发展；加强海关、公安(边防)、司法部门的合作，共同打击走私和各种犯罪活动，保障边贸发展有一个良好的环境；加强对缅甸及其周边国家的经济发展、基础设施建设、产品市场需求、资源能源和土地利用情况的研究，建立信息服务平台，为企业“走出去”提供服务。

德宏州教育改革成效显著

德宏州人民政府副州长　孔勒干

在全州经济社会快速发展的同时，德宏教育事业也得到了协调发展。特别是“十一五”以来，德宏州委、州政府审时度势，充分认识到教育在全州经济社会发展尤其是在桥头堡黄金口岸和瑞丽重点开发开放试验区建设中的先导性、基础性、全局性作用，把教育列为全州经济社会发展的“三大基础”(农业、教育、交通)和“五大战略”(生态立州、科教兴州、产业富州、开放强州、和谐稳州)之一，制定实施了一系列加快教育改革和发展的政策措施，使全州教育改革工作取得了明显成效，步入了科学发展的春天。

一、教育改革主要做法及成效

(一)各级党委、政府高度重视教育工作，始终把教育摆在优先发展的战略地位

一是从2007年起，州人民政府每年与县市政府签订教育目标管理责任状，年初有工作部署，年中有过程督查，年末有总结考核、有表彰通报。从州到县市，到乡镇，做到教育工作目标任务清晰，组织有保障，工作有抓手。二是适应新时期教育改革和发展要求，2009年，出台了《中共德宏州委　德宏州人民政府关于进一步加快教育改革与发展的意见》、《德宏州人民政府关于调整全州2008～2012年高中阶段教育发展规划的通知》等一系列政策措施，旨在谋划德宏现代教育改革和发展的新思路、新举措。三是立足州情，精心编制出台《德宏州教育事业“十二五”发展规划》和《中共德宏州委　德宏州人民政府关于贯彻国家和云南省中长期教育改革和发展规划纲要的实施意见》，明确了“十二五”期间和未来10年我州教育改革和发展的指导思想、目标任务、工作思路和主要措施。由于有国家、省教育改革和发展优越政策措施的强力推动，有我州各级党委、政府的高度重视和顺势谋划，全州上下党以重教为先、政以兴教为本、民以支教为荣、师以从教为乐的良好氛围日趋浓厚。

(二)结合州情，把内涵发展作为全州教育工作的出发点和落脚点

经过60余年的不懈努力，地处边疆民族地区的德宏教育，无论硬件还是软件都取得了巨大成就，发生了翻天覆地的变化。但与内地相比，差距还很大。硬件的差距可以通过各级的逐步投入加以改善，而软件的差距需要教育内部找准突破口，做艰苦细致的工作。基于这一现实，2007年，教育部门在充分调研的基础上，针对全州教育实际，按照“全州教育一盘棋”的总体要求，明确提出了德宏现代教育5年发展思路，即通过“五个主题年”活动来促进教育的“四个转变”。“五个主题年”活动分别是：2008年为“常规管理年”、2009年为“教育科研年”、2010年为“质量提升年”、2011年为“校园文化建设年”、2012年为“办学特色创建年”。围绕主题，每年有针对性地制定《实施方案》或《指导意见》，年初有部署，年中有过程督查和推进措施，年末有检查考核和表彰奖励。“四个转变”：一是从条件保障转变到在提升办学条件的同时，强化教育内部管理；二是从关注学生群体发展转变到既关注群体发展又重视学生个体特色发展；三是由关注学生学业发展转变到坚持以学为主，重视学生身心健康发展；四是由保障学生“有学上”转变到保障学生“上好学”，扩大优质教育资源。经过4年多的探索、实践，全州从教育行政部门到学校，形成了事业发展有目标，工作开展有重心，具体工作有抓手的良好局面，教育管理水平，教育教学质量呈现快速上升的趋势。

(三)以提升教育整体水平为目标，全力推进各级各类教育协调发展

各级各类教育全面协调发展是推动教育事业科学发展、和谐发展、跨越发展的前提，也是完善边疆民族地区教育体系，提高各族劳动者素质的必然要求。一是着力发展学前教育。作为人生学校教育的第一步，在边疆民族地区，学前教育除了具有普遍功能外，还有着特殊的作用，即为不通或少通汉

语的民族孩子在学前教育阶段会听会说汉语，为进入小学后打下汉语基础。几年来，按照国家和省的相关要求，我州进一步强化了县级政府发展学前教育的职责，把学前教育纳入当地经济社会发展规划，基本建立起政府主导、社会参与、公办民办并举的办园体制和政府投入、社会举办者投入、家庭合理负担的投入机制；特别是把发展农村学前教育作为重点，充分利用农村中小学布局调整后闲置的安全校舍，多渠道、多形式开办农村幼儿园。从2012年起，州级财政每年安排100万元学前教育发展资金，用于支持农村幼儿园建设，扶持民办幼儿园发展。截止2011年底，全州共有幼儿园104所，在园幼儿33121人，学前三年毛入园率达47.9%。二是巩固提高义务教育发展水平。按照全州统一规划，因地制宜加快中小学区域布局调整步伐。以县级统筹为主，以实施重大教育项目为抓手，以中小学校舍安全工程、农村寄宿制学校建设工程、农村初中改造工程、边境学校建设工程等为突破口，依据地理环境、人口变化等因素，科学规划学校布局，推进区域内义务教育均衡发展。按照以县为主，分类指导，点面结合，整体推进的原则和“硬件从实、软件从严”的要求，科学编制标准化学校建设规划。探索建立与义务教育均衡发展相适应的教师配置、校舍建设、条件装备等保障机制。推进城乡、区域、校际间对口支援，实行优质学校与薄弱学校结对帮扶和交流服务制度。逐步扩大普通高中招生名额分配到区域内初中“定向择优生”的比例。坚持以输入地政府管理和以公办学校为主，落实好进城务工人员随迁子女平等接受义务教育的权利。出台了《德宏州人民政府关于进一步加强义务教育阶段“控辍保学”工作的意见》，采取政府与政府，教育部门与教育部门，教育部门与学校分别签订“双线”目标管理责任书，各乡镇政府每年将小学毕业生整体移交到初中等办法，确保学生在哪一环节流失，都能够得到及时劝返。由于有一套较为有效的“控辍保学”机制，全州适龄儿童少年入学率都保持在较高水平，辍学率得到了有效控制。2010年，我州代表云南省接受国家教育督导团“两基”检查验收，以突出的成效和鲜明的特点受到领导和专家的高度赞扬。三是加快发展普通高中教育。几年来，在国家、省普通高中建设项目比较少的情况下，我州结合州情，不等不靠，坚持政府投入为主，采取吸纳社会资金、争取银行信贷等模式，新建、改扩建一批普通高中，确保普通高中学校布局、办学规模适应经济社会发展要求，满足各族群众接受高中教育的需求。先后在州一中、各县一中实施初高中剥离，办成纯高中，使办学规模进一步扩大。在人口较多的芒市、盈江县、瑞丽市各规划新建一所高中，目前，芒市、盈江两县市新高中建设已经进入实施阶段。到2011年，全州普通高中在校生达13145人，是2000年3844人的3.42倍。四是大力发展职业教育。职业教育是边疆民族地区提高劳动者素质，变资源优势为经济社会发展优势的必然要求。几年来，利用国家、省大力支持职业教育发展的重大机遇，我州通过整合原有职教资源，在每县市办好一所职业高中的基础上，把原州属3所中等职业学校撤销，组建德宏州中等职业学校，在以原德宏卫校为基础，组建了德宏职业学院，同时州委、州政府作出决定重新选址建设两校新校区，即德宏职教园区，征地800亩，规划建设21.6万平方米，总投资10.4亿元，德宏职教园区建成后，一是入住德宏职业学院，二是入住德宏州中等职业学校。千方百计改善职业高中办学条件，加强教师队伍素质，通过大力宣传、减免学费等办法，尽最大力量把不能升入普通高中的初中毕业生引导到职业高中就读，使职业高中在校生与普通高中在校生比例大体相当，2011年，全州中等职业在校生达12330人，是2000年1908人的6.46倍，职高在校生与普高在校生比例为1∶1.06，全州高中阶段毛入学率达53.69%。五是提升高等教育。先后将原德宏教育学院、德宏农校合并升格办成德宏师范高等专科学校，将原德宏卫校升格办成德宏职业学院。目前，正着手德宏职业学院迁入职教园区，德宏师范高等专科学校升本及新校区建设等工作。六是高度重视民族教育。在德宏，民族教育发展的水平，决定着全州教育整体发展水平。近年来，我州不断加大对边境地区和少数民族聚居区中小学校的扶持力度，提高办学水平和教育教学质量。加大财政投入，改善州和县市民族中小学办学条件，提高少数民族学生招生比例，为培养高层次少数民族人才奠定基础。出台《德宏州人民政府关于进一步加强农村少数民族聚居区小学“双语双文”教学工作的意见》，采取通过一年的学前班、小学段前三年的“双语双文”教学，使农村少数民族聚居区无汉语基础的少数民族学生在较短的时间内过“汉语关”，为学习汉语奠定基础，促进全州农村少数民族聚居区学校教育教学质量的提高。目前，全州已经开设双语双文教学的学校有105所，接受双语双文教育的学生15588人，有民语教师589人，正向国家教育部申报国家双语双文教学实验区项目。与省内高校合作，加强通晓少数民族语言师资的培养培训，为少数民族聚居区双语教学提供师资保障。多形式、多渠道开展民族文化传承教育。加强民族团结教育，推动党的民族理论和民族政策、国家法律法规进教材、进课堂、进学生头脑，引导广大师生牢固树立马克思主义祖国观、民族观、宗教观，不断夯实民族团结基础。

（四）动员各方力量，着力建设最牢固、最安全、最让人民群众放心的校舍

一是加强组织领导，全力推进校安工程建设。二是制定工作方案，确保工程顺利推进。三是全力组织开展校舍安全排查鉴定工作，确保在上级规定的时间内完成排查鉴定任务。四是结合学校布局调整规划，认真编制校舍安全工程建设规划。五是积极落实校安工程规费减免政策，降低建设成本。六是规范管理、严把质量、加快进度。经过三年的努力，全州采取“争、投、捐、免、贷、垫”等方式，共筹措工程资金84994万元，启动重建项目540个，重建面积54.9万平方米，占规划建设面积的75%；启动加固项目94个，加固面积8.7万平方米，占规划面积的40%；竣工并交付使用项目443个，竣工面积40.8万平方米，竣工面积占开工面积的64%；排除中小学危房45万平方米。84994.06万元校安工程资金中，中央资金18628.2万元，省级资金11638.8万元，州级资金2612.95，县市自筹3466.15万元，学校自筹877.56万元，捐赠资金3041.75万元，整合其他项目资金13648.64万元，企业垫资27518.2万元，贷款3561.81万元。结合校安工程项目实施，因地制宜调减各级各类学校313所，学校布局趋于合理，有效地整合了教育资源，推进了城乡教育的均衡发展。

（五）大力加强校长和教师队伍建设

一是积极配合人事编制部门，做好招聘教师工作。近三年来，全州教育系统按照“按需设岗、公开招考、择优录用”和高中阶段紧缺学科教师招聘办法，共招聘新任教师2029人。二是建章立制，加强师德师风建设及特级教师考核工作。制定出台《德宏州教育局关于进一步加强师德师风建设的意见》、《德宏州特级教师管理意见》、《德宏州中小学骨干教师学科带头人管理暂行办法》等规章制度，为加强全州中小学教师职业道德建设工作，充分发挥“特级教师”师德表率、育人模范、教学专家的示范作用，提高全州中小学教师队伍素质，办人民满意的教育提供了制度保障。三是创新培训模式，加大教师培训力度，提高教师整体素质。借助“现代教育示范学校”平台，组织全州28所项目学校的校长，语文、思品、数学、物理四个学科的教研组长分两期到上海、山东、武汉等地名校进行访学培训；组织全州近30名小学校长前往香港、上海等地参加各种形式的中小学校长培训；选派14名骨干教师到省外高校参加教育部组织的中小学骨干教师示范性集中培训项目的培训；选派1500名中小学、幼儿园教师参加国培计划——中小学骨干教师培训项目的顶岗置换、短期集中、远程培训三个子项目的培训。四是通过“以奖代补”的形式加强县级教师培训基地建设，恢复瑞丽进修学校建制，陇川、梁河两所进修学校顺利通过省教育厅专家组的评估验收，晋升为云南省一级教师进修学校，在德宏州幼儿园挂牌成立了德宏州学前教育师资培训基地。通过各种形式的学习培训，全州教育行政干部、各级各类学校校长、广大教职工自觉学习的良好风气已基本形成，学习型机关、学习型集体、学习型校园日益涌现，教育干部、学校校长、教师队伍整体素质明显提高。

（六）加强教育装备和教育信息化建设

近几年来，全州加大投入，加强计算机、校园网、多媒体投影教室等设备的配备。加强中小学教师教育技术能力建设，不断提升教师的信息技术水平。认真组织实施好“农村义务教育薄弱学校改造计划教育装备”项目，中央资金投入1000万元，按省定一类标准给初级中学配备物理、化学、生物、数学、地理、音、体、美设备，共11套，图书8.8万册，多媒体电子白板教学设备73套；按一类标准给小学配备科学、数学、地理、音、体、美设备，共17套，图书5.1万册，多媒体投影教学设备79套。州县筹集配套资金402万元，购置实验室标准柜586个，中学实验桌25套，小学科学实验桌15套，多媒体电子白板教学设备46套。这些设备配备到学校，大大的改善了这些薄弱学校的办学条件，促进了教育的均衡发展，为教育现代化发展奠定了坚实的基础。

（七）加快盈江“3·10”地震教育系统恢复重建工作

盈江“3·10”地震，全州教育系统灾后恢复重建项目共涉及24所学校，除第一中学莲山校区项目未批复外，已批复项目共23所学校57个单体，建设面积为7万多平方米，批复总投资20698万元。目前已落实恢复重建资金17098万元（其中恢复重建资金

14198万元、校安资金850万元、部门整合资金1530万元、捐赠资金520万元)，已批复的23所学校57个单体已全部开工。工程建设进展顺利，大部分工程已进入扫尾装修和竣工验收阶段，今年秋季开学可全部投入使用。另外省教育厅安排的500万元的教学设备购置已于2011年9月1日完成采购并投入使用。

(八)积极创造条件，按要求及时实施农村义务教育学生营养改善计划

国家和省农村义务教育学生营养改善计划工作部署后，州委、政府高度重视，精心组织，统筹安排，按照"政府主导，因地制宜，突出重点"的原则，积极探索农村义务教育学生营养改善计划工作的措施办法，确保农村义务教育学生营养改善计划顺利实施。一是成立了以分管教育副州长为组长，教育、财政、发改、工商、卫生、公安、质监、审计等18个单位主要负责人为成员的德宏州农村义务教育学生营养改善计划工作领导小组，明确了各成员单位主要工作职责。各县市(区)、各乡镇也成立了相应的领导小组。二是按国家和省的有关要求，因地制宜及时制定了学校食堂、餐厅建设规划及增设后勤服务人员方案，以解决"计划"实施的燃眉之急，州和各县市都安排了专项资金，用于解决中、小学校食堂和设备不足的问题。三是结合实际，制定了营养餐供餐方案。学校供餐模式主要采取以学校食堂供餐为主，以企业供餐为辅的模式为学生提供营养餐。为确保"计划"实施公开、公正，所需食品均由县市(区)政府组织相关部门向社会公开招标。四是各县市(区)配备了相应的专(兼)职工作人员，制定了《农村义务教育学生营养改善计划领导小组成员单位联席会议制度》、《农村义务教育学生营养改善计划资金管理制度》、《农村义务教育学生营养改善计划应急预案》等，为"计划"的实施提供了制度保障。学校制定了《营养餐储藏室管理制度》、《营养餐加工间管理制度》、《营养食品分发制度》等相关制度，并张贴上墙，接受师生、家长和社会监督。五是为确保学生营养改善计划的安全、有序、有效实施，各县市(区)对各学校校长、财务人员和食堂从业人员进行了集中培训。我州农村义务教育学生营养改善计划实施以来，尽管仍然存在一些困难和问题，但总体运行正常顺利，未发生由于营养改善计划而引起的食品安全事故。针对存在问题，州政府已组成专项督查组进行了督查和指导，并督促县市和学校及时整改。

至2011年，全州共有各级各类学校436所，在校学生214362人。其中：幼儿园104所，在园幼儿33121人，少数民族15303人，占在园班儿童总数的46.20%；小学251所，在校学生105519人(含140个小学教学点学生数)，少数民族55887人，占在校生总数的52.96%；普通中学61所(其中完全中学3所，高级中学5所，九年一贯制学校7所，初级中学46所)，在校初中学生49974人，少数民族25610人，占在校生总数的51.25%。普通高中在校学生13145人，少数民族4758人，占在校生总数的36.20%；中等职业学校8所(其中中等职业学校1所，职业高中7所)，在校学生12330人(含2所高等教育学校中专段学生数)，少数民族5443人，占在校生总数的44.14%；高等教育学校2所，其中德宏师专在校学生5305人，德宏职业学院在校学生2035人；特殊教育学校6所，在校学生273人，少数民族144人，占在校生总数的52.75%；教师进修学校4所。各级各类学校共有教职工14307人。已初步建立起从学前教育、义务教育、中等教育到高等教育、职业教育、成人教育、基础教育基本协调发展的、较为完善的民族教育体系。

二、当前和今后一个时期教育改革和发展的目标任务

按照《德宏州教育事业"十二五"发展规划》和《中共德宏州委　德宏州人民政府关于贯彻国家和云南省中长期教育改革和发展规划纲要的实施意见》要求：到2020年，实现较高水平的普及教育，形成惠及各族群众的公平教育，优质教育资源更加丰富，终身教育体系基本建立，教育体制更具活力，基本实现教育现代化，基本形成学习型社会，全州教育总体发展达到全省平均水平。为实现这一目标，我们将其分为两个阶段：

第一阶段(2010～2015年)：力争全州50个乡镇都建有1所中心幼儿园，学前一年毛入园率达90%以上，学前三年毛入园率达60%以上，城镇地区基本普及学前三年教育，农村地区基本普及学前一年教育；"普九"水平进一步提高，小学年巩固率达99.54%以上，初中年巩固率达98.5%以上，实现县域内义务教育发展初步均衡；高中阶段教育规模进一步扩大，普通高中与中等职业教育协调发展，在校生规模大体相当，优质高中资源进一步扩大，办学水平不断提高，高中阶段毛入学率达72%以上；特殊教育持续发展，在特殊教育学校课程中融入职业课程，三类(视力、听力、智力)残疾儿童少年入

学率达82%以上；职业教育集团初步建立；终身教育体系初步形成；德宏职业学院通过国家验收，德宏师范高等专科学校升格为本科院校。

第二阶段（2015～2020年）：基本普及学前教育，学前一年毛入园率达95%，学前三年毛入园率达70%；“普九”水平再上新台阶，实现县域内义务教育发展基本均衡；基本普及高中阶段教育，高中阶段毛入学率达90%以上，基本实现普通高中优质化、多样化、特色化发展；职业教育质量和社会效益明显提高，基本构建成适应经济社会发展、覆盖城乡的现代职业教育体系；特殊教育水平明显提高，三类残疾儿童少年入学率达85%以上；建成较为完善的终身教育体系，全州人均受教育年限由6.75年提高到7.6年，新增劳动力平均受教育年限从10.4年提高到13.5年。

我们坚信，有党中央、国务院，省委、省政府的正确领导和关心支持，有国家和省各部门的大力支持和帮助，有全州各级各部门和各族群众的不懈努力，德宏的教育改革发展的目标任务一定能够实现。

关于德宏文化桥头堡建设的思考

德宏州人民政府副州长 陈德金

文化是民族的血脉，是一座城市的根脉，是边疆各族人民的精神家园。当前，随着德宏桥头堡黄金口岸和瑞丽国家重点开发开放试验区建设的全面推进，必将掀起新一轮的城市建设热潮。城市文化建设与发展已经成为摆在我们面前的重大课题。本文就德宏文化桥头堡建设谈点个人粗浅的认识。

一、德宏文化桥头堡建设的战略意义

“桥头堡”是陆桥经济研究中的一个具有特定内涵的重要概念，“桥头”就是前沿，不仅是经济意义上的前沿，它包括文化交流的前沿，和谐安宁的前沿，包含了经济、政治、社会、文化等内容，具有控制力、发展力和影响力三方面的特征。从这个意义上说，文化桥头堡建设，是桥头堡建设的重要内容和组成部分。

在桥头堡城市文化建设的大潮中，如何贯彻好国家“睦邻、富邻、安邻”外交政策，如何将博大精深的中华文化展示给世界，促进中华文化走出去，提高国家和地区文化软实力，如何利用文化的凝聚力、向心力抵御境外“西化”、“分化”等腐朽思想的渗透和侵入，维护国家文化安全、民族团结，促进边疆和谐稳定繁荣发展，文化桥头堡建设将承担起这一历史重任。在新的历史时期，把德宏打造成中国面向西南开放的文化桥头堡，具有十分重要的战略意义。

德宏文化桥头堡建设是贯彻落实胡锦涛总书记“把云南建成我国面向西南开放的重要桥头堡”指示的必然要求。2009年7月，胡锦涛总书记在云南考察工作时指出：“要充分发挥云南作为我国通往东南亚、南亚重要陆上通道的优势，深化同东南亚、南亚和大湄公河次区域的交流合作，不断提升沿边开放质量和水平，使云南成为我国向西南开放的重要桥头堡。”把云南建成我国向西南开放的重要桥头堡，是党和国家在新时期推进我国陆上开放、提升沿边开放水平的重大战略部署，突出了云南在国家对外开放战略中前沿性、重要性和带动性的作用，在云南省委八届八次全会上将建设“桥头堡”上升为云南经济社会发展新三大战略目标之一。德宏在云南桥头堡建设中处于“黄金口岸”，不仅是中国对外贸易、战略通道的出入境口，同时也是对外展示中华文化，增进周边国家了解中国，树立中国的良好形象，增强国际影响力和亲和力，破解“中国威胁论”、“中国傲慢论”，促进我国与周边国家进一步合作具有战略性意义的重要平台。德宏在推进桥头堡建设中，就是要充分发挥德宏的地缘人缘优势，扩大与缅甸等东南亚、南亚国家的文化、艺术、科技、教育、影视等领域的交流与合作，使其成为对外人文交流的重要窗口。

德宏文化桥头堡建设是实现科学发展、和谐发展、跨越发展的必然要求。在新的历史发展时期，文化繁荣成为党和国家发展的硬道理，文化的发展成为党执政兴国第一要务的重要组成部分，成为科学发展观的重要构成内容。科学发展、和谐发展、跨越发展，是经济、政治、文化、社会建设全面推进的过程，既要有经济总量的快速增长，也要有文化软实力的大幅提升。德宏在实现科学发展、和谐发展、跨越发展的过程中，只有实施文化桥头堡建设，把文化真正融入经济社会发展的全过程，才能实现真正的科学发展、和谐发展、跨越发展。

德宏文化桥头堡建设是贯彻落实党的十七届六中全会精神，民族文化强省建设的必然要求。党的十七届六中全会对新形势下深化文化体制改革、推动社会主义文化大发展大繁荣进行了全面部署。为深入贯彻落实全会精神，加快建设民族文化强省，省里出台了《中共云南省委关于贯彻落实党的十七届六中全会精神加快民族文化强省的意见》，意见明确提出：“以桥头堡建设为契机，统筹国内国外两个市场、两种资源，创新思路，突出重点，加快发展对外文化交流和对外文化贸易，努力把云南建设成国家面向西南开放的文化桥头堡”。省委的这一决策部署，吹响了全省文化桥头堡建设的号角，德宏建设文化桥头堡正是响应省委号召，贯彻落实民族文化强省的重要举措。

德宏文化桥头堡建设是维护国家文化安全，促进中华文化走出去的必然要求。随着桥头堡黄金口岸建设不断深入推进，客观上，有利于传播民族先进文化，推动文化交流，促进民族文化大发展。但这也伴随着西方文化产品和价值观念的涌入，思想文化交流、交融、交锋更加频繁，对德宏边疆文化安全提出了严峻挑战。德宏是桥头堡建设的黄金口岸，也是西方敌对势力和境外思想渗透的前沿。在桥头堡建设中，必须牢固树立维护国家文化安全意识，借助中华文化强大的驱动力大踏步走向四面八方，增强边疆地区文化软实力，提升德宏在南亚、东南亚各国的影响力。建设好文化桥头堡，用社会主义先进文化占领主流文化阵地，用社会主义核心价值体系引领多样化社会思潮，保护和弘扬优秀的民族传统文化，抵御敌对势力的渗透破坏，巩固德宏民族团结、社会和谐、边疆安宁的良好局面。

德宏文化桥头堡建设是满足边疆各族群众精神文化的必然要求。随着桥头堡黄金口岸建设不断推进，边疆各族人民群众的精神文化需求更加旺盛，对加快文化发展繁荣的愿望更加迫切，对文化产品多方面、多层次、多样性需求快速增长。在桥头堡黄金口岸建设中，如果缺失了文化，软实力就不足，无法满足人民群众的文化需要；如果缺失了文化，桥头堡建设就会失去灵魂和方向；如果缺失了文化，桥头堡建设就会失去生机和活力；如果缺失了文化，建成的桥头堡可能是钢筋水泥堆起的高城，而没有品味、价值和意义。因此，在桥头堡建设中，我们要通过文化桥头堡建设，大力发展更多更好的精神文化产品，提供更多更好的精神文化服务，保障边疆人民群众在享受殷实物质生活的同时，享受丰富多彩的精神文化生活，增强民族的凝聚力、向心力，培育广大人民的美好心灵和高尚情操，改善生活质量，提高幸福指数，共享桥头堡建设成果。

建设文化桥头堡，有利于增强德宏对外部世界的吸引力，营造良好的招商引资环境，促进区外优势生产要素流入德宏，推动区域经济发展；有利于促进文化交融和思想观念的更新，赋予地方以旺盛的人气和发展的活力；有利于促进旅游业的发展和升级，推进德宏经济文化化、文化经济化的进程；有利于凝聚人心、动员社会广泛参与桥头堡建设，实现德宏城市文化建设的目标。

二、德宏文化桥头堡建设的机遇、优势及条件

桥头堡战略的提出，既为德宏城市文化建设和发展带来了前所未有的机遇，也带来了严峻的考验，我们要以全新的视野审视文化桥头堡建设。

从国际国内的形势看，德宏正面临着千载难逢的发展机遇和挑战，建设文化桥头堡建设正当其时。一方面，随着中国—东盟自由贸易区全面建成、国家实施西部大开发战略不断深入、中国面向西南开放桥头堡建设和瑞丽重点开发开放试验区建设全面推进，给我州文化建设带来了千截难逢的机遇。特别是把云南建设成面向西南开放的桥头堡战略的提出，使德宏的发展提升到了国家战略的层面，对打破美国战略上围堵中国意义重大，近年来中国提出固北、稳西、安东、拓南的战略，其中，南向战略就是要打破美国围堵和解决能源问题，破解马六甲困局。另一方面，随着全州经济社会的不断发展，社会思想舆论的新变化、边疆各族人民群众的精神文化需求更加旺盛，对加快文化发展繁荣的愿望更加迫切。随着桥头堡黄金口岸建设不断深入推进，客观上，有利于传播民族先进文化，推动文化交流，促进民族文化大发展。但这也伴随着西方文化产品和价值观念的涌入，随着思想文化交流、交融、交锋更加频繁，对德宏边疆文化安全提出了严峻挑战。西方敌对势力出于意识形态偏见和战略利益考虑，从心底里不愿看到中国繁荣强大，把中国的发展看作对西方价值理念、制度模式的挑战，加紧对我实施西化分化的战略，竭力对我在战略上围堵、安全上威胁、发展上牵制、统一上阻挠、责任上施压、形象上丑化、思想文化上渗透，企图利用他们的那一套制度模式和价值观念来改造中国，最终想要搞垮我们党的领导和社会主义制度。德宏是桥头堡建设的黄金口岸，也是西方敌对势力和境外思想渗透的前沿，固边防渗的任务十分艰巨。

从德宏州情看，德宏与周边国家“山川同脉、江河同流、民族同宗、文化同源”，在文化桥头堡建设中，拥有区位、资源、大同、通道等优势。

区位独特。德宏地处祖国西南边陲，三面与缅甸接壤，有503.8公里的境线。云南1997公里的中缅国境线，德宏州就拥有503.8公里，有4个县市处在边境线上。距昆明640公里，空中距离450公里；对外陆距缅甸城市腊戍182公里、曼德勒387公里、内比都670公里、仰光981公里。从瑞丽国家级口岸出境，经缅甸腊戍、曼德勒、马圭，行程约1000公里，即可不经马六甲海峡，抵达仰光港、实兑港、

吉大港、皎漂港等孟加拉湾国际港口，直接进入印度洋。与经广州绕道马六甲海峡相比，可缩短路程3000多公里。德宏历史上就是西南丝绸之路的要塞，抗战期间是滇缅公路、史迪威公路和中印输油管道的出入境口，是中国陆地连接东南亚、南亚，走向印度洋的最佳结合部和最便捷的通道，是已经动工建设的中缅油气管道的入境口、中缅铁路和中缅陆水联运通道出入境的关键节点，也是我国与缅甸开展全方位深度合作的最前沿和主要平台。

文化多元，人文交融深。德宏地处中华文化圈、东南亚文化圈、南亚文化圈的交汇地，形成了中原文化与南亚文化、南传上座部佛教文化与汉传佛教文化、汉文化与边境少数民族文化、现代文明与原始文明相互交融、和谐共生的多元民族文化。德宏自古以来就与东南亚、南亚国家有着较为密切的经济文化联系，与东南亚、南亚国家的文化交流更是源远流长，是传播中华文明的重要窗口。历史上的“西南丝绸之路”、“蜀身毒道”就从德宏经过，这个大通道搭建了中华文明与东南亚、南亚文明交流的大桥梁，维系着中、缅、印三国政治、经济、文化、宗教的交流，至今仍然十分频繁，发挥着十分重要的作用。在与缅、印、巴等国家边民频繁的经济、文化、宗教交流中，一直存在着不受国家关系影响的“民间贸易通道”、“文化通道”。无论从经济互补、市场互动，保障国家经济安全，还是贯彻落实国家“以邻为善，以邻为伴”和“睦邻、安邻、富邻”的周边外交政策，建立和平的周边国际环境，都处于不可替代的位置。

民族同宗、同源。德宏与东南亚、南亚地区有不少民族跨境而居，语言相通，宗教信仰相同，德宏傣、景颇、傈僳、阿昌、德昂等民族跨境而居，这些民族由于分布于不同国家，靠近边境，共同的生产、生活与宗教节庆使边境沿线和跨国的文化交流十分活跃。德宏是东南亚、南亚、中华文化交流融合之地，与东南亚、南亚少数民族跨境而居，宗教文化同源，生活习俗相似，“走出去”和“请进来”的文化交流活动已受到周边国家的欢迎。通过文化桥头堡建设，不仅能够增强人们对民族文化遗产保护和传承意识，而且能够利用这些民族文化资源，打造中外文化交流合作中的品牌。境内外同一民族同宗同源，友好往来，亲如一家。这一切，构成了罕见的人与人、人与自然、宗教与宗教、境内与境外四位一体的“大同”氛围，客观上为文化桥头堡建设和扩大其影响营造了强烈的“气场”。

通道便捷。通道是构建中国对外文化交流的重要枢纽。德宏是中国通往东南亚、南亚的重要通道，桥头堡建设当中包括公路、铁路、航空等交通设施建设，这些能够使中国与东南亚、南亚各国的联系更加便捷。这些通道的构建，为中外之间的文化交流与合作在物流、人流、信息流的流通上提供了硬件保障。通过打造文化企业，产生一批具有国际视野的文化中介机构，培养一大批具有创新意识的文化艺术人才和管理人才，能够繁荣德宏文化艺术，活跃德宏文化市场，助推德宏文化产业的发展，使德宏成为中国对外文化交流的重要枢纽。文化桥头堡建设就是要利用大通道的天然优势，将政治、经济、文化、科技、教育、医疗、民族、宗教等各项事业推向前进。

从政策环境看，文化桥头堡建设条件已具备。2011年5月6日，国务院下发了《国务院关于支持云南省加快建设面向西南开放重要桥头堡的意见》，标志着云南省桥头堡建设上升为国家战略。文件明确的政策措施，涵盖了经济社会发展的各个方面。这些政策含金量高，支持的力度前所未有。为学习贯彻国务院意见，2011年5月30日，省委、省政府召开了云南省加快面向西南开放重要桥头堡动员大会，对桥头堡建设各方面工作进行了安排部署，其中，文化建设方面，明确提出：“深化文化体制改革，大力发展民族文化事业，加强边疆地区广播影视基础设施，加大对民族文化的传承和保护力，深化与东南亚和南亚国家的文化交流合作，推动文化大发展大繁荣。”党的十七届六中全会召开后，省委及时出台了《中共云南省委关于贯彻落实党的十七届六中全会精神加快民族文化强省的意见》，对文化桥头堡建设作出了安排部署。即将出台的《云南省“十二五”时期文化改革发展规划纲要》，将提出实施文化桥头堡建设工程，并确定一系列文化桥头堡建设工程重点项目。

德宏州第六次党代会明确提出，要兴文化，加快文化事业发展，大力发展文化产业，提升我州的文化软实力，把德宏建设成为民族文化强州。在德宏州委六届二次全会上，审议通过了《中共德宏州委关于加快建设民族文化强州的实施意见》，意见明确提出了，要加快文化桥头堡建设，把建设民族文化强州与建设文化桥头堡战略目标结合起来，自觉把文化繁荣作为桥头堡黄金口岸建设的重要内容，加强德宏与东南亚、南亚国家的文化交流合作，努力把德宏打造成中国面向西南开放的文化桥头堡。

这些为德宏文化桥头堡建设创造了体制政策和环境条件，各种政策叠加在一起，是巨大的推动力，我们只要用好用足各项政策，把德宏建成文化桥头堡建设指日可待。

三、德宏建设文化桥头堡的对策措施

德宏的城市文化建设应有鲜明的周边特色，应体现多样化、多层次的特点。推进文化桥头堡建设，就是要在城市文化建设中，扩大与缅甸等东南亚、南亚国家的文化、艺术、科技、教育、影视等领域的交流与合作，实施好"中华民族优秀文化展示工程"、"文化交流平台建设工程"、"中缅友好和谐发展示范区建设工程"、"维护国家文化安全的前沿阵地建设工程"、"文化产业发展工程"、"旅游业崛起工程"，加强边境文化外宣，加强国际传播能力建设，努力把德宏建成向外展示中华文化、对内推介邻国文化、促进国际人文交流合作的文化桥头堡，推动边疆城市文化建设大发展大繁荣。

中华民族优秀文化展示工程。建设展示中华民族文化，展示多民族团结、和谐，展示中华民族美德的一个窗口，促进与东南亚、南亚各国的友好往来，增进周边国家对我们的认识、理解和支持。着力打造一批重点文化展示项目，实施德宏少数民族语言文化译制传播中心建设、中缅边境沿线地面数字电视覆盖项目建设、国门书社、缅甸华文教材出版项目等工程。在全州边境口岸建设"国门文化"交流中心，在边民互市点(边境)建设"国门文化"友谊广场，在边境一线行政村建设"国门文化"交流设施。出版德宏傣文、景颇文、载瓦文、傈僳文(含双语)出版物，内容涉及政治、经济、法律、科技、文学艺术、文化教育、历史地理、工业农业、医药卫生等方面的书籍，销售、赠阅到南亚、东南亚地区，使我州少数民族文字报刊在中缅边境地区和印度、泰国等国家形成良好影响，充分展示中华优秀文化。

文化交流平台建设工程。坚持政府主导和社会力量广泛参与相结合，"请进来"与"走出去"相结合，政府行为与商业行为相结合，策划组织一批有德宏特色、中国气派、国际水准的大型对外文化交流活动，组织"中国——东盟：德宏文化大礼观"南亚国家(缅甸、印度、孟加拉国、泰国)巡回演出活动。有系统、分步骤地组织德宏优秀艺术家、精品艺术节目走出国门，将德宏的对外文化交流与文艺展演，以傣族泼水节、景颇族目瑙纵歌节、中缅胞波狂欢节、瑞丽国际珠宝文化节、梁河葫芦丝文化节和傣文化国际研讨会、景颇文化国际研讨等文化交流平台，倾力打造节庆文化品牌，积极开展文化领域境内外交流与合作，在交流与合作中增进友谊，相互信任，促进共同繁荣发展。争取国家层面、代表国家水平的文化交流活动在德宏举办，主动与周边国家的地区间开展民间文化交流活动。

中缅友好和谐发展的示范区建设工程：建设民族和谐示范基地，使同一民族在不同的国家和睦相处，维护边疆的安全与稳定。开展大量的官方和民间的交流活动，大力宣传中国的周边睦邻友好政策，让周边国家更多的人民了解和理解中国的发展只会给邻国带来福祉，中国的繁荣兴旺只会惠及周边人民，为中国的进一步发展创造更好的国际环境。实施涉外汉语教育工程，建立基础教育、职业教育、高等教育体系，以语言文化教育、现代职业技术教育、宗教文化教育为重点，进一步扩大招收东南亚、南亚籍学生，积极开展跨境师资培训、交流，扩大教育合作规模，使德宏成为东南亚、南亚学生留学的重要目的地。与缅甸相关学校建立以互派教师、培养外语翻译人才的方式，开展密切的教育文化领域的交流与合作。积极发展民营医院，努力创建姐告中缅友谊医院，大力发展跨境医疗服务产业。以项目带动、优势互补、利益共享为原则，积极开展现代农业、疾病控制、疫情防控、生物创新、资源开发、环境保护等领域的科技交流与合作。

维护国家文化安全的前沿阵地建设工程：加强阵地建设和宣传教育工作，强化归属感和国家认同感。多方筹资提升村文化室功能，尤其是边境一线村文化室建设，完善公共文化服务网络，让边疆各族群众都能得到文化富民的实惠。扩大广播电视境外覆盖面。不断改善广播电视设施建设，不断提升广播电视覆盖率和影响力，使广播频率、电视节目覆盖至缅甸的南坎、木姐、九谷等纵深地区。使各族群众能够及时听到党和政府的声音，了解党和政府的政策，接受社会主义的文化，确立社会主义核心价值体系，从而凝聚民心，激昂斗志，激发各族群众建设社会主义和谐边疆的热情，自觉抵御境外各种思想文化的渗透，维护边境安全、边疆繁荣、边防巩固，实现边疆地区长治久安。

旅游崛起工程：配合民族文化强省和旅游强省的建设，利用现有的影视拍摄基地、民族文化展示基地，与周边国家合作开展影视拍摄、民俗文化周、民族服饰展、摄影展等文化交流项目。大力加强与东南亚、南亚国家旅游业的联系和合作，促进

旅游资源的有效整合和配置，形成极具特色的跨国旅游目的地，推动区域性跨国旅游市场的一体化发展。抓住桥头堡建设和全省旅游二次创业机遇，加快旅游产业由观光型向观光购物、康体休闲、商务旅居型转变。围绕“两城、两江、两环线”即在云南大旅游圈中，全力打造芒市、瑞丽两座中国优秀旅游城市，大力开发瑞丽江—大盈江国家级风景名胜区，打造“芒市—畹町—瑞丽—陇川—盈江—梁河—腾冲”旅游精品环线和“德宏—缅甸密支那—仰光—泰国曼谷—清迈—昆明”跨境旅游精品环线的旅游产业布局，加强旅游“吃、住、行、游、购、娱”六大要素建设，加快一批旅游基础设施、景区景点重点项目建设，全力打造“美丽德宏·养生天堂”，把德宏建成面向南亚、东南亚重要的旅游集散地和旅游目的地。

文化产业发展工程：搞好文化产业项目库建设，做好文化产业项目招商引资工作。围绕民族文化、边境文化、生态文化、珠宝文化和抗战文化五大文化资源，对全州文化产业发展进行规划，重点培育和发展珠宝文化产业、民族民间工艺品产业、传媒与出版印刷业、节庆会展业、葫芦丝文化产业、红木文化产业。把珠宝文化产业作为新兴支柱产业进行重点培育，把德宏打造成为集原料进口、生产加工、贸易流通、研究设计、节庆会展、收藏拍卖、旅游购物、文化交流于一体的综合性国际珠宝交易中心，使德宏的文化产业真正的实现走出去。

加强边境文化外宣。坚持“走出去”与“请进来”相结合，加强德宏与东南亚、南亚国家的文化交流合作，构建开放有序、内外有别、纵横联动、多访协调，与桥头堡战略地位相适应的文化外宣格局。组织实施桥头堡建设对外宣传“503.8边境线外宣行动”。构建开放有序、内外有别、纵横联动、多方协同，符合外宣发展规律、兼具德宏优势特色，与桥头堡战略地位相适应的大外宣格局。在加强以政府为主的对外文化交流的同时，努力拓展民间对外文化交流渠道，逐步形成以企业为主体、以市场化运作为主要方式、以文化产品和文化服务为主要内容的文化交流合作机制。以东南亚、南亚国家和边境地区为重点，广泛开展面向东南亚、南亚国家和地区的特色文化活动。提升瑞丽国际珠宝文化节、中缅胞波狂欢节、中缅边交会等对外文化交流活动的层次和水平。积极邀请东南亚、南亚国家政府代表团、新闻媒体代表团、文化代表团等到德宏开展各类文化交流和节庆活动。

加强国际传播能力建设。加强对以东南亚、南亚国家为重点的国际传播能力建设。办好《勇罕》、《文蚌》等外宣刊物，提高刊物质量，加大在对象国的发行力度。加快推进德宏州少数民族语言文化译制传播中心、民文图书出版发行、地面数字电视项目等工程建设，办好德宏人民广播电台傣语、景颇语、载瓦语等民语广播频率，增加对外广播播出时间，提高节目的针对性和质量水平，与国际广播电台合作定时转播缅语节目，建设中缅边境上的“区域性国际广播频率”，扩大覆盖面，建设好孔雀之乡多语种对外宣传网站，使德宏的图像、声音、文字、信息广泛传播到东南亚、南亚，扩大德宏文化的对外影响力。

总之，德宏要善于借势，要在西部大开发和中国—东盟自由贸易区建设的大背景下，在国家层面上形成在德宏建设文化桥头堡的共识和目标，争取国家更多的政策、项目、资金支持。要认真研究，高水平大手笔谋划，力争在二至三年内把德宏文化桥头堡建设展示于国际国内社会，使德宏这个美丽的地方更加光彩宜人。

建设高原特色农业
实现德宏农村经济又好又快发展

——对德宏发展现代农业的思考

中共德宏州委组织部副部长、州农业局局长、州生物特色产业办主任　宋雨发

省第九次党代会提出了建设高原特色农业的宏伟蓝图，这是在全省科学发展、和谐发展、跨越发展的大背景下做出的一项加快农业农村经济发展的重大举措。今年全国“两会”期间，胡锦涛总书记在参加云南代表团分组审议时明确提出“要大力发展高原特色，这是云南的优势”，高原特色农业得到了总书记的充分肯定，中央各大媒体也对此进行了广泛的宣传报道。德宏州地处祖国西南边陲，农业资源禀赋堪称云南之首，农业生态环境无与伦比，农业科技水平日益提高，农业装备和基础设施日臻完善，发展高原特色农业条件得天独厚。因此，我们要站在新的历史起点上，认真审视德宏发展现代农业的困难和对策，以建设高原特色农业为抓手，促进农民就业创业，切实改善农村民生，创新农村体制机制，加快建设社会主义新农村、推进城乡发展一体化步伐。

一、高原特色农业的科学内涵

高原特色农业的科学内涵集中体现为“丰富多样、生态环保、安全优质、四季飘香”四大特色，这四大特色也是高原特色农业发展的四张名片。一是丰富多样：德宏，是全国全省生物多样性最为富集的地区之一，农作物种类、畜禽品种、渔业资源和森林资源十分丰富，农业覆盖面广、类型多样、产品丰富，产业功能拓展性强，能够满足不同层次和不同消费群体的需求。二是生态环保。德宏，是国家和省保护重点区域，自然植被保持良好，生态农业发展的环境和条件优越，已逐步建设成为我省无公害、绿色和有机的优质生态特色农产品重要生产基地。三是安全优质。德宏污染少、空气优、水质清，区域性原生态农产品生产条件优越，农业主要是露地农业、阳光农业，无公害、绿色和有机农产品让人们吃着放心。四是四季飘香。德宏发展高原特色农业具有独特的四季性和立体性特征，各种农产品一年四季都能生产，季季都有鲜食的产品芬芳上市。

二、德宏建设高原特色农业的战略定位

建设高原特色农业是德宏自身发展现代农业的必然选择。我们要通过大力发展高原特色农业，力争把德宏打造成为六个重要基地。

云南省重要的优势特色农产品生产基地　发挥生物、气候、水土等资源优势，优化特色产业优势区域布局，把德宏打造成以香软米(贡米)、食糖、茶叶、橡胶、奶水牛、咖啡、澳洲坚果、柠檬、油料、蔬菜、名优水产、珍稀林产品等优势特色产业为支撑，辐射缅甸的优势特色农产品生产基地。

云南省重要的优势特色农产品加工基地　紧抓国际产业分工调整和东中部产业转移机遇，优化投资环境，出台优惠政策，创造有利于发展和创业的软环境，增强优势特色农业对社会资金的吸引力，把德宏打造成为优势特色农产品的加工基地。

云南省重要的优势特色农产品物流基地　利用“桥头堡”黄金口岸、重点开发开放试验区和国际大通道的优势，推进现代物流服务和网络信息平台建设，把德宏建成内连全国，外连缅甸，辐射东南亚、南亚的农产品现代物流基地。

云南省重要的种质资源研发基地　利用德宏生物多样性优势，积极推进农作物、畜禽、水产和森林种质资源的保护性研究与开发利用，把德宏打造成全省最具特色优势的种质资源基因库和种质资源研发基地。

云南省面向东南亚、南亚的农业技术推广前沿基地　构建中缅农业科技国际交流合作机制，加强对缅甸农业技术推广和培训，把德宏打造成为云南省面向东南亚、南亚的农业技术推广辐射前沿基地。

云南省边境动植物安全防控示范基地　建立国际动植物安全协作机制，促进与缅甸的动植物安全交流与合作，构建动植物疫病和外来生物入侵屏障，把德宏打造成云南省边境的动植物安全防控示范基地。

三、德宏建设高原特色农业的重点

高原特色农业就是要立足优势抓特色，突出特色创品牌，依靠品牌抢市场。从德宏的优势出发，大力发展边关粮仓、特色经作、边地牧业、淡水渔业、高效林业和开放农业，集中打造德米(香软米、贡米)、德糖、德茶、德胶、后谷咖啡、云南坚果、红瑞柠檬、优质烟叶、冬早蔬菜、奶水牛、名优水产以及特色林产品等知名品牌。

(一)边关粮仓

德宏地处祖国边疆，距国内粮食主产区路途遥远，历史教训告诫，我们的饭甑子不可能架在别人的铁锅上。因此，我们必须始终抓住“米袋子”不放松，扎实建好粮食生产基地，确保任何时候粮仓廪实。依据德宏自身的生产能力和市场需求，大力发展优质水稻尤其是香软米水稻，加快发展优质玉米重点是杂交高产玉米和鲜食玉米，较长时期保持全州人均占有粮食500千克以上，满足军需民食并自给有余。与此同时，要积极主动加强与缅甸交流合作，建立中缅发展粮食互利共赢平台，逐步打造国家东南亚后备粮仓战略基地。

(二)特色经作

大力发展绿色生态产业，以蔗糖、茶叶、橡胶、后谷咖啡、云南坚果、红瑞柠檬等特色种植业为重点，巩固和扩大退耕还林成果，让广大山区、半山区遍布绿色和生机；积极开展以优质烟叶、冬早蔬菜、亚热带水果等为主要作物的开发，调整和优化种植业结构，加快农民增收步伐。

(三)边地牧业

面对国际、国内动物疫情频频发生并时常大流行的当下，德宏畜牧产业要实现大发展，就必须做好“内防、外堵”疫病防控的文章。德宏国境线长达503.8公里，有24个乡镇、600多个村寨与缅甸村寨毗邻，在这样特殊的区域发展畜牧业，必须做到科学的定位和谋划。因而，发展边地牧业，是我州建设高原特色农业的重要课题。德宏发展边地牧业的目标是，启动实施现代畜牧业发展“八个一百”工程，到2016年末，创建3～5个年出栏万头以上的生猪规模养殖场、3～5个存栏千头以上的肉牛养殖场、3～5个存栏500头以上的奶牛养殖示范场、3～5个出栏10万羽以上的肉鸡养殖场、3～5个存栏10万羽以上的蛋鸡养殖示范场、3～5个万亩以上高原生态牧场、3～5片万亩以上荒坡牧草化工程，培育1～3个年销售收入超亿元的畜产品加工企业。

(四)淡水渔业

利用丰富的水资源和立体气候条件，积极发展生态淡水鱼、冷水鱼和土著鱼，将德宏打造成为云南省重要的淡水渔业养殖、加工和出口基地。到2016年，全州水产养殖面积6万亩，水产品总产5万吨以上，水产品总产值达6亿元以上，人均水产品占有量居全省前茅；名特优水产养殖进一步发展，优质水产品市场供应充足，除满足本地市场外，力争实现40～50%的产品外销；罗非鱼产业化开发得到进一步加强，实现水产品加工零的突破，为渔业增产增收再上新台阶打好坚实的基础。

(五)高效林业

坚持科学保护与开发并重的原则，充分利用全州丰富多样的林业资源，积极实施低产林地改造，大力发展杉木、水冬瓜、西南桦等速生丰产林，坚持走林业产业化发展的路子，加快核桃、油茶等木本油料经济林产业的发展步伐，提升草果等林下生态型产业的发展水平，规范石斛等新兴中草药产业的发展秩序，努力把德宏打造成云南省重要的特色林产业基地，不断建立和完善林产品加工营销网络，进一步加大林权制度改革，推动德宏林业高产高效跨越发展。到2016年，实现林业总产值倍增计划目标，到2020年，实现林业总产值30亿元，全州现代林产业种植、加工和营销体系全面建成。

(六)开放农业

加快“走出去”步伐，抓住国家建设桥头堡黄金口岸和重点开发开放试验区的机遇，以即将建成的中缅综合农业示范园为平台，加强中缅农业合作，鼓励龙头企业“走出去”发展原料基地。

加大“请进来”力度，建立高原特色农业招商引资项目库，吸引国内外的大企业、大集团进入我州开发高原特色农业。至2016年末，重点建设100万亩特色农产品外销出口备案基地，启动10个农业科技示范园，10个跨境动植物疫病监测站建设。

四、德宏建设高原特色农业的阶段性目标

按照省第九次党代会上提出的“四个翻番、两个倍增”的总体目标，到2016年，全州农业农村经济要力争实现“三个翻番”和“三个突破”。

“三个翻番”：全州农林牧渔业总产值达到150

亿元以上；全州农民人均纯收入达到9000元以上；全州农产品出口额达到2亿美元以上。

“三个突破”：粮食总产量突破75万吨；畜牧业产值突破25亿元；农产品加工产值突破70亿元。

五、德宏建设高原特色农业面对的挑战和机遇

面对挑战，要善抓机遇，是德宏建设高原特色农业的关键。

挑战：一是基础差。耕地有效灌溉面积的比例约50%左右，高稳产农田的比例约三分之一，生猪标准化圈舍饲养比例约20%，牛羊圈舍饲养比例25%。农机耕种收综合机械化水平仅为45%，低于全国平均水平近10个百分点。全州农技推广人员具有大专以上学历的仅占60%，具有中职以上的不足50%，低于全省全国水平。二是要求严。国际农产品市场供需关系极不稳定，农产品国际贸易壁垒日益加重，对农产品出口提出了更高的要求。与此同时，随着经济社会加快发展，国内人民群众对农产品量和质的需求同步提高。特别是近年来部分省区农产品质量安全事故频发，社会和群众对农产品安全、优质的关注度显著增强。三是灾害多。德宏气候类型多样，区域性小气候差异显著，旱、涝、冰雹、霜冻和地震等自然灾害多发。周边缅甸口蹄疫、高致病性禽流感等重大动物疫情和农作物病虫害频发。境外有害生物(如：紫茎泽蓝、薇甘菊等)入侵频度高、扩散速度快，个别外来有害生物在局部区域给农业生产造成毁灭性损失。四是成本高。德宏距离中心城市较远，目前州内没有1米高速公路，也不通铁路，一方面，农产品外调运输成本每吨都比滇中城市高200～300元，另一方面，投入生产中的化肥、农药、饲料和兽药等物化成本又比滇中城市每吨多出200～300元，因此，同类的农产品在省内竞争处于明显的劣势。五是投入少。虽然各级财政对农业的投入不断持续增长，但是与农民发展生产的需求仍有差距。山区农民渴望完善水利设施建设和实施土地治理的愿望十分迫切，发展生物特色产业中基地扶管的资金极其匮乏，现代设施农业的建设步伐严重滞后……

机遇：一是桥头堡黄金口岸建设和瑞丽重点开发开放试验区建设。国家实施面向西南开放的重要桥头堡战略，瑞丽作为重点开发开放试验区建设，德宏对外开放的“前沿”位置更加凸显，为发展高原特色农业提供了重要契机。二是西部大开发。国家在实施新一轮西部大开发战略中给云南和德宏在产业、财政、金融等方面给予了诸多倾斜，为云南及德宏发展高原特色农业提供了政策支持。三是东中部产业转移。国内经济结构调整加快，东中部产业要素向西部转移，为云南及德宏高原特色农业发挥后发优势、实现后来居上提供了良机。四是城镇上山。省、州党委、政府提出“保护坝区农田、建设山地城镇”，从制度上为提高规模经营程度，充分发挥高原特色农业效益提供了土地资源保障。五是农民进城。省、州党委、政府关于加快农村转移人口转变为城镇居民的重大决策，让进城农民“兼有城乡”两个身份，在促进农民城镇居民化的同时，为高原特色农业发展创造了广阔的空间。

六、德宏建设高原特色农业的发展路径

一是用城乡统筹和三产融合理念统领农业。牢牢把握“在工业化、城镇化过程中同步推进农业现代化”这一基本要求，始终把农业放到“重中之重”的位置予以认真对待，加快推动城乡经济社会融合发展，不断缩小城乡差距。

二是用先进实用的机械及设施装备农业。针对德宏坝区、半山区和山区耕地类型多样的特点，优先发展粮食作物耕种收大中型农机，加快发展山地小型农机，积极发展甘蔗种植与收获农机，稳步推进现代设施农业发展。

三是用现代科技提升农业。不断提高科技投入，抓好现代产业技术体系建设，深入实施农业科技入户工程。落实中央和省关于加快现代种业发展政策，加强农业重大技术攻关和科研成果转化。

四是用市场理念助推农业。积极推进农业市场化进程，以市场为导向抓好粮、油、肉、鱼、菜等大宗农产品生产，大力培育农业龙头企业和农民专业合作社等产业化经营主体，积极推广订单农业，提高农产品的商品率和市场占有率。

五是培养新型农民发展农业。以农业产业发展为依托，大力开展农民的专业技能培训，努力提高他们的科技致富能力、市场竞争能力和自主发展能力。

省委、省政府提出大力发展高原特色农业，充分体现了对全省农业农村经济工作的高度重视和殷切期望，德宏建设高原特色农业是加快推进桥头堡黄金口岸和重点开发开放试验区建设、发展现代农业、筑牢小康目标基础的重要举措，我们一定要深刻领会、科学谋划、细化措施、群策群力、狠抓落实，为全州经济社会实现科学发展、和谐发展、跨越发展做出应有的贡献。

云南铜壁关自然保护区可持续发展研究

德宏州林业局局长 钱 强

自然保护区是自然遗产最珍贵、自然景观最优美、自然资源最丰富的区域，是生态地位最重要的陆地生态系统的核心，也是国家重要的战略储备基地。铜壁关自然保护区位于位于云南省最西南角的德宏傣族景颇族自治州，地理坐标为北纬23° 54′ 30″ ~25° 20′ 24″，东经97° 31′ 40″ ~98° 06′ 36″ 。行政上分别隶属于盈江县、瑞丽市和陇川县。铜壁关自然保护区由大娘山片区、铜壁关片区、陇把片区、户永山片区、植物园片区和南畹河片区六部分组成，总面积为51650.5hm^2。是我国距印度洋孟加拉湾最近，受西南热带季风影响最大的地区，是我国大陆水热条件最优越的区域，虽已地处北回归线以北，但分布了我国大陆面积最大的热带雨林。同时在我国地缘上处于古北界与印度——马来亚界的分野过渡地带界线部位，是多个动植物区系单元的交汇过渡部位，地理位置十分重要，生物多样性极其丰富，区系地理成分十分复杂，集中分布了以盈江龙脑香、阿萨姆娑罗双为标志的热带雨林和白眉长臂猿、犀鸟、原鸡、孔雀雉等为代表的热带珍稀古老和特有的动植物类群；具有极高的科学研究价值和保护地位。保护区西部边缘与缅甸接壤，是滇西中缅边界上的一条生物保护绿色环带。是具有全球重要意义的并列为全国40处 A 级保护区之一，具有十分重要的保护地位。

一、保护区种质资源丰富

(一)植物多样性

多次调查表明，铜壁关保护区分布野生高等植物333科1628属4951种。包括苔藓植物719种(占全国3480种的20.7%)、蕨类植物290种(占全国约2600种的11.2%)、种子植物3942种(包括裸子植物和被子植物，占全国约24450种的16.1%，占云南约13300种的29.6%)。其中，维管束植物(包括蕨类植物、裸子植物和被子植物) 4232种。仅就种子植物3942种而言，在保护区51650.5hm2的面积上，每平方公里达7.63种，在全国自然保护区中名列前茅。

保护区内仅兰科植物就多达251种，占云南兰科植物的32%，占中国兰科植物的18%，兰科植物中包括两种地方狭域特有种密毛兜兰和盈江羽唇兰。

铜壁关保护区国家重点保护植物种类众多。依据《国家重点保护野生植物名录(第一批)》(1999)统计，保护区有国家重点保护野生植物30种，其中国家Ⅰ级保护植物5种，即萼翅藤、云南蓝果树、红豆杉、篦齿苏铁、东京龙脑香(北越龙脑香)；国家Ⅱ级保护植物25种，如鹿角蕨、滇桐、桫椤、四数木、合果木、千果榄仁等。

此外，保护区有云南省级保护植物53种，占云南省政府1989年颁布的218种省级重点保护植物的约四分之一(占24.3%)，如滇藏榄、茉莉果、缅甸树萝卜、滇西紫树、小花五桠果等。

(二)动物多样性

保护区的脊椎动物种类达725种，隶属于5纲、37目、114科。分布有国家重点保护野生动物89种。如此丰富的动物物种资源，在我国的自然保护区中同样名列前茅。

保护区记录兽类118种，隶属于9目、31科、85属，分别占全国兽类种数587种的20.1%，云南兽类种数300种的39.3%。区系上，东洋界种类占绝对优势，约97种，占本区兽类种数的82.2%；古北界种极少，仅狼、刺猬等8种，占本地区兽类的6.8%；广布种有白尾鼹、大棕蝠等13种，占本地区兽类的11%。

保护区记录鸟类计18目52科441种，约占云南鸟类的48.7%，是云南乃至我国的自然保护区中鸟类最多的保护区之一。其中，留鸟326种、夏候鸟42种、冬候鸟57种、旅鸟16种。而留鸟和夏候鸟在当地的繁殖鸟共368种，其中属于东洋区的种类占当地繁殖鸟类的81%，古北种和广布种的种类占当地繁殖鸟类的19%。可见，鸟类的区系构成以东洋区成分为主。

两栖爬行动物5目20科59属114种，其中两栖类3目9科20属45种和亚种，爬行类2亚目11科39属69种。东洋界种类有109种；东洋界与古北界广布种有华蟾蜍、玉斑锦蛇、红点锦蛇、黑眉锦蛇、红脖颈槽蛇等5种；未见古北界种类。其中伊江巨蜥属于伊洛瓦底江特有种，在我国仅见于铜壁关保护区。

保护区记录土著鱼类52种，分隶5目、11科、33属，其中新纪录种6个。保护区为伊洛瓦底江的上游，鱼类组成与毗邻的印度、缅甸有相似之处，而不同于国内其他省。伊洛瓦底江水系记录有62种土著鱼类，而铜壁关保护区就有土著鱼类52种，可见保护区鱼类的区系组成在伊洛瓦底江水系中有极强代表性。此外，铜壁关保护区落差悬殊、水流湍激，季节水位差甚大等综合环境特点，使得保护区鱼类具有一个主要特点，即适应急流生态型的种类较多，如鲃亚科裂腹鱼属，鮡科的纹胸鮡属、拟鰋属、褶鮡属以及平鳍鳅科等鱼类，它们是在喜马拉雅造山运动中与地史演变、地壳抬升、河流渐急、协同进化形成的急流型鱼类，在鱼类系统进化与地史变迁的科学研究上具有重要意义。

保护区还记录昆虫纲动物12目110科882种，有云南新分布种43种。

(三)菌物多样性

铜壁关保护区共发现高等真菌114属235种，其中微真菌52属64种，大型担子菌62属171种。保护区的高等真菌中有中国新纪录属5个，中国新记录种18个，云南新记录属1个，云南新记录种19个。

(四)植被类型和生态系统多样

铜壁关保护区植被包括8个植被型，18个植被亚型，47个群系，61个群落(群丛)，包含雨林、季雨林、常绿阔叶林、竹林、落叶阔叶林、灌草丛、灌丛、亚高山草甸等植被型和生态系统类型，形成完整的植被垂直带谱，生态系统类型异常丰富。

铜壁关保护区的纬度超过地理学上的热带，位于北回归线以北(达到北纬25°)，但是发育了典型的以阿萨姆娑罗双为代表的热带季节雨林，是我国面积最大的龙脑香热带雨林分布地区，极为难得，弥足珍贵。

独特而完整的生物地理区系，使保护区成为众多特有物种的分化中心。仅见于该区域的狭域特有植物高达39种，如密毛兜兰、盈江羽唇兰、盈江青冈、大囊马兜铃、红萼藤黄等。很多种类以“盈江”或“瑞丽”命名，保护区是上述许多物种的模式标本产地。铜壁关保护区是中国狭域鸟种分布最多的地区之一，有10种鸟类在我国仅发现于该区域，如花冠皱盔犀鸟、红腿小隼、白颊山鹧鸪、黄嘴河燕鸥、栗鸮等。爬行动物中，伊江巨蜥在我国仅分布于铜壁关保护区，属于伊洛瓦底江特有种。保护区的52种土著鱼类中，有三分之一(34.6%)的种类在我国仅分布于铜壁关保护区，特有比例极高。小眼小波鱼、盈江条鳅、盈江结鱼、盈江间吸鳅和大盈江黛鲈等5种鱼类属于保护区的狭域特有种。另外，还有13种鱼类，属于伊洛瓦底江特有种，在我国仅分布于铜壁关保护区，如龙江纹胸鮡、波条丹、缺须丹、长须丹、软刺裂腹鱼等。

保护区内分布较多的珍稀濒危保护动植物种类，包括国家重点保护植物30种；国家重点保护动物89种；极小种群物种有云南蓝果树、萼翅藤、滇桐、滇藏榄、白眉长臂猿、印度穿山甲、绿孔雀、花冠皱盔犀鸟、伊江巨蜥等27余种。

重点保护植物包括国家Ⅰ级保护植物5种，萼翅藤、云南蓝果树、红豆杉、篦齿苏铁、东京龙脑香；国家Ⅱ级保护植物25种，如鹿角蕨、滇桐、水青树、桫椤、滇楠、四数木、千果榄仁等。云南省级保护植物53种，如滇藏榄、茉莉果、缅甸树萝卜、滇西紫树等。兰科植物251种，占中国兰科植物的18%，密毛兜兰和盈江羽唇兰为狭域特有种。

重点保护动物包括白眉长臂猿、灰叶猴、林麝、豚尾猴、羚牛、云豹、熊猴、蜂猴、小熊猫、印度穿山甲、孔雀雉、绿孔雀、白腹锦鸡等。铜壁关自然保护区还是我国唯一有5种犀鸟分布的保护区(滇南的西双版纳分布3种，西藏墨脱分布2种)。

二、铜壁关自然保护区可持续发展内涵、趋势及战略意义

保护区可持续发展就是以科学发展观为指导，坚持生态、经济、社会可持续发展的原则，统筹保护区内生物多样性保护和保护区外群众生产生活协调，长期利益与短期利益、国家整体利益与地方局部利益相统一。

保护铜壁关自然保护区内珍稀濒危特有动植物种类及其栖息地安全，保持生物多样性，维护森林生态系统的完整性和稳定性，这是铜壁关自然保护区赖以生存和发展的前提，也是铜壁关自然保护区及周边社区可持续发展的基础；在全面保护的前提下，积极开展科学研究和社区共建共管，做到保护、科研和社区建设相互促进、协调发展，建设高起点、

高标准、高效率、高要求、结构逐步合理的管理机构；实施科学化、规范化的保护管理；科学利用自然资源，增强自给能力，促进社区经济发展；探索符合本地实际的生物资源保护管理与生态、经济、社会可持续发展的管理模式。

人类社会发展的历史已经反复昭示，随着科技的发展，往往一个物种就可以形成一个产业，影响一个地区一个国家的发展，从现代的生物工程技术发展趋势看，二十一世纪将是一个知识经济与生态文明交相辉映的时代，物种资源潜在的价值将随着科技的发展不断得到开发。铜壁关自然保护区保护了野生高等植物4951种，脊椎动物725种，昆虫882种，高等真菌114属235种，有大量重点保护野生物种和当地特有种，这些物种资源是大自然几亿年演化留给人类的宝贵财富，其蕴藏的巨大价值难以估量，是国家战略资源，当地作为边疆民族地区，社会经济发展相对滞后，抓好保护区建设这一切入点，在保护的基础上利用当代生物技术，科学开发当地丰富的资源，把自然资源保护与开发有机结合起来，发挥资源优势，探索后发优势，实现经济社会的跨越式发展，让德宏真正成为带动南亚东南亚环境保护、生态建设、社会经济可持续发展的桥头堡，对当地实践科学发展观，保障生态安全，实现生态、经济、社会可持续发展意义重大。

三、铜壁关自然保护区可持续发展存在的主要问题

(一)铜壁关自然保护区管理机构不健全、管理体制机制还不完善

铜壁关保护区涉及盈江县、陇川县及瑞丽市2县1市，虽然分别在各县市设立了管理所，但至今没有成立保护区管理局，由州林业局野生动植物保护办协调管理。由于没有形成完善的管理体系，管理上存在一定困难。首先，保护办不仅要对保护区进行管理，还有许多关于野生动植物的事情需要处理，事务繁忙，人手不够；其次，各管理所行政上归属各县市林业局，业务上受保护办指导，缺乏独立的强有力的组织协调能力，行政级别低，与地方上其他机构协调比较难。而且，由于各管理所在行政上分别归属各县市林业局，各管理所之间也缺乏必要的交流和沟通，难以对保护区实施有效管理。同时，由于保护区一直没有升为国家级，长期经费不足，管护力较弱，管护力度较小，与保护区丰富的野生动植物资源不相适应，也难以实施有效保护。

(二)铜壁关自然保护区管理机构队伍力量薄弱，缺乏人才

铜壁关自然保护区规划编制为87人，其中：保护区管理局12人，盈江管理所40人，陇川管理所13人，瑞丽管理所22人。但现有的人员编制为51人，其中保护区管理局机构编制都没有，由州林业局野保办负责管理，盈江管理所30人，陇川管理所8人，瑞丽管理所13人。保护区现有人员中，有大专以上学历的9人，占总人数的19.6%；中专17人，占40%。中荷合作森林保护与社区发展项目的实施，使部分人员得到了一定培训，保护区管理人员的整体学历水平有所提高，但专业技术人员仍很少，只有3人具有本科以上学历，2人获得中级技术职称。特别是保护区合并调整后面积增大，机构和人员都急需增加。

(三)铜壁关自然保护区内部及周边地区经济发展滞后，对保护区的影响较大

保护区周边地区大部分是山区，世代居住着景颇、傈僳、傣族、德昂、阿昌等少数民族。特别是保护区周边地区主要以景颇族为主，解放前还处在原始社会后期的社会状态，解放后直接过度到社会主义社会，虽然有了很大的发展，但经济文化基础仍十分薄弱，20多年前保护区内及周边居住着一些村寨，如太平镇雪梨村石梯村民小组、铜壁关乡的大、小浪速村民小组，都还处在刀耕火种，广种薄收，结伴四处打猎的落后状态，由于历史原因和山区条件的限制，保护区周边地区生产经营方式单一，80%左右的林牧用地收入仅占当地群众经济总收入的30%左右，而11%左右的耕地却是该地区主要的经济来源。林业主要靠砍卖薪材及原木；畜牧业主要是放养牛、羊、猪、马，其收入较低，约占群众总经济收入的25%；副业主要靠烧石灰、砖瓦，男子外出打工、妇女上山采“山茅野菜”卖。瑞丽所属各乡多低山丘陵，生产条件较好，年人均口粮可达700kg。而盈江、陇川一带除太平镇等少数地区外，大部分地区年人均口粮低于500kg。保护区周边地区经济发展缓慢，居民生活比较贫困，经济收入来源渠道少，自然保护与乡村社区协调发展的矛盾尚未得到缓解。

(四)铜壁关自然保护区科学研究匮乏，科技支撑不足

保护区物种丰富，区系复杂，上世纪90年代以来，荷兰FCCD项目和由西南林业大学主持进行过对保护区大规模综合科学考察，基本摸清了保护区

的本底资源状况。由于各种因素和条件的限制，有针对性地开展专项课题研究、观察和监测等基础工作尚未进行，与有关科研部门、大专院校联系开展研究工作尚属空白，自身也缺乏开展科研工作的能力和条件。

保护区的可持续发展，需要在生物多样性保护、资源监测、生物资源研究开发、社区经济发展、生态环境保护、自然资源的调查和评估、科普宣教、生态旅游等各个方面提供持续的科技支撑，但目前科学研究匮乏，技术储备少，科技支撑明显不足。

(五)铜壁关自然保护区资金投入不足，建设和管理资金严重不足

自1986年正式批复建立铜壁关自然保护区近三十年来，省、州、县三级共投入各种资金约2000多万元用于保护区的建设，包括行政事业费、基本建设费等。保护区的建设，由于经济状况所致，目前情况下仅限于修建保护站、所的基本办公用房和工作人员住房。省级拨款没有落实增加，管理上许多急需的设施未配置，交通、通讯、防火塔台等最基本的条件尚未具备。保护区的整体建设远未达到2002年林业部颁发的《自然保护区基本建设工程标准》，周边社区开展项目少，建设资金困难，发展基础薄弱，发展后劲不足。

(六)宣传工作滞后，公众对保护区认识不高

云南铜壁关自然保护区的宣传工作滞后，主要表现在一是宣传面窄，宣传工作基本上针对保护区内和周边村社群众进行，更大范围的宣传工作基本还难以开展；二是宣传形式单一，主要采取张贴标语牌，发放宣传资料，开会的形式进行宣传，通过电视广播，网络报纸媒体宣传报道较少；三是宣传内容不丰富生动，目前宣传的主要是自然保护区保护条例，自然保护区管理办法，护林防火条例等法律法规，而针对该保护区重要的生物多样性保护价值，生态、经济、社会效益的科普宣教活动开展较少；四是宣传力量薄弱，保护区专门从事宣传工作的人员没有，基本上是管护人员结合保护工作进行宣传，加上保护区周边地区大部分是以景颇、傈僳、傣族、德昂、阿昌等少数民族，铜壁关保护区又位于中缅边界，野生动物在两国之间栖息繁衍、往来活动，部分缅甸公众的保护意识仍然比较薄弱，保护区懂民族语言的干部少，沟通宣传语言还存在障碍；五是宣传经费缺少，经费投入少，致使宣传工作不够深入，公众对保护区认识不高，对保护区理解支持程度低。

综合分析，云南铜壁关自然保护区的宏观管理工作尚处于管理工作的初级阶段－保护型管理。其特点是：保护区的管理工作主要集中在保护上，科研、培训工作比较零星，尚未起到参谋和决策作用；外界的干扰和破坏尚未完全排除；多种经营尚未形成稳定的方向和一定的生产规模，区内与区外尚未完全形成大范围的生态—环境—经济—社会协调发展局面的条件。

四、铜壁关自然保护区可持续发展的建议和措施

(一)健全铜壁关自然保护区管理机构、完善体制机制

以建立国家级自然保护区为契机，建立和完善铜壁关自然保护区的保护管理体系，建立自然保护区管理局—管理分局—保护管理站—管护点四级垂直保护管理体系和森林公安派出所—森林公安警务区的执法体系。理顺管理体制，改变多头管理的现状，建立信息交流渠道，加强各管理所、管理站之间的合作与交流。按照“一区一法”的原则，切实加强保护区的管理制度建设和法制建设，按照不同的功能区制定不同的保护管理岗位责任制、管理办法、目标责任制，明确职责，严格管理，奖优罚劣，逐步实现保护管理工作的规范化、制度化、法律化和科学化。

积极推动当地政府制定《铜壁关自然保护区管理条例》，以地方法规的形式赋予保护区真正的合法的管理权力。将铜壁关国家级自然保护区的发展建设纳入地方的社会与经济发展计划，加强投入，强化管理，精简队伍，实行公务员制度，以从根本上理顺国家对保护区的管理体制。

(二)加快人才引进与培养，加强铜壁关自然保护区管理机构队伍建设

牢固树立“人才资源是第一资源的观念”，采取多种措施加快人才引进与培养，一方面在现有林业队伍中选拔一批热爱自然保护区事业，情况熟悉，业务精干的人员充实到保护区管理机构队伍中，另一方面有计划地从高校引进不同专业的人员进行培养，形成不同层次结构的人才队伍。通过选派人员赴相关大专院校有针对性的进修、脱产培训、函授教育和邀请有关专家学者来保护区讲学，尽快培养一批业务技术骨干，使他们在较短时间内成长为独立开展科研的专业人才。另外积极加强与国内、国际间的交流与合作，不断吸取国内外先进的

技术和经验，并通过合作研究以提高保护区人员的技术水平。

(三)加快铜壁关自然保护区内部及周边地区经济发展，形成社区共管局面

在自然保护区探索和建立把当地群众和地区的经济利益与生物多样性保护结合起来的机制，确立保护区与周边社区之间的伙伴关系，协调当地群众生活生产与自然保护的关系，充分利用自然保护区人才、技术、资金、信息等优势，通过实施社区共管项目，全面提高社区的政治、经济和文化发展水平，减少社区对自然保护区资源的直接依赖，并积极参与到自然保护区资源的保护中来，开展社区共管组织体系建设。

制定社区共管公约和村规民约；编制社区环境行动计划、社区经济社会发展计划、周边地区管理计划等；积极争取社区发展项目和资金；组织各种培训班；开展环境保护意识教育；通过开展文化教育项目，公众环境保护意识教育项目，保护区周边地区农村人力资源开发项目——农村实用技术培训项目，农田水利及人畜饮水工程项目，农业及畜牧业发展项目，农村能源建设项目，森林资源恢复与保护项目，加快保护区周边社区经济发展。

(四)大力开展科学研究，为铜壁关自然保护区可持续发展提供科技支撑

“科学技术是第一生产力”，是推动铜壁关自然保护区可持续发展的力量源泉，要以铜壁关自然保护区为平台，根据铜壁关自然保护区的区位优势和资源优势，以保护区管理部门为主体，依托科研院所、大学院校、生产机构等单位作为技术支撑单位，采取产、学、研相结合的方式开展联合研究，并通过传、帮、带的方式，边培训边研究，全面提高铜壁关保护区管理部门的研究能力和研究水平，近期重点开展以下几方面研究：

1、生物多样性保育与生物资源开发利用研究

随着经济社会的快速发展，该区域大量工程项目正加速建设，野生生物的栖息环境遭受到严重破坏，该地区的生物多样性面临严重的威胁，为此，必须加快当地的生物多样性保育研究，生物多样性对人类最大的价值在于为人类生存和发展提供了适应全球环境变化的各种机会。因此，国际社会普遍认为，谁拥有丰富的生物多样性，谁就拥有未来发展更多的选择权。当地丰富的植物多样性是巨大的基因库，包含了大量具有重大经济价值的物种和种质资源，是国家战略资源的重要组成部分，具有重要的经济价值和经济开发潜力，目前对当地的物种资源的研究还十分粗浅，还远谈不上研究和开发利用，90%物种还有待研究发现他们的价值。为此，以保护区中的瑞丽植物园为基地，开展珍稀濒危特有植物物种迁地保护繁育，特别是那些仅分布在保护区的濒危特有物种抢救性保护和繁育尤为紧迫，在此基础上开展研究工作，为科学保护开发提供科技储备。

2、铜壁关自然保护区与周边地区协调发展研究

自然保护区与周边地区是不可分割的整体，自然保护区周边地区经济发展滞后，与坝区和城区的差距在逐步拉大，致使保护区保护基础薄弱，开展自然保护区与周边地区协调发展研究，合理利用资源，探索后发优势，把自然资源开发与经济社会发展有机结合起来，在保护的同时，带动农民增收致富。建立共建共管共赢的长效机制，发展周边地区的经济，促进周边地区和保护区的生物多样性资源的有效保护，才能真正做到保护区与周边地区的协调发展。

3、兰科植物生境恢复与种源繁育研究

云南西部是我国野生兰科植物，包括价值很高的石斛、兜兰、兰属等物种的多样性中心，近年来，随着石斛价格的不断上升，市场对石斛的需求不断增加，人工种植石斛迅速发展，已展示出广泛的发展前景和巨大的经济效益，在林区、自然保护区，可以看到许多巨大的乔木仅仅因为附生了几株兰花(主要是石斛)，而被无情地砍倒，不仅兰科植物遭殃，其宿主——乔木也一同遭殃，这对生物多样性造成的破坏是难以估量的。开展兰科植物生境恢复与种源繁育研究，特别是要对石斛类进行种质资源收集保护和种植试验示范，将这类宝贵资源开发，对促进当地经济发展意义重大。

4、跨境生态安全体系构建研究

铜壁关自然保护区与缅甸东北部接壤，这个地区是印－缅植物区系及东喜马拉雅植物区系的重要组成部分，拥有大量的特有植物。但是，长期以来，由于缅甸国内政治局势的动荡，政府和多个反政府武装力量之间各自为政，地方军阀割据，经济落后，各地只有靠大量砍伐、出卖天然热带林木材为生，长期无节制的砍伐，使大量的热带林遭到毁灭性的破坏，其中的重要物种和生物多样性几乎丧失殆尽。特别是该区域的野生动物在两国之间栖息繁衍、往来活动，受影响较大。部分缅甸公众的保护意识仍

然比较薄弱，市场上可以见到公开出售的在我国已被国家重点保护的物种以及《濒危野生动植物种国际公约》附录物种，也有缅甸公众到保护区采集植物或砍伐树木的现象发生。保护好这一地区的野生动植物，需要两国政府和人民共同努力。进一步加强与缅甸有关机构的合作，加强物种保护，探讨在铜壁关一带建立跨国界的保护区，并建立外贸监管站，对违法行为实施共同监管，以共同保护好这一地区的野生动植物资源。

(五)多方争取资金投入，改善铜壁关自然保护区基础设施

根据《自然保护区总体规划技术规程》(GB/T20399~2006)的规定，自然保护区建设属于社会公益事业，资金主要来源于国家和地方的专门投资建设自然保护区的财政资金，国家级自然保护区建设资金以国家投入为主，地方进行配套；在保护区周边地区实施的保护性社区共管工程和生物保护廊道工程也具有极强的社会公益性质，属于社会公益事业，其建设资金应主要来源于国家和地方的除专门投资建设自然保护区外的其他财政资金，要争取国家、省、地、县四级安排的生态、农业、水利、教育、卫生、扶贫、医疗等专项建设项目资金投资。

铜壁关自然保护区内实施的生态旅游工程和多种经营工程项目是属经营性项目，本着谁受益谁付费的原则，坚持政府、社会和保护区相结合的投资。非盈利性项目以政府投资为主，辅以公益性捐赠融资；盈利性项目以自筹和民间投资为主，坚持在保护优先的原则下合理开发，并以交纳特许经营费的方式帮助保护区增强自我“造血”能力。

(六)加强铜壁关自然保护区科普生态旅游管理，促进地方经济发展

德宏州旅游业在自然保护区的发展是近几年的事情，然而到自然保护区的游客数量的增长幅度与游客总量增长相比要大得多。这一变化为铜壁关自然保护区带来发展机遇，但又在管理方面向保护区提出了严峻挑战，焦点还是如何协调保护与发展之间的冲突。生态旅游强调回归自然、保护环境、促进社区经济发展、提高公民环境意识，这一概念正是从可持续发展的角度提出来的。它与生物圈保护区的目标有许多相近之处，因而有可能通过自然保护区开展生态旅游使自然保护和地区经济一起摆脱困境。生态旅游的开展关键在于管理，在于把旅游带来的负面影响控制在环境可承受的限度。管理严重滞后是目前出现许多负面影响的根本原因，因此要建立真正按照生态旅游原则进行的“开放式、参与式、适应式”的新型管理。

(七)采用多种方式开展科普宣教，提高公众对铜壁关自然保护区认识

自然保护区是开展自然资源、生态环境和生物多样性保护、法律法规宣传教育的重要窗口，在加强环境保护宣传，青少年科普教育，普及生态、法律知识中具有不可替代的作用。要有计划、有重点地开展宣传教育，提高全民族的自然保护和生态环境意识。采用本区域森林与生物多样性保护宣教材料。通过放映电影、录像、广播、电视、报刊、杂志、动物标本、展示板、墙报、专栏、标语、广告牌以及印发宣传单等形式，对社区干部群众进行广泛地宣传教育，增强民众热爱大自然的意识。通过建立系统较为完善的解说宣教体系，“创建绿色学校”，聘请环境保护、野生动植物保护等方面的专家举办讲座，利用“爱鸟周”、“野生动物保护宣传月”、“植树节”、“环境日”、“湿地日”等活动，在保护区举办中小学生夏令营、冬令营，通过观鸟竞赛、登山比赛、科学考察、生态与环保志愿者义务活动等形式进行参与式的生态教育和实践。建设宣传教育中心展示铜壁关自然保护区的动植物、生态、人文、历史、科研及管理等方面的信息，提高公众的对保护区的认识。

铜壁关自然保护区地理位置重要，处我国生物地理区系的重要分界线上，生物地理的边缘效应十分明显，物种及其丰富，区系组成复杂多样化。保护区汇集了丰富的珍稀保护物种、较完整的山地植被生态系统和景观类型，是一个集我国典型的低热河谷龙脑香热带雨林生物地理景观、珍稀濒危特有物种和典型湿性常绿阔叶林生态系统为一体的多元化自然保护区，该区的生物多样性保护有十分重要的价值，并在维护重要国际河流、生态安全等方面发挥着不可替代的功能和作用。目前，保护区已通过面积调整，正在积极申报国家级自然保护区，这将极大地促进保护区的保护与管理开发，让边陲的独特资源展显更大魅力，造福各族人民。

发挥德宏电力优势　助推云南桥头堡建设

德宏供电有限公司总经理　岳志强

今年是实施“十二五”规划的开局之年，是南方电网公司落实中长期发展战略、云南实施“两强一堡”建设的重要时期，公司要紧紧抓住这个重要战略机遇并且大有作为。桥头堡战略的提出，使地处边疆的德宏站在了对外开放的最前沿，德宏州委、州政府确定了把德宏建设成为桥头堡黄金口岸的目标，在这一发展的关键时期，德宏电力将充分发挥先行官作用和主导作用，积极服务产业转型和升级，全力促进桥头堡黄金口岸建设。

一、在桥头堡建设中德宏电力优势突出

德宏州地处云南省西南部，高黎贡山西南麓，西、南和西北与缅甸接壤，是我古代“南方丝绸之路”的出口、“滇缅公路”的终点，是我国面向东南亚、南亚的重要陆路通道，也是我国对外边境贸易的重要口岸，人员交往、经贸往来频繁，陆地口岸优势十分突出。

(一)境内外水电资源丰富

境内资源。德宏州水电资源丰富，全州水资源总量为223.4亿立方米，理论水能蕴藏量362.44万千瓦，成为德宏得天独厚的水能资源优势。2010年德宏州发电量105亿千瓦时，电力产业可实现销售收入约31.6亿元，占全州工业总产值102亿元的31%，水电成为了德宏州的支柱产业。

境外资源。缅甸水能资源丰富，其全国水能资源可开发装机容量约6000万千瓦，经济可开发装机容量约4000万千瓦，主要集中于伊洛瓦底江和萨尔温江两大水系的干支流。从地理位置上看，德宏州正处于以上两大水系中间。近年来，国内企业已积极参与开发缅甸水能资源开发，拟建水电站共计装机容量3421万千瓦，德宏州将成为最便捷最经济的电力输送通道。

(二)德宏电网建设飞速发展

2005年起云南电网公司开始进入德宏，德宏电网与云南电网实现联网运行，“十一五”期间德宏电网实现高速发展，500千伏、220千伏电网从无到有，形成了以500千伏德宏变为中心，四个220千伏变为辐射的超高压输电网络；110千伏骨干电网由原来的单环网变为双环网，110千伏、35千伏变电站布点进一步完善，电网覆盖率明显提高，德宏电网发展已迈入超高压、大电网行列，电力外送能力大幅增强。德宏成为依托南网大背景，站在云网大平台，“内引南网、外联缅甸”的一个电力交换枢纽，为“走出去”战略的实现打下坚实的基础。

(三)电力体制已基本理顺和完善

2008年10月德宏州政府与云南电网公司达成协议，云南德宏电力股份有限公司整体划转云南电网公司，为云南电网公司全资子公司，更名为德宏供电有限公司，负责德宏110千伏及以下电网规划、建设与供电运营管理。目前德宏已实现“一张网、全覆盖”目标，管理体制已完全理顺，形成子公司模式分公司管理。电力体制理顺后，对于提升德宏电力发展空间，解决地方配电网投资，优化电网结构，主网与配网协调发展，提高供电保障能力和提高基础管理水平方面有积极的促进作用，德宏电力迎来了更大的发展机遇。

二、发挥优势　全力促进桥头堡建设

目前，桥头堡建设已在紧锣密鼓地进行中，在这一德宏发展的关键时期，电力将充分发挥先行官作用和主导作用，德宏供电有限公司将积极投入到桥头堡建设中，服务于产业转型和升级，服务于“大通道建设”和“走出去”战略。

(一)凡事预则立，规划为先锋

在桥头堡黄金口岸建设电力规划工作中，要在南方电网公司中长期发展战略指引下，在省电网规划框架下，按照智能、高效、可靠、低碳的原则，将德宏电网“十二五”发展规划与德宏州国民经济和

社会发展规划相结合，使之与《云南省建设我国向西南开放桥头堡总体规划》及各专项规划、德宏州建设桥头堡黄金口岸总体规划、瑞丽重点开发开放试验区发展规划等相适应。由于德宏桥头堡黄金口岸建设还处于前期阶段，电网规划应在电源建设、电力市场消费方面发挥积极的引导作用。规划应以“德电自用、就地消纳”为主，兼顾“德电外送”、“西电东送”、“外电德用”等因素。加强主网结构，提高电网安全稳定和经济运行水平。提高城市配电网建设标准，增强配电网防灾减灾能力，提高配电网自动化水平，加快农村电网建设与升级改造步伐，完善农村电网，实现各级电压等级电网协调发展。解决好电网“卡脖子”问题，提高电网供电能力和供电可靠性。

“十二五”期间，德宏电网将以“统一开放、结构合理、技术先进、安全可靠”为目标，以先进电网为标杆，从现有粗放型生产运行管理方式逐步走向精益化管理，建成“资源节约型、环境友好型”现代化电网，为地方社会经济发展提供更充足的电力供应，使之满足桥头堡黄金口岸建设发展需要。

“十二五”规划末期德宏州内电力总装容量将达350万千瓦，期间将继续完善500千伏和220千伏骨干电网，在芒市建设1座500千伏变电站，新建220千伏变电站2座(瑞丽变、遮放变)。“十二五”末期德宏将有500千伏变电站2座，容量300万千伏安，220千伏变电站6座，主变容量216万千伏安，形成以500千伏变电站为中心，对220千伏潞西变、盈江变、俸龙变、瑞丽变双回辐射供电的网络结构。

(二)全力做好电力服务工作，为招商引资打下坚实基础

以德宏桥头堡黄金口岸建设对电力的需要为中心，全力营造优质高效的发展环境，德宏电力应加强以下几方面的服务工作：一是继续做好州内和境外新建电源的并网协调服务工作，充分发挥德宏水电基地作用；二是针对德宏州加快新型工业化进程，将水电、电冶、食品、建材、林(竹)业、生物制药、珠宝玉石、化工等八个行业作为发展的主要方向，让电力提前进驻工业园区，做好载能产业供电保障工作，创造便利条件，让大企业在德宏落得下、留得住，并起到产业带动作用；三是进一步优化电力服务流程，使之更加规范、简明、快捷，对黄金口岸建设的大用户实行从申请用电到生产经营用电全过程跟踪服务。

(三)借桥头堡建设机遇，加强南网的“走出去”战略实践，做好电力出口和电力回送工作

电力出口方面。德宏州从1985年开始向缅甸供电，目前全州共有12个供电所向境外提供供电服务。二十多年来，境外负荷从无到有，由小到大，2010年德宏向缅甸供电量达到3460万千瓦时。由于我方对缅供电有保证、电压正常、服务好，对缅供电业务得到了缅甸居民的赞誉，积累良好的口碑。近一年来，由于瑞丽江电站等建成发电，缅甸电力开始大量输入国内，德宏对缅供电市场受到冲击，按照现行模式进一步拓展用电市场遇到新挑战。在新的市场环境下，需要我们跳出惯性思维和做法，借助桥头堡建设机遇，在南网“走出去”战略引领下，认真研究对缅供电和电力外送工作，研究灵活多样的电价形成机制、提高供电服务质量和服务水平、探索电力与产业输出捆绑，不断巩固和拓展对缅供电市场。

电力回送方面。一是从德宏地理位置分析，境外周边水电站通过德宏返送回国内线路最短，经济性较好，要继续加强电网建设，做好电力回送的协调和服务工作；二是要千方百计增加电力本地消纳能力，变资源优势为经济优势，促进黄金口岸建设的延展。

(四)扎实打基础、练内功，提升电力企业实力

电力企业本身的发展也是桥头堡建设的一项重要内容，做好电力自身的工作，既是桥头堡建设的要求，也是服务于桥头堡建设的需要。德宏供电有限公司在云南电网公司和州委州政府领导下，将传承德宏电力人不断创新拼搏的精神，从以下几方面加强自身工作、提升企业实力：一是深入学习领会南方电网公司中长期发展战略和省公司2011年工作会议暨二届一次职工代表大会精神，用南网发展战略指引德宏电力的各项工作；二是转变观念，逐步实现企业管理由粗放型管理向精益型管理转变；三是继续抓牢安全生产这条生命线，确保安全工作由传统的技术领域向信息化领域转变；四是全力做好增供扩销和优质服务工作，由“以我为中心”向“以客户为中心”转变；五是加强电网规划建设，满足德宏发展需要；六是以推进基础管理达标工作为载体，全面提升公司管理质量和管理水平；七是坚持人才强企战略，继续推进员工素质工程，加强人才引进、人才培养工作。

州 情 概 览

德宏傣族景颇族自治州

地 理

【州 境】 德宏傣族景颇族自治州是云南省8个少数民族自治州之一。德宏地处云南省西部，高黎贡山南麓，属滇西峡谷区；位于东经97°31′~98°43′、北纬23°50′~25°20′之间。其东和东北与保山地区的龙陵县、腾冲县毗邻，南、西和西北与缅甸接壤。全州除梁河县外均有国境线，国境线长达503.8千米，有24个乡镇、600多个村寨与缅甸村寨毗邻。全州东西最大横距122千米，南北最大纵距170千米，总面积11526平方千米。德宏州首府驻潞西市芒市镇(城镇规划面积25平方千米，已建成15平方千米)，陆距省会昆明649千米，空距427千米。

【口 岸】 云南省有11个国家级口岸、10个省级口岸，其中德宏傣族景颇族自治州拥有2个国家级口岸(畹町口岸和瑞丽口岸)、2个省级口岸(陇川章凤口岸和盈江小平原口岸)。德宏口岸不仅是中国对缅贸易的主要口岸，也是通往东南亚和南亚的重要口岸。据考证，中国大西南的货运经中缅陆水联运大通道直入印度洋，可缩短运距5000千米，其运输费用最低。

畹町口岸：它与缅北九谷(棒赛)口岸毗邻，1937年成立畹町海关。1938年滇缅公路开通后，畹町成为重要的国家级口岸。二战期间，滇缅公路和史迪威公路通过畹町口岸，将国际上的大量援华物资运入我国。中国的10万远征军也从畹町出境，征战缅甸。1950年4月中国人民解放军进驻畹町时，每日进出境运货机动车达200余辆次。1985年畹町撤镇设市。1989年边贸商号达59户，进出口总值2.33亿元。按照当时汇率换算，人均国内生产总值突破800美元，已跨入小康生活水平。同年，畹町被列为全国人均国内生产总值超4000元的189个城市之一。1999年初，国务院决定撤销畹町市，将其行政区域划归瑞丽市。

瑞丽口岸：瑞丽是320国道终点。1987年被国务院定为国家级口岸，与缅甸的国家级口岸——木姐毗邻。历年来，通过该口岸的边境贸易进出口总值占云南省的70%以上、全国的34%，被誉为“口岸明珠”。1991年2月，云南省政府批准在姐告设立边境贸易经济区，建立跨国的中缅一条街，姐告迅速崛起，被誉为“云南的深圳”。1992年4月，国务院批准瑞丽为沿边开放城市，并撤县设市。1996年瑞丽以全省最大的边境口岸被国家评为“全国先进口岸”。1998年瑞丽被国家旅游局批准为“首批中国优秀旅游城市”。据统计，2000年瑞丽市接待中外游客152万人次，旅游收入达2.4亿人民币，占全市GDP的31%。

瑞丽地理位置特殊，东南、西南、西北三面与缅甸接壤，在长达169.8千米的国境线上，进出口通道多达33个。瑞丽与缅甸木姐、南坎，畹町与缅甸九谷共处瑞丽坝子之中，畹町与九谷、姐告与木姐，仅国门之隔。瑞丽优越的地理条件，构成了“一个坝子，两个国家，三个省邦(云南省、掸邦、克钦邦)交界，四大口岸，五座城镇(畹町、瑞丽、九谷、木姐、南坎)”和“一国两城”的独特地域景观。畹町九谷桥把320国道与滇缅公路直接连通。被称为“天涯地角”的姐告是320国道的终点，同时也是史迪威公路的交汇点。

瑞丽是年轻的城市，1954年才开始建设新城。从90年代起加大了城建力度，如今的瑞丽城区面积达12平方公里，城市道路总长291千米，年供水量468万立方米，建成了华丰大型综合商场、景成大酒店、口岸联检大楼、南卯湖水上公园、瑞丽江广场、珠宝城等一批上档次的硬件设施。

1999年，畹町加盟瑞丽市，从而使瑞丽拥有2个国家级口岸、2座边境开放城市、1个国家级边境经济合作区(瑞丽市内)、1个国家级经济开发区(畹町)、1个省级边境贸易经济区(姐告)、1个州级经济开发区(弄岛)，成为云南省口岸和开发区最多的县市，也是云南省实施西部大开发，周边条件最好、发展潜力较大、基础设施较完善的县市。

陇川章凤口岸：它与缅北雷基(洋人街)口岸相依。陆距缅北重镇八莫最近，仅92千米，而八莫是中缅陆水联运大通道的第一港口。据史料载，1924年经章凤出口物资8万驮。1991年被列为云南省省级口岸。1997年缅政府定雷基为克钦邦与中国通商的唯一口岸。1998年8月13日，中缅两国举行了隆重的开通口岸典礼。2010年7月8日，章凤口岸经济区管委正式成立。

盈江小平原口岸：盈江古代便是滇缅通商要道，并在驿道上设有驿站。1894年中英《滇缅通商条约》签订后，曾一度成为滇缅最繁荣的商道，英国领事馆、海关等机构在芒允相继建立。经芒允出口的商品销往缅北、印度等大部分地区，进口的商品来自五大洲30多个国家。20世纪80年代中期，边境贸易重新崛起，成为盈江县经济主体之一。至20世纪90年代初，口岸公路网络以县城小平原为中心，分别经芒允、那邦、昔马、卡场、苏典、支那通向边境。其中经芒允出境的公路直通八莫，陆距131千米；经那邦出境的公路与“史迪威公路”连接，北上可达克钦邦首府密支那，陆距197千米。

渡口：1950年前，德宏无常设渡口码头，其水运是季节性的，由民间组织竹筏摆渡。1951年后，随着边境经济的日趋繁荣，民间往来频繁，沿江渡口昌盛。较大的渡口于1960年后改用载重1至20吨的木船，1980年后启用机动船。1990年已形成39个渡口。

【人　口】 据考古证明，早在3000至5000年前德宏地区就有人类繁衍生息，史书中的“濮人”、“朴子蛮”、“布雷”等便是今天德昂族的先民；“滇越”、“金齿”、“掸”、“百夷”等则是傣族的先民。明末清初，由于战争和屯垦戍边等原因，景颇族、傈僳族、汉族及其他少数民族相继迁入。

1950年前，由于瘟疫、战争、毒品等危害，各族人民处于“高出生、高死亡、低发展”状态。据1950年人民政府抽查估算，1949年德宏地区约有65000户，总人口约30万人。1950年后，国泰民安，医疗条件改善，生活水平不断提高，但人口发展失控，增长迅速。至1978年，德宏傣族景颇族自治州有12.72万户，总人口69.39万人。1979年开始实行计划生育政策，至80年代中期，控制了人口盲目发展的势头，人口发展纳入了计划轨道。

2011年末，德宏州有32.79万户122.05万人，分别比上年增0.06%。人口密度为每平方千米105.4人。人口出生率14.55‰，死亡率7.17‰，自然增长率7.38‰。在总人口中：农业人口96.42万人，比上年减0.88万人，占总人口的79%；当地少数民族人口58.67万人，比上年增0.3万人，占总人口的48.1%。在当地少数民族人口中，傣族35.25万人，占总人口的28.88%；景颇族13.54万人，占11.09%；阿昌族3.06万人，占2.51%；傈僳族3.17万人，占2.6%；德昂族1.45万人，占1.19%。

【行政区划】 2011年，德宏傣族景颇族自治州辖2市3县，即瑞丽、芒市、陇川县、盈江县、梁河县。辖50个乡镇，1个街道办事处，336个村民委员会，37个居民委员会，3849个村民小组。

【开发区】 2009年德宏傣族景颇族自治州有5个经济特区：

一、姐告边境贸易经济区：于1990年12月26日建立，是云南省第一个经国家批准的经贸、旅游型的经济开发实验区。2000年6月23日，云南省委省政府在瑞丽召开“姐告边境贸易区”现场办公会，会议明确了姐告边境贸易区是经国务院同意，由云南省政府决定设立，并按“境内关外”方式管理的边境贸易区，是集贸易、加工、仓储、旅游四大功能为一体，面向东南亚、南亚开放的重要口岸和云南省扩大对外开放的示范区和实验区。同年8月28日，德宏州委、州政府在瑞丽姐告举行“中共德宏州瑞丽姐告边境贸易区工作委员会”、“德宏州瑞丽姐告边境贸易区管理委员会”揭牌仪式。

二、瑞丽市边境经济合作区：于1992年12月3日建立，是经国务院特区办批准的云南省三个边境经济合作区之一。

三、畹町边境经济合作区：于1992年12月3日建立，是经国务院特区办批准的云南省三个边境经济合作区之一。

四、弄岛经济开发区：1992年12月28日由瑞丽市委决定建立。

五、芒市经济开发区：于1993年4月9日建立，是云南省人民政府批准的省级经济开发区。

六、瑞丽开发开放试验区：2010年6月，中共中央、国务院进一步明确要建设云南瑞丽等重点开发开放试验区，云南省委八届八次全会提出要把云南建设成为中国面向西南开放的桥头堡，德宏处于云南对外开放的前沿，处于中国经济区、东南亚经济区、南亚经济区的交汇点，是中国陆地连接东南亚、南亚，走向印度洋的最佳结合部和最便捷通道，在融入“桥头堡”建设、扩大对外开放中最具优势。德宏州委、州政府决定，德宏将抓住这个不容错失的重大历史机遇，把德宏建设成为中国面向西南开放桥头堡黄金口岸。

【地　貌】　德宏傣族景颇族自治州是横断山脉西南部、高黎贡山以西的一块自东北向南西倾斜的切割山原。地势的基本特点是东北高而陡峻，西南低而宽缓；峻岭峡谷相间排列，高山大河平行急下。全州最高点是盈江县北部的大娘山(大雪山)，海拔3404.6米；最低点是盈江县西部的羯羊河谷(那邦坝的拉沙河与穆雷江交汇处)，海拔210米；一般海拔800至2100米。州府驻地芒市，海拔920米。其地表景观主要由高黎贡山山脉南延的“三山”与“三江四河”构成。“三山”即大娘山、打鹰山和高黎贡山尾部主脉，“三江”即怒江、大盈江和瑞丽江，“四河”即芒市河、南畹河、户撒河与芒东河。

按海拔高度，德宏的地貌可分为七类地带：

一、海拔2700至3400米，其面积占全州土地面积0.22%。其特点是地势陡峭，多呈“V”型谷，跌水瀑布发育，森林茂密；冬有积雪，夏秋雨多雾浓，气候寒冷，无人居住。

二、海拔2200至2700米，其面积占全州土地面积5.64%。其特点是山顶浑圆，谷坡在20至30度，森林较多，局部地方已开垦为轮歇地，可种植苦荞、土豆等，林间牧场可饲养牛羊等牲畜。

三、海拔1800至2200米，其面积占全州土地面积16.52%。此类地带多为州内江河支流源头，次生林多，陡坡垦植也多。

四、海拔1600至1800米，其面积占全州土地面积44.1%。谷坡一般在15至30度，相对高度一般在100至500米之间。由于植被稀少，垦植较多，导致冲沟较多，是州内水土流失严重的地带。此外，该地带是旱粮、旱地甘蔗、茶叶、草果、八角及亚热带水果的主产地。

五、海拔950至1100米，其面积占全州土地面积15.25%。其谷坡一般在10至20度之间，植被多为灌丛、草地，冲沟切割较多，水土流失严重。

六、海拔600至950米，其面积占全州土地面积17.92%，其中耕地面积占全州总耕地面积57.03%。此类型属州内低热层地带之一，是橡胶等热带经济林木与热带水果的主产地。

七、海拔210至600米，其面积占全州土地面积0.39%，属热带河谷季雨林地带。未垦地多为热带原始森林和荒草坡地，植物种类繁多，是天然的热带动植物园。

【盆　地】　在德宏傣族景颇族自治州错综复杂的山峦河谷中，散布着28个大小不等的河谷盆地(俗称坝子)，其面积占全州土地面积的17.1%。其中：10万亩以上的坝子有5个，即盈江坝(55.23万亩)、陇川坝(29.72万亩)、芒市坝(21.44万亩)、瑞丽坝(20.42万亩)、遮放坝(11.82万亩)，其面积约占全州土地面积的14.32%；1至6万亩的坝子10个，即萝卜坝(57210亩)、户撒坝(48600亩)、南甸坝(45165亩)、勐养坝(43950亩)、轩岗坝(40890亩)、盏西坝(40320亩)、勐典勐弄坝(20340亩)、支那坝(13680亩)、昔马坝(13620亩)、苏典勐戛坝(10920亩)，其面积约占全州土地面积2.33%；万亩以下的坝子13个，即南面坝(8700亩)、畹町坝(8010亩)、芒海坝(5250亩)、潞西腰刀坝(4230亩)、勐来坝(3300亩)、那邦坝(2550亩)、买桑坝(2010亩)、南俄坝(1980亩)、陇川腰刀坝(1230亩)、戛独坝、芒市轩岗坝、南多坝、芒捧坝，其面积约占全州土地面积0.43%。这些坝子，多系河流冲积的河谷平原，或陆盆型山间盆地，绝大多数位于海拔1300米以下地带，主要坝区平均气温18.3～20℃。它们是德宏的主要粮蔗产地，也是城镇的主要分布地区。

【气　候】　德宏傣族景颇族自治州地处低纬高原，太阳辐射量大，是全国的光照高值区之一。其热量充足，气候温和，属南亚热带气候。年平均气温18.4～20.3℃，年最冷月(1月)平均气温全州11.0～13.0℃，最热月(6月)平均气温全州23.0～24.6℃，年较温差11.8～12.8℃，因而“冬无严寒，夏无酷暑”。德宏属云南省的多雨区，年平均降雨量1436.7～1709.4毫米，5～10月降雨量占全年降雨量的88～90％，其中7月是全年降雨高峰月。11月至次年4月，降雨量较少，仅占年降雨量的10～20％，冬、春旱较突出。州内有四种气候带：(一)北热带气候，年积温8000℃左右，年降雨量2655.5毫米；(二)南亚热带气候，年积温5980～7409℃之间，年降雨量1546～1717毫米；(三)中亚热带气候，年积温4641～6102℃，年降雨量1775～2080毫米；(四)北亚热带及其它气候，一般年温差小于15℃，年积温小于5000℃。(注：平均值均为1971～2000年30年的平均)

德宏的主要气候特点是：四季不明显，春温高，夏季长，秋雨多，冬季短，雨热同期，干冷同季，年温差大。因此德宏优越的气候条件，为德宏州农、林、牧业发展提供了良好的条件和极大的发展潜力。

一、2011年气候

(一)气候特点

2011年主要气象特点：1、年平均气温芒市、陇川、盈江偏高，瑞丽、梁河正常。2、年降雨量芒市正常，瑞丽、陇川、梁河偏少，盈江特少。3、年日照时数芒市、瑞丽、陇川、盈江正常，梁河偏多，全州光照条件偏好。4、全年全州因气象灾害造成的直接经济损失为12267.3万元，其中农业损失为7985.0万元。5、去冬今春森林火险等级与常年相比基本正常。全年全州共出现森林火灾6起，森林受害面积9.81公顷。

总之，2011年年平均气温全州正常至偏高，即全州热量条件较好。年降雨量全州正常至特少，降雨分布不均匀为平稍偏差年，其中盈江年降雨量创历年最少值，梁河县6月、7月及陇川县、盈江县7月达到了月气象干旱标准。年日照时数全州正常至偏多，光照条件偏好。部分县市出现了不同程度冰雹、大风、洪涝、泥石流滑坡、霜冻灾害，全州干旱、低温霜冻灾害严重。2011年气候对工农业生产的影响属中等偏上年景。

1、气温

(1)年平均气温：全州年平均气温18.6～20.6℃，与历年同期平均值相比瑞丽及梁河偏高0.3℃，芒市偏高0.6℃，陇川及盈江偏高0.8℃，全州属偏暖年份。

(2)季平均气温：冬季全州平均气温12.2～14.5℃，与历年同期平均值相比梁河偏高0.2℃，瑞丽偏高0.4℃，芒市偏高0.7℃，盈江偏高1.1℃，陇川偏高1.3℃；春季全州平均气温19.3～21.5℃，与历年同期平均值相比瑞丽偏低0.2℃，梁河偏高0.1℃，芒市偏高0.3℃，陇川偏高0.6℃，盈江偏高0.7℃；夏季全州平均气温23.3～24.7℃，与历年同期平均值相比瑞丽偏高0.3℃，芒市、陇川及梁河均偏高0.4℃，盈江偏高0.5℃；秋季全州平均气温19.4～21.3℃，与历年同期平均值相比梁河偏高0.1℃，瑞丽偏高0.2℃，芒市偏高0.4℃，陇川偏高0.6℃，盈江偏高0.8℃。

(3)月平均气温：全州月平均气温最低出现在1月，最高出现在7月。芒市1至12月气温12.8～24.5℃，与历年同期平均值相比1月偏高0.5℃，2月偏高0.7℃，3月偏高0.6℃，4月持平，5月偏高0.3℃，6月偏高0.2℃，7月偏高0.8℃，8月偏高0.3℃，9月偏高1.2℃，10月偏高0.7℃，11月偏低0.8℃，12月偏高2.2℃。瑞丽1至12月气温13.6～24.8℃，与历年同期平均值相比1月偏高0.6℃，2月、3月偏高0.2℃，4月偏低0.7℃，5月偏低0.1℃，6月偏高0.1℃，7月偏高0.6℃，8月偏高0.3℃，9月偏高1.1℃，10月偏高0.7℃，11月偏低1.0℃，12月偏高1.5℃。陇川1至12月气温12.3～23.8℃，与历年同期平均值相比1月偏高1.3℃，2月偏高1.1℃，3月偏高1.2℃，4月、5月均偏高0.3℃，6月偏高0.2℃，7月偏高0.7℃，8月偏高0.3℃，9月、10月偏高1.0℃，11月偏低0.3℃，12月偏高2.3℃。盈江1至12月气温12.6～24.6℃，与历年同期平均值相比1月偏高0.8℃，2月偏高1.0℃，3月偏高1.3℃，4月偏高0.4℃，5月偏高0.2℃，6月偏高0.3℃，7月偏高0.8℃，8月偏高0.6℃，9月偏高1.4℃，10月偏高1.0℃，11月持平，12月偏高2.1℃。梁河1至12月气温10.9～23.4℃，与历年同期平均值相比1月偏低0.1℃，2月偏高0.1℃，3月偏高0.2℃，4月偏低0.1℃，5月偏高0.3℃，6月偏高0.4℃，7月偏高0.6℃，8月偏高0.2℃，9月偏高1.0℃，10月偏高0.6℃，11月偏低1.2℃，12月偏高1.1℃。

2、降雨量

(1)年雨量：全州年降雨量1099.4～1577.7毫米，其中芒市1577.7毫米，瑞丽1308.6毫米，陇川1366.9毫米，盈江1039.4毫米，梁河1099.9毫米，与历年同期平均值相比芒市偏少77.5毫米，瑞丽偏少145.5毫米，梁河偏少336.7毫米，陇川偏少342.4毫米，盈江偏少513.2毫米。其中：盈江小于30%属特少，创历年最少值，瑞丽、陇川、梁河小于10%属偏少，芒市在±10%范围内属正常。

(2)季雨量：冬季雨量全州86.4～127.9毫米，与历年同期平均值相比陇川偏多37.2毫米，梁河偏多37.9毫米，盈江偏多53.0毫米，芒市偏多53.2毫米，瑞丽偏多87.9毫米。春季雨量全州194.8～330.9毫米，与历年同期平均值相比芒市偏多19.6毫米，梁河偏少37.3毫米，盈江偏少55.9毫米，瑞丽偏多63.6毫米，陇川偏多91.3毫米。夏季雨量全州483.7～929.6毫米，与历年同期平均值相比芒市偏少87.8毫米，瑞丽偏少157.6毫米，梁河偏少303.7毫米，陇川偏少316.4毫米，盈江偏少380.3毫米。秋季雨量全州226.1～350.0毫米，与历年同期平均值相比梁河偏少4.8毫米，芒市偏少11.6毫米，瑞丽偏少51.2毫米，陇川偏少88.1毫米，盈江偏少99.2毫米。

(3)月雨量：芒市1至12月雨量0.0～365.4毫米，与历年同期平均值相比1月偏多37.5毫米，2月偏少26.2毫米，3月偏多9.7毫米，4月偏少5.8毫米，5月偏多15.7毫米，6月偏少37.4毫米，7月偏少25.8毫米，8月偏少24.6毫米，9月偏多3.6毫米，10月偏多39.3毫米，11月偏少54.4毫米，12月偏少9.0毫米。瑞丽1至12月雨量0～226.9毫米(其中2月滴雨未下)，与历年同期平均值相比1月偏多26.7毫米，2月偏少19.4毫米，3月偏多41.3毫米，4月偏少14.3毫米，5月偏多36.6毫米，6月偏少41.5毫米，7月偏少153.0毫米，8月偏多36.9毫米，9月偏少28.8毫米，10月偏多38.5毫米，11月偏少60.9毫米，12月偏少7.5毫米。陇川1至12月雨量0.0～293.2毫米，与历年同期平均值相比1月偏多4.5毫米，2月偏少23.8毫米，3月偏多4.2毫米，4月偏少6.2毫米，5月偏多93.3毫米，6月偏少81.6毫米，7月偏少223.7毫米，8月偏少11.0毫米，9月偏少60.1毫米，10月偏多37.0毫米，11月偏少65.0毫米，12月偏少10.0毫米。盈江1至12月雨量0.3～243.2毫米，与历年同期平均值相比1月偏多51.9毫米，2月偏少17.8毫米，3月偏少14.5毫米，4月偏少11.9毫米，5月偏少29.5毫米，6月偏少58.7毫米，7月偏少232.2毫米，8月偏少89.4毫米，9月偏少59.3毫米，10月偏多16.2毫米，11月偏少56.1毫米，12月偏少11.9毫米。梁河1至12月雨量2.1～222.6毫米，与历年同期平均值相比1月偏多47.0毫米，2月偏少21.6毫米，3月偏少11.9毫米，4月偏多18.2毫米，5月偏少46.8毫米，6月偏少136.2毫米，7月偏少160.5毫米，8月偏少6.5毫米，9月偏多18.4毫米，10月偏多34.7毫米，11月偏少57.9毫米，12月偏少13.5毫米。

(4)雨季开始及结束期：雨季开始期与历年同期平均值相比为正常至偏早，陇川5月1日、瑞丽5月2日、芒市5月20日、盈江和梁河5月21日开始。雨季结束期与历年同期平均值相比盈江偏早(9月22日)，芒市、瑞丽、梁河正常(均为10月28日)，陇川偏晚(11月1日)结束。

3、日照时数

(1)年日照时数：全州年日照2087.6～2565.5小时，其中芒市2090.7小时，瑞丽2400.7小时，陇川2087.6小时，盈江2402.9小时，梁河2565.5小时，与历年同期平均值相比芒市偏少162.2小时，陇川偏少213.8小时，瑞丽偏多85.1小时，盈江偏多143.2小时，梁河偏多268.4小时，其中芒市、瑞丽、盈江、陇川均在±10%范围内属正常，梁河大于10%属偏多。全年光照条件梁河较好，陇川稍差，其它县市基本正常。

(2)季日照时数：冬季日照时数全州632.9～757.8小时，与历年同期平均值相比瑞丽偏少12.4小时，盈江偏少28.0小时，陇川偏少63.1小时，梁河偏多33.4小时，芒市偏多42小时。春季日照时数全州588.4～748.6小时，与历年同期平均值相比盈江偏少26.9小时，陇川偏少118.5小时，芒市偏多7.9小时，瑞丽偏多14.8小时，梁河偏多23.9小时。夏季日照时数全州246.0～454.3小时，与历年同期平均值相比芒市偏少58.8小时，陇川偏少84.0小时，瑞丽偏多5.4小时，盈江偏多80.9小时，梁河偏多102.7小时。秋季日照时数全州415.3～665.2小时，与历年同期平均值相比芒市偏少128.7小时，陇川偏多31.4小时，瑞丽偏多45.1小时，盈江偏多89.3小时，梁河偏多104.1小时。

二、主要气候事件及影响

1、1月16～17日，受强南支槽天气系统影响，芒市、陇川、盈江、梁河4县市分别出现降雨、冰雹、大风等强对流天气，其中芒市的遮放镇、江东乡、风平镇、西山乡、中山乡、五岔路乡出现冰雹灾害，直接经济损失638.98万元(农业经济损失637.48万元)。陇川县出现冰雹灾害有9个乡镇的农作物不同程度受灾，直接经济损失1213万元(晾晒烟受灾面积732.6公顷，经济损失631.67万元)。盈江县出现冰雹、大风、降雪、强降雨，同时苏典乡、油松岭乡出现了雪灾，造成直接经济损失6953.82万元。梁河县城、勐养镇、芒东镇、平山乡、大厂乡、小厂乡出现冰雹，部分山区还出现了雪灾，直接经济损失325.8万元。

2、4月19日16时20分，芒市出现强对流天气，其中芒市9个乡镇出现了不同程度的雷雨、大风及冰雹灾害性天气，农作物受灾61.9公顷，灾害共造成直接经济损失515.66万元(农业经济损失311.8万元)。4月20日17时至20时，芒市遮放镇、轩岗乡出现冰雹天气，农作物受害137.82公顷，灾害共造成直接经济损失1024.11万元(农业经济损失752.9万元)。

3、5月23日瑞丽测站风速达15.3米/秒，其中勐卯镇广允村部分房屋受灾，直接经济损失9.5万元。

4、7　月11～12日芒市出现大雨、暴雨天气，江东乡、芒市镇、风平镇、中山乡等乡镇出现不同程度洪涝及泥石流滑坡灾害，造成直接经济损失86.58万元，其中农业经济损失56.84万元

5、8月1日凌晨，陇川出现雷暴、大雨、大风等强对流天气，造成户撒乡芒炳、明社等6个村委会1万余人受灾，造成直接经济损失1169万元，其中农业经济损失258万元。3日，芒市普降暴雨，风平镇、勐嘎镇、三台山乡出现不同程度洪涝灾害，造成610人受灾，造成直接经济损失75.3万元，其中农业经济损失64万元。

6、10月2日，芒市降暴雨，出现了洪涝灾害，芒市镇20户、80人受灾，房屋损坏22间，粮食、马铃薯减产13900千克，造成直接经济损失38.8万元。

7、12月下旬受强冷空气影响，全州出现强降温天气，其中陇川部分乡镇出现霜冻灾害天气。

总之，2011年全州因气象灾害而造成直接经济损失12267.3万元(农业经济损失7985.0万元)，其中因干旱损失285万元，因低温霜冻损失325.8万元，因大风、冰雹损失7999.9万元，因洪涝损失3656.6万元。

三、气候对各行业的专题影响评价

(一)气候对农业的影响(仅芒市资料)

1、气候与小春(小麦)

2011年小麦播种至成熟全生育期151天，生育期间≥0℃积温2409.7℃，日照时数累计1166.0小时，降雨量合计为144.3毫米，极端最高气温31.8℃(4月13日)，极端最低气温2.9℃(1月21日)，日平均气温16.0℃。生育期间，降雨量比去年多，且分布较为合理，12月、1月、3月分别有5～8天的降水，降水量在38～55毫米之间，对小麦生长较为有利。热量条件和光照条件比去年差，积温偏低120℃左右，日照偏少近160个小时。2月份无有效降雨，光、热资源丰富，日照百分率高达86%，对小麦抽穗、开花和灌浆不利。4月1～16日仅有1.0毫米的降雨，气温偏高、日照充足，高温逼熟现象较为明显，籽粒饱满度差，千粒重明显偏低，没有发生低温冷害和大面积的病虫危害，收获期间的天气晴好，对小麦收割十分有利。

总之，2011年小麦生育期间的气象条件有利有弊，苗期降雨适中且分布均匀，光、热资源丰富，利于麦苗生长，长势较好。中期降雨较少，出现轻度干旱现象，但对小麦生长未造成大的影响。成熟收割期间的天气较好，对收割有利。气象条件与历年相比为中等年景。

2、气候与大春(水稻)

2011年水稻生育期148天，生育期间≥0℃积温为3505.4℃，平均气温23.7℃，降雨量1136.3毫米，其中降雨量≥25毫米的天数为16天，≥50的天数为3天，日照时数为710.4小时。极端最高气温33.9℃(7月31日)，极端最低气温12.2℃(4月10日)。生育期平均气温较去年低0.3℃，积温偏多171.6℃，降雨量比去年偏少75.3毫米，日照时数比去年偏多116.9小时。

苗期光、热、水资源十分丰富，对水稻苗期生长十分有利。6～7月是水稻营养生长关键期，该期平均气温24.4℃，属正常偏高年份；降雨量合计627.8毫米，属正常，日照188.6小时，属偏少年份，≥0.1毫米降雨日数多达50天，阴雨日数多，日照偏少，对水稻生长有一定影响。

抽穗—灌浆期7月下旬至8月中旬，是水稻抽穗灌浆关键期，该期热量资源十分丰富，积温高达760.0℃。不利的条件是，降水偏多，该时段降雨量多达341毫米，日照时数仅为103.3小时，期间平均日照时数为3.3小时，对水稻灌浆十分不利，籽粒饱满度差，千粒重只有29.67克。

总之，2011年水稻生长期间，前期气象条件丰富，对秧苗生长有利，阴雨寡照现象明显，不利于光合作用，对产量形成影响较大。全生育期间未发生强的气象灾害和病虫危害，气象条件与历年相比属中等年景。

3、气候与甘蔗

2011年1～3月全州降雨正常，光热资源丰富，土壤商情好，对甘蔗出苗、发株有利，甘蔗出苗、发株时间与历年相近，分蘖能力较强，有效分蘖多、粗壮苗多。4～5月气温高，降雨适量，对甘蔗生长有利，茎伸长较快，长势好。整个汛期未发生大的洪涝灾

害和病虫危害。10月降雨多，日照条件好、热量资源丰富，对甘蔗正常生长有利，尤其利于甘蔗光合作用和糖分积累。11月降雨特少，气温偏低，光照好，有利于光合作用和糖分积累。雨季结束以来全州降水偏少，部分山区、半山区出现轻度干旱现象，对甘蔗生长有一定影响，对坝区灌溉条件好的地段影响不大。12月气温特高，未发生重的低温霜冻灾害，对甘蔗安全越冬十分有利。

总之，2011年甘蔗生长期间光、热资源丰富，降雨充沛，利于甘蔗正常生长；蔗苗生长期间光、温、水资源基本能够满足生长所需，蔗苗长势良好。4～9月份的光、温、水资源较为丰富，有利于甘蔗生长。11～12月份降雨特少，对山区、半山区甘蔗生长有一定影响。全生育期间光、热、水资源匹配较好，对甘蔗生长利多弊少，气候影响为中等偏好年景。

(二)其他行业

2011年全州因霜冻气象灾害对各行业影响而造成的损失较常年偏重，因洪涝及滑坡泥石流灾害造成的损失较常年偏轻；2011年晴天日数偏多，天气气候对全州交通、旅游业较为有利；由于去冬今春雨量多，森林火险等级基本正常，对城市及森林防火有利，1全年全州共出现森林火灾6起，比2010年偏少19起，森林受害9.81公顷，比 2010年偏少72.22公顷。

(王绍山　李　娟)

【水　系】　德宏傣族景颇族自治州主要有“三江四河”。“三江”即大盈江、瑞丽江(陇川江)、怒江；“四河”即芒市河、南畹河、户撒河、芒东河(萝卜坝河)。大盈江和瑞丽江属伊洛瓦底江水系，四河皆为其支流。怒江干流从潞西市东南角擦境而过，属萨尔温江水系。

大盈江：在德宏境内流长114.6千米，流域面积3546.8平方千米，上游分为槟榔江和南底河二支。大盈江南流51千米后，至37号界桩处出境，流入缅甸伊洛瓦底江。

瑞丽江：在德宏境内流长112千米，流域面积5576.3平方千米。至瑞丽市弄岛乡榕棒旺附近出境，流入伊洛瓦底江。

怒江：在德宏境内流长13.7千米，流域面积570平方千米。至潞西市中山乡小街丫口以南曼辛河的汇合处出境，进入缅甸后改称萨尔温江。

芒市河：发源于龙陵县荆竹坪乡和潞西市象滚塘乡诸山溪，至木康以下进入芒市坝，至遮放坝尾南蚌汇入瑞丽江。河长102.1千米，流域面积1830.5平方千米。

南宛河：发源于陇川县清平乡野油坝和蕨叶坝诸山溪，进入陇川坝即称南宛河，至等戛寨沿国境线经瑞丽坝西南55号界牌处汇入瑞丽江。河长65.7千米，流域面积1426.3平方千米。

户撒河：发源于陇川县户撒乡诸山溪，贯穿户撒坝，至虎跳石下汇入大盈江。河长38.5千米，流域面积273.6平方千米。

芒东河：发源于梁河县杞木寨乡水箐山，贯穿芒东坝(萝卜坝)，至坝尾汇入龙江。河长38千米，流域面积514.4平方千米。

此外，州内还有属大盈江水系的三级支流：即大盈江水系的支那河、芒牙河、永海河、曩宋河、油竹坝河及户宋河，瑞丽江水系的轩岗河、红丘河、三岔河、芒回河、汤涨河、勐戛浪河、南卡河、红那河、南洼河，怒江水系的朗洼河、朗比河、香柏河、晒干河、万马河、芒杏河、勐古河。直接出境的河流有木笼河、勐戛河、勐典河、勐来河等37条。总流域面积11187平方千米。

【资　源】　德宏傣族景颇族自治州现有山坝土地总面积1728.9万亩，其中已垦植233.2万亩，非农用地122.2万亩，尚有农林牧可利用地1373.3万亩。这些土地分布在三个层次：即海拔210～1400米的面积，约占总面积的50.34%；海拔1400～2500米的面积，约占43.8%；海拔2500～3400米的面积，约占5.86%，因山高坡陡，气候寒冷，大多尚未开发。

州内江河年平均产水量136.3亿立方米，过境水量81.7亿立方米。共有水资源总量218亿立方米，按1999年人口计算，人均占有水资源2.18万立方米，均高于全省、全国人均占有量。地表水大部分未被污染，物理性能良好，符合工农业生产和生活用水要求。目前，德宏的水资源利用率仅占拥有量的2.3%。全州水能理论蕴藏量362.4万千瓦，其中可开发利用量250多万千瓦。2000年全州水电量仅有46390万千瓦小时，2007年发展到311790万千瓦小时，成为德宏新的经济增长点。

全州在地热异常带内有温泉50个，其中水温在40℃以下的12个，40～70℃之间的28个，70℃～95℃之间的9个，97℃的1个(即瑞丽市棒蚌温泉)。

全州有草场1088.69万亩，占土地总面积的64%，其中山地草场193.1万亩，疏林地草场221.9万亩，灌木丛草场81.68万亩，林间草丛类草场535.7万亩，旱谷轮歇地草场33.67万亩，农隙地草场22.64万亩。因雨量充沛，阳光充足，土质条件好，牧草生长旺盛，近年来德宏喂养存栏草食大牲畜已达20多万头。通过有选择地人工种植牧草，可进一步开发利用草场资源，促进畜牧业的发展。

德宏具有丰富的森林植被类型和动物类型，是一个天然物种基因库，是中国半常绿季雨林最有代表性的地区。

境内有高等植物318科1886属6032种，其中原生植物有5414种、引种栽培植物618种。

森林分布在不同的气候带：热带、北热带季雨林，占全州森林总面积的5.4%，主要植被为龙脑香、阿萨姆娑罗双、柚木、美登木、肉楂、竹类等；在亚热带，主要植被为阔叶林，以红椎、栎类、栲类、木荷、红椿、楠木、柚木、油茶、松树等为主，面积约占57.2%；在温暖带，主要植被为常绿阔叶林、杉木、松树、油茶、核桃等，面积约占36.1%；在温带山地，主要植被为铁杉、高山栎、杜鹃灌木丛等，面积约占1.3%。属国家级、省级保护植物有红豆杉、秃杉、云南娑罗双、盈江龙脑香、桫椤、滇榄、鹿角蕨等159种。其中盈江龙脑香、云南娑罗双、羯布罗香、萼翅藤、鹿角蕨等近100种为德宏特有植物。德宏竹类品种繁多，历史就有"竹乡"美誉。还有普通野生稻、野生甘蔗、胡秃果、西番莲、林生芒果、菠萝密、山龙眼、橄榄、篓瓜、猕猴桃、番石榴等。此外，云南大叶茶群体种遍布全州，德宏小粒咖啡以味香质优享誉世界。

州境内有陆生野生动物719种，其中属国家和省级保护的野生动物有130种。现有国家规定的一类保护动物：绿孔雀、孔雀雉、白颊山鹧鸪、红腿小隼、黑颈长尾雉、赤颈鹤、红腹角雉、白尾稍虹雉、冠斑犀鸟、双角犀鸟、蜂猴、叶猴、金丝猴、熊猴、豚尾猴、马来熊、熊狸、黑颈长尾雉、巨蜥、长臂猿、云豹、云猫、金钱豹、孟加拉虎、亚洲象、云南野牛、扭角羚等。属国家二级保护动物有：草鸮(猴面鹰)、原鸡、绿斑鸠、竹啄木鸟、穿山甲、太阳鸟、岩羊、水獭、水鹿、麝、蟒、眼镜王蛇、秃鹫等。属国家三类保护动物有：白琵鹭、胡兀鹫、游隼、灰鹤、蛤蚧、娃娃鱼等。

已探明矿产资源有20多种。有色金属矿有锡、铅、锌、铜、钨、铬、镍，黑色金属矿有铁，能源矿产有煤和石油，稀有金属矿产有铍、铀、锗、粘土，特种非金属、建筑材料及其它非金属矿有云母、水晶、宝石、石灰石等。此外，还有10个重砂金测异常带。德宏矿产资源的特点是种类多，储量少，开采少。

【旅游胜地】 德宏州自然环境优美，历史文化灿烂，民族风情独特，被国内外誉为"孔雀之乡"、"神话之乡"和"歌舞之乡"。

德宏拥有瑞丽江、大盈江国家级风景名胜区和两个国家级优秀旅游城市——瑞丽市、潞西市。德宏四季如春，空气清新，鸟语花香，阳光明媚，是一块无污染的净土。德宏山川秀美、平坝广阔、翠竹遍野、四季鲜花、热带水果、独树成林、傣家竹楼、景颇山寨，构成了得天独厚的自然风光与人文风光，不愧是东南亚和南亚的精典画卷。参加瑞丽江原始森林漂江游，既可欣赏热带雨林景观，又可领略共饮一江水的中缅两国风光，"一个坝子、两个国家、三座县城"的奇观将使你留连忘返。潞西市的主要景点有4A级景区勐巴娜西珍奇园、勐焕大金塔、树包塔奇观、芒市镇教派齐全的南传上座部佛寺和三仙洞；瑞丽市的抗日名镇畹町、滇缅公路的终点——畹町桥、畹町生态园、4A级扎朵佛脚印风景区、姐勒金熊塔、麓川古城、淘宝场、姐告口岸、中缅一条街；陇川县的中国景颇园、景罕玉兔塔、邦角景颇山官衙门、品尝诱人的景颇绿叶宴和麻竹宴；盈江县的允燕佛塔、榕树王、马嘉里事件纪念碑、明代所建的"八关九隘"、姐冒仙人洞、虎跳石与落水洞奇观；梁河县的傣族故宫——4A级景区南甸土司衙门建筑群等风景名胜。

德宏具有特殊魅力的边贸集市和异国情调。德宏与缅甸的国境线长达500多千米，同一民族跨境而居，有2个国家级口岸和2个省级口岸，还有许多陆路通道和渡口。中缅两国人民历史上友好往来，有着边境贸易、通婚、互市的习惯。1985年4月8日，德宏州人民政府向国内外发出开放公告，把全州开放为边境贸易区。在瑞丽等口岸城市，不仅有来自缅甸的边民和华侨，还有来自港、澳、台地区及泰国、印度、巴基斯坦等国的客商。在这些现代化的边境城市，尤以珠宝玉石等商品多姿多彩，琳琅满目，独领风骚。神秘的南方丝绸之路经过梁河和盈江，从芒允镇出境，这条古道将吸引无数的寻古探险者。此外，德宏还有抗日战争时期的遗迹，如雷允飞机制造厂遗址、滇西抗日战争纪念碑和旧战场等。

德宏州内居住着傣族、景颇族、阿昌族、傈僳族、德昂族等少数民族，是全国景颇族、德昂族和阿昌族的主要聚居地。德宏的少数民族各具特色，观光民族风情，品尝民族餐饮，参加民族节日，对游客有着巨大的诱惑力。亦可跨出国门，饱览缅甸风光，领略异国风情。德宏之旅风光无限，前途无量。

历　史

【简　史】 早在新石器时代德宏地区就有人类繁衍生息。考古学家曾在陇川江流域的梁河勐养、潞西五岔路、瑞丽芒约及陇川芒胆发现新石器时代遗址。

据傣史记载，公元前364年后，傣族先民在今瑞丽江河谷建立勐卯果占壁王国(傣语称勐卯弄)，建雷允城，遗址尚存。从有信史的公元568年立国开始，至1448年消亡，勐卯果占壁共延绵880年。约公元前四世纪，中国历史上最早的一条国际陆路交通线“西南丝路”开通，中印贸易便已开始，德宏即为西南丝路的必经之地。公元前122年，张骞出使西域探寻到的“滇越乘象国”，即指今德宏和缅甸的部分地区。公元前109年，汉武帝开西南夷，德宏为益州郡哀牢地。

东汉属永昌郡哀牢县(今盈江县)。魏晋南北朝属西城县(今盈江县)。唐南诏时，属永昌节度和丽水节度。宋大理国时，属永昌、腾越金齿部地。元代置茫施(潞西)、镇西(盈江)、平缅(陇川)、麓川(瑞丽)四路及南甸(梁河)军民府，隶属金齿宣抚司六路军民总管府。1287年，意大利著名旅行家马可波罗随元军南下，途经德宏地区，他在游记中详细记载了德宏见闻。明代设南甸(梁河)、干崖(盈江)、陇川宣抚司，盏达(原莲山)、遮放副宣抚司，芒市、勐卯(瑞丽)安抚司，隶属永昌府腾越州。清沿明制，乾隆年间增设腊撒、户撒两个长官司(今属陇川县户撒乡)，光绪二十五年(1899年)增设勐板土千总(今潞西芒牛坝一带)。南甸、干崖、陇川、盏达、勐卯、户撒、腊撒土司隶属腾越厅管辖；芒市、遮放土司和勐板土千总隶属龙陵厅管辖。1874年在今盈江县芒允乡发生震惊中外的“马嘉里事件”。1911年10月27日，盈江土司刀安仁、张文光(均为同盟会员)领导“腾越起义”，推翻清政府在腾越边地的统治，宣告成立“滇西军都督府”。民国时期改府厅置道，设弹压委员；1917年改弹压委员为行政委员，设立政区，隶属腾越道。1927年废腾越道，隶属云南省第一殖边督办。1932年改行政区为设治局，设潞西、梁河、盈江、莲山、陇川、瑞丽6个设治局(为准县级)，属殖边督办。1940年废殖边督办，隶属腾龙边区行政监督。1938年8月31日，滇缅公路全线通车，成为抗战期间中国与国际联系的陆路唯一交通要道。1942年5月，日军入侵，德宏沦陷。1945年1月国土光复后，仍置设治局，先后隶属云南省第六区(保山)及第十二区(腾冲)行政督察专员公署。1949年8月潞西设治局改为潞西县，县城设在芒市镇。

1950年4月21日中国人民解放军进驻潞西，德宏解放。军政代表团接管设治局，建立潞西县和瑞丽、陇川、盈江、莲山、梁河5个各民族行政委员会，隶属保山专区。1952年经政务院批准，瑞丽、陇川、盈江、莲山、梁河改设县，并设畹町镇(县级镇)，均隶属保山专区。1953年7月，成立德宏傣族景颇族自治区，1956年5月保山专区并入德宏，改自治区为自治州，辖保山、腾冲、昌宁、龙陵、潞西、梁河、盈江、莲山、陇川、瑞丽10县及畹町镇。1958年10月，莲山县与盈江县合并为盈江县。1963年8月，德宏与保山地区的建置分开，德宏州辖潞西、梁河、盈江、陇川、瑞丽5县及畹町镇。1969年11月撤销德宏州，并入保山地区。1971年11月恢复德宏州，辖潞西、梁河、瑞丽、陇川、盈江5县及畹町镇。1985年改畹町镇为县级市。1992年6月瑞丽撤县改市。1997年4月潞西撤县改市。1999年2月8日，撤销畹町市，设立瑞丽市畹町经济开发区(副县级)。至此，德宏州辖2市3县，即潞西市、瑞丽市和陇川县、盈江县、梁河县。

民　族

【傣　族】 德宏傣族景颇族自治州的傣族约占全国傣族总人口的30%，是傣族聚居最多的地区。傣族分布在全州各县市坝区和山间河谷地带；有傣德和傣勒之分。傣德，意为下边的傣人，主要居住在瑞丽市和潞西市遮放坝尾一带；傣勒，意为上边的傣人，分布于潞西市、梁河县、盈江县、陇川县及瑞丽市勐卯镇。语言属汉藏语系壮侗语族傣族语支傣语的傣那方言，使用“傣那文”。

傣族历史悠久，据傣文献记载，公元前424年(周威烈王二年)，就有关于傣族部落战争的记述，公元前364年，傣人在今瑞丽江河谷建立勐卯果占壁王国。在汉文史书中，先秦时称其为“百越”，汉晋时称“滇越”、“掸”或“擅”，唐宋称“金齿”，元明称“白夷”或“僰夷”，清至民国称“摆夷”。傣人则自称为“傣”。中华人民共和国成立后定名为傣族。11至15世纪，勐卯果占璧王国称雄于世，被尊为“勐卯弄”，即“大勐卯”。唐宋时隶属南诏、大理国管辖。元明属云南行省，实行土司制度。清袭明制。民国置县制。1949年前，傣族已进入封建领主制社会，受南甸(今梁河)、干崖(今盈江)、盏达(今盈江)、陇川、勐卯(今瑞丽)遮放、芒市7个土司统治。

傣族文化灿烂，有珍贵的《贝叶经》、《嘿勐沽勐》、《俄并与桑洛》等傣文典籍。有著名的傣历、傣戏、傣医。男女老少能歌善舞，《孔雀舞》、《象脚鼓舞》及大型民间集体舞蹈《嘎秧》是其精品。自11世纪后，普遍信仰巴利语系佛教(南传上座部佛教)，分摆奘、润、朵列和左底四个教派。同时还保留着原始宗教的残余，供奉树神和白马庙，每年皆按时祭寨神、地方神。实行一夫一妻制，恋爱自由，盛行“猎少”。服饰多样，傣勒和傣德差别较大：傣勒着传统、古朴、典雅的服饰，傣德则着缅装。傣勒多居土竹木结构的四合院瓦房，傣德则多居干栏式竹楼或铁皮顶吊脚楼。傣族精农耕，是最早种植水稻的民族之一。多依水而居，好洗浴，较卫生。主食大米、喜饮酒，好酸辣。常以“撒苤”、“巴撒”、“撒达鲁”等传统佳肴待客。男子有文身习俗。年长者尚保留嚼槟榔习俗。其民族节日多与佛教活动有关，主要有泼水节、进洼、出洼、干朵、堆沙塔、烧白柴节等。

【景颇族】 德宏傣族景颇族自治州的景颇族约占全国景颇族总人口的95%以上，主要分布在各县市的亚热带山区。景颇族分景颇、载瓦、喇期(茶山)、浪峨(浪速)、波罗五个支系。语言属汉藏语系藏缅语族景颇语支，其中载瓦语支系的语言属阿昌语支的载瓦语。20世纪初开始使用拉丁文拼音文字，1957年创制了新景颇文和载瓦文，现通用景颇文和载瓦文。

景颇族起源于青藏高原北部，传说为“木转省腊崩”(今青海省日月山一带)，约在10000年前沿金沙江、怒江和恩梅开江南迁，至17世纪末逐渐定居在德宏一带山区。其先民属氐羌，在史籍中唐代称为“寻传”、“裸形蛮”；元明称载瓦支和浪速支为“峨昌”、“莪昌”；明史称“羯些”，“遮些”、“结些”等；民国称为“山头族”，称景颇支为“大山”，载瓦支为“小山”。然而，各支系却自称景颇、载瓦、喇期、浪峨、波罗。1953年7月德宏建州时，统一定名为景颇族。

景颇族历史悠久，但社会经济发展缓慢，至1950年仍处于原始酋长制经济末期，由山官直接统治。犁耕农业和个体家庭所有制虽已确立，但刀耕火种普遍存在，人民生活贫困。中华人民共和国成立后，实行“直接过渡”政策，于1956年彻底废除山官土司制，使景颇族获得跨世纪的飞跃。信仰原始宗教，部分群众信仰基督教和天主教。民间文学十分丰富，主要靠巫师口耳传承，如创世史诗《目瑙斋瓦》等。男女青年社交自由，实行一夫一妻制。通行单向姑舅表优先婚模式，形成独特的“姑爷种”和“丈人种”的婚姻关系。保留幼子继承制。居竹木结构干栏式住房。服饰式样不多，但特色鲜明：男子一般着黑布对襟短衣，裤腿短而宽，喜裹白布包头，以长刀和肩包为饰物；妇女一般着黑色对襟式左襟短上衣，下着编织艳丽的红毛线围裙，裹毛织裤腿，喜佩带银饰物。经济以农耕为主，辅以采集狩猎。主食大米，嗜烈酒，喜酸辣。民风豪爽骁勇，热情好客，常以各种舂筒菜和特制的水酒待客。男女老少能歌善舞，每逢喜庆便跳集体舞“整戈”，当壮年人去世时，则跳集体丧葬舞，尤以祭祀、欢庆性大型集体舞“目瑙纵歌”著名和壮观。其主要节日是每年正月十五至十六日举行的目瑙纵歌节，届时人山人海，载歌载舞，通宵达旦。

【阿昌族】 德宏傣族景颇族自治州的阿昌族约占全国阿昌族总人口的85%以上，主要分布在梁河县、陇川县和潞西市。中华人民共和国建立后，建有九保、曩宋、户撒三个阿昌族乡。阿昌族有昌撒和傣撒之别：昌撒主要聚居于梁河的九保、曩宋及潞西的江东一带，傣撒主要居住在陇川的户撒与腊撒。语言属汉藏语系藏缅语族阿昌语支，有陇川、梁河和潞西3种方言，一般都兼通汉语或傣语等。没有文字，使用汉文与傣文。

阿昌族起源于青藏高原北部，约在13世纪从澜沧江流域的云龙一带进入德宏，多定居于依山傍水的平坝或半山区。其先民属氐羌，在史籍中汉晋时称“嶲”，唐宋称“峨昌”、“莪昌”、“阿昌”等。阿昌人则自称“蒙撒”、“掸撒”、“汉撒”和阿昌。中华人民共和国成立后，定名为阿昌族。

1949年前，阿昌族已进入封建社会，受领主、地主的双重统治。阿昌族的口头文学丰富，其创世史诗《遮帕麻与遮咪麻》是巫师口耳传承下来的精品。青年男女恋爱自由，对歌是他们最喜爱的文化娱乐活动，盛行“山歌恋”。结婚由父母决定，如女方父母不同意，则进行“抢婚”。实行一夫一妻制。住房多为土木结构，以穿斗瓦顶楼房居多，一户一院。在服饰方面，本民族衣着特点以腊撒地区保留得多，其妇女戴的黑包头，高达一尺，为国内外罕见。傣撒多信仰巴利语系佛教。昌撒过去多信鬼神，也供奉祖先。主食大米，好饮酒，嗜酸辣，常以“过手米线”待客。民族节日是“阿露窝罗节”，每年3月20至21日举行。

阿昌族精于农耕，擅长栽培水稻。相传水稻之王——“毫安公”，就是阿昌族培育的。在经济作物中，户撒烟享有盛名，畅销州内外。手工业较发达，有打铁、铸犁、木匠、石匠、银匠等，其中以打铁著名，制造刀剑的技术较高，其产品“户撒刀”远销国内外。

【傈僳族】 德宏傣族景颇族自治州的傈僳族约占全国傈僳族总人口的3.3%，主要聚居在盈江县西北的苏典一带，也散居于各县市山区。中华人民共和国建立后建有苏典傈僳族乡。傈僳族有自己的语言，属汉藏语系藏缅语族彝语支的傈僳语。原有拉丁文变体形文字，1957年又创制了以拉丁字母为基础的新文字，全民通用，并出版《德宏团结报》傈僳文版。

傈僳族先秦时期属氐羌，汉晋时属“叟”的一部分，“栗粟”一词最早见于唐代樊绰《蛮书》，宋称“施蛮”、“顺蛮”，元明清称“力些”、“栗粟”等。自称为“傈僳”。“傈僳”这个名称，除有关史籍用字稍异外，一直沿用至今。公元8世纪前，其先民居住于四川雅砻江及金沙江两岸的广阔地区；8世纪后，逐渐向云南西北迁徙。公元11世纪时，其先民为“乌蛮”的组成部分，与彝族、纳西族有着密切的渊源关系。12世纪后，受元朝丽江路军民总管府和明朝丽江土知府木氏的统治。16世纪中叶，由于丽江土知府木氏与西藏两个统治集团之间的长期战争，有大批傈僳族因不堪忍受本氏土司的压迫剥削与战乱，便在部落首领“土必扒”的率领下，迁入怒江地区。17世纪末，一部分傈僳族又“沿着太阳落的地方迁移”，从片马、古永进入德宏盈江地区，后又向四方迁居，形成大分散、小集中的特点。

1949年前，靠近坝区的傈僳族已进入封建地主经济，生产力接近汉、傣族水平；居住在边远山区的傈僳族虽已确立私有制，但还残存着原始公有制和氏族制残余。

傈僳族多信仰原始宗教，自19世纪以来，有部分群众改信基督教和天主教。德宏傈僳族系“花傈僳”，故妇女服饰较为鲜艳美观，衣裙镶数十片五色布块，绣五彩花边，头缠缀满流苏的花巾，耳戴铜环或银环。男服饰为黑布大包头，粗布长衫或短衫，宽裆裤长及膝，小腿另套布筒，喜佩腰刀、弓弩和皮箭袋。住房主要为竹木草结构，有木杈房和穿斗房二种。盖房采取互相帮助的办法，数天内将新房落成，进新房歌舞达旦。1980年后，部分傈僳族住上了瓦房。傈僳族是个能歌善舞的民族，他们采用唱调子的形式，把本民族的历史和重要的生活经验(即叙事长诗)，一代接一代地传下去，成为傈僳族人民精神文化生活的重要组成部分。历史上习惯用自然历法，借助自然景物的变化，将一年划分为花开月、鸟叫月、烧山月、饥饿月、采集月、收获月、煮酒月、狩猎月、过年月、盖房月10个季节月。实行一夫一妻制，青年男女恋爱自由，实行幼子继承制，以大米、包谷、荞为主食。好饮酒，并以水酒为主。主要节日有阔时节，每年正月初九举行，节期2天。

【德昂族】 德宏傣族景颇族自治州的德昂族约占全国德昂族总人口的75%，分布在全州各县市山区，以潞西市三台山居多。中华人民共和国成立后，建有三台山德昂族乡。德昂族分“梁”(汉语称花德昂)、“别列”(红德昂)、“绕买”(黑德昂)三个大的支系，其他还有“绕景”、“雷陇”等。德昂语属南亚语系孟高棉语族的佤崩语支，许多人通傣语、汉语和景颇语。原有本民族文字，仅用于佛教界，群众主要使用傣文和汉文。其先民古代属百濮族群，汉晋时称“闽濮”、“苞蒲”，唐称“扑子蛮”，元明称“蒲人”，清和民国称“崩龙”。德昂族自称“德昂”，意为居住岩洞的有道德的人。中华人民共和国成立后，沿用“崩龙”之名，至1985年9月，正式更名为德昂族。德昂族是德宏最古老的世居民族之一，与“哀牢”关系密切，远在公元前2世纪，德昂先民便居住在怒江西岸一带。被史书称之为“茫蛮部落”。元代前，德昂族处于奴隶制阶段；元明时期属于傣族封建领主经济的一部分；晚清和民国时期属傣族封建土司和汉族地主管辖，社会发展滞后。中华人民共和国建立后，对其实行“直接过渡政策”。德昂族以农耕为主，种水稻、玉米、薯类等。擅长种茶，是最古老的茶农之一。住房多为竹木结构的干栏式，楼上住人，楼下关牛。青年男女恋爱自由，实行一夫一妻制，盛行姑舅表婚，很少与外族联姻。男子着盛装时，裹黑、白布包头，戴大耳环和银项圈，穿蓝、黑色侧襟短上衣及大裆裤，缠裹腿。妇女裹黑布包头，戴银耳筒和银项圈，穿蓝黑色对襟短衣，下摆边沿用彩色小绒球装饰，着长裙，腰系黑漆篾圈。男子有文身习俗。中年以上男女多嚼槟榔。信仰巴利语系佛教的左底教派，过去仅饲养牛、公鸡和猫。以大米为主食，嗜酸辣，饮食清淡，好饮茶喝酒，常以烤茶煨水招待客人。由于宗教信仰与傣族相同，故许多风俗都与傣族相同。主要节日是泼水节。

【汉族及其他民族】 德宏傣族景颇族自治州的汉族及其他民族占全州总人口的48.2%，其中汉族占47.2%，白族占0.5%，回族占0.2%，彝族占0.17%等。主要分布在全州山区和集镇，其次分布在农垦系统垦区（多为坝区）。

唐宋时期，今德宏系南诏辖区，有白族、彝族等官兵驻守德宏。据历史记载，元时召募内地民众赴该地屯田。公元1277年，缅蒲甘军5万余人入侵今盈江、梁河一带，元朝庭派遣大批军队捍卫疆土。1441年，明朝庭派10余万大军“三征麓川”。1594年，云南巡抚陈用宾为保卫边境，筑八关，开22屯甸，驻军数千人。清雍正二年（1724），又增补为27屯甸，计151村。据《南甸司谱》载，汉族及其他后来少数民族“至明中叶，迁入定居者浸多。清乾隆征缅，道光禁烟以及洪杨杜（太平天国运动及杜文秀领导的滇西回民起义）发难，入居者愈众，山区全部为汉族所居有，坝区亦有不少杂居。”清代移民主要来自保山、腾冲等邻近地区。抗日战争至解放战争时期（1937至1950年春），汉、白、回等民族的商贩、工匠、流散军人等陆续定居集镇。如1945年末，仅在芒市定居的各省籍抗日将士和海外华侨就达600多人。中华人民共和国建立后，为保卫和建设边疆，从内地调派干部、职工和复转军人到德宏工作，并组织部分农民到德宏落户。1959年12月至1960年11月，从内地移民12819人至德宏农场，其中来自保山地区8266人，来自湖 南4416人。1969年11月，昆明知青16000人到德宏农村安家落户；1970年3月，上海、北京、成都、昆明知青13782人安置到德宏农垦系统。1976年后，知青大多返回原籍。1970年2月，保山地区革命委员会从保山、施甸组成3700人的“贫下中农毛泽东思想宣传队”到瑞丽、陇川、盈江安家落户。1996年8月，为开发位于潞西市与陇川县之间的龙江河谷，先后从东川市和巧家县移民132户，534人，其中东川16户，64人；巧家116户，470人。2001年5月，再次从昆明市东川区和巧家县移民500人。

由于德宏汉族的先民祖籍多为江苏、江西、四川、湖南、湖北等省区，并先居云南省内地，之后再渐入边区，故习俗大致与内地相同。其他少数民族因人口较少，故多被中原文化同化。

宗　　教

【原始宗教】 系统宗教传入前，德宏各民族皆信奉原始宗教，均有自然崇拜、图腾崇拜、祖先崇拜、鬼神崇拜、圣贤崇拜、圣物崇拜。其中尤以景颇族和傈僳族的原始宗教发展得较为丰富、完整。如在景颇族的鬼类中，仅叫得出名的就有130余种。时至今日，傣族、德昂族和阿昌族仍有原始宗教的残留，每年皆定期举行祭祀寨神、地方神等活动。景颇族与傈僳族的原始宗教则迄今基本保留完整，祭祀采用不同的牺牲，祭大鬼要用牛、猪，祭小鬼须用鸡或鸡蛋，有的仅用干鱼之类。1951年德宏约有800名巫师，其中傣族巫师200余人。据1989年初德宏州委统战部宗教科对瑞丽、陇川、盈江三县景颇族与傈僳族地区原始宗教活动情况的调查报告记载：共有大巫师20人，其中景颇族16人，傈僳族4人。

【巴利语系佛教】 亦称南传上座部佛教，俗称小乘佛教。11世纪初传入德宏，首建“雷奘相”（今瑞丽市芒约佛寺）；14世纪中晚期麓川王思伦法皈依佛门后得到大发展，傣族、德昂族已多数信奉此教；14世纪末，阿昌族的“傣撒”支也改奉此教。清初仅芒市地区就有62座木结构瓦顶佛寺。普遍信奉此教的民族有傣族、德昂族及阿昌族，但受戒信徒仅占信教群众的五分之一，且多为五旬以上长者。2010年全州有巴利语系佛教寺院607所，僧侣等306人，信教群众40.59人。

德宏巴利语系佛教分为摆奘、朵列、润和左底四个教派。其主要不同点是持戒的程度不同，并由此造成信众的日常生活方式也互有殊异。1949年前，各教派间矛盾较深，几乎不往来。1950年后，在党和政府的领导与疏通下，各派间的关系逐渐缓和。1982年德宏州佛教协会作出统一过泼水节、入夏安居（进洼）、出夏安居（出洼）等重大宗教节日的决议，由此形成了各教派同庆佛节的局面。目前，各教派的门户之见日趋消失，彼此团结尊重。

巴利语系佛教与大乘佛教的主要区别是：一、上座部把释迦牟尼视为主教，认为只有一尊佛；大乘则提倡三世十方无数佛，并视佛是离情绝欲，威力无边的神。二、上座部追求个人自我解脱，把“灰身灭智”达到阿罗汉作为最高目标；大乘宣传大慈大悲，普渡众生，把成佛渡世、建立佛国净土作为最高目标。三、在饮食方面，上座部僧侣日食二餐，即早餐和午餐，可吃荤，但超过12时则不许进午餐，只能用糖果汁充饥；大乘则可日食三餐，但只能吃素。四、服饰方面，上座部僧侣头顶不燃香迹，披黄单，着人字形圆头靸鞋；大乘僧侣则燃香迹，着衣服袈裟，穿鞋袜等。

【大乘佛教】 亦称汉语系佛教。德宏的大乘佛教主要在汉族、阿昌族和城镇“傣勒”中传播。9世纪，滇僧李贤至今梁河一带传教。元代建今梁河县九保太平寺。主要有禅宗和常斋教二个教派。禅宗主要分布在梁河、盈江、陇川、潞西4县市汉族与傣勒聚居的城镇；常斋教于19世纪末自腾冲、龙陵转入德宏，主要分布在潞西市山区和梁河县山区。常斋教以观音、玉皇、释迦牟尼、韦驮及弥勒为本尊，以禅宗六祖慧能为祖师，经典全系大乘经典，主张佛、儒、道三教同源。2011年全州有寺院66所，僧侣等89人，信教群众5.54万人。

【基督教】 1894年，基督教内地会派遣美籍牧师高曼自六库到今潞西市中山乡木城坡传教。1942年前，德宏基督教属英国教会领导，分两股教会势力直接控制：一股是缅甸密支那总会与八莫总会，另一股是国内的内地会。境外教会的势力大，控制范围有瑞丽、陇川、盈江(含莲山)。内地会仅控制潞西、梁河。1945年抗战胜利后，德宏基督教属美国教会管辖。1947年，缅甸八莫教会在陇川广山成立海洋教会，此后传教速度加快。1950年4月，欧美籍神职人员全部撤离德宏，但仍通过代理人直接控制德宏的教会组织。基督教主要在景颇族、傈僳族和山区汉族中传播。同年底，全州有教堂30余座，信徒6000多人。1951年3月，陇川县300多名基督教徒签名要求坚决执行中国基督教的“三自革新”(自传、自治、自养)，提出“爱教必须爱国”的口号。1956年10月，在云南省基督教三自爱国运动委员会的帮助下，在陇川县广山成立“中国基督教浸礼会广山总会”。此时，全州信教户有1467户，信徒10166人，教堂61座，牧师7人，传道员43人。1958年至1961年，中国的宗教政策受“左”的干扰，全州基督教神职人员与骨干大部分外流。10年浩劫，宗教活动被迫停止。1980年陇川县广山和户撒乡的平山寨同时恢复宗教活动，并举办圣诞节。2011年全州有教堂232所，教职人员102人，信教群众3.95万人。

【天主教】 1930年，法属圣心会大理教会派遣法籍神父郑绍基至盈江县傣族寨沙坡传教。1948年后发展教徒较多，截止1949年末，全州共有教徒148人，其中男62人，女86人。1950年外籍神父虽撤至境外，但仍操纵代理人建立吕保总堂，管辖陇川、瑞丽、盈江(含莲山)的天主教。1953年底，全州共有教堂11座，信徒169户，共875人。信徒为了有别于基督教，在住房的门头上插蓝色十字架为标记。1956年4月召开“德宏天主教上层人士座谈会”后，德宏天主教与境外教会脱钩。1958年天主教受到冲击，停止了公开的宗教活动。1980年后开始恢复宗教活动，当时全州仅有教徒百余人。1987年瑞丽、陇川两县先后成立天主教爱国领导小组，并联合在户兰举行圣诞节活动。2011年全州有教堂9所，教职人员1人，信教群众2578人。

【道　教】 1381年明朝廷派平西侯沐英率军进驻德宏，道教随之传入梁河、盈江、陇川等地，主要在汉族、阿昌族和部分傣勒中传播。德宏道教属全真龙门派，主张儒释道“三教合一”。因佛教先于道教传入德宏，故道观名称皆袭用“寺”。主要道观有建于明洪武年间(1368～1398)的陇川县户撒乡皇阁寺和建于1733年的报恩寺；约1665年建的盈江县油松岭青云寺。2011年有道观1所(青云寺)，道姑1人，信教群众452人。

【伊斯兰教】 19世纪中叶，腾冲龙江回族马姓迁入今陇川县户撒乡，新建拉七寨，伊斯兰教随之传入。不久，马家又邀龙江回族柳姓迁居洗马塘，并建老马寨。德宏抗日战争期间(1942年5月至1945年1月)，马家寨有一座土木结构的瓦顶清真寺。1966年底拆毁清真寺，赶走阿訇。1980年逐渐恢复宗教活动。德宏州人民政府于1984年7月16日作出决定，并下发24号文件《关于划固定的回族坟地和建盖水房的通知》。同年7月1日，瑞丽市回族首次举办开斋节，共80余人参加，其中旅缅华侨和巴基斯坦商人10余人。1986年潞西县人民政府为回族划7亩固定坟山和2亩盖水房的地基，州人民政府拨专款8万元建“芒市回族服务站”（即水房）。瑞丽县人民政府也给回族划面积约70余亩的坟地。1987年2月，来自全州各县市的回族500余人在芒市举行水房落成典礼。2011年有清真寺（老马寨清真寺）1所，教职人员6人，信教群众2282人。

民族节日

【泼水节】 德宏傣语称“摆爽南”，德昂语称“拱拍”，阿昌人称“浇花节”。它是傣历新年；也是佛教节日，即浴佛节或佛诞节；是从印度的“洒红节”和到圣河沐浴的习俗衍变而来。泼水节有浴佛、过年、祈雨、迎春耕、祝愿人畜兴旺和五谷丰登之意，在巴利语系佛教文化圈内，它是一年中最盛大的节日。其传说较多，现德宏普遍流传的是民女智杀魔王，但魔头落地即起火，于是民女们只好轮流抱魔头，一人抱一天，交换时互相泼水冲洗的传说。

节期是傣历十二月三十一日至一月二日，约在清明后7至10天后举行，一般欢庆3至7天。1983年4月9日，德宏州第八届人民代表大会第一次会议决定将其定为民族民间传统节日，节期固定为阳历4月12日至14日。第一天是傣历除夕，人们上山采花，装饰佛亭，把水注入水龙浴佛。从元旦开始，各户都端着供品入寺，由法师主持滴水仪式。节期内人们互相泼水祝福，唱歌跳舞，放孔明灯等。

傣族、德昂族及阿昌族认为，泼水可消灾祛病，吉祥如意。1985年后，地方政府对这个节日赋予了诚邀四海佳宾，以水会友，进行经贸洽谈，振兴德宏的新内容。

【目瑙纵歌节】 是景颇族传统的盛大节日，源于创世英雄宁贯娃的传说：很久以前，只有太阳的子女会跳目瑙纵歌。有一次，太阳鬼邀请地球上的万物去参加目瑙纵歌盛会。太阳宫的盛会结束后，鸟类便返回地球，途中，它们见果林中硕果累累，就高兴地跳起在太阳宫跳过的舞蹈。景颇族的祖先宁贯娃听到鸟类跳目瑙纵歌的消息，便赶去观赏。他被目瑙纵歌所陶醉，于是向鸟类学跳此舞。从此，天上的目瑙纵歌就移植到人间。不久，他在“木转省腊崩”（今青海一带）的日月山下举行了首次目瑙纵歌盛会。

过去，景颇支系称其为“目瑙”，载瓦等支系则叫“纵歌”，均为大伙跳舞之意。举办庆祝胜利、五谷丰收、迎接贵宾、纪念重要节日或嫁娶喜事等都举行目瑙纵歌。盛大的目瑙纵歌一般都选定在农历正月中旬，为期3至7天。为便于组织节日活动，1983年4月9日德宏州第八届人民代表大会第一次会议决定，每年正月十五、十六日为景颇族目瑙纵歌节。

节日里，景颇族男女老少穿上节日盛装，一早便结队汇集到目瑙纵歌广场进行欢庆。目瑙纵歌由两位德高望重的“瑙双”领头。瑙双头戴犀鸟嘴和孔雀帽，手中挥舞长刀，边歌边舞。舞场中央竖立有高大的“目瑙示栋”标志，上刻目瑙纵歌的路线，人们围着“目瑙示栋”尽情歌舞，参舞者少至数百人，多至上万人，故有“万人舞”之称。目瑙纵歌从早跳到晚，通宵达旦，颇为壮观，称得上集体舞蹈之最。

1950年前，目瑙纵歌是景颇族区域内较大的祭祀活动，是祭祀最大的天鬼“木代”而举行的隆重仪式。1985年后，目瑙纵歌节成了广交朋友，进行经济文化交流和加强民族团结的盛会。

2010年2月27至28日，德宏州成功举办中国·德宏国际目瑙纵歌节。同时，举行寻找中国最美的景颇姑娘选秀活动。

【阿露窝罗节】 是阿昌族传统节日，于农历正月初四举行。关于它的来历，较普遍的说法是：纪念和歌颂阿昌族祖先“遮帕麻”和“遮咪麻”战胜危害人类妖魔“腊訇”的壮举。据《阿昌族创世纪》记载：远古时无天无地，是天公遮帕麻造天，地母遮咪麻织地，从此人们安居乐业。然而腊訇却造了个假太阳，钉在天幕上，毁灭了人类的幸福。天公和地母为了世间万物的生存，用神箭射落太阳，降妖伏魔，使人类获得新生。

窝罗节的前身叫“蹬窝罗”，即跳一种古老的原始宗教的祭祀舞蹈，也是昌撒支系的传统节日。“阿露节”（亦称“赶会街”）则是傣撒支系富有佛教色彩的节日。1983年4月9日，德宏州第八届人民代表大会第一次会议将其统一为“阿露窝罗节”，成为阿昌族的法定节日，每年3月20日举行，节期2日。

节日期间，阿昌人在舞场中央竖起壮丽的“阿露窝罗”标志，人们身着节日盛装，抬着白象和青龙，手持青枝绿叶，在象脚鼓声中围着阿露窝罗标志耍龙舞象，载歌载舞，欢迎佳节。

【阔时节】 亦称“拉歌”节，意即新年歌舞节。每年正月初九举行，节期2天。届时，各地选定场址，搭起台棚，附近村寨的人们聚集在一起跳三弦、芦笙或“木瓜瓜切”舞，举行火枪、弩箭射击比赛及对歌等活动。

1983年4月9日，德宏州第八届人民代表大会第一次会议将其定为傈僳族阔时节。1987年2月，在盈江县城允燕山建了阔时节的永久性标志“木多依”塔。1990年陇川县弄贤村也建了阔时节的永久性标志塔。

（撰稿除署名外，均为张建章）

经济社会

【经　济】 2011年，德宏州实现地区生产总值172亿元，比上年增15.5%。其中，第一产业增加值完成45亿元，比上年增7.8%；第二产业增加值完成61亿元，增22.2%；第三产业增加值完成66亿元，增14.9%。经济结构进一步优化，三次产业比重由上年的26：34：40调整为26：36：38。完成财政总收入30.9亿元，比上年增42.2%。全州财政一般预算支出92.3亿元，比上年增58.8%。完成固定资产投资171.1亿元，比上年增30.3%。完成消费品零售总产值65.3亿元，比上年增20%。完成对外贸易进出口总额13.5亿美元，比上年增18.6%。金融机构实现存款额353.5亿元，比年初增22%；贷款余额191.3亿元，增18%。万元生产总值能耗下降2.4%。

在全州经济社会健康、快速发展的同时，一些问题也不容忽视。一是工业规模不够，产业集群效应不高，大部分工业企业产品层次低。二是旅游业转型升级缓慢，现代服务业发展不足。三是产业性投资项目的约束性逐步增强，国家对投资项目在用地、节能、环保、安全等方面的政策性约束加强，项目“落地难”的问题进一步凸显。四是物价上涨压力较大。五是保障和改善民生任务繁重。

【农　业】 2011年，德宏州农村牧渔业总产值71.5亿元，比上年增8.6%；粮食总产是65万吨，增7.7%，创历史新高；甘蔗总产量414.8万吨，增3.9%；茶叶总产量1.4万吨，增6.3%；肉蛋奶总产量9.5万吨，增10.8%；收购烟叶30.7万担，建成全国最大香料烟种植基地。

农业结构调整进一步优化。竹子、咖啡、柠檬、坚果、油茶、核桃、番麻等特色生物产业培育发展和农业产业化经营步伐加快，龙头企业不断发展壮大，国家级龙头企业达到1户、省级龙头企业达到12户、州级龙头企业达到35户。全年亲增“六树一草”种植面积42.15万亩，总面积达192.6万亩，建成全国最大的坚果种植基地，盈江县被授予“中国坚果之乡”。完成冬季农业开发109.9万亩，新增8.65万亩。投资2.3亿元，实施9个“兴地睦边”农田整治项目，完成中低产田地改造15.5万亩，培训农村富余劳动力0.6万人，新增转移农村富余劳动力2.2万人。启动97个新农村示范点建设。

【工　业】 2011年，德宏州工业经济快速增长，企业效益稳步提高。全州实现工业总产值133亿元，比上年增26%；完成工业增加值47亿元，增22%。制糖、电力、电冶、建材等支柱产业发展势头良好。白糖生产42.37万吨，比上年下降6.8%；实现产值25亿元，增31%。电力发电量114.4亿度，比上年增10%；实现产值32亿元，增21.7%。有色金属冶炼业总产值18亿元，比上年增50%。规模以上工业企业实现产值90.5亿元，比上年增18.3%。

年内芒市1万吨速溶咖啡生产线、弘安日产2500吨新型干法水泥熟料生产线、盈江昆润公司年产70吨铅锌矿采选等项目建成投产。芒市30万吨硅铝合金、景罕糖厂和弄璋糖厂技改等一批重点项目加快推进。中国多金属矿业有限公司在香港主板成功上市，成为州内首家上市公司。芒市天然气综合利用园区、瑞丽市环山工业园区前期工作有序开展。芒市、瑞丽两个省级重点工业园区建设加快，建成标准厂房17.9万平方米，入园企业106户，带动就业人数1.3万人人。

【固定资产投资】 2011年，德宏州固定资产投资继续保持了较快增长。全社会固定资产投资完成171亿元，比上年增30.7%。

年内，腾陇路、潞梁路和景罕糖厂日榨甘蔗11000吨技改扩工程、弄璋糖厂日榨甘蔗7000吨技改工程顺利推进；后谷万吨速溶咖啡生产线及一批口岸基础设施、边民互市交易市场等项目全面完成；瑞丽轻工业园区二期和勐焕大金塔二期、德宏民族文化康乐谷、国际珠宝小镇等文化旅游项目开工建设；中小水电站建设进展顺利，完成水电投资12亿元，年末水电装机达260万千瓦；城镇基础设施建设成效显著，年内投入城镇基础设施建设资金达6.5亿元，芒市机场大道、瑞丽大道主体工程等一大批重大市政主体工程竣工。

年内，项目资金争取工作取得历史性突破。从发改和改革部门渠道争取到国家和省支持建设项目235项，建设资金10.59亿元，其中中央预算内资金7.91亿元，省预算内资金2.68亿元。

【贸易物价】 2011年，德宏州消费需求持续旺盛，全年完成社会消费品零售总额65.3亿元，比上年增20%。其中城镇消费品零售总额占70%，比上年增24%，对消费市场起到强有力的推动作用。受食品、居住类等价格持续上扬的影响，全年居民消费价格指数为105.2%，比全省价格总水平高0.2个百分点。

对外贸易保持快速增长，全州完成进出口总额13.85亿美元，比上年增长21.6%，其中进口总额2.75亿美元，下降4.4%；出口总额11.1亿美元，增长30.4%。

【旅　游】　2011年，德宏州旅游基础设施建设投入加大，一批重大旅游项目建设有序推进。成功包机试飞芒市至曼德勒国际航线，新开通芒市至北京、上海、成都等国内航线；成功举办中国·芒市2011国际泼水狂欢节、第十一届中缅胞波狂欢节暨第四届国际珠宝文化节和第十一届中缅边境经济贸易交易会。全年接待海内外旅客517万人次，其中海外旅客突破10万人次，旅游总收入56亿元，比上年增长21.2%。

【财政金融】　2011年，德宏州财政收入快速增长，金融运行平稳。全州财政总收入完成30.9亿元，比上年增42.2%；财政一般预算收入完成18.9亿元，增42.8%；财政一般预算支出完成92.3亿元，增58.8%。财政资金用于医疗卫生、农林水事业、一般公共服务、公共安全等支出力度加大。

2011年末，全州金融机构人民币各项存款余额为352.5亿元，比年初增21.3%；各项贷款余额195.1亿元，增20.3%。金融资金对新农村、重点行业、重点基础设施、中小企业、民生工程等信贷力度加大。

【教科文卫】　2011年，德宏州教育、文化、卫生、科技等社会事业投入大幅增长，经济与社会的协调发展能力明显增强。教育事业发展明显加速，大力实施中小学校舍安全、农村初中校舍改造、农村教师周转房和农村学前教育工程，中小学办学条件持续改善，高中办学规模明显扩大，州民一中顺利通过晋升一级二等学校评审验收，并荣获2012年北京大学“中学校长实名推荐制”资质。学前教育快速发展，民办教育、职业教育、高等教育等教育发展加快。

科技投入不断增加，科技创新取得新突破，年内获国家、省立项支持项目53个，重点支持36个国家级农业综合试验站和2个国家级品种资源库创新能力建设；组织开展了咖啡、柠檬、优质稻等特色生物产业发展的关键技术攻关；强化对技术创新人才、学科技术带头人、技术创新团队的培育工作；加大科技培训、科学普及、科技惠民工程工作力度，芒市、盈江达到全国科普示范县市测评标准。

文化事业亮点纷呈，大力实施“民族文化强州”战略，出版了《德宏五大文化系列丛书》、《德宏少数民族文化系列丛书》，打造了《烈焰景颇》等一批舞台艺术精品；建成了一批文化基础设施，乡镇综合文化站、农村文化惠民等工程顺利实施，实现农家书屋建设全州行政村全覆盖，基层文化活动、群众性文化活动广泛开展；文化资源保护力度加大，完成第三次全国文物普查工作，非物质文化遗产保护及非遗代表性传承人申报工作取得新进展；巩固“西新”工程、广播电视村村通工程建设成果，稳步推进“三网融合”，手持电视、车载电视在全州开通，广播电视综合覆盖率达97%，新闻出版、史志传媒事业健康发展。

医疗卫生工作成效显著，积极开展公立医院改革，在全州二级以上医院开展临床路径管理试点，推行优质护理服务工作；乡镇卫生院、社区卫生服务中心、村卫生室全面推行基本药物制度；新农合制度稳步推进，全州共筹集新农合资金2.1亿元，补偿185.3万人次，补偿资金1.5亿元；疾病预防控制工作成效明显，疫情及突发公共卫生事件应急能力明显增强。

【人民生活】　2011年，德宏州各级财政民生类支出达56.5亿元，民生保障水平明显提高。认真落实各项惠农政策，实施315个村级公益事业建设项目，惠及10余万群众。全州城镇居民人均可支配收入15239元，比上年增10.5%；农村居民人均纯收入4090元，增21.4%。全年实现城镇新增就业、下岗和困难人员再就业、零就业家庭人员就业4812人，开发公益性岗位907个，城镇登记失业控制在4%以内，转移农村劳动力3.21万人。全面推行城乡医疗救助即时结算制度。新型农村社会养老保险参保37.1万人，比上年增35.5%；农村最低生活保障标准提高到每年1300元，增72%。累计发放城乡低保金1.3亿元。州县两级中心敬老院建设全面完成。开工建设保障性住房6788套，开工率100%，建设面积40.3万平方米，完成廉租、公租房和棚房区改造投资1.1亿元。全年共投入扶贫资金2.08亿元，脱贫4万人。

（《经济社会》撰稿　杨星明）

年内大事

【全国人大常委会副委员长、民进中央主席严隽琪到瑞丽视察】

2011年1月2至3日，全国人大常委会副委员长、民进中央主席、中央社会主义学院院长严隽琪在省政协副主席罗黎辉的陪同下，到瑞丽市视察文化旅游产业发展情况。德宏州委书记赵金，州委副书记、州长孟必光，州人大常委会主任余麻约，州委常委、瑞丽市委书记、姐告工委书记杨跃国，瑞丽市委副书记、市长、姐告管委主任刀晓瑞，瑞丽市人大常委会主任排生等陪同视察。严隽琪一行先后到南亚红木家具国际博览中心、样样好国际珠宝有限公司、姐告边境贸易区、泛亚铁路瑞丽火车站选址等地进行视察，仔细了解瑞丽文化旅游产业发展情况。孟州长向严隽琪介绍了瑞丽口岸建设、中缅贸易、边境旅游等方面的情况。通过视察，她对瑞丽市近年来经济社会的发展，特别是文化旅游产业的快速发展给予了充分肯定；同时，她希望瑞丽抓住国家重点开发开放试验区建设的机遇，进一步加快发展，深挖瑞丽珠宝、红木和“史迪威公路”文化内涵，将瑞丽浓郁多姿的民族文化发扬光大，让更多的人了解德宏，了解瑞丽。

【召开中共德宏州委五届十三次全体会议】 2011年1月8至9日，中共德宏州委五届十三次全体会议在芒市举行。全委会由州委副书记唐文祥主持，州委书记赵金代表州委常委会作工作报告。他在工作报告中指出，实现本年的目标任务，要重点抓好九个方面的工作：一是以瑞丽重点开发开放试验区为突破口，全力推进桥头堡黄金口岸建设；二是切实加强农业农村工作，全力推进农业产业化；三是促进投资增长和结构优化，全力加快基础设施建设；四是以打造瑞芒陇盈国际口岸城市群为目标，全力加快城镇化进程；五是实施“大企业进入”战略，全力推进新型工业化；六是坚定不移实施产业富州战略，全力做大做强优势特色产业；七是着力保障和改善民生，全力推进社会各项事业健康发展；八是巩固安定和谐的政治局面，全力加强社会主义民主政治建设；九是团结固边保稳定，全力维护好团结稳定的大好局面。他强调，实现全州“十二五”经济社会发展目标的，关键在党。必须按照“强组织、建阵地、取人心、固边疆、促发展”的要求，采取“五用”措施，强化理论武装；坚持固本强基，推进“五项工程”；抓好“三百”工程，开展创先争优；加强干部队伍建设，适应跨越式发展需要；加强作风建设，做到“七个不让”，继续探索和推进边疆党建新模式，进一步增强各级党组织的创造力、凝聚力、战斗力，为全州跨越式发展提供坚强的政治和组织保证。州委副书记、州长孟必光对“十一五”工作作了简要回顾，对《中共德宏州委关于制定国民经济和社会发展第十二个五年规划的建议(草案)》向全委会作了说明。他指出，《建议》明确了全州“十二五”期间经济社会发展的主要任务和工作重点，主要是：以瑞丽重点开发开发试验区建设为突破口，着力优化经济结构，大力培育优势特色产业，加快工业化、城镇化、农业产业化和教育现代化步伐，加强体制机制创新，全面提高开发开放水平，切实保障和改善民生，更加重视生态建设和环境保护。对加快经济发展、结构调整、生态建设、改革开放、城乡统筹、民生改善等方面工作提出具体要求。他强调，要认真做好今年的各项工作，以更加振奋的精神，更加广阔的视野，更加扎实的作风，团结拼搏，开拓创新，狠抓落实，确保“十二五”开好局、起好步，为实现《建议》确定的目标任务努力奋斗。全委会还审议通过了全委会公报，审议通过了《中共德宏州委关于制定国民经济和社会发展十二个五年规划的建议》。

【政协德宏州第十届委员会第四次会议在芒市召开】 2011年1月10至13日，政协德宏州第十届委员会第四次会议在芒市举行。会议认真学习贯彻了中共德宏州委五届十三次全会精神，听取和审议了《政协常委会工作报告》和《政协常委会关于提案工作情况的报告》。会议审议通过了龚敬政主席代表政协德宏州第十届委员会常务委员会所作的工作报告和杨庆华副主席代表政协德宏州第十届委员会常务委员会所作的提案工作情况报告；同时，赞同孟必光州长代表州人民政府所作的《政府工作报告》，赞同《德宏州国民经济和社会发展第十二个五年规划纲要》，赞同州中级人民法院和州人民检察院的工作报告及其他报告。会议还补选了一名政协德宏州第十届委员会副主席。

【德宏州第十三届人民代表大会第四次会议在芒市召开】 2011年1月11日上午，德宏州第十三届人民代表大会第四次会议在芒市召开，来自全州的236名人大代表出席了大会。会议由主席团常务主席、会议执行主席余麻约主持。州长孟必光代表州人民政府向大会报告工作。报告提出，“十二五”时期，必须高举中国特色社会主义伟大旗帜，以邓小平理论和“三个代表”重要思想为指导，深入贯彻落实科学发展观，牢牢把握历史机遇，紧紧围绕把德宏建设成为中国面向西南开放桥头堡黄金口岸的战略目标，以科学发展为主题，以加快转变经济发展方式为主线，以瑞丽重点开发开放试验区建设为突破口，着力优化经济结构，大力培育优势特色产业，加快工业化、城镇化、农业产业化和教育现代化步伐，加快体制机制创新，全面提高开发开放水平，切实保障和改善民生，更加重视生态建设和环境保护，不断推进富裕开放、和谐安宁的社会主义新边疆建设，努力实现经济社会跨越式发展。报告共分3个部分：团结奋进，圆满完成“十一五”各项目标任务；抢抓机遇，努力开创“十二五”新辉煌；真抓实干，全力做好2011年各项工作。大会还提交了《德宏州国民经济和社会发展第十二个五年规划纲要(草案)》，印发了《关于德宏州2010年国民经济和社会发展计划执行情况与2011年国民经济和社会发展计划(草案)的报告》，《关于德宏州2010年地方财政预算执行情况和2011年地方财政预算(草案)的报告》，提请审查批准。部分十一届全国、省人大代表，出席州政协十届四次会议的委员，州直有关部门负责人，中央、省驻德宏单位负责人及部分州级离退休老领导列席会议。

【陇川县教育局局长董保强当选“和谐中国·2010年十大杰出人物”】 2011年1月16日，由中国经济报刊协会、影响力人物杂志社、和谐中国年度影响力人物征评活动组委会等单位联合主办的“和谐中国·2010年度影响力人物”颁奖盛典在北京国家会议中心隆重举行。通过提名、专家评审、综合评定等程序，云南省德宏州陇川县教育局局长董保强当选“和谐中国·2010年度十大杰出人物”。十届全国人大常委会副委员长顾秀莲，十届全国政协教科文卫体委员会副主任、中国作家协会原党组副书记王巨才，原中央对外宣传办公室副主任、国务院新闻办公室副主任杨正泉，全国人大代表、《人民日报》原副总编辑梁衡，全国政协委员、中国联合国教科文组织全国委员会主任、教育部原副部长章新胜，中国报告文学学会常务副会长、影响力人物专家委员会主任、著名作家周明，中国经济报刊协会副会长兼秘书长王兆平，经济日报报业集团《名牌时报》总编辑王小伟，中国经济报刊协会副会长、影响力人物杂志社总编辑、活动组委会秘书长刘学文等出席颁奖盛典，并为获奖者颁奖；来自全国各地的300多名代表和首都新闻单位代表出席了这一盛会。1月17日，董保强作为35位获奖代表之一走进北京大学百年纪念讲堂，在“和谐中国·2010年度影响力人物创新论坛”上，结合边疆教育工作作了精彩的演讲，与来自海内外的代表和北大学子共同分享成功经验和人生感悟。

【全国政协副主席白立忱到德宏调研】 2011年2月11至13日，全国政协副主席白立忱在云南省政协副主席顾伯平，德宏州委书记赵金、州长孟必光、州政协主席龚敬政等陪同下，到德宏州就桥头堡建设和瑞丽重点开发开放试验区建设工作进行调研。白副主席一行深入姐告边境贸易区、国门、瑞丽工业园区、珠宝玉石和红木家具等特色优势产业生产加工基地和展示销售区、专业市场等，详细了解了口岸建设、道路交通等基础设施建设、特色优势产业发展、对缅贸易、仓储物流、旅游重点项目规划建设等情况。在实地查看并听取汇报后，白副主席对德宏州近年来取得的成绩给予了充分肯定。他指出，要发展好特色优势产业，为桥头堡和试验区建设提供有力的产业支撑；加强品牌建设，强化市场和运输流通环节的建设管理，为产业健康快速发展提供保证；科学论证文化旅游项目的投入与产出问题，使旅游文化产业与珠宝玉石、高端红木家具等产业互相带动，强化管理，提升服务，增强项目吸引力，为经济发展创造新的增长点。他强调，德宏州在桥头堡建设中具有独特的区位优势，要以瑞丽重点开发开放试验区建设为突破口，发挥优势，突出特点，以长远的目光，高水平、高层次搞好规划；把握好、运用好政策，在中国沿边开放中闯出一条新路；把中国的经济优势与周边国家的资源优势结合起来，实现共同繁荣发展。省政协办公厅巡视员马良泽，州委常委、瑞丽市委书记杨跃国，州委常委、州委秘书长番跃平等随同调研。

【盈江县发生5.8级地震】 2011年3月10日12时58分12秒，盈江县城西北方向2千米处(东经97°55′，北纬24°43′)发生5.8级地震，震源深度10千米。梁河、陇川、瑞丽、芒市及保山等县(市)有较强震感。地震造成全县14个乡镇、96个村（居）委会、945个村民小组、4个农场分场6.06万户28.25万人受灾，314人受伤，25人遇难，2.74万户13.61万间房屋倒塌，县内电力、电信、水利、教育、文化、卫生等基础设施严重受损，造成直接经济损失21.53亿元（其中：民房12.96亿元，教育1亿元，卫生7470万元，公房1.87亿元，电力1.17亿元，交通6060万元，通信3170万元，市政1.26亿元，水利1.6亿元）。地震发生后，党中央、国务院高度重视，中共中央总书记胡锦涛、国务院总理温家宝、国家副主席习近平等中央领导，云南省委书记、省人大主任白恩培，省长秦光荣、省委副书记李纪恒等领导作出批示、指示，在京出席全国“两会”的省委书记、省人大主任白恩培连夜从北京赶赴灾区查看灾情，召开专题会议，传达中央领导指示精神，研究部署指挥抗震救灾工作。3月11日下午13时30分，国家民政部副部长姜力率由民政、发展改革、教育、财政、交通运输、卫生、地震部门组成的国务院抗震救灾工作指导组，深入盈江灾区看望慰问了受灾群众和武警消防官兵，察看了民房受损情况和全县抗震救灾情况。3月18日，中共中央政治局常委、国务院总理温家宝，中共中央政治局委员、国务院副总理回良玉在云南省委书记、省人大常委会主任白恩培，省委副书记、省长秦光荣，省委副书记李纪恒陪同下，深入盈江县平原镇岗勐小学、拉勐村民小组，弄璋镇贺哈、允冒村民小组，大盈江堤、县人民医院查看灾情。温总理一行慰问了受灾群众和抢险救灾军地人员，并在盈江抗震救灾指挥部帐篷会议室主持召开了情况汇报会，研究部署了抗震救灾和恢复重建工作。国务院有关部委领导张平、袁贵仁、谢旭人、姜伟新、张茅、谢伏瞻、邱小雄、项兆伦、姜力、田学斌、陈建民，省领导杨应楠、孟苏铁、孔垂柱、丁绍祥等陪同视察并出席汇报会。

【盈江“3·10”地震恢复重建工作会议在芒市召开】 2011年4月1日，云南省政府在德宏州芒市召开了盈江“3·10”地震恢复重建工作会。会议由省政府秘书长丁绍祥主持；省委副书记、省长秦光荣出席会议并讲话；省委常委、常务副省长罗正富，省军区副司令员崔毅到会并讲话；副省长曹建方对落实会议精神提出要求。会议决定通过多种渠道筹措55亿元资金，用5年左右的时间，通过恢复重建和发展提升两个阶段，实现5个结合，实施10大工程，努力建设一个美丽富饶的新盈江。在住房补助方面，对农村居民住房倒塌或严重损坏需重建的，每户平均补助2万元；城镇居民住房倒塌或严重损坏需重建的，每户平均补助2.5万元；对低保、五保、孤残、重点优抚对象等特困人员，每户再增加8000元；其余损坏需修复加固的，每户补助2000元；确保受灾群众在2012年春节前全部搬进新居。省民政厅厅长王树芬在会上汇报了前一阶段民政部门抗震救灾工作情况和下一步工作措施及建议。

【姐告“国门书社”荣获全国“基层出版发行先进单位”荣誉称号】 2011年4月初，在北京召开的第四届全国服务农民服务基层文化建设先进集体表彰会上，德宏传媒集团、德宏民族出版社姐告“国门书社”荣获全国“基层出版发行先进单位”荣誉称号，受到中宣部、文化部、国家广电总局、新闻出版总署的表彰。“国门书社”位于瑞丽市姐告国门对面，租用面积320平方米，设有图书区、报刊区和音像制品区；可供借阅的图书有2300余种25000册，报刊30余种3000余册，电子音像制品520余种5600张。该书社于2009年由德宏传媒集团、德宏民族出版社发起建立，旨在解决中缅两国边境群众“买书难、借书难、看书难”的问题；书社建成至今，共发送阅读卡18827张，平均每天接待近200人（次）；阅读人员有当地各族群众、缅甸边民、中小学生、游客和边防军人，其中30%的读者是外籍边民。书社开办以来，举办傣、景颇、傈僳等少数民族文字培训班12期，缅甸边民汉语培训班12期，中缅文化讲座、座谈等交流活动8场次，中缅文化联谊论坛3次。

【省委副书记、省长秦光荣率队到瑞丽考察调研】 2011年4月1至2日，云南省委副书记、省长秦光荣，省委常委、常务副省长罗正富，副省长曹建方，省政府秘书长丁绍祥及相关部门负责人对瑞丽重点开发开放试验区建设前期工作进行了考察调研。调研组先后考察了景成有色金属加工园区、大通实业有限公司、瑞丽轻工业园区红木加工区，现场听取了瑞丽城市规划、基础设施建设、产业布局、招商引资、土地利用等方面情况的汇报。2日上午，省政府在瑞丽召开调研座谈会，专题研究加快推进瑞丽国家重点开发开放试验区建设的相关工作。会议由省政府秘书长丁绍祥主持。在听取了德宏州和部分省级部门负责人的发言后，秦光荣指出，国家把建设瑞丽重点开发开放试验区列入新一轮西部大开发的总体部署，充分体现了党中央、国务院对沿边开发开放的高度重视，对云南边疆地区发展的高度重视，具有十分重大的战略意义。近一年来，各级、各相关部门围绕试验区建设开展了大量前期工作，取得了阶段性成果，为早日启动试验区建设奠定了良好基础。瑞丽重点开发开放试验区作为一个系统工程，在设计和建设上要突出6大重点：一要突出体制机制创新，抓住先行先试这个机遇，大胆地试、大胆地闯，努力破解不适应沿边开放型经济发展的体制机制，探索沿边开发开放新模式；二要突出开放合作，树立互利共赢的思想，携手国内外大企业集团加快“走出去”步伐，不断拓展开放合作的领域；三要突出基础设施建设，完善综合交通体系，完善口岸设施建设，不断提高通关便利化水平；四要突出特色产业培育，依托资源、区位优势，抓好园区建设、优势产业培育、非公经济发展等工作，着力构建现代产业体系，形成沿边经济增长极；五要突出城乡统筹，加快城镇化步伐，走出一条具有云南特色的城镇化道路；六要突出生态环境保护，保护好试验区的绿水青山，增强可持续发展能力。秦光荣强调，当前要针对工作中存在的关键性问题，逐一研究、采取措施，加快推进试验区建设前期工作。要争取国家尽快批复实施方案，抓紧做好规划统筹工作，抓紧完善云南省支持试验区建设的政策意见(特别是土地、财税、金融、边境管理、产业等重点政策)。要认真研究土地利用问题，创新土地利用思路，转变建设用地方式，牢固树立保护坝区、保护耕地、保护基本农田的指导思想，按照少占坝区、多用丘陵的原则，科学制定土地利用规划，引导工业项目、城镇建设向山地布局发展，建设山地城镇。要统筹城乡用地，推进“城增村减”、“村增村减”，抓好占补平衡，注重节约、集约用地，注重多种方式利用土地，统筹用好建设用地指标，走出一条符合云南实际的发展路子。要抓紧明确试验区建设管理体制，加大力度做好招商引资工作，加大“央企入滇”工作力度，抓好重大项目的跟踪推进，加强与周边国家企业的沟通衔接，创造良好环境，吸引更多央企、民企、外企进入，抓好土地收储，打造投融资平台，加强资本运作，提速试验区建设。

【孟必光出席德宏航空运输市场开发战略合作协议暨招商引资项目签约仪式】 2011年4月11日，德宏航空运输市场开发战略合作协议暨招商引资项目签约仪式在芒市会堂举行。东航云南省分公司总经理石富康、德宏州州长孟必光、副州长苏洪涛、州政府秘书长周湛鸿以及各县市区分管招商引资工作的领导，州外资工作领导小组成员单位领导，州和各县市招商、旅游等部门负责人参加了签约仪式。孟必光代表德宏州政府与东航云南省分公司总经理石富康签订了《德宏航空运输市场开发战略合作协议》。协议的签署和实施，将进一步加快德宏州“开放战略”的进程，提升德宏州与外界开放水平，向经贸伙伴展现德宏开放兴边的良好形象，同时双边实现优势互补、合作共赢的目标。之后，各县市政府代表以及德宏州内大企业分别与合作伙伴签订了相关合作协议，分别是：芒市竹资源集约化开发、瑞丽特色文化城改造、陇川拉影土地整理开发、盈江星云铝业技改扩建、梁河好人家时代广场、姐告摩托车装备投资、畹町金谷硅业金属冶炼等项目，以上项目协议总金额为44.5亿元。

【中国·德宏2011国际泼水狂欢节在芒市广场隆重开幕】 2011年4月12日，中国·德宏2011国际泼水狂欢节有德宏州芒市广场隆重开幕。云南省政协主席王学仁，省委常委、省委统战部部长黄毅，中国民族贸易促进会执行会长刘延宁，省政协原副主席朗大忠，省政协秘书长车志敏等出席开幕式。州委书记赵金在开幕式上致辞，州长孟必光主持开幕式，国家民委副主任丹珠昂奔宣布中国·德宏2011国际泼水狂欢节开幕。本次活动由云南省宣传部、省民委、省旅游局和德宏州委、州政府主办，活动以“美丽德宏、欢乐傣乡、抗震救灾、重建家园”为主题，以“弘扬优秀民族文化、推进德宏跨越式发展”为宗旨，重点展示德宏人民面对地震灾害体现出的坚强不屈的精神风貌和傣族悠久的历史与丰富多彩的民俗文化。活动内容包括传统采花活动、迎宾晚会、开幕式演出、圣水洗礼、“寻找最美的傣族孔雀公主”比赛、牛车美女巡游、德宏州非物质文化遗产展、珠宝采购会、“桥头堡建设·德宏发展论坛”等。在开幕式上亮相的“世界最大规模的傣族象脚鼓舞蹈”、“世界最大的象脚鼓”和“世界最重的钢制长刀”创下世界记录，并获得认证。中国驻缅甸曼德勒总领事馆总领事唐英先生，泰王国驻昆明总领事馆总领事陈维钦先生，老挝驻昆明总领事馆副领事西吞·维莱哈先生，泰王国夜丰颂府府尹甘通·塔文萨替先生，缅甸商务部边境贸易司木姐105码边贸处处长吴阳奈吞先生，缅甸木姐地区和平与发展委员会主席吴莫恒先生，印度阿萨姆邦卡玛斯莉西斯比赛吉亚学院院长斯哈莫尼·古亥·博瑞博士出席了开幕式。州人大常委会主任余麻约、州政协主席龚敬政、德宏军分区司令员龚平和在家的州四班子领导，部分离退休老领导，友好州市代表团，州直部门和各县市代表团，景颇学会、德昂学会、阿昌学会、傈僳学会的领导和嘉宾，新闻媒体和企业界的领导、嘉宾，国际友人、海外侨胞，以及来自全州各地的上万各族群众参加了开幕式。天津市滨海新区委员会，珠海市文体旅游局，曲靖市委、市政府，昭通市委、市政府为本次国际泼水狂欢节发来了贺信、贺电。

【全国人大常委会地方组织法修改调研组赴德宏州调研】 2011年4月21至23日，十届全国人大常委会副委员长兼秘书长盛华仁率调研组莅临德宏州，对地方组织法修改情况进行调研。十届全国人大常委会委员、十届全国人大法律委员会主任委员杨景宇，全国人大常委会法工委国家法室主任许安标，全国人大常委会办公厅联络局巡视员兼代表资格审查委员会办公室主任李伯钧，全国人大常委会办公厅研究室二局副局长万其刚参加调研。云南省人大常委会副主任李春林，省人大常委会法制委副主任委员、法工委主任浦林法陪同调研。调研组在芒市会堂与州、县市、乡镇人大及有关部门座谈，广泛听取各级人大代表、人大工作机构及有关部门对修改地方组织法的意见建议。德宏州委书记赵金，州委副书记、州长孟必光，州人大常委会主任余麻约等领导参加了座谈会，余麻约向调研组汇报了近年来德宏州各级人大常委会开展工作情况及对修改地方组织法的意见建议。听取汇报后，调研组详细了解了各级人大，特别是乡镇、街道等基层人大工作情况，针对与会人员结合工作实际，围绕地方组织法的修改所提出的关于代表任职条件和职责、代表结构、代表的选举罢免、基层人大机构设置和人员配置、法律规范、监督工作等内容的修改意见和建议进行了征询和探讨。盛华仁对近年来德宏州各级人大及其常委会工作取得的成绩给予充分肯定。他指出，在各级党委的高度重视和大力支持下，德宏州各级人大及其常委会在坚持和完善人民代表大会制度，推进社会主义民主政治方面作了积极探索和大胆实践，积累了丰富的经验，各方面工作取得了很好的成效，为地方组织法的修改工作顺利进行提供了丰富的第一手材料。他表示，与会人员提出的意见和建议有着多年丰富实践经验基础，对下一步的修改工作很有帮助。全国人大常委会将进行认真研究，将好的意见和建议具体化，尽力修改完善好地方组织法，使人民代表大会制度更加完善，基层政权组织更加巩固，社会主义民主政治建设不断向前推进，以适应经济社会发展的需要。调研期间，盛华仁一行还参观考察了姐告边境贸易区、畹町经济开发区及银井“一寨两国”、南亚红木国际博览中心等地，详细了解我州边贸和旅游文化产业发展情况。州委常委、州委秘书长番跃平，州人大常委会副主任孙春兰，副州长孔勒干，州人大常委会秘书长夏阳等陪同调研。

【云南俊发教育扶贫基金会在芒市举行捐赠仪式】 2011年4月24日，云南俊发教育扶贫基金会在德宏州教育局举行捐款仪式，向德宏州梁河县勐养民族中学捐款600万元，州长孟必光出席仪式并代表德宏州政府接受捐赠。捐款仪式由州教育局局长王根顺主持；副州长孔勒干、州长助理龚能政、州委秘书长段培相、俊发教育基金会理事长李文斌、俊发地产副总赵剑坤、基金会秘书长王玲出席了捐赠仪式。孔副州长在仪式上讲话，对俊发教育扶贫基金会的善心善举给予了很高的评价。他说：在全州各级干部群众攻坚克难、全力投入恢复重建之时，云南省俊发教育扶贫基金会李文斌理事长一行莅临德宏州捐资助学，这是中华民族“一方有难、八方支援”传统美德的集中体现，也是德宏州教育界的大事、喜事。德宏将倍加珍惜来自社会的每一份捐赠，按照捐赠方的意愿，管好用好每一分钱。

【第十届缅甸·中国边境经济贸易交易会在木姐开幕】 2011年4月29日，第十届缅甸·中国边境经济贸易交易会在缅甸木姐开幕。缅甸联邦共和国经济贸易部副部长崩散博士、中国云南省副省长顾朝曦率团出席开幕式；缅甸掸邦政府经济部部长吴东瑞、省商务厅副厅长王建伟、缅甸商务部边贸司司长吴昂敏致词。云南省外办副主任王伟以及中国商务部驻昆特派办、云南出入境检验检疫局、省公安边防总队、省地税局等单位负责人；德宏州党政领导赵金、孟必光、余麻约、杨跃国、番跃平、郭志德、赵镇康、何汝利、苏洪涛、马闻、高铁英等参加了开幕式。

【全国政协副主席、中央统战部部长杜青林到德宏调研】 2011年5月5至6日，全国政协副主席、中央统战部部长杜青林到德宏州调研新形势下的民族工作。云南委书记、省人大常委会主任白恩培，省委常委、省委统战部部长黄毅等随同调研。德宏州党政领导赵金、孟必光、龚敬政、杨跃国、番跃平、李有升等陪同调研。杜青林一行先后深入到盈江县平原镇下拱别村民小组(易地搬迁景颇族村)、拉勐村民小组(“3・10”地震重灾傣族村)、屯董村民小组(“8・20”、“8・21”地震灾后统筹统建傣族村)，瑞丽市姐相乡银井村民小组(“一寨两国”)，芒市三台山乡允欠村民小组(易地搬迁德昂族村)进行调研。在各个村寨，杜青林与当地群众亲切交谈，详细询问群众的生产生活、产业发展、教育卫生、文化生活等情况，勉励各族群众加强民族团结，因地制宜生产致富，实现共同繁荣发展。同时，杜青林一行还先后深入梁河县南甸宣抚司署、姐告边境贸易区、南亚红木国际博览中心、畹町桥，调研德宏州民族文化、中缅进出口贸易往来、口岸产品加工贸易等情况。调研期间，杜青林一行在瑞丽听取了州委书记赵金代表州委、州政府做的工作汇报；听取了州人大常委会副主任毛勒端、原州政协副主席余正来等人关于加强新形势下民族工作的建议。通过实地调研和听取汇报，杜青林对德宏州在民族工作和边疆经济社会发展方面取得的成绩给予了充分肯定。同时，他指出，民族工作是关系到党和国家事业发展全局的重大工作。民族地区正处于经济社会发展最快、少数民族群众得到实惠最多的时期。同时，也要看到，做好新形势下民族工作依然面临着不少的困难和挑战。必须要保持清醒，高度把握民族工作的主题和根本任务，认真贯彻落实中央有关政策，扎实做好民族工作，在促进各民族交往、交流、交融方面取得新的进展。州委副书记唐文祥参加了座谈会。

【州政府与中粮屯河股份有限公司签署糖业合作框架协议】 2011年5月7日，德宏州州长孟必光与中粮屯河股份有限公司副总经理李凤春签署了糖业合作框架协议，标志着德宏州首家引进的央企将控股经营或整体收购陇川糖厂的开端。协议就合作宗旨、合作内容、工作机制、成立云南陇川糖业项目合作工作机构，推进糖业资产整合重组，做好协调、沟通、对接工作和组建新的陇川糖业公司等作了具体明确的规定。孟州长在签字仪式上指出，州政府与中粮屯河股份有限公司正式签署糖业协作框架协议，是德宏州贯彻省委、省政府对推进云南省转变发展方式，调整优化经济结构的战略部署的具体行动，也是德宏州首次引进的央企合作企业，这对德宏生物产业的可持续发展以及推进央企入滇工作将产生深远的意义，也是德宏州工业经济发展的一件大事。他要求，德宏州各县市各相关部门要达成共识，形成合力，积极配合此次整合工作，深刻认识引入中粮集团整合德宏州蔗糖产业是做大做强做优蔗糖产业的重要机遇；整合企业陇川糖厂要服从服务于党委、政府的工作大局，大力支持配合央企进入德宏；州直及县市央企入滇工作领导小组要积极服务、主动作为，坚定不移地贯彻落实好省委省政府央企入滇战略，为中粮集团整合德宏州蔗糖产业创造良好环境，提供优质服务。李凤春介绍了中粮集团进入德宏的设想，一是借助农垦改制的契机，把陇川糖厂作为切入点大力发展蔗糖产业，加大投入提高甘蔗亩产量和种植面积，并通过经济手段提高农民收入。二是整合重组陇川糖厂后，在现有的基础上扩大生产规模、设备改制和技术改造，以提高糖业加工能力和生产效率，并利用甘蔗加工废料发展循环经济业务，建立甘蔗育种繁育中心。她表示：中粮集团有信心为德宏糖业的发展、企业的改制、农民的增收做出最大的贡献。副州长板岩过主持协议签字仪式。

【德宏后谷咖啡有限公司10000吨速溶咖啡生产线建成】 2011年5月27日，德宏后谷咖啡有限公司10000吨速溶咖啡生产线建成。这条生产线投资4.6亿元，占地240亩，是全国最大、世界最先进的咖啡速溶粉生产线。生产线的建成，标志着德宏咖啡产业由原先的原料和粗加工出口为主逐步迈上精深加工的发展之路。此次万吨速溶咖啡生产线建成后，可生产3种速溶咖啡粉；喷雾干燥速溶咖啡3000吨，冻干速溶咖啡4000吨，凝聚造粒速溶咖啡3000吨。随着项目的发展，还需扩大咖啡种植面积125000亩，据测算可带动5万农村劳动力就业。

【云南加快建设面向西南开放重要桥头堡动员大会在瑞丽召开】 2011年5月30日，云南加快建设面向西南开放重要桥头堡动员大会在瑞丽召开。省委书记、省人大常委会主任白恩培作动员讲话。省委副书记、省长秦光荣主持会议。省委副书记李纪恒，省政协主席王学仁，省委常委、常务副省长罗正富，省委常委、副省长李江，省委常委、省委秘书长杨应楠，省委常委、省委宣传部部长张田欣，省委常委、省委组织部部长辛桂梓，省人大常委会常务副主任晏友琼，副省长孔垂柱、和段琪出席主会场会议。省委常委、昆明市委书记仇和在昆明分会场出席会议。省政府秘书长丁绍祥、省政协秘书长车志敏参加会议。省直有关部门、中央驻滇单位、大型企业的主要负责人等近400人参加瑞丽市主会场会议，各州、市、县(市)分设会场，近13000人参加会议。白恩培在动员讲话中表示，《关于支持云南省加快建设面向西南开放重要桥头堡的意见》是中央着眼于提升国家沿边开放质量和水平、进一步完善国家对外开放格局和推动云南省经济社会又好又快发展作出的重大决策，是云南发展史上一件具有里程碑意义的大事，是云南实现跨越式发展的重大机遇。《意见》对推动云南科学发展至关重要，对云南省加快转变经济发展方式至关重要，对云南扩大对内对外开放至关重要，对云南边疆民族地区脱贫致富至关重要。他要求，省直各部门要及时与国家各部委加强沟通，加紧汇报对接，建立部省合作机制，积极主动争取和利用政策、项目、资金支持，努力实现《意见》相关内容与对口部委支持政策的无缝对接。秦光荣指出，国务院文件提出了建设桥头堡的重要目标，明确了一系列支持政策，特别是提出若干条突破性政策，下一步要逐一抓好贯彻落实。他要求，各级各部门要抓紧研究，尽快提出本地区、本部门、本行业贯彻落实国务院文件的思路和措施。在此基础上，提出云南省的贯彻实施方案，明确任务，落实各级各部门工作责任，组织启动一批桥头堡建设重大项目，努力形成全省各地齐头共进的良好局面。

同日，还举行了瑞丽重点开发开放试验区建设启动仪式，召开了桥头堡建设重点项目——大理至瑞丽铁路保瑞段建设动员会和大理至瑞丽铁路保瑞段建设动员会。

在瑞丽重点开发开放试验区建设正式启动仪式上，省委常委、常务副省长罗正富作了重要讲话。他指出，推进瑞丽重点开发开放试验区建设是党中央、国务院交给云南省的一项重要任务，也是加快云南省边境地区发展的重要机遇。全省各级、各部门要站在全局的高度，进一步解放思想、更新观念，进一步增强责任意识、改革创新意识、开放合作意识，把开发与开放、引进来和走出去、重点突破与整体推进、产业带动与民生改善结合起来，不断加快体制机制创新、推动跨境区域合作、促进区域经济联动、提升基础设施保障水平、加强生态建设和环境保护、改善群众生产生活条件，努力把瑞丽重点开发开放试验区建设成为中缅边境贸易中心区、旅游黄金口岸区、沿边统筹城乡发展先行区、睦邻安邻富邻示范区以及我国对外开放的窗口之一。省级各有关部门要进一步增强主动服务意识，进一步加强指导、协调、服务和支持，进一步加强与国家相关部委沟通汇报，形成强大合力、营造良好氛围。德宏州和瑞丽市要牢牢把握机遇、切实用好机遇，充分发扬敢为人先、勇于创新的精神，努力加快瑞丽重点开发开放试验区建设。

在桥头堡建设重点项目——大理至瑞丽铁路保瑞段建设动员会上，铁道部党组成员、副部长卢春房作了讲话。他说，大瑞铁路的建设，对于提高沿线各民族生活水平，推进云南“桥头堡”建设，促进我国西南地区与周边国家在政治、经济、文化等领域的交流合作，具有十分重要的意义。大瑞铁路是国家《中长期铁路网规划》的重点实施项目，也是云南省面向西南开放桥头堡的重要基础设施。线路全长330公里，其中，保山至瑞丽段196公里，全线速度目标值140公里/小时，据悉项目建成后每天可开行客车12对，货运能力将达到每年1200万吨。保瑞段桥隧总长占全线总里程的75%，地质条件极为复杂，尤其是穿越高黎贡山，需打造长达36公里的长隧道，建设难度极大。他希望，昆明铁路局和全体建设者站在服务经济社会发展大局的高度，始终把满足西南地区人民出行需求摆在最重要的位置，以加快转变经济发展方式为主线，加强与地方政府和有关部门的协调配合，精心组织、精心设计、精心施工，全力推进标准化管理，确保工程质量和施工安全，努力把大瑞铁路保瑞段建设成经得起历史检验的优质工程、安全工程和廉洁工程，为推动云南经济社会又好又快发展做出新的更大贡献。副省长和段琪要求，全省各级、各部门要把加快铁路建设作为推进桥头堡建设的重要工作，紧紧围绕“八入滇、四出境”的总体建设目标，以大瑞铁路保瑞段建设动员会为新的契机，千方百计加快在建项目进度，加快推进项目前期工作，谋划好“十二五”及中长期铁路网发展规划，加快建设布局合理、通畅便捷、技术先进、功能完善的现代化铁路网。

在桥头堡重点项目——龙瑞高速公路建设动员会上，副省长孔垂柱在动员会指出，龙瑞高速公路是中缅陆水联运国际大通道的重要路段，也是云南省建设中国面向西南开放重要“桥头堡”中的重要基础设施项目。该项目的建成，不仅对进一步完善全省连接“三亚”、沟通“两洋”、服务全国、发展云南的现代交通运输网络，提升云南省对外开放水平具有重要意义，同时对沿线经济社会加快发展，边疆民族地区各族群众脱贫致富也将起到积极的促进作用。省交通运输厅厅长杨光成介绍龙瑞高速公路基本情况。龙陵至瑞丽高速公路是国家高速公路网横12杭州至瑞丽高速公路在云南省境内昆明至瑞丽的最后一段，也是亚洲公路网A14线中国—东盟交通合作战略规划中“三纵四横”重要组成部分和中国向西南开放的公路主通道。龙瑞高速公路起于龙陵县城东北保龙高速公路止点K598+200，止于瑞丽姐勒互通K125+200，主线全长128.4公里，建设标准为双向四车道，路基宽度24.5米，设计行车时速80公里/小时；弄岛连接线长33.6公里，建设标准为二级公路，路基宽度12米；沿线设互通式立交7处，连接线长8公里；设计建设特大桥7576米/9座，大桥46168米/91座，隧道13142米/15座，桥隧比例达32.8%；建设工期4年，计划总投资107.45亿元。

【国家13部委联合调研组到德宏州调研】 2011年6月10至12日，以国家发改委西部司巡视员费志荣为组长的国家13部委联合调研组到德宏州，专题调研瑞丽国家重点开发开放试验区建设情况。调研组围绕瑞丽国家重点开发开放试验区建设规划构想“一核两翼，联动发展，一区多园，政策叠加”的空间布局思路，深入到芒市、瑞丽、畹町、姐告、陇川，调研德宏州工业园区规划布局和建设、重点优势特色产业、交通运输网建设、口岸建设和进出口贸易等情况。费志荣对国家提出建设重点开发开放试验区战略以来，云南省委、省政府及德宏州委、州政府在实验区建设方面所作的前期工作给予了充分肯定。他要求，一是要深化对试验区建设战略意义的认识。要充分认识到试验区建设是新一轮西部大开发的一项重点工作，是缩小与中东部地区差距的一次难得机遇；要突出抓好优势特色产业建设，提升自我发展能力；要加快对外开放，提升开放水平，以开放促开发、以开发促发展；要站在全国的战略高度去开发开放，充分发挥先行先试的作用。二是要集中力量，下大工夫，进一步完善试验区的总体规划和实施方案。要汇聚各方面的智慧和力量，不断深入调查研究，继续修改和完善试验区的总体规划、专项规划和实施方案，力争做到更加科学、更加合理，更具操作性。三是要进一步加强统筹协调，深入研究和准确把握政策法规。要把国家有关试验区的各项政策和法律法规用好、用活、用足。特别是在先期启动的重大项目建设中，要积极、科学、稳妥地利用好国家政策。在试验区规划建设中要做到不炒房炒土地、不损坏人民群众利益、不破坏生态环境和不搞黄赌毒，始终保持长期、可持续发展的活力。省政府副秘书长、办公厅主任崔质涛主持会议。州委书记赵金在会上表示，德宏将根据调研组提出的要求、意见和建议，进一步深入学习，深化认识，认真落实；进一步修改完善试验区的实施方案；进一步修改完善试验区的发展规划；进一步总结和提高“境内关外”特殊监管模式和监管水平；进一步加强向中央、省的汇报、对接和沟通；进一步加大重点项目建设和先行先试的力度；进一步抓紧搭建投资融资、土地利用和人才支撑三个平台，深入推进瑞丽国家重点开发开放试验区建设。省发改委党组成员、副主任李新平，州长孟必光分别就瑞丽国家重点开发开放试验区建设工作推进情况作了汇报。州委常委、瑞丽市委书记杨跃国，州委常委、州委秘书长番跃平，以及省、州相关部门同志陪同调研并参加座谈会。

【“2011中国昆明泛亚石博会”在昆明国际会展中心隆重开幕】 2011年7月10日上午，“2011中国昆明泛亚石博会”在云南昆明国际会展中心新馆隆重开幕。云南省委书记、省人大常委会主任白恩培，省委副书记、省长秦光荣，省政协主席王学仁，省委常委、昆明市委书记仇和，副省长刘平等领导出席了开幕式。在为期8天的时间里，来自斯里兰卡、缅甸、越南、老挝、阿富汗、香港、台湾等多个国家和地区的众多商家将进行石产品展销活动。本次“石博会”以“弘扬石文化，繁荣石产业”为主题，由云南省人民政府主办，云南省石产联办公室、省文产办和昆明国际会展中心共同承办；展览总面积超过6万平方米，折合标准展位共2693个，比上届展位数增加了478个，其中45%参展商来自省外；展销产品包括观赏石、珠宝玉石、建材石材、木雕工艺、石产业相关工艺品等。石博会期间还将有石博览交易、精品石展示及评鉴、珠宝玉石论坛、系列知识讲座等丰富的活动。

出席开幕式的嘉宾还有：中国收藏家协会会长罗伯健、中国石材工业协会会长邹传胜、中国收藏家协会名誉会长闫振堂、台湾中华宝石协会理事长林嵩山。缅甸、泰国、越南、老挝驻昆总领馆官员，新加坡、马来西亚等国家及中国香港、台湾地区珠宝玉石协会负责人。

【省委副书记李纪恒率队到德宏调研】 2011年7月12至15日，云南省委副书记李纪恒率队到德宏州调研，与德宏州各族干部群众共商加快推进桥头堡建设步伐，推动德宏州经济社会又好又快发展的好思路、好措施、好办法。他在调研中强调，要迅速掀起学习贯彻胡锦涛总书记“七一”重要讲话精神热潮，加快推进桥头堡建设，扎扎实实抓好盈江灾后恢复重建工作。

在盈江县，李副书记走进过渡安置点拉勐村民小组冯桑石家，与冯桑石唠起了家常，关切地询问灾后家里的生产生活情况，鼓励她树立信心，克服困难，重建家园。在岗勐小学，在大盈江江堤，在民房恢复重建统规统建点、分散自建点，李副书记详细了解了盈江“3·10”地震恢复重建各项工作。他要求，灾后恢复重建工作要坚持以人为本，尊重自然，统筹城乡，科学重建，以科学规划为前提，以优先解决民生问题为基点，以住房重建、设施重建、产业重建、城镇重建、生态重建为重点，以政策支持、体制创新和开放合作为动力，调动一切积极因素，整合一切资源，确保如期完成恢复重建任务。

李副书记十分关心低收入群众的生活，来到芒市廉租房阳光花园白象小区，他走进残疾人杨有富、易宏的家中，详细询问他们的身体状况和生活情况，并叮嘱随行的德宏州领导干部要努力解决好群众的住房、就医、就业、就学、社会保障等问题。在梁河县、陇川县、瑞丽市和芒市，李副书记深入农村、社区，深入到产业基地、龙头企业、工业园区，与各族群众、企业负责人进行广泛交流座谈，实地检查指导德宏州经济社会发展。

省发改委主任米东生、副主任董继理，省住建厅厅长罗应光，省财政厅副厅长杨利邦，省民政厅副厅长姚国华和省委政研室(省委农办)副主任王兴明等省直部门领导；我州党政领导赵金、孟必光、唐文祥、杨跃国、番跃平、李燕兰、赵镇康、姜在君、板岩过、高铁英、周湛鸿等领导先后陪同调研。

【《烈焰景颇》捧回省十一届新剧(节)目金奖】 2011年8月6日，由德宏州民族歌舞剧院创作编排的大型景颇族舞蹈史诗精品剧目《烈焰景颇》在云南省第十一届新剧(节)目展演参赛众多专业团体中脱颖而出，一举拿下剧目金奖和编导一等奖、舞美一等奖、表演一等奖、音乐一等奖等多个大奖。《烈焰景颇》以景颇族“举族南下迁徙”的旷世壮举为主线，以景颇族传统民族舞为基调，在立足原生态的基础上，将民族舞、古典舞、现代舞3种元素有机融合并加以艺术提升和创造，演绎了景颇族人民在历史长河中历经千难万险，终于在被圣灵祝福过的圣地——“美丽的孔雀之乡·德宏”繁衍生息的历程。全剧共分为老家、迁徙、家园、盛世、繁衍5个篇章，表现了景颇族人民顽强的生命力、乐观积极的生活态度、“像大山一样刚强，像烈焰一样生生不息”的民族精神和刚直豪爽的民族性格。该舞剧总编导张银忠表示，在国内舞台史上，反映景颇族历史文化的舞剧很少。希望通过《烈焰景颇》将景颇族的千年历史呈现在观众面前，使更多人了解景颇历史、读懂景颇文化，为弘扬民族文化，推动德宏文化产业发展尽绵薄之力。

【召开德宏州委群众工作会】 2011年8月8日，德宏州委群众工作会议在芒市会堂召开。会议要求，全州各级党组织和广大党员干部要牢固树立马克思主义群众观，自觉贯彻党的群众路线，牢记党的宗旨，始终保持党同人民群众的血肉联系，用心、用情、用力，扎扎实实做好新形势下群众工作。州党政领导赵金、孟必光、余麻约、龚敬政、杨跃国、郭志德、番跃平、李燕兰、何汝利出席会议并在主席台就座。会上，州委书记赵金为州委群众工作局授牌授印并讲话。州委副书记、州长孟必光对做好我州新形势下群众工作进行了部署。赵书记充分肯定了德宏州群众工作取得的成绩，分析了当前群众工作面临的新情况和新问题。他指出，群众工作基础不牢，社会大局就不稳定，发展更无从谈起。在新时期新形势下，群众观念只能增强，不能淡化；群众工作只能加强，不能削弱。全州各级党组织和广大党员干部要深刻认识群众工作的极端重要性、高度敏感性和现实紧迫性，树立群众观点，坚定群众立场，坚持群众路线，准确把握形势，把做好新形势下群众工作作为一刻也不能放松的政治任务，按照中央和省委、省政府的总体要求，认真贯彻落实州委的工作部署，不遗余力地把群众工作做深做细做实。他要求，扎实有效做好新形势下群众工作。一要加强基层党组织保障体系建设，努力把全州基层党组织建设成为推动发展、服务群众、凝聚人心、促进和谐的坚强战斗堡垒。二要创新贴近群众的科学理论传播载体，不断总结经验，把民族"五用"措施充分运用到加强和创新社会管理当中，以此宣传群众、联系群众、服务群众、团结群众。三要建立健全覆盖城乡的为民服务体系，为各族群众提供"一站式办公、阳光下审批、一次性办结"的联动、高效、便捷服务。四要坚持领导干部联系基层工作制度，千方百计解决好边疆各族群众最关心、最直接、最现实的问题。五要建设好永不撤离的农村综合工作队，继续把"选派一支驻村工作队，建立一批示范点，巩固一批党建成果"作为重要任务，切实加强农村综合工作队伍建设，完善村民理事会工作机制。六要架设畅通社情民意的信访渠道。不断总结和提炼好的做法和经验，继续巩固好书记州长信箱等"网上信访"成果，提升网上"百姓留言板"、"德宏热线"和州委《干群建议》质量；坚持实行新提拔领导干部和后备干部到信访部门锻炼制度，主动化解各种社会矛盾纠纷；加强和完善信息网络管理，营造健康文明和谐的网络环境。七要认真组织开展好符合德宏实际的主题教育活动。重点开展好创先争优活动、向杨善洲同志学习活动、"自力更生、艰苦奋斗、感恩思进"主题教育活动和建设"花果乡村、和谐家庭、幸福家园"活动。八要始终坚持发展第一要务不放松，坚定不移地按照州委确定的经济社会发展思路开展各项工作，在发展中改善民生、增进民族团结、促进社会和谐。

州长孟必光对下一步的群众工作进行了部署。州委常委、州委政法委书记郭志德主持会议，并就如何贯彻会议精神提出了要求。州委常委、州委秘书长番跃平宣读了州委办公室、州政府办公室《关于成立中共德宏州委群众工作领导小组的通知》和州编制办《关于中共德宏州委群众工作局机构设置的批复》。根据相关文件，州委群众工作局与州信访局实行两块牌子、一个机构、一套人马合署办公。在家的州级领导，各县市委书记、县市长和分管领导，各乡镇党委书记、镇长，中央、省驻德宏各单位及州直部门副科以上干部，芒市正科以上实职干部等参加了会议。

【召开轩岗工业园天然气热电联产项目推进座谈会】 2011年8月16日，德宏州政府和芒市委、市政府与云南省电力投资公司在芒市宾馆召开轩岗工业园天然气热电联产项目推进座谈会，在项目前期工作基础上就有关问题进行商讨。州委书记赵金，州委常委、州委秘书长番跃平，副州长苏洪涛，州政府办调研员刀承福，芒市委、市政府领导及云南省电力投资有限公司总经理段文泉等出席座谈会。赵金在座谈会说，走新型工业化之路是德宏州实现工业突破的重要途径。州委、州政府高度重视芒市轩岗工业园天然气热电联产项目，把该项目作为全州重点项目来抓；同时，该项目得到了省委、省政府和省发改委、省能源局的高度重视，作为全省的重点项目来推进。期望该项目建成后能成为桥头堡黄金口岸和瑞丽重点开发开放试验区建设的一个重大的、有特色的工业项目，成为德宏边疆民族地方经济的增长点。芒市委书记蔡四宏汇报了轩岗工业园天然气热电联产项目进展情况、存在问题及下一步工作计划；云南省电力投资有限公司总经理段文泉介绍了公司的基本情况、项目前期工作情况及项目推进工作中存在的困难和问题；与会人员就项目推进的相关问题进行了讨论研究。

芒市轩岗天然气热电联产项目位于芒市天然气工业园区（芒市轩岗乡芒棒村），由云南省电力投资有限公司独资经营，预估总投资28亿元，计划2013年6月建成投产。该项目属天然气综合利用项目，建成后可解决德宏州枯水期工业用电不足问题。

【举行红十字会盈江县地震灾区恢复重建启动仪式】 2011年8月30日，中国红十字会总会云南省红十字会德宏州盈江县地震灾区恢复重建启动仪式举行。中国红十字会总会副会长王海京在启动仪式上讲话，并向德宏州副州长、州红十字会会长苏洪涛递交了捐赠牌，苏副州长代表州政府接受了中国红十字会、中国红十字基金会、香港、澳门特别行政区红十字会、云南省红十字会和其他省区红十字会的1560万元的捐赠。此次启动项目涉及民房、学校、卫生室、村民活动室、公共厕所、垃圾处理中心及后续生计项目建设。启动结束后，王海京一行考察了弄璋镇广云村红十字博爱家园重建点。

【德宏州第六次党代会隆重开幕】2011年9月20上午，中国共产党德宏傣族景颇族自治州第六次代表大会在芒市隆重开幕。本次大会的执行主席是：马福朝、李燕兰、杨跃国、何汝利、赵金、赵镇康、柳五三、姜在君、郭志德、唐文祥、龚敬政、番跃平、蔡四宏。出席这次大会的代表共434名，实到426名，符合规定人数。赵金代表中共德宏州第五届委员会向大会作题为《解放思想勇于争先，凝心聚力团结干事，为建设桥头堡黄金口岸而努力奋斗》的工作报告。他指出，这次大会的主要任务是：高举中国特色社会主义伟大旗帜，以邓小平理论和“三个代表”重要思想为指导，深入贯彻落实科学发展观，全面总结州第五次党代会以来的工作，确定今后五年的奋斗目标和主要任务，选举新一届州委和州纪委，选举出席省第九次党代会代表，动员全州党员和各族干部群众，解放思想，勇于争先，凝心聚力，团结干事，全力加快桥头堡黄金口岸和瑞丽重点开发开放试验区建设，大胆创造沿边开放新奇迹，努力开创德宏科学发展新时代。报告共分三个部分：一、团结奋进，扎实工作，富裕开放和谐安宁的社会主义新边疆建设取得显著成就。二、解放思想，勇于争先，努力开创德宏科学发展新局面。三、凝心聚力，团结干事，全面提高边疆党的建设科学化水平。《州纪律检查委员会工作报告》和《关于党费收缴、使用和管理情况报告》以书面形式提请大会审议。省委换届工作指导组领导到会指导。不是代表的五届州委委员、候补委员、纪委委员；不是代表的州级国家机关各部委办局、各人民团体、各院校及中央、省属驻德宏各单位主要领导，省级老领导、州人大常委会、州政府、州政协在职非党州级领导，部分州级离退休老领导和部分知名企业代表列席会议。

【芒市第二届泛亚珠宝博览会隆重举行】2011年10月1日，为期5天的珠宝玉石盛会——中国·芒市第二届泛亚国际珠宝博览会在芒市国际珠宝小镇拉开帷幕。博览会期间展出了在芒市首届“金象奖”玉雕作品大赛中获奖的作品。中国珠宝玉石首饰行业协会副会长、云南省石产业发展联席会议办公室主任、省国土资源厅副厅长李连举出席开幕式。州党政领导赵金、龚敬政、余麻约、马福朝、番跃平、李燕兰等出席开幕式。开幕式上，省州领导、著名珠宝专家为“芒市首届‘金象奖’玉雕作品大赛”的金、银、铜奖获得者颁奖。本次博览会展销品涵盖了翡翠、黄龙玉、树化玉、钻石、红蓝宝石等天然珠宝玉石成品和毛料，各类展位合计1000多个，吸引了来自全国各地的珠宝爱好者。博览会以打造“珠宝文化城——芒市”为目标，秉承“以玉为媒，宣传芒市，助推旅游，服务商家，发展经济”的宗旨；通过开展玉雕作品大赛、玉文化研讨等活动，进一步提高芒市珠宝玉石文化产业的知名度和美誉度，为芒市珠宝玉石产业的发展注入新活力。

【省政府召开盈江“3·10”地震恢复重建工作会】2011年10月25日，云南省政府在盈江县召开盈江“3·10”地震恢复重建工作会。会议提出，恢复重建工作已进入关键阶段。当前需要再接再厉，高位推进工作落实，更好地保障和改善民生。以恢复重建为重要动力，实现更好更快的发展，建设一个美丽富饶的新盈江。会上，曹建方听取了州委书记赵金，州委副书记、代州长、州政协主席龚敬政和各部门负责人对盈江“3·10”恢复重建的情况汇报后，曹建方对盈江县的恢复重建工作给予了肯定：整个恢复重建工作，进展顺利，成效显著。目前，民房修复加固动工率96%，拆除重建的动工率83%，19所学校的重建完成了可研，9个卫生项目完成了施工图纸的设计。他说，所有恢复重建的进度要服从质量。曹建方强调，当前，盈江灾区恢复重建已进入关键时期，全省各级、各部门要重点抓好4个方面的工作，抓紧推进恢复重建。一是要高位推动工作落实，本着对灾区群众高度负责的态度，细化职责任务，努力完成各项恢复重建目标任务。二是要健全完善机制，把工作责任机制作为前提，把资金筹措机制作为基础，把建设质量作为根本，为恢复重建工作扎实推进提供有力保障。三是要高度关注民生，坚持问计于民、问需于民、问策于民，倾听民声、体现民意、集纳民智，做到一切为了群众，一切依靠群众。同时，要妥善安排受灾群众的基本生活，确保群众安全过冬。四是要坚持改革创新，抓住桥头堡建设的重大历史机遇，既要抓好民房重建，又要抓好产业发展，坚定改革，敢于创新，要闯出一条加快发展的新路子，把盈江建设得更加美好，把盈江的经济社会发展推向一个更高层次。

受省委书记秦光荣，省委副书记、代省长李纪恒委托，副省长曹建方率省级有关部门领导来到盈江，到平原镇岗勐小学、拉勐村弄门村民小组、勐町村拉勐村民小组，看望慰问了受灾群众，详细了解了恢复重建工作的进度和质量保障措施。

【第十一届中缅边交会在瑞丽姐告国际会展中心开幕】 2011年12月8日上午，第十一届中缅边交会在瑞丽姐告国际会展中心开幕。本届中缅边交会由云南省商务厅、德宏州人民政府主办，缅甸商务部边贸司协办，具体由瑞丽市人民政府、姐告管委和德宏州商务局承办。主要内容包括国内外商品展销、洽谈活动；投资与贸易签约；中缅双方商会会谈；红木家具、玉雕大师精品展；对外经济技术合作和招商引资项目推介等，拟签项目9个，共推荐招商引资项目11个。共设室内展位414个，参展商品有家居用品、日用百货、旅游产品、家电五金等。

【州政府与云投集团在瑞丽举行项目合作交流座谈会】 2011年12月8日，德宏州政府与云投集团在瑞丽举行项目合作交流座谈会，州委副书记、代州长龚敬政与云投集团公司董事长保明虎就瑞丽国际医院、民族文化新村等项目建设进行了深度磋商，交换了意见，达成了共识。双方表示，将认真贯彻落实省第九次党代会精神，进一步强化组织领导，加强协调沟通，形成强大合力，共同推进项目建设取得新进展。龚敬政希望云投集团在国际医院项目总体设计中面向世界、面向未来、面向现代化，整合资金，重点推进，全力以赴，一气呵成，按时保质竣工；本着互利合作原则，完善项目建设有关手续，加快推进项目周边水、电、路市政配套建设，保障项目稳步推进，不误工期。保明虎介绍了云投集团在瑞丽的项目建设。他说，自2010年云投集团与德宏州、瑞丽市开展项目合作以来，分别与州政府签署了《战略合作框架协议》、与瑞丽市政府签订了《瑞丽市国际医院项目投资建设框架协议》。目前，瑞丽市国际医院和瑞丽民族文化新村项目有力有序有效推进，项目征地拆迁、手续审批、场地平整等各项工作正有序开展，勘察、设计、监理、造价咨询、施工等队伍已进场到位，项目具备了依法规范开工条件。州委常委、瑞丽市委书记杨跃国，州政府秘书长周湛鸿，瑞丽市长刀晓瑞，云投集团总裁刘一农等参加座谈会。

【全国人大常委会副委员长、全国妇联主席陈至立一行到德宏考察】 2011年12月18至19日，全国人大常委会副委员长、全国妇联主席陈至立一行到德宏考察妇女儿童工作。全国妇联党组副书记、副主席孟晓驷，全国妇联书记处书记范继英随同考察。云南省委常委、省委宣传部部长、德宏州委书记赵金，省人大常委会副主任程映萱，省妇联主席胡有兰，省妇联党组书记、副主席和红梅；德宏州党政领导龚敬政、余麻约、杨跃国、番跃平、杨丽云、夏阳等陪同考察。19日上午，陈至立一行来到陇川县陇把镇麻达村，看望慰问了麻达村妇女之家的76名成员，实地考察麻达村在妇女发展循环金项目帮助下发展起来的金桔基地，详细了解当地妇女的生产生活及儿童营养健康状况。通过实地考察，陈至立对德宏州妇女发展循环金项目的实施给予了肯定，并希望各级妇联切实发挥好妇女发展循环金项目的作用，带动群众发展产业，促进群众增收，激发群众致富的积极性。在景颇女孩瞿圆媛和赵秋芳家中，陈至立亲手向她们发放了消除婴幼儿贫血营养包和新春慰问金、慰问品，并叮嘱孩子的父母一定要按时按量服用营养包。她要求当地妇联要加强培训，把"消除婴幼儿贫血行动"项目加以跟踪推进，进一步扩大项目覆盖面，使更多的少数民族妇女儿童从中受益。19日下午，陈至立一行来到瑞丽市姐相乡暖波村的单亲母亲润也家中。润也是云南省农村单亲贫困母亲安居住房援建项目的受益者之一。在各级妇联的共同关心下，润也家在草木篱笆房原址上建起了崭新的青砖房屋。陈至立与润也母女亲切交谈，详细询问了润也家的生产生活状况。她表示，希望在各级党委、政府和妇联的关心支持下，此项目能加快推进，使更多贫困母亲的生活得到改善。

【芒市成功创建国家卫生城市】 2011年12月20至21日，芒市创建国家卫生城市顺利通过了国家和省多次严格检查考评和验收。20日上午，全国爱卫会在北京授予芒市国家卫生城市牌匾；21日上午，芒市委、市政府举行隆重的迎牌仪式，热烈庆祝创卫成功。德宏州人大常委会主任余麻约，州委秘书长番跃平，副州长苏红涛，州政协副主席董成宝，州政府副秘书长沈澎，芒市委书记蔡四宏，市委副书记、市长沙玉庄出席仪式。苏副州长代表州政府对芒市成功创建成为国家卫生城市表示热烈的祝贺。蔡市长代表市委、市人大、市政府、市政协及全市39万各族干部群众向在芒市创卫过程中给予帮助和支持的各级领导、社会各界人士表示衷心的感谢。余麻约和蔡四宏共同为芒市国家卫生城市挂牌匾。芒市四班子在家的领导，市直有关单位、勐焕街道、芒市镇、风平镇的干部群众参加了仪式。

【中国多金属矿业有限公司上市工作座谈会在芒市召开】 2011年12月28日下午，中国多金属矿业有限公司上市工作座谈会在芒市会堂隆重召开。云南省商务厅副厅长朱晓阳到会并作重要讲话。德宏州委副书记、州政府代理州长龚敬政，州人大常委会主任余麻约，州委副书记唐文祥，州委常委、州委秘书长番跃平，州政府副州长陈德金，州政府秘书长周湛鸿，州桥堡办常务副主任全洪涛，州委副秘书长、办公室主任侯胜，州政府副秘书长、办公室主任袁少全，州委副秘书长车发云，州政府副秘书长刀保信、蔺汝健，州政府办公室调研员龚能政，芒市、盈江县党政主要领导，州直相关部门领导以及中国多金属矿业有限公司董事局主席冉小川、首席执行官朱晓林、股东代表德意志银行董事张潞闽、执行董事吴玮、副总经理罗荣等出席了座谈会。会上，中国多金属矿业有限公司首席执行官朱晓林首先就公司的发展历程、未来发展规划等向与会代表作了详细报告。朱晓林指出：公司成立两年来，仅用了15个月就实现了从奠基到商业生产，并迅速成长成为香港第一家有色金属矿业上市公司，创造了行业内的奇迹。年末，公司已经实现固定资产4亿多人民币，直接解决500余人就业岗位，间接解决近千人就业岗位。2011年预计累计实现产值超过7900万人民币，上缴各项税费超过1300万人民币。带动了当地农业、服务业、运输业、交通和电力等基础产业的发展。中国多金属于2011年12月14日在香港主板顺利上市。借助资本市场的助力将进一步加大在德宏的投资力度，计划未来三年在德宏投资1.5～2.3亿美元。2012年，预计中国多金属在德宏境内实现销售收入超过10亿人民币，上缴各项税费达到3亿人民币。州政府代理州长龚敬政对中国多金属成功上市表示祝贺，同时对公司未来发展提出了希望。他说：中国多金属矿业有限公司入驻德宏时间较短，但发展迅速，公司在香港的成功上市实现了德宏通过资本市场直接融资零的突破，中国多金属在德宏发展矿产业，充分发挥了德宏优越的区位优势。

【瑞丽国际医院暨民族文化新村项目开工】 2011年12月28日，云投集团瑞丽国际医院暨民族文化新村项目开工奠基仪式在瑞丽举行。德宏州委副书记、代州长龚敬政，德宏州人大常委会主任余麻约，德宏州委常委、瑞丽市委书记杨跃国，瑞丽市委副书记、市长刀晓瑞，瑞丽市人大常委会主任排生，以及州市主要领导出席仪式并为项目培土奠基。瑞丽国际医项目位于瑞丽市西面，涵盖医疗服务、康复养生、医疗后勤、配套住宅和商业投资等内容。项目总用地面积440亩，其中医院用地130亩。项目总建筑面积52.18万平方米，其中地上44.87万平方米，地下7.31万平方米，设计停车泊位2750个。瑞丽国际医院按国内三级标准进行建设，医院分两期建设，一期工程实施8.17万平方米，设置床位300张，预留床位500张，建设内容包括：门诊医技楼、病房楼、急诊楼、体检楼、行政生活保障楼、配套用房以及地下车库等，总投资7.88亿元，计划2015年初正式投入运营。

（《年内大事》撰稿　龙路云）

领导干部名录

中共德宏州委

常　委　赵　金(彝族，2011年12月止)
李　磊(2011年12月任)
孟必光(傣族，2011年9月止)
龚敬政(傣族，2011年9月任)
王俊强(拉祜族，2011年12月任)
唐文祥(瑶族)
柳五三(白族)
马福朝
杨跃国
陈德金(彝族，2011年4月止)
郭志德(彝族)
番跃平(景颇族)　李燕兰(女，藏族)
赵镇康(回族)
何汝利
姜在君(挂职，2011年2月任)
书　记　赵　金(彝族，2011年12月止)
李　磊(2011年12月任)
副书记　孟必光(傣族，2011年9月止)
龚敬政(傣族，2011年9月任)
王俊强(拉祜族，2011年12月任)
唐文祥(瑶族)
秘书长　番跃平(景颇族)
副秘书长　侯　胜
党宽利
李枝济
车发云(白族)
陶继清

德宏州第十三届人大常委会

主　任　余麻约(景颇族)
副主任　汪宝泉
毛勒端(景颇族)
杨　红(女)
王兴才(景颇族)
管国芳(女，傣族)
孙春兰(女，阿昌族)
秘书长　夏　阳
副秘书长　赵立新(白族)　汪绍东
委　员　刀红艳(女，傣族)
刀承祎(傣族)
向光泽(傣族)
闫信能
李富炳
杨天明(傣族)
肖占先
张滇晋
陈耀洪(布依族，2011年5月止)
金学明(景颇族)
周启昌
方洪明(傣族)
江　滇
杨五青(德昂族)
张勒干(景颇族)
罗星明(彝族，2011年5月止)
郑光永(傈僳族)
赵文胜(白族)
倪国强
排　生(景颇族)
龚元政(傣族)
瑞　红(女，傣族)
岳麻空(景颇族)
赵立新(白族)
段晓光

德宏州人民政府

州　长　孟必光(傣族，2011年9月止)
代州长　龚敬政(傣族，2011年9月任)
副州长　柳五三(白族)
田大余(2011年2月止)
孔勒干(景颇族)
板岩过(傣族)
马　闻(回族)
苏洪涛
高铁英(挂职)
姜在君(挂职，2011年2月任)
党组成员　刀承贤(傣族，2011年9月止)
全洪涛
秘书长　周湛鸿
副秘书长　袁少全
蔺以卫(2011年5月止)
刀保信(傣族)
沈　澎(女)
蔺汝健
韦德斌(2011年5月止)

杨　洪　孙孔龙（景颇族）
李立奎

政协德宏州第十届委员会

常　委　刀小周（傣族）
马占炜
马昆龙（回族）
王圣春
王振泽
尹以稳
尹可丹
召系利（傣族）
闫信统
江宗宽
祁美春（女，景颇族）
许连文（2011年10月止）
孙定发（景颇族）
苏洪涛
李茂文
沈甸钦（2011年10月止）
杨　杏（女）
杨翠芳（女，佤族）
杨常锁
肖阳和
肖丽华（女，傣族）
何　方
何　庆（女，景颇族）
何干桑（景颇族）
何朝阳（壮族）
张　宽（女，景颇族，2011年10月止）
张义兰（女）
张益俊（阿昌族）
陈　丽（女）
陈川云
陈德寿
陈绍昌（2011年6月任）
岩　板（傣族）
金　华
郑振泉
郑海洪
胡永强
钟焱芳
倪建明
曹发成（傈僳族）
密秉兴（傈僳族）
蒋　华（德昂族）
董保柱
谢　波（傈僳族）
詹茂胜
熊相入

主　席　龚敬政（傣族）

副主席　杨庆华
李有升
董成宝（景颇族）
王兴明（2011年6月任）
杨丽云（傈僳族）
肖占先（2011年1月任）

秘书长　管国照（傣族）

副秘书长　尹以稳
赵福所
王金华
包莉海

中共德宏州纪律检查委员会

书　记　赵镇康（回族）

常务副书记　李　友（纳西族，2011年9月止）

副书记　高应科（2011年9月任）
刀承贤（傣族，2011年9月任）
孙金发（阿昌族）
思利章（傣族，2011年9月止）

常　委　王立东（景颇族）
何家松
李映杰（达翰尔族）
方安品（女，傣族）
谭丽昆（2011年9月任）
尹银胜（白族，2011年9月任）

监察局局长　思利章（傣族，2011年9月止）
高应科（2011年9月任）

副局长　王立东（景颇族）
阙永芳（阿昌族，2011年1月任）

正处级纪检员　谭丽昆（2011年5月任）
尹银胜（白族，2011年5月任）

副处级纪检员　冯学军（2011年2月止）

中共德宏州委各部门领导干部名录

办公室

主　任　侯　胜

副主任　党宽利

李枝济

机要局

局　长　袁昆贤（傣族）

副局长　李明柳（女）

州委组织部

部　长　何汝利

常务副部长　赵海维

副部长　向明亮（傣族）
岳麻空（景颇族）
李富炳
宋雨发（兼）
赵科丁（兼，景颇族，2011年1月任）

部务委员　杨　森（景颇族）
牛建冰

副处级组织员　尹可舰（2011年5月止）
冯祖懿（傣族，2011年5月止）

州委宣传部

部　长　陈德金（彝族，2011年4月止）
李燕兰（女，藏族，2011年4月任）

常务副部长　方桄明（兼文明办主任）

副部长　董家垠
赵云山
韩启祥（2011年5月任）
杨宏成（兼文产办主任）

文明办副主任　管　斌（女，傣族，2011年5月止）
沙政成（傣族，2011年5月任）

州委统战部

部　长　李有升（2011年7月止，兼）
唐文祥（瑶族，2011年7月任，兼）

常务副部长　刀承祎（傣族）

副部长　何庆国（景颇族）

州委政法委

书　记　郭志德（彝族）

副书记　曾学亮
王　奇（兼综治维稳办主任）
张维平（兼州委"610"办主任）

政治部主任　陈云川（2011年4月任）

综治维稳办副主任　冯祖威
李培忠

执法监督室专职副主任　杨　斌

州委州政府政策研究室（2010年机改组建）

主　任　李全民（2011年1月任）

副主任　何春嵘（景颇族，2011年1月任）
李仲钦（阿昌族，2011年1月任）
李维森（2011年1月任）
杨新凯（2011年1月任）
蔺如程（2011年1月任）

州委农村工作领导小组办公室

主　任　何春嵘（景颇族）

副主任　张力才

州直机关工委

书　记　岳麻空（景颇族，兼）

副书记　董有湘　丁如松（女）

州委老干部局

局　长　李富炳

副局长　雷　准（景颇族）

州老年体协

主　席　杨大荣

常务副主席　李富炳（2011年7月任，兼）

专职副主席　寸丽萍（女，2011年1月止）

州委保密局

局　长　邵　强（傣族）

州委机构编制办公室

主　任　徐丽华（女，白族，2011年1月任）

副主任　卢　波（2011年5月任）

姐告边境贸易区工委

书　记　杨跃国（兼）

副书记　刀晓瑞（女，傣族，兼）　许毅刚

德宏州人大常委会各工作机构领导干部名录

办公室

主　任　赵立新（白族）

副主任　汪绍东
聂茂华（2011年2月任）

民族华侨工作委员会

主　任　龚元政（傣族）

副主任　汪国平

法制工作委员会

主　任　闫信能

财政经济工作委员会

主　任　向光泽（傣族）

副主任　杨祥时

教科文卫工作委员会

主　任　金学明（景颇族）

副主任　线加强（德昂族，2011年2月任）

选举联络工作委员会

主　任　张滇晋

副主任　张新跃（傣族）

农业环境资源保护工作委员会

主　任　方洪明(傣族)
副主任　杨顺昌

研究室

主　任　段晓光
副主任　王　伟

德宏州人民政府办公室及政府组成部门(含部门管理机构和承担行政职能的事业单位)领导干部名录

办公室

主　任　袁少全

州信访局

局　长　蔺以卫
副局长　尹丽芳(女)
　　　　钱　华(哈尼族)

州政府法制办公室(行政复议办公室)

主　任　吕泽霆(2011年2月任)
副主任　王　猛(2011年2月任)

州住房公积金管理中心

主　任　杨旭辉

州机关事务管理局

局　长　董　潇(2011年5月任)
副局长　杨丽萍(女，白族)

州政务服务中心

主　任　刘　星(纳西族)
副主任　克宝玉(女，傣族)

州公共资源交易中心

主　任　刘　星(纳西族，兼)
副主任　尹可谅(傣族)　罗本成

州特色产业办公室

主　任　宋雨发(兼)
副主任　杨爱军(白族，2011年2月任)

州发改委

主　任　俄　吞(傣族)
副主任　李兴光
　　　　杨立刚
　　　　王　莉(女)
　　　　唐宏君
　　　　奎　伟(挂职，2011年4月任)

州工信委(2010年机改组建)

主　任　闫生赞(2011年2月任)
副主任　成保平(2011年2月任)
　　　　岳太湘(2011年2月任)
　　　　何国山(2011年2月任)
　　　　罗宏榆(2011年2月任)

州教育局

局　长　王根顺
副局长　肖丽华(女，傣族)
　　　　寸待龙
　　　　陈留英(女，2011年6月任)
　　　　陈寿昌
教育督导室主任　彭武国

州科技局

局　长　何　琳(女)
副局长　江宗宽(2011年2月止)
　　　　李智仁(2011年6月任)
　　　　滕　云(女，2011年5月任)
　　　　汤文耀(2011年5月任)

州财政局

局　长　刘新光
副局长　尚立雄(景颇族)
　　　　帕安胜(傣族)
　　　　徐祖林(2011年2月任)
　　　　杨善武(2011年2月任)
　　　　朱　睿(挂职，女，白族，2011年4月任)
　　　　陈　鹏(挂职，2011年4月任)
党组副书记　黄德明
农业综合开发办主任　雷宝才(阿昌族)
总会计师　徐祖林(2011年1月止)
非税收入管理局局长　杨善武

州人社局(2010年机改组建)

局　长　赵科丁(景颇族，2011年2月任)
副局长　郑　宇(2011年2月任)
　　　　保孔陇(景颇族，2011年2月任)
　　　　鲁国良(2011年2月任)
　　　　李定林(2011年2月任)
　　　　周　茳(女，满族，2011年2月任)

州公务员管理局

局　长　保孔陇(景颇族，2011年2月任，兼)

州公安局

局　长　马　闻(回族)
党委书记　马　闻(回族)
副局长　麻　勇(回族)
　　　　甘宏伟
　　　　杨守刚(白族)
　　　　徐云春(傣族)
　　　　岳　钢(景颇族)
党委副书记　麻　勇(回族)

杨长林
纪委书记、督察长　瞿生怀
政治部主任　万永刚(傣族)
交警支队支队长　杨从品
交警支队政委　施学志
交警支队副支队长　孙建疆(哈尼族)
王志明
警令部主任　张　明(2011年5月止)
禁毒支队支队长　穆晓康
禁毒支队政委　许连学
特警支队支队长　刘江南
特警支队政委　张　斌
治安支队支队长　宋　云(2011年1月止)
张宏生(2011年4月任)
治安支队政委　刘盈红
刑侦支队支队长　肖新卫(2011年1月止)
国保支队支队长　吴云疆(2011年1月止)
国保支队政委　龚自春(傣族)
行动技术支队支队长　徐自斌(傣族)
警卫处处长　王晓敏
经济犯罪侦查支队支队长　罗绍华(彝族)
反恐支队政委　罗建明(2011年12月任)
州强制戒毒所所长　陈连昌
州强制戒毒所政委　何银林
州强制戒毒所副所长　沈国云
州禁毒委办公室副主任　张　华

州司法局

局　长　尹有才(景颇族)
党委书记　尹有才(景颇族)
副局长　张云华
刘明钦
邓　冰(2011年12月任)
党委副书记　贾　波
纪委书记　贾　波
政治处主任　万　琦(女)

州民政局

局　长　谷忠寿
副局长　李春明
李穆仙(女，景颇族)

州民宗局

局　长　王二软(傣族)
党组书记　韩　锦
副局长　韩　锦
跑承梅何腊(景颇族，2011年2月任)
快永胜(傣族，2011年2月任)
陈绍昌
龚明海(傣族)

州交通运输局(2010年机改组建)

局　长　闫信统(2011年2月任)
党委书记　闫信统
副局长　杨天积(2011年2月任)
聂国强(2011年2月任)
许洪飚(2011年5月任)
党委副书记　梅学能(2011年1月任)

州农业局(2010年机改组建时加挂州畜牧兽医局牌子)

局　长　宋雨发
副局长　谢　波(傈僳族，2011年2月任)
李　鹏
王立岗
杨爱军(白族，2011年2月止)
农技推广中心主任　黄廷祥
茶办主任　周启昌
畜牧兽医局局长　谢　波(傈僳族)
畜牧兽医局副局长　潘　伟
何朝阳(壮族)

州水利局

局　长　胡琦龙(2011年6月止)
何立洪(2011年6月任)
党组书记　胡琦龙
副局长　周云生
段兆雄
王家毕(兼)

州林业局

局　长　钱　强(哈尼族)
副局长　谭新贵(景颇族)
於会荣
李发良
森林防火指挥部专职副指挥长　何勒定(景颇族)
州森林公安局局长　董建川(景颇族)
州森林公安局政委　杨从宽

州商务局

局　长　李舟宇(白族)
副局长　思　伟(傣族)
张景邦(2011年2月止)

州文体局(2010年机改组建)

局　长　许贵荣(傣族，2011年2月任)
副局长　高庆鹤(白族，2011年2月任)
杨韬南(2011年2月任)

段　敏(2011年2月任)

州卫生局

局　长　田树明(2011年2月止)

杨　杏(女，2011年2月任)

副局长　赵兴海(阿昌族)

邵国荣(傣族)

滕　云(女，2011年5月止)

魏有曙(2011年2月任，兼)

州中心血站站长　郭兆富

州防治艾滋病局

局　长　杨　杏(女，2011年2月任，兼)

常务副局长　段祝聪(女，2011年2月任)

州食药监局(2010年机改组建)

局　长　魏有曙(2011年2月任)

副局长　杨　灵(2011年2月任)

纪检组长　李蕙萍(女，2011年2月止)

州人口和计生委

主　任　番绍芬(女)

副主任　雷麻腊(景颇族)

沈丽平(女)

州审计局

局　长　郝豫昆

副局长　刘宗燕

雪　琳(女)

州统计局

局　长　王　梅(女)

副局长　曹勤宗(2011年2月任)

李　军(2011年5月任)

州住建局(2010年机改组建)

局　长　杨晓平(2011年2月任)

副局长　赵恩泽

王宇波(2011年2月任)

胡会明(挂职，2011年4月任)

党组副书记　吴礼全(2011年2月任)

城乡规划局局长　刘子明

州环保局

局　长　杨成礼(2011年6月止)

黄　彪(2011年6月任)

副局长　刀小周(傣族)

党组书记　杨成礼

州外事办

主　任　杨国胜

副主任　李永海(景颇族)

州侨务办

主　任　聂河云(2011年5月止)

赵冬梅(女，傣族，2011年5月任)

副主任　左利民(女)

州人民防空办(2010年机改组建)

主　任　于江辉(2011年2月任)

副主任　杨　怡

州国土资源局

局　长　肖利生(傣族)

党组书记　肖利生(傣族)

副局长　闫敬东(阿昌族)

王成钢(彝族)　蒋恩顺(傣族)

党组副书记　高星光

州粮食局(2010年机改组建)

局　长　杨　弄(景颇族，2011年2月任)

副局长　景生安(傣族)　杨忠承

州扶贫办(2010年机改组建)

主　任　李　兵(2011年2月任)

副主任　王兴全(景颇族)

州广播电视局(2010年机改组建)

局　长　段培相(2011年2月任)

副局长　排禄强(景颇族)　杨　玲(女)

州旅游局(2010年机改组建)

局　长　彭文才

副局长　王明亮

王　植(回族，2011年5月任)

德宏旅游集团有限责任公司副董事长　王云祥(女)

州蔗糖办

主　任　刀忠明(景颇族，2011年8月止)

赵兴倬(阿昌族，2011年6月任)

党委书记　排正有(景颇族，2011年5月任)

副主任　闫和平(2011年6月任)

余　忠(傈僳族)　余加崇

州防震减灾局

局　长　王绍昆

副局长　张德刚(2011年2月止)

雷二补旺(傣族，2011年5月任)

州驻昆办

主　任　郗育铎(傣族)

副主任　何秀娟(女，景颇族)

州驻京联络处

主　任　郗育铎(傣族，兼)

州接待处

处　长　张　云(傣族)

副处长　龚艳辉(女)
　　邵维勇(2011年6月任)
　　金　剑(2011年6月任)

州史志办

主　任　陈德寿
副主任　杨星明　张保和(傣族)

州供销社

主　任　杨海生

州档案局

局　长　段丽冰(女，2011年2月止)
　　杨航深(2011年6月任)

州麻栗坝水库管理局

局　长　王建江
副局长　王家毕　毛从祥

姐告边境贸易区管委

主　任　刀晓瑞(女，傣族，兼)
副主任　蔡映春(女，回族)
　　杨常纪　李其贵(傈僳族)
　　龚翠莲(女，傣族)
　　张　清(挂职，2011年6月任)

州安全生产监督管理局

局　长　赵兴倬(阿昌族，2011年6月止)
　　郭　山(2011年6月任)
副局长　黄国荣

州招商合作局(2010年机改组建)

局　长　赵　敏(2011年2月任)
副局长　姚宏科(2011年2月任)
　　李　磊(挂职，2011年2月止)
　　喻国有(挂职，2011年3月任)

州卫生监督支队

支队长　董保锐

州移民开发局

局　长　杨世彪
副局长　张哲铭(傣族)

州交通运政管理处

处　长　李本泽
党总支书记　赵永明

德宏铁路建设领导小组办公室

主　任　柳五三(白族，兼)
常务副主任　刀承济(傣族)
副主任　李志坚

德宏州中级人民法院

院　长　马真荣(回族)
党组书记　马真荣(回族)
副院长　王　健(彝族)
　　雷永华(景颇族)
　　薛文定(女，傣族)
党组副书记　王　健(彝族)
纪检组长　李顺芬(女)
政治部主任　刀继纲(傣族)
政治部副主任　杨常伦
执行局局长　张文华
刑一庭庭长　李本纪(2011年6月止)
　　陈本启(2011年6月任)
刑二庭庭长　余　菲(2011年6月止)
　　丁志翔(2011年6月任)
刑三庭庭长　陈本启(2011年6月止)
　　田振宇(2011年6月任)
民一庭庭长　高　立(女，2011年6月止)
民二庭庭长　邵　文(2011年6月止)
监察室主任　王肃宏(2011年6月止)
办公室主任　邵　文(2011年4月任)
行政管理处处长　马光华(回族)
司法警察支队支队长　保建芳
审监庭庭长　丁志翔(2011年6月止)
　　高　立(女，2011年6月任)
行政庭庭长　田振宇(2011年6月止)
专职审判委员会委员　余　菲(2011年6月任)
　　王肃宏(2011年6月任)

德宏州人民检察院

检察长　铁　楠(女)
党组书记　铁　楠(女)
副检察长　普　瑞(景颇族)
　　高应科(2011年9月止)
　　李　友(纳西族，2011年9月任)
　　李云虎
党组副书记　李　友(纳西族，2011年9月任)
纪检组长　曹明厘(阿昌族)
反贪局局长　赵　斌
反贪局副局长　龙　磊(彝族，2011年4月任)
政治部主任　孙学锦(景颇族)
政治部副主任　普明堃
　　王莉琼(女，布依族)
监所检察处处长　帕三崃(傣族)
监察处处长　们发寿(阿昌族)
检察技术处处长　李江涛(白族)
法警支队支队长　熊辉品
人民监督办公室主任　向明荣(傣族)

公诉一处处长　李　明
控告申诉处处长　姜　雁(女)
反渎职侵权局局长　徐国旗
侦查监督处处长　杨有彦(2011年4月任)
法律政策研究室主任　尹培亮(傣族，2011年4月任)
犯罪预防处处长　王瑞兴
行装处处长　董文宏(白族，2011年4月任)
专职检察委员会委员　赵振荣(景颇族)

政协德宏州第十届委员会办公室及各专门委员会领导干部名录

办公室
主　任　尹以稳(兼)
副主任　赵福所(兼)
　　王金华(兼)
　　包莉海(女)

经济人口资源环境委员会
主　任　何　方
副主任　宋光明

社会和法制委员会
主　任　王圣春(2011年6月任)

提案委员会
主　任　何　庆(女，景颇族，2011年6月任)
副主任　岳秀英(女，景颇族，2011年6月任)

教科文卫体委员会
主　任　陈川云

民族宗教侨务委员会
主　任　蒋　华
副主任　焦小帕

文史资料委员会
主　任　杨常锁
副主任　李永兴(2011年6月任)

中共德宏州纪律检查委员会办公室及各专门委员会领导干部名录

办公室(监察综合室)
主　任　何家松

宣教室
主　任　李映杰(达斡尔族，2011年5月止)

干部室
主　任　方安品(女，傣族)

纠风办
专职副主任　侯永涵

纪检监察一室
主　任　蒋必戎

党风室
主　任　段　滨(白族)

信访室(举报中心)
主　任　朱文科(2011年1月任)

案审室
主　任　周一丁(2011年2月止)

纪检二室
主　任　杨朝友(2011年5月止)

纪委监察局派出纪工委领导干部名录

党政纪工委
书　记　徐开卫(傣族)
副书记　宋建国(2011年5月任)
　　苟洪文
　　李蕙萍(女，2011年1月任)

财经纪工委
书　记　李维仲(傣族)
副书记　李茂林　余　忠　游荞宁(女)
监察分局局长　李茂林

教科文卫纪工委
书　记　许枝熙
副书记　杨园林　尹定耀

人事民政纪工委
书　记　邓莉华(女)
副书记　梁昌权(阿昌族)
　　何培元(傈僳族)
　　寸待礼
监察分局局长　梁昌权(阿昌族)

农林水纪工委
书　记　哏留兴(傣族)
副书记　张　芬(女)
　　蒋太平
　　岳太贵(景颇族)
监察分局局长　张　芬(女)

政法纪工委
书　记　杨锡伟
副书记　杨春城
监察分局局长　杨春城

群团纪工委
书　记　缺
副书记　马麻弄(景颇族)
　　刀文华(傣族)

包　锐

德宏州群众团体、企事业单位领导干部名录

州总工会

主　席　孙春兰(女，阿昌族，兼)
常务副主席　张　宽(景颇族，2011年8月止)
副主席　孟必和(傣族)

州妇联

主　席　李燕兰(女，藏族，2011年8月止)
　　　　杨丽云(女，傈僳族，2011年8月任，兼)
常务副主席　刀红艳(女，傣族)
副主席　杨翠芳(女，佤族)
　　　　杨玲艳(女，傣族)

共青团德宏州委

书　记　刘桢梅(女，白族)
副书记　李君川　孙　坚

州工商联

主　席　金　富(2011年10月止)
　　　　肖占先(2011年10月任)
党组书记　刀承袆(傣族)
常务副主席　肖占先(2011年10月止)
副主席　刀承袆(傣族)
　　　　管有成(傣族)

州科协

主　席　何　琳(女，2011年7月任)
副主席　何　琳(女，2011年7月止)
　　　　江宗宽(2011年4月止)
　　　　李智仁(2011年7月任)
　　　　滕　云(女，2011年7月任)
　　　　汤文耀(2011年7月任)

州侨联

主　席　聂河云(2011年9月止)
　　　　赵冬梅(女，傣族，2011年9月任)
副主席　左利民(女)

州文联

主　席　龚家强(傣族)
副主席　倪国强(2011年3月止)

州残联

理事长　谷云芳(女，2011年7月止)
　　　　李发昌(2011年7月任)
党组书记　谷云芳
副理事长　杨立志(女)　李兴强

州社科联

主　席　林念兰
副主席　陈　旭

州红十字会

会　长　苏洪涛(兼)
常务副会长　张蕾红(女)

州医疗集团

总院长　赵文胜(白族)
党委书记　赵文胜(白族)
副总院长　何明庚　张益俊(阿昌族)
党委副书记　沈赵留

州疾病预防控制中心

主　任　张保森

州妇幼保健院

院　长　郭云松(女)

州委党校

校　长　唐文祥(瑶族，兼)
党委书记　谢大鹏
副校长　谢大鹏
　　　　杨晓兰(女)
　　　　高正伟
党委副书记　毛成才

州民干校

校　长　谢大鹏
副校长　杨晓兰(女)
　　　　高正伟

州行政学校

校　长　孔勒干(景颇族，兼)
副校长　谢大鹏
　　　　杨晓兰(女)
　　　　高正伟

州社会主义学校

校　长　李有升(兼)
副校长　谢大鹏
　　　　杨晓兰(女)
　　　　高正伟

德宏职业学院

院　长　李长富
党委书记　杨子平
副院长　赵家福(阿昌族)
　　　　杨清成

州中等职业学校

校　长　邵维涛
党委书记　邵维涛
副校长　李春萍(女)
　　　　郑海景(女)

党委副书记　温伟雄

州民一中

校　长　党　颖

副校长　王希和

　　　　线时盛(傣族)

　　　　杨　伟

党总支副书记　谭德学(景颇族)

德宏传媒集团

总　裁　董家根

党委书记　董家根

党委副书记兼纪委书记　熊　艳(女)

副总裁　张　健

　　　　舒迎春(傣族)

　　　　韩启祥(2011年6月止)

　　　　陶　明(傣族，2011年6月任)

　　　　谷泉音(女)

　　　　岳太龙(景颇族)

　　　　舒生跃(傈僳族)

常务副总裁、总经理　张　峻

报社社长、总编　熊　艳(女，兼)

报社副社长、副总编　李永斌

　　　　　　　　　　杨增洪

电台台长　韩启祥(2011年6月止)

　　　　　陶　明(傣族，2011年6月任)

电视台台长　舒迎春(傣族)

电视台常务副台长　杨　艳(女，德昂族)

民族出版社社长　舒生跃(傈僳族)

互联网德宏新闻中心主任　谷泉音(女)

民语译制中心主任　岳太龙(景颇族)

州农垦局

局　长　韦德斌(2011年6月任)

副局长　刘雪源(2011年6月任)

　　　　相明和(2011年6月任)

中央、省属驻德宏工作机构

德宏师范高等专科学校

校　长　江　滇

党委书记　克明亮(傣族)

副校长　刘建平

党委副书记　景德萍(女，傣族)

纪委书记　杨德贵

中国人民银行德宏州中心支行

行　长　罗本祥

副行长　张金湛(2011年8月任)　郑艳玲　杨占福

纪委书记　张金湛(2011年8月止)

工会主任　尹微波

中国银行业监督管理委员会德宏监管分局

局　长　鲁建华

副局长　杨国胜　袁虹英

纪委书记　杨雁翥

中国农业发展银行德宏州分行

行　长　金珞德

书　记　金珞德

副行长　杨文会

　　　　吴　飞(2011年1月止)

　　　　方　丽(2011年6月任)

中国工商银行德宏分行

行　长　刁文利(2011年7月止)

　　　　王增科(2011年7月任)

党委书记　刁文利(2011年7月止)

　　　　　王增科(2011年7月任)

副行长　赵重华(2011年4月任)

　　　　黄　亮

工委主任　沙永华

纪委书记　黄　斌(2011年4月任)

中国农业银行德宏州分行

行　长　郑守廉

副行长　许连存

　　　　王健骅

　　　　张信茂

　　　　欧润湘(2011年4月止)

纪委书记　许连存

行长助理　谭柏阳(2011年5月任)

中国建设银行德宏州分行

行　长　杨庆华(傈僳族)

党委书记　杨庆华(傈僳族)

副行长　梁二麟(壮族)

　　　　杨继康(2011年5月止)

　　　　余泽斌(2011年9月任)

　　　　李志芳(女)

纪委书记　李志芳(女)

工会主席　李志芳(女)

风险主管　段红锋(女，2011年5月止)

　　　　　李业懋(2011年6月任)

中国银行德宏州分行

行　长　解近宏

副行长　何建富

　　　　杨跃庆(2011年3月任)

纪委书记　朱　江

农村信用社联合社

主　任　杨银彪

州国税局

局　长　杨家正(2011年2月止)
　　　　龙　晖(女，回族，2011年2月任)
党组书记　龙　晖(女，回族)
副局长　赵成继(傣族)
　　　　叶　剑
　　　　曹映仑(2011年7月任)
纪检组长　线　三(傣族)
总经济师　何汝智
总会计师　禹春梅(女)
稽查局局长　董正湘

州地税局

局　长　岳志新
副局长　孔　亮
　　　　尹可山
纪检组长　终继光(景颇族)
总经济师　董瑞义(德昂族)

中国人保财险股份有限公司德宏分公司

总经理　杨雁翔
党委书记　杨雁翔
副总经理　陈　黎
　　　　许本清

中国人寿保险股份有限公司德宏分公司

总经理　管　波(2011年4月止)
副总经理　聂永祥(2011年4月主持工作)
　　　　李仕忠
　　　　明黎强

德宏芒市机场

总经理　钟　敏
党委书记　马召保
副总经理　方川龙
　　　　杨　磊

州气象局

局　长　王绍山
副局长　李　进
　　　　於慧玲(女，2011年8月任)
纪检组长　杨世杰

德宏供电有限公司

总经理　岳志强
党委书记　杨　凡
副总经理　寸时建
　　　　李茂增
　　　　林宝德
党委副书记　纳　斌
工会主席　龚启武

云南电网公司德宏供电局

局　长　杨　凡
党委书记　岳志强
副局长　谭　林
　　　　肖　颖
　　　　叶煜明

德宏电信分公司

总经理　段　勇
党组书记　段　勇
副总经理　杨富华(白族)
　　　　刘宏斌

中国移动通信德宏分公司

总经理　倪建明
党委书记　倪建明
副总经理　袁国志
　　　　杨林波
总经理助理　崔　俊(2011年10月任)

中国联合网络通信有限公司德宏州分公司

总经理　卜海泉
副总经理　杨开亮
　　　　张庆东
　　　　缪志明

德宏州邮政局

局　长　杜国才(2011年11月止)
　　　　王建云(2011年10月任)
党委书记　王建云
副局长　段春燕(女)
　　　　周　斌(2011年6月止)
　　　　罗有系(2011年11月任)

德宏烟草专卖局

局长、经理　赵　强
党组书记　赵　强
纪检组长　邵维政(2011年12月任)
副经理　赵之福
　　　　吴庭发
　　　　谢祖光(2011年12月任)
副局长　尹跃邦
工会主席　尹跃邦

德宏州工商行政管理局

局　长　黄春伟
党组书记　黄春伟
副局长　马向红
　　　　卢振伟
　　　　赵卫平
纪检组长　胡　宁

德宏州食品药品监督管理局

局　长　魏有曙
副局长　杨　灵
　　　　吴基权(2011年1月止)
纪检组长　李蕙萍(2011年3月止)

德宏州质量技术监督局

局　长　李维新
党组书记　李维新
副局长　洪　德
　　　　杨加祥
纪检组长　杨洪钦

德宏调查队

队　长　张明明
党组书记　张明明
副队长　岳志刚
　　　　王　涛

德宏州水文水资源局

局　长　张正强

瑞丽海关

关　长　黄孝荣
副关长　蒋旭峰
　　　　杨道生
　　　　刘光梅
　　　　钏文军

瑞丽海关缉私分局

局　长　蒋旭峰(2011年8月任)
政　委　董诗强
副局长　马应旭
　　　　付光林

海关总署缉私局瑞丽缉毒犬基地

主　任　张卫华
副主任　徐晓昕

芒市海关

关　长　何　勇
副关长　徐　文

盈江海关

关　长　张丽珍
副关长　丁小宝
　　　　李光庆

昆明海关派驻盈江海关、章凤海关

纪检监察特派员　赫建全(2011年1月止)
　　　　　　　　王立新(2011年1月任)

章凤海关

关　长　孟跃贤

畹町海关

关　长　朱建国
副关长　陈树森
　　　　李志东

德宏出入境检验检疫局

局　长　张继光
副局长　寸待凯
纪检组长　王利民
盈江办事处主任　焦德勇
综合技术服务中心主任　杨新武
章凤办事处主任　柳文云(2011年7月任)

瑞丽出入境检验检疫局

局　长　李自飞
副局长　杨雁雄
　　　　王　泽
　　　　洪　德(2011年2月任)
姐告办事处主任　杨洪禄
畹町办事处主任　蔺以东
综合技术中心主任　吴贵宏
机关服务中心主任　荣启明

瑞丽边防检查站

站　长　何嘉林
政　委　吴勇军
副站长　柳继明
　　　　赵永奇
　　　　杨　能
　　　　谭新华(2011年8月任)
副政委　谭新华(2011年8月止)
　　　　阳广举(2011年8月任)
参谋长　王　强
政治处主任　阳广举(2011年8月止)
　　　　　　金玉陆(2011年8月任)
后勤处处长　周铁花
姐告分站站长　吴景初
姐告分站政委　王岚平

畹町边防检查站

站　长　邓　冰(2011年3月止)

喻泽辉（2011年3月任）
政　委　喻泽辉（2011年3月止）
印春荣（2011年3月任）
副站长　李秋明
彭国发
副政委　杨晓田
参谋长　李跃江
政治处主任　伍万贵（2011年3月止）
李昌宏（2011年3月任）
后勤处处长　李昌宏（2011年3月止）
王　剑（2011年3月任）

德宏交通运输（集团）公司

董事长、总经理　秦国苍
党委书记　秦国苍
监事会主席　林成钧
副总经理　王跃华
胡梦卿
段兆云
杨世苍
张谢龙
纪委书记　林成钧
工会主席　王跃华

德宏公路管理总段

总段长　高尔朴（2011年10月止）
杨定忠（2011年10月任）
党委书记　李家旺（白族，2011年10月止）
高尔朴（2011年10月任）
副总段长　杨定忠（2011年10月止）
张敏才
沈传宏
纪委书记　王向宏（傣族）
工会主席　李开贤

中央储备粮德宏直属库

主　任　宋春国
副主任　张世鹏

（吴　翔）

芒　　市

地　　理

【市　境】　芒市地处云南省西部，德宏州东南部，位于东经98°01′~98°44′，北纬24°05′~24°39′之间。东西长约71千米，南北宽约62千米。总面积2987平方千米，其中山区占74%，坝区占26%。东、东北接保山市龙陵县，西南连瑞丽市畹町经济开发区，西、西北与梁河县、陇川县隔龙江（陇川江）相望，南与缅甸交界，国境线长68.23千米。市政府所在地勐焕街道办事处（城镇规划面积25平方千米），同时是州府所在地。芒市陆距省会昆明649千米，空距427千米。其地形特点是："八分山，二分坝，三山两坝一河"。东北至西南走向的山地之间为宽谷盆地，通称"坝子"，盆地中部被三台山隔断，形成了芒市和遮放两个坝子，地势东北高，西南低。最高海拔2889.1米，最低海拔528米。芒市与缅甸毗邻，长期以来，中缅两国边民跨境而居，相互通婚，边民互市历史久远。全市有33个自然村与缅甸贵概县接壤，拥有5条通商通道，具有陆路边贸区位优势。

【气　候】　芒市地处低纬高原，热量丰富，气候温和，属南亚热带季风气候，具有夏长冬短、干湿分明、冬无严寒、夏无酷暑，日照时间长、雨量充沛、冬季多雾等特点。年平均气温19.6℃，最热月（6月）平均气温24.1℃，最冷月（1月）平均气温12.3℃，极端最高气温36.2℃（1960年4月29日），极端最低气温-0.6℃（1963年1月5日），年积温7170℃。年平均降水量1654.6毫米，年最多降水量2294.4毫米（2001年），年最少降水量1177.3毫米（2006年），雨季（5~10月）降水量占全年降水量的89%，年平均降雨日数170天，一日最大降水量158.3毫米（2002年10月25日）。年日照时数2252.9小时，年蒸发量1710.2毫米，无霜期315天。2011年，芒市热量条件丰富，雨量充足，光照条件较好。年平均气温为20.2℃，比上年低0.3℃，比历年平均值偏高0.6℃，属偏高年份。年降雨量1577.7毫米，比上年少194.1毫米，比历年平均值偏少77.5毫米，偏少5%，属正常年份。年日照时数2090.7小时，比上年少22.8小时，比历年平均值偏少162.2小时，偏少7%，属正常年份。气候对工农业生产的影响属中等偏上年景。全市因气象灾害造成直接经济损失3868.8万元（含农业经济损失3077.3万元），其中干旱灾害损失492万元，低温、风雹灾害损失

2178.8万元，洪涝灾害损失1198万元。

【行政区划】 2011年，芒市辖芒市镇、风平镇、遮放镇、勐戛镇、芒海镇5镇，轩岗乡、江东乡、五岔路乡、三台山乡、西山乡、中山乡6乡，1个街道办事处(勐焕街道办事处)；80个村民委员会，13个社区居委会，719个自然村1008个村(居)民小组；辖1个农场(遮放农场)，遮放农场辖4个农业分场31个生产队，2个直属单位。

【人口民族】 2011年，芒市有城镇、农村居民住户103311户，总人口392812人。其中：男性201586人，女性191226人；城镇人口153301人，农村人口239511人，城镇化率38.5%。人口自然增长率6.95‰，出生率13.73‰，死亡率6.78‰。在总人口中：汉族205572人，占总人口的52.3%；傣族133381人，占33.95%；景颇族29466人，占7.5%；德昂族10051人，占2.6%；傈僳族3821人，占1%；阿昌族2555人，占0.65%；其他少数民族7966人，占2%。有流动人口23124人，人口密度为每平方千米131.5人。

历　史

【简　史】 芒市历史源远流长，早在新石器时代就有人类繁衍生息。考古学家曾在五岔路乡、中山乡发现新石器时代遗址。

芒市，古代称之为“滇越乘象国”地。西汉为不韦县，属益州郡。东汉永平十二年(公元69年)划入哀牢县，属永昌郡。三国蜀汉时沿袭旧制。西晋秦始七年(公元271年)属宁州辖地。唐初称茫施，属金齿部，隶属剑南道姚州都督管辖。宋大理国时，易名怒谋，属永昌府，为金齿白夷地。元朝中统二年(1261年)，在金齿地设安抚司，属贺天爵安抚使管辖。至元十年(公元1273年)分金齿司地为“路”，今县城划入东路地区。翌年，东路改名镇康路。至元十三年(公元1276年)从镇康路划出，设茫施路，隶属金宣抚司六路总管府。明洪武十五年(公元1445年)废茫施路，置茫施府，隶属云南承宣布政司。万历十三年(1585年)在遮放地区置遮放副宣抚司。崇祯十三年(1640年)芒市御夷长官司升格置为芒市安抚司。清初属永昌府。乾隆三十五年(1770年)改属龙陵厅。光绪二十五年(1809年)置勐板土千总(今芒牛坝一带)，属龙陵厅管辖。民国元年(1912年)划芒市、勐卯两司为芒板弹压委员辖地，划遮放、勐板两司为遮卯弹压委员辖地。均隶属滇西道观察使。民国四年(1915年)改划芒遮板三司地为芒遮板行政区，属腾越道尹，公署设在勐戛，后废道制，改属第一殖边督办公署。民国二十一年(1932年)改为芒遮板设治局(准县级)。民国二十三年(1934年)改设潞西设治局，因其位于怒江以西而得名，局署仍在勐戛。民国二十五年(1936年)11月始设区、乡(镇)，与土司制度原设合一，共设3区24乡4镇。1949年3月，潞西设治局从勐戛迁入芒市，8月改为县治，县名仍为“潞西县”，隶属第十二区行政督察专员公署。芒市土司代办、设治局长方克胜任县长，治所设在芒市。

1950年4月21日，中国人民解放军陆军14军41师121团进驻芒市，潞西解放，随解放军一同到达的军政代表团接管了国民党潞西县政府。1950年，建立潞西县人民政府，隶属保山专署。1952年，置3区24乡(镇、街)，划出畹町镇。1953年7月，潞西划入德宏傣族景颇族自治区。1954年，高埂田等7个乡从梁河县划入。1956年，德宏自治区改自治州，潞西县隶属德宏州，置9区(站)61乡(镇)。1958年10至12月，设15个人民公社，县辖曼令等8寨划归畹町镇。1959年，县辖莫里等15寨划归瑞丽。1960年，县辖崩补乡50%乡域划归陇川县。1966年，置12区(站)78乡(镇)。1969年，撤销德宏州后潞西县隶属保山专区革命委员会管辖，置14个人民公社80个大队。1971年，恢复德宏州建制，潞西划归德宏管辖。1984年人民公社改区乡。1987年改区、乡(镇)为乡镇、村公社(办事处)，辖4镇11乡84个行政村(办事处)。1996年10月28日，潞西撤县设市(县级市)。1998年，风平、法帕、城郊3乡撤乡设镇，全市辖7镇8乡80个村委会、4个居民委员会。2004年，新设芒市经济开发区居委会。全市有80个村委会、5个居民委员会。2005年11月，潞西市撤并乡镇，撤城郊镇、象滚塘乡并芒市镇，撤法帕镇并风平镇，撤东山乡并遮放镇，撤并后全市有5镇6乡.2005年12月成立潞西市工业园区管委会；2007年12月，经云南省人民政府《关于潞西市芒市镇行政区划调整的批复》，设置勐焕街道办事处，有80个村民委员会，10个社区居委会。2009年4月，原芒市华侨农场3个分场(芒市分场、帕底分场、遮相分场)划归潞西市管辖，全市有80个村民委员会，13个社区居委会。2010年7月12日，经国务院批准，潞西市更名为芒市。

社　会

【经济简述】　2011年，芒市实现生产总值53.8亿元，完成年计划51.6亿元的104.3%，按可比价计算，比上年增15%。其中：第一产业实现生产总值13.1亿元，比上年增5.9%；第二产业实现生产总值17.6亿元，增23%；第三产业实现生产总值23.1亿元，增14.4%。完成工业总产值44亿元，完成年计划40.2亿元的109.5%，比上年增32.3%。完成农林牧渔业总产值19.79亿元，完成年计划19.25亿元的102.8%，比上年增6.4%。全社会固定资产投资54.3亿元，完成年计划54.1亿元的100.4%，比上年增30.5%。实现财政总收入7.61亿元，完成年计划6.92亿元的110%，比上年增38.2%；地方一般预算收入4.46亿元，完成年计划4.13亿元的107.8%，比上年增34.9%。社会消费品零售总额22.06亿元，完成年计划22亿元的100.3%，比上年增20.5%。外贸进出口总额17.37亿元，完成年计划13.2亿元的131.6%，比上年增44.5%。城镇居民人均可支配收入16100元，完成年计划16000元的100.6%，比上年增10.7%；农村居民人均纯收入4197元，完成年计划4035元的104%，比上年增16.5%。旅游社会总收入18.1亿元，完成年计划14.8亿元的122.3%，比上年增13.2%。居民消费价格指数为105.6%，城镇登记失业率控制在3.3%以内，万元生产总值能耗下降3%。

【固定资产投资】　2011年，芒市完成社会固定资产投资54.3亿元，比上年增30.5%。全年审批项目118项，备案项目108项，涉及资金100多亿元；开工建设项目271项，其中亿元以上20项，5000万元以上36项，500万元以上97项；招商引资签约项目22项，签约资金136.9亿元，到位资金26.54亿元，比上年增32%。规模以上重大项目完成投资43.1亿元，重点实施了工业园咖啡大道、后谷咖啡1万吨生产线、弘安水泥厂、潞梁二级公路、芒市环城东路、金孔雀大街、金塔水乡、德瑞花园(二期)、盛世佳园小区、美丽春天、珠宝小镇、弘映山庄、德宏民族文化体育康乐谷、污水管网配套工程、廉租住房等项目。年内，争取中央兴边富民专项资金530万元、扶持人口较少民族专项资金859万元，主要实施了安居工程、人畜饮水工程、道路工程、通电工程、学校建设、卫生室建设、广播电视建设、能源建设、其他工程等9个子项目。

【农　业】　2011年，芒市完成大小春农作物总播种面积83.62万亩(不含甘蔗、茶叶及生物创新产业)，比上年增1.66万亩，增2%；总产量31.99万吨，增2.22万吨，增7%；总产值7.3亿元，增0.2亿元，增3%。其中：粮食作物播种面积65.22万亩，产量20.08万吨，产值5.1亿元；经济作物18.4万亩，产量11.91万吨，产值2.2亿元。完成订单面积13.69万亩，总产量6.2万吨，产值25286.9万元。其中：甜脆玉米1.5万亩，产量1.35万吨，产值2700万元；烟叶4.39万亩，产量0.62万吨，产值10232.9万元；优质稻6.5万亩，产量2.67万吨，产值9594万元；冬早马铃薯1万亩，产量1.2万吨，产值2160万元；冬早蔬菜0.3万亩，产量0.36万吨，产值600万元。完成水产品产量5378吨，其中池塘养殖4200亩，产量3868吨；水库养殖5000亩，产量1100吨；稻田养殖16000亩，产量250吨；自然捕捞160吨。人均占有水产品14.3千克。实现渔业产值6506.8万元，其中内陆养殖产值5181.6万元，水产苗种产值1133.2万元，内陆捕捞产值192万元。

年内，全市肉奶蛋总产26554吨，比上年增9.16%；其中：肉类总产23462吨，奶产量1893吨(其中水牛奶1621吨)，禽蛋产量1194吨。畜牧业产值46335万元，比上年增21.61%。年末畜禽存栏情况分别为：猪19.07万头，比上年增0.2%；牛5.63万头，增5.43%；羊2.07万只，增4.02%；禽87.05万羽，增3.99%。出栏情况分别为：猪19.59万头，比上年增7.64%；牛1.77万头，增9.26%；羊1.45万只，增18.85%；禽167.35万羽，增28.71%。完成牲畜口蹄疫免疫51.86万头只次，猪瘟免疫39.222万头次，猪高致病性蓝耳病免疫37.012万头次，高致病性禽流感免疫166.81万羽次，鸡新城疫免疫160.79万羽次。重大动物疫病监测送检畜禽血清2704头只份(含全血)，免疫合格率70%以上。在11个乡镇48个自然村987户散养户、23个规模养殖户开展了15种动物疫病流行病学调查，共调查猪4336头、羊139只、牛1461头，禽1424羽。产地检疫活猪4.66万头，牛1.47万头，禽27.52万羽，上市产地检疫率100%；屠宰检疫生猪7.62万头，牛4.78万头，禽12.8万羽，狗4170只，羊305只，上市屠宰检疫率100%。审核办理《动物防疫条件合格证》32家，检疫外销动物产品8814.5吨。

年内，完成第一批普惠制项目村63个，涉及54个村委会，受益农户3890户17575人。争取农机购置补贴资金848万元，其中中央财政农机购置补贴资金763万元，省级农机购置补贴85万元。全年全市拥有农机总动力35739.51万瓦特，农业机械原总值24506.67万元。农机经营总收入12088.75万元，比上年增948.35万元，增9%。拖拉机拥有量22101台/23837.83万瓦特，比上年增762台/1188.22万瓦特，增3.6%/5.2%。其中：大中型拖拉机3009台/6830.58万瓦特，比上年增258台/623.97万瓦特，增9.4%/10%。小型拖拉机19092台/17007.25万瓦特，增504台/564.25万瓦特，增2.7%/3%。配套农机具18217台，比上年增261台，增1%，配套比1：0.82；拥有农产品初加工机械5120台，增184台，增3.7%；联合收割机458台/1693.4万瓦特，增77台/334.5万瓦特，增20%/25%。微耕机1171台，增226台，增24%。完成机耕面积44.84万亩，机收面积16.76万亩；作物秸秆还田19.07万亩，比上年增0.34万亩，增2%；机械脱粒粮食量7.55万吨，增0.38万吨，增5%；农机运输作业5467.17万吨千米，增147.03万吨千米，增3%。机械初加工农产品10.34万吨，减4920吨，减5%。年内，新训拖拉机驾驶员866人、汽车驾驶员856人，检审拖拉机2979台；农机手出事故、受伤、死亡三项指标分别为：事故8起，重伤7人、轻伤10人，死亡6人。

【林　业】 2011年，芒市林业局办理林权变更手续165宗1.16万亩，流转金额656万元；办理错误更正林权证86本，办理遗失补证林权证25本，办理林权抵押贷款他项权证26份(涉及宗地210宗，面积18240亩，贷款金额26657万元)；办理林权拆分及初始登记33宗地，核发林权证28本。办理外调国内木材折原木(含库存木材) 90609.5立方米，边贸木材折原木(含库存木材) 13906.5立方米，林产品外调3435.64吨，剩余物3244.5立方米；办理木材运输证4751份。办理审批征占用林地15件，审批征占用林地97.42公顷(其中永久征占用95.09公顷，临时占用2.33公顷)，直接为林业生产服务占用林地74.13公顷，收取森林植被恢复费425.54万元。年内，持有木材加工许可证233个，其中木材加工企业61个(国内材加工企业56个，国外材加工企业5个)，民用材来料加工点110个，工艺品加工12个，木制家具加工25个，剩余物加工9个，竹材加工16个；持有木材经营许可证24个(其中持有国内木材经营许可证5个，持有边贸木材经营许可证19个)。全年全市完成绿化造林25.72万亩，占州下达任务数的107.3%。其中：核桃3.13万亩，占任务数的111.7%；竹子10.71万亩，占107.1%；澳洲坚果2.57万亩，占128.3%；油茶2.18亩，占108.8%；西南桦4.74万亩，旱冬瓜造林2.35万亩。完成中低产林改造12万亩，义务植树基地“杨善洲纪念林” 138亩，收取绿化费1.5万元。建苗圃108家，育苗2830.4亩，苗木5983.47万株。核发石斛种植、加工、经营许可证14份，发展石斛种植2109亩(其中大棚集约种植1783亩，仿野生种植326亩)。

年内，建立市级季节性专业扑火队1支30人，市直机关应急扑火队1支46人，乡镇民兵应急扑火队11支628人，村、组义务扑火队89支2300人。修扩建森林防火通道25条，全长148.46千米，投入森林防火资金134.07万元。召开市、乡、村森林防火会议286次，为学生上森林防火宣传课1648课时，广播宣传87场次，市电视台滚动播放公益广告23周，安全知识培训25个课时(受教育3650人)。全年全市出现卫星热点20个(其中农事用火16个，炼山造林2个，计划烧除2个)，发生较大森林火灾1起，过火面积24.6公顷，受害森林面积6.6公顷，森林受害率为0.03‰，火灾当日扑救率100%；火案查处1起，查处率为100%。查处、审核林业行政案件214起，违法行为人214人，查获非法木材1067立方米，罚款78.37万元。抽查餐馆40家，发放野生动物保护警示图片300份，提供咨询养殖65人次，受理驯养繁殖许可证6份。发生各类野生动物肇事案件200起，造成直接经济损失53.98万元；兑现野生动物肇事补偿资金23.65万元。制定启动《芒市“利剑2011”林业植物检疫联合执法专项行动方案》，对全市45家木材生产经营企业进行了现场检疫，调运检疫木材56495立方米，检疫率100%；开出检疫证书2963份，收取检疫费20.2万元。对外调松科植物及其制品检疫104次，抽取样品1070份，检疫木材7657立方米，检疫苗圃种苗产地51家、苗木3130.5万株，调查有害生物偶发区、安全区和城区花圃5个1.5万亩。完成云南松毛虫、松材线虫病4月动态及短期预报上报，建立德宏州林地薇甘菊除治示范点8个，完成除治示范面积307.5亩。

【水　利】 2011年，芒市水利部门启动各类水利工程763件，完工

729件。投入资金10207.9万元(其中中央补助4454.91万元，省补助1409.49万元，州、市、乡级补助3450.62万元，群众自筹63.66万元，民营209万元，其他620.22万元)，劳动工日39.5万个，完成土石方69.64万立方米，改善灌溉面积8.5万亩，修复水毁工程10处，疏浚河道4千米，防渗渠道32.33千米，解决农村9006人的饮水困难和饮水安全问题。重点工程完成芒市大河芒市坝段Ⅰ期防洪治理，投资2984.97万元；启动清塘河水库项目建设，计划总投资21599万元，完成投资1100万元；完成芒海通道勐古河治理工程，投资375万元；完成黄莲塘水库除险加固工程，投资515万元；完成大岗水库除险加固工程，投资400万元；完成那目水库除险加固工程，投资350万元；完成小白龙水库除险加固工程，投资300万元；农村饮水安全工程，解决1.51万人饮水安全，投资921万元；完成小农水项目(勐戛花椒箐沟、三角岩户掌沟、遮放拉新坝、遮放跌撒、龙江和芒市大河钢筋石笼)，投资2009万元；完成芒市“十二五”农村电气化建设架设输电线路15千米，投资300万元10个计划项目。完成芒市节水灌溉小农水重点县项目，投资1000万元；芒掌水库除险加固工程，投资150万元；芒项水库除险加固工程，投资150万元；芒乖水库除险加固工程，投资150万元；放羊路水库除险加固工程，投资50万元；小石桥水库除险加固工程，投资50万元6个新增项目。完成水利勘测设计59件，工程施工技术指导48件。编制各种水利设施防汛抗洪预案34份。完成水费征收50万元。对小型水利工程现状进行摸底调查，确权发证986件。完成了34座水库、29座水电站、1座泵站、9段堤防、31座水闸、14处农村集中供水工程、8处地表水水源地、14处入河排污口、1064处河湖取水口、228个灌区、100户城乡居民典型用水户、20个灌区用水户等的专项调查摸底工作。

全年全市投入抗洪抢险救灾1380人次，投入资金3万元，汽油2.2吨，编织袋2万条，减少经济效益13.6万元。投入抗旱救灾0.158万人，机动抗旱设备0.12万台套，抗旱用油2.1吨，资金共54.5万元，实现抗旱浇灌面积1600亩，临时解决0.31万人、0.02万头大牲畜的饮水问题，挽回粮食285吨，挽回经济损失182万元。争取震损修复项目11个，资金699万元。

【对外贸易】 2011年，芒市完成对外贸易总额17.37亿元，比上年增44.45%，完成年计划13.8亿元的125.87%。其中：进口18172.7万元，比上年增502.16%；出口155487.19万元，增32.67%。完成各项税费1348.55万元，比上年增31.33%。其中：关税624.8万元，海关代征增值税444.76万元，进口商品增值税155.22万元，地税各项税收55.94万元，各项管理费67.83万元(含海关收费7.4万元、检验检疫收费17万元、其他费43.43万元)。一般贸易及边境小额贸易增幅较快，一般贸易增388.64%，占贸易总额的35.22%；边境小额贸易增3.22%，占64%。销售家电下乡产品40217台，销售金额9945.6万元；享受补贴39203台1264.86万元，申报兑现补贴5.65万元。“万村千乡”市场工程得到巩固，新建农资、农家店20个。

【旅　游】 2011年，芒市有旅游住宿单位123家，客房4229间，总床位7457个，其中星级宾馆、酒店12家(五星级1家，三星级3家，二星级8家)，招待所55家，非星级宾馆36家，社会旅馆20家。拥有旅行社10家(其中国际旅行社1家，国内旅行社9家)，辖区内有导游92人。主要景区景点9个，其中4A级景区1个(勐巴娜西珍奇园)，其他景区景点8个(勐焕大金塔、孔雀湖生态游览区、菩提寺、五云寺、佛光寺、树包塔、法帕尖山温泉度假区、勐戛三仙洞)。有旅游汽车运输公司1家，拥有旅游车64辆。全年接待旅游者172.67万人次，比上年增11.6%；旅游社会总收入18.1亿元，增13.2%；完成旅游产业固定资产投资31485万元，增16527万元，增90.5%。主要投资项目包括：投资7500万元，占地5371.8平方米，建筑面积17229.2平方米的天龙时代购物中心；总投资3000万元，规划面积约14亩，加固758平方米及场地配套设施9348平方米的中缅边民大联欢旧址修复工程景区景点项目建设(主要建设纪念馆、民族联欢广场、小礼堂修复、民族特色餐饮区、民族文化研究区、临水休闲景观等)。年内，开展旅游市场专项治理128人次、67车次，检查旅行社199家次，旅游景区(点)57家次，旅游车255辆次，星级饭店286家次，导游255人次。

【财税金融】 2011年，芒市本级财政完成收入76134万元，比上年增收21046万元，增38.2%。其中：地方一般预算收入完成44560万元，增收11539万元，增34.9%；上划中央两税完成19550万元，增收5506万元，增39.2%；

上划所得税完成11598万元，增收3743万元，增47.7%；上划耕地占用税完成426万元，增收258万元，增153.6%。完成地方一般预算支出166592万元，比上年增支32995万元，增24.7%。年内，财政收入合计180580万元，其中地方一般预算收入44560万元，返还性收入5289万元，财力性转移支付收入45270万元，专项转移支付收入74380万元，政府债券转贷廉租住房项目资金294万元，调入资金9000万元，上年结余1787万元。财政支出合计178897万元，地方财政一般预算支出166592万元，上解上级支出12050万元，增设预算周转金255万元。收支相抵，年终滚存结余1683万元(其中专款结转1469万元，净结余214万元)。本年度，财政总收入首次突破7亿元大关，地方一般预算收入首次突破4亿元大关。其中：国税部门完成收入2.97亿元，比上年增收9640万元，增48%；地税部门完成收入3.92亿元，增收1亿元，增34.4%；财政部门完成非税收入1.69亿元(含基金收入和调入资金)，增收6281万元，增59.1%。上级财政下达各种专项补助资金8.73亿元(首次突破8亿元大关)，比上年增1.25亿元，增16.8%。

【科　技】　2011年，芒市科技局、科协对各特色产业进行摸底调研，组织遮放贡米有限公司开展“滇屯502”接班品种的选育技术研发，攻克“滇屯502”品种退化、基因变异这一关键技术。年内，指导相关企业申请省级专利资助26件，资助金额8300元；申请州级专利奖励25件(其中发明5件，实用新型4件，外观设计16件)，完成申请专利27件(其中发明4件)。申报各级各类项目26项，其中国家级项目1项，省级项目8项，州级科技科普项目17项(含科普项目7项)；项目包括《德宏州优质稻种植、加工技术研究与产业化开发》、《芒市边疆解“五难”惠民工程——“遮放贡”优质软米产业化开发》、《竹子种植、深加工技术研究及产业化开发示范》、《水产品深加工技术研究与开发示范》、《巴西速溶咖啡生产关键技术引进及产业化开发》、《生物杀虫剂印楝素原药生产技术产业化》等，争取项目经费17162.8万元(已明确批准金额847.8万元，实际到位677.8万元)。建立“遮放贡”优质软米种植示范基地3个，面积2228亩。完善科技活动室3个，配置农业技术手册2706册，发放光碟90碟，完善宣传栏4块，培养科技辅导员28名，培训农民8664人次。结合“知识产权宣传日”、“三下乡”、“科技活动周”、“科普活动周”、“科普日”等开展科技宣传活动18场次，发放各类宣传资料45800余份，受教育群众52500余人次。在11个乡镇招收农函大学员1400人，开办14个单科专业23个教学班；至年末，全市累计有1500余人获高、中、初级农村技术职称。组织了芒市地区各中小学校第26届德宏州青少年科技创新大赛活动，共收到参赛作品162件，评选出获奖作品148项；收到科幻绘画参赛作品101份，学生论文5份，教师论文1份，推荐申报优秀组织单位2个，优秀教师3名，优秀工作者1名。

全年全市有市级科技学会、协会16个，会员40246人，其中农民专业技术协会15个，成员1233人。4个农技协会实施了国家、省、州、市级‘科普惠农兴村计划”项目，其中法帕奶水牛协会和法帕农产品营销协会获全省科普惠农兴村先进单位。有2家协会获州级表彰，2家协会成为州级示范协会。

【教　育】　2011年，芒市有各级各类学校141所，其中幼儿园22所(含民办16所)，小学100所(69所完小，31个教学点)，普通中学15所(高级中学1所，初级中学12所，九年制学校初中部2所)，职业高中1所，教育科研中心(含教师进修学校)1所，独立建制的成人文化技术学校1所，青少年活动中心1个。有教职工3906人(公办3575，民办331)，其中幼儿园教职工442人(专任教师285人)，小学教职工1988人(专任教师1941人)，初中教职工1057人(专任教师983人)，普通高中教职工202人(专任教师180人)，职业中学教职工139人(专任教师119人)，成人文化技术学校教职工7人，教育科研中心教职工33人，课外活动中心8人，教育局机关30人。有在校生64432人，其中幼儿园(班) 10779人，小学32199人，初中16002人，普通高中2269人，职业高中3183人。学前三年幼儿14089人，幼儿入园率76.51%，比上年增3.67%；小学入学率99.78%，辍学率控制在0.01%内；初中阶段毛入学率104.92%，辍学率控制在0.92%以内；高中阶段毛入学率55.4%，比上年提高2.7%；职业教育中心成为全国1000所中等职业学校改革与发展示范校。

全年全市有4797名毕业生参加中考(含州民族初中的芒市生源)，比上年增299人；600分以上503人，增134人。有602名学生参加高考，比上年增75人；高考成绩理工类最高分553

分，文史类最高分522分；上线577人，总上线率95.85%，比上年增0.21%（其中本科上线340人，上线率56.48%，增17.2%）。年内，开办扫盲提高班21个，培训824人。其中：较少民族扫盲提高班4个254人。全市青壮年非文盲率99.89%，城镇人口非文盲率99.99%，有学习能力的青壮年(15～24岁)非文盲率100%，15～50周岁青壮年人口剩余文盲189人，脱盲人员复盲率为0。开办实用技术培训班352个，受训31084人次；其中：较少民族实用技术培训班15个，受训1243人。法帕成技校举办农村剩余劳动力转移培训10余期，农民受训1087余人次，转移就业395余人次。

年内，保障机制教育投入高于财政经常性收入48.31%；小学生均事业费支出增5.4%，初中增2.59%；小学生均公用经费支出增1.05%，初中增1.07%。教育费附加投入784万元，转移支付及上级各项教育补助资金6671万元。落实9733名小学贫困学生补助729.98万元，10204名初中贫困学生补助1020.4万元。市级财政补助初中学生助学金207.57万元，补助小学生160.13万元，补助普通高中学生39.9万元，补助职教学生61.44万元。落实特殊教育学生补助4.7万元，较少民族学生补助42.1万元，职教学生国家助学金351.86万元，义务教育阶段寄宿生生活费扩面补助750万元，职中涉农专业及贫困生补助478.09万元，芒市中学国家助学金135.15万元。组织国家生源地助学贷款293.35万元，受助563人。有3302人次接受希望工程和其他社会团体、个人的捐资共46.53万元。收到各地捐资建校资金350万元；其中：苏宁电器捐款200万元，用于五岔路小学建设；香港沈大馨先生一行捐资40万元，用于江东李子坪小学教学楼和勐戛三角岩小学宿舍楼建设；香港两地一心捐资20万元、云南普洱顿企业集团捐资40万元、上海民宗委补助50万元，用于三台山九年制学校建设。校安工程实施新建单体建筑134个、面积16.1万平方米，竣工99个单体、面积9.1万平方米；维修加固62个单体，面积4.6万平方米，项目概算总投资2.89亿元。新开工15个单体25346平方米，竣工7个6481平方米。教育重点项目芒市一小规划建筑面积1.3万平方米，估算总投资4250万元，完成投资4200万元(企业垫资2300万元)；芒市国际中学规划建筑面积7.2万平方米，估算总投资1.3亿元，完成投资2200万元(全属企业垫资)；芒市五小规划建筑面积1.5万平方米，估算投资4205万元，完成投资600万元(全属企业垫资)；芒市中学改扩建规划建筑面积1.8万平方米，估算投资3000万元，完成投资650万元(全属企业垫资)。州政府安排“3·10”地震灾后恢复重建教育专项资金100万元，用于新建江东乡李子坪小学教学楼，建筑面积1728平方米，估算投资345.6万元。市财政投入学校条件装备建设专项经费1088万元，中小学教学仪器和图书配备290万元，中小学文体器材配备344万元，信息技术设备配备454万元。中小学有计算机室107个，拥有计算机2428台，生机比为20：1；有多媒体教室93个，语音室9个，卫星教学收视点114个，教学光盘播放设备427套。小学图书存量为39.56万册，中学图书存量为22.18万册。小学科学仪器配备率100%，中学理、化、生实验仪器配备率100%。完小以上学校基本达到“普实”要求，有83所学校能按课标要求开设信息技术教育课，初步形成覆盖城乡的信息技术教育网络。

【文体广电】 2011年，芒市文体广电旅游局配合举办了芒市迎新年文化系列活动，组织完成首届中国·芒市国际咖啡文化节、首届中国泛亚珠宝工艺品博览会暨芒市2011新年文艺晚会、烟火晚会、咖啡音乐晚会、芒市参与CCTV年度品牌之2010中国年度城市活动；完成芒市目瑙纵歌节景颇族象脚鼓舞比赛、景颇族织锦比赛、景颇民间文化工艺品展示、颁奖晚会、开幕式方块队等系列文体活动的组织任务；在德宏国际泼水狂欢节中组织筹划了孔雀舞专场演出、嘎秧狂欢晚会及迎宾工作，协助完成了象脚鼓申报吉尼斯世界记录和开幕式文艺演出。组织完成芒市“七一”建党90周年文艺晚会、庆祝中国共产党成立90周年书画展、《‘中华大家园’第二届全国关爱少年儿童夏令营》专场晚会、傣族传统节日“干朵节”等节庆活动。开展第三次全市文物普查，发放《中华人民共和国文物保护法》宣传材料3000份；出版发行《第三次全国文物普查·芒市文物汇编》；完成芒市小礼堂等5处省级文物保护单位申报；基本完成市级文物保护单位的立碑工作。农村电影放映实现了对全市11个乡镇所有行政村百分之百覆盖，全年放映故事片1417场次、科教片1011场次，观众32.12万人次。以第六个全国“文化遗产日”为契机，印发《中华人民共和国非物质文化遗产法》和《非物质文化遗产小知识》宣传资料2000余份，调查走访艺人15

人。组织召开市级非物质文化遗产专家委员会评审会，完成了第三批市级非物质文化遗产项目传承人申报。将刀小玉等12位非物质文化遗产项目市级传承人成功申报为州级传承人；同时积极做好将邵梅喊、刀干相、方桂英3位省级传承人申报为国家级传承人的相关工作。年内，通过中国烹饪协会专家组实地评估、检查，认为芒市烹饪食材取材丰富、菜品制作技法独特，吃法独具一格，餐厅的氛围塑造及歌舞伴餐形式具有浓郁的民族特色，授予芒市“中国傣菜·景颇菜美食之乡”称号。市文化馆深入农村、机关单位、社区、校园、军营等，辅导、培训文艺节目《傣家小妹走过来》、《新世纪目瑙纵歌》、《比朗乐》、《泼水欢歌》、《德昂欢歌》等71个，开展群众文艺辅导85次，派出文辅工作人员115人次，辅导培训文艺骨干1992人次。

年内，全市有文化市场经营户218户，出动文化市场检查人员719人次、车辆297辆次，检查经营户1627家次，警告45家次，取缔无证经营2户，收缴非法出版物1766本。图书馆办理借书卡62张；图书外借室接待读者2574人次，图书流通6120册；儿童阅览室接待儿童3030人次，儿童期刊流通9250册；报刊阅览室接待读者13531人次，报刊流通17513册；资料室、地方文献室接待查阅咨询读者20人次；电子阅览室接待读者5091人次，网上读者点击21781人次；完成新旧书分类、编目、加工整理3279册，出板报宣传12期，接收捐赠图书313册，送出流动书籍2100册，期刊100册；申报新增15家农家书屋建设点。年内，芒市电视台播出汉语《芒市新闻》1494条，完成目标任务数的124.5%；播出傣语《芒市新闻》78组468条，载瓦语《芒市新闻》74组459条；采用通讯员稿件250多条；播出《魅力芒市》栏目24期，《今日三农》24期；播出市委政府通知、通告、公益广告80余条。开展数字电视维护工作820户次，发展用户260户；为群众更换高频头794支，更换接收机电源板37块、主板40块。

群众体育围绕“全民健身”主题，开展全民性健身、各项体育赛事和群体活动18次；组织了芒市地区孔雀杯职工运动会；举办芒市地区第三期篮球三级裁判员培训班，培训学员54人；举办芒市地区“云南省少数民族健身操”培训班，培训学员57名；举办门球竞赛新规则及裁判法规、国家二级社会体育指导员等技术规范培训，培训学员175人。申报七彩云南健身工程29家，发放篮球架20副，向州劳教所和风平镇户允村民小组各赠送了1套价值3万余元的健身路径；完成遮放镇、轩岗芒端、江东大坪子、三台山下芒岗农村文化体育广场建设。全年全市参加体育达标中小学校32所45206人，达标率92%；向州少体校输送体育尖子34人；组队参加了2011年全州中小学生运动会，芒市地区第二届小学生乒乓球、羽毛球比赛，省第七届城市运动会预赛暨青少年锦标赛——网球比赛，并在省城运会上获男、女团体第一名，男、女子单打第二、五名，男子双打第三名，芒市代表队获体育道德风尚奖。老年文体项目有门球、地掷球、乒乓球、象棋、桥牌、麻将、太极拳、剑、操、柔力球、老年舞蹈、腰鼓、老年排球、陀螺、蔑弹弓15项；有老年基层团队38个，会员4700余人。

【卫　生】 2011年，芒市卫生局辖市直卫生单位4个，乡镇卫生机构(含社区) 12个；有病床642张；有卫生技术人员474人，其中执业医师176人，执业助理医师74人，其他卫生技术人员224人；全市每千人口拥有病床1.69张，拥有卫技人员1.2人。有村级卫生室72个，在职村医220名。有卫生持证执法人员17人，持证率100%。

年内，收报甲、乙类传染病12种536例，发病率为138.64/10万，比上年降6.83%；疟疾发病25例，发病率6.47/10万，比上年降50.8%；基础疫苗接种率均达到90%以上。报告突发公共卫生事件2起。开展各类监测检测138322人份，检出感染者251份，阳性检出率为0.18%，比上年降0.61%。对符合治疗条件的艾滋病病人累计完成抗病毒治疗1613例(当年新增299例)，在组治疗695人。全市美沙酮在组人数541人，其中HIV感染者195人，占36%。对确认的87名HIV阳性孕产妇百分之百实施干预阻断措施，母婴传播阻断措施覆盖率100%，其中终止妊娠46人，分娩40人，活产婴儿41人。建立城乡居民健康档案238382份，建档率62.33%；建立电子健康档案212800份，电子建档率55.64%。全市有65岁以上老年人26782人，进行健康管理18407人，管理率68.73%；有孕产妇4970人，活产婴儿5020人，孕产妇保健覆盖率99.94%，孕产妇系统管理率90.52%；筛查出并实行专案管理高危产妇1532人，高危筛查率30.82%，管理率99.94%，高危产妇住院分娩率99.87%。全年无产妇死亡；婴儿死亡52例，死亡率10.36‰。

全年全市农民新型农村合作医疗参合率99.8%，超出任务指标4.8%；享受补偿693149人次，发放补偿金5417万元。有60486人参加了城镇职工基本医疗保险，新增2986人；医疗救助农村群众57245人，发放救助金922.25万元；救助城镇居民963人，发放救助金224.4万元；年内，还资助了47075名城乡最低生活保障对象、农村五保供养对象、边境行政村的农村居民参加城镇居民医保或新农合人员，其中农村低保(五保)户27026人，边民13629人。

年内，积极争取卫生设施建设项目2个，新建项目3个。按照《国家创建卫生城市标准》、《芒市创建国家卫生城市工作实施方案》要求，完成卫生厕所建设2500座，水质检测200份，确保芒市成功申报国家卫生城市。

【民　政】　2011年，芒市因各种自然灾害造成10.67万人受灾，4.2万亩农作物受灾、成灾2.86万亩、绝收5899.35亩，房屋倒塌3间、损坏20119间，造成直接经济损失5233.73万元(农业直接经济损失2705.34万元)。其中："3·10"地震造成4782户19128间民房受损，水利、电力、交通、通信等基础设施均遭受不同程度损坏，直接经济损失1846.96万元。市民政局两次下拨各乡镇和勐焕街道办事处救灾资金252.65万元，大米64吨，棉被1020床，防灾应急手册92710册。年内，发放城市低保金、过节费、一次性生活补贴、提高补助标准资金、临时价格补贴等8019户16024人3131万元；发放农村"五保"对象补助金1473人141.4万元；发放农村低保金、过节费、一次性生活补贴、提高补助标准资金、临时价格补贴等11723户35170人4351万元；临时救助城市困难群众180人次30万元，农村困难群众1963人次174万元；发放边境一线居民一次性生产生活补助金408万元。城乡大病医疗救助发放城市困难群众救助资金932人167.4万元；农村困难群众救助资金4794人654.93万元。为符合条件的城镇困难居民缴纳城镇居民基本医疗保险12073人54.98万元；为全部农村低保、"五保"对象和边境地区居民助缴合作医疗费52799人264万元。下拨艾滋病致孤儿童基本生活费328人183.7万元；下拨"八一"慰问金及优抚对象"三难"补助资金56万元。发放高龄补助4870人132.3万元；慰问百岁老人32人，发放慰问金1.28万元；慰问高龄老人175人，发放慰问金5.8万元；慰问敬老院3所，发放慰问金1万元。为年满60周岁的老年人办理《优待证》658本。完成福彩销售3624万元，其中电脑彩票2399.6万元，中福在线1224.4万元。筹集公益金1014.8万元，其中用于资助品学兼优的贫困学生94人11万元；资助107名2～14周岁的疝气儿童顺利实施了康复手术和46名肢体残疾人员安装了假肢。

全年全市救助城市流浪乞讨人员1984人次，其中州内470人次，省内483人次，省外780人次，国外251人次。协助公安、妇联解救护送被拐卖妇女儿童23人。将流浪精神病人送到芒市人民医院精神康复中心集中医治33人次，支付医疗费22万余元。组织城镇退役士兵及转业士官参加了全省统一文化考试，32名退役士兵得到妥善安置(3名选择自谋职业)。登记民办非企业1个，年检22个；登记社会团体5个，年检62个。办理弃婴收养登记手续21人次。办理婚姻登记2397对，其中结婚登记2075对，离婚登记322对，补发婚姻证件320本。发放殡葬管理宣传资料7000余份，接受群众咨询200余人次。完成烈士纪念碑、纪念广场、陵园大门及厕所的建设，陈列馆建设进入尾声。组建成立了芒市慈善会，制定了相关规章制度。完成芒市国家级"双拥模范城"申报工作，经德宏州双拥工作领导小组和云南省双拥办审核推荐，已通过全国双拥办初审。第二次全国地名普查试点工作，已完成普查、登记、收集、汇总等前期工作，进入信息数据复核、数据库建立、地名工作草图绘制阶段。

【治　安】　2011年，芒市公安局查破各类违法犯罪案件23327件(其中刑事案件558件，毒品案件246件，各类行政案件22523起)，比上年多破1830件，增8.5%；抓获各类违法犯罪嫌疑人21284人(其中刑事犯罪嫌疑人294人，毒品犯罪嫌疑人299人，违法人员20691人)；打掉22个团伙95人，涉案182件。抓获网上逃犯115人。收缴香烟94箱，价值104.32万元；收缴赌资0.78万元；收缴摩托车47辆，价值18.34万元；收缴电动自行车13辆，价值3.9万元。查获毒品187.55千克(其中海洛因111.89千克，鸦片33.17千克，冰毒42.49千克)，查获易制毒化学品刑事案件12起，缴获制毒物品15973.3千克，破获零星贩毒案件383起，抓获零星贩毒人员397人，捣毁吸毒窝点70个，收戒吸毒人员2128人(强制隔离戒毒866人，社区戒毒、社区康复1262人)。收缴民用枪支22支，子弹983发，雷管31枚，管制刀具135把。在全警联动、戮力同心的"清网行动"中，抓获逃犯46人，网上逃犯下降率74.19%。交警部门强化交通秩序整治，着力禁绝“飙车”和治理“酒驾”。全年辖区内发生道路交通死亡事故19起，比上年增1起，增5.56%；死亡22人，减1人，降4.35%；受伤20人，增12人，增150%；直接经济损失5.78万元，增3.6万元，增164.9%。年内，出动警力62567人次、警车20735辆次，安全巡逻547330千米，查车验证438580辆次，查处纠正交通违法行为67921人次，依法扣留机动车2768辆次，处罚20801人次，教育处理47120人次，暂扣驾驶证329本，拘留436人次（无证305人，涉酒131人）。

年内，芒市公安局投入警力30120人次，走访单位、村寨900余家次，走访群众5700余户28500余人次，为群众排忧解难169起，捐款捐物1.87万元。全市建成调解中心1个，调解室106个，排查社会矛盾纠纷234起，化解224起。建立流动人口服务站26个，招聘协管员66人，完善流动人口信息登记。加强公安信息化建设，新建公益性视频监控点26个，道路高清视频抓拍点2个，整合公益性监控探头225个、重点单位自建探头916个，全方位、全时段、24小时不间断巡视，有效压缩犯罪空间。完成指挥通讯系统一、二期工程建设，实现350兆对讲机全州联网；建成了“警综平台”系统、新版办公自动化系统、可视指挥调度系统；配备了图传系统、应急通讯保障车；全市152家旅馆业、51家网吧建立了业主管理QQ群，并完成了身份证读卡仪安装和09版系统升级；开通运行17个官方微博，公安网点击、查询、访问、浏览率总量达到64.49亿余次，网上登载文章8000余篇。通过信息化应用服务群众1000余起，破获各类案件125起，提前发现制止打架斗殴33起，处置非正常上访6起，纠纷12起，发现并指令查扣无牌车辆222辆次，发现交通事故并提供证据155次；网上办理各类案件2706件(其中刑事案件282件，毒品案件819件，经济案件15件，治安案件1590件)。抽调警力6431人次，圆满完成建党90周年、“两节两会”、“省第九次党代会”、“州第六次党代会”、“创建国家卫生城市”、“创建省级文明城市”、“目瑙纵歌节”、“泼水节”等大型活动安保和114次警卫保卫任务。

【人民生活】 2011年，芒市城镇居民人均可支配收入16100元，比上年增10.7%；农村居民人均纯收入4197元，增16.5%。城镇居民人均消费支出11616元，农村居民人均消费支出4162元；居民消费价格指数为105.6%；城镇登记失业率为3.3%。年内，城镇居民每百户拥有汽车22.86辆，摩托车105.71辆，电脑50台，彩电124.29台，固定电话77.14部，移动电话205.71部；农村居民每百户拥有汽车3.1辆，摩托车102.5辆，电脑2.5台，彩电100台，固定电话14.4部，移动电话123.8部。城镇居民人均拥有住房面积36.52平方米，农村居民人均拥有住房面积22平方米。

年内大事

【首届中国·芒市国际咖啡文化节在芒市举行】 2011年1月2日，首届中国·芒市国际咖啡文化节中国泛亚珠宝工艺博览会暨芒市2011新年文艺晚会在芒市体育运动中心田径馆隆重举行。原云南省委副书记、《求是》杂志原总编辑王天玺，德宏州政协主席龚敬政，州政协秘书长管国照，芒市委书记蔡四宏、市长沙玉庄和相关部门领导、社会各界群众等上万人观看了演出。晚会由中央电视台主持人王梁、杨柳主持，小提琴独奏+少儿舞蹈《美丽芒市我的家》、男声小合唱《世界因你而美丽》、歌伴舞《芒市真好》等节目心情赞美芒市的美丽，大型歌舞《人们向往的地方》、歌曲《景颇姑娘的微笑》等节目展示了芒市多姿多彩的民族文化，情景歌舞剧《爱恋花果城》再现了芒市青年男女的爱情，大型歌舞《勐巴娜西·我心中的天堂》、《拥抱芒市》表达了对新芒市美好未来的希望和憧憬，晚会升华了全场观众热爱家乡的情感，为观众呈现了一场完美的饕餮盛宴。

【中国芒市——缅甸曼德勒国际包机首航成功】 2011年4月11日上午12点30分，首架中国芒市飞往缅甸曼德勒的包机载着100多名乘客从芒市机场起飞，下午4点50分，飞机又载着从缅甸曼德勒登机的乘客安全降落在中国芒市机场，这标志着中国芒市至缅甸曼德勒国际包机试飞取得了首航成功。为德宏州申报国际口岸、瑞丽重点开发开放试验区做了实质性的铺垫。

【中国·德宏2011国际泼水狂欢节在芒市隆重开幕】 2011年4月12日，中国·德宏2011国际泼水狂欢节在芒市广场隆重开幕。云南省政协主席王学仁，国家民委副主任丹珠昂奔，中国民族贸易促进会会长刘延宁，省委常委、省委统战部部长黄毅，省政协原副主席朗大忠以及国家、省有关部门领导出席了开幕式。中国驻缅甸曼德勒领事馆总领事唐英先生，泰王国驻昆明总领事馆总领事陈维钦先生，老挝驻昆明总领事馆副依赖西吞·维莱哈先生，泰王国夜丰颂府尹甘通·塔文萨替先生，缅甸商务部边境贸易司木姐105码边贸处处长吴阳奈吞先生，缅甸木姐地区和平与发展委员会主席吴莫恒先生，印度阿萨邦卡玛西斯比赛吉亚学院院长斯哈莫尼·古亥·博瑞博士出席了开幕式。州人大常委会主任余麻约、州政协主席龚敬政、德宏军分区司令员龚平等州级领导，部分离退休老领导，友好州市代表团，州直部门和各县市代表团，景颇学会、德昂学会、阿昌学会、傈僳学会的领导和嘉宾，新闻媒体和企业界的领导、嘉宾，国际友人、海外侨胞以及来自全州各地的上万各族群众参加了开幕式。

【国务院发展研究中心调研组到芒市调研“三农”工作】 2011年5月22至24日，中共中央委员、国务院发展研究中心原主任张玉台带领国务院发展研究中心调研组一行，深入芒市对“三农”工作进行调研。调研组一行到遮放镇户弄村委会南见村民小组，与村组领导干部交流了有关新农村建设方面的工作。本次赴云南的调研组分四个组进行，主要了解和总结云南在“三农”工作方面好的经验做法以及存在的问题困难。四个组的调研将统一行成调研报告，向中央和国务院汇报反映。张主任表示，一定不会辜负边疆各民族干部群众的期望，把德宏迫切希望加快发展的声音传递到党中央。调研组还深入到德宏后谷咖啡有限公司风平帕底观音山基地、3000吨咖啡粉加工厂进行了实地走访，听取了后谷咖啡有限公司企业建设发展情况汇报。

【中央、港澳及省州媒体记者采访考察团赴缅甸曼德勒考察】 2011年6月23日，芒市邀请中央、港澳及省州媒体记者组成采访考察团乘坐芒市——曼德勒航班赴缅甸，就航线试飞的影响和意义、芒市加快桥头堡黄金口岸中心城市建设等内容进行采访考察。考察团成员包括新华社、中新社、人民日报、中国日报、中国贸易报、中国青年报、香港大公报、香港文汇报、香港商报、澳门商报等42家单位共48人。

【开通芒市——北京直飞航线】 2011年9月27日，北京——德宏芒市首航新闻发布会在北京举行。该航线经民航华北地区管理局批准，云南祥鹏航空有限责任公司于28日执行首航；德宏州委常委、常务副州长柳五三，副州长苏洪涛，云南祥鹏航空有限责任公司副总经理李殿春，芒市委书记蔡四宏出席新闻发布会；中国社会科学院、国家口岸办、国家商务部等有关领导、20多家知名旅行社以及人民日报、中央电视台等30多家新闻媒体参加了发布会。29日，由云南祥鹏航空有限责任公司执飞的8L9902号航班从首都北京顺利飞抵德宏芒市机场，标志着北京——德宏芒市首航取得圆满成功。

【国家边境少数民族扶贫工作专题调研组到芒市调研】 2011年10月10至11日，由中共中央委员、全国人大常委会委员、全国人大民族委员会副主任委员雷鸣球率领的边境少数民族扶贫工作专题调研组到芒市调研。云南省人大民族委员会副主任委员穆永新、德宏州人大常委会副主任管国芳等陪同调研。调研组视察了芒市勐巴娜西珍奇园，深入到遮放镇戛中村戛中村民小组农户家中，了解边境少数民族群众的生产生活情况。通过走访，雷鸣球副主任委员了解到该村400多户村民中还有18户住在60年代的茅草房、16户村民住在杈杈房内时，心情十分沉重。他向陪同的村社干部询问了村民致贫的原因。他说，边境少数民族群众为维护边境安全和边境社会稳定做出了很大贡献，但因为经济、文化等发展不平衡，一部分边境少数民族群众还没有摆脱贫困，生产生活还极为落后，各级政府要把改善民生当做一件大事来抓，切切实实为群众办实事，想方设法加强基础设施建设，帮助群众发展生产，增加经济收入，改善住房条件和生产生活条件；各级干部要进一步树立全心全意为人民服务的思想，提高对实施兴边富民工程重要性的认识，增强责任感和使命感，明确任务，强化责任，确保民生工程落到实处。

【全国少数民族自治州首府城市统计信息网络第十九届年会在芒市召开】 2011年10月13至14日，全国少数民族自治州首府城市统计信息网络第十九届年会在芒市召开。来自全国各少数民族自治州的130余位代表和特邀嘉宾参加了会议。德宏州人民政府副秘书长袁少全，芒市常务副市长岳太科等领导出席会议。与会期间，参会人员和嘉宾还参观了勐焕大金塔、勐巴娜西珍奇园、市政建设、珠宝小镇、德宏后谷咖啡有限公司万吨速溶咖啡厂、黑河老坡等。

【国际农业发展基金贷款云南农村综合发展项目设计团到芒市考察】 2011年12月3至4日，国际农业发展基金贷款云南农村综合发展项目设计团团长刘学明一行12人到芒市就项目设计进行实地考察，并帮助芒市完善了《国际农业发展基金贷款芒市农村综合发展项目建议书》，确保芒市国际农发基金贷款项目申报成功。这是芒市首次利用国际基金组织贷款的扶贫项目，也是德宏州与国际农发基金在扶贫领域中合作的第一个农村综合发展项目。国际农业发展基金贷款是由国际农业发展基金会以优惠条件向发展中成员国发放农业贷款，用于农业发展，消除贫困的一种国际性贷款。项目实施时间为5年(2013至2017年)，通过引进国际农发基金贷款项目的先进性、公共性、参与性、带动性和统筹性等功能，推动芒市把国际先进的项目理念、实施技术与贫困山区实际相结合，探索出一条省扶贫办和省农业厅参与新农村建设、外交内地配套、有偿无偿结合的农业综合开发路子。

【芒市创建国家卫生城市获成功】

2011年12月20至21日，芒市创建国家卫生城市顺利通过了国家和省多次严格检查考评和验收。20日上午，全国爱卫会在北京授予芒市国家卫生城市牌匾；21日上午，芒市委、市政府举行隆重的迎牌仪式，热烈庆祝创卫成功。德宏州人大常委会主任余麻约，州委秘书长番跃平，副州长苏红涛，州政协副主席董成宝，州政府副秘书长沈澎，芒市委书记蔡四宏，市委副书记、市长沙玉庄出席仪式。苏副州长代表州政府对芒市成功创建成为国家卫生城市表示热烈的祝贺。蔡市长代表市委、市人大、市政府、市政协及全市39万各族干部群众向在芒市创卫过程中给予帮助和支持的各级领导、社会各界人士表示衷心的感谢。他说，芒市获得国家卫生城市这一殊荣，既是一种荣誉，更是一种激励和鞭策。希望各级各部门和广大市民再接再厉，继续巩固提升创建成果，进一步提高城市规划建设管理水平，不断加快推进芒市城市化进程，为加快桥头堡黄金口岸中心城市建设，推动全市经济社会科学发展、和谐发展、跨越发展作出新的更大的贡献。余麻约和蔡四宏共同为芒市国家卫生城市挂牌匾。芒市四班子在家的领导，市直有关单位、勐焕街道、芒市镇、风平镇的干部群众参加了仪式。

领导干部名录

中共芒市委

常　委　蔡四宏(傣族)
沙玉庄(回族)
李　川(景颇族)
成文章
陶　明(傣族，2011年5月止)
杨航深(2011年5月止)
张开家(2011年5月任)
穆勒准(景颇族)
赵家云(女，阿昌族)
鲁志坚
岳太科(2011年6月任)
董自明
李亚凌
郭　山(2011年5月止)
杨顺昌(2011年6月任)
朱　睿(2011年5月任)

书　记　蔡四宏(傣族)

副书记　沙玉庄(回族)
李　川(景颇族)
成文章

芒市人大常委会

主　任　张勒干(景颇族)

副主任　窦泽民(景颇族)
杨五青(德昂族)
腾二召(傣族)
杨世寿

芒市人民政府

市　长　沙玉庄(回族)

副市长　郭　山(2011年7月止)
穆勒准(景颇族)
岳太科
朱　睿(挂职副市长，2011年5月任)
金二保(傣族，2011年3月止)
潘　宁
李　奇(傣族，2011年7月止)
杨试纲
孔佑民(挂职副市长)
洪　文(白族，2011年6月任，挂职副市长)

政协芒市委

主　席　李茂文

副主席　段吉永
何　庆(女，景颇族，2011年7月止)
杨太生(傣族)
闵勇胜
曹发成(2011年7月任)

秘书长　黄国伟

中共芒市纪委

书　记　赵家云(女，阿昌族)

副书记　何勒弄(景颇族)
孙庆华
刘鸿儒(2011年3月止)
金小三(傣族，2011年3月任)

芒市人民武装部

部　长　张全清

政　委　李亚凌

市人民检察院

检察长　徐江涛

市人民法院

院　长　吴兴国

(《芒市》撰稿　杨从德)

芒市乡镇概况一览表

单位:(米、千米、平方千米、亩、个、户、人、%、‰、人/千米、万元、吨、头、张)

内容 \ 乡镇			勐焕街道办事处	芒市镇	遮放镇	勐戛镇	芒海镇	风平镇
地理位置			北	北	西南	南	南	西南
政府驻地			阔时路19号	遮安路上段	街道村	勐戛村	芒海村	风平村
海拔			913.8	920	820	1370	900	835~2890
距县城距离			0	2	42	33	84	10
土地总面积			14.7	349.5	411	389	105	374
耕地面积			1072	50178	146451	61115	12329	119464
其中	水田		1020	29819	77892	15653	4112	88173
	旱地							
	人均耕地		0.01	1.16	2.66	1.95	2.03	1.77
行政区划	辖村委会(社区)		11	10	13	9	3	12
	自然村		17	128	120	64	19	99
	村民小组		17	175	120	108	21	191
人口民族	总户数		30947	9383	14105	7270	1453	15006
	总人口		82301	44641	54970	31485	6231	67579
	其中	汉族	72856	18966	13954	28008	2446	8865
		傣族	14810	15494	33608	210	639	55305
		景颇族	3081	285	4931	299	2142	192
		阿昌族	892	30	18	31	0	507
		傈僳族	507	444	287	718	607	98
		德昂族	15	352	1314	1803	5	311
		其他						
	人口出生率		4.24	14.45	12.93	11.58	12.4	12.94
	自然增长率		1.39	10.09	9.39	6.3	6.96	8.02
	人口密度		5598.7	127.7	133.7	80.9	59.3	180.7

续 表

内容 \ 乡镇			勐焕街道办事处	芒市镇	遮放镇	勐戛镇	芒海镇	风平镇
经济收益	总收入		8350	48175	46516	20583	4768	54893
	纯收入		3167	17210	21841	11152	2074	30742
	人均纯收入		7264	4317	4770	3726	3598	4758
	总费用		6030	27059	23866	10745	2694	25601
	税收		38	4142		7	13	
农业产值	总产值		639	18349	41240	15267	3808	42565
	增加值							
	其中	农业	248	7851	26748	6507	1818	27080
		林业	32	2435	5562	3010	793	1820
		畜牧业	347	6936	7630	5288	818	11233
		渔业		720	806	16	14	1872
		服务业	12	407	494	446	185	560
农作物总播种面积			1632	72804	229741	99902	22993	223075
其中	甘蔗			2911	31807	6806	2223	15846
	粮食		1025	46907	148136	80720	17218	144530
	油料		250	2997	7750	2561	304	5164
	茶叶		229	20978	11164	25252	3496	7361
	园林水果		0	600	2544	734	93	5344
农作物总产量			938	37191	216129	41720	14076	180064
其中	甘蔗		0	11300	129470	19226	8694	75807
	粮食		371	15076	55334	13995	4075	60552
	油料		9	241	655	141	23	516
	茶叶		0.8	1182	465	1869.1	144	466
	园林水果		0	256	593	163	17	2886
畜牧	牛存栏			5848	7047	8103	1416	6347
	猪存栏		1703	24716	31320	21537	4162	50078
	羊存栏			2291	636	5438	187	8012
教育	中学	中学在校学生	10377	1680	2050	796	382	2017
		教师总数	579	117	133	60	22	171
	小学	小学在校学生	7877	3038	4606	2238	937	5052
		教师总数	365	226	290	153	46	340

续 表

内容 \ 乡镇			勐焕街道办事处	芒市镇	遮放镇	勐戛镇	芒海镇	风平镇
教育	幼儿	在园幼儿	4765	759	1289	620	171	1319
		教职工人数	383		63	9	8	41
卫生	医生数		587	18	35	6	14	11
	村医			34	32	25	5	37
	病床		1328	166	110	30	33	72
	卫生院（社区卫生服务中心）		11	2	2	1	1	1
文化	文化站		2	1	1	1	1	1
	广播站							
领导名录	乡（镇）党委书记（工委书记）		杨国彪	雷二补旺（傣族，2011年2月止）李小山（傣族，2011年3月任）	李君川	杨从安（2011年2月止）岳发科（2011年3月任）	缪 刚	李文宏
	乡（镇）政府乡（镇）长（办事处主任）		黄贵邦	方志荣（傣族，2011年2月止）朗岩练（傣族，2011年3月任）	金小三（傣族，2011年2月止）摆岩相补（傣族，2011年3月任	赵国兴（2011年2月止）吴涛（2011年3月任）	张勒弄（景颇族，2011年2月止）张勒干（景颇族，2011年3月任）	双国强（2011年2月止）孟玉相坐（女，傣族，2011年3月任）
	乡（镇）人大席（工委主席）		段玉明（2011年12月止）	岳发科（2011年2月止）余斌（2011年3月任）	目勒用（景颇族）	李占清（2011年12月止）	赵永春（景颇族）	岳三过（傣族）

芒市乡镇概况一览表

单位：（米、千米、平方千米、亩、个、户、人、%、‰、人/千米、万元、吨、头、张）

内容 \ 乡镇	西山乡	中山乡	轩岗乡	江东乡	五岔路乡	三台山乡
地理位置	西 南	南	西	西	西	西 南
政府驻地	弄丙村	小街丫口	轩蚌村	河头村	五岔路村	帮外村
海 拔	1480	523～2836	960	2303	1800	1136.75
距县城距离	64	71	20	40	45	22
土地总面积	257	296	152	228	202	158
耕地面积	54673	34802	56401	45380	67902	39350

续表

内容 \ 乡镇			西山乡	中山乡	轩岗乡	江东乡	五岔路乡	三台山乡
其中	水田		10299	11001	20927	24669	13379	3953
	旱地							
	人均耕地		4.57	2.72	2.58	1.41	3.66	5.36
行政区划	辖村委会(社区)		6	5	6	8	6	4
	自然村		40	49	50	52	50	31
	村民小组		48	58	65	108	63	34
人口民族	总户数		2866	2951	5251	7736	4475	1848
	总人口		12123	12857	22195	32345	18666	7419
	其中	汉族	1351	9128	5858	30599	11836	1736
		傣族	12	30	13084	146	20	23
		景颇族	10152	1355	158	149	5445	1277
		阿昌族	18	4	11	1035	7	2
		傈僳族	8	890	24	170	62	6
		德昂族	220	774	22	84	1044	4107
		其他						
	人口出生率		12.59	13.01	13.83	13.56	11.95	11.84
	自然增长率		6.66	8.27	8.32	8.3	6.06	4.53
	人口密度		47.2	43.4	146	141.9	92.4	47
经济收益	总收入		9865	9706	24007	21037	15721	5941
	纯收入		4258	3864	9232	11123	6169	2026
	人均纯收入		3638	3247	4369	3541	3516	2938
	总费用		5973	5442	15471	11018	10136	4170
	税收			3		7		
农业产值	总产值		9578	6748	15191	11839	11262	6407
	增加值							
	其中	农业	5687	2933	10074	5859	7424	4288
		林业	1653	1972	1498	1843	1502	1051
		畜牧业	1325	1703	2909	2842	1965	868
		渔业	715	26	369	787	121	20
		服务业	198	114	341	508	250	180
农作物播种总面积			63097	36128	72715	66638	75425	42486

续表

内容 \ 乡镇			西山乡	中山乡	轩岗乡	江东乡	五岔路乡	三台山乡
其中	甘蔗		29670	7204	15608	9481	26752	21696
	粮食		30928	26799	46943	45907	41700	17817
	油料		1101	58	1781	2366	2483	1820
	茶叶		6805	13014	13420	22376	18827	7337
	园林水果		776	68	4133	452	581	1764
农作物总产量			126630	35761	96115	55022	106349	80359
其中	甘蔗		120000	29200	75256	32434	95388	75628
	粮食		5562	5239	14915	11166	9228	3970
	油料		33	3	149	173	163	149
	茶叶		320	880	960	1354	901	412
	园林水果		181	13	2786	88	282	421
畜牧	牛存栏		5902	2168	3848	8120	5184	2243
	猪存栏		7608	10878	14265	13210	9517	7118
	羊存栏		38	3333	261	345	157	
教育	中学	中学在校学生	206	445	809	1494	816	242
		教师总数	23	39	56	88	51	25
	小学	小学在校学生	888	1062	2129	2243	1518	611
		教师总数	74	67	143	155	115	44
	幼儿	在园幼儿	165	142	569	583	320	77
		教职工人数						
卫生	医生数			8	2	8	5	7
	村医			12	13	13	26	14
	病床			12	30	45	30	30
	卫生院			1	1	1	1	1
文化	文化站			1	1	1	1	1
	广播站							
领导名录	乡（镇）党委书记（工委书记）		贾云山（白族，2011年1月止）革新（2011年1月任）	李怀韬（白族）	乔保坐（傣族，2011年1月止）银保强（傣族，2011年3月任）	杨明望	杨顺昌（2011年6月止）马　剑（回族，2011年6月任）	线加强（德昂族，2011年1月止）宴祥文（2011年3月任）

续表

内容 \ 乡镇		西山乡	中山乡	轩岗乡	江东乡	五岔路乡	三台山乡
领导名录	乡(镇)政府乡(镇)长(办事处主任)	张云科(景颇族,2011年2月止)祁叶弄(景颇族,2011年3月任)	赵早门(景颇族,2011年2月止)杨新常(傈僳族,2011年3月任)	李二喊过(傣族)	左安卫	孔建坤(景颇族,2011年2月止)赵早门(景颇族,2011年3月任)	赵腊卓(德昂族,2011年2月止)杨爱明(德昂族,2011年3月任)
	乡(镇)人大席(工委主席)	何建国(景颇族)	李茂志(2011年2月止)祁勒干(景颇族,2011年3月任)	金三团(傣族,2011年1月止)李茂志(2011年3月任)	林正强	李学军(景颇族)	包永春(景颇族)

(杨从德)

瑞 丽 市

地 理

【市 境】 瑞丽市地处云南省西部，德宏州西南部。位于东经97°31′~98°02′，北纬23°38′~24°14′之间。陆距省会昆明752千米，距州府芒市城区103千米，为东起上海西达瑞丽的320国道终点，是昆(明)瑞(丽)公路与中印公路(史迪威公路)的交汇处。其东连芒市，北接陇川，西北、西南、东南3面与缅甸克钦邦、掸邦山水相连、村寨相望。中国瑞丽与缅甸木姐构成了1坝(勐卯坝)、2国(中国、缅甸)、3省邦(云南省、克钦邦、掸邦)、4区(瑞丽经济合作区、姐告边境贸易区、畹町经济开发区、畹町经济合作区)、5座城市(瑞丽、畹町、木姐、南坎、九谷)以及一桥两国、一街两国、一寨两国、一院两国、一岛两国的特殊地理景观。瑞丽城区距缅甸国家级口岸木姐4.5千米，距缅甸南坎32千米，距缅甸水陆码头八莫138千米，距缅甸仰光981千米。有瑞(丽)木(姐)、瑞(丽)南(坎)、瑞(丽)八(莫)、畹(町)九(谷)4条跨境公路，是中国对缅贸易的最大口岸，是通向东南亚、南亚的重要门户。瑞丽市有2个国家级口岸，2个经国务院批准的经济合作区，是西南沿边对外开放的国际商贸旅游城市。国境线长169.8千米，有界碑(附碑)65座，大小渡口和通道36个，是云南边境界碑最密集和渡口通道最多的地段，是开通中缅陆水联运大通道及泛亚铁路西线的内陆港。全市总面积1020平方千米，山区面积占80%，坝区面积占20%。山区平均海拔1000米，坝区平均海拔760米，瑞丽市人民政府驻地勐卯镇海拔780米。截至年末，有耕地面积20.2万亩，其中水田9.9万亩，旱地10.3万亩；有森林面积6.27万公顷，森林覆盖率68.2%。

【气 候】 瑞丽市地处北回归线北侧，属南亚热带湿润季风气候，全年分旱、雨两季。2011年年平均气温20.6℃，与历年同期平均值相比偏高0.3℃，属偏暖年份；年最高气温34.9℃，最低气温3.9℃。年降雨量1308.6毫米，与历年同期平均值相比偏少145.5毫米，属偏少年份；雨季于5月2日开始，10月28日结束。全年日照时数2400.7小时，与历年同期平均值相比偏多85.1小时，属正常年份。

【行政区划】 2011年，瑞丽市辖瑞丽经济合作区、姐告边境贸易区、畹町经济开发区、畹町经济合作区4区，户育乡、姐相乡、勐秀乡3乡，勐卯镇、畹町镇、弄岛镇3镇，29个村委会，212个村民小组，274个自然村，11个居民委员会。辖2个农场，即瑞丽农场和畹町农场。

【人口民族】 2011年，瑞丽市总人口18.43万人(含在瑞丽居住半年以上中国籍人口)，比上年末增0.31万人，增1.7%；人口自然增长率6.81%；人口密度181人/平方千米，比上年增3人。在总人口中，少数民族人口78108人，占总人口的42.4%。其中：傣族56110人，景颇族13664人，德昂族1800人，傈僳族858人，阿昌族482人，其他民族5194人。

历　　史

【简　史】　瑞丽，古称勐卯，历史悠久，是德宏开发最早的地区之一，是傣族先民的发祥地，被誉为傣民族的摇篮。据南姑坝和芒约的考古发现，瑞丽早在三、四千年前就有其先民在这里劳作生息。据傣文史籍《嘿勐沽勐》记载，公元前364年，傣族先民在瑞丽江河谷建立了勐卯古国。秦汉时属古哀牢地。唐代属永昌郡。宋隶属大理腾越府。元至元十三年(1276年)置麓川路军民总管府。明洪武十五年(1382年)置平缅宣慰使司，明万历二十四年(1596年)建平麓城，三十二年(1603年)设勐卯安抚司。民国四年(1915年)设勐卯行政委员；民国二十一年(1932年)设瑞丽设治局，与勐卯土司并存。1950年4月，瑞丽和平解放，建立各民族民主联合政府。1952年，经中央人民政府政务院批准设瑞丽县。1990年，国务院批准瑞丽为旅游开放县，1992年6月9日，国务院决定将瑞丽设为中国沿边开放城市，实行沿海地区一些开放政策；6月26日，国务院批准撤瑞丽县，设立瑞丽市(县级)。1999年2月8日，经国务院批准撤销畹町市，将其行政区域并入瑞丽市，设立畹町经济开发区(副县级)。2010年4月，国务院确定瑞丽为国家沿边重点开发开放试验区。

社　　会

【经济简述】　2011年，瑞丽市实现生产总值(GDP)35.24亿元，比上年增16.6%。其中：第一产业增加值6.93亿元，比上年增9.1%；第二产业增加值7.09亿元，增15.1%；第三产业增加值21.22亿元，增19.6%。一、二、三产业结构比重由上年的19.9：20.4：59.7调整为19.7：20.1：60.2。人均生产总值19283元，比上年增21.17%。居民消费价格指数(CPI)105.4%，上涨5.4%。商品零售价格指数104.5%，上涨4.5%。

【固定资产投资】　2011年，瑞丽市完成固定资产投资40.19亿元，比上年增35.4%。其中：城镇固定资产投资35.07亿元，比上年增30.6%；农村投资2.99亿元，增54.4%；农村私人投资2.13亿元，增134.1%。年内，全市有施工项目457个，比上年减9个；其中：亿元项目35个，比上年增8个；投资上亿元的项目完成投资额19.49亿元，比上年增66.3%，占全社会固定资产投资总额的48.5%。在固定资产投资总额中，电力燃气及水的生产和供应业完成投资2.31亿元，比上年增2.3倍；批发和零售业完成投资1.32亿元，增31.5%；房地产完成投资20.19亿元，增77%；制造业完成投资5.43亿元，增64.4%。

【农　业】　2011年，瑞丽市完成农林牧渔业总产值10.03亿元，按可比价计算，比上年增9.9%。其中：农业产值4.58亿元，比上年增13.7%；林业产值1.43亿元，增4.6%；牧业产值3.13亿元，增7.9%；渔业产值0.63亿元，增6.7%；农林牧渔服务业产值0.25亿元，增7.4%。完成农作物总播种面积36.94万亩，比上年降0.8%。其中：粮食播种面积24.56万亩，比上年增4.0%；总产量8.46万吨，增9.7%。甘蔗种植面积47191亩，降14.2%；总产量35.4万吨，降6.6%。油料种植面积13598亩，降16.3%；总产量1267吨，增3.1%。蔬菜种植面积18980亩，比上年降9.5%；总产量15305吨，降6.2%。烟叶种植面积11691亩，增21.7%；总产量1853吨，增23%。肉类总产量16678吨，比上年增12.6%；禽蛋产量1302吨，增23.18%；牛奶产量56吨，增19.1%；水产品产量7200吨，增20.4%。

年末，全市拥有农业机械总动力15091.51万瓦特，比上年增11.5%；农用排灌机械动力353.16万瓦特，增8%；拥有大中型拖拉机915台，增5.3%；小型拖拉机6759台，增0.66%；农用运输车辆314台，增42.1%；联合收割机212台，增6%；机动脱粒机118台，降9.9%。年内，实现机耕面积26.9万亩，比上年增16.4%；机电灌溉面积10.3万亩，增0.01%；机械收获面积12万亩，增4.9%；有效灌溉面积15.4万亩；农村用电量583万千瓦小时，比上年增0.7%。

【工　业】　2011年，瑞丽市实现工业总产值16.02亿元，比上年增23.5%。其中：主营业务收入2000万元以上工业(“规模以上工业”划分新标准)完成产值3.93亿元，比上年增8.8%；规模以下工业完成产值12.1亿元，增29.2%。在总计中，轻工业总产值9.42亿元，比上年增43.9%；重工业总产值6.6亿元，增2.7%。规模以上工业企业4户，亏损企业3户；主营业务收入完成5.3亿元，增7.1%；主营业务成本4.09亿元，增2.8%；实现利税总额1.12亿元，增24.5%。主要工业产品产量：食糖43485吨，比上年降15.2%；酒精3174千升，降5.1%；发电量1980万千瓦小时，降4.9%；水泥4.61万吨，降37.4%；实木地板16.01万平方米，降19%；工业硅8470吨，降10.4%；饮料酒4405千升，增23%。

【贸　易】　2011年，瑞丽市完成社会消费品零售总额18.4亿元，比上年增20.9%。按城乡分：城镇实现消费品零售总额14.24亿元，比上年增22.7%；农村实现消费品零售总额4.17亿元，增15.3%。按行业分：批发业实现零售总额2.47亿元，比上年增23.5%；零售业实现零售总额13.3亿元，增18.5%；住宿业实现零售总额0.24亿元，增46.8%；餐饮业实现零售总额2.38亿元，增30.8%。按经济类型分：公有制经济实现零售总额2.99亿元，比上年增35.9%；非公经济实现零售总额15.41亿元，增18.4%。年内，完成口岸对外贸易进出口总额17.46亿美元，比上年增33.8%；其中：进口总额3.02亿美元，比上年降3.4%；出口总额14.44亿美元，增45.5%。

【财税金融】　2011年，瑞丽市实现财政总收入17.02亿元，比上年增41.36%。其中：地方一般预算收入5.12亿元，比上年增37.3%。财政总支出15.37亿元，比上年增31.48%。其中：一般预算支出13.94亿元，增41.1%。市本级财政完成总收入13.79亿元，比上年增29.24%；其中：地方一般预算收入4.79亿元，基金预算收入3295万元，上级补助收入83861万元，上年结转收入2791万元。市本级财政总支出13.47亿元，比上年增30.14%；其中：一般预算支出12.13亿元，上解支出13391万元。收支相抵，年终滚存结余3186万元。年末，金融机构各项存款余额130.06亿元，比年初增14.8%；其中：单位存款35.33亿元，比上年增5.45%；居民储蓄存款94.12亿元，增5.7%。金融机构各项贷款余额58.66亿元，比年初增30.9%；其中：短期贷款26.55亿元，比上年增41.1%；中长期贷款32.1亿元，增23.6%。全年全市实现各类保费收入13500万元，比上年增23%；其中：财产险保费收入5195万元，比上年增29.5%；人寿险保费收入8305万元，增5.4%。

【非公经济】　2011年，瑞丽市非公经济创造增加值16.24亿元，占全市生产总值的比重为46.1%；有个体工商户10727户，从业人员20174人，注册资金5.91亿元；有私营企业1009户，注册资金56.5亿元。

【乡镇企业】　2011年，瑞丽市乡镇企业实现总产值8.86亿元，比上年增30.49%；实现增加值2.06亿元，增25.6%；实现营业收入7.96亿元，增20.97%；实现利税3722万元，增38%。年末，有从业人员2.28万人，比上年降0.68%。

【旅游招商】　2011年，瑞丽市有旅行社11家，旅游接待住宿宾馆饭店189家，其中星级饭店18家(四星1家，三星8家，二星9家)，星级饭店有房间1745间，床位3498个；拥有大小景点景区16处，其中国家AAAA级景区1处，AA级景区2处，全国农业旅游示范点1个，云南省旅游特色村4个；有中高档旅游车22辆。年内，有获得全国导游资格证的导游75人，旅游直接从业人员4千余人，间接从业人员1万余人。全年全市共接待游客150.43万人次，比上年增6.1%；其中：接待海外游客10.35万人次，比上年增26.7%；接待国内游客140.08万人次，增4.9%。实现旅游总收入20.47亿元，比上年增13.6%。年内，全市有招商引资立项批复项目84个，协议资金358.03亿元。其中：工业项目46个，协议资金21.36亿元；房地产项目7个，协议资金45.31亿元；商业项目31个，协议资金291.36亿元。在建项目实际到位资金21.4亿元，比上年增87.6%；其中：省外资金14.2亿元，完成州任务数的338%。在立项批复的84个项目中，租地落实项目24个，自备地落实项目6个，招拍挂落实15个，未落实土地项目39个。进入前期规划设计的上亿元项目有国门春城、翡翠世纪综合城、景成新城、永发花园度假村、飞海大酒店、珠宝博览馆、东南亚商品交易城、国际医院、闽台国际经济总部、潮都国际、印象瑞丽酒巴街等14个，其中部分项目年内已动工。

【科　技】　2011年，瑞丽市科技工作实现了“十二五”规划的良好开局，共申报国家、省级科技项目12项，实施市级项目4项；举办实用技术培训108期、培训7420人，培育创新型试点企业1家、科技示范户50户，创建科普富民兴边示范乡镇1个；张茂林同志被授予“‘十一五’国家星火计划工作先进个人”称号。年内，争取到国家、省科技计划项目9项，科技经费235万元。全年全市获州级科学技术奖3项，其中一等奖1项，三等奖2项；获市级科学技术特等奖1项、一等奖3项、二等奖4项、三等奖4项。全年申请专利16件，有12件专利获国家授权。

【教　育】　2011年，瑞丽市有各级各类学校79所，其中幼儿园26所，小学44所，中学7所，职业中学2所(其中有民办学校24所，即义务教育阶段学校1所，幼儿园22所，民办职高1所)。幼儿园有教职工38人，小学有819人，中学有438人，职业高中有56人，教育局机关有18人。小学、初中、高中专任教师学历合格率分别为97.8%、99.71%和98.33%，小学教师大专以上学历比例为81.54%，初中教师本科以上学历比例为80.1%。幼儿园有在园幼儿6962人，小学有在校学生15672人，初中有在校学生6773人，高中有在校学生1516人。拥有多媒体教室82间，远程教育卫星站点65个，光盘播放点设备50套，计算机教室25间，教学用计算机1210台。

全年全市参加普通高考391人，总上线率达95.91%。其中：本科上线268人，上线率68.54%；专科上线107人，上线率27.37%。参加中考1835人，参考率99.19%，创历史新高。参加小学毕业水平测试2115人，统测成绩与上年相比，语文平均分降低了1.81个百分点，及格率降低了4.52个百分点；数学平均分下降了10.04个百分点，及格率下降了13.63个百分点。小学学龄儿童入学率为99.87%；初中阶段学龄人口入学率为99.17%。

【文　体】　2011年，瑞丽市有艺术表演团队1个，电影院1座，文化馆2座，藏书8.78万册。有中波转播台1座，电视转播台2座，有线电视用户2.7万户，广播电视综合覆盖率97%。年内，瑞丽市体育事业蓬勃发展，开展了形式多样的全民健身活动。元旦环城慢跑、德宏州中小学运动会、瑞丽市第29届职工篮球运动会、第5届农民篮球运动会、瑞丽市轮办(制)德宏州老年运动会等各类体育赛事活动全面展开。参加省级比赛3次、州级比赛4次，获得金牌5枚、银牌6枚、铜牌7枚。

【卫　生】　2011年，瑞丽市有卫生机构26个，病床788张，卫生技术人员806人。全年诊疗病人38.19万人次，其中急诊4.47万人次，门诊33.72万人次。入院1.83万人次，出院1.81万人次，治愈率为60.14%，病床使用率58.63%。年内，共监测检测血样66658例，报告艾滋病病毒感染者和病人452例，检出率为0.68%；提供自愿咨询检测服务1401人，报告阳性107例，检出率为7.64%。报告甲、乙类传染病11种739例，死亡47例，发病率409.13/10万，比上年降20.35%；死亡率26.02/10万，降50.05%；病死率6.36%，降41.05%。报告丙类传染病7种579例，发病率为320.55/10万，无死亡病例发生，发病率比上年上升4.25%。完成发热病人血检5983人，其中本地居民血检3620人，检出阳性60人；流动和外籍人口血检2363人，检出阳性86人；血检覆盖全市5个乡镇和瑞丽农场6个分场，并对血检阳性病例500人按疟疾正规治疗方案进行治疗。结核病防治共报告结核病疫情210例，收到转诊到位率为93.2%，追踪到位率为79.5%。新法接生产妇1575人，新法接生率99.44%。

【民　政】　2011年，瑞丽市先后发生了地震、暴风等自然灾害，共造成受灾人口10694人、群众房屋损坏7037间、农作物受损8.9公顷(其中绝收2.5公顷)，综合经济损失2370余万元。民政部门积极做好抗灾救灾工作，先后投入救灾应急资金43万余元，发放救济粮50.6吨、棉被1057床、蚊帐140顶，棉衣267件。全年共救济特困群众100人，发放救济金25.1万元；救助城市贫困居民79人，发放救助金22.25万元；救助农村困难群众787人，发放救助金145.91万元；救助流浪乞讨人员372人次，支付救助金9.6万元；为601名孤儿保障对象每月发放360元基本生活保障金，共发放资金259.63万元；为62名艾滋孤老对象一次性发放困难补助金每人564元，共发放3.5万元；帮助57户重点优抚对象解决生活难、住房难、医疗难问题，支出资金17.8万元；补助参战退役人员300名每人每月200元，共支付79.2万元。年内，办理结婚登记2200对，离婚登记238对；为60岁以上老年人办理《老年优待证》134份，为全市687名80岁以上老人发放高龄保险和长寿补助19.6万元。

【扶　贫】　2011年，瑞丽市投入扶贫开发资金2443.5万元。其中：无偿扶贫资金1343.5万元(省级资金955.5万元，州级资金70万元，市级配套资金220万元，整合民政、住建局资金72万元，群众自筹资金26万元)；有偿小额信贷扶贫资金1100万元。年内，实施了22个整村推进项目，项目涉及全市4个乡镇10个村委会22个村民小组，项目区共有1394户5929人受益，其中傣族、景颇族和德昂族5129人，占该项目区受益人口的86.5%；贫困人口2257人，占受益人口的38%。易地搬迁24户101人。

【人民生活】 2011年，瑞丽市城镇居民人均可支配收入16654元，比上年增11.5%；农民人均纯收入4824元，增14.4%。城镇居民人均消费支出13552元，比上年增10.6%；农村居民人均消费支出4073元，增18.6%；城镇居民人均住房使用面积41.11平方米，比上年增2.34平方米；农村居民人均住房使用面积31.71平方米，增1.41平方米。城镇居民每百户拥有家用汽车16辆，摩托车94辆，电脑72台；农村居民每百户拥有摩托车150辆，手机200部。

全年全市参加基本养老保险职工14502人，比上年增81.8%；参加医疗保险职工22075人，增7.7%；参加失业保险职工7039人，降3.8%。全市城镇登记失业率3.4%，低于控制目标。年末，有4473户8673人领取城镇居民最低生活保障，10563户13868人领取农村居民最低生活保障，累计发放保障金2786万元(其中城镇居民1411万元，农村居民1375万元)。有农村“五保”供养对象1488人，五保供养标准为每人每月80元，共发放五保供养金142.85万元。农村新型合作医疗保险参保率99.51%；农村参加新型养老保险38570人。年末，全市有敬老院1家，床位108张，护工12人，五保户老人入住16人。

年内大事

【全国人大常委会副委员长严隽琪到瑞丽视察】 2011年1月2至3日，全国人大常委会副委员长、民进中央主席、中央社会主义学院院长严隽琪，在云南省政协副主席罗黎辉，德宏州委书记赵金、州长孟必光、州人大常委会主任余麻约，瑞丽市委书记杨跃国等领导陪同下，先后视察了瑞丽南亚红木家具国际博览中心、样样好国际珠宝公司、姐告边境贸易区、泛亚铁路瑞丽火车站选址等地。

【CCTV摄制、播出《欢乐中国行——魅力德宏·瑞丽》】 2011年2月14至16日，中央电视台再次与瑞丽合作录制《欢乐中国行——魅力德宏·瑞丽》，摄制组在瑞丽拍摄了南亚红木家具国际博览中心、珠宝街、一寨两国、畹町桥、莫里瀑布、地海温泉等外景。3月1日，瑞丽选送的一批独具地域特色的文艺节目在北京央视演播室参与完成节目录制，节目充分展示了瑞丽“边、情、绿、宝”四大特色。5日19点30分，CCTV-3首播了《欢乐中国行——魅力德宏·瑞丽》，此节目的播出是瑞丽元素在CCTV的一次集中展示，对全国人民全面了解瑞丽起到了积极的作用。

【泰国正大集团公司副总裁到瑞丽考察】 2011年2月27日，泰国正大集团置地(控股)有限公司副总裁曾俊松一行，在云南省侨办主任杨光民，德宏州常务副州长柳五三、副州长高铁英等领导陪同下到瑞丽考察。正大集团是由泰籍华人创办的已有近90年历史的跨国企业，形成了多领域共同发展的业务格局，在十几个国家投资建厂，产品销往许多国家。瑞丽市是该集团项目投资主要备选地点，州长孟必光、市长刀晓瑞与该集团负责人签订了项目投资《框架协议》。

【香港怡海集团与瑞丽签署投资合作框架协议】 2011年3月10至11日，香港怡海集团董事长王琳达在云南省侨办主任杨光民、德宏州副州长高铁英等领导陪同下，先后到景成地海温泉度假中心、华商产业园国际教育基地项目选址、姐告边境贸易区等地进行了实地考察。该教育基地规划用地2平方千米，项目投资100亿元，拟建设教学大楼、行政大楼、学生公寓、体育运动和图书场馆等设施，并将联合国内外知名大学在基地内设立分校。杨光民、高铁英、瑞丽市市长刀晓瑞与王琳达共同签署了该教育基地项目投资合作框架协议。

【亚洲开发银行官员莅临瑞丽考察】 2011年4月12至13日，亚洲开发银行副行长小劳伦斯·格林伍德一行来到德宏州，对将要开建的龙瑞高速公路项目进行考察。财政部国际司金融三处处长李向东陪同考察。德宏州委书记赵金，州长孟必光对格林伍德一行的到来表示欢迎。考察组一行了解了亚行贷款龙陵至瑞丽高速公路项目相关情况。龙瑞高速公路项目概算总投资107.44亿元，其中利用亚行贷款2.3亿美元。通过走访和与群众座谈，格林伍德认为：龙瑞高速公路项目的实施，将对加快瑞丽重点开发开放试验区的建设直接起到积极的推进作用。

【副省长顾朝曦会见缅甸驻华大使】 2011年4月28日下午，前来参加第十届缅中边交会的云南省副省长顾朝曦在瑞丽会见了缅甸驻华大使吴丁乌。双方回顾了源远流长的胞波情谊，并就进一步加强双边经贸、文化、旅游合作等问题进行了沟通交流。缅甸驻昆明总领事吴佐朴温、德宏州委书记赵金、州长孟必光、瑞丽市委书记杨跃国等参加了会见。

【全国政协副主席杜青林到瑞丽调研】 2011年5月5至6日，全国政协副主席、中央统战部部长杜青林在云南省委书记、省人大主任白恩培，省委统战部部长黄毅，德宏州委书记赵金，州长孟必光，瑞丽市委书记杨跃国等领导陪同下，调研瑞丽民族工作。杜青林深入少数民族村寨等地，详细了解各族群众的生产生活及边疆地区对外开放和经济社会发展情况，勉励干部群众要加强民族团结，要加强各民族交往交流交融，要切实用好用足用活国家各项扶持优惠政策，深入推进“兴边富民”行动十大工程和十项保障措施，加大少数民族干部和人才的培养选拔力度，更好地推进各民族共同繁荣发展。

【瑞丽重点开发开放试验区建设启动】 2011年5月30日上午，瑞丽重点开发开放试验区建设启动仪式在瑞丽江广场隆重举行，标志着瑞丽重点开发开放试验区建设正式拉开大幕。云南省委书记、省人大常委会主任白恩培，省委副书记、省长秦光荣，省委副书记李纪恒，省政协主席王学仁等领导出席启动仪式。省委常委、常务副省长罗正富代表省委、省政府在启动仪式上作重要讲话。他指出，推进瑞丽重点开发开放试验区建设是党中央、国务院交给云南省的一项重要任务，也是加快云南省边境地区发展的重要机遇。全省各级、各部门要站在全局的高度，进一步解放思想、更新观念，进一步增强责任意识、改革创新意识、开放合作意识，把开发与开放、引进来和走出去、重点突破和整体推进、产业带动与民生改善结合起来，不断加快体制机制创新、推动跨境区域合作、促进区域经济联动、提升基础设施保障水平、加强生态建设和环境保护、改善群众生产生活条件，努力把瑞丽重点开发开放试验区建设成为中缅边境贸易中心区、旅游黄金口岸区、沿边统筹城乡发展先行区、睦邻安邻富邻示范区以及中国对外开放的窗口之一。省级各有关部门要进一步增强主动服务意识，进一步加强指导、协调、服务和支持，进一步加强与国家相关部委沟通汇报，形成强大合力、营造良好氛围。德宏州和瑞丽市要牢牢把握机遇、切实用好机遇，充分发扬敢为人先、勇于创新的精神，努力加快瑞丽重点开发开放试验区建设。同时，省委、省政府高度重视瑞丽重点开发开放试验区建设。根据省委、省政府的安排部署，省发展改革委与省级有关部门、德宏州一道编制完成了《瑞丽重点开发开放试验区实施方案》，经省政府同意，已上报国家发展改革委；《云南省人民政府支持瑞丽重点开发开放试验区建设的若干政策意见》和《瑞丽重点开发开放试验区总体发展规划》两个文件已经多次征求有关方面意见，即将行文实施。这为试验区建设提供了有力的政策保障。

【大瑞铁路保瑞段和龙瑞高速公路在瑞丽奠基】 2011年5月30日上午，桥头堡建设两项重点工程——大理至瑞丽铁路保（山）瑞（丽）段和龙陵至瑞丽高速公路建设在瑞丽奠基。大瑞铁路全长330千米，其中保瑞段长196千米，全线速度目标值140千米/小时；龙瑞高速路主线全长128.46千米，双向4车道，设计速度80千米/小时。两项工程的建设，是国家完善对外开放新格局的重要部署，是国家深入实施西部大开发的重大举措，是建设瑞丽重点开发开放试验区的具体措施。铁道部副部长卢春房、出席瑞丽国家重点开发开放试验区启动仪式的省及州市领导参加了奠基活动。

【全省加快建设面向西南开放重要桥头堡动员大会在瑞丽召开】

2011年5月30日下午，由云南省委副书记、省长秦光荣主持的云南省加快建设面向西南开放重要桥头堡动员大会在瑞丽召开。出席瑞丽重点开发开放试验区启动仪式的省级领导，省直有关部门、中央驻滇单位、大型企业的主要负责人、州市党政领导等近400人参加了瑞丽主会场的会议，各州市、县设分会场，近13000人参会。省委书记、省人大常委会主任白恩培作动员讲话，省长秦光荣就贯彻落实会议精神提出具体要求。

【国家13部委调研组到瑞丽调研】

2011年6月10至12日，国家发改委西部司巡视员费志荣率国家发改委、外交部、公安部等13个部委组成的调研组到瑞丽，从部门专业角度对瑞丽重点开发开放试验区建设问题展开全方位深入调研，为国家审批瑞丽试验区实施方案找准行业态势和方向。

云南省政府副秘书长崔质涛、德宏州委书记赵金、州长孟必光、瑞丽市委书记杨跃国等党政领导陪同调研。

【全国政协副主席王志珍调研瑞丽生物特色产业】 2011年6月12至14日，全国政协副主席王志珍率调研组到瑞丽调研生物特色产业发展情况。调研组将以调研报告等多种形式把云南生物特色产业发展现状、先进典型经验和存在问题向中央领导反映，建议中央加大投入，在云南省瑞丽市建立生物安检保障系统，生物安全机构、检测机构，有效堵住有害生物入侵，为国家守好西南大门。德宏州委书记赵金，州委常委、瑞丽市委书记杨跃国，副州长孔勒干，州政协副主席杨丽云，市政协主席岩板等领导陪同调研。

【全国政协副主席林文漪到瑞丽视察】 2011年7月8至9日，全国政协副主席、台盟中央主席林文漪，在云南省政协副主席顾伯平、德宏州政协主席龚敬政等领导陪同下到瑞丽银井一寨两国景区、姐告玉城、姐告国门、珠宝步行街、芒林独树成林等地视察。林文漪希望瑞丽人民在努力抓好经济建设的同时还要把特有的自然风光、风土人情和特色产业保护好、开发好、利用好，实现经济建设与生态建设、文明建设、文化建设的同步发展。市委书记杨跃国、市政协主席岩板等领导也陪同视察。

【《有一个美丽的地方》2012云南卫视大型跨年晚会在瑞丽录制】 2011年12月15日晚，由云南电视台、德宏州委、州人民政府主办，瑞丽市委、市政府承办的2012云南卫视大型跨年晚会《有一个美丽的地方》在瑞丽江广场隆重上演。省委常委、省委宣传部部长、德宏州委书记赵金，省广电局局长张德文，云南电视台台长赵树清，省文产办专职副主任田大余，州、市领导和缅甸木姐地区行政长官吴莫恒等外宾与数万名观众一起观看了演出。跨年晚会邀请了两岸三地以及东南亚、南亚多国明星共同参与，节目异彩纷呈，从始至终均体现出“国际性、民族性、思想性、观赏性”。节目将于2011年12月31日在云南卫视播出。

领导干部名录

中共瑞丽市委

常　委　杨跃国
刀晓瑞(女，傣族)
罗加强
雷　政
尚丽霞(女，景颇族)
李德松(白族)
黄　彪(2011年6月止)
尹可舰
戴邴仕
岩　补(傣族)
陈　鹏(2011年3月任)
赵兴会(2011年6月任)
董　潇(2011年6月止)
雷　瑞(女)
罕贞晓依(傣族，2011年6月止)
党文军(2011年3月止)

书　记　杨跃国

副书记　刀晓瑞(女，傣族)
雷　瑞(女)
张益伟(2011年6月任)
尹可舰(2011年6月止)
黄　彪(2011年6月止)

瑞丽市人大常委会

主　任　排　生(景颇族)

副主任　板帅吞(傣族)
童国斌
瑞　红(女，傣族)
陈永山
罕贞晓依(傣族，2011年6月任)

瑞丽市人民政府

市　长　刀晓瑞(女，傣族)

副市长　赵兴会
龙汝林
排桂红(女，景颇族)
蒋元海
陈　鹏(2011年4月任)
尹可舰(2011年6月任)
王　祺(2011年12月任)
董　潇(2011年6月止)
罕贞晓依(傣族，2011年6月止)
何立洪(2011年6月止)

瑞丽市政协

主　席　岩　板(傣族)

副主席　勒排干刀(景颇族)
马昆龙(回族)
尹宁华
艾　徐(女，德昂族)
帅罕罗(傣族，2011年8月任)

秘书长　杜增发(2011年8月止)
岩　门(傣族，2011年8月任)

瑞丽市纪律检查委员会

书　记　罗加强

副书记　排云祥(景颇族)
孔　强
依　喊(傣族)

瑞丽市人武部

部　长　雷　政

法　院

院　长　蔡金海

检察院

检察长　杨　刃

(《瑞丽市》撰稿　宋元岫)

姐告边境贸易区

【区　境】　姐告边境贸易区位于瑞丽市城区东南方向4千米处，隔江与瑞丽相望。东、北、南三面与缅甸掸邦木姐市(北部陆地国家级口岸)相连，有3个出入境通道，国境线长4.186千米，中缅边境有10棵界桩(含附界桩)。全区总面积2.4平方千米(含江面)，陆地面积1.92平方千米；区内地势平坦，有姐告小河(中缅界河)1条，全长1.86千米。姐告按主要功能规划为四个功能区域：商贸区以国门大道为中心，占地面积1065亩；加工区以滨江路为中心，占地面积990亩；仓储区以姐告边贸大货场为中心，占地面积885亩；旅游区以瑞丽江月亮岛为中心和江畔区域，占地面积660亩。2000年7月1日，经云南省批准设立了姐告边境贸易区。设立"姐告边境贸易区工作委员会"和"姐告边境贸易区管理委员会"，其是隶属于德宏州委、州政府派出的县处级机构。区内辖国门居民委员会。姐告具有保税区、出口加工区、自由贸易区和边境贸易区的功能，在区内可开展一般贸易、加工贸易、转口贸易、过境贸易、边民互市和国际经济技术合作。是经国务院批准设立的实行"境内关外"特殊监管模式的边境贸易区。

【贸　易】　2011年，姐告边境贸易区企业完成进出口贸易额4.09亿元，完成年任务数5亿元的81.8%；其中：出口4.03亿元，进口559.13万元；完成固定资产投资4.29亿元，完成年任务数的171.5%；完成税收收入4789.4万元，完成目标任务数的136.8%。年末，姐告财政总收入2045.8万元，比上年减80.3%。其中：预算内拨入经费1011万元，上级专项拨款173.9万元，上级其他资金198.9万元，预算外收入662万元。预算外收入比上年减8607.8万元，减92.9%。财政支出4409.7万元(含上级专款372.8万元)，比上年减支24.2%。

年内，经姐告边境贸易区的进出口贸易总额为16.93亿美元，比上年增37.9%；进出口货物135万吨，比上年增21.2%；出入境人员1008.6万人次，增14.76%；出入境车辆219.29万辆，增9.62%；出入境的车辆和人员分别居全国陆路口岸的第一位和第三位。

【城建国土】　2011年，姐告边境贸易区围绕建设"森林式、生态型花果园林城市，候鸟型旅居城市，区域性国际商贸城市"的目标，强力推进惠及群众的美好家园建设，实施了人行道建设和维护，精品亮化、道路排水管网改造和绿化等市政工程，完成投资1340万元。年内，稳步推进重点项目建设。有外来投资建设项目在建工程28项，建筑面积86.6万平方米，完成投资4亿元。姐告边境贸易区总体规划面积2.4平方千米(含部分江面)，其中陆地面积为1.92平方千米(含防洪堤、国境线占地)。从1988至1995年，区内土地分8次完成统征，面积141.76公顷，土地配套的基础设施已基本完成。截至年末，原姐告村、原姐告农场、公安、消防、边防、海关、电力等各部门划拨占地20.57公顷，公共设施用地42.13公顷，市政设施用地3.9公顷，按规划出让土地118.98公顷。

领导干部名录

中共德宏州瑞丽姐告边境贸易区工作委员会

书　记　杨跃国
副书记　许毅刚
工委委员　龚翠莲(女，傣族)

姐告边境贸易区管理委员会

主　任　刀晓瑞(女，傣族)
副主任　蔡映春(女，回族)
　　　　杨常纪
　　　　李其贵(傈僳族)
　　　　龚翠莲(女，傣族)
副调研员　杨立新
　　　　帅喊岩(傣族)

(《姐告边境贸易区》撰稿　宋元岫)

畹町经济开发区

【区　境】　畹町经济开发区位于东经　97°58′~98°10′，北纬24°02′~24°08′之间。东北与芒市接壤，南与缅甸九谷市相邻，西北与瑞丽市姐勒乡隔江相望；最高海拔1675米(位于曼棒乡回龙山顶)，最低海拔778米(位于混板乡畹町河与瑞丽江交汇处)，城区海拔830米。国境线长28.656千米，由西往东有86、87、88、89、90、91、92、93号界碑。距省城昆明733千米，距州府芒市城区82千米，距瑞丽市区23千米，是中国对缅贸易的国家一级口岸。全区总面积103平方千米，其中坝区面积14.2平方千米，山区面积88.8平方千米。2011年，全区耕地面积12875亩(其中水田6171亩，旱地6704亩)，有林地68711亩，园林地8770亩，森林覆盖率69%。

【气　候】　畹町经济开发区属南亚热带山地湿润季风气候，干、湿分明，雨热同季，冬无严寒，夏无酷暑，终年无霜，日照充足，雨量充沛。年温差小，日温差大，一月平均气温12.9℃，七月平均气温22.7℃，年平均气温20.7℃，最高气温36℃，最低气温1.2℃。年平均降雨量1522.4毫米，5至10月为雨季，雨季降雨量占全年降雨量的85.9%。年均日照总时数为2343.4小时，年均相对湿度为79%。

【行政区划】 畹町经济开发区成立于1999年2月8日，其前身是畹町市，现行政区域属瑞丽市。2011年，畹町经济开发区下辖畹町镇和畹町农场。畹町镇辖3个村委会，16个村民小组，3个城区居民委员会；畹町农场辖8个生产队，农场场部驻混板乡。

【人口民族】 2011年末，畹町经济开发区总人口14056人。其中：农村人口7246人，城镇人口6810人，城镇化率48.4%；人口出生率7.9‰，死亡率4.8‰，人口自然增长率3.1‰，人口密度136.5人/平方千米。在总人口中：汉族8264人，占总人口的58.8%；傣族3956人，占28.1%；景颇族666人，占4.7%；德昂族446人，占3.2%；阿昌族36人，占0.3%；傈僳族54人，占0.4%；其他民族634人，占4.5%。

【简　史】 “畹町”系傣语译音，意为“太阳当顶的地方”，含阳光普照、万物生长之意。西汉属益州郡哀牢地，东汉属永昌郡，唐归南诏国，宋归大理国，元属大理金齿宣慰司，明清属遮放副宣抚司和勐卯安抚司，民国时期属潞西县。早在唐代(公元618～907年)畹町就是“南方丝绸之路”至蜀身毒道滇缅段的重要通道之一；元十九年(公元1282年)，南方丝路主线从腾冲府站(时称金齿站)入缅有天部马道、阿郭道、骠甸道、蒙光路等4条支线，其中天部马道即沿龙川江经芒施路(今芒市)、宛顶(即畹町)入缅到江头城(即杰沙)。明代(公元1368年～1644年)沿元代形成的中庆辰元道，开通了湖广辰沅普安云南道。该道至腾冲后分5路入缅，其中东南路即经畹町入缅。1928年芒市土司和遮放土司联合修建芒畹公路后，腾越海关把设于龙陵的税务司迁至畹町，畹町成了真正的口岸。1937年日本帝国主义封锁了中国海路，为打通盟国援华抗战物资的运输线，于1938年9月筑成了滇缅公路，畹町成为连接中缅惟一的陆路口岸。10万远征军从畹町桥出国抗战，大量的援华物资经此入境；滇缅公路成为我国抗战的大动脉和生命线。此时，畹町居民骤然增多，一时车水马龙，机关林立，发展成为我国大西南惟一的边境口岸和军事重镇。1942年5月2日，日寇侵占缅甸，继而占领了畹町。1945年1月20日，畹町光复。

1950年4月29日，中国人民解放军把五星红旗插上了畹町桥头，10月设畹町办事处，属保山专区潞西县；1952年12月，经政务院批准，畹町镇由潞西县划出，升格为县级镇，为全国惟一的县级镇，属保山专区管辖；1955年1月，经保山地委批准，畹町镇划归德宏傣族景颇族自治区管辖；1958年10月，瑞丽县混板乡和潞西县嘎中乡的5个自然村划归畹町镇。1965年又将潞西县新民乡的6个村寨划归畹町镇，并批准建立了曼另乡。1985年1月31日，国务院批准撤销畹町镇建立畹町市，隶属于德宏州。1992年6月，国务院批准畹町市为沿边开放城市；9月国务院批准设立畹町边境经济合作区(5平方千米)。1999年1月1日，国务院批准撤销畹町市，将其行政区域并入瑞丽市。2月8日，中共云南省委、省政府决定成立瑞丽市畹町经济开发区，设置中共瑞丽市畹町经济开发区工委和管委会(副县级)，作为瑞丽市委、市政府的派出机构，实行“政经合一”的管理体制，行使县级经济管理权限和行政职能，原管辖范围不变。实行计划单列、财政自收自支，由德宏州直接管理。根据省委关于原市级部门机构只换牌不降格的精神，原畹町市级部门机构全部保留，畹町经济开发区工委管理原市委工作机构，畹町经济开发区管委管理原政府工作机构。2005年12月，乡镇机构改革，将畹町经济开发区混板乡、芒棒乡并入城关镇，将城关镇更名为畹町镇。2007年，州委、州政府决定将瑞丽市畹町经济开发区工、管委高配为正县级。

【机构设置】 根据中共德宏州委关于畹町经济开发区机构参照小县设置的精神，畹町经济开发区工委设置7个工作部门；畹町经济开发区管委设置16个工作部门；设6个行使行政职能事业局。上述机构中，监察局与纪工委合署办公，监察局列入管委工作部门序列，不计入管委机构个数；发展计划和经济贸易局加挂安全生产监督管理局牌子；机构编制委员会办公室为机构编制委员会的常设办事机构，既是工委的工作部门，也是管委的工作部门，与人事劳动和社会保障局合署办公。此外，设置议事协调办事机构1个：即扶贫开发办公室为扶贫开发领导小组的常设办事机构。2010年政府机构改革，不再保留事业单位，管委设置16个工作部门，其中29名科级以上干部提前退休(或退养)。通过改革，干部队伍年轻化。

【经济简述】 2011年，畹町经济开发区实现生产总值32629万元，比上年增15.2%。其中：第一产业总产值8079万元，比上年增20.6%；第二产业总产值8478万元，增16.1%；第三产业总产值16072万元，增12.3%。完成财政总收入1.96亿元，比上年增42%；口岸贸易进出口总额19.32亿元，增18%；工业总产值17939万元，降1.7%；旅游行业总收入7828万元，增16.3%；农林牧渔业总产值12361万元，增28.2%；全社会固定资产投资总额23737万元，增33.8%；社会消费品零售总额15903万元，增20.1%。

【固定资产投资】 2011年，畹町经济开发区完成固定资产投资23737万元，比上年增33.8%，完成年计划数23070万元的102.89%。其中：城镇投资21210万元，比上年增25.3%；农村投资2527万元，增2.1倍。在固定资产投资中：500万元以上的可支撑项目14个，完成投资18308万元；其他项目17个，完成投资5429万元。

【私营经济】 截至2011年10月，畹町经济开发区有在册内资企业39户(新开业1户)，注册资金5008万元；有在册私营企业131户(新开业16户，注销12户)，注册资金33343万元，从业人员1854人；有在册个体工商户761户(新开业124户)，从业人员1304人，注册资金3098万元；各类市场主体在数量和质量上都有了新的发展。

【重大项目建设】 2011年，畹町经济开发区工管两委带领各职能部门积极向上级争取项目，实施并完成了一批与人民群众生产生活密切相关的公共基础设施项目。主要是：主城区人行道改扩建项目和城区道路沥青重铺；太阳能光伏路灯安装，红石河水库建设，天鹅湖水库、弄弄水库除险加固工程；投资1967万元的生活垃圾处理工程项目已完成前期工作，即将开工；40套保障性住房已完成投资340万元；投资5831万元的490套公租房建设工程正有条不紊地推进；完成农村危房改造重建338户，兑付资金465.6万元。畹町中学教学楼、畹町老年活动中心及老年大学等一批民心工程顺利开工建设。全年有9个较大项目落地实施，总投资达8亿元，年末完成投资2亿元。分别是：畹町乔瑞水泥有限公司日产2500吨熟料新型干法水泥生产线建设项目，累计完成投资12195万元；总投资近2亿元的畹町中缅国际财富中心建设项目；总投资6000万元的阳光水岸小区建设项目正在紧张有序地推进；康源石斛加工区项目建设已完成投资计划的1/3；计划总投资7500万元的金谷硅业有限公司技改增容2台13500千伏安冶炼炉项目，已完成投资1200万元；曼满至缅甸105码上东坎村公路改扩建工程通过竣工验收；抗战博览一条街和红色记忆博物馆建设项目正在按规划设计方案积极推进。

年内，有26个项目在畹町备案，备案项目总投资金额达34.2亿元。完成省“兴边富民”等27个工程项目编制工作，总投资5995万元。全年提供保障性住房供地7宗34.17亩，出让土地16宗148.93亩，列入瑞丽市年度第四批次建设用地项目上报8个，面积160亩；征用曼另、团结、华俄、曼满4个村民小组和畹町农场二队土地553.9亩，支付补偿金2981万元。

【农　业】 2011年，畹町经济开发区按照“稳粮促增收，减灾保民生，大春抓粮，小春抓钱”的基本思路，把促进经济平稳较快发展作为首要任务，保持了农村经济持续发展。全年完成农林牧渔业总产值12631万元，比上年增28.2%，完成年计划11950万元的105.7%。完成农作物种植推广面积38059.4亩，增1181.4亩，增3.2%；实现总产量27533.5吨(薯类折粮)，增2008吨，增7.9%；完成大春农作物推广种植面积22363亩，减2622亩，降0.8%；实现经济作物总产值2953万元(不含境外甘蔗部分)，比上年增1191万元，增67.6%。其中：天然橡胶种植面积12644.7亩(其中新植面积54.2亩)，开割面积5041亩，产量304.5吨，产值883.05万元，比上年增41.9%；推广木薯种植基地10133.68亩，其中州内2481.5亩，国外7652.18亩；咖啡种植面积1800.1亩(其中新植549.7亩)，产量78.24吨，产值172.13万元，比上年增74.6%；水果种植面积3169.3亩，产量1727.16吨，产值824.28万元，比上年增64.6%。柠檬种植面积1340亩(其中新植面积43亩)，投产面积1099亩，产量53吨，产值18.93万元，比上年增15.57%。本榨季畹町甘蔗砍收面积1178亩，总产量3534吨，平均单产4.57吨，产值200万元，由于本榨季甘蔗收购价比上榨季高，产值增加了57.8万元。年内，兑现甘蔗种植补助4.71万元，实施甘蔗高产示范项目补助蔗农9.87万元；境外替代种植甘蔗1.7万亩，收获面积11475亩，总产量4.5万吨(其中入榨36403吨，留种8515吨)，实现产值1600万元。

年内，完成畜牧业总产值3729万元(现价)，比上年增913万元，增32.42%。肉、蛋、蜜总产2152吨，比上年增212吨，增10.93%；生猪存栏8116头(母猪519头)，比上年减1912头，减19.07%；肉猪出栏14767头，增705头，增5.01%；销售仔猪7294头，减74头；大牲畜存栏2543头(匹)，比上年增478头(匹)，增23.15%；家禽存栏12.55万羽(其中鸡10.47万羽，鸭1.73万羽，鹅0.35万羽)，比上年增2.71万羽，增27.55%；肉禽出栏18.86万羽，增3.41万羽，增22.04%。禽蛋产量195吨，比上年增31吨，增18.9%。水产养殖面积1868亩，增500亩，增36%；产量1050吨，增98.1%；实现总产值1050万元。鳄鱼产量5吨，产值60万元。

年内，全区拥有拖拉机817台，其中大中型拖拉机143台(耕作型60台)、手扶拖拉机674台，联合收割机18台，农副产品加工机械44台，各类小型抽水机234台。拥有农业机械总动力1327.93万瓦特，农业机械总值1449.34万元。

全年全区完成各项惠农补贴179.3万元，其中粮食直补补贴面积18549.27亩(含农场)，补助金额18.5万元，受益农户1476户6189人；综合补贴面积18549.27亩(含农场)，补助金额116.9万元；油菜良种补贴面积1113.6亩(不含农场)，补贴资金1.1万元；小麦良种补贴面积800亩(不含农场)，补贴资金8000元；水稻、玉米良种补贴面积16799.95亩(含农场)，补贴资金20.8万元；农机购置补贴金额20万元，补贴机具53台，带动农户投入购机资金59.84万元，受益农户50户。

实施了村级公益事业建设一事一议财政奖补试点工作。对4个村组开展村内文化活动室、人畜饮水及道路硬化建设，总投资189.44万元。其中：集体自筹72.6万元，农民筹资2.7万元，农民筹劳2390个，财政奖补资金90万元，其他整合资金15万元。

【林　业】 2011年，畹町经济开发区以推进现代林业建设为主题，以全力构建林业三大体系为目标开展林业工作。完成了国家级和省级公益林补偿县级实施方案修编工作，兑现上年度各类公益林管护资金57.78万元，面积7.13万亩，兑现率为100%。退耕还林工程：组织实施荒山造林1000亩；完成补植补造400亩；完成历年6000亩退耕地还林年度检查验收和阶段性检查验收工作，兑现补助资金75万元；完成退耕还林后续工程建设项目，为农户安装太阳能热水器80套。组织了1次全区各单位参加的义务植树活动，移栽菠萝蜜带土球大苗250株。全年林产业工作重点放在指导农户和企业石斛集约化种植发展方面，至年末，全区石斛种植面积873亩，产量78吨。

年内，加大了对调入木材林产品及树苗的检疫力度，严防有害生物的侵入和扩散。截至9月，签发林业植物检疫证书1684份；检疫木材9483.77立方米，检疫林产品10807.26吨、家具12.2吨、木炭342.6吨、药材88.26吨、果品3610.64吨、竹材60吨、芒果种子137吨、活立木544.999立方米，检疫率达99.9%。依法对木材经营及加工运输进行监管。至10月，调运边贸木材13763.86立方米，林产品1355.162吨，办理木材运输许可证1062份；查处林业行政案件23起(均为无木材运输证运输木材案件)，处理涉案人员24人，挽回经济损失12万元，查处率100%。年内，加强了森林防火宣传教育。采用森林宣传车、农村广播、防火标语等形式宣传森林防火知识，召开各种森林防火会议56场次，粘贴防火标语130条，发放防灭火安全手册680册、禁火令350份，签订森林防火户主责任书1800多份。加强火源管理，对存在火灾隐患的单位、个人及时发出“森林防火火险隐患通知书”，并及时督促整改，经多方密切配合和努力，取得年内无森林火灾发生的好成绩。

年内，完成了《畹町生活垃圾处理工程建设项目》和《畹町经济开发区东部工业园区建设项目》征占用林地的审批手续；完成了《中缅输油汽管道建设项目》及《畹町农产品仓储物流电子信息交易中心建设项目》的申报工作；完成了畹町辖区“十二五”期间使用林地预审计划和“十二五”征占用林地规划。

【对外贸易】 2011年，畹町经济开发区完成进出口贸易总值19.32亿元，比上年增18%，完成年计划数193150万元的100%。其中：进口总值8.95亿元，比上年降5.2%；出口总值10.37亿元，增49.7%。1至10月，边民互市进口30873.3万元，比上年增290%；办理边民互市证821份，办理海关申报41512人次；为地税创收308万元，为财政创收721.22万元，为边民增收200多万元。1至9月，口岸出入境人员37.68万人次，比上年增53.2%；出入境车辆14.16万辆次，增199.1%；货运量9.52万吨，降17%。

【工　业】　2011年，畹町经济开发区完成工业总产值17939万元，比上年降1.7%，完成年计划数23300万元的76.9%。其中：轻工业6207万元，比上年增47.5%；重工业11732万元，降16.4%。在工业总产值中，国有及2000万元以上非国有工业企业完成工业总产值10384万元，比上年降4.06%；2000万元以下工业产值7335万元，增36.22%。主要工业产品产量：啤酒4246千升，比上年增22.93%；木制品47645平方米，降18.04%；大输液677万瓶，降32.97%；工业硅8470吨，降10.38%；木薯淀粉3602吨，增25.99%；卫生香198吨，增41.43%。全年工业产品产销衔接较好，全社会工业产品销售率为102.75%。

【旅　游】　2011年，畹町经济开发区旅游业稳步发展，全年接待游客9.84万人次，比上年增4.9%；实现旅游收入7828万元，增16.3%。在旅游产业开发方面：抗战博览一条街建设项目，由云南勐拱翡翠有限公司投资建设，政府分期回购，现已完成了和盛缅泰珠宝总部、民俗风情会馆的装修改造；省旅游局扶持的30万元旅游小城镇建设项目，用于建设黑山门游客休息站，此项目场地已平整完毕；畹町生态园二次开发，建设项目总体规划已完成，进入征地工作阶段；投资2万余元，在9个重点路段竖立了14块旅游指路牌。年内，积极参加全州组织的各项旅游宣传活动。在中国·德宏2011国际泼水狂欢节“寻找最美的傣族孔雀公主”大赛上，畹町金梦霖、高翔、王怡琳获入围奖，骆宝清进入总决赛获优秀奖；在第十一届中缅胞波狂欢节暨第四届国际珠宝文化节上，畹町选送的彩车在“中缅牛车美女”评选赛中获优秀奖。

【财税金融】　2011年，畹町经济开发区完成财政总收入19630万元，比上年增5835万元，增42%。其中：上级补助收入15796万元；一般预算收入3248万元，比上年增402万元，增14.1%，完成年初预算的91%；上年结余472万元；政府债券转贷收入24万元；基金收入90万元。在一般预算收入中，完成税收收入1891万元，比上年增111万元，增6%，完成年初预算的89%；非税收入1357万元，增291万元，增27%，完成年初预算的95%。财政完成一般预算支出17996万元，上解支出919万元，基金支出241万元，支出总计19156万元。收支相抵，年终滚存结余474万元。

【科　技】　2011年，畹町经济开发区科技部门加强科普宣传，编辑《畹町科技简报》10期；组织“畹町2011年科技活动周”宣传活动，展出展板64块，发放宣传资料33种1969份，接受群众咨询223人次，受教育群众1138人次。科普日围绕“节水爱水、低碳生活、防灾减灾、促进发展”主题开展宣传，展出展板16块，发放各种宣传资料50类4615份，接受群众咨询227人，受教育群众2970多人次。年内，根据农时节令为全区基层村干部、党员、示范户发放《云南科普报》18期1800份，《云南科坛》15期120册；围绕农民增收和农村经济发展主题，开展了1期石斛种植技术培训班，360人参加培训；农函大开办了《养猪实用技术》专业培训班，招收学员60名，专业课程完成后，通过理论、实践考评合格54人；根据各村民小组特点和产业优势，开展特色种、养殖实用技术培训活动，培训党员干部群众84人次，发放科普资料200余份；开展香料烟种植现场培训会2期，受训90余人次，受惠面积达200多亩。

【教　育】　2011年，畹町经济开发区有1所完全中学，4所小学（1所为教学点）和1所幼儿园。9月，有在校学生1960人，其中高中119人，初中530人，小学1174人，幼儿园137人；中小学幼儿园有教职工174人，其中专任教师169人（硕士1人、本科69人、专科73人、中专及高中阶段25人、高中阶段以下1人），学历达标率100%。本年度，畹町中学有42名考生参加高考，本科上线17人，上线率40%；综合上线38人，综合上线率90%。

9月，开展了小学撤并工作。和平小学与畹町小学合并，回环小学拆并到芒棒小学；完成了小学毕业生整体移交工作。年内，有47名应届初中毕业生就读于州内外中等职业技术学校。对芒另村、回龙村和弄弄村的56名青壮年文盲进行了1个多月的培训，31人通过了扫盲测试要求，达到了脱盲标准。

年内，为畹町中学和畹町小学多媒体教室配备了20多万元的教学仪器设备；投资7万余元，在畹町中学、畹町小学、畹町幼儿园安装了监控系统，安装监控摄像头30个。全年上级拨付家庭经济困难寄宿制学生生活补助费

23.94万元，支出12.09万元，455名学生受益；发放学期资助金8.95万元，90人受益。

在第27个教师节期间，全区推荐评选表彰优秀班主任、优秀教师和教育工作者18人，对学校和教师进行“有效教育”管理量化考评，对57名教学单科成绩优秀、8名教育科研先进个人和1对最佳师徒进行了表彰奖励，兑现教师教学奖励金35万元。

【文化体育】 2011年，畹町经济开发区开展了内容丰富的“大家乐”群众文化广场活动，组织业余文艺队伍开展送戏下乡活动，电影放影队在16个放映点放映42场，观众6300余人次，有效地丰富了群众的精神文化生活。图书馆每周开馆56小时，接待读者2536人次，外借图书2815册次；阅览室接待读者2950人次；开展送书进校园、进军营、进企业活动8次。强化文化市场监管，出动人员156人次对文化市场进行检查、监管，对1家网吧依法进行行业整顿，对2家文化经营户进行警告处分，查出20多册非法出版物，维护了文化市场经营秩序的繁荣稳定。年内，还组队参加了德宏州第二届文化广场“大家乐”广场舞比赛，荣获二、三等奖；参加瑞丽市庆“七一”红歌比赛，荣获二等奖。

年内，建成了曼棒村回环村民小组篮球场、弄弄村民小组农村文化体育活动广场两块体育运动场。少体校有在训运动员40人，有专职教练员4名。年内，组队参加了云南省第十二届中学生运动会游泳项目比赛，获得1金4银3铜，团体总分第二名的好成绩；参加了云南省第七届城市运动会预赛暨青少年游泳竞标赛，获得4金1银4铜，团体总分第五名的成绩。老年体协组织24人代表团参加了在瑞丽举行的德宏州老年人轮办制运动会，分别参加了门球、地掷球、桥牌、中国象棋4个项目的比赛。

【卫　生】 2011年，畹町经济开发区在原基础上拓展和深化基本公共卫生服务内容，人均基本公共卫生经费达到25元。建立居民健康档案9112人，建档率65%，建立电子健康档案4786人，建档率34%；截至10月，全区儿童新建接种卡160人，接种各类疫苗3941针次，接种率达98.4%；调查各医疗单位接诊15岁以下儿童2643例，未发现麻疹、新生儿破伤风、AFP、乙肝病例报告；麻疹强化免疫接种2308人次，接种率98.89%；脊髓灰质炎强化免疫接种1167人次，接种率99.49%。年内，无甲类传染病发生；收报乙类传染病7种32例，发病率为230.12/10万。艾滋病检测血样406份，检测出新阳性7人，阳性检出率1.7%；对新发现的感染者和病人告知完成率100%，随访完成率100%，CD4检测完成率100%，配偶检测完成率100%；累计报告的感染者及病人的随访完成率77.29%，CD4检测完成率68.18%，配偶检测完成率80%，娱乐场所干预覆盖率100%。儿童保健、孕产妇服务工作。0～6岁儿童建册率81.2%，3岁以下儿童系统管理率85.8%，新生儿访视率99.2%；全年全区有孕产妇164人，系统管理159人，管理率97%，建册率100%，产后访视121人，访视率99.2%，住院分娩率99.2%。65岁以上老年人管理619人，管理率64.8%，管理慢性病人675人，管理重症精神病患者10人。开展孕产妇乙肝、HIV抗体初筛130人，新婚登记人员HIV免费检测202人，未检出阳性感染者。基层医疗卫生机构门诊就诊19345人次，住院就诊1611人次。全区医疗机构药品实行了网上采购，采购率分别为：畹町医院68.54%，曼棒社区卫生服务站100%，仁慈医院77.93%，妇幼保健院74.02%。

全年全区农业人口参合6938人，参合率99.96%；年内，新农合筹资标准提高到230元，新农合参合人员县级、乡级住院费用报销比例提高到80%、90%。7月，新型农村合作医疗信息系统正式接入使用，实现诊疗信息及时交换，费用在线审核；1至10月，全区各定点医疗机构补偿住院病人1186人次，补偿金额140.35万元；门诊补偿11006人次，补偿12.02万元。年内，对全区定点医疗机构新农合基金使用情况监督检查11次，检查处方11006张，检查病历1186份，进村入户调查113人，下达整改通知2份、扣款通知8份。

【民　政】 2011年，畹町经济开发区民政部门开展了以下工作。一、救灾救济工作。盈江3·10地震发生后，及时组织人员深入社区、村寨了解灾情，动员全区人民为盈江灾区捐款捐物，接收社会各界捐款25.27万元(全部汇到灾区)；全年下拨2吨大米为240余人解决了春荒、夏荒期间的基本生活；临时救助社会特困人员及遣返流浪人员33人，发放救助资金35984元，发放帐篷33顶，发放棉被300张；9·5特大水灾紧急转移灾民15户121人，发放救灾资金12.91万元；为全区农户购买火灾保险9400元；为25名受艾滋病影响的儿童发放各种生活补助、临时救助15.98万元；拨付学校教学楼抗震救助10万元；储备帐蓬52顶，棉被500张，大米20袋，锄头铲子各30把，木桩500根。二、优抚安置工作。春节期间，为全区101名优抚对象发放临时价格补贴和一次性补贴2.42万元；截至11月，发放参战人员定期补助9.68万元，各类伤残抚恤金2.28万元。三、拥军优属工作。元旦、春节和“八一”期间，对畹町驻军、驻警进行慰问，发放慰问金4.1万元；为驻畹部队解决柴火资金4.2万元；慰问现役军人家属29户次，发放慰问金5800元；兑现义务兵家属优待金7.74万元。慰问重点优抚对象、军休干部41人次，发放慰问金8200元；为3名军休干部发放住房补贴资金31.17万元；为4名农村退伍军人特困家庭发放生产扶助金1.2万元。

1至10月，全区有城市低保户627户1.1万人次，发放低保金155.98万元；有农村低保户535户1.4万人次，发放低保金117.5万元；有五保户176户1780人次，发放五保户补助14.24万元。参加城市医疗救助1030人次，发放补助金9.33万元(含农场)；参加农村医疗救助7170人次，发放补助金46.88万元；发放守土固边补助1634户，补助资金95.59万元。上报云南省困难补助对象火化1名，补助1000元。

全年全区下拨民政项目资金25万元，支持新合村委会办公楼建设；发放社区工作人员生活补助7.2万元；完成了扶持人口较少民族“十二五”发展规划，将14个自然村纳入发展规划内；完成本年度省级补助3个城乡社区公用房和服务设施项目申报工作，申报资金400万元。老龄委申报百村建设项目2项，项目资金2万元。年内，办理结婚登记97对，离婚登记14对，补发结婚登记18对；办理老龄优待证6本。

【劳动社保】 2011年，畹町经济开发区城镇新增就业95人，城镇下岗失业人员再就业37人，困难人员再就业16人，城镇登记失业率为4.6%；高校毕业就业见习19人，开发公益性岗位44人，“贷免扶补”扶持创业受理11人；新增农村劳动力就业转移78人，农村劳动力转移就业特别行动计划技能培训198人；城镇参加失业保险新增740人，为企业成功推荐就业26人。年内，劳动和社保部门监察用人单位32户、涉及人员1338人，追发人员工资和工伤医疗补助1.66万元、涉及人员13人，督促用人单位与劳动者补签劳动合同257人，督促用人单位参加社会保险144人，缴纳保险费3.1万元；完成了108个单位上年度劳动保障执法证的年审。

全年全区城镇基本养老保险参保2021人，完成养老保险基金收入1003万元，支出753万元，累计结余561万元；按程序办理超龄人员养老保险171人，收缴保险金490万元。医疗保险参保5165人，工伤保险参保544人，生育保险参保50人。城镇居民基本医疗保险参保2852人，收缴保险金281万元，支出231万元。全区有60周岁及以上符合条件的城乡居民社会养老保险542人(城镇居民63人、农村居民479人)，发放保险金89430元。失业保险参保35家、740人，征收失业保险基金16.2万元，支出41.8万元，发放一次性创业补助3.3万元。

【治　安】 2011年，畹町经济开发区围绕最大限度化解和最大限度减少社会矛盾这条主线，深入推进社会矛盾化解，集中开展矛盾纠纷大排查10次，调处各种矛盾纠纷40起，成功调处32起，成功率为80%。加大对多发案件、多发案时段、多发案区域巡逻管控力度。全年全区立刑事案件43件，侦破23件，抓获违法犯罪嫌疑人24人；跨区域协作办案3次；抓获网上在逃人员13人；追回被盗摩托车3辆，被盗现金5065元，为群众挽回经济损失1.3万余元。缴获子弹25发，“TNT”炸药可疑物747块152.5千克；查获非法经营卷烟2766条。交警部门开展“城区道路交通秩序整治”、“利剑”等专项行动，道路交通安全管理工作得到加强。交警接警120起，处理事故93起，查处交通违法行为1315起，教育违法驾驶人312人次。消防大队接警63起(其中跨国救援2起)，检查单位995家，发现并整改火灾隐患74处，下发《责令改正通知书》55份，实施消防行政处罚6起。

【人民生活】 2011年，畹町经济开发区完成社会消费品零售总额15903万元，比上年增20.1%；居民消费价格指数104.6%，比上年上涨4.6个百分点；城镇居民人均可支配收入16224元，比上年增11.1%；农民人均纯收入4470元，增15.6%；全年发放低保金351.75万元，享受最低生活保障的人口达1162户次3.1万人次。

年内大事

【常爱儿童项目官员到畹町督查工作】 2011年4月17日，常爱项目官员国务院发展研究中心民族发展研究所所长助理朱莉和云南省妇女儿童发展中心项目活动部部长马丽君等，到索阳村民小组现场查看常爱项目实施的无害化卫生厕所项目建设情况，并进行了群众走访。7月31日，常爱项目官员常念周、国务院发展研究中心民族发展研究所所长助理朱莉一行12人，先后到广董村民小组和索阳村民小组对常爱项目工作情况进行检查督导。

【中缅两国青年开展保护畹町河行动】 2011年5月26日，中缅两国青年共同开展了保护畹町河行动。畹町各单位干部职工、缅甸棒赛(九谷)分镇区领导及中缅两国青年260余人参加了活动。畹町工委副书记刘永益和缅甸棒赛(九谷)分镇区行政长官吴赛普季分别作了讲话。此次活动，共清理了由畹町桥至90号界碑河段两岸(1千米)的垃圾约3吨。

【举行“南洋华侨机工回国抗战72周年”纪念活动】 由马来西亚、新加坡等海外侨团发起了“重走南侨机工抗日滇缅路万里行”活动自新加坡启程，途经多国，于2011年7月11日抵达畹町。12日，在畹町南洋华侨机工回国抗日纪念碑举行了“南洋华侨机工回国抗战72周年”纪念活动。畹町工委常务副书记党文军主持活动，州人民政府副州长高铁英、管委常务副主任李奇、著名爱国华侨领袖陈嘉庚先生的长孙陈立人先生、马来西亚雪隆中华大会堂副会长翁清玉先生，全国政协委员、南侨机工后代、华侨机工历史研究会会长林晓昌先生，以及畹町相关单位、海外各侨团、部分机工后裔共280余人参加了活动。

【全国木材战略储备生产基地现场会在畹町召开】 2011年8月11日，全国木材战略储备生产基地现场会在畹町召开。国家林业局、国家发改委有关司局领导、全国各省区林业厅、局有关领导和专家等100余人参加了现场会。畹町农林水局副局长郭云仲带领与会同志到柚木基地参观，并向各位专家、领导介绍了畹町柚木种植生长情况和基地的建设情况。畹町国营林场从1964年开始引种柚木，到1984年共种植5200亩，现保存面积3600亩。畹町柚木经专家鉴定，属于柚木品种中最珍贵的金丝柚木，是中国重要的种质资源。截至当前，基地每年能提供25吨左右的柚木种。

【缅甸联邦巩发党干部考察团参观畹町口岸】 2011年8月17日，缅甸联邦巩发党干部考察团在中联部国际交流中心副主任安月军及云南省、德宏州、瑞丽市、畹町相关领导的陪同下参观了畹町口岸。缅甸联邦巩发党考察团主要成员有：缅甸巩发党中央执委吴拉登瑞、缅甸巩发党克钦邦委员会委员吴年登、缅甸巩发党克钦邦委员会书记吴凯貌等20人。

【畹町发生“9·5”特大暴雨灾害】 2011年9月5日17至18时，畹町遭遇罕见特大暴雨，导致山洪暴发、山体滑坡、多处房屋受损、城市民主街主干道瘫痪，财产损失严重。灾情发生后，畹町工管两委迅速成立了抗涝抢险工作领导小组，组织住建、公安、消防、畹町镇等部门开展了灾后排险、交通疏通、自救和恢复生产工作。大雨造成58户200余人受灾(没有造成人员伤亡)，造成经济损失350余万元。

【畹町消防大队入缅救援】 2011年10月12日凌晨2：16时，畹町消防大队接到报警：位于缅甸九谷市二街民房发生火灾，火势凶猛，恳请中国消防前往救援。畹町消防大队接到报警后，立即向德宏消防支队值班室、畹町管委、畹町公安分局分管领导进行了汇报，在征得上级机关领导同意后，消防大队在公安分局、外事办及缅方官员的带领下，于2：32时到达火灾现场并迅速投入救援，至4：44时，火灾现场余火全部清理完毕。

【省委组织部部长刘维佳考察畹町桥】 2011年10月12日，云南省委常委、省委组织部部长刘维佳在德宏州委书记赵金、州委副书记、州政协主席、代州长龚敬政的陪同下，到畹町参观考察了畹町桥。听取了畹町桥的历史沿革、畹町口岸货运情况介绍，并与畹町工管两委陪同领导合影。

【共青团中央、农业部在畹町进行薇甘菊现场灭除活动】 2011年10月12日，由共青团中央、农业部主办，共青团云南省委、云南省农业厅、德宏州政府承办的外来入侵生物——薇甘菊现场灭除活动在畹町举行。活动由农业部科技发展中心副主任刘平主持，农业部科技教育司巡视员王衍亮、共青团中央农村青年工作部副部长张传慧、省农业厅副厅长孙海清、共青团云南省委副书记景徇、德宏州人民政府副州长板岩过、畹町工委副书记刘永益等相关领导出席现场会，云南省部分州、瑞丽市农业部门负责人、畹町相关单位负责人及畹町150余名各族群众参加了现场灭除活动。现场会上，各级领导作了防治经验交流讲话，并进行了薇甘菊灭除活动。

领导干部名录

畹町经济开发区工委

书　记　党文军(2011年5月止)
　　　　杨跃国(2011年5月任)
常务副书记　党文军(2011年5月任)
副书记　帅罕罗(傣族，2011年5月止)
　　　　李　奇(傣族，2011年5月任)
　　　　刘永益

畹町经济开发区管委

主　任　帅罕罗(傣族，2011年5月止)
　　　　刀晓瑞(女，傣族，2011年5月任)
常务副主任　李　奇(傣族，2011年5月任)
副主任　杨瑞勇
　　　　杨卫平
　　　　金岩保(傣族)

(《畹町经济开发区》撰稿　甫如明　杨世洪)

瑞丽市乡镇概况一览表

单位:(米、公里、平方公里、亩、个、户、人、%、‰、人/平方公里、万元、元、吨、头、张)

项目 \ 乡镇			勐卯	弄岛	姐相	户育	勐秀	姐告	畹町
地理位置			中　部	西　南	南	西	西　北	东	
政府驻地			团结村	弄岛村	姐相街	帕叠坝	勐秀村委会		畹　町
海　拔			1386.6	743.2～1266	752.2	1000	1312		
距县城距离			1	28	18	20	22		
土地总面积			232.3	99	60	204	283.3		
耕地面积			31958	29579	41138	28688	57752		
其中	水　田		22652	18881	32644	8585	100..		
	旱　地		9306	10698	8494	20103	47119		
	人均耕地		1.1	2.31	2.76	3.97	5.32		
行政区域	辖村委会		7	4	4	4	7		
	自然村		65	4	39	30	89		
	村民小组		69	33	40	30	44		
人口民族	总户数		33630	3220	4062	1826	2720		
	总人口		101636	13173	16912	7222	11240		
	其中	汉　族	69519	1956	1712	2141	5681		
		傣　族	24799	10177	15158	10	46		
		景颇族	2947	945	10	4536	4318		
		阿昌族	305			12	17		
		傈僳族	203			45	238		
		德昂族	306		15	458	539		
	人口出生率		98	7	11.3	14.5	1.18		

续 表

项目			勐卯	弄岛	姐相	户育	勐秀	姐告	畹町
人口民族	自然增长率		5.2	12	4.7	6.7	0.4		
	人口密度			133		0.03	39.68		
经济收益	总收入		25783	10765	12543	10009	10398		
	纯收入		15321	5801	7996	3229	4745		
	人均纯收入		5289	4539	4817	4471	4373		
	总支出		10759	4964		6941			
	国家税金		150	896					
	集体提留		159						
农业产值	总产值		14411	7466	125435		9903		
	增加值		2200	1457	18445				
	其中	种植业	7514	7427	1267	3909	5935		
		林　业	531	319	17	1516	391		
		畜牧业	3978	1693	357	3586	3577		
		渔　业	959	163	8	297			
		服务业	1429	121	2				
农作物总面积			72225	62431	71792	47565	94491		
其中	甘　蔗		4230	14978	3407	10576	18900		
	粮　食		48998	36488	51590	27859	47725		
	茶　叶		889	1000	40	3792	156		
	油　料		4200	630	550	1526	4779		
	水　果		2137	7685	5411	3812	22931		
农作物总产量			119628	90630.443	66209	56302	103493		
其中	甘　蔗		21000	75171	31850	50191	82821		
	粮　食		21661	14716	22137	5505	8222		
	茶　叶		35.7	46.5	2	74	12		
	油　料		482	0.343	61	168	3412		
	水　果		5638	696.6	2421	364	9026		
畜牧	牛存栏		2915	2700	3000	1985	3676		
	猪存栏		25000	7000	4300	3601	11180		
	羊存栏		1200	210		208	410		

续 表

项 目 \ 乡 镇			勐卯	弄岛	姐相	户育	勐秀	姐告	畹町
教育	中学	中学在校学生	1501	598	642		270		
		教职工人数	100	71	52		41		
	小学	小学在校学生	7461	1538	1366	875	762		
		教职工人数	433	127	106	64	67		
卫生	医务人员		36	26	17	12	14		
	病床		46	44	30	14	10		
	卫生室		8	4	5	4	8		
	乡村医生		13	8	8	8	14		
文化	文化站		1	1	1	1	1		
	电影院			0					
	广播站			1	1	4			
领导干部	乡镇党委书记		杨丛柱	冯祖威	散 孟	棍 么	金 宏		
	乡镇政府乡长		岩 占	岩吞亮	赵瑞仁	周德银	董志明		
	乡镇人大主席		张家有	尹安强	杨再富	尹家辉	明正丛		

（宋元岫）

陇 川 县

地 理

【县 境】 陇川县地处云南省西部德宏州西南部，位于东经97°39′~98°17′，北纬24°08′~24°39′之间，东邻芒市，南连瑞丽市，北接梁河、盈江两县，西与缅甸毗邻，国境线长50.899千米；全县由山区、半山区、盆地组成，南北长58千米，东西宽63.7千米，土地总面积1931平方千米，其中山区1429.55平方千米，占76.72%；坝区433.9平方千米，占23.82%。县政府驻地章凤镇(国家二级口岸)，距州府芒市城区130千米，距省府昆明779千米，距缅甸八莫市92千米。陇川县全境由高黎贡山余脉纵贯，东北高峻，西南低平，最高海拔2618.8米，最低海拔780米；境内有大小河流98条，总长752.85千米，地表水量为77亿立方米。

【气 候】 2011年，陇川县热量条件优越，突破历史最高值。年平均气温19.4℃，比上年偏低0.5℃，较历年平均偏高0.8℃，属偏高年份；年最高气温33.2℃，年最低气温0.3℃，年总积温7081.0℃，比上年偏低182.5℃，较历年偏高292.0℃。冬季平均气温13.3℃，比上年同期偏高0.2℃，较历年同期偏高1.3℃，属特高年份；春季平均气温20.4℃，比上年同期偏低1.1℃，较历年同期偏高0.6℃，属偏高年份；夏季平均气温23.7℃，比上年同期偏低0.3℃，较历年同期偏高0.4℃，属略高年份；秋季平均气温20.0℃，比上年同期偏低0.7℃，较历年同期偏高0.6℃，属偏高年份；气温1月、2月、3月、9月、10月、12月特高，7月偏高，4月、5月、6月、8月略高，11月略低。全年总降雨量1366.9毫米，比上年同期偏少300.6毫米，较历年同期平均偏少342.5毫米，属偏少年景。冬季总降雨量86.4毫米，比上年同期偏少84.5毫米，较历年同期平均偏少46.4毫米，属偏少年份；

春季总降雨量330.9毫米，比上年同期偏多75.4毫米，较历年同期平均偏多91.3毫米，属偏多年份；夏季总降雨量725.7毫米，比上年同期偏少123.8毫米，较历年同期平均偏少316.6毫米，属偏少年份；秋季总降雨量290.5毫米，比上年同期偏少199.7毫米，较历年同期平均偏少88.1毫米，属偏少年份。全年大雨、暴雨发生日数较历年偏少，冬春干旱一般，汛期洪涝灾害不突出，三秋降雨偏少，其中10月16至21日发生了6天连阴雨天气。雨量5月特多，1月、10月偏多，3月略多，4月、8月略少，2月、6月、9月、12月偏少，7月、11月特少，其中7月降雨量仅次于历史同期最少值。雨季于5月1日开始，11月1日正式结束。全年总日照时数2087.6小时，比上年偏少99.3小时，较历年平均偏少213.8小时，属偏少年景；日照时数除2月、7月、9月、11月略多外，其余各月均略少至偏少。全年主要气象自然灾害表现为冬季低温霜冻灾害、冬春冰雹灾害、8月风灾；气候对工农业生产影响总体上属中等偏好年景。

【行政区划】 2011年，陇川县下辖章凤、城子、陇把、景罕4镇，户撒、清平、勐约、王子树、护国5乡和1个农场管委会。各乡镇有68个村民委员会，3个居委会，689个自然村，741个村民小组；陇川农场管委会下辖4个分场45个队（站）。

【人口民族】 2011年，陇川县总户数47263户，总人口182146人。其中：男性92566人，女性89580人。非农业人口31585人，占总人口的17.3%；年内，迁入1271人，迁出1562人。有少数民族22种，少数民族人口98621人，占总人口的54.1%。其中：景颇族45017人，傣族30640人，傈僳族5349人，阿昌族13572人，德昂族1457人，其他民族2586人。人口出生率15.55‰，人口自然增长率7.35‰，人口密度为94.3人/平方千米。

历　史

【简　史】 陇川，傣语称“勐宛”，意为太阳照耀的地方。东汉归永昌郡哀牢县，唐南诏时属永昌节度，宋属大理金齿。南宋绍兴三十年（1160），麓川思氏部酋兴起，在勐卯（今瑞丽）统一了几个部落，随之兼并勐宛（陇川），建立麓川王朝政权。元至十三年（1276），在麓川统辖范围置麓川路、平缅路（置首府于今陇川坝北）。至顺元年（1330）置麓川军民总管府，统管原麓川地。至正十五年（1335），在姐兰（今缅甸南坎附近）置麓川平缅宣慰使司。“三征麓川”后，明正统九年（1444）撤麓川平缅宣慰使司，立陇川宣抚司，辖今陇川、瑞丽、遮放及缅属高丽等地区。清沿明制。民国时期，1912年设弹压委员，划入户撒、腊撒两司地。1916年改为行政委员，行署旱季住章凤，雨季住杉木笼。同年，户撒划归干崖，腊撒归勐卯。1932年改设陇川设治局，隶属云南第一殖边督办。1951年12月21日，成立陇川县各民族联合政府，隶属保山专区管辖。10月，瑞丽陇川两县合并，称瑞丽县。1959年9月，瑞、陇分开，重置陇川县，隶属德宏州。

陇川历史悠久，公元450年，居住在保山卡斯洼的傣族部落首领法赛练率367户，迁徙到陇川坝尾南宛河畔定居。法赛练氏部落统治勐宛480年，传19代。900余年，德昂族首领莽达良率众征服勐宛，在雷基（今洋人街）建立德昂王城。莽氏家族统治陇川304年。1233年，勐宛被勐卯王混贺罕兼并。元至元六年（1340）思可法立为勐卯王，迁都“姐兰”，建立麓川王国，并开始向德宏及保山地区扩张。明王朝为巩固其统治，派兵“三征麓川”，于正统九年（1444），立陇川宣抚司（正四品）。1447年，明朝庭废恭项，立原同知多歪孟为陇川宣抚使，沿袭28代，执政503年。

1950年5月，陇川解放。1951年12月，末代土司多永安选为陇川县各民族联合政府县长，原邦瓦山官排早堵选为副县长。1957年完成和平协商土地改革，建立家庭联产承包责任制。1993年修复“洋八公路”，县委、政府正式迁到章凤挂牌办公。1998年3月20日，陇川县城正式搬迁至章凤口岸。2001年原驻老县城各机关相继完成搬迁工作。2002年，邦瓦乡撤并城子镇、勐约乡，姐乌乡撤并城子镇。

社　会

【经济简述】 2011年，陇川县实现生产总值22.35亿元，按可比价计算，比上年增15.1%。其中：第一产业实现增加值8.5亿元，比上年增10.6%，拉动GDP增长5.9个百分点；第二产业实现增加值7.31亿元，增25.7%，拉动GDP增长4.3个百分点；第三产业实现增加值6.55亿元，增11.3%，拉动GDP增长4.9个百分点。一、二、三产业比重由上年的39.3：28.2：32.5调整为本年的37.9：32.9：29.2。

【固定资产投资】 2011年，陇川县完成固定资产投资总额19.11亿元，比上年增26.2%。在总投资中，城镇固定资产投资完成17.11亿元，比上年增28.4%；农村固定资产投资完成5700万元，增31%；房地产投资完成1670万元，增94.2%；农村私人投资完成12650万元，降2.6%。全年全县实施建设项目323个，重点重大项目工程支撑作用明显。在建项目中，计划总投资在3000万元以上项目12个，完成投资额6.32亿元，占全社会固定资产投资总额的33%；其中：亿元以上项目5个，完成投资额54671万元，占全社会固定资产投资总额的28.6%。

【农　业】 2011年，陇川县实现农林牧渔业总产值14.29亿元，按可比价计算，比上年增11.3%。其中：农业产值10.28亿元，比上年增11.2%；林业产值1.21亿元，增7.9%；牧业产值2.37亿元，增14.7%；渔业产值3098万元，增5.2%；农林牧渔服务业1223万元，增7.6%。年内，农作物总播种面积89.03万亩，比上年增9.1%。其中：粮食作物播种面积39.24万亩，比上年增13.8%；总产量12.64万吨，增17.1%；实现产值35991万元，增34%。油料种植面积8.2万亩，增10.7%；总产量0.75万吨，增48.2%；实现产值3477.8万元，增47%。甘蔗种植面积31.04万亩，增5.6%；总产量175万吨，增9.3%；实现产值6.21亿元，增49%。茶叶生产面积44033亩(其中投产面积31067亩)，总产量1283吨，实现产值1616.6万元。烟草种植面积2.73万亩，降0.4%；产量2656.6吨，减15%；产值4649万元，减0.6%。蔬菜、瓜类、青饲料种植面积4.22万亩，总产3.59万吨，实现产值5056万元；其中：蔬菜、瓜类作物种植面积3.12万亩，产量3.09万吨，实现产值4905万元。草果生产面积3.6万亩，产量0.15万吨，实现产值2946万元。年内，出栏肉猪10.41万头，比上年增11.8%；肉牛1.13万头，增11.9%；肉类总产量12160吨，增12.1%。完成水产养殖面积10138亩，其中水库养殖面积6490亩，比上年增54.5%；池坝塘养殖面积3648亩，增2.4%；水库网箱养殖12546平方米，增213%；稻田养殖面积31624亩，增244亩。鲜鱼总产6013吨，比上年增1294吨，增27%；渔业产值6773万元，增38%。年内，完成农村劳动力培训1551人，完成计划任务数的103%；转移2344人，占任务总数的117%(省内转移1136人，省外转移1208人)，实现转移收入768万元。

全年全县拥有农业机械总动力27588万瓦特，比上年增5.5%。拥有拖拉机9961台，比上年增1042台，增11.68%。小型拖拉机配套农具(犁、耙) 8169台，与主机配套比为1：1.02。有耕整机1731台，比上年增740台，增74.67%；稻麦联合收获机186台，减23台，减11%；机动脱粒机28台，增3台，增12%；农用排灌动力机械1027台，增422台，增69.75%；农用水泵648台，增43台，增7.1%；农产品初加工动力机械2855台，增55台，增1.9%；工作机械2855台，增55台，增1.9%；畜牧业养殖机械9346台，增791台，增9.2%；农用运输车1182台，增73台，增6.5%；农田基本建设机械232台，增20台，增9.4%。拥有农业机械原值25253.91万元，比上年增1458.13万元，增6.1%；农业机械净值16762.64万元，增1205.26万元，增7.7%。年内，共检修农机8574台/次，组织拖拉机7455台、联合收割机186台、排灌机械1027台、脱粒机28台投入农业生产，实现农机收入9424万元，利润达4942万元。开展拖拉机驾驶员培训4期，培训驾驶员300人；检验拖拉机964台，新注册拖拉机306台，核发拖拉机驾驶证270本，审验换发驾驶证97本。层层签订农机安全生产责任书，其中与各乡镇签订9份，与机手签订9337份。大力向群众宣传农机法律、法规及农机使用知识，受教育面达1万多人次。

年内，向上争取实施农业项目22项，争取上级资金1236.8万元。落实了中央财政农机购置补贴强农惠农政策，兑付补贴资金263万元，1038户农户享受到购机补贴政策，完成购机具1085台。年内，共兑付农作物补贴面积89.5万亩，兑付补贴资金2448.35万元，比上年增815.04万元，增49.9%。其中：农资综合补贴面积34万亩，补贴资金1793.31万元(补贴品种为水稻和玉米，补贴标准为52.72元/亩)；农作物良种补贴38.77万亩，补贴资金487.64万元(补贴品种为水稻、玉米和小麦，补贴标准水稻15元/亩、玉米和小麦10元/亩)；油菜良种补贴面积16.74万亩，补贴资金167.4万元(补贴标准为10元/亩)。

年内，全县出动执法人员395人次、车辆67车次，悬挂宣传布标14幅，图片展板15块，发放农业法律法规宣传资料1.3万余份，接受群众咨询1400余人次；配合县食品药品安全委员会开展了食品、药品安全执法大检查工作，检查种子、农药、化肥等农资经营单位212个，查获无登记证肥料9280千克，无登记证农药、标签不符农药21448千克。立案查处农资案件6起，没收种子4千克，并对销售无肥料登记证农资的5家公司下发限期责令整改通知书；开展农药标签抽查10个，农药质量抽查5个；完成农产品农残检测样品1000个；完成植物及植物产品检疫29批次503吨；收缴销毁非法电捕鱼器具11台。

【林　业】 2011年，陇川县实现林业产值1027万元。年内，林业部门推进特色产业建设，培育出圃各种种苗468.47万株，完成各产业种植面积8.42万亩。其中：竹子1.1万亩，油茶3.26万亩，核桃2.06万亩，西南桦旱冬瓜2万亩，完成省州下达任务数的100%。到各乡镇村寨开展特色产业种植技术培训33期，培训林农1055人次，发放技术资料7000余份。编写完成了《陇川县油茶栽培管理技术手册》，并印发到各基层单位和林农手中。年内，安排木材生产指标采伐量30.8万立方米，出材量20.84万立方米；办理林木采伐许可证2590份，采伐林木蓄积量23.71万立方米，出材量18.83万立方米；与林木采伐者签订林木采伐管理告知书980份；对15个林木采伐伐场进行了抽查，合格率均达98%。办理外调木材4.25万立方米，办理外调边贸木炭1.01万吨、林产品392.18吨。

全年全县实施中低产林更新改造面积9万亩，按改造方式分：更新改造1.84万亩，补植补造0.3万亩，林分抚育6.66万亩，嫁接复壮0.2万亩；按改造树种分：油茶0.5万亩，核桃0.57万亩，咖啡0.07万亩，竹子3.4万亩，西南桦4.06万亩，旱冬瓜0.4万亩。中低产林改造采伐蓄积量10.59万立方米，出材量8.12万立方米，伐区剩余物利用80%。对已核发的林权证进行检查和纠错，重新核发林权证1826本；组织未完成林改的60个村小组进行林改，现已完成32个村小组的核权发证工作，完成林权纠纷调处2起，接待群众对林权来访咨询35人次。年内，兑付上年度省级集体林补偿性基金36.84万元，兑付国家级集体公益林补偿金117.96万元。完成了49.77万亩国家级公益林县级实施方案和7.74万亩省级公益林县级实施方案修编工作。

年内，森林公安、稽查队、检查站、林业站共出动警车974辆次，警力2667人次，依法查处各类森林资源及野生动物案件301起。其中：刑事案件8起，治安案件1起，林业行政案件292起；打击处理各类违法犯罪人员293人；收缴木材432.34立方米，血藤2吨，石斛860.5千克，木炭243.4吨，锯材63.86立方米，榕树5株，牛血树10株，国家二级保护野生动物制品穿山甲片97.8千克，为国家挽回直接经济损失91.2万元。积极开展野生动植物保护管理工作，办理非木材林产品鸡血藤182.05吨，水麻皮170.1吨，人工石斛60.22吨；收容国家一级、二级野生保护动物白眉长臂猿1只，短耳鸮1只，蜂猴2只，金猫1只；办理野生动物驯养繁殖许可证2家，办理石斛人工种植、经营许可证5份。开展了野生动物肇事损害补偿工作，兑付补偿资金2.33万元。

年内，全县发生较大森林火灾1起，占州下达7起控制指标的14.2%；过火面积36.5亩，受害森林面积25.5亩，受害率0.69‰，占州下达控制指标98.7公顷的1.7%；火灾控制率为1.7公顷/起。侦办森林火灾刑事案件1起，明确犯罪嫌疑人5人，火灾案件查处率为100%。接受、反馈省、州通报卫星热点30个，经核实，均属炼山造林和农事用火，核实正确率为100%。保护区管理所加大了巡山护林力度，共巡山3300次，召开护林防火宣传专题会7次，发放防火宣传单1500份。

年内，对经营加工单位进行了检查，出动人员37人次，检查单位524户次，排查整改安全生产隐患点8处，召开安全教育宣传会6次，发放宣传资料1.69万份，签订安全生产责任书55份。审核受理征占用林地3起，批准使用林地面积0.063万亩，林地管理逐步规范化。对辖区内工程造林种苗进行全面产地检疫工作，共检疫苗木627.35万株。开展调运检疫工作，调动检疫木材4.18万立方米、藤条355.5吨、药材531.4吨、竹类896.5吨、木炭6603吨，签发《植物检疫证书》1978份。积极开展薇甘菊防控工作，与县电视台联合摄制《林地薇甘菊综合防控技术》科教片，下发科教片500盒、发放薇甘菊日历和宣传画6000份、悬挂宣传布标10条；有州级林地薇甘菊综合防控示范点建设面积120亩，开展培训6场次480人次，实施防治面积4245亩，零星除治薇甘菊300亩。年内，新建沼气池200户，节柴改灶200户，巩固退耕还林太阳能建设140户，完成任务数的100%。在项目村举办沼气池安全使用知识培训13期，受训527人次。积极推进建设村级技术服务网点4个。

【对外贸易】 2011年，陇川县完成口岸进出口总值9.7亿元，比上年降38.7%，完成年计划的

53.31%。其中：进口8148万元，比上年增116.5%；出口88659万元，降42.5%。进出口货运量19.9万吨，比上年增14.66%。

【水　利】　2011年，陇川县完成水利水电投资(含龙江) 31236万元，新增有效灌溉面积1.1万亩，解决农村饮水不安全人口0.7万人，治理水土流失面积7.3平方千米，完成水库干支渠防渗6.5千米，完成蓄水量2571万立方米。年内，总投资5916.06万元的弄回小型水库工程，实际到位资金3608万元，工程已完成进库施工道路铺筑、导流输水隧洞洞身段及竖井开挖、隧洞底板及竖井支护混凝土浇筑，大坝截流及基础开挖并通过验收，进入主体工程施工阶段。全年累计完成渠道整治137千米，其中渠道衬砌103.5千米，渠系建筑物186座。建设实施了海岗、章凤、芒允、弄贯水库干支渠防渗工程，盈江“3·10”地震灌溉设施修复项目，“五小水利”等项目，修复新建小型农田水利工程29件，完成渠道防渗6.5千米，改善灌溉面积7.04万亩。投资375万元，新建堤防846米；总投资2973.73万元的南宛河陇川坝子段治理工程，实际到位资金2814万元，已完成投资2419万元。年内，有9座开工建设的小型病险水库除险加固工程(小(一)型6座，重点小(二)型3座)，实际到位资金3152万元，完成投资2098万元。其中：章凤、芒允两座小(一)型病险水库除险加固主体工程已顺利完工，完成投资810万元；磨水、地方头、西湖、弄贯等4座小(一)型和朋生、广等、弄掌等3座重点小(二)型病险水库除险加固工程已陆续开工建设，完成投资1288万元。4座小(一)型病险水库除险加固主体工程和3座重点小(二)型病险水库除险加固主体工程完工。农村饮水安全项目及盈江“3·10”地震人饮恢复重建工程建成集中供水工程27件，新增供水受益人口7000人，恢复解决19370人的饮水困难问题。南宛河二级代燃料项目建设进展顺利，工程自开工以来已完成投资3813万元(年内完成投资1570万元)，预计2012年建成投产；代燃料项目装机容量0.96万千瓦，受益人口6100人。

年内，降雨量较历年同期偏少，气温偏高，全县农作物受旱面积0.673千公顷，其中轻旱0.604千公顷、重旱0.069千公顷，因旱损失87万元。全县投入抗旱人数2060人，抗旱机动设备325台套，装机容量2846.11千瓦，抗旱运水车1辆，抗旱用油4.72吨，共投入抗旱资金3.76万元，抗旱浇灌面积2907亩，挽回经济损失34.8万元。

全年全县发放取水许可证22户，安装高耗水行业取水计量设施9户。认真开展水资源费、水保两费的征收工作，做到应收尽收，共征收水资源费374.57万元，水保两费96.86万元。年内，完成工业供水780万立方米，农业供水3414万立方米，为景罕、陇川两个糖厂的工业生产和近6万亩农田的灌溉用水提供了保障。完成农村小型水利工程改革1039件，改革工作于9月通过州级验收。继续加大农民用水户协会组织的培育和推广力度，全县已建立农民用水户协会376个。年内，共组织开展河道专项巡查6次，电站、在建水利工程安全生产专项检查8次，办理行政案件1件，结案1件，发出整改通知书6份。

【工　业】　2011年，陇川县完成工业总产值18.2亿元，比上年增35.8%；其中：轻工业完成10.44亿元，比上年增25.8%；重工业完成7.72亿元，增52.2%。主要工业产品产量：食糖15.53万吨，比上年降6.4%；发电量49718万度，增43.5%；工业硅46677吨，增36.3%；精制茶974吨，增74.9%；酒精9601千升，降7.3%；抗生素胶囊3875万粒，增15.5%。

【非公经济】　2011年，陇川县有个体工商户4365户，比上年增228户，增6%；从业人员6719人，减30人，降0.4%；注册资金14749万元，增3494万元，增31%。有私营企业209户，比上年增27户，增15%；从业人员3508人，增516人，增17%；注册资金62185万元，增22970万元，增59%。个体及私营企业上缴税金5201.77万元，比上年增1148.77万元，增28%。

【财税金融】　2011年，陇川县完成地方财政总收入27212万元，比上年增收9140万元，增50.6%。一般预算收入完成12738万元，比上年增收3843万元，增43.2%；其中：税收收入完成10490万元，比上年增收3241万元，增44.7%；非税收入完成2248万元，增收602万元，增36.6%。一般预算支出完成103978万元，比上年增支19895万元，增23.7%。全县地方财政预算收支平衡情况是：地方财政一般预算收入12738万元，上级补助收入94413万元(其中：返还性收入2892万元，财力性转移支付收入32619万元，专项转移支付收入58902万元)，上年结余452万元，调入资金58万元，债券转贷收入418万元，共计

108079万元；地方财政一般预算支出103978万元，上解上级支出3993万元。收支相抵，年终结余108万元(其中：结转下年36万元，净结余72万元)。年末，金融机构存款余额27.01亿元，比年初增40042万元，增17.4%；其中：居民储蓄存款余额14.51亿元，比年初增19.8%；贷款余额14.76亿元，增21519万元，增17.1%。短期贷款3.57亿元，比年初增14.6%；中长期贷款11.19亿元，增17.9%。

【科　技】 2011年，陇川县科技局参与项目获德宏州人民政府科学技术奖共12项(陇川县独立完成1项)，其中荣获一等奖1项，二等奖1项，三等奖10项。指导和服务企业完成专利申报10项，其中发明专利1项。完成授权专利登记3项。争取到国家、省科技计划项目7项，科技经费110万元；州级科技项目9项，科技经费21万元。建立村科普画廊24平方米，村科普活动室3个，配送了一批桌椅、科普图书、光碟、科普资料；建立党建科普示范基地2块，实施了良种猪繁育和枇杷科学施肥修剪、蔬花蔬果套袋等生产技术示范；结合农民需求，开展产业科技与民生科技培训27期1815人次；遴选了100名科普示范户、50名党员科技带头人和6名乡村科普宣传员，采取集中培训学习、项目支持、技物配套扶持等方式予以重点培养。年内，邀请省农大病理学教授吴德喜、省竹藤协会会长辉朝茂等专家到陇川开展病虫害防治研究，策划申报和实施了竹笋保鲜剂筛选试验和麻竹科普示范基地建设等科技科普项目，创建科普示范基地2000亩，培训竹农及相关人员27期1837人次，技物配套扶持百户竹农开展竹林生态养鸡、竹园病虫害防治等生产技术示范。

年内，以户撒福睿精米厂为承担主体，以户撒、陇把、城子等乡镇为重点，结合优质稻产业开发，实施了陇川县边疆"解五难"(学科技难)惠民工程——优质米加工研究及产业化示范项目。开展优质稻新品种品比试验，筛选出适宜种植品种4个，创建无公害优质稻生产示范基地4.8万亩，推广了优质稻旱育稀植、大田扩行条栽、病虫害统防统治和精准定量施肥等集成技术；结合农时，开展优质稻生产技术培训186期11870人次，入田指导生产3496人(天)，服务稻农21130人(次)。指导企业开展优质米加工工艺改进，建立了日加工100吨精米、具备双抛双选特性的生产线1条。

年内，组织开展"科技活动周"、"全国科普日"、"知识产权宣传周"等科普宣传活动，发放生产实用技术、科普报、地震常识、健康生活等科普宣传资料9.66万份，展出低碳家庭、防震减灾、地震科普知识等科普挂图650幅，接待咨询群众1412人次，受教育群众达7.91万人。在县电视台《科技之窗》栏目播出知识产权保护、蔬菜无公害生产技术、姬松茸大棚生产、红土晒烟、沼气使用管理、民生科技等科普节目48期，传播生产适用技术17项。组织9所中小学校2000多名师生开展了青少年科技创新活动，对报送的参赛作品经筛查后，择优选送了36件科技教师论文和39件少儿科学幻想绘画参加27届青少年创新大赛评选。年内，指导和支持13个农技协举办水牛饲养管理、枇杷修枝施肥、优质稻精准栽培与病虫害统防统治、茶叶机修机采等产业技术培训35期，培训会员1711人次；进村入户下田技术指导1062人次，发放各种技术资料、科普图片、科教光碟等7000多份。年内，县食用菌协会获得了省科技厅科技型经济合作组织认定和奖补项目支持。

【教　育】 2011年，陇川县有各级各类学校99所，其中高中1所，职业高级中学1所，初级中学5所，九年一贯制学校1所，小学61所，幼儿园18所，特殊教育学校2所，教科中心1所，成人技术学校9所。有在校学生32254人，其中初中8051人，高中2290人，职业高中583人，小学17193人，幼儿园4093人，特殊教育学校44人；在校民族学生占在校学生总数的56.64%。有在岗教职工2171人。年内，引进高中紧缺科目教师4人，招聘"特岗教师"46人，招聘普岗教师14人，引进"三支一扶"1人。小学阶段入学率99.75%，小学辍学率0.74%；初中阶段毛入学率102.53%，辍学率2.45%；校内外残疾儿童入学率85.60%。

全年全县有602人参加普通高考，上线569人(上线人数首次突破500人大关，最高分为580分)，上线率94.52%。本科上线353人，比上年增97人，上线率为58.64%；其中：一本(重点大学)上线42人，二本上线172人，三本上线139人。专科上线216人，比上年增17人；其中：一专上线83人，二专上线133人。县职高"三校生"参加高考35人，上线32人，上线率为91.43%。其中：二本上线1人，一专上线21人，二专上线10人。全县中考成绩600分及以上人数139人，比上年增35人；总分及格率为47.96%，位居全州各县市第二名；数学、化学、物理、政治学科人平分居全州第二名；语文、英语学科人平居全州第三名。全县小考语文人平分79.12分，居全州第二名；数学人平分58.62分，居全州第四名。

年内，中央、省下达全县农村义务教育保障专项经费2522.78万元，其中免学杂费和补助公用经费1418.48万元，共免除25148人学杂费；贫困家庭寄宿学生生活补助785.98万元，补助学生8886人；免费教科书补助252.84万元，补助学生25148人；七种少数民族学生补助65.48万元，补助学生2619人。办理在校大学生助学贷款424人，发放贷款233.77万元。争取外援资金450.72万元，其中学校基础设施建设资金330万元；学校设备配置资金8.4万元；师生多元化培训12.46万元，培训师生517人；孤儿及贫困学生资助99.46万元，资助学生2832人。年内，按照上级要求，做好普通高中国家助学金发放工作，学校对享受助学金学生名单进行7天公示，无异议后按照一等2000元/生/年、二等1000元/生/年的标准，采用直接打入学生银行卡账号的方式进行发放，学生只能按学校规定的金额从银行卡中取款开支生活费；中等职业学校国家助学金严格按照上级补助标准1500元/生/年足额发放，共发放国家助学金121.63万元，其中普通高中93.9万元，受补助学生743人；职高27.73万元，受补助学生256人。

年内，开办双语学前班学校49所，开办双语教学班54个(其中傣语班9个，景颇语班8个，载瓦语班12个，阿昌语班10个，傈僳语班2个，汉语班13个)，有双语学前班学生1931人。开办双文教学学校15所，开办双文教学班24个(其中傣文班7个，景颇文班8个，载瓦文班9个)，接受双文学习学生609人。积极选派教研员及教师参加省、州级双语双文培训。8月11至16日，选派小学民族骨干教师34人参加了州教科所组织的“培罗成少数民族教师培训”。年内，开办剩余文盲脱盲班1个，学员3人。开办巩固提高班34个，学员1150人。开办民语教师培训班1个，培训民语教师62人。开办成人高小班7个，入班学员216人。开办民文脱盲后学习汉文班8个，入班学员250个。开办农村青壮年农函大班7个，入班学员408人。举办教师培训22期，参训2200余人。开展“参与式”教师培训1期，培训中学教师146人；开展中小学教师履职培训6期，培训教师329人次；开展中小学班主任培训2期，培训教师200人次；开展其他学科培训10余期，培训教师1000余人次；实施“国培计划”，开展培训270余人次。组织5位校长到香港真道书院进行了为期一周的培训，还选派1名校长参加了全省校长“影子培训”。开展农村适用技术培训302期，培训致富能手21645人次(其中种植业培训184期，受训14110人次；养殖业培训102期，受训6831人次；其他适用技术培训16期，受训704人次)。

【文体广电旅游】 2011年，陇川县文体广电旅游局内设办公室、文化市场管理股、体育股、村村通办、社管股、新闻部、专题部、广告部、电视台、规划股、行业管理股；下设(下属单位)景颇歌舞团、图书馆、文化馆、文物管理所、民族少体校、拉影文化中心、文化市场综合行政执法大队。有干部职工102人，零时工65人，离退休人员36人；配有局长、党总支书记、副书记各1名，副局长3名，执法大队大队长1名。

年内，陇川县文体广电旅游部门开展了以下几项工作：一、文艺作品展演。新创作舞蹈音乐2首、歌曲32首、管乐曲4首，出版了《新时代》CD光碟音乐作品(内含《现代文蚌》、《新时代》、《目瑙之心》、《春新米》、《欢迎你到目瑙纵歌之乡来》等11首优秀民族乐曲)，共发行500多碟。成功组织策划演出“2011年中国·云南德宏陇川目瑙纵歌狂欢活动”迎宾晚会《景颇日月山》；完成多场大型文艺演出任务，代表德宏州到深圳参加了文化博览会的展演活动；到昆明参加了“云南省庆祝建党90周年文艺汇演”。协助州旅游局、旅游集团歌舞团完成了勐巴娜西珍奇园内的活动策划、节目编排及演出任务，完成接待性演出30余场。深入乡镇、学校、社区、厂矿、警营等开展文艺辅导38次，辅导节目38个1760人次，派出文辅工作人员38人次。二、文化市场管理。全年出动文化市场行政执法人员326人次，车辆132辆次，收缴盗版刻录光碟5500多张，查处无证电子游戏室经营户3户。完成了14户音像制品出租和17户三小印、2户印刷厂的年检换证工作，新办理各类证件9户(其中三小印3户，娱乐经营许可证6户)。组织网吧、游戏室、歌舞娱乐场所、出版物等经营户培训2次，参训业主达40多人次，发放各类宣传资料130余份。三、文物普查工作。成功申报弄糯圈墓塔、姐冒奘寺、芒崩城遗址等为州级文物保护单位；申报陇川宣抚司衙署旧址、连勐奘寺、早乐东墓为省级文物保护单位。完成“目瑙纵歌之乡”、“中国民间文化艺术之乡”等的申报工作。四、图书馆工作。全年共接待读者33457人次，其中电子阅览室21624人次，外借室4076人次，综合阅览室7757人次，外借图书9768册。边境文化阵地建设进一步加强，拉影国门书社正式挂牌成立，现有图书5000册，阅览桌2套，书架7个。完成第一批公共电子阅览室共35个建设点的申报工作。建成农家书屋40个。文化信息资源共享工程建设扎实推进，完成勐约乡、王子树乡、陇把农场、拉影文化中心等4个乡镇站点建设及25个村级站点建设。五、广播影视工作。年内，编播汉语《陇川新闻》154期，自采电视新闻稿件1090条，上送州台120条；编播景颇语新闻51期，载瓦语新闻50期，傣语新闻47期，《科技之窗》44期，电视讲话6次，公示、公告39条。播出创先争优活动相关新闻118条；制作播出党务公开新闻38条；播出《生态陇川，绿色家园》，《目瑙纵歌之乡》，《蔗糖之乡》等公益性公告片20余部；围绕建党90周年庆祝活动和县第十一次党代会的召开，制作播出了《辉煌十一五》、《大项目带动大发展》等10余个专题节目，展示了“十一五”期间陇川经济社会建设取得的重大成就。年内，为村村通用户排除收视故障280余次；滚动播出广播电视法律法规宣传字幕160余次，出动行政执法车辆20余车次。认真开展电影放映工作，共放映农村数字电影334场，观众37768人；放映广场数字电影21场，观众5419人。六、体育工作。共举办各种体育运动会6次，各类体育活动8次，全县各族群众参加各种体育健身活动4160人次。参加省级竞技体育比赛1次、州级1次，获得省级比赛金牌7枚、银牌6枚、铜牌4枚，获州级比赛金牌12枚、银牌8枚、铜牌11枚。认真组织开展了“广场大家乐”群众舞蹈大赛，城子镇、陇把镇两个代表队分别获得全州“广场大家乐”群众舞蹈大赛一等奖和三等奖。七、旅游工作。全年接待国内外游客58.7万人次，比上年增13.1%；实现社会旅游总收入5.93亿元，增20.4%。年内，积极办好目瑙纵歌狂欢活动和旅游黄金周活动，开展了景颇族传统迎宾、目瑙纵歌狂欢、民族民间体育竞技、歌舞晚会、特色商品展销、特色工艺展示、招商引资、自驾车游陇川等活动，旅游黄金周共接待游客7.18万人次（其中组织自驾车团队120辆380人次），比上年增20%；实现旅游收入3476万元，增21%。年内，全县新增宾馆酒店6家，客房162间。组织宾馆、酒店、特色餐馆、景区（点）从业人员技能培训1期120人次；支持乡村旅游协会开展服务礼仪、歌舞、工艺品、餐饮、讲解员培训1期82人次。做好酒店“推星提质”和星级酒店复核工作，泰达大酒店顺利通过了国家三星级饭店评定；3家二星级酒店顺利通过了评定性复核。年内，共组织开展安全生产宣传教育活动4次46人次，开展安全生产检查6次58人次，排查治理一般安全生产隐患1件，整改率达100%，确保了全年旅游安全无事故。

【卫　生】　2011年，陇川县有县直公共卫生服务机构3个，社区卫生服务机构1个，县级新型农村合作医疗经办机构1个，乡镇卫生院8个。有在职卫生工作人员541人（其中事业人员518人），有卫生专业技术人员367人（其中医生137人，护士141人，其他卫生技术人员89人）。取得高级职称（副高）10人，中级职称114人，初级职称175人。国有医疗卫生机构有病床504张，全年门诊诊疗病人30.79万人次，出院0.91万人次，病床使用率51.11%；收入8592.33万元，其中业务和事业收入4741.66万元；拥有固定资产总值4341.57万元。有社会办医机构28个（其中民营综合医院3个），病床150张，卫生工作人员162人；有71个村卫生室，有乡村医生124人。

全年全县新型农村合作医疗参合人数为14.31万人，参合率96.69%；人均筹资230元（其中个人缴费30元），到位资金3299.99万元；累计补偿27.93万人次，补偿资金2865.21万元；全县政策范围内补偿比例为73%，本年度资金使用率为86.75%。

年内，建立居民健康档案11.28万份，建档率62.08%；录入电子化居民健康档案10.57万份，建档率58.18%。老年人建档管理1.01万份，建档率83.75%；体检7064人，体检率58.31%。35岁以上人群血压建档管理5510人，管理达标率113.42%；35岁以上人群血糖建档管理1126人，管理达标率60.23%；重性精神病筛查疑似病例建档161人，管理150人，管理率93.17%。完成农村新建卫生厕所1500座，公众满意度为88.16%。

年内，全县102家定点医疗机构、14个采购网点，按目录、有计划、设专人统一通过上网向6家中标企业进行竞价采购，各定点医疗机构药品统购执行率达100%；共采购药品5755个品种，金额3949.49万元。完成各基层医疗机构零差率销售补偿资金兑付工作，兑付补偿资金62.49万元。对239户公共场所经营单位进行检查，取缔无证无照经营户6户；对72家医疗机构进行检查，查处医疗卫生违法案件22起；开展医疗废物处置专项监督检查86家，立案查处4家；医院感染管理专项监督检测13家，对存在的问题进行了现场指导，及时整改了不规范行为。年内，新招录20名专业技术人员充实到县乡医疗卫生机构工作；291名专业技术人员参加了继续医学教育学习，124名专业人员参加了住院医师规范化培训，7名乡镇卫生院专业人员参加了省、州举办的全科医生转岗培训，10名医疗骨干人员到三级医院进修学习。在全县县乡级医疗机构全面启动了PITC工作，开展各类人群HIV检测59863人；严格执行婚姻登记人群及申请生育妇女“持卡领证”工作制度。年内，申报了10个村卫生室中医药服务能力建设项目，鼓励基层医疗卫生机构提供中医药适宜技术服务。

年内，组织灭鼠3.8万户、面积约760万平方米，完成动物检验470份、昆虫类检验103组、血清类检验108份，3项检测均为阴性，连续7年未监测到鼠间鼠疫。加强以霍乱为主的肠道传染病防治。采水样45份、水产品20份、大便17份进行霍乱弧菌培养检测，检测结果均为阴性。加强结核病控制项目管理。接诊疑似肺结核病人326人，痰涂片检301人，检出阳性患者58人；治疗管理71人；2月末痰菌阴转率98.2%，3月末全部阴转；自结核项目实施以来，累计管理治疗448人，治愈334人，累计治愈率86.98%。继续组织实施全球基金疟疾控制项目。进行发热病人血检1.03万人次，检出阳性43份，阳性率0.42%；治疗现症病人58例，休止期根治321人；组织药物浸帐108个自然村3545户，浸泡蚊帐9494顶，受益人口1.43万人。加强狂犬病防治工作。发生犬伤人1196人，均进行了伤口处理和狂犬疫苗接种；发生狂犬病疫情1起，1名患者死亡。抓好疫苗针对性疾病防控工作。基础免疫接种率均在90%以上，加强免疫接种率在80%以上。按要求开展了AFP、新生儿破伤风、麻疹、乙肝监测工作，开展了脊髓灰质炎强化免疫和二类疫苗推广接种工作。全年累计发生法定报告传染病16种486例，发病率为267.36/10万；死亡63例，病死率为12.96%，死亡率为34.66/10万。与上年相比，发病数下降11.96%，死亡数上升6.78%。其中：无甲类传染病发生；乙类传染病发病11种311例，发病率为171.09/10万，比上年降27.67%；丙类传染病发病5种175例，发病率为96.27/10万，比上年增43.44%。传染病报告及时率97.56%，漏报率0%。

年内，有孕产妇2719人，活产婴儿2735人；孕产妇系统管理1954人，系统管理率达71.44%；新法接生2704人，新法接生率98.87%；住院分娩率94.41%；高危孕产妇住院分娩率98.58%；无孕产妇死亡。补助农村孕产妇2228人，补助金额94.67万元。完成0～6岁儿童健康体检1.55万人，儿童保健覆盖率94.32%。5岁以下儿童死亡55人，死亡率20.11‰；婴儿死亡43人，死亡率15.72‰；新生儿死亡33人，死亡率12.07‰。对99%的孕产妇开展产前检查、孕期营养、孕期卫生、母乳喂养、科学育儿、避孕措施等指导及咨询。

【民　政】 2011年，陇川县民政局进一步增强民政系统的社会保障功能。年内，建设了章凤中心敬老院，投入资金305.7万元；建设了户撒乡老年活动中心，投入资金60万元；建设了城子镇敬老院，投入资金100万元；建设了县儿童福利院，投入资金345.29万元(该项目正在实施)，建成后有门球场、综合活动厅、棋牌室、健身房、医疗门诊室等设施。

全年全县有农村低保对象21199户39022人，发放低保金3277.85万元；有五保供养对象3289户3663人，发放保障金351.65万元；有城市低保对象4181户8246人，发放低保金1172.851万元；全县享受城乡低保、五保供养的人员占全县总人口的28.25%。享受农村医疗救助1532人次，发放救助金192.23万元；享受城市医疗救助7191人次，发放救助金51.96万元；享受城乡困难群众临时救助4983人次，发放救助金201.5万元。

全年全县受灾人口达3.2万人，因灾伤病26人；农作物受灾面积1.62千公顷，绝收面积0.26千公顷，倒塌房屋39间，直接经济损失1.2亿元。为解决灾区群众的实际困难，共发放救济粮150吨、新棉被2500床、棉大衣1000件，有效缓解了灾民吃粮、缺衣被的实际问题。

年内，办理婚姻登记1447对，其中结婚登记1363对，离婚登记84对；完成HIV检测1087对，规范了婚姻档案管理工作。认真做好优抚安置工作。发放参战补助91.59万元，带病回乡退伍军人补助4.93万元，“三属”补助6.78万元，在乡老复员军人补助17.53万元，伤残补助13.46万元，“三难”补助33.2万元；对优抚对象和军休干部开展免费常规性体检142人，支出体检费5万元，接收安置退役士兵26人(其中回农村安置19人，城镇安置7人)。加强对孤儿的管理及救助，对全县1135名孤儿发放救助金440.81万元。认真贯彻落实《老年人权益保障法》，全年共办理老年优待证265本；做好高龄老人统计工作，全县共有80岁以上老年人1591人，发放高龄补贴41.98万元；在"敬老月"期间，慰问百岁老人8人、五保老人28人、敬老院孤残老人50人，共发放慰问金2.3万元。

【扶　贫】　2011年，陇川县扶贫办共向上级争取各类扶贫资金4077万元，其中有偿资金1800万元，无偿资金2277万元。具体项目如下：一、安居工程项目：实施特困户住房改造165户，投入资金165万元，户均补助10000元，受益409人。二、扶贫到户贷款：年内下达县扶贫到户贷款资金1800万元，贴息资金90万元，贷款发放工作已全部完成。农户获贷发展种植业1630万元，养殖业120万元，其他50万元；贷款涉及6个乡镇37个村委会3532户14806人。三、易地扶贫开发项目：实施5个村192户866人的易地扶贫开发项目，投入资金433万元。四、边境县整村推进项目：实施边境县扶贫重点村15个村，投入资金750万元，受益848户3493人。五、州县级整村推进项目：实施州县级扶贫重点村17个村，投入资金170万元，受益505户2091人。六、产业扶贫项目：投入资金50万元，养殖山羊930只，受益30户125人。七、外资扶贫项目：年内，争取到省爱德基金会合作扶贫项目省级配套资金80万元，积极配合项目实施单位按要求认真组织实施。八、扶贫救灾项目：年内，下达中央财政扶贫救灾资金15万元。九、奖补资金项目：年内，下达财政扶贫"以奖代补"资金600万元，主要用于实施扶贫安居工程、扶贫整村推进、产业扶贫项目。十、劳动力转移培训项目：实施贫困地区劳动力转移引导性培训项目700人，投入资金14万元，目前已完成培训480人；实施贫困地区劳动力转技能性培训项目306人，投入资金24.48万元。

【治　安】　2011年，陇川县公安机关立各类刑事案件710件，比上年增28.39%；其中：立"两抢一盗"案件611件，占立案总数的86.1%；破案155件，比上年降53.73%；破案率21.83%，比上年降39个百分点；破案绝对数226件，减109件，降32.53%。抓获犯罪嫌疑人139人，打掉各类犯罪团伙11个48人，抓获网上在逃人员73名(其中"清网"行动以来，抓获网上在逃人员31名)，清网率达58.07%。追缴被盗摩托车11辆、汽车1辆、空调5台、手机29台，总价值折合人民币23.32万余元。查破毒品刑事案件94件，比上年增30.56%；抓获违法犯罪嫌疑人295人，降62.67%；缴获毒品81.32千克(鸦片7.7千克，海洛因41.47千克，冰毒30.2千克，其他毒品1.95千克)，比上年增3.29%；侦办省督目标案件1件，查获易制毒案件3件。受理治安案件1386件，查处1386件，查处违法人员1524人；整治涉毒涉赌村寨、娱乐场所649个次，查处赌博案件7件33人，捣毁零贩窝点63个63人，捣毁吸毒窝点187个284人，对6658名涉嫌吸毒人员进行尿液检测，治安拘留994人，强制收戒吸毒人员1568人，纳入社区戒毒康复761人(社区戒毒267人、社区康复494人)，纳入美沙酮药物维持治疗332人。经侦部门受理案件22件，立案16件，破12件，案值209.3万元，缴获各类卷烟176.38件，查获违法犯罪嫌疑人29人(网上逃犯6人)，其中刑事拘留9人、取保候审5人、逮捕1人、起诉2人、移交烟草部门行政处罚12人，挽回经济损失182.5万元，缴获赃物折款7.6万元。出入境管理部门共受理公民因私出国(境)申请564人次，办理《云南省边境地区境外边民临时居留证》739本、延期216本，与缅方会谈会晤35次。边防部门出动警力2946组12567人次、出车2346辆次执勤执法，管理出入境人员11823人次(中方53462人次、缅方11444人次)、车辆10432辆次，办理《中缅边境地区出入境通行证》3904本；开展各项专项行动，破获刑事案件55件，查获毒品案件18件28人，缴获毒品5.79千克，查处治安案件479件，抓获非法出入境人员54起105人次，抓获网上在逃人员6人，强戒吸毒人员275人、社区康复163人，打击零星贩毒9件。森林公安查处各类森林和野生动物案件249起，比上年增77起，上升56.6%；打击各类违法犯罪人员289人，增90人，上升45.23%；为国家挽回直接经济损失70万余元。年内，全县发生交通事故542起，死亡9人、伤522人，直接经济损失12.62万元，四项指标同比分别上升50%、80%、60%和1.7倍。发生火灾11起，无人员伤亡，直接经济损失11.9万元，火灾数、损失数比上年分别上升83%和61%。

年内，办理二代身份证7932份，临时身份证1020份，网上迁移2058份，户口主项审批1613份；采集流动人口信息17032人，办理居住证8924人；列管重点人口80人、帮教对象16人、肇事肇祸精神病人1人、刑释解教377人、所外被监管人员165人，对无稳定生活来源的49名社会闲散人员、13名重点辍学青少年、24名服刑人员未成年子女、60名农村留守儿童逐一落实管控责任；清理缅籍“三非”人员516人，劝返出境204人，遣送出境11批277人，移交缅方移民机关处理9批76人；民爆队共使用炸药30040.6千克、雷管12851枚，配送炸药5976千克、雷管7400枚，为全县9个乡镇、1个电站、2条在建公路、14个石厂提供服务；收缴军用枪支1支、民用枪支46支、手榴弹2枚、猎枪弹660发、管制刀具61件。

年内，创新学校安全管理模式。为全县89所学校派驻保安196人，设立驻校警务室56个、治安岗亭24个，41所学校、幼儿园安装视频监控探头240个，实现110指挥中心实时监控，全面落实交通标志、警示牌、禁停网线等安全设置。完成办公自动化系统的安装、培训、启用工作；城市报警监控系统二期工程21个监控点建成并投入使用；投入40余万元，建成2个城区派出所分控中心，对8个治安派出所网络进行了改造；投入50余万元，在景罕、城子、勐约、护国等4个乡镇选建16个监控点并纳入派出所值班监控；顺利完成警务信息综合应用平台安装、培训，实现单轨制按期运行。全年在州级以上新闻媒体刊播公安工作报道697篇，其中中央级7条(电视消息3条，广播消息4条)，省级321条(报刊通讯、消息119条，图片26张，电视消息、专题10条，广播消息166条)，州级369条(报刊通讯、消息102条，图片8张，电视专题、消息86条，广播消息173条)、县级新闻媒体报道52条(电视消息)。

年内，实施了陇川县公安局业务技术用房工程，该工程属国家批复立项项目，估算总投资2343.6万元，建筑面积11158平方米，已于4月8日开工建设。社区戒毒康复农场续建工程项目，预计总占地面积10亩，总建筑面积17440平方米，计划总投资7206万元，其中续建设施建设估算投资5040.87万元。社区戒毒康复劳动中心(砖厂)工程，估算投资2165.13万元。治安拘留所建设项目已通过发改委立项批复，计划投资708.1万元。

【人民生活】 2011年，陇川县城镇居民人均可支配收入13315元，比上年增1225元，增10.1%；农村居民人均纯收入3433元，增693元，增25.3%；城镇居民人均消费支出9657元，比上年增3.2%；农村居民人均消费支出3095元，增20.1%。全年实现社会消费品零售总额47937万元，比上年增18%。其中：城镇消费品零售额24750万元，比上年增21.2%；乡村消费品零售额23187万元，增14.8%。人民生活水平不断提高。

年内大事

【省委副书记李纪恒到陇川视察】 2011年7月14日，云南省委副书记李纪恒率省委副秘书长林金宏、省住建厅厅长罗应光、省发改委副主任董继理、省民政厅副厅长姚国华、省财政厅副厅长杨利邦等领导到陇川县视察工作。李副书记一行在德宏州委书记赵金，州委副书记、州长孟必光，州委副书记唐文祥，州委秘书长番跃平，副州长板岩过，州委副秘书长车发云，州发改委主任俄吞，陇川县委书记杨世庄，县委副书记、县长李正环，县委副书记何华，县委办主任、县发改局局长常枝旺，副县长李维献等州县领导的陪同下，到户撒阿昌族乡保平村委会帮傲村民小组视察了新农村建设及基层党组织建设情况。通过边走边看，边看边问的形式，向村民了解了生产生活和党组织建设的相关情况。

【“云南特有民族历史文化保护和利用”调研组到陇川调研】 2011年7月28日，由云南省政协副主席顾伯平带队的“云南特有民族历史文化保护和利用”调研组到陇川调研。州政协副主席杨丽云，县委副书记、县长李正环，县委副书记何华、县政协副主席廖晓腊等相关人员陪同调研。调研组一行先后到拉影抗战遗址纪念碑、县民族广场、户撒阿昌民居、户撒乡刀具店、银器传统工艺制作地进行实地调研，对当地特有民族历史文化保护和利用情况进行了详细了解。

【中联部考察组到陇川考察章凤口岸建设工作】 2011年8月3日，由中联部副部长于洪君带队的中联部考察组一行，在德宏州副州长高铁英，陇川县委书记杨世庄，常务副县长李益民，县委办主任、县发改局局长常枝旺，章凤口岸经济区管委会主任何方及县政府办、县工业和商务局等部门领导的陪同下，深入陇川县就口岸建设工作进行了考察。考察组实地查看了章凤口岸和边民通道建设情况，详细询问了边境安全形势、中缅边民文化、经贸交流等情况。

【省委常委、统战部部长黄毅到陇川调研民族文化产业】 2011年8月20日，由云南省委常委、统战部部长黄毅带队的调研组在德宏州副州长孔勒干，陇川县党政领导杨世庄、李正环、何华、何勒崩、杨刚及相关部门负责人陪同下，到陇川广山景颇生态园、森林公园等地就民族文化产业发展工作进行了调研。此次调研组一行旨在挖掘、继承和弘扬景颇族传统优秀民歌，营造健康文明积极向上的文化氛围，进而提升少数民族地区旅游文化内涵。

【云南希望工程2011徒步茶马古道公益助学筹款活动“奔向翡翠城”陇川行】 2011年11月9日下午，来自北京、天津、上海、广州、云南的31名志愿者和来自香港的54名爱心人士，从南京里徒步9公里到达陇川县第二小学，共同启动了希望行动云南希望工程2011苗圃徒步茶马古道公益助学筹款活动“奔向翡翠之城”陇川段的活动。县委常委、宣传部部长排雪梅以及宣传部、团县委、教育局等相关部门共70余人共同参与活动。

【国家发改委外资司副司长李果辉到陇川调研】 2011年12月11日，国家发改委外资司副司长李果辉一行3人，在云南省发改委稽查特派员、外资处处长强卫东，德宏州政府副州长姜在君和省、州相关部门领导的陪同下，率国际金融组织贷款调研组到陇川调研。陇川县委副书记何华，副县长李维献，县政协副主席、县交通局局长杨德恒等陪同调研。调研组一行先后到章凤口岸拉勐、拉影通道，边防巡逻道等进行实地查看，听取了章凤口岸进出口贸易、口岸经济区规划、章八新线公路建设规划及陇川“中缅陆水联运前沿港”建设等情况。

【国家八部委《沿边地区开放开发规划》编制专题调研组到陇川调研】 2011年12月9日，由国家发展改革委西部司副司长欧晓理率领的国家发改委、国家民委、中央外办、国家商务部等国家八部委组成的《沿边地区开放开发规划》编制专题调研组到陇川就沿边地区开放开发规划开展专题调研。陇川县委书记杨世庄，常务副县长李益民，县委办主任常枝旺及相关部门领导陪同调研。调研组一行深入到云南德宏英茂糖业有限公司景罕糖厂、章凤口岸和拉勐口岸进行现场调研。欧副司长一行对章凤口岸建设和糖业发展给予了高度评价。他认为，陇川县领导班子非常务实，各项产业规划超前意识强，发展思路清晰。并希望县委、政府能继续加快口岸建设和糖业发展，迅速带动陇川经济的快速发展。

领导干部名录

中共陇川县委

常　委　杨世庄
　　　　李正环(景颇族)
　　　　何　华
　　　　龙　岗
　　　　李兴庄
　　　　王永山
　　　　李映杰(2011年5月任)
　　　　李益民(2011年6月任)
　　　　冯祖懿(2011年5月任)
　　　　肖　章(傣族)
　　　　排雪梅(2011年5月任)
　　　　常枝旺(2011年6月任)
　　　　奎　伟(2011年3月任)
　　　　陈绍昌(2011年4月止)
　　　　尹银胜(白族，2011年5月止)
　　　　排正有(景颇族，2011年5月止)
　　　　张开家(2011年5月止)
　　　　张益伟(2011年5月止)
书　记　杨世庄
副书记　陈绍昌(2011年4月止)
　　　　何　华(2011年6月任)

陇川县人大常委会

主　任　多守辉(傣族)
副主任　翟元章
　　　　何勒崩(景颇族)
　　　　许连昌
　　　　雷天四(阿昌族)

陇川县人民政府

县　长　李正环(景颇族)
副县长　张益伟(2011年5月止)
　　　　李兴庄
　　　　李维献(阿昌族)
　　　　李益民(白族)
　　　　张福鸾(女，傣族)
　　　　毛从祥
　　　　杨　刚

陇川县政协

主　席　杨　杏(女)
副主席　们发忠(阿昌族)
　　　　何庆国(2010年7月止)
　　　　杨德恒
　　　　廖小腊(女，傣族)
　　　　谭永辉(景颇族，2011年5月任)
秘书长　陈宝华

陇川县纪委

书　记　尹银胜(白族，2011年5月止)
　　　　李映杰(2011年5月任)
副书记　排有明

李定刚
陈卫星

陇川县人武部

部　长　蒋明奉

政　委　王永山

陇川县人民法院

院　长　吴兴国(2010年11月止)
王昌省(2011年5月任)

陇川县人民检察院

院　长　李兴明

(《陇川县》撰稿　熊尚前)

陇川县乡镇概况一览表

单位:(米、公里、平方公里、亩、个、户、人、%、‰人/每公里、万元、吨、头、张)

内容 \ 乡镇			章凤镇	陇把镇	景罕镇	城子镇	户撒乡	护国乡
地理位置			坝　尾	西　南	坝　中	中　部	西　北	北　部
政府驻地			章凤街	陇把街	景罕街	城子街	户撒街	护国街
海　拔			930	1519	1498	1498	1796	1755
距县城距离			0	15	10	26	32	61
土地总面积			134	203	248	214	244.2	160
耕地面积			72606	21843	100306	50383	59194	8969
其中	水　田		56407	13921	48144	24683	51106	4780
	旱　地		16199	7922	52162	25700	8088	4189
	人均耕地		2.29	2.31	3.92	2.71	2.53	1.37
行政区划	辖村委会及居委会		9	5	8	8	11	6
	自然村		92	43	105	99	122	31
	村民小组		150	43	134	86	126	38
人口民族	总户数		12501	6391	7460	7234	5795	1702
	总人口		44656	19456	27531	25588	24726	6719
	主要民族	汉　族	20108	14121	11961	10325	7376	4172
		傣　族	17867	211	5076	5158	417	28
		景颇族	3893	3625	9722	9179	449	1754
		阿昌族	593	144	186	358	13572	9
		傈僳族	164	845	152	152	2663	698
		德昂族	1232	5	108	11	2	0
	人口出生率							
	自然增长率							
	人口密度							

续 表

内容		乡镇	章凤镇	陇把镇	景罕镇	城子镇	户撒乡	护国乡
经济收入		总收入	28332	9839	28597	13856	12273	3910
		人均收入	4467	3303	3815	3384	2949	2694
		人均净收入	14167	3124	10639	6301	6908	1768
		总费用	14200	6805	18271	7627	7026	2174
农业产值		总产值	16939	12316	20247	16805	14274	11649
		农林牧渔服务业	199	112	152	154	142	108
	其中	种植业	12178	8464	14568	11617	9217	8129
		林　业	1200	1275	1299	1358	1874	1144
		畜牧业	2726	2233	3544	3075	2789	2268
		渔　业	627	232	684	601	252	
农作物总面积			179057	54294	143668	98168	131977	44693
其中		甘　蔗	62469	20971	69647	32702		7790
		粮　食	80583	24168	55498	52813	69563	24251
		茶　叶	50	55	1789	2167	492	12966
		油　料	8704	2719	5134	2047	38031	4150
		水　果	658	3856	885	1294	72	305
农作物总产量								
其中		甘　蔗	316139.7	107264	317589.5	180814		24550
		粮　食	30447	7720	21420	18673	20001	5632
		茶　叶	2.3	2.2	48.4	132.9	10.3	260.5
		油　料	585	197	130.1	202.5	4215.2	232.4
		水　果	169.4	590.8	260.7	40.1	124.6	93.7
畜牧		牛存栏	4528	2338	4718	5822	7399	1859
		猪存栏	20198	6522	17587	19063	23541	4013
		羊存栏	152	351	2387	1576	1010	2541
教育	中学	中学在校学生	2591	659	1207	2022	1080	
		教职工人数	187	63	80	138	62	
	小学	小学在校学生	21852	1726	2189	1999	2126	561
		教职工人数	288	127	173	157	135	39
卫生		医务人员	34	132	14	39	20	6

续 表

内容 \ 乡镇		章凤镇	陇把镇	景罕镇	城子镇	户撒乡	护国乡
	病　床	32	100	40	81	20	10
	卫生室	9	5	8	9	11	6
	乡村医生	23	10	20	18	16	8
文化	文化站	1	1		1	1	1
	电影院						
	广播站						
领导干部	乡(镇)党委书记	张树保	徐斌黎	何胜富	赖正章	韩永信	杨新梅
	乡(镇)政府乡长	李自勇	杨顺东	余　虎	尹新华	许本学	催学舟
	乡(镇)人大主席	杨太荣	金麻干	王　干	董跑忠	康红绍	寸守东

陇川县乡镇概况一览表

单位:(米、公里、平方公里、亩、个、户、人、%、‰人/每公里、万元、千克、头、张)

内容 \ 乡镇		清平乡	王子树乡	勐约乡	陇川农场
地理位置		坝　头	东　北	东　南	
政府驻地		清平街	王子树街	营盘村	
海　拔		1063	1531	1250	
距县城距离		42	68	30	
土地总面积		199.6	256	200.15	
耕地面积		30300	23004	29698	42086
其中	水　田	10890	7969	7337	21063
	旱　地	19410	15035	22361	21023
	人均耕地	2.64	1.59	4.06	
行政区划	辖村公所	9	9	5	
	自然村	59	88	63	
	村民小组	63	72	41	
人口民族	总户数	2981	3620	2047	
	总人口	11911	14958	7649	

续表

内容 \ 乡镇			清平乡	王子树乡	勐约乡	陇川农场
人口民族	其中	汉族	2109	7307	1611	
		傣族	2432	96	26	
		景颇族	6874	7107	5913	
		阿昌族	21	276	10	
		傈僳族	442	68	17	
		德昂族	7	0	8	
人口出生率						
自然增长率						
人口密度						
经济收入	总收入		5175	7131	4487	
	人均收入		2797	2668	2635	
	人均净收入		3210	3863	1928	
	总费用		2108	3350	2566	
农业产值	总产值		13167	13642	11809	12051
	农林牧渔服务业		128	116	112	
	其中	种植业	8843	9693	8363	11684
		林业	1513	1152	1200	61
		畜牧业	2325	2523	2014	240
		渔业	358	158	120	66
农作物总面积			55686	85197	51192	46368
其中	甘蔗		19362	30193	24664	42591
	粮食		26869	34929	21003	2753
	茶叶		5013	19923	378	1200
	油料		4392	12525	4200	75
	水果		305	198	817	2455
农作物总产量						
其中	甘蔗		95543	91123	73180	300000
	粮食		6845	8690	5552	1377
	茶叶		135	530	21.6	140
	油料		286.9	1227.5	205.8	14
	水果		91.9	15.6	138.1	352.8

续表

内容 \ 乡镇			清平乡	王子树乡	勐约乡	陇川农场
畜牧	牛存栏		4226	6453	4356	340
	猪存栏		10552	12498	6896	1823
	羊存栏		2082	822	825	
教育	中学	中学在校学生		564		
		教职工人数		41		
	小学	小学在校学生	941	1078	590	
		教职工人数	66	78	41	
卫生	医务人员		10	8	7	
	病　床		19	20	10	
	卫生室		9	9	5	
	乡村医生		10	11	7	
文化	文化站		1	1	1	
	电影院					
	广播站					
领导干部	乡（镇）党委书记		尹正达	尚正实	宋宏恩	田琦辉
	乡（镇）政府乡长		郭春荣	闫　有	孔　福	瞿发全
	乡（镇）人大主席		普　丽	陈德帆	何志强	

（熊尚前）

盈江县

地　理

【县　境】　盈江县地处云南省西部，德宏州西北部，位于东经97°31′~98°16′，北纬24°24′~25°20′之间。其东北面与腾冲县接壤，东南面与梁河县接壤，南面与陇川县接壤，西、西北、西南面与缅甸联邦为界。国境线长214.6千米，有33条通道通往缅甸。全县总面积4429平方米，占全州总面积的37.5%。县境内最高海拔3404.6米，最低海拔210米，县城小平原海拔826米，距州府芒市城区165千米，距省会昆明864千米，距缅甸联邦密支那197千米，距八莫131千米。

【气　候】　2011年，盈江县年平均气温20.2℃，与历年同期平均值相比偏高0.8℃，属偏高年份；极端最高气温33.8℃，出现在4月18日；极端最低气温3.4℃，出现在1月21日。冬季平均气温13.9℃，与历年同期平均值相比偏高1.1℃；春季平均气温21.2℃，与历年同期平均值相比偏高0.7℃；夏季平均气温24.4℃，与历年同期平均值相比偏高0.5℃；秋季平均气温21.0℃，与历年同期平均值相比偏高0.8℃。月平均气温最低出现在1月，最高出现在9月。全年降雨量1039.4毫米，比上年偏少641.6毫米，比历年同期平均值偏少513.2毫米(偏少33%)，属特少年份，为有气象记录以来历史最少值。年内降雨量最多是6月，最少是11月。全年降雨日数(日降雨量≥0.1毫米)142天，比上年少16天，比历年平均值少17天。年内出现大雨(日降雨量≥25.0毫米)天数10天，比上年少10天，比历年平均值少7天。年内没有出现暴雨(日降雨量≥50.0毫米)日数。年内一日最大降雨量36.6毫米，出现在9月14日。冬季降雨量104.4毫米，与历年同期平均值相比偏多53.0毫米，属特多年份；春季降雨量194.8毫米，与历年同期平均值相比偏少55.9毫米，属偏少年份；夏季降雨量544.9毫米，与历年同期平均值相比偏少380.3毫米，属偏少年份；秋季降雨量226.1毫米，与历年同期平均值相比偏少99.2毫米，属偏少年份。雨季于5月21日开始，9月22日结束。全年日照时数2402.9小时，比上年偏多351.5小时，与历年同期平均值相比偏多143.2小时。冬季日照时数700.9小时，与历年同期平均值相比偏少28.0小时，属正常年份；春季日照时数629.7小时，与历年同期平均值相比偏少26.9小时，属正常年份；夏季日照时数395.8小时，与历年同期平均值相比偏多80.9小时，属偏多年份；秋季日照时数648.6小时，与历年同期平均值相比偏多89.3小时，属正常年份。全年光照条件较好，降雨量特少。主要气象灾害有干旱、冰雹、降雪、大风、洪涝和滑坡。

【行政区划】 2011年，盈江县辖15个乡镇，即平原、太平、旧城、弄璋、昔马、那邦、卡场、盏西8个镇，铜壁关、油松岭、新城、芒章、支那、勐弄、苏典(傈僳族乡)7个乡，97个村民委员会，6个居委会，1151个村民小组；1个农场管理委员会，其下辖4个分场。

【人口民族】 2011年，盈江县总户数77942户，总人口306705人。其中：男性159788人，占总人口的52.1%；女性146917人，占47.9%。农村人口213789人，占总人口69.71%。少数民族人口167449人，占总人口54.6%。在少数民族人口中：傣族100432人，占总人口的32.75%；景颇族44977人，占14.66%；傈僳族20285人，占6.61%；阿昌族1327人，占0.43%；德昂族428人，占0.14%。全县人口出生率15.83‰，死亡率7.3‰，自然增长率8.53‰。

历　史

【简　史】 公元前四世纪，“蜀身毒道”形成，今盈江即为主要通道。随着这条通道的打开，中原政权开始开发关隘之地。盈江地区西汉属滇乘象国。东汉明帝永平二年(59年)为永昌郡所辖，永平十二年(69年)属永昌郡哀牢县。南朝属永昌郡辖西城县。唐初为腾越软化府辖地。唐南诏时期在旧城设押西城，隶属永昌节度软化府。宋(大理)属腾冲府乞兰部辖地。元初属大理金齿等处宣慰司都元帅府，至元十三年(1276)隶属镇西路军民总管府。明洪武十五年(1382)改设镇西府，为云南52个土府之一；永乐元年(1403)，置干崖长官司；正统九年(1444)升为宣抚司，直隶布政司；天顺二年(1458)，刀思忠任干崖副使，管盏达地。清顺治十六年(1659)，置盏达副宣抚司；清宣统二年(1910)盏达副宣抚使停袭。民国元年(1912)，国民政府在干崖、盏达各设弹压委员一职；民国二年(1913)改为行政委员，设行政公署；民国二十一年(1932)年干崖、盏达改设为盈江、莲山设治区，为建县过渡机构，隶属云南第一殖边督办。1950年5月15日，盈江、莲山解放；5月30日，成立盈江县各民族行政委员会；6月，成立莲山各民族行政委员会。1951年12月，成立盈江县各民族联合政府。1952年1月，成立莲山县各民族联合政府。1955年6月，曾先后直属于保山专区和德宏州管辖的盏西区划归盈江县。1958年10月，盈江、莲山两县合并为盈江县，合并后下辖先锋、红城(新城)、弄璋、边防(姐冒)、遮坎、支那、平原、太平、支勐(勐弄)、飞跃(苏典)、昔马、铜壁关12个公社，64个大队。1959年2月，撤销公社，恢复区、乡行政建制。其中，飞跃公社改设苏典文化站，支勐公社改设卡场文化站。1961年10月，建立勐弄区。1962年12月，建立油松岭区。1969年3月，全县开展“人民公社化”运动，区站改建为人民公社，乡镇改为大队。1974年1月，从太平、铜壁关公社划出3个大队，建立芒允公社；从盏西公社划出4个大队建立芒章公社；从盏西划出3个大队，从苏典划出1个大队，建立支那公社；4月，从平原公社划出3个大队，建立平原镇；10月，从弄璋公社划出5个大队，建立姐冒公社。1975年1月，将原卡场文化站辖区从勐弄公社划出，建立卡场公社。1982年3月，设立盏西区公所，为县人民政府派出机构，协助县政府领导盏西、芒章、支那3个公社工作。1984年4月，撤销公社、大队，恢复区、乡建制，盏西区公所改建为盏西办事处(副县级)，1987年1月开始区乡体制改革，原旧城区岗勐、富联、喊撤乡的部分村社和弄璋区丙辉乡的部分村社划出组建岗勐乡；原旧城区改设为乡级镇建制；原莲花山区胜龙乡划归平原镇；原苏典区黑河乡划归卡场乡。1988年7月，盏西办事处改建为县委、县政府驻盏西工作组(正科级)，1994年7月撤销。1996年4月成立那邦镇。2001年5月，原弄璋、盏西、昔马、卡场4个乡撤销，改设为镇建制。2005年10月，撤销莲花山乡、岗勐乡整建制合并平原镇；撤销姐冒乡整建制合并弄璋镇；撤销芒允乡、太平乡整建制改设太平镇，撤并后全县有8镇7乡，97个村民委员会，6个居民委员会。

社　会

【经济简述】　2011年，盈江县完成生产总值(GDP)49.1亿元，比上年增15%。其中：第一产业实现增加值13.19亿元，比上年增7.4%，拉动生产总值增长2个百分点，对经济贡献率为13.1%；第二产业实现增加值24.59亿元，增19.56%，拉动生产总值增长9.7个百分点，对经济贡献率为65%；第三产业实现增加值11.32亿元，增13.9%，拉动生产总值增长3.3个百分点，对经济贡献率为21.9%。一、二、三产业结构比重由上年的26.6：49.9：23.5调整为26.9：50.1：23.0。非公有制经济创造增加值28.8亿元，占全县生产总值的58.7%，比上年降0.6个百分点。

【固定资产投资】　2011年，盈江县完成固定资产投资总额45.11亿元，比上年增28.9%；在投资总额中：城镇固定资产投资完成25.8亿元，比上年降10.8%(其中房地产投资2.48亿元，比上年增15.6%)；农村固定资产投资完成4.36亿元，增1.2倍；农村私人投资完成12.48亿元，增5.4倍。全年全县实施项目368个，比上年增74个，增25.2%。在建项目中：计划投资亿元以上24个，比上年增1个；5000万元以上42个，增3个；1000万元以上98个，增4个；500万元以上119个，减1个。

【农　业】　2011年，盈江县完成农林牧渔业总产值20.75亿元，比上年增26.1%。其中：农业产值13.24亿元，比上年增25.2%；林业产值2.07亿元，增14.9%；牧业产值4.3亿元，增22%；渔业产值5796万元，增15.9%；农林牧渔服务业产值5600万元，增8%。完成大小春粮食播种面积61.59万亩，比上年增3.02万亩，增5.2%；总产量18.08万吨，增7.7%(其中稻谷10.21万吨，增3.9%；小麦5051吨，降34.5%；玉米4.54万吨，增0.9%；大豆862吨，降2.5%)。油料种植面积4.44万亩，减5408亩，降10.9%；产量3582吨，降8.1%；甘蔗种植22.2万亩，增5423亩，增2.5%；产量109.8万吨，增4.4%；药材种植12.24万亩，增12.1%；蔬菜种植7.44万亩，增4.6%；产量4.16万吨，增12.7%。瓜类种植2.55万亩，增15.7%；烟叶种植1.46万亩，降19.9%；茶园种植10.04万亩，降0.1%；产量3471吨，增39%。橡胶575吨，降1.7吨；咖啡7639吨，增26.7%；澳洲坚果1013吨，增11.2%；水果4925吨，降0.3%。完成冬季农业开发复种36.76万亩，比上年增2.19万亩，增6.33%；实现总产值2.82亿元，增0.72亿元，增34.28%；农民平均冬农开发收入1332元，增294元，增28.32%。

年内，肉猪出栏22.22万头，比上年增10.1%；肉牛出栏18513头，增12.2%；羊出栏14381只，增2.7%；家禽出栏105.75万只，增12.9%；肉类产量25369吨，增10.7%；牛奶产量791吨，降1.5%；禽蛋产量1315吨，降0.9%；水产品产量6005吨，增13%。大牲畜存栏71995头，比上年降4.6%；生猪存栏17.18万头，降4.2%；羊存栏26990只，增6.9%；家禽饲养80.41万只，增4.8%。

全年全县拥有农业机械总动力22657万瓦特，比上年增16.8%；农用排灌机械动力379台，增5.9%；农用中型拖拉机3026台，增29.2%；农用小型拖拉机10289台，增4.7%；农用联合收割机717台，增21.7%；农用运输车246辆，降29.3%；农用机械总值18979万元，增14%。

年内，上报农业项目37个，资金2283万元；批复15个，资金1436.65万元。兑付惠农资金21439.76万元，其中救灾过渡性安置补助328.05万元(3540户受益)，农村民居危房改造1890.2万元(1879户受益)，农村最低生活保障金(1～6月)2331.33万元(49203人受益)，中央自然灾害600万元，沿边定居群众补助106万元(1060户受益)，农村五保户供养(1～7月)112.84万元(2015人受益)，春节低保、五保慰问金512.18万元(补助51218人)，农村高龄补助65.6万元(补助2482人)，退耕还林补助575.76万元(补贴3万亩)，少生快富、独生子女保健费96.41万元(2577人受益)，地震民房恢复重建资金10766.6万元(27647户受益)，兑付种粮农民补贴4054.79万元(兑付率100%)。

【林　业】　2011年，盈江县完成植树造林21.53万亩(特色产业12.9万亩)，完成任务数的

143.4%，比上年增52%，森林覆盖率达73.9%；城市公共场所绿地2291.4亩，降1.3%；城市人均公共绿地4.02平方米。完成林业产业种植9万亩，其中竹子3万亩，澳洲坚果2万亩，核桃2.5万亩，油茶1.5万亩；完成四旁义务植树35.6万株，完成任务数的101.7%；完成中低产林改造29万亩，其中经济林6.91万亩，用材林21.45万亩，林下资源种植0.64万亩；完成退耕还林工程建设2.5万亩，其中荒山造林1.5万亩，封山育林1万亩；实施巩固退耕还林后续成果1.7万亩，其中坚果1万亩，核桃0.4万亩，草果0.3万亩；退耕还林通过国家核查，兑付资金575.76万元。截至年末，澳洲坚果种植面积达11.56万亩，居全国第一；12月，国家农业部特产之乡推荐暨宣传活动组委会授予盈江县“中国坚果之乡”称号。完成了生态公益林修编工作，面积154.06万亩(其中国家级147.71万亩，省级6.35万亩)。兑现上年度国家级、省级集体公益林生态效益补偿金194.65万元，其中国家级183.97万元，省级10.68万元。完成自然保护区新增区域调查规划，调整自然保护区林地4572亩。年内，投资136万元，实施丰产栽培示范基地建设9个；投资578万元(其中国家资金168万元，省级资金410万元)，实施了林产业建设；其中：竹产业80万元，核桃产业78万元，油茶产业180万元，坚果产业240万元。建立农村能源服务网点6个；建沼气池600口，其中省级项目建设150口，巩固退耕还林项目40口，国债投资项目410口；完成节柴改灶80户，安装太阳能140户。

全年全县办理林木采伐许可证1880份，面积17.24万亩，总蓄积量35万立方米。办理进口边贸木材9.39万立方米，木炭1041吨；办理外调边贸木材8.61万立方米，木炭582吨；办理批采国内木材12.79万立方米，办理国内木材外调7.24万立方米。上报征占用林地16件，批准10件，待批6件。实施苗木产地检疫1165亩，检疫苗木440.43万株；调运检疫木材12.52万立方米，苗木114.42万株，竹材1718吨，药材163.7吨，藤条238.02吨；复检木材2.65万立方米，苗木0.9万株。林权制度改革工作，投资1578.36万元，发林权证7.22万亩，完成外业勾图及内业发证869个村民小组；外业勾图6个乡镇12个村民小组，面积49311.4亩；整改14个村民小组，发证1.62万亩；调处山林纠纷42起。办理林权流转1450户2205宗，面积10.31万亩。查处违法经营加工木材企业74家，没收违法木材508.9立方米，木炭19吨；查处林政案件212件，收缴木材919立方米，处罚212人，挽回经济损失96.17万元。收购非法木炭使用硅生产企业14家，收购非法木炭3.63万吨。

年内，盈江县森林防火指挥部接卫星监测中心通报热点43个，现场查实43个，其中炼山造林9个，烧农地5个，境外火点2个，查无火点4个，采伐迹地1个，烧蔗地16个，烧包谷地5个，烧炭1个。发生森林火灾4起(其中较大森林火灾1起，一般森林火灾3起)，过火面积23.57公顷，林地受害2.01公顷，森林火灾查处率100%；连续12年无重大森林火灾和重大人员伤亡事故发生。

年内，开展了薇甘菊除治工作，有薇甘菊危害林地11.7万亩。其中：天然林4.07万亩，人工林7.63万亩。建立薇甘菊监测点11个，建立乡级薇甘菊防治示范地14个。投资270万元，除治林地薇甘菊3.04万亩，其中人工除治0.77万亩，人工加化学除治2.27万亩。建立森林病虫害中心测报点3个、一般测报点12个，除治森林病虫害3.2万亩。

【水　利】 2011年，盈江县编制了《云南盈江“3・10”地震灾后水利设施除险加固实施方案》，并通过水利部水规总院审定。方案总投资2.2亿元，年内完成投资1.3亿元，完成除险加固大盈江堤防19.2千米。全年全县组建防汛抢险突击队183支7673人，增设汛期专业工90名；储备编织袋20万条，彩条布2万米，土工布1万平方米，块石6000立方米，钢筋300吨，竹桩5万节，竹梢28.5吨，汽灯30盏，石笼176条，竹伐50张，完成工程投资60万元。完成盈江口岸那邦通道国界河流整治工程四期工程招投标工作；完成回龙河水库项目主体工程投资1.3亿元；完成地方水库建设投资100余万元；投资1800万元，完成了赖哈沟、丙午沟、邦巴沟续建配套改造工程，总长17.99千米，改善灌溉面积5.1万亩；完成小型水利工程315件，其中人饮工程230件，引水灌溉工程85件。自筹17.79万元，解决平原镇屯勐、姐满、拉勐、思浪小学应急供水，解决4677人饮水问题；投资617.95万元，解决27个村民小组14所学校1.37万人的饮水问题；投资87万元，实施山区“五小水利”工程45件，改善农田灌溉条件5万亩；投资116.37万元，改造了平原镇云台寺、关纯、户允(多木寨)，太平镇弄彪、散朋、小俄落6个自然村的电线线路。投入水利普查经费30万元，完成专项清查

7个，完成水土保持外业调查单元42个。年内，办理取水许可60户，水土保持方案审批45户，办理河道采砂户换证36户。发出电站、矿山停止违法行为通知书62份，责令改正通知书15份。收取水保两费60万元，征收第一季度水资源费4837万元。

【工　业】　2011年，盈江县完成工业总产值46.72亿元，比上年增28.63%，占全州工业总产值的35.2%。其中：规模以上工业完成30.87亿元，比上年增12.1%；规模以下工业完成15.85亿元，增77.2%。轻工业完成9.34亿元，比上年增29.4%；重工业完成37.38亿元，增27.9%。集体工业产值37万元，降99.4%。上缴税金5.17亿元，比上年增26.3%，占全县财政总收入的60.5%。电力、制糖、矿冶实现工业总产值35.3亿元，比上年增23.4%，占全县工业总产值的75.5%。规模以上工业实现增加值17.6亿元，比上年增20%。主要工业产品产量：电解铝1.42万吨，比上年增1.4%；工业硅7.62万吨，增56.66%；水泥71.18万吨，增41.47%；人造板4.02万立方米，增17.8%；铝1.42万吨，增1.4%；食糖11.3万吨，降6.6%；酒精7735吨，降12.1%；饮料酒1569千升，增25.1%。全县已批建电站111座，装机容量280.729万千瓦；投产70座，装机容量204.179万千瓦；在建电站18座，装机容量53.68万千瓦；已批未建电站23座，装机容量22.87万千瓦。发电量92.19亿度，比上年增7.24亿度，增10.2%；销售电量12亿度。农村用电1245万千瓦小时，比上年增6.9%。

年内，新批建材企业30家，其中混凝土搅拌3家，碎石厂7家，砖厂20家。投产混凝土搅拌1家，年产50万立方米；碎石4家，年新增碎石20万立方米；砖厂8家，年新增砖39150万块。完成了弄璋糖厂日处理7000吨技改扩建项目；坤润实业公司日处理2000吨矿选厂投产运营。规划工业园10.79平方千米，征工业园仕明片区土地1522亩，入园企业22户，完成工业总产值16.29亿元，主营业务收入16.51亿元，固定资产投资5.43亿元，实现利润2.85亿元，税金1.57亿元。工业废气处理率94%，比上年提高3个百分点；工业废水排放达标率81.22%；工业固体废物综合利用率75.3%。

【乡镇企业】　2011年，盈江县有乡镇企业4172个，与上年持平；有从业人员11322人；完成营业总收入17.55亿元，增17.7%；完成总产值17.29亿元(现价)，增17.3%；上缴税金1.16亿元，增24.5%；实现利润2.22亿元，增13.4%。

【非公经济】　2011年，盈江县有非公经济户8935户；其中：私营企业726户；个体工商户8209户，从业人员27801人；注册资金44.1亿元，增31.3%；实现产值38.44万元，占工业总产值的82.3%，下降16.1个百分点；上缴税金6.36亿元，增31.9%，占财政总收入的74.4%。

【财税金融】　2011年，盈江县完成财政总收入8.56亿元，比上年增2.47亿元，增40.6%；不含捐赠实际收入8.04亿元，增32.2%。其中：县级一般预算收入完成4.33亿元，比上年增49.7%；不含捐赠实际收入3.81亿元，增31.9%。上划中央两税3.05亿元，比上年增18.6%；一般预算收入中：增值税1.01亿元，比上年增18.7%；营业税1.1亿元，增28.4%；企业所得税1621万元，增1.8倍。财政一般预算支出28.86亿元，比上年增17.79亿元，增1.6倍；其中：社会保障和就业支出11.81亿元，比上年增6倍；教育支出2.48亿元，增31.4%；医疗卫生支出1.36亿元，增55.6%；农林水事物支出3.5亿元，增31.7%；一般公共服务支出1.51亿元，增34.1%。年末，金融机构存款余额55.35亿元，比上年增17.1亿元，增44.7%；其中：居民储蓄存款30.59亿元，比年初增6.15亿元，增25.2%。各项贷款余额32.08亿元，比年初增7.62亿元，增31.2%；其中：短期贷款5.85亿元，比年初增2612万元，增4.7%；中长期贷款26.23亿元，增7.36亿元，增39%。完成基金预算收入2645万元，比预算数增收693万元，增35.5%；比上年增2倍。完成各种保费收入8529万元，增13%，支付各类赔款及给付2011万元，降16.2%。国税部门完成本级一般预算收入1.13亿元，完成任务数的101.5%，比上年增26.6%；地税部门完成本级一般预算收入1.95亿元，完成任务数的102.6%，增29.5%；财政部门完成本级财政收入1.25亿元，完成任务数的109.7%，增52.9%。

【物　价】　2011年，盈江县实现社会消费品零售总额16.39亿元，比上年增20.1%；其中：批发零售业14.22亿元，比上年增22.1%；住宿、餐饮业2.18亿元，增8.8%。城镇完成消费品零售额10.97亿元，比上年增23.1%；乡村完成消费品零售额5.42亿元，增14.5%。居民消费价格指数104.2%，比上年上涨4.2%；其中：食品价格上涨12.6%，商品零售价格上涨4.7%，农业生产资料价格上涨11.9%。

【对外贸易】 2011年，盈江县完成进出口额11.36亿元，比上年降21%；其中：完成进口额4.63亿元，比上年增75.6%；完成出口额6.73亿元，降42.7%。一般贸易完成1.29亿元，比上年增8.6%；对外经济技术合作出口1.4亿元，降35%；边境贸易进出口7.99亿元，降26.9%；其中：边境小额贸易进出口6.56亿元，降31.6%；边民互市进出口1.43亿元，增6.7%。

【旅 游】 2011年，盈江县接待游客96.01万人次，实现旅游收入9.92亿元。年内，编制了国家级风景名胜区——大盈江流域旅游发展规划、旅游总规修编、榕树王和诗蜜娃底控制性规划。协助中央四台（CCTV-4）《远方的家——边疆行》节目拍摄组盈江行节目制作。投资700万元，建设了橡胶母树森林公园；投资700万元，完成了允燕山配套基础工程；投资5000万元，改造了凯邦亚湖景区设施。

【科 技】 2011年，盈江县申报计划项目22项，立项支持20个，争取资金500.5万元。申请专利5件，其中发明专利4件，外观设计1件；办理专利申报7件。地方财政科技投入1500.61万元，比上年增216.61万元，增17%；县本级财政科技投入858.29万元，占本级财政预算的1.29%；投入科技经费111.9万元，科普经费15万元，人均0.5元。全社会R&D（研究与发展）经费支出921万元，占GDP的0.34%，增15%；规模以上企业R&D经费支出507万元，占主营业务收入的2.3%，增15%。年内，创建油茶种植示范基地1.22万亩，育苗基地50亩，带动种植油茶8.4万亩。完成优质苗圃基地建设5个，面积80余亩，培育优质种苗500万株；完成草果新植1.81万亩，草果老园改造3000亩，全县草果种植面积达12万余亩。完成马铃薯胞覆剂精制有机肥示范50亩，完成马铃薯胞覆剂三处理同田对比试验1组；通过试验对比，涂抹切口产值3179.12元，增513.56元，增19.27%；一次底肥产值3031.96元，增366.4元，增13.75%。建立澳洲坚果丰产栽培示范基地1000亩，新植坚果2.9万亩，种植面积达11.5万亩，占全国种植面积的60%以上；盈江县成为全国种植澳洲坚果面积最大的区域。年内，有村级科技辅导员29名，选配乡村科普宣传员16名，科技特派员3名，完善乡镇科技活动室3个，培训农民工350人次，解决农民工就业200人；1000名农民掌握了一门以上农村实用技术。年内，获专利授权4项，其中发明专利1项，外观设计专利3项。建立完善村级科技活动室103个，配置课桌1980套，书柜、报架各99个，农村实用技术手册2.97万册；完善自然村科技活动室建设56个，配置课桌1120套，农村实用技术手册8400余册，电视、DVD各56台，为7个乡镇配置电脑13台；建立科普宣传栏103块，创建产业示范基地18块。农函大招收学员1070人（妇女86人），培训23期，专业9个。开展实用技术培训1418期，培训12.57万人。开展“农村带头人培养工程”，确定村民小组5个，农村致富带头人30户，科技示范村建设5个，配置课桌100套。培育农村党员致富带头人148名，科普重点户318户；创建优质小粒咖啡科普示范基地100亩。建立了科普惠农服务站，科技咨询200余人次，开展实用技术培训14期，培训907人次；建设科普画廊11米。成立农村工程机械协会，会员32人。开展保护知识产权宣传教育活动，发放宣传资料400余份，接受咨询427人次，悬挂宣传横幅16条，展出展板12块、侵权假伪标识图画15张、侵权产品DVD10台、假冒走私烟18种；销毁侵权盗版制品及非法出版物9635盘（册），播放知识产权学习资料5场次。开展“全国科普日”宣传活动，发放宣传资料5080份，发放实用技术手册2637份，展出展板56块，发放计生药剂300套，播放科技知识片12场，受教育6000人次。开展打击侵犯知识产权和制售假冒伪劣商品专项行动，出动执法人员1187人次，出动车辆328辆次，悬挂宣传语横幅、标语25条，发放宣传资料5000余份，咨询80余人。检查经营主体户898户，建立商标维权服务站6个，立案查处94件，案值146.92万元。

【教 育】 2011年，盈江县有学校（幼儿园）171所（撤并农村小学43所），其中：幼儿园27所（公办幼儿园1所，民办幼儿园26所），在园（班）幼儿7305人，比上年增10.7%；小学124所，招生4505人、比上年降9.1%，在校生28429人、降2.9%；普通中学19所，招生4934人、比上年降2.95%，在校生14968人、降5.9%；职业高级中学1所，招生533人、比上年降34.8%，在校生1518人、增5.1%。小学适龄儿童入学率99.97%，比上年提高0.18个百分点；初中毛入学率100.94%。开展“双语双文”教学学校26所，在校学生2930人。有在编教职工3031人，招聘新教师108人，其中县一中紧缺学科教师4人，“特岗教师”78人，设岗招聘初级中小学教师17人，普通高中教师9人。本年度，小学毕业水平测试平均分62.14分。中考600分以上587人，最高分662分；被州民一中录取140多人(600分以上)，县一中录取816名，择校生录取161名，县职高录取884人。高考本科上线率62.54%，综合上线率99.37%。

年内，确定“云南现代教育示范学校建设工程”8所，申报教育科研课题47个，培训教师1071人次。参加“国培计划(2011)”云南省农村中小学骨干教师培训316人，“省培计划(2011)”中小学青年教学骨干教师培训21人。评选推荐省级、州级骨干教师10名，推荐州级学科带头人3名。参加德宏州中小学校长在职提高远程培训94人，选派校长到名校跟班学习16人，选派校长到内地业务培训28人。

全年全县投入农村义务教育保障经费37877.86万元，其中公用经费1973.18万元，惠及学生41542人次；寄宿生生活费1500.08万元，惠及学生34343人次；县级财政投入80万元，实施山区寄宿小学特殊营养工程，惠及学生4871名；义务教育阶段学生免费教科书资金172.21万元，惠及学生41542人；政府资助高中生156.5万元，惠及学生2483名；国家资助中等职业生251.44万元，惠及学生1913名；希望工程、基金会、协会及其他社会团体资助贫困学生185.32万元，受助6343人；办理贫困大学生助学贷款339人，发放贷款173.18万元；发放“贷免扶补”贷款10万元；投资92万元，安装电子监控设备47所，配备专兼职保安472名；投资460万元，建盖农村教师周转房80套，面积4000平方米。

【文化体育】 2011年，盈江县有艺术表演团体1个，文化馆1个，文化站15个；图书馆1个，藏书5.7万册。年内，投资150万元，完成勐弄乡文化广场建设项目，勐弄乡麻立园文化广场建设项目，苏典傈僳族乡杨家寨、河西寨文化活动室建设项目。完成第四批中央扩大内需“兴边富民工程”并通过初级验收。投资11.48万元，订阅期刊148种，购置图书3833册，馆藏图书6万册，接待读者38959人次，流通图书48995册次，“共享工程”电子阅览室接待上机读者400余人次。建农家书屋58个。“3·10”地震期间，搭建了“帐篷阅览室”，接待读者1.8万余人次，提供图书3.7万册次，免费赠阅《抗震救灾手册》1000册、宣传单4000份、宣传挂图2000册。组建流动放映队2个，在11个安置点放映65场次，协助州广电局流动放映队放映15场，观众达1万人次；派出电影队13支，放映574场次，观众9.6万人次。“2131”工程电影实现数字化，放映数字电影582场、故事片516部、科教片298部，观众16.26万人次。组建业余文艺队306支，开展培训200余次，受训1100余人次；开办钢琴、声乐、少儿拉丁舞、葫芦丝等培训班，培训400余人次。开展演出活动70多场次，其中大型文艺演出7场次，春节慰问演出15场次，“3·10”地震慰问演出5场次，协助相关单位演出20余场次。年内，有国家级文物保护单位1个，省级2个，州级9个，县级48个。普查文物点78个，馆藏文物1700多件，完成县级不可移动文物申报48项，申报省级文物保护单位4个。开展第六个“文化遗产日“宣传活动，展出展板7块，发放宣传单1500多份，《文物保护法》300多份。出动执法人员756人次，检查经营单位639户次，收缴非法音像制品125盘，立案查处3起；收到行政许可审批申请46件，受理许可事项38件，办理行政许可11件，办理行政许可期限届满换证15件，办理行政许可变更事项5件，报停登记3件，注销许可证登记1件，办结率100%。年内，申报篮球健身场地40块，发放篮球架15付，乒乓球桌19张，验收合格小广场5块。成功举办旧城龙潭竹筏比赛，盈江第38届篮球赛。“目瑙纵歌节”期间，组织民族民间体育活动项目4个，参赛300余人。

【卫　生】 2011年，盈江县有医疗卫生机构22个，床位762张，卫生技术人员558人，其中医师级助理医师257人，护士187人；有乡镇卫生院16个，床位257张，卫生技术人员144个；有疾控中心1个，卫生技术人员49个；有妇幼保健站1个，卫生技术人员49个；有乡村医生192人，获乡村医生资格证书180人。每千人拥有床位2.74张，每千人拥有卫生技术人员2.31人，每个村委会拥有乡村医生1.92人。

全年全县报告乙类传染病9种910例，发病率268.20/10万，比上年降4.27%；疫情报告及时率100%，疫情漏报率1.06%，审核及时率100%，全县未发生传染病疫情暴发和流行。报告疟疾病例150例，发病率49.15/10万，比上年降58.67%，未发生疟疾暴发流行；应根治839例，实际根治840例，根治率100.12%；疟疾血检16424名，阳性225名，检出率1.72%。报告突发公共卫生事件4起，无人员死亡，报告及时率和处置率均为100%。监测外环境水样163份，食品及海产品13份，大便69份，未检出霍乱弧菌。结核病初治涂阳87人，发现活动性肺结核135人；转诊病人401人，转诊到位350人，转诊到位率87.28%；初诊病人437人，发现和治疗管理项目病人135人；其中：初治涂阳84人，复治涂阳4人，初治涂阴45人，复治涂阴2人。痰检544人，涂阳病人2月末查痰95人，阴转95人，阴转率100%；3月末查痰80人，阴转80人，阴转率100%。网络直报疑似肺结核病人348人，到位322人，到位率92.53%；应追踪97人，追踪到位86人，追踪到位率88.66%。家属应筛查209人，实际筛查209人，筛查率100%。TB筛查HIV病例68人，阳性2人；HIV筛查TB105人，痰检105人，阳性2人。

年内，开展鼠疫监测79次，其中室内黄胸鼠笼密2.33%，室外黄胸鼠夹密0.93%，染蚤率32.39%；流动点58次，总鼠密0.97%，黄胸鼠密0.96%；检验样本617份，未发现阳性。接种人用狂犬疫苗1200人份，犬用狂犬疫苗474份，捕杀犬只10095只。建免疫卡3491人，卡介苗接种率98.88%，脊灰疫苗接种率99.59%，百白破疫苗接种率99.16%，白破疫苗接种率97.91%，A群流脑疫苗接种率98.94%，A+C群流脑疫苗接种率98.74%，乙脑疫苗接种率98.84%，甲肝疫苗接种率99.08%，麻腮风疫苗接种率98.36%，麻风疫苗接种率98.53%，乙肝疫苗接种率99.52%，乙肝疫苗首针及时率94.96%，11苗平均接种率98.91%；无麻疹病例报告；AFP主动监测36次，监测AFP疑似病例32例，调查排除28例，取样送检排除4例。15岁以下人群补种乙肝疫苗，三针补种率分别为95.99%、96.47%、92.8%。年内，派出车辆636辆次，清除垃圾373.7吨，清理污水沟3.63千米，清除环境卫生死角867个，清扫街道5.54万平方米，消毒厕所368座，垃圾368堆次，消毒水井53个次。完成户厕建设3000座，完成率100%；农村卫生厕所普及率36.6%，比上年提高9.2个百分点。采水样120份，合格74份，合格率62%；微生物及理化超标46份，不合格率38%。

全年全县有孕产妇4281人，系统管理3710人，系统管理率86.72%；孕产妇住院分娩4130人，住院分娩率96.54%。其中：农村孕产妇住院分娩3977人，住院分娩率96.41%；活产婴儿4278人，新生儿访视4132人，访视率96.59%。建立《婴幼儿保健手册》9991人，管理率80.15%；保健管理服务儿童16547人，保健管理率65.33%。老年人健康体检15282人，体检率80.33%；筛查出高血压患者9598人，规范管理率90%；登记管理糖尿病患者3090人，规范管理率71%。免费婚检2766人，登记管理重性精神疾病患者216人。健康体检18.54万人，电子建档16.13万份，建档率53.77%。筛查眼疾患者415例，实施白内障复明手术136例。开展无偿献血14次，参加无偿献血1439人次，自愿无偿献血率100%。

全年全县参加新型农村合作医疗25.07万人，参合率99.9%，比上年提高0.1个百分点；筹资5765.02万元，补偿49.09万人次，补偿资金5065.3万元，资金使用率87.86%；县内住院报销比例为71.24%。医疗救助8.61万人，助缴资金258.41万元。检查定点医疗机构160余次，抽查处方1411张，抽查病历711份，入户核实842户，下发《整改通知书》9份，《扣款通知书》36份，暂停报账11次，纠正违规资金19.3万元。定点医疗机构从中标企业采购率100%，网上采购率97.65%；采购药品6079个品种，乡、村医疗机构基本药物使用率100%，县级医疗机构基本药物使用率37.3%，基本药物配送率66.3%。开展防病宣传活动1616场次，发放宣传资料19.59万余份，受教育26.19万人次。开展义诊13次，受益6630人次。开展第十八个“碘缺乏病日”防治宣传活动，发放宣传资料9500份，受教育20万余人；抽检食用盐288份，合格287份，碘含量检测合格率99.65%。开展“优质护理服务示范工程”，病人满意度93.8%，比上年提高3个百分点。参加“华医网”远程可视医学教育129人，开展远程可视医疗会诊44次。参加全国卫生专业技术资格考试106人，其中初级士14人，初级师19人，中称73人(合格43人，合格率41%)；参加全国护士资格考试54人，合格18人，合格率33.3%；参加全国医师资格考试205人(执业医师49人，助理医师156人)，申报高级职称9人，合格8人，合格率88.9%。培训卫生院在岗人员128人次，村卫生室448人次，社区卫生服务人员291人次，参加全科医师转岗22名。接收农垦医疗机构5个，人员100人。受理医疗机构执业许可申请229件，办理229件。受理医疗纠纷7起，妥善解决6起，申请医学鉴定1起。举办食品安全宣传23场次，发放宣传资料46200份，咨询36320人次；举办培训班16期，培训600余人。完成食品安全卫生保障19次，保障人员1.73万人次。

年内，新发现HIV感染者告知率97.9%，随访率97.5%，CD4检测率89.5%，感染者配偶检测率75.57%；婚姻登记人群HIV自愿咨询与检测1123人，完成率43.07%；孕产妇HIV自愿咨询与检测3836人次，完成率71.18%。举办娱乐场所服务人员培训6期，受训224人次；免费检测HIV、甲肝和梅毒400人次，签发《体检合格证》216份。全县有针具交换点3个，向目标人群发放宣传资料2.16万份，发放安全套6074只，发放针具21.85万只，回收20.88万只，回收率95.6%。“3·10”抗震救灾期间，派出车辆31辆，医务人员587人，抢救伤员314人，住院治疗195人。

【民　政】　2011年，盈江县累计受灾29.37万人，因灾死亡26人；农作物受灾61641亩(其中成灾31658亩，绝收225亩)，房屋受损13.4万间，造成直接经济损失21.89亿元。转移安置受灾群众36314户12.71万人。年内，拨付救灾资金7928.14万元，发放救灾帐篷14459顶，棉被28448床，大米234吨，食用油19056桶，彩条布1696件，棉衣11120件，油毛毡4025卷，蚊帐2056笼。接收社会捐赠5149.88万元，其中“1·1”、“1·2”地震捐赠资金15.6万元，“3·10”地震捐赠资金4976.56万元、“爱心助教”捐赠资金141.16万元。接收帐篷2494顶，棉被19881床，大米178.65吨，食用油8006桶，彩条布906件，棉衣1104件。年内，发放城市低保金1316.43万元，惠及41304户次90331人次；发放农村低保金3857.53万元，惠及51585人次。支出城市医疗救助金47.85万元，救助4522人次；支出农村医疗救助金555.96万元，救助81644人次。全县农村五保供养2015人，发放供养金193.44万元。救助家庭困难学生15人，资金1.2万元。安置城镇退役士兵16名，推荐农村籍退伍军人就业19名。解决军人生活困难298人，资金29.5万元；住房困难5户，资金2.6万元；医疗困难83人，资金16.7万元；助缴重点优抚对象基本医疗保险905人，资金9.16万元；走访慰问驻军3.2万元，国防教育宣传经费3万元，支援军队基础设施建设5万元；慰问军队退休干部11人次，义诊优抚对象52人，赠送药品2000多元。有福利企业1家，职工133人。登记社会团体组织2家，撤销登记1家，有社团组织57家。有老年人3.53万人，老年协会104个，会员10759人；年内，办理老年优待证590本，接受来访25人次。投资300万元，建设社区办公用房6个，农村社区办公用房1个。发放村干部和社区干部生活补贴106万元。录入地名数据3050余条，完成纸质图上标注地名条目2200余条。办理结婚登记3879对，离婚登记195对，咨询3459人次。

【人民生活】　2011年，盈江县城镇居民人均可支配收入15924元，比上年增11.2%；人均消费支出12983元，增16%；其中：人均购买食品消费支出5225元，增17%，占消费支出的40%，增0.2个百分点。农村居民人均纯收入4712元，比上年增26.8%；人均消费支出3065元，增55.7%；其中：人均购买食品支出1131元，增41.9%，占消费支出的36.9%，降15%。城镇居民人均房屋使用面积44平方米，比上年增0.1%；农村居民人均住房面积28平方米，增3.3%。城镇居民每百户拥有轿车20辆，拥有摩托车102辆；农村居民每百户拥有摩托车96辆，增26.4%；拥有手机204部，增53%；拥有彩色电视机103台，增7%。年内，城镇登记失业1605人，登记失业率4.4%，与上年持平。转移农村富余劳动力4016人，比上年减1020人，降20.3%(其中政府组织劳务输出162人，降81.8%)。参加养老保险12310人，比上年增48.7%；失业保险8116人，增3.1%；基本医疗保险37482人，增7.4%；职工互助合作医疗保险9608人，降3%；互助金额116.8万元，增44.4%。发放城市最低保障金1620万元，增9.2%；城市保障低保对象11.52万人次，增10%。发放农村最低保障金4869万元，增30.8%；农村保障低保对象61.9万人次，增14.1%。发放失业金85.6万元，领取1986人次。

【治　安】　2011年，盈江县立县级目标案件16件，已破14件，抓获犯罪嫌疑人18人，缴获毒品1265.2克(其中海洛因110.1克，冰毒1058.2克，鸦片96.9克)，缴获毒资4.1万元。查处治安案件3443起，比上年增98.33%；查处违法人员4187人，增75.26%；查处涉枪违法犯罪5起，抓获违法犯罪人员5人，收缴危险品1291件。清理缅籍外国人1870人次，遣送“三非”人员430人；完成警卫任务12起，重要会议16次，群众活动安保任务15次。立刑事案件785件(其中八类案件78件，“两抢一盗”641件)，比上年降8.19%；破292件，破案率37.2%；其中：侦破八类案件34件、“两抢一盗”193件，抓获犯罪嫌疑人184人。发生命案6起，破获6起。打掉以孙加伟为首的“江南十三鹰”涉恶团伙，打击处理涉恶犯罪嫌疑人4人(逮捕2人)，破获案件14起。网上追逃犯罪嫌疑人46人(其中盈江本地籍逃犯25人，省内其他县市9人，外省籍12人)，抓获23人，网上在逃人员下降50%；抓获外地网上逃犯10人。查破毒品刑事案件191起，比上年增29起，增17.9%；其中：千克至万克毒品案22起，万克以上毒品案6起，共缴获毒品259.48千克(海洛因51.08千克，冰毒7.72千克，鸦片200.68千克)，比上年减147.02千克，降36.17%；抓获犯罪嫌疑人232人，增38人，增19.59%；破获零星贩毒案件482起，减266起，降35.56%；抓获零星贩毒人员493人，缴获毒品1965.58克。收戒吸毒人员2908人，增1007人，增52.97%。侦破经济案件21起，挽回经济损失217.5万元。“3·10”地震发生后，开展“警灯闪烁稳民心，警徽闪闪保平安”社会治安巡逻防控工作，抽调警力600余名，设置执勤点18个、巡逻小组48个，破获刑事案件21起，抓获犯罪嫌疑人25人；查处治安案件143起，查获违法人员155人；破获毒品刑事案件13起，抓获犯罪嫌疑人13名，缴获毒品2518.62克(其中海洛因0.85克，冰毒45.2克，鸦片2472.92克)；查破零星贩毒案件46起，抓获嫌疑人46人，缴获毒品218.31克；收戒吸毒人员144人，社区戒毒28人。圆满完成“3·18”一级警卫任务，保证了中央领导的安全。设立矛盾纠纷调解室54间，调解员121人，开展矛盾纠纷排查23次，排查矛盾纠纷474件，化解426件，成功化解复杂疑难纠纷及突发性群体事件5件；防止群体性上访4件338人，避免“民转刑”案件4件。受理信访案件30起，办结30件，停访息诉30件，办结率100%。建城市报警监控系统222个。投资400万元，购置了警务装备。年内，发生交通伤亡事故14起，死亡15人，受伤6人，财产损失1.19万元，发生事故比上年增8起，增1.3倍；死亡增6人，增66.67%；受伤增6人，财产损失增7200元，增1.53倍。发生火灾事故21起，比上年减2起；财产损失21.63万元，减8913元。

年内大事

【盈江县发生4.6级和4.8级地震】 2011年1月1日15时31分58.3秒，盈江县发生4.6级地震，震中位于东经97°5′，北纬24°43′，震源深度10千米。1月2日07时33分34.5秒，又发生4.8级地震，震中位于县城东北3千米处(东经97°5′，北纬24°43′)。地震造成3.72万户14.8万人受灾，紧急避险8.56万人，其中紧急转移安置5.4万人。房屋倒塌(损坏)8017户2.42万间，其中倒塌3户7间，严重损坏1715户5435间，轻度损坏6299户1.88万间；造成直接经济损失4692万元(民房3833万元，道路326万元，教育设施452万元，其他基础设施351万元)。无人员伤亡。地震发生后，德宏州委、州政府，盈江县委、县政府迅速启动应急预案，第一时间开展抗震救灾工作。云南省民政厅派出工作组深入盈江地震灾区一线指导抗震救灾并提出：充分做好灾情核查和上报工作；做好灾区群众的生活安排和思想安抚工作；根据不同受灾程度，采取不同措施有针对性地开展救助，广泛发动群众生产自救；落实好救灾物资的调运工作，保证救灾物资及时发放，确保灾区群众的基本生活；做好救灾应急资金和物资的管理使用工作，保证救灾资金的规范运行，及时下拨物资，及时发放使用。

【盈江县发生4.8级地震】 2011年2月1日15时11分20秒，盈江县城平原镇东北方向3千米处(东经97°57′，北纬24°44′)发生4.8级地震，这是自1月1日以来盈江县发生的第4次4.0级以上地震。芒市、陇川等县(市)有较强震感。造成轻伤1人，受灾8.06万人，紧急避险6.45万人，房屋受损706户3144间。地震发生后，云南省委、省政府，德宏州委、州政府高度重视，盈江县委、县政府再次出台应急措施：一是挂钩领导必须第一时间赶到各乡镇，实地查看灾情，做好群众稳定工作；二是通知各乡镇及盈江农场立即组织工作组，到辖区村组认真查看灾情，及时动员转移受灾群众；三是及时组织人力，紧急调运发放帐篷、棉被、棉衣、大米、彩条布等物资，做好受灾群众的转移安置工作，确保群众过一个祥和、安全的春节；四是下放紧急通知，要求各乡镇、各部门组织人员进一步做好灾情统计工作；五是安排公安部门加强巡逻，做好社会稳定工作；六是要求地震部门加强灾情监测工作。

【盈江县发生5.8级地震】 2011年3月10日12时58分12秒，盈江县城西北方向2千米处(东经97°55′，北纬24°43′)发生5.8级地震，震源深度10千米。梁河、陇川、瑞丽、芒市及保山等县(市)有较强震感。地震造成全县14个乡镇、96个村(居)委会、945个村民小组、4个农场分场6.06万户28.25万人受灾，314人受伤，25人遇难，2.74万户13.61万间房屋倒塌，县内电力、电信、水利、教育、文化、卫生等基础设施严重受损，造成直接经济损失21.53亿元(其中民房12.96亿元，教育1亿元，卫生7470万元，公房1.87亿元，电力1.17亿元，交通6060万元，通信3170万元，市政1.26亿元，水利1.6亿元)。地震发生后，党中央、国务院高度重视，中共中央总书记胡锦涛、国务院总理温家宝、国家副主席习近平等中央领导，云南省委书记、省人大主任白恩培，省长秦光荣、省委副书记李纪恒等领导作出批示、指示，在京出席全国“两会”的省委书记、省人大主任白恩培连夜从北京赶赴灾区查看灾情，召开专题会议，传达中央领导指示精神，研究部署指挥抗震救灾工作。3月10日晚23时，省委常委、省纪委书记李汉柏，省委常委、副省长李江率盈江“3·10”地震抗震救灾工作指导组抵达盈江县指导抗震救灾工作。州委书记赵金第一时间率州委、州政府和德宏驻军工作组赶赴盈江，成立州、县应急救援指挥部指挥救灾工作。州长孟必光及其他州级领导各负责一个工作小组，保证工作快速、高效运转。震后15分钟，盈江县委、人大、政府、政协、纪委等领导、县直部门相关负责人赶到县应急指挥部，召开紧急会议，按照“1·1”、“1·2”地震制定的应急预案，启动一级响应预案。

【国务院抗震救灾工作指导组到盈江县指导抗震救灾工作】 2011年3月11日下午13时30分，国家民政部副部长姜力率国务院抗震救灾工作指导组到盈江县指导抗震救灾工作。姜副部长听取了省委常委、省纪委书记李汉柏及州委、州政府关于盈江“3·10”地震应急救灾工作情况汇报，国家发改委、财政部、教育部、交通部、卫生部、国家地震局、省民政厅、南方电网公司领导发言后，对抗震救灾工作提出指导意见。一是尽快发放救灾补助资金，发放标准尽可能按现有政策给予满足，“三无人员”每人每天10元补助，补助3个月，尽快发放到受灾群众手中，尽快恢复生产生活。二是继续开展排查工作，尤其对流动人口、受灾人口、险情、倒损房屋情况进行排查，做到流动人口底数清，加快排查险情，及时排除险情。三是对受损房屋进行排查，及时核实上报。四是做好伤员救治和遇难人员善后处理及家属抚慰工作。五是抓紧组织好学生的复课工作。六是尽快组织恢复社会的正常生产生活秩序。七是尽快组织恢复重建，坚持规划先行，民居、公共设施要符合防震要求，各部门要根据盈江灾情及时研究帮助支持相关工作。民政部、财政部及时安排应急救灾资金5500万元(受灾人员紧急转移安置资金1800万元，“三无人员”过渡性生活补助3700万元)，因灾遇难人员家属抚恤金12.5万元。民政部紧急调运帐篷5000顶，棉被1万床，棉衣1万件，彩条布62吨。

【国务院总理温家宝到盈江县指导抗震救灾工作】 2011年3月18日，中共中央政治局常委、国务院总理温家宝，中共中央政治局委员、国务院副总理回良玉在云南省委书记、省人大常委会主任白恩培，省委副书记、省长秦光荣，省委副书记李纪恒陪同下，深入盈江县平原镇岗勐小学、拉勐村民小组，弄璋镇贺哈、允冒村民小组，大盈江堤、县人民医院查看灾情。温总理一行慰问了受灾群众和抢险救灾军地人员，并在盈江抗震救灾指挥部帐篷会议室主持召开了情况汇报会。会议听取了情况汇报，研究部署了抗震救灾和恢复重建工作。温总理指出，盈江地震救灾工作反应快捷、指挥有力、工作有序、成效突出。下一步抗震救灾要做好五项重点工作：第一，进一步安排好受灾群众生活，确保每一个人有吃有住。搞好灾区卫生防疫，确保大灾后无大疫。保证灾区市场供应和物价稳定。第二，认真处置地震带来的灾害隐患。深入抗震危房排查，全面检查基础设施受损情况，及时发现并排除隐患。严密防范次生地质灾害，切时加强对隐患点的监测。第三，尽快恢复正常生产生活秩序，使医院、银行、派出所等公共服务设施尽快运转起来。组织力量帮助农民收割甘蔗，搞好运输。第四，科学规划和安排灾后恢复重建。尽快组织灾害评估，编制灾后恢复重建方案。科学确定建筑抗震设防标准，严格建筑技术规范，确保安全。重点帮助城乡居民建设住房。要把学校和医院建成最安全、最牢固、群众最放心的建筑。第五，加强对灾区恢复重建的支持。对抗震救灾资金物资的管理要做到公开透明，接受社会监督。回良玉副总理指出，盈江抗震救灾工作已取得重大阶段性成果。要充分认识到恢复重建工作的复杂性，结合民族地区、贫困地区、西部地区的实际，制定科学合理的重建规划，把中央各项方针政策落到实处。国务院有关部委领导张平、袁贵仁、谢旭人、姜伟新、张茅、谢伏瞻、邱小雄、项兆伦、姜力、田学斌、陈建民，省领导杨应楠、孟苏铁、孔垂柱、丁绍祥等陪同视察并出席汇报会。

【盈江县荣获“国家绿色能源示范县”】 2011年7月9日，在全国农村能源工作会议暨国家绿色能源示范县授牌仪式上，盈江县正式获得国家能源局、财政部、农业部3部局联合授牌，成为云南省“国家绿色能源示范县”之一，这是盈江县首次在新能源开发利用方面获得的国家级称号。多年来，盈江县始终坚持生态文明发展战略，通过大力实施植树造林、封山育林、退耕还林，小域治理、水电农村电气化、以电代柴、小水电代燃和节能减排等措施，切实加强生态环境建设与保护力度。至上年末，盈江县森林覆盖率达73.85%，新能源和可再生能源占能源消耗比例的79%。

【弄璋糖厂日处理甘蔗7000吨技改扩建项目安全过关】 2011年10月8日，德宏英茂糖业有限公司弄璋糖厂日处理甘蔗7000吨技改扩建项目顺利通过州安全生产监督管理局组织的安全预评价评审。这是盈江“3·10”地震后，德宏州工业企业灾后恢复重建第一个通过安全预评价的重点工程项目。盈江县弄璋糖厂始建于1966年，日处理甘蔗500吨；1985年改造后，日榨甘蔗1500吨；1996年技改扩建，日榨能力达到4500吨以上，成为德宏州经济支柱骨干企业。盈江“3·10”地震后，平原糖厂严重受损，影响10万亩甘蔗入榨和3万蔗农的经济收入。为保障蔗农经济收入，盈江县委、县政府决定投资1.85亿元，将平原糖厂撤并弄璋糖厂，并对其进行改扩建。扩建工程于7月19日开工，为把弄璋糖厂建成工艺先进、设备一流、节能环保的现代制糖企业，并确保项目工程12月底前顺利竣工试车并投入生产，德宏英茂糖业有限公司把安全设施与主体工程同时设计、同时施工，同时投入生产和使用，以从源头上保障安全，有效遏制安全生产事故发生。扩建后的弄璋糖厂，不仅提高了日处理能力，还能完成平原、弄璋糖厂蔗区17万亩的甘蔗入榨任务。

【盈江县荣获“翡翠毛料城”和“中国坚果之乡”殊荣】 2011年12月6日和17日，中国工商联金银珠宝业商会、中国特产之乡推荐暨宣传活动组委会在北京授予盈江县“中华翡翠毛料城”和“中国坚果之乡”两项殊荣。盈江县有珠宝玉石行业协会2个，会员9000多人，珠宝企业和经营户500余户，从业人员近万人，4家珠宝玉石企业在盈江建成玉石毛料公盘交易市场(玉石投标交易市场)，珠宝玉石成为县域经济支柱产业之一。年内，盈江县举办公盘交易会7次，成交额达2.5亿多元。同时，盈江县依托丰富的热区优势和旱地资源，实行区域化布局，发动农户在海拔600～1200米区域内种植澳洲坚果，大力发展坚果种植。至年末，坚果种植面积达11万亩，成为中国种植澳洲坚果面积最大的区域。带动德宏州种植17万亩，占全国种植面积的70%以上，目前投产6万亩，产量2万吨，实现工农业总产值5亿元，13个乡镇83个村委会3万农户受益。

【恢复重建工作】 2011年，盈江县实施恢复重建民房2.98万户，其中拆除重建8979户，修复加固2.9万户。允冒、贺哈、拉勐统规统建点及其他23个统规自建点拆除重建1320户；五保人员入住敬老院安置供养350户。农村恢复重建每户补助3万元，城区居民每户补助3.5万元，五保户、特困户、优抚对象、重症残疾家庭每户增加补助8000元；城镇、农村居民户经修复加固每户补助2000元。重建户每户给予3年最高5万元贷款贴息补助。截止12月22日，县信用联社受理贴息贷款重建户家庭经济档案8649户，入户调查核实8627户，授信贴息贷款2.5亿元，发放贴息贷款5137户，金额1.91亿万元。

年内，上级安排民房恢复重建资金2.63亿元，截止12月20日，全县民房动工8237户，占总数的98.26%；基础工程完成7782户，占92.83%；主体工程完成4829户，占57.6%；瓦屋完成1805户，占21.53%；入住1106户，占13.19%。实施灾后重建项目学校22所、61个单体，总投资1.97亿元，资金到位1.91亿元；实施卫生基础设施重建项目9个，批复投资3687.62万元，资金到位3030万元。

领导干部名录

中共盈江县委

常　委　王明山

卫　岗(傣族)

杨荣凡

肖云轩(挂职，2011年3月止)

李　毅(挂职，2011年3月任)

谭丽昆(2011年5月止)

李智仁(2011年5月止)

沙政成（傣族，2011年5月止）
罗祥荣
何生兰（女，景颇族，2011年6月止）
杨朝友（2011年5月任）
管　斌（女，傣族，2011年5月任）
李漾湖（回族）
李林山（景颇族）
陈卫东
毛　晓（2011年6月任）
杨　华（2011年6月任）
喻国友（2011年3月任）
书　记　王明山
副书记　卫　岗（傣族）
杨荣凡
肖云轩（挂职，2011年3月止）
李　毅（挂职，2011年3月任）

盈江县人大常委会

主　任　郑光永（傈僳族）
副主任　孟成武（傣族）
寸待能
余　梅（女，傈僳族）
杨立祥（傣族）
副调研员　李俊涛（傣族）
赵国洪

盈江县人民政府

县　长　卫　岗（傣族）
副县长　李智仁（2011年5月止）
沙政成（傣族，211年5月止）
毛　晓
罗祥荣（2011年5月任）
喻国友（2011年3月任）
赵冬梅（女，傣族）
张宏生（2011年3月止）
尚腊边（景颇族）
张　明（2011年3月任）
李红彦（挂职，2011年3月止）
赵泽宽（挂职）
副调研员　侯佰楼
陈春刚
王明显
尹以品（傣族）

盈江县政协

主　席　王振泽
副主席　管国林（傣族）
杨恩宏
武剑军（景颇族）
尹庆丰（景颇族，2011年1月任）
何生兰（女，景颇族，2011年7月任）
副调研员　景跃章（傣族）
秘书长　杨新强（傣族）

中共盈江县纪委

书　记　谭丽昆（2011年5月止）
杨朝友（2011年5月任）
副书记　龚健蓉（女，傣族，2011年1月止）
早来春（傈僳族）
姜加刘（傣族，2011年1月任）
谢　波

盈江县人武部

部　长　邝云亮（2011年3月止）
胡成斌（2011年3月任）
政　委　陈卫东

边防大队

大队长　徐永春（2011年3月止）
牛长江（2011年3月任）
政　委　宁玉文

盈江县人民法院

院　长　夏少华（白族，2011年1月任）

盈江县人民检察院

检察长　牛晓东（2011年1月任）

（《盈江县》撰稿　李加强）

盈江县乡镇概况一览表

单位：（米、千米、平方千米、亩、个、户、人、%、‰、人/千米、万元、吨、头、张）

内容＼乡镇	平原镇	太平镇	弄璋镇	旧城镇	新城乡	油松岭乡
地理位置	中　部	西　南	南	东	东　北	东
政府驻地	县城小平原	太平街	弄璋街	旧城街	新城街	油松岭街
海　拔	826	810	810	850	850	1960
距县城距离	0	12	19	19	36	50
土地面积	386.13	419.03	329.31	133.3	290.05	83.34
耕地面积	61015	61606	99101	27429	54689	11679

续 表

内容 \ 乡镇			平原镇	太平镇	弄璋镇	旧城镇	新城乡	油松岭乡
其中	水田		43386	37244	79571	21965	22938	8967
	旱地		17629	24362	19530	5464	31751	2712
	人均耕地		1.05	2.12	2.06	1.25	2.86	0.80
行政区划	村(居)委会		18	11	15	6	8	4
	自然村		136	97	167	64	65	22
	村民小组		161	109	190	104	83	71
人口民族	总户数		17191	7482	11757	5249	4599	3376
	总人口		58291	29043	48156	22022	19138	14546
	其中	汉族	25493	10278	16303	7176	5352	13532
		傣族	22550	12057	25688	13049	10844	123
		景颇族	6588	5429	3267	958	2302	392
		阿昌族	164	75	427	218	97	55
		傈僳族	2082	928	1771	350	216	398
		德昂族	34	3	3	100	264	4
	人口出生率		8.13	4.92	14.18	14.16	14.42	16.00
	自然增长率		7.29	11.25	10.42	9.0	9.06	11.14
	人口密度		150	69	146	165	65	175
经济收入	总收入		27339	25828	35485	17868	15576	6591
	纯收入		18779	15312	24682	12240	10062	4209
	人均纯收入		5912	6124	5958	6106	5654	3043
	总支出							
农业产值	总产值							
	增加值							
	其中	种植业						
		林业						
		畜牧业						
		渔业						
		服务业						
农作物总面积			163263	147165	207559	77855	93978	35842
其中	甘蔗		48095	33463	51550	15287	25023	3432

续 表

内容 \ 乡镇			平原镇	太平镇	弄璋镇	旧城镇	新城乡	油松岭乡
其中		粮 食	88367	82279	115696	47710	55337	21934
		茶 叶	2254	3421	540	102	2519	18295
		油 料	3604	6013	4000	1200	1191	300
		水 果	791	2077	143	128	399	0
农作物总产量								
其中		甘 蔗	248485	164329	271404	74065	107167	22303
		粮 食	25133	27957	39539	17455	19268	6051
		茶 叶	115	123	6	4	726	412
		油 料	2000	5550	2800	1210	810	300
		水 果	6984	6242	16262	1150	297	0
畜牧		牛存栏	6915	5117	5796	1861	3577	2878
		猪存栏	21959	19402	39174	13444	11760	7219
		羊存栏	3195	498	750	1484	2656	1648
教育	中学	中学在校学生	3174	1339	1554	945	870	366
		教职工人数	215	90	89	63	46	25
	小学	小学在校学生	5931	2410	3614	1664	1370	934
		教职工人数	464	173	204	126	100	50
其中		医务人员	23	21	25	28	10	8
		病 床	30	27	30	30	15	10
		卫生室	14	11	15	6	8	4
		乡村医生	34	21	28	13	15	12
文化		文化站	1	1	1	1	1	1
领导干部		乡(镇)党委书记	杨晓梅(女)	寸守在	赵崇兴	张定刚(2011年1月任	许庆龙	黄永助
		乡(镇)政府乡(镇)长	思治荣(傣族)	项仕保(傣族,2011年3月任)	金老芒(傣族,2011年3月任)	孟永政(傣族,2011年3月任)	孟成琨(傣族)	催铭(2011年3月任)
		乡(镇)人大主席	杨兰强	孟老楠(傣族,2011年4月止)刀汉威(2011年11月任)	金老芒(傣族,2011年3月止)金小烈(傣族,2011年3月任)	左太庚	张为民(景颇族,2011年11月止)孙金荣(景颇族,2011年11月任)	栋明辉(傈僳族)

盈江县乡镇概况一览表

单位:(米、公里、平方公里、亩、个、户、人、%、‰、人/公里、万元、吨、头、张)

内容 \ 乡镇			芒章乡	盏西镇	支那乡	苏典乡	勐弄乡	卡场镇
地理位置			东 北	北	北	北	西 北	西 北
政府驻地			芒章街	关上街	芒棒	大寨	勐弄街	盆代洋
海 拔			1010	1000	1030	1700	1800	1200
距县城距离			66	79	94	42	32	53
土地面积			260.63	351.41	374.37	466.22	228.12	347.12
耕地面积			31578	53588	28858	11376	18299	12050
其中	水 田		9478	26279	8982	5659	7932	5750
	旱 地		22100	27309	19876	5717	10367	6300
	人均耕地		2.53	2.22	1.99	1.43	1.8	1.43
行政区划	村委会		6	8	5	4	3	5
	自然村		39	67	56	35	22	33
	村民小组		59	101	60	49	52	35
人口民族	总户数		3056	5543	3599	2079	2426	2036
	总人口		12457	24190	14504	7982	10184	8456
	其中	汉 族	2983	4709	1170	2110	8599	1685
		傣 族	3550	11294	6372	25	67	14
		景颇族	5519	5750	5236	270	344	4447
		阿昌族	14	16	3	4	0	3
		傈僳族	372	2324	1700	5565	1141	2302
		德昂族	0	1	0	0	6	0
	人口出生率		11.17	11.96	8.92	9.65	15.09	6.45
	自然增长率		6.08	6.86	3.98	4.43	12.03	2.47
	人口密度		48	69	39	17	45	24
经济收入	总收入		4820	13906	5182	4002	4325	3147
	纯收入		3060	9181	3458	1435	2814	2196
	人均纯收入		2689	4094	2623	2010	2997	2678
	总支出							

续表

内容＼乡镇			芒章乡	盏西镇	支那乡	苏典乡	勐弄乡	卡场镇
农业产值	总产值							
	增加值							
	其中	种植业						
		林业						
		畜牧业						
		渔业						
		服务业						
农作物总面积			39684	93911	62470	36725	34179	41388
其中	甘蔗		9833	16657	9539	0	0	0
	粮食		17613	46508	25407	14714	23162	21250
	茶叶		11152	3718	5711	2414	10407	10764
	油料		2057	7100	5211	3960	2560	2000
	水果		0	1260	0	453	160	252
农作物总产量								
其中	甘蔗		39332	74123	38460	0	0	0
	粮食		2690	12441	5447	3683	5539	2853
	茶叶		88	139	2	39	165	289
	油料		1630	6810	2740	2874	2210	820
	水果		0	0	0	0	0	0
畜牧	牛存栏		3584	6329	5218	7696	5642	3774
	猪存栏		5842	11126	8879	5187	5418	5012
	羊存栏		1037	4526	1356	5894	486	1191
教育	中学	中学在校学生	588	952	791	248	408	490
		教职工人数	34	52	32	21	23	19
	小学	小学在校学生	998	1927	1356	744	896	984
		教职工人数	66	116	76	54	54	56
其中	医务人员		7	12	10	6	7	9
	病床		10	25	10	10	20	10
	卫生室		6	8	5	4	3	5
	乡村医生		10	8	9	5	8	5

续 表

<table>
<tr><td colspan="2">乡 镇
内 容</td><td>芒章乡</td><td>盏西镇</td><td>支那乡</td><td>苏典乡</td><td>勐弄乡</td><td>卡场镇</td></tr>
<tr><td>文化</td><td>文化站</td><td>1</td><td>1</td><td>1</td><td>1</td><td>1</td><td>1</td></tr>
<tr><td rowspan="3">领导干部</td><td>乡(镇)党委书记</td><td>黄永权</td><td>周 巍</td><td>赵明智(傣族)</td><td>谢金龙(傣族)</td><td>邵维常</td><td>尹有山(景颇族)</td></tr>
<tr><td>乡(镇)政府乡(镇)长</td><td>石洪文(景颇族，2011年3月任)</td><td>沙晓舟(傣族，2011年3月任)</td><td>陈立兴(2011年3月任)</td><td>早志灵(傈僳族)</td><td>闫信奇(2011年4月任)</td><td>武必锦(2011年3月任)</td></tr>
<tr><td>乡(镇)人大主席</td><td>尹兴志(阿昌族，2011年2月止)张顺益(2011年3月任)</td><td>石兵华(景颇族)</td><td>孙志华(景颇族)</td><td>曹兴光(傈僳族)</td><td>董礼明(2011年4月任)</td><td>曹金(傈僳族，2011年3月止)余生林(傈僳族，2011年3月任)</td></tr>
</table>

盈江县乡镇概况一览表

单位:(米、公里、平方公里、亩、个、户、人、%、‰、人/公里、万元、吨、头、张)

<table>
<tr><td colspan="3">乡 镇
内 容</td><td>昔马镇</td><td>铜壁关乡</td><td>那邦镇</td></tr>
<tr><td colspan="3">地理位置</td><td>西</td><td>西 南</td><td>西 南</td></tr>
<tr><td colspan="3">政府驻地</td><td>昔马街</td><td>嘎 独</td><td>那 邦</td></tr>
<tr><td colspan="3">海 拔</td><td>1660</td><td>1350</td><td>240</td></tr>
<tr><td colspan="3">距县城距离</td><td>53</td><td>46</td><td>92</td></tr>
<tr><td colspan="3">土地面积</td><td>299.2</td><td>314.41</td><td>87.35</td></tr>
<tr><td colspan="3">耕地面积</td><td>20745</td><td>15473</td><td>1812</td></tr>
<tr><td rowspan="3">其中</td><td colspan="2">水 田</td><td>8275</td><td>6123</td><td>781</td></tr>
<tr><td colspan="2">旱 地</td><td>12470</td><td>9350</td><td>1031</td></tr>
<tr><td colspan="2">人均耕地</td><td>1.71</td><td>2.37</td><td>1.14</td></tr>
<tr><td rowspan="3">行政区划</td><td colspan="2">村委会</td><td>3</td><td>4</td><td>3</td></tr>
<tr><td colspan="2">自然村</td><td>23</td><td>31</td><td>9</td></tr>
<tr><td colspan="2">村民小组</td><td>37</td><td>31</td><td>9</td></tr>
<tr><td rowspan="5">人口民族</td><td colspan="2">总户数</td><td>2765</td><td>1729</td><td>417</td></tr>
<tr><td colspan="2">总人口</td><td>12110</td><td>6530</td><td>1587</td></tr>
<tr><td rowspan="3">其中</td><td>汉 族</td><td>10456</td><td>2123</td><td>1281</td></tr>
<tr><td>傣 族</td><td>55</td><td>43</td><td>10</td></tr>
<tr><td>景颇族</td><td>469</td><td>4222</td><td>206</td></tr>
</table>

续表

内容 \ 乡镇			昔马镇	铜壁关乡	那邦镇
人口民族	其中	阿昌族	5	4	0
		傈僳族	1084	106	206
		德昂族	1	5	0
	人口出生率		12.09	11.00	15.70
	自然增长率		7	5.12	13.45
	人口密度		40	21	18
经济收入	总收入		3729	3011	1168
	纯收入		2502	2229	682
	人均纯收入		2837	3616	4260
	总支出				
农业产值	总产值				
	增加值				
	其中	种植业			
		林　业			
		畜牧业			
		渔　业			
		服务业			
农作物总面积			44187	48603	2455
其中	甘　蔗		0	2750	10
	粮　食		28646	15473	1529
	茶　叶		8605	6563	0
	油　料		3000	2610	0
	水　果		105	85	1004
农作物总产量					
其中	甘　蔗		0	11000	56
	粮　食		5495	3156	385
	茶　叶		106	63	0
	油　料		2104	2580	0
	水　果		0	0	0

续表

内容 \ 乡镇			昔马镇	铜壁关乡	那邦镇
畜牧	牛存栏		3066	3388	578
	猪存栏		4286	5396	718
	羊存栏		2168	0	34
教育	中学	中学在校学生	756	275	0
		教职工人数	54	16	0
	小学	小学在校学生	1246	662	121
		教职工人数	77	41	15
其中	医务人员		6	7	7
	病床		20	10	10
	卫生室		3	4	3
	乡村医生		4	6	3
文化	文化站		1	1	1
领导干部	乡(镇)党委书记		余星达(傈僳族)	段其含	尹庆丰(景颇族，2011年2月止)王继伟(2011年2月任)
	乡(镇)政府乡(镇)长		王继伟(2011年2月止)尹兴志(阿昌族，2011年3月任)	孙体龙(景颇族)	侯华(女，傣族，2011年11月任)
	乡(镇)人大主席		段　涛(傈僳族，2011年3月任)	李成铭(景颇族)	王忠华(景颇族)

(备注：此表总户数、总人口、人口民族为户籍数字)

(李加强)

梁河县

地　　理

【县　境】　梁河县地处云南省西部横断山脉西南端、高黎贡山西麓坡阶地中的峡谷地带，位于德宏州东北部，介于东经98°06′~98°31′、北纬24°31′~24°58′之间。东北与腾冲县接壤，东南与龙陵县交界，南与芒市、陇川县毗连，西与盈江县为邻。县城遮岛距省会昆明690千米；距州府芒市城区，经潞盈公路114千米(经腾龙线160千米)。梁河县属半山半坝县，全境有中山、低山、火山锥、台阶地、河谷平坝5种地貌类型。入境的大盈江、龙江将全县分割为两山夹一坝，较大的坝子是遮岛坝、萝卜坝、勐养坝。境内地势由北向南渐低，最高点是北部的瘌痢山顶，海拔2672.8米，最低点是南部的勐养镇老芒东，海拔860米。县境南北纵距49千米，东西最大横距45千米，总面积1159平方千米，其中坝区面积144平方千米，占总面积的12.42%；山区、半山区面积1015平方千米，占87.58%。全县耕地面积为21.06万亩，森林覆盖率63.2%。境内有温泉17处(其中水温90℃以上的沸泉1处，80℃以上的4处，50℃以上的12处)，较大的温泉群有勐蚌温泉、热水塘温泉、丙赛温泉和龙窝寨温泉；有蓄积量较多的思茅松用材林；有药材类、芳香类、竹类等野生经济植物55科、101属、400多种；有锡、铁、硫、煤、铝、锌、铀等30多种矿产资源，其中锡和煤的储量较大。

【气 候】 梁河属南亚热带季风气候，其明显特点是：一、四季不分明，雨量充沛。历年平均气温为18.3° C，最热月平均气温为23.0° C，最冷月平均气温为11.0° C；历年平均年降雨量为1436.7毫米。二、立体气候明显。温度随海拔升高而减少，递减率平均为0.65° C /100米。三、冬季寒冷天数少，春夏秋季时间长。全年有11天左右的冬季，117天左右的夏季，237天左右的春秋季。四、日照时数长。年日照时数平均为2314.9小时，年平均积温为6679.5° C。五、农业灾害性天气种类多。一年四季有干旱、洪涝、低温、大风、冰雹等灾害重叠交错出现。2011年，梁河县年平均气温18.6℃，极端最高气温33℃（9月12日），极端最低气温1℃（1月21日）；年降雨量1099.49毫米；全年日照时数2565.5小时。

【行政区划】 2011年，梁河县辖平山、小厂、大厂、河西、九保、曩宋6乡(后2个为阿昌族乡)，遮岛、芒东、勐养3镇，62个村委会、4个社区，390个自然村，674个村民小组。

【人口民族】 2011年末，梁河县总户数43271户，总人口15.46万人(常驻人口)。其中：城镇人口3.82万人，乡村人口11.64人。人口出生率14.5‰，死亡率7.61‰，自然增长率6.89‰，人口密度每平方千米133.4人。有少数民族人口57347人，占全县总人口的34.41%；其中：傣族36829人，占总人口22.1%；阿昌族13969人，占8.4%；景颇族2138人，占1.3%；傈僳族1554人，占0.9%；德昂族855人，占0.5%；佤族860人，占0.5%。

历 史

【简 史】 梁河，古名南宋，又名南甸，傣名勐底。西汉时属益州郡不韦县，东汉时属永昌郡哀牢县。从元置南甸军民总管府起，开始成为一个独立的政区。明设南甸宣抚司。清袭明制。民国时期土流并治，先后设置八撮县佐和梁河设治局。从元朝至元二十六年(1289年)设军民总管府至1950年，南甸土司历史长达661年。1950年5月，梁河解放。1952年始设为县。1958年10月22日，国务院批准撤销梁河县，并入腾冲县。1961年4月15日，国务院批准恢复梁河县建置。全县辖7区、1镇、61个乡。1969年4月，改区乡为公社、大队，全县辖7个公社、43个大队。1984年设区建乡体制改革结束后，全县辖1个区级镇、9个区，9个乡级镇、52个乡(含7个民族乡)、2个办事处。1988年1月，撤区建乡体制改革结束后，全县辖9乡(含2个民族乡)、1镇、61个行政村(含7个民族行政村)、2个办事处。2000年，村级体制改革结束后，全县有63个行政村、办事处改为63个村民委员会。2002年，勐养、芒东2个乡撤乡设镇。2004年1月，遮岛镇撤销下属的遮岛村，成立团结、勐底、振兴和南甸4个社区。2005年11月，实施撤并乡镇工作，杞木寨乡被撤销，分别并入芒东镇和遮岛镇。至此，全县所辖6乡3镇62个村民委员会和4个社区。

社 会

【经济简述】 2011年，梁河县完成地区生产总值12.05亿元，比上年增11.5%；其中：第一产业完成3.65亿元，比上年增7.2%；第二产业完成3.74亿元，比上年增17.6%；第三产业完成4.66亿元，比上年增11%。完成人均生产总值7803元，比上年增24%；完成工业总产值7.82亿元，比上年增32.5%；完成工业增加值26848万元，增17.6%；完成社会消费品零售总额3.63亿元。

【固定资产投资】 2011年，梁河县完成固定资产投资总额126204万元，比上年增28.2%；其中：500万元以上项目36个，总投资额69133万元。在固定资产投资中：城镇投资78548万元，比上年增1.3%；农村投资19576万元，增3.1倍；房地产投资8945万元，增25.1%；农村私人投资19135万元，增112.2%。完成房屋施工面积496412平方米，比上年增42.5%；完成新增固定资产额125771万元，增2.5倍。

【农 业】 2011年，梁河县农作物总播种面积35.34万亩，比上年增4.31%。其中：小春粮豆播种面积4.57万亩，比上年增21.3%；总产量0.92万吨，增48.6%。大春粮豆播种面积15.55万亩，增1.9%；总产量4.83万吨，增2.6%。油料作物面积2.75万亩，减6.7%；总产量2.8万吨，增35%。甘蔗面积6.6万亩，增4.3%；总产量28.19万吨，增0.2%。烟草面积7131亩，烟叶总产量882.1吨，烟叶总产值1285.18万元，实现烟叶税282.74万元。蔬菜(含菜用瓜)

面积1.72万亩，增1.4%；总产量1.36万吨，增11.3%。西瓜面积0.84万亩，增8.9%；总产量1.19万吨，减5.8%；其他农作物面积1.78万亩，增8.8%；总产量1.24万吨，增5.9%。茶叶面积5.2万亩，增0.45%；总产量1973吨，增14.3%。冬水田养殖面积3000亩，池塘养鱼面积3100亩，鱼病防治2800亩，养殖名优鱼类南甸挑手鱼示范面积1650亩，稻田养鱼面积34000亩。水产品产量0.3万吨，比上年增30%。

全年全县农业部门以农民增收、财税增长为目标，稳步推进各项工作：一、农业机械化水平持续提升。全县拥有农机总动力12017万瓦特，拥有拖拉机3025台，其中大中型拖拉机1982台，小型拖拉机1043台；组织协调大型拖拉机40台、小型拖拉机156台投入耕作，保证了冬季农业生产顺利进行；推广小型开沟机4台，开沟覆盖种植马铃薯266亩，示范推广机械插秧面积4亩。完成机耕面积8.2万亩，机械植保面积19.7万亩，机收面积2.04万亩，机械化秸秆还田1.6万亩。二、农业安全生产进一步得到落实。全县累计有在册拖拉机驾驶员4252人，其中持G证2667人，持H证1251人，持K证334人；审批新训拖拉机驾驶员3期，考试合格发证111人，合格率100%；技术审验拖拉机1133台，已检拖拉机保险购买率100%；组织召开农机安全生产相关会议33场次，开展联合检查3次，展出展板72块次，发放宣传材料3597份；与州农机监理所签订农机安全生产责任书1份，与乡镇农业技术综合服务中心签订农机安全生产考核责任书9份，与农业机械所有者和使用者签订农机安全生产责任书1780份。三、农村经济管理进一步完善。全县已完成会计委托代理工作。有农村土地流转农户4413户，流转总面积1.19万亩；签订流转合同452份，流转面积0.44万亩。四、乡镇企业不断壮大发展。全县乡镇企业共纳入统计3412户，有从业人员8915人，完成增加值17976万元，实现总产值78687万元，出口交货值2万元，营业收入94492万元，实现利润总额5935万元，上缴税金3617万元，劳动者报酬7485万元。乡镇企业总产值按国民经济行业分：农林牧渔业1720万元，工业44498万元，建筑业5456万元，交通运输仓储业2546万元，批发零售业11364元，住宿及餐饮业6707万元，居民服务、其他服务和娱乐业6103万元，其他293万元。五、农业科技培训成效明显。累计开展各类现场培训会116场次，培训农民3.03万人次。建立粮油作物核心示范样板0.6万亩；开展低产茶园改造4300亩；建立50亩以上集中连片高优生态示范样板茶园基地21个，示范面积5800亩；有机茶园示范基地认证面积5850亩。推广茶叶修剪机械105台，实施机械修剪3.5万亩。六、服务“三农”工作。农业110服务平台全年共接到咨询服务电话5680条次，接待来人咨询2810次，回复网上信访5件，开展下乡主动服务1989次、服务42093人，农业专家组为群众解决疑难问题628件次。三网(即梁河农业信息网，农业局政府公开网和数字乡村网)共审核发布信息3953条，上级采用信息1464条，总访问量11.93万次，独立IP访问量9.29万次，全年在全省130个县市(含畹町)中，综合排名40名。采用短信的方式向农民、种养大户、涉农企业人员等用户发布各类农业信息202条，服务农民群众62060人。加强“数字乡村”网站管理。共填写数据报表388套，累计发布信息17.53万条，图片4116张，视频88个。七、农村专业合作组织不断发展。截至12月末，全县农民专业合作社发展到72个，会员1611人，注册资金7226.8万元。其中：种植专业合作社32个，林业专业合作社2个，畜牧专业合作社32个，渔业专业合作社2个，农产品加工专业合作社2个，其他2个。八、农业生产安全措施进一步完善。全县病虫草鼠发生面积69.83万亩次，防治75.97万亩次；农业灾害主要有洪涝、风暴、低温冷害等，农作物受灾面积2.2万亩，粮食损失1.5万吨，糖料损失0.6万吨，蔬菜损失0.2万吨，经济损失196.7万元。全县开展水稻保险6万亩，参保农户23432户，因灾赔付560亩，赔付金额4.7万元。九、基础设施建设力度进一步加大。年内，全县农业有害生物预警和控制区域站项目开工建设，项目总投资306万元，年末完成主体工程建设。实施巩固退耕还林基本口粮田建设项目，面积1200亩，项目补助资金72万元。完成5个乡村沼气服务网点建设，投入资金25万元(其中中央资金22.5万元)。在遮岛镇吉祥村新建改建蔬菜大棚45座，面积10708平方米，总投资58.56万元(其中项目补助资金50万元，农户自筹8.56万元)。十、各项惠农政策得到落实。完成农民补贴资金发放989.47万元，其中购机补贴资金总额140万元，确定享受补贴农户671户，享受项目补贴农机具共682台；投入系统支农资金746万元。十一、农业执法。共检查县域内农资经营网点173个，出动执法人员262

人次，检查农资市场53个，出动执法车辆79辆次，发放宣传资料2030份，办案17起，发放责令整改通知书9份，查处违法农资案件270件18.1吨；开展渔政执法45次，出动执法人员95人次，收缴非法渔具27台(套)，并进行公开销毁；对全县58个蔬菜品种进行检测693批次，合格668批次，合格率占96.4%。

【畜牧业】 2011年，梁河县完成肉奶蛋类总产量9454.2吨，其中奶类产量100吨，比上年增58.7%；禽蛋产量298吨，增12%；肉类产量605吨，增11.6%。完成畜牧业总产值1.5亿元。年内，大牲畜存栏26250头(匹)，其中黄牛存栏9882头、水牛存栏11726头、马存栏159匹、驴存栏768匹、骡存栏3692匹，生猪存栏115324头(其中能繁母猪13651头，当年产仔猪186543头)，山羊存栏7084只，家禽存栏279177只，兔存栏100只。大牲畜出栏5795头匹，其中黄牛出栏2962头、水牛出栏2456头、马出栏5匹、驴出栏78匹、骡出栏294匹，肥猪出栏85526头、出售仔猪142099头，山羊出栏4584只，家禽出栏407205只，兔出栏289只。

年内，县畜牧兽医部门主要完成了以下工作：一、畜牧技术推广。争取中央现代农业肉牛产业项目资金200万元，生猪标准化建设资金60万元，“百村万头”奶水牛养殖小区建设资金60万元，人工种草资金10万元，生猪养殖示范基地经费10万元，重大疫病防控经费10万元。扶持建设6个生猪标准化规模养猪场，6个“百村万头”奶水牛规模养殖场和1个山羊规模养殖场。至年末，全县累计建设生猪标准化规模养殖场25个，奶水牛规模养殖场14个，奶水牛标准养殖小区2个，山羊规模养殖场1个。推广人工种草10016亩，推广青贮饲料6010吨，水黄牛人工授精506窝，当年产杂交牛194头，生猪杂交改良24205窝，举办科技培训121期，培训10000人次。二、防疫工作。完成高致病性禽流感免疫492370只；牲畜口蹄疫免疫274277头(只)，其中牛免疫42313头，猪免疫218163头，羊免疫13802只；高致病性猪蓝耳病免疫215214头，猪瘟免疫246507头，鸡新城疫免疫520757只，狂犬病免疫4325只；猪肺疫免疫69184头，仔猪副伤寒免疫2406头，牛出败免疫8280头，牛气肿疽免疫579头，禽霍乱免疫153164只。三、动物卫生监督执法。实施产地检疫生猪7206头，牛羊6760头(只)，禽类21520只，检出病畜禽193头(只)；屠宰检疫生猪16716头，牛羊1537头(只)，禽类32849只，检出病害动物类23头(只)；交易市场监督检疫畜类37629头，禽类61840只，动物产品2865.5吨。对交易市场、生猪定点屠宰场和养殖场消毒13次，消毒面积16万平方米。与26个兽药饲料经营户签订严禁使用“瘦肉精”承诺书，“瘦肉精”检测68头，全部为阴性。重大节日、重大活动期间与相关部门联合执法检查，共检查畜产品交易市场、屠宰场44次，查出病害猪13头(1235千克)，依法进行销毁深埋处理。整顿和规范兽药及涉牧经营市场监督执法检查168次，共处理违法行为3次，处理违法案件2起。全年办理动物防疫合格证9份，兽药经营许可证15份，开展法律宣传活动14次，发放宣传资料1.8万份，开展业务培训11期，培训346人次。四、能繁母猪补贴与保险。能繁母猪补贴10943头，共兑现补贴资金109.43万元。参保8759头，每头母猪投保费60元(其中各级财政承担48元，养殖户承担12元)，收取保费52.554万元。全年投保母猪属保险范围内死亡697头，理赔62万元。五、畜牧养殖贷款贴息使用。年内，州级安排贴息资金15万元，全县安排39户养殖户，发放畜牧贷款140万元，贴息18.798万元(上年结余3.798万元)。

【林 业】 2011年，梁河县林业部门主要完成以下几方面工作：一是营林工作。全县完成特色林产业种植5.16万亩，完成年任务数5万亩的103%。其中：竹子10032亩，完成年任务数1万亩的100.3%；核桃20277万亩，完成年任务数2万亩的101%；油茶21245亩(其中示范基地完成4212亩，普通基地17033亩)，完成年任务数2万亩的106%。完成西南桦零星造林956亩；完成白花油茶老茶园改造5252亩；完成中低产林改造7万亩，占任务数的100%；完成巩固退耕还林荒山荒地造林4300亩。二是森林资源保护工作。下达林木采伐指标10万立方米，办理商品材采伐蓄积量6.24万立方米；审核上报省林业厅各类工程征占用林地3起，面积3.65公顷。经省林业厅审核批准建设项目2个；建成了小厂乡森林资源管护站(已竣工投入使用)；查处林政案件22起，其中超出木材运输许可证运输木材20起，滥伐林木1起，无木材运输许可证运输木材1起，查处率达100%，行政处罚22人次，收缴木材88.924立方米，收缴木材变价款7.435万元。三是森林公安工作。紧紧围绕保护森林资源和野生动植物、维护林区治安稳定的中心工作，组织开展了“春季攻势”、“亮剑”、“利剑”、“集中打击整治毒品违法犯罪”等专项行动，全年共受理各类案件282起，查处282起，比上年增91.84%。其中：立各类刑事案件20起，破20起，降28.58%；立各类林政案件261起，查处261起，增119.33%。四是森林防火工作。出动宣传车辆120车次，人员480人次，大力宣传森林防火法律法规，发放森林防火宣传单2万份；组建季节性扑火队24支600人(其中季节性专业扑火队2支35人，半专业扑火队2支51人，义务扑火队20支514人)，投入防火资金75.5万元，签订森林防火责任书26995份，设立防火检查站8个40人，在重点林区和要害部位蹲点检查登记入山人员1000人次；核实卫星热点3个，全年无森林火灾发生。五是农村能源建设工作。年内，新建沼气池240户，占任务数的120%；完成节柴改灶430户，占215%；推广农村太阳能热水器20户，占100%。六是森林分类经营工作。管护公益林32.39万亩，其中国家级公益林24.07万亩，省级公益林8.32万亩。兑现2011年度国家级公益林补偿资金129.47万元，省级公益林补偿资金41.61万元。完成国家级和省级公益林森林生态效益补偿县级实施方案修编工作。七是野生动植物保护管理工作。认真做好上年度野生动物肇事损失评估、申报工作，争取省厅野生动物肇事补偿试点资金10.92万元，用于试点小厂乡勐竜村、大厂乡大生基村和芒东镇杞木寨村、平坝村、清平村的野生动物肇事补偿工作，补偿资金13.07万元；认真做好上年度野生动物肇事补偿工作，发放补偿资金48.65万元；开展了爱鸟周活动，坚持野生动物疫病疫情监测日报告制度，全年没有发现陆生野生动物疫源疫病疫情；努力做好禽流感防控工作。八是林业有害生物防治检疫工作。设立松材线虫病、松毛虫等林业有害生物监测点37个，重点对县域内的国家级、省级公益林进行监测。防治森林病虫害2.69万亩(其中病害0.63万亩，虫害1.98万亩)，林地薇甘菊发生0.04万亩，防治率100%，成灾率为0，并建立了薇甘菊除治示范点6个；开展“利剑2011”检疫执法专项行动。禁止从疫区调运松科植物入境，对调入的松科植物进行复检和跟踪监测，加强对苗木的检疫，对造林工程、城市绿化、花卉等场所进行专项整治，对电力部门调入的光缆木质包装进行复检和销毁处理；全年共检疫木材3.19万立方米、竹材572.6吨、药材17.49吨、活树13株，检疫种苗12.79万株。

【水　利】　2011年，梁河县重点开展了农村人畜饮水安全工作。投资453.63万元，完成农村饮水安全项目(第一批、第二批)共29件，解决9676人饮水困难问题；投资81.58万元，完成抗旱应急水源工程7件，解决3391人饮水困难问题；投资350万元，完成丛岗水库建设一期水库进场道路、电力架设和输水隧洞工程；箐头河水库小(一)型水库和小厂小河头小(一)型水库已完成可研上报审查，并获州发改委批复，现设计单位正在抓紧项目初设工作；投资52万元，完成五小水利工程46件，投工0.3万工日，渠道修复2.2千米，清淤渠道5.2千米，新建渡槽0.02千米，涵洞埋设0.5千米，改善灌溉面积0.125万亩；投资80万元，完成油竹坝水库干支渠渠道衬砌4千米；投资160万元，完成河西乡西沟干支渠防渗工程渠道衬砌3.28千米；投资198万元，完成邦读大沟渠道防渗工程5.5千米。中央财政小型农田水利建设已全面开工，截至当前已完成投资200万元；盈江“3·10”地震水利恢复重建工程年内到位资金370万元，其中投资150万元的南底河防冲坎工程现已完工；投资60万元的勐养江和南底河堤防加固工程正在做实施方案；投资160万元的人饮工程修复重建正在准备管材招标工作(计划年内开工建设，明年6月底以前全部完工)。

全年县水利部门主要开展了以下工作：一是加强水土保持工作。实施水土流失治理工程1件，治理水土流失面积0.5平方千米，完成工程投资120万元；组织完成勐养南庆河流域坡耕地综合治理工程的验收工作；户赛河小流域水土保持综合治理工程项目已由省发改委、省水利厅批复；审批开发建设项目水土保持方案4份。二是抗旱防汛工作。年内，组建登记造册抢险队伍10支，购置抢险救生设备，加大防汛物资储备投入，以应对随时可能发生的重要灾情。三是水电和移民工作。补发东风水库移民17人2010年第三季度移民后期扶持补助金2550元；发放河西乡中芒陇自然村文化活动室建设缺口资金补助3万元；完成移民后期扶持规划，计划总投资139.5万元(其中有17人后期扶持方式确定为现金直补到人，448人为项目扶持)；完成大中型水库后期扶持规划、移民安置区基础设施建设和经济发展规划，规划投资932.78万元(其中移民资金232.78万元，其他部门资金700万元)；完成葫芦口水电站建设征地移民安置验收。四是水政执法工作。利用“世界水日”和“中国水周”宣传活动共张贴大型标语15条、小标语200条、散发宣传资料6000余份，出动宣传车辆1辆，通过宣传加深了人民对水法规的认识。抓好水行政审批、收费、监督管理及执法工作。年内，办理取水许可证3套，收取水资源费115.62万元(其中电力水资源费36.06万元，其他79.56万元)。在水土保持监督执法方面，本年度共办理水土保持方案报告表4份，发放责令停止违法通知书12份，办理采砂许可证4套；建立了综合执法制度。五是水利工程改革工作。农村小型水利工程改革经过近3年的摸底调查，至年末，农村小型水利工程改革工作已基本完成，共纳入改革1031件，已发产权证1031件，计划年底进行州级验收。

【工　业】　2011年，梁河县实现工业总产值7.82亿元，比上年增32.5%。其中：规模以上工业企业完成总产值5.94亿元，比上年增31.9%；规模以下工业企业完成总产值1.88亿元，增25.3%。国有及500万元以上非国有工业企业完成主营业务收入58747万元，比上年增22.6%。完成工业增加值24652万元，比上年增16.1%；实现利税总额16142万元，增33.1%；利润总额10553万元，增42.7%。主要工业产品产量为：原煤11294吨，比上年增23.9%；食糖3.72万吨，降4%；发酵酒精3157千升，降0.5%；中成药231吨，降42.7%；精制茶77吨，增6.9%；硅产量9119吨，增68.2%；发电量4.7万千瓦小时，降3.1%；锡金属产量652吨，降7.1%；松香产量709吨，降3.4%；水泥产量17.86万吨，增35.9%。

【财税金融】　2011年，梁河县地方财政总收入完成17659万元，占年初预算14484万元的121.9%，比上年增40.2%。一般预算收入完成9628万元，占年初预算7781万元的123.7%，比上年增42.3%；其中：税收收入完成6927万元，占年初预算5526万元的125.4%，比上年增44.5%；非税收入完成2701万元，占年初预算2255万元的119.8%，增37%。基金预算收入完成3037万元，占年初预算243万元的1249.8%，为上年同期255万元的1191%。地方财政总支出完成84051万元，比上年增40.2%。一般预算支出完成79839万元，占年初预算的129.3%，比上年增支17558万元，增28.2%。一般公共服务支出完成6676万元，增4.7%；公共安全支出4089万元，增30.4%；教育支出14018万元，增18.7%；科学技术支出441万元，增58.1%；文化体育与传媒支出822万元，增48.6%；社会保障和就业支出15464万元，增45.5%；医疗卫生支出7364万元，为上年同期的95.75%；节能环保支出1368万元，增75.2%；农林水事务支出12873万元，增9.3%。基金预算支出4212万元，占年初预算的382.9%，为上年同期1288万元的327%。国税完成税收收入9212万元，比上年增2360万元，增34.44%；其中：增值税8150万元，比上年增1853万元，增23.98%；消费税70万元，增5万元，增7.69%；企业所得税456万元，增403万元，增760.38%；个人所得税5万元，减收6万元，降54.55%；车辆购置税531万元，增105万元，增24.65%。地税完成税费收入11190.5万元(首次突破亿元大关)，其中征收地方税收收入7001.2万元，比上年增收2320.4万元，增49.6%；征收规费收入4141.8万元，其中社会保险费3614.5万元，文化事业建设费5.3万元，地方教育附加201.3万元，代征工会经费320.7万元。年内，代征入库残疾人就业保障金47.5万元。金融机构各项存款余额186341万元，比年初增16.98%；各项贷款余额111506万元，比年初增9.34%；不良贷款余额8358万元，比年初减少2947万元，不良贷款占各项贷款的7.58%，比年初减3.58%。财产保险实现保费收入978万元，比上年增20%；累计支付各险种赔款496万元，增10%；其中：支付农业(三农)保险赔款876件，共计赔付金额64万元，有力地支持了梁河的农业发展、农民增收和农村稳定大业。上缴营业、城建、附加税收计48.9万元；代扣代缴车船税49.8万元。

【科技科协】　2011年，梁河县科技局科协主要开展了以下工作：一、科技工作。申报省科技厅科技计划项目7项，州科技科普计划项目8项(其中鼓励农业科技人员服务经济建设专项1项)，共获得国家、省、州立项项目13项，争取项目资金357万元。继续实施玉米高产创建项目，梁河县连续3年被列为省级玉米高产创建示范县，项目区涉及8个乡镇66个村委会，共完成玉米双百、双千、双万工程面积22688亩，涉及农户8623户，占全县大春玉米播种面积的41%；累计测产210个点，理论总产量15065.4吨，理论平均单产664千克，比非项目区平均单产370千克亩增产294千克，增44.2%。组织开展梁河县新型农民科技培训工程，以勐养镇棒良村为中心，开展农业生产技能和科技知识培训，建立科技示范种植基地1个，成立农村专业技术协会1个，开展新型农民科技培训3000人次，辐射全县开展新型农民科技培训7000人次。年内，完成知识产权专利申请9项。二、科普工作。申报国家科协项目2项，省科协科普计划项目3项；获国家科协项目支持的先进农村专业技术协会为平山乡茶叶技术协会，先进农村科普示范基地为梁河县三禾林业有限公司白花油茶种植科普示范基地。省科协科普惠农兴村计划项目“梁河县河西乡邦读村科普惠农兴村计划”以河西乡为试点，利用3年时间，开展科普兴边富民示范乡镇建设，完成培养党员科技致富带头人50名，科普示范重点户100户，培育农技协会2个，以邦读村为重点创建科普示范村1个，创建乡科普惠农服务站1个，建设10米以上党建科普画廊1个，创建党建科普示范基地2个，结合河西乡优势特色产业发展创建蔬菜栽培科普示范基地1个(50亩)，创建生猪标准化养殖科普示范基地1个，实施品种改良、疾病防疫、科学喂养等技术示范，计划年出栏生猪300头以上。举办各类科技培训50期，受训3000人次；开展青少年科技教育2次；更换科普宣传栏内容4次；完成科普示范村、科普惠农服务站、农技协会培训10期，受训300人次。深入开展文化科技卫生“三下乡”活动，展出科普知识展板10块，发放科普资料1000余份，悬挂科普标语1条。三、农函大工作。年内，招收农函大学员200人(其中农村党员42人)，开办水稻、玉米、茶叶3个专业的教学，组织2个教学班开展面授和现场实际操作指导4期，培训学员200人。

【教　育】　2011年，梁河县有各级各类学校82所(民办7所)，教职工1895人，在校生24190人。学龄儿童入学率99.35%，小学毛入学率113.84%；小学招生1860人，有毕业生2334人，小学毕业生县内升学率为95.41%。初中招生2227人，有毕业生2185人，初中毛入学率105.3%，巩固率95%，初中毕业生升学率46.6%。普通高中招生630人，有毕业生460人；职业高中招生58人，有毕业生105人；外县高中、中专、技工学校完成招生350人。年内，全县有2218人参加小学毕业水平测试，语数总分最高分196.8分，平均分146.21分，全科合格率67.96%；语文最高分99分，平均分78.84分(居全州第三名)，及格率90.94%；数学最高分100分，平均分67.44分(居全州第一名)，及格率69.34%。有1405人参加中考，最高分为672分，总平均分463.67分(居全州第二名)；中考成绩600分以上141人，占总人数的10.04%，比上年增0.81%；500分以上567人，占40.36%，增5.95%(居全州第二名)。有523人参加高考，总上线人数492人(含照顾分)，总上线率94.07%。其中：一本上线17人，二本上线112人，三本上线138人，上线率51.05%；一专上线81人，二专上线144人。

年内，县教育部门主要开展了以下几个方面工作：一、教育管理方面。对全县各中小学办学思路、管理水平、队伍建设、教研工作、教育质量等方面内容进行了督查考评。实施以“初中学生学业水平考试制度、初中学生综合素质评价制度、高中阶段招生制度”为主要内容的初中教育评价制度改革；推进“云南现代教育示范学校建设工程”创新学校教学管理模式，把遮岛中心小学、曩宋中学、曩宋育才小学、芒东中心小学、民族寄宿制学校5所学校纳入试点示范学校。制定了《开展学校校本教研工作实施方案》，印发《梁河县教学质量奖励办法》。春秋两学期共拨义务教育保障公用经费补助1039.15万元，贫困家庭寄宿制学生生活补助972万元，人口较少民族补助金58.53万元，职业中学国家助学金40.02万元，中等职业教育发展专项资金5万元，涉农专业及贫困学生免学费13.93万元。完成农村义务教育薄弱学校信息技术改造计划项目，投入资金249.4万元。举办中小学教育技术能力远程培训，受训262人次。举办各种技术培训班230期，培训33838人次。接来访信访件26件，答复26件，答复率100%，满意率100%。办理县人大代表和政协委员建议提案7件(其中县人大代表建议1件，政协委员提案6件)，代表委员对建议提案答复表示满意，满意率达100%。二、人才引进与培训方面。引进高校优秀大学生10名，录用新教师86名。完成65名教师资格证认定工作，有63人合格通过。推荐上报州中评委高职20名，中职140名，认定初级职务56名。分期、分批选送中小学校长、骨干教师、学科带头人、“双师型”教师到北京、南京、上海、香港、昆明、大理、西双版纳等省内外先进地区学习先进的办学理念和管理经验，共计100余人次。与云南师范大学联合开设2个成人本科班，共有157名教师参加了学历进修。全县小学专任教师学历达标率99%；

初中专任教师学历达标率99.1%。三、民族教育方面。在勐养、芒东少数民族聚居区开展傣语、景颇语等双语教学研究，在学前班和小学推行“双语”教学模式改革。四、勤工俭学方面。年内，开展养殖、种植项目的学校达28所，小学勤工俭学收入86.66万元，生均68.3元；初中勤工俭学收入50.42万元，生均76.8元；利用勤工俭学收益资金为学校增添实物成果30多项。五、基础设施建设方面。年内，投资5601万元，新建校舍30321平方米；接受社会各界捐资建校资金770万元，助学22.3万元。六、德育教育方面。开展了以“见义勇为”、“文明礼仪教育活动”、“社会主义核心价值教育”等的德育教育活动；组织实施“三生教育”工作；开展了禁毒防艾教育进课堂活动(每周一课时)。七、成长教育方面。年内，曩宋中学舞蹈社团孙自春老师受到州电台德宏之声记者的专题采访，并在德宏电视台第二视角栏目中播报；平山中学书法教育学校在云南省教育厅举办的云南省中小学生首届、第二届书法大赛中，获集体二等奖，有3名学生获一等奖，37名学生获二等奖，10名学生获三等奖；8月1日，在德宏州教育系统首届教职工暨第二届机关篮球运动会上，梁河县教职工女队获全州教职工女子组第一名，机关女队获全州教育局机关女子组第二名，机关男队获全州教育局机关男子组第三名，教职工男队获全州教职工男子组第五名；11月，在德宏州第二届残疾人运动会上，小厂中学两名学生获得5金2银的好成绩。年内，开展了安全知识进校园活动，共展出展板320块次，发放宣传材料1.62万册，受教育师生达2万余人次；开展各类应急演练221次，配备专职保安45名，兼职保卫107名，配备安保装备107套，安装视频监控系统27套(摄像头111个)。年内，有14所学校被县综治维稳委命名为平安校园(其中遮岛中心小学被评为省级平安校园)。平安保险投保学生2.2万人，投保率92%，缴纳保费154.6万元，获赔85.59万元。

【文体广电旅游】 2011年，梁河县有文化市场经营户82户，从业人员300余人。9月，经主管部门批准，挂牌成立了梁河县新闻出版局和梁河县文化市场综合行政执法大队。共开展文化市场专项检查和整治11次，收缴违法盗版音像制品1642张，盗版图书59本(其中淫秽图书46本)；查处违规无证经营网吧4户，黑电子游戏室1户，成功受理群众举报案件4起。年内，中央及省财政共补助全县“两馆一站”资金85万元。县文化馆送戏下乡9次(涉及2乡3镇)，参加人员450余人次，观众达2万余人次。县图书馆面向社会提供了两个政务公开平台：一是文化信息资源共享工程。9月20日，对芒东、河西、小厂3个乡镇12个村文化信息资源共享工程设备安装调式完毕。至此，梁河县文化共享工程基本完成，初步形成了1个县级支中心、9个乡镇基层服务点和5个村服务体系的建设。二是图书馆综合阅览室。已建成了由一个县支中心、9个乡镇基层服务点和66个村级基层服务点组成的文化信息资源共享工程服务网络。2月1日，梁河县图书馆所有服务窗口免费向公众开放，全年总流通14600人次、书刊文献外借24800册次，举办各类活动参加读者600人次；乡镇宣传文化站借书1600余人次，办相关培训7期，开展文体活动48场次，电子阅览室接待读者800余人次。9月26日，全县34个农家书屋建设工作全部完成。

年内，为陈其美、曹连赞、赵家祥、杨叶生申报州级传承人；4月，在省州文物部门的帮助指导下完成了考古发掘项目4项；6月，成功将梁河县申报为2011～2013年度“中国民间文化艺术之乡——梁河葫芦丝之乡”；完成了国家级非物质文化遗产名录和省级非物质文化遗产名录的数据库建设录入工作；完成了《遮帕麻和遮咪麻论文集》的改稿、校对、出版工作；调查、收集、整理文字资料5万字，录像资料8小时，录音资料4小时，照片200余张；举办4场次非物质文化遗产保护展示、展览活动；录制阿昌族传统音乐刻录光盘100张，并发放到阿昌族聚居的各村寨。文化遗产日当天免费开放南甸宣抚司署、李根源故居，发放文物保护知识、民族民间普查成果等相关材料1000多份，接待游客2500多人次。投资30万元，对南甸宣抚司署文物建筑群进行维修；投资10万元，对九保李根源故居进行维修；截至11月，梁河县内共有9个已公布的不可移动文物保护单位(其中南甸宣抚司署为全国重点文物保护单位，九保李根源故居为省级文物保护单位)。完成了全县第三次文物普查工作的普查报告汇编工作，编制出版普查报告30本。

年内，全县农民体育健身工程到位11个，完成目标任务数的100%；完成3个农村文化体育广场和2条全民健身路径的建设；申报2011～2012年“七彩云南全民健身基础设施工程”篮球场24个。全年全县电脑体育彩票销售网点增至13个，累计销售总额为812.45万元。

年内，广播电视台开办了《梁河明天更美好》等栏目。电视新闻编辑部共编播《梁河新闻》224期，稿件1070余条，完成自采电视新闻稿件850余条，专题、专栏各16期。放映电影770场，观众67107人次，放映覆盖率达93.5%。9月，州广播电视局为本县解决了300瓦电视发射机1套，用于转播德宏民语电视台节目，使全县开路发射转播的广播电视达到5套。有线电视（光缆、微波）覆盖率48.4%，有"村村通"用户10960户。广播电视覆盖率分别为90.20%和94.7%。

全年全县有宾馆、旅社28家，有客房652间，床位1061张，共接待海内外游客42万人次，实现旅游收入3.81亿元，比上年增12%。

【卫　生】　2011年，梁河县有医疗卫生机构15个，病床316张（每千人口拥有病床1.92张），在职职工406人（其中卫生技术人员309人，其他技术人员18人，管理人员27人，工人52人）；有民营医院2所，卫生技术人员63人（每千人口拥有卫生技术人员1.81人）；有62个村卫生室，有乡村医生157人。全年全县各医疗机构共收治病人58338人（其中门诊50748人、住院7590人），开展各类手术1262例，抢救急诊危重病人1541人次，成功率达98.97%；开展全院性学术讲座20余次，培训人员1200余人次。年内，全县有142556人参加新型农村合作医疗，参合率为96.81%；共补偿401813人次（其中住院补偿12949人次、门诊补偿388864人次），补偿资金2517.81万元（其中住院补偿2121.58万元、门诊补偿396.23万元）。

年内，积极落实基本公共卫生服务均等化项目，不断满足群众基本医疗卫生需求。全面开展11类基本公共卫生服务，提高居民健康素质。建立农村居民健康档案，累计建档96266人，建档率59.6%；录入电子档案89541人，完成率55.43%。对0～6岁儿童进行预防接种28739人次，接种率99%；有0～36个月儿童6555人，系统管理5835人，系统管理率89.02%。有婴儿2150人，新生儿访视2103人，访视率、建册率均达97.81%。继续实施孕产妇保健系统管理，开展孕产妇系统管理1972人，系统管理率91.72%；有65岁以上在册居民12615人，健康管理9710人，体检率76.97%；高血压病患者管理6026人；Ⅱ型糖尿病患者管理954人、完成率58.49%，规范管理554人、规范管理率58.07%；重性精神病患者262人、实际管理262人、管理率100%，录入国家数据库管理164人、管理率62.59%。建立传染病突发公共卫生事件报告制度，及时发现、登记、报告辖区内发现的传染病病例和疑似病例，年内县内未发现重症手足口病及麻疹、狂犬病、登革热、AFP病例。完成艾滋病咨询检测48199例，娱乐场所高危人群干预覆盖率达100%，在组接受艾滋病抗病毒治疗187例。

年内，县妇幼卫生工作继续以实施项目为契机，在强化培训工作的基础上，加强对基础工作的指导和管理，认真贯彻落实《母婴保健法》和"两纲"发展规划，认真组织开展妇幼卫生工作。严格按照《梁河县孕产妇、婴儿及5岁以下儿童死亡检测方案》，开展了孕产妇、婴儿及5岁以下儿童死亡检测工作。全年孕产妇死亡2例，死亡率93.02/10万；5岁以下儿童死亡30例，死亡率13.95‰；婴儿死亡25人，死亡率11.63‰；无新生儿破伤风病例发生。积极落实"农村孕产妇住院分娩补助"项目，有农村孕产妇住院分娩1980人，接受农村孕产妇住院分娩补助1832人，补助面达92.53%，补助资金75.58万元。

盈江"3·10"地震发生后，县委、县政府及时启动地震应急预案，当即划拨应急工作经费25万元，全面组织开展救援工作。卫生部、省州卫生系统及时派遣专家98人到梁河县对灾区伤员进行医疗救治，根据灾区伤员情况组建了院前急救组、影像检验组、神经外科组、骨科组、胸普外组、ICU组、麻醉组、喷洒消毒组、后勤保障组、护理组10个医疗救治组共491人，全力以赴开展医疗救治工作。梁河县卫生系统及时派遣第一批由县人民医院10名医务人员组成的救护组奔赴盈江灾区进行救援，同时，从县乡村各级医疗卫生机构及时抽调工作人员393人，出动救护车6辆，车辆30辆次投入医疗救治。全县机关单位干部职工、团委青年志愿者、社会团体1000余人于10日当晚自发投入到救助工作中，县民政部门及时调拨救灾帐篷5顶，棉被140张，无偿提供给伤员家属使用。组织做好喷洒消杀工作，出动卫生防疫工作人员50人次，出动车辆22辆次，采用浓度为1200mg/升的消毒灵每天对医院的内外环境、厕所、厨房、临时帐篷进行两次喷洒消杀，抗震救灾期间共喷洒20500平方米，使用消毒灵3.5千克，通过采取消毒措施，对做好下一步灾后防疫工作打下了基础。加强后勤和饮食安全保障。县卫生监督大队在第一时间进驻梁河县人民医院开展医疗卫生和食品安全保障工作。截止3月13日，共出动卫生监督员31人次，累计餐饮卫生安全保障人数5100余人次，期间无食物中毒事件和食源性疾患发生；认真落实医院感染管理制度和消毒隔离制度，无医源性感染发生。

【扶　贫】　2011年，梁河县扶贫部门主要开展了以下工作：一、劳动力转移培训。劳动力转移培训1300人，投入资金62万元。其中：引导性转移培训(面上)700人，投入资金14万元；职业技能培训600人，投入资金48万元。二、安居工程。实施安居工程178户，每户补助1万元，共计178万元。三、小额扶贫到户贴息贷款。小额到户贴息贷款计划2000万元，按照“放得出、收得回、有效益”、“政府满意”、“群众满意”、“信用社满意”的原则，分别在各乡镇实施，受益农民人均纯收入增率达15%以上。四、整村推进。投入财政扶贫资金665万元，建设整村推进重点村48个；项目覆盖9个乡(镇) 48个村民小组，受益4655户12911人。五、易地扶贫。九保整乡推进试点项目已顺利通过县、州两级验收，共完成投资8673万元，占计划投资5818万元的149%。在总投资中：产业发展投资995.73万元，基础设施完善加固投资4632.28万元，生态能源建设投资91.25万元，社会事业改善投资1782.18万元，民生保障投资1023.91万元，队伍建设投资90万元。实施了勐养垭口新村易地扶贫项目，转移安置71户300人，中央投入易地扶贫资金150万元(其中建设安居房71套，投入资金106.5万元；人畜饮水1件，投入资金27.9万元；养猪213头，投入资金10.65万元)。开展科技培训3期300人次；发放农村适用技术手册71套，投资1.5万元；建设标志碑1座，投资0.3万元。六、社会扶贫。全县101个单位挂钩扶贫县内6乡3镇66个村委会和社区，部门直接投入资金918万元，物资折款38万元，帮助引进资金926万元；举办培训班304期，培训19806人次；组织劳务输出5245人；资助贫困学生2697人；种植经济林果8352亩，投资94.99万元；整修乡村公路78千米，投资1038.54万元；建设水池水窖10个，投资277万元；修沼汽池27个，投资5.5万元；修沟渠16.83千米，投资361.3万元；建文化活动室41个，投资222万元；安装太阳能82套，投资15.64万元。七、产业扶贫。投入省级财政资金100万元，实施产业扶贫项目1个，种植核桃5000亩，覆盖9个乡镇，受益1000户4800人。八、互助资金。省追加梁河县10万元互动资金项目指标，分别在河西乡丙海、永海两个村民小组实施帮扶，每个村民小组5万元。九、整县推进片区开发。投入连片开发试点项目资金3508.24万元，项目涉及河西、九保、遮岛、大厂4个乡(镇)、12个行政村、64个自然村、113个村民小组。

【人民生活】　2011年，梁河县城镇居民人均可支配收入1.36万元，比上年增10%；城镇居民人均消费支出9109元，增15.5%。农民人均纯收入3108元，比上年增26.3%；农民人均生活消费支出2653元，增26.1%。社会保险覆盖面扩大，全县参加城镇基本养老保险5059人，比上年增3.3%；参加农村社会养老保险64190人；参加城镇基本医疗保险16348人，比上年增7.3%；参加新型农村合作医疗140576人，增0.8%；参加失业保险5242人，增0.7%。年末，城镇登记失业率为4.6%；有5390名城镇居民领取了最低生活保障金，扩面127人；有30406名农村居民领取了最低生活保障金，扩面1753人。

年内大事

【省教育督导评估组对梁河县申报教育先进县进行督导评估】　2011年1月3至5日，以云南省人民政府督学、省人民政府教育督导团办公室副主任吕志雄为组长的督导评估组一行，在德宏州教育局局长王根顺、州人民政府教育督导室主任彭武国的陪同下，对梁河县教育工作进行督导评估。督导评估组观看了梁河县教育改革与发展专题片；听取了副县长罗有彪代表县人民政府作的自评报告；分别召开了人大代表和政协委员、有关职能部门领导、部分校长和教师代表参加的3个座谈会；查阅了有关档案资料，核实了相关数据；深入到4个乡(镇)、12所中小学(幼儿园)，实地查看了学校的办学条件、校容校貌。督导评估组根据相关规定及要求，经过定性与定量分析，认为县人民政府教育工作基本达到教育先进县条件之一，待报省教育厅党组和省人民政府审定。

【赔付首例计划生育意外保险】　2011年3月24日，梁河县赔付首例计划生育意外保险。被保险人尹某(大厂乡大厂村村民)于2011年1月1日在中国人寿梁河分公司投保了《国寿计划生育家庭意外伤害保险》，保险费每年每户每份

30元(自己承担15元，国家补助15元)。3月10日，尹某在瑞丽弄岛木料厂务工时被砸伤，在送往医院途中不幸身亡。事故发生后，县人口计生局、县人寿保险公司和大厂乡人民政府组成调查组，对事故发生原因进行了调查了解，核实情况后将理赔金4500元及时送到家属手中。

【对梁河县实施优质油菜配套栽培技术示范推广项目进行检查】 2011年4月17日，由德宏州财政局主持，邀请云南省农业厅、省农科院、州农林水纪工委、州农业局等单位组成检查组，对梁河县实施的优质油菜配套栽培技术示范推广项目进行检查。检查组一行查看了河西乡油菜高产创建示范区，听取了本县实施油菜高产创建生产示范等方面的情况汇报，审阅了相关材料，对梁河县油菜高产创建项目工作的成效给予了充分肯定，并提出建议：一、加大品种更新力度，引用早熟品种，扩大种植面积。二、推广育苗移栽技术，提高农民的积极性。三、完善技术工作总结，做好资料的收集整理，按期完成项目验收，为今后油菜生产再创丰产打下坚实基础。

【省委宣传部部长张田欣到梁河调研】 2011年5月31日，云南省委宣传部部长张田欣率省财政厅、省科技厅、省农业厅、省扶贫办等部门领导，在德宏州委宣传部部长、州妇联主席李燕兰，梁河县委书记杨向宏等领导陪同下，到梁河县开展调研工作。张田欣一行实地考察了遮岛镇吉祥村大棚蔬菜种植基地、河西乡上勐连村石斛种植基地、勐连文化活动中心、南甸宣抚司署、康丰地产有限公司，深入了解全县乡村经济的发展情况和文化建设情况。听取了县委书记杨向宏就全县经济社会发展情况和存在的困难和问题作的汇报。通过现场查看和听取汇报，张田欣对梁河县经济社会发展取得的成绩给予充分肯定。认为梁河通过几年的努力，有了“三个变”：观念变了，通过在实践中总结经验，加强借鉴学习其他县市的成功办法，发展理念有了大变化；村容村貌变了，道路干净整洁，村民文化精神生活丰富，农民收入增加，发展势头不断高涨；干部作风变了，全县干部职工凝心聚力，找发展路子，严抓上级要求，带领村民共同致富，社会经济发展取得长足进步。他还要求，一是要继续解放思想，发扬“等不起”、“慢不得”、“坐不住”的梁河精神，在今后的工作中，要不甘落后，始终保持积极进取的精神状态，奋起直追，推进经济社会不断发展。二是要充分发挥梁河的资源和区位优势，走特色发展之路。梁河资源丰富，森林、地热、气候、土壤条件优良，要围绕“走特色发展之路”这一目标，以科学发展观为指导，发挥区位优势，紧抓发展机遇，借势腾冲，大力发挥梁河土司文化、葫芦丝文化，水文化和生态文化，科学谋划，将旅游和文化完美结合，吸引更多游客。三是要以新农村建设为抓手，积极推动整乡、整村推进，加快农民脱贫致富。要充分发扬梁河精神，正确认识自身存在优势，以农村合作社的形式将农民团结起来，推动产业发展；有针对性地对一些营销、加工大户等进行重点扶持，通过龙头企业的带动，走特色发展之路；重视科技推广，建立激励机制，鼓励大批科技人员下乡，扶持培育一批示范户，以点带面，大力推广实用科技。

【“法治与责任——全国检察机关惩治和预防渎职侵权犯罪展览·德宏巡展”在梁河举办】 2011年6月20日上午，“法治与责任——全国检察机关惩治和预防渎职侵权犯罪展览·德宏巡展”在梁河县检察院举办。此次巡展为德宏州内的第一站，展板内容分为“宗旨、使命”、“犯罪、危害”、“惩治、成效”等8个部分，收集了近年来检察机关查办的渎职侵权典型案例，共有73块展板、500余幅图片。全县有关党组织、县直各部门、企事业单位、学校等95个单位共550多人观看了展览。

【召开《中国共产党梁河县历史大事记(1994~2010)》首发仪式座谈会】 2011年6月27日下午，梁河县委召开《中国共产党梁河县历史大事记(1994~2010)》(简称大事记)首发仪式座谈会。县委书记杨向宏，州史志办副主任张保和，县委副书记石道竜，副县长闫信淮，组织部部长段生平，县委办公室主任侯永晓，政法委书记李学成，武装部政委何光禄，纪委书记彭海林，副县长赵家德，原人大主任尹培佑，原副县长杨清广，县委办、人大办、政府办、政协办、纪委办、县直有关单位领导、6乡3镇党委书记共33人参加了会议。县委办公室主任侯永晓主持会议。会上，县委书记杨向宏、州史志办副主任张保和分别作了重要讲话，参会领导作了发言；县委书记杨向宏还为有关单位、乡镇赠授了《大事记》一书。该书由“图片、序、大事记、文献资料、附录、后记”6部分组成，运用辩证唯物主义和历史唯物主义的观点，坚持尊重历史、尊重史实的原则，采用编年体与记事本末体相结合的方法进行编纂。该书主题思想鲜明，结构合理，语言朴实，客观记录了1994至2010年梁河县党的历史大事与要事，对重大事件、重大决策进行了回顾和总结，真实地反映了17年中县委团结和带领全县各族干部群众进行社会主义建设与改革的光辉历程；全书共32万字，规格为正16开本，一级线锁精装，由县史志办公室编、德宏民族出版社出版发行。该书的出版发行，既是向建党90周年献上一份厚礼，也标志着县史志办公室15年间没有编纂出版过新书的历史就此结束。

【省委副书记李纪恒率省直有关部门负责人到梁河调研】 2011年7月12日，云南省委副书记李纪恒率省直有关部门负责人在德宏州委书记赵金，州长孟必光，梁河县委书记杨向宏，县长方文信等领导陪同下，到河西乡下孟连、上孟连自然村就产业结构、农民生产生活情况、社会主义精神文明建设、基层党建等工作进行调研。调研组参观了上孟连石斛专业合作社石斛种植基地，石斛专业合作社理事长邓永凡就石斛产业的种植、销售、管理等情况向调研组作了汇报。李副书记充分肯定了河西乡在“整乡推进、连片开发”方面取得的可喜成果，尤其是特色产业发展、民族村寨打造等方面的尝试和做法很好，使项目区发生了质得改变，农村产业得到发展、农村基础设施得到改善，农民群众真正得到实惠。他要求，在科学发展观的指导下，要进一步创新思路，进一步探索完善农村基础设施建设，转变农村产业结构，提升农村综合实力，切实加强目标管理，做到责任到人、任务到人，层层抓落实。

【召开《梁河县志（1978～2005）》审稿会】 2011年8月11日上午，梁河县人民政府召开了《梁河县志（1978～2005）》审稿会。云南省地方志办副主任、省通志馆馆长、高级编审李成鼎，德宏州史志办主任陈德寿，县委办公室主任侯永晓，县人大副主任杨元稳，副县长刘鹏，县政协副主席赵家富，原县委书记赵家培，原县长龚运麟，原人大主任尹培佑，原副县长杨清广，原副县长尹可芽，财政、发改、统计、民宗、保密、农业、林业、经济、水利等相关部门负责人及志书编纂人员共30多人参加了会议。会议由副县长刘鹏主持。参会的领导及省、州史志专家学者结合实际，围绕志书作了发言。大家认为该志书观点正确，设置合理，条目齐全，主线清楚，层次分明，体例规范，资料详实，符合国家地方志的有关标准和要求；系统全面、实事求是地记述了梁河县1978至2005年间自然、社会、经济、政治、文化等方面的发展状况和重大事件，是一部宝贵的、权威的、编纂成功的地方文献，也是一部承前启后，继往开来的社会主义新地方志，对于认识梁河、了解梁河、推进梁河的对外开放，具有重要的现实意义和历史意义。是全州第一部续修的县(市)志，属全州县(市)志续修工作的“领头雁”和“排头兵”。同时，对志书存在的不足方面，提出良好的建议。

【遮岛小学举行百年庆典】 2011年10月1日上午，遮岛小学举行百年庆典。庆典仪式上，校长董诗海介绍了学校的百年历程，校友代表龚运麟(州政协原副主席、县人民政府原县长)作了发言。遮岛小学于1910年建立，曾几度迁址，几易其名。百年来，学校始终坚持“为每一个孩子提供一生值得回忆的小学教育”的办学宗旨，以“自信、向上、阳光”为校训，形成“和谐、探究、发展”的良好校风，着力实施素质教育，努力推进教学改革和课堂创新，学校办学特色日益鲜明，办学质量稳步提升。自建校以来，学校累计培养了3430名小学毕业生，先后荣获云南省文明学校、云南省绿色学校、云南省“三八”红旗集体、云南省普及实验教学先进集体、德宏州文明学校等72项殊荣，教师个人获各种荣誉40余人(次)，学生获国家、省、州级奖励60余人(次)。

领导干部名录

中共梁河县委

常　委　杨向宏(白族)
方文信(傣族)
石道竜(景颇族)
徐　峰(挂职，2011年6月任)
梁其刚(阿昌族，2011年6月止)
闫信淮(2011年6月任)
段生平(傈僳族)
侯永晓
李学成(彝族)
罗建明(2011年5月止)
何光禄(2011年5月任)
李发昌(2011年5月止)
彭海林(景颇族，2011年5月任)
陈留英(2011年5月止)
赵家德(阿昌族，2011年6月任)

梁照佩(阿昌族，2011年6月止)
郑　瑜(女，2011年6月任)
胡会明(2011年5月任，挂职)

书　记　杨向宏(白族)
副书记　方文信(傣族)
石道竜(景颇族)
徐　峰(挂职，2011年6月任)

梁河县人大常委会

主　任　杨天明(傣族)
副主任　尹以顺(2011年3月止)
蔺以尧
杨元稳
赵建华(女，白族)
梁其刚(阿昌族，2011年7月任)

梁河县人民政府

县　长　方文信(傣族)
副县长　梁其刚(阿昌族，2011年6月止)
闫信淮
陈留英(女，2011年6月止)
赵家德(阿昌族，2011年6月任)
胡会明(2011年3月任，挂职)
邵云峰(2011年1月止)
肖新卫(2011年1月任)
欧阳继明
刘　鹏(挂职，2011年7月任)

梁河县政协

主　席　孙定发(景颇族)
副主席　赵家富(阿昌族)
郑建云(女，傣族)
尹可丹
张自山
梁照佩(阿昌族，2011年7月任)
秘书长　朱良兴

梁河县纪委

书　记　李发昌(2011年5月止)
彭海林(景颇族，2011年6月任)
副书记　江朝伟(2011年6月止)
赵　林
李维嘉(2011年6月任)
杨恩梅(女，2011年6月任)

梁河县人武部

部　长　唐敬斌
副部长　黄　勤
政　委　罗建明(2011年6月止)
何光禄(2011年6月任)

梁河县人民法院

院　长　李勒腊(景颇族)
党组书记　李勒腊(景颇族)

梁河县检察院

检察长　康　磊
党组书记　康　磊

(《梁河县》撰稿　闫信佳)

梁河县乡镇概况一览表

单位：(米、公里、平方公里、亩、个、户、人、%、‰、人/平方公里、万元、吨、头、张)

项目	乡镇	平山乡	小厂乡	大厂乡	九保乡	曩宋乡
地理位置		东　北	东	东	东、西部	东　北
政府驻地		平山村	小厂村	大厂村	九保村	曩宋村
海　拔		1620	2050	1820	1070	1080
距县城距离		33	36	18	2.25	10.07
土地总面积		125.84	56.3	39.56	161.2	116.32
耕地面积		18719	7031	6312	22189	27055
其中	水　田	8519	4443	1043	10439	16479
	旱　地	10200	2588	5269	11750	10576
	人均耕地	1.14	0.68	0.69	1.5	
行政区划	辖村委会	6	5	5	6	9
	自然村	49	23	22	39	49
	村民小组	81	46	54	67	111

续 表

项目		乡镇	平山乡	小厂乡	大厂乡	九保乡	曩宋乡
人口民族	总户数		4468	2760	2480	4176	6607
	总人口		17212	10517	9595	15243	24884
	其中	汉 族	16065	9622	9106	8100	18263
		傣 族	122	71	100	2243	1870
		景颇族	221	128	126	59	68
		阿昌族	198	583	162	3880	4252
		傈僳族	146	83	14	454	93
		德昂族	4	3	6	313	11
	人口出生率		10.6	13.26	15.91	10.76	9.82
	自然增长率		6.03	8.13	10.31	6.14	5.27
	人口密度						
经济收益	总收入						
	纯收入		2405	2425	2378	3148	3213
	人均纯收入						
	总支出						
农业产值	农林牧渔业总产值		5851	3420	5332	6166	9594
	其中	农业产值	2200	1878	2686	3213	4196
		林业产值	726	303	577	389	457
		牧业产值	2405	906	1708	1715	3891
		渔业产值	172	23	13	493	770
		农村牧渔服务业产值	348	310	348	356	280
农作物总面积			30463	14414	18367	35636	41646
其中	甘 蔗		3711	644		7372	8277
	粮 食		21216	10425	10948	20185	23768
	茶 叶		10348	12761	10625	4258	3352
	油 料		1336	1009	3262	1689	4483
	水 果		515	185	1198	311	775
农作物总产量							
其中	甘 蔗		14844	1994		30000	36329
	粮 食		3816	2033	3094	5496	7494
	茶 叶		306	504	763	59	59

续 表

项 目 \ 乡 镇			平山乡	小厂乡	大厂乡	九保乡	曩宋乡
其中	油 料		104	66	366	153	345
	水 果		10	14	75	94	629
畜牧	大牲畜存栏		2859	1275	981	2941	2863
	猪存栏		16327	16968	13778	6351	13406
	羊存栏		511	424	826	794	580
教育	中学	中学在校学生	539	517	280	548	1083
		教职工人数	40	41	29	47	84
	小学	小学在校学生	1219	872	693	1156	1515
		教职工人数	106	58	47	106	170
卫生	医务人员		11	10	12	13	15
	病 床		7	12	16	11	22
	卫生室		6	5	5	6	9
	乡村医生		18	10	10	15	25
文化	文化站		1	1	1	1	1
	电影院						
	广播站						
领导干部	乡（镇）党委书记		李晓辉	杨荣富	杨恩庭	陈绍攀	赵兴伟
	乡（镇）政府乡长		陈朝从	熊文林	陈绍华	李仲臣	曹先贵（2011年3月任，阿昌族）
	乡（镇）人大主席		闫信伦	李文金	邵维新	曹先妹（女）	赵红玫（女）

备注：此表总户数、总人口、人口民族为户籍数字

梁河县乡镇概况一览表

单位:(米、公里、平方公里、亩、个、户、人、%、‰、人/平方公里、万元、吨、头、张)

项 目 \ 乡 镇	河西乡	芒东镇	勐养镇	遮岛镇
地理位置	西 北	西 南	南	中 部
政府驻地	邦读村	芒东村	芒轩村	遮岛镇
海 拔	1180	1060	885	1042
距县城距离	6	22	66	

续表

项目 \ 乡镇			河西乡	芒东镇	勐养镇	遮岛镇
土地总面积			127.84	237.8	263.72	30.42
耕地面积			29000	53298	38355	8679
其中	水田		15834	25320	16342	3046
	旱地		13166	27978	22013	5633
	人均耕地		1.43	1.6	2.2	0.48
行政区划	辖村委会		8	13	8	6
	自然村		55	78	49	26
	村民小组		94	132	58	31
人口民族	总户数		5403	7612	4182	5583
	总人口		20215	33281	17701	18039
	其中	汉族	14985	13439	7101	12605
		傣族	2196	18301	8568	3358
		景颇族	113	257	1033	133
		阿昌族	1946	1077	914	957
		傈僳族	409	141	19	195
		德昂族	449	3	6	61
	人口出生率		8.65	13.44	9.38	8.96
	自然增长率		4.4	10.4	4.69	4.79
	人口密度					
经济收益	总收入					
	纯收入		3015	2847	2961	3792
	人均纯收入					
	总支出					
农业产值	农林牧渔业总产值		7409	11105	15916	4021
	其中	农业产值	3766	7254	10301	1516
		林业产值	391	1313	1153	228
		牧业产值	2336	1679	3507	1623
		渔业产值	566	480	542	282
		农村牧渔服务业产值	350	379	431	372
农作物总面积			39173	93513	68569	11603

续表

项目 \ 乡镇			河西乡	芒东镇	勐养镇	遮岛镇
其中	甘蔗		9756	17068	17536	1695
	粮食		20932	51334	35593	6777
	茶叶		2782	6005	976	1084
	油料		4773	7094	2963	917
	水果		505	4140	1149	242
农作物总产量						
其中	甘蔗		43519	66501	81625	7112
	粮食		6846	15015	11648	2090
	茶叶		46	173	26	37
	油料		640	777	215	136
	水果		38	509	134	49
畜牧	大牲畜存栏		3250	7286	3804	991
	猪存栏		12146	21958	8640	5750
	羊存栏		2126	1215	312	296
教育	中学	中学在校学生	684	1230	441	1243
		教职工人数	69	88	49	71
	小学	小学在校学生	1401	2751	1360	1720
		教职工人数	138	190	119	119
卫生	医务人员		10	23	20	
	病床		10	26	18	
	卫生室		8	13	8	2
	乡村医生		22	35	20	5
文化	文化站					
	电影院					
	广播站					
领导干部	乡(镇)党委书记		余文龙(傈僳族)	邓有恒(2011年3月止) 杨鹏昌(2011年3月任)	董诗晓(2011年6月任)	李继鸿
	乡(镇)政府乡长		岳福元	李佳敏	景智富	陈江
	乡(镇)人大主席		杨清安	龚帮仙(女)	曹先海	李文兴

(闫信佳)

德宏农垦

地　理

【位置面积】　德宏农垦位于德宏州境内，其所属各企事业单位分建于芒市、瑞丽市、陇川县、盈江县境内，主要分布于坝区。2011年，垦区土地总面积15353.8公顷，其中已开垦利用土地11990.8公顷，水域面积273.8公顷(生产用水域面积225.5公顷)，已开垦未利用土地101.6公顷，可开垦荒地322.4公顷(其中宜植橡胶面积75.4公顷)，其他土地面积2665.2公顷。在已开垦利用土地中：有林地286.1公顷(不含橡胶地)，橡胶地5019.1公顷，茶园525.7公顷，耕地4030公顷(水田2272.6公顷，旱地1757.4公顷)，果园535.6公顷。

【辖　区】　德宏州农垦局是德宏农垦系统的主管局，设在州府芒市。下辖5个国有农场和1个局直属单位。5个国有农场下辖18个分场(办事处)，167个生产队(其中橡胶生产队94个、茶叶生产队16个、粮食生产队13个、咖啡和胡椒生产队1个、其他生产队43个)。国有农场及分布：盈江县境内建有盈江农场，陇川县境内建有陇川农场，瑞丽市境内建有瑞丽农场和畹町农场，芒市境内建有遮放农场。1个局直属单位为德宏州农垦商业公司(位于芒市)。

【人　口】　2011年，德宏农垦总户数16482户，总人口40706人。其中：女性20058人，少数民族2770人，家属及小孩17912人，其他人员1997人。垦区有从业人员12100人，在岗职工8577人，离退休、退职人员8695人。年内，出生婴儿179人，死亡320人，人口自然增长率为－3.46‰。

历　史

【简　史】　1951年8月，中央召开橡胶工作会议。会后，政务院第100次会议通过了《关于培育橡胶的决定》，要求云南保护好现存的橡胶树并继续扩大调查。9月，云南省农林厅林业局建立林垦处；年底，中央从华北、四川调集一批干部到云南，在潞西县建立芒市林垦站，领导全区橡胶树引种试验。1952年，相继建立盈江、莲山、潞西3个林场。1953年3月，保山林业办公室撤销，建立云南垦殖局保山垦殖分局；同年，为贯彻中央“小型、重点”的试验方针，保山垦殖分局撤销，建立云南特种林试验指导所，盈江、潞西2场撤销，潞西、莲山林场改为特种林试验场。1955年3月，云南特种林试验指导所撤销，成立云南省热带作物试验指导所，潞西特种林试验场改为德宏州热带作物试验场，莲山特种林试验场撤销；12月，成立云南省农林厅热带作物局，保留德宏州热带作物试验场。1957年3月，建立云南省农垦局。1958年8月，筹建德宏州农垦局。1963年初，芒市、遮放、瑞丽、盈江、陇川农场总场相继成立，分别管辖所在地原有各农场。1967年初，建立德宏州军管会，州农垦局机关及各农场总场、农场、局直单位均实行军管。1968年各农场总场、农场相继建立了“革命委员会”。1969年初，德宏自治州建制撤销，德宏州农垦局随之撤销，农垦的一切事务分别由保山地区“革命委员会”下属的政工组、办事组和生产指挥组代管。1970年3月，云南省农垦局撤销后组建了云南生产建设兵团，德宏农垦也随之编为“云南生产建设兵团第三师”；陇川农场总场编为10团，瑞丽农场总场编为11团，遮放农场总场编为12团，盈江农场总场编为13团，芒市农场总场编为14团，潞江农场总场和新城农场总场合编为15团，畹町农场改为11团6营。总场下属农场改变为营，生产队改编为连的建制。1974年10月，撤销云南生产建设兵团第三师，建立德宏州农垦分局，团改农场、营改分场(原11团6营改为畹町农场)、连改生产队。原15团改为潞江农场，并划归云南省农垦总局和保山地区领导。1978年7月，芒市农场划归云南省华侨办公室领导。1984年，德宏农垦兴办职工家庭农场，实行大农场套小农场的经营体制。1985年，经德宏州政府批准，建立“云南省农垦农工商联合企业总公司德宏分公司”，保留“德宏州农垦分局”行政建制(一套班子，两块牌子)。1996年2月，云南省农垦总局转制组建云南省农垦集团有限责任公司，德宏州农垦分局也相继组建为云南省农垦集团有限责任公司德宏分公司，同时仍保留德宏州农垦分局行政建制(实行一套班子，两块牌子)。2010年11月，州人民政府第23次常务会议研究通过了《中共德宏州委德宏州人民政府关于推进农垦改革发展维护垦区稳定的实施意见》，文件明确规定“撤销德宏州农垦分局，组建德宏州农垦局”。2011年5月，州人民政府办公室印发了《德宏州人民政府办公室关于印发德宏州农垦局主要职责内设机构和人员编制规定的通知》，文件明确“州农垦局为州人民政府直属参公管理的正处级事业单位”。6月，德宏州农垦局班子组建；8月，德宏州农垦局举行挂牌仪式；各县市农场也先后成立了“两委”（农场党委和农场管理委员会）。

社　　会

【经济简述】 2011年，德宏农垦完成生产总值26029.7万元，其中第一产业完成11383.6万元，第二产业12121.1万元，第三产业2525万元；实现工农业总产值62165.7万元，比上年增14439万元，增30.25%。其中：农业总产值34271.1万元，比上年增5382.56万元，增18.63%；工业总产值27894.6万元，增9056.44万元，增48.07%。农业总产值及工业总产值占工农业总产值的比重分别为55.13%和44.87%。

年内，完成固定资产投资总额4704.22万元。第一产业完成投资107.72万元，其中完成橡胶生产投资29.65万元，其他投资78.07万元；第二产业完成投资195万元；第三产业完成投资4401.5万元，其中完成交通运输投资737.3万元（道路建设投资631万元），社会保障投资41.7万元，文体娱乐投资276.4万元，住宅业投资3302万元（危房改造2955.5万元），其他投资44.1万元。资金来源为：国家预算内资金3485.07万元，自筹资金561.15万元，其他资金42万元。年内，新增固定资产1001.67万元。

年内，垦区非公有制经济持续发展。有非公有制经济经营单位5230个，从业人员6529人，从业人员劳动报酬2521.3万元。非公有制经济生产总值达6462.4万元，拥有资产总额6341.8万元。本年完成固定资产投资1026.4万元，固定资产净值8111.7万元，实现利润总额2981.8万元，缴纳税金167.1万元。

德宏农垦2011年经济基本情况

项目＼单位	计量单位	合计	陇川农场	瑞丽农场	遮放农场	盈江农场	畹町农场	局直单位
总人口	人	40706	12230	12602	6867	7155	1659	193
在岗职工人数	人	8577	4266	1922	1041	940	386	22
在岗职工工资总额	万元	8831.9	4089.6	2064	1621.3	902.2	90.5	64.3
在岗职工年平均工资	元/人	10297.19	9586.5	10738.8	15574.5	9597.9	2344.6	29227.3
分场数（办事处）	个	18	4	6	4	4		
农业生产队个数	个	167	40	60	28	31	8	
土地总面积	公顷	15353.8	3739.41	7374.2	1686.5	2127.9	421.3	4.5
耕　地	公顷	4030	2825.6	468.7	159.4	506	70.3	
橡胶地	公顷	5019.1	9.67	2993.5	1022.3	726	267.6	
茶　园	公顷	525	80	49.7	106.4	286.8	2.8	
咖　啡	公顷	393.9		115.5	239.4	18.2	20.8	
果　园	公顷	535.6	162.22	354.4	20.3	16.6	1.3	
造　林	公顷	268.31	19.29	192.5	12.23	10.99	33.3	
水域面积	公顷	273.8	172.87	76.2	8.6	11.3	4.8	
其中：生产用水域面积	公顷	225.5	165.67	37.4	8.5	11.3	2.6	
热带亚热带作物年末实有面积	公顷	402.3		118.8	239.4	22.7	21.4	

续 表

项目 \ 单位	计量单位	合 计	陇川农场	瑞丽农场	遮放农场	盈江农场	畹町农场	局直单位
生产总值	万元	26029.7	13660.5	6121.6	2983.6	2933	247.5	83.5
工农业总产值	万元	62165.7	39630.7	11134.6	5735.5	4839.7	825.2	
其中：农业总产值	万元	34271.1	12051.8	11134.6	5575.5	4684	825.2	
工业总产值	万元	27894.6	27578.9		160	155.7		

德宏农垦2011年非公有制经济基本情况

单 位	计量单位	合 计	第一产业	第二产业	第三产业
一、经营单位个数	个	5230	3768		1462
其中：领取工商执照单位数	个	343	1		342
1. 个体经济	个	5017	3572		1445
2. 私营经济	个	5	1		4
二、从业人员	人	6529	4908		1621
1. 个体经济	人	6305	4768		1537
2. 私营经济	人	224	140		84
三、从业人员劳动报酬	万元	2521.3	1869.9		651.4
1.个体经济	万元	2376.7	1836.5		540.2
2.私营经济	万元	134.4	33.4		101
四、生产总值	万元	6462.4	4130.3		2332.1
1.个体经济	万元	6041.7	4092.6		1949.1
2.私营经济	万元	398.3	37.7		360.6
五、当年固定资产投资额	万元	1026.4	449.3		577.1
1.个体经济	万元	626.4	449.3		177.1
2.私营经济	万元	400			400
六、资产总额	万元	6341.8	1407.8		4934
1.个体经济	万元	4945	1360.1		3584.9
2.私营经济	万元	1396.8	47.7		1349.1
七、固定资产净值	万元	8111.7	842.1		7269.6
1.个体经济	万元	6588.1	824.4		5763.7
2.私营经济	万元	1523.6	17.7		1505.9
八、税　金	万元	167.1	20.1		147
九、利润总额	万元	2981.8	2052		929.8

【农　业】 2011年，德宏农垦实有橡胶5427.3公顷、185.55万株，实际开割3349.6公顷、92.65万株，年产橡胶3680.5吨，比上年减692.17吨，减6.3%；甘蔗种植面积3004.9公顷，年产甘蔗31.22万吨，比上年增16265.6吨，增5.5%；茶叶种植面积683.4公顷，收获面积632公顷，年产茶叶980吨，比上年减57.57吨，减5.5%；咖啡种植面积393.9公顷，收获面积297.3公顷，年产咖啡382.3吨，比上年增14.11吨，增3.8%；粮食作物种植面积1396.6公顷，年产粮食7819.1吨，比上年增293.71吨，增3.9%。种植花生、油菜籽等油料作物16.3公顷，年产油料36.3吨。年末，实有蔬菜、瓜果种植面积575.4公顷，年产蔬菜、瓜果10194.1吨。种植各种水果合计834.6公顷，收获面积555.6公顷，年产水果9061.3吨。热带亚热带作物实有面积402.3公顷，年产胡椒、咖啡、砂仁、澳洲坚果等热带亚热带作物产品396.3吨。其他作物种植面积116.4公顷，年产量达1264.9吨。年末，实有造林面积(不含橡胶林) 286.31公顷，拥有自然林面积45.36公顷，采伐木材785立方米、毛竹1万根。

年内，垦区畜禽存栏数分别为大牲畜1018头、猪5515头、羊286只、家禽111716只；牛猪羊家禽等肉类总产量614.4吨、禽蛋产量335.7吨(均为非公经济生产量)。年末，养殖水域面积169.3公顷，生产鲜鱼等水产品504.8吨(均为非公经济生产量)。

年内，垦区拥有主要农业机械总动力合计64128千瓦，其中柴油发动机动力23968千瓦、汽油发动机动力967千瓦、电动机动力39193千瓦。拥有大中型农用拖拉机170台、大中型拖拉机配合农具86套，小型拖拉机1683台、小型拖拉机配合农具183套，农业排灌机械58台，机动喷雾机26台，联合收割机7台，机动脱粒3套，农产品加工机械311台，农用汽车175辆，其他农业机械44台。实现机耕面积1988.9公顷，机械收割面积750.2公顷。全年农业用电量91852.6万度，输电线路13.4千米，变电设备数量5台，变电设备功率440千伏安。有效灌溉面积2636.7公顷，排灌站1座，水库16座、水库容量1265.28万立方米。农药施用量212.7吨，其中化学除草剂96.3吨，除草面积4589.7公顷；化肥施用量11442.9吨，其中氮肥3728.7吨、磷肥1168.3吨、钾肥382.7吨、复合肥6163.2吨；有机肥施用量32032.6吨。有沼气池287个，体积1454.8立方米。农用塑料薄膜使用量104.7吨，地膜覆盖面积2269.9公顷。

年内，垦区完成农业总产值34271.1万元，比上年增5382.56万元，增18.63%。其中：种植业总产值19320.7万元(粮食2826.5万元，茶叶1168.3万元，水果2898.5万元，甘蔗11489.3万元)；林业总产值12640.9万元(橡胶产值12447.7万元)；牧业总产值1766.3万元；渔业总产值543.2万元。

全年全垦区农作物受灾面积合计548.3公顷，绝收1.4公顷，灾害造成农作物损失情况为：粮食减产20吨，茶叶减产34.4吨，橡胶减产145.7吨，水果减产67.5吨；房屋倒塌1820间，损毁道路3.5千米；受灾人口达1万余人，死亡1人；造成直接经济损失27102.3万元。

德宏农垦2011年农业基本情况

项目＼单位	计量单位	合　计	陇川农场	瑞丽农场	遮放农场	盈江农场	畹町农场	局直单位
橡胶实有面积	公顷	5427.3	9.67	2993.5	1022.1	817.4	584.6	
橡胶实际开割面积	公顷	3349.6	9.67	2102.7	674	388.5	174.7	
实有橡胶株数	万株	185.55	0.52	101.2	38.69	23.52	21.62	
实际开割橡胶株数	万株	92.65	0.52	56.5	21.65	9.51	4.47	
橡胶产量	吨	3680.5	28	1837.3	1340.4	344.8	130	
粮食播种面积	公顷	1396.6	181.32	274.5	192.3	672.8	76.7	
粮食总产量	吨	7819.1	1484.2	1534.1	951.6	3365	484.2	
平均产量	吨/公顷	5.6	8.2	5.6	4.95	5	6.3	

续 表

项目＼单位	计量单位	合 计	陇川农场	瑞丽农场	遮放农场	盈江农场	畹町农场	局直单位
茶叶采摘面积	公顷	632	80	261.1	114.1	355.5		
茶叶产量	吨	980	156	8465.8	142.2	638.8		
平均产量	吨/公顷	1.6	1.95	32.4	1.3	1.8		
甘蔗种植面积	公顷	3004.9	2803.38	61	8.9	131.6		
甘蔗总产量	吨	312172.7	296166.34	4029	114.4	11863		
平均产量	吨/公顷	103.9	105.6	66.1	12.9	90.1		
咖啡种植面积	公顷	393.9		115.5	239.4	18.2	20.8	
咖啡产量	吨	382.3		86.2	270.6	9.5	16	
蔬菜、瓜果类种植面积	公顷	575.4	57.25	233.1	25.3	244.7	15	
蔬菜、瓜果产量	吨	10194.1	1444.6	3781.7	197.7	4744.1	26	
水果种植面积	公顷	834.6	162.22	433.5	20.3	170.9	47.6	
水果产量	吨	9061.3	205.5	8465.8	61	303.9	25.1	
其他作物种植面积	公顷	116.4	24.77	15.7	46.6	16.4	12.9	
其他作物产量	吨	1264.9	379.4	282.2	324.3	169	110	

【工　业】　2011年，德宏农垦有工业企业5个，从业人员484人，从业人员劳动报酬1137.6万元。年末，有固定资产总额17491.1万元(生产经营用9122.3万元)，固定资产净值8224.3万元。年内，垦区生产白糖46707.3吨，比上年增1075.05吨，增2.4%；酒精2658.7吨，减15.9吨，减5.9%；发电量1242万度，增37万度，增3.1%；生产砖瓦378万块，减72.52万块，减16.1%；碾米200吨。实现工业总产值27894.6万元(轻工业27738.9万元)，比上年增9056.44万元，增48.07%。其中：制糖业26219.6万元，比上年增8841.3万元，增50.87%；酒精制造业1359.3万元，增177.7万元，增15.03%；砖瓦及建筑材料制造业155.7万元，比上年增34.06万元，增28%。实现工业销售产值27755.1万元，营业收入27578.9万元，纳税2732.7万元，实现利润6910.1万元。

德宏农垦2011年工业基本情况

项目＼单位	计量单位	合 计	陇川农场	瑞丽农场	遮放农场	盈江农场	畹町农场	局直单位
工业企业数量	个	5	1	1	1	2		
1、白　糖	吨	46707.3	46707.3					
产　值	万元	26219.6	26219.6					
2、发电量	万度	1242	1242					
3、酒　精	吨	2658.7	2658.7					

续 表

项目 \ 单位	计量单位	合 计	陇川农场	瑞丽农场	遮放农场	盈江农场	畹町农场	局直单位
产 值	万元	1359.3	1359.3					
4、砖 瓦	万块	378				378		
产 值	万元	155.7				155.7		
5、碾 米	吨	200				200		

【社会保障】 2011年，德宏农垦有从业人员12100人，从业人员劳动报酬11033.1万元；在岗职工8577人，在岗职工工资8831.9万元。全年支出在岗职工保险福利费2908.5万元，其中社会保险费2733.2万元(养老保险2036万元，医疗保险651.7万元，事业、工伤、生育保险45.5万元)，福利费155.7万元，住房公积金17.9万元，非货币性福利1.7万元。年末，有离退休、退职人员8695人，发放保险福利费862.6万元，其中离休金17.5万元，退休金835.4万元，退职生活费1.2万元，丧葬抚恤救济费2万元，其他费用支出6.5万元。

年内大事

【盈江“3·10”抗震救灾工作】 2011年3月10日12时58分，盈江县发生5.8级地震，地震给盈江农场造成巨大损失。盈江农场两个分场15个生产队、8个场直单位2380户8330人受灾，死亡1人，重伤7人，轻伤25人，房屋倒塌损坏1878户7897间(其中倒塌488户1820间，重损569户2070间，轻损821户4007间)，造成直接经济损失26829万元。

地震发生后，德宏农垦分局及时召开会议，研究部署抗震救灾工作。3月11日上午，分局领导陪同云南省农垦总局局长白建坤第一时间赶赴盈江农场，看望慰问受灾职工群众，指导农场的抗震救灾工作。震情发生后，德宏农垦分局及时发出捐款倡议书，号召机关人员开展抗震救灾献爱心活动。截止23日，共收到捐款4750元，并已转交州民政局。29日下午，分局党委书记罗星明一行9人冒雨再次赶往盈江农场，看望慰问受灾职工群众，并与农场新老领导班子共同研究抗震救灾工作。罗星明书记对抗震救灾工作提出四点要求：一是统一思想、坚定信心，采取有力措施打好抗震救灾攻坚战；二是进一步核实上报受灾情况，争取各级政府和农垦系统上级的支持；三是积极开展生产自救，做到抗震救灾与生产发展两不误；四是认真做好维护稳定工作，为抗震救灾工作营造良好环境。30日上午，罗星明书记代表分局机关向盈江农场捐赠了5万元的救灾款，随后还实地察看了平原分场一、二、七队的受灾情况，看望慰问了受灾职工群众。

【召开全州农垦危旧房改造项目建设工作会】 2011年10月24日，德宏州召开农垦危旧房改造项目建设工作会议。副州长板岩过出席会议并作了重要讲话：一是各县市、各农场管委会和有关部门要高度重视，进一步认清形势，明确目标，充分认识推进农垦危旧房改造的重要性和紧迫性，进一步增强责任感和使命感，确保全州农垦危旧房工作得以顺利完成；二是要加强组织领导，及时研究解决工作中存在的突出问题，整合各方面优势资源，形成工作合力；三是要结合自身实际，强化措施，加大力度，改进方法，提高效率，采取切实可行得工作措施，有效解决存在的困难和问题；四是要真抓实干，全面落实工作责任制；五是要创新融资模式，多渠道筹集资金，确保建设资金及时、足额到位；六是要对工程质量实行全过程监管，落实质量责任制，坚决杜绝工程质量隐患。板副州长还与各县市签订了《德宏州农垦危旧房改造建设项目责任书》。州直相关部门负责人、各县市分管农垦工作的领导、各农场管委会主要领导参加了会议。农垦危旧房改造项目是全州保障性安居工程的重要组成部分，是本年度全州重点督查的20个重大建设项目之一，也是各级党委政府和广大人民群众关注的民生工程、阳光工程。截至上年末，德宏农垦已得到中央、省财政专项资金17598万元，惠及职工群众11732户；本年又得到了1848户的危旧房改造任务。

【召开全州农垦改革工作推进会】 2011年10月24日，德宏州农垦改革工作推进会在芒市召开，州委副书记唐文祥、副州长板岩过及州直相关部门负责人、各县市分管农垦工作的领导、各农场管委会主要领导参加了会议。会议由板副州长主持，芒市、盈江县、陇川县、瑞丽市、畹町经济开发区分别汇报了农垦改革工作推进情况。唐副书记在会上作了重要讲话，总结了前一阶段全州农垦改革完成的主要工作，分析了当前存在的问题和困难。他要求，各级各部门一定要把思想和行动统一到州委、州政府的决策部署上来，正确处理好改革、发展、稳定的关系，采取更加有效的措施，突出重点、集中力量、迅速推进，按时限要求高质量完成各项改革工作。近期要重点完成加强农场组织建设，配齐领导班子，抓紧组建工青妇等群团组织，理顺老干部管理工作；完成生产队干部考核续聘或选任工作；认真组织实施职工家庭土地承包等工作。他强调，农垦改革工作是一场攻坚战，各级各部门一定要增强责任感和使命感，克服畏难情绪，打消等待观望的思想，以更加坚定的信心、更加有力的措施、更加扎实的工作，攻坚克难，加快推进，确保如期高质量完成农垦改革的各项主体工作任务。

【德宏州农垦局当选中国天然橡胶协会第二届理事会理事单位】 2011年11月1日，中国天然橡胶协会第二次会员代表大会在海南省海口市召开，农业部总经济师杨绍品和国家农垦局局长李伟国出席大会并致辞，第一届中国天然橡胶协会会长朱秀岩作工作报告。来自全国170余家会员单位近200名代表参加了大会，其中云南垦区共有近40个单位60余名代表参加了会议。大会进行了第二届理事会投票选举，德宏州农垦局当选为理事单位。

【德宏农垦举行成立60周年座谈会】 2011年12月25日，德宏农垦局在芒市举行了德宏农垦成立60周年座谈会，回顾60年的辉煌成就，科学谋划当前和今后的工作重点，展望美好未来。云南农垦集团公司总经理苏维凡，州人大常委会副主任杨红，副州长板岩过，州政协常务副主席杨庆华，州委副秘书长车发云出席座谈会。州委宣传部、州史志办、州财政局等州直部门应邀参加了座谈会。苏维凡代表省农垦总局、云南农垦集团公司向德宏农垦成立60周年表示热烈祝贺，并高度评价了德宏农垦60年来取得的成就。他说，州委、州政府认真贯彻“属地管理”的原则，在各部门的通力合作下，农垦改革得以顺利推进。希望在今后工作中进一步落实国家和省有关农垦改革的精神，谋划好各项工作，把农垦发展融入地方发展的大盘子，使职工富起来、农场强起来，继续为德宏经济社会发展作出积极贡献。杨红、板岩过、杨庆华对德宏农垦成立60年表示祝贺，并充分肯定了德宏农垦60年来为德宏经济社会发展所作出的巨大贡献，勉励垦区广大干部群众秉承老一辈的光荣传统，认真总结60年奋斗历程取得的成功经验，努力克服存在的困难和问题，支持、理解并积极推进农垦改革，为建设幸福美好新垦区努力奋斗，使德宏农垦事业再上一个新台阶。曾为德宏农垦作出杰出贡献的老同志出席了座谈会，并深情回顾了德宏农垦成立60年来的发展历程。

【举行《德宏农垦志》首发仪式】 2011年12月25日，《德宏农垦志》在芒市举行首发仪式。《德宏农垦志》的编纂历时4年，该书以序、述、记、志、传、图、表、录等为基本体裁，采用章节体记载德宏农垦的历史，是一部全面、客观、真实、准确记载德宏农垦创业、发展历程的历史文献。该书的出版发行，结束了德宏垦区无志书的历史，为宣传德宏农垦提供了一个新的窗口，对加强德宏垦区文化建设和进一步强化对外宣传具有积极的作用，为德宏农垦成立60周年献上了一份厚礼。

【农垦主体改革基本完成】 德宏农垦改革是德宏州的一项重要工作，州委、州政府将其列入重点督查的20项重要工作来抓。2011年，通过各方共同努力，德宏农垦改革工作得以有序稳步推进，农垦主体改革任务基本完成。一是撤销德宏州农垦分局，组建德宏州农垦局，为州政府直属参公管理事业单位；二是完成了全州5个农场、2个原州农垦直属工商企业、23个卫生医疗机构的属地管理工作，明晰了移交的人员、资产、负债及责任；三是完成了州农垦局班子及县(市、区)农场“两委”班子的配备工作；四是完成了全州各农场机构设置、编制核定及参公参事人员的考试录取、人员竞争上岗工作；五是社会保障工作完成移交，实现了属地管理；六是基本完成了生产队干部的续聘或选任工作；七是各县(市、区)农场职工家庭土地承包经营方案已经出台，职工家庭土地承包合同签订工作基本完成。

领导干部名录

德宏州农垦分局

局　长　(缺)

党委书记　罗星明(彝族，主持工作，2011年5月止)

党委副书记　宋建国(2011年6月止)

纪委书记　宋建国(2011年6月止)

德宏州农垦局

局　长　韦德斌(2011年6月任)

副局长　刘雪源(2011年6月任)

相明和(2011年6月任)

(《德宏农垦》撰稿　杨清志)

大事专题

党政机构

中国共产党德宏傣族景颇族自治州委员会

【概　述】　2011年，德宏州委面对国内外复杂多变的形势和重大自然灾害严峻考验，团结带领全州各族人民，深入贯彻落实科学发展观，紧紧抓住历史机遇，牢牢把握促进科学发展、增进民族团结、维护边疆稳定3大任务，高度重视民生民情，凝聚民心民力，加快发展步伐，圆满完成年初确定的各项目标任务，实现"十二五"良好开局。全州继续呈现出经济发展、社会进步、文化繁荣、民族团结、边疆安宁以及生态文明建设和党的建设全面加强的可喜局面。

一、经济持续强劲增长。年内，德宏州生产总值完成172亿元，比上年增长15.5%，连续3年保持15%以上增速，增速居全省前列；财政总收入完成30.9亿元，增长42.2%；实现地方财政一般预算收入18.9亿元，增长42.8%；完成全社会固定资产投资总额171.1亿元，增长30.7%。坚持夯实农业基础地位，粮食产量达65万吨，连续8年丰收。建成全省最大的水牛肉、水牛奶生产基地和全国最大的香料烟种植基地。村庄规划编制工作扎实推进。积极推进97个新农村典型示范村项目建设工作，50个省州项目村建设项目通过州级验收，社会主义新农村建设取得新成效。特色产业"五个百亿元工程"成效明显，新兴生物特色产业"六棵树一棵草"加快发展，建成全国最大的1万吨速溶咖啡生产线和最大的咖啡、坚果种植基地，荣获"中国坚果之乡"称号。新型工业化步伐加快，芒市硅铝合金新技术推广示范项目等一批重大工业项目相继开工建设，以盈江昆润公司为主体的中国多金属矿业有限公司在香港主板成功上市，成为州内首家上市公司。工业园区建设步伐加快。芒市天然气综合利用园前期工作积极推进。全年预计完成工业总产值133亿元、工业增加值47亿元，分别增长29.6%和22%。珠宝玉石产业发展呈显强劲态势，成功举办"中国·瑞丽第四届国际珠宝文化节"、"中国·芒市第二届泛亚国际珠宝博览会"等一批有影响的展会活动，德宏(国际)珠宝小镇荣获"亚洲珠宝第一镇"称号，盈江荣获"中华翡翠毛料城"称号，全年预计珠宝玉石交易额达80亿元。旅游文化产业加快发展，芒市勐焕大金塔二期、瑞丽傣王宫遗址公园等一批景区景点和景成地海温泉二期、芒市国际会议中心等一批旅游酒店项目建设加快推进，成功举办了中国·芒市2011国际泼水狂欢节等有影响的节庆活动，德宏入选"中国最具民俗文化特色旅游目的地"，全年实现旅游业总收入56亿元，增长21.2%。有一个美丽的地方——德宏正焕发出勃勃生机和无穷魅力。

二、基础设施建设取得重大突破。全年实施5000万元以上固定资产投资项目126个，增加13个；亿元以上项目61个，增加9个。交通基础设施建设取得重大突破。建成腾陇、潞梁2条二级公路，德宏迈入环州“高等级公路网”时代。建成畹町芒满至缅甸105码二级公路，成为全州首条跨境高等级公路。大瑞铁路保瑞段在瑞丽正式奠基，龙瑞高速公路、中缅油气管道(境内段)控制性工程开工建设。改建农村公路1071公里。麻栗坝水库等一批重大水利水电项目主体工程相继建成，盈江回龙河水库、瑞丽芒林中型水库相继完工，瑞丽220千伏等一批变电站建成运营。实施了一批小型农田水利、“兴地睦边”农田整治、病险水库除险加固、中小河流以及界河治理工程。瑞丽口岸查验货场、边民互市市场等一批口岸基础设施项目竣工并投入使用。市政基础设施建设力度加大。芒市机场大道、瑞丽大道等一批市政主干道路建设顺利竣工，城市园林绿化、亮化照明、供排水管网以及污水垃圾处理等市政建设不断完善，全州城市建成区面积达56.5平方公里。芒市成功创建国家卫生城市、省级园林城市。

三、改革开放迈出坚实步伐。重点领域和关键环节改革成效明显，政府机构改革圆满完成，乡镇机构改革顺利实施，农村综合改革稳步推进，教育、医药卫生体制改革不断深化，农垦改革稳步推进并成立了德宏州农垦局。按照中央和省委、省政府的战略部署和要求，主动作为，超前谋划，深入研究，快速行动，确定了桥头堡黄金口岸和瑞丽试验区建设的定位和思路，编制完成《瑞丽重点开发开放试验区实施方案》并上报国务院。云南省加快建设桥头堡动员大会在瑞丽隆重举行，瑞丽试验区建设正式启动，引起国内外广泛关注，人流、物流、资金流、信息流迅速聚集，德宏在全省、全国对外开放格局中的地位更加凸显。成功举办了第十一届中缅边交会。全州口岸人流量突破千万人次大关，车流量和货物流量再创历史新高。完成对外贸易进出口总额13.8亿美元，增长21.6%。成功包机试飞芒市至缅甸曼德勒的国际航线，新开通芒市至北京、上海、成都的国内航线。先后组织到北京、上海、深圳等国内大城市和缅甸、泰国等周边国家开展招商引资德宏专场推介会7场，积极与中国五矿、中粮、中国兵装、中电投、云冶、云投、云天化、正大集团等央企和国内外大型企业合作，全年新签订招商引资项目151个，其中投资规模上亿元的有22个，实际引进资金83.9亿元，增长52.6%。先后与国家开发银行、中国工商银行云南省分行等金融机构签订了共建金融服务平台战略合作协议。瑞丽国际华商产业园获国务院侨办正式授牌。德宏正迎来新一轮大开发、大开放、大建设、大发展的春天。

四、保障和改善民生成效显著。坚持以人为本、民生为重，全州各级财政民生类支出达56.5亿元，增长85%，扎扎实实解决了一批事关民生的热点难点问题。预计城镇居民人均可支配收入达15230元，增长10.5%；农村居民人均纯收入达4090元，增长21.4%。坚持优先发展教育，大力实施校舍安全工程，“两基”成果进一步巩固，完成对州民一中晋升省一级二等中学的省级评估，德宏师专升本工作取得阶段性成果。实施人才强州战略，人才队伍建设得到加强，科技工作扎实推进。进一步健全覆盖城乡居民的公共卫生和基本医疗服务体系，新型农村合作医疗参合率居全省第一，实现了城镇基本医疗保险州级统筹和省内异地联网结算，提高了城镇基本医疗保险待遇。全面启动城乡居民养老保险试点工作，农村最低生活保障标准提高72%，企业退休人员养老金平均提高10%。失业、工伤、生育等社会保险覆盖面进一步扩大。艾滋孤儿得到有效救助。全州6788套保障性住房全部开建。千方百计扩大就业，城镇登记失业率控制在4%以内。安全生产和食品药品安全工作不断加强。人口和计划生育工作扎实开展。体育事业健康发展。深入实施新一轮兴边富民行动，加大扶贫开发力度，实现脱贫4万人。州医疗集团内科住院大楼竣工，德宏职教园区、芒市国际中学、县市级医院门诊楼、瑞丽国际医院等一批重大民生项目开工建设和持续推进。科学、有序、有力、有效组织开展盈江“3·10”地震抗震救灾工作，得到了中央和省委、省政府“反应快捷，指挥有力，组织有序，成效显著”的充分肯定，以建设“美丽富饶新盈江”为目标的恢复重建工作顺利推进，截止年末，灾区民房98.49%的修复加固户已入住，95.8%的拆除重建户正在加紧施工建设，春节前大部分受灾群众将搬进新居。深入实施“七彩云南德宏保护行动”，万元GDP能耗下降2.4%，污染治理和节能减排成效明显。

五、边疆民族文化繁荣发展。坚持把社会主义核心价值体系建设作为根本任务，大力实施宣传思想文化六大工程，思想道德建设和精神文明创建活动深入推进。

“自力更生、勤劳致富、感恩思进”主题教育活动和“花果乡村、和谐家庭、幸福家园”创建活动富有成效。新闻舆论引导和媒体建设得到加强，送中央台、省台外宣稿件在全省各州市中排名第一，组建了云南日报社德宏分社、香港大公报德宏联络处。基层公共文化设施建设不断完善，48个乡镇文化站实现达标，195个行政村建立了文化活动室，建成农家书屋374个。深入实施边疆解“五难”惠民工程，广播电视人口覆盖率达93%。群众性文化活动蓬勃开展，407支业余文艺演出队、61支农村电影放映队活跃在广大乡村。文化体制改革深入推进，经营性文化单位实现转企改制。文化产业加快发展，预计年内全州文化产业增加值占生产总值的4.8%。加强民族文化传承和保护，中国德昂族博物馆建成开馆，《傣医药》、《目瑙斋瓦》被列为第三批国家级非物质文化遗产保护名录。文艺创作取得新成果，《烈焰景颇》荣获云南省第十一届新剧目展演金奖，积极创作编排大型傣剧《刀安仁》，组团参加云南省第四届青年歌手电视大奖赛获历史最好成绩。深入实施“四个一”民族文化传播工程，出版发行《德宏五大文化系列丛书》和《德宏少数民族文化系列丛书》。成功举办全国人口较少民族重点作家研讨会暨“百名作家德宏行”活动，建立全国民族文学创作基地。云南卫视大型跨年晚会《有一个美丽的地方》在瑞丽完成录制。德宏知名度、美誉度和对外影响力不断提升。

六、团结稳定的大好局面进一步巩固。牢牢把握各民族共同团结奋斗、共同繁荣发展的主题，全面贯彻落实党的民族政策和民族区域自治制度，组织开展第29个民族团结月活动，平等、团结、互助、和谐的社会主义民族关系进一步巩固。采取特殊措施加大少数民族干部培养选拔力度，少数民族干部比例不断提高。深入开展第三轮禁毒防艾人民战争，进一步完善州、县、乡、村、组5级责任明确、联动作战的工作格局和“一打、二防、三戒、四教”的禁毒防艾工作模式。抽调各级干部1074人次、组成503支工作队进村入社开展禁防工作，探索建立746个以抓禁毒防艾为切入点的村民理事会，继续保持强收、强戒、强打的高压态势，进一步巩固和扩大禁毒防艾成果。加强和创新社会管理，认真做好新形势下的群众工作，州和县市分别成立群众工作局。扎实做好信访维稳工作，全国“两会”和省第九次党代会期间德宏无人赴昆、进京上访。高度重视维护边疆稳定工作，建立完善边境管控、社会维稳工作机制，积极开展交通整治、消防安全、春季攻势、清网行动等专项行动，依法严厉打击各类违法犯罪活动，严密防范境内外敌对势力的渗透、破坏和分裂活动，切实维护边疆社会和谐稳定。

七、民主法制建设稳步推进。坚持党的领导、人民当家作主、依法治州有机统一。支持人大及其常委会依法履行职能，充分发挥人大代表的作用，积极开展民族自治地方立法工作。支持人民政协围绕团结、民主两大主题，充分发挥政治协商、民主监督、参政议政的职能作用。加强对台、侨务等工作，爱国统一战线不断巩固壮大。全面贯彻党的宗教工作方针，巩固了宗教和顺的大好局面。基层群众自治制度日益完善。深入开展普法和依法治州工作，依法行政水平明显提高。工商联工作进一步加强。工会、共青团、妇联等人民团体桥梁纽带作用积极发挥。国防动员和后备力量建设获得成都军区表彰。芒市成功创建“全国双拥模范城”，军政军民关系更加密切。关心下一代和老龄工作成效明显。政务、厂务、村务公开扎实开展。

八、党的建设科学化水平不断提高。紧扣“强组织，建阵地，聚人心，固边疆，促发展”的目标，全面加强党的思想、组织、作风、制度和反腐倡廉建设。采取“五用”措施，全面推进党的科学理论在边疆民族地区的大众化。加强学习型党组织建设，党员干部的思想政治素质不断提高。进一步深化创先争优活动，开展党员公开承诺、“评星晋级创三百”、“三联三创”等活动，深入开展向杨善洲学习活动，初步建立党组织履职岗位创先进、党员立足岗位争优秀的长效机制。认真组织开展纪念建党90周年系列活动。全面启动“四群”教育，实行干部直接联系群众制度。深入实施基层组织建设“五项工程”，全年发展农村党员2125人，全面消除党员空白村民小组。村级党员活动场所和农村党员干部现代远程教育站点建设实现全覆盖，社区党员活动场所建设扎实推进。非公经济组织和新社会组织党建工作扎实开展。严肃换届工作纪律，圆满完成州、县市、乡镇3级党委换届工作，各级领导班子结构进一步优化，整体功能进一步增强。加强领导班子建设，坚持民主集中制原则，进一步增强各级领导班子团结干事的能力。加强干部队伍建设，深化干部人事制度改革，组织开展州级机关单位公开选调干部2批次，竞争上岗工作力度进一步加大。加强干部教育、管理、监督工作。深入推进党风廉政建设和反腐败斗争，加强惩治和预防腐败体系建设。扎实开展地方党组织党务公开试点工作。州、县、乡、村、组5级为民服务体系进一步健全完善。加大对州委重大决策部署贯彻落实情况的监督检查力度，强化对权力运行的制约和监督，严肃查处了一批违纪违法案件，全年立案查处79件，处分91人，问责32人，营造了风清气正的干事创业环境。

【召开德宏州委五届十三次全体(扩大)会】 2011年1月8至9日，德宏州委在芒市会堂召开中共德宏州委五届十三次全体(扩大)会议。这次会议的主要内容是：深入学习贯彻党的十七届五中全会、中央经济工作会议和省委八届十次全会精神，全面贯彻落实科学发展观，认真总结全州“十一五”以来的工作以及2010年的工作，讨论审议《中共德宏州委关于制定国民经济和社会发展第十二个五年规划的建议》，提出“十二五”规划的指导思想、基本要求和目标任务，安排部署“十二五”期间的工作以及2011年的任务，统一思想，振奋精神，再接再厉，加快推进德宏桥头堡黄金口岸建设和经济社会跨越式发展。五届州委委员、候补委员，出席了会议；不是州委委员、候补委员的副州级以上领导干部(含非领导职务)，州中级人民法院、州人民检察院党组书记，州纪委委员，州委副秘书长，州人大常委会、州政府、州政协秘书长、副秘书长，州人大常委会、州政协各专门(工作)委员会主要负责人；不是州委委员、候补委员的县市(区)委书记、县(市)长；不是州纪委委员的县市纪委书记；不是州委委员、候补委员的州直和中央、省属驻德宏各单位党政主要负责人；担任过实职的副州级以上离退休老领导，州内部分企业负责人列席了会议。

【省管领导班子和领导干部年度考核测评及州委干部选拔任用工作评议会】 2011年1月9日，德宏州委在芒市举行云南省管领导班子和领导干部年度考核测评及州委干部选拔任用工作评议会议。五届州委委员、候补委员，州纪委常委，州人大常委会、州政府、州政协领导班子成员，州法院院长、州检察院检察长，州委工作部门、州政府工作部门和人民团体的主要负责人，各县市党政主要领导，州级部分离退休老领导，部分来自基层的州第五次党代会代表、州第十三届人民代表大会代表、十届州政协委员参加了会议。

【州委关于制定国民经济和社会发展第十二个五年规划的建议】 2011年1月9日，中共德宏州委五届十三次全会通过《州委关于制定国民经济和社会发展第十二个五年规划的建议》。明确制定“十二五”规划的指导思想：牢牢把握历史机遇，紧紧围绕把德宏建设成为中国向西南开放桥头堡黄金口岸的战略目标，以科学发展为主题，以加快转变经济发展方式为主线，以瑞丽重点开发开放试验区建设为突破口，着力优化经济结构，大力培育优势特色产业，加快工业化、城镇化、农业产业化和教育现代化步伐，加快体制机制创新，全面提高开发开放水平，切实保障和改善民生，更加重视生态建设和环境保护，不断推进富裕开放、和谐安宁的社会主义新边疆建设，努力实现经济社会跨越式发展。确定“十二五”时期经济社会发展主要目标：一是综合实力大幅提高。全州生产总值年均增长13%以上，地方财政一般预算收入年均增长20%以上，全社会固定资产投资年均增长30%以上，实现经济持续快速协调健康发展。二是结构调整不断优化。加工装配制造业、现代服务业增加值比重和城镇化率明显提高，“五个百亿元工程”目标全面实现，非公经济快速发展。三是生态建设持续改善。资源开发利用与保护更加合理，耕地保护更加强化，森林覆盖率进一步提高，环境污染得到有效遏制，废弃物排放控制和综合利用能力明显提高，可持续发展能力显著增强。四是改革开放有新突破。经济管理体制、行政管理体制、社会管理体制和农垦管理体制等重要领域和关键环节改革不断深化，进出口总额、实际利用外资大幅增长，全方位、多层次、宽领域对内对外开放格局进一步形成，桥头堡黄金口岸和瑞丽重点开发开放试验区建设取得突破性进展。五是社会事业全面发展。科教文卫事业迈上新台阶，基本公共服务体系日趋完善，各族群众科技文化素质和健康水平明显提高，社会更加和谐稳定。六是人民生活更加殷实。社会保障实现全覆盖。城镇居民人均可支配收入和农村居民人均纯收入实现与GDP同步快速增长，分别达到22000元和6400元左右。贫困人口大幅减少，城乡居民生活质量普遍提高。

【召开全州组织工作会】 2011年1月27日，德宏州委在芒市州委党校报告厅召开全州组织工作会议。这次会议的主要内容是：深入贯彻落实州委五届十三次全会精神和全省组织部长会议精神，总结回顾2010年全州组织工作，研究部署2011年任务。州委、州人大常委会、州政府、州政协分管联系领导，州委各部委，州级国家机关各委办局，各人民团体、各院校、中央、省属驻德宏各单位主要负责人和人事科科长，各县市委书记、副书记，组织部长、副部长，组织部办公室主任、组织股长、干部股长，畹町工委书记，州委组织部领导及相关科室负责人参加了会议。

【组织开展春节慰问活动】 2011年1月20至25日，德宏州委组织开展春节慰问活动，分13个组，分别由州级领导带队对各县市(区)、乡镇、受灾群众、困难户、残疾人、艾滋孤儿、农村老党员、老干部、基层干部、军烈属、革命伤残军人、驻军、武警、边防和在建重点工程及部分中央、省属驻德宏单位、环卫工人、农垦困难职工、科技、教育、统战等方面代表进行走访慰问。第1组由州委书记赵金，州委常委番跃平带队，主要慰问赵金书记联系老领导、部队驻军、科技单位及科技人员、重点工程建设人员、挂钩乡镇、贫困山区少数民族群众等。第2组由州委副书记、州长孟必光带队，主要慰问孟必光州长联系老领导、挂钩乡镇、基层单位、基层干部、龙头企业等。第3组由州委副书记唐文祥、州人大常委会原主任麻端带队，主要慰问统战对象、民族宗教爱国人士、归侨侨眷等。第4组由州人大常委会主任余麻约、州人大常委会副主任汪宝泉带队主要慰问余麻约主任联系老领导、挂钩乡镇、基层单位、基层干部、政法部门等。第5组由州政协主席龚敬政带队，主要慰问龚敬政主席联系老领导、挂钩乡镇、基层单位、基层干部、工商界人士等。第6组由州委常委、州政府常务副州长柳五三，州人大常委会副主任杨红带队，主要慰问盈江县、盈江中波台、腾陇路在建工程、德宏供电公司、云南电网德宏供电局、龙江水电公司、德宏交通运输集团。第7组由州委常委、德宏军分区政委马福朝，州人大常委会副主任王兴才带队主要慰问芒市。第8组由州委常委、瑞丽市委书记杨跃国，州政府副州长苏洪涛，州政协副主席杨丽云带队，主要慰问瑞丽市(含畹町、姐告)、瑞丽中波台。第9组由州委常委、州委宣传部部长陈德金，州人大常委会巡视员赵家培，州政府副州长孔勒干带队，主要慰问全州突出贡献的科技人员、基层科技人员、优秀教育工作者，省网络公司德宏分公司、州电视转播台、705台。第10组由州委常委、州委政法委书记郭志德，州人大常委会副主任毛勒端，州政府副州长马闻，州政协副主席杨庆华带队，主要慰问德宏军分区机关、77332部队机关、德宏公安边防支队机关、武警德宏支队机关、德宏公安消防支队机关，解放军、武警、边防新兵营，芒市地区公安(含森林公安)、交警基层站(所)及110干警，移交地方安置的军队离退休干部。第11组由州委常委、州妇联主席李燕兰，州政府副州长高铁英带队主要慰问陇川县、陇川中波台。第12组由州委常委、州纪委书记赵镇康，州人大常委会副主任汪宝泉，州政府副州长板岩过带队，主要慰问梁河县。第13组由州委常委、州委组织部部长何汝利，州政协副主席董成宝带队，主要慰问省委选派干部、芒市地区州直副处级以上离退休领导干部及在昆离退休领导干部。

【召开全州教育工作暨“两基”迎国检总结表彰大会】 2011年2月24日，德宏州委在芒市会堂召开全州教育工作暨“两基”迎国检总结表彰大会。州委常委、州政府分管领导，州人大、州政协主要领导和分管领导；州直和中央、省属驻芒市地区各单位副科实职以上领导干部；各县市(区)党委、政府主要领导和分管教育工作的领导，人大、政协各1位领导；州直“两基”工作先进个人；各县市(区)“两基”工作先进集体、先进个人代表；各县市(区)教育局局长、教育督导室主任；州直各学校(院、园)书记、校(院、园)长，德宏师专书记、校长；州教育局全体干部职工参加了会议。

【召开全州宣传思想暨文化建设工作会】 2011年2月28日，德宏州委在芒市会堂召开全州宣传思想暨文化建设工作会议。这次会议的主要内容是：传达贯彻全省文化建设工作会议和全省宣传思想文化工作会议精神，系统总结德宏文化改革发展的成绩、经验以及2010年度的宣传思想工作，研究部署全州当前和今后一段时期的宣传思想及文化建设工作，表彰奖励文化建设先进集体和个人。州委常委，州人大、州政府、州政协主要领导和分管领导，中央、省直驻德宏各单位和州直各部门主要负责人，各县市(区)委书记、县市长(管委主任)，宣传部长、分管文化工作的副县(市)长，文化局长、广电局长、文明办主任、外宣办主任、文产办主任、文联主席，县市委宣传部办公室主任，州直宣传文化系统副科级以上干部；获奖单位和个人代表；新闻媒体记者，州文联各协会主要负责人，作家、艺术家代表；文化企业代表参加了会议。会上，州委书记赵金，州委副书记、州长孟必光作了重要讲话，并表彰奖励德宏州文化工作先进单位、德宏州先进文化工作者、德宏州优秀艺术作品、德宏州先进文化企业、德宏州文化产业示范基地。

【召开德宏州第三轮禁毒防艾人民战争工作会】 2011年5月9日，德宏州委在芒市会堂召开德宏州第三轮禁毒防艾人民战争工作会议。这次会议的主要内容是：认真总结第二轮(2008～2010年)禁毒防艾工作，表彰奖励先进集体和个人，深入分析当前存在问题和面临的形势，安排部署全州第三轮(2011～2015年)禁毒防艾人民战争各项工作。州委、州人大常委会、州政府、州政协在家领导，州直各单位和中央、省属驻德宏各单位负责人及正科实职以上领导干部，州派禁毒防艾工作队全体人员，各县市(区)党政主要领导，政法委书记，分管政法工作、防艾工作的副县市长，禁防办、禁毒办、防艾办负责人，各乡镇党委书记、乡镇长；受表彰的部分先进集体代表和优秀个人参加了会议。会议由州委副书记、州长孟必光主持。会上，州委书记赵金作重要讲话，对第二轮禁毒人民战争中涌现出来的先进集体和优秀个人部分代表进行表彰，州人民政府分别与各县市人民政府签订2011年禁毒目标责任书和防艾目标责任书。

【州委州政府出台开展第三轮禁毒防艾人民战争的意见】 2011年5月10日，德宏州委州政府为深入推进禁毒防艾人民战争深入持久开展，巩固和扩大前6年禁毒防艾人民战争成果，努力攻克毒品和艾滋病2大难关，夺取禁毒防艾人民战争新胜利，州委州政府出台了德宏州开展第三轮禁毒防艾人民战争工作的意见(2011～2015年)。明确提出第三轮禁毒防艾人民战争的指导思想：坚持以邓小平理论和“三个代表”重要思想为指导，深入贯彻落实科学发展观，坚持“党委领导，政府负责，部门合作，社会参与，以人为本，依法防治，综合治理，突出重点，注重实效”的工作方针，坚持“四禁并举”和“预防为主、防治结合”的禁防工作原则，注重把禁毒防艾工作重心前移到农村基层，注重把禁毒防艾工作重点前移到宣传教育，在各族干部群众中牢固树立“毒品不禁、我心不甘，艾滋病不灭、我夜不眠”的强烈责任感、危机感和紧迫感，不断深化社会管理创新，深化“一打，二防，三戒，四教”的工作模式，既广泛发动各族干部群众，集中全社会各方面的力量，又充分发挥专业队伍的突出优势，采取一切行之有效的措施，努力减少和消除毒品、艾滋病对德宏各族人民的直接危害，减轻对全州经济社会发展造成的重大影响，推动经济社会又好又快发展，努力开创德宏科学发展新局面，为“桥头堡”黄金口岸建设营造良好发展环境，为全省、全国减轻因毒品、艾滋病带来的压力，为更大范围的和谐稳定作出应有的贡献。总体目标：通过第三轮为期5年的禁毒防艾人民战争，力争做到“三个扩大”、“四个完善”，实现禁防工作“四降三升”的目标。禁毒工作的具体任务是：新滋生吸毒人员每年控制在1%以内；全州强制隔离戒毒人员收戒数年度保持在吸毒人员现有数的35%以上；社会面上基本无失控漏管吸毒人员；老弱病残吸贩毒人员管控达率达95%；吸毒人员戒断巩固3年以上人数比例逐年提高；戒断出所吸毒人员社区衔接率达100%；吸贩毒窝点及地下毒品市场进一步减少；全州毒品原植物保持零种植；新型毒品防范工作不断强化；禁毒知识普及入户率达100%以上，100%的青少年(10岁以上)要了解毒品常识，知道毒品危害，到2015年末每个县(市)必须创建2所学校禁毒“大讲堂”。防艾工作的具体任务：全面普及艾滋病防治知识和政策，各种人群防艾知识知晓率达90%以上；深入开展监测检测工作，对新婚、孕产妇、高危人群艾滋病病毒抗体检测率分别达98%以上、95%以上、98%以上；加强艾滋病病毒感染者管理，管理率达89%以上；扩大综合干预覆盖面，对娱乐场所高危人群有效干预措施覆盖率达90%以上；加强对吸毒人群的干预工作，美沙酮维持治疗门诊在治人数达200人以上，保持率达70%以上；认真落实“四免一关怀”政策，对符合治疗条件的艾滋病病毒感染者和病人给予抗病毒治疗比例达90%以上；加强血液管理，临床用血100%来自无偿献血。

【召开盈江“3·10”抗震救灾总结表彰暨恢复重建工作推进大会】 2011年5月16日，德宏州委在盈江县委小礼堂召开盈江“3·10”抗震救灾总结表彰暨恢复重建工作推进大会。州委、州人大常委会、州政府、州政协主要领导，德宏州盈江“3·10”地震灾后恢复重建工作领导小组及指挥部8个工作组组长、副组长，州委各部委、州级国家机关各委办局、各人民团体、各院校，中央、省属驻德宏单位负责人，瑞丽、芒市、陇川、梁河、畹町党委、政府领导，盈江县副科实职以上领导干部，受表彰的先进集体和先进个人代表参加了会议。会议由州委唐文祥副书记主持。会上，州委书记赵金作总结动员讲话，州委副书记、州长孟必光宣读表彰决定，并对先进集体和先进个人代表进行了表彰。

【州委中心组学习】 2011年5月19日，德宏州委在州委一楼会议室开展中心组学习。这次学习的主题是：认真贯彻落实胡锦涛总书记等中央领导关于加强社会管理，做好新形势下群众工作的重要批示精神和省委群众工作会议精神以及《中共云南省委关于认真贯彻落实胡锦涛总书记重要指示精神深入开展向杨善洲同志学习活动的通知》要求，紧扣“学习杨善洲精神，做好新形势下群众工作”这个主题，结合各自分管和联系工作的实际，深入分析思考，提出贯彻落实措施及意见。州委中心组成员，州委副秘书长，州纪委副书记、州委组织部副部长、州委宣传部副部长、州委政法委副书记，州政府办、州信访局、云南日报驻德宏记者站主要负责人参加了学习。7月19日，州委在州委一楼会议室举行中心组学习。这次认真学习的主题是：深入贯彻胡锦涛总书记在庆祝中国共产党成立90周年大会上的重要讲话精神和加快推进桥头堡黄金口岸建设的相关内容。州委中心组成员，州委副秘书长、州纪委副书记、州委组织部副部长、州委宣传部副部长、州政府办、州委党史研究室、州发改委、州工信委、州财政局、州国土资源局、州住建局、州交通运输局、州农业局、州林业局、州统计局、州旅游局、州信访局、州桥堡办、州国税局、州地税局、德宏检验检疫局、州人行、州边防支队、云南日报驻德宏记者站、瑞丽海关主要负责人参加了会议。会上，中心组成员和其他参加学习人员作了很好的发言，州委赵金书记作总结讲话。

【州委出台关于进一步加强新形势下群众工作的意见】 2011年5月20日，德宏州委为进一步做好联系群众、宣传群众、组织群众、服务群众、团结群众的工作，凝聚全州各族群众力量，全力推动桥头堡黄金口岸建设，努力实现“十二五”时期经济社会发展目标，州委出台关于进一步加强新形势下群众工作的意见。具体措施：一是深化做好新形势下群众工作重要性的认识，牢固树立群众观点。二是健全和完善群众工作制度，提高群众工作的规范化、法制化水平。三是强化服务群众的工作机制，增强群众工作的系统性、有效性。四是继承和创新群众工作方式方法，提高群众工作的针对性和主动性。五是进一步加强群众工作领导。六是进一步加强群众工作组织保障，打牢群众工作基础。七是加快经济发展，大力改善民生。

【召开省加快建设面向西南开放重要桥头堡动员大会】 2011年5月30至31日，云南省委、省政府在瑞丽市召开云南省加快建设面向西南开放重要桥头堡动员大会。这次会议的主要内容是：认真贯彻落实中央关于支持云南省加快建设面向西南开放重要桥头堡有关精神，动员全省各族人民统一思想、振奋精神、团结一心，全面启动中国面向西南开放重要桥头堡暨瑞丽国家重点开发开放试验区建设。5月30日，在瑞丽江广场举行瑞丽国家重点开发开放试验区建设启动仪式；在瑞丽客运站项目地举行大瑞铁路保瑞段建设动员大会；在瑞丽市姐勒收费站附近召开龙瑞高速路建设动员大会。召开云南省加快建设面向西南开放重要桥头堡动员大会。动员大会设主会场和分会场，主会场在瑞丽市景成地海温泉酒店会议厅；全省各州市、县市(区)设分会场，以视频会议形式召开。全州州级分会场设在州政府视频会议室。州委常委、州人大常委会主任、州政协主席、州政府副州长，州政府秘书长及州委、州政府相关副秘书长，州中级人民法院院长、州人民检察院检察长；瑞丽市四班子主要领导、分管副市长，芒市、盈江县、梁河县、陇川县、畹町经济开发区、姐告边境贸易区、章凤口岸经济区党政主要领导；州直有关部门和中央、省属驻德宏有关单位主要领导在主会场参加了会议。

【召开省政府德宏专题工作会】 2011年5月31日，云南省委、省政府在瑞丽市景成地海温泉度假中心会议厅召开德宏专题工作会议。州委常委、州人大常委会主任、州政协主席、州政府副州长，州政府秘书长及州委、州政府相关副秘书长，州中级人民法院院长、州人民检察院检察长；瑞丽市四班子主要领导、分管副市长，芒市、盈江县、梁河县、陇川县、畹町经济开发区、姐告边境贸易区、章凤口岸经济区党政主要领导；州直有关部门和中央、省属驻德宏有关单位主要领导参加了会议。会上，州委副书记、州长孟必光汇报德宏州经济社会发展相关工作情况；省发展改革委米东生主任代表省政府前期调研组汇报前期调研工作情况；参会有关部门领导和省级领导先后作了发言；省委常委、常务副省长罗正富代表省政府就德宏州请求帮助解决的相关问题作答复意见；省委副书记、省长秦光荣作重要讲话。

【国家部委联合调研组到德宏调研】 2011年6月10至12日，由国家发改委西部司巡视员费志荣带队、国家13个部委相关人员组成联合调研组就瑞丽重点开发开放试验区建设工作到德宏州进行专题调研。调研组一行对瑞丽进行实地调研，听取瑞丽重点开发开放试验区实施方案介绍，研究讨论试验区建设的总体思路、战略定位、主要任务、支持政策等重大问题。6月11日，在瑞丽景成地海温泉酒店会议中心召开瑞丽重点开发开放试验区建设调研座谈会。州委、州政府有关领导；州政府秘书长，州委、州政府相关副秘书长；州委办、州政府办、州委州政府政策研究室、州编办、州桥堡办、州发改委、州工信委、州外事办、州公安局、州财政局、州国土资源局、州交通运输局、州铁建办、州商务局、人行德宏州中心支行、州国税局、瑞丽海关、州地税局、州旅游局、德宏边防支队、芒市机场、瑞丽出入境检验检疫局、瑞丽边防检查站、畹町边防检查站等相关部门负责人；瑞丽市党政主要领导、相关副市长，对口部门负责人；芒市、陇川县党政主要领导；畹町经济开发区、姐告边境贸易区党政主要领导、章凤口岸经济区管委主任参加了座谈会。

【召开庆祝中国共产党成立90周年大会】 2011年6月30日，德宏州委在芒市会堂报告厅召开庆祝中国共产党成立90周年大会。州委常委，州人大常委会、州政府、州政协副州级以上党员领导；部分离退休州级党员领导；州直和中央、省属驻德宏各单位党组(党委)负责人，州直各部门正科实职以上党员干部；各县市(区)委书记、副书记、纪委书记、组织部长、宣传部长，工会、妇联、共青团负责人；受表彰的百强党组织、百佳书记、百优党员，党群共建创先争优活动先进组织和个人参加会议。会上，州委赵金书记作重要讲话，并表彰百强党组织、百佳书记、百优党员，党群共建创先争优活动先进组织和个人。

【省委副书记李纪恒到德宏调研】 2011年7月12至15日，云南省委副书记李纪恒到德宏调研经济社会发展全面工作，重点督促检查省委、省政府对盈江恢复重建工作各项部署的贯彻落实情况，以及白恩培书记、秦光荣省长对盈江恢复重建工作的指示和要求贯彻落实情况，扎实推动盈江恢复重建工作。州委书记赵金，州委副书记、州长孟必光，州委副书记唐文祥全程陪同调研。7月13日，在盈江县政府会议厅召开调研座谈会。州委、州政府陪同调研的领导，盈江“3·10”地震灾后恢复重建指挥部办公室主任、副主任及下设8个工作组组长、副组长；州和盈江县党办、政府办，州和盈江县发改、财政、住建、民政、组织、国土部门主要负责人；盈江县委常委、副县长，县人大、政协主要领导参加了会议。

【召开州委群众工作会】 2011年8月8日，德宏州委在芒市会堂报告厅召开州委群众工作会议。这次会议的主要内容是：贯彻落实党的十七届五中全会和省委群众工作领导小组第一次会议精神，深入分析当前全州群众工作面临的形势和任务，研究部署进一步推进全州群众工作的思路和措施。州委群众工作领导小组组长、副组长、成员；各县市(区)委书记或县市长、政法委书记和分管副县市长，信访局局长；州委和州级国家机关各部委办局，各人民团体，各院校，中央、省属驻德宏各单位主要负责人和专兼职信访干部、特邀企业负责人参加了会议。

【召开地方党组织党务公开工作动员大会】 2011年8月12日，德宏州委在芒市会堂报告厅召开全州地方党组织党务公开工作动员大会。州委常委，州人大常委会、州政府、州政协党组主要负责人和党组成员，州人大常委会、州政协各委室负责人；州党务公开领导小组成员及下设机构工作人员；各县市(区)委书记、县市长，畹町、姐告工委常务副书记、管委分管副主任，各县市(区)纪委书记、党办主任、组织部长、宣传部长；州委各部委，州级国家机关各委办局，各人民团体，各院校，中央、省属驻德宏单位党委(党组、党总支)书记、行政主要负责人；州纪委各派出纪工委书记、监察分局局长，各室负责人参加了会议。

【州委出台关于地方党组织党务公开的实施意见】 2011年8月12日，德宏州委为积极探索地方党组织实行党务公开的有效途径，州委出台关于地方党组织党务公开的实施意见。明确提出德宏州党务公开的指导思想：围绕发展党内民主、保障党内监督，积极推进党内民主建设，最大限度地扩大党员群众对党内事务的知情权、参与权、选择权、监督权，增强党务工作的透明度，不断提高党组织的创造力、凝聚力、战斗力，为建设富裕开放、和谐安宁的社会主义新边疆提供有力保证。基本原则：以服务发展、改革创新、依法依纪、积极稳妥、注重实效为原则，进一步明确实施主体和主要任务，确定了公开内容、方式、程序、范围和时限。

【召开州委五届十七次全体会议】 2011年9月15日，德宏州委在州委一楼会议室召开中共德宏州委五届十七次全体会议。专题听取州第六次党代会筹备工作情况汇报，州委副书记唐文祥代表筹备组作了工作汇报。五届州委委员、候补委员参加了会议。

【召开德宏州第六次代表大会】 2011年9月20至22日，中国共产党德宏傣族景颇族自治州第六次代表大会在芒市召开。这次大会的主要任务是：全面总结州第五次党代会以来的工作，确定今后5年的奋斗目标和主要任务，选举新一届州委和州纪委，选举出席省第九次党代会代表，动员全州党员和各族干部群众，解放思想敢于争先，凝心聚力团结干事，全力加快桥头堡黄金口岸和瑞丽重点开发开放试验区建设，大胆创造沿边开放奇迹，努力开创德宏全面发展新时代。州第六次党代会代表出席了会议。不是代表的中共德宏州第五届委员会委员、候补委员；不是代表的中共德宏州纪律检查委员会委员；不是代表的新一届州委委员、候补委员和州纪委委员候选人预备人选，不是代表的州级国家机关各部委办局、各人民团体、各院校、中央省属驻德宏有关单位主要领导，州人大常委会、州政府、州政协非党州级领导列席了会议。在职厅级领导和省、州离退休正厅级老领导，部分知名企业代表特邀列席了会议。

【召开州委六届一次全体会议】 2011年9月23日，德宏州委在芒市会堂报告厅召开州委六届一次全体会议。这次会议的主要内容是：选举六届州委常委、书记、副书记。赵金、龚敬政、唐文祥、柳五三、马福朝、杨跃国、郭志德、番跃平、李燕兰、赵镇康、何汝利当选为六届州委常委，赵金当选为书记，龚敬政、唐文祥当选为副书记。六届州委委员、候补委员出席了会议，新一届州纪委委员列席了会议。

【州委州政府出台关于加快卫生事业发展的决定】 2011年12月5日，德宏州委为进一步深化医药卫生体制改革，加快“十二五”卫生事业发展，实现人人享有基本医疗卫生服务，保证全州各族群众身体健康水平，促进桥头堡黄金口岸建设和全州经济、社会快速发展，州委州政府出台关于加快卫生事业发展的决定。明确提出加快卫生事业发展的指导思想：深化医药卫生体制改革，坚持公共医疗卫生的公益性质，坚持预防为主、防治结合，以社区和农村为重点、中西医并重的方针，依靠科技和人才，坚持保基本、强基层、建机制，转变卫生发展方式，全面实施“百姓健康工程”，打造“健康德宏”，切实提高全州各族群众的健康水平，促进全州科学发展，和谐发展，跨越发展。基本原则是：坚持以人为本，切实维护人民健康权益的原则，突出公共医疗卫生的公益性，坚持政府主导，积极发挥市场机制作用，引导社会资本参与，全面推进卫生事业发展。发展目标：到2015年，全州居民人均期望寿命在上年基础上提高1岁；传染病发病率控制在250/10万以内；孕产妇死亡率控制在40/10万以内，婴儿及5岁以下儿童死亡率分别控制在11‰和13‰以内；全州艾滋病新发感染人数较上年减少25%，病死率控制在10/100人年以内；全州每千人口拥有病床数达4.3张、卫生技术人员达4.3人。

【州委州政府出台关于加快实施“兴水强州”战略的决定】 2011年12月6日，德宏州委州政府为加快推进全州水利基础设施建设的科学发展，实现全州水利改革发展的新跨越，州委州政府出台关于加快实施“兴水强州”战略的决定。明确提出“兴水强州”战略的指导思想：按照党的十七届五中、六中全会和省第九次党代会以及州第六党代会的部署，以中央加快水利改革发展为契机，加快实施 “兴水强州”战略，把水利建设作为全州基础设施建设的优先领域，把农田水利建设作为农村基础设施建设的重点任务，把严格水资源管理作为加快经济发展方式转变的战略举措，加大对水利基础设施建设的投入，注重科学治水、依法治水，突出加强薄弱环节建设，大力发展民生水利，不断深化水利改革，加快建设节水型社会，促进水利可持续发展，为推进桥头堡黄金口岸建设提供坚实的水利保障。目标任务：通过实施“兴水强州”战略，从根本上扭转水利制约全州经济社会发展的状况。到2020年，基本建成水资源合理配置和高效利用体系、防洪抗旱减灾体系、水资源保护和河湖健康保障体系以及有利于水利科学发展的制度体系。主要发展目标：到2015年，总库容达到4.87亿立方米以上，年供水能力达到14.11亿立方米以上，水资源开发利用率提高到6.7%；水库干支渠建设配套基本完善，城镇供水保障和应急供水能力得到提高，农村饮水安全问题基本解决；万元国内生产总值和万元工业增加值用水量明显降低；新增农田有效灌溉面积23.11万亩，农业灌溉用水有效利用率明显提高。重点城市和防洪保护区防洪能力明显提高，重点中小河流重要河段治理基本完成，现有病险水库隐患基本消除，山洪灾害防治区监测预警系统和群测群防体系基本建立，干旱易发区、重要城市、粮食主产区应急供水能力逐步提高，防汛抗旱应急能力进一步增强。水土流失综合防治体系初步建立，新增水土流失综合治理面积268.45平方公里；生态脆弱地区水生态修复取得明显成效，主要江河湖库功能区水质明显改善，水功能区主要水质达标率提高到85%以上；逐步建立起水资源和水生态补偿机制。全州水法规体系基本形成，水公共管理与社会服务能力进一步增强；以公共财政为主渠道稳定增长的水利投融资体制基本形成，最严格的水资源管理制度初步建立，水利工程良性运行与管护机制基本健全，水资源节约和合理配置的水价形成机制初步建立；水利应急管理体系、安全监督体系、科技创新体系和质量管理体系基本形成，基层水利服务体系进一步完善。

【召开德宏州卫生事业发展大会】 2011年12月29日，德宏州委州政府在芒市会堂办公厅召开德宏州卫生事业发展大会。州委、州人大常委会、州政府、州政协主要领导和分管联系领导，州直和中央、省属驻德宏有关单位主要负责人，州直医疗卫生单位、州管民营医院负责人；各县(市)委书记或县(市)长，分管副县市长(含畹町工委、管委)，发改、财政、卫生、编办、人社及县(市)直医疗卫生单位主要负责人，乡镇卫生院院长，乡村医生代表参加了会议。

(《州委》撰稿　李志祥)

组织工作

【抗震救灾】 2011年3月10日，盈江县发生里氏5.8级地震，造成较大人员伤亡和财产损失。德宏州委组织部迅速行动，号召全州各级党组织和广大党员干部投入抗震救灾。广泛发动灾区各级党组织开展以“树起一面旗帜、叫响一句口号、组建一支队伍”为主要内容的“三个一”活动，在救灾第一线发展党员93名，组建“党员突击队”375支。各级党组织、广大共产党员和领导干部充分发挥战斗堡垒作用、先锋模范作用和带头表率作用，在抗震救灾中创先争优。3月17日，中央政治局委员、中央书记处书记、中央组织部部长李源潮对盈江灾区“党员突击队”积极投入抢险救灾给予了高度评价。结合抗震救灾和恢复重建工作实际，州委组织部指导盈江灾区建立实行了县级领导联乡包村、部门领导和乡镇领导联村包组、党员干部联组包户的“三联三包”抗震救灾工作责任制，明确驻村工作组“十项职责”，干部与灾区群众同吃、同住、同劳动，做到“工作不完成，干部不出村；事情不解决，干部不撤离”。同时，指导盈江县委研究制定《在抗震救灾和灾后恢复重建期间干部考核及选拔任用延伸考察工作暂行办法》，将抗震救灾和恢复重建工作与干部考核、考察工作相结合，探索建立在抗震救灾和灾后重建一线中发现、培养、锻炼干部工作机制。地震发生后，州委组织部及时将救灾党费发放到受灾党员群众手中(其中，中组部下拨救灾党费100万元；青海省委组织部捐赠救灾党费10万元；省委组织部下拨救灾党费10万元；州委组织部下拨救灾党费10万元；州直机关工委捐赠救灾党费2万元)。全州有760个基层党组织11000多名党员干部投入盈江县“3·10”地震抢险救灾阶段各项工作，为顺利推进灾后恢复重建，打造美丽富饶新盈江奠定了坚实基础。

【庆祝建党90周年活动】 2011年6月30日，中共德宏州委召开建党90周年庆祝大会，对全州创先争优“评星晋级创三百”活动和基层党建工作中涌现出的100个先进基层党组织、100名优秀党组织书记和100名优秀共产党员进行表彰，分别授予“百强支部”、“百佳书记”、“百优党员”称号，同时对党群共建先进群团组织和个人进行了表彰。州和县(市)组织优秀党员、党务工作者、文艺界、社科理论界、工商界、离退休干部党员和党外人士代表座谈，举办文艺晚会，组织优秀图书展销，优秀歌曲、影视剧展播，开设报刊、网络专栏等系列文化宣传活动和开展党的知识竞赛、义务植树等群众性纪念活动，以各种丰富多彩的形式隆重庆祝中国共产党成立90周年。

【中组部调研组到德宏调研】 2011年11月11至15日，中组部研究室副巡视员李京峄、副调研员葛立鹏一行在云南省委组织部部务委员、副巡视员、机关党委书记杜敏生陪同下，到德宏州就党政领导干部经历及成长规律问题进行专题调研。调研组指出，要在确保积极稳妥地推进干部人事制度改革工作的基础上，对党政领导干部锻炼培养和选拔进行有益的探索和尝试，为推动边疆民族地区跨越式发展、超常规发展提供强有力的干部人才保障。调研组对德宏加快特色产业发展、“非公”经济党建和桥头堡黄金口岸建设提出了意见和建议。州委常委、瑞丽市委书记杨跃国，州委常委、州委秘书长番跃平，州委常委、州委组织部长何汝利等领导陪同调研。

【“四群”教育活动】 2011年12月23日，德宏州全面启动“群众观点、群众路线、群众利益、群众工作”教育活动和干部直接联系群众工作。州委组织部以“访民情、送服务，抓落实、办实事，强组织、谋发展，促和谐、固边疆”为主题，以开展干部进农户、支部进农村、部门送服务“两进一送”活动为载体，组织各级领导和广大党员干部深入实际、深入基层、深入群众解决实际问题。年内，全州领导干部开展“三深入”4205人次，直接联系群众户数8721户，发放民情联系卡8920张，填写民情登记表2890张，建立民情台账1066套。各级各部门先后深入全州51个乡镇(街道)，373个村(居)委会，服务群众4379人次，解决群众反映突出问题96件，走访慰问困难群众1980户，送去慰问金33余万元，帮助落实产业发展、基层设施建设等各类项目112件。年内，州委组织部帮助“四群”教育活动挂钩联系点，梁河县勐养镇帮盖村协调并投入各类帮扶资金94万元。

【创先争优活动】 2011年，德宏州各级党组织按照中央、省委和州委安排部署，继续深入开展创先争优活动。全州各级党组织和党员积极争创“百强支部”，争当“百佳书记”、“百优党员”，全面开展“评星晋级创三百”活动。以“五争三创”为载体，搭建群团组织争创平台，基层党组织和党员结合中心工作、岗位职责和自身实际向群众作出公开承诺。全州470个党政机关党组织、1800多名党员领导干部、10800多名机关党员与基层党组织、挂钩联系点和农村党员广泛开展“三联三创”活动，为基层党员群众办好事、实事3万多件。在推进创先争优活动中，全州3552名党组织书记和县处级以上党员领导干部开展领导点评工作。大力开展基层党组织(省级4个、州级35个、县级200个)、工会组织(州级4个、县级6个)、共青团组织(州级10个、县级10个)和妇联组织(省级1个、州级5个、县级29个)示范点创建工作。深入开展学习杨善洲先进事迹活动，对全州机关、农村、社区、教育、卫生、企业等行业和领域中涌现出的先进基层党组织和优秀党员进行宣传报道，同时组织开展“州、县(市)委书记畅谈创先争优”、“桥头堡黄金口岸建设大讨论”活动。全州373个窗口单位和服务行业7988名工作人员结合岗位实际开展“四亮四创四评”活动。

【三级党委换届选举工作】 2011年，德宏州委组织部按照云南省委、州委统一安排部署，突出抓好责任制、承诺制、谈心谈话制“三项制度”，严格把好安排部署、工作调研、学习培训、宣传教育、考试、督察、考核、考察、酝酿讨论和会议选举“十道关口”，全力推进州、县(市)、乡(镇)3级党委换届选举工作。3月14日，全州50个乡(镇)党委换届工作圆满结束，选举产生乡(镇)党委委员466名。其中：乡(镇)党委书记50名，乡镇党委副书记99名，乡(镇)纪委书记50名。选举产生县(市)党代会代表3248名。6月12至18日，芒市、梁河、盈江、陇川、瑞丽五县(市)分别开展了县(市)党委换届工作。选举产生县(市)党委委员167名，党委候补委员23名，纪委委员125名；县(市)委常委55名，其中书记5名，副书记10名；县(市)纪委常委45名，其中书记5名，副书记15名；选举出席州第六次党代会代表359名。9月19至22日，中共德宏州第六次党员代表大会在芒市召开。会议全面总结州第五次党代会以来的工作，确定今后5年的奋斗目标和主要任务，顺利选举产生了新一届州委、州纪委领导班子及全州出席省第九次党代会代表。

本次换届选举产生新一届州委委员39名，州委候补委员6名，州纪委委员31名；新一届州委常委11名，其中书记1名，副书记2名；州纪委常委9名，其中书记1名，副书记3名；德宏州出席云南省第九次党代会代表19名，其中领导干部12名，各类专业技术人员4名，先进模范人物3名。全州3级党委换届选举工作实现“党委满意、干部群众满意、社会满意”的目标。

【边疆党建长廊建设】 2011年，德宏州委组织部认真按照《德宏州完善村级组织运转经费保障机制试行办法》，切实做好全州上年度在职村干部绩效考评工作，及时发放村干部基本补贴、农村(社区)党员培训经费。年内进一步抓好村级活动场所建设后续工作，在“建、管、学、用”上下功夫，积极发挥村级活动场所5大功能，推动党组织活动室从“四有”目标向“七有”目标迈进。继续做好与昆明市结对共建工作，州内各县(市)积极与昆明市所属的5个县(市、区)开展挂钩联系。昆明市及所属的5个县(市、区)投入德宏州各类帮扶建设资金96万元，帮助援建村民小组党组织活动室3个，开展科技培训10场次，培训党员群众1380名。盈江县“3·10”地震发生后，昆明市委组织部捐款34万余元，支持灾区党组织活动场所恢复重建。同年，州委组织部召开全州社区党建工作推进会，明确2012年底前全面完成27个社区活动场所建设的目标任务。同时对党组织软弱涣散、党务村务管理混乱、经济社会发展滞后及矛盾问题较为突出的后进社区进行认真排查和整改。年内建立“非公”企业党建工作信息管理制度，认真落实“非公”企业领导班子、干部责任考核制度和“非公”企业班子成员抓党建工作“一岗双责”制，在全州新社会组织和“非公”经济组织中新建立党组织9个。年内认真开展农村党员关爱行动和春节慰问工作，及时将省、州下拨的34.55万元专项资金下拨到各级党组织。“七一”期间，全州各级党组织走访慰问老党员、困难党员、受灾党员13824人，发放慰问金304.69万元。

【基层党建“五项工程”】 2011年，德宏州委组织部继续深入推进农村党员发展、农村党员素质提高、农村带头人培养、“红旗飘飘”和农民服务站建设“五项工程”。年内采取集中轮训与分散培训等多种方式，对入党积极分子进行系统培训，发展农村党员2125名。整合农业、林业、发改、科技、民宗、扶贫等部门资源，利用农村党员干部现代远程教育系统等平台，为农村党员提供劳动技能培训，市场信息服务和发展项目帮扶。举办党员培训1749场次，培训党员55607人次，建立党员示范户925户，培训基地105个。年内培养农村致富带头人1912名。其中：党组织书记251名，村委会主任114名，致富党员845名，党员骨干531名，其他171名。结合乡(镇)党委换届工作，有1027名农村致富带头人被推选为党代表。不断完善“红旗飘飘”工程运行管理办法，提高影响力和覆盖面，全州10个乡镇、11个村委会、88个村民小组、3935户群众户和2393户党员户悬挂的国旗党旗适时得到更新，悬挂方式不断得到规范。年内进一步加快乡镇(村)农民服务站点规范化建设，全年接访群众159401人次，受理群众反映问题56139件、为群众办好事实事7392件。

【农村党员干部现代远程教育】 2011年，德宏州委组织部深入推进远程教育示范点创建活动，年内确立州级远程教育示范点10个，县级示范点16个。整合州、县2级组织部门、成员单位的技术和资源，开发制作了竹子、坚果、油茶、核桃种植技术等民语课件。利用远程教育站点开展各类培训7200场次，培训党员干部12.36万人次，入党积极分子1.23万人次，农民群众7.36万人次。集中收看杨善洲先进事迹报告会1190余场次，收看2.9万人次。深入开展远程教育“双争双创”活动，全州共创建先进教学服务平台8个，示范终端站点37个，评选优秀站点管理员52名，学用标兵123名。年内与省委组织部共同完成了瑞丽市党委换届工作纪实电视资料片摄制工作。

【干部选任】 2011年，德宏州委组织部加大竞争性选拔干部工作力度，以提高选人用人公信度和组织工作满意度为目标不断加强全州干部队伍建设。组织召开民主推荐会议34场(不含县市党委换届全额定向推荐的5场及州委委员、州纪委委员的推荐)，对45个职位进行了推荐(不含县市党委换届推荐的55个职位)。其中：对8个职位进行了差额推荐，确定了16名考察对象进行差额考察。对55名考察对象人选进行了考察(不含县市党委换届考察的69名及州委委员、州纪委委员考察对象人选)。州委召开常委会5次，对223名拟任免职务干部(含县市党委新一届常委领导班子人选60名)进行了票决，对45名拟提拔担任处级领导职务的干部进行了任前公示(拟提任正处级18人，副处级27人)。补选了2名州政协副主席和1名州政协常委。年内从县市公开选调34名公务员到州直机关工作，78名优秀中青年干部通过竞争上岗走上州直部门科级领导岗位。完成机构改革涉及的州直部门处级领导任免和调整工作，为19个州直部门的64名干部办理了任免职手续。配合省委组织部做好全省公安系统推荐3名州(市)副州(市)长、法院系统推荐1名巡视员及省委委员、省纪委委员人选的推荐、考察工作。

【干部监督】 2011年，德宏州委组织部严格落实中央关于“5个严禁，17个不准和5个一律”以及省委“十严禁”的换届工作要求，将换届纪律宣传教育与学习杨善洲先进事迹活动相结合，印发汉、傣、景颇等文字宣传手册4500份，组织5747名党员干部签订了严守换届纪律承诺书，5712名干部参加了换届纪律测试，各级党组织与13782名党员干部进行了交心谈心。州、县(市)、乡(镇)党委换届期间发放调查问卷3730份，换届风气测评表5278份，换届满意度测评表5285份，治理拉票评估表3235份，换届工作实现“零差错、零举报、零查处”。年内向州纪委发出征求意见函17份，涉及干部815人，集体208个。审查乡镇党政正职任免审批材料9批116人。对2个县(市)党委和具有干部任免权的42个党委(党组)开展“一报告两评议”选人用人检查。33名厅级干部、711名处级干部报告了个人有关事项。发挥“12380”举报受理系统、信访、网络三位一体举报平台作用，建立信访举报查核专办制度，调查核实2起用人举报反映。全年受理干部群众来信99件。其中：来信61件，网上信访38件，办结93件，存查6件。接待干部群众来访15人次。

【干部教育和挂职锻炼】 2011年，德宏州进一步构建“大教育、大培训、大提升”的干部教育工作格局。州委组织部积极探索边疆民族地区干部培训新模式，启动了干部培训“百千万”工程，制定下发《德宏州贯彻〈云南省2010～2020年干部教育培训改革纲要实施意见〉的意见》。年内举办各类主体班次24个，培训干部4059人次，县(市)培训3500余人次。举办十七届六中全会、省九次党代会和州第六次党代会精神专题培训4期，培训副科级以上领导干部4245人。在省委党校举办德宏州少数民族干部和后备干部综合素质能力提升培训班，有61名优秀少数民族干部和副处级后备干部参加了学习。选派422名干部参加中组部、省委组织部调训，10名县级涉农部门领导、15名企业负责人、25名乡镇领导班子成员和30名农村致富带头人到云南农村干部学院学习。开展村(社区)干部学历教育，全州157名村干部被云南农业大学农村行政管理大专班录取。加强实践教学，建立后谷咖啡德宏有限公司、芒市遮放镇南见村、芒市风平镇那目村、瑞丽市勐卯镇卡南村和瑞丽姐告国门社区5个干部教育培训现场教学基地。年内完成全州2011年晋升副县处级资格知识考试动员报名、资格审查工作，审验干部新取得学历学籍档案148份。全州3580名干部参加了干部在线学习，在全省学习情况通报中，德宏州以78.16的总平均学分在全省16个州市中名列第一。年内完成10名中央、省直机关和共青团云南省委选派4名高校到德宏挂职干部的接收工作；选送3名干部到中央国家机关和省直单位挂职锻炼；选派12名新提拔处级领导干部到州信访局进行锻炼；选派32名州直机关干部到乡镇挂职；收回了2009年12月从州直机关选派到乡镇挂职的19名干部。

【干部管理】 2011年，德宏州委组织部深入贯彻实施《公务员法》及其配套法规，年内完成全州党群系统和法检察系统公务员招录计划上报和报名审核工作，招录公务员59名，其中党群部门6名，法院系统22名，检察院系统31名。办理干部任免手续89人，调动手续31人、公务员登记265人、转正定级6人，安置退役士兵2人。抓好州、县(市)机构改革人员分流工作，审核办理离岗退养享受副处级非领导职务工资待遇121人(州直45人、县市76人)；提前退休享受副处级非领导职务工资待遇233人(州直80人、县市153人)；提前退休享受正科级非领导职务工资待遇2人；提前退休9人。完成对2010年度74个州直部门领导班子和513名处级干部年度考核工作；完成对11名新任职满1年的处级干部和25名试用期届满的处级干部考核工作；首次运用《德宏州县(市)党政领导班子和领导干部综合考核评价实施办法(试行)》对县(市)党委领导班子及成员进行届末考核；配合省委考核组对36名省管干部进行年度考核。全年办理工资审批760人；审核审批房改手续275人；因公出国人员政治审查或备案32人；因私出境政治审查230人。年内组织完成2008年、2009年选聘到德宏州国家和省级扶贫开发重点县及边境县的大学生“村官”国家助学贷款情况统计上报工作，新选聘大学生“村官”76人，并对76名新选聘和50名在岗大学生“村官”进行了培训。年内按照全州拟录用公务员岗位数15%的比例，为大学生“村官”等四类服务基层人员设置了46个报考岗位。结合乡镇党委换届，首次面向大学生“村官”采取公推公选方式选拔乡镇党政领导班子成员，全州9名优秀大学生“村官”通过“两推两考”顺利当选为乡镇党委委员。

【人才工作】 2011年，德宏州积极与发达地区签订人才培训基地建设投资合作框架协议，加强特殊人才培养基地建设。在瑞丽姐告边境贸易区开办了全省第一家培养珠宝行业高、中等技术人才的专业学校——瑞丽国际珠宝翡翠学校。在德宏师专、德宏州中等职业技术学校及芒市、瑞丽、盈江中等职业技术学校等大专院校开设珠宝文化专业，招收学员800多人。加强基础性人才基地建设，全州建立农村乡土人才培训基地、实践基地和农村劳动力转移培训基地等各类基础性人才培训基地65个。年内全州引进硕士以上学历人才4名，省委向德宏州选送了9名挂职干部，分别挂任县(市)委常委、副县(市)长、州直相关部门副职。加强领导干部与专家人才联系，全州有545名领导干部与1161名专家挂钩联系。年内州林业局杨正华被中共中央组织部、教育部、科学技术部、中国科学院列入“西部之光”访问学者，成为德宏州首位‘西部之光”访问学者；尹可丽、郭云胶、吴瑞芳、董保柱、郭兆富、创向辉、赵文胜、石木苗、万小散等9人被列为省委联系专家；州科技局革永斌、瑞丽市科技局张茂林被科技部表彰为“十一五”国家星火科技工作先进个人；尹祖鸾被评为第二届“云南十大女杰”；董保强当选为“和谐中国·2010年度十大杰出人物”。

【老干部工作】 2011年，德宏州委组织部和州委老干部局研究制定并报经州委同意下发《中共德宏州委关于进一步加强老年人工作的意见》，全州老干部工作和老年人工作得到有力推动。年内，全州各级组织和老干部门认真落实离退休干部八项政治制度，州老干局向州直机关老干部通报情况9次，组织老干部参加工农业生产考察活动9次，组织集中走访看望慰问老干部6次，组织老干部参加重要会议和重大节庆活动15次，开办老干部健康知识讲座和老干部读书班各1期，组织完成643名州直离休和副处以上退休干部的健康体检工作，对州直单位有困难的老干部及其遗属发放8万余元特困金补助，将离休干部医疗统筹标准提高到每年3.6万元。州、县(市)老年大学办学条件、办学水平进一步改善。“七一”期间，组织召开州直单位纪念建党90周年老干部座谈会，举办纪念建党90周年老干部书画展，增发离休干部生活补贴。组织老干部深入开展学习杨善洲先进事迹活动，有4386名离退休干部党员参加学习讨论，交流心得体会，老干部思想政治建设和党支部建设得到有力推动。年内承办云南省第七届老年人体育健身运动会气排球比赛，组织老年人参加全省第七届老年人体育运动会的13个项目比赛，获得了9枚银牌、4个体育道德风尚奖的较好成绩。年内充分利用社区资源开展离退休干部“四就近”服务管理工作，积极发挥老干部在社区中的“八大员”作用。盈江“3·10”地震发生后，全州离退休干部党员为灾区捐款22.35万元。截止年底，全州有离休干部279人，退休干部13203人。州委老干部局全年接待老干部来访31人次。

(《组织工作》撰稿　吴　翔)

宣传工作

【省委学习型党组织建设工作调研组到德宏调研】 2011年1月20至22日，云南省委宣传部巡视员、省委学建办副主任胡正鹏一行到德宏州进行学习型党组织建设工作情况调研。20日，调研组在芒市听取德宏州学习型党组织建设工作汇报。州委常委、宣传部长陈德金主持汇报会并结合州委五届十三次全会精神和“十二五”规划建议对德宏州开展学习型党组织建设工作情况进行补充汇报。州委宣传部常务副部长、州委学建办主任方桃明向调研组汇报德宏州开展学习型党组织建设工作的基本情况。州委学习型党组织建设工作领导小组成员单位代表参加了会议。胡正鹏充分肯定德宏州开展学习型党组织建设工作取得的成效，并对下一步工作提出了要求。一是要提高认识，深刻领会学习型党组织建设工作的重大战略意义。二是要用创新精神来推动学习型党组织建设，结合实际，创造性的开展工作。三是要根据各部门、各行业的具体情况，有针对性的开展学习型党组织建设工作，确保取得实效。四是要结合德宏州“十二五”规划，形成制度成果，乘势而上，进一步推动学习型党组织建设工作。五是要结合桥头堡黄金口岸建设和边疆少数民族地区情况，加强示范点建设，突出特点和亮点。调研期间，省委学习型党组织建设工作调研组一行还分别到芒市委、德宏后谷咖啡有限公司党委和瑞丽市宝玉石协会实地调研了学习型党组织建设情况。

【召开全州宣传思想暨文化建设工作会】 2011年2月28日，德宏州宣传思想暨文化建设工作会在芒市召开。德宏州党政领导赵金、孟必光、唐文祥、余麻约、马福朝、陈德金、李燕兰、赵镇康、何汝利、杨红、板岩过、杨丽云等出席会议，各县市(区)委书记、县市长(管委主任)、州直单位主要负责人以及州级宣传文化系统副科级实职以上干部350余人参加了会议。这次会议规格高、范围广、意义重大，是德宏州宣传文化工作具有开创性的一次重要会议。会议总结近年来德宏州文化改革发展的成就、经验和2010年度的宣传思想工作，深入分析宣传文化工作面临的形势和任务，对全州宣传思想暨文化建设做出全面部署。州委书记赵金、州长孟必光分别在会上作了重要讲话，州委常委、宣传部长陈德金作了会议总结，并提出贯彻落实会议精神的具体要求，对当前和今后一个时期全州宣传文化工作进行具体部署。会议还进行工作交流，并对首次评选出的10个州级先进文化单位、10名文化先进个人、10件优秀文学艺术作品、5个优秀文化企业和5个文化产业示范基地给予表彰奖励。

【开展盈江“3·10”抗震救灾宣传】 2011年3月10日12时58分10秒，德宏州盈江县发生里氏5.8级强烈地震。地震灾害发生后，州委宣传部和州级新闻媒体紧急启动处置突发事件宣传报道应急预案，及时准确、公开透明地宣传报道地震灾情的权威信息，引导社会舆论，全力开展抗震救灾宣传工作。一、成立抗震救灾宣传工作领导小组，制定地震应急工作预案，建立地震应急指挥协调机制，切实加强对地震应急宣传工作的领导；二、宣传部门领导靠前指挥，身体力行，为抗震救灾提供思想动力和舆论引导；三、实行地震抗震救灾媒体通报制度；四、加强对地震谣传的处置工作，有针对性地引导社会舆论；五、大力普及抗震防灾、防病意识；六、组织州内外新闻媒体全方位报道抗震救灾和恢复重建工作。各级各类66家媒体刊发(播)有关盈江“3·10”地震新闻稿件达39万余条(幅)，百度搜索涉及盈江抗震救灾网络刊登转载新闻稿件达34.2万余条(幅)，新华网、人民网、新浪网、云南网、孔雀之乡网等全国和地方主流新闻网站和门户网站刊发相关稿件20000余条(幅)。州级新闻媒体采编、刊播、译播抗震救灾新闻、信息等13416条次，图片1184幅，以全面、准确、及时、客观的宣传报道，凝聚了人心，鼓舞了士气，为抗震救灾和恢复重建的顺利推进营造了良好的氛围。

【省委宣传部长张田欣到梁河调研】 2011年5月31日，云南省委常委、宣传部长张田欣到梁河县调研，州委常委、宣传部长李燕兰陪同调研。张田欣实地考察遮岛镇吉祥村大棚蔬菜种植基地、河西乡上勐连村石斛种植基地、勐连文化活动中心、南甸宣抚司署，对梁河县乡村经济的发展情况和文化建设情况进行深入了解。每到一处，张田欣都向乡村干部和基层工作人员了解当地情况，亲切和农民交谈，一边拉家常，一边详细了解他们的生产发展和文化生活情况。在下午召开的汇报会上，梁河县委书记杨向宏就梁河县经济社会发展的情况和存在的困难和问题向张田欣部长一行作了汇报；省财政厅、省科技厅、省农业厅、省扶贫办等陪同调研的省直相关部门负责人分别作了发言，为梁河发展提出指导意见。通过现场察看和听取汇报，张田欣对梁河县经济社会发展取得成绩给予充分肯定。张田欣要求：一是要继续解放思想，发扬“等不起”、“慢不得”、“坐不住”的梁河精神，在今后工作中，要不甘落后，始终保持积极进取精神状态，奋起直追，推进经济社会不断发展。二是要充分发挥梁河资源和区位优势，走特色发展之路。要围绕“走特色发展之路”这一目标，以科学发展观为指导，发挥区位优势，紧抓发展机遇，借势腾冲，大力发挥梁河土司文化、葫芦丝文化，水文化和生态文化，科学谋划，将旅游和文化完美结合，吸引更多游客。三是以新农村建设为抓手，积极推进整乡、整村推进，加快农民脱贫致富。李燕兰在会议总结时要求：各部门要贯彻落实好张田欣部长的指示精神，调整好产业结构，转变发展方式，改进工作作风，抢抓机遇，为推动经济发展做出新的更大的贡献。

【中宣部等六部委到德宏州联合检查基层宣传文化队伍建设工作】 2011年10月12日，由中宣部干部局副局长齐鹤茹带队，中宣部、中组部等六部委到德宏州检查《关于加强地方县级和城乡基层宣传文化队伍建设的若干意见》贯彻落实情况。州委常委、宣传部长李燕兰在汇报会上向检查组汇报德宏州宣传文化工作情况特别是干部队伍建设的情况，并就基层宣传文化队伍建设中存在的问题向检查组作了反映，芒市委宣传部、州级宣传文化系统各单位的负责人在会上作了发言。在听取了工作汇报后，齐鹤茹认为德宏处在边疆少数民族地区，宣传工作的任务更重一些，宣传文化系统的同志们，严格的执行着守土有责这么个信念，工作非常到位，非常扎实。希望德宏州要进一步加深、加强对基层队伍建设的重要性的认识；紧紧抓住基层宣传队伍建设的重要机遇，继续推动工作发展；宣传部要进一步加大与各部门的协调的力度，形成有效合力。

【全国人口较少民族重点作家研讨会暨“百名作家德宏行”活动在芒市举行】 2011年10月12至15日，由民族文学杂志社、中国少数民族作家学会、云南省文联、云南省作协、州委州政府联合举办的全国人口较少民族重点作家研讨会暨“百名作家德宏行”活动在芒市举行。中国作家协会原党组副书记、中国作协少数民族创作委员会主任、当代著名少数民族作家玛拉沁夫，中国文联副主席、中国作协副主席丹增、云南省文联主席郑明以及来自全国10余个省份的近百名期刊主编、作家及人口较少民族重点作者参加活动。来自全国各地的多民族作家专题研讨少数民族文学创作如何以“立足本民族，拥抱大中华，放眼全世界”为突破，产生更多的优秀人才和精品力作，就人口较少民族以及整个少数民族文学现状以及仍有待突破的创作瓶颈等问题展开热烈讨论。作家们还赴德宏州各县市开展采风活动。全国民族作家创作基地也在活动结束后正式在德宏建立。

【“云之南”艺术团到盈江灾区慰问演出】 2011年12月2日，“云之南”艺术团带着云南省委、省政府对盈江灾区干部群众的深切关怀和慰问到盈江开展“幸福家园·美丽盈江”大型文艺演出。本场演出由省委、省政府主办，省委宣传部、云南电视台承办，德宏州委宣传部、盈江县委县政府协办。州委常委、宣传部长李燕兰，州人大常委会副主任杨红，州政府秘书长周湛鸿出席活动，盈江灾区4000余名干部群众到场观看了演出。演出在《兄弟姐妹一起来》的歌舞中拉开序幕，德宏州著名景颇族歌唱家赵兰芳为父老乡亲们倾情演唱了《景颇新娘过草桥》。300余名“云之南”艺术团演职人员和州、县有关单位参演演员先后送上了音乐故事《阳光风雨后》、情景歌舞《爱在盈江》、器乐串烧、民族歌曲、歌曲联唱、杂技《欢乐节日》等9个章节20余个节目。本次慰问演出云南电视台全程录制，将在云南卫视黄金时段播出。省委宣传部发来慰问信，表达省委、省政府对盈江灾区各族干部群众的亲切慰问和关怀，对盈江各族人民团结一致、同舟共济、全力投入灾后恢复重建所取得的成绩给予充分肯定，同时希望盈江各族干部群众齐心协力，共同建设一个“更加美丽富饶的新盈江”。

【召开全州农村精神文明建设工作会】 2011年12月12日，德宏州农村精神文明建设工作会议在芒市召开。州委副书记、州文明委主任唐文祥，州人大常委会主任余麻约，州委常委、州委秘书长番跃平，州人大常委会副主任杨红，副州长高铁英，州政协副主席杨丽云等州党政领导出席会议。州直和中央、省属驻芒市各级文明行业、文明单位，各县市(区)委分管领导、宣传部长、文明办主任、各乡镇分管领导参加了会议。会议全面总结州第五次党代会以来全州农村精神文明建设取得的成绩和经验，分析存在的困难和问题，部署下一阶段工作任务；同时，命名和表彰德宏州第二届文明小城镇、文明社区和2011～2013年度文明行业、文明单位、文明村。州委副书记、州文明委主任唐文祥在会上作重要讲话，就当前和今后一段时期开展好全州农村精神文明建设工作提出具体的要求；副州长高铁英宣读表彰决定，芒市委宣传部、盈江县委宣传部、德宏公路管理总段、姐告国门社区等单位在会上作了交流发言。与会人员还实地参观芒市遮放镇中心小学少年宫、遮放镇文化站和国家级文明村遮放镇南见村民小组。

【“有一个美丽的地方”2012云南卫视大型跨年晚会在瑞丽录制】 2011年12月15日，由中共云南省委宣传部、云南电视台、中共德宏州委、州人民政府主办，瑞丽市委、市政府承办的“有一个美丽的地方”——2012云南卫视大型跨年晚会在瑞丽录制完成。省委常委、宣传部长赵金，省广电局局长张德文、省文产办专职副主任田大余、云南电视台台长赵树清及州党政领导龚敬政、唐文祥、余麻约、孟必光、杨跃国等出席晚会录播并观看演出；缅甸木姐地区行政长官昊莫恒，木姐镇区行政长官吴妙汉也应邀观看演出。晚会以“微笑东南亚，和谐彩云南”为主题，历时4个多小时，42个精彩节目和两岸三地、东南亚、南亚多国明星参与的强大阵容，展示瑞丽犹如人间天堂的独特魅力，胞波同庆迎接跨年的惊喜，集中体现彩云之南和谐发展，民族文化色彩斑斓的繁荣景象。本次跨年晚会是瑞丽在桥头堡和国家重点开发开放试验区建设之际举办的一次高规格、高水平的大型活动，晚会于2011年12月15日完成录制，于12月31日在云南卫视播出。

【理论武装工作】 2011年，德宏州理论武装工作在扎实抓好学习型党组织建设、切实抓好理论宣传普及和推进理论应用研究服务地方经济发展等方面持续深入开展。组织云南学习型党组织建设研究课题申报和云南省杨善洲精神理论研讨会论文征集工作，向省委学建办推荐上报4篇研究课题，创建2个省级和22个州级学习型党组织建设工作示范点；组织开展以“学习杨善洲精神，做好新形势下群众工作”、学习胡锦涛总书记在庆祝中国共产党成立90周年大会上的重要讲话精神等为主题州委中心组集中学习活动；面向全州各级党组织和党员领导干部，广泛开展“爱读书、读好书、善读书”全民读书活动；成立州委宣讲团，先后集中开展学习贯彻党的十七届五中全会、省委八届十次全会和州委五届十三次全会精神，胡锦涛总书记“七一”重要讲话精神和桥头堡黄金口岸暨瑞丽重点开发开放试验区建设，党的十七届六中全会精神、省第九次党代会精神、州第六次党代会精神等重大会议、重大主题的宣讲活动，州、县(市)、乡3级联动，开展宣讲报告200多场次，受教育人数达110000人次。先后邀请全国知名专家、省委宣传团成员10余人到德宏做专题讲座余20场，受教育人数2万余人；出版《2010～2011缅甸国情报告》，为缅甸问题的研究人员提供了较为准确翔实系统研究资料；通过在德宏承办2011中国亚洲太平洋学会年会、云南省哲学学会年会暨桥头堡建设理论研讨会，邀请来自省内外高校、科研所的100多位专家，通过专题报告、座谈会等多种形式，为德宏州桥头堡黄金口岸建设和瑞丽重点开发开放试验区建设提出很多建设性意见建议；建立德宏社科普及网站，扩大哲学社会科学的宣传覆盖面。

【社会宣传教育成效显著】 2011年，德宏州委宣传部认真做好社会宣传教育工作。具体做法是：一、围绕州委重点工作开展社会宣传教育。通过州级主流新闻媒体平台和报告会、座谈会、宣传标语、宣传栏等多种形式，突出抓好盈江“3·10”抗震救灾宣传、中国面向西南开放重要桥头堡建设、瑞丽国家重点开发开放试验区建设、州第六次党代会等重点工作的社会宣传；编辑出版《“十二五”发展话德宏》和《州第六次党代会精神读本》书籍。二、围绕重点活动抓社会宣传教育。与相关部门紧密配合，认真开展庆祝中国共产党成立90周年、辛亥革命100周年系列纪念活动和中国人民解放军建军83周年、木康荣获“缉毒先锋站”荣誉称号庆祝活动，开展社会治安综合治理、消防安全、食品安全、交通安全专题宣传教育和学习共产党员的模范杨善洲、优秀乡镇党委书记刘永全重大典型的宣传教育活动；配合州纪委、州教育局等相关部门做好年内廉政文化、廉政教育进校园、进单位、进社区工作。三、在全州推进“禁毒防艾进学校进课堂”活动，组织开展6.26国际禁毒日系列宣传、“12·1”防治艾滋病宣传教育日系列活动和德宏十大民间禁毒人士评选活动，引导广大群众自觉抵制毒品和艾滋病，养成科学、文明、健康向上的生活方式。四、制定《德宏州关于加强企业思想政治工作的实施方案》，对农村思想政治工作情况进行调研，形成《农村基层宣传思想政治工作调研报告》；开展新一批州级爱国主义教育基地申报工作，积极向中宣部申报南洋华侨机工回国抗战纪念公园为全国爱国主义教育基地。

【新闻宣传工作】 2011年，德宏州委宣传部进一步加强新闻宣传工作。围绕全州工作大局，突出“桥头堡黄金口岸、州第六次党代会、盈江灾后恢复重建”3大宣传重点，抓好党的十七届五中、六中全会以及州委五届十三次全会、州第六次党代会、州“两会”、重大工程建设、建党90周年、创先争优、学习型党组织建设、新农村建设、民情民生等开展新闻宣传报道。德宏团结报社充分应用“六报一网”的宣传平台优势，刊登相关新闻稿件和图片15000多篇幅(次)；德宏人民广播电台针制作播出新闻节目1200多期，社教文艺类节目8092期，制作播出专题215期；德宏电视台采播各类新闻620多期3600多条；德宏少数民族语言文化译制传播中心用傣、景颇、载瓦3个语种译播各类新闻810期5306条，制作播出专题260多期(次)及专题片

17部；国际互联网德宏新闻中心以大量文字、图片、视频，全方位、多角度开展重点工作，年内采写、转载各类稿件20786条次(幅)。为推进全州科学发展、和谐发展、跨越式发展营造良好的舆论环境。年内，州级新闻媒体荣获省级以上新闻类、出版类奖项109件，比上年增长34.5%。

【开展城乡精神文明创建活动】2011年，德宏州委宣传部认真做好城乡精神文明创建活动。一、把芒市创建省级文明城市作为提升精神文明建设水平的突破口，督促指导芒市按照创建文明城市的要求精心组织，认真实施，扎实推进各项工作落实，切实提高芒市的城市文明水平。二、评选表彰德宏州第二批文明小城镇、文明社区和2011～2013年度文明行业、文明单位、文明村，完成第二批全国文明单位、文明村复查考评和第三批全国文明单位、文明村的推荐上报，顺利完成省级文明行业的复查考评工作。三、组织开展第三届全省道德模范评选推荐工作，推荐5名候选人参加省级评选，有2名人选进入省级名单；开展德宏州第二届道德模范评选活动，评选表彰5位德宏州第二届道德模范、10位道德模范提名奖获；开展德宏州第二届"文明的士"评选活动，对3家"文明出租汽车公司"、10辆"十佳文明的士"、90辆"优秀文明的士"进行表彰。四、精心组织开展系列主题实践活动。继续深化"自力更生、勤劳致富、感恩思进"主题教育活动；策划组织第九个公民道德宣传日活动，大力推动社会主义荣辱观教育进社区、进乡村、进家庭；深入推进全州文明交通行动计划；组织第八届红土地之歌演讲比赛，德宏州选手荣获全省总决赛二等奖；认真开展第五届"爱心送考"活动和"传唱优秀童谣"活动；继续推进"文明卫生餐饮工程"，组织召开德宏州民族饮食文化研发暨文明卫生餐饮企业评选活动推进会，开展"文明餐饮讲礼仪"宣传活动；利用春节、元宵节、清明节、端午节、中秋节、重阳节等传统节日，精心组织开展"我们的节日"主题活动。

【文化改革发展工作】2011年，德宏州文化体制改革和文化产业发展稳步推进。具体做法是：一、扎实推进体制改革。启动公益性文化事业单位内部三项制度改革；积极推进德宏人民广播电台和德宏电视台2台合并；按照中央和省的要求，确定全州文艺院团的改革方案并推进实施。二、珠宝产业发展步伐稳健。完成全州翡翠毛料公盘市场提升；改造提升瑞丽珠宝步行街、瑞丽华丰珠宝交易市场；建成芒市珠宝小镇、瑞丽玉球翡翠城、盈江国际翡翠城等一批珠宝交易市场；贮备德宏国际珠宝学院、德宏珠宝玉石博物馆等21个重大项目；继续推进珠宝诚信联盟和数字玉都电子导游工程。三、着力推进民族民间工艺品产业的发展。认真组织实施葫芦丝文化传播工程；加快阿昌刀工艺改良和产业化步伐；加大红木产业的发展力度；继续组织实施遮放贡米、咖啡、回龙茶和竹文化传播工程；积极推进喊沙和弄么民族特色文化示范村建设；认真做好调研论证工作，并积极组织实施。四、积极推进演艺业发展。编排创作景颇族大型舞蹈史诗《烈焰景颇》并尝试商业化演出；完成旅游精品舞台剧《有一个美丽的地方》编排并实现初演；推进大型历史剧《刀安仁》编排；加快商业舞台剧《瑞丽江之夜》打造。五、精心组织开展文化节庆活动。认真组织举办2011中国·德宏国际泼水狂欢节、目瑙纵歌节、"中国·瑞丽第十一届中缅胞波狂欢节暨第届国际珠宝文化节"、2011中国(昆明)泛亚石博览会德宏珠宝文化宣传周、"首届芒市泛亚珠宝工艺品博览会"、"德宏珠宝小镇首届珠宝采购会"，组织参加第七届深圳(国际)文化产业博览会、云南民族民间工艺品博览会、云南省第三届少数民族服装服饰文化节、第九届东盟华商西南项目德宏专场推介会等节庆会展活动；组织动员650多家德宏珠宝商参加"2011中国(昆明)泛亚石博会并开展德宏珠宝文化宣传周活动；组织德宏州玉雕师参加首届云南玉雕大师作品展，德宏州15名玉雕师荣获"云南玉雕大师"称号，37件作品分别获金、银、铜奖和提名奖。

【对外宣传工作力度进一步加大】2011年，德宏州宣传部门以重要节庆和相关大型活动为载体，不断加大外宣工作力度。一、扎实做好盈江"3·10"地震抗震救灾及灾后恢复重建宣传报道工作，有效开展新闻宣传报道工作，全面形成主流媒体舆论强势，在第一时间客观准确的向外界传递信息，为抗震救灾和恢复重建工作营造良好的舆论氛围。二、邀请40多家中央、省级新闻媒体100余批近400人次到德宏采访报道。共采写、制作、刊播反映德宏州民族风情、文化旅游、特色产业、边境贸易、重点产业，特别是桥头堡和瑞丽重点开发开放试验区建设等内容的各类稿件10000余篇(条、幅)。进一步加强与中央和省内外主流媒体的合作，全力推进地方形象宣传。三、策划制作德宏形象宣传片《有一个美丽的地方——德宏》、德宏本土歌曲光碟《唱响德宏》和德宏5个世居少数民族电视专题片；在云南卫视播出为期1年的形象广告宣传片；编辑出版《德宏响声》旅游文化读物、《德宏五大文化系列丛书》、《德宏少数民族文化系列丛书》、《德宏珠宝文产业发展高峰论坛文集》等文化读物，继续办好《东方珠宝》高端时尚读物；协助云南文投集团拍摄电影《边境》；与中央电视台合作隆重推出“欢乐中国行·魅力瑞丽”节目；配合云南民族之花艺术团和云之南艺术团赴盈江灾区的慰问演出；选送德宏州“傣族泼水节”参加节庆中华奖评选活动获“文化传承奖”荣誉称号；精心组织选手参加云南省第四届青年歌手电视大奖赛并取得历史最好成绩。通过依托各类文化传播载体，全力做好文化外宣工作。

【深入学习宣传党的十七届六中全会精神】 2011年，党的十七届六中全会召开后，德宏州迅速组织开展学习宣传活动。一、州委常委扩大会议专题学习。10月27日，州委召开六届第2次常委（扩大）会议，专题学习贯彻十七届六中全会精神。会议提出，认真学习贯彻党的十七届六中全会精神和州六次党代会精神，以高度的文化自觉和文化自信，推动社会主义文化的大发展大繁荣，加快民族文化强州建设，造福全州各族人民。二、宣传文化系统领先学。10月24日，州委宣传部组织召开州级宣传文化系统学习宣传贯彻党的十七届六中全会精神座谈会，传达学习全会精神，对全州宣传文化系统学习贯彻全会精神进行安排部署，要求做到全员覆盖、先学一步，学深学透、融会贯通，全面掌握基本精神、深刻领会精髓要义，在全州迅速掀起学习宣传贯彻热潮。三、外请专家到德宏州进行辅导。11月16日，省委宣讲团成员、云南大学文化产业研究院院长李炎为德宏州党员干部做了学习贯彻全会精神专题辅导。四、组织宣传讲团赴各县市深入宣讲。1月14至24日，由副州长陈德金等组成州委宣讲团深入全州各县市巡回开展十七届六中全会精神宣讲，先后在瑞丽市、陇川县、盈江县、梁河县、瑞丽市畹町经济开发区及芒市举行6场专题报告会，3000多人参加报告会。五、开展十七届六中全会精神宣讲进校园活动。11月26日，德宏州副州长陈德金走进德宏职业学院，以党的十七届六中全会精神为主要内容，结合德宏文化建设和校园文化建设，为德宏职业学院的师生做了一场“德宏职业学院2011年大学生形势政策报告会”，全校800余名师生聆听了报告会。通过广泛的学习宣传，提高全州各族干部群众的文化自觉和文化自信，为推进民族文化强州建设统一了思想、凝聚了人心。

（《宣传工作》办公室供稿）

德宏传媒集团

【概　述】 2011年，德宏传媒集团紧紧围绕州委、州政府一系列重大决策部署，团结一致，尽心尽职，各项工作持续、健康发展，具体做法是：一、新闻宣传有较大突破。集团所属各单位牢牢把握“科学发展”主题和“加快转变经济发展方式”主线，围绕全州工作重心，突出“桥头堡黄金口岸、州第六次党代会、盈江灾后恢复重建”三大宣传重点，全面抓好重大部署、重大会议、重大活动的主题宣传、典型宣传，统一全州各族群众思想、凝聚全州力量，为推进全州科学发展、和谐发展、跨越发展营造良好舆论环境，提供强大舆论支持。二、事业建设取得新进展。借助国家实施新一轮西部大开发、桥头堡黄金口岸建设、瑞丽重点开发开放试验区建设、“东风工程”、“西新工程”等有利时机以及中宣部部长刘云山、省委书记秦光荣到德宏调研时的有关指示精神，把实施文化“走出去”战略与实施桥头堡黄金口岸建设紧密结合起来，积极向上争取重大项目的立项实施，进一步夯实传媒事业和传媒产业发展基础。三、广告经营进一步规范，收入有较大增长。进一步健全完善各项管理制度和奖惩机制，激发释放各单位经营创收积极性，广告经营收入有较大攀升，与上年相比增长41.33%。四、党建工作扎实有效，成绩斐然。在全州创先争优“六个一百”评选活动中，集团党委和报社党总支被州委授予“百强党组织”称号，有2名党委（党总支）书记、2名党员分别被授予“百佳书记”和“百优党员”称号；抓好“党员发展工程”和“党员素质提高工程”，加强对一线记者、技术骨干、重点特殊岗位人员以及妇女和少数民族干部的培养，全年发展党员21名，选送10名入党积极分子参加培训；抓好党风廉政建设责任制的落实和惩防体系建设，层层签订责任书，形成一级抓一级，层层抓落实的工作格局；结合创先争优活动，组织开展“学习杨善洲精神，做党放心、人民满意的好记者、好编辑”主题教育活动；组织集团离退休老干部前往“善洲林场”实地感受缅怀“善洲精神”，开展演讲比赛宣扬“善洲精神”，公开承诺信守“善洲精神”，领导撰文感悟“善洲精神”，挂钩点践行“善洲精神”，点评对比“善洲精神”，评星表彰“善洲精神”。五、加强队伍建设和人员培训，整体素质不断提高。按照公开、公正、透明、择优录用的原则，严格选拔任用程序，聘用科级干部6名、公开招考(聘) 7人；投入50多万元资金，采取“走出去、请进来”，跟班学习等方式加大队伍的培训力度，全年培训人员42批386人(次)，其中少数民族干部308人(次)。六、综治维稳工作责任到位，成效明显。深入贯彻落实中央、省、州政法工作会议精神，人防、技防、物防相结合，做到制度到位、目标任务到位、责任落实到位、宣传发动到位、经费投入到位；加强对机房等重点部位的防范，重大、敏感部位24小时值班值机，确保广播电视安全播出，实现无刑事案件、无重大治安案件、无火灾事故的“三无”目标。七、老干、计生、工会、妇女等工作稳步推进。将老干、计生、节能减排、安全播出、工青妇等工作纳入集团目标考核内容，层层签订目标管理责任书，并定期开展考评；以“三八”妇女节、“五一”劳动节等节日为契机，组织开展“健步走”、“学习杨善洲精神心得交流”等一系列活动，集团“一盘棋”的思想更加牢固。

【工作总结表彰大会】 2011年3月2日，德宏传媒集团在州委党校报告厅召开2010年度总结表彰大会。陈德金、杨红、杨丽云等州党政领导及集团近300名干部职工参加会议。会上，州委常委、州委宣传部部长陈德金充分肯定上年德宏传媒集团所取得的成绩，客观分析当前传媒行业面临的挑战与机遇，深刻阐述在新形势下深化文化体制改革重要意义，强调集团改革发展重要性和必要性，对全集团同志们寄予了殷切希望，对进一步做好集团各项工作提出5点要求。州委宣传部副部长、德宏传媒集团党委书记、总裁董家垠传达州委五届十三次全会和省州宣传思想暨文化建设工作会议精神，全面总结上年德宏传媒集团各项工作，安排部署今年工作任务。会上，为受到中宣部、文化部、国家广电总局、国家新闻出版总署4部委表彰“国门书社”颁发奖牌和荣誉证书，表彰集团上年度涌现出来的先进集体、先进工作者和完成上年度各项责任目标的先进单位和综治维稳先进个人、平安家庭；集团与所属各单位签订《新闻宣传》、《经营管理》、《党风廉政建设》、《综治维稳》等综合目标管理责任书。

【承办德宏州第十二个记者节暨创优表彰大会】 2011年11月8日，由德宏州委宣传部、州“新闻两会”、德宏传媒集团、州广播电视局联合举办、德宏传媒集团承办的德宏州第十二个记者节暨创优表彰大会在州委党校报告厅举行。番跃平、李燕兰、杨红、王兴明等州党政领导及有关部门负责人出席大会，来自德宏传媒集团、州广电局、省级媒体驻德宏记者站、各县市委宣传部及文体广电旅游局的新闻工作者350余人参加活动。会上，州委常委、州委宣传部部长李燕兰代表州委、州政府作了讲话，充分肯定全州新闻工作者在年内新闻宣传工作及盈江“3·10”抗震救灾中取得的显著成绩，并向全州新闻工作者提出了殷切希望。州政府副州长陈德金宣读《州委、州政府致全州新闻工作者的贺信》；州委宣传部副部长、德宏传媒集团党委书记、总裁董家垠代表承办方致辞。大会对21名“优秀新闻工作者”、53名“优秀新闻通讯员”以及132项获得省级以上新闻奖项的作品进行隆重表彰。

【围绕中心服务大局】 2011年，德宏传媒集团所属各媒体牢牢把握“科学发展”主题和“加快转变经济发展方式”主线，围绕全州工作重心，突出桥头堡黄金口岸、州第六次党代会、盈江灾后恢复重建三大宣传重点，着力抓好党的十七届六中全会以及州委五届十三次全会、州“两会”，“十一五辉煌成就　十二五发展规划”、重大工程建设、县乡换届选举、建党90周年、创先争优、学习型党组织建设、学习杨善洲精神、中国·德宏2011国际泼水狂欢节等重大部署、重大会议、重大活动的主题宣传宣传、典型宣传，统一全州各族群众思想、凝聚全州力量，为推进全州科学发展、和谐发展、跨越发展营造良好舆论环境，提供强大舆论支持。其中：《德宏团结报》“六报一网”刊发新闻稿件和图片15000多篇幅(次)；德宏人民广播电台制作播出汉语、傣语、景颇语、载瓦语等新闻节目1200多期，社教文艺类节目8092期，开展大型直播8天94小时，滚动播出相关新闻、现场及连线报道等2000多条(次)；德宏电视台采播汉语、傣语、景颇语、载瓦语等各类新闻620多期3600多条，采播社教文艺类专题418期、访谈节目9场，开展现场直录播19场次，制作播出形象宣传短片3个，德宏少数民族语言文化译制传播中心用傣、景颇、载瓦3个语种译播中央、省、州各类新闻1074期12640分钟，制作播出公益广告、片头、标语1800多条(次)，制作播出专题260多期(次)、专题片17部，译播社教类节目288期3028分钟，制作播出文艺节目22场462期，开展现场直播4场次；国际互联网德宏新闻中心采写、转载各类新闻、消息、评论等稿件26688条次(幅)。

【“创新创优”取得新突破】 2011年，德宏传媒集团以不断满足边疆各族人民日益增长新闻文化需求为己任，牢固树立创新意识、精品意识，以改版创新、作品创优作为提高新闻宣传质量和水平的重要手段，坚持不懈抓创新创优，以创新促创优，打造一批品牌栏目，涌现出一批优秀人才，培育出一批优秀新闻文化产品。去年，德宏传媒集团所属6家新闻媒体荣获省级以上各类新闻、出版奖项109件，占获全州新闻战线奖数的82.5%，获奖数量比上年增加35%。其中：德宏团结报社获奖46件、德宏人民广播电台获奖32件，德宏电视台获奖19件，德宏民族出版社获奖3件，德宏民语文化译制传播中心获奖4件。尤其令人欣喜的是：德宏传媒集团德宏民族出版社创立的姐告“国门书社”在2010年初获全省宣传文化思想工作创新奖的基础上，今年又被中宣部、国家文化部、国家新闻出版总署、国家广电总局四部委作为“服务基层、服务农民先进集体”命名表彰，并在全国沿边地区作为典型推广；德宏人民广播电台广播消息《中缅读者“国门书社”共享阅读快乐》荣获第二十一届中国新闻奖三等奖，实现德宏新闻奖最高奖项的历史性突破；德宏团结报社报纸印刷连续3年获得云南报刊印刷质量评比金奖，令全省同行刮目相看；德宏电视台《风尚德宏》获云南省广播电视“十佳”栏目，实现了新飞跃。

【对外宣传】 2011年，德宏传媒集团坚持把外宣工作摆在突出位置，内宣外宣“两手抓两手硬”，紧扣桥头堡黄金口岸和瑞丽重点开发开放试验区建设、盈江“3·10”抗震救灾、建设美丽富饶新盈江、泼水狂欢节、中缅胞波狂欢节、石博会等全州重大工作、重大决策部署、重大活动，发挥多媒介优势，拓展外宣渠道，加大外宣力度，不断提升德宏州对外知名度和美誉度，努力为德宏州科学发展、和谐发展、跨越发展营造良好的外部环境。据统计，1月—10月德宏传媒集团所属4家新闻媒体以投稿、连线、链接、转载等形式对外发稿，先后被中央级、省级和省外各类媒体采用9264条；与省级、省外电台合作现场直播、并机直播5场6小时，转播中国国际广播电台缅语广播节目1095小时。

【舆论监督】 2011年，德宏团结报社始终将民生关注作为办报的重要内容之一，刊发的40多期《星期刊》对关注民生、反映民意宣传作积极探索。德宏人民广播电台把宣传党主张与反映社情民意有机统一，把话筒对准基层和群众，播出《德宏热线》、《法治德宏》、《芒市在线》、《交通立交桥》等栏目314期，接进热线电话886个，短信173条，82位来自州直及各县市的领导、专家、学者走进直播间，就群众关心的话题进行面对面沟通交流。德宏电视台《第二视角》结合社会和群众所关心热点话题，精心策划、严格把关，立足帮忙不添乱，与民政、环保、劳动、公安、妇联、卫生、红十字会等相关职能部门积极沟通联系，为群众搭建诉求及沟通平台，把很多矛盾和问题解决在萌芽状态。国际互联网德宏新闻中心着力提升网上舆论引导能力，通过“百姓留言板”，积极回复社会关切、百姓关心的各种留言数10条。

【新闻宣传】 2011年，德宏传媒集团与各媒体签订《新闻宣传责任书》，制订下发《德宏传媒集团新闻宣传暂行管理办法》。同时，以定期制订下发季度新闻宣传要点、每月通报重点宣传情况、每周通报“三项重点工作”、新闻宣传实施方案、下发宣传提示、协调组织采访等6个层面的工作为抓手，坚持重点宣传与常规报道相结合，及时有效指导各媒体开展有针对性的宣传报道，新闻宣传统筹协调的能力得到较大提高；利用腾讯QQ，在采编人员层面建立“德宏传媒集团宣传工作QQ群”，搭建起新闻采访信息、业务交流的便捷平台；引导媒体建立“微博群”，拓展外宣渠道，有效提高了州级媒体对外的影响力。

【抗震救灾和恢复重建宣传】 2011年，盈江“3·10”地震发生后，德宏传媒集团领导班子靠前指挥，第一时间启动应急预案，以全面、准确、及时、客观的宣传报道，生动展现抗震救灾壮丽画卷，热情讴歌抗震救灾英勇壮举，大力弘扬抗震救灾伟大精神，在关键时刻发挥关键作用，在特殊时期做出特殊贡献，充分展示德宏新闻宣传队伍良好的精神风貌和勇于担当的精神，在重大危急关头、在重大关键时刻经受住党和人民的考验。在整个抗震救灾期间，集团所属各媒体采编、刊播、译播抗震救灾新闻、信息等13416条次，图片1184幅，制作播出各类宣传字幕(含公益广告) 9982条次，公告770条(次)，视频417个。期间，集团筹集资金7万多元，紧急调购1000台收音机运抵盈江灾区发放给各族群众，让各族群众及时收听了解到抗震救灾最新进展情况，并及时将集团4.264万元个人捐款送交相关部门；德宏团结报社每期增印500份的汉文报送到灾区，免费赠送灾区群众阅读。德宏人民广播电台通过全国广播城市联盟，将州外捐赠和电台职工捐款购买计373台收音机及时送到灾区的4个民族村寨。德宏民族出版社在盈江平原广场设立"帐篷阅览室"，组织送阅价值3.7万元的图书、报刊、杂志、宣传册、宣传单计250种12000余册(张)，免费赠送抗震救灾图书、宣传册(单)计95种8500余册(张)，丰富灾区精神文化生活。德宏少数民族语言文化译制传播中心在地震重灾区——平原镇拉勐村设立"民语影视剧放映点"，先后为受灾群众放映5部傣语电影、3部72集民语电视剧，消除灾区各族群众恐慌心理，稳定灾区各族干部群众的情绪，丰实灾区群众精神文化生活。在恢复重建阶段，各媒体紧扣"建设美丽富饶新盈江"的目标任务，按照"走、转、改"的要求，及时有序组织记者深入采访，通过深入、持续的宣传报道，凝聚人心，鼓舞士气，为恢复重建顺利推进营造了好氛围。

【事业建设】 2011年，德宏传媒集团紧抓机遇，积极向上争取重大项目的立项实施。向中宣部、国家新闻出版总署、国家广电总局申报"民语广播电视译制经费"、"对缅华文教材出版项目"、"民文图书编辑出版发行"等项目9个，其中"对缅华文教材出版基地建设"被国家新闻出版总署列入发展项目。州委、州政府下拨宣传设施设备应急资金及其他宣传设施设备更新资金250万元，缓解长期困扰各媒体设备老化、破损和严重不足的问题。民文图书出版实现较快发展，汉文图书发行有新的突破，有19种汉文图书和58种民文图书入选云南省"农家书屋"采购目录；有7种图书列入国家"十二五"重点图书，占全省14种50%。孔雀之乡网在开通英文、民语网站的同时，又建设开通东南亚小语种(缅语)网站平台，并圆满完成州委党务公开网建设和触摸屏建设。德宏电视台建成影像资料存储系统，使历史影像库存资料得到很好保存，极大提高管理水平和工作效率。影视剧译播有较大突破，年内译播傣、景颇、载瓦3个语种电视剧12部336集、电影9部，译播数量和质量居全省之首。德宏团结报社印刷厂报纸印刷在全省印刷行业评比中连续3年获得金质奖，报纸印刷质量稳居全省前列。德宏文化传播公司在经营广场电子大屏的同时，积极探索新的发展方向，业务领域开始有了新的拓展。

【党建工作】 2011年，德宏传媒集团党委被列为德宏州创建学习型党组织建设示范单位和廉政文化进机关示范单位。在全州创先争优"六个一百"评选活动中，集团党委和报社党总支被州委授予"百强党组织"称号，有2名党委(党总支) 书记、2名党员分别被授予"百佳书记"和"百优党员"称号。抓好"党员发展工程"和"党员素质提高工程"，加强对一线记者、技术骨干、重点特殊岗位人员以及妇女和少数民族干部的培养，年内发展党员21名，选送10名入党积极分子参加培训。抓好党风廉政建设责任制落实和惩防体系建设，层层签订责任书，形成一级抓一级，层层抓落实工作格局。结合创先争优活动，组织开展"学习杨善洲精神，做让党放心、让人民满意的好记者、好编辑"主题教育活动；组织集团离退休老干部前往"善洲林场"实地感受缅怀"善洲精神"，开展演讲比赛弘扬"善洲精神"，公开承诺信守"善洲精神"，领导撰文感悟"善洲精神"，挂钩点践行"善洲精神"，点评对比"善洲精神"，评星表彰"善洲精神"。同时，将个人学习杨善洲精神心得体会、交流文章汇编成册，大力倡导新闻工作人员敬业奉献，为德宏跨越发展多做贡献。

【队伍建设】 2011年，德宏传媒集团按照公开、公正、透明、择优录用的原则，严格选拔任用程序，聘用科级干部6名、公开招考(聘)7人。集团按人均1000元(含编外聘用人员)标准投入培训资金30余万元，所属各单位匹配20多万元，计50多万元资金，采取"走出去、请进来"，跟班学习等方式加大队伍的培训力度。年内培训人员42批386人(次)，其中少数民族干部308人(次)。在第十二个记者节期间，集团投入30余万元对全州评选出的21名优秀新闻工作者，53名优秀通讯员和获省级以上新闻奖的132篇作品进行了表彰奖励，推动创优工作迈上新台阶。深入开展“走基层、转作风、改文风”活动，有计划组织16批232人(次)深入基层进行采访报道。

(《德宏传媒集团》撰稿　郑海洪)

德宏团结报社

【加大舆论引导和社会民生新闻报道力度】　2011年3月，德宏团结报社针对社会上出现“盐荒”的谣言，报社及时派出记者到有关部门采访，开设“加强食盐市场管理，打击哄抬价格行为”专栏，及时刊发《州政府紧急通告》、《云南省食盐生产能力完全能满足全省人民需求》、《州政府办要求切实加强食盐市场管理》、《我州食盐抢购现象得到有效遏制》、《州工商局六条措施保食盐市场》等相关稿件，对澄清“盐荒”谣言发挥主流媒体的作用；根据不同时期的情况，派出记者深入各级各部门，采写国家抑制物价、控制房价等关系民生的新闻和社会新闻深度报道，在《星期刊》刊发，取得了较好的社会效果，进一步树立地方党报的新形象，增强党报的核心影响力。

【抗震救灾和恢复重建宣传】　2011年，盈江“3·10”地震发生后，报社领导及时派出4名记者第一时间赶往灾区采访，有力、有序、有效地展开抗震救灾宣传。当天下午，德宏手机报就及时发布盈江县发生地震消息，第二天报纸刊发《盈江昨天发生5.8级地震》、《中央省委高度关注盈江5.8级地震》、《州党政领导赴盈江检查指导抗震救灾工作》、《省政府抗震救灾工作组抵达盈江指导工作》等文章及图片。随着抗震救灾工作全面展开，向灾区增派记者，并从3月12日起，以超常规宣传报道方式，连续出版“抗震救灾特刊”(8版)，以图文并茂形式及时报道盈江地震受灾情况和各级各部门万众一心抗震救灾及社会各界参与赈灾、捐款捐物等情况，同时，手机报也每天分2次发布抗震救灾相关情况。在恢复重建过程中，开设“建设美丽富饶新盈江”专版、专栏，多次派出记者深入灾区采访，刊登大量稿件，充分发挥主流媒体引领作用，营造强大宣传舆论声势，极大地鼓舞全州各族人民和灾区群众战胜灾难、重建家园信心和勇气。据统计，年内《德宏团结报》“六报一网”刊登抗震救灾相关稿件和图片1500余篇(幅)次，刊登恢复重建相关稿件和图片1200余篇(幅)次。

【桥头堡黄金口岸暨瑞丽重点开发开放试验区建设宣传】　2011年，德宏团结报社围绕把德宏建成“桥头堡”先行先试区和区域性国际交通枢纽这一主题，《德宏团结报》对试飞昆明—芒市—曼德勒往返航线包机的目的、意义和取得的成效进行宣传报道，刊登《云南省加快建设面向西南开放重要桥头堡动员大会在瑞丽召开》、《瑞丽重点开发开放试验区建设正式启动》、《大瑞铁路保瑞段工程奠基》、《龙瑞高速公路建设动员会在瑞丽举行》等稿件、图片，并配发题为《加快建设面向西南开放重要桥头堡的黄金口岸》社论。坚持全年开设“桥头堡黄金口岸建设大家谈”、“全力打造桥头堡黄金口岸”等专栏，认真搞好德宏州桥头堡黄金口岸暨瑞丽重点开发开放试验区建设进展情况宣传报道。

【庆祝中国共产党成立90周年宣传】　2011年，德宏团结报社开设“隆重庆祝中国共产党90华诞·喜庆华诞(庆党建动态报道)”、“隆重庆祝中国共产党90华诞·颂歌献给党(文艺稿)”、“隆重庆祝中国共产党90华诞·伟大历程(新华社通稿)”、“隆重庆祝中国共产党90华诞·云岭楷模风采录(全省通稿)”、“隆重庆祝中国共产党90华诞·边陲德宏党旗红(州内先进党组织、党员风采)”、“隆重庆祝中国共产党90华诞·辉煌成就(本报特别报道)”等栏目，大力宣传党的光辉历史和丰功伟绩，回顾90年来的光辉历程；宣传新中国成立60多年来特别是改革开放30多年来，各族人民在党的领导下推进社会主义革命、建设、改革伟大事业，德宏边疆取得社会主义经济建设、政治建设、文化建设、社会建设、生态文明建设和党的建设的重大成就和光辉业绩，引导人们认识到中国共产党是伟大、光荣、正确的马克思主义政党，激励全州各族人民紧密团结在以胡锦涛为总书记的党中央周围，继续解放思想，坚持改革开放，推动科学发展，促进社会和谐，深入实施“十二五”规划，全面推进党的建设伟大工程，为建设桥头堡黄金口岸，实现德宏跨越式发展而努力奋斗。

【外宣工作取得新突破】　2011年，德宏团结报社依托《德宏团结报》网络版，加强与新华网、新浪网等知名网络媒体的合作，不断提升和扩大纸质媒体对外的覆盖率和影响力，对外宣传实现质与量的新飞跃。1至10月，“新华网云南频道”、“新浪城市联盟”、“云南网”、《云南日报》等转载转发《德宏团结报》各类稿件、图片2470余篇(幅)。

【增加采编设施投入】 2011年，德宏团结报社加大采编设施入，在上年投入24万元的基础上，今年又在集团的关心支持下，投入40余万元的摄影、录音、电脑设备装备一线采编人员，做到每个一线记者一台笔记本电脑、一支录音笔、一台数码相机(低端)，外出采访记者随时携带一台高档数码单反相机，还为采编人员中有一定摄影技术的人员配备了高档单反数码相机和镜头，提升了工作效率和质量，满足了新闻宣传对优质图片的需要，为下一步建立图片资料库打下了基础。

【加强学习培训】 2011年，德宏团结报社为不断提高采编人员的综合素质，报社制定业务培训中长期计划，不断加强采编队伍学习培训。首先是花重金聘请省内报业资深专家原《春城晚报》总编刘祖武、原《昆明日报》总编孙学敏到报社讲授《策划制胜》、《党报经营》、《新闻标题学》3个专题，在全社引起较大反响，让职工看到了自身差距，正视到自己的不足。其次是组织51名职工到厦门等先进发达地区参观学习；送技术骨干到西安学习排版、分色技术；送6名编辑记者分别到北京、山东、成都、贵州、曼德勒考察学习；社领导带队到临沧、红河参加业务研讨，使职工开阔眼界，更新思想观念，调动工作积极性。除此之外，报社还坚持定期在内部组织政治学习、业务学习和专题研讨，形成良好学习氛围。

【制定新闻作品奖励激励机制】 2011年，德宏团结报社为鼓励采编人员创作更多无愧于时代的优秀作品，报社制定系列新闻作品奖励激励机制。一、提高稿费，从每千字20元提高到30元，激发采编人员和通讯员写稿投稿的积极性；二、鼓励民族文加强创优工作，坚持选题报审、稿件定期落实，使反映各民族生产生活的自采稿件明显增多；三、制定《关于进一步提高报纸质量的意见》和实施方案，加强新闻策划、新闻创作、版面设计，采用奖惩结合的办法，做到奖勤罚懒，激励新闻从业人员多写稿、写好稿，充分调动采编人员的积极性，促进“创优”工作开展，保证办报质量提升。

【汉文报征订发行数创历史新高】 2011年，德宏团结报社汉文报征订发行创历史新高。之前，《德宏团结报》汉文报仅仅只订阅到乡镇以上党委政府、企事业单位、行政村、镇中小学校和有条件的农村小学，全州3810个村民小组基本上是订阅的空白点。2012年报刊征订发行工作中，德宏团结报社在协同州委督查组、州委宣传部、州邮政局认真贯彻落实州委推行的“财政代扣，集订分送”等7项措施的同时，针对《德宏团结报》汉文报存在的订阅率低，城镇分布量大、农村覆盖不足等发行分布不平衡的情况，向州委反映以财政代订的方式为全州3810个村民小组订阅汉文报，得到了州委的支持。2012年汉文报征订发行数达到17525份(含400份留存资料)，比上年增加4249份，超越1998年历史最高征订发行数4195份，创历史新高，扩大了报纸宣传覆盖面，不断满足了农村日益增长的精神文化需求。

【手机报受众群体不断增多】 2011年，德宏团结报社与德宏移动公司、德宏电信公司合作开通手机报后，9月，又与德宏联通公司合作开通手机报，实现《德宏手机报》在州内无线传输网络的全覆盖。下半年，积极和州委宣传部联系，下发《中共德宏州委宣传部关于订阅〈德宏手机报〉的通知》，倡议社会各界人士踊跃订阅手机报。截至年末，全州订阅手机报的读者已逾10000人，手机报受众群体明显增加，资讯收入不断提高。

【汉文报印刷质量连续三年获得金奖】 2011年，德宏团结报社领导非常重视报纸印刷管理，不断改进生产工艺和管理方法，通过报社和印刷厂的共同努力，2009、2010、2011年《德宏团结报》汉文报连续3年获得云南报刊印刷质量评比金奖，取得了令全省同行刮目的成绩。

(《德宏团结报社》撰稿　董履梁)

德宏人民广播电台

【开展社会公益活动】 2011年6月，德宏人民广播电台承办了第五届“爱心送考”公益活动，全州1000多辆出租车、公交车和私家车组成的“爱心车队”参与接送考生，展示德宏州文明形象。同时，承办的德宏州第二届“文明的士评选”活动取得圆满成功，活动历时半年，评出了100名“文明的士”和3个先进集体。12月11日举办“文明的士评选”颁奖晚会。

【新闻宣传】 2011年，广播电台紧紧围绕州委、州政府中心工作，认真落实上级主管部门工作安排部署，针对不同时期、不同阶段的宣传重点，适时开设专题专栏，如“聚焦两会”、“十一五”辉煌成就、“十二五”发展规划、“桥头堡黄金口岸建设大家谈”、“建设美丽富饶新盈江”、“众志成城，抗震救灾”、“迎接建党90周年”、“喜迎党代会”等系列专题专栏节目，加大宣传力度，圆满完成党委政府交给的新闻宣传报道任务。全年播出新闻1200多期，其中民语824期；播出服务类节目5172期，其中民语792期；播出文艺类节目2920期，其中民语1095期；进行大型直播8天94小时。

【节目调整】 2011年，德宏人民广播电台按照“三贴近”要求对“孔雀之声”广播节目进行年度调整，针对不同的内容形式及主持人特点风格，确定栏目及其主持人，并于5月10日播出。这次“孔雀之声”节目调整呈现五个特点：一、新闻节目扩容，《德宏新闻》由调整前的10分钟增为15分钟，增设“县市新闻”专栏；二、增加《芒市在线》、《本土音乐秀》、《轻松下午茶》、《开心时刻》等新栏目；三、节目充分发挥各主持人的优势及个性，走主持人节目的路子；四、原有栏目增设子栏目，丰富节目内容；五、取消贴片节目，增加转播节目，提高节目质量。

【外宣工作】 2011年，德宏人民广播电台以《飞越城市》等栏目为依托、以全国广播联盟为载体，积极做好外宣工作，提高德宏知名度、美誉度，全年在中国国际广播电台、中央人民广播电台“中国之声”《央广新闻》、“华夏之声”《对台港澳广播》播出新闻稿件164条；在上海电台、福建电台、合肥电台、河北电台等全国城市广播联盟台播出新闻稿件892条，听众人群覆盖全国60多座城市，重点推介德宏的旅游、珠宝、民族文化等。在云南人民广播电台播出新闻稿件380条，与省台合作现场直播3场4小时、与河北沧州电台并机直播2场2小时。播出缅甸语广播1095小时。

【创优突出】 2011年，德宏人民广播电台获省级以上各类奖项32件，其中新闻作品《中缅读者“国门书社”共享阅读快乐》荣获中国新闻奖三等奖，实现德宏新闻界的历史性突破；少儿广播栏目《阳光城堡》荣获“全国优秀少儿广播栏目”。

【桥头堡建设宣传】 2011年，德宏人民广播电台全方位开展面向西南开放桥头堡黄金口岸建设和瑞丽国家重点开发开放试验区建设的宣传报道，开设《桥头堡建设大家谈》专栏，大力宣传桥头堡建设的重大意义；大力宣传德宏州推进桥头堡建设的重大举措和实际行动；积极做好桥头堡建设动员大会和省政府德宏专题工作会及瑞丽重点开发开放试验区启动等活动的采访报道工作；汇集播出州内各级领导、专家学者的意见、建议等，专栏播出有关稿件236条。4月27日，瑞丽市委、市政府领导做客《德宏热线》直播间，围绕桥头堡黄金口岸建设及瑞丽重点开发开放试验区建设话题，与热心听众共话未来发展蓝图。

【抗震救灾】 2011年，盈江“3·10”地震发生后，德宏人民广播电台领导班子迅速反应，立即启动应急预案，打破节目常规，转入全景直播，及时传递党政、群众和社会各界的声音，激励群众斗志。3月10至14日，《众志成城、抗震救灾、心系盈江》直播节目播出5天73小时。期间，与全国30多家广播电台、网站、报纸等媒体连线报道，与河北沧州电台2次并机直播“盈江，我们在一起”；与云南人民广播电台在灾区组织2场“与盈江同行”直播节目，倾情关注灾区，传递关爱心声。广播电台派出慰问组将职工捐款购买208台收音机及河北沧州电台募集的165台收音机一并送往盈江灾区，发放到4个民族村寨群众手中。在救灾棚里、在受灾民族村寨，小小收音机发挥了稳定灾区、安定民心、鼓舞斗志的大作用。转入恢复重建后，及时开设“建设美丽富饶新盈江”专栏，抽调记者分批深入盈江挖掘典型、捕捉亮点，播出相关稿件304条，为盈江灾后恢复重建营造良好的舆论氛围。

【党代会宣传】 2011年，德宏人民广播电台开设“喜迎州第六次党代会”专栏，围绕“辉煌十一五、展望十二五，迎接党代会”宣传主题，结合建党90周年纪念活动宣传，组织记者深入农村、深入基层，通过对一批具代表性的基层党组织和基层党员的采访，制作播出《扎根群众，一生为民》、《党旗招展贡米香》、《吉祥村党员致富带头人——何从礼》、《勐约栋村腾飞的领头雁——优秀村支书普勒业》等录音通讯，同时分别对县市委书记、县市长进行访谈，为全州第六次党代会的召开营造和谐的舆论氛围。会议期间开设“聚焦州第六次党代会”专栏，会后开设“认真贯彻州第六次党代会精神”专栏，全面集中地宣传报道了会议精神。

【中国·德宏2011国际泼水狂欢节宣传】 2011年，德宏人民广播电台圆满完成中国·德宏2011国际泼水狂欢节的宣传报道工作及与省台并机直播任务，播出特别节目《寻找最美的孔雀公主》、《傣族歌手唱德宏》，与云南人民广播电台联合直播开幕式《万鼓齐鸣、欢腾傣乡》，把欢乐节庆与重建家园结合起来，连续3天安排《美丽德宏、欢乐傣乡、抗震救灾、重建家园》特别直播节目，营造了浓厚的节日氛围。

【舆论监督】 2011年，《德宏热线》直播访谈节目，以搭建党委政府和群众连心桥为宗旨，充分发挥新闻宣传的舆论监督作用。年内制作播出节目314期，来自州直各相关职能部门以及各县市党委政府的83位领导、各职能部门负责人、专家、学者走进直播间，就群众关心的话题与听众沟通交流，接进听众热线电话886个，接收短信173条，解决群众反映问题445个，答复各类咨询400余件，办结率100%。

(《德宏人民广播电台》撰稿 赵兴荣)

德宏电视台

【电视宣传】 2011年，德宏电视台采访制作播出汉语《德宏新闻》270期3000多条，《傣语德宏新闻》、《景颇语德宏新闻》、《载瓦语德宏新闻》各82期，民生新闻《第二视角》53期600余条，《德宏警方》48期、《风尚德宏》44期、《主题电影院》304期、《孔雀之乡》和《特别关注》70期，3个语种的《德宏艺苑》246期。录制访谈节目9场，现场直录播19场。

【外宣创优】 2011年，德宏电视台对外宣传和节目创优取得了数量上的突破和质量上的飞跃，送中央台新闻位列全省各地州电视台第一。全年在中央电视台新闻频道及其他频道播出新闻270多条400多次，在云南电视台《云南新闻》、《民生关注》等节目中播出新闻191条。节目创优有突破，获云南省广播电视政府奖一等奖3篇、二等奖4篇、三等奖8篇；获2010年度云南新闻奖二等奖1篇、三等奖1篇；《风尚德宏》获云南省广播电视“十佳栏目”。

【“两会”宣传报道】 2011年，德宏电视台按照州委宣传部和德宏传媒集团的统一部署，在汉语和民语《德宏新闻》中开辟专栏“魅力德宏 辉煌十一五 展望十二五”，充分宣传全州十一五期间完成的重点工程、重大项目、重大技术装备和重大科研成果；对州委五届十三次全会、州“两会”、州委州政府“十二五”规划实施纲要等重要会议和文件精神进行要点解读，解读24期；在《第二视角》专门开设“小胡跑两会”节目，针对百姓关心的话题专访“两会”代表和委员，以记者体验式报道方式，深入会场采访报道大量反映民生民情方面的新闻，为体现新闻“三贴近”、创新新闻报道形式做出了积极有益的尝试。在6天会议期间，《德宏新闻》、《第二视角》等栏目播发稿件60多篇。

【抗震救灾和恢复重建宣传报道】

2011年，在盈江“3·10”抗震救灾宣传报道中，德宏电视台反应迅速，第一时间启动宣传应急预案，记录下珍贵的第一手资料，并紧紧围绕全州抗震救灾工作，积极组织宣传报道，发出了媒体的第一条视频消息。抗震救灾期间，制作播出抗震救灾新闻387条，在中央电视台各频道播出抗震救灾相关新闻245条400多条次，在云南台各频道播出新闻200多次，在各省级卫视、电视台、各大网络门户网站播出新闻40多条次，全国各主流媒体都采用了德宏电视台提供的视频资料和图片，为盈江的抗震救灾、恢复重建营造了良好的舆论环境。转入恢复重建后，在《德宏新闻》中开辟专栏“建设富饶美丽新盈江”，及时跟踪报道恢复重建工作的进展情况。

【“中国·德宏2011国际泼水狂欢节”宣传报道】 2011年，德宏电视台积极整合资源，成立新闻报道组、专题报道组、大型活动报道组、寻美报道组、技术保障组和后勤保障组，对狂欢节进行全方位的宣传覆盖。担负《寻找最美的傣族孔雀公主》大赛的拍摄工作，制作播出《寻找最美的傣族孔雀公主特别节目》9期，采访播出相关新闻42条，其中《盈江迎来震后首个傣历新年》、《中国德宏2011国际泼水狂欢节隆重开幕》等8条新闻在云南电视台播出，《首架中国芒市——缅甸曼德勒航线包机试飞成功》、《云南德宏泼水狂欢庆新年》、《云南德宏泼水节活动异彩纷呈》3条新闻在中央电视台播出。配合云南电视台对《中国·德宏2011泼水狂欢节迎宾晚会》、《中国·德宏2011泼水狂欢节开幕式》、《寻找最美的傣族孔雀公主总决赛》3场大型活动进行现场直播；同时还组织人员和设备对《泼水节闭幕式晚会暨颁奖仪式》进行现场直播，对《万人狂欢、圣水洗礼》、《勐巴娜西风味小吃和文艺展演》2场活动进行录播，并收录所有视频资料。

【桥头堡宣传】 2011年，德宏电

视台在《德宏新闻》中开辟专栏“全力推进桥头堡黄金口岸建设”，集中报道德宏州建设桥头堡黄金口岸和瑞丽重点开发开放试验区建设的各项工作。同时，积极寻找选题，以重点报道或主题报道的形式宣传德宏州在桥头堡黄金口岸建设取得新经验新成果。1至11月，制作播出相关新闻宣传300多条次。《瑞丽重点开发开放试验区建设启动》、《大瑞铁路保瑞段奠基》、《我国向西南开放的公路主通道——龙瑞高速公路奠基》、《打开通道天地宽——我省全力将德宏州打造为内联外通的重要交通枢纽》、《瑞丽变过道优势为产业优势》、《建设桥头堡黄金口岸 实现德宏经济社会跨越式发展》等重点报道以昂扬向上的精神和饱满的热情，系统展示了德宏近年来的发展成就，让人民群众对德宏的未来充满了信心和希望。

【党代会宣传报道】 2011年，德宏电视台展开全方位、立体式的宣传报道，会前开设新闻专栏“喜迎党代会”、“辉煌五年”；会议召开期间开设“中国共产党德宏傣族景颇族自治州第六次代表大会专题新闻”栏目，下设“聚焦党代会”、“代表风采”、“代表心声”、“数字五年”四个板块，从不同方面进行宣传报道；会后及时对全州各级各部门学习贯彻党代会精神和十七届六中全会精神的热潮进行报道，开辟专栏对党代会精神进行解读。制作播出党代会新闻78条，专题新闻10期，用傣语、景颇语、载瓦语译播相关新闻234条次。会议期间，对州第六次代表大会开幕式和闭幕式进行现场录播，向各族干部群众展示州第六次代表大会群英荟萃共谋发展的盛况。

【舆论监督】 2011年，德宏电视台《第二视角》栏目坚持“三贴近”，结合德宏州各阶段工作和群众关心的热点问题，积极搭建群众了解政策和反映社情民意的平台，先后多次对关系群众的热点难点问题进行跟踪报道，起到了化解矛盾、疏通民意、解决问题的作用。针对芒市公厕利用率不高、出租车打表等社会关注的焦点问题，进行连续性报道，认真履行了社会舆论监督职能。针对群众反映较为棘手的问题，按照“帮忙不添乱”的指导思想，积极与民政、环保、劳动、公安、妇联、红十字会等相关职能部门联系，为群众搭建诉求及沟通平台，尽力将把矛盾问题解决在萌芽状态。

【便民服务宣传】 2011年，德宏电视台通过改版，第二频道(公共频道)逐步确立都市生活频道并以城市为核心向周围辐射的定位，年内以《风尚德宏》为主要平台，围绕“服务百姓”这个宗旨，积极为广大群众提供各类经济生活信息，节目内容涉及出行、美食、休闲娱乐、购物等多个方面，信息含量丰富，指导性强，一推出便获得了很高的收视率。栏目还增设《健康养生》、《方言剧场》、《行走风尚德宏》、《我要上电视》等系列节目，增强节目互动性，受到了观众的喜爱，知名度和影响力大幅提升。该栏目年内被评为云南省广播电视“十佳”栏目。

【联手构建平安德宏和谐德宏】 2011年，德宏电视台与州公安局联手打造一档电视杂志型栏《德宏警方》，逐渐成为德宏州普法宣传教育的重要窗口。栏目紧紧围绕德宏公安机关各个时期的工作重点，紧扣全国、全省、全州公安机关开展的打击毒品违法犯罪、严查酒后驾车、“清网行动”、“打四黑除四害”、打击拐卖妇女儿童、校园安全等专项行动，通过资讯、消息、专题深度报道、案例分析、电话连线等方式，全方位、多角度展示德宏州公安机关在打击各类违法犯罪、维护边境地区和谐稳定中取得的战果和做出的巨大贡献。年内《德宏警方》栏目先后2次被州公安局授予“特别贡献奖”和“新闻给力奖”。

【民语电视宣传】 2011年，德宏电视台立足边疆民情，进一步发挥少数民族语言电视译播的社会宣教作用，集中力量做好民语电视译播工作，以宣传促和谐谋发展。全年完成傣、景颇、载瓦3个语种译播新闻313期3813条，制作播出《德宏艺苑》313期，自采播出专题、人物专访10期，自采新闻约50条，节目总播出时长约182小时58分。

【建立媒资系统和完善资料储备】 2011年，电视节目及素材是电视台的重要资源，尤其是一些历史性的珍贵视频素材，是极为重要的无形资产。德宏电视台自1992年1月开播以来一直没有建立起完整的影像资料存储系统，一些珍贵的历史视频素材没有得到妥善保存，濒临损毁，影响了工作开展。4月，德宏电视台在州人民政府的支持下，投入30万元建立了媒资系统，对全台所有留存的视频素材进行分类整理和保存，建立了明晰的索引目录，并每天收进新近素材，极大地提高了视频素材的利用率和管理效率。

【加大设备投入和夯实技术力量】 2011年，盈江“3·10”抗震救灾中，德宏州委州政府为解决电视台在突发事件中设备不足的问题，下拨资金购置了SONY PMW-EX330K存储式摄录一体机2台、SONY PMW-EX1R存储式摄录一体机3台、移动非编6台、移动笔记本电脑20台以及其他周边配件，增强了电视台应对突发事件的能力。年末，电视台在用各型摄像机计31台、在用办公电脑75台，在用直录播节目移动演播系统、数字/模拟视音频延时器、JMD 5、12米电控摇臂各1支，以及其他摄、录、播配套设备等。

（《德宏电视台》撰稿　蒋　英）

德宏民族出版社

【图书出版事业稳步发展】 2011年，德宏民族出版社加强图书出版事业发展，具体做法是：一、图书选题策划、出版品种与数量快速增加。年度计划选题213种，同意出版179种。增补选题16批161种，其中新上选题136种，重印选题25种。年度出版图书239种，图书出版总量比上年度163种增长47%。二、图书发行成效显著。全年发行图书72106册，码洋142.7万元，实洋80.85万元；其中入选云南省农家书屋采购图书50种69022册，码洋134万元，实洋73.8万元；新农村文化建设及日常图书销售3084册，码洋8.6万元，实洋7.05万元。扣除印制成本，实现图书发行收入39.46万元，比上年度的27万元增长46%。三、公益性图书发行有较大突破。为盈江地震灾区、学校、农村无偿捐赠图书5457册，合计码洋11.3万元。四、图书选题策划和编校质量不断提高。7种图书列入国家“十二五”重点图书，占全省14种的50%；《丽江·傈僳族民间故事选》和《德宏傣族景颇族自治州民歌集成》2种图书入选“首届向全国推荐的百种优秀民族图书”。

【资金争取和经营创收大幅增长】 2011年，德宏民族出版社加强资金争取和经营创收力度，具体做法是：一、资金争取数额大幅提升。年内争取到国家财政及州级财政专项经费268.2万元，比上年增加172.2万元，增长179%。其中：国家民文图书出版专项经费172万元；云南省新闻出版局下拨国门书社运作经费29.2万元；州财政民族文字图书出版专项资金30万元，州财政国门书社建设专项经费32万元；建社30周年庆典经费5万元。二、经营创收任务超额完成。年内实现经营创收172.18万元，比上年增长71.43万元，增长71%。

【平台和窗口建设成效明显】 2011年，德宏民族出版社加强平台和窗口建设成效明显，具体做法是：一、国门书社被树为全国典型。投资47万余元筹建“国门书社”得到中共中央政治局委员、中央书记处书记、中宣部部长刘云山充分肯定，年初被中宣部、文化部、国家广电总局、国家新闻出版总署以“全国服务农民服务基层文化建设出版发行先进集体”命名表彰，作为典型向全国推介，并被中央电视台、云南电视台等全国各大新闻媒体广泛报道。在今年集团召开的第十二个中国记者节庆典表彰活动中，以国门书社为题材的各类稿件，一举斩获省级以上新闻创优特等奖等多个奖项，成为表彰活动最大赢家。二、成功举办建社30年庆典，有力提升了德宏民族出版社的知名度。

【对外合作领域不断拓宽】 2011年，德宏民族出版社为在市场竞争中变被动为主动，本着合作共赢的原则，积极拓展合作领域和合作平台，与北京蓝玛文化传播公司签订了图书选题策划、编辑出版合作协议，与北京多和文化传媒有限公司签订了成立无线阅读事业部的合作计划书，争取成为中国联通数字平台稳定的内容提供商，并已择优录入近500种图书的文字资料和图片资料与合作方共同开展数字出版，积极探索民族文字图书数字化出版的合作与发展之路，提升民族出版物在农村的覆盖面，让越来越多的群众从科学快捷的阅读模式中享受到丰实的文化产品。在芒市机场设立图书免费阅览点，充分发挥外宣推介作用，运营成效明显，深受各类受众欢迎。

（《德宏民族出版社》撰稿　余胜连）

德宏少数民族语言文化译制中心

【新闻译播】 2011年，德宏民语文化译制中心用傣、景颇、载瓦语三种语言及时把党和国家方针政策传递给德宏边疆少数民族群众，圆满完成每晚25分钟《中央新闻联播》、《云南新闻联播》的译制播出任务，全年译制播出新闻1056组15680条。

【自办栏目】 2011年，德宏民语文化译制中心认真开展自办栏目，做好《动物世界》、《农村实用科技》、《今日说法》等译制节目，《快乐新农村》、《文艺欣赏》、《今日点唱》、《孔雀之乡》栏目，推进农村科技、法律法规普及进程。全年以3种语言译制播出《今日说法》节目109期，其中傣语54期，景颇语28期，载瓦语27期；《动物世界》113期，其中傣语57期，景颇语29期，载瓦语27期；《农村实用科技》107期，其中傣语57期，景颇语29期，载瓦语27期；《快乐新农村》25场，其中傣语23场，景颇语2场；《文艺欣赏》356期，其中傣语178期，景颇语89期，载瓦语89期）；《今日点唱》144期，其中傣语72期，景颇语36期，载瓦语36期。

【盈江"3·10"抗震救灾宣传】 2011年，德宏民语文化译制中心在灾情发生后，成立抗震救灾宣传工作领导小组，第一时间启动宣传报道应急预案，派记者赴灾区采访报道，组织全体人员及采编播设备全力投入抗震救灾宣传，做到领导统一协调，前方记者和后方译播人员密切配合，稿件随到随审随译播；打破常规，启动中心特殊工作值班制度，投入38000元译制经费用于抗震救灾宣传工作，调整原节目编排和播出，调整新闻节目播出方式和时间，停播文艺类节目及部分经济广告和电视剧；首次在新闻报道中制作播出民语励志歌曲《万众一心》（傣语）、《同胞魂》（景颇语），组织人员下到受灾最严重的拉勐村为群众放映民语电影、电视剧，极大地鼓舞了灾区各族群众战胜灾难、重建家园的信心；以芒市风平镇南相章村举办农村节目为契机，向全村父老乡亲发起向灾区捐款倡议，为灾区募集捐款1544.40元。

【中国·德宏2011国际泼水狂欢节宣传报道】 2011年，德宏民语文化译制中心精心制作"中国·德宏2011国际泼水狂欢节"形象宣传和倒计时短片；在《孔雀之乡》专栏中，用傣语集中宣传傣族民俗风情、服饰、民居等文化；播出电影《水之祭》（泼水节的传说上、下集），制作播出有关泼水节的歌曲10首，播出《寻找最美丽的孔雀公主》1～8期；用傣、景颇、载瓦语3种语言以动态新闻的形式，多角度对泼水节活动进行全程宣传报道，使各族群众及时了解节庆活动盛况；加强与傣族村寨互动，大力开展民间泼水活动宣传，与峠门、广母、丙门、风平、丙午、印金、拉院等8个村寨联合互动，组织、拍摄、制作8场泼水节活动文艺专场，并在《快乐新农村》栏目播出，极大地丰富了农村少数民族群众的节日文化生活。

【影视剧译制】 2011年，德宏民语文化译制中心用傣、景颇、载瓦语3种语言译制影视剧332集、电影8部，明显提高民语频道整体收视率，有力提升民语频道整体建设。其中：译制傣语电视剧《白蛇传》、《滇西1944》、《女人当官》、《远山的红叶》、《暖秋》、《老牛家的战争》、《叫一声妈妈》、《麻辣婆媳》、《好人谢延信》、《金枝玉叶》、《文化站长》316集，译制傣语电影《建国大业》、《秋收起义》2部；译制景颇语电影《唐山大地震》、《国际大营救》、《继母的日记》3部；译制载瓦语电视剧《嘎达梅林》20集，载瓦语电影《叶问2》、《冲出亚马逊》、《大笑江湖》3部。

【事业建设】 2011年，德宏民语文化译制中心为提高工作效率，提升节目演播和民语影视剧配音质量，中心在经费困难的情况下，筹集资金购置存储卡式摄录一体机3台、无线话话筒2台、手持无线话筒2台、专业摄像机三脚架3台、摄像机电池3台、专业新闻采访灯3台、摄像机防护包3台、专业摄像机雨罩3台、SXS专业读卡器3台、32GB s×s存储卡7台、移动非编1台、笔记本电脑14台、录音笔1台、录音采访机1台、大洋导播系统、配音话筒6只、雅马哈调音台2台、瑞鸽标准监视器4台、改造了节目采编播所需设备，逐步实现了无纸化办公。对原来的演播室进行了改造，节约了节目演播时间，有效提高了节目演播和民语影视剧配音质量。

（《德宏少数民族语言文化译制中心》撰稿　项保英）

国际互联网德宏新闻中心

【对外宣传】 2011年，国际互联网德宏新闻中心（孔雀之乡网）围绕德宏州委州政府中心工作和全州重大活动，集全网之力做好宣传报道工作，采用文字、图片、视频、微博，全方位、多角度、多侧面宣传报道德宏州各阶段中心工作的内容、特点和取得的成效，对全州具有重要外宣价值的活动进行卓有成效的宣传，竭力向外界推介和展示德宏。全年采写、刊载各类新闻、消息、评论等稿件21787条次，其中视频1876条次。

【重点工作重大活动专题宣传】 2011年，国际互联网德宏新闻中心发挥网络媒体优势，围绕德宏州中心工作和重大活动，主动策划制作完成2011德宏"两会"、盈江"3·10"抗震救灾、桥头堡黄金口岸暨瑞丽重点开发开放试验区建设、中国·德宏2011国际泼水狂欢节、昆交会、2011中国昆明泛亚石博览会、德宏州第六次党代会等17个宣传专题，有力地促进了相关工作的推进，为德宏经济社会发展营造了良好的舆论氛围。

【强化与知名网站宣传合作】 2011年，国际互联网德宏新闻中心通过中国日报网德宏英文区撰写编发文章近200篇约12万字，制作特刊6个、专题4个，上传图片百余张、视频1个、幻灯49个，以多样形式、多彩内容展现德宏风貌。发布稿件中，95%以上为原创文章，大部分文章被人民网、中国网等重点新闻网站转载。通过新浪网七彩云南发布德宏稿件2000多条。积极开展网站推广工作，新浪网七彩云南在其首页“云南各地”将德宏置于昆明之后的显要位置，在中国日报网首页及各频道进行网站链接推广，收到良好效果。

【开通东南亚小语种(缅文)频道】 2011年，孔雀之乡网在原有英文频道和傣语、景颇语、载瓦语为主的民语频道基础上，基于建设桥头堡黄金口岸和瑞丽重点开发开放试验区的信息需求考虑，又建设开通了东南亚小语种(缅文)频道，向全球缅甸语受众推介德宏，一个多语种的地方对外宣传网站初具雏形。网站多语种频道的建成，对桥头堡黄金口岸和瑞丽重点开发开放试验区建设起到了积极的推动作用。

【完成党务公开网及党务公开触摸屏查询系统建设】 2011年，国际互联网德宏新闻中心按照德宏州委党务公开领导小组的安排，孔雀之乡网高质量、高标准完成“德宏州党务公开网”、“芒市党务公开网”、“陇川党务公开网”、“瑞丽党务公开网”、“盈江党务公开网”、“梁河党务公开网”、“姐告党务公开网”——德宏州党务公开网站群的建设。同时完成全州3县2市和姐告边境贸易区党务公开触摸屏查询系统的建设。

（《国际互联网德宏新闻中心》撰稿　李武周）

统战工作

【召开统战对台工作会】 2011年2月，德宏州统战部长暨台办主任会在芒市召开，州委统一战线、对台工作领导小组成员单位、州四套班子领导、州直有关单位领导、各县市委分管统战工作的副书记、统战部长、办公室主任及对台办主任参加了会议。州委副书记唐文祥和州政府副州长孔勒干到会并作了重要讲话。会议传达了全省统战部长暨台办主任会议精神，总结、交流2010年和部署了2011年工作。会议确定了年内全州统战工作重点是：传达省委八届十次全会、全省统战部长会议和州委五届十三次全会、全州党的建设工作会议和宣传贯彻州委五届十三次全会精神大会的精神，深刻领会赵金书记、唐文祥副书记、孔勒干副州长等州委、州政府领导的重要讲话精神，进一步增强围绕中心，服务大局的责任感和使命感；深入贯彻党的民族宗教工作方针政策，积极维护民族团结、宗教和顺，促进经济发展；继续动员统一战线成员投入禁毒防艾人民战争，全力维护社会稳定；加强非公经济人士和党外知识分子工作，凝聚力量，促进“桥头堡黄金口岸”建设和全州经济社会平稳较快发展作出贡献；密切与境外华侨社团交往，为促进全州对外开放和招商引资服务；贯彻落实中央对台方针政策，促进全州与台交往；加强调研和宣传工作，扩大统一战线社会影响力；加强自身建设，提高服务水平。

【民族工作】 2011年，德宏州各级统战部门认真贯彻落实全国政协副主席、中央统战部长杜青林和省委常委、省委统战部长黄毅到德宏调研时的指示精神和州委对民族宗教工作的要求。认真组织学习贯彻省委、省政府，州委、州政府关于进一步加强民族工作，促进民族团结，加快少数民族和民族地区科学发展的决定和加强少数民族干部队伍建设的意见。学习贯彻国务院第七次全国民族团结进步表彰大会和全省民族工作会议暨第八次民族团结进步表彰大会及州委、州政府2011年第29个“民族团结月座谈会”精神，利用春节慰问和民族节庆活动，广泛宣传党的民族政策、国家民族区域自治法和全州自治条例，加强民族团结宣传教育工作，推进全州爱国主义和民族团结教育进社区、进村寨、进学校、进寺庙，增强“三个离不开”的意识，促进民族团结，维护边疆和谐稳定。配合组织、民宗部门推荐一批少数民族干部到昆明、上海、江苏等地参观和培训；举办种类培训班4批400多人次。

【宗教工作】 2011年，中共德宏州委统战部深入贯彻落实《中共德宏州委关于巩固和壮大新世纪新阶段统一战线工作的意见》，加强宗教团体建设和爱国爱教队伍建设，维护宗教和谐。制定《中共德宏州委统战部涉及民族、宗教方面群体性事件应急预案》。抓好德宏佛学分院、德宏州基督教培训中心、陇川县基督教培训中心的筹建工作，指导宗教团体加强自身建设，培养爱国爱教人士。盈江“3·10”地震期间，动员社会力量，帮助少数民族村寨抗旱、保生产，州委统战部积极向省委统战部汇报，争取到重点宗教活动场所和宗教院校修缮补助资金105万元。年内，接待民族宗教界人士来信来访52次96人。

【对台工作】 2011年，德宏州对台办认真组织学习传达全省台办主任会议精神，贯彻落实中央对台工作方针政策和云南省台办提出的各项任务，深入基层，走访慰问台胞、台属、台商代表人士，协调关系，帮助他们解决生产、经营和生活中遇到的困难，让他们安心德宏求发展。发挥全州的地缘优势，做好对台招商引资引智工作；发挥全州的旅游资源优势，做好来全州观光考察台胞的服务和宣传工作。建立完善州和县市台办联系制度及涉台突发事件的应急处理方案，及时稳妥处置涉台事件和信访，维护台胞合法权益。

【党外人士队伍建设工作】 2011年，德宏州各级统战部门认真贯彻云南省委、州委政协工作会议精神，支持和参与政协围绕团结民主两大主题，履行政治协商、民主监督、参政议政职能；协助政协加强对政协委员的培训，组织委员开展调研视察活动；鼓励党外代表人士、党外知识分子积极参政议政、建言献策，配合组织部门开展对党外干部的培训和培养及推荐党外领导人选工作；联合州委组织部、州委党校举办全州党外干部培训班，参训55人；州县市统战部组织召开党外代表人士、党外知识分子座谈会。通过开展庆祝建党90周年的活动，广泛动员工商联、人民团体、各族人士积极参与“十二五”规划的制定和实施，围绕“桥头堡黄金口岸”建设和瑞丽重点开发开放试验区建设建言献策。

【非公经济组织党建工作】 2011年，德宏州统战部门加强非公经济党建工作。具体做法是：一、以科学发展为主题，以加快转变经济发展方式为主线，推动非公经济组织在实施全州“十二五”规划中建功立业。深入学习贯彻《中共中央、国务院关于加强和改进新形势下的工商联工作》(中发〔2010〕16号)和《中共云南省委、云南省人民政府关于加强和改进新形势下工商联工作的实施意见》(云发〔2011〕11号)文件。二、动员全州非公经济组织响应中央统战部引导非公经济人士深入开展回报社会感恩行动的号召，按照省委统战部、省工商联的要求，积极投入“云南红土情·光彩进万家——民营企业德宏感恩行动”，开展“扶贫助学、抗震救灾、惠农工程、村企共建”等活动。在盈江“3·10”抗震救灾中，全州非公经济党组织、广大党员积极投入抗震救灾。尤其是在省委常委、省委统战部黄毅部长亲切关心下，率省委统战部、省工商联、省光彩事业促进会到盈江灾区举办“云南红土情·光彩进万家——民营企业德宏感恩行动”，省内15家知名企业向全州捐赠灾后重建资金和物资556万元，极大地支持盈江县少数民族聚居村寨的灾后重建工作。三、在全州非公企业党组中开展创先争优活动和向杨善洲学习的活动，加强对非公企业共产党员的党性教育。召开全州非公经济组织创先争优工作总结和推进会。

【调研工作】 2011年，德宏州委统战部根据中央统战部、省委统战部有关通知，参照省委统战部下达的调研课题，以少数民族地区工作为重点，深入开展统战理论研究和调研工作，在加强基层统战调研力度、改进调研方法、提高调研质量、转化调研成果上下功夫，向省委统战部上报《芒市少数傣族信教群众转变宗教信仰的调研报告》和《德宏边境地区民族问题与和谐社会》2篇调研报告，并获2011年省委统战部优秀调研成果二、三等奖。

(《统战工作》撰稿　王　浩)

政法(综治维稳委)

【概　述】 2011年，德宏州委政法委根据全国、全省政法工作会议精神，结合德宏工作实际，科学制定了全年政法工作的思路。即：全面贯彻党的十七届四中五中全会、省委八届十次全会、州委五届十三次全会和全国、全省政法工作会议精神，紧紧围绕科学发展的主题、加快转变经济发展方式的主线和把德宏建设成为中国面向西南开放桥头堡黄金口岸的战略部署，突出人民群众安全感和对政法机关满意度这一核心指标，以健全大调解体系来深化社会矛盾化解，以完善机制、提升能力来深化社会管理创新，以推进执法规范化建设来深化公正廉洁执法，以加快信息化建设来提升政法工作水平和公信力，以强化政法宣传来加强舆论引导，以开展主题教育实践活动来促进政法队伍建设，为德宏经济社会实现跨越式发展提供稳定和谐的社会环境、公平正义的法治环境、优质高效的服务环境。提出了工作目标。即：服务经济社会发展的水平迈上新台阶，维护国家安全和社会稳定的水平迈上新台阶，保障社会公平正义的水平迈上新台阶，政法机关自身建设的水平迈上新台阶。这一工作思路和工作目标，体现了科学发展的要求，适应了形势发展的变化，完全符合德宏经济社会发展的实际，为推动德宏政法工作创新发展奠定了扎实的基础。一、注重创新工作方法。年内，全州政法工作在工作思路上，更加注重把政法工作置于全州经济社会发展大局中来谋划、来部署，坚持从党委、政府的层面来推进；在工作机制上，更加注重推动政法工作从应急状态向常态建设转变，努力使政法工作的理念、机制和方法更加适应常态化、长效化发展的要求；在工作重心上，更加注重抓基层、打基础、谋长远，为实现全州社会大局可持续和谐稳定奠定坚实基础。二、取得良好工作成效。年内，全州政法工作取得良好的工作成效。出台支持桥头堡黄金口岸和瑞丽重点开发开放试验区建设的一系列服务举措，不断提升服务桥头堡建设的能力和水平。扎实开展“大排查”、“大化解”和“大接访”、“大下访”、“大走访”活动，有效化解一大批社会矛盾。采取“六个一”工作措施，确保基层有人干事、有钱办事、有章理事，切实夯实综治维稳基层基础。严厉打击各类违法犯罪行为，有力地震慑犯罪分子的嚣张气焰，切实提高人民群众的安全感和满意度；进一步健全完善治安防控体系，最大限度地遏制、预防和减少各类违法犯罪，切实促进社会治安持续好转；高度关注各种热点敏感问题，确保全州社会政治稳定。高度重视执法规范化建设，促进司法权力在阳光下运行，切实提升政法机关保障社会公平正义的水平和执法公信力。不断强化信息化建设，进一步提高政法机关科学化管理水平。始终践行“执法为民”宗旨，大力推行便民利民为民新举措，切实回应广大人民群众对执法司法的新期待和新要求。全面启动为期5年的第三轮禁毒防艾人民战争，全州禁毒防艾工作取得了“三更加、四下降、一转变”的良好成效。坚持强化政法队伍建设，进一步提高政法干警思想认识、精神面貌、执法能力水平，切实让广大人民群众感受到政法机关新变化、新气象。三、几点经验和启示。(一)政法机关是维护国家政治安全、政权安全的“刀把子”，只有坚持党对政法工作的绝对领导，不断增强政法队伍的政治意识、政权意识，政法工作才能始终保持正确的政治方向；(二)政法工作的根基在人民，只有坚持群众观点，走群众路线，在感情上贴近群众、思想上尊重群众、行动上服务群众，真心诚意为群众排忧解难，才能真正做好群众工作，进一步密切党群干群关系，巩固党的执政地位；(三)政法各机关是个有机整体，只有切实增强大局意识、政治意识、责任意识，既各司其职，又相互配合、协调统一、齐抓共管，才能确保执法的法律效果、社会效果、政治效果有机统一；(四)维护稳定的关键在基层，只有坚持重心下移，人往基层走、力往基层使、经费向基层倾斜、工作往实里干，才能筑牢维护社会和谐稳定的第一道防线；(五)政法队伍建设是政法工作的根本保证和永恒的主题，只有持之以恒地抓好政法队伍建设，才能确保公正廉洁执法，才能确保政法工作适应形势发展的需要，才能完成党和人民赋予的神圣使命。

【召开主题教育实践活动启动会】 2011年3月28日，德宏州召开全州政法系统“发扬传统、坚定信念、执法为民”主题教育实践活动启动大会，安排部署全州政法机关主题教育实践活动。副州长、公安局局长马闻主持会议，州委常委、政法委书记郭志德出席并作动员讲话，州中级人民法院院长马真荣、州国家安全局局长匡建军等州级领导出席会议。

【召开禁毒防艾工作大会】 2011年5月9日，德宏州委、州政府召开2011年全州禁毒防艾工作大会，安排部署为期5年的禁毒防艾人民战争，与“十二五”同安排、同部署、同落实。州委副书记、州长孟必光主持会议，州委书记赵金作讲话，州委常委、政法委书记郭志德宣读表彰决定。

【举办政法系统书画摄影赛】 2011年6月，德宏州委政法委举办了全州政法系统书画摄影比赛，征集作品155幅，其中瑞丽市法院李刚、州戒毒所席学谦、州公安局李云昆等人分别荣获了书法一等奖、绘画一等奖、摄影一等奖。

【举办“党在我心中”歌咏比赛】 2011年6月22日，德宏州委政法委组织州级政法机关开展“党在我心中”歌咏比赛，州委常委、政法委书记郭志德出席并致辞。此次活动中，州公安局荣获集体一等奖，州和芒市政法委机关、州司法局分别荣获集体二等奖，州法院、州检察院、州安全局分别荣获集体三等奖。

【举办“政法杯”篮球赛】 2011年9月17日，德宏州政法系统“政法杯”篮球赛在芒市开幕，州人大常委会主任余麻约，州委常委、政法委书记郭志德，州委常委、宣传部部长李燕兰，州委常委、纪委书记赵镇康等党政领导出席开幕式。此次活动中，州公安局荣获第一名，武警德宏支队荣获第二名，边防支队荣获第三名，州安全局荣获第四名。

【召开社会管理创新综合试点工作推进会】 2011年10月25日，云南省委、省政府在瑞丽召开了社会管理创新综合试点工作推进会，副省长曹建方出席并讲话，对瑞丽抓好社会管理创新综合试点工作提出了明确要求。省政府副秘书长蒋兆岗、省委政法委副书记齐海田、省民政厅厅长王树芬、州委书记赵金、省财政厅副厅长张云松以及德宏州部分党政领导等出席会议。

【州委常委会专题研究政法工作】 2011年12月16日，六届州委第5次常委会议在瑞丽召开，对政法工作进行了专题研究，同意将“德宏州社会治安综合治理维护稳定委员会”更名为“德宏州社会管理综合治理委员会”和“德宏州维护稳定工作领导小组”，同意以州委政法委名义表彰“十佳政法干警”，同意以州政府名义表彰全州2009～2011年度见义勇为先进集体(群体)和先进个人。

【综治维稳基层基础工作】 2011年，德宏州委政法委协调相关部门继续选派了一批青年骨干到乡镇担任专抓综治维稳的副书记，配齐配强工作人员，确保基层有人干事。认真落实省委政法委、省财政厅《关于进一步完善政法综治维稳经费保障机制有关问题的通知》(云财行〔2010〕42号)精神，州级按人均1元，县级人均不低于2元的标准将综治维稳工作经费列入财政预算，确保基层有钱办事。认真落实强化综治维稳基层基础“六个一”的工作措施，为全州51乡(镇、街道)各配备了一辆综治维稳专用车，各保障了2万元的综治维稳工作经费，建立健全考核机制，保障专门的办公场所，确保基层有条件干事、有机制督促抓好落实。

【社会矛盾化解工作】 2011年，德宏州委政法委组织相关部门全力排查化解各种社会矛盾，尤其注重排查化解重点区域、重点环节、重点部位的矛盾纠纷。一是充分发挥了基层人民调解、行政调解、司法调解3调对接的“大调解”工作体系作用，综合运用法律、经济、政策、行政等手段和教育、协商、疏导等办法，切实做到责任不落实不放过、工作不到位不放过、问题不解决不放过。排查各类矛盾纠纷2143起，调解成功2046起，调处成功率95.47%；防止民间纠纷引发自杀1件，防止民间纠纷转化刑事案件39件，制止群体性械斗34起，防止群体性上访18起。二是着力推进社会矛盾源头治理，督促各级各部门认真执行《德宏州重大事项社会稳定风险评估制度》和《德宏州重大事项社会稳定预警工作制度》，在作重大决策、出重要政策、上重点项目前，必须进行社会稳定风险评估。年内全州进行重大事项社会稳定风险评估3次，发布各类预警通知11次，从源头上预防和减少了社会矛盾。

【维护社会稳定工作】 2011年，德宏州委政法委高度重视特殊时段和敏感时段社会矛盾的预防工作，采取有力措施，确保了盈江“3·10”地震抗震救灾期间灾区治安良好、社会和谐稳定；高度重视网上网下工作，及时收集研判各种信息情报，研究制定对策措施，及时有效地应对“茉莉花革命”、“占领华尔街”、“占领中国”等行动对德宏的影响与渗透，确保全州无人参与，无人声援；切实加强全国、全省“两会”、建党90周年庆典和省第九次党代会等重点时段期间社会稳定工作，确保全州不出大事、少出小事；高度关注缅局形势变化，制定应急处突预案，坚持强化组织领导、强化责任落实、强化措施落实，确保边境前沿地区边境安宁、社会稳定。

【专项整治工作】 2011年，德宏州委政法委组织全州政法机关扎实开展各种专项整治工作。针对社会治安案件高发的问题，组织开展“春季攻势”、“查禁黄、赌、毒、娼”、“清网行动”、火灾隐患排查整治等一系列专项整治行动，查处一大批治安案件，教育处理一大批违法人员，交通秩序得到进一步规范，事故明显下降，火灾隐患大部分被排除，全州社会治安形势进一步好转。针对校园及周边治安突出问题，制定校园及周边安全管理的长效机制，采取12项有效措施，重点整治了校园及周边治安，确保校园内外不发生影响较大的安全事故。针对边境一线治安及刑事案件高发问题，扎实开展边境地区社会治安专项整治，严厉打击“枪、毒、拐、赌”等各种违法犯罪，重拳出击打击拐卖妇女儿童犯罪，采取“五断一停”措施整治边境赌博，有力维护边境地区和谐安宁。

【执法监督工作】 2011年，德宏州委政法委坚持“突出重点、注重实效、依法处理、逐案消化”的原则，多措并举，制定切实有效的疏通“出口”政策措施，有效地处置现存信访积案。认真落实包保责任制，对中央和省挂牌督办的涉法涉诉积案分解到各职能部门，对其进行严格复核，既确保当事人的合法权益不受侵害，又确保案件办成铁案。认真贯彻落实涉法涉诉特殊困难群体救助机制，州级财政预算安排40万元，用于救助涉法涉诉特困群体和刑事被害人，切实解决了一批因“执行难”或刑事伤害而久拖不决、久诉不息的信访积案。认真组织开展案件评查工作，以评查促政法机关公正廉洁执法。年内全州组织评查案件600件(其中法院系统210件、检察院系统120件、公安系统210件、司法行政系统60件)。

【禁毒防艾工作】 2011年，德宏州委、州政府制定出台《德宏州开展第三轮禁毒防艾人民战争工作的意见》，将禁毒防艾工作与经济社会发展第十二个五年规划同部署、同落实、同检查、同考核。将禁毒防艾绩效纳入领导、干部考核内容，分工明确、层层负责。党委换届后州委及时调整了46名州领导的挂钩联系点，明确了102名县市领导503个州、县市单位的挂钩联系点，保证了工作的延续性，“挂钩包保”制度更加到位。同时加大财政保障，将经费标准提高至人均3元以上，按重点倾斜到基层的要求，投入1700多万元力保基层组织工作顺利推进。在全州探索建立了1000多个以抓禁毒防艾为切入点的村民理事会，带领村民抓禁毒防艾、产业发展、新农村建设以及其他社会公益事业。

(《政法〈综治维稳委〉》撰稿 徐天泽)

政策研究和新农村建设

【完成机构改革各项任务】 2010年10月26日，根据党的十七大和十七届二中全会关于深化行政管理体制改革的精神，按照《中共中央国务院关于地方政府机构改革的意见》和《中共云南省委云南省人民政府关于州市县政府机构改革的实施意见》要求以及《中共云南省委办公厅云南省人民政府办公厅关于印发〈德宏傣族景颇族自治州人民政府机构改革方案〉的通知》精神，州委常委会决定，由州委办公室、州政府办公室印发《德宏州人民政府机构改革实施意见的通知》，组建州委州政府政策研究室，列党委机构序列，将州委政策研究室和州政府研究室的职责整合划入州委州政府政策研究室，不再保留州委政策研究室和州政府研究室。一、2011年3至4月，完成州委州政府政策研究室机构改革“三定”方案。根据《德宏州人民政府机构改革实施意见的通知》精神，成立由两个研究室领导班子组成的中共德宏州委德宏州人民政府政策研究室机构改革“三定”方案领导小组，结合原两个研究室的职能，认真分析新单位的职能，安排专人起草机构改革“三定”方案，经领导小组会议多次研究形成州委州政府政策研究室机构改革“三定”方案，提交州编制委员会。4月26日，州委办下发《关于印发〈中共德宏州委德宏州人民政府政策研究室主要职责内设机构和人员编制规定〉的通知》，设立中共德宏州委德宏州人民政府政策研究室(简称州政研室)，列党委机构序列，同时加挂中共德宏州委农村工作领导小组办公室、中共德宏州委新农村建设工作领导小组办公室牌子，正处级。设6个内设机构(正科级)，即：秘书科、综合一科、综合二科、研究科、农村综合科、农村发展科。机关行政编制9名。其中：主任1名(正处级)，副主任2名(副处级)，科级领导职数6名。主要职责是：起草或参与起草州委全会报告、政府工作报告；起草或参与起草州委、州人民政府重要文件；起草或参与起草州委、州人民政府领导的重要讲话和文稿。围绕州委中心工作，实施重大决策调研。承担州委、州政府重要课题的研究任务；对事关全州经济社会发展的全局性、综合性、战略性、方向性、长期性问题开展超前研究和跟踪研究；参与研究经济体制、行政管理体制改革等问题。承担全州经济、社会发展、文化、政治建设及第一、第二、第三产业发展政策研究，开展经济结构调整、产业发展等相关问题调查研究。承担德宏州县域经济发展协调小组的具体工作。负责州政府经济社会发展咨询团的日常工作。与有关国际组织和国内研究机构开展合作与交流。贯彻落实中央、省关于农业和农村工作的方针政策，为州委决策提供综合服务，参与州委作出农村工作部署工作。承办组织州委农村工作重大活动及重要会议；参与起草或组织起草州委农村工作重要文件、重要讲话等文稿。对事关“三农”工作全局性、战略性和前瞻性的重大政策及若干难点问题进行调查研究，提出政策意见和工作措施，供州委决策。牵头督促检查中央和省农村政策以及州委农村工作重大举措的贯彻落实。负责全州社会主义新农村建设组织管理和指导、编制发展规划、综合协调服务；制定全州新农村建设的工作意见和有关措施；制定全州新农村建设工作目标考核评价体系并组织实施。承担州委、州政府和上级安排的其他各项工作任务。至此，州委州政府政策研究室组建完成。二、5月，完成党组织建设。两个研究室合并后，在较短时间内召开全体党员会议，传达州委关于合并两个研究室的决定，在州直机关工委的具体指导下，成立了新的州政研室党支部，认真组织开展创先争优等各项活动，确保州政研室的工作在党组织的领导下有序开展。三、完成制度建设。两个研究室合并后，迅速对两个研究室原来的工作制度进行梳理，结合新机构的工作性质，重新制定《州委州政府政策研究室规章制度》，建立健全包括党支部工作制度、党风廉政建设制度、工作规则、内部管理制度在内的19个规章制度，保证新的州政研室成立后各项工作有章可循，基本实现工作制度化、规范化。四、6至9月，完成队伍建设。根据组织部门关于“新成立单位，科级领导要执行竞争上岗”的要求，州政研室成立领导小组，制定工作方案，在州委组织部和党政纪工委的指导监督下，本着公平、公开、公证的原则，经过竞争上岗动员、资格上报审批、竞争上岗考试、民主测评和民主量化测评，推荐考察对象，进行组织考察、班子研究决定任命和资料整理归档等严格程序，7月28日完成第一次科级领导竞争上岗工作，9月27日完成第二次科级领导竞争上岗工作，任命了6名业务能力强、群众公认的干部为本室二级班子成员。同时，为在竞争上岗中没有职位的干部及时上报任命为本室的主任科员、副主任科员。对全体人员进行了合理安置，领导也进行了分工。至此，州委州政府政策研究室的机构改革任务基本完成。五、8至11月，抓能力建设。为了体现两个研究室合并“整合资源、形成合力”的意图，多次在干部会上提出要努力实现“1+1〉2”的目标。8月1至5日，组成由州委常委、州委秘书长番跃平为组长，州委州政府政策研究室主任李全民，州委州政府政策研究室副主任、州委农办主任何春嵘为副组长，州委州政府政策研究室相关领导及工作人员参加的调研组，由州委州政府政策研究室组织开展全州决策咨询工作调研。在调研中发现，全州两级政研室近年来做了大量工作，但是存在着机构职能多元化，机构设置、人员编制与职责不适应，人员构成和知识结构不合理，办公设施、研究设备和技术手段落后，条块分割，各自为政，缺乏协调统一等问题。特别是自2007年承担了新农村建设指导协调工作任务以来，州和县市政研室普遍存在“为项目所累，决策咨询工作被弱化”的现象。在州内调研后，11月，又组织了包括6个县市(区)政研室主任在内的学习考察组到省委政研室、省政府研究室汇报工作，到昆明、曲靖、玉溪、大理4个州市学习考察。最后形成了调研报告，代州委州政府起草了《加强决策咨询发展的意见》，报送州委州政府领导。通过决策咨询工作调研和外出学习考察，加强了州和县市政研室的联系，进一步明确了政研室的工作职责，为今后加强合作打下了基础。

【文稿起草】 2011年，德宏州委州政府政策研究室围绕党委政府的中心工作，积极主动开展调研，参与和组织各种文稿的起草工作。11至12月，完成2012年政府工作报告起草。11月，州政研室召开多次会议，专题研究州第十三届人民代表大会第五次会议上的2012年《政府工作报告》起草相关事宜，确定“政府工作报告”调研起草方案，成立撰写小组。将“政府工作报告”内容分为3大部分撰写。各部分撰写任务分解到科室，室领导把关并负责统稿。撰写小组分赴州内5县市区开展调研，通过实地察看各县市区当年重大项目建设情况，听取县市2011年贯彻落实州委州人民政府安排总部署各项工作任务完成情况和2012年工作打算、征求相关意见和建议等形成各自部分文稿，交小组长统稿。12月20日，经多次修改和集中修改文稿，完成政府工作报告初稿，并报德宏州第十三届人民政府常务会议审议通过，初稿近2万字。政府工作报告经德宏州第十三届人民代表大会第五次会议审议通过。年内，州政研室(州委农办)完成州委州政府领导交办的各类文稿100余篇，主要的文稿有：省委、省政府领导多次到德宏调研的综合汇报材料、州委州政府领导在2011国际泼水狂欢节桥头堡建设论坛——“桥头堡建设德宏发展论坛”上的文章、省政府德宏专题会议综合汇报材料。抽调骨干力量，参与了州委六次全会报告、基层党建调研报告、德宏州桥头堡黄金口岸建设实施意见等重要文稿的起草。起草了《中共德宏州委 德宏州人民政府关于加大新农村建设力度扎实推进新农村建设工作的意见》、《德宏州社会主义新农村典型示范村建设管理办法》、德宏州在全省新农村建设指导员工作座谈会上的汇报材料和典型交流材料、全国人大农委到德宏调研新农村建设的书面汇报材料、德宏州新农村建设工作队指导员5年工作综述，参与起草了全国人大农委、国务院发展研究中心到德宏调研“三农”工作及缅甸巩发党到德宏考察新农村建设的汇报材料；起草做好新形势下德宏州群众工作会上的领导讲话和州委农村工作会上领导的讲话以及德宏州社会主义新农村建设工作队指导员5年工作总结等。

【课题调究】 2011年，德宏州政研室按照州发改委的安排，完成《德宏州县域经济研究报告》，编制《德宏州“十二五”县域经济规划》。组织开展《德宏服务业发展研究》。通过深入州内外调研，充分了解州情和学习外地州发展服务业的经验，完成《服务业发展研究报告》，目前课题进入初评阶段，同时正在代州委州政府起草《加快德宏州服务业发展的意见》。按照州委办州办《关于印发〈贯彻落实云南省加快建设面向西南开放重要桥头堡动员大会精神的任务分解〉的通知》要求，在全州范围内广泛征集了建设桥头堡黄金口岸和瑞丽重点开发开放试验区建设重大政策决策咨询研究目录，共计228条。这些研究目录，基本涵盖了桥头堡和瑞丽重点开发开放试验区建设的各个方面。州政研室从中认真筛选出10个重点研究课题，提出开展研究的意见，上报州委。

【刊物发行】 2011年，德宏州政研室经报请州委州政府领导批准，把由州政府主办、州政府研究室承办的《德宏发展研究》改版为州委州政府主办、州委州政府政研室承办，为决策咨询工作建立了平台，年内出版了2期，发表研究性文章19篇22万字。

【努力做好服务工作】 2011年，德宏州政研室努力做好服务工作，主要开展：一、加强县域经济管理，认真分析和上报全州县域经济相关数据，为党委政府提供加快县域经济发展的决策依据。二、配合做好芒市机场申报为口岸机场的工作，安排1名室领导1名干部，参与州政府组织的到北京、成都等地的申报工作和芒市至曼德勒试飞活动。三、认真抓好挂钩点禁毒防艾和新农村建设工作。四、认真办理政协代表提案。对德宏州政协第十届委员会第四次会议第69号和76号提案进行了认真办理，经征询代表意见对答复表示满意。积极参与盈江县抗震救灾工作，灾情发生后，及时向全州5支新农村建设总队、51支工作队和415名驻村指导员及县市农办发出积极参与抗震救灾的紧急通知，受到州委的表彰。

【新农村典型示范村项目管理工作】 2011年，德宏州政研室全面抓好新农村典型示范村项目建设工作，引领示范带动全州新农村建设。3月，开展年度典型示范村项目申报工作；8月，召开全州项目评审会，评审通过全州97个项目村的实施方案。批复实施97个典型示范村，其中省州县共建特色村10个，省州县共建重点村27个，州县共建重点村53个，省州投资重点村7个。总投资9249.99万元。对“十一五”试点村项目建设工作进行全面总结。10月13至19日，完成2010年新农村50个省州项目村建设项目的州级验收工作。按照省下发的2010年省级重点村建设项目验收办法要求，在安排县市做好自验的基础上，邀请领导小组领导及部分成员单位领导和专家，组成州级项目验收组，对除盈江因“3·10”地震影响尚未完工项目外的5个县市(区)的50个省州项目村建设项目进行了州级验收。50个项目村共完成村内道路硬化51.18公里、16.54万平方米；支砌排水沟3.89公里、8183.39立方米；危旧房改造50户；建文化活动室11幢、2896.3平方米；建人畜饮水工程3件、公厕3个、垃圾池1个；发展油茶100亩、养猪385头；科技培训38期3444人。50个项目村均按年度批复的计划完成建设任务，项目建设质量符合国家行业标准要求。共完成投资2465.22万元，建设资金全部落实到位，未发现挤占、挪用、截留等违规、违纪现象。项目建设使3996户、26702人受益。

【全州“三农”检查督促工作】 2011年，德宏州委农办先后2次对全州各县(市、区)2010年社会主义新农村项目建设进展情况、州委农业农村工作会议贯彻情况和农业农村工作目标任务分解完成情况、县市(区)2011年社会主义新农村典型示范村项目工作进展情况以及县市(区)新农村建设工作队及指导员工作开展、管理情况4项工作进行检查督导。按月汇总由州农业局、州扶贫办和州人力资源和社会保障局报送农村劳动力转移就业数据上报省委农办。

【新农村建设指导员工作】 2011年，德宏州政研室全面完成德宏州第五批社会主义新农村建设工作队和指导员的选派和管理工作。年初，完成省、州和县市(区)选派机关年轻干部到农村基层任第五批新农村建设指导员任务。共派417人，其中省派22人、州派114人、县乡派281人。年内，根据新农村建设工作队指导员管理办法，加强新农村建设工作队指导员的日常管理。举办指导员培训98人次，深入县市开展督促检查5次，建立和完善工队指导员的各类档案资料近100多份，组织召开总队长联席会3次，与派出单位和驻村指导员签订责任书97份。年内，全力做好新农村建设工作队和指导员的宣传报道工作。全年编发新农村建设简报54期，向省委组织部和省委农办上报有关德宏新农村建设工作队及指导员的各种先进事迹材料52多份。并协助团结报、孔雀之乡网、云南民族时报和德宏电视台、德宏电台报道德宏新农村建设工队指导员工作282篇次。同时，联合云南民族时报、德宏团结报、孔雀之乡网向州内外广泛开展“新农村建设”有奖征文活动，协助北京丝宾丝文化传播有限公司2次到芒市和瑞丽实地采访调研和创作新农村建设工作队指导员剧本。积极做好指导员的考核推优工作，使全省下派的社会主义新农村建设工作队和指导员5年工作计划圆满结束。年内，在做好指导员管理工作的同时，参与省委组织和省委农办对芒市新农村建设工作队及指导员的问卷调查与综合评估。积极参与和主办各种涉农工作会议，先后筹办了州委农村工作会议、州新农村建设工作会议、新农村建设暨指导员工作会议、新农村建设总队长联席会议和新农村建设典型示范村建设项目评审等会议。加强对外合作，做好引资工作。根据州委办州政府办《关于成立德宏州国际农业发展基金“云南农业综合发展项目”工作领导小组的通知》，8月17日，组建国际农业发展基金贷款德宏农村综合发展项目领导小组办公室。与云南农业大学合作，认真编写《利用国际农业发展基金贷款芒市农村综合发展项目建议书》，提交国际农业发展基金组织，现经国际农业发展基金实地考察，同意芒市贷款1115万美元，加之省州市1：1配套，项目总投资达1.3亿多人民币，用于芒市推进新农村建设项目建设，成为德宏首次引入外资建设的新农村建设项目。

（《政策研究和新农村建设》撰稿 思院章）

保密工作

【召开保密工作会】 2011年5月，德宏州保密局在芒市召开全州保密工作会议。会上，州委常委、州委秘书长、州委保密委主任番跃平作题为《认清形势，明确任务，努力开创德宏保密工作新局面》讲话。《讲话》指出，德宏地处边疆，随着桥头堡黄金口岸建设和瑞丽国家重点开发开放试验区建设的推进，决定做好保密工作的极端重要性。番跃平强调，全州各级各部门要从国际国内大环境、大背景来认识做好保密工作的重要意义，从全州经济社会发展的大局来分析保密工作面临的形势和任务，按照省委保密委提出的“发展、创新、服务”的要求，以“保安全、保发展”为主题，不断开创保密工作新局面，为推动全州经济社会科学发展、和谐发展、跨越发展提供强有力的保密服务和保障。州人民政府秘书长、州委保密委副主任周湛鸿通报全省泄密典型案例，州保密局局长、州委保密委专职副主任部强传达省委保密委员会会议和全省保密局长、保密办主任会议精神，总结2010年工作，安排部署今年工作任务。州直党政机关单位分管保密工作领导、办公室主任、秘书科科长、涉密人员及县市保密局专职干部共计200余人参会，并观看木马窃密的技术演示。

【保密执法专项检查】 2011年6月，由德宏州人大常委会副主任毛勒端为组长的执法检查组，对全州贯彻执行新修订《保密法》情况进行专项执法检查，分别听取州县(市)两级政府的情况汇报，抽查州人力资源和社会保障局、梁河县法院、盈江县纪委监察局、陇川县财政局、瑞丽检验检疫局、芒市公安局等部门。检查组充分肯定全州保密工作取得的成绩，客观分析新形势下全州保密工作所面临的挑战和存在问题，提出加强保密工作的5条建议。具体做法是：一、加大保密宣传教育，筑牢思想防线；二、加强监督检查，促进保密管理；三、完善制度，建立长效机制；四、强化队伍建设，打造一支政治坚定、思想过硬、作风扎实、业务精通的高素质的保密干部队伍；五、加强硬件建设，提升防范能力。

【参观"全国窃密泄密案例警示教育展"】 2011年9月18日，德宏州人民政府秘书长、州委保密委副主任周湛鸿率州保密局、县市分管保密工作领导及保密专职干部17人参观在昆明举办的全国窃密泄密案例警示教育展。展览采用文字、图片、音像资料、技术演示等方式，集中展示近年来查处的典型窃密泄密案例。参观过程中，周湛鸿提出："网络窃密防不胜防，必须加强保密教育，增强保密意识，提高保密防范能力"。通过参观展览，给领导干部和涉密人员上了一堂生动的保密警示教育课，大家一致认为要吸取沉痛教训，增强保密责任意识，筑牢保密思想防线，确保党和国家秘密安全。

【保密法规知识测试活动】 2011年9月，德宏州保密局在全州范围内开展大规模保密法规知识测试活动，纪念新修订《保密法》颁布实施1周年。全州各级党政机关、企事业单位的领导干部和涉密人员10349人参与学习和测试，其中厅级10人、处级661人、科级3942人、其他涉密人员5736人，参与率达95%以上。活动增强了领导干部和涉密人员的保密意识，促进保密法规知识的学习和运用，营造良好的社会氛围，取得预期效果。

【保密宣传教育】 2011年，德宏州各级各部门十分重视保密宣传教育工作，特别是新保密法颁布实施后，分别成立由州、县市委分管领导为组长的宣传教育工作领导小组，制定实施方案，印发《宣传提纲》，明确宣传重点。具体做法是：一、多渠道进行宣传。利用广播、电视、报刊、网络等媒体大力宣传，在《德宏团结报》上全文刊载《保密法》；州及各县市广播电台、电视台采用新闻播报、条文释义、滚动字幕等方式宣传《保密法》；通过移动、电信公司为领导干部发送保密知识手机短信；在网站上发帖宣传保密法相关知识；采取悬挂布标、粘贴标语、发放宣传资料等方式开展宣传。二、多层次开展培训。将保密普法教育纳入党校教学内容，在党政干部、后备干部、中青年干部和初任国家公务员培训班中开设保密知识课进行专题培训；加强对保密要害部门部位涉密人员法规及专业技能培训和深入边境乡镇开展保密宣传教育活动。三、经常性进行警示教育。年内，先后在州委党校、州直单位、各县市开展以形势教育、泄密案例警示教育、保密知识培训教育为内容的专题教育活动25场次5000余人次。在全州范围印发《致县处级领导干部的一封保密提醒信》1000余份。

【保密监督检查】 2011年，德宏州各级保密工作职能部门采取切实措施，加强保密监管检查。具体做法是：一、适时开展专项保密检查。5月，在全州党政机关和涉密单位开展涉密文件资料、密码电报、移动存储介质、计算机及信息网络等使用管理情况的专项保密检查。州和县市分别对93个重点涉密单位、251个涉密要害部位进行抽查。通过检查，达到了以查促防、以查促改、以查促管的目的。二、加强对特殊行业的监管检查。对全州废旧物品收购点、大网站、政府部门信息公开网站(页面)进行检查，坚决打击和取缔涉密载体(信息)非法交易的行为；对全州印刷、复印行业进行保密检查，杜绝个体打印、复印店承接涉密文件资料的印制违规行为；联合州国土资源局对全州测绘成果资料使用管理情况进行检查，责成违规单位深刻检讨、严格整改；加强对各类考务工作的保密监管；做好党务、政务信息公开及刊物出版保密审查工作；做好涉密文件的清退销毁工作，并严格按规定集中统一销毁，把好防止文件资料泄密的最后一道关口。三、做好特殊时期保密监管防范工作。盈江"3·10"地震发生后，州保密局及时下发通知，对震区保密防范，特别是涉密要害部门部位的安全防范工作作出部署，并派出工作组前往指导，有效防范了失泄密事件的发生。

【保密技术防范】 2011年，德宏州保密局加大经费投入，增强技防能力。年内全州建成移动存储介质管理系统平台，有306个单位部门安装使用457套安全U盘，全州保密技术防范能力得到进一步提升。

（《保密》撰稿　黄　蕊）

老干部工作

【向杨善洲学习活动】 2011年3月25日，德宏州委组织部、州委老干部局印发了《关于在全州离退休党支部和党员中深入开展向杨善洲学习活动的通知》(德老发〔2011〕8号)，将学习活动引向深入。全州离退休党组织和党员采取"七学"的方式组织开展向杨善洲学习活动。一、支部组织集中学。支部采取支部学习例会、观看杨善洲先进事迹报告会、召开座谈会、心得交流会等形式组织离退休干部党员学习杨善洲的先进事迹，在全州老干部中掀起了“学习杨善洲先进事迹、争做优秀共产党员”活动的热潮。二、召开会议专题学。全州离退休干部党支部召开专题民主生活会109次，3555名离退休干部党员参加民主生活会。三、撰写心得交流学。全州离退休干部党支部组织召开学习杨善洲专题学习讨论会议156次，4386名离退休干部党员参加学习讨论，交流心得体会。四、参观基地观摩学。全州有32个老干部党支部组织离退休干部到善洲林场观摩学习1500多人次。五、下发通知督促学。下发德老发〔2011〕4号《关于认真组织观看杨善洲同志先进事迹报告会电视报道的通知》、德创电明〔2011〕5号《关于对学习杨善洲先进事迹争做优秀共产党员活动的进行督察的通知》、德老发〔2011〕8号《关于在离退休干部党组织和党员中深入开展向杨善洲同志学习活动的通知》等文件督促学习杨善洲先进事迹。六、送资料上门服务学。州、县(市)委老干部局为方便老干部学习杨善洲先进事迹，采取了送学上门服务的形式，把杨善洲先进事迹翻印成单行本、制作成光盘送到老干部家中让老干部自学。七、为民服务实践学。分别以捐资助学、抗震救灾、义务植树等形式将杨善洲的精神在工作中、生活中践行着。全州离退休干部党员为盈江地震灾区捐款153次，1498名离退休干部党员捐款223540元；爱心助教15次，1395名离退休干部党员捐款67620元；开展“进家门、暖人心”、“春蕾行动”、结对扶帮、义务植树等为民服务活动64次，3263名离退休干部党员参加了活动；2407名离退休干部党员为德宏经济发展社会稳定献言献策153条。

【召开老干部工作会】 2011年4月8日，召开德宏州老干部工作会议。各县市(区)委组织部部长，老干部局局长、办公室主任；州委老干部工作领导小组成员，州直各单位分管老干部工作的领导、老干部工作专兼职工作人员；2010年“全州老干部工作政策业务知识竞赛”先进个人180人参加会议，会议由州委组织部常务副部长赵海维主持。会议日程有3项：一、赵海维通报德宏州参加全省“做好新形势下老干部工作”征文活动和参加全省“老干部工作政策业务知识竞赛”获奖情况；二、州委组织部副部长、老干部局长李富炳宣读州委组织部、州委老干部局《关于表彰全州老干部工作政策业务知识竞赛先进集体和先进个人的决定》，并为获奖者颁奖；三、州委常委、组织部部长何汝利总结全州2010年老干部工作，安排和部署下年老干部工作。下午，召开各县市老干部局局长会议，州委组织部副部长、老干部局局长李富炳对2011年重点工作作了进一步的安排和部署。

【老干部党校】 2011年7月5至8日，举办德宏州第十二期老干部读书班。州直和县市各单位离退休党支部书记，州直老体协各分会、州老年诗书画协会、州长青合唱团负责人共计148人参加学习。读书班上，州委组织部副部长州委老干部局局长李富炳作开班动员、州委副秘书长州委办公室主任候胜向老同志们通报州委五届第十三次会议精神及桥头堡黄金口岸建设的思路、芒市委书记蔡四宏通报芒市经济社会发展情况、州政法委副书记州综治维稳办公室主任王奇通报德宏州综治维稳工作情况、州发改委主任俄吞对全州第十二个五年规划进行剖析、州老年大学校长杨拾全讲授《杨善洲先进事迹走进我们的生活》。组织读书班学员参观芒市政务中心和德宏州政务中心。

【出台《关于进一步加强新时期老年人工作的意见》】 2011年12月20日，中共德宏州委、德宏州人民政府印发了《关于进一步加强新时期老年人工作的意见》(德发〔2011〕56号)。全州老年人工作的指导思想是：高举中国特色社会主义伟大旗帜，以邓小平理论和“三个代表”重要思想为指导，深入贯彻落实科学发展观。坚持党政主导、社会参与、全民关怀的方针，不断完善管理体制，健全工作制度，创新工作方法，增加有效投入，在全面建设小康社会和构建社会主义和谐社会的实践中，不断开创全州老年人工作新局面，努力实现“老有所养、老有所医、老有所教、老有所学、老有所乐、老有所为”的目标。全州老年人工作的基本原则是：坚持以让老年人满意、让党委政府放心为原则，坚持政治上关心、思想上尊重、生活上照顾与适当的思想政治教育相结合的原则；坚持加大人、财、物的投入与整合现有资源相适应的原则；坚持老年事业发展与地方经济社会发展相协调的原则。坚持开拓创新，提高管理服务水平的原则。

【召开老年人工作会】 2011年12月21日，召开德宏州老年人工作会议。德宏州委常委，州政协党组书记孟必光、州人大常委会副主任；州级副厅级以上离退休老领导；州老年人工作领导小组成员，州直各单位主要领导、专兼职老干部工作人员；各县(市)

委、人民政府主要领导、分管领导和组织部部长，宣传、老干、编办等部门负责人共计280余人参加了会议。会议由州委副书记唐文祥主持。会议日程有两项：一、州委常委、组织部长何汝利宣读中共德宏州委办公室德宏州人民政府办公室《关于成立德宏州老年人工作领导小组的通知》(德办通〔2011〕69号)；二、州委副书记、代州长龚敬政总结回顾近年来全州老年人工作，安排部署今后全州老年人工作。

【老干部基本情况】 2011年12月31日，德宏州有离休干部279人。其中：行政单位的有100人，事业单位的有57人，企业单位的有122人；享受副省单项待遇的1人、厅级待遇的4人、处级待遇的158人、科级及其他待遇的116人；有离休干部遗嘱215人。全州有退休干部13203人。其中：机关单位退休干部4819人，事业单位退休干部6855人，企业单位退休干部1529人；厅级退休干部46人(正厅16人、副厅30人)、处级退休干部821人(正处248人、副处573人)、科级及其以下退休干部12336人。全州有厅级退休干部遗嘱11人。

【党组织建设】 2011年12月31日，德宏州有3个离退休干部党委、42个离退休干部党总支、756个党支部(其中，离休干部党支部3个、退休干部党支部106个、离退休合编党支部93个、与在职党员合编党支部387个、社区党支部167个)，离退休干部党员5664名。

【印发《关于实行老年人免购门票进入旅游景点的通知》】 2011年，德宏州委老干部局、德宏州老龄委员会办公室、德宏州旅游局联合印发(德旅发〔2011〕73号)。从10月1日起，对全州60周岁以上的公民实行凭《老年人优待证》、《离休证》、《身份证》等有效证件免购门票进入德宏境内开放的公园、园林、旅游景点、风景名胜区，并要求在公园、园林、旅游景点、风景名胜区等公共场所张贴“老年人优先”标识。

【表彰奖励】 2011年，德宏州老干部局在上年参加云南省老干部工作知识竞赛中，代表队总成绩在州市中排名第二，荣获先进集体二等奖，领导队员代表李富炳、一般干部队员代表陈娥昌荣获先进个人奖，受到省委组织部、老干部局的表彰；全州老干部工作政策业务知识竞赛获奖情况：芒市委老干部局荣获组织一等奖，盈江县委老干部局、德宏州林业局荣获组织二等奖，陇川县委老干部局、州农业局、州残联荣获组织三等奖。陈娥昌获个人一等奖，喊应、陈明芝、赵兴丽获个人二等奖，袁国伟、冯鸾芳、杨华连、杨文静、杨云芬、郭兆芹、罗红梅、苏正山、丁洁、岳铭获个人三等奖。

【纪念建党90周年活动】 2011年，德宏州老干局认真组织老干部开展纪念建党90周年系列活动。具体做法是：一、各级各部门采取召开座谈会和走访慰问的形式，对本部门的老干部进行了普遍慰问。州委、州政府拨专款对州直机关93名离休干部进行了走访慰问(慰问金标准为800元/人)。二、召开州直单位纪念建党90周年老干部座谈会。6月24日，在芒市会堂召开纪念中国共产党成立90周年老干部座谈会。会议由州委常委、组织部长何汝利主持，参加座谈的有州直单位离休和副处以上退休干部代表58人。会上，传达中央、省、州有关文件精神，通报全州党建工作和县乡党委换届工作情况，听取了他们的意见建议。三、举办纪念建党90周年老干部书画展。6月28日至7月12日，州委老干部局、芒市委老干部局、州老年读书画协会联合举办纪念建党90周年老干部书画展，展出作品176幅。州委常委、组织部长何汝利出席开展仪式，并作重要讲话。四、增加离休干部生活待遇。州委组织部、老干部局、财政局、人力资源和社会保障局联发《关于提高离休干部生活补贴标准和扩大发放范围的通知》(德组字〔2011〕29号)，并督促各单位各部门将2011年增发的生活补贴于7月1日前发放到每一位离休干部手中。五、依托各种载体，开展形式多样的纪念活动。州直机关各单位和各县(市)以开展党史知识竞赛、唱红歌、跳红舞、植树造林、修桥补路、报告会等活动迎接党的90岁生日。

【落实老干部政治生活待遇】 2011年，德宏州老干局认真落实老干部政治生活待遇，加强和完善离退休干部的离退休费保障机制、医疗费保障机制、财政支持机制3个经济待遇机制有效运转，政治理论学习、阅读文件、情况通报、走访看望、联系制度、参加重要会议、参观考察、参加支部活动八项政治制度全面落实，老干部工作目标管理责任制的各项工作任务圆满完成。如：仅州委老干部局就组织向州直机关老干部通报情况9次，组织老干部就近就地参加工农业生产考察活动9次，组织集中走访看望慰问老干部6

次，组织老干部参加重要会议和重大节庆活动15次，组织开办老干部健康知识讲座和老干部读书班各1期，组织完成了643名州直离休和副处以上退休干部的健康体检工作，对州直单位有困难的老干部及其遗属发放了8万元的特困金补助，离休干部医疗统筹标准从每人每年1.8万元提高到每人每年3.6万元等。

【发挥老干部作用】 2011年，德宏州老干局依靠老干部科技协会、关心下一代工作委员会、延安精神研究会等平台，支持和鼓励老干部积极为边疆经济社会和谐发展发挥余热。大部分离退休干部在撰写回忆录、编写史志，在关心教育下一代及禁毒防艾等方面继续发挥着作用。8月31日，在州委书记赵金主持召开的老干部座谈会上，朗大忠、刀安钜、张国龙等30位副州级以上离退休老领导党代会工作报告建言献策。在盈江3·10抗震救灾第一线，一批老党员、老干部充分发挥党性强、经验足、威信高的优势，在救灾抢险现场尽己所能、发挥余热，谱写了一曲最美的夕阳红。（如：盈江永胜社区棒腮村71岁的退休干部党员杨荣林、新建社区河边小区64岁的退休干部党员朱建德、长安小区70多岁的退休干部党员杨发振，3人的先进事迹已在云南老年报刊登）。

【老年大学】 2011年，德宏州已建老年大学6所(州级1所、县市5所)，12月31日，在校学员3899名，已毕业9019名。州老年大学2011年春季学年结业了14个专业，30个班级，结业人数1078人。秋季学年开设17个专业，39个班级招生1200人。

【老干部活动中心】 2011年，根据德机编〔2010〕40号文件通知，在州委老干部局加挂州老年体协牌子，州老年体协的职能划入州老干部活动中心，实行两块牌子一套班子。4月7日，州委组织部副部长向明亮到州委老干部局宣布州老年体协新的班子任命，宣布州老年体协职能正式划入州老干部活动中心，实行两块牌子一套班子管理。于5月31日进行了工作交接。机构改革将州老年人体育协会职能划入州老干部活动中心后，进一步加强对州老干部活动中心健身室、阅览室、乒乓球室、台球室、棋牌室、门球场、羽毛球场等活动场所的管理，为参加活动的老干部提供人性化服务。4月25～28日，成功承办云南省第七届老年人体育健身运动会气排球比赛并组织老年人参加全省第七届老年人体育运动会的13个项目比赛，获得9枚银牌、4个体育道德风尚奖的较好成绩。成功举办全州桥牌比赛、芒市地区孔雀杯老年人项目比赛和瑞丽县(市)年度轮办运动会，协助州林业局成功举办全省林业系统老年人运动会。成功组织开展全民健身运动、老年节文艺展演和游园、书画展出、文艺晚会等丰富多彩的文体活动，为芒市地区老年人健康、快乐、生活搭建平台。

（《老干部工作》撰稿　陈娥昌）

州直属机关工委

【基层党组织情况】 截至2011年12月，德宏州直属机关工委下辖81个直属党组织。其中：部门党委2个(州森林公安局、州水文局)，机关党委17个，党总支18个，党支部44个，党员3487名。

【加强基层党组织示范点建设】 2011年，德宏州直属机关工委确定州卫生局机关党委、电信德宏分公司机关党委、州法院机关党委、州环保局党支部等14个党组织为机关工委基层党建工作示范点，同时，州委宣传部、州人大机关党总支、州工商局机关党委、州农业技术推广中心党支部、芒市中西医结合医院党支部等5个党组织被州委确定为全州基层组织示范点。在庆祝建党90周年活动中，州直机关工委表彰先进基层党组织15个、优秀党务工作者31名、优秀共产党员59名。

【积极开展向杨善洲学习活动】 2011年，德宏州直机关工委根据中央和省州安排部署，把创先争优活动和践行宗旨教育融合起来。具体做法是：一、今年4月26日，州直机关工委组织所属各党组织60余名负责人到杨善洲林场参观学习，并在林场组织州直机关党组织负责人举行“重温入党誓词”活动。二、7月7日，积极响应在芒市开展庆祝建党90周年营建“杨善洲纪念林”暨全民义务植树活动，州直各部门2000余名党员参加植树活动。

【加强学习型党组织建设】 2011年，德宏州直机关工委根据中央《关于推进学习型党组织建设的意见》和云南省委、州委的《实施意见》，以开展“爱读书、读好书、善读书”活动为载体，认真组织学习十七届六中全会、省第九次党代会、州第六次党代会精神，采取多种形式广泛开展学习型党组织建设。一、成立机构，制定措施。二、抓好典型示范、典型引路。研究确定了州卫生局机关党委、州地税局机关党委、州工商局机关党委、州人大机关党总支、州委宣传部党支部、州政法委党支部等6个党组织作为州直机关学习型党组织建设工作示范点，并于7月下旬对示范单位和部分直属党组织建设学习型党组织情况进行督促检查，找出不足，提出要求。三、组织学习培训。安排人到各基层党组织上党课10余场次，培训人数达700余人次。

【加强机关党组织建设】 2011年，德宏州直机关工委从以下几方面加强机关党组织自身建设。一、加强对新任党支部书记和党组织班子成员的培训，工委于年初举办有120多人参加的党务干部培训班。二、举办1期入党积极分子培训班，培训入党积极分子201人。截止年末，审批接收新党员42名，审批转正预备党员37名。三、领导班子建设进一步加强。按照《中国共产党基层组织选举工作暂行条例》规定，结合机构改革工作，工委召开涉及机构改革单位负责人座谈会，就机构改革后各单位党组织的撤并情况听取大家的意见，并由各单位党组(党委)班子讨论，形成方案，经工委委员会研究同意，涉及机构改革的8个单位党组织撤并或更名。年内审批指导19个党组织进行换届，批准成立机关党委3个、党总支2个、党支部1个，增补调整充实委员党组织4个，进一步健全了组织。四、制度建设进一步完善。工委结合自身工作实际和创先争优的要求，建立完善《中共德宏州直属机关工委领导班子议事决策规则》等10项制度。五、凝聚人心抓党建氛围进一步增强。在庆祝建党90周年之际，州直机关有5个百强工会组织、4名百佳工会干部、6名百优工会会员、2个百强团组织、2名百佳团组织书记、2名百优团员、2个百强妇女组织、1名百佳妇女工作者、3名百优妇女受到州委的表彰，带动党群共建的工作积极性。六、认真部署，顺利完成省州党代会代表推选工作。根据州委的统一安排部署，省第九次党代会和州第六次党代会都将于今年召开，工委接到上级通知要求后，通过“三上三下”等相关工作，于9月13日在州委党校报告厅召开中共德宏州直属机关工作委员会党代表会议，会议选举产生出席中国共产党德宏州第六次代表大会代表50名。并按照州委要求，圆满完成省第九次党代会代表推选工作，为顺利召开省第九次党代会和州第六次党代会奠定了基础，提供了组织保障。

【加强党风廉政建设】 2011年，德宏州直机关工委加强党风廉政建设，具体做法是：一、组织党员干部深入举习《廉政准则》等文件、法规，有针对性地开展典型示范教育、警示教育、岗位廉政教育等。年内州直各党组织共组织反腐教育培训10余场次。二、积极开展廉政文化创建活动，促进党员领导干部廉洁自律。纪工委共接待来访群众3人次，查处违纪党员1人。三、认真开展盈江抗震救灾工作，部署抗震救灾捐赠活动，并从工委留存党费中拨出2万元支援盈江灾区抗震救灾，州直属各党组织派出850余人次深入灾区参加抗震救灾工作，累计向地震灾区捐款221.14万元。

(《州直机关工委》撰稿　杨　芳)

党校工作

【创先争优】 2011年，德宏州委党校坚持党校姓党忠诚于党的办学方向，结合纪念建党90周年“学习杨善洲先进事迹，争做优秀共产党员”要求，积极引教职工开展创先争优活动。通过搭建争创舞台，激发争创热情，推进创先争优活动深入开展并取得阶段性成效。全校有4人分别获得州“百佳书记”、“百优党员”、“百优工会会员”和“百优妇女”荣誉称号。在州委表彰的同时，学校也开展了创先争优表彰活动，全校有9个集体、45人先后获得校内“先进集体、优秀党务工作者、优秀党员、先进教育工作者、优秀班主任、优秀教师”。

【干部培训】 2011年，德宏州委党校全年举办了27个轮训、培训班，培训各类干部5084人次，培训规模比上年增长14.4%。主要班次为处级领导干部专题研讨、新任处级、后备干部、少数民族干部、妇女干部、新任科级干部、乡镇干部、党外干部、青年马克思主义、大学生村官等10大类重点调训班次和科级干部轮训班、新录用人员培训、菜单式选学班(文秘)。共邀请了北京国际关系学院、中央党校、上海市委党校、云南省委党校、云南大学、云南省纪委、云南省工信委、云南省民族研究所、云南省妇联等州外9个院所委的专家教授、领导47人次到党校作专题讲座。选派8名优秀骨干教师积极参与州委组织开展的党的十七届五中、六中全会、“七一”讲话、州第六次党代会等重要会议精神的宣讲，共计宣讲80场，基层党员受训近2.5万人次。按照“有音像资料，有综合文字资料，有图片展板，有专家点评，有现场介绍，有一场研讨”的“六有”目标，建成了风平镇界桃村、德宏后谷咖啡有限公司、遮放镇南见村等干部培训现场教学基地，到善洲林场参观学习。1年来，中青班、民干班、妇干班、科长班、大学生村官班等班级的496名学员到上述基地开展教学活动。

【科研工作】 2011年，德宏州委党校科研工作成绩突出。一、获得云南省党校行政院校系统第六届(2009～2010年度)优秀科研成果一等奖2项，二等奖1项，三等奖1项。二、年内全校教职工共公开发表论文61篇，其中B级刊物4篇、C级刊物34篇、E级刊物23篇，征文比赛获奖1篇，参与出版专著二部，形成了科研与教学相互促进、相得益彰的良性循环，取得了教学科研“双赢”效应。组织完成了2010年度5个校内课题结项。顺利启动2011年度校内课题的立项工作。把2009、2010年课题结项汇编成册。年内，学校2位专家参加了州委、州政府《瑞丽重点开放开发试验区总体发展规划》和《瑞丽重点开放开发试验区实施方案》的编制工作；2位领导参加了州委第六次党代会工作报告的起草工作；2位教师被州委、州政府聘为德宏州“十二五”规划专家咨询委员会主任、副主任委员，参与了州政府多个部门“十二五”专项规划咨询、编制和编写工作；5位教师承担了州民宗局“芒市勐焕街道办事处丙午社区创建民族团结进步示范社区”课题研究；4位教师参加省委组织部2011年党建课题研究，形成3个课题报告；3位教师承担州人口计生委委托课题《德宏州人口流动、分布问题研究》；3位教师承担了州组织部党建课题研究工作；1位教师担任副主编完成并出版《缅甸国情报告(2010～2011)》；1位教师担任副主编完成并出版《德宏对缅甸经贸务实指南》；2位教师参与了《十二五发展话德宏》一书的编辑工作。《德宏论坛》全年出刊4期，刊发文章80余篇，约50万字。

【学历教育】 2011年，德宏州委党校按照“以质量求生存，以管理促发展，以发展求效益”的办学宗旨，积极开拓学历教育新局面。一、完成四川省委党校2008级区域经济专业84名学员毕业论文答辩及毕业办证工作，组织开展2009级公共管理专业班48名学员和云南农大2010年农业推广硕士班15名学员的教学管理工作。二、函授学历教育规模稳中有升。各类函授在籍学员2349人，形成包括高起专、专升本两种学历层次，45个教学班次的发展势态。三、职高专业教育突出特色：有在校学生370余人，6个日制班。(一)外聘教师20余人次，下派县市授课20余人次，接洽联办学校教师100余人次。(二)加大教学监控力度，把好教师选聘关。充分体现“术有专攻、学有侧重”的原则，综合考量，选择责任心强、教学素养高、严格考勤的骨干教师任主要课程。对任课教师的教学考勤及教学工作进行量化登记，对教学进行跟踪了解，发现问题及时解决，保证教学的正常进行。全年开设560门(次)课程，15000余课时。全年组织考试1500多场次，批改试卷31000余份次。(三)严密学籍管理、办学制度和档案管理，从生源档案、入学注册、日常考勤、成绩、毕业注册、信息采集、证书管理、毕业资格认定、专业调整、转学、休学复学等各个环节，做到翔实规范。

【队伍建设】 2011年，德宏州委党校选拔任用7名政治素质好、工作能力强、作风实、群众公认、实绩突出的科级干部。对试用期满一年的5名正科级、11名副科级领导干部进行了考核，使干部队伍结构更加合理。组织完成全校参公管理人员和专技人员的信息采集工作及专技人员薪级工资正常晋升和参公管理人员五年晋级工资申报工作。办理完成3名参公管理人员提前退休的相关手续以及2名退休人员定级定岗工资申报工作。年内，德宏州委党校多措并举，拓展师资队伍建设的深度和广度。组织全省11个州市52名教师到国家行政学院参加了为期7天的云南省州市党校经济类师资培训班培训。有计划派出47人参加进修深造，其中4人到中央党校，8人到国家行政学院、2人到北京大学，1人到上海复旦科技园，2人到上海浦东新区党校，6人到省委党校，1人到山东省农业干部管理学院参加进修深造。有3人参加州委举办的业务培训班，1人参加高级工培训。有3人参加公务员初任面试考官培训并取得证书，16人到缅甸曼德勒参观考察。有2人参加在职本科学历学习、4人读在职研究生，其中有3人毕业。公开招考了2名硕士研究生，1名本科生到党校工作。有2名科级干部到乡镇挂职锻炼，1名教师担任第五批新农村建设工作副总队长，1名教师被抽调到州委深入开展创先争优活动领导小组办公室，1名教师被抽调到州委学习型党组织建设领导小组办公室，2名教师到禁防挂钩点驻村开展工作。

【后勤服务保障】 2011年，德宏州委党校进一步强化后勤服务保障工作。一、坚持“后勤就是服务、满意就是标准”和“让百分之百学员百分之百满意”的服务宗旨，全年服务校内计划班50个，服务学员约3500人次，外租教室服务131期约22000人/次，日制长班学员6个班300人次，为学校考场服务近36场，约3000人次。二、积极参与当地创卫、创文活动，不断推进校园基础设施建设，积极实施“绿化、美化和亮化”工程，加快推进“花园式学校”的建设进程。在全校范围内安装摄像监控系统；完成校内主干道路面、供水水池、教室、宿舍的日常维修工作；新植绿化树260棵。基础设施的不断完善和校园的美化绿化，使学校的面貌有了较大的变化。三、全面实施“三严四细”管理模式，加大以水、电为主要内容的能源管理工作。完成图书资料室、阅览室的装修、改造等零星项目；按季度完成了校内教职工水电表度数的抄报工作。四、继续做好校产和办公用品的管理工作，做到新添物资有登记，消耗物资有记载，借领物资有手续。年内，购买台式电脑12台，手提电脑2台，数码相机2台，数码录音笔2个，打印机6台，传真机3台，移动硬盘2个，双柱双面书架53组。五、全年阅览室新增杂志414本、图书37本、各种年鉴6册、新书上架43册、杂志上架1021本、管理报刊41种。全方位提供多媒体服务，为教学提供保障和支持。在办公区、走廊上安装了9块校园文化展板，制作了党校各项建设发展的专题展示内容，发布网站信息15条，图片26张，营造浓厚的和谐校园氛围，促进了党校各项工作任务的顺利完成。六、办文工作质量有新提高，撰发各类文稿85件。七、严格财务收支和车辆管理，安全保障了正常公务用车。

【业务指导】 2011年，德宏州委党校加强对各县市党校业务指导力度。一、利用与各县市党校合作办学的便利，对下级党委党校执行中央有关党校工作的方针、政策的情况和对下级党委党校的教学、科研、师资培训、信息化建设等进行调研，提出改进意见和建议。二、以召开全州党校系统中评委活动为契机，在做好评审、推荐全州党校专业技术人员任职资格的同时，与各县(市)党校校长探讨、交流干部培训中的新问题、新方法、新经验，推动党校工作开创新局面。三、把下级党校师资培训纳入规划。7月，由德宏州委学校牵头，组织由各县市学校、部分地州党校参加，委托国家行政学院举办的“经济学和管理学师资培训班”，规模达53人，超过了计划40人的32.5%，提高县市党校的教学能力和教学水平。四、首次启动全州党校系统科研成果评奖工作，组织州委党校资深教师对各县市党校参评的40余篇文章进行认真地筛选，评出一等奖2篇，二等奖6篇，三等奖9篇，鼓励奖16篇，既促进了教师将教学与科研相结合，又为各县市党校搭建了科研工作平台，增强了党校系统的紧密联系。五、2011年8月24至26日，由州委副秘书长车发云任组长，带领州委组织部、州委党校、州财政局、州发改委、州委州政府研究室和州委编办等单位领导及相关人员组成调研组赴全州5个县(市)对党校工作进行了深入细致的调研。通过调研形成5000余字的《德宏州贯彻落实〈党校工作条例〉情况调研报告》和10000余字的《中共德宏州委关于贯彻〈全省党校工作推进会〉的实施意见》，为德宏州委进一步贯彻落实《党校工作条例》，各级党委、党校贯彻落实《全省党校工作推进会》精神，深化改革、开拓创新，办出特色、办出水平，奠定了基础。

（《党校工作》撰稿　毛成才）

德宏傣族景颇族自治州
人民代表大会常务委员会

【概　述】 2011年，德宏州人大常委会坚持以邓小平理论和“三个代表”重要思想为指导，深入贯彻落实科学发展观，认真贯彻落实中央、省委的重大决策部署和州第六次党代会精神，紧紧围绕全州工作大局，忠实履行宪法和法律赋予的各项职责，为推动全州经济社会科学发展、和谐发展、跨越发展，较好地发挥了地方国家权力机关的职能作用。

一、围绕中心，突出重点，切实做好监督工作。常委会坚持以科学发展观为指导，紧扣发展主题，认真贯彻执行好监督法，把关系德宏州改革发展稳定大局和群众关心的热点难点问题作为监督重点，积极履行监督职能，不断增强监督实效，为经济社会又好又快发展提供强有力支持。年内，常委会共召开常委会会议8次，主任会议8次，听取和审议“一府两院”专项工作报告11项，开展执法检查7项，主任会议听取相关工作汇报63项。

二、创新机制，注重质量，认真抓好民族立法工作。常委会把立法工作与州委的战略部署结合起来，把地方民族立法同改革发展稳定的重大决策紧密结合起来，认真贯彻民族区域自治法和立法法，加强民族自治地方的立法工作，继续推进《瑞丽江——大盈江风景名胜区保护条例》的立法工作；对咖啡产业发展条例和村庄规划管理条例进行了立法调研，努力为德宏州经济社会发展创造良好的法制环境；制定《关于进一步完善德宏州人大民族立法工作机制的方案》，成立民族立法咨询委员会，为做好全州促进经济社会发展、推进桥头堡黄金口岸和瑞丽重点开发开放试验区建设相关配套立法增强了针对性。

三、依法决定重大事项，正确行使人事任免权。常委会坚持服从中心工作，服务全州大局，抓重点、议大事、求实效，围绕全州经济社会发展的重大事项，认真行使决定权，先后作出决议、决定6项，审议意见3项，保障和促进了全州经济社会的健康有序发展。常委会坚持党管干部和人大依法选举任免相结合的原则，规范任免程序，严格依法办事，强化任后监督，保障了地方国家机关的健康运行。任免工作中，坚持会前审查人事任免相关材料，组织法律知识考试，主任会议听取汇报制度；坚持常委会会议听取和审议拟任人员提请报告，依法表决、颁发任命书制度，增强了任免工作的严肃性，使被任命人员进一步强化了法制意识、公仆意识和人大意识。

四、抓培训、促活动、强服务，代表作用得到有效发挥。常委会始终把代表工作作为常委会的基础性工作摆在重要位置，认真研究和改进代表工作，着力为代表行使职权创造条件，为代表发挥作用提供服务。为州人大代表定购各种学习材料，采取多种形式为代表提供信息，及时通报国家大政方针和全州工作重点，努力提高代表素质；组织州人大代表，在德宏州的全国和部分省人大代表对重点项目和重要工作进行调查视察，听取“一府两院”有关工作情况汇报，进一步丰富代表活动内容；始终把督办代表议案、建议作为工作重点，完善办理机制，加强督促检查，实行全程跟踪，注重办理质量，努力推动办理工作从答复型向落实型转变，从办结率向办成率转变。

【监督工作】 2011年，德宏州人大常委会坚持以科学发展观为指导，紧扣发展主题，认真贯彻执行好监督法，把关系德宏州改革发展稳定大局和群众关心的热点难点问题作为监督重点，积极履行监督职能，不断增强监督实效，为经济社会又好又快发展提供强有力支持。

围绕西部大开发、桥头堡黄金口岸建设和“十二五”规划实施，依法履行对财政预决算审查监督和经济工作监督的职责，加大对财政预决算、预算调整方案、国民经济和社会发展计划执行情况的审查监督力度。州人大常委会按照“保增长、调结构、促发展”的要求，组织开展了2010年州本级财政决算草案的审查和2011年上半年全州国民经济运行及财政预算执行情况的调研，专题听取和审议了州政府《关于德宏州2010年度州本级财政决算草案的报告》、《关于德宏州2011年度州本级财预算调整方案的报告》、《关于2011年1～6月份经济运行和上半年财政预算执行情况的报告》，并提交《调查统计分析表》，充分肯定州政府应对国际金融危机冲击采取的有效措施，客观指出存在的困难和问题，提出了进一步促进经济发展，进一步执行好年度财政预算的意见和建议。建议州政府积极妥善处理好透支未来财政资金的问题，继续做好强化规范财政转移支付的各项工作，继续强化预算管理监督，切实推进工业园区建设，促进农业产业化发展，改善投资环境，大力推进经济结构调整，加快城乡一体化进程和转型发展。

围绕重点、热点工作开展了一系列的监督工作。为促进德宏州法制宣传教育和依法治州工作，听取和审议了州政府关于“五五”普法工作暨“六五”普法规划有关情况的报告及州人大常委会主任会议关于《德宏州2011——2015年依法治州规划》说明，并作出《德宏傣族景颇族自治州人大常委会关于进一步加强法制宣传教育的决议》。听取和审议州政府建设用地保障、合理利用土地及土地市场整治工作情况的报告。提出在开展征地工作中，要强化以人为本、关注民生的意识，妥善安排好失地农民的长远生计，正确处理经济发展和群众利益之间的关系，实现政府、企业、农民多方共赢的意见和建议。听取和审议州政府关于广播电视工作情况的报告。提出加强行业管理，创新工作思路，认真做好“十二五”规划；切实实施好“村村通”工程，加强监管，确保安全播出；积极储备项目，争取上级的支持；加强队伍建设，提高思想政治和业务技术水平等审议意见。听取和审议州政府关于物价管理工作情况的报告。提出要采取切实措施，加强物价管理工作的意见。

加大执法检查力度，对执法工作进行检查。对州政府贯彻实施《中华人民共和国职业教育法》及《云南省职业教育条例》情况进行了执法检查。提出要进一步加强领导，加大宣传力度，努力营造职业教育发展的良好社会氛围；加大经费保障力度，进一步完善经费保障机制；加强师资队伍建设，提高专兼职师资水平；创新办学模式，努力培育一批德才兼备的创业型人才；规范劳动力市场管理工作，认真落实就业准入制度；加强州职教园区建设的统筹协调工作，确保工程建设质量和进度。开展了对州政府贯彻执行《云南省德宏傣族景颇族自治州自治条例(修订)》情况的执法检查，提出要进一步提高学习、宣传和贯彻执行自治条例重要性的认识；进一步完善措施，加大自治条例各项配套制度建设的力度；进一步完善监督机制，确保自治条例的有关规定落到实处；进一步用足用活自治条例规定的各项优惠政策，加大少数民族干部及专业技术人员的培养选拔力度。针对养老保险扩面难度大、欠费严重、收缴困难、社会保险经办机构人员编制少、业务经费紧张等困难和问题，对《云南省企业职工基本养老保险条例》的执法情况进行监督检查。对全州贯彻实施《云南省信息化促进条例》、《中华人民共和国税收征收管理法》、《中华人民共和国保守国家秘密法》等情况进行了执法检查。

认真组织好环保世纪行活动。会同省州有关部门组织环保世纪行记者采访团对德宏州水资源保护及污染防治工作进行深度采访报道，大力宣传德宏州水资源保护及污染防治工作成绩和经验，督促相关部门对高污染、高能耗企业加大执法和整改力度，促进水资源保护工作，确保水资源安全。广泛宣传节能减排的重要意义，充分发挥舆论监督和社会监督的作用，促使政府职能部门加大环保监管和执法力度，切实做好节能减排工作，确保德宏州生态环境不受破坏和污染，推动经济发展方式转变，促进低碳经济、循环经济、绿色经济的发展。

积极开展对部门工作的监督检查。开展了对州检察院、州民宗局、州林业局的工作评议，听取和审议了这3个部门对州人大常委会提出的整改意见落实情况的报告。通过工作评议，进一步增强了部门严格执法、依法行政，自觉接受人大及其常委会监督的意识，促进了部门工作的开展。

加强跟踪督查工作。听取和审议了州安监局、州建设局、州水利局和州卫生局对州人大常委会2010年工作评议意见整改情况的报告；听取了“一府两院”贯彻落实州人大及其常委会决议、决定和审议意见情况的报告，对常委会2010年下半年和2011年上半年作出的决定、决议和审议意见的落实，以及执法检查和代表视察建议落实情况进行了督查。

努力探索新的监督方法和途径。高度重视对规范性文件制定和执行情况的监督，依据监督法的规定，结合德宏州实际，成立州人大常委会规范性文件备案审查委员会，制定《德宏州人大常委会规范性文件备案审查工作办法》，并报省人大常委会审查备案。对州政府报送的3件公布实施、11件修改、81件废止的规范性文件进行了审查备案，有效促进了法制政府建设。针对社会关注的热点问题，适时组织州人大代表旁听庭审、参与案件评查，听取法院检察院工作情况汇报，并提出意见，促进“社会矛盾化解，社会管理创新，公正廉洁执法”3项重点工作深入开展。听取和审议了州政府《关于2010年度州直部门决算审计审签试点工作情况报告》，提出要按照审计法规定进行审计，不流于形式，不随意简化审计工作程序，通过审计审签工作基本了解各项决算收支数字是否真实，掌握年度财政预算执行情况，检查部门是否严格按照国家财政财务制度相关管理办法决算，从源头上预防腐败现象的滋生。

【立法工作】 2011年，德宏州人大常委会围绕全州经济和社会发展的重大课题开展立法工作。把立法工作与州委的战略部署结合起来，把地方民族立法同改革发展稳定的重大决策紧密结合起来，认真贯彻民族区域自治法和立法法，加强民族自治地方的立法工作，继续推进《瑞丽江——大盈江风景名胜区保护条例》的立法工作，现已完成二审，并报州委审查。对咖啡产业发展条例和村庄规划管理条例进行了立法调研，州委已同意将这2个条例纳入今后立法规划，努力为德宏州经济社会发展创造良好的法制环境；创新立法机制，加强和改进立法工作。制定了《关于进一步完善德宏州人大民族立法工作机制的方案》，成立民族立法咨询委员会，召开了民族立法咨询委员会座谈会，为做好德宏州促进经济社会发展、推进桥头堡黄金口岸和瑞丽重点开发开放试验区建设相关配套立法提出了很好的意见和建议，增强了立法工作的针对性。

【重大事项决定】 2011年，德宏州人大常委会坚持服从中心工作，服务全州大局，抓重点、议大事、求实效，围绕全州经济社会发展的重大事项，认真行使决定权，先后作出《德宏州人大常委会关于进一步加强法制宣传教育的决议》、《德宏州人大常委会关于进一步加强法制宣传教育的决议》等6项决议、决定和3项审议意见，保障和促进了全州经济社会的健康有序发展。

【人事任免】 2011年，德宏州人大常委会始终坚持党管干部和人大依法选举任免相结合的原则，规范任免程序，严格依法办事，强化任后监督，保障了地方国家机关的健康运行。年内，接受了2位常委会组成人员和州长的辞职，决定任命了代理州长，共任免国家机关工作人员77人次。任免工作中，坚持会前审查人事任免相关材料，组织法律知识考试，主任会议听取汇报制度；坚持常委会会议听取和审议拟任人员提请报告，依法表决、颁发任命书制度，增强了任免工作的严肃性，使被任命人员进一步强化了法制意识、公仆意识和人大意识。

【代表工作】 2011年，德宏州人大常委会始终把代表工作作为常委会的基础性工作摆在重要位置，认真研究和改进代表工作，着力为代表行使职权创造条件，为代表发挥作用提供服务。以学习培训为载体，努力提高代表素质。为州人大代表定购各种学习材料，丰富了代表有关经济、法律和专业知识，进一步增强了履职能力。采取多种形式为代表提供信息，保障了代表的知情知政权。经常走访联系各级人大代表，及时通报国家大政方针和全州工作重点，帮助解决履职中遇到的困难和问题；以调查视察为手段，进一步丰富代表活动内容。重视对代表活动的组织和服务，积极创造条件，为代表履行职务提供便利。组织州人大代表对重点项目和重要工作进行调查视察6次。组织州人大代表、在德宏州的全国和部分省人大代表听取“一府两院”有关工作情况汇报，专题视察了全州工业发展、民族文化发展情况，对全州工业、民族文化发展提出了意见。视察报告分别报送省人大常委会、州委、州政府等部门；以办理代表议案、建议为重点，充分发挥代表作用。始终把督办代表议案、建议作为工作重点，完善办理机制，加强督促检查，实行全程跟踪，注重办理质量，努力推动办理工作从答复型向落实型转变，从办结率向办成率转变。去年，代表共提出议案1件，建议、批评和意见71件，全部办理完毕，代表们对办理情况表示满意。

【宣传工作】 2011年，德宏州人大常委会始终把加强舆论宣传，增强人大意识作为强化地方人大工作提升内外形象的重要内容，认真加以落实，努力为人大工作营造良好的社会环境。一、加强民主法制、人民代表大会制度及人大工作宣传的计划性、针对性，在年初制订常委会工作计划时，把加强民主法制、人民代表大会制度及人大工作的宣传列入常委会工作的重要事项。二、加强与宣传部门和新闻媒体的联系，形成了在党委领导下，在宣传部门支持和新闻媒体的配合下，积极开展人大宣传工作的格局。三、认真组织好人民代表大会制度宣传月活动。9月，人民代表大会制度宣传月活动由常委会主要领导发表宣传人民代表大会制度的电视讲话，组织各新闻媒体记者赴各县市进行专题采访报道。专题采访的稿件在各新闻媒体上形成了系列报道，产生了良好的宣传效果。四、不断探索新形势下人大宣传工作的特点和规律，改进宣传方式，提高宣传效果。认真办好《德宏人大》刊物和德宏人大网站，积极开展人大理论研究，编印了《德宏州人大系统经验交流材料汇编》，使人民群众更加深入、广泛地了解人大制度和人大工作。五、积极开展课题调研。结合德宏州实际，通过调研，同省人大研究室一起撰写出《关于地方人大及其常委会在建设中国面向西南开放桥头堡战略中发挥作用的研究》的调查报告，为全省各级人大及其常委会在“桥头堡”建设中依法履行职责提供参考依据，此文获得德宏2011年国际泼水狂欢节“桥头堡建设德宏发展”论坛一等奖。

【信访工作】 2011年，德宏州人大常委会认真受理公民来信来访。坚持“以礼相待、热情服务、关注民生、依法办事”的原则，切实抓好信访工作，认真办理群众来信，热情接待群众来访，做到信访事项事事有登记，件件有着落，全年共受理公民来信来访108件，接待来访群众128人次。在相关部门的通力合作下，及时处理和解决了一些信访问题，缓解和平息了许多可能激化的矛盾，密切了同人民群众的联系，促进德宏州平安和谐建设。

【学习交流】 2011年，德宏州人大常委会加强对外联系和交流。

积极参加全省人大系统组织的各类研讨会、培训会和座谈会，促进与其他州市人大的广泛交流和探讨。组织考察组到广西、江西、贵州及沿海地区和云南省内部分州市进行学习考察，开拓视野，创新工作思路；接待了全国人大常委会副委员长严隽琪、盛华仁、陈至立和省内外人大系统领导到德宏州考察124批1036人，接待州内人大系统客人137批1444人。

【州十三届人大四次会议】（2011年1月10至14日）

一、听取和审查州长孟必光关于政府工作的报告；批准该报告并作出决议。

二、审查德宏州国民经济和社会发展第十二个五年规划纲要；并批准这个纲要。

三、审查州人民政府关于德宏州2010年国民经济和社会发展计划执行情况与2011年国民经济和社会发展计划草案的报告；批准该报告并作出决议。

四、审查州人民政府关于德宏州2010年地方财政预算执行情况和2011年地方财政预算草案的报告；批准该报告并作出决议。

五、听取和审查州人大常委会主任余麻约关于德宏州人民代表大会常务委员会工作的报告；批准该报告并作出决议。

六、听取和审查州中级人民法院院长马真荣关于德宏州中级人民法院工作的报告；批准该报告并作出决议。

七、听取和审查州人民检察院检察长铁楠关于德宏州人民检察院工作的报告；批准该报告并作出决议。

【州十三届人大常委会第二十二次会议】（2011年2月26日）

一、听取和审议州人民政府对州人大常委会2010年作出的决议和审议意见的贯彻落实情况报告。

二、听取和审议州安监局对州人大常委会2010年工作评议意见整改情况的报告。

三、听取和审议州卫生局对州人大常委会2010年工作评议意见整改情况的报告。

四、听取和审议州水利局对州人大常委会2010年工作评议意见整改情况的报告。

五、听取和审议州建设局对州人大常委会2010年工作评议意见整改情况的报告。

六、听取和审议州人大常委会代表资格审查委员会关于德宏州第十三届人大代表变动情况的报告。

七、审议并通过人事任免。任命聂茂华为德宏州人大常委会办公室副主任；任命线加强为德宏州人大常委会教科文卫工作委员会副主任。任命姜在君为德宏州人民政府副州长；免去田大余德宏州人民政府副州长职务。任命李舟宇为州商务局局长；任命闫信统为州交通运输局局长，免去其州交通局局长职务；任命闫生赞为州工业和信息化委员会主任，免去其州经济委员会主任职务；任命杨晓平为州住房和城乡建设局局长，免去其州建设局局长职务；任命许贵荣为州文化体育局局长，免去其州文化局局长职务；任命赵科丁为州人力资源和社会保障局局长，免去其州劳动和社会保障局局长职务；任命杨杏为州卫生局局长；任命杨弄为州粮食局局长；任命彭文才为州旅游局局长；任命段培相为州广播电视局局长；任命李兵为州扶贫开发办公室主任；任命于江辉为州人民防空办公室主任；免去向明亮州人事局局长职务；免去田树明州卫生局局长职务。免去潘潞萍、王青兰、字尚忠、周瑞宏德宏州中级人民法院审判员职务。批准任命徐江涛为芒市人民检察院检察长；批准任命牛晓东为盈江县人民检察院检察长。免去冯学清德宏州人民检察院检察员职务。

【州十三届人大常委会第二十三次会议】（2011年4月28日）

一、传达十一届全国人民代表大会第四次会议精神。

二、听取和审议州人大常委会执法检查组关于检查《云南省企业职工基本养老保险条例》贯彻实施情况的报告；并作出相应审议意见。

三、审议并通过人事任免。任命杨宏、杨吟蝉、陈隆海为德宏州人民检察院检察员；免去刀保萍德宏州人民检察院检察员、检察委员会委员职务；免去李寒梅、张树清、尹可明德宏州人民检察院检察员职务。

【州十三届人大常委会第二十四次会议】（2011年5月27日）

一、听取州人大常委会代表资格审查委员会关于德宏州第十三届人大代表变动情况的报告。

二、审议接受陈耀洪、罗星明州十三届人大常委会委员辞职的报告。

三、审议通过人事任命。任命陈德金为德宏州人民政府副州长。

【州十三届人大常委会第二十五次会议】（2011年6月28至29日）

一、听取和审议州人民政府关于建设用地保障及土地市场整治工作情况报告，以及州人大常委会调查组的调查报告；并作出相应审议意见。

二、听取和审议州人民检察院工作情况报告，以及州人大常委会调查组的调查报告；

三、听取和审议州林业局工作情况报告，以及州人大常委会调查组的调查报告；

四、听取和审议州民宗局工作情况报告，以及州人大常委会调查组的调查报告；

五、听取州人大常委会代表资格审查委员会关于补选州十三届人大代表的代表资格审查和代表变动情况的报告(书面)；

六、审议《德宏州人大常委会规范性文件备案审查办法(草案)》；并通过此办法。

七、审议《德宏州人民代表大会常务委员会主任会议议事规则(修订草案)》；并通过此修订草案。

八、审议并通过人事任免。任命何立洪为州水利局局长，

任命郭山为州安全生产监督管理局局长，任命黄彪为州环境保护局局，免去杨成礼州环境保护局局长职务，免去胡琦龙州水利局局长职务，免去赵兴倬州安全生产监督管理局局长职务。任命陈本启为德宏州中级人民法院刑事审判第一庭庭长、免去德宏州中级人民法院刑事审判第三庭庭长职务；任命丁志翔为德宏州中级人民法院刑事审判第二庭庭长、免去德宏州中级人民法院审判监督庭庭长职务；任命高立为德宏州中级人民法院审判监督庭庭长、免去德宏州中级人民法院民事审判第一庭庭长职务；任命田振宇为德宏州中级人民法院刑事审判第三庭庭长、免去德宏州中级人民法院行政审判庭庭长职务；任命杨云梁为德宏州中级人民法院刑事审判第三庭副庭长、免去德宏州中级人民法院刑事审判第一庭副庭长职务；任命雷自荣为德宏州中级人民法院刑事审判第一庭副庭长、免去德宏州中级人民法院刑事审判第三庭副庭长职务；任命王肃宏为德宏州中级人民法院审判委员会委员；免去余菲德宏州中级人民法院刑事审判第二庭庭长职务；免去邵文德宏州中级人民法院民事审判第二庭庭长职务；免去李本纪德宏州中级人民法院刑事审判第一庭庭长、审判委员会委员职务。任命杨有彦为德宏州人民检察院检察委员会委员；任命尹培亮为德宏州人民检察院检察员、检察委员会委员；免去王莉琼德宏州人民检察院检察委员会委员职务。

【州十三届人大常委会第二十六次会议】 (2011年8月25日)

一、听取州人民政府关于德宏州2011年1--6月国民经济和社会发展计划执行情况的报告。

二、听取州人民政府关于德宏州2011年1--6月财政预算执行情况的报告。

三、听取和审议州人民政府关于德宏州2010年地方财政决算的报告，以及州人大常委会财经工委的审查报告。批准德宏州2010年度州本级财政决算；并作出相应决议。

四、听取和审议州人民政府关于2010年度州本级财政预算执行及其他财政收支情况审计工作的报告。

五、审议关于提请确认主任会议许可对州十三届人大代表徐明采取强制措施的报告，以及州人大常委会代表资格审查委员会关于对徐明暂时停止执行代表职务的报告。并作出相应决定。

【州十三届人大常委会第二十七次会议】 (2011年9月16日)

审议通过人事任免。任命龚敬政为德宏州人民政府副州长。接受孟必光辞去德宏州人民政府州长职务。决定龚敬政为德宏州人民政府代理州长。任命高应科为德宏州监察局局长；免去思利章德宏州监察局局长职务。任命李友为德宏州人民检察院检察员、检察委员会委员、副检察长；任命罗世兴为德宏州人民检察院检察员；免去高应科德宏州人民检察院检察员、检察委员会委员、副检察长职务。

【州十三届人大常委会第二十八次会议】 (2011年10月27至28日)

一、听取和审议州人民政府关于德宏州2011年州本级财政年度预算调整方案的报告，以及州人大常委会财经工委的审查报告；批准德宏州2011年州本级财政年度预算调整方案；并作出相应决议。

二、听取和审议州人大常委会执法检查组关于检查《中华人民共和国职业教育法》实施情况的报告；并作出相应审议意见。

三、听取和审议州人大常委会执法检查组关于检查《中华人民共和国保守国家秘密法》实施情况的报告。

四、听取和审议州人大常委会执法检查组关于检查《云南省德宏傣族景颇族自治州自治条例》实施情况的报告。

五、审议州人民政府关于“五五”普法工作暨“六五”普法规划有关情况的报告和《德宏州在全体公民中开展“六五”普法规划(草案)》；并作出《关于进一步加强法制宣传教育的决议》。

六、审议《德宏州2011--2015年依法治州规划(草案)》。

七、审议州人大常委会视察组关于全州工业发展情况视察的书面报告。

八、听取和审议州人民检察院对州人大常委会2011年工作评议意见整改情况的报告。

九、听取和审议州林业局对州人大常委会2011年工作评议意见整改情况的报告。

十、听取和审议州民宗局对州人大常委会2011年工作评议意见整改情况的报告。

十一、听取和审议州人大常委会教科文卫工作委员会关于州十三届人大四次会议主席团交付研究的代表提出的议案研究结果的报告。

【州十三届人大常委会第二十九次会议】 (2011年12月21日)

一、听取和审议州人民政府关于对2010年度审计查出存在问题整改情况的报告。

二、听取和审议州人民政府关于办理州十三届人大四次会议代表建议、批评和意见情况的报告。

三、审议并通过州人大常委会2012年工作意见(草案)及说明。

四、审议《德宏州人大常委会工作报告(审议稿)》及说明。

五、审议并通过《关于召开德宏傣族景颇族自治州第十三届人民代表大会第五次会议的决定(草案)》。

六、听取和审议州人民政府关于筹集政府还贷二级公路建设资金的议案及说明；并作出相应决议。

七、听取和审议州人大常委会代表资格审查委员会关于德宏州第十三届人大代表变动情况的报告。

八、听取和审议德宏州第十三届人民代表大会第五次会议有关事项。

九、审议并通过人事任免。任命陈丽为德宏州中级人民法院刑事审判第三庭副庭长；免去卓君佳德宏州中级人民法院审判员职务。

(《州人大》撰稿　聂茂华　陈友莉)

德宏傣族景颇族自治州人民政府

【召开德宏州第十三届人民政府第24次常务会议】 2010年12月28日，德宏州人民政府召开第十三届人民政府第24次常务会议。州长孟必光主持召开会议。副州长柳五三、孔勒干、板岩过、高铁英，州政府秘书长周湛鸿，党组成员刀承贤、全洪涛出席会议；州人大常委会副主任毛勒端、州政协副主席董成宝应邀列席会议；州政府在家的各位副秘书长和州发改委、财政局、监察局、统计局、政府研究室、法制局、党政纪工委的领导全程列席会议；州经委、教育局的领导列席有关议题的研究。会议听取如下汇报并做出如下决定：

一、关于2011年《政府工作报告》。会议听取州政府研究室主任李全民关于2011年《政府工作报告》的起草说明。并原则同意所提交的2011年《政府工作报告》及2011年重点督查的20个重大建设项目、20项重要工作。

二、关于凯邦亚湖大旅游开发合作项目的有关问题。会议听取州法制局局长吕泽霆关于凯邦亚湖大旅游开发合作项目有关问题的情况汇报。会议要求：要落实清楚项目开发是否涉及铜壁关自然保护区，如涉及要处理好开发与保护的关系。要在项目合同中明确开发商的义务、责任及有关条款：一是开发商2年内旅游开发投入要超过2亿元(不含户宋河电站收购及户宋河二级站建设的投入)，如投资额达不到2亿元，政府将收回其开发权；二是开发商要按照项目规划在10年内完成全部总投资12亿元，其中5年内完成总投资的50%，如不能按进度要求完成投资，政府收回其开发权；三是明确开发商的违约责任，因开发商未履行合同收回开发权时，项目的未建部分政府无偿收回，同时开发商给予项目未投资额30%以上的赔偿；四是项目开发过程中涉及到的国有资产处置，必须按程序进入州公共资源交易中心交易。对项目开发涉及的林权和土地流转、补偿等具体问题由盈江县与开发商另行签订合同约定。会议决定，由州政府办公室调研员刀承福和州法制局局长吕泽霆具体负责项目开发合同的完善工作。

三、关于推进中粮集团与陇川糖厂合作的有关问题。会议听取州经委主任闫生赞关于中粮集团与陇川糖厂合作有关问题的情况汇报。并决定：一是双方合作按中粮集团整体收购陇川糖厂及其蔗区土地的方式进行，给予陇川县适当经济补助；二是同意成立州政府推进中粮集团与陇川糖厂合作工作领导小组，启动相关洽谈工作。

四、关于公务员小区建设的有关问题。会议听取州政府办公室调研员龚能政关于公务员小区建设有关问题的情况汇报。会议原则同意公务员小区建设方案和相应的住房标准，要求将独立别墅的占地面积减为300平方米，具体方案和标准要进一步征求意见后修改完善。

五、关于召开“两基”工作总结表彰会的有关问题。会议听取州教育局局长王根顺关于召开“两基”工作总结表彰会的情况汇报。并决定：同意召开“两基”工作总结表彰会，安排会议和表彰经费150万元。

六、关于勐乃河龙头水库前期工作经费的有关问题。会议听取州政府办公室调研员刀承福关于勐乃河龙头水库前期工作经费的有关情况汇报。并决定：同意由州宏康投资公司向州财政借款1000万元，再由州宏康公司转借盈江县政府用于勐乃河龙头水库前期工作，借款利率按同期银行贷款利率计收。

七、关于农房火灾保险承保工作的有关问题。会议听取州政府副秘书长、办公室主任袁少全关于农房火灾保险承保工作有关问题的情况汇报。并决定：由板岩过副州长负责，州政府副秘书长、办公室主任袁少全配合，召集州法制局、消防支队、州人保财险公司和平安财险德宏分公司，协调处理好农房火灾保险的承保问题。

会议还研究了州教育局要求给予解决州民一中赵文瑛老师部分医药费的问题。

【召开德宏州第十三届人民政府第26次常务会议】 2011年4月19日，德宏州人民政府召开第十三届人民政府第26次常务会议。州长孟必光主持会议。副州长孔勒干、板岩过、苏洪涛出席会议；州委副书记唐文祥、州人大常委会副主任孙春兰、州政协副主席杨丽云、德宏军分区司令员龚平应邀列席会议；州政府在家的各位副秘书长、州政府办公室调研员和州发改委、财政局、监察局、法制办、党政纪工委、国土资源局的领导全程列席了会议，盈江县人民政府，州政法委、州老干局、州编办、州人力资源和社会保障局、州民政局、州卫生局、州水利局、州住建局、州教育局、德宏师专、州宏康投资公司、芒市国土资源局的领导列席有关议题。会议听取如下汇报并做出决定：

一、关于《德宏州盈江“3·10”地震恢复重建第一阶段实施方案(建议稿)》(以下简称《实施方案》)。会议听取州发改委主任俄吞的有关情况汇报，州委唐文祥副书记就《实施方案》有关的编制情况作说明。与会领导就《实施方案》进行了深入的讨论。会议决定：由州发改委具体负责对照省的规划审核把关恢复重建具体项目和资金，同时，按照会议提出的民房重建补助标准、建筑物设防标准、项目建设单位、具体建设方案审批权等的修改意见，进一步修改充实《实施方案》，并呈送州委唐文祥副书记审核后，报州委常委会议研究审定。

二、关于落实保障性住房的问题。会议听取州住房城乡建设局局长杨晓平的有关情况汇报。并决定：一是由州住房城乡建设局负责将保障性住房指标分配到各县市；二是在今年4月底左右召开一个工作部署会，并与各县市签订责任书。

三、关于《德宏州社区戒毒(康复)中特殊群体集中关爱的工作意见(送审稿)》(以下简称《意见》)。会议听取州禁防办主任曾学亮的有关情况汇报。并决定，原则同意《意见》，在修改相关条款内容后印发执行。

四、关于开展免费婚前医学检查工作的问题。会议听取州卫生局局长杨杏有关情况的汇报。并决定：同意开展免费婚前医学检查，按照每对结婚登记人员180元的标准补助婚检费用，州级财政负责州直单位结婚登记人员的婚检费用，各县市财政负责本辖区结婚登记人员的婚检费用。

五、关于续聘防治艾滋病临时工作人员的问题。会议听取州防艾局副局长段祝聪的有关情况汇报。并决定，同意继续聘用防艾临时工作人员5年，并根据需要实行5年一聘。

六、关于德宏师范高等专科学校“专升本”和新校区建设的问题。会议听取德宏师范高等专科学校党委书记克明亮的有关情况汇报。并决定：一是为便于“专升本”，同意以德宏师范学院这一名称进行申报；二是相关部门要尽快推进新校址建设工作，新校址面积为1200亩—1400亩，具体界线待实地查看后确定；三是由州财政核拨30万元新校址建设前期工作经费。

【德宏州第十三届人民政府第27次常务会议】 2011年6月20日，德宏州召开第十三届人民政府第二十七次常务会议。州长孟必光主持召开会议，副州长陈德金、板岩过、马闻、姜在君，秘书长周湛鸿，州政府党组成员刀承贤、全洪涛出席会议；州人大副主任汪宝泉、州政协副主席杨庆华、王兴明、德宏军分区司令员蒋健应邀列席会议；州政府在家的各位副秘书长和州发改委、财政局、监察局、政研室、法制办、国土资源局、住建局、统计局的领导全程列席会议；州工信委、教育局、民宗局、公安局、民政局、司法局、文体局、粮食局、接待处、看守所、供电公司、德宏州医疗集团、民族第一中学、幼儿园、气象局、人保财险公司、消防支队、德宏传媒集团、宏康投资公司及芒市政府、芒市委统战部、芒市住建局、芒市民宗局的有关负责人列席有关议题的研究。会议研究和作出如下决定：

一、关于畹町境外公路建设补助经费的问题。会议听取州政府副秘书长、办公室主任袁少全关于畹町境外公路建设补助经费问题的情况汇报。会议拟同意州财政补助畹町境外公路建设资金1000万元，会后报请州委常委会议审定。

二、关于2011年汛期傣龙—盏西、卡场及勐嘎片区电力平衡分析的问题。

会议听取州政府办公室调研员刀承福关于2011年汛期傣龙—盏西、卡场及勐嘎片区电力平衡分析问题的情况汇报。并决定：一是根据德宏州实际情况，为解决窝电问题，原则同意上此项目；二是要由企业完成土地等相应手续后，政府再审定；三是涉及硅的问题，今后必须完全符合国家产业政策要求才进行研究，否则一律不再审批。

三、关于贯彻落实省政府德宏专题工作会议精神的问题。会议听取州政府副秘书长杨洪关于贯彻落实省政府德宏专题工作会议精神任务分解的情况汇报。并决定由杨洪副秘书长负责收集本次会议对《德宏州人民政府关于贯彻落实省政府德宏专题工作会议精神的通知》(送审稿)提出的意见、建议，修改完善后发文落实。

四、关于2011年盈江“3·10”地震灾后恢复重建指挥部工作经费的问题。

会议听取州政府副秘书长杨洪关于盈江“3·10”地震灾后恢复重建指挥部工作经费的情况汇报。为确保指挥部及办公室工作高效有序运转，扎实有效地推进恢复重建工作，会议同意安排恢复重建指挥部工作经费100万元，今年6月底先解决50万元。

五、关于起草《德宏州人民政府关于扶持培养中青年学术和技术带头人、技术创新人才、创新团队管理办法》和第二届突出贡献奖授奖问题。会议听取州科技局局长何琳的有关情况汇报。会议研究通过《德宏州人民政府关于扶持培养中青年学术和技术带头人、技术创新人才、创新团队管理办法》，同意由州财政安排80万元作为科技人才培养工作经费，今年6月底前先下拨40万元。

六、关于梁河县芒东镇湾中村提起的申请行政复议案件。会议听取州法制办主任吕泽霆关于湾中村提起申请行政复议案件的情况汇报。会议认为：一是1962年临时林权证发给村民后，仍是林业部门管护山林的事实客观存在。二是在1982年重新界定3证过程中，受争议的山林已经界定为国有林，根据林业部门的法律规定，新证优于老证。三是2010年梁河县政府根据湾中村的意见和要求，作了全方位的评估，认为应该继续确认这1944亩土地属于国有。为此，会议倾向于维持梁河县政府2010年的处理决定，会后报请州委常委会议审定。

七、关于规范性文件清理报告的问题。会议听取州法制办主任吕泽霆关于规范性文件清理的情况汇报。并决定：一是同意规范性文件清理报告；二是要严格按照省的统一部署和要求开展工作；三是要严格按照程序进行公示。

八、关于州接待处职工建房的问题。会议听取州接待处处长张云关于州接待处职工建房的情况汇报。并决定：一是同意州接待处的申请，重新选址，以全额集资建房的形式解决职工住房。二是新址定在“两校”建设乘余预留用地部分。三是归还原址，作为国家用地。四是费用问题，新址的相关手续费用要按程序交纳；在老址建设中，相关手续合法，并通过政府批准，造成的个人损失，应予以补偿，补偿标准待具体账务核实清楚后再上会研究。

九、关于州预留建设用地管理暂行办法和《德宏州国土资源管理暂行规定》的问题。会议听取州国土资源局局长肖利生的有关情况汇报。会议认为，预留建设用地管理暂行办法和《德宏州国土资源管理暂行规定》要根据德宏州实际，结合中央和省的政策认真研究，需进一步完善后再上会研究。

十、关于110千伏东郊变电站改造站址的问题。会议听取州供电公司副总经理李茂增的有关情况汇报。会议要求，110千伏东郊变电站搬迁既要解决整个城市的供电保障问题，又要解决孔雀湖旅游景区景点建设的问题，搬迁工作要与下一步的改扩建相结合，做到科学选址；会后先由州政府办公室调研员龚能政和刀承福牵头，住建、国土及芒市的相关部门共同开展进一步的勘察、调研，提出合理方案后再研究决定。

十一、关于州级城市规划展览馆建设的问题。会议听取州住建局局长杨晓平、州规划局局长刘子明的有关情况汇报。并决定：一是同意将州级城市规划展览馆建设纳入德宏州文化园区项目，由住建局统一规划、建设；二是建设规模和展览的内容，由州文化园区项目工作领导小组进一步研究确定。

十二、关于州粮食局请求减免下岗职工建房相关费用的问题。会议听取州粮食局副局长景生安、芒市住建局局长官运帮的有关情况汇报。会议认为，下岗职工经济来源拮据，建房难度大，但建房的相关收费是按国家政策执行，无减免依据，相关部门要做好对职工的解释工作。

十三、关于举办德宏州首届运动会和芒市体育运动中心的相关问题。会议听取州文体局副局长段敏关于举办德宏州首届运动会和芒市体育运动中心相关问题的汇报。并决定：一是同意举办德宏首届运动会，时间定于2013年，今后4年一届，在省运会的头一年开，为德宏州参加省运会选拔运动员作准备；二是同意州财政在今年7月份下拨芒市体育运动中心室外游泳池建设经费100万元，建好后，同意以整体对外招租的方式管理运作；三是同意州财政在今年7月份下拨芒市体育运动中心维修专项经费40万元；四是铺面出租的问题，待原租期满后由芒市体育运动中心收回统一安排出租事宜。

十四、关于公布第三批州文物保护单位的问题。会议听取州文体局局长许贵荣关于公布第三批州文物保护单位的汇报。并同意公布第三批州文物保护单位，由州财政补助工作经费10万元。

十五、关于州民族歌舞剧院新建综合业务楼缺口资金的问题。会议听取州文体局局长许贵荣关于解决州民族歌舞剧院新建综合业务楼的情况汇报。并同意今年内州财政安排综合楼建设经费200万元，2012年力争解决200万元，2013年再安排100万元。

十六、关于泼水节经费的问题。会议听取州文体局局长许贵荣关于泼水节经费的情况汇报。并决定：鉴于泼水节经费未到位，由州财政暂借100万元，解决泼水节期间欠服装公司、德宏师专学生演出费用各50万元。

十七、关于建设报纸图片资料库所需经费的问题。会议听取德宏团结报社社长熊艳关于建设报纸图片资料库所需经费问题的情况汇报。并同意由州财政安排40万元作为建设报纸图片资料库专项经费。

十八、关于基督教交流培训中心产权归属的问题。会议听取州民宗局局长王二软关于基督教交流培训中心产权归属问题的情况汇报。会议研究决定：一是同意基督教交流培训中心产权归属拟办意见，即：整合资源，将培训中心建盖为“德宏州、芒市基督教培训中心”，两块牌子一套人马；培训中心由芒市市委、市人民政府负责组织实施，工程完工后，权属归德宏州基督教“两会”和芒市基督教三自爱国委员会共有，共同管理；今年培训中心争取到的资金将全部用于中心建设。二是同意将州级宗教团体工作经费从每年每个团体1万元提高到2万元，副会长以上人员每月发放生活补助从500元提高到800元。

十九、关于请求补助目瑙纵歌文化园项目建设经费和加快推进目瑙纵歌文化园项目建设的问题。会议听取州民宗局副局长跑承梅何腊关于请求补助目瑙纵歌文化园项目建设经费和加快推进目瑙纵歌文化园项目建设问题的情况汇报。并决定：一是同意成立项目建设领导小组，负责启动“德宏芒市景颇族目瑙纵歌文化园”建设工作；二是鉴于交通、安全和开展活动所需，同意在风平镇芒别水库西南侧（用地共260亩）建设该项目；三是该项目由主体功能区和商业旅游服务区两个功能区组成，按照整体规划，分区建设，主体功能区由州、市政府共同出资建设；商业旅游服务区待条件成熟后采取招商引资等方式建设；四是对学会借款筹资用于林勘、地勘、测绘、环评、失地农民养老金等前期费用支出及利息，由州市财政予以消化解决（财政负责解决公共建设用地范围部分，商业开发部分由开发商承担）。

二十、关于农村中小学义务教育薄弱学校改造计划教学仪器设备匹配资金的问题。会议听取州教育局副局长肖利华关于请求解决农村中小学义务教育薄弱学校改造计划教学仪器设备匹配资金的情况汇报。并同意由州财政安排教育匹配资金200万元的。

二十一、关于州民族第一中学建盖主教学楼经费补助的问题。会议听取州民族第一中学校长党颖关于请求解决建盖主教学楼经费补助问题的情况汇报。并决定：为满足州民一中教学需要，拟同意新建一幢教学楼，并建议从2012年起，每年给予700万元的资金补助，连续安排5年，会后报请州委常委会议研究。

二十二、关于州幼儿园将临

时工相关经费、教师基础性绩效工资等人员经费纳入财政预算的问题。会议听取州幼儿园园长杨晓春关于请求将州幼儿园临时工相关经费、教师基础性绩效工资等人员经费纳入财政预算的情况汇报。并决定：一是39万元的经费问题，采取单报单批的方式由州财政给予解决；二是编制问题由州幼儿园报州教育局，由州教育局报州编办审批。

二十三、关于州气象局申请2011年度人员补助经费的问题。会议听取州气象局局长王绍山关于州气象局申请2011年度人员补助经费的情况汇报。并决定：州财政继续给予州气象局"三项补贴"每年15万元、边疆补贴每年14.92万元，两项合计29.92万元，其余费用由州财政局与州气象局共同提出方案后再研究解决。

二十四、关于提高州公安局看守所在押人员给养经费、重大疾病医疗费及实施德宏州110社会联动工作等问题。会议听取州公安局副局长徐云春就有关问题的情况汇报。并决定：一是同意看守所在押人员重大疾病凭医院证明实行实报实销；二是在押人员给养经费提高到每人每月300元的标准；三是同意实施110社会联动工作，由州政府办按程序公告发文。

二十五、关于开办农户居民自然灾害公众责任保险的问题。会议听取州人保财险许本清、州民政局局长谷忠寿的有关情况汇报。会议指出，鉴于德宏州开办农户居民自然灾害公众责任保险民政部门没有政策依据，没有经费来源，条件尚未成熟，待条件成熟后再研究。

二十六、关于州劳教所提高强制隔离戒毒人员经费、民警生活区道路修建经费、外围墙工程建设资金及司法助理员岗位津贴的问题。会议听取州司法局局长尹有才的有关情况汇报。并决定：一是同意州财政安排30万元解决州劳教所强制隔离戒毒人员经费欠款问题，安排30万元解决州劳教所外围墙工程建设缺口资金问题，安排30万元解决州劳教所民警生活区道路修建经费问题。二是关于司法助理员津贴问题有待进一步研究。

二十七、关于批准实施德宏州"十二五"期间消防工作发展规划的问题。

会议听取州公安消防支队政委杨志明关于批准实施德宏州"十二五"期间消防工作发展规划的汇报。并决定：《德宏州"十二五"时期消防工作发展规划》按照程序进行公示，根据反馈意见修改完善后批准实施。

二十八、关于州油茶研究所2011年科研计划项目及补助经费的问题。会议听取州政协谷忠人的有关情况汇报。并同意补助州油茶所油茶优良品种选育、油茶良种繁育和课题经费30万元。

二十九、关于宏康投资公司与瑞丽景成集团公司合作投资建设项目的问题。会议听取州宏康投资公司董事长赵建平关于宏康投资公司与瑞丽景成集团公司合作投资建设项目的情况汇报。会议原则同意宏康公司的请示意见，会后报请州委常委会议研究。

三十、关于州医疗集团中医院资产置换的有关问题。会议听取州医疗集团州医院院长赵文胜关于州医疗集团中医院资产置换的情况汇报。并决定：一是原则同意州医疗集团中医院资产置换；二是必须按规范程序操作，完善相关手续；三是涉及的相关费用按规定该交的一定要交，属于州级留存的部分，可以按先交后返的办法给予全额返还。

三十一、关于成立州傣族文化国际园工程建设领导小组和工程指挥部的问题。会议听取州政府办公室调研员、州傣学会副会长龚能政的情况汇报。并决定：一是同意成立州傣族文化国际园工程建设领导小组和工程指挥部；二是由州政府办公室负责起草发文。

【召开德宏州第十三届人民政府第28次常务会议】 2011年9月6日，德宏州人民政府召开第十三届人民政府第28次常务会议。州长孟必光主持会议。副州长孔勒干、板岩过、马闻、高铁英和州政府秘书长周湛鸿、州政府党组成员全洪涛出席会议，州人大常委会副主任汪宝泉、州政协副主席李有升、德宏军分区司令员蒋健应邀列席会议，州政府在家的各位副秘书长、州政府办公室调研员和州委州政府政研室、发改委、监察局、财政局、统计局、法制办、党政纪工委的领导全程列席会议；涉及议题的县市和部门领导列席有关议题。会议听取如下汇报并做出决定：

一、关于逐步有序取消政府还贷二级公路收费和人员安置的问题。会议听取州交通运输局闫信统局长的情况汇报，并决定：一是按照《关于认真做好取消政府还贷二级公路收费相关工作的紧急通知》(云交财〔2011〕698号)要求，及时上报德宏州两个方案及相关资料。二是州和县市债务分级承担按州和沿线县市3∶7的比例分级承担(按行政区域内的投资划分)，债务利息按"谁承担的债务，其利息由谁承担"的原则分级偿还，未按时偿还所产生的新增债务，由不按时偿还的责任主体承担。三是取消政府还贷二级公路收费后，德宏州承担的债务余额偿还年限为5年，即2012至2016年。四是关于人员安置问题，按照“谁主管、谁负责”和“一路一方案、尽量转岗、合理补偿、确保稳定”的总要求，积极争取国家、省的政策支持，努力实现“人人有去向，不增加社会就业压力”的目标，妥善安置收取政府还贷二级公路通行费的人员。

二、关于州“十二五”菜篮子工程建设的问题。会议听取州发改委杨立刚副主任的情况汇报。并决定：继续由州发改委牵头，组织相关部门，邀请省和州级专家组成论证组，结合德宏州州情进行科学论证，将方案进行听证、公示，修改完善后，提交州委常委会审定。

三、关于盈江因“3·10”地震灾害关闭平原糖厂请求给予部分职工享受提前退休政策的问题。会议听取州人力资源和社会保障局郑宇副局长的情况汇报，并决定：一是无政策依据，州政府不能行文批复。二是请盈江县政府和英茂糖业有限公司认真做好职工思想工作，共同研究解决好职工的有关诉求。三是州政府将组织盈江县和相关部门积极向省政府及省人力资源和社会保障厅汇报有关情况，争取政策支持。

四、关于州中等职业学校和职业学院新校区建设初步概算调整等有关问题。会议听取州中等职业学校和职业学院(以下简称“两校”)驻场办陈寿昌的情况汇报。并决定：一是原德发改社会〔2009〕413号文批复的州中等职业学校、德宏职业学院两所学校新校区占地800亩、规划建筑面积14.68万平方米、总投资4亿元，施工设计完成后，实际设计面积增加为21.6万平方米，且因征地费增加、物价上涨等因素，总投资增加至10.4亿元。“两校”建设驻场办要根据工程量和投资变化的实际情况，及时与相关部门联系，完善报批手续。二是由于资金困难，“两校”建设整个工程分期建设，一期工程建设要以满足近年教学的基本要求来界定，投资按7.1亿元来筹措。三是现在“两校”建设面临的困难和问题较多，要先易后难逐项解决。四是“两校”建设属重大建设项目，需报请州委常委会研究审定，同时邀请州人大常委会、州政协联系教育的领导参加研究。

五、关于处置原州农机学校资产的问题。会议听取州国资委杨善武的情况汇报。并决定：一是同意原农机学校校产处置按现行有关规定，交州国资委和州宏康公司会同州公共资源交易中心通过进场交易方式完成转让。二是为把民办学校建立起来，使学校办大、办强，转让条件必须满足以下三个方面的条件：第一、该地块50年内用于办学，不得私自转让、开发；第二、报名学校要有6年以上的高中办学资质；第三、在1年以内要把学校开办起来，即2013年9月能按时开学。

六、关于成立州烟叶生产办公室的问题。会议听取州政府办秘书五科科长张景虎的情况汇报。会议认为：随着德宏州被列为全省新烟区开发的州市，烟叶生产任务将逐年增加，为切实抓好全州烟叶生产的组织、指导、协调、服务等工作，拟同意成立“德宏州人民政府烟叶生产办公室”，负责全州烟叶生产日常工作事务，在州农业局加挂“德宏州人民政府烟叶生产办公室”牌子，设主任1人(副处级)，下设办公室、生产科和财务科，从州农业局编制中调剂工作人员4～5人专职办公，设立固定办公场所，形成常设机构。根据有关程序，报请州委常委会议研究决定后由州编办办理。

七、关于增加州级财政预算小型农田水利专项资金的问题。会议听取州水利局何立洪局长的情况汇报。并决定，为促进德宏州水资源有效利用，加强水利基础设施建设，同意增加州级财政预算小型农田水利专项资金，2012年起每年列入财政预算200万元。

八、关于规划建设戒毒康复社区的问题。会议听取州公安局麻勇副书记的情况汇报。并决定：一是成立由州长任组长、分管副州长任副组长，相关部门负责人为成员的戒毒康复社区建设领导小组，领导小组办公室设在州强制戒毒所；二是将州强制戒毒所职能转化为戒毒康复社区，州强制戒毒所更名为“德宏州戒毒康复管理所”，原州强制戒毒所机构级别、内设机构职数、人员编制及公职人员经费保障不变。成立“幸福家园”社区，由州公安局按照规定程序报批；三是戒毒康复社区建设按可容纳3000人规模5年内分三期完成。一期工程(2012年6月前)，经费概算3457.95万元，其中向省争取2000万元，州级于2011年底前配套500万元，2012年上半年前配套500万元。二期工程(2012年7月至2014年6月)规划建设50平方米廉租房200套、16平方米公租房600套。廉租房、公租房建设指标和建设规划由州公安局商有关部门确定。三期工程(2014年7月 至2015年12月)，廉租房、公租房建设根据戒毒康复实际需求确定建设规模；四是芒市政府及州市发改、财政、住建、税务、招商、农业等各部门要认真履行职责，积极支持戒毒康复社区建设，在社区公廉租房建设、产业项目等相关配套政策措施方面给予倾斜。

九、关于安排第十一届中缅胞波狂欢节暨第四届珠宝文化节筹备工作经费和瑞丽江沙滩不夜城旅游发展扶持资金的问题。会议听取瑞丽市副市长尹可舰的情况汇报。并决定：一是为充分展示瑞丽重点开发开放试验区形象，确保圆满完成重大节庆活动，同意由州财政安排瑞丽筹办第十一届中缅胞波狂欢节暨第四届国际珠宝文化节工作经费150万元。二是为打造好瑞丽边贸旅游城市新形象，拟同意用省级桥头堡基础设施建设资金安排2000万元作为瑞丽江沙滩不夜城旅游发展扶持资金，报请州委常委会研究审定。

【召开德宏州第十三届人民政府第29次常务会议】 2011年10月8日，德宏州人民政府召开第十三届政府第29次常务会议。代州长龚敬政主持召开。副州长陈德金、孔勒干、板岩过、高铁英，州政府秘书长周湛鸿，州政府党组成员全洪涛出席会议；州人大常委会副主任汪宝泉、州政协副主席杨丽云、德宏军分区司令员蒋健列席会议；州政府在家的各位副秘书长和政研室、监察局、发改委、财政局、法制办、党政纪工委的负责人全程列席会议；涉及议题的县市和部门负责人列席有关议题的研究。会议讨论并做出如下决定：

一、关于潞梁二级公路建设资金的问题。会议听取州交通运输局闫信统局长的情况汇报。并决定：一是由于财政困难，为确保潞西至梁河二级公路工程建设持续快速推进，同意通过州宏康投资公司向沾益县嘉福房地产有限责任公司借款2亿元，专项用于潞西至梁河二级公路建设工程，借款期限、利率、还款来源及时间由州财政局、州交通运输局、州宏康投资公司与嘉福公司共同商定；二是州交通运输局要严把工程质量，狠抓安全生产，督促加快工程进度，确保按期完成工程建设。

二、关于芒市请求延迟执行州统一年产值土地征收补偿标准的问题。会议听取州国土局肖利生局长、芒市委书记蔡四宏和市长沙玉庄的情况汇报。与会人员进行充分讨论，鉴于《云南省征地统一年产值标准和征地区片综合地价补偿标准》(试行)强制执行时间为2010年1月1日，德宏州其它县市已按此标准执行。会议决定：一是芒市政府要坚决贯彻执行省人民政府公告《云南省征地统一年产值标准和征地区片综合地价补偿标准》(试行)的规定，终止《潞西市人民政府关于城市规划区建设用地征收土地补偿和安置补助费标准调整的通知》(潞政发〔2007〕157号)；二是芒市政府要妥善处理好征地过程中的遗留问题，及时研究提出解决方案，州政府给予积极帮助，确保失地农民合法权益，消除不稳定隐患；三是要认真研究上级政策、文件，出台政策不能与上级政策、文件相矛盾，确保统一执行好上级的政策。

三、关于将德宏传媒集团非税收入全额返还，用于宣传事业发展的问题。会议听取德宏传媒集团董家垠总裁的情况汇报。并决定：鉴于德宏传媒集团正处于改革发展的过渡期和新闻单位高投入、高消耗的特性，为支持德宏传媒集团的发展，同意传媒集团2011年非税收入按收支两条线规定上缴财政后，返还集团80%用于传媒发展，州财政统筹20%用于保障其基础性绩效工资发放。从2012年起，其非税收入按收支两条线规定上缴财政后，全额用于支持传媒集团发展。会议要求：传媒集团要进一步理顺内部管理体制，将财政返还后由集团集中管理的各媒体收入专项用于“设立发展基金，加强各媒体软硬件建设、扩大传媒影响，以及维持集团运转”等各项支出，要建立规章制度，明确上述各项支出的计提比例，从财政返还后由集团集中的收入中提取，要加强管理，专户专账核算，提高使用效益，以促进德宏传媒事业快速发展。

四、关于出台德宏州第三轮防治艾滋病人民战争实施方案的问题。会议听取州卫生局杨杏局长、防艾局段祝聪副局长的情况汇报。与会人员进行充分讨论，认为当前，德宏州艾滋病防治工作形势严峻，任务艰巨，还需采取有力措施，扎实抓好防治工作。会议决定：一是原则同意《德宏州第三轮防治艾滋病人民战争实施方案》(2011～2015年)，补充“工作原则”等内容，对各项指标、数字进行认真校核，要求数字表述准确、科学，修改完善后按程序报批发文；二是从2012年起，州和县市每年各按现有人口人均1.5元列入财政预算，作为防治艾滋病工作的经费保障。会议还听取州政府副秘书长蔺汝健关于德宏州与昆明市、保山市共建国际大通道协议主要内容的通报。

【召开第十三届州政府第30次常务

会议】 2011年10月21日，德宏州政府召开第十三届人民政府第30次常务会议。代理州长龚敬政主持会议，副州长陈德金、孔勒干，州政府秘书长周湛鸿出席会议；州人大常委会副主任杨红、州政协副主席董成宝列席会议；州政府在家的各位副秘书长和州委州政府政研室、州发改委、监察局、财政局、法制办、党政纪工委的领导37人参加了会议。会议讨论并做出如下决定：

一、关于加快卫生事业发展的问题。会议听取州卫生局杨杏局长的情况汇报。并决定：原则同意《中共德宏州委　德宏州人民政府关于加快卫生事业发展的决定》(送审稿)，会后按程序进行公示，认真收集各方面的意见、建议，进一步修改征求州委常委意见后，再行文。

二、关于州医疗卫生体制改革实施方案的问题。会议听取州发改委王莉副主任的情况汇报。并决定：原则同意《德宏州基层医疗卫生机构综合改革实施意见(试行)》(送审稿)，会后进一步作修改完善，由沈澎副秘书长和州法制办审定后行文。

三、关于贯彻国家和云南省中长期教育改革和发展规划纲要实施意见的问题。会议听取州教育局王根顺局长的情况汇报。认为：《中共德宏州委　德宏州人民政府关于贯彻国家和云南省中长期教育改革和发展规划纲要的实施意见》(送审稿)，符合德宏实际，是德宏经济社会发展的客观需要，是教育改革和发展的必然要求，事关广大人民群众切身利益。会议决定：一是原则同意《中共德宏州委　德宏州人民政府关于贯彻国家和云南省中长期教育改革和发展规划纲要的实施意见(送审稿)》(以下简称《实施意见》)，根据会议讨论情况作进一步修改完善后，报请州委常委会议审定。二是对“实施意见”中的具体事项作明确，即：1、原则同意“实施意见”所提的公办幼儿园编制师生比例，由州编办进一步核实后确定；2、同意从2012年开始，州级财政每年安排学前教育发展资金100万元(不含州财政每年安排州幼儿园的100万元专项资金)、职业教育和继续教育经费50万元、民族教育经费50万元、教育教学改革经费30万元、教育信息化和教育技术装备经费100万元、教育科研工作经费50万元、重大工程和项目前期工作经费50万元；3、同意从2012年起，州财政在5年内，每年安排700万元合计3500万元，用于州民一中建设；4、同意对晋升一级高中给予奖励，州财政给予州属学校奖励50万元，县市属学校25万元。

四、关于加快实施“兴水强州”战略的问题。会议听取州水利局何立洪局长的情况汇报。并决定：原则同意《中共德宏州委　德宏州人民政府关于加快实施“兴水强州”战略的决定》(讨论稿)，进一步修改完善后报请州委常委会议审定。

五、关于实施州质量管理奖管理办法的问题。会议听取州质监局李维新局长的情况汇报。并决定：一是同意《德宏州人民政府质量管理奖管理办法》，由州政府办公室按程序发文；二是同意从2012年起，州财政每年安排政府质量管理奖资金50万元、工作经费10万元，同意一次性安排创建德宏“质量走廊”经费20万元。

六、关于举办2012中国德宏国际目瑙纵歌节活动的问题。会议听取孔勒干副州长关于举办“2012中国德宏国际目瑙纵歌节”活动的情况汇报。并决定：同意举办“2012中国德宏国际目瑙纵歌节”活动，按照“一届比一届好，办出特色、有影响力”的要求，积极开展筹备工作，尽早研究提出活动总体方案，报州政府常务会议研究。

七、关于加大文化事业发展经费支持力度的问题。会议听取州文体局许贵荣局长的情况汇报。并决定：一是为推动德宏文化事业大繁荣大发展，同意从2012年起，由州财政每年从文化产业专项资金、文化事业建设费用中，统筹部分资金，用于全州文体系统文化艺术人才培养、送文化下乡、民族民间文化调查及书籍出版、文化产业发展等专项工作经费；二是从2012年起，州级财政加大对文化遗产传承保护、“扫黄打非”、文化市场执法等工作经费和设备购置经费的支持，将相关经费纳入财政预算。

【召开德宏州第十三届人民政府第31次常务会议】 2011年12月5日，德宏州召开第十三届人民政府第31次常务会议。代理州长龚敬政主持会议。副州长孔勒干、板岩过、马闻，州政府秘书长周湛鸿，州政府党组成员全洪涛出席会议；州政协副主席李有升应邀列席会议；在家的各位副秘书长和州政研室、发改委、监察局、财政局、法制办、党政纪工委的领导全程列席会议；涉及议题的县市和部门领导列席有关议题。会议主要讨论研究并做出如下决定：

一、关于全州人口和计划生育工作的相关议题。会议听取州人口和计生委主任番绍芬关于“十一五”全州人口计生工作的情况汇报。并决定：一是按国家和省的要求，积极做好州人口和家庭公共服务中心项目建设前期工作，由州政府分管领导协调相关部门尽快落实6至10亩项目建设用地。二是省政府德宏专题会议要求梁河县实施计划生育“少生快富”工作所需资金按省补80%、州县各按10%的比例承担，同意将州级应承担的10%纳入州级财政预算。三是为解决全州人口计生部门人员编制不足的问题，同意州人口计生委在全州范围内公开选调1名工作人员，由相关部门按程序办理。

二、关于审定《深化政务公开加强政务服务的实施意见》的议题。会议听取州政府副秘书长杨洪关于审定《深化政务公开加强政务服务的实施意见》的情况汇报。并决定：一是同意按程序印发实施《深化政务公开加强政务服务的实施意见》。二是关于州、县市政府统一设置政务服务管理局的事宜，按《省委办公厅、省政府办公厅印发〈关于深化政务公开加强政务服务的实施意见〉的通知》(云办发〔2011〕15号)精神，结合德宏州实际认真贯彻落实。

三、关于审定《进一步加强茶产业发展的意见》的议题。会议听取州农业局局长宋雨发关于审定《进一步加强茶产业发展的意见》的情况汇报。并决定：一是由州政府分管副州长牵头，协调相关部门，进一步对全州茶产业发展进行深入细致的调研，形成科学的产业发展意见。二是从2012年起，连续5年安排茶产业发展专项扶持资金350万元，重点用于解决茶产业良种繁育、基地建设、精深加工、品牌打造等问题。

四、关于审定《巩固提升天然橡胶产业的意见》的议题。会议听取州农垦局局长韦德斌关于审定《巩固提升天然橡胶产业的意见》的情况汇报。并决定：一是由州政府分管副州长牵头，协调相关部门，深入研究橡胶产业发展，提出全州巩固发展橡胶产业的意见。二是同意设“德宏州橡胶生产办公室”在州农垦局，负责全州橡胶产业的发展规划、生产管理、技术指导与服务工作。三是2012年安排州橡胶生产办公室工作经费20万元。

五、关于处置原德宏农垦分局(分公司)资产债务遗留问题的议题。会议听取州农垦局局长韦德斌关于处置德宏农垦分局(分公司)资产债务遗留问题的情况汇报。并决定：同意按《德宏州国资委关于德宏州农垦局处置原德宏农垦分局(分公司)资产债务遗留问题的意见》(德国资〔2011〕24号)文件执行。

六、关于州食药监局设置食品药品监督协管员的议题。会议听取州食药监局副局长杨灵关于州食药监局设置食品药品监督协管员的情况汇报。并决定：为加强州食药监管工作力量，同意州食药监局招聘10名专职食品药品监督协管员，月薪1200元(含医疗、工伤、失业、养老、生育保险)纳入州财政预算。

七、关于110千伏东郊变电站搬迁事宜的议题。会议听取州政府办公室调研员龚能政关于110千伏东郊变电站搬迁事宜的情况汇报。决定：由州供电公司以原址改造建设方式对110千伏东郊变电站进行改造，配合金孔雀生态休闲度假旅游区建设需要，提升变电站建设标准，达到技术先进、环境协调、保护自然的目的。

八、关于全州安监工作的相关议题。会议听取州安监局局长郭山关于全州安监工作的情况汇报。决定：一是为全面加强安全生产工作，落实安全生产“一岗双责”责任制，同意调整州安全生产委员会成员，由州政府办按程序发文。二是拟同意增加1名副局长(副处级)领导职数，由相关部门按程序报州委常委会研究。三是同意在州安监局和县市安监局成立安全生产执法大队，由州编办负责提出具体实施意见报州政府审定。四是同意按省政府要求安排相关安全生产监管装备经费。

九、关于州剑麻制品厂实施破产的议题。会议听取原州剑麻制品厂厂长张相文关于州剑麻制品厂实施破产的情况汇报。会议决定：同意州剑麻制品厂向人民法院依法申请破产。

十、关于审定《〈全民健身条例〉实施意见》的议题。会议听取州文体局局长许贵荣关于审定《〈全民健身条例〉实施意见》的情况汇报。并决定：一是同意从2011年至2015年每年用本级体育彩票公益金投入150万元、州级财政从2012年至2015年每年投入150万元实施“七彩云南全民健身工程”，不足部分由各县市承担。二是从2012年至2015年，州和县市按照每年人均不低于0.5元的标准将全民健身工作经费列入财政预算。

十一、关于将原州少体校游泳池划拨芒市使用的议题。会议听取芒市文体局局长杨黎蓉关于原州少体校游泳池划拨芒市使用的情况汇报。并决定：同意将原州少体校游泳池划拨芒市人民政府，由市文体局规划建设公益文体事业，开展全民健身活动，不能用作商业地产开发。

十二、关于审定《进一步加

强和改进森林公安工作服务桥头堡“黄金口岸”、“森林德宏”建设的决定》。会议听取州森林公安局局长董建川关于审定《进一步加强和改进森林公安工作服务桥头堡“黄金口岸”、“森林德宏”建设的决定》的情况汇报。并决定：一是根据会议精神修改完善后，同意印发《进一步加强和改进森林公安工作服务桥头堡“黄金口岸”、“森林德宏”建设的决定》。二是人员编制问题待中央政法专项编制下达后再研究安排。三是为改善基层森林公安警备装备建设、提高运用信息化手段管理林区治安的水平，同意2012年安排100万元资金，专项用于森林公安管护、基础设施及信息化建设支出。四是根据实际工作需要，同意适当增加森林公安购车编制。

十三、关于构建全州三农保险基层服务体系的议题。会议听取州人保财险公司总经理杨雁翔关于构建全州三农保险基层服务体系的情况汇报。并决定：为建立规范有序、覆盖全州的农业保险长效机制，原则同意按惠农政策实施《德宏州三农保险基层服务体系建设实施方案》，由州法制办对州人保财险公司提交的《德宏州三农保险基层服务体系建设实施方案》的合法性进行修改完善。

十四、关于将环保监测执法业务用房建设项目资金列入财政预算的议题。会议听取州环保局局长黄彪关于将环保监测执法业务用房建设项目资金列入财政预算的情况汇报。并决定：一是同意将州环保监测执法业务用房建设项目缺口资金500万元列入2012年州级财政预算。二是将州环境监测站土地及房产划拨给州幼儿园使用。

十五、关于妥善处理袁发刚请求解决困难问题的议题。会议听取州政府办公室调研员龚能政关于妥善处理袁发刚请求解决困难问题的情况汇报。会议原则同意2011年7月12日，龚能政召集相关部门在州政府召开的妥善处理袁发刚请求解决困难问题的专题会议精神，由相关部门按专题会议纪要给予办理。

【召开德宏州第十三届人民政府第32次常务会议】 2011年12月15日，德宏州人民政府召开第十三届政府第32次常务会议。代理州长龚敬政主持会议。副州长苏洪涛、高铁英出席会议；州人大常委会副主任汪宝泉、州政协副主席李有升应邀列席会议；在家的各位副秘书长和州委州政府政研室、州发改委、监察局、财政局、法制办、党政纪工委的领导全程列席会议；涉及议题的部门领导列席有关议题的研究。会议讨论研究并做出如下决定：

一、关于2011年国民经济和社会发展计划执行情况与2012年国民经济和社会发展计划的议题。会议听取州发改委主任俄吞的有关情况汇报。并决定，原则同意州发改委提出的2012年全州经济社会发展指标，报州委常委会研究。

二、关于2011年财政预算执行情况和2012年财政预算编制情况的议题。会议听取州财政局副局长帕安胜的有关情况汇报。并决定：原则同意州财政局的意见，报州委常委会研究。

三、关于补助畹町芒满—缅甸105码上东坎村公路改扩建工程资金的议题。会议听取州交通运输局党委副书记梅学能关于补助畹町芒满—缅甸105码上东坎村公路改扩建工程的资金情况汇报。并决定：一是原则同意由州财政安排畹町芒满—缅甸105码上东坎村公路改扩建项目补助经费2000万元，报请州委常委会审定。二是由州政府苏洪涛副州长牵头，召集州发改委、州交通运输局、州外事办、州商务局等相关部门和畹町管委，积极向国家争取援外项目资金支持。

四、关于2012中国德宏景颇族国际目瑙纵歌节活动经费的议题。会议听取州政府副秘书长刀保信的有关情况汇报。并决定：为打造德宏州传统民族文化节庆活动品牌，加快推进文化强州建设步伐，从2012年起，州财政每年安排传统民族文化节庆活动经费400万元，用于轮流举办中国·德宏国际泼水狂欢节和中国·德宏国际目瑙纵歌节活动，不足部分采取向上级争取和商业运作等方式解决。

五、关于科技创新园项目的议题。会议听取州科技局副局长汤文耀的有关情况汇报。并决定：一是为促进工业园区建设，强化科技对产业的支撑，同意成立德宏州科技创新园建设领导小组，办公室设在州科技局，负责做好项目建设的前期工作，领导小组具体名单和各成员单位工作职责先由州科技局草拟，再按程序发文。二是州财政安排10万元项目前期工作经费。

【重要通知】 2011年，德宏州人民政府共发布重要通知如下(按时间顺序排列)：

一、德宏州人民政府关于印发2011年政府工作报告的通知德政发〔2011〕1号

二、关于印发德宏州基层医疗卫生机构实行基本药物制度补偿暂行办法的通知德政发〔2011〕

4号

三、德宏州人民政府关于加快优质米产业发展的意见德政发〔2011〕44号

四、关于颁布实施《德宏州矿产资源规划(2008～2015年)》的通知德政发〔2011〕46号

五、德宏州人民政府关于开展免费婚前医学检查工作的通知德政发〔2011〕108号

六、德宏州人民政府关于实施居住证制度的通知德政发〔2011〕126号

七、德宏州人民政府关于印发四项制度实施方案德政发〔2011〕132号

八、德宏州"十二五"时期消防工作发展规划德政发〔2011〕173号

九、德宏州人民政府关于印发《德宏州农业发展"十二五"规划》的通知德政发〔2011〕176号

十、德宏州人民政府关于印发《德宏州教育事业"十二五"发展规划》的通知德政发〔2011〕177号

十一、德宏州人民政府关于印发《德宏州食品药品监督管理"十二五"规划》的通知德政发〔2011〕178号

十二、德宏州人民政府关于印发《德宏州农村扶贫开发"十二五"规划》的通知德政发〔2011〕180号

十三、德宏州人民政府关于印发《德宏州无线电事业发展"十二五"规划》的通知德政发〔2011〕181号

十四、德宏州人民政府关于印发《德宏州卫生事业发展第十二个五年规划》的通知德政发〔2011〕182号

十五、德宏州人民政府关于印发《德宏州扶持人口较少民族发展"十二五"规划》的通知德政发〔2011〕183号

十六、德宏州人民政府关于印发《德宏州城市建设管理"十二五"规划》的通知德政发〔2011〕184号

十七、德宏州人民政府关于印发《德宏州县域经济发展"十二五"规划》的通知德政发〔2011〕185号

十八、德宏州人民政府关于印发《德宏州国民经济和社会发展第十二个五年规划纲要》的通知德政发〔2011〕186号

十九、德宏州人民政府关于进一步提高城镇基本医疗保险待遇的通知德政发〔2011〕191号

二十、德宏州人民政府关于印发《德宏州"十二五"交通建设规划》的通知德政发〔2011〕192号

二十一、德宏州人民政府关于印发《德宏州粮食产业"十二五"发展规划》的通知德政发〔2011〕193号

二十二、德宏州人民政府关于印发《德宏州体育事业发展"十二五"规划》的通知德政发〔2011〕194号

二十三、德宏州人民政府关于印发《德宏州林业"十二五"发展规划》的通知德政发〔2011〕195号

二十四、德宏州人民政府关于印发《德宏州畜牧业发展"十二五"规划》的通知德政发〔2011〕196号

二十五、德宏州人民政府关于印发《德宏州公安事业发展"十二五"规划》的通知德政发〔2011〕197号

二十六、德宏州人民政府关于印发《德宏州文化事业"十二五"发展规划》的通知德政发〔2011〕198号

二十七、德宏州人民政府关于印发《德宏州"十二五"科学和技术发展规划》的通知德政发〔2011〕199号

二十八、德宏州人民政府关于印发《德宏州新兴生物特色产业"十二五"发展规划》的通知德政发〔2011〕200号

二十九、德宏州人民政府关于印发《德宏州电信产业"十二五"发展规划》的通知德政发〔2011〕201号

三十、德宏州人民政府关于印发《德宏州旅游业发展"十二五"规划》的通知德政发〔2011〕202号

三十一、德宏州人民政府关于印发《德宏州蔗糖产业"十二五"发展规划》的通知德政发〔2011〕203号

三十二、德宏州人民政府关于印发《德宏州"十二五"人口发展规划》的通知德政发〔2011〕204号

三十三、德宏州人民政府关于进一步巩固提升蔗糖产业的意见德政发〔2011〕223号

三十四、德宏州人民政府关于印发城乡居民社会养老保险试点实施细则(试行)的通知德政发〔2011〕236号

三十五、德宏州人民政府关于提高城镇居民基本医疗保险学生儿童筹资标准的通知德政发〔2011〕255号

三十六、德宏州人民政府关于调整离休干部医疗保障统筹缴费标准的通知德政发〔2011〕256号

三十七、德宏州人民政府关于印发质量管理奖办法的通知德政发〔2011〕275号

三十八、德宏州人民政府关于印发德宏州第三轮防治艾滋病

人民战争实施方案的通知德政发〔2011〕278号

三十九、德宏州人民政府关于印发德宏州“十二五”新型工业化发展规划的通知德政发〔2011〕286号

四十、德宏州人民政府关于进一步加强食品安全工作的实施意见德政发〔2011〕320号

四十一、德宏州人民政府关于筹集政府还贷二级公路建设资金的决定德政发〔2011〕329号

四十二、德宏州人民政府关于进一步加强和改进森林公安工作的决定德政发〔2011〕335号

【表彰奖励】 2011年，德宏州人民政府作出表彰奖励如下(按时间顺序排列)：

一、关于表彰奖励政务督查工作先进单位的通知德政发〔2011〕12号

二、关于对2010年度州科学技术奖励项目授奖的通知德政发〔2011〕20号

三、关于兑现2010年畜牧产业发展和重大动物疫病防控责任考核奖励的决定德政发〔2011〕28号

四、德宏州人政府关于对2010年度消防工作目标管理先进县市和单位进行表彰的决定德政发〔2011〕32号

五、德宏州人民政府关于对2010年度安全生产先进单位进行表彰奖励的决定德政发〔2011〕33号

六、德宏州人民政府关于表彰奖励金融机构的决定德政发〔2011〕34号

七、关于对2010年度国土资源目标责任制进行表彰的决定德政发〔2011〕35号

八、关于表彰全州耕地占补平衡工作先进单位和个人的决定德政发〔2011〕36号

九、德宏州人民政府关于表彰2007年至2010年全州体育工作先进集体和个人的决定德政发〔2011〕48号

十、德宏州人民政府关于表彰2010年度商务工作先进单位的决定德政发〔2011〕51号

十一、德宏州人民政府关于表彰2010年度招商引资工作先进单位的决定德政发〔2011〕56号

十二、德宏州人民政府关于表彰全州2010年固定资产投资项目前期工作先进单位的决定德政发〔2011〕58号

十三、德宏州人民政府关于表彰全州2010年固定资产投资任务目标先进单位的决定德政发〔2011〕59号

十四、德宏州人民政府关于对各县市人民政府2009至2010学年度教育工作进行表彰奖励的决定德政发〔2011〕60号

十五、德宏州人民政府关于表彰2010年建设工作先进集体和先进个人的决定德政发〔2011〕61号

十六、德宏州人民政府关于表彰2010年度工业经济工作目标先进单位的决定德政发〔2011〕63号

十七、德宏州人民政府关于表彰2010年度统计工作目标责任制考核达标单位的决定德政发〔2011〕70号

十八、德宏州人民政府关于表彰2010年度建设创新型云南行动计划目标责任考核先进县市的决定德政发〔2011〕95号

十九、关于表彰2009～2010年度全州无偿献血先进县市集体和个人的决定德政发〔2011〕106号

二十、德宏州人民政府关于表彰2010年度人力资源和社会保障工作先进单位的决定德政发〔2011〕138号

二十一、德宏州人民政府关于兑现2011年度晾晒烟生产目标考核奖励的决定德政发〔2011〕189号

二十二、德宏州人民政府关于表彰2011年度晾晒烟生产先进单位及个人的决定德政发〔2011〕190号

二十三、德宏州人民政府关于表彰云南龙江水电站枢纽工程移民搬迁安置工作先进集体和先进个人的决定德政发〔2011〕218号

二十四、德宏州人民政府关于奖励云南电网公司德宏供电局的决定德政发〔2011〕220号

二十五、德宏州人民政府关于表彰“十一五”污染减排工作先进单位的决定德政发〔2011〕223号

二十六、德宏州人民政府关于表彰2011年度烤烟生产先进单位及个人的决定德政发〔2011〕258号

二十七、德宏州人民政府关于奖励我州第五批获得“云南省著名商标”荣誉企业的决定德政发〔2011〕274号

二十八、德宏州人民政府关于奖励我州2011年度获国家授权专利项目的决定德政发〔2011〕283号

二十九、德宏州人民政府关于对2011年度州科学技术奖励项目授奖的通知德政发〔2011〕284号

三十、德宏州人民政府关于表彰“十一五”德宏州农业综合开发工作先进单位和个人的决定德政发〔2011〕328号

三十一、德宏州人民政府关

于对各县市人民政府2010至2011学年度教育工作进行表彰奖励德政发〔2011〕334号的决定

（谢志坚）

政务管理

【运行情况】 2011年度，德宏州政务服务管理局在中共德州州委、德宏州人民政府的坚强领导和纪检监察机关的监督指导下，各部门协同配合、社会各界广泛支持，按照“便民、务实、廉洁、高效”的服务宗旨，以深化政务公开，加强政务服务为抓手，积极引导行政审批部门紧紧围绕“中国面向西南开放重要桥头堡德宏黄金口岸建设”这一主线，以“行政提速、服务提质、群众满意”为目标，进一步提升服务水平、服务效率、服务质量，不断深化提升窗口形象，让广大群众切身感受到深入贯彻落实科学发展观，推进法治政府、责任政府、阳光政府和效能政府建设带来的新变化、新气象。如今的政务服务大厅已经成为了一道靓丽的行政提速风景线，被投资者和广大群众誉为廉洁高效的“为民服务超市”。进驻州政务服务管理局的单位为42个，派驻窗口工作人员101名，受理省属部门行政审批事项40项、州级部门行政审批事项85项，服务管理事项86项。政务大厅共进驻两级行政单位86个，进驻窗口工作人员223人，受理行政审批事项216项，服务管理事项140项；进驻公共管理部门和服务部门14个，工作人员26人。德宏州政务服务体系自成立以来至2011年12月31日共接受群众咨询111.3万人次；为群众受理各类事项198.31万件。实际办结196.32件，其中乡村组办理25.14万件，办结率为99%。特别是在村组一级，紧紧围绕服务这一核心，主动为群众免费代办各种行政事项，真正使群众少跑腿、少进门、少找人，切实在基层树立起了服务型政府的良好形象。

【五级为民服务体系】 2011年，德宏州委、州政府高度重视政务服务建设工作，根据《中共云南省委办公厅、云南省人民政府办公厅印发〈关于深化政务公开加强政务服务的实施意见〉的通知》（云办发〔2011〕15号）文件精神，州政务服务中心按照突出重点、分步实施、因地制宜的原则，积极推进全州各级政务服务中心建设，促进为民服务工作领域不断向基层拓展。对全州各级为民服务机构的建设标准、服务内容、服务程序、管理机制进行规范统一，把独立于各级为民服务机构的政务服务工作联动、贯通起来，构建州、县、乡、村、组五级为民服务体系，形成“横向到边、左右互动，纵向到底、上下贯彻”的服务格局，实现了政务服务工作城乡全覆盖的目标。目前，州本级建成德宏州政务服务管理局1个；县市级政务服务管理局5个；乡镇级（街道）为民服务中心50个；村级（社区）为民服务站366个；村（组）代办点4264个。全州政务服务中心办公面积共10028平方米，政务服务管理局进驻部门和单位共223个，进驻率达100%；行政许可事项482项，非行政许可审批事项60项，政务服务事项407项。五级为民服务机构按各自职责，为全州重大项目、企业投资、办事群众开展多级联动服务。为城乡企业和群众提供“一站式办公、阳光下审批、一次性办结”的便捷服务。

【政务公开】 2011年，德宏州政务服务管理局推行“六公开、五办理”制度，即：公开服务内容、办事程序、申报材料、承诺实现、收费标准、办理结果以及一般事项直接办理、特殊事项承诺办理、重大事项联合办理、上报事项负责办理、控制事项明确答复。根据州委、州政府的要求，按照“应进必进、进必授权”的原则，开展“两集中、两到位”和“四进中心”工作。政务服务大厅实行“两次终结”办理，即在1个窗口办理审批手续，办事群众往返不得超过2次，第2次咨询服务，工作人员要1次性告知相对人所需审批材料和相关要求，第2次在手续齐备的情况下办结完毕，办结时间在法定期限要求内公开承诺压缩50%。

【队伍建设】 2011年德宏州政务服务管理局积极加强人员培训，提高干部职工服务意识，打牢业务基础。政务服务管理局不断加强对进驻窗口工作人员的业务培训和思想教育。每周组织全体工作人员学习和传达国家、省、州相关文件和会议精神、学习有关业务知识，加大对四项制度的宣传和贯彻力度，从工作作风、业务水平、服务态度和工作纪律等方面对窗口工作人员提出具体的要求，使大家思想更加统一，认识得到提高，不断提高业务技能、工作效率和服务水平，切实增强全体工作人员贯彻落实四项制度的主动性和自觉性，引导大家创新服务方式，努力提高为人民服务的本领，为人民群众提供高效、优质、便捷的服务，以过硬的思想素质和业务能力保证各项工作的顺利开展。

【建章立制】 2011年，德宏州

各级政务服务管理局结合工作实际，在充分发扬民主、广泛征求意见的基础上，研究制定了服务宗旨、服务标准、服务规范、服务承诺制、首问责任制、限时办结制、行政许可事项收退件管理办法、投诉处理制度、窗口目标绩效考核办法、窗口工作人员绩效考核办法等26项规章管理制度，并印发到各窗口工作人员。全州五级为民服务体系还统一规范服务内容、服务承诺、办事流程、申报条件、申报材料、法律依据、办理时限和收费依据及标准、投诉渠道等。通过全面实施规章制度，加强对工作人员的管理，确保管理局各项工作规范运作、高效运转，极大地提高了服务效能。

【提高服务】 2011年，德宏州政务服务管理局加大执行力度，确保四项制度落实，各窗口部门实行A、B角制度，岗位互补，坚决避免空岗现象的发生，能够当场办结的事项立即办理完毕，不能当场办结的一律在承诺时限内办结，一切事项均在法定时限要求内压缩50%办理完毕，从服务态度、服务时限、工作纪律和作风等方面对办事群众进行公开承诺，向群众公开行政(非行政)许可事项的前置条件、需提供的材料、办理程序、收费项目、收费依据等。同时，政务服务管理局在电子显示屏上对以上内容进行滚动播出，还制作了窗口单位位置示意图和人员信息牌，摆放于显眼位置，使政务信息工作得到稳步推进，法制政府、责任政府、阳光政府和效能政府四项制度落到了实处。

【监督管理】 2011年，德宏州政务服务管理局强化监督管理，严肃工作纪律，实行“四位一体”的监督格局。一、纪检监察机关派出人员进驻管理局，利用电子监察，对大厅进驻部门审批进程和行政效能开展全程监督，受理群众投诉和监督政务服务工作，管理局全面实施电子监察和视频监察管理，把窗口的各项工作流程置于全面监督中。纪检监察机关对服务对象的投诉实行100%受理，受理的问题100%查清，查实的问题100%依纪依法处理的三百工作法；二、各单位加强对窗口进行业务监督；三、对窗口首问首办、限时办结和服务态度等进行跟踪；管理局对大厅工作人员执行严格的考勤制度，每天上下班实行指纹打卡。管理局工作人员不定时在政务大厅内进行巡视，并购置了照相机，制作了巡视记录本，一旦发现违纪问题，立即拍照取证并进行登记，情节严重的，即启动问责程序进行问责。管理局还设立了投诉电话，接受广大群众的监督，强化了对工作人员的警示作用。在受理群众投诉工作方面管理局严格执行“双百目标”，即：群众投诉办结率100%，投诉群众满意率100%。政务服务管理局运行以来，所有投诉件都得到圆满解决，群众表示非常满意。政务服务管理局每个月把窗口工作人员的个人考勤情况和工作表现情况进行汇总统计，并以书面形式反馈到派出单位，作为个人年终考核的重要依据。四是以办事群众、特邀监察员(软环境监督员)、政务行风评议员、服务效率满意度评价仪和新闻媒体共同参与督察和评议等多种形式，有效开展社会监督。从评价仪后台管理系统数据统计，有4102人次对窗口工作人员进行了满意度评价，其中非常满意3954人次，基本满意52人次，不满意的为0，群众满意率达100%。在严格的监督管理下，窗口工作人员不断转变工作作风，树立了良好的对外形象。

【工作成效】 2011年，德宏州政务服务管理局通过坚持高标准要求、高起点建设、高水平管理、高效率运作，全州工作取得明显的成效：一、实行“一站式”办公、“集中式”审批，缩短了办事时限，提高了工作效率，建立了服务型政府，实现主动、优质、高效服务，优化了社会经济发展环境；二、改进了机关作风，增强了服务意识，有效克服“门难进、脸难看、话难听、事难办”的不良作风，消除办事拖拉、推诿扯皮的现象，营造了高效、公正的政务环境；三、推进了行政审批制度改革，规范了行政审批行为，促进审批程序科学化，提高办事透明度，推行“阳光作业”，切实解决“暗箱操作”问题，更好地依法行政，取信于民；四、统一集中实行阳光收费，杜绝了“小金库”和乱收费现象，从而加强了预防腐败源头治理的工作力度，树立了党政机关的良好形象。五、认真贯彻落实州第六次党代会精神，深入开展“四亮四创四评”主题实践活动，为全州桥头堡黄金口岸和瑞丽重点开发开放试验区建设做实事。按照“建一流窗口，创一流服务”的总体思路，以“服务群众零距离、行政许可零差错、绿色通道零门槛、促进就业零收费、严格执法零违纪、热情服务零投诉、高效履职零缺点、作风纪律零举报”为工作目标，自10月8日起，州工商局、芒市工商局注册登记窗口业务、人员合署办公，有效整合，实现工商窗口与服务对象的无缝隙对接，更有利于实现简化企业办事手续，缩短企业办事时间等措施的落实，服务质量得到整体提升，打造出一流工作平台、一流服务水平、一流办事效率、一流履职环境的示范窗口。

（《政务管理》撰稿　付灿娥）

公共资源交易中心

【机构建设】　2011年，德宏州公共资源交易中心加强机构建设工作。为适应社会主义市场经济发展规律的要求，贯彻落实党的十七大和中纪委二次全会精神，以及云南省关于公共资源交易制度改革的部署，进一步完善中国特色社会主义市场经济体制，维护公平竞争的经济秩序，推进行政管理体制改革，从源头上预防和遏制在公共资源交易中的腐败行为。德宏州和芒市公共资源交易中心实行共同建设，并于2010年9月21日建成运行；盈江县、梁河县于2010年12月建成运行；瑞丽市、陇川县于2011年6月建成运行；提前完成省下达2011年12月31日前建成州级公共资源交易中心，2012年12月31日前建成县级公共资源交易中心的任务。为规范管理，2011年12月14日，中共德宏州委办公室、德宏州人民政府办公室《关于深化政务公开加强政务服务的实施意见》（以下简称意见）；德宏州机构编制委员会于同年12月9日《关于成立德宏州政务服务管理机构和公共资源交易机构的通知》，撤销德宏州人民政府公共资源交易中心，成立德宏州公共资源交易中心，为德宏州政务服务管理局下属副处级事业单位法人机构。

【职能职责】　2011年，德宏州公共资源交易中心认真做好职能职责工作。具体做法是：一、负责贯彻执行国家、省、州有关公共资源交易管理的法律、法规和各项方针、政策，对公共资源交易过程实施监督管理。对县市公共资源交易工作进行业务指导，督促检查县市公共资源交易管理制度的贯彻执行情况。二、承担州公共资源交易的有形市场职责，负责办理政府采购，工程建设（含交通、水利、市政、房屋建筑等工程项目），药品、医用耗材和医疗设备器械采购，国有产权处置，土地使用权和矿业权的出让，执法机关罚没财物的处置及其它依法依规必须招拍挂的公共资源交易活动。负责管理和提供公共资源交易设施和场所。负责对进驻州公共资源交易中心的行业部门的工作人员进行日常管理。组织实施对投标人（竞买人、受让人）、投标担保机构、中介组织、评标专家等相关单位和人员的信用评价。三、负责公共资源交易平台的建设、运行和管理，提供公共资源交易的技术咨询服务，收集、存储和发布公共资源交易信息，存储和归档交易形成的资料。负责州级综合评标专家库的建立、管理、使用和维护。负责对德宏州公共资源监管网的日常运行和维护。协助行业主管部门制定公共资源交易的规则和流程，协助查处公共资源交易活动中的违法违纪行为。负责健全完善公共资源交易制度和中心各项管理制度。

【硬件建设】　2011年，德宏州公共资源交易中心加强硬件建设工作。州公共资源交易中心设有2个开标室、2个评标室、竞争性谈判室、封闭专家评标室、专家抽取室、中心监控室、州市办公区等功能区；建立信息化电子监控系统，配备大型电子屏幕信息发布系统、触摸屏和信息查询系统，建成公共资源中心网站，增强交易的透明度和公信度。

【监督管理】　2011年，德宏州公共资源交易中心加强监督管理工作。实行“行政监察、业务监管、场内监督、社会监督”相结合的“四位一体”的监督模式：一、纪检监察监督。由纪检监察机关对行业主管部门和公共资源交易中心履行职能的情况实施监督；二、行业监督。由各行业部门负责对公共资源交易的行业管理和行政监督；三、中心内部监督。由公共资源交易中心负责对各有关部门及交易各方进行监督；四、社会监督。采取聘请特邀监察员、政风行风评议员和新闻媒体参与监督评价等方式对交易中心工作进行监督。通过多方监督，全年发现3起围标、串标案件，均提交有关部门予以处罚。

【交易成效】　2011年，德宏州公共资源交易中心认真执行《中华人民共和国招标投标法》和《中华人民共和国政府采购法》及其配套法规，以及本州公共资源交易制度，坚持“公开、公平、公正、廉洁高效”的交易原则，按照“统一进场、管办分离、规则主导、全程监管”的交易模式，开展交易工作。按照“交易透明化、运作规范化、效益最大化”的工作要求，州交易中心全年实现进场交易335项，进场交易金额341014.04万元，节约资金7832.45万元，增加收入5621.16万元，显示出良好的经济效益和社会效益。

（《公共资源交易中心》撰稿　瞿忠辉）

信　访

【信访问题】 2011年，德宏州信访局信访工作扎实有效，信访形势平稳可控，各项工作都取得新进展，实现了工作目标，为维护社会和谐稳定作出了积极的努力。一、充分发挥处理信访问题的职能主体优势，积极探索新思路、新办法，多渠道解决信访问题，化解矛盾。年内，全州县级以上两级信访部门受理群众传统来信来访总量1527件(批)次，同比上年下降12.9%。其中：来信207件，同比下降24.5%。接待来访群众1320批8076人次，批次同比下降10.8%。二、加大协调处置力度。年内，州信访局汇同有关部门妥善协调解决龙江水利枢纽工程项目、珠宝小镇建设项目、潞盈路、两校建设以及芒市一小等重点建设项目引发拖欠工程款和农民工工资的信访问题；妥善处置境外替代种植香蕉户100多人到省政府上访以及原华侨农场职工到州政府集体上访等事件。三、加大督查督办力度。年内，完成中央联席会议、国家和省信访局交办的45件重要信访案件，办结率和反馈率为100%。四、认真开展特殊疑难信访专项工作。年内，州政府列入州级财政预算40万元作为信访维稳救助资金，用于解决信访突出问题、群体性事件及涉法涉诉等问题，各县市也设立信访专项资金，为解决特殊疑难信访问题提供资金保障。年内，中央、省已匹配到德宏资金52.6万元，解决了56件特殊疑难信访问题。

【信访工作制度】 2011年，德宏州信访局继续坚持和完善信访工作制度，具体做法是：一、坚持和完善州级党政领导重要信访案件包案制度。年内，州、县党政领导干部包案117件，其中厅级领导干部包案18件。包案领导主动带案下访，亲自协调解决信访问题，全州上下形成党政主要领导负总责、分管领导具体抓、其他领导“一岗双责”信访工作责任体系。二、坚持和推进新提拔领导干部和后备干部到信访部门锻炼制度。年内，州委组织部选派3批12名新提拔处级以上干部到州信访局锻炼；县市组织、人事部门选派26批59名新提拔副科级以上干部和后备干部到信访部门锻炼。三、坚持和完善党政领导干部定期接访和下访工作制度。各级党委、政府和部门建立领导干部信访接待日制度，并根据工作实际，采取定期接访、预约接访、联合接访、带案下访等措施相结合，把大量信访问题化解在基层，解决在源头。

【成立群众工作局】 2011年5月，德宏州委出台《中共德宏州委关于加强新形势下群众工作的意见》文件，成立由赵金书记担任组长的德宏州群众工作领导小组。8月8日，成立州委群众工作局，在州信访局加挂中共德宏州委群众工作局牌子，实行2块牌子，1个机构，增加1名副局长职数，增设2个科室，4个科级职数和6个编制。各县市参照州相继成立群众工作局，挂牌到乡镇。全州构筑以州、县(市)二级群众工作局为龙头，以乡镇(街道)群众工作站为纽带，以村(社区)群众工作室为基础，以村组群众工作联络员为前哨，横向到边、纵向到底、全面覆盖群众工作网络。

【网上信访工作】 2011年，德宏州、县信访部门受理网上信访邮件和百姓留言板2376件(百姓留言板有52件)。其中：州信访局受理网上信访邮件914件，做到“件件有回音，事事有着落”，信访件回复率和群众满意率均保持在85%以上，名列全国、全省前茅。年内，州信访局应邀代表州委、州政府到成都召开全国网上信访工作会议上进行经验交流。“网上信访”德宏模式为全国、全省推广网上信访提供了很好的经验。

【圆满完成各个特殊时段信访工作】 2011年，德宏州各级信访部门通过共同努力，圆满完成了全国、全省“两会”、省加快建设面向西南开放重要桥头堡动员大会以及刚刚闭幕的省第九次党代会和州第六次党代会等敏感时期、特殊时段的各项工作任务。为重大政治活动顺利召开作出了积极努力。

（《信访》撰稿　濮玉珏）

政府法制工作

【政府法制机构建设】 2011年，根据中共德宏州委办公室、德宏州人民政府办公室关于印发《德宏州人民政府机构改革实施意见》的通知(德办发〔2010〕43号)，州人民政府办公室加挂州人民政府法制办公室牌子。原德宏州人民政府法制局更名为德宏州人民政府法制办公室。根据《德宏州人民政府关于吕泽霆等同志任免职通知》(德政发〔2011〕65号)决定，吕泽霆任州政府法制办公室(行政复议办公室)主任(正处级)，免去州政府法制局局长职务；王猛任州政府法制办公室(行政复议办公室)副主任(副处级)，免去州政府法制局副局长职务。

【法制宣传培训】 2011年，德宏州政府法制办认真落实政府常务会议学法制度，举办领导干部依法行政讲座，全面阐述行政机关“作决策—执法—监督—自身法制建设”的系统知识和《行政强制法》学习，使领导干部掌握行政管理的基本原则，进一步增强自觉运用法律手段解决矛盾和问题的意识与能力。落实政府常务会议学法制度对提高领导干部依法决策、依法行政、依法管理的能力和水平，加快德宏法治政府建设有现实的推动作用。11月，州法制办邀请省法制办副主任张学武等领导到德宏州对各县市政府和州直各行政执法部门选派出的师资骨干人员共800余人进行《行政强制法》培训。截止12月30日，全州7100余人通过《行政强制法》的培训考试。

【行政执法监督】 2011年，德宏州法制办为规范全州行政执法体制，严格执法主体资格审查，州法制办共组织964名行政执法人员参加新办证和换证的培训考试。12月，州政府法制办、州招商局、州监察局、州政府纠风办联合对各县市政府、管委和行政执法部门(其中重点执法部门23家)进行了招商引资暨行政执法专项检查工作。全州行政执法案卷经多年持续推动，质量已经达到较高水平。州法制办针对行政机关在行政执法工作中遇到的疑难复杂或者涉及多部门职责等类型的案件，加强协调指导，使一些重大疑难案件均能依法合理合情地得到圆满解决。州法制办对上级和州政府交办的相关文件、合同、协议等共计69件进行审查，提出审查意见、建议69件，充分发挥了州委、政府的参谋助手作用。

【规范性文件审查】 2011年，德宏州法制办认真审查辖县市政府及州工作部门报送备案的规范性文件20件，均审查通过；上报省政府备案和向州人大常委会备案规范性文件各10件，报备的及时率、准确率、规范率均达100%。积极组织全州各级政府及其部门对截止2010年4月30日的规范性文件进行了全面清理，全州共清理出规范性文件509件(其中继续施行226件，废止256件，拟修订27件)。其中，德宏州人民政府及办公室制定的规范性文件共有157件，废止81件、打包修改9件、单件修改2件、保留继续有效65件；州直部门的35件规范性文件中，保留有效22件，废止13件。

【重大决策听证制度】 2011年，德宏州法制办认真实施“阳光政府”重大决策听证制度，切实增强政府行政行为的透明度，组织和指导实施重大决策听证事项18项，其中州政府实施1项，州直各单位实施5项，各县市政府及部门实施12项。州法制办作为96128政务信息查询专线的投诉受理部门，年内对17个投诉电话依法进行了处理，进一步畅通了政府信息公开的渠道，并受到了社会的好评。

【行政复议】 2011年，德宏州政府行政复议办共收到行政复议申请5件(其中山林土地确权3件，请求撤销责令改正通知书1件，请求撤销房产证申请1件)，受理2件，占收到复议申请案件总数的40%；不予受理3件，占收到案件总数的60%。对受理的2件复议案件，全部审结，结案率达100%；其中维持1件，受理后经过调解，申请人主动撤回复议申请1件。州政府行政复议办公室围绕州委、政府的中心工作，继续加强对行政复议案件的调解，通过答疑解惑、沟通、协调、释法说理、召开调解会等方式促成复议当事人达成合解，努力化解行政争议。

(《政府法制工作》撰稿　王　猛)

住房公积金管理

【组织机构建设】 2011年，根据《中共德宏州委办公室德宏州人民政府办公室关于印发〈德宏州人民政府机构改革实施意见〉的通知》(德办发〔2010〕43号)精神，设立德宏州住房公积金管理中心，为德宏州人民政府派出机构，副处级单位。进一步明确了德宏州住房公积金管理中心主要职责内设机构和人员编制，下设5个正科级内设科室和6个县(市、区)管理部，暂定人员编制数为42名。其中：州中心17名，芒市管理部5名、梁河管理部4名，盈江管理部5名、陇川管理部4名、瑞丽管理部4名、畹町管理部3名。

【干部队伍建设】 2011年，德宏州住房公积金管理中心干部队伍建设取得快速发展的1年，基本确定各内设科室、管理部人员配置，为实现管办分离打下坚实基础。具体措施和成效：一、借机构改革的东风进一步壮大二级领导班子队伍，有5名副科级干部试用期满顺利转正，增强了中心长期发展的后备干部力量。二、积极选派年轻干部参加州委州政府组织的各种思想政治教育学习，认真组织处级、科级干部参加云南省干部教育在线学习，进一步增强干部队伍的思想政治素质。三、3月份选派了4名干部职工组成中心信息化建设考察小组到省内及省外信息化建设先进城市中心考察学习，为中心信息化建设培养前瞻性人才。四、选派6名干部职工轮流对盈江灾区负责片区进行灾后重建指导工作，中心共负责73户受灾户房屋的拆除重建、73户修复加固指导工作，通过此次灾后重建指导工作，极大锻炼干部职工的吃苦耐劳精神，进一步提高干部职工全心全意为人服务意识。

【软硬件建设】 2011年，德宏州住房公积金管理中心围绕软硬件建设2个方面努力提高德宏州住房公积金管理水平。一、认清形势，围绕大局，服务软件得到新提升。通过组织开展杨善洲先进事迹、创先争优活动等主题实践活动，加强内部管理工作人员岗位职责、公积金服务指南，抓好党风廉政建设，干部职工的服务意识、服务质量得到不断提升，宏观意识、大局意识不断增强，工作热情有效激发，“千金经手过，不沾一文钱”的意识日益筑牢，切实成为干部职工“血汗钱”、“安居钱”的忠诚管理者和守护者。为各项管理工作的健康发展提供有力的政治思想意识保障。二、着眼长远，加大力度，服务硬件得到新改善。为了增强发展后劲，满足快速发展的住房公积金管理工作需求，州住房公积金管理中心坚持统筹兼顾，全面推进，把解决基础设施设备作为一项重要工作来抓，并取得了明显成效。(一)进一步解决办公用房问题。由于历史原因，长期以来，梁河、盈江、陇川、瑞丽和畹町等5个县市(区)管理部办公用房均属租赁、借用等状况。根据州政府分管领导“争取在5年内，1年解决一个管理部办公用房”的指示和要求，为了满足住房公积金窗口综合服务的长期需求，年内，采取购买楼盘、委托定向开发等方式，解决了瑞丽管理部、畹町管理部的办公用房问题，将能长期满足2个县(市)管理部窗口服务功能需求。(二)信息化管理系统实现升级。为了建设一套能长期适应和满足德宏州住房公积金管理工作需求的信息化管理系统，州住房公积金管理中心对使用多年的老公积金管理系统进行了升级。通过管理系统升级，弥补了老系统数据不集中、操作半自动化、功能不完善、安全性不高、整体运行效率低等缺陷，实现了全中心网络、数据库、核算3个统一。据悉，德宏州是全省16个州市住房公积金管理中心率先实施住房公积金信息系统升级的第4家。(三)实现OA无纸化办公。办公自动化是未来办公发展的趋势，州公积金管理中心认真贯彻执行节能减排、无纸化办公的理念，积极在中心内网平台上搭建OA办公系统。通过与电信德宏分公司合作，于11月中旬建成了集内部公文流转、请假审批、内部公告等于一体的OA无纸化办公系统。这将极大节约中心的办公开支、提高办公效率。

【惠民政策】 2011年，德宏州住房公积金管理中心为进一步加强广大干部职工对住房公积金政策法规的认知度，使更多的干部职工享受到住房公积金政策的优惠，中心加大了公积金政策法规的宣传力度并出台了一系列惠民政策。一、中心与德宏电视台、孔雀之乡网站、德宏团结报等新闻媒体合作，对住房公积金的有关政策法规等进行了全方位、多角度的宣传。二、为进一步加强广大干部职工对住房公积金业务办理流程的认识，中心开发完善了德宏州住房公积金网，增设了业务专栏、便民手册等宣传版块，9月份正式开通了住房公积金个人业务查询系统，使广大干部职工能够及时了解到自己的公积金缴存、贷款信息，该系统开通以来，全州有26000余人登陆查询。三、鉴于德宏州地处边疆，房地产市场正处于加快发展时期，为支持广大干部职工改善居住条件，制定了“有两次住房贷款记录以上的公积金缴存职工，可由当地住建局房管部门出具夫妻双方及未成年子女实有住房套数为一套的书面证明，可继续向住房公积金管理中心申请第二套住房公积金个人贷款”；针对盈江“3·10”地震灾后重建，制定了“从2011年6月22日起，到2012年前，盈江灾区干部职工灾后重建家园申请公积金贷款的，经建设部门出具相关证明，可一律按首套房政策执行。对灾前已经发放，灾后到期不能按时偿还公积金贷款的，视申请人实际情况，可作展期处理”的政策。四、积极与工农中建4家商业银行合作开展楼盘按揭业务，年内全州与9个楼盘开展住房公积金贷款按揭合作业务，为广大干部职工解决住房困难开辟了新途径。

【住房公积金归集】 2011年，德宏州住房公积金管理中心始终把“归集扩面”当作中心工作的重点，采取多种措施开展工作，扩面成效显著。截止年底，全州有59616人缴交住房公积金，比上年时的57685人增加1931人，增长3.34%。在各级政府的关心支持下，财政匹配的公积金比例逐年提高。目前，瑞丽、畹町公积金缴交比例为12%，州直、陇川、盈江为10%，梁河为6%。截止年末，全州住房公积金归集总量达162436.12万元，比上年时的归集总量120632.65万元增加41803.47万元，增长34.65%；缴存余额126578.36万元，比上年时的101383.94万元增加25194.42万元，增长24.85%。

【住房公积金使用】 2011年，德宏州住房公积金管理中心根据《住房公积金管理条例》规定，严格执行住房公积金“取之于民，用之于民”的指导思想，充分满足广大干部职工购建房贷款和支取需求。一、贷款。全年发放住房公积金贷款1663户23601.5万元，完成年度计划(17000万元)的138.83%，比上年的26009万元减少2407.5万元，负增长10.2%；收回贷款13122.81万元，完成年度计划(12000万元)的109.36%，比上年同期的11165万元增加1957.81万元，增长17.54%；目前，贷款总额为115064.89万元，比上年的91463.39万元增加23601.5万元，增长25.8%；贷款余额为78900.69万元，比上年的68422万元增加15.31%，年内住房公积金存贷比为62.33%。有力地帮助广大干部职工实现住有所居愿望，住房公积金已经成为干部职工住房贷款的首选途径。二、支取。全年办理住房公积金支取1953户11238.85万元，比上年同期的6829万元增加4409.85万元，增长64.58%。

【资金安全防范】 2011年，德宏州住房公积金管理中心采取了一系列措施加强住房公积金资金安全防范。一、根据《云南省住房和城乡建设厅云南省财政厅关于纠正我省部分州市超限缴存住房公积金问题的紧急通知》(云建金〔2011〕634号)要求，以及州审计局对住房公积金管理中心2009、2010年的审计意见反馈，针对德宏州存在“部分省属部门缴存住房公积金超出国家规定的比例和基数”、“受委托办理住房公积金账户设立、缴存、归还等手续的银行不符合规定，且过多开设银行存款账户”、“未向缴存职工发放住房公积金缴存凭证”等问题，州住房公积金管理中心及时清理，认真整改，采取自2011年10月份始，州中心及全州各县市(区)管理部住房公积金归集银行由原来的最多4家分别减为2家；清理银行账户，取消住房公积金暂存款户，对资金实行集中管理使用、调度，减少闲散资金，提高资金的集中使用率，增加增值收益；对部分单位缴存住房公积金超出国家规定的比例和基数情况，及时清理，下发整改通知书，并将清理情况上报省建设厅。通过接受各级各部门的审计、监督，及时发现问题，有效整改，进一步维护住房公积金制度的公平性和合理性，促进德宏州住房公积金的规范化管理进程。二、在巩固既有的资金安全防范措施基础上，年内，州住房公积金管理中心多措并举，全面联动，全力加强资金安全防范工作：严格房产证退还手续，与各县市(区)住建局加强协调联系，要求各住建局在办理公积金贷款人退还房产证过程中，贷款人须出具的房屋他项权证须加盖州住房公积金管理中心贷款还清审核章，方可办理房产证退还手续；加强对涉及住房公积金贷款拆迁户抵押物的清理登记。致函芒市城市建设房屋征收补偿安置办公室，要求其对抵押房屋拆迁选用货币补偿方式，经管理中心与抵押人协商一致后补偿金优先偿还贷款，若抵押人与管理中心未能达成一致，暂不支付拆迁补偿金。对抵押房屋拆迁采用调换方式须由管理中心重新签订抵押协议；资金安全信息化管理措施加强。在住房公积金提取、贷款发放、贷款收回、资金调度使用等方面实现了信息化监督管理，有效保障了公积金资金安全。

(《住房公积金管理》撰稿　杨发逵)

事务管理

【理论学习培训】 2011年，德宏州机关事务管理局加强理论学习培训，不断提高队伍素质。结合桥头堡黄金口岸建设要求，始终把学习和培训作为一项重要的工作放在突出位置。具体做法是：一、积极组织干部职工参加各级政府和部门安排组织的各种学习教育活动；二、结合工作实际，分别组织开展不同专业、技能的学习培训，先后安排8人次参加国管局和省局组织的业务知识培训，40余人次分别进行业务知识和技能的学习培训，局领导4人次参加专题知识及业务的学习培训。通过理论学习培训，不断提高队伍整体素质，圆满完成全年工作任务。

【公务用车管理】 2011年，德宏州机关事务管理局严把公务用车审批，专项治理工作到位。严格按照政策规定，规范审批程序，使公务用车管理的各项政策规定得到认真贯彻落实。在公务用车配备中，严格按规定审核车辆编制，拟购车型车价、排量及资金来源，上半年办理373辆公务用车配备及过户手续，购车金额总计5244.90万元，其中中央资金1607.82万元、省级资金694.48万元、州级资金2942.60万元，无超编、超标准配置公车现象发生。6月，根据中央、省开展党政机关公务用车问题专项治理安排，德宏州及时成立州党政机关公务用车问题专项治理工作领导小组，下设办公室于机关事务管理局，负责公务用车治理日常工作。在开展治理期间对全州1348个单位的公务用车进行全面登记和自查，做到登记全覆盖，不留死角，使全州公务用车情况做到底数清、情况明，对19座以上车辆、6万元以下车辆、特种专业技术用车和进口车进行认真细致的核实和甄别，收集整理全州所有公务用车的基本信息、各县市区自查情况报告和阶段小结，积极开展公务用车治理检查，对全州36个单位进行重点检查，覆盖面达30%以上。认真做好痕迹资料和档案台账的建立健全，并按要求分别装订成册专人管理。

【公共机构节能工作】 2011年，德宏州机关事务管理局认真抓好公共机构节能，确保节能工作见效。具体做法：一、组织完成2010年度和2011年上半年全州公共机构能耗数据的统计、汇总和上报及“十一五”后2年节能工作的总结上报工作。二、6月11至17日，与全国同步开展主题为“节能低碳生活、公共机构作表率”的宣传活动、绿色出行日(6月14日)活动。三、1年建立安装软件统计工作为基础，完成县级以上公共机构节能管理部门使用软件统计和培训工作。四、先后安排5人次参加国务院和省机关事务管理局举办的节能工作相关培训。五、做好德宏州公共机构节能“十二五”规划和2011年度能耗数据统计的汇总上报工作。

【做好“三服务工作”】 2011年，德宏州机关事务管理局认真做好“三服务工作”，确保机关正常运行。具体做法是：一、做好机关后勤保障工作。(一)做好国有资产统计上报工作；(二)做好零星工程建设；(三)做好州政府办医疗、工伤、生育、养老、失业保险等工作，完成符合条件的人员住房补贴兑付工作；(四)保证每天办公楼公共区域内和公厕清洁打扫工作；(五)规范食堂管理工作，确保机关职工就餐服务；(六)积极做好创卫各阶段任务，顺利通过省级检查验收。二、确保机关车辆运行管理，安全行驶。(一)开展州政府机关驾驶员的安全教育活动；(二)抓好车辆日常维修保养和检查；(三)整合车辆资源，提高保障率。(四)建立和完善车辆明细台账，实行“一车一卡”加油与百公里耗油双向管理制度。对单车油耗年中年末分别进行张榜公布。三、规范会堂管理工作。年内承办各种会议和活动服务310场次，没有发生一起因工作失误影响会议召开的情况，得到了办会单位和参会领导的好评。四、积极做好综治维稳和禁毒防艾工作“四个到位”。(一)认识到位。充分认识到综治维稳和禁防工作的重要性和紧迫性，始终把该项工作作为一项政治任务来抓，组成从局领导到各科室负责人为队员的工作队，形成主要领导亲自抓、分管领导负责抓、工作人员具体抓的工作格局。(二)责任到位。每年年初与州综治委签订目标管理责任书的同时，与州政府机关大院内12个成员单位和挂钩点畹町芒棒村分别签订共建责任书，明确目标任务，层层落实工作职责。(三)宣传到位。充分利用宣传橱窗、墙报、各种大小会议印制宣传材料传单以进村入户发放等方式进行宣传，力求做到家喻户晓、人人皆知。(四)措施到位。定期深入基层检查了解工作进展情况，定期召开综治成员单位工作交流、分析、汇报会，做到年初有安排部署、年中有检查督促、年末有考核评比。

(《事务管理》撰稿　肖占先)

人力资源社会保障

【概　述】 2011年，德宏州人力资源和社会保障局，坚持以实践科学发展观为统领，牢固树立“民生为本、人才优先”的发展理念，认真履行部门职能，推动全州经济社会和谐稳定发展。

一、就业再就业工作。按照省厅的部署和州委、州政府的总体要求，全州各级人力资源和社会保障部门认真贯彻落实就业再就业各项政策措施，实施城乡统筹就业机制，努力开辟就业渠道，促进就业和再就业。年末，已实现城镇新增就业3797人，城镇下岗失业人员再就业1773人，就业困难人员再就业927人，解决118户“零”就业家庭人员就业，确保零就业家庭成员至少1人就业；开发公益性岗位907个，高校毕业生就业见习130人，“贷免扶补”扶持创业人数1010人，小额担保贷款扶持创业劳动密集型小企业户数16户，农村劳动力转移就业培训4857人，城镇登记失业率为4.0%。

二、社会保障工作。年末，全州有72338人参加了养老保险，已有21480名退休人员实现了社会化管理；全州参加城镇基本医疗保险207713人，城镇职工基本医疗保险和城镇居民基本医疗保险的最高支付限额已达到年均职工工资和年居民可支配收入的6倍以上，城镇职工基本医疗保险实现全省范围内异地持卡就医购药；全州有63877人参加工伤保险，全州有61348人参加生育保险；全州参加失业保险人数为47666人，为符合享受失业保险金待遇的2576人发放失业保险金585.33万元；同年城乡社会养老保险试点的范围重点向民族自治地区、贫困地区、陆地边境线、革命老区县倾斜，德宏州抓住这一历史机遇，全面启动德宏州城乡居民社会养老保险工作，年末，全州新农保参保人数达456694人。

三、人事人才工作。编制了《德宏州中长期人才发展规划》和《德宏州十二五人才发展规划》，制定下发了《德宏州科学技术奖励办法实施细则（试行）》、《德宏州有突出贡献科技人员评选奖励办法实施细则（试行）》，人才激励机制得到进一步建立健全；完成行政机关工作人员2010年度考核备案工作，考核人数9205人；完成了全州农垦系统改革及工作人员移交地方登记管理工作；认真做好公务员考试录用工作，共有364个岗位开考，4241人参加笔试，565人参加了面试，314人办理了公务员录用手续；大学生选聘村官已完成，有100名村官走向工作岗位；认真做好专业技术人员管理工作，全州国有企事业单位共有专业技术人员18564人；做好招聘事业单位工作人员、机关工勤人员工作，有5787人报名参加了事业单位工作人员、机关工勤人员和教师招聘考试，537名事业单位工作人员、机关工勤人员和教师办理聘用手续；认真开展三支一扶工作，德宏州招募三支一扶大学生23名；认真组织开展好职业能力建设和考务工作，共组织考务工作12次共15000多人参加考试，组织全州机关事业单位技术工人培训37个工种5040人，组织社会从业人员技能培训3999人；做好2011年德宏州行政机关效能政府四项制度实施工作；贯彻执行国家和省有关工资福利方面的文件精神和政策规定，严格按政策规定办事，完成了全州5个县市和州直事业单位实施绩效工资工作和退休人员生活补贴工作；做好军转安置工作和企业军转干部解困稳定工作，年内德宏州接收安置军队转业干部39名，都已妥善安置，做好企业军转干部解困稳定工作，给228名困难军转人员发放困难补助。

四、行政管理工作。认真执行国家和省的退休政策，完善和规范企业职工、从业人员退休登记和提前退休。年末，全州为2996名从业人员办理了退休手续；做好工伤认定和劳动能力鉴定工作，全年为232名申请劳动能力鉴定人员进行了鉴定；依法开展劳动保障监察工作，切实维护劳动者合法权益，年内全州审查用人单位2931户，督促缴纳社会保险共43.08万元；认真做好政策法规与仲裁工作，处理好来信来访，依法维护劳动者和用人单位的合法权益，劳动合同签订率98%，受理群众来信来访计1024件1480人；年内全州受理劳动争议案件65件，结案率达100%；加强对全州社会保险基金的监督管理工作，完善社会保险基金管理，加强从源头防治的力度，确保德宏州社会保险基金安全运转。

【养老保险】 截至2011年12月底，德宏州有72338人参加城镇职工基本养老保险，占省局下达参保人数69900人的103%。其中：参保在职职工人数为50802人，占省局下达任务50800人的100%；实际缴费人数为46205人，占省局下达46200人的100%。一、强化各项征缴措施，加大养老金的征缴力度，做到应收尽收，截至年末，征收养老保险费3000万元。二、进一步加大清欠力度，德宏州人力资源社会保障部门与地税部门密切配合，加强协作，积极采取有效措施、确定清欠对象，深入企业进行政策讲解和宣传，督促企业及时缴纳养老保险费，把清欠工作做实，截至年末，清欠481万元。占省厅下达300万元清欠任务的160%。三、全力做好社会保险关系转移接续工作。认真贯彻落实国家、省的规定，及时准确为流动就业的参保人员办理转移或接续养老保险关系手续工作，截至年末，转入人数54人，转出人数167人，确保政策平稳实施。四、全力做好未参保集体企业参保工作。根据云人社发〔2011〕61号文件要求，结合德宏州实际情况，各县（市）养老保险中心经办机构设立了专门窗口，安排业务骨干认真做好超龄参保人员的身份认定、费用缴纳、待遇核定、按时足额发放基本养老保险待遇等工作。截至年末，超龄参保人员补缴人数2173人，补缴金额6200万元。“中断缴费”补缴人员871人，补缴金额1945万元。五是认真做好农垦企业职工和退休人员基本养老保险关系移交属地管理工作。根据省委、省政府《关于推进农垦改革发展维护垦区稳定的若干意见》(云发〔2009〕19号)的规定和《全省农垦企业职工养老保险关系移交属地管理工作会议纪要》精神，认真做好农垦企业职工12678人和退休职工8886名移交属地管理工作，移交的退休职工全部实行社会化管理，确保养老金按时足额发放。

【农民工工作】 截至2011年12月30日，德宏州农民工总量有19.18万人。其中：州外10.34万人，州内8.84万人。从业情况：在建筑业从业人员9.67万人；在服务业和加工制造业从业人员6.7万人；从事个体、运输业从业人员2.8万人。春节前，德宏州外出务工的返乡农民工达23119人，其中从省外返乡的15524人，从省内州外返乡的7595人。进一步加强农民工工作机制建设，继续深入开展和谐劳动关系创建工作，稳步推进农民工劳动关系协调和权益保障工作。

【就业再就业】 2011年，德宏州实现城镇新增就业3797人，完成目标任务的127%；失业人员再就业1773人，完成目标任务的177%；就业困难人员再就业927人，完成目标任务的185%；解决118户“零”就业家庭人员就业，确保零就业家庭成员至少1人就业；城镇登记失业率为4%，控制在4.6%以内；开发公益性岗位907个，完成目标任务的101%，高校毕业生就业见习130人，完成目标任务的130%；“贷免扶补”扶持创业人数1010人，完成目标任务的109%；失业人员小额担保贷款扶持创业人数419人，完成目标任务数的83%；小额担保贷款扶持创业劳动密集型小企业户数16户，完成目标任务数160%；城镇参加失业保险人数47666人，完成目标任务的104%；农村劳动力转移就业培训4857人，完成目标任务的121%；转移农村新增劳动力就业27525人，完成目标任务的688%。

【落实就业政策】 2011年，德宏州人力资源和社会保障部门认真做好国家就业优惠政策，促进就业再就业工作取得较好成效。一、做好就业再就业优惠政策宣传和贯彻落实工作。年内，全州发放宣传资料印制和发放各种宣传资料33000多份，接待各种政策咨询6000多人次，悬挂大幅标语58幅。充分利用德宏团结报社、德宏广播电台、德宏电视台、中国电信、德宏州人力资源和社会保障网等各种媒体进行广泛的宣传，使政策家喻户晓。二、多形式开展就业援助工作。围绕送岗位工作，对德宏州登记的就业困难家庭和“零就业家庭”采取职业介绍、鼓励自谋职业、灵活就业等方式促进他们实现再就业。截至年末，全州认定“零就业家庭”118户，确保每户至少有1人就业，实现了“零就业家庭”动态清零的目标。三、做好城乡统筹就业，促进农村劳动力转移。为认真贯彻落实省委、省政府《关于实施“云南省农村劳动力转移就业特别行动计划的方案”》(云办发〔2010〕7号)文件及省厅《关于印发云南省农民工服务手册使用管理办法的通知》精神，结合德宏州农村劳动力技能培训工作，从对农村、农民、农业“三农问题”的实际和改善民生的角度出发，统筹城乡就业工作，实现充分就业为目标。截至年末，全州组织输出农村劳动力27525人，完成目标任务4000人的688%。四、积极推进鼓励创业促进就业工作。认真贯彻落实《云南省人民政府办公厅关于印发云南省鼓励创业促进就业小额担保贷款实施办法的通知》(云政办发〔2010〕163号)文件精神，把鼓励创业促进就业工作放在重要工作首位。截至年末，全州发放“贷免扶补”贷款1010户，贷款金额6235万元，完成目标任务数的109%。累计发放失业人员小额担保贷款419户，贷款金额2439万元；劳动密集型小企业贷款16户，贷款金额3080万元，完成目标任务数160%。通过小额担保贷款，带动德宏州近2000人就业。五、健全和完善高校毕业生就业见习制度。德宏州始终把高校毕业生的就业工作摆在首要位置来抓，设有高校毕业生就业见习基地38家，提供见习岗位近200个，截至年末，组织高校毕业生参加就业见习130人，完成省下达德宏州100人目标任务的130%。六、加强外国人入境就业管理工作。德宏州各级就业服务机构认真按照《外国人在中国就业管理规定》，加强外籍人员在德宏州的就业服务与管理，德宏州全年受理企业聘用外国人就业申请10份，经审核，核发《外国人入境就业许可证》10份，办理《外国人入境就业证》3本。

【医疗保险】 2011年，德宏州人力资源社会保障部门紧紧围绕深化医药卫生体制改革的目标任务，进一步扩大城镇医疗保险覆盖面，加强医疗保险基金管理，提高经办服务质量。一、进一步扩大城镇医疗保险覆盖面。截至年末，云南省厅下达德宏州城镇基本医疗保险扩面任务20.68万人，截至年末，参加城镇基本医疗保险

20.77万人，完成今年目标任务的100.4%。二、进一步加强医疗保险基金管理，严格按照医疗保险基金征收管理的相关要求，加强医疗保险基金的管理及医疗保险待遇的支付工作。截至年末，城镇职工基本医疗保险费收入6780万元，城镇职工基本医疗保险基金支出8097万元；城镇居民基本医疗保险费收入2374万元，城镇居民基本医疗保险基金支出1580万元。三、提高城镇居民基本医疗保险待遇，通过待遇调整，城镇职工基本医疗保险住院报销比例达80%，城镇居民基本医疗保险住院报销比例达70%，城镇职工、城镇居民大病补充医疗保险制度的建立使城镇职工、城镇居民基本医疗保险年度最高支付限额分别达到20万元和9万元，达到德宏州上年度职工平均工资和居民可支配收入的6倍以上；四、积极推进医疗保险付费方式改革，根据云南省人力资源和社会保障厅《关于印发云南省医疗保险付费方式改革实施方案的通知》(云人社发〔2011〕162号)精神，积极探索实行以按病种付费为主的付费方式、按人头付费、总额预付方式，推进医疗保险付费方式改革；五、进一步做好异地就医结算管理工作，为满足参保人员异地持卡就医的需求，德宏州积极解决异地结算出现的问题，截至年末，德宏州参保人员持医保卡在全省范围内就医购药9949人次，异地结算医疗费981.1万元，基本解决了参保人员异地持卡就医的需求；六、加强对定点医疗机构和定点零售药店的管理，通过年度考核和日常监督规范了各定点医疗机构、定点零售药店的服务行为，完善了“两定”服务机构的准入、退出机制。七、继续做好离休干部医疗保障统筹工作，全州有339名离休干部参加医疗保障统筹，截至年末，收缴离休干部医疗保障统筹费1064万元，支付离休干部医疗费1064万元。

【工伤生育保险】 2011年，德宏州人力资源社会保障部门以《社会保险法》和新《工伤保险条例》的颁布为契机，立足重点，开拓创新，加强业务管理，提高服务意识。一、积极开展扩面。德宏州不断加大工伤、生育保险工作的宣传力度，努力提高参保覆盖面，截至年末，全州有63877人参加工伤保险，其中农民工5495人，完成省下达企业职工参保任务19000人的126%，农民工参保任务4800人的115%。全州有61348人参加生育保险，完成了企业参保目标任务15000人的143%。二、认真做好工伤生育保险基金收支管理。严格按照财务制度加强工伤、生育保险基金的管理，做到专款专用及收支两条线管理。截至年末，全州收缴工伤保险费641.44万元，工伤保险基金支出408.54万元，工伤保险基金累计结余1660.46万元。收缴生育保险基金601.91万元，生育保险基金支出286.3万元，生育保险基金累计结余1145.87万元。三、认真做好工伤申请的受理及认定工作。严格依照《工伤保险条例》的规定，做好工伤案件的受理和认定工作。截至年末，受理工伤申请187起，认定为工伤182起，不予认定工伤的5起。建立疑难案件会商机制，加强工伤职工、用人单位、法制局、法院等部门的沟通协调，提高了认定和鉴定的准确率。四、妥善解决“老工伤”纳入工伤保险统筹问题。为了解决历史遗留问题，保障“老工伤”人员及工亡人员供养亲属的合法权益，促进社会和谐稳定，德宏州认真做好“老工伤”纳入工伤保险统筹工作。根据《云南省企业老工伤人员工伤保险统筹试行办法》和《德宏州人民政府关于贯彻云南省企业老工伤人员工伤保险统筹试行办法的实施意见》，德宏州纳入老工伤人员351人。五、进一步完善生育保险政策。根据《云南省城镇职工生育保险办法》(云政办发〔2011〕121号)要求，结合实际，德宏州出台《德宏州人民政府关于贯彻〈云南省职工生育保险办法〉的实施意见》，进一步完善德宏州生育保险政策，提高生育保险待遇。

【失业保险】 2011年，德宏州人力资源社会保障部门认真开展失业保险工作。一、继续做好失业保险扩面、征收、发放工作。截至年末，全州参加失业保险人数为47666人，完成年指标46000人的104%，征收失业保险金2786.59万元，为符合享受失业保险金待遇的2576人发放失业保险金585.33万元。目前，全州失业保险基金累计结余6253.65万元。二、开展失业保险专项检查。根据《关于印发失业保险基金检查方案的通知》(云人社发〔2011〕92号)文件要求，对全州失业保险基金管理使用情况进行了检查，从检查结果看，德宏州失业保险基金安全运行，没有出现违纪违规现象。

【城乡居民养老保险】 2011年，德宏州人力资源社会保障部门按照中央和省上的要求，今年试点扩面的新农保及新启动的城镇居民养老保险范围重点向民族自治地区、贫困地区、陆地边境线、革命老区县倾斜。德宏州抓好这一机遇，于8月19日，召开全州城乡居民社会养老保险工作会议，全面启动德宏州城乡居民社会养老保险工作。截至年末，全州新农保应参保人为544724人，已参保人为448968人。全州城镇居民养老保险应参保人为63441人，已参保7702人。

【企业退休人员审批】 2011年，德宏州人力资源社会保障部门认真执行国家和省的退休政策，完善和规范企业职工、从业人员退休登记和特殊工种提前退休审批程序。全州各县、市劳动保障部门，严格执行《云南省劳动和社会保障厅关于办理退休办法(试行)》4号公告文件精神。一、加强正常退休发证登记的管理，按正常程序规定办理退休登记，建立退休人员登记台账；二、加强对特殊工种退休人员的审核，坚持按行业和规定的目录工种执行；三、加强对退休人员档案的审查，严格按云南省劳动和社会保障厅第4号公告第三条第二款办理。截至年末，全州为2996名从业人员办理退休手续，其中正常退休人数为614人，提前退休为156人，超龄参保人员2226人。

【企业退休人员社会化管理服务】 2011年，德宏州人力资源和社会保障部门认真做好企业退休人员社会化管理服务工作。截至年末，全州已有21480名退休人员实现社会化管理，社会化管理率达100%，其中进入社区管理19486人，社区管理率达85%以上，社会化发放率100%。省属企业退休人员移交属地社会化管理服务人员达8928人。

【劳动能力鉴定】 2011年，德宏州人力资源社会保障部门认真做好劳动能力日常收鉴出鉴工作，严格按照《职工工伤与职业病致残程度鉴定》和《职工非因工伤残或因病丧失劳动能力程度鉴定标准》，对申请进行劳动能力鉴定人员进行鉴定。截至年末，召开了6次鉴定会，为232名申请劳动能力鉴定人员进行了鉴定。伤残鉴定163人(因工伤残115人)，其中鉴定为1至4级的有7人，5至6级的25人，7至10级121人，未达到等级10人。因病劳动能力鉴定69人，其中鉴定为完全丧失劳动能力的60人，大部分丧失劳动能力的5人，未丧失劳动能力4人。

【社保基金监督检查】 2011年，德宏州人力资源社会保障部门开展社保经办机构内部控制检查评估工作。德宏州于6月23至30日，对陇川县、瑞丽市和芒市3县市社保经办机构内控制度进行检查评估，检查组从组织机构控制、业务运行控制、基金财务控制、信息系统控制、内部控制管理与监督5个方面进行认真检查评估，结果为3县市综合考核评估均为优秀等级。德宏州社会保险经办机构内部控制的组织机构控制、业务运行控制、基金财务控制、信息系统控制、内部控制管理与监督5个方面都发挥着重要的职能作用。工作中形成相互联系，相互传递信息，相互协作，相互制约的关系。通过检查，针对存在问题和不足方面，将进一步加强督促整改，健全完善德宏州社保经办机构内控制度，确保社会保险基金的安全完整。

【规划财务】 2011年，德宏州人力资源社会保障部门认真做好规划财务工作。一、加快人力资源市场和公共服务体系建设，做好社会保障服务中心建设，使劳动力市场成为人力资源社会保障部门为用人单位和求职者提供“一条龙”服务的综合性场所及党和政府为民服务的重要窗口。不断强化市场就业服务功能，为各类求职人员和用人单位提供优质、高效、快捷的职业中介服务。芒市和盈江县就业和社会保障服务体系建设项目已获批准，今年再争取将瑞丽和陇川列入，目前陇川县就业和社会保障服务中心建设项目可行性研究报告已出来上报省发改委审批。二、加强公共服务体系和信息网络系统建设，提高服务质量，更好地做好‘桥头堡”建设工作。大力开展具有实效的系列服务项目，强化供求信息服务，整合公共就业服务机构的职能，加强基层公共就业服务平台建设，扩展和完善公共服务功能。推进统一规范的人力资源市场建设，加强对经营性服务机构的监管和中介行为的规范。

【劳动保障监察】 2011年，德宏州人力资源社会保障部门认真开展劳动保障监察工作。一、认真组织开展好各项专项检查工作，全年开展了对农民工工资支付情况专项检查，对黑劳工、黑中介、黑砖窑专项行动，用人单位遵守劳动用工和社会保险法律法规情况专项检查，贯彻执行《云南省农民工工资支付保障规定》实施情况专项检查，切实维护了用人单位和群众的合法权益，维护了社会和谐稳定。二、组织开展好劳动保障执法年审，截至年末，全州审查用人单位2931户，涉及劳动者6.02万人；年审合格的2910户，不合格的21户；全州发出整改指令书21份，补签劳动合同596人，督促缴纳社会保险共43.08万元，普法培训8745人。三、加强劳动保障执法日常巡查工作。全州巡查用人单947户，涉及劳动者2.44万人，其中州局巡查169户。认真接处举报投诉，做到件件有登记，件件有落实，及时纠正查处违法行为，全州共办理各类案件249件，其中接处农民工工资被拖欠的投诉231起，为1195名农民工协调解决被拖欠的工资798.3万元。

【劳动合同】 2011年，德宏州人力资源社会保障部门认真做好劳动合同工作。一、加大执法力度，连续3年认真开展农民工劳动合同签订“春暖行动”工作，使德宏州的劳动合同签订工作得到了很大推进，劳动合同累计签订率98%。二、加强集体合同审查和履行的监督检查工作，维护职工的合法权益，保护调动和发挥广大职工的积极性，对已签订集体合同的企业双方履行情况监督检查，使双方的合法权益得到保护。

【劳动争议处理和信访】 2011年，德宏州人力资源社会保障部门认真做好劳动争议处理和信访工作。一、积极做好劳动争议仲裁案件的受理和处理工作。截至年末，全州各级劳动人事争议仲裁委员会依法受理和处理劳动人事争议案件65件，结案65件，其中调解结案的15件，仲裁裁决的50件。结案率达100%；二、全州各县市积极开展成立劳动人事争议仲裁委员会和劳动人事争议仲裁院建设工作，截至年末，州劳动人事争议仲裁委员会已经州人民政府批准成立，芒市劳动人事争议仲裁委员会已经市政府批准成立，瑞丽市劳动人事争议仲裁委员会已经市人民政府批准成立，其他县市也在积极开展工作，争取年底完成此项工作任务。三、做好接待和处理好来信来访工作，坚持领导接待日、接待周工作制度。截至年末，全州各级人力资源和社会保障信访部门受理群众来信来访1024件1480人，其中来信36件98人，来访988批1382人，做到“件件有着落，事事有回音”。

【职业能力建设】 2011年，德宏州人力资源社会保障部门认真做好职业能力建设工作。一、做好职业技能培训工作，年内全州组织各类职业技能培训鉴定考核工种39个，鉴定考核人数9752人(包括机关事业单位工人技术等级培训鉴定人数)，鉴定考核合格取得证书8798人。其中：初级工7947人，获证7045人，中级工1494人，获证1346人，高级工786人，获证555人，技师98人，获证97人。二、认真做好技校招生宣传动员工作，并将各技校的招生宣传资料分发至各县市劳动保障部门进行宣传组织报名，为各技工类学校在德宏开展好招生工作奠定了基础。年内德宏州技工学校招收新生155名。

【考务管理】 2011年，德宏州人力资源社会保障部门加强考务管理工作。年内组织人事考试12场，有考生将近15000多人参加考试。认真做好专业技术人员资格证书办理发放工作，全年办理发放计算机合格证600多本、外语合格证1000多本。一、圆满完成招考录用公务员考务组织实施工作。年内，在德宏州参加考试的人数为4575人，全州设置3个考点，150多个考场；二、顺利实施各类专业技术资格报名和考试工作。年内，全州完成资格考试报名3692人；三、认真组织好农垦系统过渡公务员、事业人员考试和大学生选聘村官考试工作。

【信息化建设】 2011年，德宏州人力资源社会保障部门认真做好信息化建设工作。一、坚持以“网络是基础，数据是核心”为原则，定期检查网络设备运行状况，发现问题及时处理；二、定期做好养老、工伤、生育系统的数据备份与上传工作以及医疗保险信息系统的数据备份工作，以确保数据中心数据的安全；三、完成新农保信息系统应用培训工作，设备安装调试工作，数据安装调试工作，应用系统的安装工作，数据采集工作，采集2个试点县市231365人的参保信息。四、根据省厅的要求完成城镇基本养老保险信息系统2011年度升级调待工作；五、完成未参保集体企业退休人员参保的系统升级维护工作；六、定期做好养老保险系统的数据上传工作，做好其他系统的维护工作，及时为各县市社保经办机构处理系统使用中的问题，保证全州各项信息经化工作的正常开展。

【军转干部】 2011年，德宏州人力资源社会保障部门认真落实《暂行办法》和中央〔2007〕8号以及云南省委办公厅、省政府办公厅《关于进一步做好计划分配军队转业干部安置工作的通知》(云办发〔2011〕14号)精神。年内，德宏州接受安置军队转业干部39名。其中：计划分配转业干部6名，占接收总数15%；自主择业33名，占接收总数80%；6名计划分配转业干部中，有团职干部2名，营职干部4名。

【专业技术人员管理】 2011年，德宏州人力资源社会保障部门加强专业技术人员管理工作。一、加强各专业、各系列职称改革领导小组，加强中级职务(资格)评审委员会(评委库)及相关专业初级职务(资格)评审委员会的组织建设。二、推荐上报高级职务(资格)评审材料346份，省厅已评审确定高级专业技术职务资格正高10人，副高308人。审定中级职务(资格)参加评审材料993份。三、组织全州州直事业单位及各县(市)事业单位制定、上报本单位《岗位设置实施方案》，现核准总岗位数21225个，其中核准管理岗位856个，专技岗位18086个，工勤岗位2283个。已完成认定工作共169个单位。

【外国专家管理】 2011年，德宏州人力资源社会保障部门加强外国专家管理工作。一、加强做好引智项目管理工作，积极为承做项目单位申报项目执行情况，申报国家级引智项目一个、省级级引智项目一个。二、专家管理和聘专资格单位管理工作。严格按照属地和归口管理的原则，认真与聘专单位进行沟通、指导工作。目前来华工作的外国人在德宏州有7个，其中文教类专家1个，正常办理相关手续的英国籍文教专家1个在德宏师专，其他6个是法国人和西班牙人，是经济类专家在中外合资企业法帕硅厂工作。

【事业人事管理】 2011年，德宏州人力资源社会保障部门积极做好事业人事管理工作。一、事业单位工作人员机关工勤人员招聘考试设招聘岗位432个，全州3179人通过报名审核，聘用282人。二、教师招聘考试设招聘岗位390个，全州2304人报名，总聘用324人。三、根据《德宏州人民政府关于教育卫生部门考核招聘紧缺专业学科优秀人才计划的批复》(德政复〔2011〕38号)，年内教育卫生选优有103个岗位，全州免试引进研究生14名。

【人力资源市场管理】 2011年，德宏州人力资源社会保障部门积极做好人力资源市场管理工作。一、认真做好大中专毕业生就业服务工作。截至年末，前来报到登记的大中专毕业生共1228人，其中硕士研究生7人，本科生386人，大专生782人，中专生53人，有教师资格证的学生415人。二、认真做好城镇退役士兵文化考试工作。根据《云南省人力资源和社会保厅云南省民政厅关于做好2011年度云南省城镇退役士兵文化考试考务工作的通知》(云人社发〔2011〕95号)精神及2011年度云南省城镇退役士兵文化考试考务工作手册要求，认真做好考点选定、考场安排、试卷接送、培训考务人员、组织考试等各个环节的工作，圆满完成今年德宏州104名城镇退役士兵文化考试任务。三、认真做好“三支一扶”计划工作。根据省三支一扶办的安排和部署，德宏州严格按照省、州要求，认真组织实施了各个阶段的工作。截至10月底，圆满完成宣传发动、组织报名、资格审查、组织笔试面试、确定人选、组织体检、岗前培训、完善手续及分配上岗和考核安置服务期满人员等各个环节的工作。四、认真做好公开选调公务员和正常调动工作人员工作。贯彻落实好德办发〔2010〕41号文件精神，做好州级机关公开选调公务员和州级政府系列正常调动工作人员工作，截至12月，办理正常调动手续89人，组织公开选调公务员1次，办理调动手续14人。

【公务员考录】 2011年，德宏州人力资源社会保障部门认真做好公务员考录工作。一、报名和笔试。根据《中华人民共和国公务员法》，中共云南省委组织部、云南省人力资源和社会保障厅、云南省公务员局《关于印发2011年度全省考试录用公务员有关工作事项的通知》(云人社发〔2011〕20号)文件。年内德宏州计划招录公务员393名，其中政府部门招录364名。经网络报名，全州4241名考生报名成功并参加了笔试。经过资格复审、面试、体检、体能测试公示，到9月底，有314名办理公务员录用手续。

【公务员培训】 2011年，德宏州人力资源社会保障部门认真做好公务员培训工作。一、初任培训工作。为使新录用的公务员了解国家行政机关的工作程序和公务员应具有的职业道德及行为规范，掌握拟任职位所具备的基本知识和能力，为上岗打好基础。6月20日至7月10日，德宏州举办1期4个班的初任培训，全州有180人参加培训，合格率达100%。二、任职培训。根据德宏州委干部教育委员会《关于2011年度干部教育培训工作的通知》(德干教〔2011〕01号)，5月8日至6月10日，组织州直党政群机关新任科级干部进行了为期30天的培训，计50人。三、组织开展忠诚教育培训。根据云南省公务员局《关于在全省行政机关公务员中开展“强素质比奉献”深化“忠诚教育”的培训教育活动的通知》(云公发〔2011〕15号)规定，对全州各级行政机关进行《忠诚教育》培训并进行考试，全州8200人参加培训、考试，合格率为100%。

【公务员统计】 2011年，德宏州人力资源社会保障部门认真做好公务员统计工作。按照云南省公务员局关于年内公务员统计工作要求，于12月31日前，对全州6407名参加过公务员登记和895名省公务员局批准参照公务员法管理的参公人员进行了统计，按时按质按量完成全州公务员统计工作任务，并及时上报省公务员综合处。

【公务员考核】 2011年，德宏州人力资源社会保障部门认真做好公务员考核工作。一、完成行政机关工作人员2010年度考核备案工作。全州公务员应参加考核人数9369人，实际参加考核人数9205人，占考核人数98.24%。二是为激励公务员忠于职守，勤政廉政，提高工作效能，充分调动公务员的积极性，按照“年度考核确定为优秀等次，予以嘉奖，连续3年被确定为优秀等次，记三等功”的要求，年内全州考核确定为优秀等次的公务员、机关工人1133人，连续3年被确定为优秀等次的公务员、机关工人346人。

【科级干部竞争上岗】 2011年，德宏州人力资源社会保障部门认真做好科级干部竞争上岗工作。根据中共德宏州委组织部 德宏州人事局《关于印发《德宏州州直党政机关内设机构科级领导干部竞争上岗暂行办法》的通知》(德组字〔2010〕54号)的要求，从6月份起，严格执行竞争上岗，指导18家州直行政机关开展竞争上岗，135名干部参加了54个科级岗位的竞争，进一步推进了全州干部工作的科学化、民主化、制度化，加大竞争性选拔领导干部工作力度，促使优秀人才脱颖而出。

(《人力资源社会保障》撰稿 字登明 黄华康 师 琨)

机构编制

【科学制定州直部门“三定”方案】 2011年，德宏州委机构编制办公室把制定州直部门“三定”工作作为实施政府机构改革方案的重点，认真抓好落实，做到提前准备，早作研究，在省上尚未批复德宏州政府机构改革方案之前，将部门“三定”工作任务提前部署，将部门“三定”工作涉及的职能调整、编制核定、人员划转等问题纳入议事日程，主动到相关部门沟通协调，征求意见，理清部门内设机构设置和人员编制现状，了解和掌握运行情况，把握各部门转变职能的方向和要求，并对“三定”中可能出现的共性问题内部预作研究，提出相关意见。省上批复德宏州政府机构改革方案后，德宏州委机构编制办公室将州级涉及到机构改革部门的编制数、内设机构数、领导职数等提交州政府机构改革领导小组暨州编委会议进行重新核定，并对各县市(区)政府工作部门、部门管理机构以及部分参公单位的领导职数重新进行统一规范的设置。向州直相关单位下发《关于做好州人民政府所属部门“三定”工作的通知》，对如何做好“三定”工作进行安排部署。在审定州直部门“三定”工作过程中，按照上下基本对应、政事分开和权责一致的原则，参照省直部门职能职责，不断理顺州直部门职能关系，在职能界定上，尽量做到对口。在审核各部门“三定”方案中，按照改革要求，认真研究各部门上报“三定”规定草案，将其主要职责分送相关部门征求意见。对相关部门反馈意见，逐条进行分析研究，并及时与部门协商沟通，争取得一致意见。同时对各部门“三定”草案合法性送法制办进行审查，“三定”方案正式印发前，在《德宏州人民政府公众信息网》上公示，广泛征求社会各界意见，力求做到各部门职能设置科学、规范、齐全、内容明确，达到部门工作要求。

【转变政府职能】 2011年，德宏州委机构编制办公室在政府机构改革工作中，把转变政府职能一项重要工作任务来抓。主要做法是：一、继续深化全州行政审批制度改革，认真清理各部门不适应经济社会发展需要的行政审批事项，进一步下放权限，减少和规范审批事项，加强对行政审批权监督和制约，做到公开透明，规范运作。在各部门“三定”规定中，明确取消已由州和各县市人民政府公布取消行政审批事项和各部门还在保留的行政审批事项。这次改革，全州调整和减少行政审批事项1051项(州级262项、芒市113项、瑞丽市57项、盈江县244项、陇川县202项、梁河县164项、畹町经济开发区9项)。二、强化政府的公共服务和社会管理职能。通过改革，加强州政府对全州经济社会事务的统筹协调，更加注重发展规划，着力解决民生问题，促进社会和谐稳定。三、加强为民服务机制建设，积极推行“窗口式”、“一站式”等服务形式，推进政务公开，州和各县市都建立政务服务中心，提高服务质量和效率，打造务实高效的政务环境，为建设服务型、责任型、法治型和廉洁型政府打下基础。

【理顺职责关系与强化责任】 2011年，德宏州委机构编制办公室进一步把理顺关系、明确和强化责任作为政府机构改革的一项重要任务来抓。具体做法是：一、注意认真梳理、调整政府各部门职责划分，着力解决部门之间职责交叉、关系不顺和推诿扯皮等突出问题，理顺职责交叉事项215项(州级23项、各县市区192项)。二、坚持权责一致，责权对等，在赋予部门职权的同时，明确其应承担的责任，强化责任追究，切实解决权责不清、责权脱节问题。三、严格执行行政问责和服务承诺、首问责任、限时办结“四项制度”，真正做到有权必有责、用权受监督、违法要追究，增强政府执行力和公信力。

【优化政府组织机构设置】 2011年，德宏州委机构编制办公室在政府机构改革工作中，以适应德宏州经济社会发展需要为目标，进一步优化政府组织机构设置。主要做法是：一、按照中央关于积极探索实行职能有机统一的大部门体制要求，进一步整合优化组织结构，规范州和各县市区政府机构设置。如：将原州文化局、州体育事业局合并组建州文化体育局；将各县市区文化、体育、广电、旅游等部门合并组建各县市区文体广电旅游局等。二、全面清理规范各类议事协调机构及其办事机构，从严从紧控制议事协调机构的设置。此次机构改革全州清理规范各类议事协调机构8个。三、进一步理顺部门管理机构和主管部门间的关系。此次改革州政府和各县市区各设2个部门管理机构，并明确主管部门。四、调整规范自定行政机构，逐步减少承担行政职能的事业单位，严格控制人员参照公务员法管理事业单位的审批。此次改革全州清理调整体外循环机构40个(州级8个、芒市6个、瑞丽市6个、盈江县5个、陇川县5个、梁河县6个、畹町经济开发区4个)。

【严格控制机构编制】 2011年，德宏州委机构编制办公室加强机构编制管理，严格控制机构编制。这次政府机构改革，各部门对增加机构编制呼声普遍较高，但德宏州委机构编制办公室认真贯彻执行有关机构编制管理规定，不仅没有给任何部门增加过任何行政编制，还按照省编办云编办〔2008〕277号文件精神，一次性核销州和各县市区政府工作部门、体外循环机构、议事协调机构原来混用的事业编制，全州核销事业编制1337名(州级455名、芒市241名、瑞丽市226名、盈江县120名、陇川县105名、梁河县94名、畹町经济开发区96名)。另外，在机构改革中，严格执行中央规定机构限额，规范内设机构规格和名称，严格核定领导职数，全州核减科级领导职数85名，减少科级内设机构33个。

【乡镇机构改革】 2011年，德宏州委机构编制办公室根据《中共中央办公厅、国务院办公厅转发〈中央机构编制委员会办公室关于深化乡镇机构改革的指导意见〉的通知》(中办发〔2009〕4号)和《中共云南省委、云南省人民政府关于深化乡镇机构改革的实施意见》(云发〔2011〕8号)要求，采取各项有效措施，开展深化乡镇机构改革工作，在工作中狠抓各项措施的落实，有条不紊，扎实推进，完成深化乡镇机构改革工作。主要做法和成效是：一、加强领导，健全组织，制定方案，确保乡镇机构改革工作的顺利进行。为确保乡镇机构改革工作顺利进行，州委、州政府及时成立以州委副书记、代州长为组长，州纪委监察局、州委组织部、州委编办、州人力资源和社会保障局、州财政局、州审计局等单位为成员单位的领导小组。为草拟好机构改革方案和做好相关准备工作，6月，德宏州委机构编制办公室分别到各县市和部分乡镇进行调研，采取与乡镇、涉及上划主管部门进行座谈等方式，充分听取县市主管部门和乡镇意见，通过调研，摸清各乡镇现有机构编制、人员情况、存在问题等，并草拟好《德宏州深化乡镇机构改革实施意见》。《德宏州深化乡镇机构改革实施意见》经2011年9月6日州编委会、9月7日州委五届98次常委会议研究通过后，于9月8日以州委文件下发到各县市区(德发〔2011〕47号)，同时，州编委下发了《关于核定全州各乡镇机关和事业单位人员编制的通知》(德机编〔2011〕82号)到各县市(区)编委，对全州50个乡镇的编制进行了重新核定。二、成效。1、统一规范党政机构设置。按照精简统一效能的要求，此次深化乡镇机构改革全州各乡镇统一设置4个党政综合办公室。2、统一规范事业单位设置。此次改革德宏州委机构编制办公室，坚持政事分开和精简统一效能的原则，打破部门界限，综合设置乡镇事业单位，各乡镇事业单位统一设置为7个。3、统一规范上级部门派出(驻)乡镇机构设置。此次改革除法庭、派出所、司法所、国土所、教育、卫生为县市部门派出(驻)乡镇机构外，其他单位都实行以乡镇管理为主、上级业务部门进行业务指导的管理体制。4、统一标准对乡镇进行分类。此次改革德宏州委机构编制办公室按照省委编办云编办〔2011〕111号规定，根据各乡镇2010年12月底的人口数、2008年以来财政收入平均数、国土面积3要素对全州50个乡镇进行重新分类。5、统一规范人员编制和领导职数设置。此次改革德宏州委机构编制办公室严格控制人员编制，改革后，乡镇机构人员编制没有突破2005年核定的规模。另外，严格按规定核定领导职数，乡镇领导职数一般控制在9名以内。6、统一明确各党政机构、事业单位的职责。此次改革德宏州委机构编制办公室统筹乡镇党政机构、事业单位职责配置，对各乡镇党政机构、事业单位职责进行统一明确界定。

【事业单位清理规范工作】 2011年，德宏州委机构编制办公室按照《中共中央国务院关于分类推进事业单位改革的指导意见》(中发〔2011〕5号)和省编委《关于开展事业单位清理规范工作的通知》(云编〔2011〕5号)要求，结合德宏州实际，以《关于开展事业单位清理规范工作的通知》(德机编〔2011〕73号)文件下发到州直各单位、各县市编委，对德宏州事业单位清理规范工作进行安排部署，并及时成立以州委副书记、代州长为组长，州纪委监察局、州委组织部、州委编办、州人力资源和社会保障局、州财政局、州审计局等州直单位为成员单位的领导小组。截止年底，德宏州委机构编制办公室已收齐州直所有事业单位基础数据，并开始进行梳理审核之中，为下一步开展好事业单位清理整顿规范和分类奠定了基础。

(《机构编制》撰稿　赵兴昌)

外　事

【边境管理和界务维护】 2011年，德宏州外事办公室加强了边境管理和界务维护工作。一、配合中缅双方专家组做好陇川县S52(3)号至S53号界桩段南宛河(界河)护岸工程踏勘工作，保障界河治理工程顺利实施。1月7日，州外办主任杨国胜会同陇川县外办，就陇川县水利部门S52(3)号至S53号界桩段界河护岸工程治导线事，进行实地踏勘。1月10日，将踏勘情况上报省外办边界处。同时，做好各项联勘筹备工作。1月25至27日，州外办配合外交部、省外办与缅外交部、土地测量司等组成的中缅双方专家组就中缅界河南宛河S52号界桩附近中方一侧陇川县拟建护岸工程进行了联勘，并共同签署了联合勘测纪要。经踏勘，双方认为陇川县护岸工程治导线均在中方境内。2月11日，州外办根据省外办提供的中国驻缅使馆通知，同意陇川县实施该项工程。并于3月1日将外交部边海司《关于在中缅界河南宛河开展防洪治理工程的复函》(边函〔2011〕21号)电传陇川外办及德宏军分区。二、认真做好缅方在中国境内非法建筑拆除工作。根据2010年8月4日至8月7日中缅双方工作组对姐告S79(1)号界桩附近月亮岛国界线走向实地踏勘的结果，经请示省外办通过外交途径与缅交涉，于2011年1月11日，指导姐告外办会同姐告土地城建规划局、公安分局及姐告金龙房地产公司对缅方在中国境内月亮岛上修建的建筑物予以拆除。三、认真完成年度边境外事政策法规宣传工作。德宏州各县市区外办根据省外办下发的2011度外事政策法规宣传挂历9000份(其中，州外办挂历1000份、芒市外办挂历1500份、瑞丽市外办1500份、陇川外办1500份、盈江县外办2000份、梁河外办500份、姐告外办500份、畹町外办500份)，及部分宣传画和州外办的通知要求，充分发挥当地外事界务员的作用，积极做好德宏州年度边境外事政策法规宣传工作，在2月份春节前完成了宣传挂历的发放及宣传画的张贴任务。四是积极做好S83号界桩至瑞丽江边界线走向确认的上报请示工作。2月14日，州外办主任杨国胜率边境科崔宏继会同姐告外办，就姐告S83号界桩附近界线走向及月亮岛开发情况进行踏勘。根据2月15日姐告外办关于对S83号界桩至瑞丽江边段国界线走向进行确认，以便在该地段中国境内一侧进行开发的请示，州外办于2月21日以德外请字〔2011〕10号文上报省外办，请求外交部和省外办派出工作组实地踏勘确认。五、积极配合水利部门，做好年度德宏州界河治理工程开工请示的工作。2月14日，州外办根据芒市、盈江、陇川3县市外办及水利部门上报情况，就年内芒市S97(1)至S97~1号界桩段勐古河拟治理工程、盈江县S31(2)号界桩附近穆雷江、羯羊河拟治理工程和陇川县S52(3)至S53号界桩段南宛河防洪工程开工事，根据云政〔2010〕44号文的要求，上报省外办。3月29日，根据省外办边界处的要求，州外办再次根据州水利局关于芒市、盈江、陇川拟于年内实施的中缅国界河治理工程的复函，上报省外办边界处。六、积极配合省外办边界处做好缅使馆就界河治理工程照会中方的答复工作。3月9日，缅驻华使馆就陇川县S45号界桩段南洼河护岸工程冲刷缅方事向中国外交部边海司照会。根据省外办边界处关于研提答复缅方意见的要求，州外办于3月15日上报了相关情况。七、认真做好年度德宏州边界日常管理维护计划及经费的请示工作。根据省外办通知，州外办上报德宏州年度边界日常管理维护计划及经费请示。省外办下拨经费人民币277912元(其中：盈江县外办界务维护费115369元、陇川县外办界务维护费92543元、芒市外办界务巡查费30000元、州外办界务巡查40000元)。八、认真做好德宏州外事界务员的管理工作。根据省外办边界处的要求，于5月3日通知德宏州各边境县市区外办做好外事界务员基本信息的统计工作，并在5月20日前将全州界务员情况汇总上报省外办边界处。省财政厅、省外办下拨外事界务员补助费和奖励金23.52万元。九、缅九谷镇区6月25日就畹町雷华房地产公司在S89至S90台界桩间中国境内一侧河岸建拦水档墙事向中国提出交涉，6月29日州外办杨国胜主任一行前往实地踏勘指导工作，7月28日就畹町雷华房地产公司在边界修建档水墙事约见缅木姐地区行政长官吴莫恒；9月24日，畹町外办会同缅九谷政府实地踏勘中国雷华公司在S89号界桩段修建的档水墙。十、10月22至28日州外办杨国胜主任一行和外交部工作组会同缅方国防部门踏勘姐告S81号界桩和芒市勐古河等界务进行踏勘，就有关问题进行会谈，并签订会谈纪要。通过实施界河治理工程，违章设施和建筑物的拆除等界务综合治理，严防了国土的流失，界河的改道，保持了界线的清晰。同时，通过开展边境外事政策法规宣传教育工作，使沿边一线的乡镇干部群众增强了主权意识，国界意识，遵守外事政策规定意识。

【边境维稳和边境调研】 2011年，德宏州外事办公室加强边境维稳和边境调研工作。通过调研形成调研报告及工作建议六篇，《缅情专报》50余期，代州指挥部起草了对外表态口径、宣传口径，并制定了州外办的边境应急处突预案，为做好边境稳工作打下了坚实的基础。

【因公出国(境)管理】 2011年，德宏州外事办公室认真执行《德宏州因公出国(境)管理规定》和《德宏州人民政府关于贯彻落实云南省因公临时出入边境审批及持用边境通行证有关事项规定的实施意见》的有关规定，协同德宏州纪委、州委组织部和德宏公安边防支队认真做好德宏州因公出国(境)及临时出境审批工作。经上报省外办并经外交部审核下达德宏州年内因公出国(境)计划为13团组78人(参加双跨团组20人次)，年内德宏州经州委州政府同意并上报省外办和省政府批准的团组6批38人；经州政府批准参团(搭车)的29批34人次。审批因公临时出入境23批763人次。通过严格执行因公出国境有关规定，使德宏州因公出国境管理工作进一步走上了规范化、制度化的轨道。

【友好往来】 2011年，德宏州与缅及周边国家的友好往来工作不断加强。一、1月7至9日，州政府副秘书长孙孔龙率州及芒市、瑞丽、盈江、陇川和梁河等县市景颇学会代表团一行141人应邀赴缅密支那参加第63届克钦邦建邦节及目瑙纵歌节活动；二、2月4日，盈江县代表团一行7人、陇川县代表团一行30人应邀赴缅迈扎央参加目瑙纵歌节活动；三、2月5至9日，缅八莫、雷基地方政府官员、密支那、迈扎央景颇学会及雷基华侨代表团7批24人应邀参加陇川2011目瑙纵歌节活动；四、2月14至16日，盈江县人大副主任余梅、杨立祥率傈僳族学会代表团一行24人应邀赴缅密支那参加傈僳族阔时节活动；五、2月16日，缅密支那、昔董、帕兰景颇学会79人应邀到盈江卡场参加目瑙节活动；六、2月18日，高铁英副州长、杨国胜主任赴昆明拜会缅甸驻昆明总领事吴佐朴温；七、4月11至16日，中国·德宏2011国际泼水狂欢节期间，泰王国夜丰颂府、达府及清迈府代表团一行18人，泰王国驻昆明总领事馆一行2人，老挝驻昆明总领事馆1人，印度阿萨姆傣协会一行3人，缅木姐县代表团一行10人，缅105码商务处代表团一行6人，木姐文艺代表团一行30人，参加选美选手10人及中国驻缅曼德勒总领事馆一行2人应邀参加泼水节活动。夜丰颂府梦提雅·娜容彩获选美冠军，缅甸一名参选队员获最佳潜力奖。泰王国驻昆明总领事和达府的陈汉展先生向盈江地震灾区拉洪小学捐赠人民币31378元；八、应缅木姐镇区邀请，瑞丽市市长刀晓瑞率祝贺团赴木姐参加2011年泼水节开幕式及系列活动；九、4月14日，应瑞丽市的邀请，缅木姐行政长官吴莫恒、105码边贸处处长阳奈吞分别率团参加瑞丽市泼水节活动；十、4月23至26日，州委常委、政法委书记郭志德率团一行5人赴缅甸曼德勒进行经贸、旅游考察；十一、4月28至5月1日，缅驻华大使吴丁乌一行5人，驻昆明总领事吴佐朴温一行2人，在省外办副主任王伟一行4人的陪同下，前来德宏州参加第十届缅中边交会，孟必光州长宴请了缅方代表团一行；十二、4月28至30日，德宏州12名厅级领导及378名公务人员赴缅105码参加第十届缅中边交会；十三、6月5至7日，缅木姐行政府长官吴莫恒应邀率团2批143人从瑞丽口岸入境赴昆明参加第19届昆交会，6月8日返回；十四、6月20至29日，高铁英副州长率州招商局、州侨办、州工商联、瑞丽市政府、盈江县招商局等部门负责人一行10人赴缅甸、泰国进行招商引资考察；十五、7月19至31日，孟必光州长率州民宗局、文化局及瑞丽、梁河等县市负责人一行6人赴印度、尼泊尔、斯里兰卡进行民族文化保护及挖掘考察；十六、7月24至27日，泰国行政经济顾问院副主席陈贻冠一行23人代表团到德宏州参观考察；十七、8月16至18日，缅甸巩发党代表团吴登瑞一行20人，在中联部、省外办的陪同下到德宏州参观考察；十八、9月1至2日，日本华侨教授会访问团一行12人到德宏州瑞丽参观考察，杨国胜主任及瑞丽市领导等陪同并介绍德宏州珠宝和咖啡等产业发展情况；十九、9月2至14日，缅甸矿业部司长吴登瑞一行10人到德宏州瑞丽、盈江考察珠宝产业发展情况，期间，州政协龚敬政主席会见代表团一行。通过开展上述“请进来”“走出去”工作，进一步拓宽德宏州对外交往渠道，提升德宏州知名度，推动德宏州与缅及周边国家的友好往来和经贸合作，促进经济社会的发展，维护边境的稳定和安宁。

【领事保护】 2011年，德宏州外事办公室积极配合州商务局做好相关工作，多次前往边境进行调研。同时，曾3次派人赴昆明做蕉农上访的劝返工作，并将相关情况上报省外办。中国部分蕉农及车辆在缅境被扣事件发生后，5月17日，政府召开专题会议，根据会议精神和州委书记赴金、州长孟必光的要求，德宏州成立工作领导小组和工作指导组于5月18日赴盈江深入一线督促指导盈江县开展工作。按照工作指导组的要求，由州外办牵头，州商务局、盈江县外办抽调人员组成了对外协调组，配合其他各组和盈江县开展工作。首先召开专题会议，一、了解情况；二、制定方案；三、3月18日以孟必光州长的名义致函缅克钦邦行政长官勒庄安相和缅北军区司令泽亚昂要求释放中国被扣人员和车辆。中国外事部门充分发挥职能作用，通过与缅方交涉，多次协调，直至5月25日被缅方扣押人员20余人及车辆30余辆已全部获释返回国内。四、6月以来，根据省、州边境维稳指挥部和省外办的指示，3次就中国在缅投资的大唐公司、中电投电站中方人员生命财产事与缅方进行交涉。至此，外事为民的理念得了充分体现，中国公民在外合法权益得到了维护，生命财产安全得到了保障。

【桥头堡黄金口岸建设】 2011年，德宏州外事办公室配合有关部门做好桥头堡黄金口岸建设相关工作。一、加强桥头堡建设相关知识的学习。制定和贯彻落实开展桥头堡黄金口岸和瑞丽国家重点开发开放试验区建设知识学习活动实施方案。二、5月30日，省委省政府在瑞丽召开桥头堡建设和瑞丽国家重点开发开放试验区启动会议后，5月31日，州外办杨国胜主任和瑞丽外办主任张玉造出境向缅木姐行政长官吴莫恒通报瑞丽国家重点开发开放试验区启动会议精神，并请缅方给予支持配合，缅方对中国表示感谢。三、州外办主任杨国胜根据州委要求专程前往省外办就请求转报瑞丽国家重点开发开放试验区支持政策措施建议事向省外办领导进行专题汇报。

（《外事》撰稿　哏留强）

中国人民政治协商会议德宏傣族景颇族自治州委员会

【概　述】 2011年，德宏州政协常委会坚持以邓小平理论和“三个代表”重要思想为指导，深入贯彻落实科学发展观，认真学习贯彻中共十七届五中、六中全会精神，围绕促进科学发展、增进民族团结、维护边疆稳定三大任务，把握团结和民主两大主题，认真履行三项职能，助推发展，关注民生，促进和谐，为促进全州经济社会和人民政协事业发展做出了积极贡献。

一、围绕重大问题，积极献计出力。一是积极协商议政，为制定和实施“十二五”规划建言献策。在州政协十届四次会议上，委员们通过会议讨论、政府工作报告协商会和“两院”工作报告协商会等形式，就科学制定和实施“十二五”规划以及各族群众普遍关注的问题，认真协商讨论，提出了意见建议69条。二是深入调查研究，为推进瑞丽重点开发开放试验区建设出力。为全面总结10年来姐告边境贸易区建设发展取得的成绩，进一步研究探索成功经验和存在问题，为瑞丽重点开发开放试验区建设提供借鉴，州政协组织委员和相关部门人员开展深入细致的专题调研。

二、高度关注民生，促进和谐发展。州政协常委会始终把关注和改善民生作为履行职能的重要任务，努力为民生改善与社会和谐发展做贡献。一是心系盈江地震灾区，积极参与抗震救灾。盈江“3·10”地震灾情发生后，州政协领导班子成员深入灾区调研视察，积极为抢险救灾、后勤保障、恢复重建等工作出主意想办法，组织政协委员、机关干部和各族各界人士捐款捐物，支援抗震救灾。二是关注民生办实事，力促社会和谐稳定。把农村路灯“村村亮”工程当作“保民生”的工作之一，组织政协委员对全州“村村亮”工程实施运行情况进行视察，有力地推进了该项工程的开展。为有效应对人口老龄化问题，州政协积极开展老龄事业发展调研，针对全州老年人工作中存在的主要困难和问题，提出了五项建议，得到州委州政府高度重视和采纳。三是深入基层联系群众，挂钩帮扶促发展。按照州委州政府的统一安排部署，认真做好挂钩联系乡镇工作，多次开展调查研究，帮助其理清发展思路，协调争取资金，积极解决突出的困难和问题，促进当地的经济社会发展。四是发挥政协人才荟萃优势，举办民生论坛献良策。充分发挥人民政协智力密集、人才荟萃、联系广泛的优势，围绕德宏发展与民生的难点、热点问题，精心筹办“德宏发展与民生论坛”，为德宏发展和民生改善建诤言、献良策。

三、注重求真务实，切实开展工作。州政协常委会紧紧围绕促进发展、改善民生、构建和谐，认真履行政治协商、民主监督、参政议政职能，切实有效地开展各项工作。一是围绕中心工作，搞好调研视察。围绕州委、州政府的中心工作，抓住各族群众关心的热点、难点问题，认真选题，精心组织、周密安排，以重点调研和重点视察为抓手，认真组织委员搞好调研视察，努力提高参政议政质量。一年来，对姐告边境贸易“境内关外”10年运行情况、德宏珠宝玉石产业、全州城镇土地开发利用、全州老龄事业发展、全州文物保护与利用、中缅边民通婚等6个课题开展了重点调研，对德宏重大交通工程建设、“村村亮”工程、全州水库水产养殖、全州禁毒防艾等4个方面进行了重点视察，形成了相关的调研视察报告，向州委、州政府呈报了《关于加快做强做大全州珠宝玉石产业发展步伐的建议案》等，为州委、州政府科学决策提供参考意见。二是加强民主监督，促进工作落实。为贯彻落实好州委州政府的工作部署，加强民主监督，促进科学发展，努力在民主政治建设中发挥积极作用。采取主席会议和常委会议等形式，听取州侨办、州环保局、州旅游局、州人口计生委、芒市机场、州人行、州广电局、州交通局、州水利局、州扶贫办等10个部门的工作汇报，并进行了评议。选派政协委员和机关工作人员参加州委州政府组织的执法检查和综治维稳、禁毒防艾等专项检查，担任招录国家公务员和事业单位人员笔试面试巡视员、监督员，并担任司法机关及信访、工商等职能部门的人民陪审员、人民监督员、行风评议员和义务监督员等，较好地发挥了民主监督作用。三是创新工作机制，增强提案办理实效。注重发挥提案在履行政治协商、民主监督、参政议政职能中的作用。按照“围绕中心、服务大局、提高质量、讲求实效”的提案工作方针，进一步做好提高提案办理质量工作。在认真总结经验的基础上，积极探索提案督办的新方法和新途径，采取委员参与督办的措施，初步形成在协商中督办、在督办中协商的新格局，实现委员与提案办理的互动联动。四是加强信息宣传工作，促进民主科学决策。注重发挥委员在履行职能中的主体作用，不断拓宽信息来源渠道，使信息宣传工作有新的突破，为党委政府了解社情民意，民主科学决策做出了积极贡献。五是文史、联谊工作有新进展。与州老年诗书画协会联合编辑出版了《德宏纪念辛亥革命100周年书画展作品选集》。认真做好接待工作，确保领导、来宾满意，全年共接待来自各方面的调研视察团组110余批1000多人次，为扩大德宏对外影响力、提升美誉度作出了贡献。

四、增进民族团结，维护边疆稳定。州政协常委会紧紧围绕团结和民主两大主题，始终把发扬民主、加强团结、维护稳定、构建和谐作为重要任务和经常性工作，体现在履行职能的各项工作中，努力增进各族各界团结，维护边疆稳定，促进社会和谐。一是通过召开中秋节茶话会，开展春节慰问活动，看望民族上层人士亲属，加深感情，增进团结。二是通过举办纪念辛亥革命100周年报告会、文艺晚会、书画展、第二届刀安仁民主革命思想学术研讨会等系列活动，缅怀革命先烈事迹，弘扬辛亥革命精神，团结社会各界人士。三是通过开展“民族团结月”活动，召开民族宗教界委员、宗教团体、信教群众座谈会，宣传党的民族宗教工作方针政策和国家的法律法规，使各族群众更加珍惜和自觉维护当前团结和谐稳定的大好局面。四是积极参与维稳工作，深入基层了解情况，宣传有关方针政策，帮助理顺情绪、化解矛盾，为德宏州促进科学发展，增进民族团结，维护社会稳定作贡献。

五、加强自身建设，提高履职能力。州政协常委会把加强自身建设作为适应新形势、开创新局面的重要基础工作，不断创新工作思路，以创先争优活动为契机，完善学习和管理制度，切实转变作风，提高队伍整体素质，为提高政协履职能力奠定了重要基础。

【召开十届四次会议】 2011年1月10至13日，政协德宏州第十届委员会第四次会议在芒市召开。242名州政协委员出席会议。十届州政协主席龚敬政作常委会工作报告，十届政协常务副主席杨庆华作关于提案工作情况的报告。与会委员列席德宏州第十三届人民代表大会第四次会议，听取并协商讨论《政府工作报告》、“十二五”规划纲要、州人民法院工作报告、州人民检察院工作报告及计划、财政报告。会议期间，州委、州政府领导和州直有关部门负责人参加分组讨论和《政府工作报告》协商讨论会及“两院”工作报告协商讨论会，听取委员意见建议。会议选举肖占先为政协德宏州第十届委员会副主席。中共德宏州委书记赵金到会并讲话。会议收到提案112件，经提案审查委员会审查立案104件。会议审议通过了州政协十届四次会议提案审查情况报告和决议。

【省政协副主席管国忠到德宏调研】 2011年4月23至26日，云南省政协副主席管国忠一行到德宏调研跨境旅游工作情况。调研组听取州政府关于德宏边境旅游的工作情况汇报，州委书记赵金、州长孟必光、州政协主席龚敬政等领导参加汇报会。在孟必光州长、龚敬政主席的陪同下，管国忠一行先后到畹町口岸、瑞丽联检大楼、姐告国门和章凤拉影口岸进行实地考察。调研组与瑞丽市有关部门、企业负责人座谈，州委常委、瑞丽市委书记杨跃国及瑞丽市有关部门，对跨境旅游的发展以及请求解决的实际问题进行了专题汇报。

【全国政协社会和法制委员会主任张福森到德宏调研】 2011年5月12至14日，全国政协常委、社会和法制委员会主任，司法部原部长、党组书记张福森率调研组一行到德宏调研律师在刑事诉讼中的地位和作用。州政协、州人民法院、州检察院、州司法局分别向调研组作汇报，介绍德宏州律师事务所的基本情况。省政协社会和法制委员会副主任黄炳文，州政协主席龚敬政，州委副书记唐文祥及州政协、瑞丽市相关部门负责人陪同调研。

【召开十届五次会议】 2011年6月21日，政协德宏州第十届委员会第五次会议在芒市召开。215名州政协委员出席会议，担任大会的执行主席是龚敬政、杨庆华、李有升、董成宝、杨丽云、肖占先、管国照，州人大主任余麻约，州委常委、副州长姜在君应邀出席大会。会议认真学习贯彻全国和省州“两会”精神，总结回顾上半年工作，对下半年工作提出要求；增补王兴明为政协德宏州第十届委员会副主席，增补陈绍昌为政协德宏州第十届委员会常务委员会委员；审议通过州政协十届五次会议决议。

【省政协副主席顾伯平到德宏调研】 2011年7月25至29日，云南省政协副主席顾伯平率省政协调研组来芒市、瑞丽、陇川、畹町等县(市)、区，专题调研云南特有民族历史文化保护和利用工作。州政协主席龚敬政，副州长陈德金、州政协副主席杨丽云先后陪同调研。

【召开州政协第四次提案工作座谈会暨研讨会】 2011年9月6至8日，德宏州政协第四次提案工作座谈会暨研讨会在梁河召开。州政协副主席杨庆华、王兴明，州委督查室、州政府督查室有关人员，州政协提案委员会，全州各县市政协分管提案工作的领导和提案委主任及有关人员参加会议。会议传达学习了云南省政协第二十次提案工作座谈会暨研讨会精神；总结、交流州和各县市政协提案工作的经验，对如何提高提案工作水平，不断开创德宏州政协提案工作新局面进行研讨。

【中秋茶话会】 2011年9月9日，德宏州政协举行芒市地区各族各界代表人士中秋茶话会，州政协常务副主席杨庆华主持茶话会。州委常委、副州长柳五三代表州委、州政府通报德宏经济社会的发展情况。副州长孔勒干，州政协副主席李有升、董成宝、杨丽云，部分副厅级以上离退休老领导，以及芒市地区各族各界人士代表出席茶话会，共庆中秋节。大家欢聚一堂，畅叙友情，共叙德宏经济社会发展。

【纪念辛亥革命100周年系列活动】 2011年10月10至30日，为缅怀和宣传孙中山等革命先辈致力于振兴中华的光辉业绩，发扬辛亥革命精神，弘扬刀安仁的民主革命思想，激励全州各族人民，凝心聚力，促进德宏实现科学发展、和谐发展和跨越发展。由州政协主办，州文化局、州傣学会、州老年诗书画协会，盈江县人民政府、政协盈江县委员会承办，开展德宏州纪念辛亥革命100周年系列活动：德宏州纪念辛亥革命100周年报告会在芒市会堂召开；德宏州纪念辛亥革命100周年诗书画展在州老年大学举办；德宏州纪念辛亥革命100周年文艺晚会在芒市会堂举办；第二届刀安仁民主思想学术会和刀安仁故居开馆仪式暨相关书籍首发式在盈江县举行。

【举办"德宏发展与民生论坛"】 2011年12月23日，德宏州政协在芒市会堂新闻发布厅举办"德宏发展与民生论坛"。论坛由州政协副主席杨庆华主持，州政府副州长孔勒干、州政协副主席李有升，州直相关部门负责人及芒市地区州政协委员代表参加了论坛。州政协充分发挥人民政协智力密集、人才荟萃、联系广泛的优势，围绕德宏发展与民生的难点、热点问题，广泛征集文稿68篇，从中推选出10篇在论坛上作了交流，为德宏发展和民生改善建诤言、献良策。

【召开常委会议】 2011年，政协德宏州第十届委员会召开常委会议5次，即十届十四次、十五次、十六次、十七次、十八次常委会议。州政协十届十四次常委会议于4月28日在芒市召开。州政协主席龚敬政，副主席杨庆华、李有升、董成宝、杨丽云，秘书长管国照及州政协十届常委会组成人员共37人参加会议。不是州政协常委的州政协副处级以上领导干部，州委办、州人大办、州政府办领导，州交通运输局领导班子成员及有关科室负责人列席会议。会议听取并审议德宏州"境内关外"监管模式运行情况的调研报告；听取并审议德宏州重大交通工程建设情况的视察报告；听取州交通运输局工作情况汇报并进行评议。

州政协十届十五次常委会议于6月20日在芒市召开。州政协主席龚敬政，副主席杨庆华、李有升、董成宝、杨丽云，秘书长管国照及州政协十届常委会组成人员共43人参加会议。不是州政协常委的州政协副处级以上领导干部，州委办、州人大办、州政府办领导，陇川县政协主席列席会议。会议审议通过《关于召开政协德宏州第十届委员会第五次会议的决定(草案)》；审议通过《政协德宏州第十届委员会第五次会议的议程(草案)》；审议通过《政协德宏州第十届委员会第五次会议的日程(草案)》；协商增补政协第十届委员会委员；审议通过补选政协德宏州第十届委员会副主席建议名单(草案)；审议通过《政协德宏州第十届委员会第五次会议选举办法(草案)》；审议通过《政协德宏州第十届委员会第五次会议秘书长、副秘书长名单(草案)》；审议通过《政协德宏州第十届委员会第五次会议分组办法及各组召集人名单(草案)》；通过有关人事事项：王圣春任州政协社会和法制委员会主任，免去其州政协提案社会和法制委员会主任职务；何庆任州政协提案委员会主任；岳秀英任州政协提案委员会副主任，免去其州政协提案社会和法制委员会副主任职务；李永兴任州政协文史资料委员会副主任。

州政协十届十六次常委会议于7月27日在芒市召开。州政协主席龚敬政，副主席杨庆华、李有升、董成宝、王兴明、肖占先，秘书长管国照及州政协十届常委会组成人员共34人出席会议。不是州政协常委的州政协副处级以上领导干部，州委办、州人大办、州政府办领导，州水利局领导班子成员及有关科室负责人列席会议。会议听取副州长苏洪涛关于全州上半年经济运行情况通报；听取并审议全州珠宝玉石产业发展、城镇土地开发利用、老龄事业发展情况的调研报告；听取并审议全州"村村亮"工程进展情况的视察报告；听取州水利局工作情况汇报并进行评议。

州政协十届十七次常委会议于10月31日在芒市召开。州政协副主席杨庆华、李有升、董成宝、王兴明、杨丽云、肖占先，秘书长管国照及州政协十届常委会组成人员共43人出席会议。不是州政协常委的州政协副处级以上领导干部，州委办、州人大办、州政府办领导，州扶贫办领导班子成员及有关科室负责人列席会议。会议听取并审议全州中缅边民通婚情况的调研报告；听取并审议全州禁毒防艾工作情况的视察报告；听取州扶贫办工作情况汇报并进行评议。

州政协十届十八次常委会议于12月28日在芒市召开。州政协副主席杨庆华、李有升、董成宝、王兴明、杨丽云、肖占先，秘书长管国照及州政协十届常委会组成人员共40人出席会议。不是州政协常委的州政协副处级以上领导干部，州委办、州人大办、州政府办领导列席会议。会议听取州人民政府2011年经济运行情况通报；审议通过《关于召开政协德宏州第十届委员会第六次会议的决定(草案)》；审议通过《政协德宏州第十届委员会第六次会议议程(草案)》；审议通过《政协德宏州第十届委员会第六次会议日程(草案)》；审议通过《政协德宏州第十届委员会第六会议秘书长、副秘书长名单(草案)》；审议通过政协德宏州第十届常务委员会工作报告和提案工作报告报告人建议名单(草案)；审议通过《关于接受龚敬政同志辞去州政协第十届委员会主席职务的决定(草案)》；审议通过《关于提名孟必光同志为州政协第十届委员会主席候选人的决定(草案)》；审议通过《关于撤销何继武州政协第十届委员会委员资格的决定(草案)》；审议通过《关于授权主席会议审定州政协十届十八次常务委员会未尽事宜的决定(草案)》。

【召开主席会议】 2011年，德宏州政协召开了3次主席会议，专题听取部门工作情况汇报，并进行评议。7月14至15日，州政协召开十届三十八次主席会议，分别听取州环保局、州旅游局和州计生委的工作情况汇报，并进行评议。州政协主席龚敬政，副主席杨庆华、李有升、董成宝、王兴明、杨丽云、肖占先，秘书长管国照出席会议，州政协副秘书长、各专委会主任，州环保局、州旅游局、州计生委领导班子成员及有关科室负责人列席会议。9月13日，州政协召开十届四十次主席会议，分别听取芒市机场和州人行工作情况汇报，并进行评议。州政协主席龚敬政，副主席杨庆华、李有升、董成宝、杨丽云、肖占先，秘书长管国照出席会议，州政协副秘书长、各专委会主任，芒市机场、州人行领导班子成员及有关科室负责人列席会议。12月6日，州政协召开十届四十一次主席会议，听取州广电局工作情况汇报，并进行评议。州政协副主席杨庆华、李有升、董成宝、杨丽云、肖占先，秘书长管国照出席会议，州政协副秘书长、各专委会主任，州广电局领导班子成员及有关科室负责人列席会议。

【开展专题调研视察活动】 2011年，德宏州政协组织开展多次专题调研视察活动。1月30日，州政协主席龚敬政，副主席杨庆华、杨丽云率队在芒市视察“村村亮”工程情况，视察组一行先后深入芒市镇等相村、芒核村和风平镇风平村等村寨，视察“村村亮”路灯安装、材质、运行等情况。3月22至24日，州政协组成以龚敬政主席为组长，肖占先副主席和管国照秘书长为副组长，州政协经济委，州委州政府政策研究室、州商务局、州国税局等部门负责人和部分州政协委员参加的调研组，对姐告实施“境内关外”运行发展情况进行深入调研。3月30至31日，州政协主席龚敬政，副主席肖占先，秘书长管国照率部分州政协委员，深入潞梁路全线和腾陇路全线，对全州重点交通工程建设情况进行视察。5月4至11日，州政协组成以董成宝副主席为组长，州政协教科文卫体委员会、州老干局、州民政局、州老龄委负责人参加的调研组，对全州老龄事业发展情况进行了深入的调研。5月9至16日，州政协副主席杨庆华率部分州政协委员和州国土资源局有关负责人一行到各县市，对全州(2009～2010年度)城镇土地开发利用情况进行调研。5月10至13日，由州政协副主席杨丽云任组长，州政协文史委、州文化体育局、州史志办等部门领导及相关人员组成的调研组，深入到全州各县市文物保护单位，对全州文物保护与利用情况进行调研。5月23至27日，州政协杨丽云副主席率州直有关部门领导及部分州政协委员组成的调研组，对全州珠宝玉石产业发展情况进行调研。8月2至8日，州政协组成以龚敬政主席为组长，副主席李有升，州政府副秘书长沈澎、州政协民宗侨委主任蒋华为副组长，州民政局、州公安局、州民宗局、州卫生局、州计生委、州外事办、州侨办、州疾控中心等部门有关人员和部分政协委员参加的调研组，专题调研全州中缅边民通婚情况。

8月9至12日，德宏州政协组成以龚敬政主席为组长，肖占先副主席为副组长的州政协委员视察组，对全州水库水产养殖情况进行视察。8月15至23日，州政协主席龚敬政，副主席杨庆华、董成宝及部分州政协委员、州禁防办、州防艾局相关负责人组成视察组，对全州近年来毒品危害重点整治工作和防艾工作情况进行视察。

【提案工作】 2011年，德宏州政协十届四次会议期间和会议之后，共收到提案116件，经审查立案108件，其中政协参加单位集体提案13件，委员提案95件。已立案的提案，分别送交州委、州政府36个部门承办。截止2011年12月31日，108件提案全部办结，办复率为100%。提案所提问题已解决或基本解决30件，占27.8%；正在解决或列入计划解决62件，占57.4%；因条件限制或其他原因暂不能解决11件，占10.2%；需要报请上级部门才能解决5件，占4.6%。委员们对十届四次会议提案的办理工作表示满意或基本满意。州政协十届四次会议的提案具有以下特点：一是心系农民群众，关注“三农”问题；二是结合德宏实际，关注产业发展；三是坚持以人为本，关注社会事业；四是立足边疆特点，关注民生改善。州政协常委会高度重视提案工作，开展了以下工作：一是提高认识，加强领导，把政协提案作为全局性工作来抓；二是加强培训，广征精选，提案质量不断提高；三是密切配合，强化回访，促进提案的办理落实；四是完善制度，规范运作，加强提案的服务工作；五是扩大宣传为开展提案工作创造良好的社会氛围。

（《政　协》撰稿　赵　海）

中共德宏州纪律检查委员会
德宏傣族景颇族自治州监察局

【概　述】 2011年，德宏州纪检监察机关在云南省纪委、省监察厅和州委、州政府的领导下，认真贯彻落实党的十七届五中、六中全会和胡锦涛总书记“七一”重要讲话，十七届中央纪委四次、五次全会，省第九次党代会及州第六次党代会精神，坚持标本兼治、综合治理、惩防并举、注重预防的方针，把以人为本、执政为民的理念贯穿于纪检监察工作的全过程，紧紧围绕全州发展大局，把工作重点放在德宏桥头堡黄金口岸、瑞丽沿边重点开发开放试验区建设和盈江“3·10”地震灾后恢复重建等工作落实的监督检查上，改革创新、锐意进取，认真解决人民群众反映强烈的突出问题，扎实推进党风廉政建设责任制落实，惩治和预防腐败体系建设取得新的成绩，为德宏桥头堡黄金口岸建设和瑞丽国家重点开发开放试验区建设提供了坚强的政治和纪律保证。一、加强监督检查工作。会同有关部门加强对中央、省关于加大转变经济发展方式等重大决策部署执行情况的监督检查。认真开展保障性安居工程建设、土地市场、征地拆迁、涉农资金管理使用、全州10个治污项目的清理整顿和专项检查，中央和省、州重大决策部署得到有效贯彻落实，保证了重点项目、重点产业、重点工作的顺利实施和桥头堡黄金口岸、瑞丽沿边重点开发开放试验区建设的顺利推进。二、狠抓监管机制创新工作。紧紧围绕盈江“3·10”地震抗震救灾中心工作，积极探索应急救灾和恢复重建两套监管机制，切实保障了地震应急救灾阶段资金和救灾物资的规范、高效、廉洁运行，把监督触角延伸到工程建设的各个环节，保证恢复重建各项工作稳步推进。三、加强惩治腐败工作。继续保持高压态势，充分发挥州委反腐败协调小组作用，加强与政法、检察、公安、审计等部门的协作，进一步加大查办违纪违法案件力度，关口前移拓展重点领域和关键环节腐败问题信息来源渠道，促进查办案件工作高效开展。四、强化对各级干部的教育监督工作。以落实《廉政准则》为重点，加强对领导干部的教育和监督，以“两项制度”为抓手，深入推进农村基层党风廉政建设，反腐倡廉宣传教育工作得以扎实推进。五、推进纠风治乱工作。坚决纠正损害群众利益的不正之风，强化医药购销和医疗服务、食品药品安全、“四项资金”、公路“三乱”等问题的监管，深化工程建设领域突出问题、“小金库”等专项治理，认真解决群众反映强烈的突出问题，进一步规范行业的不正之风。六、强化为民服务工作。认真贯彻落实全省深化政务公开推进政务服务工作现场会精神，政务公开和政务服务工作稳步推进，州和县市公共资源交易中心全面建成，各项工作取得了新的成效。七、积极探索党务公开工作。认真落实《中共德宏州委关于地方党组织党务公开工作的实施意见》，制定了地方党组织的党务公开目录，重点围绕涉及事、人、财的重大决策进行公开，促进州县党委权力公开透明运行。八、狠抓自身建设工作。深入开展创先争优和学习杨善洲先进事迹活动，按照分工合理、专业配套、优势互补的原则，选好干部、配强班子，纪检监察机关班子建设和干部工作能力进一步增强。全州党风廉政建设和反腐败工作方向更加明确、思路更加清晰、重点更加突出、措施更加有力、特色更加鲜明，取得了新的明显成效，为推动全州科学发展、和谐发展发挥了重要保障作用。

【纪委全会】 2011年1月25至26日，中国共产党德宏州第五届纪律检查委员会第六次全体会议在芒市召开。会议由德宏州纪委常委会主持。州委书记赵金出席会议并对德宏州年内党风廉政建设和反腐败工作作重要指示。会议传达贯彻了胡锦涛总书记的重要讲话和十七届中央纪委六次全会、省纪委八届六次全会精神，深入贯彻党的十七届五中全会、省委八届十次全会和州委五届十三次全会精神，回顾总结上年党风廉政建设和反腐败工作，安排部署年内任务。全会审议通过赵镇康代表州纪委常委会所作的《以改革创新精神推进反腐倡廉建设，为德宏"桥头堡"黄金口岸建设提供纪律保障》的工作报告。会议通报德宏州2010年度推进惩防体系建设暨党风廉政建设责任制考核情况，对考核优秀单位进行表彰奖励，与县(市)签订《德宏州2011年推进惩防体系建设暨党风廉政建设责任书》，并通报近2年全州查办的部分违纪违法典型案件情况。本次会议应出席的州纪委委员30人，因事、因病请假的委员2人，实到会委员28人。不是州纪委委员的县市纪委书记，畹町纪工委书记，姐告纪检办主任，各县市(区)监察局局长，州纪委监察局各派出纪工委书记、副书记、监察分局局长，州直和中央、省属驻德宏各单位主要领导，德宏军分区、武警边防、内卫、消防支队纪委书记，州纪委监察局特邀监察员、行风评议员，州纪委调研员、各室正副职主任，乡镇纪委书记共270人列席了会议。

【监督检查】 2011年，德宏州纪检监察机关与有关部门加强对中央、省关于加大转变经济发展方式等重大决策部署执行情况的监督检查。具体做法是：一、认真开展保障性安居工程建设情况专项检查，及时纠正了"一户一档"制度落实不到位、配套设施不完善、闲置和将保障性住房向社会出租等问题。二、加大对土地市场的清理整顿，共清理涉及批而未征、征而未供、未批先用和闲置土地48宗、面积13423亩，有效推动了用地政策落实和项目建设。三、开展征地拆迁专项检查，及时纠正违规用地、补偿不到位等问题。四、开展涉农资金专项检查，查处和纠正强农惠农资金管理使用中的违法违规案件3件，查处哄抬农资价格、制售假劣农资坑农害农案件234件，为农民挽回经济损失783万元。五、对全州10个治污项目建设情况进行监督检查，督促各项工作落实。紧紧围绕全州工作中心，加大省、州关于桥头堡黄金口岸、瑞丽沿边重点开发开放试验区建设决策部署落实情况的监督检查，各项工作顺利推进。六、认真贯彻州委"七个不让"要求，对损害经济社会发展软环境的4名国家公职人员进行问责。七、加大对全州重点工作和重点工程推进情况的监督检查，全州特色产业超额完成种植任务。加强对换届工作的纪律监督，州、县、乡三级党委换届顺利完成。

【机制创新】 2011年，德宏州纪检监察机关紧紧围绕盈江"3·10"地震抗震救灾中心工作，积极探索应急救灾和恢复重建两套监管机制，确保了盈江"3·10"地震抗震救灾和灾后恢复重建工作顺利推进。在应急救灾阶段，采取"源头介入、多级覆盖、过程监督、结果负责"的做法，全程跟踪监督款物流向，全面公开款物发放，审计部门同步跟进，切实保障了地震应急救灾阶段1.8亿元资金和救灾物资的规范、高效、廉洁运行。在恢复重建阶段，采取"建立三支队伍狠抓三个关键"的做法，制定相关监督检查办法，建立了由行政监察人员、工程技术人员和媒体组成的三支队伍，紧紧抓住"质量、资金、干部"三个关键环节，把监督触角延伸到工程建设的各个环节。采取有效措施，全方位加大监管力度，对盈江"3·10"地震灾后民房恢复重建中履职不到位的11名相关责任人作出问责处理，保证了恢复重建各项工作稳步推进。

【惩治腐败】 2011年，德宏州纪检监察机关从严执纪狠抓办案，始终保持惩治腐败的高压态势，促进了查办案件工作的高效开展。全年共收到举报632件次，初步核实违纪线索172件，立案79件，结案85件，处分91人，其中县处级5人、乡科级13人、一般干部23人、其他50人，移送司法机关处理5人，挽回经济损失361万元。为56件受到失实举报的单位和党员干部澄清了事实。查处商业贿赂案件11件11人，涉案金额427万元。充分发挥州委反腐败协调小组作用，加强与政法、检察、公安、审计等部门的协作，形成办案工作合力。进一步加强信访举报和信访监督工作，关口前移拓展重点领域和关键环节腐败问题信息来源渠道，全年共实施信访监督16件20人。严把案件审理质量关，深入推进案件监督管理工作，采取有效措施强化办案场所管理，落实安全责任，促进查办案件工作顺利开展。

【教育监督】 2011年，德宏州纪检监察机关认真落实党风廉政建设责任制，切实强化对各级干部的教育监督。具体做法是：一、以落实《廉政准则》为重点，加强对领导干部的教育和监督。对全州5个县(市)和110个单位贯彻落实《廉政准则》情况进行检查，全州615名处级干部、4304名科级干部开展了廉政谈话，33名厅级和711名处级领导干部报告了个人有关事项。严格执行中央《关于实行党风廉政建设责任制的规定》，在考核工作中，首次采用民意调查的方式向社会了解被考核单位的党风廉政建设情况，扩大党风廉政建设的群众参与面，齐抓共管的工作局面进一步巩固。评定出2011年度推进惩治和预防腐败体系建设暨党风廉政建设责任制考核优秀单位37个、合格单位63个、基本合格单位2个。二、以“两项制度”为抓手，深入推进农村基层党风廉政建设。积极探索村“两委”负责人年度工作监督评议制度和离任工作审核制度，采取述职述廉、当场质询和无记名投票的方式评议村“两委”干部履职情况，评议结果作为村干部评优评先、经济待遇的重要依据；全面审核离任村干部的任期经济责任，做好离任移交监督工作。全年对806名村干部进行年度评议，对93名村干部进行离任审核。充分发挥农村党风廉政建设工作站作用，切实维护群众的合理诉求，参与调解纠纷2190件；对农村基层的重大项目、重点工程、救灾救济款物的发放和各项强农惠农政策、资金的落实以及“三务”公开、“三资”管理等工作实施有效监督，促进了各级强农惠农政策的落实。认真学习贯彻《农村基层干部廉洁履行职责若干规定》，开展农村基层干部反腐倡廉教育培训1535次，53188人次受教育；开展农村基层干部任前廉政谈话989人、诫勉谈话76人、勤廉双述933人。三、扎实推进反腐倡廉宣传教育工作。有针对性地开展换届纪律“四个百分之百”教育活动，715名处级干部、2380名科级干部作出公开承诺，营造了风清气正的换届氛围。建立纪检监察宣传报道及信息工作分析会议制度，健全新闻发言人制度，在德宏纪检监察网增设“边陲廉谈”专栏，加强网络舆情收集、研判和处置。创建了5个省级首批廉政文化示范点、18个州级廉政文化示范点、31个县市级廉政文化示范点。深入推进示范教育、警示教育和岗位廉政教育，开展党员干部廉政培训87期、7645人次。加大外宣工作力度，38篇稿件被《中国纪检监察报》、《中国监察》刊载，反映盈江抗震救灾工作情况的信息被中央政治局常委、中纪委贺国强书记等领导批示。

【纠风治乱】 2011年，德宏州纪检监察机关坚持纠风治乱抓规范，认真解决群众反映强烈的突出问题。具体做法是：一、坚决纠正损害群众利益的不正之风。强化医药购销和医疗服务监管，通过药品集中采购降价让利群众320万元，查处医疗服务乱收费行为4件，查处和纠正违规使用新农合资金47万元。认真落实义务教育经费保障机制，切实减轻中小学负担，查处教育乱收费3件，清退资金39万元。加强食品药品安全监管，查处食品药品案件73件、处罚39人。加大“四项资金”监管力度，查处和纠正违规案件3件2人，涉及金额20万元。调查核实截留挪用专项资金问题，10月，调查核实省审计报告涉及的德宏州财政局、扶贫办截留梁河县的扶贫专项资金8万元和梁河县林业局挪用林业专项资金60万元的问题。责令州财政局和州扶贫办相关责任人作出书面检查，并在两部门内部通报批评；责令州财政局和州扶贫办对全州扶贫到户贷款奖补资金的拨付、管理和使用情况进行一次全面自查。查处公路“三乱”问题1件。对林业、公安、工商、质监、地税等12家具有行政执法权的部门开展政风行风评议及民主测评，群众满意度均在94%以上。通过“德宏热线”解决群众反映问题435个，办结率99%。二、继续加大专项治理工作力度。深化工程建设领域突出问题专项治理，对175项政府性和非政府性投资进行监督检查，纠正问题35个。对全州在2010年至2011年上半年开展的征地拆迁工作实施专项检查。未发现采取暴力、威胁或者中断供水、供电等非法方式迫使被征收人搬迁的行为，未发生因违法违规强制征地拆迁引发恶性案件和严重群体性事件。组织召开全州征地拆迁工作分析会，对全州征地拆迁工作现状和存在问题进行了分析研究，提出具体工作措施。对全州2007年至2011年住房保障工作进行专项检查，及时纠正个别县市保障性住房“一户一档”动态管理制度落实不到位、基础配套设施和安全设施不完善、闲置和将保障性住房向社会出租等问题。参与制定了《德宏州评比达标表彰活动管理实施细则(试行)》和《德宏州开展清理和规范庆典、研讨会、论坛活动工作的实施意见》，对全州5县市和87个州级党的机关、人大机关、行政机关、政协机关、审判机关、检察机关、人民团体和经批准免予登记的社会团体已举办和拟举办的庆典、研讨会、论坛活动进行清理，取消庆典1个，节约资金2.4万元。对全州976家党政和企事业单位开展“小金库”专项治理复查。参与27起安全责任事故调查处理，对12名国家公职人员进行责任追究。认真落实厉行节约各项规定，取消了19人次的出访计划，清理违规配备公务用车3辆，政府一般性支出得到有效控制。扎实推进效能政府四项制度落实，加强对关键岗位和重点环节的行政行为监督，检查单位281个，清理关键岗位667个，重点环节1124个，查找风险点2269个，提出防范风险措施2044条。全年共开展执法监察17项，提出监察建议324条，查出违纪违规资金9841万元。加大问责工作力度，共对33人实施问责，其中处级1人、科级22人、一般干部10人。

【政务服务和公共资源交易中心建设】 2011年，德宏州纪检监察机关着力于提升服务水平，认真贯彻落实全省深化政务公开推进政务服务工作现场会精神，政务公开和政务服务工作稳步推进，州和县市公共资源交易中心全面建成，全州五级为民服务体系建设深入推进，各项工作取得了新的成效。一、政务公开重点工作有效落实。及时公布贯彻执行中央加大转变经济发展方式的政策措施、政府行政决策、重大建设项目和社会公益事业建设、重大突发事件等事关群众切实利益的重大事项和群众关注的热点问题调查处理情况；深入落实乡镇政务公开和村级财务、村务公开工作，群众及时知晓强农惠农政策、各种补贴和救灾救济资金管理使用情况。二、州县两级政务服务中心的规范化建设进一步加强，规章制度进一步健全，部门进驻、事项、授权三个100%全面落实。三、乡村组三级服务有新做法。全州51个乡镇(街道)为民服务中心和359个村(社区)为民服务站全面建成；在群众居住相对集中的坝区乡镇建设一站式固定办公窗口，在群众居住比较分散的山区乡镇组建流动服务队，在半山半坝乡镇采取固定办公窗口与流动服务队相结合的方式，为群众提供快捷高效服务。年内全州各级政务服务中心共受理各类事项112万余件，办结率98.82%；接受群众咨询73万人次。四是扎实推进公共资源交易中心建设。提前完成省下达的建设任务，制定出台建设交易、政府采购、产权交易等工作制度，完善交易进场、信息发布、资格预审、开标、评标、中标公示等操作流程，确保阳光交易。年内全州公共资源交易中心进场交易889项，交易额54亿元，交易节约资金1.3亿元，交易增加收入9440万元。五是纪检监察机关监督、窗口单位业务监督、中心场内监督、社会监督的“四位一体”监督格局在两中心切实发挥作用，从源头上预防和遏制了行政审批、公共资源交易领域的腐败，组织查处3起串标、围标违法行为，将11家违规企业列入公共资源交易“黑名单”并处罚款18万元。年内，纪检监察机关受理涉及工程建设招投标、政府采购等方面的举报同比减少23.3%，立案查处工程建设领域的案件同比下降20%。

【党务公开】 2011年，德宏州纪委监察机关积极探索权力公开透明运行的有效做法。一、积极探索地方党组织党务公开。认真落实《中共德宏州委关于地方党组织党务公开工作的实施意见》，制定了地方党组织的党务公开目录，重点围绕涉及事、人、财的重大决策进行公开，促进州县党委权力公开透明运行。实行重大事项决策公开，州委、五县市党委和51个州直单位党组、65个县直单位党组从重大工作部署、思想建设、组织建设、作风建设、制度建设、反腐倡廉建设等6大项40个小项进行公开；实施干部选拔任用公开，重点推行推荐职位、公开选拔领导干部工作、考察对象人选、票决结果、拟提拔人选“五公开”，积极探索初始提名权公开，采取单位提名、领导干部署名推荐、公开选拔竞争上岗等方式，公开了147名科级干部的初始提名权；推进财政预决算公开，公开了州、县两级政府财政预算收入和支出、政府性基金预算收入和支出以及州本级财政事业单位国有资产处置程序、办法和处置结果；搭建新的公开平台，建成德宏州级党务公开网站1个、县市党务公开子网站5个，设立党务公开电子触摸屏10个，开通了96128党务信息查询专线，利用网络渠道向社会公开征集社会热点议题，形成了文、会、网、栏、媒、屏、线的公开格局。二、深化基层党组织的党务公开。抓覆盖，扩大公开范围，将党务公开工作由乡(镇)、农村、社区扩大到机关事业单位、国有企业党组织、非公有制经济组织和新社会组织党组织，全州3868个基层党组织实行了党务公开，公开率达100%；抓规范，建立健全了重大决策征求意见、例行公开、意见反馈、监督检查、考核评价等制度，编制了7类基层党组织的党务公开目录，各项工作规范化推进；抓特色，结合边疆党建长廊和创先争优活动，在部分地区实施“双语双文”公开，进一步增强了党务公开的效果。三、深入推进“三项制度”建设。立足于对“三重一大”决策事项的监督，县市党政主要领导重大事项决策责任档案的建立，有效促进主要领导权力公开透明运行；单位作风建设档案如实记录单位和领导干部在作风检查中查实的问题、信访举报核实的问题和受组织处理的情况等内容，有效运用于各项考核、评先选优和选拔任用干部工作中；通过建立单位制度备案待查制，加强对各单位贯彻民主集中制、党风廉政建设等方面制度落实情况的检查，进一步规范权力运行和预防腐败发生。年内，全州建立实行重大决策责任档案单位330个1326份，其中县市委建档85份、政府56份；建立作风建设档案单位299个2346份；实施制度备查单位420个，清理制度940个，修订制度1065个。

【自身建设】 2011年，德宏州纪检监察机关认真贯彻落实中央纪委《关于进一步加强和改进纪检监察干部队伍建设的若干意见》，以全国纪检监察系统先进模范人物为榜样，以提高纪检监察干部服务发展的能力为重点，深入开展创先争优和学习杨善洲先进事迹活动，纪检监察机关的班子建设和干部的干事激情、工作能力进一步增强。按照分工合理、专业配套、优势互补的原则，选好干部、配强班子，顺利完成州县乡三级纪委换届工作。建立州纪委派出机构与中央、省属驻德宏单位的工作联系制度，派出机构监督职能进一步发挥。认真开展乡镇纪检组织建设试点工作，按照“有人办事、有钱办事、按制度办事”的要求，在机构设置、人员配备和经费保障上进行积极的探索。采取上派下挂、顶岗培训、集中培训等形式，加大干部教育培训和培养力度，参加中央和省、州各类培训128人(次)，干部到乡镇挂职锻炼2名，基层干部到机关跟班学习7名。通过实践的锤炼，广大纪检监察干部的履职能力和干事激情进一步增强，不仅在纪检监察系统内部呈现出团结干事、开拓创新的良好工作氛围，而且实现了反腐倡廉与全州改革发展同步推进、良性互动，使反腐倡廉工作充满了生机与活力。德宏州制度建设、监督检查、政务服务、查办案件等工作经验在全省纪检监察系统有关会议上作了交流；全州1人荣获全国纪检监察系统先进工作者称号，2个集体荣获全省纪检监察系统先进集体称号，3人荣获全省纪检监察系统先进工作者的称号，3人受到省纪委监察厅嘉奖；评选出全州纪检监察系统14个先进集体和27名先进工作者。

（《纪检监察》撰稿　何家松　尹丽莉　杨坤燕）

人民团体

工　会

【春节送温暖活动】 2011年1月17日，德宏州总工会举行春节送温暖活动启动仪式。启动仪式上，州委常委李燕兰到会讲话、州人大副主任、工会主席孙春兰宣布启动仪式。出席会议的领导为州直单位困难职工320人，发放慰问金16万元。春节期间，全州各级工会立足实际，广泛开展形式新颖，各具特色的送温暖活动，把阳光和温暖及时送到职工的心坎上。全州深入基层244家，慰问职工4597人，其中困难职工2658人、农民工811人、劳模143人、工会干部985人，发放慰问金178.08万元。州总工会深入基层50家，慰问职工1187人，发放慰问金54.29万元。

【财务互审竞赛评比】 2011年2月24至25日，德宏州总工会进一步严肃财经纪律，加强廉政建设，强化"依法治会，依法理财"的法制意识，加强基层工会财务管理，积极组织州直(省属)基层工会2010年度财务会审工作。由州总工会经审委委员、财务科人员组成检查小组，对139个州直(省属)基层工会2010年度的会计凭证、账簿、报表等会计资料进行检查。并按照《德宏州州直(省属)基层工会财务互审竞赛评比办法》，从经费收缴、财务管理、资产管理、经费使用等9个方面逐项进行评比和打分。通过会审评比，促进了财务干部之间的交流学习，找出了基层工会财务工作存在的一些问题与不足。同时，有针对性地对基层工会财务干部进行业务指导，提高了基层工会财务干部的业务素质和专业技能。

【召开总工会七届四次全委(扩大)会】 2011年2月28日，德宏州总工会七届四次全委(扩大)会在芒市召开。会上，州人大副主任、州总工会主席孙春兰传达省总工会十届六次全委会精神；常务副主席张宽作题为《创先争优　规范发展努力促进德宏工会工作上新台阶》的工作报告，并对2010年的德宏州工会重点工作目标责任书执行情况作了说明；州总工会副主席孟必和作经费审查委员会工作报告。会议对重点目标单位工作进行表彰；签订2011年德宏州工会重点工作目标责任书。

【开展"五一"国际劳动节系列活动】 2011年4月25至27日，德宏州总工会举办州直基层工会"党工共建、创先争优"知识竞赛。经过紧张的角逐，州检察院获得一等奖；州农业局、州师范高等专科学校获得二等奖；州妇联、州医疗集团、电信德宏分公司、德宏职业学院、州环境监测站获三等奖。4月29日晚在芒市体育运动中心体育馆举行庆祝"五一"国际劳动节大众广播比赛。来自州政协办、州人民检察院、州医疗集团等10个单位的代表队参加了比赛。州政协主席龚敬政，州委常委、州妇联主席李燕兰，州庆祝"五一"节系列活动组委会主任、州人大副主任、州总工会主席孙春兰，州政协常务副主席杨庆华、副主席杨丽云，州政协秘书长管国照到场观看比赛。举办此次广播操比赛，目的在于进一步搞好全民健身活动，提高健康水平。4月25日至5月13日，在芒市体育运动中心体育馆举行第二届职工篮球运动会，本次职工篮球运动会是德宏州篮球比赛较高水平的一次比赛。来自德宏州党政机关企事业单位的13支代表队的近百名运动员以安全第一、淡化锦标，重在健康、重在快乐的态度积极参与比赛，在公平的竞赛环境中，运动员们以朝气蓬勃、顽强拼搏的精神，为大家奉献了一场场精彩的比赛，展示了高超的竞技水平和良好的竞赛风貌，创造了骄人的成绩。经过激烈的比拼、角逐，最终德宏供电公司代表队、德宏财税系统代表队分获男、女队第一名；州农业局男队、州检察院女队获体育道德风尚奖；德宏教育一队、德宏粮食协会等代表队获优秀组织奖。

【"七一"慰问困难老党员】 2011年7月1日，德宏州人大常委会副主任、州总工会主席孙春兰和州总工会副主席孟必和到州总工会困难职工帮扶中心，集中慰问州直基层工会40名困难老职工党员。同时，深入基层慰问10名老党员，共发放慰问金2.5万元。孟必和副主席在“七一”慰问老职工党员仪式上讲话，在建党90周年来临之际，德宏州工会系统在全州范围内开展迎“七一”慰问老职工党员活动，通过活动，真诚地给各位老职工党员送去党的关怀和温暖，并向他们表示崇高的敬意和节日的祝贺！

【开展金秋助学活动】　2011年8月24日，德宏州总工会在芒市举行金秋助学活动启动仪式。州委常委、州委宣传部部长李燕兰在活动仪式上作重要讲话。活动共资助贫困大学生38人，发放助学金13.7万元。出席会议的领导，为受资助的38名考上大学贫困生发放助学金。8月31日，州总工会开展第二批金秋助学活动，资助贫困大学生8人，发放助学金2.1万元。全州共资助贫困大学生418人，发放助学金56.28万元，其中单亲女职工子女51人，农民工子女160人。

【省总工会主席江巴吉才到盈江检查指导工作】　2011年11月16至17日，云南省人大常委会副主任、省总工会主席江巴吉才，省总工会常务副主席王惠萍一行，在德宏州委书记赵金，州委常委、州委宣传部部长李燕兰，州人大常委会副主任、州总工会主席孙春兰及州县领导的陪同下，莅临盈江县检查指导工会工作及综治维稳工作。11月16日，在盈江县委会议室召开“省总工会挂钩盈江综治维稳工作汇报会”。德宏州委书记赵金，县委副书记、县长卫岗分别对州、县综治维稳工作情况作了汇报。听取汇报后，江巴吉才主席作重要讲话，对盈江综治维稳及创建平安盈江工作给予了充分肯定，并安排经费100万元支持德宏工会事业发展、综治维稳工作和盈江灾后重建。

【组织建设】　2011年，德宏州总工会加强组织建设发展。全州已建工会组织1285个，涵盖法人单位2431个，会员9.68万人，当年新增工会组织310个，涵盖法人单位1195个，新增会员2.67万人(含农垦1.1万人)。非公企业建会率达82.9%，入会率达83.1%。

【抗震救灾】　2011年，德宏州各级工会组织积极投入抗震救灾和恢复重建工作。年内，协调争取上级工会组织和友邻工会组织抗震救灾援助资金100万元，慰问受灾职工1014人，发慰问金57.4万元，全总省总捐赠70万元给盈江地震灾区。

【工资集体协商】　2011年，德宏州总工会加强工资集体协商制度，全年举办5期工资集体协商指导员培训班，300多人次参加了培训学习。截至年底，在建会企业签订工资集体合同244家，覆盖职工2.76万人。

【开展经费审查监督工作】　2011年，德宏州县总工会经审会在履行监督职责中，紧紧围绕工会经费使用和资产管理的监督重点，把好工会经费“收、管、用”的各个关口。2月22至23日，开展基层工会2010年财务收支情况审查；7月30至31日，开展对本级2010年度预决算执行情况审计、固定资产管理情况审计、帮扶资金、送温暖资金、金秋助学资金、劳模资金、抗旱救灾资金、医疗互助资金等各类专项资金管理使用情况审计；11月3至8日，开展对瑞丽、畹町、盈江、梁河等4县市总工会经费收支情况进行审计，做到工会工作开展到哪里，工会经审工作就延伸到哪里，工会经济活动运行到哪里，工会经审工作就监督到哪里。通过审查审计，促进了工会经费的依法收缴和科学管理，促进了工会经济活动规范运作，促进了工会系统党风廉政建设，推动形成工会经费收得上来、管得清晰、用得合理、监督到位的良好局面。

【职工医疗互助】　2011年，德宏州总工会加强职工医疗互助工作。年内组织动员934个单位6.07万人参加第八期医疗互助活动，累计补助生病住院职工2887人次，补助金额达207万元。其中：获得4万元以上补助的生病职工3人，最高补助额7.8万元，有效地缓解了职工就医问题。

【建功立业】　2011年，德宏州总工会表彰5家“工人先锋号”、5家“先进职工之家”、5家“先进职工小家”和“十佳农民工”。年内，建设全国“职工书屋”示范点3个、省级“职工书屋”示范点4个、州级“职工书屋”示范点2个。

【举办农民工培训班】　2011年，德宏州各级工会成功举办13期农民工培训班，投入培训补贴29.3万元，培训农民工865人，超额完成了省总下达的任务。培训内容有挖机装机，保安员，客房服务员，餐饮服务员，拖拉机驾驶员，汽车修理，摩托车修理，园艺工等。州总工会为农民工举办5期培训班，有335名农民工参加培训，投入培训费13.4万元，人均培训补贴400元。通过培训，所有学员考核合格，均取得了职业资格证书，使参加培训的大多数学员都掌握了一技之长。工会系统开展农民工培训，大大增强了当地农民工的职业技能和就业水平，为促进德宏州劳务输出打下良好的基础。

（《工会》撰稿　明　艳）

共青团

【举行“面对面”座谈会】 2011年1月24日，共青团德宏州委在芒市举行德宏州“共青团与人大代表、政协委员面对面”活动座谈会。中共德宏州委常委、州妇联主席李燕兰出席会议并讲话。受邀的州人大代表、州政协委员和企业代表、少先队辅导员代表、青年创业导师、12355志愿法律咨询师、青年农民工代表、团干部、媒体记者等30余人参加座谈会。座谈会上，李燕兰充分肯定德宏州开展“共青团与人大代表、政协委员面对面”活动的做法和成效，要求各级人大代表、政协委员积极建言献策，进一步关注青年农民工问题。与会人员围绕“新生代农民工的社会融入”主题，就新生代农民工的技能培训、薪酬待遇、文化生活需求、医疗保障、就业创业政策、子女入学、住房困难、公共卫生等问题进行讨论和交流，对进一步促进新生代农民工社会融入提出了很多好的意见和建议。

【举办德宏州少年警校培训班】 2011年1月18至29日、2月10至21日，共青团德宏州委、德宏州教育局、德宏州少先队工作委员会联合德宏州公安边防支队机动队在州公安边防支队机动队一分队开办德宏州少年警校第八期培训班。德宏州人大常委会副主任管国芳、共青团德宏州委书记刘桢梅、副书记孙坚、德宏公安边防支队政治处主任杨新党出席结业典礼。培训班为期12天，招收警校学员279人。结业典礼上，与会领导观看了培训班学员进行的队列、拳术、射击原理、武器操作规程及枪支分解结合、着装与紧急集合、内务设置等军事科目的汇报展示，并向取得优异成绩的优秀学员颁发荣誉证书。

【召开共青团德宏州委七届四次全体会暨少先队工作会】 2011年2月28日，共青团德宏州委七届四次全体(扩大)会议暨德宏州少先队工作会议在芒市召开。来自全州各县市(区)的团委书记、副书记，团州委委员、候补委员，州少工委委员，县市(区)少工委主任、副主任、少先队总辅导员，以及州直相关团组织的80多名团队干部参加会议。共青团德宏州委书记刘桢梅在会上代表团州委作了题为《凝心聚力，奋勇拼搏，为推动德宏经济社会跨越式发展贡献力量》的工作报告。共青团德宏州委副书记、州少工委主任孙坚代表州少工委向全会作了题为《抓机遇，强基础，促落实，全力推进德宏少先队工作创新发展》的报告。德宏州教育局副局长、州总辅导员、州少工委主任肖丽华在会上讲话，对各县市教育部门和学校提出工作要求。会议通过团州委七届四次全会关于团州委委员、候补委员卸职递补确认案和2011年州少工委委员卸职替补、增补确认案，表决通过《关于认真学习贯彻州委五届十三次全会精神，团结带领广大团员青年为实现“十二五”时期奋斗目标作贡献的决定》和《关于共青团德宏州委七届四次全体会议工作报告的决议(草案)》，表彰全州36个团队工作先进集体和64名先进个人，各县市作团队典型工作交流，并签订了工作目标责任书。期间，还组织各县市(区)参会人员到德宏后谷咖啡有限公司和芒市遮放镇基层团建试点进行观摩交流。

【召开芒市地区纪念五四运动92周年暨建团89周年大会】 2011年5月4日，共青团德宏州委联合共青团芒市委隆重举行德宏州芒市地区纪念五四运动92周年暨建团89周年大会。中共德宏州委副书记、州长孟必光，州委副书记唐文祥，州人大常委会主任余麻约，州政协主席龚敬政，州委常委、德宏军分区政委马福朝，州委常委、州妇联主席李燕兰，州人大常委会副主任管国芳、州政协副主席杨庆华、州政府秘书长周湛鸿，芒市委副书记、市长沙玉庄，芒市委副书记李川，芒市人大常委会主任张勒干，芒市政协主席李茂文莅临大会指导。州直有关部门、芒市四班子及相关友邻单位领导，德宏军分区、州公安边防支队、各院校团组织、“两新”组织团员代表1000余人参加会议。唐文祥在会上作讲话。大会表彰了6名第一届“德宏青年创业州长奖”获得者和5名第一届“德宏青年创业州长奖”提名奖获得者，并为芒市2家青帆创业夜校现场授牌；表彰在盈江“3·10”抗震救灾中表现突出的38名优秀志愿者和优秀团干部；为420名新团员举行新团员入团仪式，为336名学生举行18岁成人仪式。大会上正式成立“德宏州志愿者应急救援突击队”，孟必光为“德宏州志愿者应急救援突击队”授牌、授旗，首批应急救援队员进行宣誓。大会最后举行“我与祖国共奋进，青春奉献十二五”演讲比赛决赛。来自芒市地区的6名选手参加决赛，兰玉交获冠军，王恩敏、莫平获得亚军，杨妍晖、李莉、李芳获季军。

【举行德宏青帆夜校挂牌仪式暨首期培训开班典礼】 2011年5月18日，共青团德宏州委在德宏州图书馆举行德宏青帆夜校挂牌仪式暨首期培训开班典礼。德宏州人大常委会巡视员、德宏州关工委主任、德宏州延安精神研究会会长赵家培莅临现场指导并作讲话，德宏州社科联、德宏州文明办、德宏州群团纪工委、德宏州教育局、德宏州工商联、德宏州文化局、德宏州人力资源和社会保障局、德宏州民族出版社、德宏州图书馆、德宏州个私协会秘书长、芒市新知图书城等相关单位负责人应邀参加活动。德宏青帆夜校志愿讲师及学员代表、青年读书会会员代表、创业就业青年代表、志愿者及学生代表等40余人参加开班仪式。挂牌仪式上，赵家培和州社科联主席林念兰为德宏青帆夜校揭牌，与会领导为志愿讲师代表颁发聘书，为学员代表颁发学员证。首期培训开班典礼上，志愿讲师罗红艳为首期参训学员做贷免扶补政策知识讲座。

【云南省应急志愿者工作座谈会在芒市召开】 2011年6月15至16日，由共青团云南省委、云南省文明办、云南省志愿者协会主办，共青团德宏州委、德宏州文明办、德宏州志愿者协会承办的云南省应急志愿者工作座谈会在德宏芒市召开。中共德宏州委书记赵金接见与会代表，向大会表示祝贺，并对进一步做好应急志愿者工作提出希望。共青团云南省委副书记、云南省青联主席陆平出席并讲话，中共德宏州委常委、德宏军分区政委马福朝出席并致辞，德宏州人大常委会副主任管国芳、德宏州人民政府秘书长周湛鸿等领导出席座谈会。全省16个州、市团委书记或副书记、高校团委代表，昆明市企业联合会团委代表，德宏州有关单位负责人，德宏州应急志愿者救援突击队全体参训人员150多人参加；四川省应急志愿者服务总队7名代表应邀参加座谈会。会前，全体与会代表观看了德宏州应急志愿者模拟救援演练。陆平出席并宣布模拟演练开始；德宏州人民政府副州长孔勒干出席并讲话，德宏州政协副主席杨庆华、德宏军分区副司令沈甸钦等观看演练。座谈会上，与会代表观看了志愿者在盈江抗震救灾的视频片。来自州（市）、县、高校团委的负责人及志愿者代表分别交流发言，四川应急志愿者总队代表交流了工作经验，向16个州（市）应急志愿者服务队授旗。期间，与会代表还讨论了《云南省应急志愿服务条例》（讨论稿）、《云南省“雷锋号”志愿服务站（岗）评比管理办法》（征求意见稿）等，参加了德宏州应急志愿者培训班联谊晚会。

【举办德宏州应急志愿者培训班】 2011年6月12至16日，共青团德宏州委在德宏军分区77332教导队举办德宏州应急志愿者培训班。来自州直相关单位的青年退伍军人，县乡团委书记87名学员参加培训。中共德宏州委宣传部副部长赵云山、州卫生局副局长赵兴海、州公安消防支队政治处主任刘真诚、四川省成都市应急志愿者总队的教官出席开班仪式。共青团云南省委副书记、云南省青年联合会主席陆平、团省委志工部副部长段飞和刘桢梅、周小华等出席结训典礼。开班仪式上，刘桢梅做动员讲话，四川省应急志愿服务总队救援队队长周小华代表全体教官发言。结训典礼上，陆平提工作要求，周小华作培训小结，学员代表进行交流发言。出席典礼的领导为学员颁发了结业证书，并合影留念。

【举办第十届“希望之星”英语口语大赛德宏分赛区决赛】 2011年7月20日，动感地带杯第十届云南省青少年“希望之星”英语口语大赛德宏分赛区决赛在德宏州委党校报告厅举行。本次大赛由共青团德宏州委、州教育局、州少工委主办，中国移动德宏分公司协办。德宏州人大常委会副主任管国芳莅临决赛现场并讲话，州关工委副主任多守业、州政协提案社会法制委员会主任王圣春、团州委书记刘桢梅、州教育局副局长寸待龙、州群团纪工委副书记马麻弄、团州委副书记孙坚，中国移动德宏分公司集团客户中心副经理黄东华、市场经营部副经理杨艳琼等领导出席活动。德宏师专学生、武警边防支队官兵、芒市地区各市直单位团员青年及参赛选手、家长、新闻记者等400余人观看比赛。本次大赛经过县市、州直组织分赛区选拔赛，全州5个县市赛区共有637名选手参赛，通过预赛、复赛，角逐出75位优胜选手参加德宏分赛区决赛。决赛有6个组别分3场进行，经过激烈角逐，最终评选出各组别一、

二、三等奖和优秀奖。颁奖仪式上，出席比赛的领导为获奖选手颁发了比赛证书和奖品，为获得优秀组织奖的单位颁发证书和奖金，为本次大赛协办单位颁发特别贡献奖。

【召开大学生志愿者协仪签订暨培训会】 2011年9月29日，“2011年大学生志愿服务西部计划德宏州地方项目志愿者协仪签订暨培训会”在芒市会堂召开。中共德宏州委副秘书长李枝济、州群团纪工委副书记马麻弄出席会议，州委组织部、州人力资源和社会保障局、州财政局等26家用人单位和州直新招幕志愿者50人参加了会议。培训会上，李枝济对德宏州新招募录取的志愿者表示祝贺，并提出要求，参会领导向州直50名2011年期地方项目志愿者颁发录取通知书，2010年、2011年德宏地方志愿者代表分别作发言，新招募的地方项目志愿者签订志愿服务协议书。会上还对新招募的志愿者进行志愿者规范、青年礼仪规范等方面的培训。

【举行“奔向翡翠城”公益筹款活动】 2011年11月6日，“云南希望工程苗圃茶马古道助学行公益筹款活动”德宏段出发仪式在芒市勐巴娜西珍奇园举行。来自香港、广东、北京、上海、云南等地100多名分段志愿者聚集芒市向“翡翠城”—瑞丽进发。州人大常委会副主任毛勒端出席仪式并宣布出发，团州委书记刘桢梅，芒市委常委、宣传部长杨顺昌，芒市人大副主任杨世寿、香港苗圃行动茶马古道筹委会主席廖国球、州青联特邀嘉宾等参加仪式。仪式结束后，100多名分段志愿者步行4公里，由芒市勐巴娜西珍奇园向勐焕大金塔进发，当地高校和企事业单位的400多名志愿者参与当天的徒步助走。活动为期5天，全程徒步74公里。11月10日，活动抵步礼在瑞丽国门前举行，100名来自香港、全国各省市区的徒步志愿者，200余名瑞丽助走志愿者参加了仪式。团省委副书记、省青联主席、省青基会副会长陆平，州委常委、宣传部长李燕兰，省青基会副秘书长李章能，香港苗圃行动徒步茶马古道前筹委会主席、苗圃资深义工廖国球、团州委书记刘桢梅、瑞丽市政协副主席艾徐出席抵步礼。

【举办德宏州第五期青年马克思主义者培训班】 2011年12月13至15日，由共青团德宏州委主办、州委党校承办的德宏州第五期青年马克思主义者培训班在芒市举行。全州各县(市、区)团委干部，乡镇(街道)团委书记或团工作负责人，全州属省、州、县级基层党建示范村(社区)、团建试点村(社区)团组织负责人，部分州直单位专兼职团干部和州直大中专院校青年工作骨干180余人参加培训。中共德宏州委副书记、州委党校校长唐文祥，州委常委、州委宣传部长李燕兰，州委党校党委书记、常务副校长谢大鹏、团州委书记刘桢梅出席开班仪式。刘桢梅、州群团纪工委副书记马麻弄、州委党校副校长高正伟、团州委副书记孙坚出席结业典礼。开班仪式上，唐文祥作讲话，并对参训学员提出要求。结业典礼上，刘桢梅、马麻弄、高正伟分别讲话，并为培训学员颁发结业证书。

【组织开展抗震救灾工作】 2011年，盈江突发5.8级地震，团中央陆昊书记第一时间做出重要批示，团省委饶南湖书记书记第一时间询问灾情，并到盈江指导工作，中国青基会副秘书长杨晓禹、云南青基会理事长沈光鑫先后到盈江指导抗震救灾、发放慰问金。3月18日，温家宝总理、回良玉副总理来到盈江查看灾情。期间，温总理与志愿者亲切交谈，对志愿者工作表示了肯定和赞扬。据统计，在盈江“3·10”地震中有3610多名德宏本地和外地志愿者登记注册参与抗震救灾工作，志愿者搬运数吨赈灾物资，搭建帐篷1000多顶，参加消毒防疫活动200多次，解答来访人员询问2000余人次，每天都有志愿者参与排危抢险、清理垃圾、发放宣传资料、维护秩序、心理疏导、急救培训等志愿服务，累计开展各类志愿服务达30000余人次。通过开展临时建团、抗震救灾创先争优火线入团活动，在各志愿服务点和受灾严重村寨建立7个团支部，吸纳143名优秀青年火线入团，组建首支29人的盈江志愿者应急救援队伍。地震期间，团中央、团省委共下拨物资、经费110万，中国青基会、省青基会、广发银行、香港苗圃行动、娃哈哈慈善基金会等机构和单位共向灾区捐赠145.14万元的救助金。截至12月，全州共青团组织接受捐赠和落实项目资金达1000万元。

（《共青团》撰稿　朗昌辉）

妇　联

【开展创先争优活动】 2011年，德宏州各级妇联以“党群共建创先争优”活动为契机，着力加强思想建设、组织建设、作风建设、制度建设和反腐倡廉建设。实现370个村(社区)全部建立妇女之家(学校)；创建省、州、县三级党群共建创先争优活动妇联示范点35个；州妇联为全州51个乡镇(街道)妇联配备价值20万元的电脑、照相机、打印机，为部分村、组妇女之家解决价值10万余元的音响、广播等器材，为6个县市区妇联配备价值8万余元的笔记本电脑、打印机等设备，解决了部分县市区妇联、村组妇女之家工作经费不足部分，改善了基层妇联工作条件，促进基层妇女工作的整体联动，基本解决了“有阵地做事”的问题。妇代会主任工作报酬纳入财政预算，瑞丽、陇川2县实现每人每月50元，梁河、芒市、盈江、畹町3县1区实现每人每月100元；妇女小组长工作报酬问题正逐步解决，芒市实现每人每年400元，畹町实现每人每年1000元，基本解决了“有人干事”的问题。“七一”期间，102个先进基层妇女组织、先进妇女工作者、优秀妇女受到州委表彰。成功举办全州妇联系统首届职工运动会，并对全州县、乡、村妇联干部实施岗位培训和干部轮训，提升素质、活跃文化，营造妇联干事创业的良好氛围。

【妇女干部培训】 2011年，德宏州各级妇联采取与组织部门、党校联合举办乡镇妇联干部培训班、村妇代会主任培训班、推荐到省内外参加岗位培训等多种方式，对全州440余名妇女干部进行培训。联合综治维稳办、交通局、人力资源和劳动保障局、统计局等单位，开展社会管理创新工作、在边境艾滋病防治中促进性别平等、社会性别主流化与推动妇女发展、妇女儿童发展规划终期评估等培训，使全州各级妇联干部的整体素质和业务能力得到巩固和提升。邀请省内知名专家开展，专题知识讲座4场，4000余名妇女听取讲座。依托妇女之家，举办实用技术培训790期，培训妇女92723人次，187名妇女获得农函大毕业证书。

【妇女创业就业】 2011年，德宏州各级妇联组织以帮助农村妇女增收致富和促进城乡妇女创业就业为重点，依托贷免扶补、妇女发展循环金、少数民族妇女乡村道路养护项目、妇女小额担保贷款、科技致富示范等项目，切实帮助有创业意愿的城乡女性创业。3月，举办全州妇女创业培训班，对“贷免扶补”对象、有创业意愿的妇女、村妇代会主任等群体进行培训。全年共帮助城乡有创业意愿的227名女性成功创业，发放贷款1517万元，吸纳就业人数50人。通过实施少数民族妇女养护乡村道路项目，为德宏州165公里乡村道路沿线的163名少数民族贫困妇女创造了一个新的就业机会。

【家庭教育】 2011年，德宏州各级妇联立足家庭，以家庭文化建设为载体，加大五好文明家庭、平安家庭、绿色家庭、廉洁家庭、书香家庭、双合格家庭的创建力度。年内举办家庭教育知识培训938期，受训家长88940人(次)；命名表彰各类文明家庭28918户，深入开展“共享蓝天”关爱农村留守流动儿童大行动，开展农村留守妇女儿童调查行动，对全州2225名留守妇女和7888名留守儿童建立档案，为开展留守妇女儿童的帮扶工作奠定了基础；组织开展“拒绝毒品、抗击艾滋、建设家园、共创平安”等系列活动，禁毒防艾意识深入人心；启动巾帼志愿行动计划，全州共注册巾帼志愿队伍82支，注册巾帼志愿者1594名，7月在全州组织开展以“倡导巾帼志愿服务，让留守儿童幸福成长”为主题的巾帼志愿服务月活动，联合州综治维稳办召开全州社会管理创新工作会，认真总结、交流经验，有效发挥妇联在社会管理工作中的独特作用。

【表彰先进】 2011年，德宏州妇联撰写的家庭教育“十一五”规划课题《边疆少数民族地区家庭教育观念的现状与对策研究》和《芒市地区流动人口与新市民的家庭教育指导研究》分别获得省妇联的表彰奖励；尹祖鸾、赵淑芬分获第二届“云南十大女杰”和“云南十大女杰”提名奖，一批优秀警嫂、巾帼建功标兵、巾帼文明岗分别受到了省级表彰。

【妇女儿童合法权益】 2011年，德宏州各级妇联认真履行组织妇女、引导妇女、服务妇女、维护妇女儿童合法权益的职责，强化宣传培训，利用节日大力宣传妇女儿童权益保护法律法规，组织开展“温暖你我他，维权进万家”三八维权周活动，提高广大妇女群众依法维权的能力。年内，全州各级妇联开展宣传活动30余场(次)，发放各种维权宣传资料18万份，展出展板170多块，粘贴标语14多条，出黑板报210期，发放避孕药具4万余支。同时，不断完善妇联来信来访接待制度，依托各级妇联组织、反家庭暴力“110”报警中心、妇女之家(学校)、家长学校等网络机构，延伸妇联维权工作手臂，积极配合公安部门做好预防和遏制拐卖妇女儿童工作。全年接待来信来访225件，结处率达99%。各级妇联实施云南省贫困妇女社区关怀救助、中国移动—中国温暖“12·1”、母亲安居建房等关爱项目20余个，项目资金共计578.6万元，项目使2614户家庭的7738名妇女儿童受益。为全州3所学校争取到价值12万元的“安康图书室”3个，获课外图书7800余册，为山区儿童课外阅读提供了良好的条件。六一期间，组织动员社会各界为儿童办好事、实事，州妇联深入盈江地震灾区、山区贫困学校与弱势儿童共渡六一，向灾区儿童、禁防挂钩点儿童捐赠学习体育用品和生活用品，向州特殊教育学校捐赠价值70800元的蜜儿餐900公斤，改善儿童营养。

【抗震救灾】 2011年，盈江“3·10”地震发生后，德宏州妇联及时向云南省妇联上报灾情，同时向全州各级妇联、各族妇女发出号召，积极帮助灾区群众抗震救灾。州妇联抗震救灾小组驻扎灾区，指挥救援，查实灾情，协调救援物资。抗震救灾期间，州妇联向省妇联争取资金10万元，单位和干部职工捐款7万元，盈江县自筹资金8万多元，其它妇联(妇女)组织捐助了大量的生活必需品。州县妇联抗震救灾小组走访慰问受灾、受伤妇女儿童户、项目户670多户，发放慰问金25万余元。盈江县160多个基层妇女，组织3600多名巾帼志愿者为灾区送大米、蔬菜、盒饭、生猪等折合人民币23万余元，捐款15万余元，抢收甘蔗数千吨，在抗震救灾前线充分发挥了半边天的作用。

【参政议政】 2011年，德宏州各级妇联以县市(区)和乡镇党委换届为契机，积极宣传相关政策、推荐优秀妇女干部，为妇女干部的健康发展营造良好环境，进一步实现妇女参政新突破。县乡两级换届后，各县市均实现常委班子中有1名女性干部，乡镇党委换届妇女代表占代表总数的22%，比上届提高2.7个百分点，实现了州委“妇女代表一般不少于20%”的要求；新一届乡镇党委女委员占委员总数的10.1%，比上届提高3.5个百分点；全州当选女党委书记3名，女副书记5名，女纪委书记5名，均比上届有大幅度增加；乡镇妇联主席进党委班子5名，比上届增加3名。此外，妇联还通过人大代表、政协委员的平台，积极参政议政，为德宏发展建言献策。

（《妇联》撰稿　卓君佳）

社科联

【组织专家学者到木康站采风】

2011年5月25日，德宏州社科联在木康公安检查站被国务院、中央军委授予“缉毒先锋站”荣誉称号十周年之际，组织州级各学会、协会、研究会及芒市地区院校30多位社科专家、学者到木康检查站采风。此次采风活动主要以木康站荣获“缉毒先锋站”荣誉称号10年来的先进事迹为重点，结合建党90周年和服务桥头堡黄金口岸建设，大力总结和弘扬以木康为代表的先进典型在维护德宏社会和政治稳定、服务边疆经济发展、促进民族团结等方面做出贡献，创作出一批优秀作品，大力弘扬以木康为榜样的云岭雄关精神，在全州社科界掀起学习木康精神新高潮。

【课题研究】 2011年6月，德宏州社科联结合实际，组织有关学会围绕“桥头堡建设”等课题开展研究。州社科联与州税务学会共同完成的“创新税收优惠政策，助力瑞丽试验区建设”课题研究，荣获云南省2011年度税收论文一等奖，为促进德宏州税收事业发展做出了积极的贡献，受到了省国税局的表彰。

【举办中国亚太学会年会】 2011年11月6至8日，在德宏成功组织举办中国亚太学会年会。来自中国社会科学院、云南省社会科学院、中央财经大学、北京师范大学、中央民族大学、四川大学、同济大学、南开大学、中国现代关系研究院、上海社科院、云南大学等27所大学和科研机构的100多位专家、学者济济一堂，深入交流学术领域的新成果，并结合德宏的发展机遇和挑战，提出了很多有建设性的意见、建议。会议期间，与会专家学者深入德宏芒市、瑞丽市调研，为德宏州全面推进桥头堡黄金口岸和瑞丽重点开发开放试验区建设把脉会诊、传经送宝、建言献策，并针对德宏经济社会发展机遇，全国政协委员、中国社会科学院国际学部主任(博导)、中国亚洲太平洋学会会长张蕴岭作了题为《当前国际形势分析》、《中国与东盟关系的发展》专题报告。此次年会层次高、规模大，讨论的议题丰富、广泛，观点新颖，针对性、实用性强，赢得了广泛的好评。

【科普宣传】 2011年，德宏州社科联认真贯彻落实中央和云南省委有关繁荣发展哲学社会科学的意见精神，坚持“二为”方向、“双百”方针，充分发挥“联”的作用，不断拓展“联”的途径，以“当好党委政府的思想库、智囊团”为中心任务，团结带领广大哲学社会科学工作者，力求社科工作的内容创新、形式创新和手段创新，扎实开展社科理论研究与宣传普及，扩大科普活动的影响与作用，使社科成果惠及广大群众，积极营造了良好的科普氛围，满足了各族群众对社科知识现实需求，提高了全州各族人民的人文社会科学素养。一、丰富科普宣传载体。组织州级各学会、协会、研究会广大社科专家到乡村、社区、工厂、学校、军(警)营开展社科知识宣传普及、文艺演出、送温暖活动及支农助农等活动。年内向群众提供的实物价值近1.5万元，提供各类服务1500人次，发放各类宣传资料2000份。二、整合力量积极宣传。积极整合社科资源，最大程度地调动社科学术团体做好科普工作的热情，引导他们在科普工作上由过去的被动参与变为主动开展，鼓励他们自主组织科普宣传活动，使全州科普工作做到“点”面结合，相映生辉。年内，组织学会开展征文、座谈、培训、宣讲、调研、咨询20场次，受益群众达5000人次。三、开展网络科普。年内，德宏社科网站共上传登发1000多篇(幅)科普信息及图片等，图文并茂、形式多样、简捷快速地展示和反映了德宏社科动态信息，受到广大社科工作者的欢迎和领导的肯定。四、办好社科学术期刊。办好德宏州颇具影响力的社科学术刊物——《德宏社会科学》。同时，积极支持和鼓励县市社科联及各学会、协会、研究会创办刊物，为全州哲学社会科学工作者提供辛勤耕耘的园地，为德宏改革开放、全面推进桥头堡黄金口岸和瑞丽重点开发开放试验区建设重大理论和现实问题研究交流提供平台。目前，县市社科联及一些学会相继创办了独具特色的社科学术刊物，如德宏州金融学会的《德宏金融调研》、德宏教育协会的《德宏教育》、德宏州警察协会的《德宏公安》、芒市社科联的《芒市论坛》、梁河县社科联的《今日葫芦丝之乡》、陇川县社科联的《目瑙纵歌之乡》、盈江县社科联的《话说盈江》和瑞丽市社科联的《今日瑞丽》，培育了一大批作者和读者群，拓展了研究、交流的平台，使社科学术期刊成为全州社科工作者的理论交流阵地和重要的参考资料。

【《缅甸国情报告》出版发行】 2011年9月，德宏州社科联牵头，组织协调云南省社科院东南亚研究所、州委党校共同完成的《缅甸国情报告》一书，正式出版发行。全书分为综合报告、2010～2011年度缅甸发展分报告、缅甸基础资料3部分，共19章，约33万字。该书从各个领域解读缅甸的国情，分析缅甸经济、政治、外交、经贸、社会、民族、宗教、文化等方面的现状和发展，清晰地反映缅甸的真实情况。该书为研究缅甸问题的人员和实际工作者提供了较为准确翔实的系统研究资料，是广大专家学者研究中缅问题的一本工具书。同时，对德宏积极参与中国—东盟自由贸易区运作、推进瑞丽重点开发开放试验区建设、倾力打造桥头堡黄金口岸，实现德宏大开发、大开放和大发展有着十分重要的历史意义和现实意义。

【州图书馆被命名为“省社科基地”】 2011年，德宏州社科联推荐德宏州图书馆、德宏州文化馆申报“云南省社会科学普及示范基地”。经过层层评审、审议，最终，德宏州图书馆于11月被命名为“云南省社会科学普及示范基地”。科普示范基地的命名将为面向公众开放并开展科普活动、发挥公益性科普基地功能作用、提高全民科学素质发挥重要的作用。

【创建德宏社科网站】 2011年12月，德宏州社科联为加大社会科学的宣传普及工作力度，使社会科学更好地为党委、政府科学决策服务，进一步满足各族群众对人文社科知识及公共服务的需求，不断加强科普资源的整合，积极探索、构建社科普及传播平台，筹备创建了社会科学知识宣传普及工作网站。德宏社科网站挂靠在州委州政府宣传门户网站——孔雀之乡网，页面设立组织机构、学会工作、学术交流、社科评奖、学术年会、德宏社科、社科普及、专家名录、县市社联、社科年鉴、对外联络、党务公开等12个栏目。德宏社科网站的建立，提升了德宏州社科联的管理服务水平和社科宣传普及能力，实现了社会科学网络信息资源的广泛共享，为广大社科工作者提供了丰富的信息资源和广阔的交流平台，得到社会各界的肯定和好评。

【建立德宏社科专家学者库】 2011年12月，德宏州社科联为认真贯彻落实党的十七大关于繁荣发展哲学社会科学的要求，加强全州哲学社会科学人才队伍建设和培养，整合社科人才资源，搭建专家学者服务德宏经济和社会发展的平台，在德宏社科网站开设德宏州哲学社会科学专家学者人才库。对专家学者实行学科专业化、数字化、网络化管理，不仅做到专家进库，而且按学科梳理归类，极大地方便对专家学者的查找，也为社会其他部门提供人才信息。同时对加快推进桥头堡黄金口岸和瑞丽重点开发开放试验区建设、实现德宏经济社会跨越式发展提供坚强的人才保证和智力支持。专家学者库的建立，探索解决了社会科学成果转化应用管路不畅，群众渴求人文社会科学指导滞后的新路子，开创了德宏州社会科学理论学术研究与咨询工作的先河，标志着德宏州社科咨询与普及工作迈上一个崭新的台阶。

（《社科联》撰稿　林念兰　思治明）

文　联

【举办五大民族文化系列展】　2011年4月12日，由德宏州摄影家协会、德宏州书法家协会和德宏州美术家协会共同承办的德宏民族文物展、非物质文化遗产展、少数民族影像展、民族出版物展和书法绘画作品展等五大民族文化系列展在芒市中缅友谊馆拉开帷幕。展览以图片、实物、艺术作品等形式，讴歌党的十一届三中全会以来德宏各族人民幸福生活的画面和优美的自然风光、独特的民俗风情。本次展览展出的作品题材多样，形式新颖，内容丰富，其中66幅摄影作品、54幅美术作品、50幅书法作品代表着德宏州摄影、美术、书法作品的最高水平，充分展示出德宏民族文化的独特魅力。

【召开四届三次全委会】　2011年5月13日，德宏州文学艺术界联合会四届三次全委会在芒市召开。德宏州文联名誉主席李向前、州文联主席龚家强、州文联副主席倪国强及州文联四届全委会委员出席会议。会上，龚家强受州文联四届委员会委托，向州文联四届三次全委会作题为《同心协力，开拓进取，为德宏文艺工作和文联工作取得新成绩而努力奋斗》的工作报告。会议增补盈江县文联第一届主席沙政成为德宏州文联四届全委会委员，并审议通过关于工作报告的决议。

【举办摄影专题讲座】　2011年5月17日，德宏州摄影家协会在芒市举办摄影专题讲座。本次讲座邀请北京摄影师张立群主讲摄影专题，讲座分瑞丽市、陇川县、盈江县3个分会场，州摄影家协会会员以及全州摄影爱好者近100人聆听讲座。张立群凭借自己摄影创作的经历，将摄影理论与实践相结合，全面、客观地阐述中西方在摄影思想和构图等方面存在的差异，就目前国际上摄影艺术的发展和趋势做了分析和讲解。针对会员拍摄中遇到的问题，张立群从风光拍摄、人物拍摄、静物拍摄3个方面详细讲解了不同类别摄影应注意的问题和应掌握的技巧。

【举办美术摄影书法作品展】　2011年7月，由中共德宏州委、州人民政府主办，州委宣传部、德宏州文联、德宏州史志办承办的“纪念中国共产党建党90周年德宏州美术摄影书法作品展览”在中缅友谊馆拉开帷幕。中共德宏州委常委、州委秘书长番跃平，州委常委、州委宣传部长李燕兰，州人大常委会副主任杨红、州政协副主席董成宝出席开展仪式，州直20多个部门、各文艺界代表参加开展仪式。开展仪式后，出席活动的领导、参加活动的干部以及部分市民参观了作品展。此次展览共展出美术、书法、摄影作品150幅。德宏州书法家协会会员聂茂华、李正保、马黎青的书法作品入选由云南省文联、云南省书协主办的庆祝建党90周年暨中国书法家协会成立30周年“红云红河杯——云南书法作品邀请展”。

【承办“全国人口较少民族重点作家研讨会暨百名作家德宏行”活动】　2011年10月12至16日，德宏州文联与州委宣传部在芒市联合承办由《民族文学》杂志社、中国作家协会、中国少数民族作家协会、云南省文联、德宏州委、州人民政府主办的“全国人口较少民族重点作家研讨会暨百名作家德宏行”活动。12日，全国人口较少民族重点作家研讨会暨“百名作家德宏行”活动开幕式在芒市举行。中国作协原党组副书记、中国作协少数民族创作委员会主任玛拉沁夫，中国文联副主席、中国作家协会副主席丹增，《民族文学》主编、中国少数民族作家学会常务副主任叶梅，云南省文联党组书记、主席郑明，云南省作家协会主席黄尧，云南省作协副主席杨红昆，国内著名期刊主编和作家李平、李霄明、徐怀谦、叶广岑、孙春平、葛一敏、李鲁平等，以及州委书记赵金，州委副书记、代州长龚敬政，州委副书记唐文祥，州政协副主席杨丽云出席活动。在开幕式后的研讨会上，丹增发表讲话，并对少数民族作家和文学爱好者提出要求。叶梅、黄尧、叶广岑以及人口较少民族作家代表和建全也作了发言。研讨会后，德宏州本土作家及文学爱好者深入芒市、瑞丽、陇川、盈江、梁河考察人情风物。

【参加第26届“滇西笔会”】　2011年10月27日至10月31日，德宏州文学艺术界联合会派员参加在丽江举行的第26届“滇西笔会”。本次笔会为诗歌专题，云南省文联党组书记、主席郑明，云南省作协主席黄尧分别发表讲话。《诗刊》常务副主编李小雨，《文艺报》编委、总编室主任徐忠志等参加会议。期间，李小雨、徐忠志获第五届鲁迅文学奖。云南诗人雷平阳与来自滇西八州市的作家、诗人共同对中国诗歌及滇西诗歌存在的问题进行剖析，探讨滇西诗歌今后的发展方向。会上颁发了“滇西文学奖”评选诗歌奖。经过评委会的认真评选，共有12首诗歌获奖。德宏州作家唐阳凤创作的《唐果的诗》荣获“滇西文学奖”。

【文艺评奖】 2011年，德宏州文联在全州各县市(区)和州直宣传文化系统部门推荐的基础上，首次评选出10个州级先进文化工作单位、10名文化工作先进个人、10件优秀文学艺术作品、5个优秀文化企业、5个文化产业示范基地。其中：由州文联评审并获奖的10件优秀文学艺术作品有：创世史诗《目瑙斋瓦》(景颇文版)，汉、傣历史文献《勐果占壁及勐卯古代诸王史》，美术作品画册《德宏美术作品选集》，傣文长篇小说《帕荫法》，舞蹈诗《神奇的勐巴娜西》，摄影作品《莫里飞瀑》等28幅，书法作品《篆隶楷行书法四条屏》，葫芦丝独奏《葫芦丝的传说》，诗歌《唐果的诗》，小小说(文集)《看不见的脚》。

(《文联》撰稿　管有恒)

侨　务

【表彰先进】 2011年1月，德宏州侨联、瑞丽市侨联、盈江县侨联荣获云南省侨联先进基层组织奖，全州有11位归侨侨眷被授予云南省先进归侨侨眷，4位侨务干部被评为侨务先进工作者。4月，州侨办荣获州委州政府“两基工作”先进集体；5月，州侨办荣获州委州政府盈江“3·10”地震抗震救灾先进集体奖表彰。

【对外联谊】 2011年4月，泼水节期间，组织召开旅缅侨胞座谈会。中国驻曼德勒总领事馆总领事唐英、领事王增海、州政府高铁英副州长听取侨胞对德宏州桥头堡黄金口岸建设的意见建议；6月20至28日赴缅甸、泰国进行侨务招商考察，分别在缅甸仰光、曼德勒召开2场招商推介会，拜访了缅甸、泰国23家侨团侨社，加强与缅泰侨团侨社的联系与交往。为此，德宏州侨联在协助完成开通芒市——曼德勒直航航线相关工作。

【签订“促进德宏桥头堡黄金口岸战略合作框架协议书”】 2011年，德宏州侨联为进一步贯彻国家关于云南省面向西南开放桥头堡战略，发挥侨力资源优势和作用，推进德宏桥头堡黄金口岸建设，云南省侨办于2月与德宏州人民政府签订《云南省侨务办公室、德宏州人民政府促进德宏桥头堡黄金口岸建设战略合作框架协议书》。双方决定建立长期的、全面的、深度的战略合作。协议书签订后，双方将积极履行“协议”的要求，在推动德宏桥头堡黄金口岸建设方面发挥了积极的作用。

【建立瑞丽国际华商产业园】 2011年，德宏州侨联为认真贯彻落实《中共中央、国务院关于深入实施西部大开发战略的若干意见》(中发〔2010〕11号)和《国务院关于支持云南省加快建设面向西南开放重要桥头堡的意见》(国发〔2011〕11号)的战略部署，由国侨办支持，省侨办、德宏州共同推动落实，瑞丽市实施的国内首家“瑞丽国际华商产业园”于6月接受国务院侨办授牌落地德宏。产业园建设得到国务院侨办、省委省政府的高度重视和支持，秦光荣书记表示云南省将依托瑞丽重点开发开放试验区建设，全力打造瑞丽国际华商产业园，更好地支持华商在云南投资兴业。同时，国家和省支持瑞丽重点开发开放试验区建设的政策，为海外华商入住瑞丽国际华商产业园发展提供非常优惠的条件。瑞丽国际华商产业园的建立，标志着德宏州侨务工作服务桥头堡黄金口岸建设有新的切入点和抓手。目前一批重要华商项目已入园和即将入园，如瑞丽大通公司“美格塑料”项目已投产，总投资达20亿元的香港雅居乐集团“飞海旅游度假”项目，以及总投资2亿元的云南滇虹药业“瑞丽国际医药工业园及中药材种植基地”项目拟将开工；由云南省城市建设投资有限公司和瑞丽市大通实业有限公司共同投资30亿人民币的“梦云南·传奇瑞丽”项目已完成初步设计方案，并与瑞丽市签订“滨江国际旅游度假项目”三方投资建设框架协议，项目征地工作正在进行中；由泰国云南商会拟投资100亿元的建设瑞丽国际华商产业园中央商务区(CBD)项目已与瑞丽市签订框架协议。

【举办“第九届东盟华商投资西南德宏专场推介会”】 2011年，德宏州侨联以东盟华商投资西南推介会为平台做好招商引资工作。6月5日，在昆明举办的“第九届东盟华商投资西南推介会德宏专场推介会”上，德宏州取得积极成效。会上州委书记赵金、州长孟必光以及瑞丽市市长刀晓瑞向来自28个国家和地区的500余位海外华商推介了德宏；州委书记赵金、州长孟必光及相关领导还与中国侨商会常务副会长、印尼力宝集团董事局主席李文正等20位重点海外华商进行座谈，并取得圆满成功。会后，多个海外重要侨企纷纷赴德宏州进行投资考察，东盟华商投资西南推介会已成为德宏州对外招商引资的重要平台。

【芒市华侨农场改革和发展工作通过国检】 2011年，在国侨办、省侨办的大力支持和指导下，德宏州认真贯彻执行国务院6号文件和省政府13号文件精神，按照侨场改革“三融入”的要求，开展对原芒市华侨农场的改革发展工作。通过3年的不懈努力，按照要求完成原芒市华侨农场的改革和发展工作。目前，侨场基础设施建设项目稳步推进，危房改造后续工作有序实施，产业调整发展不断取得成效，社会保障体系不断健全完善，侨场稳定工作得到加强，各项工作取得实质性成果。3月，在昆明召开省委全省华侨农(林)场改革和发展工作检查考核会上，芒市华侨农场改革和发展工作得到省委的肯定，并通过了省检考核，9月通过国检，并受到国务院督察组的充分肯定，11月全省侨场改革和发展工作现场经验交流会在德宏召开。原芒市华侨农场改革和发展工作已进入巩固和健康发展阶段。

【侨务工作】 2011年，德宏州侨务部门积极探索做好边疆少数民族侨务工作的方式方法，结合德宏侨务工作边疆性、民族性的特点，积极推进社区侨务、侨务扶贫工作等基础性侨务工作，全州归侨侨眷思想稳定，拥护党的领导、拥护社会主义。省、州、县侨务部门走访受灾归侨侨眷266户、侨资侨属企业19家，争取抗震救灾资金570.92万元及价值24万元的救灾物资；8月实施盈江“3·10”地震灾后重建项目——香港雅居乐集团捐赠500万元援建盈江县“雅居乐—侨爱新村”。全州侨务部门在全州实施“侨爱工程”、“侨心工程”工作，6年来全州接受海外侨胞及港澳同胞捐赠1890.7万元人民币，项目194个。其中：捐助教育事业项目89个，资金960万元；捐助卫生、社会福利等公益事业项目105个，资金930.7万元；争取美国妈妈联谊会、香港福慧基金会、香港两地一心慈善机构、美国唐氏基金会、西澳中华会馆、香港应善良基金会等海外爱国侨团对德宏州公益事业的大力支持。

（《侨联》撰稿　尹朝红）

工商联

【民营企业德宏感恩行动】 2011年5月26日，云南省委统战部、省工商联、省光彩会在德宏州盈江县举办“云南红土情·光彩进万家——民营企业德宏感恩行动”捐赠仪式。全省15位优秀企业家向德宏州捐赠556万元的资金和物资，是云南省广大民营企业家致富思源，回报、感恩党、感恩国家、感恩人民，更好地履行社会责任，真心实意结对帮扶云南省少数民族地区、边境区、贫困地区群众，致力于提高贫困地区困难群众生产生活水平的崇高善举。

【非公经济组织】 2011年，德宏州工商业联合会(商会)始终把加强干部队伍和非公经济人士思想政治工作作为首要任务，利用执委会、迎新春茶话会、文艺晚会和座谈会等形式，在广大非公经济代表人士中，开展中国特色社会主义主题学习教育活动，宣传党的十七届六中全会、“七一”讲话、省第九次、州第六次党代会和县(市)党代会精神。积极协同有关部门精心做好全州非公经济组织6个党委，4个党总支，69个党支部共1054名党员参加创先争优活动的指导工作，积极协助有关部门在非公经济组织中成立了4个党支部、45家工会、23家团组织，逐步实现党建带工、青、妇组织建设的全覆盖。在“七一”州委表彰的全州创先争优活动先进集体和个人中，“百强党组织”非公经济组织有9个；“百佳书记”非公经济组织有7名；“百优党员”非公经济组织有6名；“百强工会组织”非公经济组织有11个；“百佳工会干部”非公经济组织有4名；“百强团组织”非公经济组织有3个；“百佳团组织书记”非公经济组织有4名；“百优团员”非公经济组织有2名；“百强妇女组织”非公经济组织有4个；“百佳妇女工作者”非公经济组织有1名；“百优好妇女”非公经济组织有3名。

【组织建设】 2011年，德宏州工商联根据全州非公经济发展的实际，先后成立德宏州浙江商会、陇川县珠宝玉石协会、梁河生态茶畜专业合作社、梁河弘梁专业合作社、芒市工商联西山乡分会，进一步壮大工商联基层组织。按照会员发展方针，以企业会员发展为重点，状大非公经济人士队伍，全年发展会员108人。其中：个人会员58人，比上年增长4%；企业会员47个，增16%；团体会员4个，增13%。截至年末，全州有会员1872人，其中个人会员1501人，企业会员345人，团体会员26个。

【参政议政和调查研究】 2011年，德宏州工商联通过召开各类座谈会、调研、走访等形式，引导民营企业在科学发展上多出思路，在自主创新上多做支撑，在破解难题上多想办法，在服务发展上多做贡献。全州工商联界的人大代表、政协委员针对德宏州经济社会发展的热点、难点等问题，在全国、省、州、县(市)“两会”上提出了《关于把云南作为少数民族团结进步事业发展实验区建设》、《抢抓先机，把德宏打造成自驾车旅游的最佳目的地》、《关于加大扶持力度，促进我州红木产业发展的建议》等35件议案和提案。紧紧围绕党委、政府的中心工作，先后分别就工业产业、民族饮食文化、非公经济发展、小额贷款担保等课题，开展调查研究，形成《广东珠宝产业发展调研报告》、《非公经济企业发展及投资环境情况调研报告》、《协调劳动关系三方机制调研报告》等10篇调研报告，受到了州委、州政府的高度重视。

【会员服务】 2011年，德宏州工商联充分利用担保中心这一渠道，积极促进银企合作，全年为劳动密集型中小企业提供小额担保贷款1720万元。做好省“代免扶补”工作，完成德宏州200个“贷免扶补”名额，为创业人员担保贷款1034万元。组织30名非公企业负责人参加省工商联在瑞丽召开的滇缅经贸合作论坛第三次会议；组织118多家企业参加在缅甸105码举行的第十届中缅边交会和在瑞丽举行的第十一届中缅边交会；组织陇川集强林竹产业有限公司参加在重庆举办的2011年中国(重庆)国际食品博览会；组织陇川集强林竹产业有限公司、芒市光明印楝产业有限公司和芒市志成茶业有限公司等企业，参加在昆明举办的云南省生物产业科技成果展示交易会，陇川县集强林竹产业有限责任公司与云南南亚竹藤研究中心签订“生物保鲜技术”合作项目；组织芒市珠宝商会200多人参加中国·芒市(泛亚)珠宝工艺品博览会。通过招商引资、展品展销，进一步促进德宏州企业与发达地区企业的交流与合作，提升企业的竞争力。依法维权，积极为企业协调解决有关重大案件、纠纷40余件次，较好地维护了非公企业和人士的合法权益，其工作成果受到当事人的充分肯定和认可。抓好非公经济人士的培训工作，组织不同层次的培训班，加大对非公经济人士的培训工作，全州有1500余名非公经济人士受到不同程度的培训。

(《工商联》撰稿 李楠青)

军　事

德宏军分区

【召开第六届第九次党委全体(扩大)会议】 2011年1月15至16日，德宏军分区在芒市召开第六届第九次党委全体(扩大)会议。会议传达上级党委全体(扩大)会议精神，听取77332部队党委和各县(市)人武部党委工作汇报，全面总结2010年工作，表彰2010年度先进单位和个人，部署2011年任务。会议认为，2010年，全区部队按照“学习实践强素质、聚焦打赢抓建设、科学统筹谋发展、保持稳定不出事”的总体思路，以求真务实作风狠抓工作落实，圆满完成上级赋予的各项任务，部队和国防后备力量建设整体推进、协调发展。会议指出，2011年，是中国共产党成立90周年，是国家和军队实施“十二五”规划的开局之年。全区部队要高举中国特色社会主义伟大旗帜，以邓小平理论和“三个代表”重要思想为指导，深入贯彻落实科学发展观，牢牢把握根本，紧紧扭住龙头，着力打牢基础，始终确保稳定，大力弘扬改革创新精神和求真务实作风，高标准完成年内各项工作任务，不断提高部队和国防后备力量建设水平。会议强调，要从四个方面抓好2011年工作：一是理清思路，端正工作指导；二是主动作为，创造新的业绩；三是统筹兼顾，提高质量效益；四是改进作风，树立良好形象。

【参加盈江"3·10"抗震救灾】

2011年3月10日12时58分，德宏州盈江县发生5.8级地震，造成人员伤亡340人，其中死亡26人，重伤133人；房屋倒塌3613户，18402间；严重损坏9855户，49130间；轻度受损13891户，68590间。盈江城区教育、卫生、水利、交通、电力、通信等基础设施均不同程度受损，直接经济损失26.8784亿元。灾情发生后，德宏军分区迅速启动应急预案，司令员龚平、政治委员马福朝和军分区领导第一时间组织部队和5县(市)应急民兵全力抗震救灾，全区官兵和民兵预备役人员，英勇顽强，连续奋战，敢打硬仗，出色完成抢救伤员、转移群众、搬运物资、搭建帐篷、排危除险等救灾任务，受到军队上级党委首长、地方党委政府和广大人民群众的高度赞誉。救灾从3月10日开始，到20日部队和民兵回撤，历时11天，累计出动官兵5865人次，民兵7817人次，车辆560台次，搜救伤员20人，转移伤员61人，挖出遇难者遗体1具，巡诊419人次，捐款12.76575万元，转移安置群众1.46万人，搭建帐篷2244顶，搭建板房46间，平整场地8760平方米，拆除危房2.371万平方米、危墙4070米，清理道路1.344万米，清理废墟5904吨，抢运物资2812吨。受到国务院温家宝总理的高度褒奖。国务院回良玉副总理称赞："德宏军分区在地震发生后马上出动，以最快速度投入救灾，搜救人员。"军分区《在抗震救灾实践中加强党性修养、锤炼党性作风》和《真心爱人民、真情为人民、真诚学人民》的经验得到上级肯定。

【参加全军思想政治教育座谈会】

2011年5月26至27日，全军思想政治教育座谈会在北京召开。德宏军分区政治委员马福朝作为成都军区唯一师级先进单位代表出席会议，并作了题为《筑牢道德防线、经受复杂考验》的典型发言；5月28日，《解放军报》刊载了军分区经验，军分区始终结合防区实际，自觉把加强道德建设作为深化当代革命军人核心价值观培育的重要着力点，引导官兵坚决抵御腐朽思想文化和生活方式影响，保持崇高精神追求和良好道德风尚；6月10日，在成都军区人才工作暨思想政治教育电视会议上，军分区政委马福朝作为先进单位代表作了题为《扎实开展主题教育、强化官兵精神支柱》的典型经验发言，受到高度赞誉。

【稳妥处置"6·08"边境突发事件】

2011年6月8日，缅政府军与克钦独立军发生武装冲突，对边防和社会稳定带来影响。"6·08"事件发生后，德宏军分区深刻领会党中央、中央军委和胡主席决策部署，坚决贯彻落实军委总部、成都军区和云南省军区命令指示，先后召开专题常委会，确立"内紧外松、适度戒备，超前谋划、有备无患，依法处置、稳妥应对"工作指导，采取"点上设卡、线上巡逻、面上监控、重点屯兵"办法，拉网式封堵非法入境人员，严教严管入境边民，组织巡逻146(组)次、设卡堵截83次，动用兵力1307人次、民兵1870人次，先后劝阻劝返缅边民5561人次，受到军委总部、成都军区和云南省军区充分肯定。

【迎接全国军事设施保护执法检查】

2011年7月5至7日，军队有关部门会同全国人大法工委、公安部、国家安全部、财政部、住房和城乡建设部等部门组成联合检查组，通过"听、问、察、看"等方式，对德宏州军事设施保护执法情况进行了全面深入细致检查。7月6日，检查组在听取了德宏州人民政府副州长高铁英同志代表德宏州军事设施保护委员会作的工作汇报后，对军事设施保护法规执行情况、"两区两范围"(军事禁区、军事管理区、军事禁区外围安全控制范围、作战工程安全保护范围)的划定、宣传教育、人员培训、法规制度落实等情况进行了现场询问，同时还听取了各成员单位在军事设施保护过程中存在的困难问题，广泛征求意见建议，并就相关问题进行了说明。会议结束后，检查组又驱车前往瑞丽，现地察看了畹町边防连队军事设施、畹町口岸、瑞丽口岸、一寨两国(银井检查站)等重要军事设施的保护情况，对德宏州的保护工作进行了量化评分和现场讲评，并与当地人民政府和军事机关共同商讨了改进工作的措施意见。

【召开议军会议、国动委第七次会议暨庆祝建军八十四周年座谈会】

2011年8月1日，中共德宏州委议军会议、州国动委第七次会议暨庆祝建军八十四周年座谈会在芒市会堂召开。会议主要传达学习了上级有关会议精神，听取了各县(市)人武部党委第一书记作"党管武装"工作述职，通报表彰了德宏州"十一五"期间国防动员工作先进单位和个人，报告了今后一段时间全州国防动员和后备力量建设主要工作。德宏州委书记、军分区第一书记赵金指出，近年来，在省委、省政府、省军区的正确领导下，全州国防后备力量建设坚持以邓小平理论和“三个代表”重要思想为指导，深入贯彻落实科学发展观，结合德宏地处边疆的实际，坚持军民融合，扎实推进军事斗争准备，民兵预备役基层建设取得新进步，全州国防动员和后备力量建设呈现出良好的发展势头，党管武装工作成效明显。州委常委、德宏军分区党委书记、政治委员马福朝对县市委书记述职工作进行了讲评，强调全州各级党委、政府和军事机关一定要深入贯彻落实党中央、国务院和中央军委有关国防动员和后备力量建设的方针政策，始终坚持以推动国防和军队科学发展为主题，以加快转变战斗力生成模式为主线，创新工作机制，完善力量体系，狠抓基础建设，努力提升国防动员和后备力量建设水平，为推进德宏桥头堡黄金口岸和瑞丽国家重点开发开放试验区建设提供坚强有力的保障。德宏军分区司令员蒋健要求，我州国防动员和后备力量建设，要按照“适应形势谋发展、结合任务定措施、深化改革求作为”的工作思路，科学统筹，强化领导，突出重点，狠抓落实，着力在国防动员、民兵调整、征兵工作、后备建设上下功夫，进一步推动国防动员和后备力量建设又好又快发展。

【党建工作】 2011年，德宏军分区深入学习贯彻全军党的建设座谈会精神，着眼提高党的建设科学化水平，大力加强党委班子和干部队伍建设，为有效履行使命任务提供坚强组织保证。一是严格制度促规范。学习贯彻《军队党委工作条例》和《团以上党委常委民主生活会规定》，坚持民主集中制和“十六字”原则，强化党委集体领导意识，完善党委议事决策机制，召开军分区党委常委民主生活会，组织班子成员述职，指导下级党委召开民主生活会，增强凝聚力，提高民主决策、依法决策、科学决策水平。对下级党委班子和主要领导干部经常进行思想分析，逐一分析讲评，写出评语，教育大家通过勤奋学习增长新知识，通过实践锻炼增长新本领，通过官德修养提升新境界，增强了凝聚力和战斗力。二是转变作风实下去。6月27日至7月2日，集中6天时间，按照动员部署、专题学习、党性分析、小结讲评的形式，开展“加强党性修养、锤炼思想作风”专题教育，同步听党课，全程受教育，收到好效果。严格落实“两课一讲评”制度，抓学习强素质，抓主官带队伍，抓团结激活力，党委班子建设质量不断加强。贯彻落实《军队党员领导干部廉洁从政若干规定》，组织开展“强党性纯洁官德人品，严党纪纯正党风军风”专题教育，加大党纪条规学习和警示教育力度，规范了领导干部用权行为。三是创先争优激活力。围绕深入学习实践科学发展观这一主题，按照“五好”、“五个带头”要求，抓好“一诺三评”工作(公开承诺、领导点评、群众评议、评选表彰)，促进活动深入开展。结合纪念建党90周年，加强典型宣传，兴起创先争优热潮，引导和激励基层党组织和广大党员在“激情干事业、忠诚守边关”实践中发挥战斗堡垒和先锋模范作用。完成调查摸底、设计载体、一诺三评等工作，广大党员积极参与，因地制宜开展活动，做到基层单位争创有目标、建设有依照。特别是在盈江“3·10”抗震救灾中，各级党组织和广大共产党员把救灾作为创先争优的实践平台，注重发挥党委的核心领导作用、党支部的战斗堡垒作用、共产党员的先锋模范作用，当先锋打头阵，作出了突出贡献。四是勤奋学习强素质。认真落实“两课一讲评”制度，定期讲评干部履职情况，指出存在问题，提出改进办法。认真贯彻落实《军队干部选拔任用程序规定》，科学合理、公道正派选拔任用干部，扎实抓好干部选拔培养，加大以会代训、送学培训、办班培训，实践锻炼力度，干部队伍素质结构不断改善。

【军事训练】 2011年，德宏军分区部队认真贯彻落实胡主席主题主线重大战略思想和大抓军事训练的一系列重要指示，以《军事训练指导法》和《军事训练与考核大纲》为依据，着眼提高基于信息系统体系作战能力，始终把军事训练作为提升战斗力的基本途径，坚持中心居中、党委议训、主官主抓，战备建设和军事训练水平进一步提高，部队遂行多样化军事任务能力不断增强，军事训练工作呈现出健康发展的良好势头，军事斗争准备扎实有效。一是紧贴形势抓战备。针对缅北局势动荡、边境突发事件诱因多、驻地自然灾害频发实际，不断修订完善抢险救灾、维护社会稳定、边境处突和社会重特大事故救援预案，组织边境应急处突演练、防灾救灾演练。盈江“3·10”地震发生后，分区党委第一时间召开常委会，组织官兵和民兵搜救转移伤员，安置群众，搭建帐篷，拆除危房、危墙，清理道路、废墟，抢运物资，抢收甘蔗，挽回经济损失上亿元，出色完成抗震救灾任务，受到党中央、国务院、中央军委和各级首长高度赞扬。盈江县人武部原部长邝云亮受到成都军区通报表彰，77332部队被成都军区荣记集体三等功，77332部队81分队荣立集体二等功，77332部队76分队荣立集体三等功，2名个人荣立二等功，27名个人荣立三等功。二是战训一致抓训练。认真贯彻《军事训练指导法》和《军事训练与考核大纲》，定期分析训练形势，坚持按纲施训、科学组训、以考促训，抓好考核考评，确保“四落实”。狠抓入伍训练、单兵训练、分业训练和边防勤务训练，强化指挥军官训练和“三实”作业，打牢部队战斗力基础。认真抓好基础课目和爱军精武比武竞赛，发现训练尖子，激发训练热情，营造尚武精武的浓厚氛围。11月份，组织各团级单位首长机关，完成以应对边境武装冲突和突发事件为课题的指挥所演习，对未来可能担负的边境管控任务进行了针对性演练，磨砺检验了各级机关的组织指挥能力。三是增强效益抓保障。采取上级帮、自己建和军地筹等办法，有效缓解了训练场地保障难、器材设备缺乏等制约训练落实的难题。

【边防工作】 2011年，德宏军分区注重从国家安全和发展战略全局谋划边防建设，积极探索新时期边境管控特点规律，创新方法路子，不断提高部队管边控边能力，有效捍卫了边防稳定。一是加强人才队伍建设。广泛开展边防政策法规“学习周”、“学习月”和“边防通”、“活地图”活动，组织机关作训科(股)长、边防营(连)长赴文山参加云南省军区边防干部集训，统一边防部队处置边境事件的基本程序和方法，提高了边防干部能力素质，持续推进了边防部队全面建设科学发展。组织营、连、排、班长轮训，培养一批“掌握边防政策、熟悉边防情况、精通边防业务”的干部骨干队伍。二是稳妥处理边境事务。把处置边境突发事件作为捍卫边防稳定最现实课题，树牢大局观念，强化责任意识，扎实做好实质性准备。军分区党委坚决贯彻总部、成都军区和云南省军区的决策部署，稳妥处置了边境突发事件。三是密切军地协调。积极与公安、国安、外办、公安边防协调联系，深入开展军警民联防联治联管活动，充分发挥边境群众及“四员”作用，了解掌握边境社民情，确保了边防安全稳定。

【政治工作】 2011年，德宏军分区针对意识形态领域斗争的严峻复杂形势，坚持把思想政治建设摆在首位，着眼解决“三个确保”时代课题，不断增强政治工作实效。一是学理论强基固本。采取专题化学习、课题式调研、对策性研讨等形式，扎实抓好党的创新理论武装，掀起学习胡主席“七一”重要讲话热潮，加强党的十七届六中全会精神的学习，坚定官兵听党话跟党走的政治信念。注重从官兵认知水平出发，坚持领导干部带头讲，发动理论骨干跟进讲，邀请专家教授深入讲，大讲党的创新理论成果和路线方针政策，推动党的创新理论大众化、普及化。针对敌对势力散布“军队非党化、非政治化”、“军队国家化”等错误政治观点的实际，利用“两课一讲评”、领导作形势报告等时机，加大“五个重大界限”、“七个为什么”等问题的宣讲力度，打好意识形态领域斗争主动仗，不断强化官兵政治敏锐性，不听信政治谣言、不传播有害信息，确保在大是大非面前始终头脑清醒、立场坚定。二是抓培育筑牢防线。围绕坚定理想信念、忠实履行使命，深入开展培育当代革命军人核心价值观主题教育活动。坚持主题教育主抓、学习培育常抓，切实用当代革命军人核心价值观引领官兵思想和行为，注重用好信息网络、用足边防历史、用活边疆文化，拓展方法载体，着力打造多样化的育人平台，筑牢政治防线，强化使命意识，提升道德修养。先后编印4本辅导教材，制作教育挂图下发基层，受到基层官兵好评。5月份，军分区在全军思想政治教育座谈会上作了题为“筑牢道德防线、经受复杂考验”的典型发言，受到与会首长和代表的高度赞扬。6月10日，成都军区召开人才工作暨思想政治教育电视会议，军分区又作了题为“扎实开展主题教育、强化官兵精神支柱”的大会交流发言，受到一致好评。三是重创新狠抓落实。开展“学条例、知条例、用条例”活动，组织学习贯彻《政工条例》集训，培养一批明白人。制定下发《贯彻落实〈省军区开展“云南边防八千里文化长廊”建设的意见〉实施方案》，大力开展“军营文化进村寨、民族文化进军营”活动，示范教育挂图受到上级充分肯定。深入开展双拥共建活动，制定下发《参加和支援西部大开发，推进德宏桥头堡黄金口岸和瑞丽国家重点开发开放试验区建设实施意见》，官兵和民兵在抢险救灾、扶贫帮困、禁毒防艾、平安创建等方面发挥了主力军和突击队作用。在出资30万元的基础上，又援助芒市风平“八一”希望中学21余万元；全区干部参与“1+1”助学捐资21余万元，发动官兵向盈江灾区捐款12余万元，营造了军爱民、民拥军的良好氛围，芒市创建“全国双拥模范城(县)”通过考核初评和申报工作。

【后勤保障】 2011年，德宏军分区紧紧围绕全面建设现代后勤要求，加大后勤战备库室建设，抓好物质储备，投入40余万元补充购买了帐篷、充电灯等应急物资，提高应急保障能力。协调州农科所对基层19名种养骨干进行种养殖、病毒虫防治、生态养猪培训，提高了后勤人员综合素质。坚持党委集体理财，严格财经纪律，量力而行，勤俭办事，提高经费使用效益。抓好重点工程建设，完成77332部队63分队新营房工程建设，8月份已实现入住。启动盈江片区新增随军家属公寓住房建设工程。抓好营区环境整治，完成分区主营区过境高压线外迁，对分区营院进行规划设计，启动以训练场地平整、鱼塘清污、营院美化、硬件改造为内容的综合整治工程，改变了营区面貌。做好卫勤保障工作，定期巡查各单位饮食卫生情况，累计接诊2125人次，下基层巡诊4次，开展“千里边防送健康”医疗巡诊活动，主动为基层送医送药送健康，为满服役期人员进行了体检，全区昼夜发病率控制在1.5‰以内，传染病发病控制在15‰以内，无食物中毒事件发生。重视做好计划生育工作，年内无计划外怀孕和超生问题。

【后备力量建设】 2011年，德宏军分区坚决贯彻省委议军会议和国动委会议精神，落实党管武装责任制，组织召开德宏州委议军会暨国动委第七次会议，研究解决国防应急动员建设问题，健全完善应急应战联合指挥、联合行动、联合保障“三个机制”。以《国防动员法》为主要内容，利用学生军训、党政干部培训等时机，深入抓好国防教育，增强全民国防观念和应急动员意识。认真抓好贯彻落实《民兵预备役政治工作规定》试点，编印民兵政治工作手册，总结了一批经验做法。按照“属地编组、就地组训、统一执行任务”的原则，抓好民兵应急分队、保障分队、防空分队整组和集中训练，推进民兵建设由直接参与作战向支援保障作战转变，由单一应战向应战应急转变。积极开展抗洪抢险、抗震救灾、森林扑火等基本技能训练，提高遂行多样化任务能力。按照云南省军区《人武部全面建设内容与考核标准》和考评达标《实施办法》，积极推进人武部达标建设。陇川、盈江、梁河县人武部主动争取地方党委政府支持，完善软件、硬件配套建设，全部通过云南省军区工作组考核验收，其中盈江县人武部以952分的高分进入优秀行列。

【表彰奖励】 2011年，德宏军分区受表彰奖励先进单位和个人的情况是：总参谋部、总政治部、总后勤部、总装备部表彰德宏军分区党委书记、政治委员马福朝为“全军优秀指挥军官”；成都军区表彰77332部队党委为“先进师旅团级单位党委”并记“三等功”；表彰军分区情报站为先进单位；表彰77332部队为“武器装备管理先进单位”、“军械装备技术勤务先进单位”、“装备财务会计业务评审先进单位”；表彰军分区司令部参谋刘芸冰为“指挥信息系统演练先进个人”；表彰77332部队81分队分队长王超为“优秀基层主官”；省军区表彰军分区为“政治工作先进单位”；表彰77332部队为“政工网建管用先进单位”；表彰77332部队司令部为“先进司令部”；表彰77332部队81分队为“先进基层党组织”；77332部队81分队记“二等功”；77332部队部队长李道银记“三等功”；表彰77332部队政治委员刘同福为“优秀党务工作者”；表彰瑞丽人武部部长雷政为“优秀共产党员”；盈江人武部原部长邝云亮记“三等功”；盈江人武部政治委员陈卫东记“三等功”；盈江人武部副部长兼军事科长刘静记“三等功”；表彰军分区政治部干事阴从林为“优秀共产党员”；表彰军分区联络站站长胡启精为“联络工作先进个人”；表彰77332部队司令部股长令狐克焱为“优秀参谋”；表彰77332部队76分队排长张长骞为“爱军精武标兵”；军分区表彰77332部队62分队、73分队、84分队、50分队为基层建设先进单位；表彰77332部队62分队政治指导员张科、73分队分队长王洪亮、84分队政治指导员魏德鹏、50分队分队长温伟为“优秀基层主官”；77332部队75分队前哨排记二等功；77332部队76分队记三等功；77332部队73分队朱府云、76分队唐靖晟、81分队王超、晋超、孟照阳记二等功；许海龙、李三江、魏祖龙、黄德龙、贺敏红、夏涛、阴从林、王守乐、申桥华、唐洪武、宁朝阳、代永海、李春赓、姜明、袁贵兵、尹传刚、乔健、胡启精、缪繁、姚建新分别记三等功一次；表彰李忠典、谢德华、李文杰、李祝华、朱府云、唐靖晟、孟照阳、秦永标、李祥、马鉴为“爱军精武标兵”。

（《德宏军分区》撰稿　陈　进）

武警德宏支队

【思想政治工作】　2011年，武警德宏支队针对部队驻地环境特殊性，牢牢抓住思想政治工作首位意识不放松，严格落实各项经常性基础性政治工作。一是主题教育抓深化。持续深入开展“培育当代革命军人核心价值观，争做党和人民忠诚卫士”的主题教育，广泛调查摸底，研讨教育方法，拓宽教育渠道，认真筹备召开了教育准备会，狠抓“五个环节”（课堂讲授抓质量，配合活动抓深化，岗位职责抓践行，载体运用抓热情，理解背记抓掌握），采取“三项措施”（教育教案送审、远程教育监控、教育效果评估），开展“五项活动”（饭前小演讲，经常性读书竞赛，“零距离建感情、等距离树形象”爱兵活动，党团员标兵哨、标兵岗评比，嘹亮军歌献给党歌咏比赛），推行“六小教育法”（小问题讨论、小媒介引导、小组织活动、小环境熏陶、小角色定位、小措施深化），拓展了教育形式，丰富了教育手段，增强了教育效果，官兵践行当代革命军人核心价值观的行动更加坚定自觉。二是思想工作抓细致。及时建立思想承包责任制，健全思想骨干队伍和战士思想档案，扎实搞好思想排查，狠抓心理援助防范，突出个别人帮教转化和跟踪管控。充分发挥“三互”、“双四一”、“三个半小时”、“深知兵、真爱兵”和心理健康操活动等有效载体作用，把新兵下队、岗前培训、院校招生、技术学兵等敏感时期作为思想工作的重点时段，注重将帮教转化与经常性执勤、管理、训练有机结合起来，渗透到各项任务之中，扎实解决官兵现实思想问题和心理问题，确保了官兵思想稳定。全年有48名官兵因家庭受灾、亲人变故、婚恋受挫、身体患病、考学落榜、学技术未如愿等方面带来的现实思想问题得到有效解决。协调处理1名战士的家庭涉法问题。三是警营文化抓丰富。广泛开展以“学理论、学业务、学法规、学管理”为主要内容的群众性读书学习活动，提高官兵的文化素养。扎实开展“文化下基层”活动，为官兵送光碟、书籍、球类、棋类等文化娱乐器材，丰富了基层文化生活，陶冶了官兵道德情操。投入41万余元，为基层中队建起了荣誉室、增设和更新了灯箱、展板，购买了数码摄（录）相机、电脑等信息化产品，全部基层中队建成了“网络文化室”，开通了网页系统，满足了官兵日益增长的文化需要。积极参加八一军民联欢晚会、庆祝建党90周年活动、唱红歌比赛和全州政法系统文体演出比赛，打造特色警营文化，营造了拴心留人的内部环境。四是双拥工作抓实在。积极参加各类社会事业，主动参与芒市评选全国双拥、卫生文明城市。扎实抓好总部、总队确定的陇川县户撒乡项姐村社会主义新农村建设，做法在中央电视台播出。组织官兵义务献血3万余毫升，栽树500余棵，为灾区捐款5.7万余元。支队卫生队上士李云东被评为全国扶贫帮困先进个人，支队被云南省表彰为“十一五”期间和2010年扶贫帮困先进单位。

【执勤战备】　2011年，武警德宏支队始终坚持中心居中，精心组织执勤战备，确保了固定执勤目标连续12年安全无事故。一是精心抓好固定目标执勤。定期召开“议中心”会议，分析执勤形势，研究制定应对措施，确保党委对中心工作领导不断线。结合支队实际，精细地制定了支队执勤值班补充规定，明确了奖惩措施。严格落实“三员一兵一组”组勤模式，采取“四查三通报”（网络查、随机查、突击查、专项查相结合和每天作战值班汇报、每周交班会通报、每月勤务检查通报）等措施，严格落实查勤制度，及时对违反执勤规定的网络查勤员进行了处理，严格了执勤纪律。为有效提高执勤官兵能力素质，先后3次共21天开展了执勤业务练兵活动，4次对作战勤务值班员、网络监控员进行培训，及时发现纠治问题，实现了勤务管控的无缝链接。投入经费13万余元，完成了6个执勤目标三级网拓展任务、执勤中队训练云台建设，将社会面及城市道路监控接入了支队控制中心，实现了由单纯监控哨兵向监控目标周边、由巡控向直控转变，并与目标单位共享联网，执勤功能得到了拓展。二是严格落实执勤战备训练。坚持以战斗力为标准，以正规训练秩序、促进部队管理，提高执勤、“处突”能力为目的，狠抓了复训补训、入伍训练、岗前培训、基础训练和首长机关训练。组织了一期45天34人参加“三手”集训和三期勤训轮换；每月组织首长机关、驻芒市部队汇操和机关干部、基层主官体能测试。高度关注中缅边境维稳和社会敌社情动态，完善维稳处突预案，落实战备制度，加强“两会”、“两节”等重点时期的防控，非法煽动聚集事件发生后，坚决贯彻上级命令指示，及时启动应急机制，认真分析研判形势，成立基指和前指，连续坚持坐班值守，全时进入战备等级响应。三是稳步推进“四防一体化”建设。坚持物防、技防相统一，大力推进“四防一体化”建设。针对建设任务艰巨、协调难度较大的实际，按照“上层推动、重点突破、整体推进”的基本思路，协调州委、州政府和州公安局将执勤“四防一体化”建设一并纳入“平安德宏”综合建设体系。5月4日，在梁河县中队召开了支队“四防一体化”建设现场会，各单位严格按照标准要求，有效提高了安全系数。目前，2个单位(梁河中队、陇川中队)“AB”门改造和周界安全设施建设已经完工，瑞丽中队正在建设中。四是圆满完成重大临时勤务。针对德宏各类突发事件和自然灾害发生频繁的特点，支队坚持“内强素质，外树形象”的处突和救灾工作思路，出色完成了各类重大临时勤务。3月10日12时58分，盈江县发生5.8级地震，支队奉命紧急出动203名官兵，从芒市奔袭151公里，第一支成建制团率先抵达盈江县，成为抗震救灾主力军，出色地完成了抗震救灾任务，受到了国务院温家宝总理的充分肯定，赢得了地方党委、政府和灾区人民群众的高度赞誉。4月12日，根据总队和德宏州公安局指示，支队出动数名官兵，协助公安机关担负涉黑团伙抓捕任务。参战官兵英勇顽强，历经18小时昼夜奋战，抓捕犯罪嫌疑人85人，车辆19台，缴获砍刀23把，出色圆满完成任务，为维护社会稳定作出了贡献。10月6日，因缅北局势恶化，根据总队指示，支队抽组数百名官兵驻守瑞丽，开展边境维稳任务。支队积极探索动中抓建，依法从严管部队，主动作为明形势，部队秩序正规，维稳工作受到总部领导的的肯定。

【部队管理】 2011年，武警德宏支队坚持依法从严治警，夯实部队管理秩序，正规化建设逐步牢固。一是治理隐患抓整改。深入开展“三查一除”(查思想、查制度、查纪律，除隐患)和“五个过一遍”活动，持续搞好回头看，狠抓安全隐患排查，先后派出4批工作组，采取学习教育、自查自纠、集中整治、检查验收等方法，一个单位一个单位过，一项内容一项内容查，逐条逐项改，部队安全发展基础逐步牢固。二是依据条令抓养成。以“学条规、守纪律、树形象、保安全”为主题，深入开展“条令学习月”活动，突出对武警法、共同条令、两个正规化管理规定等重点内容的学习，扎实搞好配合活动，组织3次条令、安全知识网上竞赛。在二中队抓了试点并组织参观见学和观摩检查，大力推动规范化干工作、精细化抓落实、经常化促养成，进一步正规了“四个秩序”、规范了礼节、强化了养成，确保了条令的有效落实。三是加强管理求精细。把精细化建设与管理作为提升发展内涵的重要手段。深入贯彻总队正规化建设与管理现场会议精神，采取动员部署、分步实施、定期总结、阶段讲评、检查验收等方法，大力加强部队正规化建设。协调多方力量，积极筹措资金91万元，在潞西中队组织试点，统一标准，明确任务，区分责任，规定时限，对四室(理发室、班学习室、电话室、机关部门会议室)进行了统一规范，有效地解决不规范、不标准、不统一的问题，充分体现了支队“干一件事情就是一个样板，做一项工作就是一种展示”的建队理念，做到了“人要精神，物要整洁，工作要系统，重点抓细节”的要求。四是突出重点严防范。始终把人车枪弹酒、水火电毒密、小散远直差作为安全管理工作重点，扎实开展“转变工作作风，密切内部关系”教育，组织了警通勤务汽车中队分两批驻训，开展了作风纪律教育整顿。突出抓了元旦、春节和双休日期间部队的管理教育，盯住不放心的部位，盯住不放心的事，盯住不放心的人，采取实地检查、网上普查、随机抽查和不定时、不打招呼实地检查的方法，全时监控干部在位尽责、哨兵执勤、车辆运行、军械库室安全等情况，及时发现纠正问题，实现了对部队管控常态化、制度化。严格车辆派遣制度，落实“五位一体”的车辆联管责任制，减少用车频率，提高审批权限，进一步规范了车辆派遣管理程序，筑牢了安全屏障。

【基层建设】 2011年，武警德宏支队注重科学统筹，坚持抓经常打基础，基层全面建设稳步发展。一是在考察帮建理清抓建思路上下功夫。在全面考察，广泛征求群众意见的基础上，配齐配强了基层主官，健全了各类组织，制定了《2011年考察帮建实施计划》，明确了党委成员分片承包、机关股室挂钩帮带责任制。年初，对基层4个中队的主官和10名干部进行了调整，配齐配强了支部班子。坚持每季度召开按纲建队形势分析讲评会，按照先进、中间、一般三个层次对基层中队进行了排序，激发了争先创优活力。针对基层发展不够平衡的问题，党委制定出重点帮建措施，先后6次派出工作组进行蹲点指导，特别对连续12年未被评为先进中队的盈江县中队进行重点帮建，进步比较大，7月份，被总部、总队表彰为基层先进党支部，中队参加“3·10”抗震救灾被总队记集体二等功，重点帮建取得良好效果。二是在培训帮带提升建队能力上下功夫。组织基层官兵参加总队《纲要》、思想骨干和保卫委员等培训，并结合工作实际进行套训，及时转化培训成果，较好地解决了职责任务不明确、重点不突出、操作不得法等问题。大力开展“立足岗位练兵，提高素质能力”活动，重点围绕学理论业务知识、写专题调研报告、做函授作业、记应知应会常识等内容，采取集中组织、网上抽查、每月讲评等办法狠抓每个环节每项内容的落实，干部队伍形势逼学、任务促学氛围已初步形成。积极支持鼓励官兵成才进步，选送3名干部参加院校培训，31名战士参加了自学考试。三是在创先争优提高抓建质量上下功夫。按照“五个好”和“五个带头”的要求，根据担负任务的实际，执勤中队主要围绕争做“优秀哨兵、优秀领班员、优秀网络查勤员”展开，机动中队主要围绕争做“军事训练标兵、维稳处突尖兵”展开，机关主要围绕争做“业务能手、优秀机关干部”展开，增强了活动的针对性和实效性。支队团委被总部表彰为“十大红旗团委”，1个党支部、1个团支部、3名个人受到总队通报表彰。

【后勤保障】 2011年，武警德宏支队立足保障到位，狠抓后勤规范管理，综合保障能力不断提升。一是规章制度落实严格。坚持党委理财，严把经费立项、审批、执行和审计关，实行了网上统一支付和公务卡结算，规范了经费管理使用程序。及时修订完善了《经费管理使用规定》、《财务管理细则》等制度措施，严格落实后勤人员岗位责任制，实行问责追究，后勤管理进一步规范。二是综合保障能力全面提升。针对中缅处突维稳形势和德宏自然灾害频发的实际，始终贯彻“保到位就是保胜利”的基本要求，及时修订完善了《后勤机动应急保障预案》，3次组织后勤机动保障演练。坚持每月组织司务长集体办公和业务培训，加强对伙食费核算、决算、运行过程的监督，提高了伙食费的保障效率。精心组织被装拉运和武器收交工作，确保了长途运输安全。对14名驾驶员、11名炊事员、3名卫生员进行集中培训，提高了后勤专业人员的技术，后勤综合保障能力全面提升，在几次重大任务中得到了很好的考验。三是营区环境整治卓有成效。结合驻地气候环境，按照营区规划要求，聘请地方专家指导，按照“春有花，夏有荫，秋有果，冬有青”的标准，进行科学规划，对营院环境进行了集中整治，极大地改善了官兵的工作、生活、学习环境。一年来，共投入230万余元改造了一中队、二中队、警勤中队营房，梁河中队训练场和菜地建设，机关绿化，规范了基层班学习室桌椅和理发室等，完善了基层政治环境，支队“四项设施”建设有了较大改善。

【班子建设】 2011年，武警德宏支队着眼强基固本，着力提高“四个本领”，党的建设科学化水平有新进步。一是坚持用主题主线“统”。采取党委中心组与机关基层干部捆在一起抓，严格落实每周半天的理论学习制度，重点组织学习了十七届六中全会、胡主席“七一”重要讲话、主题主线重大战略思想、武警部队推进现代化建设会议精神、武警部队第二次党代会和总部、总队党委全会精神和总队师(团)干部理论培训精神。立足“三个作为”，把学习过程推动部队发展的有效手段，有力地促进了经常性基础性工作落实。立足有作为，激发“学”的动力。深入开展“学党史、唱红歌”活动，采取板报宣传、汇编口袋书、队前小演讲、点名提问等方法，激发学习动力，强化理解记忆。立足要作为，强化“学”的压力。在利用电视会议系统，对十七届六中全会、“七一”、党代会精神进行宣讲辅导的基础上，让官兵走上讲台，畅谈学习体会、交流工作心得。通过树典型、学先进、比作为，激发干部学理论、强素质的热情。立足能作为，注重“学”的效果。采取领导宣讲、专家辅导、业务培训、岗位竞赛、实地帮带等方法，全面提升官兵综合素质能力，使其善干事、能干事、有作为。二是坚持用民主集中制“管”。始终把民主集中制建设作为党委建设的根本，凡是重大问题都由党委集体讨论决定；凡是讨论决定重大问题，都由委员先发言，正、副书记不先定调；凡是大宗物资采购、基建项目招投标，都由分管领导负责，主官把关不插手、不干预。班子成员之间，生活中是挚友，工作中是战友更是诤友，主官放手并支持部门领导独立开展工作，班子成员自觉尊重和维护主官威信，积极建言献策，班子成员的集体智慧得到充分发挥。5月17日，组织召开支队第二次党员大会，修订《支队党委议事规则》，为党委科学决策、依法决策奠定了基础。三是坚持用良好的形象“树”。扎实开展了“加强党性修养，锤炼思想作风”专题教育活动，重点围绕防止和纠正七个方面重点问题，深入查找并解决思想作风、学风、工作作风、领导作风、生活作风等方面存在的不足和问题。总队党委《七个方面重点问题治理推进措施》下发后，支队党委结合支队实际制定了贯彻落实的具体措施，明确了具体的目标任务，进一步强化了责任，健全了促进工作落实的制度。党委承诺办的十件事全部到位。狠抓廉政建设，在重大问题和敏感问题上，坚持党委集体研究决定，班子成员都能自觉遵守廉洁自律规定，无插手基层敏感事务的问题，在下基层指导工作过程中，支队党委成员始终自觉坚持“五同”，面对面的帮，手把手的教，赢得了广大官兵的拥护和信赖。今年任用调整32名干部，推荐3名干部入学培训，选拔24名技术学兵、推荐24名战士考学，都做到了公开公正公平，上下反映良好，树立了党委机关克己奉公的好思想，团结务实的好品质，开拓进取的好精神，清正廉洁的好形象。支队被云南省表彰为纪检监察先进单位。

（《武警德宏支队》撰稿　殷昌荣）

德宏公安边防支队

【完成重大任务】　2011年，德宏公安边防支队党委把完成重大任务作为锤炼队伍、提升部队战斗力、凸显地位作用、展现德宏边防良好形象的有利时机，高要求、高标准、高水平、高质量地完成每一项重大任务和活动。一是圆满完成了盈江“3·10”抗震救灾任务。“3·10”地震发生后，支队在20分钟内组织召开紧急会议研究部署抢险救灾工作，1小时内将地震相关情况上报总队，边行动、边请示，最短时间组织救灾部队驰援灾区。全体参战官兵克服了救援环境复杂、工作任务繁重等困难，发扬不怕苦不怕累、英勇顽强的战斗精神，共抢救伤员89人，挖出遇难者遗体7具，救助群众1023人，协助安置灾民5658人，是进入灾区最早、投入警力最多、参战时间最长的部队。受到了国务院总理温家宝、时任省委书记白恩培、公安部副部长刘金国、时任德宏州委书记赵金等领导同志的高度肯定。二是圆满完成了中缅边境维稳防控工作。2011年，缅北局势复杂多变，战事不断，严重威胁到德宏边境地区的安全稳定。在复杂严峻形势的考验面前，支队党委高度重视，在认真总结南伞“8.08”事件处置经验的基础上，结合德宏边境实际，从边境封控、口岸管理、查验防控、目标警卫、武装监护、综合保障、灾民安置、武装溃退人员管控等9个方面完善了支队应对缅北局势工作预案，健全了支队、大队、基层站(队、所)应急联动机制，分片区组织部队开展了实战处突紧急拉动演练，抽调精干力量组建了涉缅工作专班，全面加强风险评估、定期进行综合分析、研判，切实做到预警在先、防范在前。在处置“6.08”事件过程中，支队统一组织指挥，统一调配兵力，统一计划保障，统一协调地方力量，有力确保了边境安全稳定。同时，各级紧紧围绕德宏国际泼水狂欢节和两会、两节、建党90周年等重大敏感节点，坚持严打、严防、严控相结合，组织部队加大对辖区社会面的管控，广泛收集影响社会稳定的预警性情报线索，严厉打击涉枪涉爆犯罪和扰乱社会秩序的各类违法犯罪行为，累计出动警力6942人次，车辆1386辆次，圆满完成各种安保任务618次，确保了边防辖区没有发生一起影响全省、全国稳定的事件、案件，得到了驻地党委政府和人民群众的肯定与好评。三是圆满完成各项重大活动、会议的承办任务。从8月11日到9月27日短短一个半月的时间里，支队先后承办了木康站授予“缉毒先锋站”荣誉称号10周年纪念活动、全国边防部队侦查队培训班、公安边防部队重点边境反恐工作推进会和全省边检提服工作现场会等四项大型会议和活动，特别是侦查队培训班和边境反恐工作会同时举行。为此，支队党委树立“高要求筹备、高水平承办、高质量服务”的意识，科学统筹，合理安排，精心拟制筹办方案，细化责任分工，先后出动警力1300余人次、车辆550余辆次，积极做好各项筹备和保障工作，确保了每项活动的成功举办，得到参会首长和代表的高度评价。

【服务地方经济建设】　2011年，德宏公安边防支队党委按照“紧抓机遇不放松，主动作为不等靠”的思路，始终围绕德宏经济社会发展大局来谋划和开展公安边防工作。一是深化爱民固边战略，找准服务地方经济社会发展结合点。紧密结合德宏州情、边情、民情和社情，以保障民生、改善民生为着力点，把爱民固边战略与边疆新农村建设、平安创建活动有机结合起来，不断在服务驻地经济社会发展、赢得地方党委政府支持上下功夫，使爱民固边成为警地携手共创和谐的固本工程。2011年，支队重点打造瑞丽爱民固边模范市，全面实施“维稳、固边、民心、强基、联动”五大工程，在全市形成了党委政府领导、边防部门牵头、相关部门配合参与的党政警民合力推进爱民固边战略良好格局。按照5%的增长目标，在边防辖区新创建4个爱民固边模范村，全支队创建的模范村数量提高到42个，占边防辖区行政村总数的40%。年内共为模范村引进投资致富项目13个，帮助解决就业岗位700余个，争取资金200余万元用于改善农村基础设施，模范村综合建设进程进一步加快。广大官兵结合“大走访开门评警”活动，坚持从群众最关心的小事做起，通过出台爱民惠民新举措、排查化解矛盾纠纷、开展“一对一”帮扶等活动，积极争取地方党委政府支持，累积了群众的感情与信任。全年累计走访群众10.8万户次40.3万人次，为群众做好事、办实事2629件，慰问困难弱势群体1028人，捐款捐物20.7万余元，帮助46名困难群众纳入政府帮扶和救助，成功化解矛盾纠纷363起，妥善处置群体性事件3件，劝返上访人员62人。二是创新社会管理，积极回应群众新期待。紧贴德宏桥头堡建设和边防辖区实际，把创新管理服务举措、提高边检服务水平作为回应人民群众新期待、服务驻地经济建设的有效手段。支队在总结“流动警务室”、“背包式警务队”等成功经验的基础上，重点加强境外人员、外来人口、刑释解教人员、社会闲散人员等高危人群的跟踪管控，推行首问办事、限时办结、错时办证等办事服务制度，探索建立了警务QQ、警务微博等沟通渠道，进一步方便服务群众。遮放边防派出所被列为全省社会管理创新示范点，制定的17项便民措施被公安部边防局在全国推广；勐卯边防派出所创新外来人口管理办法，在辖区上弄安村民小组建立外国人管理示范点，得到了省政法委齐海田副书记、省公安厅严尚智副厅长等领导的高度评价，被云南省综治委列为社会管理创新工作试点。全省提高边民检查服务水平现场会召开后，支队党委及时研究制定了贯彻实施意见，投入24万元对所有一线站标牌标识、执勤现场进行了统一规范，探索建立了以表层文化、中层文化、内层文化为主要内容的边检职业文化，被省边防总队在全省范围内推广。各边检单位根据《提高边检服务水平三年规划》要求，广泛采取开辟绿色通道、24小时预约通关、推行服务承诺、缩短候检时间、前移办证网点和送证上门等便民利民措施，最大限度的满足服务对象通关快捷化、手续简便化、服务就近化的需求。

【组织建设】 2011年，德宏公安边防支队党委坚持以深入推进创建模范党组织生活为契机，狠抓自身建设，不断提升班子驾驭全局和带领部队完成任务的能力，努力打造团结和谐、务实高效、廉洁奉献、开拓奋进的党委班子。一是加强学习研究，努力提高班子整体素质。坚持落实学习制度，保证每月1次党委中心组集中学习、每季度进行1次交流座谈。支队与州委党校建立了联学制度，先后9次参加地方专家、教授关于胡总书记“七一”讲话、桥头堡建设、国际局势、十七届六中全会等前沿理论、重大课题的学习辅导，进一步开阔了视野、拓展了思路。班子成员注重用学习指导实践，通过领导干部下基层检查督导、蹲点帮扶等方式，对创建模范党组织生活活动、社会管理创新、正规化管理、执法规范化建设等重点工作开展专题调研，形成了围绕主业抓学习，通过学习促发展的良好氛围。年内，支队常委下基层工作时间平均达90余天，并结合调研情况撰写了《着力解决基层党支部建设突出问题，全面加强和推进公安边防部队基层党的建设》、《推进边防管理创新、提升边检服务水平，积极服务德宏桥头堡黄金口岸建设》等19篇理论文章，分别被《边防研究》、《边防警察报》、部局、总队网刊发。二是加强集体领导，正确把握部队建设方向。支队党委紧紧依靠集体领导，坚持贯彻民主集中制，凡重大问题、重大事项由党委集体研究、集体把关、集体决定，先后召开12次党委常委会研究事关党委自身建设、重大工作、急难任务和官兵切身利益的敏感事项。议事中，坚持发扬民主，积极调动班子成员参政议政积极性，形成了以党委集体智慧领导部队建设和边防工作的良好氛围。三是加强班子团结，努力营造干事创业的良好氛围。党委一班人十分珍惜历届班子团结干事的优良传统，共同捍卫班子的团结，共同维护党委的集体领导。支队主官坚持做到工作上互相尊重、互相支持，经常交心通气，大事讲原则、小事讲风格，做团结共事的表率；党委正、副书记与常委之间经常开展谈心交心，工作中相互尊重、相互补台，生活上相互关心、相互提醒；班子成员之间坦诚相待，主动把各自分管的工作放在建设好部队这个共同目标上、放在党委集体领导这盘棋上，形成了心齐风正、人心舒畅、团结创业的良好氛围。四是加强廉政建设，树立清正廉洁的良好形象。支队党委始终把廉政建设作为重要工作常抓不懈，全面贯彻公安部边防局、省边防总队反腐倡廉建设会议精神，严格落实《廉政规定》，严格落实党风廉政建设责任制，结合部队实际制定出台了《廉政风险评估防范工作实施办法》，坚持每季度对部队党风廉政建设形势进行预警性分析和风险评估；建立了与州纪委和戒毒农场等单位的警示教育协作机制，专门开设“家属热线”，发放《家属监督联系卡》，与官兵家属签订助廉承诺书，开展了“百名家属助廉签名”活动，有效预防了案件的发生，保证了部队的纯洁稳定。

【政治教育】 2011年，德宏公安边防支队党委始终把提高思想政治教育的质量、效果作为重点课题来突破，下大力气解决教育模式程式化、教育手段单一化、教育效果一般化等问题。按照“先试先行、摸索方法、总结经验”的思路，结合部队职能任务特点、官兵思想实际、驻地环境复杂等因素，积极探索教育新举措，增强了政治教育的针对性和实效性。针对理论教育形式呆板、效果不明显等问题，推出了理论“大众化”教育方式，将党的创新理论、前沿知识结合官兵工作、生活实际，以个人体会、讨论、漫画、故事等形式来开展，把高深理论形象化、通俗化，使教育者和教育对象大众化，人人都能当教员、受教育，受到了官兵的普遍欢迎，成为一种教育的重要方法；针对官兵使命感、荣誉感弱化，对驻地情况不熟悉、不掌握等问题，组织开展了德宏边境特色教育，把驻地民风民俗、历史沿革、边境常用法规等知识统一收集汇编成教育辅导材料，下发基层进行集中教育，使官兵进一步了解驻地、热爱驻地、掌握边境情况，增强对边防工作的自豪感；针对近年来部分官兵之间距离远、上级对部属思想状况掌握不清、官兵关系不融洽等问题，研究制定了《谈心实施办法》，推行官与兵、兵与兵、兵与官等多种形式的普遍谈心、随机谈心、广泛谈心活动，不拘于任何形式、时间和场合，将谈心活动作为一项日常工作来开展，帮助化解思想疙瘩，密切官兵关系。

【维护稳定】 2011年，德宏公安边防支队党委始终坚持“稳定是第一发展环境”的理念，狠抓辖区社会治安管控，努力营造良好的社会环境。一是全力打好禁毒攻坚战。支队党委始终保持对毒品犯罪高压严打态势，始终做到“信心不动摇、力度不减弱、措施不松劲”，及时调整部署，定期进行毒情形势分析，调整重点查缉路线和方向，将45名官兵充实到缉毒任务繁重的一、二线单位，成立了13支流动查缉分队，与公安机关联合开展二线站24小时双向查缉，并在重点地段、重点部位增设了61个机动查缉点，严密组织部队开展“边境狩猎”、“11～1”、打击整治制毒配剂等6个缉毒专项行动，取得了突出的战果。一年以来，支队累计破获毒品案件467起397人，缴获毒品428.3千克，同比去年分别上升10.1%、15.1%、5.7%；查获易制毒化学品7.45吨，捣毁吸毒窝点198个，收戒吸毒人员1363名，缉毒总数占德宏州公安机关查获毒品数的43.2%，同比去年上升了2.8%。二是大力加强社会治安整治。按照公安机关统一部署，指导部队认真开展春季攻势、利剑、清网等专项行动，调整补充警力到案件高发边防派出所，集中整治治安热点、难点问题，最大限度减少重点地段、时段各类案件的发生。全年边防辖区共破获刑事案件195起，查处治安案件2866起，刑案发案率同比下降32%；查获各类枪支70支，子弹5753发，炮弹22枚，炸药20公斤；抓获网上在逃人员27人，特别是清网行动开展以来，支队以超常规的力度、超常态的措施，抓获自立网逃人员16人，撤网率为53.3%。4月，支队协同公安机关成功侦破“4.08”走私贩卖枪支案，切断了一条由中缅边境到四川藏区的贩枪通道，被公安部边防局称为“我国打击边境走私枪支弹药犯罪活动的一个成功范例和经典之作”。

【部队建设】 2011年，德宏公安边防支队党委始终坚持政治建警、从严治警，强力推进部队建设，保持了内部安全稳定，为圆满完成各项边防工作任务提供了坚强有力的保障。一是加强部队正规化管理。制定出台了《支队正规化管理标准》，部署开展了新条令集训和正规化管理知识竞赛，召开深化正规化管理现场会，先后投入207万元对基层基础设施进行了统一规范，强化了部队正规化管理的基础；深入开展岗位技能练兵活动，通过分片区开展战训合一、轮值轮训，分岗位开展业务技能竞赛考核，极大地提升了部队军事业务水平。二是加强干部队伍建设。进一步完善了干部选拔、任用机制，出台了《大队级以下领导班子及其成员考核评价办法》，加强了各片区之间干部的交流，增强了干部队伍的活力。

年内共组织55名干部参加了副营、副团、正团职干部培训和“双考”，调整了团职领导干部9名，营、连职领导干部75名。三是加强信息化建设。紧紧围绕“标准建设、普及应用、精确管理、立足强警”的工作思路，按照“整合、应用、共享、实战”的建设要求，着力推进一体化平台普及应用、网络安全管理、无线通信和网络通信的建设工作。2011年，支队先后为基层配备了信息化查缉系统专用计算机、无线上网本、指纹活体采集仪、二代身份证查验仪等一大批科技装备；完成了7个大队级单位的程控电话交换系统和语音终端建设，对支队的四级网电路进行了扩容；投入资金126.8万元，为28个基层单位安装了视频监控系统；完成了与州、县公安机关警综平台的同步对接。目前，支队非涉密文电、非涉密信息实现了100%网上流转、网上发布，边防派出所和案件侦查队全部实现了业务工作网上流转。四是加强执法规范化建设。一方面，以加强官兵执法理念教育、提升执法主体素质、执法安全防范作为重点，部署开展了执法突出问题专项治理、执法执勤安全教育整顿和“为谁掌权、为谁执法、为谁服务”专题讨论活动；加强执法技能培训，先后选派了128名干部到州、县各政法部门跟班学习，选派4批86人次赴山东、内蒙、浙江等地参观见学，组织了3期执法工作专题培训，1期刑侦业务培训，支队710名警官顺利通过执法资格考试，在德宏州公安局组织的法制员业务技能竞赛中，支队选手包揽了前两名。另一方面，大力加强硬件和执法制度建设。累计投入182.79万元对情报站、侦查队、边防派出所执法场所“四区”进行硬件改造和统一，目前已全部完成并投入使用；制定了《同步录音录像工作规范》、《办理行李物品藏毒案件工作规范》、《公安检查站勤务组织规范》等14项规范性文件，区分边检、边管、侦查、情报不同类别、不同岗位，制定了执法标准和操作规程，进一步压缩了简单执法、随意执法空间；积极推进派出所等级评定工作，年内，平原所晋升二级所、姐勒所晋升一级所。五是加强典型培树和宣传工作。以木康站授誉十周年为契机，采取“警地共树，警地共育”、“机关蹲点，挂钩帮带”、“集中宣传，重点突破”等措施，加强对重大活动、重大事件、重大典型的宣传策划，推出了一大批高质量、高层次的宣传稿件，全面展现了边防官兵的良好形象和英勇顽强的战斗风貌，在警内外引起了强烈反响。年内，姚元军烈士被云南省委作为“云岭楷模”重大典型进行宣传，部队先后涌现出了云南省“见义勇为”先进个人沈祥、“全国十大边防卫士”提名奖获得者邓学海、“全国边防部队爱民固边”先进个人朱明、抗震救灾先进个人陈跃、“知兵爱兵”标兵刘威等一大批先进典型。

【后勤保障】 2011年，德宏公安边防支队党委以提升实战保障能力为目标，不断加强后勤综合保障能力。一是严格落实党委管财议财制度，多渠道争取经费支持。2011年，支队公安业务经费纳入德宏地方财政保障612.3万元；争取2010、2011年中央、省级转移支付资金共计2891.5万元从各县市财政拨付到账；从上级、地方党委政府争取其他经费共计1036.18万。二是大力加强后勤规范化建设。修改完善了《支队财务管理规定》、《集中采购管理实施细则》、《公安业务经费管理使用实施办法》等规章制度，确保了财务管理规范有序。三是统筹安排，严把资金投量、投向。按照保障一线、急用先行、合理配备的原则，把有限的经费用在刀刃上，优先保障重点项目建设，优先将经费、油料、执勤装备保障到最急需的单位，优先解决基层官兵的实际困难。先后投入287万元，用于执法办案场所功能区改造和营房维修，投入239万元为9条通道和6个基层单位统一配置了营具。四是做好应急处突后勤准备。着眼于部队遂行紧急、突发、复杂任务需要，建立了150人的处突物资仓库，进一步提升了应急保障能力。五是大力加强基层基础设施建设。圆满完成了9个新建单位通道附属工程等基建项目施工验收、11个单位的灾后维修加固工程及那邦站、江桥警犬基地等单位营房建设开工。六是坚持服务基层、保障一线。拿出20%的家底经费近200万元为基层解决了水电改造、车辆维修、医疗卫生等实际困难；组织专业人员开展车辆、军械巡回检修，赢得了基层的好评。七是大力发展农副业生产。启动了支队修理所与地方企业联营工作，指导轮训大队、机动队、拘留所、拉线站等单位开展特色养殖业、规模种植业等农副业生产，全年共产蔬菜9.2万公斤，产肉3.17万公斤，农副业生产总收益同比上年度增加5%，部队综合保障能力得到进一步提升。

（《德宏公安边防支队》撰稿　孙　伟）

政　法

司法行政

【表彰先进】 2011年，德宏州司法行政系统进一步加强先进典型的培育和宣传，全系统涌现出了一批先进集体和先进个人，荣获部级模范称号2个(其中芒市风平镇司法所被评为为全国先进司法所，陇川县司法局景罕司法所所长王玉坤被评为全国模范司法所所长)，省级表彰先进集体6个(德宏州司法局被云南省公安厅、司法厅表彰为全省强制隔离戒毒工作职能移交先进单位；芒市三台山乡人民调解委员会、瑞丽市勐秀司法所、盈江县盏西镇人民调解委员会、梁河县曩宋司法所、陇川县弄把镇人民调解委员会5个单位被云南省人事厅、司法厅评为云南省首届人民调解和百佳人民调解能手、人民调解工作先进集体)，先进个人21人，荣记集体二等功1个(盈江县司法局新城司法所由于在人民调解工作中成绩突出被云南省司法厅记集体二等功)，个人1人，集体三等功3个(芒市司法局、梁河县司法局、瑞丽市司法局由于在人民调解工作中成绩突出被云南省司法厅记集体三等功)，个人1人。

【劳教与强戒】 2011年，德宏州劳教所按照省委、省政府关于《云南省强制隔离戒毒工作职能移交实施方案》要求，积极配合相关部门圆满完成了德宏州强制隔离戒毒工作职能整体移交任务。完成了德宏州劳动教养管理所、陇川县公安戒毒所、盈江县公安戒毒所整体移交并组建为云南省第六劳动教养管理所、云南省第六强制隔离戒毒所。强制隔离戒毒职能移交后，坚持做到公安机关送多少收多少，随送随收，做到收进来、管得住，跑不了、戒断毒的目标。在场所硬件设施极不完善、警力严重不足，收容收治量不断增多，学员构成极其复杂的情况下，始终保持强劲的收治态势，并积极开展所内深挖犯罪案件工作，共为公安机关提供破案线索4449条。截至2011年12月31日，全所在册戒毒学员4823人，其中女48人，在所4606人，其中女41人，缅籍、印巴、无国籍1202人。其中：芒市总所在册戒毒学员1558人、在所1429人，陇川分所在册学员1597人、在所1572人，盈江分所在册学员1638人、在所1605人。转送强制隔离戒毒学员3237名。

【人民调解】 2011年，德宏州司法行政系统深入宣传贯彻《人民调解法》，扎实开展“矛盾纠纷排查调处”和“人民调解员送法入户，争当调解能手、化解矛盾促和谐”主题实践活动。始终将“社会矛盾化解”放在首位，抓好人民调解组织、人员、制度、规范、工作“五落实”。新建行业性调解组织4个；调整充实调解组织53个，培训人民调解员535人；全州各级人民调解组织共调解各类矛盾纠纷5528件(比去年同期增长8.45%)，调解成功5228件，调处成功率94.57%；防止民间纠纷引起自杀1件涉及1人；防止民间纠纷转化为刑事案件85件，涉及人数10071人；防止群众性械斗74起，防止群体性上访41起。

【社会创新管理】 2011年，德宏州司法行政系统认真落实《云南省司法厅关于充分发挥司法行政职能作用，进一步加强和创新社会管理工作的意见》，始终把最大限度地预防和减少两类人员重新违法犯罪作为工作重点。加强矫正工作协作联系，着力完善社区服刑人员衔接管控机制，确定整体工作任务与目标，有效做到教育一个、感化一个、矫正一个、成功一个。全州累计接收矫正对象1799人，累计解矫562人，累计重新犯罪8人，目前全州在册1237人矫正对象全部落实矫正措施，没有一人重新违法犯罪。落实刑释解教人员必接必送制度，不断改进安置帮教工作衔接、登记建档、信息反馈、帮困扶助工作，坚持每季度召开安置帮教领导小组协调会，加强各级安置帮教工作组织的协调，争取工作经费33余万元。全州共接受刑释解教人员386人，其中：刑满释放人员356人，解除劳教人员30人。帮教386人，帮教率100%，没有一人重新违法犯罪。

【普法与依法治理】 2011年10月28日，德宏州第十三届人民代表大会常务委员会第二十八次会议审议“五五”普法、“三五”依法治州工作，并通过了《关于进一步加强法制宣传教育的决议》、《德宏州2011～2015年依法治州规划》。11月9日，州委、州政府正式批转了《州委宣传部、州司法局关于在全州公民中开展法制宣传教育的第六个五年规划（2011～2015）》（德发〔2011〕53号）。12月9日，经州委同意，召开了“五五”普法、“三五”依法治州工作总结暨“六五”普法、“四五”依法治州工作活动电视电话会议，全面总结了全州“五五”普法、“三五”依法治州工作成效与经验，部署“六五”普法、“四五”依法治州各项任务。各县市（区）、各部门按照统一部署，迅速全面启动“六五”普法、“四五”依法治州工作。全州司法行政机关大力推进“法律六进”活动，充分利用“三下乡”及“12·4”法制宣传日和传统节庆日等活动平台，以组织法律志愿者、普法讲师团、法制文艺宣传队的形式送法进村寨、进社区、进学校、进企业、进单位，广泛开展各类主题法制宣传活动。盈江县3·10地震发生后，制作了防震减灾宣传手册、宣传图片及宣传展板，深入地震灾区设立法律咨询台、播放广播、展出图片展板、向灾民发放宣传单等形式宣传防震减灾知识。

【法律服务】 2011年，德宏州司法行政系统以深入推“进法律服务边疆行”、“共创和谐—法律援助与困难职工同行”、法律援助“一村一标牌”便民服务等专项法律服务活动为载体，组织动员广大法律服务工作者围绕中心、突出重点开展工作，提供服务；进一步以规范律师执业行为为切入点，建立律师代理重大敏感案件、参与群体性事件处置的制度，积极为“桥头堡”黄金口岸建设提供法律服务，服务领域不断拓展。认真抓好律师党建工作，发挥党组织在律师执业活动中的先锋模范作用。全州律师共受理各类案件734件，其中：刑事案件204件、民事案件426件、行政案件1件、非诉讼法律事务35件、法律援助案件68件，担任法律顾问102家。

【公证、司法鉴定和司法考试】 2011年，德宏州司法行政系统深入开展公证案卷质量专项检查，完善公证监管工作制度，将公证服务触角向社会延伸，引导群众运用公证手段维护自身合法权益，公证质量进一步提高。全州公证机构共办理各类公证事项4319件，其中：国内公证4119件、涉外公证181件、涉港澳台公证19件；加强司法鉴定规范化管理，鉴定的科学性、权威性不断增强。司法鉴定机构共办理鉴定644件，其中：法医临床鉴定641件、精神病鉴定2件、工程造价鉴定1件，采信率100%；不断完善法律援助机构建设，举办法律援助业务培训14场次。全州55个基层法律服务所共代理诉讼事务63件，办理法律援助案件12件；全年组织国家司法考试2次，参加考试216人，通过46人，考生通过率21%。

【法律援助】 2011年，德宏州司法行政系统将法律援助与人民调解有机结合，引导当事人通过调解、和解方式解决纠纷、减少群众诉讼，实现法律效果与社会效果的统一。全州法律援助机构共办理各类案件903件，其中，刑事案件439件；民事案件463件；行政案件1件。接待来电来访咨询共4389人次；代写法律文书136份；参与首次讯问未成年犯罪嫌疑人到场见证11人次。争取中央、省级法律援助办案专款13万元；切实加强基层法律服务工作，强化服务“三农”意识，为群众提供方便快捷的法律服务。

【基层司法行政工作】 2011年，德宏州司法行政系统认真落实抓基层、打基础，建设基层、服务基层的要求，以州级规范化司法所创建活动为载体，提升司法所工作规范化水平，打造司法行政基层工作的便民服务“窗口”和优质服务品牌。制定下发了《德宏州司法局关于开展州级规范化司法所创建工作实施方案》，确定了州级规范化司法所建设人民调解、社区矫正和安置帮教、普法依法治理四项重点工作考核标准，将社会管理创新工作分解到基层，实行量化和细化考核，坚持每季度督查指导，基层司法行政工作进一步加强。州人民政府高度重视基层司法行政工作，在全州司法所办公用房五年建设规划完成后，支持力度不断加大，去年，继续安排建设配套资金100万元用于基层司法所附属工程建设。司法行政业务用房建设有序推进，州局和芒市、梁河县司法局业务用房项目可行性研究报告完成评审，陇川县司法局业务用房进入设计施工。基层一线力量进一步加强，通过采取司法行政部门招聘，各级政府支持的方式，选聘了一批社区矫正工作协管员充实到司法所帮助工作，缓解了基层司法所长期以来人员不足的瓶颈性问题。全州司法所共开展纠纷排查302次，参与调解疑难复杂民间纠纷481件；代表基层人民政府处理纠纷246件，成功236件；参与处理社会矛盾纠纷695件，成功648件；防止群众上访41次；制止群众性械斗52次；为基层政府提出司法建议88条，被采纳76条；参与专项治理严打97人次。基层工作进一步活跃，职能作用日益明显，

（《司法行政》撰稿　邵宗茂）

法　　院

【刑事审判】　2011年，德宏州法院共受理各类刑事一审案件1210件1742人，审结1180件1693人，结案率97.52%；受理刑事二审案件68件，审结68件。建议检察机关撤回起诉13件。在刑事审判中，全州法院严厉打击故意杀人、故意伤害、绑架、“两抢一盗”、毒品犯罪等严重危害社会治安的犯罪，严惩贪污、受贿、挪用公款等职务犯罪，加大对工程建设、土地出让、产权交易和政府采购等领域商业贿赂行为的打击力度，全年共审结一审毒品案件449件696人、故意杀人案件14件16人、故意伤害案件75件129人、“两抢一盗”案件207件316人、贪污贿赂案件23件32人、走私案件9件17人、醉驾案件9件9人。坚持罪刑法定、罪责刑相适应等刑法原则，强化证据意识，依法对被告人定罪量刑，确保无罪的人不受刑事追究，并对有法定从轻、减轻处罚情节的被告人依法从轻、减轻处罚，实现法律效果和社会效果的有机统一。对24名被告人免予刑事处罚，并对225名被告人判处了较轻的刑罚。生效判决中，判处五年以上有期徒刑至死刑的被告人674人。全面推行量刑规范化改革，严格执行《人民法院量刑指导意见(试行)》的相关规定，进一步规范和约束法官的自由裁量权，实现量刑的公正和均衡。加大对职务犯罪的打击力度。

【民事审判】　2011年，德宏州法院共受理民商事一审案件2054件，审结1903件，结案率92.65%；受理民商事二审案件246件，审结240件，结案率97.56%。已结的案件涉诉标的金额为18010.7万元。年内全州法院坚持“调解优先，调判结合”的工作原则，将调解工作贯穿审判活动始终，庭前、庭中、庭后调解相结合，把握一切有利于调解结案的机会和积极因素，努力促使当事人握手言和。加强对人民调解协议的司法确认工作，积极构建司法调解、人民调解、行政调解“三位一体”的大调解工作格局。充分发挥人民陪审员的参审作用，充分发挥少数民族法官在涉及少数民族当事人案件中的调解优势，妥善处理解决大量的矛盾纠纷，共调解结案556件，撤诉348件，调撤率为47.5%。围绕州委、州政府的决策，稳妥推进企业强制清算工作；积极应对德宏州桥头堡黄金口岸及瑞丽开发开放试验区建设过程中出现的典型案件，及时依法审理。妥善处理涉及离婚、抚养、赡养、继承等婚姻家庭纠纷案件，共审理此类案件674件；公正审理各类合同纠纷，依法判处违约当事人承担合同约定的义务，促进社会诚信体系建立，共审理此类案件682件；注重审理人身权、物权、侵权纠纷案件，保护公民的合法权益不受非法侵害，共审理此类案件506件。

【行政审判】　2011年，德宏州法院共审结行政一审案件27件，审结行政二审案件8件。在工作中，积极运用多元化协调方式审理好行政案件，在不违背法律规定的前提下，努力营造行政机关、行政相对人进行平等对话协商的空间。坚持依法审判的同时，加强与行政机关的沟通与协调，做好行政审判职能的延伸，为行政机关改进执法方式、提高执法水平作出积极的努力，营造了良好的司法环境。州法院与州政府法制办共同制定印发了《关于建立行政机关与人民法院沟通协调机制的若干意见》，进一步加强行政法制和行政审判之间的沟通交流，提高依法行政的水平，增强行政审判的能力，及时、有效地化解行政争议，促进社会和谐稳定。

【审判监督工作】　2011年，德宏州法院共审理再审案件16件，审结13件。根据省法院的要求，积极开展万件案件质量大评查活动。州法院及时成立评查活动领导小组，从各庭室抽调26名业务骨干担任评查员，对2009年以来审结的135件发回重审、改判、再审及重信重访等案件进行重点评查，其中35件邀请了3名人大代表、政协委员参与评查，并派出两个案件检查组，对辖区内基层法院评查情况，以不低于评查案件总数的10%比例进行抽查。通过自查和抽查，全部案件评查合格，反映出案件质量逐年提高的良好态势。

【执行工作】　2011年，德宏州法

院共受理执行案件698件，执结628件，执结率89.97%，执结标的金额为33633.06万元。其中通过实施救助方式结案40件，支付救助金20.72万元。全州法院多措并举，加大执行力度。一是积极构建党委领导、人大监督、政府参与、政协支持、各界配合、法院主办的执行工作新格局。二是通过每季度一次排名通报，督促基层法院加大执行力度，提高执结率。三是扎实开展反规避执行专项活动。通过限制高消费、限制出境、罚款、拘留等一系列措施，促使被执行人履行义务。共限制出境5人次，拘留19人次，采取查封、冻结等强制措施173次，查封财产3970万元。四是加强执行和解工作。寻找各种突破口搭建平台，促成当事人和解，已结案件中通过当事人和解让步，并履行完毕的共有239件，执行和解率38.06%。州法院和芒市法院、陇川法院、盈江法院、梁河法院创建为无执行积案法院。

【司法保障】 2011年，德宏州法院充分发挥职能作用，为社会稳定提供了有力的司法保障。一是对敏感、热点案件进行立案前风险评估，坚决杜绝因案件处置不当引发恶性事件的发生。年内全州法院共对10起案件作出风险评估。二是充分发挥审判机关“为大局服务，为人民司法”的职能作用，为德宏桥头堡黄金口岸建设提供优质的法律服务。随着桥头堡黄金口岸的建设，涉外案件增多，对法院工作提出了更高的要求，对此，全州法院要求法官加强学习，深入调研，州法院组成调研组到全州各基层法院就民商事、行政审判工作存在的共性问题开展调研，统一上下级法院裁判的尺度，进一步提升全州民商事、行政审判工作水平。经批准，瑞丽法院调研考察组到缅甸木姐镇区法院考察交流，与木姐镇区政府、法院及检察院人员进行座谈交流，深入了解缅甸的法律体系和法院的运作。并就涉外案件审判对法官进一步加强培训，深入研究涉外案件所涉及的法律法规、国际公约和国际惯例，提高法律适用能力。2011年先后派出10名法官到省法院和最高法院参加培训。三是在盈江“3·10”地震中，州法院充分发挥职能，积极向上反映，争取支持，得到了最高法院、省法院的极大帮助。在上级法院的关心支持下，盈江法院在最短的时间内，全面恢复了审判、执行工作的正常运行，在抗震救灾和恢复重建中作出积极的贡献，经省法院批准荣立集体二等功。

【司法便民工作】 2011年，德宏州法院把维护群众的合法权益作为促进社会和谐的着力点，不断完善和发展司法为民新举措。全面推进阳光服务型诉讼大厅建设。根据省法院的要求，州法院投入资金40万元改建200平方米的诉讼服务大厅，厅内分设安检区、导诉区、立案区等六大工作区，担负着导诉接待、立案审查、信访接待等八项基本功能。同时，按照统一标准配置了办公桌椅、安检门，营造了良好的工作氛围和接待环境。瑞丽、梁河法院办公楼属于新建成，诉讼服务大厅建设情况较好，功能设置全部到位；芒市法院新办公楼正在建设中，陇川法院新办公楼正在办理征地审批手续，这两个法院目前主要在抓好软件建设，提升服务质量上下功夫；盈江法院由于受“3·10”地震的影响，因余震影响和安全考虑，立案窗口设在活动板房内。认真开展“四亮四评”主题实践活动。结合创先争优活动，在窗口单位亮流程、亮身份、亮职责、亮承诺，设立各种便民利民措施，积极引导来访当事人进行快捷、便利的诉讼。建立院长接待日制度、首办责任制、巡回立案、判后释疑等制度。州法院在诉讼服务大厅开展“假如我是当事人”换位思考大讨论活动，要求工作人员要站在来访群众的角度，想在细处，做在细处，于细微处见行动，见效果，让群众看得见、感受得到司法人文关怀；梁河法院立案时向当事人发放监督卡，公布24小时举报录音电话，主动接受社会各界对法院工作人员的监督；盈江法院在诉讼服务窗口专门配备熟练掌握傣语、景颇语的法官和书记员，为当地少数民族群众提供咨询及诉讼服务；陇川法院在诉讼服务大厅开展“微笑工程”，要求工作人员对所有来访群众面带微笑，热情大方；瑞丽法院在各乡镇及社区张贴立案庭电话，开展法律咨询和预约立案工作；芒市法院在国庆节期间首次与芒市旅游局联合开通投诉咨询电话，并设立“旅游纠纷调解法庭”，保障游客的权利，营造良好的旅游环境。加强巡回审判工作。全州法院充分发挥司法能动性，切实加大巡回审判力度，到学校、乡镇、村社开展巡回办案和巡回开庭共826次。州法院对于相邻纠纷案件或其他涉及不动产的案件，均到案件发生地实地查看，到基层法院法庭公开开庭审理案件，起到了处理一案、教育一方的司法效果。加强诉讼指导。通过依法行使释明权，使当事人能够正确完整陈述诉讼主张，行使诉讼权利。推行诉讼风险提示，告知当事人超过诉讼时效或举证时限、被执行人无执行能力等方面的法律后果，减少诉讼风险和涉诉信访压力。认真开展信访及司法救助工作。年内，全州法院共收到来信998件，接待来访1083人次。在来信来访中告诉978件，申诉、申请再审123件，执行165件，其他789件，非诉26件。州法院采取约期接谈的方式加强信访工作，按照《院长接待日工作制度》和申诉审查程序办理，确定每月10日、20日上午为院长接待日，并在电子显示屏上进行公示。加大司法救助力度，关注贫困群众的司法需求，依法维护弱势群体的合法权益，全年共缓、减、免诉讼费45.55万元。

【队伍建设】 2011年，德宏州法院依托强有力的党建工作，采取多项措施，扎实做好队伍建设工作，使队伍的整体素质得到进一步提高，为法院审判工作和其他各项工作的健康发展提供了有力的组织保障。深入开展主题教育活动，进一步加强队伍思想政治建设。积极组织全体干警加强政治理论学习，深入开展“发扬传统、坚定信念、执法为民”主题教育实践活动和“创先争优”、“社会主义法治理念再学习再教育”等专项教育活动。通过一系列政治思想教育活动的深入开展，使全体干警进一步坚定了党性观念和理想信念，干警全心全意为人民服务的宗旨意识进一步增强，工作作风明显转变，工作成效明显提升。加强党风廉政建设，确保规定落实到位。全州两级法院认真落实党风廉政建设责任制，抓紧抓实党风廉政建设工作。一是州法院领导与各部门负责人、各基层法院院长于年初签订党风廉政建设责任书，做到一手抓审判业务工作，一手抓党风廉政建设，形成了一级抓一级，层层抓落实的工作格局。二是加强干警职业道德教育，进一步认清“权从何来、为谁掌权、为谁司法、为谁服务”的思想问题，教育干警把“为人民司法”作为价值追求和行动指南，强化干警勤政廉政、甘于奉献意识，深入推进岗位风险承诺制。三是试推行廉政承诺制，继续做好重点岗位廉政教育工作的跟踪、督促、检查、指导。加强少数民族法官队伍建设。全州法院加大对少数民族法官的培养力度，重视培养既懂汉语又懂少数民族语言的双语法官，推行双语审判和调解，满足少数民族群众的司法需求。经过努力，目前全州少数民族法官已达79人，占全体法官的35.4%。注重在全州法院各级领导班子中积极配强配足少数民族干部，努力提高领导班子的司法决策能力和司法管理水平。全州两级法院院领导及审判庭正、副庭长共有81人，其中少数民族37人，占45%，开创了少数民族法官队伍建设的新局面。切实加强教育培训，不断提高全体干警的业务素质。年内，全州法院共安排112人次分别到国家法官学院、省法院参加晋升高级法官、法官续职、预备法官培训及审判业务、司法政务等培训。同时，按照州委组织部的通知，先后安排33名干部到州委党校参加各种班次的干部培训。通过培训，干警的政治素质、理论素养、知识水平、业务能力得到进一步提高。

【基础设施及物质装备建设】 2011年，德宏州法院加大协调力度，多方筹措建设资金，建成规模为3283平方米，总投资700余万元的法警综合楼并投入使用，解决了法院办公室过于拥挤的问题。同时，完成刑场、审判附属综合楼前期相关准备工作，办理各种相关手续，建设项目今年一季度将动工。这些基础设施的建成将极大的改善办案条件，更好的服务群众诉讼。根据省法院的安排部署，克服各种困难，全面推进全州法院信息化管理系统的安装和使用。目前，案件上网、录入比例已达到100%，实现了对审判工作的全程覆盖管理，极大地提高了审判、执行及其他工作的效率。

【法院文化建设】 2011年，德宏州法院积极开展法院文化建设和新闻宣传工作，主动向新闻媒体提供审判工作、法院改革、队伍建设等方面的新闻信息，对工作中涌现出的好做法、好经验、好典型大力进行宣传，取得了良好的社会效果和法律效果。网站建设卓有成效。同年，全州法院均开通法院网站。“德宏法院网”运行两年来，网民点击率达182万人次，赢得了法院新闻同行和社会各界的广泛认同，成为德宏法院传播法治理念，弘扬法治文化、沟通民意的重要窗口。2011年以来，“德宏法院网”共刊登各类信息768篇，上传中央媒体和省级媒体各类信息622篇，全省法院系统排名第六。新闻宣传工作成绩显著。反映德宏两级法院工作情况，交流办案经验，研讨法学理论，丰富干警业余生活的内部刊物《德宏法苑》已完成第三期的刊印出版。州法院与德宏电视台合办用少数民族语言——傣语录播的《法庭内外》，推出了巡回办案调解能手瑞丽法院景颇族女法官勒通锐、梁河法院大厂乡法庭庭长李志强等先进典型，受到了边疆少数民族群众和人大代表的普遍赞誉。积极与中央媒体合作开展法制宣传，年内向中央电视台《社会与法》栏目报送电视选题3期。文体活动丰富多彩。积极组织干警参加各种文体活动，参加了“州政法杯”书法摄影比赛、歌咏比赛和篮球运动会，取得书法比赛个人一等奖、摄影比赛个人二等奖、团体歌咏比赛三等奖和女篮第三名的成绩，通过比赛，参赛干警交流了感情，愉悦了身心，强健了体魄，展示了风采。

【社会治安综合治理】 2011年，德宏州法院积极参与社会治安综合治理工作。一是到当事人所在地、纠纷发生地、戒毒农场开辟审判场地，就地审理案件，让旁听人员更直观地了解法律，通过现场审理案件，对当地群众及戒毒人员进行法制宣传教育。二是通过巡回审判、法律咨询、发放宣传资料等方式，进乡村入农户、进企业到学校，积极开展普法宣传。三是继续加强对人民调解委员会的业务指导和培训。四是向有关部门发出司法建议，堵塞管理漏洞。对案件审理中发现的法院不宜直接处理，而又需要解决的社会问题依法建议相关部门处理，取得了良好的社会效果。年内，全州法院共发出司法建议5份。

【何继武受贿案】 2011年12月8日，德宏中级人民法院公开开庭审理了原德宏州体育事业局局长何继武受贿案。经审理查明：一、2004年下半年至2007年上半年间，被告人何继武在芒市体育运动中心施工图设计项目上，先后四次收受云南省城乡规划设计研究院副院长万凯的贿赂款人民币36.8915万元。二、2007年5月至2009年9月，被告人何继武在芒市体育运动中心游泳池招商引资建设项目中，先后二次收受保山市西邑建筑工程有限责任公司项目经理赵海明的贿赂款共计人民币15万元。三、2007年3月至2008年11月，何继武在芒市体育运动中心景观雕塑品设计制作项目中，先后三次收受昆明得社雕塑艺术工程有限公司负责人王孝红、颜峻的贿赂款共计人民币90万元。四、2008年上半年，何继武在芒市体育运动中心塑胶跑道修复工程中，收受施工方朱嘉鸿的贿赂款人民币2万元。五、2006年下半年至2009年上半年期间，何继武在芒市体育运动中心工程中，先后八次收受四川长城建筑建材(集团)有限公司德宏分公司负责人肖阳录的贿赂款人民币10.5万元。

本院认为，被告人何继武身为国家工作人员，无视国家法律，在建设芒市体育运动中心期间，利用其担任德宏州体育事业局局长、德宏州人民政府体育运动中心工程指挥部副指挥长的职务之便，非法收受他人贿赂共计人民币154.3915万元，严重侵犯了国家工作人员的职务廉洁性，其行为已触犯《中华人民共和国刑法》第三百八十五条之规定，构成受贿罪，应依法惩处。公诉机关指控的罪名成立，本院予以支持。侦查机关根据群众举报依法传唤被告人何继武接受调查，在对其进行第一次询问时，被告人何继武并未交代其犯罪事实。后侦查机关对证人进行调查取证，在侦查机关已掌握被告人何继武收受昆明得社雕塑艺术工程有限公司贿赂的事实后，被告人何继武才交代其收受昆明得社雕塑艺术工程有限公司的贿赂款和其他受贿事实，其主动交代的其他受贿事实与侦查机关掌握的属同一种犯罪事实，根据《最高人民法院关于处理自首和立功具体应用法律若干问题的解释》第四条的规定，不构成自首，故其辩护人提出“被告人何继武有自首情节”的意见，不予采纳。被告人何继武在侦查机关掌握部分犯罪事实的情况下，主动交代其他受贿事实，虽不构成自首，但属坦白，且在庭审时认罪态度好，可从轻处罚，故辩护人提出“被告人何继武归案后至庭审均能如实供述自己的犯罪事实，认罪态度好，有悔罪表现”的辩护意见，予以采纳。对于其他辩护意见，与查明的事实不符，不予采纳。本院为严肃国法，惩治腐败犯罪，维护国家的廉政建设制度和国家工作人员的职务廉洁性，根据被告人犯罪的事实、性质、情节和对社会的危害程度，依照《中华人民共和国刑法》第三百八十五条、第三百八十六条、第三百八十三条第一款(一)项、第六十七条第三款、第六十一条、第六十四条之规定，判决如下：一、被告人何继武犯受贿罪，判处有期徒刑十三年六个月，并处没收财产人民币100万元。二、扣押的399518.93元人民币依法予以没收，其余违法所得不足部分1144396.07元依法予以追缴。

【陈争受贿、非法持有毒品案】 2011年12月8日，德宏中级人民法院公开开庭审理了原德宏州建设局副局长陈争受贿、非法持有毒品案。经审理查明：一、受贿罪。2005年至2010年期间，被告人陈争利用其担任德宏州人民政府芒市体育运动中心工程建设指挥部常务副指挥长的职务之便，为他人谋取利益，先后数次非法收受指挥部主管的芒市体育运动中心工程施工方负责人颜峻、万凯、肖阳录等人送的人民币共174.5万元。(一) 2007年，被告人陈争先后两次收受承接芒市体育运动中心景观雕塑工程建设的昆明得社雕塑艺术工程有限公司法定代表人颜峻、王孝红给予的人民币共90万元。(二) 2005年至2007年，被告人陈争先后三次收受承接芒市体育运动中心总规划设计的云南省城乡规划设计研究院的副院长万凯送的人民币共33.5万元。(三) 2007年至2009年，被告人陈争先后两次收受承建芒市体育运动中心室内游泳馆及室外游泳池工程的赵海明送的人民币共15万元。(四)2006年至2010年，被告人陈争先后多次收受承接芒市体育运动中心工程的四川长城建筑建材(集团)有限公司德宏分公司总经理肖阳录送的人民币共31万元。(五) 2008年，被告人陈争在其芒市花园的家里收受承接芒市体育运动中心指示牌、旗杆安装工程的涂英杰给予的2万元人民币。(六) 2007年，被告人陈争在昆明天恒大酒店收受承接芒市体育运动中心音响系统设备安装工程的吴晓剑给予的1万元人民币。(七) 2007年至2008年，被告人陈争在中秋节和春节收受承接芒市体育运动中心绿化工程的张朝刚送的2万元人民币。二、非法持有毒品罪。2011年2月17日12时，芒市公安局禁毒大队接到德宏州检察院反贪局的电话举报，反贪局工作人员在芒市花园小区康和苑103栋二楼茶室的壁柜里发现用白色塑料瓶装着的毒品鸦片可疑物一坨。12时30分公安人员赶到现场，查获被告人陈争藏放在前妻家中的鸦片631克。本院认为，被告人陈争作为国家工作人员，在其担任德宏州人民政府芒市体育运动中心工程建设中兼任工程指挥部常务副指挥长期间，利用职务上的便利，收受与其任职期间关于芒市体育运动中心工程建设承建方所送的贿赂款共计人民币174.5万元的行为，已经触犯刑律，构成受贿罪，依法应当判处十年以上有期徒刑或者无期徒刑，可以并处没收财产。被告人陈争作为国家公务员，明知是毒品鸦片还予以非法持有631克，其行为已构成非法持有毒品罪，依法应当判处三年以下有期徒刑、拘役或者管制，并处罚金，与其所犯的受贿罪应当数罪并罚。公诉机关指控的罪名成立，本院予以支持。被告人陈争归案后能主动交代侦查机关尚未掌握的其他受贿事实，属坦白，庭审时认罪态度好，并积极退赃，有悔罪表现，可对其从轻处罚，故辩护人张发佳提出："被告人陈争归案后能如实供述自己的犯罪事实，其中有84.5万元的受贿事实系陈争坦白，并积极退赃，有悔罪表现，应当对其予以从轻处罚"的辩护意见予以采纳。辩护人的其他辩护意见，无法律依据，本院不予采纳。为此，本院为严肃国法，维护国家工作人员的职务廉洁性，根据被告人的犯罪事实、情节、对社会的危害性，并充分考虑其归案后的认罪态度，依照《中华人民共和国刑法》第三百八十五条、第三百八十六条、第三百八十三条第一款第(一)项、第三百四十八条、第六十一条、第六十七条第三款、第六十九条、第六十四条之规定，判决如下：一、被告人陈争犯受贿罪，判处有期徒刑十三年，并处没收个人财产人民币120万元；犯非法持有毒品罪，判处有期徒刑二年，并处罚金人民币5万元；数罪并罚，决定执行有期徒刑十四年，并处没收个人财产人民币120万元、罚金人民币5万元。二、对分别位于昆明市新迎·枫林国际3幢E座1单元602号单元房一套(房权证官字第200811232号)及3幢E-182号车位一个(房权证官字第200903975号)、德宏州芒市花园小区嘉和苑2幢1单元501号单元房一套(房权证潞房字第009847号)、德宏州芒市花园小区嘉和苑39号车库一个(房权证潞房字第009860号)、扣押在案的金条26根、红木家具37件，依法予以没收。三、查获的毒品鸦片631克依法予以没收。

【西亚那危险驾驶案】 2011年7月7日，德宏中级人民法院公开开庭审理了西亚那危险驾驶案。经审理查明：2011年5月3日凌晨0时45分，被告人西亚那酒后驾车行驶至瑞丽市人民路与金滇路交叉路口时被执勤交通警察查获。民警当场对西亚那进行呼吸气酒精测试，其呼吸气体酒精(乙醇)含量为274mg/100ml。随后，依法提取其血液进行鉴定，其血液内酒精(乙醇)含量为394.63mg/100ml，已超过醉酒标准。

本院认为，被告人西亚那无视我国法律，醉酒后在我国道路上驾驶机动车的行为，危害了公共安全，已触犯我国刑律，依法应以危险驾驶罪追究其刑事责任。公诉机关指控被告人西亚那犯危险驾驶罪的事实清楚，证据确实、充分，本院予以支持。辩护人提出"被告人西亚那并非居住在我国境内，不知道醉酒驾驶机动车是犯罪行为；主观恶性不大，认罪态度好，有悔罪表现；建议判处其拘役三个月”的辩护意见。经查，西亚那依法申领了我国机动车驾驶证，对于酒后驾驶机动车的违法性我国《道路交通安全法》第九十一条有明确规定，其是否居住在我国对此均应当主观上明知；至于其是否知道醉酒驾驶机动车是犯罪行为，属于对法律认识的错误，不影响对其行为性质的认定。“主观恶性不大，认罪态度好，有悔罪表现”的意见，与查明事实相符，本院予以采纳。“判处拘役三个月”量刑的意见，控方未持异议；本院根据被告人西亚那犯罪的事实、性质、情节和对社会的危害程度，综合考虑本案的实际情况，认为该量刑意见适当，予以采纳。综上，本院依据《中华人民共和国刑法》第一百三十一条之一、第六条、第四十四条、第六十一条之规定，判决如下：被告人西亚那犯危险驾驶罪，判处拘役三个月，并处罚金人民币3000元。

（《法院》撰稿　邵　文　高　蕊　寸守庆）

检　察　院

【表彰先进】　2011年，德宏州检察院被州委州政府评为党风廉政建设责任制优秀单位，并被州纪委、州监察局评定为廉政文化示范点；芒市检察院被省委政法委表彰为“全省先进基层党组织”，在省检察院第十二次“双先”上表彰为“全省先进基层检察院”；州院反贪局荣记“集体二等功”；芒市院黄卫东同志荣记“个人二等功”，并被推荐参加“全省十大法治人物”评选；盈江院牛晓东、芒市院段宏蕾被省院表彰为“全省先进检察人员”；州院板芸芸同志在“全省侦查监督业务竞赛”中获全省第一名；州院刘波同志被州委政法委评为全州“十佳政法干警”。全州检察院14个单位和部门、16个人受到省级以上奖励和表彰。

【渎职侵权】　2011年，德宏州检察机关反渎职侵权部门共查办渎职侵权案件16件20人，移送起诉16件20人，一审作出有罪判决15件18人(含去年1件1人)。反渎职侵权工作特点：一是办案数量大幅上升。全州立案16件20人，同比件数上升77%，人数上升100%，其中涉及社会保障、社会保险和强民惠民政策案件13件14人。二是重特大案件比例大。重特大案件6件，占立案总数的37.5%。三是办案效果好。查办了原芒市公安局副局长、原芒市东山乡边防派出所所长、多名村委会主任滥用职权，为国籍不明人员非法落户案件13件14人。这一系列案件的查办在德宏尚属首例，在全省乃至全国都是少有，得到省委、省检察院的肯定。省政法委孟苏铁书记、省院王田海检察长、李波副检察长都对该案作出了批示。四是办案效率高。侦结率、移送起诉率、起诉率都是100%；已作出有罪判决15件18人，有罪判决率85%。

【反贪污贿赂】　2011年，德宏州检察机关反贪部门共侦查终结27件30人。一审作出有罪判决11件12人。通过办案为国家挽回经济损失590万元。反贪污贿赂工作的特点：一是查办大要案件突出。所立办案件中，大案25件，县处级以上领导干部要案3件，大要案率86.2%，上升27个百分点。查办了芒市体育运动中心“2.16”专案，两名受贿金额百万元的处级干部被判刑。二是办案重点突出。查处涉农职务犯罪案件18件，商业贿赂犯罪案件18件，民生领域的贪污贿赂犯罪案件8件，返还追缴的项目扶贫款、惠农补贴等资金30余万元。三是县市检察院自主办案成效突出。县市检察院更新观念，拓宽思路，充分发挥主观能动性，多渠道、全方位地广辟案源，取得明显成效。全州立办的32件案件中，县市检察院自行发现案件线索18件，上升100%。

【侦查监督】　2011年，德宏州检察机关侦查监督部门共受理各种刑事案件1169件1755人，经审查已批准和决定逮捕1023件1468人，不批准和决定不逮捕145件286人，公安机关撤回1件。共办理立案监督案件45件，移送审查起诉28件33人，提起公诉26件30人，判决24件29人。纠正漏捕62人，与去年同比上升63%。纠正违法42件次，均得到侦查机关书面整改回复和反馈。共发出《提供法庭所需证据材料意见书》396份，提前介入案件30件，发出《检察建议》4份。工作中：一是召开全州侦监会，明确工作方向，强调工作重点。二是认真组织开展“对行政执法机关移送涉嫌犯罪案件专项监督活动”和“打击侵犯知识产权和制售假冒伪劣商品专项行动”。期间，作出批准逮捕2件2人，(其中：一案值116856元人民币)。三是以侦监业务竞赛为平台，进一步加强侦查监督队伍建设。年内在全州范围内开展了侦查监督优秀检察官业务竞赛活动，通过竞赛展示了侦查干警的风采，提高了队伍的整体素质。四是全面贯彻宽严相济刑事司法政策，积极化解社会矛盾。对毒品犯罪、暴力犯罪、黑恶势力犯罪以及严重危害社会主义市场经济秩序等犯罪，坚持“严打”方针，从严从快批捕。对未成年人犯罪、过失犯罪、特殊人群犯罪案件强化审查，对可捕可不捕的案件坚决不捕。五是坚持提前介入，引导侦查，提高案件质量。全年共提前介入各类案件30件次。其中，州院侦查监督部门提前介入2.4亿非法吸收公众存款案，对案件的侦破、诉讼顺利进行起到积极的作用。六是全州侦监部门充分发挥“检察官监督办公室”的监督职责，实现检察机关对侦查机关侦查活动同步监督。

【诉讼监督】 2011年，德宏州检察机关公诉部门共受理各类刑事案件1514件2273人；经审查依法提起公诉983件，1414人；不起诉37件65人；依法提出抗诉8件。监督纠正侦查活动存在违法情形16件，纠正漏罪151件，纠正漏犯24人。工作中：一是依法严惩抢劫、抢夺、盗窃等侵犯财产多发性犯罪，全年起诉169件266人；二是对黑恶势力犯罪的案件，坚持提前介入，实行领导挂牌督办制度，加大打击力度，成功起诉了罗XX、段XX、李XX等十三人组织、领导黑社会性质组织罪、故意伤害罪、开设赌场罪、非法拘禁罪的涉黑团伙案。三是通过加大毒品案件的审查力度，提高补证意识，有力地打击了毒品犯罪。四是加强采证能力，对故意杀人、故意伤害等恶性案件，注意审查间接证据之间的相互联系，成功起诉了“零口供”的素比·热合曼故意伤害致人死亡案，受到了州县两级人大代表、政协委员高度赞誉。五是认真贯彻落实宽严相济的刑事司法政策。本着化解社会矛盾、促进社会和谐和减少社会对抗的思想办案，共对64名初犯、偶犯作了从宽处理。

【监所检察】 2011年，德宏州六个看守所累计关押3661人，同比增加了8人。发生在押人员死亡4起，均为正常死亡。全州监所检察工作亮点：一是暂予监外执行的审查办理走向规范化，并与社区矫正工作实现衔接。二是加强监所检察基础建设，力争实现一级驻所检察室的各项要求。全州6个看守所驻所检察室均已完成规范化的申报和初评。其中：州检察院成立了机构独立的“州检察院派驻州看守所检察室”。三是陇川县检察院在景罕镇司法所成立了全州首家社区矫正监督办公室。年内，全州监所部门共审查假释、暂予监外执行案件106件次；发出纠正监管活动违法情形165件170人；纠正脱管漏管139人。全年无超期羁押案件发生。

【控告申诉】 2011年，德宏州检察机关控申部门共受理来信来访106件，同比下降30.72%。主要工作：一是认真处理来信来访和交办案件。每件来信来访做到件件有答复，事事有回音。对周XX重复申诉案召开听证会，取得良好效果。二是刑事被害人救助工作稳中有升。全年共办理刑事被害人救助案件6件，支付救助金12万元。三是奖励举报有功人员工作取得新突破。年内办理4件，兑现奖励金15300元。四是积极开展举报宣传。共设宣传点14个，接受群众咨询96人次，发宣传资料7000余份，制作展板43个，新闻报道15次。

【民事行政检察】 2011年，德宏州检察机关民行部门共受理民事行政申诉案件69件，其中：立案41件，不立案23件，其它处理5件。受理非抗诉案件34件，其中：支持起诉19件，督促起诉8件，检察建议7件。主要工作：一是突出办案重点，确保办案质量。二是建立健全办案质量，严把案件质量关。共提请民事行政抗诉和再审检察建议10件，法院已改判、调解结案4件。三是举办德宏州民行案件片区讨论会，对10起民事争议案件进行了讨论。

【人民监督员制度】 2011年，德宏州检察机关人民监督工作按照省院部署要求，明晰程序、正确履职，全面推进人民监督员制度和特约检察员制度工作。年内对立案查办的38件57人职务犯罪案件，按规定发了权利告知书，并邀请人民监督员对自侦部门查办案件采取搜查措施进行现场监督10件次；对拟作存疑不起诉的职务犯罪案件评议监督1件；邀请两员参与检察机关的接访工作，参加申诉案公开听证会1件；邀请人大代表、政协委员联络员和人民监督员、特约检察员观摩庭审9件次；对30名人民监督员重新进行选任和确认工作。办理“两会”提案、议案的答复工作1件。

【预防职务犯罪】 2011年，德宏州检察机关预防职务犯罪工作紧密结合执法办案来开展，取得明显成效：一是开展预防调查。年内共写出预防调查报告54份，通过预防调查发现案件线索35件。二是综合运用预防职务犯罪各种手段开展同步预防。共进行案件剖析82件；发出《检察建议》45份；

开展警示宣传教育647次；预防咨询1331次；开展行贿档案查询389次。三是高规格、大规模在全州组织“全国检察机关惩治和预防渎职侵权犯罪展览．德宏巡展”，全州两级党委、人大、政协领导全部出席开幕式讲话并观看展览，全州481个党政机关、企事业单位3700余人观看了展览。

【科技强检】 2011年，德宏州检察机关积极开展检察技术和信息技术保障工作。一是积极发挥检察技术手段在办理死刑案件的排除非法证据中的作用。重点抓好死刑和重大疑难案件的技术性证据审查，监管场所在押人员病残和非正常死亡检验鉴定工作。对在押人员杨XX死亡事件中法医人员协助固定了医学证据，有效防止了群体性事件发生。二是通过与公诉、反贪、反渎、监所、侦监、控申等内设部门和公安机关建立协作配合机制。全年对325人保外就医医学材料进行审查，对22名保外就医人员进行医学复查；与公安部门法医协作4件次；司法会计协助部门办案1次。受理文证审查案件23件，已全部办结；提供法医技术咨询意见20件次。三是保障日常网络运行。年内共执行视频会务保障和视频会93次，非视频会保障67次；完成全州检察专线网升级扩容工程。

【检察委员会】 2011年，德宏州检察机关检察委员会认真履行检委会办事机构工作职责，对提请检委会讨论决定的案件和事项进行程序审查，对重大疑难案件为检委会委员提供相应的法律和司法解释。全年共召开检委会会议77次，讨论决定各类重大疑难案件117件，决定重大事项5件，检委办决定督办率和执行率为100%。其中：州院召开检委会会议18次，讨论决定重大疑难案件29件，讨论重大事项1件，督办执行率为100%。

【检察宣传】 2011年，德宏州检察机关共向州级以上新闻媒体报送各类信息材料255条(篇)，见稿453条。其中，国家级媒体见稿45条(篇)、省级媒体见稿105条(篇)、州级媒体见稿167条(篇)；州院见稿317条(篇)。工作中注重深入挖掘检察工作中的闪光点及发生的重大事件，切实加大宣传力度。盈江“3·10”地震发生后，两级检察院立足检察职责，对检察干警在抗震救灾精神和先进事迹进行了及时宣传报道，共在国家级、省级和州级新闻媒体刊出稿件20篇。芒市检察院反渎局长黄卫东同志因过度劳累晕倒在工作岗位上后，州院政治部将黄卫东同志的先进典型进行了宣传报道，在全省引起了积极的反响。

【队伍建设】 2011年，德宏州检察机关坚持以严格公正文明执法为核心，以提高法律监督能力为重点，全面提高队伍素质。一是以开展“发扬传统、坚定信念、执法为民”主题教育实践活动和“创先争优”活动为载体，抓思想建设。认真组织开展了检察官宣誓、党员干警重温入党誓词活动；组织干警观看《复兴之路》、《杨善洲》等红色经典电影；在控申、民行等窗口部门开展“四评四创四亮”活动。二是以领导班子建设为核心，不断规范干部管理，全面加强检察队伍建设。认真落实党组中心组学习制度，定期召开会议。认真执行县市检察长向州院述职述廉、重大事项报告制度。坚持州院班子成员列席联系基层院民主生活会制度。三是以提升法律监督为核心，抓好教育培训。共组织524人次参加州委有关部门组织的干部理论培训；组织全州干警286人次参加高检院、省院和州院举办的各种业务培训。先后举办民事行政、公诉、侦查监督、控告申诉等专项业务培训9期，培训人员118人次。

【综合治理】 2011年，德宏州检察机关结合实际，多措并举，认真开展社会治安综合治理。一是加强对综治工作领导。继续实行检察长亲自抓，一名副检察长具体抓，各内设部门负责人积极参与的综治工作格局。年初，全州检察机关层层签订了《综治责任书》，把社会治安综合治理工作落实到法律监督工作各个环节；与挂钩村签订了综治共建责任书，由驻村工作队负责抓落实。二是加强院机关及住宿区的综合治理工作。在办公、办案区由法警支队和保安坚持24小时值班，节假日每天由院领导带班并安排专人值班的制度。严格车辆管理，实行节假日和8小时以外限制用车制度，要求车辆一律停放在单位，用车须经分管领导批准。三是狠抓综治宣传，营造良好的社会氛围。举行了历时14天的“全国检察机关惩治和预防渎职侵权犯罪展览．德宏巡展。是近几年来德宏州规格最高、规模最大、影响深远的一次惩治和预防渎职侵权犯罪宣传教育活动。结合举报宣传周活动，州院检察长在德宏电视台发表讲话，向全州人民公布检察机关主要职能、公开检察机关举报电话、举报形式及检察长接待日时间，鼓励全州干部群众依法举报、据实举报。利用“6·26”国际禁毒日、“12·4”全国法制宣传日和各民族传统节日等时机上街摆摊设点开展宣传活动，发放宣传资料7400余份，解答群众咨询90余人次，现场受理举报、控告和申诉4件。四是立足“禁毒防艾”和新农村建设，认真开展挂钩村的综治工作。“6·26”禁毒宣传日，州检察院工作队员走村串寨以发放禁毒防艾宣传品和播放光碟及向村民和学生宣讲禁毒防艾相关政策和法律知识的形式，进行禁毒防艾宣传。积极开展爱心帮扶和脱贫致富项目帮扶。春节前，州检察院共向挂钩村特困老党员、退伍军人、孤儿等捐助慰问金2850元，棉被15条，大米200千克。为挂钩村投资建设的多功能便民文化活动站也竣工投入使用。今年继续为挂钩村向县鱼苗站协调1000斤鱼苗发放到村民，惠及127户农户。为继续发展养蜂规模，工作队再次邀请德宏州职业技术学校老师到挂钩村进行指导帮助。

【法警工作】 2011年，德宏州检察机关司法警察共出警2619人次，看管犯罪嫌疑人、被告人出警1556人次。两级司法警察在履职中，始终坚持依法、规范、文明、安全的原则，确保了办案安全万无一失。严格规范全州办案工作区的设置和使用管理，顺利通过了由省院检查验收工作组对全州检察机关办案工作区的检查验收。两级检察院增设了法警机构，从而更进一步完善了我州检察机关司法警察队伍的正规化建设，为我州检察机关办案安全工作的顺利进行提供了更加坚实有力的保障。

（《检察院》撰稿　左爱萍）

公　安

【概　述】 2011年，在州委、州政府和省公安厅的坚强领导下，全州公安机关围绕中心、服务大局，牢牢把握“三项重点”工作和“三项建设”为主线，统筹推进维护国家安全和社会稳定各项任务，抓实抓好公安信息化建设、社会管理创新、执法规范化建设、“大走访”开门评警、盈江“3·10”抗震救灾、边境突发事件应急处置等一系列重大工作，公安工作主动性、创造性明显增强，公安队伍凝聚力、战斗力明显提升，为桥头堡黄金口岸和瑞丽重点开发开放试验区建设、全州经济社会跨越发展和各族群众工作生活创造了良好的社会治安环境。

积极探索预防流动人口违法犯罪和跨境犯罪的有效举措，最大限度的挤压违法犯罪分子的生存和活动空间，严打危害公共安全、群众反映突出的各类违法犯罪，防止形成治安乱点、滋生突出治安问题，提升各族群众的安全感和满意度。全州破获各类刑事案件1449起，抓获犯罪嫌疑人1048人，未发生影响恶劣的重大刑事案件。

牢固把握“紧紧扭住一个重点，精心打造两个亮点”的缉毒工作总体思路，创新工作机制，提高工作效能，分别在禁毒除源、堵源截流、重点整治、禁吸戒毒战场上开展了“11.1打击零星贩毒”、“统一收戒吸毒人员”、“整治制毒物品”、“双向查缉”、“集中打击整治毒品违法犯罪”等多个公安禁毒专项战役，对进出我州的11条主要贩毒通道、路线实行“路长制”，动态调整流动查缉模式，有力震慑了贩毒分子嚣张气焰，强势拉开了“第三轮禁毒人民战争”序幕。全州共破获毒品刑事案件1200余起；抓获犯罪嫌疑人1300余名；缴获毒品1000余千克；破获零星贩毒刑事案件263起；成功抓捕省厅列捕重大涉案在逃毒贩4名；立案侦办部级目标案件5起，省级目标案件10起，州级目标案件14起，已破部级目标案件2起，省级2起，州级5起；收戒了一大批吸毒人员；开展中缅会谈会晤22次，中缅联合扫毒行动17次。全州共受理治安案件11885起；查处11810起；查处违法人员12299人；共管理出入境人员142万人次，交通工具21.66万辆次，受理审批出国(境)证照16468份，清理遣送缅籍“三非”人员7901人。

全州公安机关各项公安保卫工作取得了显著成绩，共有43个单位和部门荣获先进集体称号，408名民警荣获先进个人称号，1人授予全国特级优秀人民警察，2人荣立个人一等功，3人荣立个人二等功，为全州的社会稳定和经济发展作出了应有贡献。

【队伍建设】 2011年，德宏州公安机关坚持思想政治工作常抓不懈，坚定正确方向不动摇。在“深入学习实践科学发展观”、“创先争优”活动中，始终坚持以科学发展观为指导，强化政治理论学习，坚定社会主义信念，注重用科学的世界观、方法论武装领导班子的思想，不断提高班子的议事决策能力，按照“坚持解放思想，突出实践特色，贯彻群众路线，正面教育为主”的原则，成立了33个学习组，层层推进学习实践科学发展观活动。一是认真学习领会胡锦涛总书记“七一”讲话精神，为护航“桥头堡”建设奠定坚实思想基础。全体领导干部和民警不断通过党委班子会、民主生活会等多种形式，采取提交汇报材料、撰写学习心得、交流发言等多种形式对胡锦涛总书记“七一”讲话精神进行了深刻系统的学习和研究，把学习转化成工作的动力和源泉，提出了一系列推动公安工作发展的新思路和新举措。二是积极向杨善洲同志学习，筑牢为民服务理念，全面提升公安机关做好新形势下群众工作的能力。三是积极开展“发扬传统、坚定信念、执法为民”主题教育实践活动和“规范执法行为、促进执法公正”专项整改活动，强化“四个忠于”意识，树立良好警风，构建和谐警民关系。四是坚持深化干部人事改革，队伍建设不断创新发展。建立素质测评、实绩评估、民主评议结合的竞争选拔机制，为选拔年轻、优秀干部搭建公平、公开、公正的平台，先后选送2名民警到省公安厅挂职锻炼，1名领导干部参加省厅干部推荐工作，提拔任用干部17人，确保了公安机关队伍建设持续健康发展。

【公安宣传】 2011年，德宏州公安局为推进公安队伍建设，树立德宏“国门公安”新形象，打造独具德宏特色的“国门公安”警营文化品牌，州公安局党委一方面不断加强自身队伍建设，建立健全了州市县级公安机关新闻发言人制度，充实了网上舆论引导队伍，定期向外发布公安信息，积极占领有利于公安工作开展的主流思想舆论阵地，并充分利用公安内网的独特优势和依托公安机关自身编办的《德宏公安》等杂志，传达各级党委政府和广大人民群众的声音，开展信息交流和相互学习，另一方面，德宏州公安局党委还积极与新闻媒体搭建起良好的交流合作关系，与德宏电视台合作开办了《德宏警方栏目》，与德宏团结报社签订了《德宏团结报·德宏公安》专刊宣传协议。为主动做好舆论引导工作和公安宣传工作，大力弘扬“人民公安为人民”的主旋律赢得了先机，积极营造了有利于公安工作和公安队伍建设的良好舆论环境，全力构建全州公安宣传阵地服务中心工作的有效平台。年内全州公安机关共在州级以上新闻媒体刊播公安工作报道3363篇，其中：中央级报道122篇(条)，省级1231篇(条)，地州级2010篇(条)。

【培训训练】 2011年，德宏州公安局根据上级公安机关开展“大教育”、“大训练”的总体部署和“三个必训”要求，根据警力状况和警务规律特点，围绕警察核心职业能力，科学合理地设计2011年训练科目和手段，进一步抓好基层民警“信息化实战应用能力、执法规范化水平、群众工作能力和警械武器使用技能”四项训练。全州公安机关已完成省、州培训班67期，培训民警1918人，同时各县、市级公安机关还举办各类业务培训57期，培训民警1331人次。通过各种培训学习和实战训练，进一步提高全州民警把握运用法律政策能力、群众工作能力、信息实战应用能力、突发事件处置能力和舆论引导能力。

【警营文化】 2011年，德宏州公安机关为进一步繁荣全州公安文化，加强文化育警功能，州公安局制定了《德宏州公安机关2011年文体活动方案》，依托党、团、工、妇等组织，以各大节点为契机，认真组织开展警营文化建设。先后成功承办“全国公安百名摄影家进德宏”和“全国公安摄影家协会研讨班”系列活动；“七一”前夕，成功举办了“爱我中华、爱我家乡”庆祝建党90周年摄影作品展，评出了优秀作品16幅；组队参加州委政法委举办的首届“政法杯”篮球运动会，取得了男女双项冠军的好成绩；积极参加全州政法系统“党在我心中”歌咏比赛“迎七一”书法绘画摄影展示赛，并在歌咏比赛中取得第一名的优异成绩；在书法绘画摄影展示赛中，有两名民警的作品分别获得绘画类和摄影类一等奖；成功组织了丰富多彩、热情洋溢的2011年度工会活动，让民警们在繁重的任务间隙，感受到了德宏州公安局工会这个大家庭的温暖和同志友谊，释放了公安民警的激情。并相继推出了德宏州公安机关“警官影院”、“警务微博”、“网上书院”及“民警网上晒日志”等网络平台，让民警在办公室就能读到红色经典、重温革命的激情岁月，不出警营，就能欣赏到当前国内外放映的影视大片。所推出的“民警网上晒工作日志”这一有利举措，大大增强了民警的工作责任感和荣誉感，形成了“比、学、赶、帮、超”的良好机关作风，切实做到“点点滴滴晒日志、认认真真做工作”，为进一步提高公安工作水平，丰富、活跃了警营生活，陶冶了民警情操，搭建起领导与民警、民警于民警之间的沟通交流平台，发掘警察文化资源，培养公安文艺专门人才，营造了“快乐工作、幸福生活”的良好警营文化氛围。

【关爱民警】 2011年，德宏州公安机关一是关爱民警，从生活上解决民警后顾之忧。从关怀激励、祝贺慰问、教育奖励、体检休假、生病住院、抚恤优待等十个方面，认真贯彻落实《德宏州公安机关关爱民警十项制度三十六条措施》，继续办好廉价大药房、警官健身中心、警官餐厅、民警子女高考奖励等关爱民警工作。并与中国人寿德宏分公司续签了三年的《局长责任险》，增加了民警重大疾病责任险和妇女安康险两个险种，把州局党委对民警的关心、爱护体现到具体的每一方面、每一个细微处。二是学习经验、取"他山之石"强"国门公安"素质。先后组织了2010年度全州公安功模137人分别到井冈山、湖南、海南等地进行学习考察，先后安排全州公安机关领导干部和民警到延安、昆明等地区学习开展"发扬传统、坚定信念、执法为民"主题教育实践活动的先进经验、先进理念、先进管理，借外脑破僵化，增见识展视野，提升国门公安民警的内在素质。三是不断加强机构组织建设，提高民警职级待遇，增强基层一线战斗力。按照公安机关执法勤务机构改革要求和警员职务套改的实施方案，进一步整合优化了公安组织机构，理顺职责关系，规范机构设置名称，提高工作效能。并按照套改范围及条件，圆满完成全体民警的警员职务套改工作，极大地提高了民警职级待遇。同时，新组建了州公安局反恐特警支队，考录特警队员42人。新招录公务员(人民警察)89名全部充实到基层一线实战单位，基层科所队战斗力明显增强。

【纪检督察】 2011年，德宏州公安机关以大力推进"非正常死亡问题"、"涉案财物专项整治"和"信访案件集中清理评查"、"廉政风险防范"、"审计整改年"等专项活动为主线，更加注重治本，更加注重预防，更加注重制度建设，先后在全州公安工作会议上对2011年反腐倡廉建设工作进行专项部署，与五县(市)公安局长、局直23个部门签订了《全州公安机关2011年党风廉政建设责任书》，明确了责任、部署了工作；专题召开了全州公安机关督察工作座谈会，对十项重点工作进行逐项分解剖析，组织召开了州局机关纪律作风整顿会，开展了德宏州"6.22啄木鸟"专项督察工作；制定下发了《德宏州公安机关廉政风险防范管理工作机制建设实施方案》，对各县市、各部门、各警种、各单位实际，对突出关键岗位和重点环节，认真查找在思想道德、岗位职责、业务流程、制度机制和外部环境等方面可能发生腐败行为的风险点。全州公安机关共查找224个风险点，其中一级113个、二级40个、三级71个。

【维护社会稳定】 2011年，德宏州公安机关坚持把维护国家安全和社会政治稳定作为首要职责，牢牢抓住国内维稳和境外调研两个阵地、网上网下两个战场，充分调动一切手段，积极整合各种资源，严密防范、严厉打击境内外敌对势力、敌对分子的渗透破坏活动。严密边境一线管控，妥善应对"6·08"缅政府和克钦组织摩擦对我造成的影响，有效维护我边境安全稳定。建立大情报格局，成立州、县(市)两级情报信息研判领导小组，推行情报信息"星级"制度，紧紧围绕敏感节点和重大政治活动，及时获取各类预警性、内幕性和深层次的情报信息。共收集各类情报信息17320条，派出边境巡逻堵卡4567组8654人次，查获非法出入境人员202起441人次，劝返拟非法出入境人员4325人次，登记核查进出边境管理区新疆籍人员4076人，全州没有发生重大政治事件和暴力恐怖事件。尤其值得一提的是盈江"3·10"地震发生后，德宏州公安机关紧急响应，在州委、州政府和省公安厅的领导下，迅速启动抗震救灾应急预案和重大灾害跨区域应急救灾机制，全力投入到抗震救灾工作中，尽最大努力维护灾区群众的生命财产安全、尽最大努力将灾区群众的损失降到最低、尽最大努力维护灾区社会的和谐稳定。短短的11天时间里，全州共出动警力26321人次，车辆8075辆次，救助伤员87人，拆除危房451间，排除险情38处，清理废墟物144.64吨，帮助群众搭建帐篷3707顶，抢救物资101.8吨，挽回经济损失913.1万元。震后第四天，盈江县公安机关窗口部门就全部恢复办证工作，在灾区设置了"帐篷公安局"、"帐篷户籍室"、"帐篷车管所"、"帐篷警务室"等，创造了震后灾区48小时"零发案"、震后8天灾区'零火灾"等工作奇迹，涌现出了柯友志、杨文生、李仕好、李继稳、王丽华、陈跃等优秀民警和感人至深的英勇事迹，用实际行动践行了国门公安的神圣职责。

【社会管理创新工作】 2011年，德宏州公安机关一是着力创新人口管理工作。对人口管理工作进行一系列改革创新，形成对常住人口、流动人口、境外人员三大类实有人口系统管理办法。二是着力创新行业组织管理。坚持培育发展与监督管理并重的原则，把行业组织纳入依法有序管理，为行业组织依法参与德宏经济社会建设提供帮助和服务，严格落实日常监管措施，建立规范化、常效化、动态化的管理机制，实现公安机关在新形势下的整体职能作用。制定出台了《德宏州物流业治安管理制度(试行)》。三是着力创新虚拟社会管理。科学统筹网上网下两个阵地，强化网络监管和舆情导控，提升虚拟社会管理服务能力，探索完善打击网络违法犯罪的有效方法。年内，通过网络获取情报信息1640条，发现封堵删除危害社会稳定的信息1104条。四是着力创新公安行政管理。大力推行网上受理、网上审批、网上办公，不断推出便民利民惠民举措，使交通管理、消防管理、出入境管理和危爆物品管理上新台阶。交警部门建立了驾驶人颁证仪式和宣誓制度，实现了驾驶人从“要我安全”到“我要安全”的自觉转变；同时，在监所拓展交通安全宣传教育阵地，先后在州和各县(市)治安拘留所设置交通违法拘留室，对严重交通违法行为人实施“八个一”的安全宣传教育活动，此举得到了省公安厅的充分肯定。继续深化一窗式、一站式、一体化服务和进村入社深入企业上门服务等举措，为社会和公众提供更加方便、快捷、优质、高效的服务。五是着力创新出入境管理。切实将“小窗口”当作服务经济社会发展、服务人民群众的“大舞台”。立足于破除不利于“桥头堡”建设的各种陈规束缚，观念创新、管理创新、方式创新，以开放的理念、活力的管理、多样的方式，全方位为“桥头堡”建设提供强有力支撑。重点做好“六推‘桥头堡’建设”工作。六是着力创新矛盾纠纷调处工作机制。继续牢固树立“矛盾就是警情，调解也是执法”的理念，把排查化解矛盾纠纷作为全州各级公安机关的常态警务来开展，融入到行政管理、社区警务等日常工作中。全州共排查各类矛盾纠纷1124起，化解1036起，化解率达92.2%；新建派出所警务室调解室4个，新配备调解员11名；调解一般矛盾纠纷1076起，预防恶性案件1起，调解治安案件1013起；向党委政府和相关部门提出工作建议83条，开展重大社会决策、重大工程项目社会稳定风险评估14次，收集掌握内幕性、预警性情报信息49条，从源头上预防各种群体性和政治破坏性事件发生。七是着力抓好校园安全管理，“十二项举措”巩固校园安全防护网。创新“十二项举措”推进校园安全工作迈上新台阶；强势推进校园派驻保安制度；规范实施校园警务室建设；全面推行学校“3＋1”警务巡逻模式。全州公安机关共排查各类学校安全隐患1476处，整改1423处，限期整改53处；排查矛盾纠纷245起，调解240起；排查涉校重点人员191人，列管183人；开展校园周边治安乱点整治128次，收缴各种危险物品、管制刀具等违禁品316件；开展防火、防暴力袭击、防自然灾害事故演练98次，开展法制宣传教育267次。

【治安管理】 2011年，德宏州公安机关以保障和改善民生为重点，切实履行为民服务、保民平安的职责，集中整治治安突出问题，全力维护社会和谐稳定。认真组织开展了“春季攻势”、“治爆缉枪”、“打四黑除四害”等专项行动，坚决执行对境外涉赌地区实行“五断一停”措施，防止境外赌博反弹。年内共受理治安案件12505起，比去年上升28.2%；查处12392起，比去年上升27.1%，查处率99.1%；查处违法人员12967人，同比上升30.1%，(其中移交有关部门3人、警告370人、罚款2258人、拘留7701人、其他处理2635人)。共立案查处涉爆案件9起，抓获违法犯罪人员12人，查处涉枪案件35起，抓获违法犯罪人员42人，查处非法零售烟花爆竹案件1起、非法运输烟花爆竹案件2起，行政拘留3人；收缴炸药414.8公斤、雷管365枚、索类2709.18米、黑火药45.553公斤、烟花爆竹66箱2000余封、组合烟花9箱900发、剧毒化学品10公斤、放射性物品45枚；收缴各类枪支170支、子弹8208发、管制刀具501把。共检查金融、供水、供电、供气、供油、广播电视、通信等重点单位2353个次，检查金银珠宝店、中小学、幼儿园等中小企业事业单位4210个次，发现治安隐患281处，已整改259处；指导单位制定处置治安突发事件工作预案718个，开展处置突发事件演练活动325次，落实守卫看护力量864人。共查处涉及“四黑四害”案件10起，查获非法使用工业硫磺熏制、销售竹笋“黑作坊”4个，赌博“黑窝点”2个，销售淫秽光碟“黑窝点”1个，“黑网吧”2个，停业整顿非法收购“黑站点”1个，查获违法人员29人；收缴工业硫磺127公斤、硫磺熏制竹笋4840公斤、未加工新鲜麻竹2000公斤、淫秽光碟5380盒、电脑主机18台、电脑显示器17台、涉赌电子游戏机21台、赌资10万余元。

【治安防控网络建设】 2011年，德宏州公安机关一是制定下发了《德宏州公安局关于推进社会治安防控体系建设的实施意见》，以构建街面防控网、单位内部防控网、社区防控网、视频监控网、区域警务协作网、虚拟社会防控网“六张网”为重点，全力推进全州社会治安防控体系建设。二是下发了《德宏州公安机关社会治安巡逻防控卡点执勤规范的通知》，对全州治安卡点的设置、警力装备配置、执法执勤工作等进行了规范，确保“警力跟着警情走”，保证街面防范工作不失控。三是制定下发了《德宏州公安局关于进一步加强和改进公安经济文化保卫工作的决定》，结合实际，对全州单位内部治安保卫工作实行州局、县市局和派出所三级“条块结合、以块为主、重点突出、分级负责”的指导监督体制，构建完善单位内部防控网，有效维护内部单位治安稳定。

【危险物品管理】 2011年，德宏州公安机关一是认真开展安全隐患排查整改和检查。严格督促危险物品从业单位全面落实各项管理措施，强化销售、购买、运输、存储、使用等环节的安全监管，做到排查率、检查率、宣传率、安全责任书签订四个100%，严防丢失、被盗、被抢。全州公安机关对辖区内涉危从业单位244家开展了安全隐患排查和检查，共发现整改安全隐患87起；主动会同安监、工商等职能部门对烟花爆竹开展联合检查15次，检查经营单位7家、零售烟花爆竹1082家，发现整改烟花爆竹经营、零售安全隐患35处。二是认真组织开展对公安机关内部安全隐患整改工作。对陇川县、瑞丽市公安机关近年来收缴的爆炸物品开展集中销毁统一行动，共销毁乳化炸药1185.8公斤，雷管325发，导火索340米；对全州公安机关执法部门开展了案件收缴的枪支弹药清理登记和上交工作。共对全州8个基层办案单位收缴的军用枪支17支(手枪)、子弹62发进行了登记上交治安部门保存；对全州公安机关近年来收缴的航空炸弹5枚、炮弹19枚、手榴弹78枚等危险物品进行登记清理工作。现已初步对销毁地点选址和制定销毁工作方案，报请省厅总队确定销毁时间和派技术人员前往我州协助销毁工作。三是扎扎实实地开展了民爆储存库“两个标准”建设及安评验收工作的贯彻落实。四是严格落实涉爆使用单位爆炸物品和焰火燃放许可。依法对全州涉爆使用单位的爆炸物品使用许可证的审批和核发；依法对烟花爆竹购买运输和燃放许可等安全监管，根据相关法律法规，制定下发了“焰火燃放作业活动审批程序及需提交的相关证明材料”，确保重要节日燃放安全。全州公安机关共依法审批焰火燃放Ⅱ级1次和Ⅴ级6次，未发生焰火燃放安全事故。五是加大对全州公安机关执法部门的督促指导。

【保安服务工作】 2011年，德宏州公安机关一是制定下发了《德宏州公安局关于进一步加强和改革保安工作的意见》，切实加强公安机关对保安服务业的监督指导，全面规范保安服务市场秩序，推进保安队伍规范化、职业化建设。二是于5月24日组织召开了2011年德宏州保安工作暨德宏州保安协会第一届理事会第二次会议，安排部署了今年保安工作，进一步推进我州保安服务业健康发展，更好服务社会，服务经济建设。三是强势对城区歌舞娱乐场所、医院、学校和涉爆等单位587家派驻保安员1377人。其中：歌舞娱乐场所45家153人，医院28家88人，学校454家1011人，涉爆从业单位60家125人。四是抓好保安员资格考试发证工作。设立了保安员资格考试德宏分中心，组织5名专管民警参加了全省保安员考务人员培训，领取考评员资格证书。目前，已完成全州1905名在岗保安员的资格考试发证工作，切实提高了全州保安员的整体素质、提高了全州保安服务质量。

【打击刑事犯罪】 2011年，德宏州公安机关坚持“情报信息主导警务”理念，建立健全点线面结合、人防物防技防结合、专群结合的打防管控一体化社会治安防控体系，完善部门合作、区域警务合作、警种合作机制，形成社会治安防控整体合力。积极探索预防流动人口违法犯罪和跨境犯罪的有效举措，最大限度的挤压违法犯罪分子的生存和活动空间，严打危害公共安全、群众反映突出的各类违法犯罪，防止形成治安乱点、滋生突出治安问题，提升各族群众的安全感和满意度。全州共立刑事案件5324件，破案1449起，抓获犯罪嫌疑人1048人，未发生影响恶劣的重大刑事案件。全州共立八类命案31起，与上年同期相比下降13.9%；破现行命案27起，现行命案破案率87.1%，与上年同期相比减少12.9个百分点；破命案积案2起，综合破案率93.5%。全州共有3个县(市)公安局实现了“命案全破”的工作目标。成功侦破了“3·27”特大赌博团伙案，“4·08”涉藏贩枪案，协助藏区公安机关破获涉案2800余发子弹的盗窃案，“4·18”非法入境案，查获非法入境、非法务工缅籍人员135人，“5·29”特大跨境绑架案，“9.06”特大非法吸收公众存款案，涉案金额2.4亿元，瑞丽市“8.27”内外勾结入室盗窃珠宝案等一大批案件，得到了公安部、省厅和州委、州政府的充分肯定以及社会各界的广泛好评，全州公安机关执法公信力明显提升，社会治安环境显著改善。

【开展“清网行动”】 2011年，德宏州公安机关按照公安部的统一部署，将“清网行动”作为全州公安机关的一项钢性工作，形成“全警参战、群众支持”的缉捕在逃人员工作新局面。一是通过媒体、电台开展宣传报道，州及各县(市)局都分别召开新闻发布会，并利用电视、广播、电台发布了公告、犯罪违法人员的公开信，公开通缉名单、设置举报电话、举报箱及邮箱；二是对在逃人员划分责任领导、责任人、责任民警、督办人员负责督促、推进工作；三是各县、市确定案件督办领导，对工作不力，措施不到位的部门发放督办通知书；四是各县、市追逃办与督察联合办公，协同作战；五是积极开展与缅甸警方的会谈会晤和警务协作，开展联合追逃工作；六是对案件进行梳理分类，对有条件追捕做家属工作，没有条件的创造条件抓捕；七是在全州看守所、拘留所、劳教所、边防收容所开展“清仓行动”，全面清一遍，不留死角、不存盲区。全州公安机关全警动员，行动迅速，通力协作，制作本地在逃人员档案463份，共清理各类网上在逃人员206人，补充在逃人员信息20条，清理上报删除不符合上网条件的6条，发现逃犯身份被“漂白”1条，制作上报“清网行动”专刊219期。年内，全州共抓获网上在逃人员495名，其中：本地在逃人员300名；外地在逃人员195名。全州各县(市)利用新闻媒体公开发布通缉令、规劝通告，并在各县、市车站、市场、口岸等人口密集区域张贴通缉令11000余份、自首公告8000余份。

【打击经济犯罪】 2011年，德宏州公安机关经侦部门共受理案件114件，立案101起，破案114起(破年前案14起)，抓获违法犯罪人员147人(其中抓获犯罪嫌疑人86人，违法人员61人)；涉案金额25886.42万元，挽回经济损失1257.48万元，缴获赃物折款397.84万元(赃物折款为缴获卷烟折款)；抓获上网逃犯21人，非上网逃犯2人；与去年同期相比，受理案件下降57.4%，立案数下降14.4%，破案数下降2.6%，涉案金额上升820.7%，挽回经济损失上升5.7%。

【打击毒品犯罪】 2011年，德宏州公安机关认真总结经验，分析研究新形势下毒品犯罪新特点，牢固把握“紧紧扭住一个重点，精心打造两个亮点”的缉毒工作总体思路，创新工作机制，提高工作效能，分别在禁毒除源、堵源截流、重点整治、禁吸戒毒战场上开展了“11～1打击零星贩毒”、“统一收戒吸毒人员”、“整治制毒物品”、“双向查缉”、“集中打击整治毒品违法犯罪”等多个公安禁毒专项战役，对进出我州的11条主要贩毒通道、路线创新防控查堵措施“路长制”，建立动态调整流动查缉模式，有力震慑了贩毒分子嚣张气焰，强势拉开了“第三轮禁毒人民战争”序幕。年内，全州共破获毒品刑事案件1240起，同比上升36.41%；抓获犯罪嫌疑人1327名，同比上升42.38%；缴获毒品1042.82千克；缴获毒资213.08万元；缴获制毒物品27.86吨；破获零星贩毒刑事案件263起，同比上升345.76%；抓捕省厅列捕重大涉案在逃毒贩4名；立案侦办部级目标案件5起，省级目标案件10起，州级目标案件14起，已破部级目标案件2起，省级2起，州级5起；收戒吸毒人员8089名；中缅会谈会晤22次，中缅联合扫毒行动17次。“拔钉子”、立案侦办部、省级目标案件数、会谈会晤、联合扫毒任务数已提前超额完成，特别是年初，一举破获公安部督办的“12.06”特大走私制毒物品目标案件，抓获11名犯罪嫌疑人，缴获制毒物品8.256吨，案件涉及云、贵、川、渝、浙、鲁6省市，彻底摧毁了一个集走私和非法买卖制毒物品为一体的家族式犯罪团伙，查清了案件所涉制毒物品的来源，受到公安部和省公安厅的赞誉。

【道路交通管理】 2011年，德宏州公安机关全州辖区内的道路交通事故70起，造成62人死亡，91人受伤，直接财产损失165961元。与上年同期相比，事故次数增加11起、上升18.64%；死亡人数持平；受伤人数增加51人，上升127.5%、直接财产损失增加72979元，上升78.49%。全州发生一次死亡三人以上的道路交通事故2起，共造成7人死亡，2人受伤，直接财产损失18000元。没有发生一次死亡五人以上的特大道路交通事故。年内先后开展了“德宏州公安机关2011春季攻势行动”，“德宏州公安局集中整治无牌无证机动车专项行动”、“打击非法违法生产经营建设行为专项行动”“整治制毒物品专项行动”、

“打击零星贩毒专项行动”、“清网行动”、“夜鹰行动”、“利剑行动”、“平安一号”、“西南五省(市、区)预防客运车辆重特大道路交通事故工作行动”、“全省公安交通管理部门开展预防重特大道路交通事故集中整治行动”;“云南省交通安全校园行护卫天使活动”、“酒后驾驶交通违法行为集中整治”“安全隐患排查整治”、“文明交通示范公路创建活动”、“深化和拓展客运隐患排查整治”、集中整治“超员超速超载和疲劳驾驶”等24次交通秩序整治行动。全州公路巡逻民警上路巡逻134775人次，出动巡逻警车50401辆次，巡逻里程172.2万千米，紧急出警4873次，纠正交通违法206578人次，处罚36757人次。其中，无证驾驶9121人次，饮酒驾车551人次、醉酒驾车485人次、超速行驶3499人次、客运机动车超过核定乘员96人次、货运机动车超过核定载质量42人次、其他交通违法行为21584人次。依法扣留机动车5909次、扣留驾驶证987次，对交通违法嫌疑人依法拘留556人(其中无证驾驶拘留354人、饮酒驾车拘留2人、醉酒驾驶拘留199人、其他拘留1人)。为群众排忧解难925次，接处治安案件1件、刑事案件2件，查获被盗抢汽车2辆、摩托车13辆，缴获毒品5170克，共抓获犯罪嫌疑人12人。年内全州公安交警系统出动宣传力量11652人次，进乡镇192次，进客货运企业143次，进学校499次;共举办交通安全宣传课1791场次，播放宣传公益广告片、警示教育宣传教育片1886场次，受教育人数1038790人次;全州交警部门新闻稿件被中央级报刊采用21篇、网站采用22篇;被省级报刊采用167篇、广播采用3731篇、网站采用54158篇;被州级报刊采用326篇、电视采用122条、广播采用311篇。深入推进社会管理创新，交通管理能力和服务群众水平得到明显提升。从破解难点、热点问题入手，在机动车和驾驶人管理、便民服务、执勤执法、事故处理、社会宣传、科技管理、队伍建设等方面都进行了有益的创新尝试，取得了阶段性成果。不断健全和完善2010年推出的考试中心主任轮值、驾驶人颁证仪式及宣誓、“流动车管所”下乡办证、二轮摩托车销售与登记联系制度等十项便民利民举措，打造德宏车驾管业务品牌。拓展“流动车管所”下乡服务应用范围辐射至全州范围。下乡考核摩托车驾驶人30555人，下乡检验摩托车9339辆。在监所拓展交通安全宣传教育阵地，先后在州和各县、市治安拘留所设置交通违法拘留室，对严重交通违法行为人实施“八个一”的安全宣传教育活动，省交警总队对德宏“创新管理方式，筑牢源头防线，打造管教结合的交通安全宣传警示教育基地”的做法予以充分肯定。

【出入境管理】 2011年，德宏州公安出入境管理部门一是推进政策争取。争取逐步恢复边境旅游异地办证、争取瑞丽口岸允许第三国人员出入境政策、争取芒市机场口岸签证政策、争取省内跨户籍地申领三种证照、争取扩大我州从事境外项目建设企业人员及在边境地区未注册公司的边贸人员出入境通行证签发范围、争取边境地区一类口岸所在地的瑞丽市公安局享有审批、签发出入境通行证的职权。二是推进基础业务巩固。目前，我州出入境管理部门已有1个国家级文明窗口、2个省级文明窗口、3个省级达标窗口，表明了以出入境接待大厅为标志的我州公安出入境管理系统硬件建设全部达到了公安部的要求和标准，为恢复边境旅游异地办证打下了坚实的基础工作。三是推进出入境管理服务创新举措。(1)边贸出境五种加急。即:出境奔丧、探望危重病人，紧急出境参加中老、中缅、中越交易会的，紧急出境处理经济案件纠纷或其它突发事件的，紧急出境运输鲜活等绿色食品的，省级公安机关出入境管理机构认可的其他紧急事由可急事急办;(2)绿卡签发扩大范围，为引进人才提供绿色通道。(3)出台便捷港澳同胞的出入境措施，以利于两岸交流;(4)电子政务、网上窗口。升级出入境网上服务大厅，成为互联网的全天候电子政务服务窗口，扩大网上咨询、表格下载、办证预约、受理预检、进度查询、信息预报等业务范围，深化示范窗口建设，提升服务效能，提高群众满意率。同时，加强外管民警队伍建设，不断提高其政治业务和执法素质，提高服务能力水平。四是推进国际警务合作机制效能。在公安部与缅警方签署的合作协议框架下和授权范围内，因地制宜、因国施策，创造条件拓展交流渠道，提高执法合作水平。建立与缅甸警方执法合作、定期会谈会晤机制，畅通紧急情况下的双边联络渠道，在协查办案、移交人员、情报交流等方面发挥牵头指导职能作用，进一步建立国际合作机制、密切国际警务合作交流，更好地服务“桥头堡”建设。年内，管理出入境人员142万人次，交通工具21.66万辆次，受理审批出国(境)证照16468份，清理遣送缅籍“三非”人员7901人，与缅方进行会谈会晤29次。

【公安法制】 2011年，德友州公安法制工作一是“警综平台”培训强制实行单轨制推广工作。全州公安机关“警综平台”强制入轨，于今年2月21日执法办案系统正式启用“单轨制”。按照德宏州公安局党委的要求，为进一步提高民警“警综平台”系统的实战应用能力，切实抓好警综平台全警培训工作，始终坚持主办案件民警、(专)兼职法制员、部门负责人、法制民警和局领导五级审核把关，逐级呈报，逐级落实责任，为更好的服务于执法办案工作坚持逐案审核把关，确保入网案件的质量。截止目前共组织培训全州民警14批2200余人(次)。二是组织全州各级公安机关结合各警种专门业务知识对“一细则六规范”在今年5月31日前组织进行专门、系统、规范地培训、竞赛工作，推荐选拔出优秀民警参加州公安局、省公安厅组织的法制员业务技能竞赛。截止目前，全州公安机关各警种、各部门共组织各类培训376次，共计1500余人参加培训。三是共审核案件10136件，22771次，共12052人，其中刑事案件审核2359件，3661人，行政案件审核7777件，8391人；提请逮捕1089件1560人，不批捕147件176人，批捕率87.5%。移送起诉947件1094人，不起诉12件14人，起诉率98.4%。办理取保候审案件401件467人，监视居住案件470件553人。办理行政复议案件9件12人、劳动教养案件5件15人，并组织开展劳动教养聆询案件1案3人。

【警察协会】 2011年，德宏州警察协会继续做好警学理论研究工作。一是州警察协会和梁河县警察协会推荐论文在“桥头堡建设·德宏发展论坛”上荣获好成绩。州警察协会和梁河县警察协会选报的3篇论文参加此次论坛并且获得了“论坛”鼓励奖。二是州警察协会先后组织了中国西部城市警察协会《警察科学论坛》第二届研讨会，中国警察协会“第三届中国警学论坛”，中国警察协会第六届海峡两岸暨香港、澳门警学研讨会，中国西部城市警察协会《警察科学论坛》第三届研讨会以及全州2011年警学理论研讨等征文活动。全州共征集论文276篇，其中5篇论文入选中国西部城市警察协会《警察科学论坛》第二届研讨会论文集；选报4篇论文参加中国西部城市警察协会《警察科学论坛》第三届研讨会。州警察协会选报的1篇论文被省警察协会推荐上报中国警察协会参加“第三届中国警学论坛”征文活动。三是召开了2011年全州警学理论研讨会。对32篇优秀论文和一个优秀组织奖进行表彰奖励。积极做好关爱慰问民警工作。年内，州和县市警察协会先后代表各级公安局和警察协会及时对伤病民警及民警家属进行探望、慰问；州局、盈江、陇川、梁河等县市警察协会还专门召开座谈会，为2011年度顺利考上大学的民警、职工子女颁发奖学金，充分体现了警察协会“警察之家”的温暖和关爱，大大激发了民警的工作热情和感恩之情。各县市警察协会都分别募集有民警救助金10万元以上。经州公安局与中国人寿德宏分公司共同协商，在原有《局长责任险》的基础上，增加了“重大疾病保险”和“妇女安康保险”。进一步完善民警维权机制。年内，盈江、陇川、芒市三县市警察协会分别召开理事会，分别聘请本县市一律师事务所为警察协会荣誉理事和法律顾问。警营文化建设工作取得新进展。经公安部“文联”批准，全国公安摄影家协会和德宏州公安局于4月16日至20日在芒市成功举办首期全国公安摄影研讨班，来自全国17个省市区公安机关和公安边防、消防等部门的领导和摄影爱好者，共计140余人参加了学习、研讨。遵照马闻副州长的指示，州警察协会秘书长参与了全国公安摄影家协会首期研讨班的前期筹备和研讨班期间会务、材料等各项工作。同时，筹备召开了德宏州公安摄影协会成立大会的各项准备工作。全国公安摄影家协会云南德宏首期研讨班的举办取得了圆满成功，得到了与会领导和参训来宾的充分肯定和赞誉，充分展示了德宏州公安机关“国门卫士”的良好风采和孔雀之乡的美丽神韵。

（《公安》撰稿　杨庆东）

消　防

【党委班子建设】 2011年，德宏州公安消防支队按照“现代化”的内涵要求，紧紧围绕建设“学习型、团结型、实干型、创新型、廉洁型”党委班子的目标，积极强化自身建设，班子的核心领导作用进一步增强。年内，支队进一步规范党委中心组集中学习，深入开展“党委中心组每2个月至少集中学习一次、班子成员每天学习一小时、每月熟读一本书、每季度撰写不少于一篇学习心得体会、每年撰写不少于一篇调研论文”的“五个一”学习活动，全面系统地学习了中国特色社会主义理论体系重大战略思想、中共十七届六中全会精神、省第九次党代会精神、温家宝总理在大连消防支队视察时的重要讲话精神、孟建柱部长关于建设“现代化消防铁军”的重要指示精神和《军队党员领导干部廉洁从政若干规定》等规章文献，同时邀请地方学者教授利用视频开展党委中心组扩大学习，确保了班子理论上的清醒、政策上的清楚、思路上的清晰和导向上的正确。班子成员立足德宏桥头堡黄金口岸和瑞丽重点开发开放实验区建设的历史大背景，结合部队正规化建设精细化管理、《公安消防部队思想政治教育大纲》落实、打造消防铁军、建设社会消防安全“防火墙”、“五大活动”和“清剿火患”战役等重点工作的推进下基层调查研究近100余人次，撰写了一批调研文章，其中嵇鹏同志和杨志明同志合撰的《抢抓机遇，顺势而谋，提高消防安全水平，给力向西南开放重要桥头堡黄金口岸建设》在警地引起较大反响。

【部队教育与管理】 2011年，经云南省公安消防总队党委批准同意，支队调整营以上领导干部18人，调整连排职干部16人，大队领导及中队干部配备率达100%。全州消防部队积极开展“云岭消防党旗红”创先争优活动，举办了党委支部书记培训班、入党积极分子培训班，全力加强基层党建工作。支队以落实全国思想政治工作会议精神，贯彻《公安消防部队思想政治教育大纲》为契机，深入开展学习实践“忠诚可靠、服务人民、竭诚奉献”总要求主题教育、“牢记使命，珍惜荣誉，再创佳绩”教育和建党90周年系列活动，开设“政工讲堂”，提高教育感染力。支队根据“一队一特色、一人一特长”要求掀起“人人会吹葫芦丝，个个会跳景颇舞”热潮，提升警营文化层次，加强俱乐部星级建设。在庆“八一”军警民联欢晚会上，芒市大队、特勤中队合编自导的节目《红歌连唱》和诗歌朗诵《英雄的消防兵》，再现了消防部队英勇形象，获得好评。为紧跟瑞丽开发开放试验区建设步伐，搭乘桥头堡黄金口岸建设东风，全力做好创先争优工作，支队精心打造国家级“姐告国门模范消防大队”，从官兵日常表现、业务水平、部队形象等三个层面开展典型榜样评选表彰和学习活动，营造全州官兵创先争优的良好氛围。年内，支队组织42名官兵参加军队自学考试，采取培训、自学、实岗锻炼等多种手段提高官兵素质，干部履职能力大幅提升，5人在总队岗位练兵比武中受到表彰。在盈江“3·10”抗震救灾中，一批单位和个人被省厅、总队记功表彰，其中1人荣立一等功、1人荣立二等功、10人荣立三等功、60余人受到嘉奖，一个单位被省厅记集体三等功，支队和盈江大队分别被公安部表彰为集体三等功、集体二等功。

【火灾防控】 2011年，德宏州消防部门以贯彻落实新修订的《中华人民共和国消防法》为主线，推动州市各级政府成立消防安全委员会，构建部门联合执法机制，明确单位的消防安全管理主体责任，基本形成了“政府统一领导、部门依法监管、单位全面负责、公民积极参与”的消防安全管理体系。加强火灾隐患排查整治，通过开展专项整治活动和云岭平安整治行动、“清剿火患”战役、重大火灾隐患挂牌整治，有效净化了消防安全环境。开展“防火墙”建设，推进社会单位四个能力达标建设，落实“三提示”、消防安全标识化管理、建筑消防设施检测和“零火灾”创建等措施，单位消防安全能力大幅提升。深入开展消防宣传“五进”和“进奘房”活动，聘请少数民族消防宣传形象大使和义务消防宣传员，各县市分别设立2块消防宣传公益广告牌，大力开展社会消防培训，形成了强大攻势。

【落实消防安全责任制】 2011年，德宏州各级各部门紧紧围绕“云岭防火墙”工程建设和“五大”活动的开展，全面落实各项工作任务，消防安全责任制日趋完善。年内，全州7个县(市、区)全面总结“十一五”期间消防安全工作，并全面完成了“十二五”时期消防发展规划编制工作，州人民政府和各县市人民政府全部正式发文制部署了“十二五”时期消防发展规划。年内，州人民政府召开了全州消防安全工作会议，对全州消防安全工作进行了安排部署，并与全州7个县、市(区)人民政府和21个政府职能部门、重点行业签订了政府消防工作目标责任状。1月27日，州委、州人民政府与各县市政府和相关行业部门签订了《2011年德宏州社会治安综合治理维护稳定目标管理责任状》，将消防工作纳入了社会治安综合治理范围，各县市也同步将消防工作纳入了社会治安综合治理范围。7月27日至31日，州政府组织对7个县、市(区)进行了2011年度消防安全责任制半年考评和“云岭防火墙”工程、消防安全“五大”活动进行检查考核，年底又组织开展了年终考核。年内，全州各级政府召开常务会议12次专题研究消防工作和消防部队建设的瓶颈问题，州消防安全委员会召开消防工作联席会议和电视电话会议6次，4次对全州各县、市(区)消防安全工作进行督促检查。全州70个设有自动消防设施的单位和场所通过了年度消防技术检测，179个公众聚集场所进行了火灾公众责任险投保。20.05万户农户统一进行了农村房屋火灾保险投保，投保金额120.3万元，农户投保率达到了100%，农村抗御火灾风险能力进一步增强。州人民政府相继组织开展了“云岭平安”1～10号专项行动、高层地下建筑专项整治、民用消防设施专项整治、冬季防火攻坚战专项行动、“清剿火患”战役等13个消防安全专项整治行动，消除了一大批火灾隐患。年内，全州共检查单位12012家，发现火灾隐患或违法行为22742处，督促整改火灾隐患或违法行为22457处，下发《责令改正通知书》4638份，拘留118人，责令“三停”单位123家，实施临时查封266起，强制执行18起，罚款124.89万元，对发现存在重大火灾隐患的202家单位由各级政府实施挂牌督办，在全州掀起了严查重处消防违法行为的整治“风暴”，有效地打击和震慑了消防违法违规行为，净化了全州消防安全环境，确保了火灾大幅下降。年内，全州共发生火灾74起，死亡2人，受伤0人，直接财产损失117.46万元，未发生较大以上火灾事故，同比2010年火灾起数下降了20.4%，亡人数下降了50%，同期无人员受伤，直接财产损失下降了44.97%。火灾形势保持了平稳。

【消防宣传教育】 2011年，德宏州消防支队牢固树立“全民消防，生命至上”的理念，强化内引外联，多渠道发动、引导社会各界参与消防宣传。一是多部门联合抓宣传：联合州委宣传部、公安局、教育局、民政局、文体局、卫生局、广电局、安监局等8部门制定了《德宏州全民消防安全宣传教育实施细则(2011～2015)》；联合州委宣传部组织开展家庭消防安全自查主题实践活动，发动各行业、系统、部门家庭消防安全教育工作；抓住重要宣传节点，组织开展进行经常性的消防常识科普宣传，向全州各基层群众下发《消防安全告全民书》；联合州教育局下发《关于进一步加强冬春季节学校消防宣传教育工作的通知》、《德宏州春(秋)季学期校园安全周活动方案》，向每位学生家长发放一份《寒假消防安全告家长书》，以布置寒假作业的形式，组织每个学生家庭制定一份家庭火灾逃生预案。二是发动民力普宣：在全州29个社区、1个街道办事处的每栋住宅及290个村委会各聘请1名消防宣传员，并定期组织、指导义务宣传员落实职责，强化社区、农村消防宣传工作，及时发现和消除小区、村寨的火灾隐患。三是拓展渠道推宣：在全州7个县、市、区城区有效位置设置16块永久性大型消防公益广告牌，分别在州电视台、团结报、州广播电台、州政法综治网开设消防专栏，以字幕提示、公益广告、新闻采访、专题报道等形式开展宣传，同时完成瑞丽、芒市、姐告、陇川大队科普基地建设任务。启动姐告、陇川等大队消防科普教育基地建设，消防宣传车完成改装投入使用。四是分类施教：年内，支队组织培训班80期，培训2233人次，其中培训乡镇长、村两委负责人达390人；组织10期856名消防安全重点单位及相关重点行业消防安全责任人、管理人培训班并组织完成考试、获得证书；组织我州两批次共81名消防控制室人员到中介培训学校参加为期20天的职业技能培训并完成鉴定站技能鉴定。

【灭火救援与执勤保卫】 2011年，德宏州消防部队战斗力全面提升，圆满完成了盈江“3·10”地震、320国道“1·2”重大交通事故联合处置、瑞丽“3·13”跨区域灭火作战、“4·12”油罐车火灾扑救、“4·30”油罐车侧翻及“6·6”30米高空救援等作战中，全州官兵全力以赵，出色地完成了任务。年内，全州消防部队强化执勤备战”；圆满完成了全州‘两会”暨德宏州委五届十三次全体会议、2011年景颇族目瑙纵歌狂欢节、盈江地震灾区2011年高考、盈江县“3·10”抗震救灾慰问演出、中国·德宏2011国际泼水狂欢节、“云南省加快建设面向西南开放重要桥头堡动员大会”启动仪式、建州58周年庆祝活动、州第六次党代会、中国·瑞丽第十一届中缅胞波狂欢节暨第四届国际珠宝文化节、省九次党代会、2011年中缅边境交易会等地方节庆及重要活动的消防安全保卫任务。

【岗位练兵】 2011年，德宏州消防支队以提升部队战斗力为目标，结合打造云岭消防铁军和灭火救援攻坚组建设，深入开展执著岗位大练兵，年初，支队研究制定了2011年铁军练兵实施方案，通过开展每月“练兵之星”评比，每季度“片区比武对抗”、“半年考核”、“铁军大比武”等措施，形成竞争激励的浓厚练兵氛围。年内支队组织开展了等级战斗员考评、攻坚组比武、专兼职消防队大比武活动，组队参加了省消防总队打造现代化云岭消防铁军比武竞赛，通过同台竞技、交流比武，营造了“比、学、赶、帮、超”的练兵氛围。支队积极探索小中队练兵模式，组织开展了“集中训练，分散执勤”活动，依托消防装备、训练设施相对齐全、练兵工作成效显著、人员编制较多的特勤中队和芒市中队，分批次从人员编制少的其他基层中队抽取官兵集中参加练兵活动，同时按照“抽一补一”的方法，从特勤中队和芒市中队抽取同样数量的官兵分配到各基层中队参与灭火救援和执勤保卫，确保被抽取中队实有执勤力量不变。活动中，全州抽选的45名官兵在特勤中队和芒市中队进行了为期42天的集中训练，有效解决了小中队练兵难的问题，对提升单位战术技能和全州消防部队的整体战斗力产生了积极作用。

【应急救援队伍建设】 2011年，德宏州消防支队加强应急救援队伍建设。一是加强专业力量建设。支队组建了8个灭火攻坚组和1个抢险救援攻坚组，按照轻型搜救队的编程组建地震灾害紧急救援队，积极开展专业训练，做好处置地震灾害和跨区域处置地震灾害的准备。成立了特勤中队搜救犬分队，配备2只搜救犬，进一步强化了地震基础搜救能力建设。二是完善应急救援基础工作。定期召开技战术研究及战例研讨，完善高层建筑、公众聚集场所、地下建筑等7类灾害事故应急救援预案，制定重特大火灾和抢险救援社会联动方案、跨区域应急预案以及地震应急救援预案。报州政府批准，组织110、120、供电、供水等相关部门在“119宣传日”开展了大型应急救援训练，德宏师专师生、各相关部门职工等近1000余人参加了演练。三是加强多种形式消防队伍建设。支队积极推动政府加强多种形式消防队伍的建设，全州50个乡镇、29个社区志愿消防队及336个行政村发展以民兵为主的义务消防组织全部组建完成。完成盈江县弄璋镇政府专职消防队、梁河县芒东镇政府专职消防队和芒市遮放镇政府专职消防队组建任务，推动盈江县那邦镇政府专职队完成组建任务。

【基层基础建设】 2011年，德宏州消防支队完善基层基础建设。一是基层基础建设稳步推进。支队按照《中国人民武装警察消防部队基本建设财务管理暂行规定》进一步规范全州部队基本建设项目。完成了陇川大队办公楼建设工程、启动了盈江大队一级消防站建设任务，根据合同将于2012年6月竣工并投入使用。二是灭火救援装备建设取得重大突破。支队深入推进现代化消防铁军建设，大力加强器材装备建设，取得显著成效。年内，支队争取省、州、县三级配套经费1460万元，购买了普通队站、特勤队站装备器材以及攻坚组装备4800多件套，购买了12辆消防车和其他类型车辆，其中载水量10吨的大功率水罐1辆，8吨泡沫水罐消防车2辆，32米登高平台车1辆、22米登高平台车2辆，云梯消防车1辆，抢险救援车2辆、化学事故抢险救援车1辆，通信指挥车1辆，消防宣传车1辆。购置的车辆器材装备到位后，支队器材装备总数达到10291件套，消防车辆和其他类型车辆达到42辆。

【和谐警民关系】 2011年，德宏州消防部队紧密结合消防工作和部队建设的实际，积极开展了抢险救援、警民共建、拥政爱民、文明创建、捐资助学、社会救助、扶贫帮困、抗旱救灾等活动。特别是盈江“3·10”地震救援中，全体官兵充分发扬特别能战斗、特别能吃苦的精神，不顾频频余震、不顾个人安危，抢救伤员、搜救被困人员、帮助安置灾民。全州消防官兵从废墟中共抢救了9名被埋压群众，紧急疏散被困群众343人，搭建帐篷442顶，帮助群众拆除危房13间，拆除危险墙体320米，送水480吨，协助灾区群众安装生活用水应急管道500余米，清理水源废墟杂物12吨，帮助群众搬运和转移价值480万元的物资，抢救搬运大米6000余斤，化肥8000余斤，发放宣传资料35184份，发放灭火器5509具，张贴消防宣传标语2479条，加固消防宣传标语359条，巡查安置点帐篷26838顶，开展防火巡查2086人次，帮助受灾群众消除火灾隐患669处，接受群众咨询1011人次，确保了灾后无大火，得到了各级党委、政府的高度赞扬和人民群众的一致好评，树立了“人民消防为人民”的良好形象。此外，全州消防部队确定了55名社会各类消防从业人员和困难群众进行慰问帮助，年内先后走访辖区多种形式消防队伍人员98人、单位消防从业人员75人、城镇失业下岗和低收入生活困难群众25人、农村贫困群众26人、贫困学生15人、留守儿童17人、走访慰问基层官兵19人、走访困难企业35个、开展扶贫帮困16对、帮扶贫困老党员17人，提升了消防部队的影响力，展示了消防部队“亲和力”。

（《消防》撰稿　盛国斌）

经济管理

发改委

【概　述】 2011年，德宏州继续应对国际金融危机，认真贯彻落实中央宏观经济调控政策措施，全力以赴抗震救灾，夺取盈江“3·10”地震抗震救灾胜利，全面推进桥头堡黄金口岸和瑞丽重点开发开放试验区建设，抓机遇保增长，坚定不移转方式，千方百计保民生，开拓进取，扎实工作，国民经济呈现持续较快发展，各项社会事业不断进步，“十二五”开局良好。全年全州生产总值完成172亿元，比上年增长15.5%，比计划目标高2.5个百分点，完成年计划的107.5%。其中：第一产业45亿元，比上年增长7.8%；第二产业60亿元，增长22.0%；第三产业67亿元，增长15%。全社会固定资产投资完成171.4亿元，比上年增长30.7%，完成年计划的102%；社会消费品零售总额65.3亿元，增长20.1%，完成年计划的100.1%；外贸进出口总额完成13.9亿美元，增长21.6%，比计划目标高6.6个百分点，完成年计划的106.1%；地方财政一般预算收入18.9亿元，增长42.8%，比计划目标高17.8个百分点，完成年计划的116.3%；城镇居民人均可支配收入15255元，增长10.6%，比计划目标高0.6个百分点，增收1467元；农村居民人均纯收入4096元，增长21.6%，比计划目标高11.6个百分点，增收728元；城镇登记失业率控制在4%以内，比计划目标低0.4个百分点；人口自然增长率7.4‰，完成计划控制目标；居民消费价格指数为105.2%，比计划目标高1.7个百分点；万元GDP能耗下降2.4%。

【国民经济】 2011年，德宏州生产总值完成172亿元，比上年增长15.5%，其中第一产业45亿元，增长7.8%；第二产业60亿元，增长22%；第三产业67亿元，增长15%。在德宏基础设施支撑能力不断强化，优势产业不断发展壮大的拉动下，州内生产总值连续3年保持15%以上的增长速度。从县域经济看：瑞丽市实现生产总值35亿元，比上年增长16.6%；芒市实现生产总值54亿元，增长15%；梁河县实现生产总值12亿元，增长11.5%；盈江县实现生产总值49亿元，增长15%；陇川县实现生产总值22亿元，增长15.1%。

【农村经济】 2011年，德宏州灾区恢复重建家园工作有序推进，各项惠农政策得到落实，农业产业结构调整成效显现，新农村建设得到有力推进。全年完成农林牧渔业总产值71.5亿元，比上年增长8.6%。粮食总产量65万吨，比上年增长7.7%，创历史新高；甘蔗总产量414.8万吨，增长3.9%；茶叶总产量1.4万吨，增长6.3%；肉蛋奶总产量9.5万吨，增长10.8%；收购烟叶30.7万担，建成全国最大香料烟种植基地。

农业结构调整进一步优化。竹子、咖啡、柠檬、坚果、油茶、核桃、番麻等特色生物产业培育发展和农业产业化经营步伐加快，龙头企业不断发展壮大，国家级龙头企业达到1户，省级龙头企业达到12户，州级龙头企业达到35户。

农业基础设施进一步加强。扎实推进农村居民地震安全和农村危房改造，基本完成盈江回龙河中型水库、瑞丽芒林中型水库建设和一批病险水库除险加固工程。农村饮水安全、大型灌区、界河治理、水土保持、中央财政小型农田水利重点县建设和山区“五小水利”工程按年度计划完成，完成中低产田地改造15.5万亩，实施干支渠工程72.7公里，解决农村饮水不安全人口5.1万人，治理水土流失面积41.35平方公里。生态建设取得好成绩，基本完成铜壁关与瑞丽江2个省级自然保护区调整合并升级为国家级自然保护区前期工作，连续9年无重特大森林火灾和人员伤亡事故，取得森林防火历史最好水平，完成省下达退耕还林年度任务，实施中低产林改造60万亩，建成特色林产业44.2万亩，新修4380口沼气池、0.16万眼节柴灶。

深入抓好扶贫开发工作，扎实推进“兴边富民”工程建设，实施整村推进、以工代赈、易地搬迁、小额信贷等扶贫项目，解决3万贫困人口温饱，扶贫工作取得显著成效。培训农村富余劳动力0.6万人，新增转移农村富余劳动力2.2万人。新农村建设扎实推进，启动97个新农村示范点建设。

地震灾后恢复重建进展顺利。全州完成民房修复加固22136户，盈江县行政中心、大盈江(盈江县城段)综合治理、盈江县弄璋大桥等重大建设项目前期工作按计划推进，一批教育、卫生等公共基础设施项目前期工作已经完成，并开工建设。

【工业经济】 2011年，德宏州完成工业增加值47亿元，比上年增长22%，工业总产值实现133亿元，增长29.6%，其中规模以上工业实现增加值39亿元，增长19.61%，工业产值88.2亿元，增长23.1%；规模以下工业继续保持快速增长势头，实现产值44.7亿元，增长50.6%。主要行业运行情况良好，制糖工业稳定增长，生产白糖42.4万吨，比上年下降6.8%，实现产值25亿元，增长31%；电力生产和供应业持续增长，发电量114亿度，增长10%，实现产值32亿元，增长21.7%；有色金属冶炼业总产值18亿元，增长50%。

【固定资产投资】 2011年，德宏州抓住桥头堡黄金口岸、瑞丽重点开发开放试验区和“美丽富饶新盈江”建设的有利时机，以政府投资为引导，以社会投资为重点，以重大项目为支撑，以改善投资环境为手段，加大社会事业发展、基础设施建设、产业培育等投资力度，积极推进重点行业和重点项目建设，全州固定资产投资继续保持了较快增长。全社会固定资产投资完成171.4亿元，比上年增长30.7%。重点项目进展顺利，公共基础设施建设和产业投资增长强劲。腾陇路、潞梁路和景罕糖厂日榨甘蔗11000吨技改扩工程、弄璋糖厂日榨甘蔗7000吨技改工程顺利推进；后谷万吨速溶咖啡生产线及一批口岸基础设施、边民互市交易市场等项目全面完成；瑞丽轻工园区二期和勐焕大金塔二期、德宏民族文化康乐谷、国际珠宝小镇等文化旅游项目开工建设，中小水电站建设进展顺利，全州完成水电投资12亿元，年末水电装机达到260万千瓦。全州一批重大市政基础设施建设进展顺利，项目资金争取工作取得历史性突破。年内，从发展和改革部门渠道争取到国家和省支持建设项目235项，建设资金10.59亿元，其中中央预算内资金7.91亿元，省预算内资金2.68亿元。

【消费市场】 2011年，德宏州完成社会消费品零售总额65.3亿元，比上年增长20.1%，消费需求持续旺盛。其中：城镇消费品零售总额比上年增长24%，占全社会消费品零售总额的70%，对消费市场起到强有力的拉动作用。年内受食品、居住类等价格持续上扬的影响，全年居民消费价格指数为105.2%，比全省价格总水平高0.2个百分点。

【瑞丽重点开发开放试验区建设启动】 2011年，德宏州积极配合云南省委、省政府在瑞丽成功召开的云南省加快建设面向西南开放重要桥头堡动员大会和省政府德宏专题工作会议，全面启动瑞丽重点开发开放试验区建设，动员开工一批重大基础设施建设项目。德宏州政府以此为契机，积极营造德宏大开放、大服务、大招商、大产业、大市场、大物流、大旅游的氛围，高效推进试验区建设，与昆明市签署《共同推进国际大通道建设合作框架协议》，建立紧密的战略合作关系，借助优势，推进建设，加快实现经济发展方式的转变；以第九届东盟华商投资西南项目推介会暨亚太华商论坛会为平台，隆重举行德宏专场推介会，向来自28个国家和地区的500余位海外华商宣传推介德宏，进一步加强与中外各界人士的交流与合作；相继举办桥头堡黄金口岸建设暨瑞丽重点开发开放试验区建设成都推介会、缅甸曼德勒推介会、泰国曼谷推介会、郑州推介会、北京推介会、云南侨商德宏行推介会；先后争取到国家口岸办同意从2011年4月1日 至6月30日，2011年8月20日至2012年2月20日，临时开放德宏芒市机场为口岸机场，开通中国芒市到缅甸曼德勒航线并试飞包机，并经民航华北地区管理局批准，北京至芒市航班于9月28日开通运营。

对外贸易总体保持快速增长。全州完成进出口总额13.9亿美元，比上年增长21.6%，其中进口总额2.8亿美元，下降4.4%；出口总额11.1亿美元，增长30.4%。旅游业发展势头良好，共接待国内外游客532.1万人次，比上年增长10%，其中海外游客12万人次，增长26.4%；国内游客520.1万人次，增长12.9%。旅游业总收入60亿元，比上年增长30.8%。招商引资成效显著，全州新签订166项招商引资项目，协议引资601.44亿元，实际到位资金81.44亿元，比上年增长48.15%。

【财政金融】 2011年，德宏州财政总收入完成30.9亿元，比上年增长42.2%；财政一般预算收入完成18.9亿元，增长42.8%。财政一般预算支出完成92.3亿元，比上年增长58.8%，主要是医疗卫生、农林水事务、一般公共服务、公共安全等支出力度加大。年末，德宏州金融机构人民币各项存款余额为352.5亿元，比年初增长21.3%；各项贷款余额为195.1亿元，比年初增长20.3%，对新农村、重点行业、重点基础设施、中小企业、民生工程等信贷力度加大。

【社会事业】 2011年，德宏州教育、文化、卫生、科技等社会事业投入大幅增加，经济与社会的协调发展能力明显增强，大力实施中小学校舍安全、农村初中校舍改造、农村教师周转房和农村学前教育工程，中小学办学条件持续改善，高中办学规模明显扩大，学前教育快速发展，民办教育、职业教育、高等教育发展加快；科技对经济社会发展的支撑引领作用进一步增强。建成一批文化基础设施，乡镇综合文化站、农村文化惠民等工程顺利实施，基层文化活动、群众性文化体育活动广泛开展。文化资源保护力度加大，广播电视“村村通”工程有效推进，新闻、演艺、体育等领域取得新发展，基层医疗卫生服务网络不断健全，城乡医疗服务能力得到加强，疾病预防控制、医疗救治、卫生执法监督、重大疫情信息网络等体系建设不断完善，医疗卫生体制改革全面推进。启动实施基层就业和社会保障基础设施建设试点项目，就业形势总体稳定，累计新增城镇就业3080人，城镇登记失业率控制在4%以内。社会保障能力提高，城镇职工基本养老、失业、医疗、工伤、生育保险参保人数稳步增加，全州企业职工养老保险70109人，比上年增长48%；城镇居民医保90070人，增长7.6%；失业保险47717人，与上年持平；工伤保险63871人，增长3.9%；生育保险60542人，增长3%。城乡救助体系逐步完善，全州资助五保对象、农村低保对象及重点优抚对象参加新农合31.99万人。完成农村危房改造1.91万户，建成廉租房、公租房和城市棚户区、国有工矿棚户区房6788套。

（《发改委》撰稿　寸时良）

宏康投资开发有限公司

【项目融资贷款】 2011年，德宏州宏康投资开发有限公司按照与国开行签订的《中小企业》合作协议，成功为遮放贡米陇川生产基地项目争取到国开行贷款支持，贷款资金3000万元。贷款资金的投入使用，极大的缓解了企业资金紧缺的问题，有力地推进和加快了项目建设进度。

【贷款本息偿还】 2011年，德宏州宏康投资开发有限公司履行借款合同的各项义务，按时偿还贷款本金。全年偿还国开行、农发行本息8829.69万元，其中偿还国开行本金3330万元，支付利息2405.95万元；偿还农发行利息3093.74万元(公司成立至今已偿还国开行本金5935万元，支付利息9197.85万元；偿还农发行利息4886.53万元)，按期履约，为德宏赢得了良好的声誉。

【签订“规划合作协议”】 2011年3月，德宏州宏康投资开发有限公司不断加强与国开行省分行信息的及时报送、交流，多次赴省分行与相关处室做专题汇报，促进开行继续增强对德宏州经济和社会发展的金融支持，并与国开行签订《支持中小企业发展贷款合作协议》。“协议”主要确定由公司负责开发、评审、推荐中小企业符合条件的相关项目，为中小企业提供更便捷的融资服务。该“协议”的签订，旨在促进德宏州经济发展，缓解中小企业融资瓶颈，支持中小企业发展，扩大就业渠道，促进社会和谐。

【整改保全】 2011年，德宏州在国家宏观调控、国务院19号文件对全国地方政府平台公司进行清理整顿中，根据相关会议精神及文件要求，对德宏州宏康投资开发有限公司进行整改保全。一、根据德办发〔2010〕67号文件和德政办发〔2011〕101号文件要求，资产划转小组于6月20日开始对76家州级行政事业单位的国有资产进行划转。截至12月底，已完成63家单位的划转工作。二、公司全力配合州农发行，积极准备取消“无覆盖”的相关上报材料。通过不断的努力，省银监局于12月12日正式同意公司申请取消“无覆盖”的请示，将公司的风险性定性为“全覆盖”。

【公司管理】 2011年，德宏州宏康投资开发有限公司进一步加强管理。一、财务管理。州审计局于2011年11月对公司2009至2010年度的财务收支情况进行就地审计，对公司借贷资金的管理使用情况、资产负债情况和经营情况进行行政审计，审计结果未发现存在严重问题。同时，德宏州会计师事务所进行2011年度会计报表决算审计，并出具《审计报告》发表审计意见。二、项目贷后管理。公司以月报、季报方式对项目资金支付情况、资金到位情况、投资完成情况和工程形象进度等方面进行跟踪监管。同时，严格按照相关协议、合同的约定，强化建设项目的贷后管理，并配合相关职能部门对项目进行检查，确保了建设资金及时到位，专款专用，安全高效的运行。三、加强学习。组织公司人员学习《国有资产法》、《国务院关于加强地方政府融资平台公司管理有关问题的通知》等法规。

【实现注册资本与实收资本统一】2011年5月27日，德宏州宏康投资开发有限公司将公司的注册资本与实收资本实现统一。经工商部门核准，公司注册资本与实收资本达到3.3亿元，公司成立时注册资本与实收资本仅为1亿元，较公司成立时增加2.3亿元。

（《宏康公司》撰稿　宇星运）

审　计

【概　述】　2011年，德宏州审计机关紧紧围绕州委、州政府的中心工作，牢牢抓住德宏建设中国向西南开放重要桥头堡黄金口岸和瑞丽重点开发开放试验区建设的发展机遇，坚持“依法审计、服务大局、围绕中心、突出重点、求真务实”的二十字方针，认真履行审计监督职能，突出对经济社会发展中的热点、难点和领导关注、群众关心的问题开展审计监督，为促进依法行政，维护财经秩序，推进廉政建设，优化经济环境等方面发挥了积极的作用。全年全州审计机关完成审计项目187项、审计调查项目1项，其中绩效审计项目54项，通过审计查出违规资金20551万元、管理不规范资金195976万元。审计查出的主要问题是：未按规定征收、缴纳财政收入2750万元，违规担保5000万元，未落实收支两条线和专户管理规定18万元，固定资产投资超计划、超标准68万元，工程计价不实369万元，配套资金未落实248万元，少记少缴税费7万元，虚报冒领20万元，虚列支出2万元，账外资产65万元，违规采购76万元，未纳入财政专户59万元，违规改变资金用途42万元，应缴未缴专项资金62万元，乱收费、乱摊派14万元。审计机关针对查出问题均依法做出相应的处理、处罚：责令限期上缴财政122万元，责令归还原渠道资金2662万元，责令调账处理2377万元，审计中发现犯罪证据移送检察机关处理案件1件，涉及人员1人。截至年底，被审计单位上缴财政资金47万元，已归还原渠道资金2612万元，已调账处理585万元。全州审计机关向社会公告审计结果14篇，向被审计单位提出审计建议352条，被审计单位采纳319条，向上级领导机关提交审计专题、综合性报告和信息简报265篇，被省、州各级领导机关批示采用128篇(次)。

【地方政府性债务审计】　2011年2月26日至4月20日，根据国务院的部署，审计署的统一组织安排，云南省审计厅及德宏州两级审计机关组成6个审计组，对全州除盈江县外的各县、市地方政府性债务开展审计，摸清了州、县两级政府地方债务的规模、结构、类型和管理情况。经审计核实，全州县级有115个部门单位负有政府性债务。截至年末，全州政府性债务余额合计305005.55万元，其中负有偿还责任债务170561.15万元，占总债务的65.6%；负有担保责任债务82900.80万元，占31.89%；其他相关债务6520.47万元，占2.51%。通过审计揭示出德宏州地方政府性债务在资金举借、投向和使用过程中以及融资平台公司在经营管理等方面，存在5大类、13种违规行为，并针对这些问题提出建立健全地方政府债务监管机制、规范政府性债务各主要环节的行为准则、构建科学财政风险预警机制、建立偿债准备金制度、合理化解存量债务等建议，各县、市政府已责成相关单位，并根据审计建议认真整改落实。

【抗震救灾应急资金物资审计】

2011年，盈江“3·10”地震发生后，德宏州和盈江县审计局立即组成审计组，对抗震救灾应急阶段资金物资开展全程跟踪审计。审计机关本着突发事件特事特办的原则，采取审计关口前移、上级下沉一线，州、县审计合署办公，共同出具“同一审计报告”的模式，对州、县涉及应急阶段救灾款物的27个部门(单位)及盈江县各乡镇全面开展审计。全程跟踪审计中央、省、州各级财政拨付抗震救灾资金13388万元、州级接收社会捐赠资金1463.52万元、州级接收物资折合人民币287.18万元，同时进村入户对11984人次进行审计调查，接受群众举报24件，审计明确答复12件、办结1件、批转有关部门执行11件。通过审计发现的问题，及时要求各相关部门进行整改和完善，确保了救灾款物筹集、管理和使用全过程的安全完整、公平公正、合规有效、规范有序、公开透明，向人民群众交一本明白账、放心账。

【普通高中债务调查】 2011年10月11至30日，根据审计署、教育部、财政部的安排部署和云南省级相关厅机关的要求，德宏州审计机关牵头，协同全州教育和财政部门组成联合工作组，对全州公办普通高中开展债务调查。调查工作结合上半年地方政府性债务审计的结果开展，涉及各校教学及辅助用房、学生生活用房、校园维修建设、教学仪器设备购置等各个方面。通过调查，摸清了学校、教育部门、融资平台公司等单位用于普通高中建设的举债规模。全州7所普通公办高中有6所负有债务，截至2010年底债务余额11005.56万元，联合工作组调查分析了高中债务的产生原因、来源和用途、发展变化、余额结构、新增债务等情况，科学评估了各负债学校的偿债能力，并针对德宏州教育资源短缺、财政投入困难、学校偿债能力偏低、偿债压力较大的现实，提出加大财政对教育事业的投入力度、建立偿债机制多渠道筹措资金化解债务、严格项目审批合理控制债务规模等3条建议，有效促进了德宏州普通高中教育的持续健康发展。

【预算执行审计】 2011年，德宏州审计局以审查预算收支真实性为基础，以强化预算分配约束机制为重点，加强对重点领域、重点部门、重大投资项目、重点专项资金的审计。一是对州财政局开展2010年度州本级预算执行审计，重点揭示了财政总预算会计暂付款规模较大，财政运行存在潜在风险和压力的问题。二是开展全州2010年度地方税收征收管理情况审计，重点揭示了地税部门税收政策执行不到位、多征或少征税收的问题。三是开展州林业局、州文化局、州疾控中心、州幼儿园4个州直部门的预算执行审计，揭示了预算单位存在的预算编制不完整、编制和执行差异较大、会计基础工作薄弱、账务处理不规范等问题。四是开展10个州直部门的决算草案审签工作，对部分单位存在的往来款项未及时清理长期挂账影响决算草案编报完整性的问题进行揭示，提出了相应整改建议。通过实施以上预算执行审计项目，查出预算编报不真实459万元，未按规定征收缴纳预算收入208万元，违规担保5000万元，预算结余不实339万元等问题，均依法进行了处理处罚。

【固定资产投资审计】 2011年，德宏州审计机关按照《德宏州国家建设项目审计暂行办法》，将工程决算审计和工程财务收支审计相结合，大力开展固定资产投资审计，通过对政府投资建设项目的绩效审计，揭示了项目建设和管理中存在的问题，客观评价了项目投资的经济性、效率性和效果性，促进财政资金的使用效益，提高建设项目的管理水平，完善工程建设项目管理制度。年内，主要开展潞西至梁河二级公路、州中等职业学校、州职业学院、州医疗集团内科大楼建设情况的全程跟踪审计，结果表明，相关建设部门能够贯彻落实国家政策要求，科学合理安排和实施政府投资项目，加强项目建设的组织和管理，工程进展总体顺利，审计未发现重大违规行为。

【民生资金和民生工程审计】 2011年，德宏州审计机局为促进民生相关政策措施的贯彻落实，继续对民生领域专项资金开展审计，其中重点强化对社会保障、科教文卫体、农林水、环保、基础设施建设等民生项目资金的审计监管。其主要对新型农村合作医疗基金、农业综合开发资金、校舍安全工程项目资金、政法转移支付资金、住房公积金等资金和项目进行审计和调查。全年审计专项资金41301万元，查出应缴未缴专项资金、虚报冒领、虚列支出、违规采购、未纳入财政专户管理、配套资金不落实等问题，审计从体制、机制和制度上对执行资金运用结果进行分析，查找运行机制和管理中存在的问题，对资金使用的管理水平和使用效益作出评价，并在审计报告中提出整改建议和意见，责令被审计单位上缴财政62万元，切实维护了人民群众最关心、最直接、最现实的切身利益。

【领导干部任期经济责任审计】 2011年，德宏州审计机关认真贯彻落实《审计法》和中央两办新印发的《党政主要领导干部和国有企业领导人员经济责任审计规定》文件精神，坚持“积极稳妥、量力而行、提高质量、防范风险”的十六字方针，有计划、有重点地开展经济责任审计工作。年内，德宏州审计机关完成17名党政领导干部的经济责任审计项目，结果表明，17名领导干部能够正确行使党和人民赋予的权力，自觉遵守财经法纪，履行经济责任。同时，审计也发现一些违规问题。查出违规资金373万元，管理不规范资金3050万元，均依法进行处理处罚，严肃了财经纪律，促进了领导干部正确履行经济责任。

（《审计》撰稿　李志远）

德宏调查队

【调查业务】 2011年，国家统计局德宏调查队以提高调查工作质量为主线，践行“三个提高”为重点，以提高数据质量为核心，加强业务建设，认真开展调查研究，服务地方党委政府。一是建立科学的分析评审制度，按月按季组织业务骨干召开分析评审会，对主要指标特别是涉及面广，而且敏感性较强的调查数据进行分析评估，确保调查数据的准确性和真实性。二是以搞准提高源头数据为目的，强化基层业务建设。重点加强基层统计调查台账建设，定期组织专业人员深入基层企业（公司）、户检查指导统计台账是否建全，提高源头数据的准确性。三是扩大规模以下工业抽样调查口径，根据云南省人民政府办公厅关于加强规模以下工业统计调查工作意见，将规模以下工业企业调查范围从原500万元以下扩大到2000万元以下范围的要求，按照调查方案要求在全州抽取76个工业企业为调查样本，扩大后的样本，分部合理，更具有代表性。同时，开展主要畜禽模底清查。全州达到监测标准户为规模养殖户226户，单位养殖16家，散养户68户，进一步提高了样本的代表性。四是加强业务培训。通过召开业务会和深入基层，组织统计人员集中培训，提高业务人员的综合素质，增强实际工作的能力。五是新开展居民生活消费价格指数调查工作。该项工作严格按照国家调查方案，在德宏辖区设采价调查点224个，采价规格品种2212个。居民生活消费价格调查工作的开展，为各级领导了解市场物价、宏观决策提供了参考依据。

【专项调查】 2011年，国家统计局德宏调查队根据国家统计局云南调查总队的布置，精心组织，高质量高标准完成国家、省布置各项专项调查任务。年内，组织完成355个样本的《云南省群众评议省直机关州市机关作风抽样调查》，120个样本的《云南省州、市公安机关工作与公众安全感调查》，800个样本的《云南省公众对城市环境保护满意率调查》，100个样本的《城镇居民低保家庭基本情况调查》，200个样本的《新时期社区群众工作抽样调查》，140个样本的《组织工作满意度民意调查》6个一次性专项调查任务。这些调查为各级党委政府了解基层情况、掌握社情民意，科学决策提供了快速、准确的情况依据。

【统计信息服务】 2011年，国家统计局德宏调查队积极围绕社会民生关注的热点、难点问题，开展多项调查研究，进一步提高服务质量，为地方党委政府科学决策提供参考服务：一是组织业务骨干深入基层开展调查研究。全年累计整理撰写调研报告16篇，调查信息15篇，信息专报16篇，调查简报12条，累计59篇（条）。调查报告先后被省、州各类刊物和媒体采用45篇，采用率达76%。二是发挥调查资源和优势，按季编辑出版《德宏调查》汇编资料季刊，汇编资料直接发送地方党委政府及相关部门主要领导，为各部门科学决策提供参考。

【统计执法】 2011年，国家统计局德宏调查队统计调查执法获得新进展。一是结合“五五普法”开展统计法规普及和宣传活动。积极印发统计法宣传单，以各种会议形式发送到基层调查点、户，积极开展《统计法》贯彻执行情况大查检。8至9月重点对粮食产量、畜禽监测、价格指数、规模以下工业等专业数据质量进行检查分析。检查中对违反统计调查制度规定、虚报瞒报数据的单位和个人进行批评教育。二是加强调查项目的管理，完善报表签收制度。通过检查指导，提高了源头数据的真实性，推进了依法统计调查工作。

【表彰先进】 2011年，国家统计局德宏调查队在全省调查业务综合考评中，获全省综合业务三等奖，其中企业景气调查获一等奖，居民生活消费价格指数调查获二等奖，人事工作和固定资产投资价格调查获二等奖，畜禽监测获二等奖，服务业调查获二等奖，规模以下工业调查获三等奖，采购经理调查获三等奖，网络化建设获三等奖。

（《德宏调查队》撰稿　岳志刚）

统　　计

【调整机构和编制】 2011年，德宏州人民政府办公室印发《德宏州统计局主要职责内设机构和人员编制规定的通知》（德政办发〔2011〕68号）文件。文件对德宏州统计局的工作职责、内设机构以及人员编制等内容进行调整和明确。新“三定”方案明确局机关内设6个正科级科室（办公室、国民经济综合核算统计科、农村社会经济统计科、工业贸易统计科、能源投资统计科、统计法规科），行政编制17名，其中局长1名（正处级），副局长2名（副处级），科级领导职数9名；撤销城乡经济调查队、电子计算站，核销原定的事业编制12名，核定德宏州普查中心事业编制13名，科级职数3名；德宏州统计局行政审批事项：地方和部门统计、民间统计调查项目审批。

【表彰先进】 2011年，德宏州统计局13个专业统计在全省评比中位居前茅，统计设计管理、综合统计、社会科技3个专业获二等奖，其它10个专业统计获得特等奖、先进奖或优秀奖。州统计局连续第3年被评为党风廉政建设优秀单位，荣获全国统计法制宣传教育先进单位称号。

【基本单位名录库建设】 2011年，德宏州统计局根据基本单位统计标准、统计临时代码使用管理办法和基本单位名录库更新维护与使用管理暂行办法，树立“先有库，后有数，先入库，后报表”的理念，坚持“规范标准，以用促建，一库在线，突出重点”的基本原则，遵循“统一标准，一库在线，分级维护，及时更新”的模式，建立以基本单位名录库为基础，统一认定年、定报统计调查单位的工作机制。年内，严格审核“三上”企业和“三下”企业及非企业单位名录库及房地产开发经营企业名录，不断优化软件功能，对制度、流程、软件、硬件、能力进行全方位的检验与完善，取得良好的效果，为下年初正式实施四大工程奠定了坚实的基础。

【推进“企业一套表”工程】 2011年，德宏州统计局为扎实推进“企业一套表”各项准备工作，进一步强化培训，做到未雨绸谬，以“等不起”的紧迫感、“慢不得”的危机感、“坐不住”的责任感，扎实开展实施“企业一套表”调研、试点、推进工作。于11月14至16日在芒市抓试点，将规模以上工业，限额以上批发零售业和住宿餐饮业，资质的以上建筑业，以及全部房地产开发经营业等152户企业，实施一套表改革试点工作暨业务培训。“企业一套表”是一项系统工程，是在新技术条件下对传统统计数据生产方式和流程的重大变革。通过试点，对制定周密的联网直报企业与非联网直报企业数据衔接措施以及数据汇总、上报预案作了积极探索，为全州正式实施企业一套表制度积累了经验，奠定了坚实的基础。

【数据处理软件系统建设】 2011年，德宏州统计局加大基层信息化建设投资力度，扎实推进数据处理软件系统建设。全州县(市)乡三级统计网络建设取得重大突破，乡镇联网数达到100%以上。年内，将网络从原来20兆提升到50兆，逐步完成县级以下统计信息网络的扩改建工作和统计信息网络安全体系建设工作，统计地理信息系统首次实现全州普查区地图的电子化管理、名录库基层数据在线查询和空间分析展示；安装全州客户端安全管理系统，确保了网络的安全性与可靠性，提高应对突发安全事件的处置能力。

【文化产业个体抽样调查】 2011年，德宏州统计局围绕十七届六中全会和云南省委、省政府关于发展文化产业的有关文件精神，紧跟州委、州政府转方式、调结构的工作部署，在全省先行先试，科学设计统计调查制度，创先开展文化产业个体抽样调查试点工作。摸清德宏州文化产业发展现状，为州委、州政府科学决策提供真实可靠的文化产业发展统计数据。于10月25至28日，在瑞丽市开展德宏州文化产业个体经营户抽样调查试点工作。试点以文化产业个体经营户为对象，以珠宝加工销售为重点，对抽中的4个调查区、201户文化产业的个体经营户，进行入户调查，为全省开展文化产业个体经营户抽样调查提供借鉴经验。

【竞争上岗】 2011年9月，德宏州统计局按照《德宏州州直党政机关内设机构科级领导干部竞争上岗暂行办法》的文件精神，本着培养锻炼干部、优化干部队伍结构和保证工作需要的目的，进一步增强机关的活力，提高办事效率，促进勤政廉政，激励机关干部爱岗敬业，恪尽职守，造就一支政治合格、作风优良、业务熟练、纪律严明、综合素质能力强的干部队伍，开展内设机构职位空缺竞争上岗工作。通过竞聘，最后选拔任用办公室主任、农村科科长、普查中心主任3名正科级干部，选拔任用办公室副主任、国民经济综合核算科副科长、普查中心副主任3名副科级干部。

【举办“创先争优在统计”演讲比赛】 2011年，德宏州统计局为营造学习先进、争当先进、赶超先进的良好氛围，举办纪念建党90周年“创先争优在统计”演讲比赛。全州6个县(市)区统计局及州局的15名选手参加比赛。全州统计系统干部职工和退休党员100多人现场观看比赛。通过激烈的角逐，梁河县统计局杨桃以《火红的太阳燃烧在统计岗位上》精彩的演讲获得全州一等奖。6月20日，德宏州统计局选手所作的题为《抗震救灾树统计人形象，创先争优展党员风采》参加云南省统计系统纪念中国共产党成立90周年“创先争优在统计”演讲比赛，荣获一等奖。

【统计对外服务】 2011年，德宏州统计局紧紧围绕州委州政府重点工作部署，对调整结构、转型升级、民生工程等重点、难点和热点问题，开展统计分析和研究。一是开展社情民意调查。全年，围绕“十二五”发展主题，开展县域经济、节能减排统计监测；围绕“增收富民”任务，开展贫困监测；围绕创先争优主题教育活动，开展州直创先争优问卷调查；围绕社会治安综合治理维护社会稳定，开展公众安全感调查；围绕依法行政工作要求，开展政法部门执法情况调查和警民关系调查；配合相关部门开展劳动力调查、卷烟零售客户满意度调查等多项一次性社情民意调查。二是认真搞好统计资料编印、领导干部手册编印、《德宏州第二次全国经济普查资料汇编》编印工作、十一五成就资料汇编、十一五主要经济指标卡片、统计年鉴等资料。三是充分利用网络、电视、广播、报刊、出版物、统计咨询等多种渠道向社会发布和提供统计资料，不断提高统计服务水平，树立良好的社会形象。四是“两会”期间，组织编写大量统计分析资料、统计信息报送工作和“两会”咨询服务，为代表委员了解德宏经济发展情况提供参考，受到代表委员的好评。

【统计信息服务】 2011年，德宏州统计局进一步加强对外信息系统的沟通，通报经济形势、解读经济热点、解析统计数据的政务信息合作交流，形成一批有价值有深度的统计分析报告。全年撰写月度、季度、半年及全年经济社会发展情况统计分析、统计政务信息190篇，其中分析82篇，信息100篇，专题分析报告8篇；统计分析资料被州政府领导批示的有5篇；向党委政府和社会公众提供统计服务和数据查询7000多笔，为州委州政府领导决策提供有价值的参考依据，有力地服务了地方经济发展。

【第六次全国人口普查】 2011年，德宏州各级人口普查机构科学部署、认真实施，有关部门和社会各界积极参与、密切配合，全州1万普查员和普查指导员兢兢业业、勤奋工作，历时近3年的第六次人口普查圆满结束，取得高质量的普查数据，实现州、县、乡三级人口普查主要数据指标的完全衔接。及时发布全州人口普查主要数据公报，并进行深入解读。根据国务院第六次全国人口普查领导小组《关于表彰第六次全国人口普查先进集体和先进个人的决定》(国统字〔2011〕56号)的通知，德宏州第六次全国人口普查办公室荣获国家级先进集体荣誉称号，州统计局邓俊华被评为国家级先进个人；瑞丽、梁河、陇川县人普办荣获省级县市先进集体；芒市江东乡、盈江勐弄乡、陇川勐约乡、梁河平山乡、瑞丽弄岛镇人民政府被评为全省人口普查先进集体，12人荣获省级优秀组织者，47人荣获省级先进个人，受到了国家、省人口普查办公室的高度赞扬和充分肯定。

【统计执法】 2011年，德宏州统计部门进一步完善统计违法案件评审和统计执法检查回访等制度，结合“五五”普法验收和典型案件查处，以各级党政领导和社会公众为重点，开展普法宣传活动，增强了各级领导、统计对象和社会公众的统计法律意识，加大对基层统计执法人员的培训力度，强化依法行政理念，规范了统计执法行为。全州有19人报名参加统计专业技术考试，有233人报考统计从业资格员。

（《统计》撰稿　邵庆周）

工商行政管理

【机构设置】 2011年12月，德宏州工商行政管理局机关在职公务员有61人，事业人员6人，工勤人员3人，内设职能科室11个(不含机关党办)，代管社团组织4个。州局机关成立机关党委，下设7个支部委员会，有党员82人。其中：第一至第五支部为机关在职干部支部，有党员44人；第六支部为离退休干部职工支部，有党员21人；第七支部为个体私营经济协会党支部，有党员17人。德宏州工商局下辖芒市、瑞丽、梁河、盈江、陇川5个县、市工商局和姐告、畹町2个直属分局。全州工商系统有在职公务员410人，事业人员49人，工勤人员6人。

【法规工作】 2011年，德宏州工商行政管理局按照建设云南桥头堡黄金口岸和瑞丽重点开发开放试验区的部署，结合德宏边疆少数民族地区实际，制定《德宏州工商行政管理局关于推进法治工商建设的实施方案》，确定建设法治工商的指导思想、总体要求、工作目标和措施。年内，积极参与做好地方政府清理规范性文件的立、改、废工作，清理审查1993年至2010年州工商局制发的各类规章制度、措施方案、规范性文件等600余件。全州办理行政案件826件，其中一般程序708件，简易程序118件，收缴罚没款1086.6

万元；提起行政诉讼1件，1件一审维持。

【企业注册】 2011年，德宏州有内资企业1015户，新开业80户，比上年减少35户，减少4%；注册资金338018万元，比上年增加58839万元，增长21%。私营企业4092户，新开业770户，比上年增加450户，增长13%；注册资金1505424万元，增加439647万元，增长42%。个体工商户41662户，新开业9592户，比上年增加4081户，增长11%；注册资金206312万元，增加35380万元，增长21%。农民专业合作社407户，新增158户，比上年增加158户，增长63%；出资总额47306万元，比上年增加31742万元，增长204%；成员14385人，比上年增加7822人，增长119%。

【企业监督管理】 2011年，德宏州工商行政管理系统发挥注册登记管理的职能作用，认真开展查处取缔无证无照经营专项整治、打击非法违法生产经营建设行为专项行动、烟花爆竹安全生产监督管理、净化社会文化环境专项治理、深入推进未成年人思想道德建设等专项整治工作。全年出动执法人员5160人次，执法车辆1645台次，检查经营户15253户次，检查煤矿、非煤矿山、交通运输、建筑施工、危险化学品、烟花爆竹、民爆物品、冶金等重点行业经营户785户次；发出限期办照通知书226份，查处无照经营案件82件，案值345.35万元，罚款金额136.60万元。引导办证办照186户，取缔无照经营127户。

【外商投资企业注册】 2011年，德宏州工商行政管理局认真对照和查找外资企业市场主体准入关键岗位和重点环节，开展外资登记管理工作定期汇报制度，加强与政府有关部门的沟通，统一对有关政策的认识。年内，新设立注册外商投资企业5户，办理外商投资企业名称预先核准登记7户，变更登记17户，注销登记1户，外资转内资登记1户；全州登记外商投资企业119户，投资总额42985.73万美元，注册资本21916.99万美元，其中外方19423.72万美元，实收资本14489.41万美元。

【市场规范管理】 2011年，德宏州工商行政管理局继续推进企业信用分类监管，开展诚信市场培育工作，开展“红盾护农”行动，加强农资监管，全力服务“三农”发展，严厉打击制售假冒伪劣农资等坑农害农违法行为。全州培育诚信市场27个，在册农资经营户1411户，开展宣传活动58次，发放宣传材料9740份，指导和督促经营户100%建立了进销货台账；检查农资经营户2454户次，检查市场418个次，查处涉农案件17件，案值59.2万元，罚没金额21.71万元。同时，加强与公安网监部门的沟通联系，稳步推进网络商品交易及有关服务行为监管工作。全州辖区网站72个，设有网络交易平台经营者，利用外省现有网络交易平台从事商品销售的个人433个。年内，加强成品油市场监管工作，全州有登记注册的成品油经营户144户，查处成品油案件9件，案值45.07万元，罚没金额27.9万元，查扣油品64.4吨，取缔无照经营8户；继续加大对粮食市场的监管力度，全州有在册的粮食经营户328户，办理粮食收购许可证83户，检查粮食市场138个次、检查粮食经营户1104户次，查处非法收购粮食案件1件，案值1.27万元，罚没金额0.76万元；严把动产抵押登记关，办理企业动产抵押登记合同15份；切实规范拍卖行为，办理拍卖备案15起，现场监拍6场；加强节日市场整治，出动执法人员2553人次，出动执法车辆643辆次，检查各类市场398个次，检查各类经营户27838户次，查处案件15件，罚没金额2.72万元，查扣假冒伪劣食品和不符合食品安全标准食品412.2公斤。

【消费者权益保护】 2011年，德宏州工商行政管理局继续推进12315行政执法体系“四个平台”建设，重点建设“一会两站”示范站点14个；积极推动12315中心与消费维权联络站点的信息互通和维权互动，努力提升消费维权水平。年内，主动探索涉外消费维权，并在瑞丽建立以政府为主导的定期会晤工作长效机制，切实维护境内外消费者的合法权益，在中央电视台国际频道进行了专题报道。12315指挥中心受理消费者申（投）诉举报案件688件，办结率100%，为消费者挽回经济损失196万元。

【食品流通监督管理】 2011年，德宏州工商行政管理局加强流通环节食品市场主体准入管理，严把准入关。全州工商系统监管流通环节食品经营户6544户，办理食品流通许可证4905份，其中乳制品经营户3205户；与乳制品经营户签订乳粉及乳制品安全承诺书3205份；组织开展食品经营户学习培训36期，培训人员达7633人次，发放食品安全知识系列宣传材料21000余份，发布消费警示7篇；创建“星级食品安全示范店”17户，全州达68户。全系统开展米面制品、水产品、蔬菜制品、乳制品、外国食品等快速检测样品1565个，不合格18个。开展流通环节食品安全专项整治，开展查处“地沟油”和餐厨废弃物、“染色馒头”、“瘦肉精”、糖精市场、酒类市场、燕窝市场等专项整治执法行动，发放宣传材料7811份、受理咨询419人次、宣传报道134次，印制材料8240份。全州工商系统在食品安全监管工作中出动执法人员13585人次，取缔食品无照经营户7户；处理食品类申诉举报案件55件；查处食品案件51件，查获假冒伪劣食品6567公斤，销毁不合格食品1500公斤，案值231万元，罚款61.34万元。

【广告监督管理】 2011年，德宏州工商行政管理局认真开展广告经营单位年检工作。年内，应检单位7户，实检7户，通过7户。依法履行户外广告登记职责，受理登记户外广告2201条次；监测广告4181条次。其中：医疗广告761条次，药品广告176条次，保健食品广告98条次，化妆品广告45条，美容服务广告21条次，其它类广告3080条次。扎实开展虚假广告查处工作，查办广告违法案件23件，发出责令整改通知书4份，涉及保健食品、化妆品、房地产、金融保险等行业。

【商标监督管理】 2011年，德宏州工商行政管理局继续推进商标战略，发放《商标注册建议书》210份，建立商标跟踪服务卡122份，接待注册咨询、商标查询318次。再次申请“后谷”驰名商标的上报，完成11件申请云南著名商标上报工作，新申请注册商标81件，完成“德宏水牛”、“德宏水牛肉”、“德宏柠檬”3件地理标志证明商标的申报。开展“商标维权服务站”创建，建立9个商标维权企业、行业协会协作机构，建立“商标维权服务站”30个。在商标专用权保护、打击侵犯知识产权和制售假冒伪劣商品专项行动中，检查各类经营主体11079户，检查各类市场691个次，整治重点区域269处，查处商标侵权假冒案件47件，案值59.4万元，罚没金额30.45万元。芒市工商局被国家工商总局授予“全国工商行政管理系统打击侵犯知识产权和制售假冒伪劣商品专项行动先进集体”荣誉称号。

【基本建设】 2011年，德宏州完成盈江县工商局和盏西工商所办公大楼灾后恢复重建。为扎实推进全州工商系统基层工商所(分局)规范化建设，按照“集中资金，逐年维修，一年一批重点”的思路，在资金上采取县市局出一点、州局补助一点、争取省局补助一点的办法，确定6个工商所(分局)为2011年的重点项目建设单位，项目总投资197.5万元，其中省局补助39万元，州局补助106万元，县市局自筹52.5万元。

【干部培训】 2011年，德宏州工商行政管理局党组把2011年确定为“学习培训素质提升年”。全年投入92余万元，分2批组织全州副科实职以上干部及业务骨干94人到云南财经大学脱产培训；选送8名业务骨干到深圳行政学院和国家工商总局培训；选派7名具有国民教育本科学历的业务骨干到云南民族大学脱产学习缅语；组织76名县(市)局副局长、工商所正副所长参加全国工商系统网络培训，并在全体干部职工中广泛开展消费维权能手、食品监管能手、法制工作能手岗位大练兵大比武活动。全年组织财务人员培训5次，

【开展“四亮四创四评四满意”主题实践活动】 2011年，德宏州工商行政管理局广泛开展“四亮四创四评四满意”和“百名工商干部访市场、访经营者、访消费者”主题实践活动。期间走访市场主体718户，上门服务482次，发放征求意见表718份，满意率达100%。

【经济检查】 2011年，德宏州工商行政管理系统各执法部门认真履职，查处商业贿赂案件1件，不正当竞争案件5件，生产销售伪劣商品案件25件，适用《食品安全法》查处案件35件，罚没89万元。对违法行为人的警示和疏导工作，发出警示通知书158份，帮助教育规范经营户279户。深入开展打击传销违法活动，出动执法人员520人次，车辆125台次，检查出租房462间，检查流动人员189人次，检查宾馆旅社321家，检查可疑居住点37个，暗访住户45户。开展专题宣传活动8次，受教育学生、群众达4200余人次，发放宣传材料4560余份，粘贴宣传画425张，悬挂宣传布标25条，编发防范传销公益手机短信近200000条次。认真开展打击冷冻动物制品走私专项联合行动，检查农贸市场134个(次)，超市162个(次)，冷冻动物制品经营户228户(次)，检查餐馆、酒店160余家，农家乐48家。全州工商系统查处案件4件，查获冰冻牛肚、牛肉共27.73吨。

【消协工作】 2011年，德宏州各级消费维权组织为营造一个安全放心的消费市场，指导居民特别是农民科学消费，建立跨境消费维权机制、一会两站消费维权机制、先行赔付绿色通道消费维权机制、综治维稳消费维权机制、党委政府统一领导部门联动消费维权机制等消费维权机制，紧紧围绕“消费与民生”年主题，开展大规模3.15系列活动，做了大量的工作。全州消协(委)受理消费者投诉191件，成功解决消费者投诉191起，结案率为100%，为消费者挽回经济损失100多万元。

【个私协会工作】 2011年，德宏州在个私协会党支部中开展好创先争优工作。全州44541户个体私营经济组织中，已组建党组织169个，共有党员3225人。继续抓好贷免扶补工作，全州各级协会推荐创业人员57名，创业人员发放贷款337万元，为创业人员配备导师51人，目前创业者已吸纳就业人员166人。全州个体工商户积极支援抗震救灾工作，私营企业为灾区捐款250多万元，个体工商户和私营企业捐赠价值100万元的大米、药品、帐篷、棉被、牛奶和矿泉水等物资支援抗震救灾工作。举办民营企业招聘会，组织120家民企现场提供2000多个就业岗位，现场达成意向性就业协议1567份。打造个私协会宣传舆论平台，与《民族时报》联合推出德宏个私版，共刊载个私经济发展各类报道262篇。开展“光彩服务日”活动，发放宣传材料30000余份，受教育面达40000余人次，服务群众350人次。

【信息化建设】 2011年，德宏州工商行政管理局有计算机95台，人均占有率为136%，其中连接互联网电脑22台，连接云南工商专网64台，连接电子政务网4台，无物理连接网络3台。开设“红盾信息网”及“市场诚信网”2个互联网网站，设置“德宏州工商行政管理局内网”内部网站。通过参加全国计算机等级考试，促进信息化建设，截至年末，已经有62人通过考试获得《全国计算机等级一级证书》，通过率为95%。

【总局刘玉亭副局长到德宏调研】

2011年1月15至17日，国家工商总局党组副书记、副局长刘玉亭一行在省工商局党组书记、局长纳宗会、党组成员、纪检组长胡琨等领导的陪同下，到德宏检查指导创先争优工作，并看望慰问基层干部职工。副州长孔勒干、州委组织部副部长、州直机关工委书记岳麻空、州工商局局长黄春伟等领导陪同检查、慰问。在德宏期间，刘副局长一行先后视察了瑞丽市工商局创先争优活动宣传长廊、荣誉室、华丰边贸市场、姐告国门市场、珠宝街工商所、州工商局注册大厅、芒市流通环节农村食品配送经营户，听取瑞丽市边民互市外国食品管理、珠宝街工商所片区监管责任制、宝玉石协会创建“党建示范诚信经营一条街”和芒市流通环节农村食品配送的工作经验介绍。刘副局长在调研中指出：德宏州工商局在服务经济发展，规范市场经济秩序，维护经营者、消费者的合法权益，以及保护商标权等方面做了许多工作，有不少的工作亮点，也有不少创新。特别是在创先争优工作中指导非公经济党建工作的力度很大，在边境食品监管、流通环节农村食品配送等方面探索出好的经验和做法，并感到德宏的同志们在积极思考工作，认真研究工作，希望同志们要在以前取得工作成绩的基础上，努力做到总局提出来的“五个更加”，在创先争优活动中，认真做好规定动作，积极探索自选动作，努力建设“三个过硬”的干部队伍，为德宏的经济社会发展作出更大的贡献。

【召开全州工商行政管理工作会议】 2011年1月25日，全州工商行政管理工作会议在芒市召开。会议传达学习国务院副总理王岐山对工商工作的重要指示和全国、全省工商行政管理工作会议精神，回顾“十一五”以来的德宏工商工作，分析当前和今后一个时期面临的形势和任务，安排部署2011年的工作任务。副州长孔勒干在会上作重要讲话。指出，“十一五”期间，全州工商系统积极应对“两费”停收与职能转型，深入贯彻党的十六大、十七大精神，坚持以“三个代表”重要思想和科学发展观为指导，紧紧围绕中心，服务大局，解放思想，更新观念，各项工作取得了显著成效。会上，黄局长要求，2011年全州工商行政管理工作要牢牢把握科学发展主题和加快转变经济发展方式主线，努力做到“五个更加”，切实抓好“五个重点”，始终坚持“三个到位”“六个好”的工作目标，不断提高科学监管促进科学发展的能力和水平，为德宏州桥头堡黄金口岸建设作出新的更大的贡献。重点抓好五项工作：一是以贯彻落实国家总局支持云南建设桥头堡的意见为重点，在服务地方经济发展中有新作为；二是以继续加大商标培育引导和行政保护为重点，在实施商标战略中有新进展；三是以加强流通环节食品安全监管为重点，在市场监管执法中有新突破；四是以完善12315网络和功能为重点，在消费维权水平上有新提升；五是以深入开展创先争优活动为契机，在加强自身建设中有新成效。

【稳定食盐市场】 2011年，德宏州工商系统快速稳定食盐市场。3月17日，正当全州人民全力以赴支持盈江抗震救灾恢复重建的时候，一条加碘食盐可以防辐射的谣言通过网络、手机短信、电话传到德宏州，引起消费者的恐慌，致使很多不明真相的消费者加入抢购食盐的大军中。全州工商干部充分发挥市场监管与消费维权主力军的作用，迅速介入，强化食盐市场监管，快速平息了这起由省外蔓延到德宏州的食盐抢购风潮。

【举行“唱红歌 颂党辉”歌咏比赛】 2011年6月22日，德宏州工商行政管理局机关党委举行“唱红歌颂党辉”歌咏比赛，隆重纪念中国共产党90岁生日。参加歌咏比赛的是德宏州工商局机关党委下属的5个机关支部，1个老干支部，1个个私协党支部。最终，机关第一支部和第四支部以9.73分获并列一等奖。

【举办“庆祝建党90周年演讲比赛”】 2011年6月24日，德宏州工商局、德宏州个私协会和德宏州个私协会党支部在芒市宾馆举办“庆祝建党九十周年演讲比赛”。德宏州人大副主任汪宝泉、德宏州工商局局长、州个私协会会长黄春伟到会致辞。全州各县市区个私协会推荐的7个代表队参加了比赛。此次演讲比赛的主题是“创先争优在行动，我为党旗添光彩”。经过评委打分，来自盈江个私协会的谷广梅摘得桂冠。

【总局“双打”云南督查组到德宏检查】 2011年7月22日，国家工商总局“双打”专项领导小组云南督查组侯丽叶一行5人，在省局商标处冯林处长等陪同下，到德宏州就打击商标侵权和制售假冒伪劣商品专项行动相关情况进行检查。通过实地检查，侯组长一行对德宏州“双打”工作所取得的成绩给予了充分肯定。

【推出48条政策服务桥头堡黄金口岸建设】 2011年8月11日，德宏州人民政府办公室印发《德宏州工商行政管理局服务全州桥头堡黄金口岸和瑞丽重点开发开放试验区建设实施意见》，标志着工商部门率先推出10个方面48条政策措施，全力服务全州经济社会发展。该“意见”结合德宏工作实际，在支持全州优势产业和新兴产业发展、扩大企业登记授权、支持包括外国籍自然人在内的各类市场主体发展、大力实施商标发展战略、创新边境地区市场监管和跨境消费维权方式、加强农村流通环节食品安全监管和上市外国食品监管等方面，赋予19条带有突破性的优惠政策。此外，“实施意见”对全州桥头堡黄金口岸和瑞丽重点开发开放实验区建设迫切需要解决而法律法规又无明确规定的实际问题，支持全州工商行政管理部门大胆创新，先行先试。

【国家工商总局到德宏检查】 2011年10月9至10日，国家工商总局补助资金专项检查组刘士国司长一行在省局党组成员、纪检组长胡琨陪同下，到德宏对补助资金使用情况进行专项检查。通过检查，检查组认为：德宏州工商局严格规范资金使用管理，确保国家工商总局补助资金按要求使用到市场专项整治和基层规范化建设中，取得了较为显著的社会效果。

【表彰先进】 2011年，芒市工商局被国家工商总局评为“工商行政管理系统打击侵犯知识产权和制售假冒伪劣商品专项行动先进集体”；德宏州消协的何成劭获中消协组织的“全国消协投诉调解技能大赛”二等奖，芒市消协的杨容获中消协组织的“全国消协投诉调解技能大赛”三等奖；瑞丽市工商局被云南省纪委、省监察厅授予“云南省廉政文化示范点”；盈江县工商局获云南省纪委表彰“全省纪检监察先进集体”；德宏州工商局、盈江县工商局被德宏州委、州政府表彰为“3·10”抗震救灾先进集体，德宏州工商局的马向红、盈江县工商局的杜江、盈江县个私协会的张鸿被德宏州委、州政府表彰为“3·10”抗震救灾先进个人；州工商行政管理局机关党委、瑞丽市工商局党总支、芒市工商局个私协会党支部、盈江县个私协会党支部、梁河县工商局个私协会党支部被德宏州委、州政府授予德宏州创先争优活动“百强党组织”；陇川县工商局的宁敏被德宏州委、州政府授予德宏州创先争优活动“百优党员”，梁河县工商局的尹玲艳被德宏州委、州政府授予德宏州创先争优活动“百优工会会员”；德宏州工商局、梁河县工商局、瑞丽市工商局被德宏州委、州政府表彰为德宏州2008至2010年禁毒防艾人民战争先进挂钩单位“一等奖”，德宏州工商局的朱成跃、刘庭梅被德宏州委、州政府表彰为德宏州2008至2010年禁毒防艾人民战争优秀个人；德宏州工商局被德宏州委、州政府表彰为德宏州“两基”工作先进单位、2010年度综治维稳先进集体一等奖、2010年度消防工作目标管理先进单位、2011至2013年度德宏州文明行业、德宏州政务中心优秀窗口等。瑞丽市工商局的秦伟、岳太革2位执法干部在查办案件时，拒贿10000元人民币的行为，受到中央纪委驻国家工商行政管理总局纪检组长、总局党组成员何昕的表扬。

【芒市工商局处理汽油消费集体申诉纠纷】 2011年1月24日，芒市工商局圆满处理一起涉农汽油消费集体申诉纠纷，为264名消费者挽回经济损失88662元。2010年12月24日，德宏州工商局“12315”申诉举报指挥中心先后接到芒市中山乡消费者申诉，反映兴仓加油站销售的93号汽油有质量问题，使用这批汽油后存在摩托车、汽车无法启动及损坏发动机缸体等问题，要求工商部门尽快给予解决。经查，该批问题汽油是兴仓加油站负责人于2010年12月16日向芒市某石油公司经理王某购进的，消费者反映汽油有问题后停止销售，已销售问题93号汽油6821升。经云南省产品质量监督检验研究院检验，该批汽油为不合格汽油。问题汽油造成264名消费者汽车17辆、摩托车219辆、油锯28台的发动机不同程度损坏。为避免更多车辆遭损坏，工商部门对该加油站进行了教育和处罚，并及时请各村委会通知到该加油站加过油的车辆用户停止使用车辆，及时到加油站更换汽油；督促加油站做好换油登记、受损车辆的赔付、维修工作。截至2011年1月25日，受损车辆全部修好，修理及材料费88662元。

（《工商行政管理》撰稿 王 刚）

食品药品监督管理局

【监管单位】 2011年，德宏州有涉药单位1343家。其中：药品生产企业6家，药品经营企业323家(批发企业15家，药品配送中心1家，零售企业307家)，医疗机构1014家(县以上医疗机构31家，乡镇卫生院74家，计生服务站7家，计生服务所55家，村卫生室493家，个体诊所265家，企业、学校医务室89家)。全年全州有餐饮经营户3238户，持有效食品卫生许可证或餐饮服务许可证的3018户，无证经营户220户。其中：餐饮经营户2577户，从业人员7156人；集体食堂46家，从业人员198人；学校食堂395家，从业人员1029人。有州直管餐饮经营户28户，学校食堂34家，从业人员560余人。有保健食品经营企业235家，化妆品经营企业476家。

【机构改革】 2011年，根据中共瑞丽市畹町经济开发区工委办文件畹工办发〔2010〕77号文批复，正式成立畹町食品药品监督管理局，并正式挂牌办公。该局有职工5人。在此次机构改革中，德宏州食品药品监管系统增加机构1个，调入正式职工19人，食品药品专职协管员45人，大学生志愿者8人。同时，根据德宏州人民政府办公室德政办发(2011) 42号文件精神的要求，州食药监局4月20日与州卫生局顺利完成了食品安全监管职能的移交，各县于4月30日前完成职能移交。

【食品安全保障】 2011年，德宏州食品药品监督管理局为确保德宏州内大型活动和重要贵宾的餐饮食品安全，进行食品安全大检查。先后对德宏国际泼水狂欢节、目脑纵歌节、阿露窝罗节、公安部摄影协会研讨会、全省老年人运动会、党代会、政协会和高考等重要接待食品安全保障43次，受保障人数约60000人次，出动执法车辆59辆次，出动执法人员364人次，确保了无食物中毒事故和食源性疾病的发生。

【食品安全专项整治】 2011年，德宏州食品药品监督管理局进行食品安全专项整治。一是开展火锅底料(罗丹明B)和火锅底料类食品添加剂清查工作。出动行政执法人员132人次，执法车辆48辆次，对火锅经营单位271家进行现场检查，对1户餐饮具消毒保洁不符合要求和“三防”设施设备不健全的单位提出处理意见。二是对全州餐饮服务单位进行拉网式排查，查是否有采购和使用台湾部分企业生产的食品和食品添加剂情况。出动执法人员411人次，出动执法车辆111辆次，对486家餐饮单位进行重点监督检查，未发现台湾问题企业生产的食品和食品添加剂。三是根据卫生部公布的可能违法添加非食用物质和易滥用食品添加剂的产品名单，开展对各饮品店食品添加剂专项检查。出动执法人员194人次，车辆91辆次，检查饮品店216户次，未发现有违法添加非食用添加剂的行为。

【药品医疗器械监管】 2011年，德宏州食品药品监督管理局认真开展药械安全专项检查工作。全州查处各种违法案件45起，结案30起，当场处罚64起，罚没款21.98万元，没收物品货值金额7.22万元，销毁假劣物品金额3.83万元，取缔无证经营6户。开展违法药品、保健食品广告的日常监测工作，发现并处理涉嫌违法广告37次；办理药品、医疗器械等有关审批事项574件；受理药品零售企业24家，GSP认证77家，新办待认证24家。

【药械质量检验】 2011年，德宏州抽验药品479批次，不合格23批次，不合格率4.7%。其中：基本药物110批次，合格率为100%；化学药180批次，合格率为100%；抗生素53批次，合格率为100%；中成药133批次，合格率为97.7%；中药材及饮片37批次，合格率46%。

【药物滥用监测】 2011年，德宏辖区内药物滥用监测机构报告已达全覆盖。目前，全州各县市美沙酮社区维持治疗门诊5家，拓展治疗点24个，司法劳教戒毒机构3个，下属陇川县分所、盈江县分所。监测调查工作全面有序展开，年内上报《药物滥用监测调查表》2592份，其中德宏州劳教所上报1942份，占报表总数的75%。同时，加强ADR的上报要求和管理，发现可疑药品不良反应病例92份。

（《食品药品监督》撰稿　尹祖杏）

质量技术监督

【"质量兴州"战略和标准化战略】 2011年，德宏州把质量兴州战略实施列入"十二五"规划和州政府20项重点督查工作之一进行督查，紧紧抓住桥头堡黄金口岸和瑞丽重点开发开放试验区的历史机遇，以"质量四兴"为载体，深入推进"边疆质量走廊"创建工作，各县市区100%启动"质量兴县(市、区)"活动。州政府召开实施质量兴州战略领导小组联席会议，出台《德宏州人民政府质量管理奖管理办法》(德政发〔2011〕275号)，推进质量兴州工作。德宏州结合州情，创建和打造德宏"边疆质量走廊"，按照"一核两翼三带四城"的空间布局思路，紧紧围绕地方特色、优势产业为重点，粼选48家示范试点企业和1个"品牌创建示范区"、1个农业标准化示范区，强力推进覆盖一、二、三产业的标杆示范企业；在全州交通主干道建立7块大型宣传标示牌，展示质量文化。同时，不断强化产品质量监督，完成全州31家获证生产企业台账的建档、更新工作。根据灾后恢复重建工作的实际，起草开展灾后重点产品质量专项整治文件，分阶段严格落实完成专项检查整治，抓好监督抽查及后处理工作。9月23日，由州质监局牵头组织开展质量知识答题活动，德宏质监系统全体干部职工及质量兴州战略领导小组6个组长单位和6个成员单位共380人参加答题活动。制定《2011年"质量月"宣传活动方案》，通过群发"质量月"宣传短信、组织企业座谈、开展"质监邀你看企业"活动等形式，开展丰富多彩的"质量月"宣传活动。通过创办《德宏质监要情》、定期上报质量分析报告、聘请行风监督员、召开联系会议、发挥广播、电视、报刊、网络媒体作用等形式，展现德宏质监的良好形象，提升质监工作的影响力。

年内，邀请省质监局专家到瑞丽进行标准化基础知识及服务标准化知识讲座，以示范点(试点)工作为抓手，实施瑞丽珠宝街服务标准化试点工作，召开服务标准化试点工作推进会，组织示范单位进行培训，编制标准体系框架；顺利启动第七批全国农业标准化示范区项目建设(盈江坚果栽培种植国家Ⅰ类示范项目)；推荐2家企业(芒市遮放贡米有限公司、德宏后谷咖啡有限公司)参与"标准化良好行为"创建活动；及时更新企业执行登记档案。年内，德宏州有《旱冬瓜人工林培育技术规程》和《柠檬早结优质栽培技术规程》2项农业规范发布实施;《油茶栽培》地方标准编制工作正式启动；鼓励和指导企业积极申报采用国际标准，全州有11家企业，12个产品采用国际标准证书。

【出台服务桥头堡黄金口岸建设措施】 2011年，德宏州质量技术监督局出台服务桥头堡黄金口岸建设的10项措施：一是促进市场准入，优化办事程序，缩短办事时限。对企业提交的《食品生产许可证》、《工业产品生产许可证》、商品条码、组织机构代码、特种设备等申请、注册登记事项，普遍缩短审查时限2至10个工作日，切实加快行政审批效率；二是落实服务企业责任制，加强技术扶持。对落户德宏州的企业加大技术服务力度，充分发挥质监部门的技术和政策、信息优势，为企业的产品生产、定位、市场决策、生产流程、生产管理提供力所能及的信息和技术支持，积极为企业提供质量、计量、标准化、特种设备、食品检验等培训。组织技术专家服务队对全州重点耗能企业进行重点服务，帮助建立健全计量检测体系，提高能源计量器具的配备率、内检率和内检合格率，提高能源计量管理水平。

三是免费向企业提供食品生产许可、变更、委托加工备案、云南名牌等申报条件、审查程序、评价通则等内容的咨询服务，积极引导帮助企业组织申报材料，切实帮助企业解决在申报工作中遇到的问题和困难。四是采取扶大、扶优、扶强"三扶"服务措施，把计量、标准化、代码、条码、计量认证、质量认证认可、人员培训、设备仪器作为服务工作的切入点，主动帮助企业建立健全计量检测体系、标准化体系和质量管理体系。五是加强对食品生产企业落实主体责任的监督检查，建立对重点食品生产企业质量安全联络员制度，把量大面广的高风险食品生产企业纳入监管重点，严格落实食品安全区域监管责任制和责任追究制，确保全州食品生产加工环节不发生区域性、行业性和系统性的食品质量安全事故。六是对特种设备重点使用单位(如电站、商场、学校、医院等单位)实施重点支持服务，有针对性地帮助企业解决问题，促进企业加强特种设备安全管理及应急救援体系建设。七是引导和帮助龙头企业承担农业标准化示范区项目和推行"公司+标准+农户"的产业化经营模式，大力推进旅游服务标准化工作，积极引导和帮助企业制定高于国家和行业标准的企业标准，推荐和鼓励企业采用国际标准和国外先进标准，全力支持企业进行产品标准的修订和备案，帮助企业标准查询和咨询。八是加强技术机构建设。整合检验检测体系资源，加大改造、更新、升级的力度，结合地方实际，有针对性地扩充检验项目，进一步扩大检验工作覆盖面，提升检验检测机构的实力，为保障产品质量提供强有力的技术支撑。九是坚持监督与服务并重的原则，依法惩处违法行为，营造良好的投资环境。十是强化内部管理，严格依法行政。州质监局纪检组介入工作人员行政管理、行政执法、检验检测等各项工作中，进行全面监督，对举报投诉及时予以调查处理。

【食品质量安全监管】 2011年，德宏州质量技术监督局在食品质量安全监管中，主要完成如下工作：一是收集风险信息，加强食品安全监管。针对国内个别糕点生产企业在沙琪玛中违法添加硼砂、台湾"塑化剂"食品安全事件、饵丝违法添加硼砂的食品风险信息进行专项监督检查，并对违规生产企业依法进行处理。二是开展专项执法打假活动，确保节日食品质量安全。部署元旦、春节、泼水狂欢节、中秋、国庆等节日期间，开展对辖区食品生产企业及小作坊全面排查工作。全州出动执法人员1475人次，巡查食品生产许可证获证企业及小作坊736家次，巡查食品添加剂及食品相关生产企业26家次，发现并依法处理违法违规食品生产企业及小作坊37家，涉案金额60多万元。三是组织开展食品监督抽查工作。全年全州抽查获证企业样品116个，合格111个，合格率95.7%，抽查小作坊样品88个，合格78个，合格率88.6%；对监督抽查不合格的企业，按照"一会四书"制度进行了查处。四是开展严厉打击食品非法添加和滥用食品添加剂专项行动。结合德宏州实际，制定行动方案，明确行动目标、步骤和要求，统一印制《致德宏州食品生产企业的一封公开信》以及国务院9部委发布的《关于严厉打击食品非法添加行为严格规范食品添加剂生产经营使用的公告》，发放到全州所有食品企业。五是强化企业主体责任，提高企业自律意识。建立食品安全公示制度，利用"食品安全宣传周"活动，开展食品安全进社区、进学校、进企业集市等活动。同时，与食品生产加工企业签订《质量安全承诺书》，组织辖区170家食品生产企业进行培训。全年发放宣传材料1200余份，发放9部委食品添加剂使用公告378份，发放给监管对象一封公开信560份，办理群众咨询300多人次，举办培训班5期，培训食品生产加工人员180余人。

【食品生产监管】 2011年，德宏州质量技术监督局严格执行食品生产许可制度，加强对获证企业的监管工作，组织召开食品生产许可证审查员座谈会，对近年来全州食品生产许可审查工作总体情况及存在的主要问题进行通报；建立观察员制度、审查员制度、食品生产许可证前抽查制度，让各项食品生产许可工作有章可循；抽调国家注册食品生产许可证审查员，配合县市局人员对辖区食品获证企业生产条件开展专项监督检查。对监督检查中发现的问题，采取责令整改、建议撤销或吊销生产许可证等措施，督促获证食品生产企业持续保持生产合格产品的条件和能力。年内，按要求对申报食品生产许可证的企业申报材料进行审查，受理企业申报材料93家次，组织审查员现场核查企业93家次(包括二次审查)，安排证前抽查1家，办理变更手续12家，办理注销手续4家。开展"质监邀您看企业·食品安全大家行"活动，选取市场占有率相对较高、产品与人民群众生活联系较为密切的生产企业作为活动对象，邀请人大代表、政协委员、消费者代表、个协代表、新闻媒体等人员，按照《食品生产加工企业落实质量安全主体责任监督检查规定》要求，对企业进行检查并与企业进行座谈。全年全系统组织开展活动4次，邀请观摩检查人员25人。开展乳制品重新审查工作，配合省质监局核查组人员开展对辖区2家乳制品生产企业重新发证审查工作，将辖区内注销生产许可证的乳制品生产企业通告当地工商部门，建议吊销其营业执照，并对未通过审查的1家乳制品生产企业下达责令停产通知。

【特种设备安全监察】 2011年，德宏州质量技术监督局在特种设备安全监察工作中，主要完成如下工作：一是加强重大节日、重要时期特种设备安全保障工作，在重大节日、重要时期组织开展人员密集场所特种设备安全大检查。重点检查人员密集场所的特种设备并安排专人进行24小时值守，认真做好应对突发事件的准备工作，确保特种设备事故应急处理工作能够及时到位。二是在甘蔗开榨期间，对德宏州13座糖厂的安全管理机构设置、安全生产责任制及各项安全生产制度落实情况，应急预案建立和演练情况，生产安全运行情况，特种设备、环境安全落实情况，企业职工稳定情况进行安全检查。三是对全州中小学校在用汽水两用锅炉进行监督检验。8月17日至9月25日对全州中小学校在用的汽水两用锅炉进行全面的监督检验检测，完成全州中小学校在用的148台汽水两用锅炉的监督检验检测，下达《特种设备检验意见通知书》134份、下达《特种设备安全监察指令书》31份，责令停止使用31台、学校申请停用11台、拆除2台。四是开展打击特种设备非法违法行为专项行动及治大隐患防大事故安全隐患排查治理专项行动。全年全州质监系统出动检查执法人员632人次，车辆230辆次，检查单位280家，检查各类设备600台，查处违法设备52台，下达监察指令书65份；办理特种设备注册219台，发放使用证219本，其中锅炉35台，压力容器60台，起重机械73台，电梯46台，游乐设备5台；对特种设备作业人员考核发证318人。

【质量监督和执法打假】 2011年，德宏州质量技术监督局紧紧围绕强产业、保民生、促发展的大局，主要完成以下质量监督和执法打假工作：一是开展棉花产品质量安全专项检查。出动执法人员44人次。二是加强强制性产品认证行政监管。出动执法人员245人次，执法车辆112辆次，检查销售企业和单位56家，使用单位25家以及市政工程点6处，涉及产品种类31种。三是开展农资专项执法打假工作。制定《2011年全州质监系统农资产品专项执法打假工作方案》，全面启动全州春耕农资专项执法打假的工作，以查化肥、农膜和农药等产品为重点，对辖区内生产、销售农药、化肥和农膜等农资企业，展开拉网式的专项执法检查。出动执法人员322人次，检查农资生产销售单位55家，抽取农资样品77个进行检验。四是开展饮料等农村食品专项执法检查行动。出动执法人员153人次，执法车辆62辆次，检查获证企业19家，小作坊33家，涉及产品种类30余种，抽取样品15个，其中饮用水10个样，含乳饮料4个样，包装材料1个样。五是加大对重点产品、工程建设领域监管。对辖区内在建工程中使用的水泥、钢筋、电器设备、管道、特种设备等情况开展检查，同时围绕民生关注问题，对民用住宅小区工程使用的塑料水管、水泥及水泥产品、钢筋、电力电缆等产品开展检查。六是开展建材市场秩序专项整治工作。出动执法人员336人次，车辆108辆次，检查生产单位11家、建材市场4个、建材及装饰装修材料销售点99家、建筑工地23个、人造板销售企业9家和正在装修的住宅小区5个。七是开展“打四黑除四害”专项行动。制定实施方案，成立领导小组，将“打四黑除四害”专项行动与“地沟油”清理、食品、农资、建材等专项行动以及日常的执法检查、巡查有机结合起来，使整体工作形成一盘棋，同时突出工作重点。出动执法人员287人次，执法车辆116辆次，检查各类生产销售企业322家。全年全州执法打假工作出动执法人员2096人次，查办案件242起，其中查处质量违法案件111起，查处特种设备违法案件14起，查处计量违法案件11起，其他违法案件106起，涉案产品货值1988.69万元。12365举报中心受理举报、投诉、情况反映25件，96128查询专线受理咨询2件，全部办结。

【计量管理】 2011年，德宏州质量技术监督局紧扣民生，加强计量监管：一是明确6家农贸市场、6家超市、5家医院、9家加油站，开展诚信计量创建活动。二是开展专项整治行动。按时完成煤矿等部分行业安全防护用强检计量器具的监督检查任务，完善安全防护用计量器具建档，完成定量包装商品净含量的州级、省级两次监督抽查，其中州级抽查共检查定量包装商品量22批次，合格15批次，合格率为68%；省级抽查共检查定量包装商品净含量72批次，合格52批次，合格率为72%。三是制发《关于开展再用医用计量器具监督检查的通知》，加强对医疗机构强检计量器具巡检，重新摸底建档，并对11家医院的404台医用三源计量器具进行强制检定；利用“3·15”消费者权益日、“5·20”计量日、“9月质量月”对集贸市场、超市等进行检查。开展“关注民生·计量惠民”活动，在广场街头摆放咨询服务台，为群众答疑500多人，发放宣传资料近2000份。四是加强计量基础工作的管理。开展企业计量标准责任人员培训1期15人，考核发放企业计量标准证书8份；培训制糖企业计量检定1期，核发计量检定证书50份，协调省计量院到德宏州培训电力系统计量检定1期，培训人员23人。开展授权公证计量行(站)的年度检查，对德宏电能表检测公司等6个检定站的设备校准、人员持证、检测能力进行检查。五是认真开展能源计量宣传，狠抓能源计量管理工作。全年检定计量器具4588台件。

【认证认可工作】 2011年，德宏州质量技术监督局主要完成以下认证认可工作：一是对全州体系认证、食品农产品认证、实验室资质认证单，机动车安检机构，机动车综合检测机构重新进行全面普查，并收集相关质量信息；对辖区内管理体系认证和食品农产品认证工作进行有效监管。二是联合州公安局交警支队对全州6家机动车安全技术检验机构的资质、检验工作、检测条件等进行检查，建立机动车安全技术检验机构联网监管平台，对检验过程严格监管，对检验数据严格审核；严厉打击非法中介组织和人员，从严查处机动车检验工作中的各种违法违纪行为，有效维护了机动车安检机构的工作秩序。三是组织承担国家认监委安排的强制性认证获证产品电风扇专项国家监督抽查。抽取样品25个，生产企业的样品41个，经检验不合格样品12个，占被抽样品的29.27%；本着“监督一个行业规范一个行业”的原则，加大对强制认证产品的检查力度。四是开展电线、电缆和家电下乡产品等强制性认证产品的市场检查工作，净化市场环境。五是及时派出观察员对认证认可审查、复评工作进行观察监督，确保评审工作公平、公正。年内，对全州6家实验室和机动车综检机构认证进行观察监督。

【“两码”工作】 2011年，德宏州办理各种代码数据6242份，其中新增1015份、换证823份、变更1142份、废置192份、年检3064份、迁址6份；新办条形码12家、续展15家。在“两码”办证工作中做到办证、变更、换证原始档案完整规范。代码电子档案全库完成率为99.96%，代码电子档案有效库完成率为100%，电子档案完成率为100%。

【检验检测】 2011年，德宏州质量技术监督局在检测工作中主要做了如下工作：一是成立技术委员会，开展技术攻关、创新和研究工作。建立完善工作、学习制度，有效提高工作效率和干部职工业务素质，针对“检得慢”等制约检测工作效率的问题，建立晨会制度，开展“学三种人，读三本书”、“自学、互学、互讲”等活动。二是创新建立检测项目指标分级管理方式，推进检测能力的提升。将已经获得相关资质的检测项目指标按照“人、机、环、法、料”实际满足情况，划分为A、B、C三级进行实际检测能力管理。通过建立检测项目指标分级管理，查找出检测薄弱环节，以便更有针对性地进行改进，将C级推进到B级，B级再推进到A级，最终实现检测能力提升的目的。三是抢抓机遇，项目建设工作全面提速。根据全省质监系统“三年能力提升”规划的总体要求，全年累计投入计量项目建设资金170余万元，购买检定酶标分析仪、气相色谱仪、液相色谱仪、医用多参数监护仪、浮标式氧气吸入器等19项计量标准设备，引进1名硕士研究生配合新项目的开展使用，检测能力进一步增强，检测范围进一步扩大。7月，检测中心计量申报复查的22项社会公用计量标准顺利通过省质监局组织现场复查考核。截至年底，检测中心在产品质量检验方面，有460个产品、1562个参数通过计量认证；计量检定方面：建有25项计量标准，可以开展36种计量器具检定及1项定量包装商品净含量检验工作；特检方面：有23项通过国家局资质核准。四是圆满完成各项检验检测任务。年内，检定/校准各类计量器具4588台(件)，出具各类证书4588份；完成锅炉产品监检259台，安装监检40台，修理监督检验1台，锅炉定期检验190台，锅炉水压试验12台，锅炉技术鉴定3台，委托检验75台；完成压力容器安装监检54台，定期检验131台，技术鉴定3台，委托检验34台；完成压力管道安装监检815米，校验安全阀263只，电梯监督检验59台，定期检验143台；起重机械监督检验76台，定期检验101台；检验道路运输液体危险货物罐车辆127辆；委托的水电站压力钢管焊缝超声波检测120米；完成珠宝玉石检验23万件/次。

【抗震救灾和灾后恢复重建工作】 2011年，盈江县“3·10”地震灾情发生后，德宏州质量技术监督局第一时间深入灾区安排部署抗震救灾工作。抽调州局食品科、特设科、质量科、标计认证科及检测中心15人组成的抗震救灾行动小组，由州局主要领导带队进驻盈江县，兵分三路，围绕质监职责开展“两个安全”抗震应急工作。大力加强供应灾区食品安全监管、特种设备安全监察及救灾和灾后重建物资的监督检查等工作，全力保障救灾物资质量安全和灾后重建工作顺利进行。一是加强供应灾区食品安全监管。对平原镇、太平镇瓶(桶)装饮用水、大米、白酒、糕点、白砂糖等14家重点食品生产企业进行排查，对存在问题的企业提出整改意见，同时要求企业要加强质量管理控制，全程监管产品生产过程，认真实行出厂产品批批检验，确保灾区人民吃上放心安全的食品。二是加强特种设备安全监察工作。对辖区内特种设备进行拉网式检查，特别是对重灾区特种设备运行状况进行登记和检验，督促和引导特种设备使用单位按照《特种设备安全监察条例》、《国务院关于进一步加强企业安全生产工作通知的实施意见》及有关规章和安全技术规范的规定，全面落实企业安全生产主体责任，完善应急救援装备和救援措施。对盈江县787台特种设备受损情况进行核实，并对宾馆、医院、学校、液化气储气站、氧气厂等21家重点监控单位的电梯、锅炉、贮罐等重点监控设备进行检查，检查设备134台。三是加强救灾和灾后重建物资的监督检查。重点加大对衣物、帐篷、钢筋、水泥、农药、化肥等救灾生活物品、灾后重建物资、农资产品三类产品的监督检查和生产许可企业后续监管。四是全力做好救灾服务的有关保障工作。开辟信息专报，及时上报相关信息，对受灾企业和救灾物资供应企业实施产品市场准入和生产许可“绿色通道”。五是全面排查基层质监局受损情况，及时开展灾后恢复重建工作。盈江县质量技术监督局办公楼在地震中损毁，规划在原址上建设4层框架结构办公楼1幢，建筑面积1020平方米，预算投资300万元，现已全面开工建设。

【表彰先进】 2011年，德宏州质量技术监督局先后被国家质检总局授予全国质检系统“五五”普法先进单位，被省纪委、省人力和资源保障厅授予全省纪检监察系统先进集体，被省代码中心评为2010年全省组织机构代码工作一等奖，被州委州政府评为2010年党风廉政建设责任制考核优秀单位、综治维稳工作目标考核一等奖、德宏州第二轮(2008年到2010年)禁毒防艾人民战争先进集体、先进基层党组织。盈江县质监局被国家人力资源和社会保障部、国家质检总局授予全国质量监督检验检疫系统先进集体，被州委州政府评为抗震救灾先进集体。苏军容被国家质检总局评为全国执法办案能手称号，邓黎、杨嘉嘉代表州质监局参加全省质监系统演讲比赛，取得第一、二名的佳绩。在全州质监系统开展创建文明单位活动中，州局机关连续9年被评为州级文明单位称号。

(《质量技术监督》由办公室供稿)

贸　易

招商引资

【概　述】 2011年，德宏州招商合作局以宣传推介“桥头堡黄金口岸及瑞丽开发开放试验区建设”为抓手，以“大企业进入”战略和“招大引强”为重点，不断创新招商思路，改进招商方式，拓展招商领域，努力开创招商引资工作新局面。

一、国内合作实现新跨越。全年全州招商引资工作紧紧围绕州委州政府“大企业进入”战略，开展以上海、浙江、江苏为重点的“长三角”，以广东、福建、广西为重点的“泛珠三角”的区域合作，巩固和扩大以四川为重点的西南各省区市的合作，外来投资的促进作用进一步显现，浙江、广东、福建等地区成为德宏外来投资的主要区域，合作成果富有成效。据不完全统计，年内全州新签订招商引资项目151个，实施国内合作项目178项，项目协议投资530.3亿元。先后与昆明市、国家开发银行、国家进出口银行、上海商业银行、工商银行云南省分行签订共建国际大通道、金融服务平台等重大战略合作协议。

二、引资规模再上新台阶。全州实际到位资金83.91亿元，完成州政府下达引进州外资金66亿任务的127.14%，比上年增加28.91亿元，增长52.56%。其中：省内到位资金16.04亿元，占到位资金的19.11%；省外到位资金67.9亿元，完成省下达引进省外资金42亿年度目标任务的161.6%，占到位资金的78.58%。实际利用外资5199万美元。

三、引资结构日趋优化。外来投资项目呈现多元化的新格局，加快了全州产业结构调整步伐。全年实施的招商项目按行业划分：农业8项，林业2项，畜牧业1项，渔业1项，电力工业15项，轻工业及食品加工业37项，商贸服务业53项，矿业18项，房地产2项，医药卫生4项，其他行业37项。

四、区域内引资态势良好。年内，芒市到位资金26.54亿元，占全州到位资金的31.63%；梁河到位资金3.6亿元，占4.29%；盈江到位资金22.86亿元，占27.24%；陇川到位资金6.53亿元，占7.8%；瑞丽到位资金24.37亿元(含畹町经济开发区到位资金1.01亿、姐告边境贸易区到位资金2.04亿元)，占29.04%。形成以芒市、盈江、瑞丽3县市为主，齐头并进，你追我赶的良好局面。

五、外来投资贡献成效明显。全州在册外来投资企业112户，注册资金22.41亿元。当年开工项目实现营业收入6.43亿元，增加工业产值6.02亿元，征收税金1.61亿元，增加就业岗位5577个。外来投资占全州固定资产投资总额171.1亿元的49%，招商引资对全州GDP增长、固定资产投资、财税增收、扩大就业贡献明显增强。

【召开全州招商引资工作会议】 2011年2月22日，德宏州委、州政府在芒市宾馆召开全州招商引资工作会议。州党政领导、各县市(区)党委政府主要领导，州利用外资工作领导小组成员单位，异地驻德宏商(协)会、各县市招商部门负责人120余人参加了会议。会议总结了全州“十一五”期间尤其是2010年招商引资工作取得的经验和成绩，安排部署“十二五”及2011年招商引资工作任务，动员全州各级各部门进一步解放思想，敢为人先，突出重点，招大引强；进一步转变作风，创新理念，抢抓机遇，乘势而上，努力推动全州招商引资工作实现新的突破。全力推进桥头堡黄金口岸和瑞丽重点开发开放试验区建设，促进全州经济社会跨越式发展。州委书记赵金、州长孟必光在会上作了重要讲话。会上，为荣获全州2010年招商引资先进集体称号的各县市(区)政府颁奖，为州发改委、州政务服务中心、州招商局等10家招商引资优质服务单位授牌。州长孟必光还与各县市(区)政府负责人签订2011年招商引资目标责任书。

【第九届东盟华商投资西南项目德宏专场推介会在昆举行】 2011

年6月5日，第九届东盟华商投资西南项目德宏专场推介会在昆明世纪金源大饭店举行。州委、州政府向来自28个国家和地区的500余位海外华商宣传推介德宏，进一步加强德宏与中外各界朋友的交流与合作。州委书记赵金，州长孟必光，副州长高铁英，瑞丽市长刀晓瑞等出席推介会。省政府侨务办公室主任杨光民主持推介会。推介会上，州委赵金书记代表州委、州政府及全州各族人民向参会的侨领、华商致辞，并介绍德宏及桥头堡黄金口岸建设的基本情况。赵金书记指出：当前德宏的发展迎来了千载难逢的重大历史机遇，5月30日、31日，省委、省政府在瑞丽市先后召开加快建设向西南开放重要桥头堡动员大会、瑞丽重点开发开放试验区启动仪式等一系列重要的活动，为德宏的大开放、大开发、大发展确定了思路。国侨办主任李海峰授予瑞丽国际华商产业园牌，体现了国家对瑞丽国家重点开发开放试验区的有力支持，省委省政府高度重视，专门建立华商到瑞丽开发开放试验区投资创业发展的平台。德宏这块热土，正孕育着创业发展的无限商机，德宏也将以海纳百川的胸怀，热忱欢迎全球华商到德宏来投资兴业，德宏将向华商企业家提供最优惠的政策、最优质的服务、最优良的环境。

州委副书记、州长孟必光作题为“扩大交流，密切协作，推进德宏桥头堡黄金口岸建设”的投资推介发言，着重介绍德宏在向西南开放桥头堡建设中的主要构想：以瑞丽国家重点开发开放试验区建设为突破口，在全省“一盘棋”总体布局下，重点规划建设“一个通道枢纽，一个重点开发开放试验区，一个跨境经济合作区，三个产业基地，三个服务平台，三个交流窗口”为基本定位；以建设桥头堡黄金口岸的重要交通枢纽，建设生物特色产业基地，建设休闲度假旅游产业基地，建设进出口加工基地，建设国际物流仓储基地，建设金融服务平台，建设信息服务平台，建设文化交流平台，建设便利化大通关口岸体系，建设区域经济片区，建设生态屏障为建设重点，吸引全球华商参与桥头堡黄金口岸建设，实现合作共赢。瑞丽市市长刀晓瑞在会上就瑞丽国家重点开发开放试验区建设及瑞丽国际华商产业园的有关情况作专题推介。作为落实瑞丽开发开放试验区总体思路，加快瑞丽发展建设的重要组成部分，瑞丽华商产业园将建设一个核心区面积5平方公里，远期开发建设面积10平方公里，具有“一城四区”规划布局的产业区域。赵金、孟必光、高铁英等领导还一同会见了中国侨商会常务副会长、印尼力宝集团董事局主席李文正等20位海外重点侨领、华商，与他们亲切交流，积极听取大家对德宏发展的意见、建议。

【参加19届昆交会暨4届南亚国家商品展】 2011年6月6日上午，德宏州组织强大交易团参加在昆明国际会展中心召开的第19届昆明进出口商品交易会暨第4届南亚国家商品展。德宏州参展团首日签约项目16个，签约金额543741万元人民币，现货成交2000万美元，涉及农业、电力、基础设施、生物制药、旅游房地产等多个领域。国务委员戴秉国，斯里兰卡总理迪萨纳亚克·贾亚拉特纳，老挝常务副总理宋沙瓦·凌沙瓦，省委书记、省人大常委会主任白恩培，省长秦光荣等领导出席开幕式。为突出区位优势和特色，充分展示德宏州面向西南开放重要桥头堡黄金口岸的建设新貌，德宏州组织德宏后谷咖啡有限公司、云南迪思企业集团坚果公司、红瑞柠檬开发有限公司等22户企业参会，参展人员88人，认购展位40个，设德宏展馆（18个展位）、后谷咖啡馆（4个展位）、瑞丽红木家具馆（18个展位）3个展馆进行集中宣传展示。参展商品主要有咖啡、坚果、柠檬、茶、麻竹、大米、酒、魔芋等“六棵树、一棵草”为重点的生物特色产品。同时，为进一步提升经济社会发展水平，全面推进黄金口岸和瑞丽重点开发开放试验区建设，德宏州在交易会期间重点推介60个招商引资项目。此外，德宏州还邀请来自缅甸仰光和木姐的客商及商会组织代表150人参加本届昆交会。

【招商引贸考察】 2011年6月20日至6月27日，以德宏州人民政府副州长高铁英为团长，州政协副主席、州工商联合会会长肖占先为副团长，州政府办、州侨办、州招商局、瑞丽市、盈江县相关部门负责人为成员的考察团一行10人，以德宏州人民对外友好协会名誉赴缅甸、泰国进行招商引贸考察活动。考察期间，组织4场专题推介会，6场专题推洽会和招待酒会，分别进行PPT文稿推介演示和播放VCD宣传片5场次，发放招商引资项目册420本。在向侨领侨商的专题推介会上，高铁英副州长作题为《搭建侨商平台、深化海内外合作，推进祖国沿边开发》的推介发言，着重介绍德宏基本情况，德宏面向西南开放的地位和建设重点、吸引全球华商参与桥头堡黄金口岸建设，实现合作共赢，及德宏未来充满新的发展和机遇。通过推介和友好交流，为广大华侨华商捕获了一些新的项目线索，为进一步了解德宏、投资德宏搭建平台，广大侨商纷纷表示愿意加强与德宏州的联系和交流，不断加强经贸合作与往来，共享德宏当前的发展新机遇，共同携手合作，实现互利共赢。

【举办云南桥头堡黄金口岸暨瑞丽国家重点开发开放试验区推介会】 2011年7月7日，云南省招商合作局、德宏州人民政府共同主办的中国面向西南开放重要桥头堡德宏黄金口岸暨瑞丽国家重点开发开放试验区招商推介会在河南省郑州市成功举行。此次推介会，围绕德宏桥头堡黄金口岸建设，共推出150多个项目，涉及边贸、物流、旅游、制药、交通、地产、珠宝玉石产业、绿色产业开发等领域，项目金额高达1000多亿元。项目引起前来参加招商推介会的河南及郑州227家优势知名企业的关注。云南省招商合作局副局长程永流、中共德宏州委副书记唐文祥、副州长高铁英以及河南省、郑州市政界、商界人士共260余人出席推介会。

【德宏黄金口岸招商推介会在京举行】 2011年8月26日，由中联部经济联络中心、云南省招商合作局和德宏州人民政府共同在北京钓鱼台国宾馆举办“中国面向西南开放重要桥头堡德宏黄金口岸(北京)推介会”。中联部、商务部、中国西部开发促进会、国家发改委、国土资源部、国家外汇管理局、国务院发展研究中心、交通运输部、云南省招商局、德宏州人民政府及中国石油化工集团、中国大唐集团公司、中国五矿有色金属股份有限公司、中国建材股份有限公司、华立集团股份有限公司、浙江大华集团公司、正大集团公司、香港怡海集团公司、新世纪成功集团公司、加新矿产发展投资公司、印尼力宝集团等40余家企业单位出席了推介会。一批招商引资项目在推介会上进行签约，签约项目协议投资额达37.17亿元。

【参加云南省特色农业发展(北京)推介展】 2011年8月31日，由云南省招商合作局、省农业厅、省农垦总局联合举办的云南省现代农业产业发展(北京)推介展在首都北京全国农展馆举行。州人民政府副州长高铁英率州农业、招商等部门以及相关企业参加推介展开幕式和项目投资推介会。推介会上，高铁英代表德宏州作题为《加快产业培育　发挥资源优势　建设面向南亚东南亚市场的农业产业化基地》的推介报告。并强调：“十二五”期间，德宏州将继续巩固提升传统产业，全力发展生物特色产业，积极实施“走出去引进来”战略，通过招商引资建设面向南亚东南亚的农业产业示范区。推介会上，还向投资商推介德宏州招商引资的特色农业项目，分别是投资11.16亿元的年产30万吨的竹炭项目；投资5.48亿元的茶多酚建设项目；投资6.3亿元的芒市年产10万吨贡米生产线项目；投资10亿元的年产陇川10万吨林竹纸浆加工项目。

【参加第七届泛珠三角区域合作与发展论坛暨经贸洽谈会】 2011年9月21至24日，德宏州政府高铁英副州长率德宏经贸代表团赴江西省南昌市参加第七届泛珠三角区域合作与发展论坛暨经贸洽谈会。期间，推出60个招商项目，涉及生物、能源、旅游、文化、商贸物流等领域。通过积极向泛珠“9+2”各方参展代表介绍德宏州的投资环境，并围绕德宏独特的区位优势、开辟西向贸易通道的意义，就产业优势及政策、重点招商引资项目等方面向前来咨询的客商进行推介，云南桥头堡德宏黄金口岸暨瑞丽国家重点开发开放试验区建设引起客商的高度关注。展洽期间，向宾客发放州及各县市招商引资项目资料1000余份，同时利用云南馆电子大屏滚动播放德宏宣传片，向参会参展的各方来宾全方位展示德宏形象，取得了十分理想的效果。在接待客商咨询时，重点突出德宏桥头堡黄金口岸和瑞丽国家重点开发开发试验区建设，将现代服务业、生物特色产业、基础设施建设等方面做重点推介。德宏特殊的地理优势、巨大的市场空间和难得的发展机遇受到企业家们的极大关注，纷纷表示将在近期组织团队到德宏实地考察，将内地的技术优势、经验优势、市场优势和民间资本优势与德宏的资源优势结合起来，共谋发展。

【抗震救灾】 2011年，盈江3·10地震发生后，德宏州招商合作局积极做好招商系统和挂钩点的抗震救灾工作。在第一时间了解灾情、上报灾情、安抚慰问，全力配合开展灾情统计、上报、评估及灾后重建工作。协调省招商合作局下拨应急资金5万元，为挂钩点送去应急大米500斤，为盈江局送去抗震救灾应急资金2万元，向州民政局捐献职工捐款

3050元。向外来投资商发动援助的倡议，并得到积极的响应。据盈江抗震救灾指挥部不完全统计，震后15日内，德宏州温州商会、浙江商会、湖南商会筹备委员会、德宏滇洱古道生物开发有限公司等近70家驻德宏异地商会和部分外来投资商向灾区捐款捐物合计1823.89万元，其中捐款1651.92万元，捐物折合人民币172.97万元，有效支持了抗震救灾工作。

【干部培训】 2011年，德宏州招商局班子始终把加强招商干部队伍建设放在重要议事日程抓紧抓好。一是注重在学习中培养干部。按照建设学习型党组织学习型干部、学习型机关要求，抓好政治理论知识、工作业务知识、人文社会知识的学习，坚持集中学与个人自学的学习制度，重视干部培训教育和工作实践锻炼，全面提高干部自身综合素质。二是注重在培训中培养干部。年内，州局选派干部职工到北京、上海、昆明等地参加业务培训15人次，参加州委党校培训6人次，借招商推介会之机，组织干部职工到发达地区体验学习40多人次。通过培训学习，开阔了干部职工的视野，拓宽了工作思想能力，激发干事创业热情。三是注重在组织策划招商活动的具体实践中锻炼干部。年内，通过组织16次重大招商推介活动，提高干部职工组织策划能力，进一步提高密切配合团结协作协同作战的能力，确保各项招商活动顺利成功举办。

（《招商合作》撰稿　陈玉田　李彪）

对外经济贸易

【概　述】 2011年，德宏州商务工作积极应对国际国内不断变化的新形势，群策群力，努力开拓进取，以“桥头堡建设”和“瑞丽重点开发开放试验区”建设为工作核心，促进外经贸持续快速发展，提高对外经济技术合作和利用外资水平，进一步加强口岸建设，全面提升口岸通道服务能力，规范发展边民互市贸易和境外替代种植，努力通过扩大消费、搞活流通促进内贸流通发展，以进出口加工装配产业发展促进贸易的转型升级，确保商务工作各项业务指标全面快速增长，推动全州商务事业又好又快发展，各项工作再创新高，实现“十二五”良好开局。年内，实现社会消费品零售总额增长20%以上，进出口贸易总额增长15%以上，外经对外承包工程营业额增长12%以上，对外实际投资增长20%以上，实际利用外资增长15%以上，口岸四项指标增长15%以上。

一是城乡居民消费实现较快增长。年内，通过积极争取国家项目资金支持，加强集贸（农贸）市场和农产品批发市场的建设和改造，加大“万村千乡市场工程”农家店和配送中心的建设力度，加大“家电下乡”优惠政策的宣传力度和“家电下乡”售后服务网络建设，狠抓生猪屠宰市场管理，确保成品油市场供给，规范二手车交易市场和典当拍卖行业管理，有效地搞活了流通，拉动内需，扩大城乡市场消费，促进德宏经济的健康发展。全州社会消费品零售总额完成65.3亿元，比上年增长20%，其中批发零售业完成56.1亿元，增长20.1%，住宿餐饮业完成9.2亿元，增长20.7%。

二是对外贸易再创历史新高。据海关统计：全年全州完成进出口总额138500万美元，比上年增长21.6%，完成省政府下达德宏州年度进出口目标任务127523.2万美元的108.6%，连续保持37个月的增长态势，连续2年保持增长率全省排名第二的喜人成绩。据商务部门统计：全年全州完成进出口总额1344464.4万元人民币，比上年增长19.1%，完成州政府下达全年目标任务1298135万元的103.57%。

三是利用外资增速较快。全州合同利用外资6052.81万美元，实际利用外资金额5241万美元，完成省下达（招商引资）实际利用外资目标任务数3200万美元的163.78%，全省排名第三。

四是“走出去”稳步推进。全州对外承包工程完成营业额1745万美元，项目下带出金额1340万美元，境外实际投资226万美元。

五是积极应对缅北局势变化对替代种植产业发展所产生的影响，妥善做好替代企业以及香蕉种植户的稳定工作，强化替代种植的规范管理，巩固境外罂粟禁种成效。

六是口岸通道体系进一步完善，口岸各项指标全面增长。全年全州口岸出入境人员12717440人次，比上年增长18.51%；出入境交通工具2804481辆次，增长23.6%；出入境货运量1819811吨，增长1.36%；口岸进出口额195953万美元，增长13.12%。

七是对外开放水平和合作能力进一步提升。昆交会、边交会等展会的参会、办会水平越来越高，质量越来越好，规模越来越大，影响越来越广泛；国家口岸办两度批准芒市机场临时开放为口岸机场，昆明—芒市—曼德勒航线的包机试飞取得成功，为芒市机场申报国家口岸机场奠定了良好基础；全州商务部门努力推进中缅瑞丽—木姐跨境经济合作区申报工作，积极参与瑞丽重点开发开放试验区和桥头堡先行先试区建设等工作。

【协办第十届缅中边交会】 2011年4月29日至5月1日，第十届缅甸—中国边交会在缅甸105码贸易举行。本届边交会缅方设室内标准展位224个，其中缅方展位106个，泰国、印度、孟加拉国等国展位8个，中方展位117个(含室外展位7个)。经过中方组委会大力宣传，努力招商招展，来自云南、河北、南昌、上海、深圳、内蒙古、福建、山东、台湾等9省及州内各县市(区)共109户(州内企业58户，州外51户)企业及个体工商户前来参展。缅方参展的单位及部门有畜牧业和兽医部、农业和灌溉部、酒店及旅游部、教育部、渔业部、传统医学系、缅甸工商业联合会、缅甸木材协会等。中缅双方送展商品1000多个品种，其中中方企业送展商品11大类600多个品种。经过3天的展洽，现货贸易成交总额10838万元。会展期间，中缅双方企业签订进出口协议23份，协议总金额20807万美元。产品涉及进口药材、水产品、海产品、农副产品，出口有化工产品、药品等。边交会期间，中缅双方政府、商会还分别举行不同类型和级别的会晤、会见和会谈活动。

【缅甸边境磨擦影响中缅边境贸易】 2011年6月，缅甸“民地武”炸毁盈江口岸、章凤口岸境外公路桥梁，10月21日凌晨，缅甸掸邦北部“民地武”组织炸坏缅甸105码贸易区—棒赛(九谷)—畹町口岸桥头通道公路上南岛村中的水泥桥，致使大货车无法通过。缅甸边境的磨擦，对德宏州对外贸易带来重大不利影响，严重影响中缅边境贸易的发展。

【参加第十九届昆交会】 2011年6月6至10日，德宏州组织参加在昆明举行的第十九届昆交会。德宏州认购展位40个，设德宏馆、瑞丽红木家俱馆、德宏后谷咖啡馆、瑞丽傣旺食品馆4个展馆进行宣传展示。全州有22户企业参展、参会，参展人员400多人，并代昆交会组委会邀请缅甸仰光省等各省邦商会组织和木姐地区客商代表150多人参加昆交会。德宏州参展的商品主要有咖啡、坚果、柠檬、茶、麻竹、大米、酒、魔芋等生物特色产业和红木制品。经过展洽，德宏州在本届昆交会取得可喜的成绩：签约项目16个，金额543741万元，其中内资项目6个，金额264216万元；外资项目2个，金额105723万元；内资合作项目2个，金额103000万元；进出口贸易项目6个，金额70802万元人民币。昆交会期间现货成交35062万元，其中红木成交额达到1347万元。

【对外贸易再创历史新高】 2011年，德宏州商务局认真贯彻落实国家和省的一系列外贸发展促进政策，积极为企业申报扶持项目和扶持资金，加强国内外市场的开拓，不断壮大外贸经营队伍，努力规范对外贸易市场，全面取消对外贸进出口的地方性行政收费，加强对外贸经营管理人员的政策业务培训，积极开展边民互市试点工作，圆满完成了省州下达的增长目标任务。据海关统计：全年全州完成进出口总额13.85亿美元，比上年增长21.6%，完成省政府下达德宏州年度进出口目标任务12.75亿美元的108.6%，占全省对外贸易(102.67亿美元)总额的13.49%，连续保持37个月的增长态势，并连续2年保持排名全省16个州、市第二位的喜人成绩。其中：进口2.75亿美元，比上年下降4.4%；出口11.1亿美元，增长30.4%。按贸易方式划分：边境贸易完成11.54亿美元，比上年增长10.2%，占全州贸易总额的83.34%，占全省边境贸易总额(20.05亿美元)的57.58%，占云南省对缅甸贸易(20.75亿美元)的55.64%；一般贸易完成2.16亿美元，增长46.73%；外资企业进出口1462万美元，增长537.11%。

商务部门业务统计：全年全州完成进出口总额134.45亿元人民币，比上年增长19.1%，完成州政府下达全年目标任务129.81亿元的103.57%。其中：进口完成34.22亿元，比上年增长41.76%；出口完成100.23亿元，增长12.94%。按贸易方式划分：一般贸易14.44亿元，比上年增长46.27%，占全州贸易总额的10.74%；边境贸易117.28亿元，增长18.6%，占贸易总额的87.23%，其中小额贸易96.53亿元，增长12.4%，边民互市20.75亿元，增长59.5%；对外经济技术合作项目下进出口2.12亿元，下降29.26%，占全州贸易总额的1.57%；外资企业进出口6139.7万元，下降45.73%，占全州贸易总额的0.45%。

年内，全州实存外贸企业673户(2010年未统计数为829户，2011年新增87户，本次清理发现，近年来已有243户外贸企业在工商部门注销)。全州进出口额排名前50位的外贸企业完成进出口总额均在6000万元以上，其中德宏后谷咖啡有限公司完成进出口额5.14亿元，突破5亿元规模，瑞丽市瑞佳公司完成进出口额4.34亿元，突破4亿元规模，畹町华昌公司等9户企业进出口额在2至3亿元之间，梁河永利公司等21户企业进出口额在1至2亿元之间，芒市德光公司等18户企业进出口额在6000万至1亿元之间。

全年全州外贸企业完成商品销售总额127.84亿元，比上年增长23.12%；累计缴纳各种税费2.5亿元，下降4.97%。其中：缴纳关税2432.34万元，比上年增长75.46%；海关代征增值税1.41亿元，下降17.56%；进口商品增值税5169.03万元，增长56.71%；地税各项税收1567.5万元，增长1.95%；各项管理费1724.02万元，下降25.18%(海关收费89.83万元、检验检疫收费637.36万元、林业收费724.63万元、其他收费272.2万元，收费下降的原因主要是全面停征“口岸三费”)。

【内贸流通】 2011年，德宏州内贸流通各项工作扎实推进：一是积极争取国家项目资金支持，加强集贸(农贸)市场和农产品批发市场的建设和改造。全州有城乡商品交易市场175个，其中城市交易市场56个，乡村交易市场119个。二是继续加大“万村千乡市场工程”农家店和配送中心的建设力度。年内，争取财政专项资金200万元，实施农家店改造建设项目100个，配送中心建设项目2个，农家店覆盖全州5县市100%的乡镇和95%以上的行政村。三是认真做好规划工作。完成全州成品油零售流通网络的“十二五”规划，协助完成全州“菜篮子工程建设实施方案”编写工作，初步完成全州屠宰企业的“十二五”发展规划，德宏州桥头堡黄金口岸现代物流业发展规划已通过省级评审，并举行听证会。四是继续加大“家电下乡”优惠政策的宣传力度和“家电下乡”售后服务网络建设，使国家的惠民政策真正落实到农村广大消费者生产生活的各个层面，努力拉动内需，扩大城乡市场消费。全州建设并验收合格家电下乡销售网点199户，售后服务网点22户，家电下乡产品销售69048台(件)，销售金额1.86亿元，兑现补贴资金2303.01万元，平均兑付率97.46%；全年各摩托车下乡经营户销售各种摩托车32618辆，销售金额1.43亿元，兑付补贴资金1803.71万元，兑付率100%；二手车销售各种车辆4970辆，成交额1234.27万元。五是狠抓生猪屠宰市场管理。有2户企业获省级猪肉储备企业资质。六是认真研究制定成品油保供应急预案，积极协调中石油、中石化企业的支持，成品油市场基本稳定，保证了重点行业、重点工程和农业生产的用油。全年销售汽油7.48万吨、柴油12.8万吨，加油站建设项目稳步推进，基本形成覆盖城乡的供油网络，能更好地满足市场需求。七是规范二手车交易市场和典当拍卖行业管理，积极搞活流通，扩大消费。八是认真做好重点商品市场监测工作。制定下发《德宏州市场运行监测工作考核办法》，全州有样本企业38家，涉及生活必须品、生产资料、重点流通、酒类流通等领域，进一步提高了市场运行监测成效，为各级领导决策提供依据，确保市场有效供给和市场价格的平稳。八是积极加强安全生产工作，强化安全生产意识，狠抓安全管理制度、措施的落实，加大安全宣传教育力度，积极开展“打四黑除四害”专项行动。年内，对全州生猪定点屠宰、餐饮、超市、典当、拍卖、二手车交易、农贸市场、物流企业、成品油经营等重点行业进行摸底检查，检查企业和经营户330家，没有发现违法乱纪行为，有效推进了商务系统安全生产工作。

全年全州社会消费品零售总额完成65.3亿元，比上年增长20%，其中批发零售业完成56.1亿元，增长20.1%，住宿餐饮业完成9.2亿元，增长20.7%。

【“走出去”战略】 2011年，德宏州“走出去”工作不断向纵深发展，对外经济技术合作、对外工程承包、境外投资、替代种植成为“走出去”发展的重点，外经项目对全州贸易的拉动作用日趋明显。全州执行对外承包工程项目合同15个，合同总额5859万美元，完成金额1745万美元，项目下带出金额1340万美元；执行对外投资项目5个，计划投资总额1525万美元，完成投资226万美元。

【利用外资】 2011年，德宏州商务系统通过积极拓展引资渠道，加大外资引进力度，努力改善投资环境，做好外资企业的审批服务管理。全州合同利用外资6052.81万美元，新批外资企业5户，外资企业增资2户；实际利用外资金额5241万美元，完成省下达(招商引资)实际利用外资目标任务数3200万美元的163.78%，外商投资企业完成税收2.84亿元，在全省16个州、市中排第三位。截至年末，全州实存外资企业43户，投资国别有缅甸、日本、韩国、新加坡、马来西亚、泰国、美国、英国、加拿大9个国家和香港、台湾地区。行业分布于农、林、牧、渔业、制造业、硅矿冶炼业、电力业、宾馆服务业、房地产业、仓储物流业等。外商投资在弥补州内建设资金不足、加快经济结构调整、扩大就业等方面发挥了明显的促进作用。

【口岸建设】 2011年，德宏州商务系统积极抓好口岸综合管理，促进口岸服务便利化，瑞丽、畹町、盈江、章凤口岸4个边民互市贸易市场试点建设深入有效开展，认真组织实施瑞丽口岸一国门两通道功能完善工程、畹町口岸旅检通道改造工程和口岸物流查验场建设工程、章凤口岸联检楼及查验货场建设工程、盈江口岸中心货场功能完善工程和那邦联检中心、货场建设工程。积极争取2011年口岸建设专项资金4891万元，瑞丽口岸扩大对第三国人员开放，并通过省联合验收组的验收。努力推进德宏芒市机场、章凤口岸等开放的申报工作，全州口岸基础设施条件、管理服务水平和经营环境不断改善，口岸流量全面增长。2011年全州口岸出入境人员1271.74万人次，比上年增长18.51%；出入境交通工具280.45万辆次，增长23.6%；出入境货运量181.98万吨，增长1.36%；口岸进出口额19.6亿美元，增长13.12%。

【主办第十一届缅中边交会】 2011年12月8至10日，第十一届中缅边交会在瑞丽市姐告边境贸易区举办。本届边交会设室内标准展位390个，室内特装展位4个，室外机械展位2200平方米。会展期间，来自缅甸、美国、韩国、日本、泰国、越南和中国云南、浙江、上海、广东、山东、辽宁、江苏、内蒙古、四川、海南、江西、福建、河南、天津、西藏、台湾、香港国内17个省、市、区的243户企业和投资者参加商品展销、经贸洽谈、项目签约活动。参展商品主要有汽车、摩托车、农机、机床机械、五金电器、化工纺织、日用百货、食品、药品、医疗器械及药材、建材、农产品、工艺品、珠宝玉石、木制品、水海产品、矿产品、房地产、旅游等3000多个品种。在为期3天的会展中，进出口现货贸易成交额达2963.92万美元，其中进口1131.27万美元，出口1832.65万美元；签约项目50个，其中进出口贸易项目(期货合同) 41个，协议总金额26807万美元(进口12639万美元，出口14168万美元)，商品涉及进口药材、水产品、海产品、农副产品，出口化工产品、药品等；签订国内招商引资项目9个，协议总金额为18.94亿元人民币，项目涉及房地产开发、旅游景点景区建设等。边交会期间，召开"滇缅经济贸易合作论坛第三次会议"，组织"红木家具、玉雕大师精品展"分会场，开展中缅双方政府、商会之间不同类型和级别的会晤、会见和会谈活动。

【加快桥头堡建设】 2011年，德宏州商务局强力推进桥头堡建设重点工作。一是切实做好瑞丽重点开发开放试验区和桥头堡先行先试区建设的推进工作。在积极做好向国家和省有关部门的工作汇报和项目申请的基础上，积极到商务部进行对口汇报，得到了商务部的积极支持。二是加快推进芒市机场申报国家口岸机场的进度，按照4D标准做好建设的前期工作。州政府成立专门工作机构，负责包机试飞相关筹备工作，机场开放工作已列入省、州"十二五"规划，正在争取列入国家口岸办"十二五"口岸开放规划。国家口岸办先后2次批准芒市机场临时开放为口岸机场。第一期包机从4月11日开始至6月30日，共飞行17个往返航班(34个航班)，进出港旅客达3794人次，其中进港人数1836人次，出港人数1958人次；第二期包机试飞工作自9月22日启动以来，每周安排2个往返航班，星期一、四执飞，包机试飞工作正常有序开展。三是继续推进中缅瑞丽—木姐跨境经济合作区申报工作，争取尽快与缅甸地方政府签订框架性协议。各部门相互配合完成了可研工作，省政府已上报国务院，中央和省多次组织专门调研，申报工作正在推进之中。

(《对外经济贸易》撰稿　尚正宠　龚兴文　季柔杉)

粮油购销

【概　述】 2011年，德宏州粮食局紧紧围绕惠民生、保供给、保稳定的指导思想，以确保国家粮食安全为目标，以《粮食流通管理条例》和中央经济工作会议精神为依据，认真落实粮食行政首长负责制考核目标，认真开展粮油库存检查工作，积极指导国有粮食购销企业推进粮改进程，切实加强对辖区粮食流通经营主体的"指导、服务、监督、协调"力度，确保全州粮食生产、流通、消费三个环节的健康稳定发展。

一、确保国家粮食安全落在实处。面对粮食市场价格持续走高、全州CPI指数上扬的实际，州粮食局认真调研、及时研判粮食价格走势，第一时间向政府提出处置建议，通过采取保护价收购、建立临时储备和挂牌低于市场价销售粮食等措施，为全州种粮农民增产增收、粮油价格基本稳定和市场有效供给，流通秩序井然、确保消费者放心、安全消费等环节均取得了较好成绩。

二、确保国家粮食宏观调控有力。认真执行国家最低保护价收购政策，在生产季节，及时将国家出台的最低收购保护价向广大种粮农户宣传，使之做到家喻户晓，提前为种粮农民算好增收账；在流通环节采取加强流通市场监管，保障流通秩序货畅其流，引导经营者理性入市收购，建立与销区的衔接；在消费环节围绕惠民生、保供给和物价总水平，对城乡低收入群体、对盈江“3·10”地震灾后人民群众的粮食保障供给做到开仓放粮、低于市场价保障供应，确保不让灾民和低收入人群受到买不到、买不起粮食而产生困惑。密切关注粮食市场变化、实时监测粮油交易价格，不断完善储备粮油管理，确保国家宏观调控落在实处、保障供给制度健全、应急措施进一步得到完善。

三、正确处理好粮食生产、流通、消费三者之间的利益关系。州、县两级粮食主管部门依照《粮食流通管理条例》，按照职责采取有效措施，既确保生产环节的“谷贱不伤农”，保证了种粮农民增产增收。同时，在流通与消费两个环节上，正确处理好货畅其流和“米贵民不伤”的关系。

四、认真落实粮食行政首长负责制考核目标。年内，德宏州粮食局克服金融危机、物价上涨、盈江“3·10”地震等不利因素所带来的影响，紧紧围绕省人民政府与州人民政府签订的粮食工作行政首长负责制考核工作目标抓落实，从责任目标5个大项26个小项考核结果表明，不论在粮食生产、储备粮管理，还是从保供应稳物价、惠民生以及实现利税来看，均较好达到和实现了年初预定的各项目标任务。

五、认真开展粮油库存检查工作。为摸清家底，做好宏观调控，按照国家、省的统一部署，从4月至7月全州范围开展了粮油库存检查工作。检查工作按照“有仓(罐)必到、有粮(油)必查、查必彻底”的原则展开。通过县级自查、州级复查、省内交叉检查、国家巡查的程序，德宏州国有粮食购销企业所存粮油数量真实、质量完好、账实相符，为宏观调控和特殊情况期间用粮打下坚实物质基础。

六、进一步完善行政机构改革。新一轮行政机构改革后，州委、州人民政府将州粮食局确定为政府工作部门，既是对德宏粮食传统产业流通环节的关注，也对州粮食局工作任务提出了更高要求。面对科室合并、人员减少、工作量加大的实际，州粮食局按照文件要求，结合职责，及时划分科室、整合现有资源，尽快进入角色，认真开展履职。

七、积极指导国有粮食购销企业推进粮改进程。按照州政府出台的《关于加快和完善地方国有粮食购销企业改革工作的通知》文件精神，州粮食局加大指导、协调力度，尽力推进改革进程。全州除梁河进入扫尾阶段，芒市改革方案待政府审批外，全州国有粮食购销企业的改革基本告一段落。

八、确保全州粮食流通市场平稳有序。州、县两级粮食行政主管部门在同级发改、物价、工商和税务等部门配合下，依照《粮食流通管理条例》、《粮食流通监督检查暂行办法》等法律法规，加强监督检查、维护粮食流通市场秩序、依法规范粮食经营行为。在粮价上涨的不利因素制约下，全年全州粮食市场仍然实现了流通有序、交易价格平稳。

九、全州国有粮食购销企业实现盈利。面对粮食市场价格波动，认真开展调研，指导粮食经营企业积极理性入市，正确研判粮油价格走势，抓住商机，努力扩大购销总量。据统计，全年全州粮食经营企业收购粮食11429万公斤(稻谷，下同)，收购量占预计上市总量18610万公斤的61.41%。企业在经营上努力降低成本，采取增收节支，地方国有粮食购销企业全面实现盈利。年末，实现盈利34.60万元；中央企业及全部粮食经营者均实现盈利。

十、关注盈江“3·10”灾后粮库粮食安全存储和恢复重建。盈江“3·10”地震发生后，州粮食局抽调专人，深入盈江灾区对因地震造成损坏的军供门市、江边大库重建问题积极向上上报相关资料，争取得到上级的帮助和解决。通过努力，国家军粮办补助军供网点维修改造资金20万元，江边储备粮库的恢复重建纳入省人民政府对盈江“3·10”灾后恢复重建的总体安排规划。

【粮食流通】 2011年，德宏州粮食局正确处理好生产、流通和消费三者利益。在生产环节指导粮食经营者理性入市收购，收购及时付款，不打“白条”，确保种粮农民增产增收；在流通环节按照《粮食流通管理条例》，依法监督经营者买卖公平，严厉打击囤积居奇的不法商贩，维护粮食流通市场货畅其流；在消费环节，主要采取挂牌销售，重点关注城乡低收入群体，关心、照顾，不让他(她)们因买不到、买不起粮食而困惑。

【救灾抢险】 2011年，盈江"3·10"地震发生后，德宏州粮食局及时启动应急预案，全力投入抗震救灾和灾后重建工作。一是建立应急值守制度，保证信息畅通；二是落实粮食应急加工厂；三是及时转移受灾的165.90万公斤储备粮；四是动用30万公斤储备粮救灾救济灾民和平抑市场粮价；五是组织系统捐款捐物，代省粮食局组织向盈江县抗震救灾指挥部捐赠大米20吨，价值7.60万元，接受并转赠玉溪市粮食局系统捐赠3万元现金和价值4万元的食用油脂及州粮食局干部职工捐赠的77万元现金；六是积极帮助盈江县粮油购销总公司上报恢复重建项目。

【临时储备】 2011年，德宏州粮食局结合秋季粮食上市时市场成交价高于国家、省人民政府最低保护价的实际，为保护种粮农民利益，经州政府同意，在全州地方国有粮食购销企业用当年本地所产的晚籼稻谷，建立500万公斤为期一年的临时储备，储备利息、费用从粮食风险基金中列支。

【挂牌销售大米】 2011年，德宏州粮食局为做好保供应稳物价、保障城乡低收入群体购买力，使消费者实实在在享受到政府惠民生带来的好处，从10月25日开始至年末，由地方国有粮食购销企业挂牌：每公斤低于市场价0.20元销售300万公斤晚籼大米，价格由县市发改局、粮食局监测认定，并书面告知销售企业；低于市场价销售数量由县市审计局认定，价差按照州级财政补助30%、县市配套70%解决。

【敞开收购余粮】 2011年，德宏州各经营主体收购晚籼稻谷11429万公斤，占预计上市总量18610万公斤的61.41%，切实做到将种粮农民余粮应收尽收。据测算，每户种粮农民增收133元，收购稻谷总量是近3年来最高的一年，确保种粮农民利益，同时为全州宏观调控、保供稳价提供了物质基础。

【粮油库存检查】 2011年，德宏州粮食局为摸清家底、掌握粮食质量、为国家粮食安全提供准确依据，会同相关部门严格按照"有仓(罐)必到、有粮(油)必查、查必彻底"的原则，认真开展粮油库存检查。通过企业自查、州级复查、地州之间交叉检查、省级巡查等环节认定，全州粮油库存实现"家底清、底数明；质量好、存储安全"的结果。

【桥头堡建设】 2011年，德宏州粮食局按照国办发〔2009〕55号、国发〔2011〕11号文件精神，抓住机遇，准确定位粮食工作，主动与省粮食局和州级相关部门对接，先后编制完成《德宏州粮食产业"十二五"发展规划》(德宏州"十二五规划领导小组办公室已评审印发)、《德宏州粮食流通桥头堡黄金口岸建设规划》、《西部大开发德宏粮食行动十年规划》和《打造以"遮放贡"米品牌引领德宏州优质稻米发展的研究》规划以及专题研究；参与州发改委编制完成《德宏州"十二五"菜篮子工程实施方案》；牵头会同州发改委、州农业局等部门完成《德宏州遮放贡米"十二五"产业发展规划》初稿。

【产销衔接】 2011年，德宏州粮食局加强粮食产销区衔接，充分发挥协调、服务功能，及时向全州粮食经营者传递产销信息，为产区找买主、为销区寻货源，定期不定期以主管部门、协会角度指导企业积极搞活粮食流通，促进农民增收和企业增效，实现互利双赢的目标。据统计全年调出州外粮食1.25亿公斤(原粮，含玉米、小麦)，为周边缺粮州、市、云南粮食供求平衡做出积极贡献。

【安全生产】 2011年，德宏州粮食局按照一票否决制规定，层层签订安全责任书，建立横向到边、纵向到底、齐抓共管的安全生产格局。年内，对危害化学药品坚持"双人双锁"和领用制度，对各级储备粮落实保险；认真做好防火、防盗、防事故工作；对重点部位和薄弱环节实行轮流值班制度，有效防止各类事故的发生。切实抓好细化工作、创造平安单位及机关安全保卫工作，确保机关安全和谐环境。全年实现系统内无安全责任事故发生。

【国企改革】 2011年，德宏州粮食局按照《关于加快和完善地方国有粮食购销企业改革工作的通知》(德政发〔2010〕133号)文件精神，认真指导和督导县、市(区)国有粮食购销企业改革扫尾工作。年内，多次与县、市政府领导协调沟通，正确指导县、市粮改工作。通过努力，畹町、陇川改革全部结束；梁河进入扫尾阶段；瑞丽、盈江改革基本完成；芒市改革方案已上报市政府审批。

【粮食企业实现盈利】 2011年，德宏州粮食局面对粮食市场价格波动，认真开展调研，指导粮食经营企业积极理性入市，正确研判粮油价格走势，抓住商机，努力扩大购销总量，努力降低成本，采取增收节支，实现粮食企业全面盈利的可喜局面。年内，全州86户粮食经营企业上缴税收160余万元，实现利润200余万元，其中地方国有粮食购销企业上交税收25.30万元，实现利润34.60万元。

【市场预警监测】 2011年，德宏州粮食局为确保粮油市场安全，认真进行市场预警监测。全州除芒市、盈江、瑞丽3县市将粮油市场价格监测直报省粮食局外，州粮食局向州政府、发改委等相关部门收集上报粮油价格监测信息70余期，专题分析报告6期，为政府及时决策、宏观调控提供了决策依据。

【食品安全】 2011年，德宏州粮食局对承储的地方（省州县）三级储备粮油定期抽检；对军供粮油坚持做到一批一检一报告和建立质量档案和索证索票制；对粮食经营企业每年进行按一定比例（随机抽取10%的户数）送检，确保市场上销售的粮油质量符合国家规定标准。年内，借行风政风热线、世界粮食日、食品安全宣传周、法定节假日以及重大活动之机，加强对粮油质量的宣传、介绍，使广大消费者了解粮油质量的基本知识、如何识别真假粮油。同时，积极开展放心粮油进农村、进社区工作。

【表彰先进】 2011年，德宏州粮食行业协会被国家粮食行业协会评为"全国粮食行业协会先进单位"；州粮食局获得"全省食用油库存检查先进单位"、"党风廉政建设合格单位"、"平安单位"，杨弄局长被州委、州政府评为盈江县"3·10"抗震救灾先进个人，郭玉总、尚青松被省粮食局评为油脂库存检查先进个人，杨恩杰被省粮食局、省财政厅、云南省军分区评为军粮供应先进个人。

【机构改革】 2011年，德宏州粮食局根据《中共德宏州委办公室德宏州人民政府办公室关于印发〈德宏州人民政府机构改革实施意见的通知〉（德办法〔2010〕43号）文件和《德宏州粮食局主要职责内设机构和人员编制规定》（德政发〔2011〕50号）文件规定，将德宏州粮食局确定为州人民政府的工作部门，级别为正处级。内设机构从原来的6个调整为4个，将原来的社会粮食统计科和州粮油质检站撤销，人员分别划归局机关内部科室安排。改革后局党组从州发改委独立出来，新成立内设科室为办公室、监督检查与储备军供科（法规科）、调控科和流通与科技发展科（粮食质量管理科）4个科室。

（《粮油购销》撰稿　杨恩杰）

供销合作

【全国供销合作总社副主任顾国新到德宏考察】 2011年1月7至8日，中华全国供销合作总社理事会副主任顾国新一行，到德宏考察调研供销社改革发展情况。省供销社党组副书记、副主任杨正良，州政府副秘书长韦德斌，州供销社主任杨海生等陪同调研。顾国新一行先后视察了陇川县供销社部分网点，到瑞丽姐告口岸进行实地考察；听取州供销社、陇川县委县政府汇报。顾国新肯定了德宏州供销合作社改革发展的成果，要求供销社继续深入贯彻国发〔2009〕40号文件，要求供销社继续抓好以下四项工作：一是继续加快推进农村现代流通网络建设。认真抓好农产品现代流通网络、农业生产资料现代经营服务网络、日用品现代经营网络、再生资源回收利用网络建设，构建农村现代流通网络体系；二是大力发展农民合作经济组织。在采取注入资金、争取财政补助、项目扶持、开拓市场、帮助销售等形式，继续发展农民专业合作社、农村综合服务社、行业协会的同时，应注重抓好规范和示范社建设；三是加大开拓农产品市场建设的力度。积极主动争取县委政府的支持，建好市场，为农产品顺畅地进入市场和流通交易创造条件；四是抓好社有资产管理。在防止社有资产流失，确保社有资产保值增值上下工夫。要积极争取地方党委政府的支持，开放办社，多渠道引进战略投资者，想方设法盘活社有资产，为供销社持续发展夯实基础。

【入股"千社千品"经贸股份有限公司】 2011年8月14日由云南省供销社牵头成立的全省第一家大型农产品股份制流通企业——云南省千社千品经贸股份有限公司创立大会暨第一次股东大会在昆明召开。该企业由全省343家农民专业合作社、196家企业共同组建，认购股份5908万元。德宏州梁河县梁生白花油茶专业合作社等32家专业合作社、盈江县志和社有资产经营管理有限责任公司等7家企业认购103万元股份。公司将立足供销系统的网络优势，服务全省农民专业合作社，逐步建立引领全省农民专业合作社联合合作发展的重要平台、云南省供销行业重要的融资平台、云南乃至全国有机农业发展的重要平台和农特产品的现代物流中心。公司将整合全省农民专业合作社的优质农特产品，统一标准、统一商标、统一对外宣传，定期举办“千社千品”展示展销会，在昆明主城区和省外建设云南省“千社千品”展示展销中心连锁店，开发农特旅游商品连锁店，并通过签约订单和网上交易等手段，逐步构建云南特色农产品的现代流通经营网络。

【参加第二届“千社千品”展】 2011年9月3至10日，德宏州供销合作社组织参加云南省供销合作社在昆明举办的第二届“构建乡村致富路、带领农民闯市场”千社千品暨农特产品展示展销会。芒市遮放贡米有限责任公司、梁河县平山茶畜专业合作社、陇川县集强林竹创业有限责任公司参展。展品涉及大米、竹笋、木耳、草果、白花油茶等4个品种，10项产品，展销期间销售产品52000元。

【召开县级供销社改革发展推进会】 2011年9月15至16日，按照云南省供销社的安排部署，芒市、瑞丽、盈江3县市分别召开县级供销社改革发展推进会。3县市党委政府分别对供销社的工作进行总结，对供销合作社今后的工作作了安排部署。省社党组对德宏州县级推进会极为关心和重视，省社党组成员副主任谢晖分别在3个会上介绍了云南省供销工作。通过县级推进会，使供销工作真正纳入县市党委政府的工作范畴，县市直相关部门和乡镇党委政府形成支持做好供销工作的合力，进一步提振了供销系统干部职工做好本职工作的信心和决心。

【业务培训】 2011年，德宏州供销系统因地制宜，突出重点，以外出学习、当地举办培训班等形式，大力培养行业内所需的财务管理和统计管理，农资、农产品流通、专业合作经济组织负责人，进一步加强供销行业队伍建设。全年全州培训2867人次。8至10月，州供销社与州民宗局共同举办5期农产品经纪人，对德宏州224名较少、特困民族农产品经纪人进行培训。培训采取全脱产，师资教材由供销社提供的方式进行，培训的主要内容有农产品市场营销、法律知识、农产品市场信息的采集与分析，农产品经纪人商务谈判基础知识、农产品基础知识、农产品的储存及运输等方面知识。通过结业考试，224名学员全部合格，获得由国家人力资源和社会保障部颁发的农产品经纪人资格证书。

【业务完成情况】 2011年，德宏州供销合作社继续认真贯彻落实国发〔2009〕40号、云发〔2008〕14号、德发〔2009〕5号文件和全国供销合作总社五届二次全会及全省供销合作社大理现场推进会精神，围绕年初确定的各项目标任务，抓好各项工作措施的落实，全面完成各项工作任务。全年经营总额完成10.01亿元，完成省社下达任务的144.3%，比上年增31.1%；利润总额完成648万元，完成指标任务的129.6%，增89.5%；农村合作经济组织发展完成129个，其中专业合作社100个、综合服务社24个、农产品协会5个，完成指标任务的122.9%，比上年的135个减4.4%；化肥销售完成销售15.7万吨，完成指标任务的157%，增4.8%；人员培训2867人，完成指标任务的179.2%，增98.3%；新建、提升配送中心完成8个，完成指标任务的200%；新建、改扩乡村集贸市场完成7个，完成指标任务的175%；引进合作项目完成5个，完成指标任务的166.7%。

【乡村流通工程建设】 2011年，德宏州供销合作社按照完善功能、提升水平、突出重点的原则，以项目为载体抓好乡村流通工程建设。年内，争取到项目资金115万元，新建2个再生资源公司，改进提升了潞西市华源农资有限责任公司、陇川县景山农资有限责任公司2个农资配送中心。按照省社建设标准化综合服务社的要求，打造30个规格、形象、服务质量统一的标准化综合服务社，县有配送中心、乡有中心超市(卖场)、村有综合服务社的农村现代流通经营服务体系不断完善。

【农民合作经济组织】 2011年，德宏州供销合作社系统坚持以优势产业和特色产品为依托，充分发挥供销合作社职能优势，引导农产品经纪人、农村能人、种养大户和龙头企业领办合办农民合作经济组织，切实帮助农民解决买卖两难问题，提高农民进入市场的组织化程度和抗风险能力。年内，全系统发展农民专业合作社100个，截至年底，全系统共发展农民专业合作社343个，年内帮助农民实现收入近亿元，有力地促进德宏州农村经济社会的发展。为推动农民合作经济组织健康有序的发展，在省供销社的精心指导下，瑞丽市、盈江县、陇川县先后在供销社设立县级农村合作经济组织指导办公室，盈江县在10个乡镇(占该县乡镇总数66.7%)设立农村合作经济组织指导服务站，陇川县所辖9个乡镇全部设立农村合作经济组织指导服务站，盈江、陇川两地县有办公室、乡镇有服务站、村有专业合作社的农村合作经济组织指导服务体系的架构初步形成，为农村服务体系实现了新突破。

（《供销合作》撰稿　赵新宏）

中央储备粮德宏直属库

【仓储管理】 2011年，中央储备粮德宏直属库为实现“两个确保”，狠抓仓储管理。一是认真落实仓储管理精细化规则。二是抓好仓储升级达标。三是加强统贷统还粮监督管理。四是严格出入库粮食质量控制。五是认真做好粮情监测，准确掌握粮情变化，适时进行控温、通风、保湿、防虫害工作。六是积极开展科技储粮实验，努力提高科学储粮、绿色储粮技术水平。七是认真做好自主轮换玉米的集并、整理、入库工作。八是积极配合分公司做好中央储备粮春秋两季扦样工作。1月1日，中央储备粮德宏直属库新建储备仓项目工程破土动工，11月25日竣工。通过扎扎实实抓仓储，实现储粮数量真实、质量良好的管理目标，确保了中央储备粮的安全储存。

【轮换购销】 2011年，中央储备粮德宏直属库为高效服务国家宏观调控，保证中央储备粮常储常新，认真抓好轮换工作。一是有效发挥德宏粮食主产区优势，狠抓一手粮源掌控。二是充分利用口岸优势，积极开展边境小额贸易。三是高度重视销区市场建设，建立扩展销售平台。四是加强库内米厂管理，精心创立品牌，打造支柱产业。目前，直属库“凤尾竹”傣香米已拥有越来越多的回头客，出现供不应求的势头。五是坚持把中央储备粮轮换工作放在首位，确保轮换粮源需求，严格执行轮换政策，自觉服务国家宏观调控。六是严把粮食出入库质量，树立央企良好形象。七是提高经营诚信度，增强市场影响力和话语权，在圆满完成轮换任务的同时，商品粮经营实现了较好效益。

【安全生产】 2011年，中央储备粮德宏直属库把安全生产作为确保企业健康发展的头等大事来抓，始终把安全生产管理贯穿于日常工作各环节。一是在春秋两季开展消防知识培训和消防技能演练，增强全员消防意识，提高全员消防技能。二是在雨季来临之前召开安全生产工作会，提前部署防洪防汛工作，加强隐患排查。三是强化日常安全管理，严格值班执勤和门卫制度。四是重视节假日期间安保工作，加强驾车出行安全教育。五是加强对各储粮库点的督导检查。六是对各基础建设项目施工过程严格管理，确保施工安全。七是强化安全生产责任，层层续签《安全生产管理目标责任书》。八是保证安全生产投入，配备增补设施设备。通过狠抓安全生产，实现建库以来年年安全生产零事故，从根本上确保了国家财产和员工生命安全，有力推动了企业的和谐健康发展。

（《德宏直属库》撰稿　尚正和）

烟草专卖

【召开全州烟草公司电视电话会议】 2011年1月5日，德宏州烟草专卖局（公司）召开全州烟草公司系统电视电话会议。会议传达学习近期全国及全省烟草工作会议精神，并指出年内的目标任务为：卷烟销售4.2万箱，烤烟收购2.6万担，税利达到1.5亿元，提前一年实现党组确定的翻番目标。年内，税利将从2010年的1.12亿元增长到1.5亿元。全州系统以加快经济发展方式转变为主线，全面推进“卷烟上水平”为基本方针，切实把各项工作抓落实，尤其是要加强规范、加强程序、加强“十大管理体系”等方面的工作全面推进、深入开展，最终实现年初党组确定的各项目标任务。

【召开全州优质烟叶有效供给能力会议】 2011年2月23日上午，德宏州人民政府在芒市召开全州提高优质烟叶有效供给能力工作会议。副州长板岩过，州委、州政府、州财政局、州农业局、州烟草专卖局（公司）领导，相关县市分管领导，农业局长、烟办主任，种植烤烟的乡镇领导，县市烟草分公司经理、副经理等60多人参加了会议。年内，德宏州计划种植烤烟1.00万亩，生产量2.9万担，收购量2.6万担。州政府为确保全州烤烟生产目标任务的完成，下发《德宏州人民政府关于2011年烤烟生产工作安排的意见》（德政发2010〔400〕号）和《德宏州提高优质烟叶有效供给能力工作实施方案》，明确了具体目标任务和相关政策。副州长板岩过、州烟草专卖局（公司）局长、经理赵强分别与各县（市）政府及烟草分公司领导签订2011年提高优质烟叶供给能力工作责任状，以确保全州2011“保量、提质、增效”烤烟生产各项目标任务的完成。

【开展移送涉嫌犯罪涉烟案件专项检查】 2011年4月6至9日，由德宏州人民检察院和烟草专卖局组成的移送涉嫌犯罪涉烟案件专项检查小组对全州各市、县执行《行政执法机关移送涉嫌犯罪案件的规定》，开展移送涉嫌犯罪涉烟案件的情况进行专项检查。通过检查，检察机关认为：全州烟草专卖管理机关在办理行政案件的执法过程中，与其他行政机关相比，在程序、实体及录入信息平台案件数等方面都处于领先水平。

【检验点资质认定复审】 2011年6月30日，云南省烟草专卖局组织云南省烟草质量监督检验站对德宏州卷烟产品鉴别检验点进行资质认定复审。通过对鉴别检验点的资质认定复审，复审小组对德宏州卷烟产品鉴别检验点的工作情况及技术能力给予肯定和好评，并同意延续德宏州卷烟产品鉴别检验点的鉴别检验资质。

【召开烟草专题电视电话会议】 2011年7月8日，德宏州烟草公司召开烟草专题电视电话会议。会议结合德宏烤烟生产情况，分析德宏烤烟发展形势，充分肯定了德宏烤烟3年扩大试种工作取得的成绩。一是成功引进适宜德宏种植的特色优质品种KRK26，性状表现良好；二是成功探索适宜德宏科学种植烤烟的技术措施、生产组织形式、管理体制；三是形成较为完整的烤烟生产种植技术标准；四是初步建立德宏烤烟生产科技运用、科技创新的发展思路。赵局长对德宏烤烟生产工作做安排：一是全面按照优化烟叶结构要求，切实把好烟叶收购质量关，确保上等烟收购比例达到60%以上；二是全面完成2011年烤烟收购目标任务，严格计划合同管理，按合同计划收购烤烟；三是高度重视烤烟收购秩序，确保平稳收购，各县(市)分公司要加强与县、市、乡、镇、村党委政府沟通联系，在烟叶收购过程中切实体现惠农富民政策，同时加强烟叶收购专卖管理；四是高度重视工商交接工作，注重储运工作的各个环节，收购后立即调运至工业企业，减少烟叶调运过程中的损失；五是各县(市)公司要继续抓好烟叶生产基础设施建设的后续扫尾工作，为德宏烤烟生产画上一个圆满的句号。

【云南省局副总经理杨经建一行到德宏调研】 2011年8月3至4日，云南省烟草专卖局(公司)党组成员、副总经理杨经建率省销售处晏飞处长、省物流处孔垂武副处长到德宏州就卷烟销售网建工作进行调研。年内，德宏州烟草专卖局(公司)连续3年荣获全省卷烟销售网建工作先进单位。杨经建副总经理对德宏州局(公司)年内的卷烟销售网建工作给予高度评价，并以"美丽心情德宏行"形容本次调研。一是德宏州广大干部职工的精神作风状态良好，队伍素质明显提升；二是市场状态良好，零售客户满意度明显提升；三是品牌培育工作良好，销售结构显著提升。杨经建副总经理在肯定成绩的同时，对德宏州局(公司)如何按照省(局)公司要求实现"卷烟上水平"提出"要以'全心全意为零售客户服务'为宗旨，坚持和创新为客户服务的各项工作"为工作主题的工作要求。

【"3·03"假冒卷烟网络案】 2011年8月11日，瑞丽市人民法院公开审理由德宏州烟草专卖局和德宏州公安局联合查办的德宏"3·03"假冒卷烟网络案件。该案于2010年9月19日成功收网破案，共抓获犯罪嫌疑人15人，批捕、起诉各8人；查获各类假冒卷烟12个品牌、规格495万支，缴获运输车辆5辆，涉案金额达280余万元。该案的破获受到国家烟草专卖局和云南省烟草专卖局的通报表彰。

【全国人大外事委员会副主任查培新一行到德宏视察】 2011年9月10至11日，全国人大常委会外事委员会副主任查培新一行到德宏州瑞丽市视察桥头堡黄金口岸和瑞丽重点开发开放试验区建设。德宏州人大常委会副主任管国芳，云南省烟草专卖局(公司)副局长赵全、副巡视员付昆生，德宏州局(公司)局长、经理赵强陪同视察。查培新一行对德宏地区《烟草控制框架公约》履行情况及"两烟"打假打私工作给予充分肯定。并指出：下一步要继续严格遵循《烟草控制框架公约》、《中华人民共和国烟草专卖法》和《烟草专卖法实施条例》，守好国门，切实维护好国家利益、维护好消费者利益，为地区经济社会协调发展和德宏桥头堡黄金口岸建设做出更大贡献。

【签署"合作备忘录"】 2011年11月8日下午，德宏州烟草专卖局与瑞丽海关签署《联合打击涉烟违法犯罪活动合作备忘录》。"合作备忘录"的签署，进一步明确双方合作的组织机构和合作内容，建立联席会议机制、联络协调机制、信息交换机制、联合办案机制、业务培训机制、全州联动机制等合作机制，加强了烟草、海关的合作力度，为下一步在桥头堡黄金口岸建设中严厉打击涉烟违法犯罪活动，保护烟草知识产权，促进德宏烟草产业的持续、稳定、健康发展具有重要的意义。

【德宏州第二届卷烟商品营销职业技能竞赛在瑞丽举行】 2011年11月18至21日，德宏州烟草系统第二届卷烟商品营销职业技能竞赛在瑞丽举行。全州烟草公司系统38名卷烟营销人员参加了竞赛。竞赛包括：理论笔试、营销策划方案预选、营销策划方案决选。经过公平竞争、同台竞技的激烈角逐，最终评选出一等奖1名、二等奖2名、三等奖3名、鼓励奖4名。

【召开全州打击涉烟违法犯罪总结会】 2011年12月6日，德宏州召开全州打击涉烟违法犯罪工作总结会。德宏州人民政府副州长、州打击涉烟违法犯罪工作领导小组组长孔勒干出席会议并讲话。德宏州公安局、法院、检察院、工商局、烟草专卖局、发改委、质监局、检验检疫局等州直成员单位主要领导及各县(市)政府、公安局、工商局、烟草专卖局负责人及相关人员80余人出席会议。孔勒干副州长对2011年德宏州打击涉烟违法犯罪工作取得的成绩给予充分肯定。会上，通报了2011年全州打击涉烟违法犯罪工作情况，提出2012年打击涉烟违法犯罪工作意见，宣读了对“德宏‘5.16’特大跨国走私卷烟涉烟网络案”的表彰决定。

【召开全州公安烟草联席会议】 2011年12月9日，德宏州召开全州公安、烟草工作联席会议。德宏州人民政府副州长、州公安局局长马闻出席会议，并作重要工作指示。德宏州公安局、烟草专卖局主要领导及各县(市)公安局、烟草专卖局负责人及相关人员78人出席会议。州公安局副局长杨守刚、州烟草专卖局局长赵强分别通报2011年工作情况，并作了交流。州人民政府副州长、州公安局局长马闻对全州公安、烟草两部门在打击涉烟违法犯罪工作方面的协同配合给予高度肯定，并就下一步的工作作了重要指示。

（《烟草专卖》由办公室提供）

口岸管理

海　关

瑞丽海关

【口岸促发展】 2011年，瑞丽海关认真落实《昆明海关关于支持面向西南开放重要桥头堡建设的若干意见》，在瑞丽重点开发开放试验区建设进程中主动作为、优化服务。一是密切外部联系协作。坚持信息专报制度，定期向地方四班子及相关部门通报海关工作情况和相关政策调整情况；与德宏州烟草专卖局签署了《联合打击涉烟违法犯罪活动合作备忘录》，继续落实与有关执法部门的MOU协议，强化了部门协作。二是强化行业引导管理。继续落实与口岸商会、木材协会的MOU协议，全面促进企业行业自律。走访了玉石协会、摩托车主要出口企业、木材进口企业，与姐告经营砂石料的负责人座谈，将砂石料纳入报关管理；为防范成品油走私回流，多次约谈姐告加油站负责人，宣讲政策，督促企业自我规范。三是主动服务建言献策。主动参与试验区建设调研工作，多次派员出席国家有关部委、省、州在瑞丽召开的调研论证会议，积极提出海关方面的意见建议。四是积极推动通关便利。深入落实海关总署、昆明海关各项通关便利化措施，积极推广网上税费支付，提高进口通关效率，方便进口货物及时外调。在2010年出口分类通关改革的基础上，启动了进口分类通关改革工作。五是支持涉贸重大项目。对瑞丽江二级电站、中色镍业等重大项目，实行专人联系制度。同时，还积极配合地方政府，参与大瑞铁路瑞丽口岸站点建设规划工作，及时研究提出海关对铁路进出口货物的监管意见。

【口岸管理】 2011年，瑞丽海关深入落实国家惠民政策，不断提高查验管理效能。一是深入落实国家惠民政策，积极配合做好瑞丽口岸边民互市贸易场所规范建设，顺利通过省级验收。深入挖掘内部潜力，及时调整监管科上下班模式，在监管任务剧增而监管人员没有增加的情况下，实现了派员进驻边民互市贸易场所正常开展工作的目标。二是不断提高查验管理效能。年内货运现场查获各类案件线索307起，同比增加22%。运用H986集装箱检查设备协助缉私分局查获毒品海洛因1292.4克、冰毒180克，实现了该设备在瑞丽运行以来首次查获毒品案件。三是努力规范瑞丽口岸联检中心非货运通道秩序。先后在非货运通道有针对性地开展了打击玉石毛料走私入境、三轮摩托车拉货冲关出境、成品油走私入境等专项行动及"打击利用行邮及货运渠道贩毒活动专项行动"。年内，共在非货运通道查处不法情事2220起，其中补办手续1458起，教育退运831起，移交稽查科处理涉嫌侵权案件2起，移交缉私分局处理87起，其中包括毒品案件3起，移交案件数比上年增323.81%。四是稳步推进口岸联检中心非货运通道电子车管系统试运行工作。8月8日正式启动系统的试运行工作，全面加强与市商务局在制发卡、硬件系统使用与维护方面的协作配合。五是积极推动姐告桥头路口小门的封闭管理。通过积极向地方党政反映，在商务局、勐卯镇政府、武装部等部门积极配合下，于今年4月对姐告桥头路口小门进行了强制限行改造，将原来2米余宽的通道改造为不足1米宽的人行通道，将三轮车通行的现状改变为两轮车和人员通行，有效遏制了三轮车"蚂蚁搬家"利用该小门绕关走私的情况。

【综合治税】 2011年，瑞丽海关严格审核报关单证，加大审价补税力度，认真落实税收优惠政策，综合治税工作取得一系列成绩。一是严格审核报关单证。年内，共审核进出口报关单38736份，报关单量继续位列关区首位且占关区报关单总量31.8%，比上年增7.95%，其中进口6785份，比上年减28.3%；出口31951份，增20.9%。二是加大审价补税力度。注意收集价格风险信息，及时上报价格参数调整建议12次。重点开展了对木炭、白云石、玉石毛料等价格调研并形成专题报告，结合总署、总关税收专项考核对低价商品开展核查。年内，共审价补税187宗，补征税款人民币130.4万元，比上年增90.6%。三是认真落实税收优惠政策。年内，共办理国批减免项下境外罂粟替代种植进出口减免税审批业务共计718份，总值3566万美元，共减免税款人民币8552万元。年内，共监管进出口货物135.1万吨，比上年增21.2%；其中：进口67.9万吨，比上年增12.5%；出口67.2万吨，增31.4%。进出口货值16.9亿美元，比上年增37.9%。其中：进口货值2.7亿美元，比上年增2.9%；出口货值14.2亿美元，增47.4%。共征收税款2.7亿元人民币，比上年增20.1%，其中关税2203万元，增值税2.3亿元，消费税1726万元。

【后续管理】 2011年，瑞丽海关的后续管理做得特别突出。一是切实加强企业管理。办理企业新注册47家，注销15家，变更手续20家，换证70家，报关企业注册登记许可延续手续3家；报关员注册35人次，注销22人次，实习备案15人，延期9人。强化企业动态管理，共有3家符合条件的企业由B类上调为A类，1家企业由A类下调为B类。二是开展企业稽查。开展企业稽查作业10家，其中常规稽查2家，专项稽查8家。专项稽查发现问题3家，涉及税款人民币70971.4元，其中已补税39245.47元。同时，加大对企业的政策宣传力度，引导企业自我规范，督促4家企业自查纳税人民币40万余元。三是充分发挥风险平台预警功能。上报风险信息18条，分析报告2篇，典型案例3篇。风险信息转化率达22%，完成情况较好。

【队伍建设】 2011年，瑞丽海关在做好海关业务的同时，不断加强海关内部建设。一是全面加强班子建设。通过组织中心组理论学习、定期召开班子会，全力推进班子建设，努力打造团结干事班子。同时，树立正确用人导向，组织实施科级领导任期制选拔工作，建立、健全公平、公正、公开的选人用人机制。二是加强干部队伍建设。积极探索干部队伍内涵式发展模式。根据大监管体系建设要求，开展科室岗位设置调研，提出人力资源配置调整方案。坚持及时申报奖励，健全平时奖惩激励机制。三是深入推进创先争优工作。围绕"优化监管服务，促进科学发展"的主题，在党支部和党员中开展争创'国门先锋'活动和"为民服务"创先争优活动，紧密结合“学习杨善洲，为党旗添光彩”主题教育活动，抓好承诺兑现、岗位建功、典型宣传、奉献社会、成果转化等环节，抓住“实”字求深入，在扎实推进上做文章，为争创活动深入开展打下了坚实的基础，充实了党建工作的内涵。五是继续推进禁毒防艾。根据市委、政府的统一部署，继续派员进村入社抓好禁毒防艾和挂钩扶贫工作，积极推进“平安1+1共建”活动，做好禁防教育宣传，不断巩固扩大禁毒人民战争成果。为挂钩点修建了价值4000元的门坊，筹措资金10000元，帮助挂钩村寨修建篮球场；向挂钩点和姐相乡中小学捐赠2批侵权物资，价值38万元人民币。结合综治维稳宣传月及“6·26”国际禁毒日，深入姐相乡中心小学开展禁防宣传。并向村里4名优秀学生发放学习用品，为挂钩村寨订阅党刊和实用书刊。得到了地方党政部门和广大村民的高度赞誉。六是不断繁荣边关文化。认真贯彻落实《海关文化建设纲要》，继续推进瑞丽海关阅览室建设，积极组织关警员参加纪念建党90周年红歌赛、党史知识竞赛、演讲比赛和“我为党的生日献礼”活动，开展了建关60周年纪念活动。立足工青妇组织，开展了丰富多彩的业余文化生活，贴近群众，增强了思想政治工作的针对性和有效性。此外，根据市综治委要求，通过加强内部安全保卫，评选表彰年度“平安楼院”和“平安家庭”，做好综治简报、总结、图片资料报送和台帐建设工作，扎实开展社会治安综合治理工作，确保单位平安。同时，瑞丽海关还被评为瑞丽市2011年度社会治安综合治理工作二等奖、国家安全人民防线工作先进单位、禁毒防艾工作先进挂钩单位、禁毒工作先进单位，葛文芳同志获“2011年综治维稳工作先进个人”荣誉称号、巴建边同志获“2011年禁毒防艾工作优秀工作队员”荣誉称号。年内，全关共有62名个人(其中缉私分局27人)，5个集体(其中缉私分局集体三等功、集体嘉奖各1次)受到各级各类表彰。

(《瑞丽海关》撰稿　林　丽)

瑞丽缉毒犬基地

【教学培训】 2011年，瑞丽缉毒犬基地积极开展与国内外同行间的技术交流，代表中国海关参加世界海关组织工作犬全球论坛、第十四次全国养犬学术研讨会等交流会议，分析总结自身技术优势和不足，有针对性地提高技术水平。举办培训(复训)班3期，培训(复训)训导员19名，养护员13名，缉毒犬14头。

【现场用犬】 2011年，瑞丽缉毒犬基地在充分发挥缉毒犬打击走私犯罪的优势的同时，推进多犬种协同作战模式的探索，充分利用防暴犬、搜烟犬等警犬资源，开展多犬种联合查缉。5月5日至6月19日，基地派出8人、3犬参加海关总署“国门K–9”缉毒搜爆专项行动。年内，用犬出勤364次，计671小时，检查运输车辆21611辆，通关旅客32459余人，行李19961件，铁路货运800余件，货物36.2吨；查获毒品案件11起，缴获各类毒品7.36千克，协助抓获犯罪嫌疑人8名，超额完成海关总署缉私局提出的用犬查缉案件指标。

【犬只养护】 2011年，瑞丽缉毒犬基地全年贯彻“预防为主”的工作方针，制定实施犬只防疫计划，利用现有技术设备，开展相关科研工作，提高整体防病、治病水平。汇编《犬只养护工作实战手册》和《瑞丽缉毒犬基地犬只养护细化标准(暂行)》，完善犬只进出基地各项管理规定及业务流程。

(《瑞丽缉毒犬基地》撰稿　冷　聪)

瑞丽海关缉私分局

【打击走私】 2011年，瑞丽海关缉私分局面临严峻、复杂的走私形势，始终保持打击走私高压态势，牢固树立把好国门是职责所在，将查私办案作为缉私工作首要任务，坚决维护国家主权和利益。围绕海关中心工作，通过情报经营、开展口岸巡查和组织专项打击行动，深入开展口岸反走私综合治理。年内，受理行政案件165起，比上年增36.36%，立行政案件163起，增55.24%；案值1103.37万元，比上年增37.71%；涉嫌偷逃税款200.11万元，增70.20%。受理各类刑事案件15起，比上年增25%，立案15起，增50%；案值7888.71万元，比上年增739%；涉嫌偷逃税款3144.48万元，增3394%。查获毒品案件7起，缴获毒品17272.1克，比上年增481%。按照“打团伙、破大案、摧网络”的工作思路，年内先后侦办案值千万元以上大案2起。其中：“6·03”特大走私出口化肥案案值达5567.99万元，涉嫌偷逃税款2784.26万元，该案被总署缉私局以缉私要情专门上报署领导。“7·15”走私稀土案案值1804.24万元，涉嫌偷逃税款299.85万元。同时，瑞丽海关缉私分局以全国打击侵犯知识产权专项行动为契机，切实履行知识产权海关边境保护工作职责。共在业务现场查获涉嫌侵犯知识产权案件32起，立案30起，案件估值150万余元，涉及多个国际知名品牌，先后两次组织侵权物资转交仪式。

（《瑞丽海关》撰稿　孟令印）

畹町海关

【进出口业务】 2011年，畹町海关按照“把好国门、做好服务、防好风险、带好队伍”的“四好”标准和“政治坚强、业务过硬、值得信赖”的队伍建设要求，主动查找、防范业务风险，不断提高把关服务的质量和水平，采取加强正面监管，加强反走私综合治理，完善“一线监管、后续管理、打击走私”三位一体监管模式的措施，有效整合三支力量，防止税收“跑、冒、滴、漏”。全年共监管进出口货物1313票，总量9.75万吨，价值2.81亿元，征缴入库税款1408万元。在探索支持和促进地方发展工作中，畹町海关积极主动协助开发区管委开展边民互市贸易场所化试点工作，使畹町边民互市交易市场成为云南省首批试点单位，在促进口岸边民互市贸易规范运作的同时，进一步推动了互市贸易的发展。年内，畹町口岸边民互市贸易进出口量为6.91万吨，货值3.93亿元，边民互市申报单数52951票，边民互市贸易进出口量及货运值比上年增长3倍，为地方财政增收780万元，当地边民增收62.8万元，真正落实海关总署、昆明海关“促进地方经济、惠及边民”的要求。

【打私缉毒】 2011年，畹町海关在开展打私缉毒工作中，始终保持打私高压态势，保障海关正面监管，保证海关税收，积极与各科室及口岸联检部门协调，建立协助方案，形成有效的情报网络，时时分析境内外走私新动态、掌握走私新动向，打私综合治理成效显著。全年立案查处各类走私案件22起，查获走私货物稻谷、玉米、木薯、螃蟹、木炭、铅矿砂、卷烟过滤嘴等，案值51.59万余元。

【内部管理】 2011年，畹町海关着重加强准军事化纪律部队建设和素质队伍建设。通过强化学习教育、开展队列训练、加强落实检查等措施，使关、警员牢固树立“用准军事化理念管理队伍，用准军事化作风锻炼队伍，用准军事化标准衡量和检验队伍各项建设工作”的思想意识。通过开展“创先争优”、“国门先锋”、“学习杨善洲精神”、“四群”教育等一系列活动，激发关、警员“爱国、厚德、增信、创新、奉献”的海关文化精神，在干部队伍中形成比技能、比作风、比业绩的良好局面，营造了和谐文化边关氛围。

【表彰先进】 2011年，畹町海关荣获“德宏州2011～2013年度文明单位”荣誉称号、“2010年度全州外经贸工作优质服务单位”；海关关长朱建国被地方政府授予首届‘畹町十大突出贡献先进人物”荣誉称号。

（《畹町海关》撰稿　王　红）

盈江海关

【综合管理】 2011年，面对复杂的边境局势和突如其来的地震灾害，盈江海关围绕现代新边关建设目标，坚持一手抓业务管理，一手抓恢复重建，基础工作得到进一步夯实，整体工作效能和管理水平不断强化，海关监管和服务得到进一步优化，抗震救灾、恢复重建工作取得阶段性成果。“3·10”地震灾害发生后，盈江海关按照海关总署领导的指示及昆明海关党组、瑞丽片区海关党组的安排部署，依靠地方政府，认真组织，周密安排，积极开展抗震救灾及恢复重建工作。一是及时启动应急预案，科学有序地开展抗震救灾工作。二是根据“一手抓恢复重建，一手抓工作生活”的要求，坚守岗位，确保口岸通关顺畅，各项业务工作稳步开展。三是加强后勤保障，解决干部群众吃住问题。建盖的56间活动板房，改善干部职工的办公、生活条件，稳定了干部队伍，增强了应对灾害的信心。四是单位在开展自救的同时抽调人员和车辆参与全县的抗震救灾工作。组织先锋队为灾民抢收甘蔗60吨；党员挂钩帮扶48户修复加固和拆除重建工作进展顺利。五是围绕建设一个“崭新的盈江海关”目标，全力推进灾后重建。及时上报审批拆除地震中受损危房和附属设施，消除次生灾害，业务办公综合楼恢复重建工作稳步推进。年内，盈江海关围绕大监管体系建设，开展两级质量管理，落实好“盯住指标抓业务，盯住指标抓管理”的工作要求，全年监管进出口货运量14.9万吨，比上年降58.9%；货运总值9413.2万美元，降41.6%；累计征收税款2689.8万元，降51.9%。

【缉私办案】 2011年，盈江海关加强情报调研和缉私办案技能提高，注重协作配合，促成县打私办牵头开展对敏感货物化肥的专项查缉行动，充分发挥综合治理整体效能，向管理要效率，确保了打私高压态势，维护口岸贸易秩序稳定。年内，行政立案46

起，案值510.69万元，偷逃税款46.38万元，比上年分别增2.2%、71.57%、19.51%；查获移交瑞丽海关缉私分局刑事立案3起，抓获犯罪嫌疑人6名，案值105.79万元，偷逃税款42.59万元；罚没收入36.23万元。

【精神文明建设】 2011年，盈江海关以全国文明单位复核为工作契机，围绕中心工作，突出重点，注重实效，不断深化文明创建工作。年内，顺利通过第二批全国文明单位复查，文明创建工作取得新成绩。全体干部群众身处灾区依然向受灾群众和周扬同志伸出关爱之手，分别捐款2.93万元、0.61万元，并将兄弟单位捐赠资金16万元及20余万元的物资全部转捐受灾群众。同时以庆祝建党90周年和推进创先争优活动为契机，深入开展“国门先锋”活动，广大党员充分发挥先锋模范作用，干部群众的创先争优承诺在抗震救灾工作得到具体有效体现。因重建工作成绩突出单位被盈江县委、县政府表彰为盈江县“3·10”地震灾后民房恢复重建“先进单位”荣誉称号；1人获得省级表彰，3人获州级表彰，2人获县级表彰，党支部被评为瑞丽片区海关优秀党支部。

【口岸管理】 2011年，盈江海关围绕西南桥头堡黄金口岸建设，积极推进通关便利化建设。针对监管场所相对后置状况，增加一线人力配置；坚持法定节假日值班及5+2预约通关制度，确保口岸通关顺畅；在口岸基础设施灾后重建中，积极提出合理化建议，主动参与口岸建设。进驻那邦桥头开展边民互市管理、运输工具管理和货物进出境放行业务，通过加强桥头至边民互市贸易市场的联系配合，从而实现进出卡口与海关业务现场(互市贸易市场)的监管时空对接，增强了监管有效性。全年监管、缉私组织开展口岸巡查200余次。年内，盈江海关密切关注口岸局势，强化税源分析，进一步优化综合治税工作机制，注重风险运用，形成综合治税合力，切实提高税收征管的整体效能，确保税收应收尽收。年内，累计征收税款2689万元，比上年增51.9%；对3家企业开展稽查工作，加强对企业规范经营管理引导；办理侵犯知识产权案件2起，认真履行知识产权海关保护职责。

【进出口业务】 2011年，盈江海关共办理进出口货物报关单2285票，监管进出口货物14.9万吨，比上年减58.9%；其中：进口10.6万吨，比上年减49.1%；出口4.3万吨，减72.2%。进出口货运总值9413.16万美元，比上年减41.6%；其中：进口2851.38万美元，比上年减23.3%；出口6561.78万美元，减少47.1%。

【打私缉毒】 2011年，盈江海关加大打私工作力度，维护贸易秩序稳定。加强情报调研和缉私办案技能提高，注重协作配合，促成县打私办牵头开展对敏感货物化肥的专项查缉行动，充分发挥综合治理整体效能，向管理要效率，确保了打私高压态势，维护口岸贸易秩序稳定。本执法年度(去年11月至今年10月)，行政立案46起，案值510.69万元，偷逃税款46.38万元，比上年分别增2.2%、71.57%、19.51%；查获移交瑞丽海关缉私分局刑事立案3起，抓获犯罪嫌疑人6名，案值105.79万元，偷逃税款42.59万元；罚没收入36.23万元。

【边民互市管理】 2011年，盈江海关办理边民互市总计3459票，重量2.46万吨，价值2522.20万元人民币。进口2566票，1.92万吨，价值1887.19万元人民币。出口893票，0.54万吨，价值635.1万元人民币。同时，年内进一步规范进出境运输工具的管理，通过强化卡口验放工作，实现了对进出境货物的有效监管。全年监管进出境车辆总计21371辆，其中进境10708辆，出境10663辆。

（《盈江海关》撰稿　罗仁灿）

芒市海关

【税收征管】 2011年，芒市海关与芒市芒海镇政府签订临时委托监管协议，形成合力搞好综合治理，进一步加强对芒海非指定通道的规范管理，提高监管通关效能。共验放进出口报关单290份(其中进口263份，出口27份)，比上年增110%；监管进出口货物2.49万吨(其中进口2.45万吨，出口0.04万吨)，增47%；进出口货值人民币2354.52万元(其中进口货值1497.68万元，出口货值856.84万元)，增99%；征收税款149.74万元，其中关税3.58万元，代征增值税146.16万元。

【打私缉毒】 2011年，芒市海关牢固树立“守土有责”的责任意识，及时针对辖区反走私形势制定有针对性的打击措施，保持对涉毒走私犯罪及其他涉税走私活动的高压态势，以打促税，加强缉私工作在强化正面监管秩序中的作用，加大反走私综合治理工作力度，给走私分子予强有力的震慑作用。全年共查办案件12起，其中刑事案件5起、行政案件7起。查获了来自疫区的冰冻牛肉走私进口案2起，查获走私进口冰冻牛肉49.54吨，案值87万元；受理行政案件7起，立案6起，立案案值148.68万元，偷逃漏海关关税49.26万元，办结案件6起，罚没入库12万元。年内，协助瑞丽缉私分局破获2起毒品走私案，查获毒品海洛因4070.4克，冰毒3189克，抓获犯罪嫌疑人5名；根据自身情报联合瑞丽分局破获1起毒品走私案，查获毒品海洛因1379.2克，抓获犯罪嫌疑人4名；参与全省“10·28”香烟违法案件的收网行动，查获假冒卷烟570万支，制假电动卷烟机1台，在昆明、瑞丽、建水抓获犯罪嫌疑人20名，涉案金额1000多万元。

【“二线”验证工作】 2011年，芒市海关为规范进出口贸易秩序，配合一线海关正面监管，促进德宏经济又好又快发展，芒市海关在320国道驻点开展对海关放行货物的复核验证工作。年内，累计验证进口外调货物35.73万吨，承运车辆1.59万辆，报关单2.21万份次，通过二线验证点发现案件线索6起，其中2起达到刑事立案，验证工作取得阶段性成效。

【参与芒市机场口岸临时开放工作】 2011年，芒市海关全程参与芒市机场申请临时开放准备工作，主动宣传海关监管规定和通关便捷措施，增进了解，建立互信，主动服务地方“桥头堡”黄金口岸建设；起草制定了《芒市海关关于德宏芒市机场临时开放旅检工作预案》，为包机试飞期间的顺利开展旅检工作提供保障；与昆明海关各单位加强联系交流，提前谋划芒市机场旅检现场设置、岗位设置、所需监管技术设备等事宜，并向地方政府提出设备需求和通道设置规划；主动加强与地方政府办、商务、机场、检验检疫、边防等相关部门联系，建立起顺畅的联系沟通配合机制，在设备采购安装、旅检通道建设、通关应急演练、海关后勤保障等方面相互协作支持；统筹现有人力资源，就航空器监管、旅客行李物品监管基本流程、相关作业单证操作、实际监管中注意事项等内容进行集中培训，明确岗位工作职责及监管重点，确保旅客顺利通关。当年共监管90架次昆明——芒市——缅甸曼德勒航线往返航班，进出境旅客7471人次。

【服务地方外向型经济发展】 2011年，芒市海关充分发挥位于州府所在地的区位优势，积极协助瑞丽片区党组紧密联系地方党政部门，密切与地方党政和相关部门的联系沟通，赢得对海关工作的支持理解，努力营造良好的外部执法环境。同时在地方外向型经济发展进程中，一是注重超前谋划，积极研究相关政策，主动服务地方“桥头堡”黄金口岸建设，为地方建设和发展国家级航空、陆路口岸等提供政策咨询和服务，优化海关服务，推进通关便利化，在桥头堡建设中彰显芒市海关的地位和作用；二是落实国家优惠政策，帮助企业用好用足优惠政策。积极支持替代种植和替代产业发展，配合开展好替代种植农产品的返销工作，当年共审批替代种植减免税证明39份，审批货值440万元，货量1.26万吨，减免关税88万元、减免增值税68.6万元；三是加强统计监测预警，适时向地方政府和有关部门提供口岸流量和进出口统计，分析、研判辖区外贸走势，积极建言献策，为地方党政决策和企业经营提供参考。

【表彰先进】 2011年，芒市海关荣获“德宏州2011年度全州对外贸易工作优质服务单位”荣誉称号；被评为“德宏州第二轮进村入社禁毒防艾优秀挂钩单位二等奖”和2011年度芒市综治维稳先进集体一等奖。1人被评为“2010年综治维稳工作先进个人”，1人被评为“3·10”抗震救灾先进个人。

（《芒市海关》撰稿　曾　志）

章凤海关

【进出口业务与海关监管】 2011年，章凤海关以统筹推进大监管体系建设为核心，稳步推进现代新边关建设，综合治税成效显著，税收再创历史新高。全年进出口货运量19.96万吨，比上年增18.93%；进出口总值14657.23万美元，降34.93%；征收税款650万元，增154.72%。

【口岸监管】 2011年，章凤海关为进一步优化口岸综合监管，积极把握“做好服务”这个关键，着力增强服务外贸发展的预见性、主动性和创造性。一是发挥海关在口岸管理的职能作用，加强与联检部门的协调配合，为企业提供和谐稳定的贸易环境；二是在署省合作备忘录框架下，不断完善与地方党政的沟通协作机制，及时向上级反映地方发展诉求；三是认真落实“5+2”预约通关和外出监管等通关便利承诺，发扬善洲精神、提供优质服务，保证企业高效、便捷通关；四是积极推行出口分类通关改革，通关速度明显提高，平均海关作业时间由上年同期的2.19小时降低为0.08小时，整体通关效率明显提升。

【打私缉毒】 2011年，章凤海关始终保持打击走私高压态势，坚持“办大案、打团伙、摧网络”，注重加强对团伙走私的情报摸排、案件经营，研究判断辖区反走私形势，及时掌握不断变化的走私手法和特点，提高打击走私的预见性和前瞻性，把握反走私的主动权，辖区打私整体效能明显提升：全年共查处案件10起，案值2163.2万元，比上年增965.98%，查获毒品冰毒180克、海洛因1292.4克。

【队伍建设】 2011年，章凤海关认真做好队伍建设工作。一是廉政教育与廉政监督并重，有效防好风险；二是精心组织开展争创“国门先锋”活动以及建党90周年纪念活动，不断完善党员兑现承诺的点评考核，促使广大党员干部自觉立足于本职岗位创先进、争优秀；三是坚持“以人为本”，加强人文关怀，积极改善干部职工的工作和生活条件，稳定边关干部队伍。年内，共受到地、市级各类表彰4次；缉私科荣获关区“达标先进科室”；2人荣立个人三等功，4人荣获个人嘉奖，3名党员被评为地市级“优秀共产党员”。

（《章凤海关》撰稿　闫水林）

出入境检验检疫

德宏出入境检验检疫局

【出入境检疫】 2011年，德宏州出入境检验检疫局按照年初既定工作方案和目标，围绕“抓质量、保安全、促发展、强质检”的12字要求，在“3＋1”防线建设、产品质量和食品安全监管、“以质取胜，创先争优”、抗震救灾、支持芒市口岸机场试运行等工作，克服人、才、物的客观困难，攻坚克难，勇于挑战，使各项工作取得了较好的成效。全年共接受出入境货物报检3114批次，货值7.29亿元，与去年同期相比，批次减少234批，下降率为6.99%，货值减少5.35亿元，下降率为42.33%；截获有害生物和疫情52批，货值0.1亿元，检出货证不符、不予出口的商品5批次、货值143.3万元；查验入出境人员686794人次，其中入境查验354657人次，出境查验332137人次。对19126辆入境运输工具进行了检疫及卫生处理。

【质量监管】 2011年，德宏州出入境检验检疫局抓质量，强合作，切实提高科学监管与把关能力。一是与医院、商务、外事、卫生、农业、畜牧、科技、边防部门签订《合作备忘录》，在联合执法、严打走私、信息共享、技术交流、口岸建设、科研等方面建立了更深层次的协作机制，搭建了更高更新的合作平台，切实实施和运转了“依靠政府、联合部门”的工作机制；二是强化出口监管，确保质量安全。如对5批、货值143.3万元的货证不符商品，给予了不准出境的处理；三是深入出口企业走访座谈，送标准、送技术、送政策到企业，帮助企业提高产品质量；四是加大普惠制和自贸区等优惠政策宣传力度，指导和帮助企业充分利用普惠制和自贸区优惠贸易政策；五是加强实验室检测检验工作，完成了359批样品、943项的检测工作，检出双钩异翅长蠹6批、其它害虫8批、大肠菌群阳性2批次、霉菌阳性1批次、重金属铅超标10批、微生物超标5项次；六是认真开展了打击侵犯知识产权和制售假冒伪劣商品专项行动的工作，查处涉嫌假冒有机产品认证证书企业一家。

【安全监管】 2011年，德宏州出入境检验检疫局认真做好安全监管工作，切实提高风险预警与长效机制的有效性。一是继续推进和贯彻落实好“3＋1”防线建设工作；二是高效安全地实施了卫生除害处理工作，熏蒸处理进境木材113219.98立方米、藤条212吨、其它货物1665.9吨，进行卫生消毒处理运输工具19126辆次；三是依法严打非法入境和偷逃漏检行为，查堵、退运偶蹄动物25次、296头（主要为黄牛），查处违规车辆61辆、偷瞒外调木材213.69立方，对非法入境的10.5吨牛干巴进行依法处理；四是及时有效防控疫情，在芒市轩岗发现一例输入性霍乱疑似病例和畹町医院发现2例登革热疑似病人后，及时开展了对芒海通道入境人员的体温和健康监测工作；五是积极抓好防艾工作，结合与政府防艾办签订责任书的要求和部门工作实际，积极开展防艾工作，如参与艾滋病专题会议和疫情通报会分析会、发放防治艾滋病防治知识的各种宣传资料39800份、开展了兴边富民工程防治艾滋病项目工作、完成防治艾滋病知识宣传活动4次、接受艾滋病防治知识咨询943人次、发放安全套3460只、对出入境人员和边民实施HIV自愿免费检测268人等；六是在辖区内做好疟疾防治宣传活动，散发宣传资料7000余份，接受咨询600余人次；七是严格监管和执法，认真组织开展了食品安全、食品添加剂和产品质量专项执法检查活动、建立了企业诚信管理体系等。

【服务社会】 2011年，德宏州出入境检验检疫局采取有效措施，促进发展，切实提高服务德宏经济社会发展的有效性。一是积极支持芒市机场国际航班试运行工作，克服人员紧张、条件不足、工作经费缺乏等困难。在2011年4月中旬至2011年12月下旬的前两期试运行工作中，共对92架次出入境飞机实施了检疫查验和消毒处理；对出入境人员实施体温监测和查验7041人次；查获入境旅客携带的禁止入境物70批次，572.71公斤，并从查获的禁止入境携带物芒果中培养出实蝇2种、15头；二是积极支持地方政府申请将章凤、那邦口岸升格为一类口岸、将芒海通道申报为指定通道的上报工作；三是积极应对边境突发事件的处置工作，协助地方政府妥善处置了“蕉农事件”和做好了边境突发事件应急准备工作；四是切实做好境外替代种植产品的入境返销工作，主动帮助企业顺利完成替代种植返销入境甘蔗47批、111252吨、西瓜132批、7973吨的报检工作；五是采取多种措施，支持德宏生物特色产业发展：开展出口产品原产地证宣传力度，帮助指导企业抓住关税减免机遇，分享更多政策优惠；继续贯彻落实出口农产品、纺织品减免收费政策，减轻了企业负担等。

【精神文明建设】 2011年，德宏州出入境检验检疫局加强质检，切实提高全面建设的有效性，取得优异成绩。一是积极做好抗震救灾和恢复重建工作。在盈江“3·10”地震灾害中，德宏州出入境检验检疫局盈江办事处的办公楼严重受损，在质检总局、云南局党组的关心和应急资金支持下，一方面积极做好办事处的恢复重建工作，新建的办公和生活临时用板房及时投入使用，并上报了总体重建立项报告，一方面按照盈江党委政府的要求，负责做好挂钩点拱腊村86户受灾统计及恢复重建的相关工作；二是加强干部队伍建设，全年共外派参加各种培训的人员达30余人次；三是按照云南局党组的要求，积极创造条件，圆满完成了两批“开拓视野，谋划发展”主题学习实践活动；四是签订了“党风廉政建设责任书”、“保密承诺书”、“党员承诺书”等，针对重点岗位，还开展廉政风险排查防范工作，杜绝了不廉洁行为的发生；五是深入开展了“以质取胜，创先争优”活动，设立了“巾帼示范岗”、“党员先锋示范岗”等，盈江办荣获质检总局和人社部联合授予的“先进集体”荣誉、总局授予的“以质取胜、创先争优”文明服务窗口称号、德宏州委州政府授予的“3·10抗震救灾先进集体”荣誉、余泽荣获总局授予的“窗口服务文明标兵”称号，柳文云获德宏州委州政府授予的“3·10抗震救灾先进个人”荣誉；六是加强了实验室能力建设，在检测项目、检测水平、工作质量和服务地方经济发展的能力上有了较大提升；七是开始实施“三位一体”综合行政管理体系建设。

【质检总局杨刚副局长到德宏视察调研】 2011年，盈江“3·10”地震灾害发生后，国家质检总局杨刚副局长代表质检总局党组于4月1日到德宏视察，亲临盈江办事处，实地察看了受灾受损情况，亲切慰问了干部职工，并先后向办事处捐赠了抗震救灾应急资金100万元。8月31日，国家质检总局孙大伟副局长一行又来到德宏，对瑞丽口岸及中缅油气管道项目的建设发展状况进行了调研。

（《德宏州出入境检验检疫局》撰稿　黄学荣）

瑞丽出入境检验检疫局

【国家质检总局副局长刘平均到瑞丽视察】 2011年3月4日，国家质检总局副局长刘平均、卫生监管司司长陈晓凤、云南检验检疫局局长范国珍一行10人到瑞丽视察工作，德宏州人大副主任毛勒端和瑞丽市市长刀晓瑞、市委副书记黄彪陪同视察。刘副局长一行先后视察了翡翠检测中心、“一寨两国”中缅边境特殊状况、弄岛口岸检验检疫工作点、瑞丽口岸联检中心检验检疫工作点、姐告三个出入境通道检验检疫工作点、云南国际旅行保健中心瑞丽分中心、姐告“驾驶员之家”项目工作点、畹町口岸出入境通道检验检疫工作点。刘副局长对瑞丽检验检疫局的工作予以充分肯定，对口岸传染病防控工作、“驾驶员之家”项目工作作出指示。

【国家质检总局副局长杨刚到瑞丽视察】 2011年4月1日，国家质检总局副局长杨刚、财务司司长王铁夫一行在云南检验检疫局局长范国珍、副局长但国义和德宏州人民政府副州长苏洪涛等领导的陪同下到瑞丽视察工作。杨副局长一行先后视察了瑞丽口岸联检中心检验检疫工作点、姐告三个出入境通道检验检疫工作点、姐告“驾驶员之家”项目工作点、质监局翡翠检测中心、“一寨两国”中缅边境特殊状况、弄岛口岸检验检疫工作点、畹町口岸出入境通道检验检疫工作点。杨刚副局长对瑞丽检验检疫局工作予以充分肯定，对把关服务、疫情防控作出指示。

【国家质检总局副局长孙大伟到瑞丽视察】 2011年8月31日至9月1日，国家质检总局副局长孙大伟到瑞丽视察工作。孙副局长先后走访了瑞丽市技术监督局、瑞丽市翡翠检测中心和瑞丽口岸联检中心、姐告边境贸易区国门通道、货检通道、“驾驶员之家”艾滋病防治项目检验检疫工作点。通过走访，孙副局长对瑞丽检验检疫局的出口商品质量把关工作、动植物疫情防控工作、传染病防控工作、服务工作给予了充分肯定，对基层检测能力建设、口岸动植物疫情防控工作、传染病防控工作作出指示。

【国务院参事葛志荣到瑞丽视察检验检疫工作】 2011年10月15至16日，前来瑞丽调研瑞丽重点开发开放试验区推进情况的国务院参事、中国检验检疫协会会长、全国政协委员、原国家质检总局副局长葛志荣到瑞丽检验检疫局视察。葛志荣参事先后视察了瑞丽检验检疫局局机关、综合技术中心及职工生活区、口岸联检中心检验检疫工作点、姐告国门通道检验检疫工作点。通过视察，葛志荣参事对瑞丽检验检疫工作予以肯定，建议政府在推进瑞丽重点开发开放试验区建设中重视疫情疫病防控和生态保护工作，要求口岸检验检疫部门把好关、服好务。

【检验检疫业务】 2011年，瑞丽出入境检验检疫局认真贯彻“抓质量、保安全、促发展、强质检”的质检工作方针，紧紧围绕“提高六个方面有效性上下工夫见实效”主题和“提升素质、强化职责、务实争先、创新发展”主线，力克人力资源紧张等困难，求真务实，开拓进取，在把关服务、创先争优、抓质量、保安全、促发展、强质检方面取得了显著成效。全年共检验检疫及监管出入境货物23634批，货值102057万美元，比上年同期分别增13.82%、53.69%。其中：检验检疫出口货物11422批，货值66503万美元，比上年同期分别增23.95%、54.28%；检验检疫进口货物12212批，货值35554万美元，分别增5.73%、52.61%；共检验检疫边民互市出入境货物15395批。检疫入境交通工具82157辆次，对36.05万辆次交通工具和9882批、59.36万吨、26.01万立方米动植物产品实施卫生除害处理。依法对出入境人员实施卫生检疫查验510.71万人次。在出口货物中检出不合格商品18批，不合格商品货值82.40万美元。从进境的植物及其产品中截获检疫性有害生物7种170批，截获一般性有害生物30种2335批，疫情检出率1.7%，有害生物检出率24.5%。与上年同期相比，疫情截获批次增加65批，一般性有害生物截获批次增加629批，疫情检出率提高了0.5个百分点，有害生物检出率提高了3.7个百分点。从进境的动物产品中检出动物致病菌3种159批，其中沙门氏菌57批次，副溶血性弧菌75批次，大肠杆菌O157：H727批次，与上年同期相比，检出致病菌增加38批次，检出率提高11%。在卫生检疫查验中发现发热病人及其他可疑患者24人次。全年共对2099人进行传染病监测体检，检出登革热阳性3例、HIV阳性49例、丙肝96例、澳抗阳性145例、性病3例。

【质量管理】 2011年，瑞丽出入境检验检疫局开展“质量月”、“认证认可日”活动，推动地方政府实施质量兴州、质量兴市战略，进一步强化与海关、质监、工商、食药监等有关部门的合作力度，努力推动政府负总责、全社会共同参与的大质量工作机制建设；加强企业管理，认真抓好进出口企业信用体系建设，组织口岸进口食品经营企业签订《瑞丽口岸进口食品质量安全承诺书》；开展“双打”行动，行动中查处不合格商品18批，查处侵犯知识产权和制售假冒伪劣商品案件共7起；严厉打击非法禁止进境固体废物等重点敏感商品，查处非法入境禁止进境固体废物2批，涉案货物1061件51.58吨；加强机电产品安全性能监测，发现9批安全性能不合格出口商品；认真执行警示制度和信息反馈制度，向地方党委政府汇报质量工作4次，上报质量信息7次；向有关部门通报质量信息7次，向生产企业反馈质量信息15次，向产地局反馈口岸进出口商品查验情况43次。

【安全监测】 2011年，瑞丽出入境检验检疫局及时处置好5月发生的双钩异翅长蠹疫情，5月10日和8月2日先后发现的3例输入性登革热病例、11月10日发现的1例霍乱病例，确保口岸安全；努力提高植物疫情检出率，与上年同期相比，疫情检出率提高0.5个百分点，有害生物检出率提高3.7个百分点；创新性地在边境建立重大动物疫情哨兵动物预警监测点，定期进行口岸可能发生的口蹄疫等4种动物传染病的监测；开展口岸实蝇、仓虫、杂草监测调查，收集到实蝇23个种26162头(其中20个种为检疫性有害生物)，发现仓库害虫23科69种，发现5种检疫性杂草；加强进口食品安全监测，抽取61批次进口水果开展农残、重金属检测，抽取508批次进口水产品开展致病菌和寄生虫检测(检出动物致病菌3种69批次)，对进口缅甸生产的面包等6大类17种预包装食品进行6种致病菌检测；6月1日率先启用2只史宾格检疫犬对入境旅客携带物进行检疫查验，检疫犬截获违禁品797批、2219千克；与云南农大植保学院、楚雄医药高等专科学校进行交流合作，取得高校的科技、劳务支持。对各类出入境人员进行传染病体检2099人次，检出传染病296例；监督检查口岸食品生产经营单位、服务单位212家次；加强联动联控防线建设，与海关、环保局联合查处2批63.3吨非法入境牛产品，与林业局联合成功防控双钩异翅长蠹疫情，与疾控中心联合成功防控登革热、霍乱疫情，与防艾局联合开展“驾驶员之家”项目，与农业部门合作积极开展薇甘菊防控工作，与兽医部门联合开展边境动物疫病监测；加强对群众的传染病防控宣传发动工作，播放防控知识850小时，发放宣传资料4种42000份；以“驾驶员之家”为平台，举办培训班，对艾滋病高危人群入境缅籍长卡司机进行艾滋病防治知识培训，接待目标人群54541人次，发放宣传材料7244份，开展预防知识培训10期。

【口岸促发展】 2011年，瑞丽出入境检验检疫局开展了适应和促进试验区、桥头堡检验检疫工作研究，积极为政府建言献策，制定工作措施，开展机构、人员、基础设施等全方位准备工作；建立特别的油气管道出口快速通关放行模式，筹建石油天然气检测实验室，开展油气检验人员培训，积极介入口岸油气管线设计和建设；采取特殊检验检疫管理措施，建立监管有效、方便快捷的边民互市进出口货物检验检疫管理办法，配合政府推进边民互市工作；积极指导、帮助企业完善口岸功能，建立管理制度，建设水果隔离场，申报进口缅甸水果指定口岸；开展境外替代种植作物的田间病虫害监测及防治技术的指导服务，促进境外罂粟替代种植发展；积极响应市委市政府要求，认真抓好“综治1+1共建”、禁毒防艾等工作。

【内部建设】 2011年，瑞丽出入境检验检疫局大力加强政治理论、政治形势、职业道德教育、社会公德、工作方针、工作主题、工作主线和“三心”(信心、真心、用心)的学习教育，提高干部职工的政治觉悟和理论水平，培养干部职工争当排头兵的勇气和信心，开创真心待人、用心干事、同心同德共创检验检疫事业的和谐局面；积极派出干部职工外出学习，外派干部职工学习达126人次；积极筹建石油及天然气检测实验室，开展对部分微生物和重金属汞元素等11个检测项目扩项工作，通过三聚氰胺检测项目等6项能力验证，积极参与《东南亚潜在入侵实蝇图鉴、侦测及防控新技术研究》等课题工作；加大对违法行为的查处力度(立案查处非法案件2起)，进一步规范审批的项目、程序，通过公益广告牌、宣传栏、宣传资料等方式加强检验检疫法制宣传；完成新建实验综合楼项目新增用地、项目报建、场地清理、方案设计招标、地勘招标等工作，积极推进新建实验综合楼建设项目。

(《瑞丽出入境检验检疫局》撰稿　李继云)

边防检查

瑞丽边防检查站

【与缅甸木姐出入境管理部门进行春节会谈】 2011年1月21日，瑞丽边防检查站在姐告分站与缅甸105码边贸处副处长吴培佳中校率领的缅甸出入境管理部门会晤代表团举行春节会谈。双方表示将继续加强交流与合作，共同维护边境地区安全稳定。

【召开瑞丽边防检查站党委扩大会议】 2011年2月21日，瑞丽边防检查站召开2011年度党委扩大会议。瑞丽站党委书记何嘉林代表站党委向大会作题为《抢抓机遇，乘势而上，为服务“桥头堡”建设维护边境稳定再立新功》的工作报告，站党委成员和全站官兵参加了会议。会议强调：针对当前面临的形势，一是边防对敌斗争复杂尖锐；禁毒人民战争依然形势严峻；维稳压力增大；边境管控难度增大。二是随着国家“桥头堡”和“重点开发开放试验区”建设的深入推进，瑞丽边防检查站将迎来一个千载难逢的发展机遇期。三是全省13个边防检查站之间的竞争异常激烈。同时指出了当前部队存在的差距：一是队伍素质还有差距；二是工作机制和保障能力还不完全适应；三是部队信息化建设还比较滞后；四是部队正规化建设还有很大差距。会议要求，2011年工作，一是要围绕“桥头堡”建设，强化服务意识，全力打造“云南陆地边检服务品牌”；二是要围绕爱民固边战略，强化主力军意识，把边境辖区构筑成安全稳定“战略屏障”。三是围绕正规化管理，强化责任意识，努力在全省乃至全国边检系统中“走前列”。四是要围绕党的建设，强化“龙头”意识，把部队煅造成“桥头堡”建设排头兵。

【云南省发改委副主任杨锦昆到瑞丽站调研】 2011年3月10日，云南省发改委副主任杨锦昆一行，在德宏州发改委主任俄吞的陪同下，到瑞丽边防检查站就在建指挥中心、拟新建的综合楼项目进行调研。杨锦昆副主任在了解瑞丽边防检查站存在的困难后表示，他将会积极向省发改委反映，争取支持。同时，他鼓励该站官兵要勇于面对困难，认真履行好职责，为云南“桥头堡”建设作出更大贡献。

【云南边防总队总队长那顺巴雅尔到瑞丽站检查指导工作】 2011年3月25日，那顺巴雅尔总队长到瑞丽边防检查站检查指导工作，并到口岸一线看望了执勤官兵。那顺总队长来到瑞丽边防检查站营区，详细询问了该站指挥中心建设和官兵工作、生活情况，在瑞丽口岸国门通道，那顺总队长查看了口岸附属工程建设情况，听取吴勇军政委的汇报，详细询问了当前口岸查验工作和出入境流量情况。充分肯定了官兵付出的辛勤劳动，鼓励官兵继续发扬不怕苦、不怕累的光荣传统，服务好广大出入境旅客，树立公安边防部队的良好形象。

【全国政协副主席杜青林到瑞丽口岸视察】 2011年5月5日，中共中央委员、十一届全国政协副主席、中共中央统战部部长杜青林在中央统战部副秘书长兼研究室主任唐显凯、中央统战部办公厅副主任沈全荣、云南省委书记、省人大常委会主任白恩培及德宏州委书记赵金、州长孟必光等领导的陪同下到瑞丽口岸视察。在瑞丽口岸视察期间，杜副主席详细了解中缅边境贸易现状和境外木姐地区的基本情况，对瑞丽边防检查站全力保卫国家安全、积极服务地方经济建设等工作给予了充分肯定。

【云南省委书记白恩培专题听取瑞丽边检站工作汇报】 2011年5月5日，云南省委书记、省人大常委会主任白恩培在瑞丽口岸视察时与瑞丽边防检查站站长何嘉林、政治委员吴勇军亲切座谈，认真听取了瑞丽边防检查站关于口岸出入境边防检查、边境和口岸管理、缉枪缉毒、爱民固边及开展提高边检服务水平活动等工作汇报，对瑞丽边检站的工作给予了充分肯定。他强调，边检工作要主动融入国家经济发展大局，为经济社会发展，为云南桥头堡战略深入实施，为边境和口岸辖区和谐稳定做出新的更大的贡献。

【公安部副部长张新枫到瑞丽口岸视察】 2011年11月1日，国家禁毒委员会副主任、公安部副部长张新枫率代表团结束在缅甸木姐市举行的中缅替代种值发展部长级会议后从瑞丽口岸回国，在视察瑞丽口岸时指出，公安边防部队负有维护国家安全稳定的重任，要按照中央和公安部的部署，扎实工作，为维护祖国安全再立新功。云南省委常委、政法委书记、公安厅厅长孟苏铁、公安部禁毒局局长刘跃进、公安部国际合作局副局长张巨峰、云南省公安厅副厅长严尚智、云南省商务厅副厅长杨慧等领导陪同视察。

【破获一起特大运输毒品案】 2011年11月11日，瑞丽边防检查站根据线索成功破获“2011.11.08”特大运输毒品案，抓获犯罪嫌疑人1名，缴获毒品甲基苯丙胺19.39千克。

（《瑞丽边防检查站》办公室供稿）

畹町边防检查站

【表彰先进】 2011年，畹町边防检查站被云南省公安边防总队评为“安全工作达标单位”，连续8年被州委、州政府评为“外经贸工作优质服务单位”、被州学建办确定为“学习型党组织示范单位”、被畹町经济开发区评为“禁毒防艾先进单位”；勤务中队党支部被总队评为“基层建设先进单位”、并受到集体嘉奖，执勤业务一科被总队评为“边防执勤先进单位”，有1名干部被部局表彰为“优秀党务工作者”，有8名干部分别被总队评为“法制工作先进个人”、“信息工作先进个人”、“优秀边防巾帼警官”、“优秀共产党员”、“文明使者”、“优秀警官标兵”和“优秀士兵标兵”，1名官兵荣立个人二等功，9名官兵荣立个人三等功，45名官兵受到嘉奖。

【边防执勤】 2011年，畹町边防检查站围绕服务“桥头堡”黄金口岸建设和瑞丽重点开发开放试验区建设，强势推进边检提服工作。推出了“随到随检、随检随离”的24小时通关服务和“三零”服务等一系列便民利民举措，使旅客满意率达到100%。全年20次开通绿色通道为出入境旅客提供特别服务，连续9年被德宏州评为“对外贸易优质服务单位”。口岸执法执勤做到了零投诉，行政案件办理做到了无复议、无诉讼。在服务好出入境旅客的同时，坚持把口岸管控、开展边境辖区武装巡逻、打击毒品犯罪和处置突发事件作为边防执勤工作的重点。全年共管理出入境人员383915人次，车辆99986辆次。共出动警力253组1825人次，劝阻非法出入境人员5064人次，查获非法出入境案87起96人，查获走私案件4起，涉案金额50余万元。在禁毒人民战争中，共查获各类毒品案件16起，抓获犯罪嫌疑人28名，缴获各类毒品16.0375千克，查获毒品数占当地公安机关的60.1%。

【爱民固边】 2011年，畹町边防检查站提高边检服务水平为中心，进一步深化爱民固边战略。全年共走访各类人员2424人次，发放调查问卷3200余份、宣传资料1200余份，并依据收集反馈的意见建议推出了7项便民利民措施；为群众做好事、解难事27件，把4名贫困学生纳入到“困难互助金”保障范畴；各支部结合创建模范党组织生活活动，积极动员广大党员参加党员服务队，充分利用节假日、纪念日、民族节日等有利时机，开展支农助农、送法下乡、义务巡诊等活动，积极为驻地群众服务。全年共发放法律法规等宣传资料7000余份；为3000余名群众提供健康咨询和义诊，发放价值8000余元的药品；为驻地群众抢收西瓜、烟叶等农作物，挽回经济损失20余万元。

【队伍建设】 2011年，畹町边防检查站开展“发扬传统、坚定信念、执法为民，践行革命军人核心价值观”主题教育活动，强化官兵理想信念。在官兵中广泛开展了“扎根边疆、不畏艰险、无私奉献”的优良传统教育和主题征文活动，官兵的受教育面和参与率均达到100%，筑牢了官兵思想防线。全年各支部组织政治学习136次280课时，撰写心得体会220篇，组织专题讨论35次。宣传报道工作取得优异成绩，制作了两部专题片，发表了一批优秀文章，超额完成了年度宣传报道任务。

【后勤保障】 2011年，畹町边防检查站在做好各项基础工作的同时，着力突出四个方面的保障工作：一是积极争取和投入资金加强营区建设。拿出20余万元家底经费新建电脑培训室，对营房营区进行维修；地方政府投资120万元对出境边防检查大楼进行重建；国家发改委为新建士兵综合楼项目拨付资金300万元。二是做好军需卫勤保障工作。全年共请领发放被装1448件(套)，卫生知识宣传教育12次，官兵体检1次，为60位家属办理了城镇居民基本医疗保险，环境消毒24次，煮服大锅药10次。三是发展农副业生产，改善官兵生活质量。全面实行自助餐，农副业生产收益达5.85万元。四是做好军械运输工作。对军械装备进行了18次安全检查，枪支擦拭40次，公务用车3500余辆次，安全行驶6.8万公里。

(《畹町边防检查站》撰稿　郑小明)

工 业

工业和信息化建设

【概 述】 2011年，德宏州工业和信息化委员会紧紧围绕桥头堡黄金口岸和瑞丽开发开放实验区建设，开拓创新，扎实工作，认真抓好工业发展和信息化建设工作，使全州工业经济实现平稳、快速的发展。

一、工业保持快速增长。全州工业企业完成工业总产值133亿元，比上年增长29.4%，其中规模以上工业企业完成产值88亿元，增长23.1%。工业企业生产食糖42.37万吨，比上年下降6.8%；酒精3.3万升，下降2.5%；发电量114亿千瓦小时，增长10%；水泥186万吨，增长8.2%；工业硅19.61万吨，增长46.5%；电解铝1.42万吨，与同期基本持平。全州工业企业盈利水平大幅提升，全部工业实现增加值47亿元，比上年增长22%，对全州GDP贡献率达到27%，比上年增长一个百分点。其中：规模以上工业增加值完成39亿元，比上年增长19.1%；主营业务收入92亿元，增长26.2%；实现利税总额24亿元，增长14.3%；实现利润总额16亿元，增长11.9%，超额完成了省、州下达的各项工作目标任务。

二、工业发展后劲进一步增强。全州完成工业投资23.61亿元(不含电力)，比上年增长107%，超额完成省下达全州13亿元的目标任务。

三、重点产业发展势头良好。制糖、电力、电冶、建材重点工业产业规模以上企业完成工业总产值83亿元，实现工业增加值37亿元，分别占全州规模以上工业总产值和增加值的94.31%和94.97%，带动了全州工业经济的快速增长。全州完成汽车以旧换新补助3辆，发放补助资金4万元。

【中国兵器装备集团公司到德宏考察】 2011年1月7至10日，中国兵器装备集团公司及重庆南方摩托车有限公司领导邓智尤、李华光一行6人，在省工信委主任刘绍忠及省央企入滇协调处相关领导的陪同下，到德宏进行边贸考察调研，并洽谈摩托车装配制造项目合作有关事宜。在德宏期间，考察组一行考察了瑞丽开发开放实验区建设情况，实地参观了瑞丽工业园区、姐告边境贸易区、畹町曼满口岸，并与州政府领导进行座谈。省工信委主任刘绍忠对德宏州桥头堡黄金口岸和瑞丽开发开放实验区的建设发展给予充分肯定，指出德宏区位优势明显，发展潜力大，要加大力度推进进出口加工产业区，以引进重庆南方摩托车有限公司为契机，提高进出口加工产业对全州经济建设的支撑作用，建议中国兵器装备集团公司通过此次考察，把摩托车合作项目确定下来，尽快推进合作各项前期准备工作。中国兵器装备集团公司发展计划部主任及重庆南方摩托车有限公司总经理分别介绍了本企业的基本情况，均表示愿意同德宏合作的意向，指出在德宏发展摩托车进出口加工装配有市场、有前景，愿意探讨下一步的合作，并提出希望州、市政府把最优惠的政策拿出来，以实现双方合作共赢。

【召开全州经委总结表彰会】 2011年2月25日，德宏州经委系统工作总结暨表彰会在芒市召开。来自各县市(区)经济局、州盐务管理局、州经委70余人参加了会议。州财经纪工委领导应邀参加了会议。会议由州经委成保平副主任主持。会上，州经委主任闫生赞代表州经委作工作报告。报告全面总结回顾上年全州工业经济工作，对年内的工作做了安排和部署。会上，各县市(区)经济局分别作了交流发言，并与州经委签订安全生产目标管理责任书。会议对上年度工业经济工作成绩显著的先进单位和先进个人进行了表彰奖励。

【恢复重建项目】 2011年，盈江“3·10”地震发生后，德宏州工信系统积极行动起来，做好灾情统计和信息上报，及时把工业企业灾情上报省工信委和国家工信部。按照要求，组织上报恢复重建项目49个，争取到8个，落实资金975万元，并向省工信委争取到2条年产3000万块标砖生产线设备，有力地支持了受灾企业的恢复重建工作。

【举行糖业合作框架协议签字仪式】2011年5月7日，德宏州政府与中粮屯河股份有限公司在芒市会堂正式签订糖业合作框架协议。省工信委曾桂林副主任、省农业厅袁富强副厅长、省央企入滇协调处陈幸子副处长，州长孟必光、副州长板岩过以及中粮屯河股份有限公司、州工信委、州财政局、州农业局、州农垦局、州糖办、州招商局、州工商局、州国税、州地税、陇川县政府、陇川农场、陇川糖厂等部门的领导参加签字仪式。州长孟必光与中粮屯河股份有限公司副总李风春代表双方在“协议”上签字，仪式由板岩过副州长主持。“协议”的签订标志着中粮集团正式进驻陇川糖厂，并开展合作前期工作，下一步中粮集团还将与德宏州在咖啡、贡米等产业开展合作。

【安全生产检查】 2011年5月30日至6月7日，德宏州工信委组织安全生产检查组深入各县市，对12户冶金企业，其中生产企业8户，在建企业4户，4户建材企业开展安全生产检查。从检查的情况看，各县市区工信部门及企业对安全生产工作非常重视，各项措施落实较好，企业生产、在建工程安全正常。针对检查中发现的一些问题，检查组要求各县市区工信部门和企业要高度重视安全生产工作，在主汛期间必须抓好投产企业生产、在建企业施工的组织领导和安全保障措施布置、落实情况，制定和完善突发事件的应急方案，抓好施工现场的安全监管，不断强化员工的安全意识，严格落实值班制度，加强节假日值班工作，发现问题及时有效处置。

【省工信委调研组到德宏调研】2011年7月21至24日，以云南省工信委机关党委副书记、委四项制度办专职副主任何斌为组长的省工信委调研组一行4人，到德宏州开展政务服务信息化建设专项调研工作。在德宏期间，调研组实地查看州和芒市政务服务中心、公共资源交易中心及96128专线平台信息化建设情况，并与州政府和州直有关部门举行座谈，听取德宏州政务服务中心信息化、96128品牌化和政务信息公开渠道和载体建设情况汇报。调研组对德宏政务服务信息化建设工作给予高度评价。认为政务服务信息化建设工作德宏走在全省的前列，希望德宏州要注重总结完善，加大宣传力度，把德宏好的经验向全省乃至全国进行推广，不断扩大影响力，形成品牌。同时，调研组对德宏州政务服务中心信息化、96128品牌化和政务信息公开渠道和载体建设工作中存在的问题提出了意见建议。

【工业项目督查】 2011年8至9月，德宏州工信委先后派出3个督查组，到全州各县市对州委常委会2011年20项立项督查事项、州政府2011年全州重点督查20个重大建设项目和20项重要工作、2011年“212”工程重点工业项目进行督查。从检查的情况看，各级党委、政府高度重视，有关部门密切配合，狠抓项目落实，重点工业项目得到积极推进。针对存在的问题，督查组要求各县市要继续加强工业经济运行监测分析，抓好工业重点项目的推进，进一步推进在建项目的进程，推进节能减排工作，严格落实安全生产责任制，责任到人，工作到位。

【工作汇报】 2011年8月29日，在云南省工信委副主任郎利辉，州政府副州长高铁英的带领下，由省工信委发展规划处副处长史枫、汤韶芸，州工信委主任闫生赞、副主任罗宏榆组成的工作组赴京，开展对口汇报工作。国家工信部规划司肖华司长、顾强副司长等领导听取云南工作组的汇报。汇报会上，郎利辉副主任、高铁英副州长分别代表省工信委和德宏州委、州政府向规划司领导详细汇报了瑞丽实验区工业产业发展设想规划以及需要国家工信部给予的相关政策支持。听取汇报后，肖华司长、顾强副司长对瑞丽重点开发开放试验区前期工作给予充分肯定，表示一定全力支持瑞丽实验区的工作和瑞丽工业产业的发展，并对今后实验区的产业发展提出具体指导意见。

【省工信委到德宏检查工作】 2011年10月17至19日，云南省工信委许云副主任一行8人到德宏，开展加快转变经济发展方式工作进行集中检查和指导。州工信委主任闫生赞向省工信委检查组汇报了德宏州工业经济加快转变经济发展方式工作。听取汇报后，许云副主任充分肯定了州工信委的工作，要求德宏州要紧紧抓住桥头堡建设的重要机遇，大力发展工业经济，加快推动新型工业化建设，要充分利用好国家有关政策，按照中央、省的工作要求，努力实现工业发展方式的转变。针对于高耗能的项目，关键要把握住发展方式，要用高新技术来改造原材料工业，努力确保完成年内各项目标任务。检查组在德宏期间，实地检查德宏州年内竣工投产的后谷咖啡有限公司年产10000吨速溶咖啡技改项目、弘安水泥日产2500吨熟料技改项目和德冠红木家具技改项目，考察遮放贡米生产线等，并对建设项目工作提出了具体要求。

【举办"信息共享专栏操作"培训会】2011年10月19日，德宏州工信委、州监察局在州委党校举办全州工程建设领域项目信息和信用信息公开共享专栏系统操作培训会。各县市治理工程建设领域突出问题工作领导小组、工信局、州直各有关单位80余人参加了培训会。会议由州工信委副主任岳太湘主持。会上，州工信委闫生赞主任和州监察局王立东副局长分别作讲话，州工信委工作人员就工程建设领域项目信息公开和信用信息公开共享专栏的内容设置和系统操作对与会人员进行了培训。

【技改项目】 2011年，德宏州工业和信息化委员会大力推进企业技术创新，以全省"212"工程项目为重点，抓好一批重点技改项目。年内，为企业争取到省扶持资金500万元，带动企业总投资2亿多元。后谷咖啡年产10000吨速溶咖啡生产线技改扩建项目被省工信委列为云南上报国家级项目上报到国家工信部、财政部。同时，完成6户企业技改项目的验收工作。

【节能降耗】 2011年，德宏州工业和信息化委员会认真开展清洁生产审核评估、能源审计及资源综合利用工作，加强节能监察，严格执行固定资产投资项目节能评估与审查制度，积极引导推广技术节能，大力实施企业节能技术改造项目。在硅冶炼企业中推广工业硅电炉电极升降智能化控制技术。年内，6户企业通过清洁生产审核评估，3户企业通过能源审计，1户企业通过资源综合利用认证，3户企业项目通过节能审查；推广节能灯5万余只，实施1户企业综合节能技术改造、10户硅生产企业热发电工程；争取到国家淘汰奖励资金270万元，省节能奖励资金126万元；万元GDP能耗下降2.72%，超额完成省政府下达年度下降2.4%目标任务的113.33%。

【非公经济】 2011年，德宏州工业和信息化委员会认真贯彻落实省委、省政府《关于加快非公有制经济发展的决定》和全省中小企业暨非公有制经济发展大会精神，进一步加强中小企业服务体系建设。全州推荐申报成长型中小企业11户，获省批准6户。有1户企业成功上市，结束了德宏州无上市企业的历史。全州非公经济实现增加值70亿元，比上年增长8.39%以上；从业人员达到11.2万人，比上年新增0.7万人，增长5.79%。争取到国家、省中小(非公)企业发展专项扶持项目9个，资金687万元。

【工业园区】 2011年，德宏州园区基础设施、软硬环境、标准厂房建设得到进一步改善，入园企业逐渐增多，产业集聚发展效应日趋显现。工业园区经济保持较快增长，完成工业总产值54.75亿元，比上年增长22.57%；主营业务收入55.08亿元，增长47.87%；利润总额10.79亿元，增长24.45%；税金总额5.11亿元，增长5.8%。建成并投入使用标准厂房面积18万平方米，园区就业人数13831人，入园企业106户，累计完成基础设施投资13亿元。全年争取到省新型工业化发展扶持项目3个，资金580万元。

【"规划"编制】 2011年，德宏州工业和信息化委员会完成《德宏州"十二五"工业发展规划》和《德宏州"十二五"电冶产业发展规划》、《德宏州"十二五"珠宝产业发展规划》、《德宏州"十二五"家具产业发展规划》、《德宏州"十二五"食品加工产业发展规划》4个专项规划编制工作，并通过州和省的评审，为进一步促进德宏州工业产业规范、有序、快速发展明确了方向。

【信息化建设】 2011年，德宏州电话用户达到147.22万户，行政村实现电话"村村通"。宽带用户超过6.7万户，全州广电传输网络整合加快，有线电视用户92867户，有68127户完成数字化改造。电子政务承载和应用能力大幅增强，全州有852个单位接入电子政务网，74个州直部门、381个县(市)直部门开通"96128"服务电话，设立服务电话527部，全州已安装政务信息岛终端10个，经济和社会领域信息化水平全面提升。随着"两化融合"加快和"数字德宏"建设的推进，信息技术在全州工业企业中得到广泛的应用，电力、食品、制药、家具、珠宝加工等行业积极引进信息化技术，提升自动化办公和生产技术，进一步促进产业结构升级。

【安全生产】 2011年，德宏州工信系统进一步落实安全生产责任制和"一岗双责"，组织开展安全生产检查活动和打击非法违法生产经营建设行为专项行动；严格规范企业生产经营建设行为，确保工业企业生产安全。全年工信系统责任范围内未发生重大安全事故，组织开展2次大的安全生产检查活动和打击非法违法生产经营建设行为专项行动。同时，加强对食盐市场的监管。全年组织专项大检查活动4次，出动执法人员208人次，车辆110车次，直接查处涉盐违法案件17起，查获各类违法盐产品1535千克，维护了盐业市场秩序，保障了各族群众食盐安全。

【职称评定】 2011年，德宏州工信系统完成工程系列高、中、初级专业技术职务的资格审查、推荐、评定工作。年内，推荐高级14人、中职68人、初称44人，中职参评通过62人、初称参评通过44人。

（《工业和信息化》撰稿 毕 鸣）

德宏供电有限公司

【概 述】 2011年是德宏供电有限公司管理的提升之年、调整之年、规范之年。公司面对地震灾害频发、各种矛盾交织的不利局面，坚持以科学发展观为指导，深入贯彻落实南方电网中长期发展战略，开拓创新，狠抓落实，圆满完成了既定的各项目标任务，各项指标完成情况良好，实现了“十二五”良好的开局。年末，公司完成组织构架一体化，内部机构设有办公室、企业管理部、计划发展部、人力资源部、财务部、市场营销部、生产技术部、基建部、安全监察部、监察审计部、政治工作部、工会办公室、系统运维部13个职能管理部门，以及物流中心、信息中心、计量中心、客户服务中心、营销稽查中心、电力调度中心、输电管理所、变电管理所8个二级机构，下辖芒市、梁河、盈江、陇川、瑞丽、畹町6个县级分公司和1个全资子公司即德宏上源电力进出口有限责任公司。公司有员工2338人，其中在岗员工1630人，退休、内退员工708人。拥有110千伏变电站18座，主变容量124.7万千伏安；110千伏线路1277千米。35千伏变电站43座，主变容量21.9万千伏安；35千伏线路1145千米；10千伏配电变压器7086台、容量99万千伏安，10千伏线路5141千米，400伏、220伏低压线路6333.6千米。全州用户数为31.3万户。

【经济技术指标】

指标名称	单 位	2011年	2010年	同期相比（%）	备 注
供电量	万千瓦时	363691	296524	22.65	
售电量	万千瓦时	352030	281804	24.92	
售电收入	万元	119317	95973	24	
售电平均电价	元/千千瓦时	394.93	390	1.26	
最高日供电量	万千瓦时	1564	1199	30.44	
最高日负荷	万千瓦	75.9	57.8	31.31	
线损率	%	3.21	4.96	–0.75	百分点
供电可靠率	%	99.58	99.705	–0.125	百分点
负荷率	%	75	87	–12	百分点
电费回收率	%	99.97	99.23	0.74	百分点
企业总资产	万元	87100	94510	–8.5	
固定资产原值	万元	92144	88505	4.1	
固定资产净值	万元	62881	63971	–1.7	
销售收入	亿元	12.03	9.76	23.26	
上缴税金	万元	16816	12652	33	
全员劳动生产率	万元/人·年	25.8	23.85	8.1	

【安全生产】 2011年，德宏供电有限公司根据国务院599号令，公司制定并完善了各项安全生产管理措施。年内，启动了安全生产风险管理体系建设工作，修编应急预案15个，组织实施地震应急演练工作。首次开展了变电站预试定检工作，完成6座110千伏变电站预试定检。完成固定资产修理437项，完成技术改造50项，完成变电设备缺陷消缺67项，为10条110千伏环网线路加装避雷器。建立作业管控、安全生产分析、生产协调、停电检修计划等工作的月度协调会议机制。对各单位上报的月度生产作业计划进行严格审核，加大安全生产检查力度，组织7次公司层面的安全生产大检查和营销安全检查工作；排查整改安全隐患352条。开展安全生产月活动和10月“农电安全整治月”活动，逐层签订责任状，落实安全生产责任制，开展安全教育和压力传递活动，对一线员工开展“两票”专项培训，完成“三种人”资质培训和认证工作。修订16座110千伏变电站运行规程，完成32条110千伏线路参数实测，建立51个变电站继保自动化台账，实施41座变电站VI标识及安健环项目。推进生产管理信息系统(变电部分)、企业信息门户系统、配电地理信息系统、调度运行管理系统的应用，并实现上线运行，规范了生产基础管理工作。全年公司未发生人身伤亡事故，未发生有人员责任的较大及以上电网、设备事故，未发生火灾事故，未发生较大交通事故，实现百日安全周期3个。

【供电工作】 2011年，德宏供电有限公司围绕增供扩销工作，加强汇报积极协调，完成省网转供电量14.98亿千瓦时，比上年增长48.75%。开展德宏州有序用电工作，强化调度管理，科学合理调度，保障了电网稳定运行。建立“先算后停”综合停电机制，实现综合供电可靠率99.6%，完成中国·德宏国际泼水狂欢节、云南省加快建设桥头堡启动大会等重大活动的保供电任务，研究分析对缅甸境外供电形势，统一调整境外供电电价。州内最大供电负荷达75万千瓦，日供电量突破1500万千瓦时。

【优质服务】 2011年，德宏供电有限公司实现营销系统的11个新功能模块上线运行，完成95598客户服务中心的建设，并于12月8日上线运行。在业扩报装、故障报修等方面推行“一站妥”服务，采取POS机刷卡、银行代收等方式方便客户交费，继续加强对大客户的跟踪服务，为22家硅厂40台设备安装了预付费购电装置。开展电价执行和客户档案执行专项稽查活动，完善了重要客户应急保供电预案和各种灾害应急保供电预案，尝试客户停电告知新途径，除正常停电公告途径外，加强与政府和媒体的汇报和沟通，将停电信息以短信方式发送各级政府分管领导和媒体，并将停电信息在政府网站和媒体上进行公告，扩大公众知晓面，提高了客户满意度。畹町分公司根据地域特点，走出国门，将服务延伸到境外，为缅甸边民用户提供用电咨询和维护维修服务，增进了两国胞波情谊。

【电网规划建设】 2011年，德宏供电有限公司围绕桥头堡黄金口岸和瑞丽重点开发开放试验区建设，开展6个方面的专题调研，制定专项投资计划。完成德宏州“十二五”110千伏及以下配电网规划修编工作，并通过省公司评审；完成盈江“3·10”地震灾后电网恢复重建总体规划；完成龙瑞高速公路供电工程等设计审查11项；完成硅冶炼等大客户用电项目报审工作14项；完成2011年农网升级改造工程可研上报；实施基建一体化工作，完成基建工程19项。

【达标创建工作】 2011年，德宏供电有限公司开展“制度建设、管理提升年”活动，推进县级供电企业基础管理达标工作，巩固提高梁河和畹町分公司达标建设水平，启动芒市、瑞丽、陇川、盈江4个分公司达标建设。完成调度界面优化调整工作，实施配调管辖范围内电站、大用户等单位相关人员的资格认定培训和考试。推进办公室系统“一体化、创先进”工作，完成6个分公司档案规范化管理工作达标创建，并通过省公司验收。设立变电管理所和输电管理所，实现电网运行专业化管理，进一步规范劳动组织、薪酬管理、退休和内退(待聘)员工管理、住房公积金管理等工作。按照南方电网公司一体化管理的要求，组织完成管理制度清理工作，清理后保留或补充管理制度共计137个，其中有111个审核后获得制度编号。

【经营管理】 2011年，德宏供电有限公司强化财务管理，加强资金归集工作，资金归集率达99.5%。开展“小金库”专项治理重点检查工作，继续推进“三指定”治理工作，加强审计工作，实施分公司经理离任审计和工程项目审计，积极配合南方电网公司审计组进驻公司，开展财务收支审计工作，并对审计组提出的问题，及时制定整改措施，安排布置整改工作。完成保密责任书及保密承诺书的签订，加强保密宣传，开展内部安全保密自检自查工作，并邀请德宏州保密局的领导和专家到公司讲授保密知识，对机要文件和涉密计算机进行严格管理，全年未发生泄露国家秘密和企业商业秘密的事件。规范各分公司信访登记和上报表格，认真做好来人来访来信处理和回复工作，不引发和上交矛盾，并通过集中开展矛盾纠纷排查，了解情况、掌握动向，针对不同群体开展工作，有效化解了各种矛盾。全年公司未发生上访事件。

【人力资源管理】 2011年，德宏供电有限公司按照南方电网、云南电网公司相关要求和程序，注重沟通酝酿、民主推荐、组织考察、提出任用建议、讨论决定等干部选拔任用关键环节的把握，坚持德才兼备、以德为先的用人标准，开展干部选拔任用工作。全年公司选拔、调整干部13批次共31名，其中选拔任用19人，均呈现年青化、专业化，在德、能、勤、绩、廉等方面表现突出，干部队伍结构进一步优化，选人用人满意度稳步提升。加强青年干部培养，充实后备干部队伍，推荐处级后备干部14名，科级后备干部45名，推选1名青年干部参加南方电网"百名优秀年轻干部"培训，推选1名青年干部参加省公司"青干班"培训。公司把人才发展"六大工程"与员工素质工程有机结合，实施人才强企战略，实现一线员工100%持证上岗，完成安规100分考试。加强生产一线员工的业务和实操技能培训工作，组织参加各类培训240项，培训人数达9965人次，人均受训7.4次，参加云南电网公司组织培训115项，培训1404人次；其他培训15项243人次；本公司内部培训99项，培训8307人次，员工素质得到不同程度的提升。

【开展服务活动】 2011年，德宏供电有限公司围绕"提高电力供应能力，切实保障民生用电，提升客户满意度水平，促进社会和谐稳定"这一总体目标，开展"六走进"、"五到位"服务活动和窗口单位"四亮四评"活动。成立服务小分队39支，发放宣传资料约1.2万份，回答用户咨询约2000次，收集客户意见和建议93条，"六走进"服务小分队分别走进农村33次、社区24次、校园25次、医院17次、企业34次和困难家庭32个，宣传用电知识，开展用电服务，切实解决广大用户生活、生产中的实际用电问题；评选先进基层党组织6个、优秀党员36名、优秀党务工作者7名；办理预备党员转正19名，吸收预备党员15名，培养入党积极分子46名。

【抗震救灾】 2011年，盈江发生5.8级地震，德宏供电有限公司立即启动地震应急Ⅰ级响应，组织有力、反应迅速、措施得当、成效显著，10小时后灾区县城大部分客户供电恢复，保障了灾区和受灾群众生产生活用电，夺取了抗震救灾复电工作的胜利，得到各级党委政府和网省公司的充分肯定。在抗震应急抢险复电期间，公司巡视排查110千伏输电线路148公里，35千伏输电线路237公里，10千伏线路1369公里，0.4及0.22千伏线路1431公里，配电变压器1897台；接到报修728次，接待咨询680次，出动优质服务人员1200余人次，车辆280余辆次。盈江进入灾后恢复重建期后，公司及时组织开展资产受灾情况评估工作，编制盈江"3·10"地震灾后电网恢复重建总体规划，完成35千伏象旧线等部分灾后恢复重建工程。同时，采取开辟绿色通道、减免重建户用电安装工时费等措施，积极支持盈江恢复重建工作。

【表彰先进】 2011年，德宏供电有限公司获云南电网公司规划前期工作先进单位；获云南电网公司"优质服务"先进单位；获德宏州"五五普法""三五"依法治州工作先进单位；获德宏州委州政府第五批新农村建设工作先进集体；获德宏州综治维稳工作一等奖；获德宏州市级文明单位；获德宏州烤烟工作先进单位。盈江分公司党总支获云南电网公司红旗党支部；芒市胞波路营业厅获云南电网公司"优质服务"先进营销班组；芒市分公司目脑纵歌路营业厅获省级"青年文明号"称号；梁河分公司获云南电网公司"安全生产"县级供电企业先进单位。何业松获南方电网公司优秀共产党员，林元霸、唐姝莹、刘能获云南电网公司优秀共产党员；许晓后获南方电网公司先进工作者；侯永涛、车茂朝、姚春、杨浩东获云南电网公司安全生产先进个人；马梓媛获云南电网公司青年达人秀活动三等奖；赵家远获云南电网公司"优质服务"先进个人；周云芳、尹可和评为云南电网公司无差错安全操作人员；陈国源获德宏州烤烟工作先进个人；车绍斌、林明获德宏州见义勇为先进个人。公司工会工作被云南电网公司工会评级为A类，荣获"优秀工会办公室"称号。

（《德宏供电有限公司》撰稿 孙 华 杨荣娟）

云南电网公司德宏供电局

【概 述】 2011年，德宏供电局认真贯彻落实网公司中长期发展战略和网、省公司工作会议精神，紧紧抓住德宏桥头堡黄金口岸及瑞丽重点开发开放试验区建设的重大历史机遇，全力抓好安全生产、经营管理及队伍建设，加快电网规划建设，深化党建工作，加强组织绩效计划过程管理，圆满完成了各项目标任务。德宏州有110千伏及以上变电站24座，变电总容量436.7万千伏安，其中德宏局所辖变电站8座，分别为500千伏变电站1座，220千伏变电站5座，110千伏变电站2座；110千伏及以上变电总容量319.3万千伏安；110千伏及以上输电线路总长1013.47千米。德宏地区有水电站127座，总装机容量325万千瓦(含境外)。全年全网完成发电量140.4亿千瓦时，比上年增加15.74%，其中境内发电115.6亿千瓦时，境外发电24.8亿千瓦时。全州最大负荷79.8万千瓦，日最大用电量1653.70万千瓦时；全社会用电量35.20亿千瓦时，比上年增长20%。德宏局购小水电量23.6亿千瓦时，比上年增长9.76%；转供电量14.98亿千瓦时，增长48.76%。截至年底，德宏局资产总额达到15.68亿元。

【表彰先进】 2011年2月，德宏供电局自动化组荣获"云南省工人先锋号"及南网公司"工人先锋号"荣誉称号。3月德宏局工会荣获省公司"2010年工会目标责任制考核先进单位"称号。5月在省公司团委开展的"感动云网——寻找身边榜样"活动中，盈江集控站荣获先进集体称号。局档案工作达到南网"优秀级"档案管理标准。德宏供电局荣获德宏州惩防体系建设暨党风廉政建设责任制优秀单位称号，获德宏州综治维稳先进集体一等奖。

【抗击盈江地震】 2011年3月10日12时58分12秒，盈江县发生5.8级地震，地震震源浅，仅10千米，震中位于人口稠密地区，距县城仅2千米，使盈江、梁河县城全停。德宏局所辖电网内220千伏盈江变、卡场变和110千伏勐嘎变被迫停运，电网设施也受损严重，负荷损失2.3万千瓦，损失电量128.2万千瓦时；更为严重的是地震造成25人死亡，直接经济损失达23.848亿元之多，给当地人民群众生命财产造成重大损失。地震发生后，云南电网公司立即启动破坏性地震Ⅲ级响应，德宏局迅速成立应急领导小组，启动破坏性地震I级响应，并立即召开抗震应急紧急会议，明确抢修方案，积极安排部署抗震抢修恢复供电工作，重点抢修220千伏盈江变主变和线路避雷器等受损严重设备。同时，迅速开展应急抢险工作，及时恢复重要用户供电。全局上下坚持"大灾当前，责任在先"的理念，经过11小时48分钟的努力，220千伏盈江变1号主变抢修结束恢复正常运行。最终，经过56小时49分钟的连续奋战，电网恢复至震前的正常运行方式，抗震救灾工作取得全面胜利。在抢修复电的同时，积极捐款捐物，将100套被褥，17张折叠床、50块床板，64顶帐篷及其它生活用品迅速运送到灾区，员工积极向灾区捐款30771元，缴纳特殊团费6700元，树立了负责任央企的良好形象。

【安全生产】 截至2011年12月，德宏供电局连续安全运行771天，安全生产总体保持平稳。一、突出抓好安全生产过程管控。开展设备风险和隐患排查专项工作，加强对输变电设备的巡视和特维工作；积极开展应急工作，修编应急预案14份，在汛期和枯期分别开展德宏电网调度系统防破坏性地震联合反事故演习；有效开展技术监督工作，积极推进设备状态检修，获得省公司状态检修资质，并完成相关输变电设备的状态评价工作；完成设备预试定检261台，消除输变电设备紧急缺陷6起，重大缺陷22起。二、强化安全风险体系建设。加强对员工的安全教育培训，使员工从思想上筑牢安全防线，提高风险防范意识，各级人员安全生产责任制得到有效落实。三、全力推进调度一体化工作。8月1日全面完成德宏电网调度管辖范围调整工作。至此，德宏州内所有110千伏电网全部划归德宏地调进行调度管理，保障了德宏电网安全、稳定、经济运行，提高了调度管理水平。

【电网规划与建设】 2011年，德宏供电局按照网、省公司基建一体化要求，大力推进基建标准化管理，严格管控基建项目安全、质量和进度。全面完成与省公司签订的目标责任状，即110千伏及以上工程实现3项开工，4项投产的目标，新增变电容量36.3万千伏安，输电线路38.62千米。其中：220千伏瑞丽输变电工程作为网省公司基建一体化管理示范项目，南网重点工程作为德宏局重点工作之一，通过各方面努力，该工程于10月26日提前实现“零缺陷”投产。全年完成固定资产投资23405.57万元，其中电网建设投资21261万元。8月24日，省公司吴宝英副总经理一行到德宏调研期间，就公司支持德宏桥头堡黄金口岸及瑞丽重点开发开放试验区建设与德宏州委州政府领导进行座谈，吴宝英和副州长孔勒干分别代表省公司和德宏州政府，签署《十二五期间支持地方经济建设，促进电网可持续发展框架协议》。

【经营管理】 2011年，德宏供电局不断加强经营管理。一、高度重视财务管控工作。认真学习相关制度，并结合实际制定《德宏供电局收支两条线管理要求和完善措施》，不断优化完善资金支付审批流程，进一步增强资金安全管控能力，通过“日监控、周反馈、月汇报”和召开资金审定会的管理模式，实现对资金管理从计划到使用的全过程监控，确保资金有计划使用，不断提高资金使用效率，积极推进财务信息化建设。同时，作为风险识别体系的试点单位，率先实现风险识别与财务信息化的有机结合，实现了对预算、资金支付风险的全过程管控。二、积极开展审计工作。高度重视、认真开展“大审计”工作，积极做好南网财务收支审计迎审工作，成立迎审机构，制定工作方案，积极主动与审计组进行沟通，认真做好审计资料提供和现场审计过程中相关业务的解答工作，虚心接受审计组提出的意见和建议，并对存在的问题进行认真整改。三、进一步加强基础管理工作。围绕省公司下达的组织绩效计划工作目标，进一步加强组织绩效计划的过程管理和监控，定期召开绩效分析会，不断改进绩效管理水平，完成省公司下达的14项重点工作任务，各项考核指标完成情况良好。在省公司年度综合考核中，该局全年组织绩效考核排名第十，较上年提升一名，档案工作达到南网“优秀级”档案管理标准。

【人力资源】 2011年，德宏供电局设8个职能部门和2个二级机构，年末有员工225人。一、加强领导班子和干部队伍建设。年内，选拔任用干部3批次，提拔8人，其中竞争性选拔上岗1人。全年各级干部认真践行“一线工作法”，深入一线基层调研250次，提交调研报告60份，解决问题420个。二、深入推进员工素质工程。编制人才发展实施工程，大力做好人才培养工作，全员员工参加培训757期，其中外出培训92期，培训率达100%，经省公司考核，被评为优秀单位。

（《德宏供电局》撰稿　彭应德）

安全生产

【概　述】 2011年，德宏州安全生产工作认真贯彻落实“安全第一、预防为主、综合治理”的方针，紧紧围绕桥头堡黄金口岸建设和瑞丽重点开发开放试验区建设工作目标，严格按照年初全省安全生产工作会议的工作部署和要求，按照《云南省安全生产委员会关于做好省人民政府重点督查安全生产工作的通知》和《德宏州人民政府关于推进实施2011年全州重点督查的20个重大建设项目和20项重要工作的通知》文件要求，认真制定专项整治工作方案，深入开展煤矿、非煤矿山和尾矿库、危险化学品、烟花爆竹、重点工程建设等领域安全生产专项整治；以贯彻落实《国务院关于进一步加强企业安全生产工作的通知》和《云南省人民政府关于进一步加强安全生产工作的决定》精神为核心，以开展治大隐患防大事故隐患排查治理为重点，以强化企业安全生产主体责任和“一岗双责”为抓手，以事故指标控制为目标，继续深入开展“安全生产年”活动，切实加强监督管理，全力维护全州安全生产形势稳定。

一、重视安全生产工作，切实加强领导。1月23日、24日州委书记赵金、州长分别听取全州安全生产工作情况汇报，对安全生产工作作出批示：“各级党委、政府一定要牢固树立安全发展的理念，切实加强领导，落实责任，强化监管，加大投入，严格执法，严肃责任追究，认真履行安全生产的监管责任”；8月18日，州委常委、秘书长番跃平听取安全生产工作汇报，要求加强安全生产责任制的落实，不断提高安全管理的水平和能力；4月21日和9月8日，州委常委、纪委书记赵镇康2次听取安全生产工作汇报，要求安监部门要坚持“以桥头堡黄金口岸和瑞丽重点开发开放试验区建设为中心，以事故控制指标为核心，坚决遏制各类安全事故发生，特别是防范重特大事故发生”；9月16日，州委常委、组织部长何汝利听取安全生产工作汇报，要求加强领导班子和干部队伍建设，加强安全监管，有效预防和减少各类安全事故的发生；9月1日，副州长马闻听取州安监局工作情况汇报，对抓好安全生产工作提出了新要求；12月5日，州政府召开德宏州第十三届人民政府第

31次常务会议，听取州安监局安全生产工作情况汇报，专题研究安全生产工作，并同意州安监局增加1名副局长(副处级)领导职数，同意在州安监局和县市安监局成立安全生产执法大队，同意按省政府要求安排相关安全生产监管装备经费。

二、认真贯彻落实省政府关于进一步加强安全生产工作的决定精神。11月18日，州政府召开全州安全生产和煤电油运专题会议，认真贯彻落实省政府会议精神，州政府办制定下发《德宏州人民政府办公室关于贯彻落实省政府关于进一步加强安全生产工作决定的通知》，明确要求各县(市、区)人民政府主要领导担任安全生产委员会主任，常务副职分管安全生产工作。明确主要领导对本地、本行业领域的安全生产工作负全面责任，分管安全生产工作的领导对本地、本行业领域的安全生产工作负综合监管责任，分管其他工作的领导对其分管工作范围内的安全生产工作负直接分管责任。

三、深入开展"安全生产年"活动。一是强化工作部署。州安委会制定下发《德宏州安委会关于继续深化安全生产年活动文件的通知》。按照州政府领导的工作要求，1月25日、4月2日、5月6日、10月28日州安监局召开县市安监局长和安委会成员单位会议，对继续开展安全生产年活动提出要求。二是强化督促检查。始终把加大督促检查力度作为安全生产监管的重要手段，1月27至31日，州安委会组织州公安、消防、工商、质监等到部门，认真开展春节和两会前安全大检查。4月6日至4月8日，7月27日至7月30日，州政府分别抽调州安监、公安交警、公安消防、农业等部门领导组成2个督查组，对各县市政府及部份乡镇、企业安全生产情况进行督导检查。7月5至8日，州安监局组成检查组，对各县市安全监管工作情况进行督促检查。9月28至30日，州安监局认真组织开展安全生产大检查，确保国庆节期间安全生产形势稳定，预防各类安全事故发生。三是严格落实安全生产约谈、事故查处挂牌督办等制度。年内州安委办对连续发生事故的3户企业进行约谈，督促企业必须切实加强安全生产管理，认真吸取事故教训，避免再次发生安全生产事故，对发生事故的企业进行挂牌督办，严格要求各级政府按照"四不放过"的原则，严肃查处事故。

四、积极推进企业安全标准化建设。按照省安委会《关于开展企业安全生产标准化建设的实施意见》，认真开展金属非金属矿山、危险化学品企业安全生产标准化建设工作。一是召开专题会议，安排部署标准化工作。5月6至7日，召开全州金属非金属矿山、危险化学品安全生产标准化建设工作推进会议，对安全标准化工作进行安排部署。邀请省政府安全生产专家组成员、昆明理工大学教授郭忠林就矿山安全标准化建设工作进行专门培训。二是制定工作方案，推动安全标准化工作。先后转发金属非金属矿山、危险化学品企业安全标准化考核细则等标准化细则，明确标准化建设责任、进度、考核标准、评分方法等，推动标准化建设的深入开展。三是积极开展安全生产标准化建设活动。全年全州金属非金属矿山安全标准化建设计划完成42家，化工生产企业安全标准化建设考核通过率达50%。中石油德宏分公司、中石化德宏分公司危险化学品经营企业安全标准化建设考核通过率达30%，至年底已有56家金属非金属矿山企业通过评审验收达到标准化。

五、严格安全生产指标控制，强化安全生产目标量化管理。全年全州发生各类安全事故159起，死亡76人，事故起数比上年同期下降5%、死亡人数下降1%。其中：道路交通事故70起，死亡62人，事故起数比上年同期上升18%、死亡人数与上年同期持平。消防火灾事故78起，事故起数与上年同期持平，无人员伤亡。生产企业安全事故11起，死亡14人，事故起数比上年同期下降31%、死亡人数下降6%。省政府下达各类安全生产控制指标为76人，实际死亡76人，未突破省政府下达的控制指标。年内发生2起较大事故，其中道路交通发生1起，死亡3人；工矿企业发生1起，死亡4人。

【调整安全生产委员会成员】 2011年12月5日，德宏州政府召开第十三届人民政府第31次常务会议。会议决定，为进一步加强安全生产工作，决定对州安全生产委员会成员单位及成员进行调整和充实。12月7日，州政府以德政办发〔2011〕232号文件下发《德宏州人民政府办公室关于调整州安全生产委员会成员的通知》)。调整后的州安全生产委员会组成人员为：州长龚敬政任州安委会主任，州委常委、常务副州长柳五三任常务副主任，副州长马闻、州政府秘书长周湛鸿、副秘书长蔺汝健、副秘书长孙孔龙、州安监局局长郭山任副主任，州直有关部门的主要领导为成员。同时，新增加州人民防空办公室、武警德宏州边防支队为成员单位。

【煤矿安全专项整治】 2011年，德宏州仅有1户煤矿企业，设计开采能力3万吨，实际采煤1.5万吨，属小型地方煤矿。德宏州安全生产监督管理局按照专项整治工作的方案，深入开展煤矿安全生产专项整治工作。一是组织煤矿安全检查组，认真排查煤矿安全隐患。排查出煤矿安全隐患及问题17条，已整改15条；发出现场整改决定书5份。二是组织开展煤矿水患防治及“雨季三防”设施、“一通三防”、瓦斯治理、监控联网及煤矿安全专项整治。建立完善煤矿安全隐患跟踪治理台账，提高隐患整治质量。三是加大对非法开采小煤窑的打击力度。炸封取缔非法开采小煤窑2个，查处非法开采人员3人。四是按照省政府“煤矿瓦斯专项整治”和建立完善“井下六大系统”的工作要求，督促企业认真整改。至年底已完成监测监控系统、压风自救系统、供水施救系统、通信联络系统的建设，人员定位系统、紧急避险系统正在加紧筹备建设中，瓦斯排放达到要求。

【非煤矿山专项整治】 2011年，德宏州政府将非煤矿山专项整治工作列入20项重点工作督查内容之一，紧紧围绕“五有、五落实、十达标”的要求，认真开展专项整治。一是制定下发《2011年非煤矿山安全监管重点工作安排的通知》等文件。8月20至21日，州安监局在梁河县云锡梁河公司、盈江县昆润实业有限公司、盈江县红盈工贸有限责任公司组织召开全州非煤地下矿山安全管理现场会，积极推进非煤矿山专项整治工作；二是全面进行矿山开采设计，严格按设计布置开拓工程，规范开采。全州108户企业已开展矿山开采设计工作，其中完成设计并通过评审的企业有86户；三是监督企业落实领导现场带班制度，开展安全隐患排查治理工作。排查企业133户，排查出一般隐患783项，整改738项，整改率94%。排查出重大隐患3项，已整改1项，取缔关闭非煤矿山6座；四是推广使用新技术、新设备，改善安全生产状况。12月29日，州安监局组织召开全州地下矿山“六大系统”建设推进会，全州已有55户露天矿山使用中深孔爆破技术，大部分矿山使用液压破碎锤进行二次破碎和机械铲装，全州91户非煤露天矿山通过专项整治验收，56户非煤矿山达到标准化建设，并经过验收。

【尾矿库专项整治】 2011年，德宏州有尾矿库11座，其中在用库6座，已停用库4座，已闭库1座。德宏州安全生产监督管理局按照“规范完善一批、停产整顿消除隐患一批、明确监管责任人一批”的工作要求，对全州尾矿库进行认真的排查和梳理。消除隐患16项，取缔关闭不具备基本安全生产条件的尾矿库4座，在用尾矿库的安全生产许可证取证率由整治前的30%提高到100%，安全管理明显加强；完善全州6个尾矿库的安全管理规章制度、应急预案和安全管理档案。

【危险化学品专项整治】 2011年，德宏州安全生产监督管理局制定下发《德宏州2011年化工企业安全生产专项整治实施方案》和《德宏州危险化学品和烟花爆竹企业安全隐患排查治理专项行动实施方案》，组织开展危险化学品专项整治工作。一是对危险化学品生产、经营、储存、运输、使用企业进行检查和隐患排查治理。排查企业187户，发现隐患334处，已整改302处，形成现场检查记录334份，下发整改指令12份。二是联合公安、交通、环保、质监等相关部门对危险化学品运输环节进行严格检查。全州2家危货运输企业有137辆危货运输车，均安装GPS系统，每辆车建立车辆技术档案，驾驶员持有危险货物运输从业资格证。三是加强非药品类易制毒化学品安全监管，对非药品类易制毒化学品经营企业的管理制度、购销台账、产品流向、人员培训等情况进行检查，检查非药品类易制毒企业5家，针对企业制度、台账不完善等问题，认真督促企业进行整改。四是认真开展民爆行业安全生产专项行动。制定《2011年德宏州民爆行业安全生产专项整治实施方案》，组织开展2次民爆行业安全大检查，组成4个督查组对民爆安全生产整治工作进行督查。检查民爆器材专营公司及下设3个销售网点，发现重大安全隐患2处（州民爆器材专营公司、盈江民爆经营网点仓库不符合标准规范），下达整改指令2份。五是加强职业病防治工作。全州存在职业危害因素的企业有529户，制定下发《德宏州2011年职业安全健康监管重点工作》，按照国家、省的工作要求，认真开展职业病防治工作。年内，对209户企业开展职业危害督促和检查工作，发现隐患164条，已整改132条，列入整改计划31条，落实整改资金92.4万元。

【烟花爆竹专项整治】 2011年，德宏州安全生产监督管理局制定下发《德宏州危险化学品和烟花爆竹企业安全隐患排查治理专项行动实施方案》，按照“方案”要求，组织对烟花爆竹生产、储存、运输、销售及管理工作检查。开展检查行动21次，出动人员610人次，出动车辆400车次，检查生产经营(批发零售)户973户，下发《责令改正指令书》28份，《强制措施决定书》5份，排查隐患434条，已完成整改399条，暂扣经营许可证5户；对陇川烟花爆竹厂安全距离不足的重大隐患，实行挂牌督办，对芒市、盈江等烟花爆竹储存仓库存在的隐患，限期完成整改。

【重点工程建设专项整治】 2011年，德宏州安全生产监督管理局按照重点工程建设项目的要求，组织如下监督检查。一、2月22至28日，州政府组织督查组对全州糖厂安全生产工作进行督促检查。二、3月1至7日，州安监局组成检查组深入云锡梁河矿业公司新建尾矿库、大盈江一、二、三级电站，盈江昆润实业公司狮子山铅锌矿，腾陇二级公路建设指挥部，户撒山隧道，潞梁二级公路等重点建设工程进行检查。三、3月31日，州安委办对德宏国际泼水节施工场地进行现场检查，确保泼水节期间，各种设施场地的安全。四、9月，组织相关专家组成评审组，对云南德宏英茂糖业有限公司景罕糖厂、盈江县弄璋糖厂的技改项目安全预评价报告进行评审，为抓好企业的安全生产工作打下坚实基础。五、9月5日，州安监局组织水电专家对芒市龙山水电开发有限责任公司南马河三级水电站、南公河水电站等10余家水电企业进行安全检查。对芒市大唐芒里水电公司芒里电站、盈江县木笼河三级、四级、五级等8家水电站进行安全“三同时”专项验收，切实加强对水电站的安全监管。六、12月30日，州政府在瑞丽召开龙瑞高速公路建设推进会，强调要切实加强安全管理，避免安全生产发生。

【开展打非治违专项行动】 2011年，德宏州安委办根据《云南省安全生产委员会关于印发云南省开展严厉打击非法违法生产经营建设行为专项行动实施方案的通知》(云安发电〔2011〕3号)精神，认真组织安监等有关部门，采取有效措施，严厉打击道路交通、煤矿、非煤矿山、建筑施工、危险化学品、烟花爆竹、民用爆炸物品、冶金、特种设备、水利、建设工程等重点行业和领域中存在的非法违法行为。州安监局、州交通局、州国土资源局、州公安局、州发改委、州建设局、州经委、州监察局、州质监局、州工商局等部门组成10个督查组，查处无烟花爆竹零售许可证67户，无交通运输许可证1户，查处企业负责人未培训取证2人，安全管理人员未培训取证36人，特种作业人员未持证上岗68人。

【宣传教育培训】 2011年，德宏州安全生产监督管理局认真贯彻《国务院关于进一步加强企业安全生产工作的通知》及省政府《实施意见》，加大宣传教育培训力度，强化企业安全生产主体责任落实，紧紧围绕“安全责任，重在落实”这一主题，采取各种方式深入开展安全生产宣传活动。6月1日，州长在德宏电视台、德宏团结报、德宏广播电台发表《安全责任，重在落实》的电视讲话。6月12日，德宏州第十个安全生产月咨询日活动在芒市街心花园举行，副州长、州安委会主任马闻出席宣传活动。1至11月，全州举办非煤矿山、危险化学品、电站负责人、安全管理人员安全生产资格培训11个班，培训749人；尾矿库培训1个班，培训52人；举办烟花爆竹、电工、电焊工等特种作业人员培训14期16个班，培训915人。

【开展安全生产“三项行动”】 2011年，德宏州安全生产监督管理局深入开展安全生产“三项行动”。全年全州开展安全生产执法行动571次，查处无证或证照不全从事建设、生产、经营活动的183起，私挖滥采、越界开采11起。排查煤矿、非煤矿山、危险化学品、烟花爆竹、冶金等工矿企业1157户，排查出隐患2522项，已整改2361项，整改率达94%；累计落实隐患治理资金1737万元。排查交通运输、建筑、电力、水库、农机、学校、渔业、特种设备、商场市场人员密集场所等重点行业领域企业单位2231家，排查出事故隐患2148项，已整改1981项，整改率达92%；累计落实隐患治理资金105万元。开展宣传教育活动332次，参与人数15.01万人次。通过治理整顿，关闭和取缔不符合安全生产条件的企业6个。

【开展“安全隐患排查治理”专项行动】 2011年，德宏州政府为开展治大隐患防大事故安全隐患排查治理专项行动，专门成立治大隐患防大事故安全隐患排查治理专项行动领导小组，组长由州人民政府副州长马闻担任，副组长由州人民政府副秘书长孙孔龙、州安监局局长郭山担任，成员由州安监局等部门领导组成。州政府制定下发《德宏州人民政府办公室关于印发开展治大隐患防大事故安全隐患排查治理专项行动实施方案的通知》(德政办发〔2011〕160号)，并实行部门分片包干联系制度。州安监局、州水利局、州公安局、州发改委、州交通运输局、州住建局、州质监局、芒市机场8个部门负责联系6个县市区开展专项行动。8月17日，州政府组织召开全州安全生产暨安委会联席电视电话会议，认真贯彻中央领导重要指示和国务院安委会全体会议精神，安排部署开展治大隐患防大事故安全隐患排查治理专项行动。9月1日，州人民政府召开专题会议，听取各有关部门开展治大隐患防大事故安全隐患排查治理专项行动情况汇报，对治大隐患防大事故安全隐患排查治理专项行动工作进行再动员、再部署、再安排。按照省、州的要求，9月25日，州安委办召开会议安排部署督查工作，对各县市开展治大隐患防大事故安全隐患排查治理工作情况进行督查。9月29日，州安监局组成督查组，在局长郭山的带领下深入瑞丽市开展督查工作。专项行动中，全州排查企业1947户，排查出一般隐患2327项，已整改2262项，整改率达97%；排查出重大隐患15项，已整改9项，整改率达64%，正在治理6项；列入重大危险源、危险点防范的有6项。

【安全应急管理】 2011年，德宏州安全生产监督管理局切实加强应急管理工作。一是切实加强应急救援能力建设，依托云锡梁河矿业公司成立德宏州矿山救援队，有救护队员15人，8月20日举行挂牌仪式。为加强综合性应急救援队伍建设，经州政府批准，依托公安消防支队，安监、交警、住建、环保等部门参加的德宏州综合应急救援队，州消防支队除承担消防工作以外，承担综合性应急救援任务。目前，各县市依托各级消防部队均成立综合应急救援队伍。二是突出安全监管装备建设。年内，为切实提高安监部门的安全生产监管能力，各级政府在财政比较困难的情况下，仍然拨出专款用于各级安监部门的装备建设，州政府下拨州安监局安全监管装备资金120万元。三是突出应急处置能力建设。为进一步提高应急救援的处置能力，组织开展多部门联动的水电站事故应急演练、加油站、天燃气火灾事故应急演练、矿山安全事故应急演练、道路交通事故应急救援演练，应急救援能力得到有力提升。

(《安全生产》撰稿　王继华)

旅　游

【概　述】 2011年，德宏州旅游工作紧紧围绕州委五届十三次全会精神及州第六次党代会精神，以国家实施桥头堡战略和瑞丽重点开发开放试验区建设为契机，开拓创新，锐意进取，以大旅游企业进入为战略，以旅游振兴计划为主线，以旅游文化一体化发展为主动力，以项目和营销为“双轮”驱动，克服环州3条干道有2条在修建、盈江3·10地震影响、边境旅游异地办证停办等诸多不利因素的制约，圆满完成州委、州政府年初确定的各项目标任务，掀起了德宏旅游产业“十二五”快速发展的新序幕。全州游客接待总人数532.09万人次，比上年增长13.35%，其中海外旅游者11.99万人次，增长26.36%；国内旅游者人数520.1万人次，增长12.91%。口岸入境一日游人数135.72万人次，比上年增长7.77%。实现旅游总收入60.07亿元，比上年增长30.82%，旅游业实现平稳快速发展，德宏旅游在全省的影响力和产业地位得到明显提升。

旅游业实现平稳快速发展的主要原因和采取的主要措施有：一是抓项目建设，把资源优势转化为产品优势，把产品优势转化为经济优势，进一步夯实产业发展基础。二是抓宣传促销，扩大德宏对外知名度，进一步树立良好旅游形象，加强与周边地区的区域旅游合作。三是抓行业管理，维护旅游市场秩序，营造良好市场环境和游客口碑。四是抓教育培训，加快旅游专业人才和技术服务人才的培养，增强旅游发展软实力。五是“桥头堡黄金口岸”和“瑞丽重点开发开放试验区”建设的正式启动，形成了明显的洼地效应，人流、物流、资金流、信息流等迅速聚集，全面推动旅游业快速发展；德宏旅游集团的资源整合作用明显，中国·德宏2011国际泼水节的节庆效应拉动巨大。

【旅游项目建设】 2011年，德宏州旅游工作“按照大项目带动大发展”的战略，坚持一手抓重大重点旅游项目建设，一手抓旅游项目招商引资，把资源优势转化为产品优势，把产品优势转化为经济优势。截至年末，勐巴娜西珍奇园、景成地海温泉度假中心、景成地海运动场、芒市珠宝小镇一期、南亚红木国际博览中心、莫里热带雨林景区、勐焕大金塔一期等项目工程建设，累计总投资达15亿元。德宏响声旅游文化休闲中心项目和《有一个美丽的地方》原生态大型旅游歌舞剧基本建成，已转入后期提升和特效制作、节目优化阶段。旅游项目招商成果显著，已引进浙江杭州市城市建设投资集团、浙江大华建设集团、浙江钱江房地产集团、云南世博集团、云南奥辰集团、云南投资集团、云南华丰集团等参与德宏旅游项目开发，协议总投资开发资金达200多亿元。

【旅游宣传营销】 2011年，德宏州旅游宣传营销主要做了如下工作：一是继续实行点对点的宣传营销策略，增设成都旅游营销中心，巩固周边省份客源市场。7月，成都洛带古镇水龙节期间，德宏州以陈德金副州长带队，组成强大阵容赴成都开展宣传促销活动，通过召开新闻推介会、民族歌舞演出、宣传资料发放以及现场咨询介绍等形式的宣传，进一步加深了成都市民对德宏的了解与认识；二是2011中国昆明国际文化旅游节昆明狂欢节上德宏旅游大放异彩。昆明狂欢节于4月30日至5月2日在昆明举行，州旅游局、州旅游集团组成近200人的德宏代表团，参加昆明狂欢节。本次活动德宏州以“美丽德宏·浪漫之旅”为参展主题，开展巡游活动3次，定点表演5场次，驻足观看的游客累计达万余人次，互动展示了德宏5种世居少数民族的生产生活和民族文化，发放《德宏响声》、《石破天惊》、相关画报、宣传册等宣传资料近5千余份。德宏代表团成为昆明旅游狂欢节上最耀眼、最亮丽的一支队伍；三是积极组织参加中国国际旅游交易会。10月27至30日，由国家旅游局、云南省政府、中国民用航空局主办的2011中国国际旅游交易会在昆明隆重举行，德宏州购买展位12个，以“美丽德宏·浪漫之旅”为宣传主题，以推介德宏旅游线路为重点，通过实物展示、歌舞表演、播放宣传片等多种形式，推介德宏州的美景、美玉、美食，发放各种宣传资料20000册，近60000人到德宏展台咨询，并达成意向性协议20个，达成意向性组团金额达400万元，充分展现了德宏的魅力。德宏所取得的丰硕成果，被云南省旅游局评为“最佳展台奖和最佳组织奖”2个最高奖项。同时，“德宏旅游新产品说明会”在本届旅交会期间举办，受到各届媒体记者的关注，进一步扩大了“有一个美丽的地方——德宏”这一旅游品牌的知名度和美誉度；四是全面拓展航空旅游市场工作。与东方航空公司、四川航空公司、祥鹏航空公司等签订相关合作协议，分别开通芒市至缅甸曼德勒、芒市至北京、芒市至上海、芒市至广州、芒市至成都等多条国际国内航线，努力实现旅游目的地和客源地的对接；五是加大旅游形象广告投放力度，在人民网中、英文网站开辟为期一年的德宏旅游文化宣传专栏，并通过广播、电视、报纸和各种网络媒体对德宏旅游进行全方位的宣传报道。

【旅游行业管理】 2011年，德宏州旅游局在强化旅游行业管理中，主要抓好如下工作：一是加大“推星提质”进程，努力提升星级酒店的质量，引导宾馆酒店行业进入一个有序健康的发展轨道。按照国家2010版宾馆酒店星级标准的要求，州旅游局于3月16至19日及时组织“宣贯培训”，并于9月1至20日对全州星级酒店进行评定性复核工作，对不注重服务质量、不注重宾馆酒店自身建设的星级宾馆酒店，州星评委给予降星或取消星级处理，较好的维护了星级酒店的权威。全年全州新增五星级酒店1家、三星级酒店1家、待评四星级酒店2家、待评五星级酒店1家。目前，全州有星级饭店42家，其中五星1家、四星1家、三星14家、二星26家；二是加强旅游安全生产监督力度，努力营造安全的旅游环境。州旅游局同各县市区旅游局签订目标责任书，黄金周期间同公安、技术监督、卫生、工商、消防等部门联合开展安全生产大检查，平时不定期的对全州旅游企业进行安全生产的检查和督察，认真完成每月的安全生产月报和各种安全隐患排查工作。全年开展安全生产检查4次，督察1次；三是强化市场监管，维护德宏旅游市场秩序，坚决遏制各种破坏旅游市场秩序的违法违规行为。开展旅游市场检查5次，分别到景区景点、旅行社、宾馆酒店、口岸等地区开展旅游市场检查，主要针对旅行社团队服务质量、规范经营、导游服务质量等方面进行监督检查，很好的维护德宏州旅游市场秩序；四是积极开展旅行社统保工作。按照省旅游局的要求，对全州23家旅行社的旅行社统保工作进行投保，除2家申请歇业的旅行社，未开展旅行社统保外，全州所有旅行社都参加全省旅游统保工作，切实增强了旅行社的抗风险能力；五是制定德宏州旅游品质保障单位评定标准、管理办法，努力推进标准化建设。年内，评定通过德宏州旅游品质保障单位10家，全州旅游品质保障单位已达27家。

【旅游教育培训】 2011年，德宏州旅游局在旅游教育培训中主要做了如下工作：一是在盈江、畹町举办2期宾馆饭店从业人员和中餐宴会摆台服务技能培训班，300人参加培训，进一步提高了宾馆酒店从业人员的服务技能和服务水平；二是认真做好导游年检培训班和导游资格考试工作。3月，举办2期2010年导游年检培训班，240人参加了培训。全州124名考生参加年内的导游资格考试，导游队伍不断发展壮大，综合素质不断提升；三是继续加强与德宏高等专科学校联合办学，开办“旅游管理函授大专班”和“酒店管理函授大专班”，为旅游产业发展提供专业管理和技术服务人才。

【开展旅游项目活动】 2011年，德宏州旅游局在中国·德宏国际泼水狂欢节在芒市举办期间，围绕“美丽德宏、欢乐傣乡、抗震救灾、重建家园”活动的主题，认真组织开展各旅游项目工作。一是组织开展“美丽德宏——浪漫之旅”自驾车德宏游活动。组织100多辆自驾车团队赴德宏参加泼水节，成为泼水节整个活动中一道亮丽的风景线；二是摆设“傣家长龙宴”4场次，接待宾客近5000人次，其中接待参加泼水狂欢节的各级领导、国际友人、宾客、代表3500余人，接待全国公安摄影协会350人，接待四川老年专列团660人次，接待北京旅游团60人次。开展“德宏响声”表演歌舞4场次，并邀请中央民族歌舞团国家一级编导邓林、被誉为中国少数民族流行音乐第一人的香港大地唱片公司“LOLO制作群”音乐总监倮倮对歌舞制作演出进行指导。同时，邀请昆明康辉旅行社、四川攀枝花、阳关假日旅行社、大理金塔旅行社、保山兰缘旅行社一行20人到德宏，针对自驾游旅游产品和线路进行考察，并提出宝贵意见；三是积极开展吉尼斯世界记录申报的准备工作，为4月9日在德宏旅游集团胞波景区管理有限责任公司勐巴娜西珍奇园内举行世界最大的象脚鼓称重测量仪式、世界最重的钢制长刀测量称重和认证仪式做好充分准备。

【德宏旅游集团】 2011年，德宏旅游集团总部机构设置为行政中心、财务中心和项目部3个部门，旗下拥有4个全资子公司。即：畹町海外旅游有限责任公司、德宏南方丝路演艺有限责任公司、德宏胞波景区管理有限责任公司和德宏傣王宫珠宝有限责任公司。集团实行多元化经营，集旅游景区（点）整合、开发、连锁酒店、文化餐饮、旅游演艺、旅游服务和旅游资源建设经营为一体。年内，德宏旅游集团积极参与中国国内旅游交易会、中国国际旅游交易会、中国昆明国际旅游节活动以及赴成都洛带古镇的宣传促销活动，充分展示德宏州丰富的旅游资源和民族风情。截至年底，德宏旅游集团拥有员工143人，资产总额2192万元，固定资产1277万元，实现营业收入1295万元，实现利润148万元，缴纳税收28万元。其中：胞波景区公司接待旅客21万人次，实现旅游收入728万元，实现利润85万元，比上年同期增长14%；傣王宫珠宝文化中心完成改扩建任务，形成集团固定资产69万元，实现销售154万元，实现利润77.8万元；德宏响声东南亚卖场实现利润10万元；南方思路演艺公司边组建、边排练、边演出，取得了较好的成效。

（《旅游》由办公室供稿）

交 通

交 通 局

【概 述】 2011年，德宏州交通运输系统紧紧抓住实施云南桥头堡战略、新一轮西部大开发和瑞丽重点开发开放实验区建设的重要机遇，充分发扬“团结、求实、拼搏、奉献”的德宏交通精神，埋头苦干，狠抓落实，克难奋进，全力加快交通运输基础设施建设，扎实抓好行业监管，交通运输“十二五”规划实施实现开门红，全州交通运输业继续保持平稳较快的发展态势，交通运输重点项目建设实现“三个最多”。

一是德宏有史以来完成交通固定资产投资最多的一年。全年全州完成交通运输固定资产投资251333万元，全年新改建公路1340.3公里。至年底，全州纳入统计的公路通车里程达7311.112公里，其中等级公路5233.359公里，比上年增加289.897公里。

二是德宏有史以来建成高等级公路最多的一年，实现环州公路的高等级化。年内，坚持把完成腾陇和潞梁二级公路建设作为交通运输部门首要的政治任务，抓住国家取消政府还贷二级公路收费的重大历史机遇，坚定信心，破釜沉舟，建立责任制，强化服务，加强监督，统筹控制好工程进度、质量、安全，克服了筹资难、时间紧、任务重、施工条件艰苦、盈江“3·10”地震等困难和问题，全力打好二级公路建设攻坚战。建成高等级公路246.76公里，实现了2条二级公路的顺利建成通车收费和环州公路的高等级化，德宏2小时经济圈基本形成。

三是德宏有史以来启动交通运输重点项目建设和前期工作最多的一年。在充分调研和进行政策分析的基础上，组织编制《瑞丽重点开发开放试验区干线公路网建设规划》，完成与国家交通运输部、省交通运输厅的对接和协调工作，获得了支持。立足大项目带动大发展，坚持“实施一批、启动一批、储备一批”的思路，全力推进德宏交通运输“十二五”规划和瑞丽重点开发开放试验区干线公路网建设规划重点项目建设，努力推进中缅公路通道的形成和发展。瑞丽至缅甸皎漂高速公路规划已通过国家交通运输部组织的审查，待与缅方共同召开专家联席会议审查通过后即可上报两国政府审批；龙瑞高速公路项目前期工作和施工招投标等开工准备工作基本完成，召开了建设动员大会，进场道路正在抓紧建设，重点控制性工程实现开工；国道320线菲红～坝托和戛中～畹瑞桥公路改造工程工可报告已取得省发改委的批复，初步设计正在开展招投标工作；盈江县弄璋大桥工可报告、初步设计已取得省发改委的批复，正在开展施工图设计工作。以各县市为项目业主，启动了瑞丽至腾冲高速公路瑞丽至章凤段、畹町至弄岛一级公路、芒瑞大道项目前期工作，工可报告均已编制完成。

截至2011年底，全州纳入统计的公路通车里程达7415.5公里(芒市公路管理总段管养925.2公里，德宏州地方公路管理处管养6490.3公里)，其中等级公路5337.8公里，有农村公路通车里程666.9公里。按行政等级分：有国道128公里，省道620.6公里，县道1933.3公里，乡道2837.1公里，村道1773.7公里，专用公路122.8公里；按技术等级分：有一级公路16公里，二级公路626公里，三级公路187.9公里，四级公路4507.9公里，等外路2077.7公里；按路面类型分：有沥青混凝土路面1010.8公里，水泥混凝土路面61.5公里，简易铺装路面359.7公里，未铺装路面5983.5公里。全州51个乡镇(街道办事处)通沥青(水泥)路47个，正在实施4个，乡镇通沥青(水泥)路的比例达92.1%，建制村通公路率达100%，公路密度为每百平方公里64.33公里，每万人61.25公里。

【全州交通运输工作会】 2011年2月21日，德宏州交通运输工作会在芒市召开。会议全面总结"十一五"交通运输各项工作，分析交通运输面临的形势，部署"十二五"期间和2011年全州交通运输工作任务。中共德宏州委副书记唐文祥，中共德宏州委常委、常务副州长柳五三，州人大副主任汪宝泉，州政协副主席肖占先等120余人参加了会议。会议充分肯定了"十一五"以来全州交通运输工作取得的成绩。一是"十一五"时期是德宏交通运输投资增幅最大、新一轮干线公路改造全面提速的5年。"十一五"期间，全州完成交通固定资产投资41.9亿元，是"十五"期间的8.2倍，是德宏交通运输历史上增长最快的5年。至2010年底，全州纳入统计的公路通车里程为7080公里(国道128公里、省道660公里、农村公路6169公里、专用公路123公里)，其中等级公路4941公里(高等级公路441公里)，与2005年底相比增加1260公里，增长25%。潞西(遮放)至陇川(章凤)二级公路、瑞丽城子至弄岛二级公路、潞西遮放至芒海通道公路、盈江平原大桥等一批事关民生和区域经济发展的重点工程顺利完成，潞西至梁河、腾冲至陇川2条二级公路正在抓紧建设，计划2011年6月30日建成通车，龙瑞高速公路项目前期工作顺利完成。全州县际公路、重要口岸公路实现油路化，农村公路基本实现网络化，干线公路改造全面提速，至2011年6月30日，全州环州公路网可实现高等级化。二是"十一五"时期是德宏农村公路发展最快、成效最为显著的5年。"十一五"期间，全州完成农村公路建设投资14.9亿元，新建、改建农村公路3442.4公里，与"十五"期间相比，分别增长645%、229.5%。至2010年底，全州乡镇通沥青(水泥)路比例达92%，与2005年相比增加42个百分点；建制村公路通达率为100%，与2005年相比增加54个百分点；乡镇班车通达率达100%，行政村班车通达率达85%，分别比2005年增加12个百分点和6个百分点。农村公路服务社会主义新农村建设的能力显著提升，农民出行条件大幅改善，乘车难、出行难问题得到有效缓解。三是"十一五"时期是德宏交通运输服务保障能力全面加强、管理不断规范的5年。按照"多予、少取、放活"和"城乡一体化、区域网络化、布局合理化"的原则，加强政策引导，加快农村客运站点建设，引导农村客运走公司化、组织化、规范化路子，努力实现农村客运"开得通、留得住、有效益、保安全"的目标。加强客运市场监管，严厉打击无牌、无证客运车辆的违法经营行为。加强运力的组织、协调、储备和调度，做好重要物资运输和重点时段旅客运输工作，继续加大对危险物品和大型构件运输的监管力度，切实加强出租汽车管理，提高出租汽车行业服务水平，加强引导，落实政策，进一步加快发展现代物流业，加强运输行业协会建设，充分发挥行业协会在规范道路运输市场中的辅助作用，落实政策，完善措施，确保鲜活农产品"绿色通道"畅通，进一步完善预警机制和突发事件应急预案，加大对骨干企业的支持力度，依托骨干企业建设交通战备专业保障队伍和紧急运输保障体系，全面提高交通战备和紧急运输保障能力，加强水运市场监管，确保全州水运市场的健康、和谐发展。"十一五"期间，全州公路、水路运输完成客运量7755万人次、旅客周转量617778万人公里，货运量5850万吨、货物周转量460321万吨公里，实现产值35.7亿元，与"十五"期间相比，分别增长70.5%、60.5%、35.5%、76.5%、51%。公路、水路运输在德宏综合运输体系中的比重逐年增加，主体地位进一步巩固。四是"十一五"时期是德宏交通运输各项改革不断深化、管理体制机制全面理顺的5年。认真落实政府机构改革部署，按照构建综合运输体系的要求，进一步理顺交通运输管理职责、机构、编制，形成权责一致、分工合理、决策科学、执行顺畅、监督有力的行政管理体制。全州运管机构实现了州内垂直管理、机构升格和人员参公管理身份转换，经费纳入省级财政预算，基本解决了机构、经费、人员身份与行政执法不相匹配的问题；实现全州海事管理机构的单独设置，解决了全州海事工作无编制、无人员、无经费的"三无"问题。通过积极争取机构和编制，在局机关设立质量监督科，切实加强了全州交通基础设施建设的质量监督工作。认真组织实施农村公路管理养护体制改革，理顺农村公路的管理、养护体制、机制，实现了管理与养护的分离，解决了管理人员的财政供养问题。以群众满意为工作目标，通过强化农村公路特别是乡村公路日常养护、统筹组织好大中修工程、推广农村公路插牌养护和"以奖代补"制度、完善综合考核评价体系等手段，建立起符合德宏州州情的农村公路"有路必管、有路必养"新机制，农村公路通行质量比"十五"末大幅提升。将交通国有企业改革目标任务列入重要议事日程，加强领导，成立指导组，积极主动地深入企业做好宣传动员和思想政治工作，认真落实国有企业改革有关政策，正确处理好国家、集体和职工的利益关系，先后稳妥地完成州交通运输集团公司和州汽车配件公司改制工作，州属交通国有企业全部完成改制任务。认真组织实施成品油价格和税费改革，按照省交通运输厅的要求，抓紧落实取消政府还贷二级收费公路各项任务，及时组织完成州内5条收费公路的债务审计、还贷协议签订等工作。五是“十一五”时期是德宏交通运输积极参与国际合作、推进内联外通综合运输体系建设的5年。紧紧围绕把德宏建成中国面向西南开放桥头堡黄金口岸的目标，以瑞丽至皎漂港公路和中缅陆水联运通道为重点，积极配合推动中国印度洋国际大通道建设，瑞丽至皎漂港公路项目前期工作已正式启动。加强与缅甸边境对应市县政府的沟通协调，努力扩大、延伸双方的边境国际便利运输。2007年12月19日，瑞丽口岸国际道路运输管理站正式进驻瑞丽联检中心办公，标志着中缅两国的边境便利运输在瑞丽正式开展。六是“十一五”时期是德宏交通运输和谐发展、协调发展、平安创建成效突出的五年。七是“十一五”时期是德宏交通运输干部队伍、党组织和党风廉政建设全面加强的五年。

2010年各项工作主要体现在“一个明确、两个最大、三个提升”上。2010年，全州完成交通固定资产投资24.7亿元，与2009年相比增加15.1亿元，增长157.3%，其中完成农村公路建设投资3.14亿元，新改建农村公路1584公里。腾陇、潞梁二级公路建设快速推进，龙瑞高速公路建设动员会正在筹备。至年底，潞西至梁河二级公路完成投资11.5亿元，占总投资的53%；腾冲至陇川二级公路完成投资14.43亿元(含腾冲境内段)，占总投资的64.4%。二是运输保障能力持续提升。三是行业监管能力明显提升。会议认为：在整个“十一五”期间，德宏交通建设取得丰硕成果，“建、管、养”成效显著，但与先进发达地区之间的差距，在建设桥头堡黄金口岸中还需加大步伐，努力开拓创新，进一步提高认识，统一思想。要用最坚决的态度，最得力的措施，最优良的作风，推动全州大交通建设，特别是要举全州之力，全力推进潞梁、腾陇2条二级公路的建设。2011年是“十二五”开局之年，是州委、州政府确定的项目投资攻坚年、项目前期突破年、开发开放创新年、振兴旅游实施年，要着力增强五种“第一意识”，增强发展是第一目标意识；增强落实是第一政治意识；增强民生是第一责任意识；增强和谐是第一追求意识；增强团队是第一形象意识。会议要求全州交通部门要充分发扬交通人“团结、求实、拼搏、奉献”的八字方针和“事业心、责任心、公心”的三心精神，争当德宏桥头堡黄金口岸建设排头兵。

州交通运输局党委书记、局长闫信统在会上部署“十二五”期间要全力以赴抓好六项工作和年内要抓好的五项任务。“十二五”期间要努力推进德宏交通运输实现“六化”：一是全力以赴加快桥头堡黄金口岸和瑞丽重点开发开放试验区干线公路改造，努力实现干线公路高等级化。二是全力以赴加快发展农村公共交通，努力实现农村交通运输网络化。三是全力以赴加快建立现代公路、水路运输服务体系，努力实现运输服务高效化。四是全力以赴配合国家推进中缅公路、水路运输通道建设，努力实现中缅国际运输便利化。五是全力以赴加强行业监管工作，努力实现交通运输管理规范化。六是全力以赴加强交通运输干部队伍和党组织建设，努力实现交通运输干部队伍高素质化。

2011年，全州计划完成交通运输投资30亿元，比上年增长21.5%。围绕该目标任务，要着重抓好五项工作：一是着重抓好交通运输重点项目建设，确保二级公路建设和交通投资目标任务圆满完成。二是着重抓好农村公路建设，确保“十二五”农村公路建设开局良好。三是着重抓好路政治超工作，确保公路产权的完整和基础设施的完好。四是着重抓好行业维稳工作，确保行业和谐发展。五是着重抓好基层党组织建设，确保创先争优活动取得实效。

【机构变更】 2011年2月28日，根据《中共德宏州委关于成立州交通运输局党委及其组成人员任职的决定》(德委〔2011〕41号)，中共德宏州交通局委员会更名为中共德宏州交通运输局委员会。闫信统任书记，梅学能任副书记，杨天积、聂国强、许洪飚3位为党委委员。局党委下设中共德宏交通运输(集团)有限公司党委、中共德宏州交通运政管理处党总支、中共德宏州交通达程工贸有限公司党总支和局机关党支部、老干部党支部，共22个党支部，443名党员。5月23日，根据《德宏州人民政府办公室关于印发德宏州交通运输局主要职责内设机构和人员编制规定的通知》(德政办发

〔2011〕82号)，德宏州交通局更名为德宏州交通运输局，闫信统任局长，杨天积、聂国强、许洪飚任副局长；德宏州交通运输局机关下设办公室、综合规划科(中缅通道办)、资产财务科、安全监督科、运输管理科(交通战备办)、路政法规科、工程管理科、质量监督科、德宏州地方海事局9个正科级内设机构，有干部职工21人；德宏州交通运输局下设德宏州地方公路管理处、德宏州交通运政管理处2个参公管理事业单位。成立后的德宏州交通运输局，取消已由德宏州人民政府公布取消的行政审批事项和取消公路养路费、航道养护费、公路运输管理费、公路客货运附加费、水路运输管理费、水运客货运附加费的管理职责；整合划入原德宏州交通局的职责、原德宏州城市出租汽车管理办公室指导城市出租汽车的职责、原德宏州建设局指导城市客运的职责；加强综合运输体系的规划协调职责，优化交通运输布局，促进各种运输方式相互衔接，加快形成便捷、畅通、高效、安全的综合运输体系；加强统筹区域和城乡交通协调发展职责，优先发展公共交通，大力发展农村交通，加快推进区域和城乡交通运输一体化；继续探索和完善职能有机统一的交通运输大部门体制建设，进一步优化组织结构，完善综合运输行政运行机制。其主要职责是：一、承担涉及综合运输体系的规划协调工作，会同有关部门组织编制综合运输体系规划，指导交通运输枢纽规划和管理。二、组织拟定并监督实施交通运输发展战略、行业规划、政策和标准。组织起草行业规范性文件，拟定综合运输计划并组织实施，参与拟定物流业发展战略和规划，拟定有关政策和标准并监督实施，指导公路、水路行业有关体制改革工作。三、承担道路、水路交通运输市场监管责任。组织制定道路、水路运输有关政策、准入制度、技术标准和运营规范的实施意见，并监督实施，指导城乡客运及有关设施规划和管理工作，指导出租汽车行业管理工作，指导公共汽车、城市出租汽车的运营和汽车租赁，负责权限范围内汽车出入境运输、国际和国境河流运输及航道有关管理工作。四、承担公路、水路建设市场监管责任。组织拟定公路、水路工程建设相关政策、制度和技术标准及实施细则、办法，并监督实施，组织协调公路、水路有关重点工程建设和工程质量、安全生产监督管理工作，负责监督交通基础设施建设资金的管理、使用，负责交通运输基础设施建设、养护、市场和收费的监督管理，负责路政管理，依法保护公路路产路权。五、承担权限范围内的水上交通安全监督管理责任。负责水上交通管制、船舶及相关水上设施检验、登记和防止污染、水上消防、救助打捞、通信导航、航道管理养护、船舶与港口设施保安及危险品运输监督管理工作，负责船员管理有关工作，指导本州管理水域水上交通安全事故、船舶及相关水上设施污染事故的应急处置，依法组织或参与事故调查处理工作，负责港口、码头、水运的行业管理。六、指导公路、水路行业安全生产和应急管理工作。按照规定组织协调重点物资和紧急客货运输，负责重点干线公路网运行监测和协调，承担国防交通动员有关工作。七、指导交通运输信息化建设，监测分析交通运行情况，负责公路、水路交通运输行业综合统计，提供信息和咨询服务。指导交通运输行业科技开发、教育培训、环境保护和节能减排工作，指导交通行业协会、学会工作。八、协调中央、省垂直管理的民航、邮政、公路、路政等涉及地方的有关工作，负责公路、水路对外交流与合作工作。九、拟定战时交通保障计划和重点目标保障方案，负责组织交通战备演练，协调公路、邮电、民航等部门的战备工作，协调组织重点战略物资和抢险、救灾、战备等紧急运输工作。十、制定行业社会治安综合治理和维护稳定管理办法，并监督实施。十一、负责德宏州交通运输局的党务、组织建设、干部人事、党风廉政建设等各项工作。十二、承办德宏州人民政府交办的其他事项。

【龙陵至瑞丽高速公路正式开工建设】 2011年5月30日，云南省人民政府在瑞丽举行建设动员大会，12月30日，德宏境内的5个重点控制性工程实现开工，标志着龙陵至瑞丽高速公路正式动工建设。龙瑞高速公路是国家高速公路网横12杭州至瑞丽公路(G56)的最后一段，是云南省干线公路“9210”骨架网、“7719”一般干线公路网和高速公路网发展总体规划的重要组成部分。根据交通运输部《关于龙陵至瑞丽公路初步设计的批复》(交公路发〔2011〕52号)，龙陵至瑞丽公路起于龙陵龙山卡，接已建成通车的保山至龙陵高速公路，止于瑞丽市姐勒，全长128.4公里，其中德宏境内112公里，沿线设置龙陵、芒市、风平、遮放、遮相、畹町、姐勒7处互通式立交。全线采用4车道高速公路标准建设，设计速度80公里/小时，路基宽24.5米。设弄岛连接线33.63公里，互通式立交连接线6公里，其中弄岛连接线采用二级公路标准建设，路基宽12米；7处互通式立交连接线采用一、二级公路标准建设。计划建设工期需要4年(2012年2月1日至2016年1月31日)。总概算核定为107.45亿元(含建设期贷款利息5.62亿元)。主要工程数量：全线共有路基土石方3319.76万立方米、防护工程24.31万米、不良地基处理258段4.52万米；桥梁272座长66483.1米(单幅长)，其中特大桥10座长5600米(单幅长)、大桥172座长55000米(单幅长)、中桥82座长5600米(单幅长)、小桥8座长283.1米(单幅长)；隧道24处30座26359.62米(单幅长)，其中分离式(单洞)18处23400米、连拱式6处(双洞)1500米；涵洞227道、通道141道；路面工程333.12万平方米。

该项目由云南省公路开发投资有限责任公司作为项目业主组建龙瑞高速公路建设指挥部，具体推进项目建设各项工作，指挥部已进驻德宏开展工作；德宏州人民政府成立专门的协调办，具体负责征地拆迁和地方保障等工作的协调服务，办公室已经挂牌办公。全线分为22个土建施工标段进行施工，中标单位均已组建项目部进场准备施工。

【农村公路建设】 2011年，德宏州实施农村公路建设项目96项，完成农村公路投资3.0307亿元，新改建农村公路1071.04公里。全州农村公路通车里程已达6400.291公里，其中等级路面4408.411公里，比上年增加289.897公里。盈江“3·10”地震交通运输恢复重建进展顺利，实施交通基础设施恢复重建项目32项，总投资10000万元，现已开工15项，全年完成投资2500万元，占总投资的25%。

【农村公路管理养护】 2011年，德宏州县道、乡村道通行质量进一步提升，坚持以群众满意为目标，在强化农村公路特别是乡村公路日常养护、统筹组织好大中修工程、创新养护行之有效的方式方法、用好用活养护资金、完善综合考核评价体系等上下功夫，建立稳定的农村公路养护资金保障和考核激励机制，完善和推广农村公路插牌养护制度和“以奖代补”制度，不断深化农村公路管理养护体制改革，全面建立符合德宏州州情的农村公路“有路必管、有路必养”新机制，农村公路管理养护进一步规范，通行质量持续提升。认真组织实施好亚洲发展银行的资金和技术援助项目，在芒市、瑞丽市、陇川县组建妇女养护队，加强养护技术培训，拓展养护方式方法，对250公里乡村公路进行示范性推广养护，收到了很好成效。

【表彰先进】 2011年，德宏州交通运输局被州级授予“‘十一五’扶贫开发工作先进单位”、“2011年度安全生产责任考核优秀单位”、“2011年度党风廉政建设责任制考核优秀单位”、“2011至2013年度文明单位”，荣获“2011年全州综治维稳工作一等奖”。

(《交通局》由办公室供稿)

公路管养

【召开十一届一次职代会】 2011年3月7至8日，德宏公路管理总段在芒市召开第十一届职工代表大会第一次会议，同时套开第十次工会代表大会、女工代表大会和党建暨党风廉政建设工作会、沥青路面预防性养护劳动竞赛动员会、安全生产节能减排工作会、综治维稳工作会议。会议讨论通过了德宏公路“十二五”发展规划，确立“1244”的工作思路：树立“一个新理念”，建设是发展、养护管理是更好的、可持续发展的新理念；突出“二个服务”，更好地为社会经济发展服务、更好地为公众出行服务；打好“四个攻坚战”，迎接国检攻坚战、预防性养护劳动竞赛攻坚战、创先争优示范攻坚战、腾陇二级公路建设攻坚战；实现“四个推进”，推进公路养护、公路管理、公路建设和党建工作。

【抗震救灾】 2011年3月10日，盈江发生5.8级破坏性地震，德宏公路管理总段管养路段公路桥梁和房屋受损2347万元。灾情发生后，德宏公路管理总段迅即启动地震灾情应急预案，全力投入抗震救灾工作；加大公路巡查力度，全面排查公路、桥梁、涵洞灾情，确保管养路段通行顺畅；在收费站和超限运输检测站，开通抗震救灾绿色通道；加强机械设备的保养调试，积极参与地方搜寻救援工作；发动干部职工捐款65570元，以实际行动向灾区献爱心；认真做好盈江公路管理段灾后恢复重建规划，严格按照规范程序启动实施恢复重建项目。

【全国国省干线公路大检查】 2011年4月13至14日，交通运输部全国国省干线公路检查组到德宏实地检查公路养护管理工作。德宏公路管理总段一方面从规范管理入手，对照部检方案和局实施细则，认真梳理每一个检查项目，逐一完善每一份资料，规范建立每一卷档案，完成8个大项61册档案资料，全总段的规范化管理水平进一步提高；另一方面从提升路况入手，以320国道为重点，集中开展路况恢复和路容路貌整治活动，大规模整治热点、难点路段，先后投入资金1431.83万元，完成15.2公里沥青路面中修；投入资金354.82万元，对13.18公里缺油、麻面的沥青路段实施微表处理，圆满完成全国国省干线公路大检查工作。

【省直机关工委副书记董志红到德宏调研】 2011年5月5至7日，云南省直机关工委副书记、创先争优活动领导小组组长董志红深入省级基层党建工作示范点德宏公路管理总段潞西段南天门收费超限运输检测站、瑞丽段姐勒党支部和总段机关党总支，实地调研和督导检查创先争优和基层党建工作，考评德宏公路管理总段党委省级基层党建工作示范点创建工作。通过走、看、听、访、查，董志红指出：德宏公路管理总段工作基础好，党员干部素质好，职工队伍素质好，工作业绩好，创先争优示范点特色鲜明，典型突出。

【云南省公路局滇西片区政研会24次年会在芒市召开】 2011年6月22日，云南省公路局滇西片区政研会24次年会在芒市召开。片区楚雄、大理、丽江、迪庆、怒江、保山、德宏7个总段的71名代表参加了年会。会议总结了第23次年会政研工作，交流论文24篇，安排部署下一步政研工作。各片区代表参观学习德宏总段公路养护管理、创先争优党建示范工作和腾陇二级公路建设等经验。

【腾冲至陇川二级公路建成通车】 2011年6月30日，腾冲至陇川二级公路通车典礼在陇川县章凤镇举行。省交通运输厅党组成员、省公路局书记黄玉峰，省公路局局长吕云锋，德宏州委书记赵金、州长孟必光、州委副书记唐文祥、州人大常委会主任余麻约、州政协主席龚敬政，保山市政协常务副主席罗兴志等领导出席通车庆典仪式。德宏州委书记赵金宣布腾冲至陇川二级公路正式建成通车。腾陇二级公路全长160.43公里，项目总概算22.73亿元，由省公路局与德宏州、保山市人民政府合作建设，省公路局为项目业主。自2009年9月6日开工建设以来，累计完成土石方843万立方米，填方364万立方米，沥青混凝土路面158.08万平方米，防护及排水工程36.63万立方米，桥梁77座6933.87米，隧道1座1599米。

【三级公路管理体制有效运转】 2011年，德宏公路管理总段加快陇川段、梁河段的建设步伐，前期准备工作基本完成。严格按照县级公路管理机构要求，建立完善各项规章制度，人员、机械、设备、资产划拨等一步到位，为预算资金"省直拨县"的有序运转做好全方位准备。5个县级管理段、10个管理所全面进入公路养护与管理工作状态。

【安全生产管理】 2011年，德宏公路管理总段按照"一岗双责"的要求，层层签订安全生产责任书，继续深化"安全生产年"活动，认真抓好安全宣传教育工作，组织"安康杯"安全知识竞赛，开展公路养护巡查、事故隐患排查和整治，编写《德宏公路管理总段安全生产管理体系》，通过省公路局评审，于8月26日在全总段试运行。一年来，各项安全生产考核控制指标均为零。

【超限运输检测治理】 2011年，德宏公路管理总段建立超限运输治理长效机制，投入300万元，按照专业规范站点建设标准，改造完成梁河沙坝超限运输检测站，提升检测服务功能，实施双向检测，开展联合治超执法行动，加强源头治理和流动治超。全州治超环境进一步净化，累计检测车辆552383辆，其中超限运输车辆162207辆，卸载货物773821.7吨。

【表彰先进】 2011年，德宏公路管理总段被中央文明委命名为第三批"全国文明单位"；总段党委被省直国家机关工委命名为"创先争优活动基层党建工作示范点"，被省公路局授予"典型党委"、"文明先进单位"称号。瑞丽段姐勒公路管理所获得"全国双百模范道班"称号，姐勒公路管理所所长李德聪当选省第九次党代会代表，并出席省第九次党代会。

【参加全省沥青路面预防性养护劳动竞赛活动】 2011年，德宏公路管理总段在全省沥青路面预防性养护劳动竞赛活动中，认真履行第一片区组长单位职责，编写预竞赛学习资料，制定片区考核办法，召开片区竞赛启动会，组织片区巡查、交流学习、检查考核、总结评比，重视新材料、新技术、新工艺、新设备"四新"技术的推广应用，完成10公里文明样板示范路，完成预防性养护项目1490.1万元，以"通、平、美、绿、安"的养护形象，获得全省沥青路面预防性养护劳动竞赛活动第一名。

【公路养护管理】 2011年，德宏公路管理总段完成养护工程项目投资5344万元，其中大中修公路5公里500万元，修补沥青路面坑槽79709平方米，罩面71897平方米，修补其他病害6737平方米，危桥改造4座；公路养护质量指数（MQI）82.38，其中国道86.79，省道82.59，县道80.66；优良路率61.42%，其中国道72.66%，省道69.37%，县道50.41%，圆满完成和超额完成省公路局下达的各项任务指标。

（《公路管养》撰稿 王 政）

路政管理

【概 述】 2011年，德宏公路路政管理支队随着新式制服的换发，实现了机构统一、标识统一、服装统一、车辆统一和执法场所外观形象统一，整齐划一、严肃庄重、易于识别的路政形象得到广泛认可。年内。支队机关内设办公室、政工科、资财科、路产管理科、超限运输管理科、科技科、执法监督科7个科室；下设5个公路路政管理大队。支队管辖区内国道和省道公路里程为881公里，其中芒市大队284.6公里，瑞丽大队135.5公里，陇川大队180.9公里，盈江大队177.2公里，梁河大队103公里。全年全州公路路政系统紧紧围绕路政中心工作，强化目标意识和责任意识，全面推动德宏路政协调、健康发展。全年查处路政案件465起，为国家挽回经济损失118.38万元；路政案件立案率100%，查处率98%，索赔率98%，公路建筑控制率95%，超限率控制在5%以内。

【公路环境整治】 2011年是公路路政管理总队确定的“路域环境整治年”，德宏路政支队严格按照省路政总队“迎检”实施方案和整体部署，以落实“迎国检”各项工作为抓手，扎扎实实做好“迎检”的各项工作。1至4月，由各县市政府牵头，各公路路政管理大队联合交通、公路养护、公安交警、城管、运政、工商等部门对德宏辖区内所管辖路段公路环境进行清理整治。全年投入5076次上路巡查，封闭平交道口23个，制止违法建筑117起，查处泼洒污染公路路面471平方米，依法拆除非公路交通标志标牌332块；完成30公里示范路段的环境治理，清查不按规范设置许可事项21起，清理、整治摆摊设点550起、打场晒粮7处、堆放垃圾污物41处；在公路沿线设置公路路政执法公示牌15块。对在巡查时发现影响行车安全的坍方、水毁等，及时采取措施，设置警示标志，并及时通知养护部门组织修复，确保了全州干线公路路容路貌的良好状态。为此，“十一五”全国干线公路养护检查组评价G320线遮放至双坡垭口路段为全省检测过的二级路中管理养护最好的路段，对德宏州路政管理工作考核给满分，并给予“执法有力”的高度评价。

【在建二级路管理】 2011年，德宏公路路政管理支队按照州政府和州交通局的要求，与州交通运输局签订“潞梁”、“腾陇”2条改扩建二级公路的委托管理协议，投入大量人力和物力，对正在改扩建的“潞梁”、“腾陇”二级公路开展全面的路政管理工作。芒市大队、梁河大队、盈江大队、陇川大队克服各种困难，对2条在建公路进行巡查、清理、整治，责令沿线群众清除堆放在公路路面上的各种建筑材料、生产生活用具等，保证了施工正常进行。同时，对违法开设平交道口、在路产区、红控区开挖基础、建盖房屋等各种侵占路产路权的行为进行制止，为2路路产路权完好和今后的路政管理工作打下坚实的基础。

【路政宣传】 2011年，德宏公路路政管理支队结合《芒市创建国家卫生城市指挥部关于开展整改迎评工作的通知》要求，联合芒市人民政府做好主题为“芒市人民政府关于清理整治公路泼洒行为的通告”的专项宣传活动。活动印制和发放《治理超限运输车辆泼洒滴漏行为法律法规〈中华人民共和国公路法〉（节选）》宣传单5000份。根据部、厅和省路政总队的相关要求，结合德宏公路路政管理实际情况，在全州开展学习贯彻《公路安全保护条例》宣传月活动，在公路沿线、村寨路口、收费站、超限检测站、政务审批窗口、物流站场等地，张贴、悬挂宣传标语口号，充分利用公路宣传阵地，宣传《公路安全保护条例》。深入公路沿线糖厂、运输企业、货运站场、社区、集市、村镇、收费站等地，开展路政宣传活动。全年进行路政宣传2331次，受教育人数12815人，营造了全州上下关心支持路政管理工作的良好氛围。

【路政督查】 2011年，德宏公路路政管理支队积极开展路政巡查管理工作。截止2011年10月31日，全支队投入4304人次进行路政巡查，查处112起路产案件，索赔39.32万元；办理大件运输245辆，收取赔补偿款1.2万元；清除违章布标和非交通标志牌256块；及时清除379处影响行车安全的障碍物；清理堵塞水沟17处；清理被污染路面50处；未发生大小安全事故。

（《路政管理》由办公室供稿）

民　航

【“两轮驱动”和拓宽航空市场渠道】 2011年2月，德宏芒市机场随着云南省桥头堡建设前期工作的逐步推进，加大市场营销的力度，挖掘潜在市场，积极协调、多方面沟通，促成新航线开辟和航班量的增长，并与政府组建航空市场开发领导小组。东方航空公司、祥鹏航空公司在德宏芒市机场增加运力，同时，引进昆明航空公司，有3家航空公司，航线10条。4月11日，获国家口岸办临时口岸批准，先行开通芒市－曼德勒－昆明航线。9月28日，祥鹏航空公司开通芒市直飞北京航线，德宏州人民政府、德宏芒市机场与祥鹏航空公司在德宏芒市机场举行了首航仪式，此航线的开通拉近了滇西与国内大都市之间的空中距离。10月30日，东方航空公司开通芒市中转昆明至上海的航线，更进一步的打开了德宏地区与延边大都市贸易往来的局面。11月14日起，东方航空公司对德宏芒市机场施行过夜站点服务。

在运营管理方面，德宏芒市机场始终坚持“两轮驱动”战略，认真按照年初与集团签订的责任书事项，强化财务监督管理与风险控制。在增收方面推行“两轮驱动”，一方面积极开辟新航线，增加主营业务收入；另一方面提高机场资源利用率，以主业带动辅业的发展。在成本控制方面，以节约为原则，减少非生产性的支出；在资金管控方面，严格财务制度，保持财务与安全生产并重的理念，在机场开展节能减排活动，调动全员节能意识及参与力度。

【包机保障工作】 2011年4月，德宏芒市机场圆满完成昆明－芒市－曼德勒试飞国际包机保障任务。机场为做好试飞期间的保障工作，机场加强对包机运行期间的组织领导，基础设施安置到位，生产运行安全、有序、高效，做了充分准备。机场包机保障领导小组多次对运行现场进行勘察以及运行安全评估。为增加国际候机厅业务需求的基础设施，积极与地方政府及联检、海关等部门沟通协商，多次召开专题工作会议，研究确定有关该包机运行保障的软硬件需求问题。在机场范围内大规模开展英语培训，并与联检单位开展国际候机厅运行演练。

【规范运行“三标”体系】 2011年3月，德宏芒市机场开始内审前期准备工作，并结合集团目标指标任务要求，下发机场年内目标指标，引导机场各部门按规范要求开展“三标”工作。5月9至11日，集团公司“三标”办及保山机场内审员对德宏芒市机场年度“三标”工作进行内部交叉审计。7月底前完成“三标”目标指标完成情况半年考核，考核结果均达到要求。8月底圆满完成“三标”外审工作。8月12日，召开“三标”工作会议，对外审工作进行部署安排，并对“三标”相关内容进行评审。随后监督跟进机场部整改情况，并及时验证，符合标准。

【生产运行情况】 2011年，德宏芒市机场保障航班4927架次，旅客吞吐量506452人次，货邮吞吐量3930吨，比上年增长8.8%、14.1%、7.6%；航班正常率83%，机场放行正常率99.96%。德宏芒市机场未发生不安全事件，保障二级警卫9架次，三级警卫4架次，通用飞行55架次，训练飞行2架次，公务飞行14架次，校验飞行8架次，军航6架次，急救飞行2架次；安检现场检查旅客托运行李156484件，开包检查57525件，检查货物82437件，检查邮件6201件；查堵各类违禁物品188起，查毒26起27人；道口安全检查车辆7124辆，累计巡逻24568次。

【签订“协议”】 2011年初，德宏芒市机场与各部门、各部门与员工签订《航空安全责任书》、《防火安全责任书》、《治安综合治理责任书》；与禁毒防艾挂钩点、森林防火挂钩点潞西市轩岗乡遮相居民委员会签订《2011年森林防火安全责任书》、《2011年综治共建责任书》；与各部门、各驻场单位签订《公共区域安全防控责任书》和《公共区域安全防控协议书》。机场党委和各部门、各支部分别签订《党风建设和领导人员廉洁从业责任书》及《2011年党建目标责任书》。

【安全宣传活动】 2011年，德宏芒市机场组织“标兵班组活动”、“安全生产月活动”“FOD徒步检查活动”“安全生产倒计时活动”等活动，促进安全文化交流提升班组活力。自集团开展班组建设以来，德宏芒市机场的班组执行力得到大力提升，主要凸显出目标明确、领导重视、责任落实、求真务实、主题鲜明、真抓实干的优点。安全生产月为建立机场安保长效机制提供了有利的促进作用，并通过对安全生产的宣传与学习，员工意识得到加强，更促进了机场安全文化成长的根基。FOD整治，为外来不明物影响航空器因素降低了安全风险，安全生产倒计时活动，鼓舞全员以高昂的斗志，敬业的精神，做好全年安全生产收尾工作，为下一年度安全工作开展提供有利准备。

【安全保障】 2011年，德宏芒市机场全面落实安全生产责任制，在认真履行安全生产“一岗双责”考核的基础上，通过不断完善《班组建设基本规范》，实行“设备安全责任卡”措施，基层班组安全生产责任得到全方位的落实。在安全管理上，采取纵横交错的方式，机场与驻场单位、各部门之间，以及在机场运营的合约方签订责任书，明确各级、各类人员所承担的具体责任，做到层层建立安全责任制。同时，不断建立健全与安全责任制相配套的各个方位、各个环节的管理制度，形成人人有专责，事事有人管，齐心协力共同做好安全工作的良好局面。

【重要飞行保障】 2011年，德宏芒市机场严格按照相关条例、规章和保障方案要求，周密部署，精心组织，紧密配合，顺利完成了重要飞行的保障任务。完成春运、十一“黄金周”、大运会任务；确保德宏地区人大代表以及赴德宏参加云南桥头堡建设前期工作会议的领导安全抵达和离开机场；有条不紊的保障盈江地震应急救援物资的运送工作。其间盈江“3·10”地震航空运输保障工作，顺利保障抗震救灾航班5架次，运输抗震救灾物资1875公斤，运送受伤人员2人次。机场重要飞行保障工作逐渐走上了系统化、规范化、程序化管理的轨道，做到工作部署不留盲区、不留死角，安全保障水平得到广大旅客的认可和好评。

【运输服务】 2011年，根据德宏芒市机场满意度调查显示，旅客、合约方满意值均呈上升趋势，无有效投诉。调查主要通过向顾客发放意见卡的形式进行，范围涵括候机楼旅客服务、货运质量服务、机务维修服务、地面服务代理协议履行情况。全年机场地服车辆安全为航班服务7516车次，为特殊旅客服务177人次，捡到和归还旅客遗失的现金9952元人民币，接诊病人406人次。

【申报口岸机场】 2011年，德宏芒市机场积极配合申报芒市机场为口岸机场。州政府成立专门工作机构，负责包机试飞相关筹备工作，机场开放工作已列入省、州“十二五”规划，正在争取列入国家口岸办“十二五”口岸开放规划。国家口岸办先后2次批准芒市机场临时开放为口岸机场，第一期包机从4月11日开始至6月30日，共飞行17个往返航班(34个航班)，进出港旅客达3794人次，其中进港人数1836人次，出港人数1958人次；第二期包机试飞工作自9月22日启动以来，每周安排2个往返航班，星期一、四执飞，包机试飞工作正常有序开展。芒市机场开通北京、上海等航线后，大量旅客涌入德宏，德宏旅游呈现萌芽状态。口岸机场申报成功后主要有两方面的有利因素：一是客源因素。据有关部门数据统计，海外入境旅客逐年递增，且缅甸华侨华人约为300万人左右，一旦申报成功，这些游客就可以选择航空出行的方式；二是货邮市场方面。缅甸各种资源丰富，与云南贸易产品上有很强的互补性，进口的玉石、水产品等航空货邮市场发展潜力很大。一旦申报成功，德宏芒市机场对外开放和航空口岸建设将进一步得到推进。

【表彰先进】 2011年，德宏芒市机场获德宏州人民政府2010年度重点企业安全生产目标责任制考核“优秀单位”荣誉称号；荣获德宏州2008至2010年禁毒防艾人民战争先进挂钩单位二等奖；被授予“德宏州文明单位”荣誉称号；荣获“德宏州‘十一五’期间国防动员建设先进单位”。德宏芒市机场荣获由中共云南省委、云南省人民政府颁发的2008至2010年云南省防治艾滋病人民战争先进集体荣誉称号。有2个班组荣获集团“优秀班组”荣誉称号，有5人被集团表彰为先进个人，其中获“先进个人”1人，获禁毒能手1人，记大功1人，记功1人，嘉奖1人，集团建党90周年征文三等奖1人，优秀奖1人，建党90周年第四届职工书法美术作品展获三等奖1人，获云南省总工会《读一本好书》征文优秀奖1人。

（《民航》撰稿　王　羽）

铁路建设

【举行大瑞铁路保瑞段建设动员会】 2011年5月30日，为认真贯彻落实中央关于支持云南省加快建设面向西南开放重要桥头堡有关精神，云南省委、省政府和铁道部在瑞丽隆重举行保瑞段建设动员会，全面启动桥头堡暨瑞丽沿边开发开放试验区建设。云南省党政领导白恩培、秦光荣、李纪恒、王学仁、罗正富、李江、杨应楠、张田欣、辛桂梓、晏友琼、孔垂柱、和段琪、丁绍祥、车志敏等，铁道部副部长卢春房，省级有关部门负责人，以及德宏州党政领导赵金、孟必光、唐文祥、余麻约、龚敬政等出席动员会。大瑞铁路是桥头堡建设的重大项目之一，也是基础产业，是现代综合交通运输体系的重要组成部分，加快铁路建设，充分发挥铁路建设在转变经济发展方式中的作用，改善投资环境，降低物流成本，形成资本、技术、人才、信息、商品等生产要素的快速流动，推动自身经济结构的优化升级，促进边疆稳定、民族团结、经济社会快速发展，以瑞丽沿边开发开放试验区建设为突破口，努力推进德宏实现大开发、大开放和大发展。大瑞铁路的建设有利于实施西部大开发战略，促进西南地区与周边国家在政治、经济、文化等领域的交流合作具有十分重要的意义。

【代州长龚敬政调研铁路建设】 2011年11月3日，德宏州委副书记、州政府代理州长龚敬政到州铁建办调研铁路建设工作。龚代州长听取大瑞铁路德宏段建设进展情况汇报，了解德宏州在推进大瑞铁路建设工作中存在的问题和困难；认真分析、研究下步工作思路和工作措施。龚代州长强调：大理至瑞丽铁路是云南桥头堡建设和瑞丽重点开发开放试验区建设的重点项目，是国家实施西部大开发的一项重点工程，也是泛亚铁路西线的重要组成部分，是连接东南亚、南亚的桥梁和纽带，是云南省“八入滇、四出境”铁路网规划中的重要出境通道之一。德宏是中国面向东南亚、南亚的重要陆路口岸，是走向印度洋的桥梁和纽带，是实施对外互利合作战略的重要窗口，在建设从陆上通往印度洋的国际大通道中具有极为重要和不可替代的战略位置，对促进中缅经贸往来、中国——东盟自由贸易区建设、开辟中国通往印度洋的陆路通道，具有十分重要的战略意义和现实意义。当前，应积极研究和应对缅甸新政府政策调整，顺势而谋，加快铁路大通道建设。德宏作为大通道建设的重要门户，将竭尽全力、提供最好的服务，为通道建设、桥头堡建设暨瑞丽沿边开发开放试验区建设的推进创造良好的条件。

【汇报衔接】 2011年，德宏州铁建办强化措施，扎实做好大瑞线保瑞段汇报衔接工作。8月州铁建办与中铁二院驻保山大瑞铁路项目部就如何推进保瑞段进行沟通，到省政府铁路督导组、省铁建办、昆明铁路局及滇西铁路公司进行汇报衔接，并在昆明铁路局召开座谈会。州铁建办就大瑞线保瑞段的进展情况及相关请求作汇报，会上省铁建办、昆明铁路局等相关部门表示积极支持，共同推进大瑞铁路保瑞段的建设工作。德宏州铁建办积极配合芒市政府、瑞丽市政府及州直相关部门就车站周边道路、站前广场规划设计工作与设计单位进行衔接，对站场规划建设及物流规划建设进行深入调查研究，并提出规划建设的思路。同时，结合城市发展规划提前进行研究规划，提出或预留好站位和通道，并纳入地方城市规划，严格控制建设用地。

（《铁路建设》撰稿　孟成钟）

交通运输

【生产经营情况】 2011年，德宏交通运输(集团)有限责任公司把转变经济增长方式、加快发展作为第一要务，坚持“稳定、发展、提高”经营的管理思路，通过全体干部员工的努力，完成了年初制定的生产经营目标任务。全年集团公司完成营业总收入1.48亿元，比上年增长5%；实现利润544万元，增长28%；上缴国家各种税金887万元；企业资产总额2.5亿元，增长8.7%。

【新增客运班线】 2011年，德宏交通运输(集团)有限责任公司根据客运市场的发展需要和广大人民群众的出行需求，积极发展客运班线。全年新增了芒市至象达、瑞丽至云龙、芒市至勐养、支那至芒市、章凤至勐养、勐养至章凤的6条经营许可线路；新增盈江至下关、芒市至陇川、芒市、陇川往返班次共计2.5班；更新客运车辆36辆，从而增强了客运经营实力。

【安全生产】 2011年，德宏交通运输(集团)有限责任公司坚持“安全第一、预防为主、综合治理”的方针，紧紧围绕“杜绝特大事故的发生，减少一般事故，控制四项指标，抓死安全管理每个环节”的四大任务，全面抓安全教育和安全管理制度的落实，特别是进一步完善和加强24小时GPS监控机制，有效遏制了超速、超员、超载和疲劳驾车即“三超一疲劳”违法行为的发生。全年安全四项指标分别为：事故频率为8.6次/百车；死亡频率为0.53人/百车；受伤频率为1.3人/百车；赔付率为41%，安全工作的平稳运行为集团公司健康发展提供了保障。

【人力资源管理】 2011年，德宏交通运输(集团)有限责任公司按照建立现代企业制度的要求，加强人力资源管理，使人力资源管理成为提升企业发展能力，激励干部员工努力工作、实现自我价值的重要途径。一是制定《集团公司中层以上管理人员绩效考核管理办法》。“办法”对中层以上领导干部的履职情况从德、能、勤、绩、廉等方面进行考核，并作为绩效奖惩的依据之一。二是强化企业招、用工制度的规范，严格控制人员的进入关。三是对专业技术人员的资质进行重新认定，完成企业115名专业技术人员的聘任工作。四是完成员工新一轮的《劳动合同》续签工作。

【员工培训】 2011年，德宏交通运输(集团)有限责任公司坚持“以人为本”的理念，紧紧围绕爱国、爱党、爱厂、爱岗、爱家的“五爱”教育，加强对广大干部员工的培训教育工作。一是对32名新进员工进行入厂培训。二是对全体员工进行《忠诚与工作》、《公司的力量》、《大国崛起》和企业形势任务等内容的培训教育，全年培训率达到90%。通过培训，员工综合素质得到进一步提升，爱企、爱岗敬业精神进一步得到加强。

【员工福利待遇】 2011年，德宏交通运输(集团)有限责任公司坚持把“企业有发展，员工得实惠”的办企方针落到实处，关心员工生活，改善员工福利待遇。企业在发展的同时，从1月份起给员工月均增加100元的工资收入，提高员工社会保障缴费基数，并支付200多万元，为全体员工制作工作标服，对困难、生病住院的员工、离退休人员进行看望慰问，使全体员工和离退休人员充分享受到企业和谐发展带来的温暖。

【表彰先进】 2011年，德宏交通运输(集团)有限责任公司表彰在两个文明建设中涌现出的芒市分公司等6个文明单位，盈江分公司站务组等7个先进集体，方林等10位“十佳管理员”，张丽娟等10位“十佳服务员”，叶建明等10位“十佳文明车驾驶员”，以及李有信等35户“平安家庭”。

(《交通运输》撰稿 李 斌)

邮 电

电 信

【概 述】 2011年是“十二五”规划的开局之年，是中国电信德宏分公司实现全业务经营的第三年，也是发展最快最好的一年。2011年，德宏分公司规模拓展持续提速，结构调整逐步向好，企业风险有序释放，发展后劲不断增强，全业务有效益规模发展取得新进展，综合评价C+，在全省排名第6名，实现“十二五”的良好开局。同时，盈江遭受“3·10”地震灾害，地震造成盈江县多处房屋倒塌、大面积停电，通信设施多处受损。中国电信德宏分公司在做好抗震抢险保通信任务的同时，凭借综合信息服务提供商的优势，利用事件营销，强化发展和服务，赢得了用户，树立了信息化建设主力军的地位。1月25日，中国电信德宏分公司段勇总经理出席德宏州文明委召开的2011年文明行业、文明单位新春座谈会，并作了交流发言。1月，中国电信德宏分公司被德宏州人民政府授予“2010年度消防工作目标管理先进单位”称号，得到了德宏州人民政府的表彰奖励。

【举行“天翼杯”芒市元旦越野赛跑】 2011年1月1日上午，由中国电信德宏分公司冠名赞助的“天翼杯”2011年芒市第36届元旦越野赛在芒市隆重举行。一场浩浩荡荡的“千人越野赛跑”拉开“运动芒市，天翼助你腾飞”全民健身活动的帷幕。此次越野赛以“新芒市、新起点、新气象、新希望”为主题，分小学组、普通中学组、大中专高中组以及职工组，并在此基础上各分成男女组别。小学组赛程3000米，其余均为5000米，共计1000人参赛。此次越野赛赛事规模和参与人数刷新了历史纪录，比赛吸引各行各业的市民参与其中，引爆新年第一天市民健身的热潮。

【省公司王伟副总经理到德宏分公司听取四岗及以上人员述职并看望慰问基层员工】 2011年1月19日，省公司王伟副总经理一行四人到德宏分公司听取四岗及以上人员述职，并现场进行了述职测评。在德宏期间，王伟副总经理一行还分别与领导班子、后备领导人员和员工代表进行了沟通，深入到基层一线看望、慰问了员工和离退休老干部。

【开展安全生产大检查】 2011年1月23日至27日，中国电信德宏分公司为确保春节期间通信网络安全畅通和员工生命财产安全，抽调相关部门人员组成联合检查组，对全州电信2011年初安全生产工作、综治维稳工作、保密工作和2010年党风廉政建设责任制进行全面考核和检查。通过检查，对检查中发现的问题和隐患，要求各县市分公司能立即整改的立即整改，不能立即整改的限期整改，对于全州的共性问题，州分公司将统一制定方案，以最短时限进行整改；对各单位在安全工作中呈现出的亮点，将下发通知让大家互相借鉴学习；要求春节期间要加强对机动车辆的管理，在节日期间用车要严格实行派单制度，严禁酒后驾车；要求各县市分公司在召开周例会的时候，强调安全生产的重大意义，强化安全生产意识。为确保"岁末年初"企业的生产安全和通信畅通，切实加强防范和有效防止安全事故的发生，11月21至28日，由公司领导带队、相关部门组成联合检查组，对全州开展年末安全生产大检查。

【召开保密工作会议】 2011年1月27日下午，中国电信德宏分公司通过视频电视电话会议召开春节前保密工作会议。会议传达学习了集团公司、省公司相关保密文件，听取集团综合部司芙蓉主任在集团保密办主任会议上的重要讲话。德宏分公司领导，州分公司各部门经理、副经理，各县市分公司总经理、副总经理、四办主任，各单位文书，保密要害部位涉密人员参加了会议。

【开展"综治维稳宣传月"活动】 2011年3月3日，中国电信德宏分公司组织参加德宏州暨芒市2011年度"综治维稳宣传月"活动启动仪式，由此拉开中国电信德宏分公司2011年度"综治维稳宣传月"活动的序幕。按照2011年度"综治维稳宣传月"活动方案，德宏分公司积极在公司内部办公系统、网站、信息平台和简报上播放或刊登见义勇为先进人物事迹、见义勇为倡议书和公益性系列宣传标语，采用多种形式开展见义勇为主题宣传；协助德宏州见义勇为协会、综治维稳办进行公益短信宣传，共发送见义勇为宣传短信2万多条；与禁毒防艾挂钩点陇川县清平乡广外村签订《2011年德宏州综治维稳共建责任书》；在公司内开展见义勇为宣传募捐活动。

【抗震救灾】 2011年3月10日12时58分，德宏州盈江县发生5.8级地震，成全县电力、通信、水利、教育、文化、卫生等基础设施严重受损，中国电信德宏分公司领导班子团结带领全体员工，以高度的政治责任感和忘我的敬业精神，出色地完成了盈江"3·10"地震灾害抗震抢险保通信任务。中国电信德宏分公司凭借综合信息服务提供商的优势在盈江"3·10"地震灾害中发挥了巨大的作用。盈江"3·10"地震灾害发生后，中国电信第一时间利用全业务营运和网络的优势，为现场应急救灾指挥部搭建无线局域网，并提供固话、致富通座机、移动手机、3G数据上网卡和C网PTT对讲手机等一批通信终端设备；利用固定全球眼系统将"平安城市"图像调到德宏州人民政府抗震救灾指挥中心，可实时观察盈江灾情；利用可以携带的单兵3G移动全球眼视频传播系统，将受灾及抢险救灾的图像实时传送至省政府应急办、云南省军区和成都军区，供各级领导远程了解现场情况；为中国人民解放军77332部队提供单兵3G移动全球眼视频传播系统，用于指挥抗震救灾工作；为政府、部队、公安、武警、银行、保险公司提供应急网络服务。中国电信全业务技术手段的应用，保障了德宏州党政军抗震救灾指挥工作的顺利开展和各种信息数据的及时对外传送，受到了地方党委、政府的高度赞誉，彰显了中国电信的实力和形象。

【推行党员领导干部廉政谈话制度】 2011年，中国电信德宏分公司为进一步夯实企业党风廉政建设和反腐倡廉工作基础，充分发挥纪检监察"保护、惩处、监督、教育"的职能作用，制定出台《中国电信德宏分公司党员领导干部廉政谈话制度》。《中国电信德宏分公司党员领导干部廉政谈话制度》的出台，增强新任领导人员、新发展党员干部的廉洁自律意识和提高拒腐防变能力，并使此项工作形成长效工作机制。

【开展服务风险问题排查整治】 2011年国际消费者权益日"3·15"

来临之际，中国电信德宏分公司以“消费与民生”为主题，重审各服务项目，以风险排查、短板改进、提升投诉处理能力为抓手，进行服务项目整治工作，杜绝群体事件及媒体曝光事件的发生，确保“两会”和“3·15”消费者权益日期间的平稳与和谐。此次排查的问题涉及单方面关停业务及单方面修改套餐、号百和增值SP/增值CP业务的强订强绑、信控规则的执行等17项问题。德宏分公司按照“3·15”服务项目整治领导小组的要求，各负其责，能力协作，顺利完成排查整改工作。

【参加“3·15”消费维权法律知识竞赛】 2011年3月14日，电信芒市分公司参加“3·15”消费维权法律知识竞赛取得好成绩。芒市工商局在鸿杰美食城举办“3·15”消费维权法律法规知识竞赛，中国电信芒市分公司、新世纪科技有限公司、顺风修理厂、浩帆电器、中山乡消费者服务站、芒市消费者服务站、芒市食品协会等8家单位各派3人组成8支代表队参赛。“3·15”消费维权法律法规知识竞赛以“消费与民生”为主题，涉及《消法》、《质量法》和食品安全健康消费等知识。题型包括必答、选答和抢答三种。经过激烈紧张的角逐，最终中国电信芒市分公司代表队获得第一名，摘取了桂冠。

【信息通信保障】 2011年4月11至13日，“中国·德宏2011国际泼水狂欢节”在芒市隆重举办。根据泼水狂欢节组委会的安排，中国电信德宏分公司组织参加泼水狂欢节牛车(美女)展演活动和赞助选送“寻找傣族最美的孔雀公主”活动，并与企业宣传结合起来，展示中国电信企业形象。中国电信德宏分公司被指定为泼水狂欢节通信畅通及应急保障工作的唯一通信运营商，德宏分公司总经理为负责人，承担此次活动的通信畅通及应急保障工作。在省公司应急通信保障车和技术人员的支援下，保障云南省广播电视台、德宏州广播电视台、孔雀之乡网等媒体的信息数据传输，确保了泼水狂欢节主会场CDMA网络通信畅通，未发生拥塞和掉话增加的情况，圆满完成泼水狂欢节期间应急通信保障任务，展示了中国电信德宏分公司在“中国·德宏2011国际泼水狂欢节”上的风采。2011年5月30至31日，德宏分公司圆满完成“中国面向西南开放重要桥头堡建设动员大会”通信保障任务。云南省委、省政府在德宏州瑞丽市召开云南省加快建设面向西南开放重要桥头堡动员大会，云南省委书记白恩培、省长秦光荣以及省相关单位主要领导参加了会议，中国电信云南公司王伟副总经理应邀参加启动大会。本次会议主会场设在瑞丽景成地海温泉酒店会议中心，全省各地州市分别设有分会场。主会场参会人员近300余人，各分会场参会人员近1.3万人。这是瑞丽市建市以来承办的较高规格、较大规模的会议之一。中国电信作为本次会议的唯一通信服务提供商，全面承接主会场联至全省各地州市分会场视频会议的技术支撑和保障服务，会议的通信保障工作意义十分重大而艰巨。通过省、州、市分公司的共同努力，圆满完成了通信保障任务，受到省、州领导的高度的评价。

【举办《交通安全法》最新修正案培训】 2011年4月22日，《中华人民共和国道路交通安全法》最新修改案，已由中华人民共和国第十一届全国人民代表大会二十次会议通过，自2011年5月1日起施行。5月12日，中国电信德宏分公司以此为契机，举办《中华人民共和国道路交通安全法》最新修改案专题培训。培训以电视电话会议的方式进行，并邀请德宏州公安交警支队的相关领导进行现场授课。

【参加“党工共建、创先争优”知识竞赛活动】 2011年4月25日，中国电信德宏分公司积极组队参加德宏州总工会、德宏州创先争优办公室举办的“党工共建、创先争优”知识竞赛活动，并获得好成绩。4月25日德宏分公司参加预赛，并通过参赛选手的努力，在17个参赛队中，电信公司代表队以优异成绩进入前8名进入决赛。4月27日组织参加决赛，通过必答题、随机题、抢答题3轮比赛，中国电信德宏分公司代表队获得200分，排名第五名，荣获三等奖。

【参加纪念建党90周年党史党建电视电话会议】 2011年5月3日下午，中国电信德宏分公司组织州分公司领导、共产党员、团员和入党积极分子参加集团公司召开的纪念建党90周年党史党建专题报告电视电话会。为把会议精神直接传达到基层，德宏分公司在各县市设立分会场，要求各县市分公司全体党员、团员和入党积极分子参会。据统计，全州共计103人参加当天的电视电话会议。在当天的报告会上，参会人员认真听取金一南教授作的《苦难辉煌——对国家和民族命运的思索》的报告。

【表彰先进】 2011年5月中国电信德宏分公司获得云南省首届“农村通信服务贡献奖”，政企客户部行业客户经理杨文丽荣获2010年度“全国用户满意电信服务明星”称号。德宏分公司工会在全省2010年工作目标责任制考核中荣获第一名。德宏分公司被省公司表彰为信息通信保障“优秀集体”荣誉称号。中国电信德宏分公司网络部接入维护中心、中国电信盈江分公司荣获德宏州委州政府“抗震救灾先进集体”荣誉称号，盈江分公司总经理陶现名荣获先进个人。中国电信德宏分公司对在“3·10”抗震救灾中做出突出贡献的盈江分公司、州分公司网络部、综合部等5个先进集体和45名先进个人进行表彰奖励。6月中国电信德宏分公司机关党委被德宏州直属机关工委正式确定为党建工作示范点。德宏盈江分公司党支部、瑞丽分公司党支部、州分公司网络部党支部荣获“中国电信云南公司先进基层党组织”光荣称号；马建华等6人荣获“中国电信云南公司优秀共产党员”光荣称号；陶现名等2人荣获“中国电信云南公司优秀党务工作者”光荣称号。中国电信德宏分公司再次荣获“德宏州综治维稳工作目标考核一等奖”，连续9年获此殊荣。中国电信德宏分公司机关党委被中共德宏州委授予“德宏州创先争优活动‘百强党组织’”荣誉称号；团总支被授予“德宏州创先争优活动‘百强团组织’”光荣称号，机关党委工团委员、德宏分公司团总支书记于坚被授予“德宏州创先争优活动‘百佳团组织书记’”光荣称号。8月中国电信股份有限公司德宏分公司被中共德宏州委、州人民政府授予德宏州2011～2013年度“文明行业”的光荣称号。中国电信德宏分公司机关党委编排的《抢修一线党旗飘》，参加德宏州庆祝中国共产党成立90周年文艺汇演，并在汇演中荣获二等奖。

【做客“德宏热线”新闻直播间】 2011年5月18日晚八点，中国电信德宏分公司刘宏斌副总经理、州分公司市场部马建华经理、客户服务部田振雷经理做客德宏州广播电台“德宏热线”新闻直播间，现场解答听众反映的问题。全州电信员工利用手机收音机、互联网等方式收听了“德宏热线”的直播情况。

【实现OA系统自动化办公】 2011年，德宏州教育系统全面实现OA系统自动化办公。德宏州教育局在德宏教育信息化系统经过一年的稳定试运行后，发文明确从2011年6月1日起，在全州教育系统全面使用OA系统。要求州教育局的各类文件、信息、通知等一律通过OA系统平台下发，各县市(区)教育局、州直各学校(院、园)的各类文件、信息、简报等一律通过(院、园)平台上传，仅发送传真件、纸质材料的，原则上不予受理。目前，全州已实现州－县－学校的双向文件传递、流转，全州通过系统发文已达1002份，大大提高了教育系统的办公效率。

【开展通信线路清障工作】 2011年5月，中国电信德宏分公司为加强光缆线路路由维护，砍除线路沿途树、竹、杂草等障碍物，确保巡修小道通畅，组织开展一、二干本地网线路清障工作。经过20多天的艰苦努力，共清除线路障碍物1819档，修巡回小道503档，有力保障了全州一、二干线路安全，为通信光缆线路安全全渡过汛期打下基础。

【开展“军民联合护线宣传”活动】 2011年7月10日，中国电信德宏分公司与77332部队联合开展“2011年军民联合护线宣传”活动。为使宣传起到更好的效果，中国电信德宏分公司网络部成立护线宣传小组，并与77332部队领导就如何做好此次“军民联合护线”达成共识，签订《光缆维护协议》。历时半个月的军民护线宣传活动，中国电信德宏分公司出动车辆4辆、出动人员30人/次，77332部队出动官兵15人/次。在通信线路沿线用汉、傣、景颇3种文字悬挂护线宣传标识，发放宣传单32000份，宣传用品810份，挂宣传布标80条。

【边界C网基站优化】 从2011年8月1日开始，在省公司运维部无线网优中心的具体安排下，由保山分公司牵头，德宏分公司网络部及梁河、芒市县市分公司的相关技术人员组成边界专项网优小组，积极配合保山分公司，对保山、德宏州际边界基站开展有针对性的联合边界专项优化行动。通过保山与德宏分公司联合对腾冲、梁河边界C网基站的专项网优工作后，保山信号超区覆盖太远的问题得到明显改善。

【盈江公司通信核心网络搬迁】 2011年，盈江分公司综合机房在“3·10”地震灾害后已经成为一幢危房，为避免次生灾害的发生，消除安全隐患，保障人员和通信的安全，省公司高度重视，积极启动灾后通信网络恢复重建工作，下发督办通知，要求省公司网络建设发展部、网络运行维护部、德宏分公司在9月12日前，确保盈江公司通信核心网络从老局搬迁至新局，因地震造成损坏的老局核心机楼内全部设备停机关电，人员撤出，相关网络通信保持正常。在省公司的大力支撑和帮助下，盈江分公司灾后恢复重建工程施工于6月27日正式启动，德宏分公司、各施工合作单位团结合作，克服设备到货时间延期、雨季施工的种种困难，历经2个多月的艰苦奋战，完成盈江老局机楼内核心设备的全部业务割接，并于9月7日凌晨将老机房内设备全部下电，机房值班人员全部撤离老局，提前完成省公司的督办要求，圆满完成灾后恢复重建工作的第一阶段工作任务。盈江“3·10”灾后恢复重建在完成第一阶段灾后重建后，盈江分公司基础网络能力得到较大提升，为盈江公司来年的业务发展奠定了坚实的基础。

【召开电信运营商市场联席沟通会议】 2011年11月10日下午，中国电信德宏分公司本着坦诚沟通，求同存异，联合共赢的原则，由中国电信德宏分公司牵头组织召开2011年四季度电信运营商市场联席沟通会议。中国电信德宏分公司、中国移动德宏分公司、中国联通德宏分公司3家运营商分管前端的领导、市场前端部门相关人员参加了会议。

【签署“智慧德宏”战略合作协议】 2011年12月9日上午，为加快德宏州信息化进程，提高城市管理和服务水平，德宏州人民政府与中国电信德宏分公司在德宏州芒市会堂签署“智慧德宏”战略合作协议。此次战略合作协议的签订，标志着德宏州人民政府与中国电信德宏分公司的合作更进一步深入。

【德宏分公司多种形势组织开展“六五”普法宣传活动】 2011年是“六五”普法开局之年，为积极推进中国电信德宏分公司法制建设，进一步提高依法治企、依法经营水平，更好地宣传国家法律法规和相关政策，德宏分公司普法宣传教育紧紧围绕企业“全业务”有效益规模发展中心工作，以企业法治文化建设为主线，采取多种形式开展“六五”普法宣传教育活动。

（《电信》撰稿　钟　珊）

邮　政

【概　述】 2011年，德宏邮政坚持以改革促进发展，以发展推进改革，坚持转变发展方式，服务、效益并重，以优质服务促进效益提升，坚持创新管理模式，以精益管理提升管理水平，坚持以人为本，提高员工素质，改善员工福利，确保德宏邮政经营发展、体制改革、企业管理、企业文化建设等工作，保持齐头并进、相互促进的良好发展格局”的总体工作要求，积极开展各项工作，全州上下呈现出改革不断推进、管理不断提高、企业形象不断改善，经营发展效果显著的良好格局。全年全州累计实现资费收入4481.06万元，完成省公司全年4376万元目标计划的102.4%。邮务类实现业务收入1149.08万元，完成计划的95.43%，比上年增长3.3%，占总收入的25.64%。代理速递物流实现业务收入1717.05万元，完成计划的106.31%，增长17.59%，占业务总收入的38.32%。代理金融业务累计完成业务收入1428.97万元，完成计划数的103.54%，增长33.82%，占业务总收入的31.89%。年内，全州有67个邮政局、所（不含银行一类网点），其中邮政支局18个，邮政所49处，自办邮政网点31个，代办网点36个；全州邮路34条，邮路总长度1871公里，农村投递路线4264.50公里。全州邮政建成电子化局所41个，投入邮运生产车辆44辆。

【召开全州邮政工作会暨二届三次职代会】 2011年1月26至27日，德宏州邮政工作会议暨二届三次职工会员代表大会在芒市召开。会议全面回顾了“十一五”期间全州邮政事业取得的成就和经验；深入分析当前和今后一个时期面临的形势和任务；对年内全州邮政工作进行部署安排。“十一五”期间，德宏邮政坚持邮政“社会公用事业”、“通信基础设施”的社会定位，坚持以发展为中心，经营工作成效明显，业务种类不断增多，主要业务规模和效益实现持续快速增长，各项业务的外延和内涵不断拓展延伸，邮政的社会公用性质和邮政类、金融类、速递物流类三大板块齐头并进，邮政社会公用性质和普遍服务功能得到进一步巩固和强化，较好地服务地方经济发展。会议要求全州邮政系统：坚持科学发展理念，进一步增强科学发展信心；调结构转方式，全面推进三大板块业务协调快速发展；统一思想，不断深化企业内部改革；强化企业科学管理，不断提高企业运行水平；加强能力建设，提升对改革发展的支撑；坚持服务促发展，进一步提升德宏邮政整体服务水平。会议期间，市场部、人力部、财务部、安保部等部门进行工作交流发言；听取并审议相关工作报告；签订2011年度各项工作目标责任书；对2010年度先进党支部、优秀共产党员，先进单位、部门、班组、支局所和个人等多个奖项进行了表彰奖励。

【召开质量运行分析会】 2011年3月3日，德宏州邮政局组织召开首次质量运行分析会议。段春燕副局长主持会议，周斌副局长、财务部、安保部、市场部、函件集邮部、报刊投递部负责人以及相关业务管理人员参加了会议。会议围绕当前各部门、各专业在业务管理和系统质量运行的现状、存在问题和下一步解决措施进行分析和讨论，州局相关部门就涉及管理的相关系统运行情况和问题进行汇报，并提出下一步的解决措施。周斌副局长提出要求：一是要认真学习掌握各部门管理的各类系统和专业知识；二是要认真加强对县市的监督；三是加强对县市的指导和培训。段春燕副局长要求各部门一是通过明确重点工作、重点地区、重点环节、重点指标，抓实重点，确保运行质量；二是梳理流程，明确职责，抓好落实；三是分级管理，责任到人；四是加强学习和培训；五是加强日常监督；六是要求各部门每月对质量运行情况进行分析整理，建立健全质量运行情况通知。同时对各部门运行质量进行考核管理。

【举办全州现金业务库和押运守护人员培训班】 2011年3月4日，德宏州邮政局为进一步增强全州邮政现金业务库值守和运钞押运人员对金融资金安全管理规定的了解，并熟练掌握现金业务库、运钞押运安全操作管理和防暴枪弹的安全操作管理，举办全州现金业务库和押运守护人员培训班。州局周斌副局长，芒市公安局治安大队邹辉主任，州保安服务公司押运科杨恩凯科长，州局监督检查与安全保障部王建跃主任及全州专兼职守护押运人员和管理人员参加了培训。会上，周斌副局长强调：现金业务库和运钞押运安全是金融业务发展的重要组成部份，是一项艰巨、长期而风险性极高的任务，大家务必坚决执行规章制度的落实，加强业务知识学习，提高履职能力；务必时刻保持高度的警惕，时刻保持高度戒备状态；务必加强综合素质的提高，在应对突发事件时能做到呼之即来，来之能战，战之能胜；务必时刻保持正确的人生观、世界观，认真负责，热爱本职工作。

培训期间，治安大队邹辉主任组织大家学习《专职守护押运人员枪支使用管理条例》，运钞押运各种突发事件应急处置演练预案，金融资金案件警示教育；保安公司押运科长对运钞押运的规定、防暴枪的使用、保养知识进行讲解，并进行实际操作；在市公安局和州保安公司专业人员的组织下，全体参训人员进行了实弹射击。全体参训人员以认真学习，尊重老师，服从安排，遵守组织纪律的学习态度，圆满完成了全部培训科目，达到预期的目的。

【省公司董文总经理助理视察慰问盈江地震灾区】 2011年3月11日18时，受云南省公司李永康总经理的委托，省公司总经理助理、人力资源部经理董文到盈江地震灾区视察慰问受灾县局及职工。董文助理现场查看了县局办公楼、围墙、家属区的受灾情况，在县局大院的地震棚内，董文助理听取德宏局领导的情况汇报后，充分肯定了州局、县局的抗震救灾工作。并表示，在地震发生后，州、县两局抗震救灾工作井井有条，大家团结一心，共同与灾难作斗争，确保邮政的大旗不倒。希望德宏局在下一步工作中一是要关注职工安全，做好灾后职工安全防范，确保职工生命安全；二是要做好灾后党报党刊的投递工作，确保党和政府声音及时传递；三是要在广场设立邮政临时服务点，满足灾区群众的用邮需求；四是做好灾后灾情调查统计，如实反映受灾情况；五是加强与地方抗震救灾指挥部联系，确保双方工作协调有序；六是在企业开展自救的同时，周边群众需要支援，邮政干部责无旁贷。

【省邮政工会副主席余伟到盈江地震灾区慰问】 2011年3月11日，受云南省邮政工会及省邮政工会主席部瑛委托，省总工会副主席余伟赶赴盈江地震灾区，看望慰问受伤职工家属及家中受灾严重的职工。11日下午17时，余伟副主席到达盈江地震灾区，立即陪同省工会党组书记、常务副主席王惠萍前往遇难邮政职工柯超英家中进行看望，并分别送上5000元慰问金；随后，余伟副主席到受灾比较严重的职工朱斌、姜朝珍家中看望，并每人送2000元慰问金。在查看盈江县邮政局受灾情况后，余伟副主席在地震棚内与德宏局、盈江局领导进行交流。慰问过程中，余伟副主席反复表达代表省邮政工会、代表部瑛主席和全省邮政职工对受灾职工的深切关怀之情，并勉励受灾职工、企业以及基层工会干部振作起来，克服暂时的生产、生活困难，战胜地震灾害，迎接美好的明天。

【保障邮政灾后通讯畅通】 2011年3月14日，德宏州邮政局为保障邮政灾后通讯畅通，召开局长办公会议，安排部署后续抗震救灾工作。会议向州局各职能部室通报盈江地震灾情，并对后续抗震救灾工作进行安排部署；要求在保证安全的前提下，恢复邮政通信。要求州局市场部、速递物流部要帮助盈江局恢复生产，做好生产经营支撑工作，确保抗震救灾、生产经营工作两不误；明确州局办公室、工会、财务、人力的工作职责，并要求工会要立即在全州发起向盈江地震灾区捐款的倡议，同时做好企业及其职工的受灾损失核实工作。设立邮政临时服务点，满足灾区通信需求。为保障通信服务，盈江局在县委县政府周围灾民安置点、县局大院开办了临时的邮政服务网点，满足人民群众的用邮需求。同时派专人到城区各网点进行勘察，符合条件的网点做好开门营业准备。根据勘察的情况，选定安全条件较好的建设路支局作为应急储蓄营业网点，并于11日下午2点开始营业，并安排技术人员调试ATM，保证服务，展示邮政良好的形象和实力。盈江局所有储蓄业务均移至建设路储蓄所办理，陆续恢复正常办公，在县局大院的临时服务点旁设立临时办公场所，机关部室人员搬到临时办公场所办公，即保障了生产经营正常运转，又保证了员工人身安全。为及时发挥党报党刊在抗震救灾中传递党和政府声音，让更多的灾区人民了解党和政府对抗震救灾的指示和部署，安排工作人员在邮车到达后，及时对当日的团结报和云南日报进行分拣，并分配一定数量送达县委抗震指挥部及重要单位。召开县局投递员紧急会议，安排各投递段投递员务必保证党报党刊的及时投递，保证主要党报党刊《云南日报》、《德宏团结报》当日见报，保障了信息的畅通。为做好通信后勤保障服务工作，盈江局从后勤保障组中抽调人员，组成负责全局职工饮食的炊事小组，由后勤保障组统一管理，负责全局职工以及家属的一日三餐，让职工感受到企业的关怀和温暖，从而稳定职工思想，解决后顾之忧，保障了邮政通信的后勤服务。

【启动地震应急预案】 截止2011年3月15日，德宏州盈江县地震灾害造成1名邮政退休人员遇难，2名职工家属轻伤，大部分员工家围墙倒塌，房屋出现明显裂痕，邮政及邮储银行员工房屋以及家庭财产受到不同程度的损失，受灾员工户数比例达100%。县局两辆邮政车辆因围墙倒塌受损，城区6个营业网点房屋开裂、玻璃破损等情况，部分网点设施和设备损坏，全县15个邮政局所墙体开裂，受损较大，县局大院围墙倒塌，办公楼一楼有明显裂痕，院内住宿楼一楼二楼交接处有较大裂纹，整幢房屋受损严重，办公室内部分设备损坏。职工家属区(老局)院内围墙倒塌，职工住宿楼多处出现裂痕。

灾情发生后，州局第一时间启动应急预案，立即召开领导班子和相关人员会议，研究部署抗震救灾工作，并采取措施积极应对。州局预拨15万元地震应急资金，由盈江局作为抗震救灾资金专款专用；第一时间安排盈江局购买30顶帐篷，保证震后所有邮政员工和家属都有帐篷居住，确保职工情绪稳定；针对震后党报报刊及时投递，专门召开会议进行研究，落实工作责任，确保邮政通信畅通；落实信息技术人员对盈江信息网进行调试、跟踪，只要电信网线一通，争取第一时间恢复通信生产。由于大震后一直余震不断，原受损房屋结构不稳定，抗震能力极弱，极有可能产生新的灾情。为防止新的灾情发生，指挥部调集安全保卫组人员，分组对县局大院、城区所有网点、3个家属区及受损较严重的职工家，进行安全巡查，采取措施消除隐患，在确保安全的前提下，将隐患危墙推倒，对危房设立隔离带、封闭通道，组织住户开会强调安全纪律，交待防范措施，要求大家提高警惕，确保人身安全。

【举行中国·德宏2011国际泼水节邮票发行仪式】 2011年4月11日下午17时，中国·德宏2011国际泼水狂欢节个性化邮票暨珍藏册《美丽德宏·欢乐傣乡》个性化邮票发行仪式在芒市会堂隆重举行。州委常委宣传部部长陈德金，副部长赵云山，州文化局局长许贵荣，共青团委德宏州委书记刘桢梅等领导及来自全国数十家新闻媒体的记者、摄影家、集邮爱好者百余人参加了首发仪式。首发式上，州委常委宣传部长陈德金就邮册的设计构思做简要的介绍，并与赵云山副部长共同为邮册发行进行揭幕。此次活动德宏邮政为泼水节组委会设计制作了890版《美丽德宏·欢乐傣乡》个性化邮票及890套纪念珍藏邮册。个性化邮票和邮册设计以傣族文化摄影作品、绘画作品、剪纸等为主元素，展示出“美丽德宏 欢乐傣乡”傣族的历史、风情、自然等文化风采，让傣族文化在集邮文化的传播平台上得到更加广泛的宣传认同。该套个性化邮票主票为和谐邮票，附票为贝叶经、南甸宣抚司署、勐焕大金塔、树包塔、泼水狂欢、赛竹筏、孔雀会等来展示傣族文化魅力的标准图。

【举办全州邮政代理金融业务知识竞赛】 2011年4月26日，德宏州邮政局举办全州邮政代理金融业务知识竞赛活动。为使本次竞赛工作取得实效，州局成立了以局长为主任，领导班子成员为副主任，办公室、工会、市场部、人力部、计财部、代理部等相关部室为成员的“代理金融从业人员金融业务知识竞赛领导小组”。竞赛前期，组织召开全州音频会议，对全体金融从业人员作考前宣传动员，并对相关竞赛工作做了细致安排。竞赛采用闭卷考试方式，由州局领导小组成员分别到各县市局考点，按照统一考试时间、统一监考，统一封卷、统一阅卷方式组织竞赛。并于26日晚20：00时至22：00时统一进行闭卷竞赛。本次竞赛全州应考人员86人，除因公出差等原因未参考4人外，其余82人参加考试，参考面达95.4%。经过州局竞赛领导小组认真阅卷，全州考试成绩60分以上达68人，60分以下14人，考试合格率达83%，最高分83.7分，最低分41分。

【省集邮公司业务部到德宏指导工作】 2011年5月11至13日，由云南省集邮公司业务部谢银艳主任带队的业务推进组一行3人到德宏局进行集邮项目推进。此次省公司业务推进分为两个层面，一是重点对芒市局、瑞丽局的集邮业务、库管、营业前台的库存情况、新邮预订情况、业务台账等相关基础管理工作进行细致的检查；对部分网点柜台邮品展示无物价标签等问题提出整改意见和建议，并对前台部分台账的优化管理提出合理化建议，对前台减化流程和降低工作量有积极的作用。检查结束后及时与相关检查单位进行意见交换，及时沟通交流明晰情况；二是就建党项目的推进工作与县市进行交流和培训。通过培训让参训人员进一步掌握函件集邮建党的系列产品和营销措施，对项目推进有进一步的思路推展。

【开展“邮保特训营”竞赛活动】 2011年6月24日至7月1日，德宏州邮政局为进一步推动全州邮储网点代理保险业务的发展，提升员工综合营销能力，调动员工发展业务的积极性，与中国人寿保险公司德宏分公司每晚组织开展“邮保特训营”竞赛活动。采用视频在全州开展互动式的竞赛活动。7月1日晚8点钟，德宏州邮政局与中国人寿保险公司德宏分公司携手开展的“邮保特训营”活动圆满落幕。短短7天时间，德宏州邮政局实现保费517.3万元，完成既定目标300万元的172%，刷新全州多次举办“邮保特训营”以来的新纪录。

【签署工作合作备忘录】 2011年6月29日，瑞丽市邮政局与瑞丽市公安边防大队就加强禁毒工作合作召开座谈会。会议就进一步抓好禁毒查堵工作创新发展以及建立完善信息互通、职能互补的工作协作机制进行沟通协调。最后双方达成以下共识：一是瑞丽市邮政局与公安边防大队建立工作合作机制。双方作为对口联系单位，负责做好双方日常工作的联系和协调；二是建立信息交换和业务培训机制。根据双方需要，在政策允许范围内，公安边防大队适时向邮政部门提供相关法规和查验毒品业务技能的培训工作，以此来加强双方的信息沟通和交流，进一步帮助邮政部门提高查验水平；三是建立会议磋商机制。根据双方工作需要，不定期举行工作情况通报，沟通情况，交换意见，研究解决问题。

【召开全州邮政工作座谈会】 2011年7月26至27日，德宏州邮政工作座谈会在芒市召开。会议的主要任务是：以科学发展观为指导，认真贯彻落实全省邮政工作座谈会议精神，总结2011年上半年工作，全面安排部署下半年各项工作，动员全州邮政员工凝心聚力，开拓进取，科学发展，为确保全年目标任务的实现而努力奋斗。州局局领导、各部室负责人、各县市局局长、市场部经理、速递物流分部经理，州分行领导、审计部、业务部负责人37人参加了会议。王建云书记在会上传达全省邮政一届一次职代会及全省邮政工作座谈会精神，杜国才局长做了重要讲话，各县市局、州局各专业部室及州局市场部、财务部分别进行半年经营分析和下半年工作安排，局领导对各单位的发言进行点评，并安排部署下半年的工作。会议期间与各县市局、州局有关单位签订《德宏邮政金融案件防控责任书》、《德宏州邮政局投递改革工作建设承诺书》。

【李永康总经理到德宏调研】 2011年7月30日至8月1日，云南省公司党组书记、总经理李永康在省公司总经理助理、人力资源部经理董文的陪同下，到德宏州邮政局调研指导工作。李永康总经理先后到芒市邮政局、芒市邮购商场、瑞丽市邮政局了解经营发展情况。在邮政营业室、代理金融网点、乡下支局所，李永康总经理向网点负责人详细询问经营任务的完成情况、网点职工的人员结构、业务发展奖励政策的落实情况。在瑞丽姐告邮政支局调研时，李永康总经理向负责人仔细询问收入完成情况，在得知姐告邮政支局在1.92平方公里的土地上邮政业务收入完成百万元时，李永康表示姐告的发展独树一帜，为全省邮政业务的发展树立了榜样。在8月1日召开的座谈会上，李永康总经理听取德宏局的工作开展情况汇报后指出，德宏局的发展有目共睹，在以后的工作中德宏局要把集团公司、省公司的政策与自身实际结合起来，把调动职工发展积极性的政策落到实处，各岗位要明确工作职责，要用好工作方法，促进业务发展。

【个性化邮票整体开发】 2011年8月22日，陇川邮政局成功申报开发陇川国税局个性化邮票200版，成为继芒市、瑞丽、梁河之后又一个实现个性化邮票开发的县局，为县域市场开发做出积极贡献，进一步拉近了德宏局集邮县域市场100%开发整体目标的实现。陇川县国税局是陇川邮政长期维护的老客户，在陇川局开发的"今日陇川"本册式广告中时常刊登相关的宣传广告。在维护客户的过程中，陇川局得知客户希望采取一种独特的方式对国税多年的发展进行回顾和对未来发展的美好展望后，及时将其列为集邮业务的目标客户加以营销，向客户详细介绍个性化邮票较其他宣传品具备独特的收藏功能以及单位形象上邮票的特点，引起客户的共鸣，最终促成本单业务的开发。

【集团公司分销业务局黄本胜副局长到德宏调研】 2011年10月13至14日，集团公司分销业务局黄本胜副局长一行4人到德宏州芒市、瑞丽等地，对州局分销业务进行实地调研。在芒市邮购超市，黄副局长仔细询问了超市的商品销量及进货情况，当了解到芒市邮购超市在当地是质量和信誉的保证，同时也是全省邮政系统唯一一家存活至今的超市时，黄副局长对超市的成功运营表示肯定，并希望超市越办越火。座谈会上，黄副局长听取全州分销业务的情况介绍后，对集团公司的分销业务发展思路进行简要的介绍，并针对分销业务发展中存在的问题进行剖析，现场进行指导。要求当前分销业务的发展首先要充分认识分销业务在邮政的定位，其次是要积极探索分销业务在当地发展之路，再者是要尽快加快发展，做大规模。

【加快邮政转型调研】 2011年11月11日一早，德宏州邮政局王建云局长带领州局综合部室负责人及各县市局局长到州邮储分行网点，就银行专业化管理和硬件设施进行专题调研，为德宏邮政全面转型做好准备。在调研过程中，王局长指出：转型是贯彻落实科学发展观、促进德宏邮政快速、健康、可持续发展的需要，是德宏邮政自身发展的需要，是企业发展方式转变的需要。并强调德宏邮政要紧紧围绕集团、省公司关于企业转型的相关要求，要实现思想的统一，认真学习上级精神，把思想变成行动，把行动变成成果，把成果变成广大员工的成果，从而实现科学发展。德宏邮政要明确三大板块的定位，代理金融要轻装上阵，全力发展金融、保险业务，打造邮政代理金融网点旗舰店；代理速递物流要依托口岸优势，高瞻远瞩，从经营业务向经营客户转变；邮务类业务要抓住文化体制改革，紧密关注文化体制改革代理的发展机遇，切入邮政业务。

【举办新春生肖集邮文化品鉴会】 2011年11月29日下午，由云南省集邮公司和德宏州邮政局共同举办的2012新春生肖集邮文化品鉴会在芒市宾馆举办，当天展示的40余款邮品吸引了众多集邮爱好者前往品味、鉴赏。品鉴会上，王建云局长致欢迎辞，云南省集邮公司专家向到场嘉宾介绍集邮收藏知识和相关产品以及贵金属的收藏知识，还穿插集邮小知识的有奖问答和抽奖活动，现场气氛十分热烈。会后，到场嘉宾参观了现场展示的邮品。

【上门为退伍老兵邮寄包裹】 2011年11月30日一早，芒市邮政局、州局市场部、速递物流部工作人员走进77332部队及德宏军分区，"上门"为即将退伍的老兵收寄包裹。现场，邮政工作人员有的细致耐心地帮助退伍战士封装包裹，有点填写单据，有的忙着称重、搬运包裹，个个忙得不可开交。做到了现场收寄、现场封装、及时发运，缩短了包裹的寄递时限。邮政工作人员不仅解决了退伍老兵邮寄包裹的难题，热情服务也为子弟兵们送去了冬日里一份别样的温情，贴心服务得到子弟兵们的一致好评。当天累计为子弟兵们收寄包裹达190余件。

【档案扁平化管理】 2011年，德宏州邮政局为切实做好档案扁平化管理工作，制定全州邮政企业档案扁平化管理实施方案，成立以州局局长为组长、副局长为副组长，办公室、财务部、各县市局长为成员的领导小组，下设办公室，负责档案扁平化管理的具体实施工作。全州各县市局在州局的统一指挥下，按时按量完成从邮电分营到2010年形成的全部文书、科技、会计档案的移交接收工作。11月9至12日，省公司对德宏局的档案扁平化管理进行检查。检查组充分肯定德宏局的档案管理工作，管理中建立健全档案的规章制度，文书、科技、会计档案都实行集中统一管理，实行档案出入库登记制度，各类档案整理质量能按要求进行整理，切实做到档案管理办公、领用、库房三分开，并制定保密、保管、借阅和库房安全管理制度，做到八防。检查组对检查中存在的归档目录中格式不够标准等问题进行了现场指导。

（《邮政》撰稿　蒋志刚）

移　动

【概　述】 2011年，德宏移动通信分公司紧紧围绕“新客户、新话务、新业务”不断拓展市场空间，狠抓集团客户、高价值客户的维系，稳定存量市场；进一步完善渠道体系，强化渠道掌控；切实抓紧通信能力建设，巩固网络优势；认真抓好服务工作，提升客户满意度；强化精细管理，不断提高管理水平。全年在网客户突破90万户，运营收入超5亿元，收入完成率全省排名第一，收入增长率全省排名第二；在网运行基站总数900余个，交换总容量119万门，光缆总长7000余皮长公里。全州所有城区、乡镇、主干道路、边境口岸、主要景区网络覆盖率已达到100%，自然村覆盖率达98.3%，城市、乡镇、行政村、自然村和风景区覆盖率均高于全省覆盖水平，网络的通信服务和市场发展支撑能力得到较大提升。

【领导调研】 2011年1月26至27日，中国移动云南公司党组成员、董事、工会郑勇主席到德宏分公司调研。调研期间，针对双节营销工作深入到芒市、瑞丽分公司营业厅、代办点、村级服务站实地走访、了解情况，并看望慰问离退休老同志。10月18至19日，中国移动云南公司党组成员、董事、李锋副总经理率计划部、工程管理中心、采购管理中心负责人到德宏分公司调研指导工作。在德宏分公司倪建明总经理的陪同下，针对年末重点工作落实情况分别到芒市、瑞丽、盈江分公司实地调研，在盈江着重察看受3·10地震影响的盈江分公司综合楼及临时搭建的活动板房营业厅。

【召开工作会暨二届六次职代会】 2011年2月24至25日，德宏移动通信分公司在芒市召开2011年工作会暨二届六次职工代表大会。会议传达了省公司工作会议精神，全面总结上年工作取得的成绩，分析存在的不足和面临的形势，并对2011年工作做了具体安排部署，倪建明总经理作《明确目标狠抓落实，巩固优势，脚踏实地迎难而上再创辉煌》的工作报告，中共德宏州委常委、柳五三常务副州长到会指导。

【抗震救灾保通信】 2011年3月10日，德宏州盈江县地震造成中国移动盈江分公司县城主城区18个基站中断服务，全县境内130多个基站的市电供应中断。灾情发生后，德宏分公司立即启动应急通信预案，倪建明总经理亲自带队在第一时间赶赴盈江灾区，指挥抗震救灾保通信工作。抗震救灾保通信期间，组织通信救灾人员250余人，投入救灾车辆30余辆，发电机100余台，救灾帐篷80顶，卫星电话2台，3辆应急通信车等通信应急物资；设置3个室外通信服务网点，提供免费手机充电、电话报平安服务，并针对盈江客户提供欠费不停机服务，全力保证满足灾区客户的通信需求，并向地方抗震救灾指挥部捐赠帐篷20顶，向医院捐赠帐篷10顶，积极支持地方抗震救灾工作。通过抢险队伍连夜奋战，通信在第一时间全部恢复正常，网络保持畅通。

【成立工程建设中心】 2011年10月8日，德宏移动通信分公司成立工程建设中心。该中心主要负责网络规划和通信工程建设项目的实施和管理。根据全省统一部署安排，德宏移动通信分公司完成县公司组织架构优化调整工作，达到架构精简、职责清晰、扁平管理的目的，顺利实现新旧组织架构平移。

【举行“无线城市建设合作协议”签约仪式】 2011年12月9日，德宏州人民政府与中国移动云南公司在芒市举行《无线城市建设合作协议》签约仪式。德宏州州长龚敬政、州政府秘书长周湛鸿、州工信委主任闫生赞、州电子政务办公室主任黄艳芳及中国移动云南公司德宏分公司总经理倪建明、副总经理杨林波等出席签约仪式。“无线城市建设合作协议”的签订是以信息化助力德宏经济社会发展，提升城市综合竞争力的重要里程碑，是加快德宏面向南亚、东南亚的区域性国际通信服务枢纽的重要基础。

【客户服务】 2011年，德宏移动通信分公司以“我服务，我快乐”的服务理念为主线，持续优化服务管理体系，重视客户投诉，落实营业厅标准化服务，加强触点服务提升，逐步完善渠道覆盖，健全电子渠道服务系统，为客户提供足不出户的便捷服务以12580综合信息服务平台为基础，不断提升本地文化、旅游、边贸信息化水平，并加强边境市场的开发，提升边境通信服务能力。年内，客户标准满意度78.35%，服务质量持续改善，在当地继续保持领先地位。

【渠道建设】 2011年，德宏移动通信分公司不断扩大实体渠道规模，渠道覆盖面不断拓宽。全年累计建成沟通100服务厅16个，指定专营店、特约代理点、村级服务站、校园直销队等2900余个，其中行政村服务网点覆盖率已达100%。

【表彰先进】 2011年，德宏移动通信分公司劳动竞赛活动全面达标，累计获得全省季度优胜奖13个，年度优胜奖3个，芒市分公司荣获全省区县评优第28名，盈江分公司荣获全省区县评优最快进步奖第1名。1月17日在芒市召开的先进集体、先进个人表彰会，表彰10个先进集体，58名先进个人。州公司工会被集团公司工会授予“模范之家”光荣称号，梁河分公司乡镇营销组获得“云南省模范班组”和“工人先锋号”光荣称号，州公司获得“省级文明交通示范企业”称号，州公司获得2011～2013年“文明行业”称号，芒市分公司目瑙纵歌路沟通100服务厅获得省级“青年文明号”称号。

（《移动》撰稿　马振宇）

联　通

【工业信息化调研组到德宏调研】2011年3月7日，工业信息化部电信管理局张新生巡视员一行9人到德宏州芒市，就互联网互联互通及国际通信管理工作情况进行调研。张新生巡视员一行在中国联通德宏州分公司领导班子的陪同下，视察了中国联通中缅国际光缆在德宏瑞丽市的传输中继机房，听取德宏瑞丽姐告境内新建与缅甸木姐对接光缆传输工程介绍，并实地到传输中继机房察看安装的SDH及波分设备及传输设备光缆电路出口安全设施状况和应急通信预案手段等相关工作情况。

【抗震救灾保通信】 2011年3月10日12：58分，德宏州盈江县发生里氏5.8级地震，联通德宏分公司立即启动抗震应急预案，组织线路、网优、固网等专业人员和代维公司人员，由分管副总经理杨开亮带队，于当天14：40分前往盈江地区实施救援。分公司总经理卜海泉在昆明接到消息后，立即向省分公司领导汇报，并与省分抢险指挥组于11日凌晨5：30赶到盈江。盈江灾区有30个基站发生退服，本地网主干光缆线路中断1条。通过州分公司支援组、保山腾冲支援组，瑞丽、梁河代维支援组的共同努力，截止10日22时，大部分基站已恢复通信，当晚23时，抢修恢复1条2.5G环，确保通讯畅通。

盈江分公司营业、办公场所损毁严重，无法进行正常办公，分公司员工第一时间在盈湖公园、盈江广场搭建流动营业受理点。同时，在救灾帐篷内搭建临时办公点，满足日常办公需求。由于临时搭建的救灾帐篷地处郊区，通信网络根本无法满足通信办公的需求，盈江分公司组织人员于3月16日接通数据通信线路，恢复了ESS等经营支撑系统，使业务发展和日常办公得到基本保障。

【刘海鹰副总经理参加恢复重建会】2011年4月1日上午，云南省分公司刘海鹰副总经理到德宏参加云南省政府在德宏召开的盈江“3·10”地震恢复重建工作会议。会议结束后，刘海鹰副总经理在德宏分公司卜海泉总经理及建维部负责人的陪同下到盈江灾区看望一线员工。刘海鹰副总经理一行赶到盈江灾区看望慰问了灾区员工，查看了盈江分公司临时办公地点，了解营业点员工的工作生活情况，对盈江分公司全体员工在地震发生后的出色工作给予表扬，并到因地震受损的公司办公楼和基站机房查看了情况，对盈江分公司震后受灾重建工作做出了重要指示：雨季即将到来，目前的环境不便于开展工作，要求盈江分公司尽快解决办公场所问题。

【盈江县分公司过渡性板房落成】2011年4月26日，盈江县分公司告别帐篷，搬进新建的过渡性板房，并配备了新的办公设备。德宏州盈江县发生里氏5.8级地震后，在省分公司领导的关心支持下，经过州、县分公司的共同努力，盈江县分公司过渡性板房及时得到建盖。轻质活动板房位于盈江县勐腊路51号，占地面积320平方米。

【开展“乒临城下”活动】 2011年7月15日，中国联通德宏州分公司借“乒临城下”活动在休闲娱乐人员集聚较多的芒市体育广场篮球馆内举行第二届中国联通德宏赛区“乒临城下”乒乓球选拔赛。公司副总经理杨开亮、张庆东及各部门经理参加了活动。本次比赛网上报名用户16人，营业厅报名用户27名，以淘汰赛的方式进行。在比赛现场专门设置了3G业务应用演示、体验区，由公司员工用IPHONE进行应用软件演示，让用户在观看比赛的同时体验到联通3G产品带来的畅快。经过比赛，杨惠芝、杨鲜艳、后爽分别获得员工女子组前三名，孙耀华、蔺凯如、张庆东分别获得员工男子组前三名，刘国强、沈其林、崔峰分别获得用户组前三名。

【秦勇副总经理到德宏调研】 2011年8月18至19日，中国联通云南省分公司秦勇副总经理在省分网络公司运维部后宝忠副总监陪同下，到德宏分公司进行工作调研。秦总一行先后到梁河、盈江、陇川、瑞丽和芒市5县的城区和部分乡镇代经销渠道进行实地走访，仔细了解市场销售、桌面终端及e管家的缴费现状以及分公司在当地的网络覆盖和销售渠道的扁平化服务情况，并听取代经销商对渠道服务和对联通产品、资费的意见和建议。调研过程中，秦总还到盈江地震灾区的临时办公板房对干部员工进行了慰问和鼓励。

【举办第二期客服人员能量提升培训班】 2011年8月24至25日，中国联通德宏州分公司在公司六楼会议室举办第二期客服人员能量提升培训班。参加培训人数20余人。本次课程主要通过3G终端和演示设备操作技能、3G体验式销售技能、POP海报制作及3G客户服务典型案例等，使学员掌握营销基础理论，让一线人员通过服务做好深度营销，从而提升用户ARPU值，增加公司的业务收入。

【签订“智慧城市”战略合作协议】 2011年12月9日，中国联通德宏州分公司与德宏州人民政府签订《智慧城市—无线互联建设及信息化应用战略合作协议》。德宏分公司按照《德宏州第六次党代会报告》提出的“加快建设面向南亚、东南亚区域性国际通信服务枢纽”要求，结合“桥头堡黄金口岸信息服务平台”建设战略，积极细化落实措施，计划在“十二五”期间，加大网络投资力度，积极配合德宏州政府“十二五”发展规划的实施，争取地方党委和政府重视和扶持，加速信息基础设施建设，大力推动业务创新和服务创新，强化信息技术在经济社会领域的应用，积极采用信息技术改造传统产业，以新应用带动新增长，以WCDMA网络建设和宽带提速建设为重点，改善基础设施，实现网络品质的提升，加快网络宽带化、移动化进程，推动德宏社会各领域信息化的发展。“协议”的签订是为加快实施“桥头堡”战略，把德宏建设成为中国面向西南开放的区域性国际城市，智慧城市是城市信息化水平的更高阶段，“智慧城市”建设是推进“桥头堡”战略的必由之路。

【工程建设】 2011年，中国联通德宏州分公司WCDMA工程建设完成30个基站，WCDMA移动通信基站累计达到260个。全州新建106个GSM移动通信基站，GSM移动通信基站累计达到430个。全年全州新建本地网光缆300公里，累计建设光缆3500公里；新建管道60.97公里，累计建设77.97公里。年内开通42条本地专线，完成21个点的大客户接入；宽带EPON完成1670多个设备点(7300个端口)的建设，ADSL新建扩容96线；EOC广电合作新建节点150个。

（《联通》撰稿　何琴远）

农　业

【概　述】　2011年，德宏州农业局面对盈江“3·10”地震灾害，紧紧围绕农业增产、农民增收、农村稳定、产业发展的中心任务，以新农村建设为契机，以“产业富州”为已任，结构调整为动力，开拓创新，扎实工作，较好地完成年度各项目标和任务。全年全州农林牧渔业总产值达到71.5亿元，比上年增23.1%；农民人均纯收入达到4090元，增长722元，增21.4%。

一、粮食生产在品种结构调整中稳步推进。各级农业部门始终主抓粮食生产不放松，坚决做到保面积、保总产、保稳定，不断提高土地产出率，提高单产，增加总产，确保粮食生产持续稳定增长。全年全州完成粮食总播种面积210.5万亩，比上年增4.77%，实现粮食总产64.97万吨，增8.3%。其中：完成秋收粮食生产面积163.73万亩，实现产量54.13万吨，比上年分别增4.05%、6.61%；完成夏收粮食生产面积46.77万亩，实现产量10.84万吨，分别增7.35%、13.75%。值得一提的是，德宏州在稳面积、调结构的基础上，加大优质稻推广种植力度，通过遮放贡米公司等龙头企业的带动，全年全州优质稻种植面积达到64.9万亩，实现产量25.3万吨。

二、冬季农业开发再创新高。全州以冬玉米、冬马铃薯、冬早蔬菜等为主要作物的冬季农业开发已形成规模，面积逐年增加，单产逐年提高，效益十分显著。通过种植结构调整、增加投入、科技推广力度加大，实现了增产增收。冬季农业产业化开发已经成为德宏州种植结构调整、农业增效、农民增收的优势产业，已经成为全州农民增收的最大亮点。年内，全州完成冬季农业开发总面积109.94万亩，比上年增8.65万亩，增8.5%，实现农业产值(不含甘蔗) 8.85亿元，增1.26亿元，增16.5%；完成冬农作物订单面积40.86万亩，增14.9%。参与冬季农业开发农民达16.49万户、72.46万人；开发区农民人均开发收入1221元，比上年增16.2%。冬季农业的增产增收，为全年农业增产、农民增收打下了良好的基础。

三、传统产业进一步得到巩固提升。为做强做大茶叶产业，按照产业化经营、市场化运作(公司+基地+农户+科技)的机制，立足于培植带动型龙头企业。全年全州茶叶总面积稳定在35.5万亩，其中采摘面积25.1万亩。实现总产量1.65万吨，比上年增25%；农业产值2.15亿元，综合产值5.16亿元，分别增15%，20%；全州通过绿色食品认证面积达18000亩，有机茶园认证面积7849.5亩。同时，全州有41家茶叶企业已全部获得QS认证，其中“孔雀公主”、“勐巴娜”、“德凤”、“云宏”、“南甸”等品牌已见成效。茶产业覆盖全州50个乡(镇)、涉茶农户8.4万余户，涉茶人口33.4万余人，茶农人均纯收入达433元，比上年增116.1%。茶产业已经成为全州支撑农民增收、农村经济发展的重要民生产业。

四、生物特色产业呈现良好发展态势。全州生物特色产业现已形成柠檬以云南红瑞柠檬有限公司、咖啡以德宏后谷咖啡有限公司、坚果以云南迪思企业集团坚果有限公司、番麻以云南海柯生物开发有限公司、优质米以潞西市遮放贡米有限责任公司、罗非鱼以潞西市柏林名特优水产养殖有限公司、奶水牛以德宏祥祥乳业有限公司为龙头企业产业化开发格局，生物特色产业已成为拉动德宏州农业产业化经营，增加农民收入的重要产业，越来越受到广大农户的欢迎。全年全州新植咖啡6.61万亩，总面积达到20万亩；农业产量6万吨(鲜果)，实现农业产值1.5亿元，工农业产值5亿元。新植柠檬1万亩，总面积达到5.59万亩。全州生物特色产业以原料基地开发种植为首的各项工作扎实、稳步推进，为“十二五”期间加快全州生物特色产业发展步伐打下了坚实基础。

五、名特优水产养殖力度进一步加大。全年全州水产养殖以稻田无公害养殖、池塘精养和冬闲田养殖为主，水产养殖面积达5.1万亩，其中渔业专用塘面积达3万亩，比上年增57%，实现水产品产量3.05万吨，增26.6%；生产鱼苗9亿多尾，增30%；鱼苗生产9亿多尾，鱼种生产3983吨，大规格鱼种投放3872吨，分别比上年增4.2%、12%和13.4%；全社会渔业总产值59641.4万元，比上年增17840.75万元，增42.7%；全州人均水产品占有量达到25公斤，增38%。

六、农业基础设施建设和农村生态建设不断加强。一是中低产田改造工程项目进展有序。全年全面完成德宏州2009年3县2市0.42万亩的退耕还林区基本口粮田的建设工作。同时，2010年退耕还林区基本口粮田0.51万亩的建设任务已全面完成，完成投资328.2万元。其中：芒市生物农艺措施完成0.1万亩；梁河县生物农艺措施完成0.12万亩；盈江县生物农艺措施完成0.11万亩；陇川县生物农艺措施完成0.18万亩。二是农村沼气建设(国债项目)有序进行。2011年省厅项目下达德宏新建农村户用沼气池1100户，全年完成农村户用沼气池1739户，完成上年计划任务2700户的66.41%。农村服务网点建设37个，完成建设32个。2个大中型沼气及3个养殖小区正在建设中(盈江县由于地震，经省能源办批准推迟建设)。三是认真做好村容村貌整治。2011年通过积极争取省级财政扶持项目，全州有13个自然村获省级财政立项扶持，争取到扶持资金130万元。州农业局按照中央提出的新农村建设总体要求，主动配合有关部门认真抓好新农村建设的总体规划调研，有重点，分步骤，全面组织实施省级财政扶持村容村貌整治工程项目。目前，各项目正在抓紧组织实施当中。

七、各项惠农政策得到有效落实。全州各级农业部门按照“宣传好、组织好、兑现好”的工作原则，加强与有关部门配合，全面落实党和政府的支农、惠农政策，进一步调动广大农民的生产积极性。在粮食补贴方面：2011年，省级下达德宏州粮食补贴资金13883.27万元，比上年9913.2万元增3970.07万元，增40.05%。其中：油菜良种补贴441.39万元(239.49万元为结算历年补贴资金)；对种粮农民农资综合直补金额9852万元；粮食直接补贴金额1001万元；良种补贴2568.88万元(207.2万元为结算2009年补贴资金)；马铃薯良种补贴20万元。全州兑付各补贴资金13849.78万元。油菜良种补贴资金433.59万元；农资综合补贴9852.95万元；良种补贴2562.99万元；粮食直接补贴1000.25万元。在农机补贴方面，2011年省下达德宏州农机购置补贴资金2006万元，其中国家农机购置补贴专项资金1906万元，省级累补资金100万元。全州完成农业机械购置补贴资金2005.22万元，占下达农业机械购置补贴资金额2006万元的100%，补贴购置机具5531台，受益农户5002户。

八、新型农民培训、农村劳动力转移成绩明显。以“绿色证书工程”、“新型农民培训工程”为重点，不断加大对农民培训工作力度。全年开展农业科技培训3792场次，培训农民341531人次，发放科技宣传资料222976份；完成绿证培训6043人；完成富余劳动力转移培训13751人，完成任务的100%，培训后转移就业13451人，占培训的97.82%；实现转移就业44484人(含自发转移)，转移收入合计54855万元，召开现场招聘会5场次。2011年全州农民人均工资性收入达到700元。

九、龙头企业不断壮大。全面落实扶持农业产业化龙头企业的各项政策，积极培育本地具有一定规模、发展潜力较大、辐射带动面广的农业企业，采取政府推动、龙头企业带动、产业互动等多种手段，着力发展特色明显、带动能力强的特色产业集群，让农民依靠企业带动增收。全年全州有各类农业产业化经营组织103个，其中龙头企业带动型80个，龙头企业销售收入500万元以上45个，规模以上(2000万元以上)24个，1亿元以上8个。有农业产业化国家级重点龙头企业1家，农业产业化省级重点龙头企业14家，州级农业产业化重点扶持企业35家；各类产业化组织固定资产总额21.2亿元，其中龙头企业固定资产总额20.6亿元。农业产业化经营组织销售收入达45.5亿元，其中龙头企业销售收入达44.9亿元，带动农户35万多户。

十、农村专业合作组织不断发展，农村集体经济日益壮大。全州各级农业部门以《农民专业合作社法》为依据，狠抓农民专业合作社的规范化建设，进一步加大合作社法学习、宣传、培训力度，积极引导、帮助建立健全规章制度，在服务质量、利益连接、市场开拓能力及增强辐射带动能力上加大指导，使农民专业合作社逐步实现规范化运转，成为促进农村经济发展、实现农民增收的“助推器”。全年全州农民专业化组织不断发展壮大，农民专业化组织为农产品流通注入了新的活力，全州合作组织数有410个，其中专业合作组织370个，各类专业协会40个，合作社成员总数

2.43万人，带动非成员农户4.76万户，统一组织销售农产品总值2.73亿元，培训成员和农民7.99万人，争取到中央、省财政扶持项目10个，扶持资金106万元。其中：中央财政立项扶持项目6个，扶持资金80万元；省级财政立项扶持项目4个，扶持资金26万元。年内，组织5个合作社申报省级财政扶持农民专业合作组织发展项目；争取到扶持项目6个，扶持资金60万元。

十一、农业机械化水平持续提升。

全年全州农机总动力达112735.81万瓦特，农业机械原值87608.79万元，比上年分别增7.93%、0.18%。拖拉机总量55942台，比上年增6.81%，其中大中型拖拉机10863台，小型拖拉机45079台，联合收割机1597台，水稻插秧机55台。完成农机化作业面积447.43万亩，比上年增54.92万亩，增13.9%，其中机耕面积173.58万亩，增15.23%；机播面积1.24万亩，增249.64%；机电灌溉面积32.42万亩，增2.63%；机械植保面积178.37万亩，增18.45%；机收面积62.13万亩，增4.72%。2011年省农业厅下达德宏州8500亩水稻机械化育插秧任务，实际完成机械化育插秧面积8514.3亩。

十二、农业执法和“三品”认证工作取得新进展。

开展“放心农资下乡进村活动”、“打击侵犯知识产权和制售假冒伪劣商品专项行动”，认真抓好农资市场日常监管工作，狠抓农产品质量安全监管工作不放松，食品添加剂整治工作和农产品市场监管工作取得实效。农业行政综合执法工作。全年农业部门出动执法人员2715人/次，印发宣传资料65610份，检查企业2283个/次，整顿市场590个/次，受理举报案件28起，查获假劣种子53456.6公斤，肥料1623230公斤，农药36496.8公斤，货值461.05万元，为农民挽回经济损失715.14万元。农产品质量监管工作。全年出动执法人员3735人次，检查蔬菜生产产地45个次，检查农资经营门店184个，检查水产品养殖场地23个，检查重点种植农户130个，责令整改8户；检查各种生产经营企业2138家次，查处问题160起，涉及金额457.51万元，责令整改10起，重点整治区域102个，发放各种宣传资料36936份，媒体宣传6次，指导培训79场次5512人；蔬菜农药残留监测场所234个，抽取蔬菜样品数5434个，检测合格数5107个，合格率94%。以无公害食品认证、绿色食品认证、有机食品认证为主的“三品”认证工作取得新进展，全州“三品”获证单位17家，产品38个，面积91.73万亩，产量185.76万吨，产值56283.43万元。“德宏咖啡”获得了由国家工商总局颁发的地理标志证书。

（舒　平）

农业综合开发

【项目结转工程建设】 2011年5月，德宏州各县(市)严格按照计划批复和项目工程扩初设计的要求，按时、按质、按量地全面完成了上年度结转项目工程的各项建设任务。全州投资14021万元，其中财政资金8198万元，自筹资金3483万元，银行贷款2175万元，其它资金165万元。土地治理项目投资8093万元，其中财政资金6834万元，自筹资金1094万元，其它资金165万元；改造中低产田3万亩，完成投资3582万元，建拦河坝7座，衬砌渠道45.84公里，修建渠系建筑物252座，改良土壤0.31万亩，建良种基地0.08万亩，良种晒场12500平方米，购良种0.62万公斤，修机耕路27.05公里，购置农业机械16台(套)，科技推广技术培训12100人次，购置仪器设备13台(件)，示范推广1.09万亩；高标准农田建设2.3万亩，完成投资2949万元，衬砌渠道36.57公里，修建渠系建筑物216座，改良土壤0.35万亩，造林0.02万亩，修田间道路37.25公里，科技推广技术培训9000人次，示范推广0.7万亩；农业生态治理1万亩，完成投资902万元，建拦河坝31座，衬砌渠道6.4公里，造林0.56万亩，科技推广技术培训3500人次；中型灌区节水配套改造工程项目1个，完成投资660万元，衬砌渠道12.91公里，修建渠系建筑物227座，输水管道0.13公里。

产业化经营项目完成投资5128万元，其中财政资金869万元，自筹资金2084万元，企业向银行贷款2175万元，完成6个财政补助项目(德宏州盈江县5000亩澳洲坚果种植新建项目，德宏州芒市2万吨遮放贡米加工改建项目、德宏州芒市1000吨水牛奶加工扩建项目、德宏州芒市1500吨CTC红碎茶加工新建项目、瑞丽市1万吨生态米加工新建项目，德宏州芒市年出栏500肉牛养殖基地新建项目)的各项建设任务和5个贷款贴息项目(德宏州芒市3000吨速溶咖啡粉纯粉加工贷款贴息项目、芒市经济林果种植及基础配套设施建设贷款贴息项目、芒市无公害茶叶产业化出口加工贷款贴息项目、德宏州瑞丽市综合农贸市场改扩建贷款贴息项目、瑞丽市糖料生产基地建设贷款贴息项目)的贴息兑付工作。部门项目总投资800万元，其中财政资金495万元，自筹资金305万元，全面完成德宏州脱毒冬马铃薯良种繁育基地建设项目(农业部门项目)、梁河县白花油茶种植基地建设项目(林业部门项目)的建设任务。新建马铃薯组培用房984平方米，温室2400平方米，网室4000平方米，种薯凉晒棚100平米，仓库340平方米，由薯钢架彬200平方米，新建春种马铃良种扩繁基地2020亩，购置仪器设备68台套。新植白花油茶0.2万亩，低产白花茶园改造0.15万亩。

【检查验收项目实施情况】 2011年6月8至16日，德宏州农业综合开发领导小组按照国家农业综合开发项目管理工作的要求，组成检查组，深入到各县、市项目工程实地进行州级检查。检查组通过实地察看、查阅财务资料、听取汇报，认真检查各个项目工程的设计布局、建设质量、综合利用及所发挥的效能情况、项目资金使用和财务管理情况等，检查组充分肯定了各县、市开发办所取得的工作成效。同时，指出工作中的不足和需要整改完善的内容。认为：各县、市2010年度农业综合开发项目实施工作，党委、政府重视，部门协调，项目布局得当，设计合理，完成了各项建设任务，工程质量较好，项目资金如数到位，资金使用合规，管理规范，开发效益明显，基本实现了农业增效、农民增收的效益目标。省级验收组于6月21日至7月5日，对德宏州2010年度农业综合开发项目进行验收。省验收组通过到德宏州各县市项目工程实地察看、采访农户、查阅财务账本、凭证及文档资料、观看影像、召开座谈会、听取汇报等方式，对德宏州2010年度农业综合开发项目工程外业及内业工作进行深入细致的检查，对各县市在实际工作中所取得的成绩给予了充分的肯定，对存在问题和不足给予明确的指出，为全州不断改进工作起到积极的促进作用。在7月5日召开的德宏州2010年度农业综合开发项目工程省级验收情况汇报会上，省验收组对德宏州2010年度农业综合开发工作进行综合评价，认为德宏州2010年度农业综合开发项目规划合理，领导重视，各部门协调配合，开发效益明显，工程质量有保证，宣传工作到位，资金使用合规，档案管理规范，全面完成了2010年度农业综合开发项目任务，取得了显著的社会效益、经济效益和生态效益。

【项目投资计划和建设任务】 2011年，德宏州农业综合开发项目计划总投资9367万元，其中财政资金7369万元(中央财政资金4951万元、省级财政资金2296万元、州级财政配套资金84万元、县级财政配套资金38万元)，自筹资金1748万元，水利部门配套资金250万元。土地治理项目围绕优质稻、甘蔗吨糖田、柠檬等优势产业进行中低产田改造及高标准农田建设，围绕改善农业生态环境进行农业生态治理和盈江县盏西坝水利工程建设实施中型灌区节水配套工程建设，以及热带作物、农业机械、畜牧、茶叶、优质稻、良种甘蔗、水产、核桃等新品种、新技术进行科技推广示范。全年全州土地治理项目计划总投资7099万元，其中财政资金6398万元，自筹资金451万元，水利部门配套资金250万元；治理面积5.12万亩。一是改造中低产田项目计划投资2330万元，其中财政资金2190万元，自筹资金140万元；改造面积1.95万亩。实施芒市轩岗乡自然灾害损毁工程修复项目、瑞丽市勐卯坝中低产田改造项目、瑞丽市勐秀乡自然灾害损毁工程修复项目、瑞丽市畹町坝中低产田改造项目、陇川县勐宛户撒坝中低产田改造项目、梁河县勐养镇中低产田改造6个项目。主要建设内容：建拦河坝3座，衬砌渠道22.88公里，埋设管道27.04公里，渠系建筑物84座，新建小型蓄排水工程20座，改良土壤0.5万亩，建农用晒场11500平方米，购良种2.01公斤，建机耕路20.86公里，举办农业技术培训8700人次，示范推广0.38万亩。二是农业生态综合治理项目计划投资928万元，其中财政资金870万元，自筹资金58万元；治理面积1.02万亩。实施盈江县新城片区生态治理项目、梁河县龙江小流域生态治理2个项目。主要建设内容：建拦河坝10座，衬砌渠道3.6公里，建机耕路2公里，造林0.39万亩，技术培训1200人次，示范推广0.12万亩。三是中型灌区节水配套改造项目计划投资1000万元，其中财政资金750万元，水利部门配套资金250万元。实施盈江县盏西坝中型灌区节水配套改造工程项目。主要建设内容：衬砌渠道17.85公里，渠系建筑物51座，其中农桥10座，涵洞37处，进水闸和节制闸2座，渡槽2座。四是高标准农田建设示范工程计划投资2841万元，其中财政资金2588万元，自筹资金253万元；建设面积2.15万亩。实施芒市遮放镇高标准农田建设示范工程项目、盈江县高标准农田建设示范工程2个项目。主要建设内容：衬砌渠道29.01公里，建渠系建筑物204座，改良土壤0.19万亩，购良种0.13公斤，购置农业机械3台套，建田间道路29.09公里，其中硬化干道1.8公里，支路19.4公里，技术培训7550人次，购仪器设备10台，示范推广1.31万亩。

产业化经营项目：2011年全州计划总投资1668万元，其中财政资金791万元，企业自筹资金877万元。计划实施梁河县1000吨有机茶加工改建项目、德宏州梁河县50吨高档回龙茶加工新建项目、德宏州陇川县2000吨竹笋加工改建项目、德宏州陇川县2000亩枇杷种植基地改建项目、德宏州陇川县2500吨竹笋初制加工改建项目、德宏州芒市300吨烟胶片加工厂扩建项目、德宏州芒市500亩咖啡及澳洲坚果种植新建项目、德宏州盈江县1000亩草果种植新建项目、德宏州盈江县250头奶水牛养殖示范基地新建项目、德宏州梁河县1000头生猪养殖场扩建项目、德宏州陇川县1万吨户撒优质精米加工改建11个财政补助项目和芒市优质稻加工贷款贴息项目、德宏州芒市收购咖啡原料贷款贴息项目、德宏州芒市绿茶出口加工贷款贴息项目、德宏州梁河县粮食收购贷款贴息项目、瑞丽市糖料生产基地建设贷款贴息项目、德宏州盈江县综合农贸市场固定资产贷款贴息6个贷款贴息项目。部门项目：计划投资600万元，其中财政资金180万元，自筹资金420万元，实施云南农垦畹町农场热带作物石斛良种苗木繁育和标准化种植示范基地建设项目。各县、市农发办在接到项目计划批复后，及时、认真地完成了项目初步设计及实施方案的编制、项目工程建设招投标等前期工作。截至12月底，各项目全面进入开工建设。

【项目及资金管理】 2011年度，德宏州农业综合开发办认真按照国家农业综合开发项目资金管理的要求，严格执行《国家农业综合开发项目和资金管理暂行办法》，积极抓好全州农业综合开发的资金运行管理、项目实施管理、工程质量监督管理、财务管理、报账制实施管理等各项工作。一是农业综合开发项目资金实行封闭运行、专户管理、专款专用，切实加强全州农业综合开发的项目资金管理工作；二是工程建设全面实行面向社会公开招标制，按规范的程序优选施工队；三是全面推行项目工程监理制，由州开发办统一委托云南城兴建设监理有限公司对瑞丽市、畹町开发区、盈江县和梁河县农业综合开发项目工程的施工建设进行工程监理，委托云南建安水电工程建设监理有限公司对潞西市上年度农业综合开发项目工程的施工建设进行工程监理，委托国开工程建设监理公司对陇川县年度农业综合开发项目工程的施工建设进行工程监理，确保工程建设质量。

【申报开发项目】 2011年，德宏州农业综合开发办按照云南省申报2012年度农业综合开发项目的通知要求，结合德宏农业产业发展规划，组织各县、市认真进行调研，并组织专家组对各县、市上报的项目进行评估论证，按照省开发办限定的个数，全州向省开发办申报47个竞争类开发项目。其中：土地治理项目23个(中低产田改造项目8个、生态治理项目1个、高标准农田建设示范工程项目4个、省级科技示范项目10个)；产业化经营项目24个(龙头企业财政补助项目5个，农民专业合作社财政补助项目14个，银行贷款中央财政贴息项目5个)。

(《农业综合开发》撰稿　杨恩才)

扶贫开发

【制定出台“十二五”规划】 2011年，德宏州扶贫开发工作按照中央、省“十二五”扶贫开发《纲要》部署，结合州情，以“德政发〔2011〕180号”文件，制定出台德宏州农村扶贫开发“十二五”规划。“十二五”规划提出“全州农村贫困人口人均纯收入年增长14%以上，年减少贫困人口3万人以上，逐年降低贫困人口发生率，贫困人口显著减少。基本解决农村贫困人口住房、行路、饮水、上学、就医问题。贫困地区基础条件明显改善，产业格局初步形成；贫困人口综合素质明显提高，自我发展能力明显增强；基层组织进一步加强，乡风民俗明显进步，生活水平明显提升；可持续脱贫致富基础得到夯实，贫困地区经济社会和谐发展”的奋斗目标。年内，按照“规划”开好头、起好步，全面部署，认真组织实施年度扶贫开发工作。

【扶贫投入】 2011年，德宏州扶贫开发工作以创新扶贫开发方式为主线，按照“一体两翼”的扶贫开发战略，突出整村推进、贫困劳动力转移培训、集中联片产业扶贫、易地搬迁扶贫等重点工作，全面贯彻落实开发式扶贫方针。全州累计安排各类扶贫资金23183.9万元，其中投入财政专项扶贫资金9839.2万元，信贷资金10500万元，社会帮扶投入2824.7

万元。扶贫资金主要用于贫困地区的水、电、路等基础设施建设，产业扶贫、易地搬迁、安居工程建设、劳动力培训转移及扶贫救灾、防灾、减灾项目等，扶贫投入的不断加大，为贫困地区经济社会发展注入了新的活力。全年全州脱贫3万人，贫困程度进一步得到缓解，扶贫开发工作取得了明显成效。

【整村推进】 2011年，德宏州安排实施整村推进174个贫困村，投入财政扶贫资金4335万元，其中省级扶持94个贫困村，投入3505万元，州县(市)自建79个村，投入830万元。突出抓好基础设施建设、产业开发、社会公益事业及农民技能培训等重点工作，修建进村道路和村内道路硬化72.6公里，人畜饮水工程建设架设管道31.7公里，安居房建设802户；发展经济林果及作物23995亩，养殖牛、猪、羊等12711头；修建党员活动室、文化活动室52个10830平方米；培训农民5420人次。通过项目的实施，为农民增收、改善生产生活条件、进一步推进脱贫进程做出了贡献。

【劳动力转移培训】 2011年，德宏州以4个贫困地区劳动力转移培训示范基地为依托，启动实施了4400人的劳动力转移培训计划，投入财政扶贫资金268万元。其中：引导性培训1500人，投入财政扶贫资金28万元；技能培训3000人，投入财政扶贫资金240万元。具体实施中，突出抓好贫困劳动力竞争性技能培训，拓展培训项目和就业渠道，在资金到位前就提前开展培训准备工作，努力确保实现“培训一人、就业一人、脱贫一人、带动一村、影响一方”的目标。

【信贷与产业扶贫】 2011年，德宏州信贷与产业扶贫规模不断扩大。一是积极稳妥实施扶贫到户贷款。全年争取到小额信贷扶贫到户资金8500万元(贴息425万元)。州扶贫办与农村信用社等部门本着充分发挥扶贫到户贷款作用的原则，认真抓好扶贫到户贷款对象的选择工作，对贫困农户发展烟、茶、蔗、猪、牛羊等传统产业和“六树一草”新兴产业进行滚动扶持，使小额到户扶贫贷款放得出、收得回、有效益，有效缓解了贫困农户贷款难、发展难、增收难的问题。二是以扶贫贴息贷款资金为支撑，抓好扶贫龙头企业辐射扶持贫困农户工作，加速发展贫困村经济。全年争取到扶贫贴息贷款2000万元的(贴息60万元)支持，获得扶贫贴息贷款的企业充分利用资金、技术、信息、市场和管理优势，采取“龙头企业—生产基地—带贫困农户的模式，扶持贫困农户种植核桃、石斛、养殖奶水牛、山羊等，有效地带动贫困村农户增收，促进了贫困村经济的发展。三是积极支持贫困地区发展优势产业，加大政策性金融支持产业化扶贫的力度。年内，争取810万元的产业专项资金，用于扶持龙头企事业和贫困农户发展产业。四是争取到110万元的村级互助资金，在盈江县弄璋镇拉应、旧城镇弄坎等7个自然村实施。

【安居工程】 2011年，德宏州安居工程按照“突出重点，兼顾面上”的原则，认真落实项目实施农户，提前做好安居工程建设的各项前期准备工作。年内，投入财政扶持资金802万元的802户安居工程，已将指标下达到相关项目县市组织实施，力争确保让贫困农户按期入住新居。

【易地搬迁】 2011年度，德宏州易地搬迁扶贫项目坚持易地搬迁扶贫与新农村建设相结合，与村镇建设相结合，按照“移民就路、移民就市、移民就富”的要求，对基本丧失生存条件、灾害频发和生态保护重点区域的贫困农户有序实施移民搬迁。云南省安排下达德宏州1160人的易地搬迁扶贫指标，投入财政扶持资金580万元。同时，进一步落实和完善扶持政策，明确搬迁对象，规范搬迁程序，落实搬迁资金，在尊重农民意愿的基础上，继续采取小规模集中、插花安置和就近安置的方式安置贫困农户。

【定点挂钩扶贫】 2011年，中央、省、州、市、县国家机关企事业单位、非公企业、部队等447个单位定点挂钩扶贫德宏州38个贫困乡，297个贫困村，其中中色建设集团有限公司定点挂钩梁河县，省安全厅挂钩梁河县小厂乡，省进出口检验检疫局挂钩梁河县大厂乡，省旅游集团挂钩梁河县勐养镇，州、市和县443个单位挂钩到村。

中央、省、州、县市帮扶单位广泛开展定点帮扶和扶贫济困活动，为边疆贫困地区做出大量看得见，摸得着的好事、实事：中国有色矿业集团有限公司响应国家扶贫号召，以构建和谐社会为已任，动真情，扶真贫，把扶贫项目直接落实到梁河县的贫困村和贫困户家中，得到当地广大干部群众的高度赞誉和一致认可；矿业集团有限公司一行4人赴梁河县考察，为挂钩点直接捐资186万元，其中用于平山乡梁子街小学建设60万元，用于贫困大学生资助8万元，用于人畜饮水工程建设68万元，抗旱救灾资金50万元；省国家安全厅、省进出口检验检疫局、省旅游集团自开展定点扶贫挂钩以来，每年派驻1名干部到挂钩点进行蹲点扶贫。全年为挂钩点投入资金48.4万元，其中部门直接投入资金46万元，物资折款2.4万元，引进资金2万元，受益人口13526人，帮助举办培训7期780人。定点挂钩扶贫的州、市、县单位共443个，帮扶38个贫困乡、297个贫困村，派出蹲点干部1192名，其中处级317名，处以下879名；派出考察人员1471名，其中厅级9名，处级173名，处级以下1289名；投入各类资金1725.56万元，其中资金1519万元，物资约206.56万元；帮助引进各类资金5199.9万元(含无偿和贷款)；帮助上项目342个，帮助引进人才457名，帮助引进技术7项；举办培训班2564期，培训113034人次，其中干部10303人次，技术人员6577人次，劳动力83694人次；组织劳务输出27475人次；资助贫困学生4474人。

【抗震救灾工作】 2011年3月10日12时58分，盈江县发生5.8级地震，造成人员伤亡和重大财产损失。地震发生后，州扶贫办由领导带队及时赶赴灾区参加抗震救灾工作，同时及时向省扶贫办报告灾情。一是省办给予盈江县灾区兴边富民整村推进1150万元，扶贫安居工程建设254万元(254户)和易地扶贫166万元(332人)，以奖代补资金400万元，灾后恢复生产扶贫资金60万元的倾斜扶持；二是在省办的关心支持下，争取投入抗震救灾资金550.2万元，其中中国扶贫基金会捐赠投入158.4万元；宣明会捐资捐物折资282.8万元(救灾资金182.8万元，恢复重建资金100万元扶持建房100户)；友成企业家扶贫基金会建盖过度安置房、社区文化中心投入46万元；接收其他企业、公益组织、爱心人士捐赠物资(生活用品、大米、食用油、蚊帐、图书、蔬菜等)折资63万元。

【扶贫资金监管】 2011年，德宏州扶贫办加强对扶贫项目资金的管理，严格按照《云南省财政扶贫资金管理暂行办法》和《德宏州财政扶贫资金报帐制管理办法》的规定，坚持项目按照计划实施，资金跟着项目走，监管跟着资金走的原则，签订项目责任书或项目实施合同，专人管理、责任到人，定期上报实施情况与不定期检查结合，由业务主管部门负责指导、监督项目实施，并验收签字负责。在项目实施过程中，全面推行公示公告制，进一步加大社会参与监督的力度，认真开展扶贫资金专项治理活动，促进全州扶贫项目资金管理制度更加完善，管理使用程序更加规范，管理使用机制更加建全，进一步确保了扶贫资金管理使用的安全有效。同时，严格开展扶贫项目审计，加大审计监督和纠查。

(《扶贫开发》撰稿　余祖凡)

农经管理与服务

【农民负担监督管理】 2011年，德宏州各级减负部门按照“深化改革，加强监督，防止反弹”的指导思想，进一步加强减轻农民负担监督管理力度。一是在全州范围内深入开展减轻农民负担“五项制度”。二是全面落实向村级组织收费专项清理整顿检查工作，进一步加强对农村涉农价格和服务收费情况的纠风专项治理，坚决杜绝收费和搭车收费。三是加强对强农惠农粮食补贴资金的监管，确保农户补贴资金及时兑付。四是加强对村级公益事业建设“一事一议”筹资筹劳项目的监管，严格按照筹资筹劳标准和项目实施程序进行，以防项目实施成为加重农民负担的口子。五是认真做好农民负担来信来访接待、督办和处理工作。六是全面开展执法检查102次，其中州级2次，县市级34次，乡级66次，抽调检查人员678人次。年内没有出现因加重农民负担案(事)件严重问题而引发的群体性事件和恶性案件。

(杨惠萍)

【农村土地承包合同管理】 2011年，德宏州各级农经部门在农村土地承包管理上主要做了如下工作：一是加强农村土地承包管理，签订和续签家庭承包合同184857份，颁发土地承包经营权证184857份。二是受理土地承包及流转纠纷85件，其中土地承包纠纷21件，土地流转纠纷40件，其他纠纷24件。三是加强土地流转管理，土地流转面积扩大，流转收入逐年增加，自愿流转户数23260户，流转人口数68836人，流转面积151492亩，比上年增22%，其中转包27816亩，转让13605亩，互换509亩，出租87134亩，股份合作372亩，其它形式22056亩。家庭承包耕地流转去向：流转入农户的面积100188亩，流转入专业合作社的面积8740亩，流转人企业的面积

14512亩，流转入其他主体的面积28051亩。土地流转服务情况：农户间自发流转的面积125495亩，乡村组织提供信息流转的面积21560亩，委托乡村组织流转的面积4432亩。四是完善农业承包合同档案管理。

（郭丽娟）

【农村集体资产和财务管理】 2011年，德宏州各级农经部门继续巩固村组财务公开民主管理制度，严格公开程序，规范公开方式，完善公开内容，认真开展村级财务审计工作。全州已实行农村财务公开的村委会336个，公开率为100%，村民小组3821个，公开率为100%；全年开展村组财务审计单位3658个，审计金额41200万元，其中村干部任期和离任审计316个，土地补偿费专项审计单位378个。同时，积极创新机制，规范运作程序，强化民主监督，健全工作机构，完善管理制度，稳步推行村级会计委托代理服务规范化建设，进一步加强村组"三资"管理。全州成立领导机构57个，出台工作意见7个，制定工作实施方案48个；全州落实工作经费112.1万元，举办各类培训班116期，4371人次；完成村级财务清理的乡镇51个，村(居)委会362个，村民小组4238个，占应完成数的100%、99.5%、97%；已签订委托协议的乡镇51个，村委会350个，村民小组4047个，已开展委托代理服务工作的乡镇51个，已实行会计电算化的乡镇26个，配备设备30套。全州累计代管集体资金37306万元，其中村集体资金751万元，组集体资金36555万元；代管集体资产66080万元，其中村集体资产12974万元，组集体资产53106万元；代管集体资源64589万元，其中村集体资源719万元，组集体资源63870万元。

（曹　英）

【发展农民专业合作组织】 2011年，德宏州各级农经部门加大对《农民专业合作社法》和发展农民专业合作组织政策的贯彻落实和学习、宣传、培训的工作力度，重点做好农业部农民专业合作组织统计监测分析，2010年省级财政扶持农民专业合作组织发展项目的管理和2011年项目申报，农民专业合作组织创建、规范化发展的指导和服务等方面的工作，切实加强对全州发展农民专业合作组织的指导和管理。年内，全州依法登记注册的农民专业合作组织有410个，其中专业合作社370个，州级农业部门认定的示范社6个；各类专业协会40个。合作组织成员25165人，其中专业合作社成员2.43万人，带动非成员农户4.76万户。统一组织销售农产品总值2.73亿元，统一组织购买农业生产投入品总值8815.9万元，培训成员和农民7.99万人次，拥有注册商标的专业合作社15个，通过农产品质量认证的专业合作社10个。通过项目申报争取到各级财政扶持农民专业合作社项目10个，扶持资金106万元，其中获得中央财政扶持6个，扶持资金80万元，省级扶持4个，扶持资金26万元。

（王　涛）

【新农村建设村容村貌整治】 2011年，德宏州各级农经部门按照"生产发展、生活宽裕、乡风文明、村容整洁、管理民主"的总体要求，完成了省级财政扶持的村容村貌整治项目13个，投入资金452.85万元，其中省级补助130万元，县级补助2.46万元，村级资金62万元，社会资金199.5万元，群众自筹现金58.89万元。投劳折资5.36万元，累计投劳564个。完成村内道路硬化12359千米，支砌排灌沟渠375千米，修建科技文化(娱乐文化活动室) 13间、783平方米，运动场2个、1965平方米。

（郭丽娟）

【发展农村集体经济】 2011年，德宏州各级农经部门深入贯彻落实省委8号文件精神，认真总结"十一五"发展壮大农村集体经济取得的主要成效，分析问题，积极探索贫困村发展壮大集体经济的有效途径，增强服务功能，继续组织实施好省级财政扶持发展村集体经济组织项目。全年全州争取到省级财政扶持农村集体经济发展项目6个，争取到扶持资金60万元。其中：种植业1个，养殖业1个，市场建设1个，加工业1个，其它项目2个。项目总投资111.3万元，其中省级60万元，村级自筹17.7万元，其它扶持资金33.6万元。通过项目扶持，项目实施村集体总收入达49.21万元，比上年的41.09万元增8.12万元，增19.76%，其中收入增加1至3万元的村有6个。项目吸纳剩余劳动力38人。

（曹　英）

【"一事一议"财政奖补试点工作】 2011年，德宏州各级农经部门根据省、州村级公益事业建设"一事一议"财政奖补试点工作的安排部署，抓住机遇，科学谋划、精心组织，规范运作，配合财政部门扎实推进全州村级公益事业"一事一议"财政奖补试点工作开展。年内，全州组织实施村级公益事业建设“一事一议”财政奖补试点项目286个，其中普惠制项目178个，普惠制增量资金项目81个，示范村项目27个。项目覆盖286个自然村，受益农户2.09万户、9.33万人。完成项目总投资14230.11万元，其中村民以物折资141.28万元，村民筹资238.72万元，村集体投入1926.59万元，村民投工投劳344484个，村民以工折资2004.43万元，社会捐赠赞助174.97万元，村民捐资671.13万元，申请财政奖补资金6696万元，其中中央、省级4110万元，州级1240万元，县级1346万元；整合其它财政资金2376.99万元。

（王　涛）

【落实粮食补贴政策】 2011年，德宏州完成对种粮农民直接补贴面积87.66万亩，直补资金1000.25万元，受益农户130247户，受益农民549535人；良种补贴面积197.39万亩，补贴资金2562.99万元，受益农户198432户，受益农民850530人；农业生产资料增支综合补贴面积170万亩，补贴资金9852.95万元，受益农户199357户，受益农民855139人；油菜良种补贴面积20.65万亩，补贴资金433.59万元，受益农户92218户，受益农民336757人。四项补贴资金达13849.78万元，人均150.92元。全州召开四项补贴工作会议13712次，参会人数达756719人次，印发简报146期，抽调工作队员5757人次。

（李　黎）

【农村经济收益分配】 2011年，德宏州夏秋粮食总播种面积214.19万亩，比上年增12.25万亩，增6.07%。粮豆总产64.9万吨，比上年增4.99万吨，增8.33%，其中夏粮种植面积47.12万亩，增4.5万亩，增10.56%，产量10.83万吨，增1.31吨，增13.76%；秋粮种植面积167.07万亩，增7.75万亩，增4.86%，产量54.07万吨，增3.68万吨，增7.3%。全州人均生产粮食699公斤，经过三者分配后，农民人均占有口粮395公斤。全年全州农村经济总收入706527万元，比上年增144981万元，增25.82%，人均7699元，增1519元；农村经济总费用为346400万元，增79857万元，增29.96%；农民所得总额为373795万元，增68028万元，增22.25%，人均纯收入4073元，比上年的3365元增加708元，增21.04%。

（李　黎）

种植业

【冬季农业开发】 2011年，德宏州完成冬季农业开发总面积109.94万亩，比上年增8.66万亩，增8.6%；实现农业产值(不含甘蔗)8.85亿元，比上年增1.26亿元，增16.6%。全州带动开发区农民72.46万人，开发区农民人均开发收入1221元，比上年增170元，增16.2%。

【粮食生产】 2011年，德宏州完成农作物播种面积377.91万亩，比上年增14.62万亩，增4%，其中粮食作物种植面积210.73万亩，总产65万吨，增4.7吨，增7.8%；完成水稻种植面积93.08万亩，总产37.34万吨，其中优质稻完成64.59万亩，总产25.31万吨；完成玉米种植面积75.71万亩，总产19.91万吨；完成小麦种植面积10.08万亩，总产2.1万吨；完成豆类种植面积9.92万亩，总产0.77万吨；完成薯类种植面积21.24万亩，总产4.8万吨，其中马铃薯种植面积16.24万亩，总产3.97万吨。

【经济作物生产】 2011年，德宏州完成油料作物面积19.62万亩，总产1.74万吨，其中油菜面积18.48万亩，产量1.63万吨；完成烟叶面积10.51万亩，总产1.33万吨；完成蔬菜面积19.89万亩，总产14.36万吨；完成瓜果类面积10.05万亩，总产11.93万吨；完成果园面积9.8万亩。

【农业技术推广】 2011年，德宏州完成杂交水稻播种面积52.3万亩，优质稻面积64.59万亩，再生稻面积1.24万亩；完成玉米种植面积75.71万亩，其中杂交玉米面积61.3万亩，完成玉米地膜覆盖面积15.49万亩；无公害蔬菜面积7.13万亩；完成秸杆还田面积89.79万亩，秸杆覆盖面积43.88万亩；完成化肥深施面积137.22万亩；配方深施面积170.03万亩，节水灌溉技术8.17万亩。

【病虫害防治】 2011年，德宏州发布病虫预报70期，电视预报12期，在德宏州农业信息网上发布病虫趋势预报和防治技术24篇；加强对南方水稻黑条矮缩病的监测，组织3次病样采集工作，全年送检95份疑似病株，检出率76.84%。全州农作物病虫草鼠害发生684.68万亩次，防治884.17万亩次；病虫害发生487.26万亩次，防治678.2万亩次，其中病害发生121.69万亩次，防治213.07万亩次；虫害发生365.57万亩次，防治465.13万亩次；农田草害发生112.61万亩次，防治134.49万亩次；农田鼠害发生72.17万亩次，防治67.06万亩次；农田螺害发生12.03万亩次，防治3.48万亩次。挽回粮食损失95557.46吨，实际损失9199.79吨，比上年发生面积增加15.8万亩次，达2.4%；防治增加49.67万亩次，达6.0%；挽回粮食损失增加17779.97吨，粮食损失率控制在2.46%，有效控制了各种病虫害的发生，确保农业增产增收。

（《种植业》撰稿　雷存娣）

特色产业

【企业生产加工】 截至2011年12月，德宏州从事“六树一草”7个生物特色产业基地开发、生产加工、销售的企业有23户，有生产线38条。随着原料基地开发种植力度的加大、各项优惠措施的出台，以及“企业＋基地＋农户”模式的不断成长、成熟，州内、外企业发展特色产业的信心日益增加，企业生产加工能力、带动能力日益增强。6月，后谷公司10000吨速溶咖啡生产线建成投产。为此，中国最大的速溶粉生产线诞生，达到年产量13000吨，产值9亿元人民币，并将带动1800余人就业，标志着德宏州咖啡产业发展迈上一个新台阶。

【“六树一草”种植】 2011年，德宏州下达“六树一草”种植任务43万亩。截至12月10日，全州各县市通过自检自查上报当年“六树一草”合格面积42.15万亩，全州种植“六树一草”总面积达192.6万亩，其中竹子88.5万亩，咖啡20.3万亩，坚果16.94万亩，柠檬4.87万亩，油茶21.21万亩，核桃39.93万亩，番麻0.85万亩，农民人均拥有新兴生物特色产业达2亩。

【市场开拓】 2011年，德宏州生物特色产业随着各级政府的进一步重视，开始改变过去单纯依靠销售原料受益的状况，部分产业产品深加工得到长足发展，为开拓国际、国内市场创造了条件。“后谷咖啡”、“迪思坚果”等产品在开拓国际市场方面取得新的突破，特色产业成为德宏州对外贸易的大宗商品之一，产品出口到美国、日本、韩国等20多个国家和地区。12月，盈江县被国家有关部门授予“中国坚果之乡”称号。

（《特色产业》由办公室供稿）

农　机

【农机培训与科技表彰】 2011年5月，德宏州农机部门根据《云南省农业厅关于开展县级农机培训机构办学水平评估工作的通知》(云农机〔2010〕10号)文件精神，按照《云南省县级农机培训机构办学水平评估指标体系》的要求，本着“以评促建、以评促改、以评促管、评建结合，重在建设”的目的，对各县市市农机校(站)进行量化打分：芒市农机学校93.3分，梁河县农机化学校88分，盈江县农机推广培训站85.7分，瑞丽市农机技术推广培训站78.5了分，陇川县推广培训站72.1分，达到A级为芒市农机化培训学校；B级为梁河县农机化学校、盈江县农机推广培训站；C级为瑞丽市农机推广培训站、陇川县农机推广培训站。同时，按省农业厅的部署和要求，继续推进推广水稻机械插秧工程项目。手扶步进式水稻插秧机达55台，比上年增加31台，增长129.2%；机插秧面积达8521.3亩，其中芒市3252亩、梁河县14.3亩、盈江县1312亩、瑞丽市3936亩；培训各类农机化人员达5835人。组织实施省级农业综合开发科技示范推广项目，芒市甘蔗生产机械化综合配套技术示范通过州级验收；州农机技术推广站党支部被中共德宏州委授予全州创先争优活动“百强党组织”荣誉称号；10月，芒市风平镇风平村农民机手周岩英荣获中华农业科教基金会组织评选的本年度全国神内基金农技推广奖，获得奖金3万元，属德宏州首次。

【农业机械装备总量稳定增长】 2011年，德宏农机工作紧紧围绕“农业节本增效工程”，“粮食增产、农业增效、农民增收”，为中心任务，大力推进农业机械化装备的更新换代，提高农机化管理水平。截至年末，农业机械原值达87608.79万元，比上年增加157.88万元，增长0.18%。农机总动力达112735.81万瓦特，比上年增加8282.73万瓦特，增长7.9%。其中：柴油机动力96215.43万瓦特，比上年增加7280.69万瓦特；汽油机动力2078.5万瓦特，增加300.1万瓦特；电动机动力14441.88万瓦特，增加701.94万瓦特。拖拉机总数达55942台，比上年增加3569台，增6.8%，其中大中型拖拉机达10863台，增加1368台；小型拖拉机达45079台，增加2201台；耕整机达5040台，增加2242台；农用运输车2700辆；农产品初加工动力机械13226台，增加263台；联合收获机总数达1597台，增加220台，增长16.0%(稻麦联合收割机1596台，玉米联合收割机1台)；拖拉机配套农具63240部，增加4528部，增7.7%(大中型6040部，增加1018部，增20.3%；小型拖拉机57200部，增加3510部，增6.5%。

【农机化作业总量增长】 2011年，德宏农业机械化投入农田作业成效显著。截至年末，机耕面积1735826亩，比上年增加229362亩，增长15.2%；机播面积12363.3亩，其中水稻机插秧面积8521.3亩，增加8827.3亩，增长249.6%；机电灌溉面积324243亩，增加8296亩，增长2.6%；机械植保面积1783719亩，增加277836亩，增长18.5%；机收面积621284亩，增加27976亩，增长4.7%；机械脱粒粮食数量390702.8吨，增加128404.6吨，增长49.0%；跨区作业面积达91826亩，其中机耕面积33503亩，机收面积58323亩；农田基本建设作业量50723.79万立方米；农机运输作业量达23902.5万吨·公里，其中农业运输作业量16861.31万吨·公里；机械化秸秆还田面积653842亩；机械初加工农产品数量465601.5吨。

【中央财政农机购置补贴】 2011年，德宏州芒市、梁河、盈江、陇川、瑞丽(畹町开发区)被列入中央财政农机购置补贴项目县。根据《农业部办公厅 财政部办公厅关于印发〈2011年农业机械购置补贴实施指导意见〉的通知》(农办财〔2011〕34号)、《云南省农业厅云南省财政厅关于印发2011云南省农业机械购置补贴资金使用方案的通知》(云农机〔2011〕6号)，省下达给德宏州中央财政农机补贴配额资金1909.7万元，其中芒市763万元，梁河县140万元，盈江县540万元，陇川县263万元，瑞丽市(畹町)200万元；农垦系统配额资金3.7万元)。全州项目实际完成农机补贴资金1905.828万元，补贴机具5531台，受益农户5002户。按机具大类分：耕整地机械2227台，补贴资金399.04万元；种植施肥机械34台，补贴资金20.01万元；田间管理机械891台，补贴资金148.27万元；收获机械123台，补贴资金324.26万元；产品加工机械144台，补贴资金6.76万元；排灌机械242台，补贴资金9.68万元；畜牧水产养殖机械180台，补贴资金9.219万元；动力机械1677台，补贴资金937.189万元；农田基本建设机械13台，补贴资金51.4万元。按县市分别为：芒市补贴资金762.999万元，购置农机具1714台(部)；梁河县补贴资金139.988万元，购置农机具682台(部)；盈江县补贴资金539.95万元，购置农机具1540台(部)；陇川县补贴资金262.871万元，购置农机具1085台(部)；瑞丽市(畹町)补贴资金200.02万元，购置农机具510台(部)。(以上补贴机具、资金不含农垦系统)。

年内，云南省省级累加补贴农业机械购置资金，完成补贴机具60台，补贴资金99.4万元，分别为芒市30台，其中半喂入收获机械28台，手扶步进式水稻插秧机2台，补贴资金84.8万元；盈江县手扶步进式水稻插秧机19台，补贴资金7.6万元；瑞丽市11台，其中半喂入收获机械1台，手扶步进式水稻插秧机10台，补贴资金7万元。中央财政补贴后，省级财政再累加补贴的机具。

【农机安全监理】 2011年，德宏州农机部门为保增长、保民生、保稳定，实现德宏经济平稳发展提供安全保障，继续落实“安全生产年”为工作目标，认真落实安全生产责任制，做好工作部署。4月21日，召开“2011年全州农业工作暨农机购置补贴工作会议上”，会上，州农业局分别与各县市(区)农业局长签订“德宏州2011年农业安全生产责任书”，与德宏州农机安全监理所签订“2011年度农机安全生产管理责任书”。截至10月份，全州与农民机手签订农机安全生产责任书9958份，排查2124个单位，排查一般隐患1280项，已整改1280项，整改率为100%；利用元旦、春节、“3.15”、五一节、“六月安全月”、赶集日、民族节日，与公安交警部门建立信息互通机制；深入乡镇进行路检路查，查处拖拉机违法载人、超载超速、酒后驾驶、无牌无证等违法行为。年内，开展联合检查239次；审验各类拖拉机6884台，验换驾驶证168本；出动宣传人员429人次，出动车辆125辆次，举办座谈会39次，参加人数1735人，举办驾驶员安全学习日9场次，参加人数399人；播放警示教育碟片36场次，达169小时，广播4次，悬挂横幅108条，粘贴标语158条，发放宣传单88606份，安全手册2494本，展出事故图片791块次，受教育的群众、机手达265818人次；在拖拉机上喷涂“严禁载人”字模960台次。

【农机化投入和农机经营效益】 截至2011年底，德宏州农机化投入9837.3万元。其中：中央财政投入1909.7万元(农垦系统3.7万元)；地方财政投入1416.6万元；单位和集体1万元；农民个人投入6509.7万元，其他投入0.3万元。农机经营总收入达40397.4万元，比上年增加6074.43万元，增长17.7%，其中农机户40393.62万元，增加6072.54万元，增长17.7%。

(《农机》撰稿　蚌德启)

畜牧业

【概　述】 2011年是全面实施"十二五"规划的开局之年。德宏州畜牧兽医系统紧紧抓住国家实施新一轮西部大开发战略、德宏面向西南桥头堡"黄金口岸"建设和瑞丽国家重点开发开放试验区建设的发展机遇，以努力转变畜牧业生产方式和动物疫病防控方式为抓手，突出抓好动物疫病防控、发展标准化规模养殖和畜产品质量安全三个重点，加大科技创新力度，大力扶持畜牧龙头企业，狠抓强农惠农政策的落实，不断加快畜产品质量建设，扎实推进畜牧业规模化、标准化、产业化建设，推动全州畜牧业持续、健康、快速发展。全年全州完成肉、蛋、奶总产95301吨，比上年同期增长10.66%，其中肉类产量86919吨，增长10.79%；禽蛋产量4923吨，增长10.16%；牛奶产量3459吨，增8.16%。全州肉、蛋、奶人均占有量78.23千克，比上年的71.2千克增加7.03千克，增长9.94%。实现畜牧业产值16.13亿元(现价)，比上年增加3.38亿元，增长25.51%。全州大牲畜存栏21.31万头，比上年增2.1%，其中水黄牛存栏20.64万头，增3.17%；生猪存栏67.61万头，增-1.18%；羊存栏7.38万只，增7.6%；家禽存栏328.46万只，增6.19%。全州完成肉猪出栏71.33万头，比上年增长9.97%；肉牛出栏7.69万头，增长11.91%；肉羊出栏5.65万只，增14.33%；家禽出栏630.99万只，增17.53%。德宏水牛特色产业稳步发展，全年全州水牛存栏11.34万头，比上年增8.49%；能繁母水牛存栏37961头，增6.1%。奶水牛存栏12191头，比上年增长19.78%，能繁奶水牛存栏5471头，增长6.63%，挤奶水牛存栏2597头，增27.94%；水牛奶产量2660吨，增长17.96%。

【国家农业部到德宏监测采样】 2011年4月16至18日，为切实加强动物疫病的防控，强化动物疫病疫源监测，调查动物疫情传播途径，为制定科学防控措施提供决策依据，根据《2011年国家动物疫病监测计划》，国家农业部派出专家组，对瑞丽市部分养殖场、牲畜交易市场、屠宰场开展动物疫病监测采样工作。州及县市畜牧兽医局组织州及县市动物疫病预防控制中心、动物卫生监督所、畜牧站等20余名技术员，配合农业部专家组开展动物疫病监测采样相关工作，较好的完成了各项采样任务。期间，农业部专家还深入弄岛、姐告及畹町等地，指导全州边境动物疫情防堵工作。

【"德宏水牛"入选"云南省六大名牛"】 2011年6月，德宏州申报的地方优良品种"德宏水牛"成功入选"云南省六大名牛"。云南省农业厅为充分发掘云南省畜禽、水产传统地方品种资源，加大特色优势品种资源宣传，积极培育具有云南地方特色的优势种质资源品牌，有效展示云南畜牧、水产生产优势，进一步促进云南畜牧、水产产业向规模化、品牌化方向发展，组织开展"云南省六大名猪、六大名牛、六大名羊、六大名鸡、六大名鱼"评选认定活动。经过认定品种推荐、评选委员会初审、候选品种投票等层层评选，德宏州申报的地方优良品种"德宏水牛"成功入选"云南省六大名牛"品种之一，并经《云南省农业厅2011年第15号公告》向社会公告。德宏水牛入选"云南省六大名牛"必将对德宏州进一步挖掘水牛品种资源，提升德宏水牛品牌形象，促进水牛产业化发展产生积极的促进和推动作用。

【省农业厅寸强副厅长到德宏调研】 2011年8月27日，云南省农业厅副厅长、畜牧兽医局局长寸强一行到德宏州调研肉牛和生猪产业发展情况。在德宏盈瑞畜牧养殖有限公司标准化肉牛养殖示范场实地查看时，寸副厅长详细向盈瑞公司总经理夏发川了解了示范场的建设情况，包括投产、投资、养殖品种及效益等公司经营情况，并仔细询问公司带动农户通过发展肉牛养殖、种植牧草增收情况，并指出下一步要认真探索、研究企业管理机制和模式，在促进企业不断壮大的同时，更好地带动农户增收，实现肉牛产业的可持续发展。在参观该公司即将建设完成投入使用的全自动肉牛屠宰加工车间，了解加工厂的基本情况后，寸副厅长要求：公司在生产优质品牌牛肉产品的同时，要做好食品安全方面的工作，确保在食品安全方面不出任何差错。在听取德宏州和芒市生猪生产情况汇报后，寸副厅长指出：要针对当前生猪生产的严峻形势，做好生猪生产监测统计工作，认真贯彻落实各级促进生猪生产的政策和措施，促进生猪生产的稳步发展，保障生猪市场的稳定供应。

【国家产业技术体系科学家到德宏调研】 2011年9月23至24日，国家肉牛产业技术体系首席科学家曹兵海教授、香蕉产业技术体系首席科学家张锡炎及肉牛、香蕉、甘蔗、木薯产业技术体系岗位科学家一行14人，在云南省草地动物科学研究院黄必志院长陪同下，到德宏州调研指导肉牛养殖情况以及农作物秸秆利用情况。德宏州人民政府副州长板岩过、州畜牧兽医局局长谢波、芒市人民政府副市长朱睿及州、市相关单位人员陪同调研。调研组实地考察了德宏彩云琵琶食品有限公司、德宏盈瑞畜牧养殖有限公司等肉牛养殖和加工企业，并就肉牛养殖及农作物秸秆转化利用等技术进行了指导和说明。实地调研结束后举行了座谈会，各位科学家详细了解德宏肉牛业发展情况以及饲草饲料开发情况，对德宏肉牛产业发展取得的成绩给予肯定。同时，指出南方地区拥有丰富的甘蔗稍、木薯渣和香蕉茎叶等饲草饲料资源，多年来，因综合利用技术水平低，资源优势没有得到充分发挥，不仅造成资源大量浪费，在一定程度上还污染环境、传播病虫害。鉴于此，国家肉牛牦牛技术体系从2009年开始组织技术力量进行技术攻关，调动体系内数位岗位科学家、数个综合试验站对甘蔗稍、香蕉茎叶和木薯渣的综合利用技术进行深入研究，在加工、贮藏、饲料调制、饲养、育肥、管理等方面开展一系列试验，并于2011年8月成功开发以甘蔗稍为主要饲草原料的高档肉牛育肥生产技术、香蕉茎叶育肥肉牛技术、高温天气下木薯渣的保鲜及饲喂技术及甘蔗稍(杂草)等植物秸秆混合贮藏技术等。这些技术的开发利用，不但充分利用了南方丰富的饲料资源，大幅度降低肉牛饲料成本，增加收入，还极大地提高了饲料的常年稳定供给能力。通过调研，科学家们指出：德宏州作为肉牛产业发展的优势地区，有着得天独厚的自然资源和饲草饲料资源优势，具有十分广阔的发展前景，希望德宏州依托国家肉牛、甘蔗、木薯、香蕉等产业技术体系优势，集成应用现代畜牧技术，充分合理利用丰富的甘蔗稍、香蕉茎叶、木薯渣等饲草资源优势，有效降低养殖成本，提高养牛效益，促进德宏肉牛产业的快速发展，为农民增收和边疆民族地区经济发展作出更大的贡献。

【“德宏水牛”地理标志证明商标注册成功】 2010年10月，德宏州畜牧站启动德宏水牛地理标志证明商标的申报工作，并集多方力量，编制、收集整理有关德宏水牛的史志、文献、专业技术文章等，通过查询、申请、受理、初审、注册公告、领证等层层审核程序，终于成功注册“德宏水牛”地理标志证明商标，并于2011年12月起正式生效。该证有效期10年，期满后可申请续展。“德宏水牛”地理标志证明商标的启用标志着德宏水牛产业正在融入科学知识产权，有机整合着资源优势、区位优势、人文优势、民族优势，进入一个依托资源，打造品牌，加快发展的新阶段，是德宏畜牧产业发展中的一件大事，是德宏州商标注册工作的一项重大突破，是云南省大力实施商标战略、加快德宏水牛特色产业发展的又一重大成就，在德宏畜牧产业发展史上具有里程碑式的意义。今后，凡经审核合格同意使用“德宏水牛”地理标志证明商标的企业或产品，将有权使用中国地理标志产品专用标志。该标志包含中英文“中华人民共和国国家工商行政管理总局商标局”、“中国地理标志”及英文ＧＩ(地理标志英文缩写字母)等要素，以方便消费者识别地理标志产品，进一步保护消费者的合法权益和地理标志注册人的商标专用权。

【签订“责任书”】 2011年，德宏州政府组织对《德宏州重大动物疫病防控责任书》和《德宏州畜牧产业发展责任书》2个责任书进行认真检查和考核考评，并下发《德宏州人民政府关于兑现2010年畜牧产业发展和重大动物疫病防控责任考核奖励的决定》(德政发〔2011〕28号)。在对上年畜牧兽医工作进行全面总结考核的基础上，州政府继续与各县市政府签订2011年《德宏州重大动物疫病防控责任书》和《德宏州畜牧产业发展责任书》。“责任书”明确目标，细化措施，强化责任，加强管理，为全州畜牧业健康发展提供了保障。州畜牧兽医局按照州政府的工作要求，制定年度工作计划，细化各县市(区)目标任务，进一步明确责任，加强督促检查和指导，确保了各项任务目标的顺利完成。

【畜牧业发展资金】 2011年，德宏州及各县市(区)畜牧兽医部门积极争取项目扶持，以项目促发展，全州畜牧业发展资金投入加大。据不完全统计，全州全年争取各级财政项目资金项目资金2365.92万元，其中中央资金1300万元，省级资金710.92万元，州级资金355万元。主要项目有：重大动物疫病扑杀补助26.1万元，畜产品质量安全体系建设专项经费10万元，中央和省级现代农业肉牛养殖项目200万元，云南省奶业发展专项资金10万元，省级动物疫病防治专项事业经费101万元，省级动物标识及疫病可追溯体系建设专项资金37万元，省级重大动物疫病防治及动物疫情应急处置资金17万元，第二批中央基层动物防疫工作补助经费8.92万元，云南省生猪良种繁育及规模养殖百万工程建设资金300万元，草原生态保护补助奖励项目资金33万元，巩固退耕还林成果后续产业养殖业项目167.85万元，省级优质畜产品基地建设等畜牧专项资金74万元，生猪标准化规模养殖场建设项目300万元，现代农业产业技术体系建设项目30万元，"百村万头"奶水牛养殖小区建设州级补助资金125万元，州级畜牧产业发展贷款贴息资金100万元，州级畜牧产业发展等经费110万元，能繁母猪补贴资金328.8万元，能繁母猪保险保费补助资金156.85万元，奶牛保险保费补助资金10.4万元，奶牛良种补贴经费24万元。

【落实惠农政策】 2011年，德宏州各级畜牧兽医部门采取有力措施，认真落实国家强农惠农政策，实施好能繁母猪保险保费补助、能繁母猪饲养补贴、奶牛良种补贴、重大动物疫病疫苗资金补助等政策，推动畜牧业发展。一是国家能繁母猪政策性保险政策继续实施。2010至2011年度，全州参保能繁母猪32678头，收取保费196.07万元；参保奶牛482头，收取保费17.35万元；出险报案能繁母猪2268头，涉及赔款187.3万元；出险奶牛3头，涉及赔款1.8万元。二是根据《国务院办公厅关于促进生猪生产平稳健康持续发展防止市场供应和价格大幅波动的通知》(国办发明电〔2011〕26号)的要求，继续实施能繁母猪补贴政策。通过逐户核查，全州录入上报22835户养殖户、41635头能繁母猪，各级财政补贴资金416.35万元。目前，已下达中央和省级补贴资金328.8万元。三是落实强制免疫补助政策。中央、省用于重大动物疫病强制免疫疫苗补助经费600万元(中央80%，省20%，以疫苗形式补助)。四是落实奶牛良种补贴政策。中央用于奶牛良种补贴经费24万元(以冷冻精液形式补助)。

【标准化规模养殖发展】 2011年，德宏州在国家标准化规模养殖小区(场)建设项目、云南省生猪百万工程建设项目、德宏州"百村万头"奶水牛工程建设及正大一条龙养鸡等项目的支撑下，标准化规模养殖加快发展。全州新建存栏100头以上标准化奶水牛(肉牛)养殖小区(场) 25个，已累计建设完成87个；新建年出栏300头以上生猪标准化养殖场27个，已累计建设完成139个；新建正大一条龙标准化养鸡场2个，累计建设完成9个。全州已有畜禽规模养殖户1670户，其中饲养5头以上奶水牛养殖户711户，出栏100头以上的肉牛养殖户11户，出栏50头以上的生猪养殖户682户，出栏50只以上山羊养殖户224户，出栏2万只以上家禽养殖户42户。畜禽生产基地建设不断夯实，为推进畜牧业产业化发展进程奠定了基础。

【畜牧龙头企业和养殖协会】 2011年，德宏州各级党委、政府加大扶持力度，采取有力措施，畜牧龙头企业和养殖协会(合作社)不断发展。全州有德宏州祥祥乳业等乳制品加工企业投资开发水牛奶加工业；有芒市彩云琵琶、盈瑞、金纯，瑞丽的孔府、傣旺、傣香等水牛肉精深加工企业11个，莫家、郗家等传统牛肉制品企业(户) 12个，有遮放贡米公司阳光养殖场、芒市圣丰牧业公司、瑞丽市龙宝公司等多家企业投资种猪饲养、仔猪销售、商品猪养殖等。全州现有各类养殖协会(合作社) 68个，会员(社员) 1669人，其中养猪协会(合作社) 32个、622人，水牛协会(合作社) 26个、752人，其他协会(合作社) 10个、295人。规模养殖、协会、企业的不断发展，推动了德宏州"公司+基地"、"公司+农户"、"公司+基地(协会)+农户"的畜牧产业化发展雏形的形成，并呈现出良性发展的趋势。

【动物防疫】 2011年，德宏州各级各部门按照"加强领导、密切配合，依靠科学、依法防治，群防群治、果断处置"的防控原则，认真贯彻落实国家、省、州有关防控高致病性禽流感、牲畜口蹄疫等重大动物疫病的工作部署，精心组织，强化责任追究，狠抓措施落实，动物疫病防控工作成效显著。一是切实抓好基础免疫。全年全州免疫动物1946.82万头(只、羽)，比上年多免93.06万头(只、羽)，增5.02%，其中重大动物疫病免疫1653.85万头(只、羽)，群体免疫密度维持在90%以上，应免畜禽免疫密度达100%；其它动物疫病免疫183.35万头(只、羽)。二是加强重大动物疫病免疫效果抽查监测和专项检查。开展高致病性禽流感、牲畜口蹄疫、鸡新城疫、猪瘟等免疫效果监测10298头(只、羽)，免疫合格7985头(只、羽)，总免疫合格率77.54%；在全州12个乡镇、24个规模养殖场、12个屠宰场、12个活禽交易市场、213个畜禽养殖户，开展秋季重大动物疫病免疫效果专项检查工作，共抽查场、户动物猪牛2300头，鸡25000羽，采集畜禽血清887头只份。通过免疫抗体检测，基本掌握了德宏州畜禽实际免疫效果情况，为有效防控动物疫病提供了依据。三是强化动物疫病监测预警。年内，在全州范围内开展高致病性禽流感、牲畜口蹄疫、猪瘟、高致病性猪蓝耳病、狂犬病、猪圆环病毒、奶牛(奶水牛)结核等病原学监测，共采样5221份。重点对蓝舌病、布病、猪伪狂犬病等动物疫病开展动物疫情监测，共采集样本7824头(只)份。其中：蓝舌病683份，布鲁氏菌病共检家畜5790头(只)，猪伪狂犬病1112份，牛肺疫200头份，种公猪精液带毒检测39头份。四是加强动物防疫相关工作。全年全州驱畜禽寄生虫472.71万头(只、羽)，比上年多驱118万头(只、羽)份，增33.28%；使用消毒药35.92吨，实施畜禽厩舍、畜禽交易市场、屠宰场等消毒235.6万平方米，增26.11万平方米，有效开展消毒灭源工作，防止了病原的传播。五是开展畜禽死亡率调查。在全州5县(市) 11个乡(镇)、23个行政村、498户养殖户对畜禽死亡进行调查，共调查畜禽13132头(只、羽)，其中猪总死亡率2.0%，牛总死亡率0.16%，羊总死亡率0.3%，禽总死亡率3.6%，均低于省下达的死亡率控制线以内(猪3%，牛马骡1.5%、羊2%、禽6%以内)。六是抓好动物防疫整村推进工作。按照省、州的部署和要求，秋季动物防疫确定陇川县为整村推进示范县，其余各县市(区)均按要求选择一个示范乡(镇)。截至10月底，全州开展整村推进示范乡镇14个。

【动物卫生执法监管】 2011年，德宏州畜牧兽医局进一步加强执法体系建设，规范动物卫生监督执法，加大畜牧兽医综合执法力度，推进依法行政，严厉打击违反《动物防疫法》的各种违法行为，全面提升动物卫生监督执法水平，从源头上保障动物产品质量安全。年内全州无重大畜产品安全责任事件发生，维护了人民群众身体健康和公共卫生安全。全州开展执法监督检查1189次，出动执法人员4584次数，出动执法车辆1053次数，处理违法行为79次，处理违法案件11起；全年查获不合格兽药、饲料、病害畜产品货值1.55万元，罚款金额1.4034万元，对查获不合格及违法产品全部按有关规定进行销毁处理。一是加强动物及动物产品检疫工作。全州6个县(市、区)、50个乡镇、364个村全部开展了猪、牛、禽的产地检疫，开展面为100%，羊产地检疫工作在41个乡镇、247个村开展。全州规模养殖场541个，其中猪规模养殖场273个，牛规模养殖场118个，羊规模养殖场15个，禽类养殖场135个，均开展产地检疫，产地检疫率为100%；农村散养户的产地检疫率达76%。全州产地检疫畜禽221.1634万头/羽，比上年增96.1%，检出病害畜禽0.0242万头/羽，检出的病害畜禽全部按规定进行无害化处理。全年对全州82个定点屠宰场、点(生猪48个、牛羊16个、禽类18个)开展屠宰检疫，检疫畜禽89.21万头只羽，比上年增加17.2%，检出病害猪0.0797万头，检出病害牛0.009万头，检出病害禽0.001万羽，定点屠宰场同步检疫率、动物产品持证率达100%，检出的病害畜禽全部按有关规定进行无害化处理。对全州畜禽交易场所126个(经营场所111个，仓储场所7个，加工场所8个)进行监管，监管面为100%，共监督检畜类34.7384万头，比上年增加21.6%；禽类198.1174万只，增加20.8%；动物产品43448.26吨，增加27%。二是认真开展“瘦肉精”的检测及监管工作。完成“瘦肉精”检测1689头份次，检测结果全部为阴性，均未检出“瘦肉精”成分。同时，进行专项排查，共排查生猪养殖场(户) 509户次，排查肉牛养殖场(户) 58户次，饲料生产企业9个次、饲料经营户163户次、兽药经营店108个次，均未发现“瘦肉精”等违禁药品。三是强化检疫票证的管理。发放动物防疫条件合格证300本，动物检疫合格证明10205本，并定期不定期对各种票证的使用、发放、管理进行抽查，严防伪造、假冒及违规出具检疫证明现象的发生。四是做好兽药饲料和畜产品质量安全监督检验工作。完成饲料抽样检验40批次，合格31批次，合格率77.5%；饲料标签抽样检查100个，合格标签100个，合格率100%；完成饲料生产企业审查合格证年度备案9户；兽药残留抽样监测，共抽动物产品40批，其中猪肉样品10批、鸡肝样品15批、水牛奶样品12批、普通牛奶样品3批，经检验全部合格。五是认真组织实施动物标识及动物疫病可追溯体系建设。订购二维码动物标识103.1万套，其中猪94万套、牛6.1万套、羊3万套。同时，完成2012年全州动物标识采购任务95万套(猪77万、牛15.4万、羊2.6万)。针对全州溯源SIM卡停机、消号，部份识读器无SIM卡等情况存在问题进行了全面的清理、统计，并进行了整改。

【畜牧技术推广及培训】 2011年，德宏州各级畜牧兽医部门努力加强畜牧兽医科技推广工作，畜牧业生产水平不断提高。一是抓好畜牧科技推广工作。全年全州完成猪杂交改良配种80313窝，比上年增长6.91%，其中本交59263窝，增长3.32%，人工授精21050窝，增长9.58%；共产仔猪63.39万头，增长9.54%。积极组织实施国家奶水牛良种补贴项目，采购奶水牛冻精40500支、肉牛冻精28000支。全州完成牛改良配种23560头，比上年增长13.67%，其中水牛改良17250头，增长8.84%；黄牛改良6150头，增长33.37%；完成山羊改良7752只，增长11.8%；推广良种禽509.28万羽，增长13.51%；推广人工种草面积5.73万亩，其中农田种草4.50万亩，增长9.64%；推广青贮氨化饲料6.67万吨，增长25.61%。二是认真抓好畜牧业管理工作。完成审核办理种畜禽生产经营许可证7户，全州已累计办理种畜禽生产经营许可证的养殖场有17户、冻改点2户；完成畜禽养殖场养殖小区备案329户，其中畜禽养殖场290户、畜禽养殖小区39个。三是制发德宏畜牧兽医简讯22期，制作畜牧兽医工作宣传展板6块，印制《德宏州“十二五”畜牧业发展规划》200册。四是举办畜牧、动物疫病防治、动物卫生监督等各类技术培训班649期，培训人员48349人次；开展有关科普知识、法律法规宣传活动39次，发放各类宣传单4.3578万份，接受群众咨询4.5463万人次。

【科技成果和技术职称】 2011年，德宏州各级畜牧兽医部门认真做好科技成果推荐、技术职称评定工作，促进畜牧业科学发展水平，做好德宏州第二届“兴州人才奖”候选人推荐工作。推荐上报2名“兴州人才奖”候选人，推荐上报2010年度云南省农业技术推广奖2项，获奖2项，其中二等奖1项、三等奖1项，推荐申报2011年度州人民政府科学技术奖7项，获奖5项，其中二等奖2项、三等奖3项；评定2010至2011年系统奖3项，其中一等奖2项、二等奖1项。受理申报专业技术职称30人，其中推荐申报高级技术职称11人，经省农业厅畜牧兽医系列高级评委评审，评定11人；申报中级技术职称18人，经德宏州畜牧兽医系列中级职称评定委员会评审，评定18人；局属事业单位申报初级职称1人，评定1人。

（《畜牧兽医》撰稿　母保生）

渔　业

【渔业生产】 2011年，德宏州水产养殖面积51051亩，比上年增5164亩，增10.15%；水产品产量30576吨，增6839吨，增28.79%；鱼苗生产8.31亿尾，鱼种生产6579吨；全社会渔业总产值59641.4万元，比上年增8290.4万元，增21.05%；水产品人均占有量达25千克。一、加大以池塘精养高产技术为重点，加快池塘养鱼新技术的推广应用。全州3万亩池塘养鱼总产达20000吨，平均单产666千克，每亩单产比上年提高60千克，新增产量1800吨，新增产值1980余万元。二、继续稳定稻田养鱼面积。全州以山区半山区为主推广稻田养鱼11.76万亩，参与农户达23800余户，其中稻鱼工程面积达0.98万亩，参与农户达3482户；稻田养鱼产量3662吨，平均单产31.13千克，实现产值6000余万元，取得了较好的经济、社会和生态效益。三、大力推广普及水产优良品种，提高良种覆盖率。全年组织放养全雄性罗非鱼种7660余万尾，推广面积达1.6万亩。四、调整优化水产养殖品种结构，积极开展名优品种的试验、示范、推广工作。全年繁殖生产本地胡子鲶鱼苗3000余万尾供应养殖户；继续抓好名优品种斑点叉尾鮰人工繁殖试验、示范工作，斑点叉尾鮰人工繁殖的产卵率、孵化率得到明显提高，繁殖生产苗种50余万尾。五、继续开展罗氏沼虾养殖推广工作。以瑞丽、芒市为重点，全州组织引进罗氏沼虾苗种2500多万只，推广面积近1800余亩。六、认真抓好鱼苗鱼种生产及大规格鱼种投放工作。全年鱼苗生产8.3亿尾，鱼种生产6579吨，大规格鱼种投放量达6100吨。七、特种水产养殖初见成效。畹町稼富农业科技园泰国湾鳄鱼引进养殖成功，年内已有500余尾商品鳄鱼在畹町、瑞丽、芒市等市场销售，销售金额达100余万元。八、积极培育水产品加工龙头企业，推进渔业产业开发。潞西市伯林名优水产养殖有限责任公司(德宏州兴聚鲜食品有限公司)，在潞西市帕底工业园区新建年产1万吨罗非鱼速冻鲜鱼片加工厂已基本建成。九、加大渔业科技服务力度。结合“科技三下乡”活动，围绕渔业产业结构调整、水产品生产安全、增殖放流、健康养殖、大水域养殖、稻田养殖、养殖证、苗种生产许可证发放等，开展了一系列科技服务活动。

【渔业灾情】 2011年，德宏州遭遇盈江地震，给德宏州渔业造成严重损失。全州渔业受灾面积4000亩，造成水产品损失1000吨，直接经济损失达1100余万元。

【水产养殖面积】 2011年，德宏州水产养殖面积51051亩，比上年增5164亩，增10.15%，其中池塘养鱼面积29949亩，增1124亩，增3.9%；水庫养殖面积21031亩，增4040亩。稻田养殖面积129424亩，其中稻鱼工程面积9800亩；水库网箱养鱼面积67326平方米。

【水产品产量】 2011年，德宏州水产品产量30576吨，比上年增6836吨，增28.79%。其中：养殖产量29225吨，比上年增6542吨，增22.38%；自然捕捞1246吨。按养殖水域和养殖方式分：池塘养殖20000吨，比上年增2632吨，增15.15%；稻田养鱼3662吨，比上年增加217吨；水库养鱼产量5000吨，比上年增3204吨。

【渔政管理】 2011年，德宏州渔政管理部门为确保“春节”、“五一”、“十一”等节假日人们吃上放心鱼，认真贯彻执行《渔业法》，开展多种形式的渔业安全生产及安全生产隐患排查治理、渔业法律法规宣传教育活动，渔政执法人员经常深入案件多发区开展执法工作，对苗种生产，渔药、饲料、添加剂的销售、使用等进行监管，严厉查处电、毒、炸、盗鱼等违法活动。年内，发放《关于严禁炸鱼、毒鱼及非法电触捕鱼的通知》、《水产苗种管理办法》、《水产养殖禁用药物名录》、《水产标准化健康养殖技术》等宣传资料18400余份，开展131次打击非法捕鱼专项行动和26次安全生产、渔业法律法规宣传活动，参加执法人数835人次，查处电、毒、炸鱼案件1400多起，收缴自制电捕鱼器800多台套，没收销毁渔网600多米，有效打击了非法捕鱼和破坏渔业生态环境的违法行为。

【增殖放流】 2011年，德宏州各县市渔政部门为扩大德宏州水域的鱼类种群规模、增殖渔业资源、保护水生生物多样性、维护生态平衡。在州内的主要湖泊、库区、江河流域开展12次人工增殖放流，放流各类大规格鱼种120万尾，以补充天然资源。其中：鲢鳙鱼110万尾，其他10万尾。

（《渔业》撰稿 刘 建）

茶 叶

【茶叶产值】 2011年，德宏州茶园面积达356325亩，产干毛茶16029吨，综合产值达51643万元；茶农人均纯收入433.6元。茶产业已成为德宏州覆盖一、二、三产业的综合性产业。4月在中国云南普洱茶国际博览交易会上，德宏州参展企业达13家，在第六届“云茶杯”名优茶评比中，德宏州有5个茶叶企业选送7个茶样进行评审。通过专家组对茶样进行认真评审后，获得铜奖的有：芒市德凤茶业有限公司选送的德凤牌德凤金瓜茶(普洱茶类)、梁河县回龙生态茶业有限公司选送回思牌回龙春雪(绿茶类)；获得优秀奖的有：德宏芒市志成茶业有限公司选送的孔雀公主牌大叶毛峰(红茶类)、梁河县回龙生态茶业有限公司选送回思牌回龙春曲(绿茶类)和梁河县兆宗茶叶精制厂选送的兆宗牌土司二道茶(绿茶类)。

（《茶叶》州茶办供稿）

蔗 糖

【概 述】 2011年，德宏蔗糖产业按照“政府主导、企业主体、市场运作、农民参与”的思路和“稳定面积、主攻产量、提升效益、持续发展”的方针，着力解决存在的各种矛盾和问题，为“十二五”蔗糖产业发展奠定了良好基础。

一、蔗糖生产取得较好成绩。2010/2011榨季，全州甘蔗收获面积81.62万亩，比上年增加7.27万亩，增9.78%；甘蔗总产399.09万吨，增加33.41万吨，增9.13%；平均单产4.89吨，减少0.03吨。全州13座糖厂全部投入生产，入榨甘蔗358.91万吨，比上榨季增加35.36万吨，增10.93%；生产食糖45.81万吨，增加2.81万吨，增6.55%；生产酒精2.8万吨，增加0.22万吨，增8.37%；甘蔗含糖份14.38%，下降0.57个百分点；平均产糖率12.76%，减少0.53个百分点；安全生产率99.78%，提高0.04个百分点；产品优一级品率96.67%，增加1.8个百分点；等折标准煤耗与蔗比、实际耗煤量、实际耗柴量与上榨季相比分别降低0.27个百分点、增3651吨、增218吨；人均产糖120吨。全州平均甘蔗收购价394.26元，比上榨季增加98.43元，增幅33.27%；平均甘蔗运费28.52元，增加11.24元，增幅65.05%；全州甘蔗收购资金15.17亿元，兑付率100%；应付运费1.02亿元，兑付率100%。全州蔗糖产业实现工农业总产值42亿元，比上榨季增11.7亿元，增长38.61%。其中：工业总产值(现价) 26.59亿元，比上年增加6.99亿元，增长35.67%；甘蔗农业总产值15.42亿元，增加4.72亿元，增长44.11%；蔗农人均甘蔗收入2372元，增加726元，增长44.11%；制糖企业实现工业增加值11.59亿元，增加3.95亿元，增长51.7%；实现各项税收3.42亿元(已缴税收2.83亿元，比上年多缴7300万元)，增加1.17亿元，增长45.9%；制糖企业实现利润总额7.17亿元，增加2.76亿元，增长62.64%。全州蔗糖产业各项经济指标创历史新高，工农业总产值较上年有较大提高，进一步凸显了蔗糖产业的支柱地位。

二、新种甘蔗超额完成下达计划。2010/2011年度，州政府下达全州甘蔗种植计划30万亩，其中秋甘蔗4万亩、冬春甘蔗26万亩(水田蔗18万亩，旱地蔗8万亩)。实际全州完成秋甘蔗种植4.45万亩，占下达计划的111.25%；完成冬春甘蔗种植33.99万亩，占下达计划的130.73%(水田蔗种植21.13万亩，占下达计划的114.22%；旱地蔗种植12.86万亩，占下达计划的160.75%)，合计完成新种甘蔗38.44万亩，占下达计划的128.13%。由于新种甘蔗超计划完成，全州植蔗总面积达86.89万亩，比上年增加2.88万亩，其中水田蔗49.66万亩，增加3.3万亩；旱地蔗37.23万亩，减少0.42万亩，保证了全州甘蔗面积稳定在85万亩以上。

三、主要经验和做法。一是州及各县市人民政府统一思想，精心组织，狠抓落实，全州产业一盘棋、政策一个样，充分调动各级各部门的工作热情和广大蔗农的积极性；二是责任挂钩，目标明确，措施有力，各县市及时把甘蔗生产任务和目标考核层层分解到各植蔗乡镇、村社，进一步明确生产任务和责任，形成主要领导亲自抓、负总责，分管领导具体抓、负实责，一级抓一级，层层抓落实的工作格局；三是依靠科技，巩固提升，增加效益，州和县市蔗糖办、蔗糖科技推广部门和各糖业公司紧紧围绕蔗糖产业提质增效的主线，把“依靠科技、巩固提升、增加效益”作为工作目标，突出工作重点，狠抓各项工作落实；四是强化管理，提高产品质量，注重节能环保，狠抓安全生产，维护蔗糖产业可持续发展。

【陇川县奖励甘蔗高产农户】 2011年1月20日，陇川县蔗糖办根据《陇川县人民政府关于2010/2011年度甘蔗生产安排意见》(陇政发〔2010〕237号)，下发《关于组织上报甘蔗高产奖参赛农户的通知》(陇蔗糖发〔2011〕2号)，奖励内容为：面积在10～20亩奖励10户，在全县参赛排名单产最高的前10名获奖，每户奖励金额1500元；面积在20～50亩奖励10户，在全县参赛排名单产最高的前10名获奖，每户奖励金额2000元；面积在50～100亩奖励5户，在全县参赛排名单产最高的前5名获奖，每户奖励金额3000元；面积在100亩奖励2户，在全县参赛排名单产第一奖励8000元，排名第二奖励5000元。9月15日，陇川县人民政府对获得者进行表彰奖励，表彰奖励34人，发放奖金78500元。

【安全生产检查】 2011年2月21至28日，德宏州蔗糖办邀请州安监局、州环保局、州技监局联合组成检查组，汇同各县市糖办，对全州4家制糖企业、14条生产线进行安全生产大检查。检查组对各制糖企业及糖厂安全生产管理机构设置、安全生产责任制贯彻落实情况、安全生产操作规程执行情况、安全生产检查制度落实情况、安全生产教育培训制度落实情况、应急救援预案建立和演练情况、生产安全及生产经营场所安全状况、食品安全、环境安全、消防安全、职工稳定情况等方面进行检查。要求各制糖企业一定要牢固树立“安全发展”的理念，要坚持“以人为本，安全第一，预防为主，综合治理”的方针，进一步增强忧患意识、大局意识和责任意识，以深入开展“安全生产年”活动为主线，以有效防范、坚决遏制重特大事故为目标，切实抓好安全生产。9月13至14日，州蔗糖办主任、分管副主任组织陇川、盈江县2县蔗糖办、安监局相关负责人深入景罕糖厂11000吨/日、弄璋糖厂7000吨/日扩建工程检查安全生产，并要求德宏英茂糖业公司要进一步统一思想，加强领导，精心组织，严格管理，认真落实安全生产“一岗双责”责任制，确保扩建施工安全，确保按时竣工投产。

【省政府蔗糖产业发展调研组到德宏调研】 2011年3月，云南省委政策研究室、省工业和信息化委员会、省政府研究室、省农业厅、省糖业协会和制糖企业代表组成联合调研组，对全省蔗糖产业发展情况进行全面调研。调研组先后深入德宏、临沧等6个州市的10多个县市区和英茂糖业、南华糖业、力量生物、省甘蔗科学研究所等多家企事业单位调研，并赴中国产糖第一大省（区）广西考察，形成《云南蔗糖产业发展调研及建议》的调研报告。调研组将调研报告报省委、省政府有关领导后，时任云南省委书记白恩培于6月1日作出重要批示：“蔗糖产业是云南省特色优势产业，也是有基础、有希望的产业，要不断总结提高，推动蔗糖产业的发展。调研报告的六点建议很好，希望相关部门抓好落实”。

【盈江“3·10”地震甘蔗抢收】 2011年3月10日，盈江发生5.8级强烈地震，造成德宏英茂糖业有限公司平原糖厂严重受损，造成人员受伤，厂区员工生活设施及住房屋顶倒塌、墙体严重开裂，厂房车间严重损毁、烟囱拦腰崩裂，直接、间接经济损失合计3952万元；弄璋糖厂、盏西糖厂也不同程度受到损伤，部分厂房和员工住房造成不同程度损伤。灾情发生后，州蔗糖办第一时间赶赴灾区参与抗震救灾，公司党、政、工及时做出应急反应，迅速赶往平原糖厂，及时组建以于厚副总裁为组长的临时指挥部，送治受伤员工、采取措施防止发生震后次生伤害、安排员工食宿、成立安全护厂机构、排查企业财产损失情况，并积极调动全体员工和一切社会力量，在人身安全保障的前提下，有计划调运平原糖厂已砍收的甘蔗和现存磷酸、硫黄等化工辅料至弄璋糖厂，最大限度回收中间物料，按照“就近、经济”的原则分流调配平原糖厂未入榨的甘蔗，并针对工业废水、酒精废醪液、FSB光合菌肥、滤泥、烟囱灰等污染隐患，制定整治处置方案，避免震后发生污染事故，有条不紊地开展抗震救灾、慰问安抚和生产自救工作。平原糖厂因灾停产，蔗区内10余万吨甘蔗亟待抢收分流，州蔗糖办和盈江县委政府、制糖企业从大局出发，发挥德宏英茂公司集团优势，最大限度挖潜县内弄璋糖厂、盏西糖厂生产能力，加大日处理能力。同时，积极调运到芒市轩岗糖厂、龙江糖厂和瑞丽糖厂入榨，3座糖厂入榨甘蔗61360.796吨，按时完成灾区甘蔗抢收任务。甘蔗抢收出动解放军、武警部队、民兵预备役、党员突击队、未受灾乡镇干部群众、县直机关干部职工27778人次，分流调动运蔗车辆1万辆次，使盈江县榨季生产较榨前计划提前收榨，最大限度挽回地震灾害造成的损失。

【陇川县蔗糖生产办公楼落成】 2011年5月6日，陇川县蔗糖生产办公室办公楼落成使用，结束了陇川县蔗糖办自2006年3月恢复成立以来无自有办公场地的历史。陇川县蔗糖办办公楼是“2008年云南省陇川县双高糖料生产基地建设项目”的建设任务之一，于2009年8月14日开工建设，占地面积3557.7平方米，建设面积715.39平方米，为三层框架结构。

【签订项目投资协议】 2011年6月9日，云南康丰糖业集团公司与芒市人民政府签订投资建设日处理甘蔗3000吨的机制白糖厂项目协议。投资“协议”签订后，集团公司及时成立芒市康丰糖业有限责任公司日处理3000吨甘蔗糖厂项目建设指挥部，开展前期筹备工作。该项目在芒市中山乡芒丙村罗胡山投资建设日处理甘蔗3000吨的机制白糖厂，项目占地195亩，估算总投资约2亿元。项目计划于2012年2月中旬破土动工，建设期10个月，预计2013年1月建成投产。该项目甘蔗原料发展主要在芒市中山乡、龙陵县临近中山乡区域和中山乡境外缅甸区域，建成后，每年可入榨甘蔗30至36万吨，年产优一级白砂糖3.9至4.6万吨。

【调整领导班子】 2011年6月30日，德宏州委州政府调整充实州蔗糖办领导班子。调整后的领导班子为：党委书记1人，党委委员、主任1人，党委委员、副主任3人。7月30日，州编制委员会德机编〔2011〕100号批准设立州蔗糖办党委办公室，州蔗糖办内设机构增加为6个，即党委办公室、人事秘书科、计划财务科、甘蔗生产科、制糖综合科和科技教育科。

【召开庆祝建党90周年表彰会】 2011年6月30日，德宏州蔗糖办党委召开庆祝建党90周年表彰会。会议总结近年来党的基层组织建设和党员队伍建设取得的成果和经验，对10个基层党组织、15位优秀党务工作者、40名优秀共产党员进行表彰。并号召全州蔗糖战线的共产党员要牢记党的宗旨，全心全意为人民服务；要坚定理想信念；要自觉履行党员义务，遵守党员纪律；要深入开展创先争优活动。

【州蔗糖办调研组到各县市调研】2011年7月5至15日，德宏州蔗糖办领导班子及部分科室人员组成工作调研组，到全州各县市进行工作调研。调研组通过座谈会听取汇报和实地查看的方式，全面了解和掌握全州蔗糖生产和产业发展情况。调研组通过调研认为：全州蔗糖产业发展机遇与挑战并存，机遇主要表现在三个方面。一是近两年来食糖市场看好，糖价持续高位运行，而且会维持一定时间；二是食糖是人类生活必需品，食糖供给以自给为主，国家高度重视食糖安全问题；三是州委州政府高度重视蔗糖产业发展，蔗糖产业仍然是德宏州的传统优势产业。挑战主要是原料发展面临的诸多困难和问题。调研组要求蔗糖系统广大干部职工继续发扬攻坚克难、顽强拼搏的精神，巩固提升全州蔗糖产业。

【领导调研】 2011年7月18至20日，德宏州人民政府副州长板岩过专题调研蔗糖产业，并为德宏英茂糖业有限公司弄璋糖厂7000吨生产线改扩建项目工程开工仪式剪彩。州蔗糖办党委书记、主任及分管副主任陪同调研。期间到盈江县、陇川县、芒市蔗糖、州甘科所调研生产情况和科研生产情况，要求全州各级各部门充分发挥科技对蔗糖产业的支撑作用，加强中耕管理，提高单产，增加蔗糖产业的竞争力，确保蔗糖产业可持续发展。7月27日，州农林水纪工委书记哏留兴到州蔗糖办进行调研，州蔗糖办领导班子和科长以上人员参加汇报和座谈。哏留兴讲：全州蔗糖产业任务艰巨，所面临的问题太多，州蔗糖办领导班子要创新发展，巩固成果，保住基础产业。并对下一步工作提出要求：一是要抓好班子的分工；二是要做好业务工作的推进；三是要抓好党风廉政建设；四是要抓班子和自身建设，增强班子的凝聚力。

【蔗糖产业“十二五”发展规划】2011年7月19日，《德宏州蔗糖产业“十二五”发展规划》经德宏州人民政府德政发〔2011〕203号、《德宏州人民政府关于印发德宏州蔗糖产业“十二五”发展规划的通知》发文实施。全州蔗糖产业“十二五”规划主要发展目标为：到“十二五”期末，全州甘蔗种植面积稳定在85万亩以上，其中水田蔗面积达到48万亩，建设35万亩“吨糖田”、30万亩“高优蔗园”，在优势区域规模化种植、产业化经营；甘蔗平均单产达到5.8吨，甘蔗农业总产达到490万吨；甘蔗良种率达到98%，平均甘蔗含糖份保持15%以上；工业入榨甘蔗达到460万吨，平均产糖率保持13%以上，生产食糖达到60万吨，生产酒精达到3.5万吨。

【召开全州蔗糖工作会】 2011年8月29日，德宏州蔗糖工作会议在芒市召开。州人大常委会副主任王兴才、州政协秘书长管国照、州委副秘书长陶继清出席会议。州人大财经委、农环委领导，州政协经济委领导，州蔗糖产业领导小组36家成员单位领导，各县市人民政府、畹町管委主要领导和分管领导、蔗糖办主任、植蔗乡镇党委书记或乡镇长，各糖业公司主要负责人及所属单元糖厂厂长，州蔗糖办副科以上干部及州甘科所、州制糖所负责人，以及新闻媒体记者150多人参加会议。州政府副秘书长、州农业局局长宋雨发主持会议。州政府副州长板岩过在会上作《抓住机遇、开拓创新，继续巩固提升全州蔗糖产业》的重要讲话，州政府蔗糖生产办公室主任赵兴倬总结2010/2011年度全州蔗糖生产情况，并安排2011/2012年度蔗糖工作任务。会上兑现全州2010/2011年度甘蔗种植完成任务州级奖励，州人民政府与各县市人民政府、畹町经济开发区管委签订2011/2012年度甘蔗生产目标考核责任书。

【出台“巩固提升蔗糖产业意见”】2011年9月6日，《德宏州人民政府关于进一步巩固提升蔗糖产业的意见》(德政发〔2011〕233号)出台。“意见”分指导思想、目标任务、主要政策、主要措施四个部分，是全州蔗糖产业发展的指导性文件。主要政策部分包括2011/2012榨季甘蔗收购价格政策：一是全州每吨甘蔗收购最低保护价格提高到380元；二是继续执行优良品种每吨加价20～50元收购政策；三是继续实行蔗、糖价格联动二次结算蔗款办法。11月17日，德宏州发展和改革委员会根据《云南省物价局关于完善糖料收购价格政策的通知》(云价明电〔2011〕22号)，下发了《德宏州发展和改革委员会关于2011/2012榨季甘蔗收购价格的通知》(德发改价格〔2011〕883号)。“通知”规定全州甘蔗收购首付价格执行全省统一价格，即全州甘蔗收购首次结算价为一类甘蔗每吨430元(地头价，下同)，二类甘蔗每吨420元，三类及以下甘蔗每吨400元，继续实行甘蔗收购价格与蔗糖价格联动、二次结算办法，普通甘蔗收购首次结算价每吨420元与亚法一级白砂糖平均含税销售价格每吨7000元实行挂钩联动，挂钩联动系数为5%。

【“陇川县中低产田改造建设项目”开 工】 2011年10月28日，陇川县蔗糖办承建的2010年陇川县景罕镇广宋村政府债券资金中低产田改造建设项目开工建设。该项目由省农业厅、省财政厅批复建设，项目总投资506万元，其中省级财政补助500万元，群众自筹6万元。项目实施地点为陇川县景罕镇广宋村下辖的汤文、汤长、汉三3个村民小组。项目主要建设内容为：实施中低产蔗园改造5000亩，开展坡改梯，配套沟渠14千米，配套田间机耕路10公里；实施生物篱固埂护坡，种植绿肥、增施有机肥。年内，德宏州还实施甘蔗品种改良项目1个，省投资15万元；实施甘蔗高产创建项目2个，省投资金30万元。年内，除中低产田改造项目跨年实施外，其它项目已完工验收。

【糖厂扩建工程】 2011年，德宏英茂糖业有限公司实施糖厂扩建项目：一是对应陇川县全力打造“云南糖业第一强县”，将景罕糖厂由日处理甘蔗能力5500吨扩建为11000吨项目，完成总投资3.2亿元；二是盈江“3·10”地震平原糖厂受损停产，根据《云南省人民政府关于印发盈江“3·10”地震灾后恢复重建规划的通知》和《盈江县人民政府关于平原糖厂搬迁重建的决定》，将平原糖厂撤并搬迁至弄璋糖厂，弄璋糖厂由日处理甘蔗能力4500吨扩建为7000吨，完成总投资2.2亿元。2个厂经过扩建改造后建成国内工艺先进、设备一流、节能环保的现代制糖企业，2项扩建工程实现当年扩建当年投产，在德宏蔗糖产业发展史上实现了零的突破。

【“吨糖田”和高优蔗园建设】 2011年，德宏州计划实施水田甘蔗“吨糖田”建设25万亩、旱地甘蔗“高优蔗园”建设10万亩。实际实施甘蔗“吨糖田”建设25.45万亩，占计划的101.8%，平均单产8.0吨以上，平均甘蔗含糖分14.5%以上；实际实施甘蔗“高优蔗园”建设10.29万亩，占计划的102.73%，平均单产5吨以上，平均甘蔗含糖分14%以上。实施甘蔗“吨糖田”和“高优蔗园”的建设，带动全州甘蔗生产的发展，提高原料品质，增加了蔗农收入，高产稳产蔗园得到巩固发展。2010年实施的《德宏州十万亩旱地高优蔗园建设》获得2011年德宏州科技进步三等奖。

【甘蔗中耕管理】 2011年，德宏州继续狠抓甘蔗中耕管理：一是以项目带动，积极实施水田蔗间套种试验示范，增加亩积综合效益，以种代管，促进第一次中耕管理时间提前结束，为第二次中耕管理奠定较好基础；二是积极推行甘蔗第二次中耕管理，实行水田蔗增施肥、高培土等技术措施，通过全州及各县市召开的甘蔗中耕管理工作现场推进会，以会代训，提高植蔗管理技术，有效促进了全州甘蔗第二次中耕管理；三是全州防治甘蔗地下害虫多措并举，职能部门统领督促，企业投资，农民投劳，以药物、生物、农业、物理等多种办法进行综合防治，使全州蔗区范围内的地下害虫危害得到有效控制。同时，对新型病害发生开展了积极预防控治；四是加强宿根蔗管理，继续推行宿根甘蔗铲蔸管理方法。通过以上措施，全州甘蔗中耕管理水平有了明显提高。

【甘蔗政策性保险】 2011年，德宏州甘蔗政策性保险继续在盈江和瑞丽2县市试点，保险甘蔗种植面积32万亩。全年甘蔗受损赔付金额522.24万元，其中盈江391.68万元、瑞丽130.56万元。甘蔗政策性保险为甘蔗生产抗拒自然灾害发挥了积极作用，促进了甘蔗种植和蔗糖产业发展，取得良好的效果。

（《蔗糖》撰稿　杨学政）

德宏州2010～2011榨季制糖生产完成情况

单位：吨

项目 / 单位	甘蔗压榨量			食糖产量			酒精产量		
	2010/11榨季	2009/10榨季	增减±%	2010/11榨季	2009/10榨季	增减±%	2010/11榨季	2009/10榨季	增减±%
全州合计	3589081	3235537	+10.93	458140	429975	+6.55	27958	25799	+8.37
德宏力量生物制品公司小计	250712	222601	+12.63	29027	27104	+7.09	2196	1977	+11.08
芒市糖厂	143149	126503	+13.16	16587	15372	+7.90	1083	973	+11.31
遮放糖厂	107563	96098	+11.93	12440	11732	+6.03	1113	1004	+10.86
梁河力量生物制品公司小计	304937	302594	+0.77	37258	38818	−4.02	2549	2564	−0.59
梁河糖厂	104939	110848	−5.33	13135	14319	−8.27	743	895	−16.98
芒东糖厂	75520	61893	+22.02	9067	7903	+14.73	650	538	+20.82
勐养糖厂	124478	129853	−4.14	15056	16596	−9.28	1156	1131	+2.21
德宏英茂糖业公司小计	2644687	2340245	+13.01	345148	318421	+8.39	20555	18583	+10.61
瑞丽糖厂	345484	330738	+4.46	46245	46630	−0.83	2665	2444	+9.04
景坎糖厂	831659	774983	+7.31	111608	107401	+3.92	5765	5355	+7.66
弄璋糖厂	552976	434030	+27.41	72008	58133	+23.87	5231	4358	+20.03
平原糖厂	206580	271002	−23.77	26627	37304	−28.62	1634	2215	−26.23
盏西糖厂	146959	111784	+31.47	18779	14068	+33.49	—	—	—
龙江糖厂	369243	268648	+37.44	46656	35967	+29.72	3306	2388	+38.44
轩岗糖厂	191786	149060	+28.66	23225	18918	+22.77	1954	1823	+7.19
陇川糖厂	388745	370097	+5.04	46707	45632	+2.36	2658	2675	−0.64

德宏州2010～2011榨季主要经济指标完成情况

单位：万元

项目 / 单位	工业总产值（现价）			利润总额			税金合计		
	2010/11榨季	2009/10榨季	增减±%	2010/11榨季	2009/10榨季	增减±%	2010/11榨季	2009/10榨季	增减±%
全州合计	265881	195981	35.67	71739	44109	62.64	34211	22521	51.91
德宏力量生物制品公司	18270	11748	55.52	996	758	31.40	2095	2108	−0.62
梁河力量生物制品公司	23965	16896	41.84	5396	1801	199.61	3662	1967	86.17
德宏英茂糖业有限公司	195983	148713	31.79	58430	39318	48.61	25939	16791	54.48
陇川农场糖厂	27663	18624	48.53	6917	2232	209.90	2515	1655	51.96

德宏州2010～2011榨季甘蔗生产情况

单位：亩、吨、吨/亩

项目 单位	甘蔗收获面积			甘蔗总产量			甘蔗单产		
	2010/2011	2009/2010	增减±%	2010/2011	2009/2010	增减±%	2010/2011	2009/2010	增减±%
全州合计	816179	743493	9.78	3990934	3656827	9.14	4.89	4.92	-0.61
芒市	173827	150653	15.38	677386	620205	9.22	3.9	4.12	-5.34
梁河县	61510	59799	2.86	259075	257738	0.52	4.21	4.31	-2.32
盈江县	202656	177437	14.21	1050393	916297	14.63	5.18	5.16	0.39
陇川县	306186	285108	7.39	1634111	1492738	9.47	6.34	5.24	20.99
瑞丽市	72000	70496	2.13	369969	369849	0.03	5.14	5.25	-2.10
制糖企业合计	816179	743493	9.78	3990934	3656827	9.14	4.89	4.92	-0.61
德宏力量公司	47298	64356	-26.51	163163	253989	-35.76	3.45	4.06	-15.02
芒市、遮放糖厂	47298	64356	-26.51	163163	253989	-35.76	3.45	4.06	-15.02
梁河力量公司	82631	76537	7.96	344195	340695	1.03	4.17	4.45	-6.29
梁河糖厂	29932	28323	5.68	119667	123490	-3.10	4	4.36	-8.26
芒东糖厂	19657	16849	16.67	85240	74810	13.94	4.34	4.44	-2.25
勐养糖厂	33042	31365	5.35	139288	142395	-2.18	4.22	4.54	-7.05
德宏英茂公司	589957	539918	9.27	2924462	2640860	10.74	4.96	4.89	1.43
瑞丽糖厂	72000	70496	2.13	369969	369849	0.03	5.14	5.25	-2.10
景罕糖厂	196910	182920	7.65	1044232	920264	13.47	5.3	5.03	5.37
弄璋糖厂	101786	87852	15.86	551948	456035	21.03	5.42	5019	-99.89
平原糖厂	63717	57864	10.12	332481	308788	7.67	5.22	5.34	-2.25
盏西糖厂	35942	30827	16.59	160692	146573	9.63	4.47	4.75	-5.89
龙江糖厂	72263	68173	6.00	270264	247683	9.12	3.74	3.63	3.03
轩岗糖厂	47339	41786	13.29	194876	191668	1.67	4.12	4.59	-10.24
陇川农场糖厂	62536	61069	2.40	420324	404759	3.85	6.72	6.63	1.36
芒市康丰公司	3231	1613	100.31	18248	9255	97.17	5.65	5.74	-1.57

林　业

【概　述】　2011年，德宏州有林业用地1238.7万亩，占全州总面积的73.9%。按林地所有权划分：国有369.7万亩，集体626.2万亩，个人241.2万亩，其他1.7万亩。按两类林划分：商品林面积877.62万亩，公益林面积361.22万亩，其中国家级公益林282.90万亩、省级公益林78.32万亩。森林覆盖率为67.1%，活立木总蓄积量为6863.3万立方米，活立木年净生长量287.6万立方米。全州生物多样性丰富，有高等植物339科1908属6033种，有陆生野生动物719种，有国家级、省级保护的野生动物130种。

德宏州属南亚热带季风气候，光照充足，雨量丰富，植被面积大，主要森林类型有热带或北热带季雨林、亚热带常绿阔叶林、温带山地苔藓林、温带高山针叶林等，是中国半常绿季雨林最有代表性的地区。德宏州境内最高海拔大娘山3404.6米，最低海拔那邦坝210米，海拔垂直高差3194.6米，具有多种多样的森林植被类型和动物类型，是一个天然物种基因库；有高等植物339科1908属6033种，有陆生野生动物719种，国家级、省级保护的野生动物有130种。全年全州实现林业总产值35.2亿元，其中第一产业20.61亿元，第二产业14.48亿元，第三产业0.1亿元，林业总产值比上年(30.65亿元)增加4.55亿元，增幅达14.8%，保持了又好又快的发展势头。

【国务院检查组到德宏检查松材线虫病防治】　2011年1月14至15日，国家森林病虫害防治检疫总站长马爱国在云南省林业有害生物防治检疫局长刘洪屏的陪同下，代表国务院检查组到德宏开展松材线虫病预防和除治工作年度检查。通过实地察看和听取德宏工作汇报后，马爱国站长指出：德宏州各级领导高度重视，是德宏松材线虫病预防除治工作取得成功的重要保证；德宏州善于利用市场的手段，找到了松材线虫病疫木处理的新路子。利用疫木种植茯苓技术方法已经获得国家专利授权，要认真总结，推向全国，有必要的时候召开一次全国的现场会。预防措施十分有效，确保疫情不传播蔓延，确保全州60多万亩、全省8000万亩松林的安全。云南地处边疆、民族、贫困地区，松材线虫病的预防和除治工作做得如此出色，实在难得。马总站长对德宏林业有害生物防治检疫工作提出希望：德宏地处祖国西南开放的前沿，中缅两国山水相连，通关便利，外来有害生物的入侵形势十分严峻，各级政府要高度重视，进一步提高认识，林业部门要加强监测、检疫和综合防治工作。

【首次组团参加中国兰花博览会】　2011年2月18至21日，德宏州林业局首次组团参加在昆明会展中心举办的第21届中国(昆明泛亚)兰花博览会。由州林业局和州兰花协会共9人组成的参展团，组织了40盆兰花参展评奖。通过紧张角逐，德宏州选送的“国色天香”兰花获银奖、“四季阳光”兰花获铜奖、“德宏红”兰花获栽培奖。

【省林业厅副厅长刘一丹一行到德宏调研】　2011年3月14至15日，在德宏州盈江县发生地震灾害后的第三天，云南省林业厅刘一丹副厅长赶到德宏州指导林业发展工作。刘副厅长首先看望慰问盈江县林业系统在“3·10”地震中受灾干部职工，视察了盈江县林业局林业基础设施、林业企业、办公设备、职工宿舍受损情况，要求州林业局要密切关注盈江县地震灾情，及时向省林业厅上报灾情信息，灾后更加高度重视和指导好、帮助好盈江县林业部门开展好各项工作，做到帮忙不添乱，帮助灾区度过难关，要特别高度重视盈江县森林防火工作。刘一丹一行还深入梁河县、瑞丽市、芒市就森林防火、林业产业发展、木材加工、红木家具加工、林木良种繁育、林业有害生物防治等进行调研指导，重点听取瑞丽市、芒市及州林业局森林防火及林业产业发展工作汇报。

通过调研和听取汇报后，刘副厅长对德宏州当前森林防火、林业产业发展及各项林业工作所取得的成绩给予充分肯定。认为：德宏州、县(市)各级党委、政府高度重视林业发展，德宏林业处于前所未有的发展机遇，发展状况良好。一是工作认识统一，思路明确，重视生态建设，通过生态公益林保护、退耕还林、四旁植树等全面加强生态建设，德宏生态建设成效在桥头堡建设中发挥生态屏障的功能。二是措施有力，资金投入有保障，林产业发展选择的竹子、油茶、核桃、澳洲坚果“四棵树”抓得准，通过出台产业发展扶持政策，加大产业资金投入，明确发展任务，严格检查考核。三是林业产业发展稳步推进，种植成活率较好，发展面积实实在在，林业产业发展造福地方百姓。四是森林防火成效显著，工作措施有力。刘副厅长对下一步工作明确指示：一、生态保护方面德宏州还要认真研究国家、省有关生态保护和生态建设的项目扶持政策，积极争取上级退耕还林、边境防火通道、林业有害生物防治、中低产林改造(重点森林抚育)等项目支持德宏州生态发展。二、林业产业发展方面要坚定不移按照德宏州委、州政府要求抓好“四棵树”发展，坚决完成建设任务；搞好科技支撑，狠抓科技培训；更加注重林业产业发展龙头企业的培育和引进，整合提升优质木材加工，开发特色产品；重点抓好德宏州红木家具加工的特色优势产业，做大做强。三、森林防火工作要继续发扬成绩，坚持过去的各种有效工作措施，不断总结形成防火、扑火的工作长效机制，特别是地震后更要引起高度重视，确保万无一失。针对德宏州林业发展第一产业和第二产业相对发展较好，第三产业发展相对滞后的情况，刘副厅长建议：德宏州今后在继续巩固林业第一产业，提升第二产业的基础上，要加强林业第三产业发展工作。一是加快林产品集贸市场建设，促进林产品交易和物流发展；二是加快森林旅游开发力度，打造生态旅游优势产品，促进德宏大旅游业的发展。

【芒市沼气池建设项目启动】 2011年4月27日，由云南省绿色环境发展基金会牵头，香港长春社和香港恒生银行资助的沼气池建设项目在德宏州芒市轩岗乡芒茂村举行启动仪式。此次资助的“一池三改”项目共涉及芒市7个村民小组550户农户，预计新建沼气池550口，改造厩舍550个，卫生厕所550个，灶台550个，每户补助2000元，共计投资110万元，以帮助农户解决生活燃料问题，减少社区居民对柴薪消耗，从而有效保护周边森林；改善村民生活卫生条件，提高生活质量；还可以解放部份劳动力，带动种植业和畜牧业的发展，促进农业增效、农村发展和农民增收，加快农民脱贫致富奔小康的步伐。芒市人民政府、芒市畜牧兽医局领导，州农村能源站、芒市农村能源站工作人员及群众代表等100余人参加了启动仪式。

【“百万亩西南桦人工林”通过验收】 2011年6月10日，由德宏州林业局主持完成的“德宏州10年建成百万亩西南桦人工林”项目，在芒市通过德宏州科技局组织的州级科技成果验收。“德宏州10年建成百万亩西南桦人工林”项目经过10年的努力，取得显著的经济、生态和社会效益。一是德宏州10年建成120.14万亩西南桦人工林基地，居全国西南桦人工林面积之首。二是森林蓄积显著增加。120万亩西南桦人工林现立木蓄积量为405万立方米，木材产值41亿元；到其工艺成熟年龄20年，可产木材3306万立方米，产值可达333亿元。三是项目参与人数多。全州林业系统1962名林业工作者参与该项目，项目覆盖全州5县市、50个乡镇、339个村委会，有179325户林农、居民、企业等参与发展种植西南桦，项目建设在德宏体现了全社会办林业的局面。四是技术有创新。建成3000亩西南桦采种基地、182亩种子园，收集种植全省优良单株种源129个，认定挂牌优良母树10株；创新出西南桦双层大棚两段式育苗、轻基质网袋育苗等技术，缩短育苗周期，降低成本，提高苗木质量和造林成活率。制定《西南桦栽培技术规程》为西南桦发展提供科学的指导。五是人才得到培养。项目在良种基地建设、种苗繁育、造林技术、抚育技术、经营技术的研究和推广造林过程中，广大林业工作者得到培养和锻炼，增强了林业行业的竞争实力。120万亩西南桦人工林基地的建成，是德宏林业建设的辉煌成就，是承载“桥头堡”建设的生态屏障，是德宏州“五谷丰登，山川秀美”的生态基础。专家组对“德宏州10年建成百万亩西南桦人工林”项目取得巨大辉煌成就给以充分肯定，对在项目建设中不断创新发展的林业技术给予高度评价。

【德宏州林地薇甘菊预防和综合治理规划通过省级评审】 2011年6月26日，德宏州林业局邀请省林业厅、西南林业大学、中国林科院资源昆虫所、省林科院、省规划院和省林业有害生物防治检疫局等单位的相关专家和领导20余人，对德宏州林业局委托云南省林业调查规划院营林分院编制的《德宏州林地薇甘菊预防和综合治理规划》进行评审。专家组在听取规划编制单位的介绍，询问有关问题后，经过认真细致的讨论审查，同意通过"规划"评审。该"规划"于明年经德宏州人民政府批复，德宏州林业局正式印发实施。

【启动营建"杨善洲纪念林"暨全民义务植树活动】 2011年7月7日，在全国第33个义务植树节及德宏州植树造林月之际，德宏州庆祝建党90周年、营建"杨善洲纪念林"暨2011年全民义务植树活动在芒市启动。州和芒市绿化委员会部分成员单位开展义务植树活动，全面掀起2011年全州义务植树活动高潮。活动当天，有来自州和芒市的党委、人大、政府、政协、德宏军分区、77332部队、武警德宏边防支队，州、市林业局160余家单位的3600余名干部职工参加植树活动。累计种植坚果等10000余株。

【省林业厅财政厅检查组到德宏检查】 2011年7月9至14日，为切实加强云南省实施森林生态效益补偿基金制度的实施和管理，确保公益林保护工作取得明显成效，由省林业厅木检总站站长刘家富任组长一行4人，到德宏检查考评2010年度森林生态效益补偿责任制执行情况。检查考评对象为州林业局、州财政局，抽取的检查考评县(市)为芒市。州林业局副局长谭新贵、州财政局农财科科长段生喜、州林业局保护办副主任张友兵、州林业局计财科和保护办等相关人员陪同检查。检查考评组采取召开座谈会听取工作汇报，查阅档案资料，现场走访管护责任单位、管护人员以及林权权利人等方式，重点检查公益林管护责任制落实和管护情况，生态补偿基(资)金使用管理和绩效评价，州级和市级统筹资金使用情况，州市两级公益林补偿工作机构设备管理、档案建设及管理人员到位等情况。检查组认为：德宏州国家级和省级公益林管护责任单位明确，落实了管护人员，按规定签订限伐'协议"，补偿基金、森林培育支出管理的审批程序健全、规范，实行专账管理、专账核算，州市两级配套相应的工作经费，州市两级林业、财政部门精心组织、规范管理，公益林管护成绩显著，档案管理较为规范，资金管理使用相关文表齐全，区划界定报告、实施方案等图文表齐全。在检查考评反馈会上，检查组建议：一要加强对乡镇林业站和村委会关于中央财政森林生态效益补偿基金管理细则和省级公益林生态效益补偿资金管理办法的培训；二要设置专管人员负责公益林补偿责任管理；三要加强对村集体公益林补偿资金管理的指导。

【全国木材战略储备生产基地规划编制座谈会在芒市召开】 2011年8月11至12日，全国木材战略储备生产基地规划编制工作座谈会在芒市召开。国家发改委农经司副司长吴晓松、国家林业局计财司副司长郝燕湘、省林业厅副厅长冷华、国家林业局速丰办总工许传德等领导，河北省等25个省、自治区、直辖市代表以及部门企业代表、林业专家等140多人参加了会议。会议总结交流各省、自治区在木材战备生产基地规划编制工作中的经验和作法、存在问题，研究和讨论下个阶段的工作重点，动员各省、自治区、直辖市高度重视，加强领导，认真做好木材战略储备生产基地规划编制的后续工作。在省林业厅、州林业局领导的陪同下，参会领导和与会代表参观了畹町柚木林场、陇川吕良西南桦种植基地和瑞丽红木家具城。副州长孔勒干代表州委、州政府向参会领导和代表表示欢迎，对长期对德宏林业发展的支持和关注表示感谢，介绍了德宏州州情以及林业发展情况，希望参会领导以及专家、学者一如既往关心和支持德宏林业发展。

国家发改委农经司副司长吴晓松、国家林业局计财司副司长郝燕湘就做好木材战略储备生产基地规划工作提出要求：各地要认真总结经验，认真研究当前和今后一个时期面临的各种问题，从当地经济社会长远发展对木材及生态安全需求出发，统筹规划，突出重点，彰显特色，合理确定工程建设的内容和规模，并组织专家论证，增强规划编制的科学性和可操作性。在"规划"编制中，要处理好与其他林业重点工程、地方经济社会发展等规划的关系，在"规划"布局上，要与《全国林地保护利用规划纲要(2010~2020年)》相互配合衔接，避免重复建设。各省级林业主管部门要落实规划编制的经费，改善工作条件，保证编制人员的时间，保障规划编制工作的正常有序进行。

福建、云南等5省林业厅(局)速生办作了交流发言，参会代表分组讨论"规划"，对下步工作提出各自的建议和意见。

【全州发展核桃产业推进会在陇川县召开】 2011年8月23日，德宏州发展核桃产业现场推进会在陇川县召开。会议全面总结近几年来核桃产业发展的经验，分析全州发展核桃产业的有利条件和发展前景，安排部署今后核桃产业发展工作，进一步动员全州上下统一思想，提高认识，全力推进核桃产业持续、快速、健康发展。州委常委、州委政法委书记郭志德，州人民政府副州长板岩过及州直各相关部门领导，各县市(区)党委、政府分管领导和全州50个乡(镇)党委书记、分管副乡(镇)长及林业站负责人250余人到陇川县王子树乡核桃种植现场参观、学习。在陇川召开的核桃产业发展座谈会上，郭志德作重要指出：德宏州提出"六棵树一棵草"7个生物特色产业，是国家倡导发展的新兴生物产业，也是德宏州贯彻落实国家南向战略，建设桥头堡黄金口岸的重要举措和内容。核桃产业适合作为德宏州山区半山区新农村建设的重要支撑产业，是调整农村产业结构实现山区农村经济发展、农民增收、财政增长的一个有效途径。并要求：在推进核桃产业发展中，要健全机制，强化措施，充分发动群众，建立健全监管机制，完善产业发展服务体系，建立健全种苗监管、追溯机制和种植质量管理体系、抚育管理体系、检查验收和考核机制、激励奖惩机制；各县市要对现有的核桃品种及资源状况、适宜区和次适宜区进行全面的调查，摸清全州、全县、全乡的核桃资源和土地资源，促进种植区重点从次适宜区向最适宜区集中，逐步淘汰不适宜区及次适宜区的种植；林业、科技等部门要研究和推广作物间、套种技术，最大限度地节约土地资源；发挥优势资源，引进、推广优良品种和先进的栽培管理技术，努力提高核桃单产和品质，并注重引进和培育龙头企业；党政统筹、部门协调配合，建立工作联系制度和通报制度，整合资源，保障资金投入。把林业、扶贫、农业开发项目以及其他部门涉农项目进行有机整合，加大扶持力度抓好责任落实，责任要落实到县市、乡镇，到村、到户、到人，特别是乡镇一级，要把责任落实到每个干部身上，建立奖惩制度，推动工作健康、有序发展；全州各级各部门要始终坚持全州一盘棋、上下一条心，劲往一处使，坚定不移地抓好生物特色产业工作。

【全省林业第二十届老年人体育运动会在芒市举行】 2011年11月1至5日，由云南省林业厅主办，德宏州人民政府承办的全省林业系统第二十届老年人体育运动会"德林杯"在芒市举行。省林业厅党组成员、省森林防火指挥部专职副指挥长万勇，省林业厅巡视员赵克清、王德祥，中共德宏州委常委、宣传部长李燕兰，州人大常委会副主任杨红、州人民政府副州长板岩过，州政协副主席肖占先，州政府巡视员方绍南，省林业厅有关处室，州和芒市有关领导、退休老干部出席开幕式。本届运动会有省林业厅机关处室、州(市) 31个代表队600多人参加，是历届运动会中规模最大的一次。运动会设有中国象棋、太极拳、门球、地掷球、健身操、桥牌6个比赛项目。经过历时5天的激烈角逐，昆明市林业局获得中国象棋第一名；金沙江木材水运局获得三十二式太极拳(剑)团体第一名；云南省林业调查规划院获得门球第一名；云台山林业局获得地掷球第一名；黑白水林业局获得健身操(舞)第一名；云南省林业厅机关获得桥牌比赛第一名；金沙江木材水运局陈桂芝、万慧珍分获太极拳、太极剑个人第一名。有21支代表队、26人获得名次，10个单位分别获得优秀组织奖和体育道德风尚奖。

【"德宏州中低产林改造总体规划"通过省级评审】 2011年12月20日，德宏州林业局在芒市组织召开《德宏州中低产林改造总体规划(2010～2015)》评审会。州委、州人大、州政府、州政协、州检察院、州纪工委、州发改委、州财政局、州科技局及各县(市)林业局的领导和专家参加评审会。会议邀请省林业调查规划院、省林业技术推广总站、省林科院、中国林科院资源昆虫所、西南林业大学、州林业局科技站、州林检局、州林业局中心苗圃、瑞丽市林业局的11位专家组成评审专家组。专家组经过认真审查、质询与评议，同意该"规划"通过评审。

【集体林权制度主体改革】 截至2011年末，德宏州确权林地面积743.66万亩，确权率为98.66%，发证率为99.21%，确权到户率为98.43%，矛盾纠纷调处率为99.4%。森林资源采伐管理、林业产权流转、林业融资、森林保险、林农专业合作社建设等配套改革有推进。截止年底，全州流转林地4062宗，流转面积28.38万亩，涉及资金3175.53万元；抵押贷款1.8万亩，贷款金额2012.5万元。

【中低产林改造】 2011年，德宏州委、州政府下达中低产林改造任务60万亩(含省级下达10万亩)。年内，全州完成中低产林改造60.16万亩，完成年度改造任务的101.1％，超额完成州政府下达年度改造任务。按改造方式分为：采伐更新21.75万亩，补植补造6.99万亩，结构调整2.29万亩，封山育林2.45万亩，森林抚育18.03万亩，复壮改造3.4万亩，综合改造5.25万亩。

【特色林产业发展】 2011年，德宏州特色林产业建设任务为36万亩，其中竹子16万亩、核桃9万亩、油茶8万亩、坚果3万亩。全州通过森林采伐更新、中低产林改造、退耕还林、四旁种植等措施，大力发展竹子、油茶、坚果、核桃、乡土用材、林下资源等产业，完成特色林产业基地建设44.23万亩，完成任务的122.9%。其中：竹子19.34万亩，完成任务的120.9%，核桃9.71万亩，完成任务的107.9%，油茶9.83万亩，完成任务的122.8%，坚果5.35万亩，完成任务的178%。

【森林防火】 2011年，德宏州投入森林防火资金653.7万元，其中省级89万元，州级192.8万元，县(市)级309.44万元，其它投资62.46万元。全州森林防火有护林员3437人，建立有季节性扑火队7支175人，拥有季节性专业扑火队21支1035人，义务扑火队314支8564人。省州、县(市)森林防火资金足额到位，为森林防火工作的开展提供了有力的保障。全年全州发生森林火灾6起，其中一般森林火灾3次，较大森林火灾3次，占省下达控制指标的10%；火场总面积50.6公顷，受害森林面积9.81公顷，占省下达控制指标的1.2%；受害率为0.01‰，低于省下达控制指标0.99个千分点；火灾案件查处6起，查处率为100%，高于省下达控制指标20个百分点；林火当日扑灭率为100%，高于省下达控制指标2个百分点；核实卫星热点104个，其中农事用火78个，烧造林地16个，计划烧除2个，境外火2个，查无火6个。各项指标均在省下达控制指标之内，火灾次数、卫星热点和受害森林面积分别比上年下降76%、24%、88%，是近5年来取得的最好成绩，圆满完成州政府确定的森林防火目标和任务。

【造林绿化】 2011年，德宏州完成人工造林54.36万亩。按造林树种分：特色林产业基地建设44.23万亩，其它造林10.13万亩；义务植树130.54万株；准备种子375206公斤，有176个苗圃育苗4759亩，提供苗木9152万株。

【林木采伐】 2011年，云南省厅下达德宏州商品材采伐量233.39万立方米，全州实际完成采伐蓄积量159.2万立方米，其中商品材100.97万立方米、出材量75.94万立方米(人工商品材采伐量15.8万立方米、出材量11.17万立方米，天然林商品材采伐量85.25万立方米、出材量64.84万立方米)，非商品材采伐量58.23万立方米。实际采伐量占年采伐限额的68%。

【木材加工】 2011年，德宏州持有经依法审核合格和新审批的木材经营加工许可证有1021户，其中木材经营许可证225户(国内木材31户，边贸木材183户，边贸木炭5户，国内木炭3户，木制品3户)；木材加工许可证796户(民用材来料加工点157户，国内材加工206户，边贸材加工188户，竹材加工44户，木雕工艺品加工54户，木制成品家具加工98户，边贸木炭加工9户，国内木炭加工5户，国内材中密度纤维板加工1户，剩余物加工34户)。全年全州生产木材126.84万立方米，年初结存64.28万立方米，实际销售木材81.88万立方米；生产木地板条等木制品39.76万立方米，销售39.3万立方米；生产竹制品4385吨(年初库存670.5吨)，销售4902吨。现价工业总产值92629.76万元，产品销售收入87532.48万元，缴纳税金11985.12万元，利润总额16479.13万元。

【林地管理】 2011年，德宏州各级林业主管部门认真贯彻落实州委、州政府部署，积极依法、高效、按程序做好中缅油气管道项目(德宏段)、龙瑞高速公路(德宏段)、大瑞铁路等重点工程项目征占用林地、林木采伐审批相关的咨询、指导、服务工作，确保重点工程建设征占用林地审批手续在州委、州政府要求的时限内审批完毕，使重点工程建设依法依规、健康、有序进行，积极为地方经济发展服务。年内，上报省林业厅征用占用林地项目55个、征占用林地面积1086.8公顷，其中永久性征占用林地面积906.05公顷、临时占用林地面积180.76公顷。采伐林木蓄积47181.2立方米，预收森林植被恢复费6217.67万元，经省林业厅审核批准建设项目37个。

【木材运输及检查】 2011年，德宏州办理木材运输证140.6万立方米，其中办理国内木材运输证60.7万立方米(自产材30.3万立方米，再次运输30.4万立方米)，办理边贸木材运输证79.91万立方米

(含再次运输证)，办理剩余物运输证0.6万立方米，林产品运输10.72万吨。

【林政案件】 2011年，德宏州发生林政案件1284起，其中盗伐林木30起，滥伐林木132起，违法征占用林地40起，非法收购、运输木材989起，非法经营、加工木材88起，其它5起。查处林政案件1284起，查处率达100%，行政处罚1369人次，为国家挽回经济损失647.57万元。

【森林公安】 2011年，德宏州森林公安紧紧围绕保护森林资源和野生动植物安全，维护林区治安稳定中心工作，根据省林业厅、省森林公安局的统一部署和要求，先后组织开展"天目3号"扫毒行动、"春季攻势"、"亮剑行动"、区域性整治等专项整治工作，对林区内各类违法犯罪行为进行严厉打击，有力地震慑了违法犯罪分子，有效保护了生态资源，确保林区社会治安的持续稳定。全年全州森林公安出动车辆4366辆次，警力9000余人次；依法查处各类森林和野生动物案件1504，比上年多查处，283起，上升23.2%。其中：森林刑事案件95起，比上年少3起，降3.1%)，森林行政案件1382起，多查处288起，上升26.3%，野生动物刑事案件22起，多查处5起，上升29.4%，野生动物行政案件5起，少查处7起，下降58.3%；查处违法犯罪嫌疑人1560人，多查处278人，上升21.7%，其中刑事拘留56人，治安拘留1人，移送起诉22人，取保候审63人，逮捕17人，监视居住1人，林政处罚1420人，抓获网上追逃人员2名；依法查缴木材1694.78立方米，锯材27.896立方米，薪柴68.7吨，涉案活立木蓄积达20306.62立方米。累计为国家挽回经济损失686.8万元。

【林业有害生物防治检疫】 2011年，德宏州按照《森林法》、《森林病虫害防治条例》、《森林植物检疫条例》及相关法律法规，坚持"预防为主，科学防控，依法治理，促进健康"方针，积极开展林业有害生物综合防控工作，保障了全州森林"健康"。在巩固"利剑2008"、"利剑2009"、"利剑2010"专项行动成果的基础上，按照《德宏州"利剑2011"林业植物检疫联合执法专项行动方案》，由州林业局、州森林公安局和各县市森防站执法人员组成联合执法小组，于5月16至20日赴全州各县市(区)对30多家单位和个人进行专项检查。全年全州完成产地检疫苗木面积2883亩，种子2.325吨，花卉480万株；调运检疫种子141.5吨，苗木400.1318万株，木材41.3656万立方米，果品22913.33吨，花卉0.0421万株，药材18786.38吨；复检苗木0.9万株，木材2.7336万立方米；检疫率100%，收取检疫费167.0308万元。年内，编制《德宏州林地薇甘菊预防和综合治理项目可行性研究报告》和《德宏州林地薇甘菊预防和综合治理项目规划》，明确今后5年德宏州林地薇甘菊预防和综合治理工作目标、重点和内容。全年投入20.5万元经费用于41个林地薇甘菊预防和综合除治示范点项目建设。第一次除治工作全面完成，正在开展第二次除治。完成除治林地薇甘菊27363.7亩，其中人工除治12188.6亩，化学加人工除治14590.1亩，其它方法除治585亩。

全年全州主要林业有害生物发生面积为10.19万亩，其中病害3.24万亩、虫害6.83万亩、鼠害0.12万亩；防治面积为5.89万亩，发生率为0.93%，无公害防治率(同病虫) 83.17%，成灾率为0。全州无重大疫情发生。

【农村能源建设】 2011年，德宏州投入农村能源建设资金271.13万元，新建农村户用沼气池1680户，占州政府下达任务数的168.0%；农村改灶1737户，占州政府下达任务数的173.7%；推广农村太阳能热水器460台，完成年度建设目标。年内，新建设的农村能源项目可为农户年节约薪柴4326吨，相当于保护900多亩林地；可为农户年提供优质清洁能源约70多万立方米，相当于节约500多吨标煤；可为农户年节支增收约100多万元，农村受益人口达10000多人。积极推广沼液沼渣种植石斛、甜玉米、西瓜等农作物的综合利用技术，充分发挥农村能源在改善生态、保护环境和促进农民增收等方面的作用。

【退耕还林】 2011年，德宏州按照"巩固成果，确保质量，完善政策，稳步推进"的要求，围绕"生态建设产业化、产业发展生态化"的思路，开展退耕还林工作。年内，云南省下达德宏州退耕还林工程荒山荒地造林4.1万亩，封山育林3万亩，巩固退耕还林成果基本口粮田建设5100亩；农村能源建设(沼气池280户，节柴灶172户，太阳能460户)；种植业86300亩；养殖业(棚厩建设8400平方米，青贮窖建设2100立方米，饲料地建设3400亩)；技术技能培训6100人；补植补造2700亩。全年全州完成退耕还林工程荒山荒地造林4.1万亩，封山育林3万亩，巩固退耕还林成果基本口粮田建设5100亩；农村能源建设(沼气池280口，节柴灶172眼，太阳能460户)；种植业86300亩；养殖业(棚厩建设8400m2，青贮窖建设2100立方米，饲料地建设3400亩)；技术技能培训6100人；补植补造2700亩。退耕还林工程任务完成率达100%。

年内，云南省下达德宏州退耕还林资金6353.21万元，其中退耕还林补助资金4631.59万元(种苗补助1030万元，生活补助费222.42万元，粮食折现补助2335.7万元，粮食调运费333.67万元，第二轮退耕还林补助资金709.8万元)；巩固退耕还林成果专项资金1721.62万元。全州兑现退耕还林补助资金4608.4万元，兑现率99.5%，其中种苗补助1030万元，生活补助费221.8366万元，粮食折现补助2329.5293万元，粮食调运费332.7899万元，第二轮退耕还林补助资金694.25万元，未兑现部分按照退耕还林政策待完成补植补造，经县级检查验收合格后再及时足额兑现给退耕农户；完成巩固退耕还林成果专项资金投资1721.62万元，完成率100%。

【德宏州退耕地还林生态林通过国家验收】 2011年，国家林业局退耕还林工程重点核查验收组对德宏州2003年实施的退耕地还林生态林63413.7亩进行核查验收。验收组抽查德宏州5个县市(区)，21个乡镇，1207个造林小班，32314.5亩退耕地还林进行核查验收。经核查验收，全州面积保存率达100%，面积保存合格率均达100%，达到了国家核查验收各项标准，顺利通过国家验收，为德宏州争取第二轮补助资金提供了科学依据。

【林业科技】 2011年，德宏州林业局紧紧围绕“科技兴州、科技兴林”这一主题，以“满足需求，突出重点，立足当前，讲求实用，考虑长远，提升素质”为原则，重点围绕“六棵树、一棵草”特色产业、木本油料产业建设、中低产林改造、病虫害防治等技术开展基础研究和科技推广。全年全州建设各类林业产业样板基地7500亩，良种繁育基地756亩。其中：竹子示范样板基地2500亩，油茶样板基地3000亩，核桃样板基地1000亩，坚果样板基地1000亩，油茶、坚果采穗圃建设756亩。指导实施中低产油茶园改造200亩，完成440万株西南桦良种苗木和17万余株的旱冬瓜、西南桦轻基质网袋苗的培育。同时，完成150亩旱冬瓜、西南桦轻基质网袋苗造林试验。开展萝芙木、西南桦、高阿丁枫等乡土树种的苗木繁育工作，完成《德宏州10年建成百万亩西南桦人工林》、《澳洲坚果快繁技术研究》、《德宏州轻型基质网袋容器育苗技术研究》3个科技成果的验收、申报工作，与西南林业大学共同完成德宏州竹资源调查工作，全面摸清德宏州竹子的面积、属种、蓄积。

【林业宣传】 2011年，德宏州林业宣传工作紧紧围绕实现林业“兴林富民强州”目标，突出林产业发展、森林防火、林业科技、林业有害生物防治等工作，广泛开展宣传活动，营造全社会参与发展林业的氛围。积极组织参加德宏州2011年科技、文化、卫生“三下乡”、云南省2011年科技活动周等宣传活动。组织拍摄《“四棵树”栽培技术片》、《德宏州林地薇甘菊防控技术专题片》、《森林防火宣传片》等，并翻译成少数民族语言，在德宏电视台、德宏人民广播电台滚动播出。同时，制作成光碟发放给各县市林业局及广大林农，营造全社会发展林业、建设林业的舆论氛围。全年发放森林防火通知书21万份、张贴防火标语1.1万条/块，广播电视宣传1316场次，播发防火警示短信40余万条，会议宣传1367次，设立标牌6196块，发放扑救安全手册13300册、台历5530册、通告1201份，张贴戒严令1万份、防火条例150份，发放灭火知识读本2590本。通过网站、简报、报刊等媒体刊发林业宣传信息1000余篇(条)，其中编写林业简报87期，德宏团结报刊载500多条，专题(访)3个，云南科技报刊载20条，孔雀之乡网林业信息网、森林防火网、林业科技网、林业厅网站发布1000多条，德宏电视台(民语台)播出林业新闻200多条。编辑出版《德宏林业》会刊1000册。

【表彰先进】 2011年，德宏州林业局荣获中共德宏州委、德宏州人民政府综治维稳工作一等奖，钱强获个人二等奖；获云南省林业系统第20届老年人运动会“德林杯”优秀组织奖；获德宏州人民政府“十一五”农业综合开发先进单位；获德宏州人民政府“十一五”退耕还林工作先进单位；获德宏州依法治州和法制宣传教育工作2006至2010年全州“五五”普法和“三五”依法治州先进集体。全州森林公安有2个集体受到嘉奖(州森林公安局3·10抗震救灾先进集体、林区禁毒先进集体)；董建川局长被云南省公安厅授予云南省第二届“百姓最喜爱的十大人民警察”提名奖、国家禁毒委员会评为“年度全国禁毒堵源截流工作先进个人”，被国家人力资源和社会保障部、公安部授予“全国特级优秀人民警察”荣誉称号。德宏州林业局获全省林业信息考核三等奖。

【德宏州申报第七批省级龙头企业被认定】 2011年，德宏州申报第七批林业产业省级龙头企业(盈江县林立油茶有限责任公司、梁河县三禾林业有限公司和陇川县雅森特木业有限责任公司)经云南省林业产业省级龙头企业认定评价专家组按照《云南省林业产业省级龙头企业认定和管理办法》的程序，进行实地考察和初步评估，并通过省林业厅复核，认定为云南省林业产业第七批省级龙头企业。为此，德宏州涉林企业已有云南省林业产业省级龙头企业8家。

(《林业》撰稿 赵俊峰)

水 利 水 文

水 利

【概 述】 2011年，德宏州水利建设和管理工作任务极为繁重，在建和新建水利工程项目多、投资大，特别是盈江“3·10”地震灾后恢复重建时间紧、任务重、要求高，但水利专业技术人员却严重不足。面对严峻挑战和繁重任务，全州水利部门以中央一号文件的颁布为契机，深入贯彻落实省委省政府关于加快实施“兴水强滇”战略决定，坚持政府主导、民生优先、统筹兼顾、人水和谐、改革创新的基本原则，围绕兴农田水利强农业基础、治江河湖库防洪旱灾害、优水源配置保供水安全、严管理制度促合理利用等工作重点，以改革创新为动力，以强化管理为基础，以加大投入为保障，圆满完成年初确定的各项目标任务。据统计，全年全州实际完成水利水电投资11.33亿元，其中水利投资3.29亿元(基建2.04亿元，农水1.25亿元)，水电投资8.04亿元；新增有效灌溉面积7.005万亩，解决农村饮水不安全人口4.02万人，治理水土流失面积41.3平方公里，改造中低产田0.53万亩，完成干支渠防渗72.7公里，新增节水灌溉面积4.635万亩，建成1.006万件“五小水利”工程，新增农村水电装机容量9.08万千瓦，征收水资源费7387万元，完成蓄水量2.08亿立方米，圆满完成省、州下达的各项指标任务。

一、全力以赴，做好盈江“3·10”地震抗震救灾工作。2011年3月10日，盈江县发生5.8级地震，震源深度仅10公里，全州水利基础设施破坏严重，造成直接经济损失2.1019亿元。盈江“3·10”地震灾后水利设施除险加固和盈江“3·10”地震灾后水利设施应急除险加固通过水利部的批复，并建设完工，为震损工程安全度汛奠定了坚实的基础。

二、切实做好防汛抗旱工作。为全面扎实地做好防汛抗洪工作，努力夺取防汛抗洪工作的胜利，州县市党委政府和各级防汛部门，坚定不移地贯彻以人为本的科学发展观，认真落实国家和省关于防汛的一系列重要指示精神，立足防大汛、抗大洪、抢大险，早布置、早检查、早准备、早落实，迅速组织开展汛前安全大检查。认真抓好以行政首长负责制为核心的各项防汛责任制的落实，认真抓好江河治理工程建设和水毁工程修复，建立健全防汛预案体系，积极组建防汛抢险队伍和储备防汛抢险物资。汛期切实抓好水库安全度汛工作，全力做好防汛抢险救灾工作。在州县市党委、政府的领导下，超前部署、正确指挥，有关部门密切配合、通力协作，广大军民顽强拼搏、团结奋战，确保重要堤防无一决口、中小型水库无一垮坝，确保人民群众生命安全和供水安全，努力减少洪涝灾害损失，为实现粮食连续增产做出重要贡献，为经济社会平稳较快发展提供有力的水利保障。

三、加快推进重点水源工程建设。加快推进陇川麻栗坝大(二)型水库、盈江县回龙河中型水库、瑞丽市芒林中型水库、陇川县弄回小(一)型水库、畹町红石河小(一)型水库、梁河县丛岗小(一)型水库、芒市清塘河中型水库及瑞丽市帕色河小(一)型水库等重点水源工程建设步伐。至年末，重点水源工程建设累计完成投资95114.7万元，本年完成投资8946万元。

四、加快推进病险水库除险加固步伐。全年全州开工建设小型病险水库除险加固工程20座，到位资金6192万元，完成投资6192万元，其中小(一)型11座，到位资金4332万元，完成投资4332万元；小(二)型9座(重点7座，一般2座)，到位资金1860万元，完成投资1860万元。主体工程已全部完工。

五、加快推进界河和中小河流治理进度。年内，全州对2条中小河流(芒市大河芒市坝段、陇川县南宛河陇川坝子段)、3条界河(章凤口岸南宛河、盈江那邦通道界河、芒市勐古河)进行治理，累计完成投资9902.5万元，本年完成7007.5万元；新建河堤19808米，护岸13424米，加固河堤22773米，跨河建筑物22座。芒市大河芒市坝段治理工程(一期)总投资2985万元，其中中央财政专项补助资金2224万元，省级补助571万元，地方配套190万元。中央和省级资金已到位，县级配套资金880万元，已完成投资3675万元，新建河堤13802米，护岸5310米，加固河堤3083米。陇川县南宛河陇川坝子段治理工程总投资2973.73万元，其中中央财政专项补助资金2379.00万元，省级补助435.00万元，地方配套160.00万元。中央资金和省级资金已到位，县级自筹资金40万元。工程于2月25日开工建设，已完成投资2379万元。章凤口岸南宛河界河治理工程计划总投资4780万元，到位资金1250万元，完成投资1250万元。盈江那邦通道界河治理工程计划总投资2946万元，到位资金1875万元，完成投资1513.5万元。芒市勐古河芒海通道界河整治工程计划总投资2967万元，到位资金750万元，完成投资750万元。

六、加快推进农田水利、农村饮水安全、节水灌溉工程建设。坚持从群众要求最迫切的问题入手，切实加强领导，选准建设项目，积极组织、发动、宣传群众参与农田水利基本建设，引导农民群众大搞面上的工程岁修、水毁修复、农村人畜饮水工程等，持续掀起群众性的冬春农田水利基本建设高潮。为进一步改善农民群众生活条件，进一步明确目标任务，强化工作措施，积极争取国家和省的支持，多渠道筹集建设资金，继续加快农村人饮的建设步伐。全年农村饮水安全工程完成投资1980万元，新建成集中供水工程115件，新增受益人口5.02万人。实施陇川县、梁河县、芒市中央财政小型农田水利工程重点县项目和瑞丽市专项县项目，完成投资5600万元，改造渠道长度138千米，新增和改善灌溉面积4.29万亩。盈江大型灌区续建配套项目本年完成，2010年度投资593万元(2011年末下达投资计划)，渠道防渗衬砌17.99千米，改善灌溉面积5.1万亩。年内计划实施12件干支渠防渗工程，总投资5556万元，已到位省级资金1680万元，并已开工建设。坚持巩固坝区，加强山区的原则，实行“民办公助”，抓好山区“五小水利”建设，引导农民群众积极兴建小型蓄水、引水等水源设施和灌溉设施，建成10060件“五小水利”工程。

七、加快推进水土保持工程。全年全州完成治理水土流失面积41.35平方公里，其中基本农田198公顷，种植水土保持林2014.5公顷、经济林957公顷，封禁治理710公顷，建成以谷坊为主小型水土保持工程8座，共开挖土石方61.43万立方米，投工36万个，完成投资2076万元(其中中央762万元，地方1046万元，群众自筹268万元)。水土流失治理工作取得明显成效，全年全州审查通过开发建设项目水土保持方案78个，其中州级审批15个，县级审批63个，州级开发建设项目审批率达100%，完成11项开发建设项目的水土保持设施专项验收工作。全州征收水土保持设施补偿10.96万元。

八、加快推进农村水电工程。全年全州有8座(含技改2座)水电站建成投产发电，新增装机容量9.08万千瓦。截至年底，全州建成投产水电站130座，总装机容量266.27万千瓦；在建水电站24座，总装机容量53.9万千瓦。小水电代燃料项目陇川县南宛河二级电站已完成投资3928万元；梁河县勐蚌代燃料项目已进行省级预审；芒市、梁河县、盈江县、陇川县“十二五”水电新农村电气化县建设项目陆续开工建设。

九、加强行业自身建设，水利服务能力进一步增强。年内，州水利局多措并举，切实加强行业自身建设，取得明显成效。一是继续加大职工教育力度，在加强机关政治学习，抓好干部在线学习，组织参加各级各类业务培训，参加公务员考试和各类知识竞赛活动。组织开展“创先争优”和“四亮四创四评”主题实践活动等，达到预期目的。二是加强党的基层组织建设，努力创建学习型党组织，严格党的组织生活，加强对党员的教育和管理，州水利局党总支被州直机关工委授予基层党建工作示范点。三是认真落实党风廉政建设责任制，建立和完善各项规章制度，严格整顿机关作风。年内，州水利局被州纪委确定为廉政文化进机关示范单位。通过开展廉政文化进机关、进家庭活动，单位风清气正，全州水利系统没有人受到党纪、政纪处分。四是认真落实责任政府、阳光政府、效能政府四项制度，提高机关工作效能。实行领导班子挂钩联系指导县市工作制度，更加贴近民生，更多服务基层，更好服务经济社会发展全局。五是加大行业宣传力度，进一步规范信息工作，加大信息报送力度，与德宏团结报等4家新闻媒体签订宣传协议。通过报刊、电视专题宣传报道，政府信息网站信息公开、组织开展知识竞赛、印发简报、上街进行水法宣传等多种形式，加强对外宣传工作。六是关爱职工办实事，增强职工队伍的凝聚力。

【抗震救灾保水库】 2011年3月10日，盈江县发生5.8级地震，震源深度仅10公里，全州水利基础设施破坏严重。全州水利防汛工程设施震损情况为：水库5座，塘坝1座，江河堤防178处长40.602公里；水源设施106处，供水管道243.9公里，影响人口5.8万人；灌排建筑物26座，渠道长度40.4公里，影响灌溉面积7.4万亩；水文测站3个、站房660平方米；水保工程2处；损坏其他水利设施74处。地震造成水利设施直接经济损失2.1019亿元。盈江“3·10”地震发生后，在水利部和省水利厅的指导下，抓紧编制完成《云南盈江“3·10”地震灾后水利设施除险加固实施方案》和《云南盈江“3·10”地震灾后水利设施应急除险加固实施方案》。2个方案通过水利部的批复，审定工程概算总投资2.2062亿元，其中大盈江震损堤防应急除险加固工程，批准建设内容为除险加固堤防19.2公里，批准投资2405.46万元。参建各方克服建设时间紧、任务重等诸多困难，工程于2011年3月21日开工建设，2011年5月20日完工。大盈江盈江段震损堤防应急除险加固工程建设达到了预期目标，堤防质量标准达到或超过震损之前的水平，为震损工程安全度汛奠定了坚实的基础。

【麻栗坝水库建设】 截至2011年底，麻栗坝水库累计完成投资57197万元，年内完成2509万元。水库枢纽工程已完工，灌溉干渠工程正在紧张施工。麻栗坝水库位于陇川县境内，伊洛瓦底江水系瑞丽江一级支流南宛河上游，是一座以灌溉、防洪为主，兼有发电、旅游等综合利用的大(2)型水利枢纽工程。工程于2003年9月开工建设，水库坝址以上流域面积294km2，多年平均降水量为1944mm，多年平均径流量3.69亿m3，水库设计总库容10665万m3，设计坝高37.6m，设计坝顶高程1000.6m，坝轴线总长1172m，批准总投资为54672万元。整个工程由枢纽部分和灌渠部分组成，其中枢纽工程主要建筑物有拦河坝、溢洪道、西低隧洞、西高涵、坝后电站；灌渠工程则由西高干渠、西低干渠、东干渠组成，总长112.66km。水库建成蓄水后通过三条灌渠自流取水，可控制灌溉陇川坝子22.68万亩耕地，同时堤库结合可将下游河道的防洪标准由不足2年一遇提高到10～20年一遇。坝后电站装机2×1500kw，年发电量1200万 kw.h。

【瑞丽市芒林水库建设】 截至2011年底，瑞丽市芒林中型水库工程已基本完工，并下闸蓄水。该水库累计完成投资18973万元，本年完成5671万元。瑞丽市芒林中型水库位于瑞丽市西北部南宛河支流南惹河上游，距瑞丽市区36公里，是一座以灌溉为主、兼顾集镇及乡村人畜供水综合利用的中型水库。水库控制径流面积46.3平方公里，总库容2238.9万立方米，兴利库容1324.5万立方米，设计洪水位785.28米，校核洪水位785.95米，正常蓄水位783.85米，设计灌溉面积4.76万亩。水库主要建筑物由拦河坝、溢洪道、导流输水隧洞等组成。拦河坝为均质坝，最大坝高27.5米，坝顶长度154米；批准初步设计概算总投资18973.9万元，工期为3年。该工程于2008年11月1日举行开工典礼，11月6日开工建设。

【盈江县回龙河水库工程建设】 截至2011年底，盈江县回龙河水库工程已基本完工，并下闸蓄水，正在做竣工验收的相关准备工作。该工程累计完成投资13427万元，本年完成125万元。回龙河水库位于盈江县西南回龙河回龙寨附近，是一座以灌溉为主、兼有养殖和防洪等综合效益的中型水库。经批准水库总库容1478.20万立方米，兴利库容1219.40万立方米，调洪库容353.50万立方米，设计灌溉面积5.4万亩。水库主要建筑物由主坝、副坝、导流输水隧洞、溢洪道和灌渠组成。主坝坝高49米，坝轴线长183米，坝顶宽6米；副坝坝高5米，坝轴线长40米；坝顶高程1756.10米。工程于2007年9月10日开工建设，批准初步设计概算总投资13427万元，工期为3年。

【畹町红石河水库工程】 截至2011年底，畹町红石河水库累计完成投资1592.7万元，本年完成494万元，计划2012年6月前全部完工。畹町红石河水库位于瑞丽市畹町经济开发区芒棒村委会芒另村，是一座以灌溉为主、兼顾城镇供水备用水源的小(一)型水库。经批准水库总库容111.1万立方米，兴利库容91.02万立方米，死库容6.68万立方米，设计灌溉面积0.25万亩。水库主要建筑物由拦河大坝、导流输水隧洞、溢洪道和灌渠组成。大坝坝高39.58米，坝轴线长190.5米，坝顶宽5米。工程于2008年11月13日开工建设，批准初步设计概算总投资2169万元。

【梁河县丛岗水库工程建设】 截至2011年底，梁河县丛岗水库已完成投资325万元，本年完成65万元，计划于2012年6月前完成大部分主体工程建设任务。丛岗水库位于梁河县西部勐连河中段，是一座以灌溉为主，兼顾城市供水备用水源的小(一)型水库。丛岗水库总库容165.78万立方米，估算总投资2696.54万元。工程于2010年3月开工建设。

【芒市清塘河水库工程】 2011年，芒市清塘河水库可研报告已通过省发改委审批，初步设计通过省水利厅审批，正在实施三通一平及导流输水隧洞工程，完成投资1000万元。该水库位于芒市勐戛镇北面5公里处，设计总库容1202.3万立方米，工程规模为Ⅲ等中型水利工程，主要功能为乡村供水和农业灌溉。芒市清塘河水库工程概算总投资22074.15万元，已到位资金3800万元，其中省级资金3000万元，市级配套资金800万元。

【瑞丽市帕色河水库工程】 2011年，瑞丽市帕色河水库正在实施输电线路、三通一平及导流输水隧洞工程，完成投资1500万元。该水库设计总库容395.2万立方米、兴利库容306.2万立方米、死库容33.32万立方米。瑞丽市帕色河水库工程概算总投资5710万元，已到位资金2000万元，其中省级资金1500万元，市级配套500万元。

【芒市大河芒市坝段治理工程】 截至2011年底，芒市大河芒市坝段治理工程(一期)完成投资3675万元，本年完成3530万元。芒市大河芒市坝段治理工程(一期)总投资2985万元，其中中央财政专项补助资金2224万元，省级补助571万元，地方配套190万元。中央和省级资金已到位，县级配套880万元。本次治理段范围自拉怀至弄门取水坝上游130米处，全长11千米。防洪标准十年一遇，新建河堤13802米，护岸5130米，加固河堤3038米，跨河建筑物8座，保护人口1.8万人，有效保护农田面积4.5万亩。工程于2010年5月8日开工，至新建河堤13802米，护岸5310米，加固河堤3083米。

【陇川县南宛河陇川坝子段治理工程】 2011年11月15日，陇川县南宛河陇川坝子段治理工程开工建设，至年底完成投资2379万元。该工程总投资2973.73万元，其中中央财政专项补助资金2379.00万元，省级补助435.00万元，地方配套160.00万元。中央资金和省级资金已到位，县级自筹40万元。工程计划治理河段长度9.38千米，防洪标准十年一遇，保护农田面积6.01万亩，保护人口3.56万人。计划新建、加高及培厚堤防23.135千米，其中干流堤防18.78千米，支流堤防4.355千米，钢筋石笼护岸0.72千米，钢筋石笼护脚及干砌石护坡7.41千米。布置导流坝15道和顺坝1道。

【召开德宏州重点水利工程推进会议】 2011年8月2日，德宏州水利局为全面加快全州续建和新建重点水利工程建设进度，确保完成年度目标任务，在芒市召开全州重点水利工程推进会。州及各县、市(区)水利局领导班子成员，州水利局机关各科室、州水利电力勘察设计院副科以上干部40人参加了会议。会议由州水利局局长何立洪主持。各县、市(区)水利局分别汇报续建和新建的水源工程建设、病险水库除险加固、中小河流治理、小型农田水利重点县建设、农村饮水安全、盈江3·10地震灾后水利设施恢复重建、小水电代燃料等重点水利工程建设工作进度，分析目前存在的困难和问题，提出下半年工作计划。州水利局各相关科室负责人就相关工作提出具体指导意见，州水利局党组书记胡琦龙、副局长周云生分别就推进全州重点水利工程建设作具体要求。州农林水纪工委书记喉留兴到会进行指导，州水利局局长何立洪最后作总结讲话。会议要求：各县、市(区)水利局切实加强领导，强化责任，狠抓落实，全面打好重点水利工程建设攻坚战，千方百计确保年内新建、续建项目10月底以前完成前期准备工作，并大部分项目开工建设，确保按时、按质、按量完成各项建设任务。会议强调：各县、市(区)水利局要对年内实施的重点水利工程和重点环节进行梳理，拿出切实可行的具体措施，精心组织实施，全面推进重点水利工程建设工作进度；要尽快向县、市人民政府领导作专题汇报，争取县、市人民政府的全力支持；要把盈江“3·10”地震灾后恢复重建工作作为年内水利工作的重中之重加以落实；要树立抓前期工作就是抓水利发展的理念，一手抓在建重点水利工程建设项目，一手抓前期工作，在全面完成全年目标任务的同时，为明年水利建设打下坚实的基础。会议决定：州水利局将适时对重点水利工程推进情况进行督促检查，督查情况在全州范围内进行通报。会议就水利普查，农村小型水利工程管理体制改革、防汛工作、库塘蓄水、小水电代燃料、水行政执法、水利职工队伍建设等作了具体安排部署。当前，全州重点水利工程建设时间紧、任务重、要求高，会议号召全州水利职工迅速行动起来，以更加坚定的信心、务实的作风、饱满的热情做好各项工作，全面掀起新一轮水利建设新高潮。

【召开全州河道采砂管理暨重点水利工程推进会】 2011年9月6日上午，德宏州河道采砂管理暨重点水利工程推进工作会议在瑞丽市召开。州河道采砂清理整治领导小组成员单位负责人、各县市政府(畹町管委)主要领导和分管水利工作的领导、各县市(畹町)水利局长、分管水政工作的副局长、州水利局科以上干部参加了会议。会议由州水利局党组书记胡琦龙主持，州水利局何立洪局长传达省委、省政府关于加快实施“兴水强滇“战略决定的主要精神，并通报全州重点水利工程推进情况，州人民政府板岩过副州长作重要讲话。板副州长强调：要认清形势，充分认识河道采砂清理整治的重要性和紧迫性，认真贯彻落实中央一号文件和省委八届十次全会、州委五届十三次全会精神，按照“统一领导、统一规划、统一管理”的目标，进一步整治规范全州河道采砂工作，坚决取缔非法采砂。会后，各县市、各部门要迅速行动，精心组织进行查处。在准确掌握非法采砂活动规律的基础上，制定切实可行的实施方案，集中时间，集中力量，采取果断措施，依法予以打击。大力整顿违规采砂，对已审批的采砂户要加强监管，对到期不符合开采条件的要停止续批，对拒不整改的要依法处理。全力查处非法转让土地，做到查处一批，制止一批，教育一批。切实加强对基层党员干部群众的法制教育，引导广大党员干部群众懂法守法，积极主动地配合支持采砂整治工作。建立健全长效管理机制，在全面整治的同时，研究制定切实可行的长效管理制度，确保合法采砂、有序采砂。要在州委、州政府的统一领导下，积极主动，强化措施，合力攻坚，加大水法律法规宣传力度，层层落实责任，强化打击手段，加强督查督办，强势推进河道非法采砂整治工作，共同把这场战役打好，打出成效。要切实增强加快推进重点水利工程建设的紧迫感和责任感，采取有效措施加快重点水利项目建设进度。各县市要立即行动起来，全面深入了解掌握各自重点水利项目的建设进展情况，对项目前期工作、建设进展和完成时间要有明确的时限要求。对于建设进度慢的市县，州政府将派出监查组进行专项督查指导。不能如期开工和建设进度严重滞后的项目，要挂牌督办、提出时限、责任到人。要利用汛期尚未结束的时间，抓紧项目招投标和开工准备工作，具备开工条件后，迅即开工建设。要切实抓好当前几项重点工作。一是加大中小河流治理建设力度；二是加快病险水库除险加固进度；三是加强协调，狠抓水利项目前期工作关键环节；四是确保完成年度农村饮水安全工程任务；五是加快推进盈江“3·10”地震灾后恢复重建工作。

州水利局何立洪局长在通报水利工程推进情况时强调，全州各县市要千方百计加快新开工项目前期工作。加强对项目前期工作的组织领导，把抓好年内新开工项目前期工作作为各项工作的重中之重，一件一件地明确专职人员，细化责任分工，抓实前期工作。加大经费投入，保证工作需要。省级将进一步加强前期经费投入，各县市也要加大财政资金对前期工作经费的支持，确保近期开工项目的工作经费，积极筹集明年开工项目前期经费。认真制定前期工作进度计划，有序开展工作。加强部门协调沟通，提高专项审批时效。强化措施，全力做好水利项目特别是新开工项目的各项工作，全力加快计划新开工项目建设进度。切实加强建设管理工作，在加快工程建设过程中，严格执行水利基本建设程序，认真落实项目法人制、招标投标制、建设监理制“三项制度”，进一步提高管理能力，积极探索建设管理新模式，加强资金管理，确保工程进度、质量和效益的统一。州水利局党组书记胡琦龙要求全州各县市，全面贯彻中央和省委、省政府关于加快转变经济发展方式的决策部署，建立健全领导责任制和目标责任制，抓紧出台相关文件，落实各项政策措施，全面排查水利工程建设领域存在的突出问题，加强水利工程的质量监管，督促项目实施单位规范建设管理，确保中央一号文件和省委、省政府关于加快实施“兴水强滇”战略决定不折不扣地落到实处，保证水利工程建设的资金安全工程安全、生产安全、干部安全。会上，州农发行金珞德行长就农发行如何支持水利建设作了发言。瑞丽市作了交流发言，其他县市政府(畹町管委)作表态发言。

【召开冬春水利建设现场暨中小水利建设会】 2011年12月7日，德宏州冬春农田水利基本建设现场暨山区中小水利建设工作会议在瑞丽召开。州政府和州水利局、州发改委、州财政局等相关州直部门、州水利局各科室以及各县市区政府分管领导、水利局及相关部门负责人参加了会议。德宏州政府板岩过副州长出席会议并作题为《抓住机遇加大投入 强化措施 全面掀起农田水利基本建设新高潮》的讲话，州水利局何立洪局长主持会议，并作了总结发言。板岩过副州长在讲话中充分肯定全州冬春农田水利基本建设取得的成绩，分析今冬明春农田水利基本建设和山区中小水利建设存在的困难和问题。强调，全州各级相关部门一定要深刻认识当前农田水利基本建设和山区中小水利建设的重要性和紧迫性，切实增强责任感和使命感，牢牢把握国家强农惠农富农政策持续加大的重要机遇，紧紧抓住国家加大中西部地区水利等基础设施投入的有利条件，乘势而上地大兴农田水利建设。州水利局何立洪局长指出，各县市要认真研究辖区冬春农田水利基本建设和山区中小水利发展中的薄弱环节、主攻方向、工作重点，进一步理清工作思路、细化工作目标、强化工作措施，做到在认识上高度统一、在落实上不折不扣，切实把冬春农田水利基本建设及山区中小水利工作作为推进“兴水强滇”战略实施的一项重要内容，把年内冬春农田水利建设及山区中小水利建设工作安排好、组织好、实施好，把支持冬春农田水利建设及山区中小水利建设作为落实省委、省政府“兴水强滇”及州委、州政府“兴水强州”战略的具体任务、重点工作，确保冬春农田水利基本建设及山区中小水利建设项目推进顺利、早见成效、圆满完成任务。

会议期间，参会人员参观考察了瑞丽市勐秀乡帮孔坝柠檬高效节水灌溉示范基地现场、弄岛镇冬春修建设现场，观看了全省农田水利建设成就专题片。

【国家民委水利部调研组到德宏调研】 2011年11月17至19日，以水利部机关党委副巡视员浦晓津为组长的国家民委、水利部调研组到德宏，调研扶持人口较少民族农村饮水安全和水利基础设施发展情况。浦晓津一行在省水利厅以及州水利局、州民宗局领导的陪同下，先后到芒市江东乡高埂田阿昌族村寨和陇川县景罕镇汤掌村景颇族村寨、木瓜寨景颇族搬迁点以及麻栗坝水库灌区，详细了解阿昌族和景颇族的饮水工程、农田水利、灌溉结构、产业结构。同时，调研组对德宏州扶持人口较少民族发展和“十一五”期间民生水利投入做了分析，并提出宝贵的意见。

德宏州人口较少民族主要有德昂族、阿昌族和景颇族，总人口17.91万人，占全州总人口的26.2%。其中：德昂族1.43万人、阿昌族3.04万人、景颇族13.44万人。“十一五”期间，在中央和省的大力支持下，投入1.26亿元，为全州人口较少民族地区建设了562件民生水利工程，很大程度改善了水利基础设施，对人口较少民族村寨的农业发展、生产生活和经济发展意义重大。其中：农村饮水安全投入3120万元，建成集中供水工程235件，解决了景颇族、德昂族、阿昌族3个人口较少民族6.15万人的饮水安全问题。

在“十二五”期间，德宏州人口较少民族村寨的水利发展总体布局将继续坚持统筹规划，全面发展的思路，继续为人口较少民族村寨投入建设民生水利工程。德宏州水利发展“十二五”规划充分考虑了德宏州人口较少民族的水利现状，特别是在农村饮水安全方面与德宏州扶持人口较少民族“十二五”发展规划紧密衔接。德宏将认真贯彻落实“中央1号文件”、中央水利工作会议精神和省委、省政府“兴水强滇”战略决定，健全农田水利建设新机制，继续加强基本农田建设，加快解决农村饮水安全问题，加强小型水利工程建设，推进大、中型灌区配套与节水改造，加强水源工程建设，为德宏州经济社会发展、全州人口较少民族水利发展做出更大的贡献。

【举办首届“水利杯”职工篮球赛】 2011年11月18至22日，德宏州水利局为促进全州广大水利职工之间的相互了解和沟通，增强水利工作者间的凝聚力、向心力，弘扬水利工作者创先争优的精神，正面宣传水利形象，在芒市体育运动中心举办德宏州水利系统首届“水利杯”职工篮球比赛。州水利局、麻栗坝水库管理局、州水文水资源局、各县(市)及畹町开发区水利局男女共15支队伍参加了比赛。州人民政府板岩过副州长、州政协肖占先副主席等相关领导出席了开幕式和闭幕式。比赛中，各队运动健儿坚持安全第一的原则，发扬团队合作和“友谊第一，比赛第二”的精神，借助良好的运动氛围努力拼搏、不断进取、超越自我，体现了“更快、更高、更强”的运动精神，展示水利人“与时俱进、团结协作、开拓进取”的精神风貌及“献身、负责、求实”的水利行业精神。通过这次比赛，不仅活跃了各单位的活动氛围，提高了集体凝聚力，培养了同事之间的相互协作、团结一致的精神，达到让职工积极锻炼身体的目的。

【水利项目储备】 2011年，德宏州水利局进一步加强水利项目前期和项目储备工作。4月9日德宏州人民政府召开水利项目前期工作会议，9月6日召开河道采砂管理暨重点水利工程推进工作会议，州水利局也先后召开重点水利工程推进会议和加快水利项目前期工作座谈会。会议就如何加快水利项目前期工作作了安排部署，强调要进一步加大前期工作经费投入力度，做好项目储备，多争取项目，组织实施好项目。据统计，全州投入水利前期工作经费1336多万元，其中芒市500万元，畹町21万元，瑞丽205万元，陇川160万元，盈江250万元，梁河200万元。完成芒市清塘河水库、瑞丽市帕色河水库前期工作；梁河县箐头河和小河头水库可研报告已通过州发改委审查待批；盈江县长地方水库正在开展前期工作；江河治理和近3年建设的中小河流治理项目已委托设计单位开展前期勘察设计工作；编制完成瑞丽、盈江、梁河3县市山洪灾害县级非工程措施实施方案，并获省级审查通过；11座小(一)型、7座中央重点小(二)型和省级重点2座小(二)型水库除险加固工程已完成初步设计，并开工建设，其余13座小(二)型水库除险加固工程已完成初步设计待省复核；龙江水利枢纽综合利用工程已完成可研报告报省待批；麻栗坝大型灌区已委托设计单位开展灌区规划报告编制工作。

【创新水利发展体制】 2011年，德宏州水利局与时俱进，不断强化水利工程建设和管理体制改革。一是坚持科学规划，抓好前期工作，严把项目审批关，规范工程项目审批和投资计划安排。二是健全工程建设机制，严格按水利基本建设程序办事，全面落实和完善项目法人责任制、招标投标制、建设监理制和合同管理制。三是严格标准，保证工程建设质量，建立健全工程建设质量保证体系，保障工程安全、资金安全、生产安全、干部安全。小型农田水利工程管理体制改革取得新的突破，全州各县市按时完成改革工作任务，并通过州级验收。继续加大农民用水户协会组织的培育和推广力度，全州已经建立515个农民用水户协会。水利工程管理体制改革稳步推进，为全州水利事业发展注入新的活力。

州人民政府与州农发行就加大水利建设中长期贷款进行协调，并形成初步意见。“十二五”期间，德宏州水利建设计划贷款申请项目80件，总投资480427.5万元，申请贷款资金40710万元，其中在建工程建设贷款25710万元，项目前期工作贷款15000万元。目前，水利部门正积极与州农发行进行联系和沟通，争取列入全省水利贷款试点州市之一，享受试点州市优惠政策措施。

【水资源管理和水行政执法】 2011年，德宏州水利部门在开发利用水资源的同时，进一步加强水资源管理，全面推进依法治水和依法管水，努力为德宏水利事业保驾护航。10月18日州政府首次召开全州水政水资源管理工作会议，对全州水政水资源管理工作作了安排和部署，全州水行政执法体系得到进一步完善，州和各县市已成立水政监察队伍，水政监察人员持证、着装上岗，覆盖全州的水行政执法网络基本建立，执法装备不断改善。围绕水利中心工作，深入持久地开展形式多样的普法宣传教育活动。在加强水行政执法业务培训的同时，通过“世界水日”、“中国水周”开展水法宣传咨询，与电视台合办法制宣传栏目，在大中小学开展水法知识竞赛等多种形式，广泛进行水法律法规宣传，有力促进了水利依法治理工作开展。实行最严格水资源管理制度，以水资源优化配置、节约、保护为核心，认真落实取水许可制度，严把新建工程项目的水资源论证审查关，依法进行水资源论证、水土保持设施方案的审查，把水量水质的监管落到实处。加强节水型社会建设，对高耗水行业强制安装取水计量设施。加强水生态的管理，组织编制完成《德宏州2010年水资源公报》、《德宏州水电站生态流量实时数字监测及视频监控系统建设规划方案》。截至年末，全州发放取水许可证344户，核批地表水1.15亿立方米，地下水0.06亿立方米，水力发电32亿立方米，安装高耗水行业取水计量设施54户。严格水资源费征收管理，做到应收尽收，征收水资源费7387万元，比原计划多征收2887万元，超额完成了省水利厅下达的目标任务。

加大水行政执法力度，开展以河道采砂、水工程安全、水资源保护和水土保持监督为重点的执法监督活动，查处水事违法案件。全州发生各类水事案件84起，其中现场处理6起，警告28起，发出责令停止违法行为通知书46份，立案查处4起，结案4起。在水行政执法过程中，坚持依法行政、文明执法，从执法主体、执法权限、执法内容、执法程序、执法文书和亮证执法等方面规范行为，认真履行法定职责，水利依法行政的能力明显增强。根据州人民政府9月6日召开的河道采砂取石清理整治工作会议的安排部署，州和各县市成立了河道采砂取石清理整治领导小组及办公室，层层落实责任，及时制定清理整治工作方案，并开展清理整治工作，广泛宣传，加强督查督办，强化打击手段，联合执法，强势推进河道采砂取石清理整治工作，取得了阶段性的成效。

【水利普查工作】 2011年，德宏州水利局扎实推进水利普查工作。自上年底德宏州第一次全国水利普查工作启动后，州水利局严格按国务院水利普查办及省水利普查办相关要求，及时成立州、县市(区)水利普查领导小组及办公室，切实加强组织领导，认真搞好宣传动员及普查人员选拔、培训，精心组织，清查阶段各项工作。及时开展督促指导，严格普查数据质量控制，按时间节点及时上报各阶段成果，保障德宏州水利普查对象清查成果真实、完整、准确，圆满完成各项普查任务。

(《水利》撰稿　早兴生)

水　文

【换届选举】 2011年2月17日，德宏州水文水资源局召开党员大会对机关支部委员会和老干支部进行换届选举。按照《章程》有关规定和程序选举产生了新一届机关支部委员会和老干支部书记。新一届机关支部委员会委员为：叶新明(兼任书记)、杨家春、何易鸿，老干支部书记为尹以亮。8月18日，州水文水资源局党委书记、局长张正强当选为德宏州第六次党代会代表，9月20至23日出席了会议。

【大盈江流域洪水自动测报预报建设与应用项目通过验收评审】 2011年4月13日，德宏州水文水资源局建设实施的《云南省德宏州大盈江流域洪水自动测报预报系统建设和应用》通过项目评审和科技成果验收。该评审验收会由省水文水资源局和德宏州科技局共同组织，验收专家由省水文水资源局、德宏州科学技术局、德宏州水利局的6个专家组成，省水文局副局长伍立群分别任项目评审组组长、成果验收委员会主任。在听取项目汇报后，评审委员会一致通过《云南省德宏州大盈江流域洪水自动测报预报系统建设和应用》科技成果验收。

【召开全州水文水资源工作会议】 2011年4月21日，德宏州水文水资源工作会议在芒市召开。德宏州人民政府副州长板岩过、州人大农环工委主任方洪明、州防汛抗旱指挥部各成员单位主要负责人、各县市(区)政府分管领导、水利局负责人、州水文局班子成员及各科室负责人、水文监测站负责人参加会议。会议由州政府副秘书长韦德斌主持，板岩过副州长作重要讲话。板副州长在讲话中对全州“十一五”期间水文工作取得的成绩给予充分肯定，并对实施“十二五”规划提出意见。州水文局党委书记、局长张正强通报2011年度全州水情趋势预测。会上张正强局长与各测站、科(室)负责人签订2011年党风廉政建设责任书和2011年目标管理责任书，中层干部作述职述廉报告，并对其进行民主测评。

【大盈江和瑞丽江流域降雨自动测报系统新建工程通过验收】 2011年5月6日，德宏州水文水资源局组织召开德宏州大盈江、瑞丽江流域降雨自动测报系统新建工程验收会。验收组由州水文局的5个专家组成，局党委书记、局长张正强担任验收组组长。与会领导、专家和代表认真听取项目完成单位的汇报，并同意该工程通过项目评审验收。

【表彰先进】 2011年5月9日，德宏州水文水资源局被德宏州委、州政府评为第二轮禁毒防艾工作先进集体一等奖，副局长穆成山被评为先进个人。拉贺练水文站被州委、州政府评为盈江“3·10”抗震救灾先进集体，书记、局长张正强被授予“先进个人”荣誉称号。8月18日，德宏州水文水资源局党委书记、局长张正强当选为德宏州第六次党代会代表，并出席了会议。

【德宏州水环境监测中心通过国家换证评审】 2011年5月23日，国家级计量认证水利评审组专家彭彪在云南省水环境监测中心主任此里能布的陪同下，对德宏州水环境监测中心进行复查换证评审，并顺利通过国家级计量认证复查换证评审。专家对分中心软、硬件进行认真细致的检查，对相关人员进行现场询问和盲样考核。评审专家充分肯定德宏州水环境监测中心人员素质高、业务强、工作积极主动，认为管理到位，质量体系运行正常，同意通过评审，并延续水质监测资质。

【云南省陇川县生物质发电工程水资源论证通过评审】 2011年11月25日，云南省水利厅在昆明主持召开由德宏州水文水资源局编制的《云南省陇川县生物质发电工程水资源论证报告》评审会。评审专家组由云南省水利厅、云南省水文水资源局的5个专家组成。该项目是云南省首座生物质电厂，建设热电厂对改善德宏电网电源结构，促进德宏州经济发展具有重要意义。项目位于云南省德宏州陇川县工业园区(户弄片区)内，厂址拟设于章凤镇户弄村民委员会章凤水库以东至芒棒石场路左侧，上雨村小组寨脚，以发电为目标，电厂规划装机容量为30MW，拟采用2×65t/h高温高压循环流化床锅炉+2×15MW高温高压纯凝式汽轮发电机组，全年发电量1.80×108kw·h。项目设计保证率为95%，生产用水取水水源为南宛河。评审组听取汇报后，一致同意《云南省陇川县生物质发电工程水资源论证报告》通过评审。

【芒市轩岗工业园区2×300MW天然气热电联产工程通过评审】 2011年12月9日，云南省水利厅在昆明主持召开由德宏州水文水资源局编制的《云南省德宏州芒市轩岗工业园区2×300MW天然气热电联产工程水资源论证书》评审会。评审专家组由云南省水利厅、云南省水文水资源局的5个专家组成。该项目是德宏州为充分使用中缅油气管道输送入境的天然气资源而兴建的，也是云南省首批兴建的三个天然气热电联产项目之一。建设热电厂对于改善德宏电网电源结构，提高电网枯期供电能力，促进德宏州经济发展具有重要意义。项目厂址位于芒市轩岗规划工业园区，以供热和发电为目标，采用2×300MW级燃气——蒸汽联合循环发电机组，全年发电量34.215×108kw·h，年供热量3.848×106GJ。项目设计保证率为97%，取水水源为芒市河芒里水库。评审组听取汇报后，一致同意《云南省德宏州芒市轩岗工业园区2×300MW天然气热电联产工程水资源论证书》通过评审。

(《水文》撰稿　杨惠玲)

麻栗坝水库

【工程建设情况】 2011年，麻栗坝水库完成如下工程建设任务：一、枢纽工程竣工结算工作基本结束。麻栗坝水库枢纽工程划分为大坝、西低隧洞、西高涵、溢洪道和坝后电站5个单位工程、51个分部工程，单位工程验收已结束。枢纽主体工程完工结算已全部结束，并经过审计部门审核，验收档案资料亦基本同步整编完毕。二、水库出色地完成抗旱度汛任务。按照报批的《德宏州麻栗坝水库2011年防洪度汛计划》和《德宏州麻栗坝水库2011年防洪度汛应急预案》，汛期实行调峰控流，提前完成上级下达的年内蓄水7000万立方米的目标任务。三、全面推进灌溉干渠工程建设。麻栗坝水库设计灌溉面积22.68万亩，由东干渠、西低干渠、西高干渠供水，全长112.6千米，其中东干渠37.7千米、西高干渠39千米、西低干渠35.9千米。截至年末，3条干渠完成49.267千米(含城子渡槽共9个标段)的招投标工作；灌溉干渠工程完成80%的土方开挖，呈现全面开工、重点建设的局面。特别是灌溉干渠最大的标志性建筑物城子渡槽工程，东西横跨陇川坝子，全长2214米，为薄壁“U”型渡槽，工程历经几次重大设计变更，现除进出口段外已全部完工，工程形象良好，已成为麻栗坝水库灌区工程中一大亮点。四、坝后电站运行工况良好。麻栗坝水库坝后电站装机2×1500kw，设计年均发电量1201万kw·h。年内美化了厂区环境，完成35KV线路巡视清理工作和坝后电站尾水改造工程，优化了电站出力；完成发电量800多万度。五、设计变更和概算调整工作取得阶段性成果。根据工程建设实际需要，积极进行枢纽工程设计变更和概算调整报批工作以及灌溉干渠的设计变更报批工作。5月云南省水利厅批复《麻栗坝水库枢纽工程设计变更报告》，增加工程投资1243.79万元。11月云南省水利厅批复《麻栗坝水库部分干渠工程设计变更报告》，增加工程投资4829.27万元。麻栗坝水库设计变更的批复，为工程顺利建设和竣工验收打下了坚实的基础。工程累计完成投资57190万元，其中2011年完成投资2509万元。六、启动《麻栗坝水库灾害应急预案》。盈江县发生5.8级地震，该局立即启动《麻栗坝水库灾害应急预案》。经对工程仔细检查，没有发现因地震造成的建筑物裂痕等损坏迹象。

（《麻栗坝水库》由办公室供稿）

财政金融

财　政

【概　述】　2011年是实施“十二五”规划的开局之年。德宏州财政局认真贯彻落实全省财税工作会议精神，紧紧围绕把德宏建设成为中国面向西南开放桥头堡黄金口岸的目标，按照“保增长、抓管理、重民生、促发展”的思路，紧紧围绕财政主体工作，按照实施稳健的财政政策要求，着力推进经济结构调整和发展方式转变；坚持依法理财、科学理财、民主理财，深化财税改革，着力完善公共财政体系；继续优化财政支出结构，更加突出“三农”和改善民生，着力促进经济发展和社会和谐；加强财政科学化、精细化管理，着力提高财政资金使用效益；积极培植财源，打牢财政增收基础，狠抓财政增收，加强财政监管，严格依法理财治税，深化财政改革，狠抓增收节支，强化支出管理，财政工作取得新的成绩。

一、全州财政收支预算执行情况。全年全州财政收支在上年实现“三个重大突破”的基础上再创新高，为“十二五”财政工作实现良好的开局。全州财政总收入突破30亿元，完成309086万元，比上年决算数217292万元增长42.2%，增收91794万元；全州地方财政一般预算收入完成189071万元，比上年决算数132390万元增长42.8%，增收56681万元。其中：税收收入完成131294万元，比上年决算数93348万元增长40.7%，增收37946万元；非税收入完成57777万元，比上年决算数39042万元增长48%，增收18735万元。全州地方财政一般预算支出突破90亿元，完成923080万元，比上年决算数581117万元增长58.8%，增支341963万元。

全州地方财政一般预算收入189071万元，上级补助收入729238万元，上年结余17465万元，调入资金16050万元，债券转贷收入4338万元，收入总计956162万元；地方财政一般预算支出923080万元，上解省级支出9845万元，增设预算周转金255万元。收支相抵，年终结余22982万元，其中结转下年20806万元，净结余2176万元。

全州地方基金预算收入完成19986万元，比上年决算数增收10455万元，增长109.7%；地方基金预算支出完成65230万元，比上年决算数增加26081万元，增长66.6%。

全州地方基金预算收入19986万元，上年结余收入9099万元，上级补助收入56085万元，收入总计85170万元；基金支出65230万元，收支相抵基金结余19940万元。由于大部分政府性基金实行当年收取、次年清算使用的管理办法，故形成一定规模的结余。

二、州本级财政收支预算执行情况。2011年，州本级财政一般预算收入完成27682万元，比州十三届人大四次会议批准预算数15220万元增加12462万元，增长81.9%，比州十三届人大常委会第二十八次会议批准调整预算数22867万元增加4815万元，增长21.1%，比上年决算数17527万元增加10155万元，增长57.9%；一般预算支出完成144649万元，比州十三届人大四次会议批准预算数92632万元增加52017万元，增长56.2%，比州十三届人大常委会第二十八次会议批准调整预算数129598万元增加15051万元，增长11.6%，比上年决算数91596万元，增加53053万元，增长57.9%。

州本级财政一般预算收入27682万元，上级补助收入729238万元，上年结余收入12211万元，调入资金1601万元，下级上解收入43752万元，债券转贷收入4338万元，收入总计818822万元；一般预算支出144649万元，上解省级支出9845万元，补助下级支出648594万元，债券转贷支出2338万元。收支相抵，年终滚存结余13396万元，其中结转下年支出13390万元，净结余6万元。

州本级基金预算收入完成6515万元，比年初预算4656万元增加1859万元，增长39.9%，比上年决算数5265万元增加1250万元，增长23.7%；基金支出完成6555万元，比年初预算5230万元增加1325万元，增长25.3%，比上年决算数5230万元增加1325万元，增长25.3%。

州本级基金预算收入6515万元，上年结余收入5814万元，上级补助收入56085万元，收入总计68414万元；基金支出6555万元，补助下级支出49959万元。收支相抵，州本级基金结余11900万元。

三、财政运行情况分析。

2011年，全州财政攻坚克难、推进发展，财政运行呈现三个显著的特点和两个突出的困难。(一)三个显著的特点：一是财政一般预算收入增长快。前10个月全州财政一般预算收入增幅始终保持在50%以上的高位，全年增收额5.7亿元，为近10年以来最高；二是一般预算支出增幅高。全州财政一般预算支出比上年增长58.8%，增加近34.2亿元，2项指标双双创近10年来的历史新高；三是争取上级补助最多。当年上级补助增量达29.5亿元，是10年来最多的一年。(二)两个突出的困难。一是暂付款持续增加，资金运转极为困难。截至年底，州财政暂付款余额达15.7亿元，主要项目有：潞梁二级公路建设8.93亿元、“两校”建设9000万元、扩大内需配套5297万元、全州农村中小学校舍安全工程配套3012万元、芒市会堂建设2400万元、龙江工程移民征地补偿1100万元、龙瑞高速公路前期费1500万元、三象集团改制遗留问题处置878万元、驻京联络处房产购置833万元、村级组织活动场所建设配套300万元、番麻育苗400万元、驻昆办房产购置280万元、桥头堡建设工作500万元、遮陇路建设配套600万元、州强制戒毒所建设520万元、州政务中心购置房产350万元等。由于州级暂付款较大，垫支资金一时难于回笼，导致国库资金持续不足，最高时，州财政对县市调度资金一度拖欠达10亿元，全州财政预算内正常支出和专款拨付因此受到影响。二是刚性欠账难于消化，财政风险居高不下。暂付款虽然确保刚性政策的及时兑现和重点项目的顺利推进，但也存在“占用国库资金、影响正常财政运转、透支未来财力”的弊端。2011年底，全州地方政府负债率近34%（全州政府性债务余额/GDP），已大大超出国际公认的20%的政府债务风险警戒线，表明全州财政已超出安全运行的临界点。在州财政已无财力安排新增支出的条件下，国家仍在持续出台一系列刚性配套政策，收支矛盾不断累积，财政困难和风险加剧的局面难于得到有效缓解。为尽快缓解资金运转困难，化解财政风险，必须将偿还债务和暂付款项目优先纳入预算安排，并停止新增安排州级财政支出项目，否则全州财政运转将面临全面停滞的风险。

四、云南省政府债券资金安排情况。为缓解公益性项目资金地方配套困难，经云南省第十一届人民代表大会常务委员会第二十三次会议审查批准，省财政将“2011年地方政府债券资金”转贷给州市一部分，用于水利、职业教育、廉租住房等公益性项目地方配套，贷款期限为3年，年利率为4.07%，自2011年8月2日开始计息，每年8月2日支付当年利息，2014年8月2日偿还本金及支付最后一年利息。

2011年省财政转贷德宏州债券资金4338万元，其中州职业教育中心(园区)建设2000万元(两校建设)、盈江县职业中学建设400万元、陇川县职业中学建设300万元、瑞丽市职业中学建设300万元；廉租住房建设补助：芒市294万元、梁河县118万元、盈江县586万元、陇川县118万元、瑞丽市198万元、畹町经济开发区24万元。按省财政通知要求，州人民政府及各县市政府已复函省财政厅确认转贷关系。此次债券资金4338万元，列入2011年州本级债券转贷收入，其中州职业教育中心建设2000万元，拨付两校建设指挥部，列当年州级财政一般预算支出；县级部分2338万元，列2011年州对县市债券转贷支出。从2012年起，州县两级应分别将偿还本息资金列入年度财政预算，确保按时归还。

五、积极筹措资金，促进全州重点工作和重大项目顺利开展。全年省厅调入预算资金820940万元，其中拨入预算资金701130万元，社保资金36022万元，教育补助资金13289万元，预抵税收返还21091万元，其它49408万元，保证全州干部职工工资和离退休费的发放及机构的正常运转，还将未能纳入本年预算的重点支出项目采取预拨方式拨付。

【召开禁防和新农村建设总结表彰会】 2011年1月24日，德宏州财政局在芒赛村召开2008至2010年禁毒防艾和新农村建设工作总结表彰会。会上，州财政局党组副书记黄德明作总结，指出：自2008年来，德宏州财政局派出工作队与村两委一道团结一心，努力工作，扎实有效地开展好新一轮禁毒防艾人民战争和新农村建设工作。通过3年的工作，增强广大村民对毒品和艾滋病的认识，新增吸毒和艾滋病感染者得到有效遏制，现已营造出禁毒和防治艾滋病的强大声势，广大人民群众已深知毒品和艾滋病的严重性与危害性，禁毒防艾工作取得了明显成效。截至年末，全村26名吸毒人员中，除死亡5人、长期外出打工3人、劳教2人、强戒2人外，戒断3年以上11人，目前在家巩固仅有3人，为芒赛村营造一个良好的社会环境。3年来，投入新农村建设资金1194万元，主要实施村内道路硬化、村内绿化、人畜饮水、沼气建设、弹石路建设、文化活动室和活动广场建设等工程，引进科技种植和养殖项目2个。州委政法委副书记、州禁防办主任曾学亮对州财政局开展禁防工作取得的成绩给予充分肯定，同时对做好下一步的工作提出要求。会议对3年来在禁防工作和新农村建设中涌现出来的10名先进集体和20名先进个人进行表彰。

【做客《德宏热线》栏目】 2011年1月19号，德宏州财政局党组书记、局长刘新光到德宏电台《德宏热线》特色板块《领导会客厅》栏目，向听众介绍关于上年德宏州财政执行情况和年内德宏州财政预算安排情况。节目中，刘新光局长详细向听众介绍了财政相关情况。一是向听众介绍上年德宏州财政的收支预算执行情况。指出：2010年，全州财政总收入首次突破20亿元大关，达到21.73亿元；地方一般预算收入突破10亿元大关，达到13.24亿元。财政支出突破50亿元，达到58.11亿元。二是介绍全州上年财政资金保障民生支出情况。指出：德宏州各级党委、政府始终把群众的冷暖放在心上，把改善民生作为各项工作的出发点与落脚点，把“以人为本”的理念落实到财政工作中，实施积极的财政政策，进一步关注民生，全力筹措资金保障民生需要，努力推进“公共服务均等化”目标的实现。三是介绍年内财政增收的具体工作思路。德宏州财政部门将进一步解放思想，深入调查研究，以科学发展观为统领，坚持政策调控，努力做大做强财政蛋糕。同时，充分发挥财政政策和财政资金在促进经济增长、优化经济结构、协调经济发展等方面的调控职能，集思广义，创新财政发展思路，努力推进全州经济平稳持续快速发展。四是就如何用好资金，促进全州和谐发展向听众进行介绍。同时，在节目互动中，应听众的要求，详细向听众介绍了事业单位实施绩效工作的相关情况。

【开展瑞丽试验区建设财税政策专题调研】 2011年2月15至17日，根据省政府召开的瑞丽国家重点开发开放试验区建设省级部门协调会议安排，由省财政厅牵头，由杨利邦副厅长带队，省财政厅、省国税局、省地税局、昆明海关等部门有关领导和专家一行10人组成调研组，到德宏开展支持瑞丽开发开放试验区建设财税政策研究专题调研。在德宏调研期间，调研组采取听取汇报和建议、与州市两级政府和部门座谈、实地调研、集中协商讨论等方式，与州市两级就制定财税政策支持瑞丽开发开放试验区建设问题做了深入的探讨和交换意见，结合国家有关政策走向和省情、州情，有针对性的提出许多好的意见和建议，并拟定《瑞丽开发开放试验区建设实施方案》供参考。此次调研后，德宏州将对《瑞丽开发开放试验区建设实施方案》再做进一步完善和修改，报省政府研究同意后，报国家审批，争取早日获得国家审批通过，并尽快进入实施阶段。

【拨付专项资金】 2011年2月24日，德宏州财政局为尽快完成德宏州中小河流治理项目任务，按照省财政厅的要求，下达全国重点地区中小河流治理项目—陇川县南宛河陇川坝河道治理专项补助资金2379万元。要求陇川县要严格按照《财政部水利部关于印发〈全国重点地区中小河流治理项目管理暂行办法〉的通知》的要求，进一步细化支出预算，协调相关部门落实配套资金，并迅速将资金安排到具体项目，加快项目实施进度，确保该项目按时按质完工；要加强资金监管工作，确保该项目资金专款专用，不得截留、挤占和挪用，切实提高资金使用效益。同时，拨付车辆购置税用于一般公路建设资金6000万元，其中芒市1190万元，梁河县1102.5万元，盈江县932万元，陇川县1498万元，瑞丽市1277.5万元。此款专项用于通村油路建设，并请州交通运输局严格按照《财政部交通运输部关于印发〈车辆购置税用于一般公路建设项目专款资金管理办法〉的通知》要求，抓紧预算编制工作，尽快将资金落实到具体项目。要求各县市财政局积极与本级交通（运输）局加强沟通和联系，加强资金监管，确保专款专用，任何单位和个人不得截留、挪用、挤占、提留专项资金，确保全州农村公路建设任务顺利完成。4月22日，州财政下达重点小（二）型病险水库除险加固项目计划和中央财政专项补助资金1680万元，专项用于德宏州重点小（二）型病险水库除险加固项目建设。资金主要用于芒市芒掌水库、芒项水库、芒乖水库，陇川县弄掌水库、广等水库、朋生水库，畹町开发区弄弄水库。

【财政票据监管】 2011年3月至5月，德宏州财政局为加强财政票据监督管理，规范票据使用行为，保障非税收入全额缴入财政专户，开展为期3个月的财政票据检查工作。检查采用自查和重点检查相结合。全州应检行政事业单位521户，自查单位521户，自查率100%；重点检查214户，重点检查率41%。检查各类票据10570本，机开票据3000套，主要有行政事业性收费收据、行政事业单位翻过来款项收据、捐赠收据、罚没收据、公路桥梁通行收据等。通过本次检查，结合年初开展的整治虚假发票买方市场专项行动，进一步规范德宏州各单位依法使用财政票据的行为，建立健全了票据使用管理的各项规章制度。

【召开粮食补贴工作会议】 2011年3月10日，德宏州财政局为认真做好粮食补贴工作，及时将补贴资金兑付到农户手中，进一步提高农民种粮积极性，召开全州粮食补贴工作会议。会议部署“一折通”工作，并对全州2011年粮食补贴工作提出要求：一要认真做好粮食补贴工作，加强各部门之间沟通协调，做好政策宣传解释工作，及时处理有关涉及补贴的信访案件，确保对政策的理解和落实不走样。二要健全补贴财务公开制度，切实做到补贴兑付公开、公平、公正。三要严格按照要求报送农补网进度旬报和分户数据、半月报，做好相关数据衔接与核实工作。四是县市财政部门要抓基础、强素质、树形象，在县市党委政府的领导下，积极配合相关部门做好“三农”工作，特别是财政资金的拨付和管理工作。

【督查惠农资金兑付】 2011年3月23至28日，德宏州财政局深入各县市对种粮农民补贴、种粮农民生产资料增支综合补贴、良种补贴、财政扶贫专户、指标管理规范进行检查指导工作。督察组在认真听取各县市的总体情况介绍后，查看了相关痕迹资料。从抽查情况看，各县市均能按照省、州的有关要求和办法执行，各级党委、政府对粮食直补和良种补贴工作极为重视，成立领导小组和办公室，抽调业务能力强、工作经验丰富的人员集中办公，制定的实施细则切实可行，工作步骤清晰，完成粮食补贴前期准备工作；基本上规范、及时下达上级下达的专项资金，杜绝了专项资金滞留在财政部门的问题。在督查中，检查组对各县市补贴工作提出四点要求：一是要进一步统一思想，认真核实补贴面积，按照政策要求进行补贴；二是要认真细致的开展宣传工作；三是要认真总结工作经验，形成粮食补贴工作的长效机制；四是要严格在省、州要求的时间内完成对付工作。

【亚行副行长格林伍德一行到德宏调研】 2011年4月12至13日，亚行副行长格林伍德一行到德宏考察亚行贷款云南综合路网项目（龙陵至瑞丽高速公路）执行情况。财政部国际司金融三处处长李向东陪同考察，德宏州委书记赵金、州长孟必光在12日中午的国际泼水节欢迎午宴上对格林伍德一行的到来表示欢迎。考察组一行首先来到芒市三台山出冬瓜村，与龙瑞路受惠德昂族群众座谈。随后到瑞丽，对姐告货运站场、龙瑞路止点—弄岛检查站进行考察，与瑞丽海关官员、弄岛边检站边防官兵、雷允村傣族群众座谈。在与德昂族、傣族群众座谈时，格林伍德详细询问了当地群众的主要经济来源及修建高速公路对当地经济社会发展的影响；与瑞丽海关、弄岛镇边检站的领导干部座谈时，格林伍德对当前边境贸易的运行情况以及高速路修成后对边贸有何促进作详细了解。当地群众和领导干部热情回答了格林伍德的提问，并热切表达希望亚行支持贷款修建高速公路、推动当地经济社会发展的美好愿望。

云南龙陵（龙卡山）至瑞丽（弄岛）高速公路是国家高速公路网（“7918”网）中东西向横12杭州－昆明－瑞丽（口岸）高速公路的最后一段，是连接我国东部、西南及通向南亚、东南亚各国的重要公路通道。路线主线长约128.391公里，采用4车道高速公路标准建设，设计时速采用80公里／小时，路基宽度24.51米。弄岛连接线长33.625公里，采用二级公里标准建设，设计时速采用80公里／小时，路基宽度12米，全线桥涵设计汽车荷载采用公里－Ⅰ级，互通立交连接线采用一、二级公里标准建设。估算总投资为107.4466亿元左右，其中利用亚行贷款2.5亿美元，其中2000万美元用于路网改造路面养护修复工程。龙陵至瑞丽高速公路项目为亚行贷款2010年规划项目，同时也是云南省2011年计划开工重点项目之一，龙瑞高速公路的建设对完善云南省高速公路网，加快滇西经济社会发展，全面建设小康社会和沿线社会主义新农村建设具有重要的促进作用，对发展边境贸易和加深中缅两国、两国人民的传统友谊，促进大湄公河次区域的经济合作具有深远的意义。

【“拓展新业务服务桥头堡”论坛在瑞丽举行】 2011年4月14日，为深入研究探索加快发展全国注册会计师行业的思路和办法，更好地服务于全国经济大发展，尤其是更好地为云南省实施“两强一堡”战略服务和为瑞丽国家重点开发开放试验区服务，全国注册会计师行业在瑞丽市举行“拓展新业务、服务桥头堡”论坛。来自政府部门、企业界、实务界、理论界的领导和专家40多人参加了论坛。中国注册会计师行业协会副秘书长董新钢，云南省财政厅副厅长、全省会计行业党委书记、协会会长胡芩菩等领导参加了会议。会上瑞丽市副市长龙汝林致欢迎词，向与会领导、专家和学者介绍了瑞丽的基本情况；云南省财政厅副厅长、全省会计行业党委书记、协会会长胡芩菩作讲话。胡会长总结“十一五”期间云南省注册会计师行业取得的成绩，对未来5年工作提出要求。继续加强行业党建，继续调整事务所规模结构，继续加强行业人才培养，继续实施新业务拓展战略，继续改善事务所执业环境，继续加强事务所管理体制机制建设，继续加强行业文化建设，继续加强行业监管体系建设，继续加强协会秘书处建设等；中国注册会计师行业协会副秘书长董新钢就如何加强新时期会计行业工作作要求；中国注册会计师行业协会、云南省注册会计师行业协会和云南省国资委签订国有企业改革与发展会计服务示范基地合作框架协议，对其进行会计服务示范基地授牌；中国注册会计师行业协会、云南省注册会计师行业协会和瑞丽市政府签订瑞丽国家重点开发开放试验区会计服务合作框架协议，对其进行会计服务示范项目授牌；德宏州财政局党组书记局长刘新光介绍了德宏州“桥头堡”战略的总体安排。与会专家和学者围绕“拓展新业务，服务桥头堡”的主题，就如何做好新时期会计服务工作进行论坛。此次论坛的成功举办，为大家提供一个相互学习、借鉴的平台，使与会的领导、专家和学者进行充分的交流，有力地促进全国注册会计师行业的发展，进一步提升会计行业服务于经济发展的质量。

【德宏州财政奖补试点项目通过省级核查】 2011年4月18日至5月1日，云南省财政厅财政投资评审中心委托中介机构，就德宏州2010年度一事一议财政奖补试点项目进行专项核查。核查范围为2010年10月31日前批准立项，2011年1月30日前验收完工的一事一议财政奖补“普惠制”建设项目；2010年12月15日前经州(市)、县批准立项，2011年2月20日完工的一事一议财政奖补“示范村”建设项目；2010年经省批准实施的新农村省级重点村一事一议财政奖补建设项目。重点是核查2010年财政投入一事一议财政奖补资金的分配、使用、管理和兑现情况；项目的规划、申报、审批、组织实施和验收完工情况。核查结果将作为省财政厅清算兑现2010年一事一议财政奖补项目资金的依据。核查组先后到芒市、瑞丽市、陇川县、盈江县、梁河县，核查了全州315个项目所有资料，并实地查看芒市镇大湾村委会下芒排村民小组、芒市镇拉怀村委会遮告村民小组道路硬化；陇川县景罕镇曼晃村委会猛约栋村民小组道路硬化；瑞丽市勐卯镇姐东自然村大别村民小组道路硬化等7个项目建设情况。通过对项目实施情况、资金投入情况、组织管理及制度建设情况、资金来源及到位情况、财政奖补资金拨付及使用情况、村民筹资及社会捐资投入情况等方面进行全面深入细致地核查。核查组充分肯定项目实施成效：德宏州一事一议财政奖补项目的实施工作，组织严密、方法得当、措施有力、实施项目统一、项目归档资料统一、操作程序规范，特别是芒市项目的实施，操作规范严谨，资料齐全完整，档案装订整齐是全州的典范。核查组认为：德宏州一事一议项目的实施严格按照“村民自愿、民主决策、一事一议”的原则，坚持农民自愿、政府引导，充分尊重农民的自主权、参与权、监督权，项目实施进度快、工程质量符合建设标准要求，明显改进了村内户外道路脏、乱、差的落后状况，解决了村民长期以来的出行难的问题，改善了生产生活条件，丰富了群众生活，人居环境得到改善，生产生活用水得到保障，并且使村容村貌得到较大改观。德宏州2010年度立项并完工的315个一事一议财政奖补项目(其中“普惠制”建设项目256个、“示范村”建设项目39个、州县乡自筹资金建设项目20个)全部符合相关规定，予以登记，项目投资结算金额为12682.6万元；2010年重点村建设完成49个项目，项目投资1857.18万元；一事一议财政奖补项目涉及50个乡镇、1个街道办事处，覆盖359个自然村，使11.2万人直接受益。核查组指出德宏州部分县市在项目申报、审批、审核存在的问题，并对一事一议财政奖补工作提出建议：一是加强项目档案资料的监管，以及对归档资料的审查，归档前进行认真把关检查，以保证档案资料的完整性。二是加强资金管理，严格按照省级批复资金方向进行资金安排。

【举办全州林业会计统计人员培训班】 2011年4月20至25日，德宏州财政局在芒市举办全州林业会计统计人员培训班。各县市(区)林业局分管计财工作的局领导、全州林业系统从事会计、统计工作人员119人参加了培训。德宏州财政局派出业务骨干担任培训教员，主要开展《会计法》、《统计法》、《新编行政事业单位会计实务》、《会计基础工作规范》等法律法规和会计统计制度等方面的培训。通过培训，进一步提高了林业系统财务人员的业务水平，对严格执行各项资金管理制度，全面推进会计制度的贯彻实施，强化资金管理，确保资金安全高效运行和使用效益起到了积极作用。

【检查清理整顿财政专户】 2011年5月4日，德宏州财政局徐祖林副局长率国库科和监督检查科到陇川检查指导财政专户清理整顿工作开展情况。县财政局负责人向检查组汇报陇川县清理整顿财政专户工作开展情况及在财政专户归口管理中存在的困难和问题。检查组对陇川县所做的工作和取得的成绩给予充分肯定，介绍了州级在清理整顿财政专户及财政专户归口管理工作中的做法、经验，并对陇川县开展清理整顿财政专户工作提出切实可行的意见和建议：一是要严格按照省、州财政要求，明确财政专户归口管理工作制度，落实工作责任，确保按时完成归口管理工作；二是要加强与职能股室的沟通与协作，各司其职，确保财政资金的安全性和合规性；三是要加强对财政账户的管理，健全和完善账户管理制度；四是加强与金融部门的沟通，争取金融部门的理解和支持；五是加强与州级业务科室的沟通，做好信息反馈及汇报工作。

【检查清理整顿地方财政专户】 2011年5月3至10日，德宏州财政局为进一步加强和规范财政专户管理，堵塞财政专户资金安全管理漏洞，根据《云南省财政厅转发〈财政部关于清理整顿地方财政专户的通知〉的通知》和相关会议精神，对各县市开展清理整顿地方财政专户工作进行检查。检查会上，州财政局党组成员副局长徐祖林对清理整顿地方财政专户工作提出要求，明确了态度。目前，各县市按照文件要求正在紧密锣鼓进行自查清理，表态年底前将分散在相关职能部门管理的财政专户转归国库部门管理，在规定时间内按时上报清理整顿地方财政专户工作。通过检查，各县市引起高度重视，提高思想认识，切实加强组织领导，要通过此次清理和规范，对财政资金管理形成既相互协作，又相互制约的内控管理、报告和检查制度，认真梳理财政资金管理的各个环节，完善制度，认真落实各方责任，采取有效措施，切实做好清理整顿财政专户工作。在下一步的转归工作中，严把用人关，强化岗位责任制，营造良好的预算执行工作氛围，不断提高财政资金管理水平，为政府“管好家”，为人民理好财。

【召开全州财税工作会议】 2011年5月10日，德宏州召开全州财税工作会议。州政府州长孟必光、州人大副主任孙春兰，州委、州政府、州人大常委会相关领导，州直各单位主要领导及会计，各县、市(区)政府领导，州及各县市财政、国税、地税部门负责人等参加了会议。会上，州长孟必光作题为《团结协作、奋力拼搏，推动全州财税工作再上新台阶》的重要讲话。孟必光州长指出：2010年，全州经济社会保持了平稳快速发展的态势，为“十一五”发展划上圆满的句号。全州生产总值预计完成140亿元，增长15%；全社会固定资产投资完成131.3亿元，增长30.1%；社会消费品零售总额完成54.4亿元，增长22.1%；进出口总额完成11.4亿美元，增长49.3%；城乡居民收入分别达到13788元和3368元，增长9.8%和19%。全州各级财税部门围绕贯彻落实中央、省和州委、州政府的决策部署，紧紧抓住国家实施积极财政政策、加快转变经济发展方式的有利时机，按照州委、州政府提出的发展思路，立足州情，积极培植税源，加强税收征管，狠抓增收节支，深化财税改革，落实积极的财政政策，全力以赴做好“扩内需、保增长、保民生、保稳定”各项工作，在经济持续快速回升的有利条件下，坚持向上争取与强化征收相统一，坚持强化支出责任与加强支出监管相统一，圆满完成全年财政收支任务。2010年全州财政总收入完成217292万元，是“十五”末(2005年73025万元)的3倍，年均增长24.4%；全州财政一般预算收入完成132390万元，是“十五”末(2005年40，585万元)的3.3倍，年均增长26.7%；全州财政一般预算支出完成581117万元，是“十五”末(2005年168221万元)的3.5倍，年均增长28.1%。孟州长指出：2011年是实施“十二五”规划的开局之年，全州各级财税部门要认真贯彻州委、州政府的决策部署，抓住机遇，统筹谋划，真抓实干，更加积极稳妥地处理好稳增长、转方式、调结构、防通胀的关系，加快转变经济发展方式，着力保障和改善民生，促进经济社会又好又快发展。此次全州财税工作会议是州政府在“十一五”结束召开的一次重要的会议，是对做好今后5年的财税工作具有十分重要的意义。

【召开珠算心算协会暨第一次理事会议】 2011年5月11日上午，德宏州财政会计珠算心算协会第三次、老科技工作者协会财会分会第一次代表大会暨第一次理事会会议在芒市召开。来自全州财政系统、大中专院校、企业的会员代表和理事候选人69人出席会议。孟必光州长作“深入贯彻落实科学发展观，不断提高财政会计政策研究水平”的重要讲话，对协会工作提出新的要求，与会代表深受鼓舞。会上，州科协何琳主席和州社科联林念兰主席分别宣读德科协复〔2010〕7号文件《德宏州科协关于对〈德宏州珠算协会 财政会计学会关于申请换届的报告〉的批复》和德社联〔2011〕9号文件《关于同意珠算协会 财政会计学会换届的批复》，并对第三次代表大会的顺利召开表示祝贺，希望协会在今后的组织管理、科学研究和会员服务等方面不断有新举措和理论创新；州老科技工作者协会李荣兴副会长宣读德老科协〔2010〕2号文件《德宏州老科协关于成立“老科协财会分会”的批复》。会议审议通过第二届财政会计学会和珠算协会的工作报告，分别通过德宏州财政会计珠算心算协会和老科技工作者协会财会分会的《章程》《选举办法》《会员管理办法》《会费管理办法》和《财务管理制度》；分别选举产生两会理事会，由理事会选举产生常务理事会。在常务理事会的基础上，选举名誉会长、名誉副会长、荣誉理事、顾问；选举会长、副会长、秘书长。最后，州财政会计珠算心算协会第三届理事会成员尚立雄副会长和陈寿昌副会长分别宣读会议决议事项，尚立雄副会长代表新一届理事会作了讲话。

【举办第20届海峡两岸珠心算比赛暨第五届珠算珠心算比赛】 2011年5月15日，德宏州根据中国珠算心算协会《关于举办第20届海峡两岸珠心算通信比赛的通知》精神，及时制定第五届通信比赛实施方案。通过组织，州直、芒市、梁河3个区域有11所大中专院校、小学、幼儿园的1264名学生、教师报名参加比赛。经过评审，德宏州中等职业学校、芒市镇中心校获得组织一等奖；德宏师范高等专科学校、芒市职业教育中心、芒市第四小学、芒市镇中心小学、发电厂小学、芒核小学获得组织二等奖；松树寨小学、梁河康乐幼儿园获得组织三等奖；梁河小红帽幼儿园获得组织鼓励奖。德宏州自2009年第一次参加以来，每年一次的比赛活动，鼓励中华儿女研习固有的优秀传统文化精粹—珠算，提高学习珠算、珠心算兴趣，同时向社会各界宣传珠算、珠心算，加强两岸学术交流，增进两岸民间友谊。

【举办会计档案整理归档培训班】 2011年5月20日，德宏州财政局举办会计档案整理归档培训班。芒市地区州直国家机关、社会团体、大中专院校和企事业单位的会计160余人参加了培训。培训邀请相关专家对会计档案管理办法及会计档案管理的具体操作进行了系统的讲解。参加培训的广大学员集中精力、认真学习，既动脑又动手，真正学到会计档案管理的新理念、好方法。通过培训，使德宏州会计档案管理工作提高到一个新的水平。

【全省财政绩效管理会议在瑞丽召开】 2011年6月20至21日，全省财政绩效管理工作会议在瑞丽召开。省人大预算工委副主任马春文、省财政厅副厅长张振宇、德宏州人大常委会副主任管国芳、省财政厅总经济师郭鸣等领导以及各州市财政分管领导和业务人员90多人参加会议。会上，德宏州人大常委会副主任管国芳向与会人员介绍德宏的基本情况以及德宏州桥头堡黄金口岸建设思路；省财政厅副厅长张振宇传达全国预算绩效管理工作会议精神，并对做好全省财政绩效管理工作提出要求：要紧紧围绕效能政府建设做好重点民生专项资金支出的绩效评价工作，着力将绩效理贯穿于实际工作中，建立健全财政绩效管理制度体系，努力构建绩效与预算相结合的工作机制，紧紧围绕工作实效扩展绩效评价范围，加强对评价结果的运用；省人大预算工委副主任马春文对做好全省财政绩效管理工作提出要求；省财政厅绩效管理处处长杨红平作上年全省财政绩效管理工作总结；昆明、曲靖、红河、大理、昭通、德宏等介绍了加强绩效管理的做法和经验。会议对参会人员进行了业务培训。通过此次会议的召开，对进一步推进全省财政绩效管理工作，提高财政资金使用效益，不断提高财政管理科学化、精细化水平起到了积极的作用。

【举办桥头堡建设企业与会计信息服务管理培训班】 2011年6月23日，德宏州财政局举办“桥头堡建设企业与会计信息服务管理”培训班。各县市企业、会计股负责人，县市规模以上中小企业负责人及财务人员100余人参加了培训。培训特邀请德宏州人民政府党组成员、州桥头堡建设办公室常务副主任全洪涛做德宏桥头堡战略专题讲座。培训会上全洪涛副主任介绍云南桥头堡建设的重要性，对处在桥头堡建设最前沿的德宏所面临的挑战和机遇进行了详细分析；德宏州财政会计协会副会长兼秘书长张平对桥头堡战略下德宏“企业与会计信息化管理服务”的发展作专题报告；用友畅捷通软件公司信息化顾问李强翔对财务信息化工程、企业管理信息化进行专题讲座。为调节会议氛围，李老师采用互动的方式与参会人员做财务案例沟通，取得良好的培训效果，解决了企业财务人员日常工作中的困惑。会上还向参会人员发放调查表，对所在企业的性质和规模，是否已经使用财务信息化系统，企业现在的财务人员获得专业职称的人数，在后续的培训中感兴趣的课程类别等进行问卷调查。

【举办全州医疗机构财务会计制度培训班】 2011年6月14至16日，德宏州财政局为适应社会主义市场经济和医疗卫生事业发展的需要，加强医院财务管理和监督，举办全州医疗机构财务会计制度培训班。州财政局、州卫生局特意从省上聘请老师授课。此次培训人员为各县(市)财政局、卫生局分管领导和财务人员及49个乡镇卫生院、2个社区卫生室的财务人员150人。培训内容为：《医院财务制度》、《医院会计制度》、《基层医疗机构财务制度》、《基层医疗机构会计制度》。培训会上还学习《云南省人民政府办公厅关于建立健全基层医疗卫生机构补偿机制的实施意见》，并要求各县(市)根据自己的实际情况制定切实可行的基本药物制度运行补偿方案。通过此次培训，进一步提高了全州卫生系统财务人员的业务水平，对搞好医院的财务监督和管理起到积极的作用。

【财政部驻云南财政检查组到德宏检查】 2011年6月23至26日，财政部驻云南财政监察专员办孙协处长为组长的检查小组，对德宏州芒市中行、工行、农信社；瑞丽市工行、富滇银行、农信社、邮储银行等金融部门2009年和2010年度申报县域金融机构涉农贷款增量奖励资金进行抽查。检查组一是听金融部门的汇报。二是问一些操作流程或取数方式。三是审查核对涉农贷款增量奖励上报材料、五级分类贷款余额统计表、涉农贷款的季度报表、涉农贷款的台账等核查。通过采取“听、问、看”的形式，检查组对金融部门的财务管理和业务处理给予了高度评价和充分肯定，对存在的问题给予指正，对政策的理解或对填报口径的不统一作了说明。通过此次抽查，综合反映企业资产运营质量，提升了企业经营管理水平，同时加强了财政和金融部门的联系和沟通，对今后开展工作取到积极的促进作用。

【省委巡视组和省财政厅一行到德宏考察】 2011年7月5日，云南省委巡视组组长、正厅级巡视员费建平和省财政厅纪检组长唐新民一行9人，到州财政局了解德宏口岸及国门学校建设情况。汇报会上，德宏州财政局党组书记、局长刘新光详细向巡视组汇报了德宏口岸和国门学校建设情况。主要汇报全州的口岸和国门学校的基本情况、财政资金拨付情况、口岸运行情况和管理情况、存在困难和问题、国门学校建设情况、国门学校建设项目带来的效益等。巡视组通过认真听取汇报后，对德宏的口岸和国门学校建设工作给予充分肯定，尤其是全州财政部门加强资金管理，及时拨付资金，确保口岸和国门学校建设的顺利实施，使口岸和国门学校充分发挥职能作用，对扩大对缅贸易和对外展示中国的优越性起到积极的作用。巡视组要求：进一步加强财政资金管理，充分发挥财政资金的使用效益，促进全州级济和社会各项事业的发展。

【省国资委副主任耿克明一行到德宏调研】 2011年7月5至8日，为贯彻落实《国务院关于支持云南省加快建设面向西南开放重要桥头堡的意见》精神，进一步推进州市国资监管机构建设和国资监管工作，按照《地方国有资产监管工作指导监督办法》要求，由省国资委副主任耿克明为组长，监事会工作处处长王华龙、产权管理处副处长吴通、办公室副调研员刘云为成员的德宏、临沧调研组到德宏州对国资监管工作进行调研。调研组认真听取德宏州对国资监管机构贯彻落实《国务院关于支持云南省加快建设面向西南开放重要桥头堡的意见》情况、国资监管工作情况、国有企业改革情况、国资监管工作存在的问题及省属企业在德宏州重大投资和重大项目情况汇报后，深入到瑞丽市和省属企业在德宏州的投资项目建设工地和州宏康投资公司投资项目进行实地调研。通过听取汇报和实地调研，调研组对德宏州国资监管工作取得的成绩给予充分肯定，同时对德宏州的国资监管工作进行了具体的指导。

【全省财政暨财政保密工作会议在瑞丽召开】 2011年7月14至15日，全省财政办公室主任暨财政保密工作会议在瑞丽召开。财政部办公厅副主任穆树彬、省保密局局长戚桥海、省财政厅副厅长张云松、德宏州委常委瑞丽市委书记杨跃国等领导以及各州市财政分管领导和办公室人员280多人参加会议。会上，一是德宏州委常委瑞丽市委书记杨跃国致词，并向与会人员介绍了德宏的基本情况以及德宏州桥头堡黄金口岸建设思路。二是省财政厅副厅长张云松总结回顾了近年来的办公室工作，安排部署财政办公室和保密工作。并要求全省财政系统办公室在今后的工作中，要把握大局，增强办公室工作的前瞻性和主动性，充分发挥参谋服务职能，加大督查工作力度，进一步做好信息宣传工作，加强机关内部管理，提高办公室队伍素质；对保密工作要提高认识，加强组织领导，加大宣传教育力度，积极防范泄密，完善制度，严格执行保密规定。三是财政部办公厅副主任穆树彬作《如何做好新形势下的办公室工作》讲座。四是省保密局局长戚桥海作《如何加强新形势下的保密工作》讲座。五是昆明、大理、曲靖、德宏等分别作交流发言。六是省财政厅办公室主任闫友谊就全省财政办公室工作做进一步要求：全省财政系统办公室要努力提升履职水平，强化各项管理工作，建立健全保密工作制度，筑牢党风廉政建设防线。通过此次会议的召开，对进一步推进全省财政办公室工作，提高办公室的参谋助手作用，进一步发挥办公室的桥梁纽带作用，提升办公室的服务水平，增强办公室的保密意识等起到积极的作用。

【省财政厅副厅长胡芩菩到德宏调研】 2011年7月25日，云南省财政厅副厅长胡芩菩、企业处副处长陆建勇、综合科科长李建东在州财政局刘新光局长陪同下，到陇川县调研企业发展工作。调研组先后到陇川县户撒娄一刀具有限公司、拉影林付贸易有限责任公司进行实地调研，查看了娄一刀加工车间，展示厅的各类高、中、低档半壳棕丝刀、镇宅刀、景颇刀、缅刀、苗刀等10多种各民族刀具，听取娄一刀具有限公司负责人娄四东的发展思路汇报，并观看娄四东户撒刀钢可削铁的表演。接着又到拉影林付贸易有限公司查看红木加具加工车间，各类红木中、高档家具产品，听取了拉影林付贸易有限责任公司关于申请地方特色产业中小企业发展资金贷款贴息的情况汇报。县政府副县长李维献还向胡副厅长一行介绍了陇川各个相关企业的发展情况。

【发放贷免扶补创业小额贷款】 截止2011年7月31日，德宏州发放贷免扶补创业小额贷款申请书1300份，收回贷款申请书938份，经审查后推荐贷款712人，实际发放扶持贷款506户3129万元，完成930人目标任务的54%；发放失业人员小额贷款申请书400份，收回贷款申请书238份，经审查后推荐贷款116人，实际发放扶持贷款6户30万元，完成500人目标任务的1.2%；发放劳动密集型小企业贷款申请书30份，收回贷款申请书22份，经审查后推荐贷款15户，实际发放扶持贷款5户850万元，完成10户目标任务的50%。

【德宏州精神病医院医疗设备招标】 2011年8月5日，德宏州财政局政府采购管理科根据《中华人民共和国政府采购法》、《政府采购货物和服务招投标管理办法》及《德宏州政府采购评审专家暂行管理办法》等相关文件的规定，根据德宏州精神病医院医疗设备采购招标的要求，认真根据相关程序进行组织采购。按照制定的采购方案，组织招标活动，德宏州公证处对此次开标活动进行全程公证，州纪委监察局、州财政局、州精神病医院等相关单位参加开标活动，并实施监督。通过评审专家对各投标商投标文件认真审核评分，最终德宏州精神病医院医疗设备中标价为202万元，在预算255万元基础上为采购单位节约资金53万元，节约率为21%，取得显著成效。

【省财政厅调研组到德宏调研高标准农田建设示范工程项目】 2011年8月10日，云南省财政厅副巡视员方向前、省农开办副主任周海波一行，在州农开办主任雷宝才、副主任杨恩才的陪同下，到芒市调研高标准农田建设示范工程项目，并在市财政局召开座谈会。座谈会上，芒市人民政府副市长孔佑民就芒市2010年农业综合开发高标准农田建设示范工程项目的完成情况，取得的主要效益和经验做法，存在的问题，以及2011年项目的规划设想、实施进度、管理措施等，向调研组的各位领导作了详细的汇报。市财政局局长周润生和市农开办主任韩顺刚作补充发言。州农开办雷宝才主任对芒市农业综合开发工作的高标准农田建设过程中，有5个“好”应发杨和坚持下去。一是农民参与程度好，全州第一；二是设计规划思路好，非常人性化；三是政策把握好，管理到位；四是投资效益好，虽然物价上涨很快，但投资控制、质量控制、任务完成情况都比较好；五是资金管理到位，坚持按照报账制、合同制管理。听了芒市的汇报和州上的介绍后，周海波副主任对芒市的工作情况给予高度的评价，对下一步工作提出了很好的建议：对高标准农田建设示范工程项目，要在思想上上一个高度，高标准农田建设是中低产田改造的结果，不要中低产田年年改造，最终还是中低产田，所以要集中连片，提高建设标准，改造一片建成一片；要从深度上考虑高标准农田建设示范工程项目的示范、带动和引导工作，要把高标准农田建设与龙头企业、专业合作社的发展紧密结合起来，通过生产的发展，全面提高生产力，促进生产关系的改善。方向前副巡视员对芒市农开办的工作也提出指导和建议：高标准农田建设示范工程项目一是要抓住重点，出亮点，有特点，选准结合点，做老百姓想做而做不到的事情；二是要做好示范引导作用；三是要实现两个转变，中低产田改造通过实施要达到高标准，山区要根据实际情况实行小流域治理。

【省财政厅对芒市申报国际农业发展基金贷款项目调研】 2011年8月18至20日，云南省财政厅涉外处李保春处长、省扶贫办外资项目管理中心副主任闾楠等一行，对德宏州芒市申报国际农业发展基金贷款项目进行检查调研。芒市政府岳太科副市长对芒市申报云南农村综合发展项目芒市项目的基本情况、项目前期工作开展情况进行汇报。为进一步加大新农村建设力度，切实改善广大村民的生产、生活条件和生态环境，芒市委、市政府决定在市内的1乡3镇1街道办事处实施整乡推进项目建设，确定芒市列入云南农村综合发展项目，项目总投资2200万美元，其中国际农业发展基金贷款1100万美元，国内配套1100万美元，项目实施期限为5年：即2013年至2017年，贷款期限为18年含5年宽限期。调研组通过采取“听、问、看”的形式，对芒市目前的工作开展情况给予了高度评价和充分肯定，对存在的问题给予指正，对政策的理解或对申报操作程序也作了说明。会后，调研组专程到芒市项目实施单位“市新农办”进行座谈。云南农村综合发展项目芒市项目的建设对达到连片推进、亮点示范，对全面推进全市城乡一体化发展和社会主义新农村建设具有重要的促进作用。

【财政部教科文司胡成玉处长到德宏调研】 2011年8月25至26日，财政部教科文司胡成玉处长在省财政厅教科文处胡海彦处长陪同下，对德宏州普通高中、职中基本情况进行调研。调研组深入到德宏州职业中学、州民族第一中学、陇川一中、陇川职业中学、梁河一中、盈江一中、盈江职业中学等学校进行实地调研，了解学校的基本建设情况，还深入到盈江县教育局经费管理中心查看了经费管理情况。通过调研，调研组全面掌握了德宏州高中、职业中学的基础设施、师资力量、学生入学率、少数民族学生所占比例基本情况。同时，调研组对德宏州加强教育经费管理，确保教育资金专款专用，促进教育工作给予充分肯定。针对德宏州目前高中教育存在扩招任务繁重、师资严重紧缺、经费投入不足、教育质量与形势发展不相适应等问题，调研组提出了较好的意见和建议。

【瑞丽市启动城镇居民社会养老保险试点工作】 2011年9月2日，瑞丽市召开城镇居民社会保险试点工作会议，正式启动城镇居民养老保险试点工作。会议要求试点要坚持保基本、广覆盖、有弹性、可持续的原则，实行社会统筹与个人账户相结合的制度模式，通过个人缴费与政府补贴相结合的方式筹集资金，与其他社会保障政策相配套，保障城镇居民老年基本生活。根据省委省政府部署于2011年7月1日实现新农保和城乡居民社会养老保险制度全覆盖的要求。一是在本市内年满16周岁(不含在校生)，具有本市户籍，未参加职工基本养老保险的农村居民和不符合职工基本养老保险条件的城镇非从业居民(以下简称参保人)，均可在户籍地自愿参加城镇居民养老保险；二是参保居民要按规定缴纳养老保险，政府对参保居民缴费给予补贴；三是参保居民年满60周岁，可按月领取包括基础养老金和个人账户养老金在内的养老金，基础养老金由政府全额支付，每人每天不低于55元，国家根据经济发展和物价变动等情况适时调整；四是已年满60周岁、符合规定条件的城镇居民，不用缴费，可按月领取基础养老金。

【国家财政部副部长李勇到德宏督查】 2011年9月17至18日，以国家财政部副部长李勇为组长，国家发改委、国侨办、民政部、人民银行、国务院办公厅等部门相关领导组成的国务院华侨农(林)场改革和发展工作督查组，在省政协副主席倪慧芳、省财政厅副厅长张云松等领导的陪同下，到德宏芒市华侨农场开展为期2天的督查指导工作。州委书记赵金、州政府代理州长龚敬政以及州、市相关部门领导全程陪同督查。李勇副部长一行认真听取了芒市委书记蔡四宏的工作汇报。督查期间，李勇副部长一行查看了芒市华侨农场改革与发展工作影像资料及图片展览，查阅了建场以来的一些原始资料和台账，并实地检查芒市风平镇兴侨社区一组、芒市风平镇兴侨社区居委会的生产、工作情况。李勇副部长就德宏州针对华侨农场改革和发展采取的工作措施给予充分的肯定，同时对芒市华侨农场改革后的群众生产、生活给予高度评价。通过李勇副部长此次代表国务院的督查指导，不但给予德宏州芒市华侨农场改革与发展工作大力支持，而且将会对德宏州进一步开展“国家面向西南开放桥头堡黄金口岸建设和瑞丽开发开放实验区建设”等重大项目的实施起到积极的推动作用。

【开展村级财政奖补工作检查】 2011年9月14至27日，由德宏州财政局牵头，州财政局徐祖林副局长、州农业局李鹏副局长带队，带领综改办、农业科、监督检查科、农业局农经站等相关人员组成检查组，分别对全州各县市2008至2010年一事一议财政奖补工作进行检查。检查组分别听取各县、市2008至2010年一事一议财政奖补工作自检自查情况汇报，查阅相关项目档案资料，实地抽查芒市风平镇芒留村、梁河县九保乡芒岗村、盈江县旧城镇等腮村、陇川县陇把镇户岛村、瑞丽市勐卯镇贺得村、畹町开发区华俄村等15个一事一议财政奖补项目村建设成效情况。通过实地查看，检查组耳闻目睹了一事一议财政奖补项目农村公益事业基础设施建设成果给各项目村带来的可喜变化，一事一议财政奖补项目的实施，极大地改善项目村农民的生产生活条件，促进了农村民生建设，促进了农村经济社会的和谐稳定，加快了社会主义新农村建设步伐。期间，检查组随机走访了部分村民群众，发放调查问卷75份，对一事一议财政奖补政策的认知度，项目资金使用管理的透明度，项目建设成果的满意度等方面进行了调查。从问卷调查的结果看，受调查的项目村村民对一事一议财政奖补政策认知度高，项目资金管理使用规范、透明，项目建设成果得到村民的认可，满意度达100%。检查组在意见反馈会上，充分肯定各县市3年来一事一议财政奖补工作取得的可喜成绩和显著成效，同时对检查过程中发现的问题和不足提出意见建议和整改要求。

【全省财政涉外业务培训暨工作座谈会在瑞丽召开】 2011年11月16至17日，为进一步加强全省财政涉外业务培训工作，探讨财政涉外工作的新思路、新方法，全省财政涉外业务培训暨工作座谈会议在德宏瑞丽召开。财政部CDM中心主任陈欢、省财政厅副厅长张振宇、德宏州人民政府副州长板岩过等领导以及省直有关部门的领导和业务人员、各州市财政分管领导及业务人员160多人参加会议。会上就云南省财政涉外工作进行总结和回顾，其次是对全省财政涉外工作面临的机遇和挑战进行分析，最后对进一步做好全省财政涉外工作提出了要求。要求全省财政涉外工作要提高认识，抢抓机遇，做好各项业务工作；要抓好队伍建设，提高与国际金融组织的合作水平；要积极争取政策，大胆创新，不断拓展财政涉外业务范围。财政部CDM基金管理中心主任陈欢介绍了CDM项目的基本情况，并进行相关的业务培训。主要进行云南省CDM基金及项目管理、云南省CDM基金管理暂行办法、云南碳市场的发展、国际金融组织贷款业务及其项目管理、桥头堡战略下财政外经工作思考、国际金融组织贷款项目采购管理等业务进行培训，并进行分组讨论。昭通和楚雄分别进行经验交流。通过此次会议的召开，对进一步推进全省财政涉外工作，提高全省利用外国贷款的水平，增强业务人员的工作能力和水平起到积极的作用。

【举办村级会计委托代理服务师资培训班】 2011年11月15至18日，德宏州村级会计委托代理服务工作领导小组在芒市举办全州村级会计委托代理服务师资培训班。全州各县(市)乡镇村级会计委托代理服务工作负责人及乡镇核算中心业务人员51人、州农经站工作人员共63人参加了培训。培训的内容有农村集体财务管理的相关法律、法规，财政部《村集体经济组织会计制度》和《会计基础工作规范》，村集体组织会计实务，村集体经济组织会计电算化，财政支农惠农政策等。此次培训聘请高级经济师授课，结合基层村级会计委托服务工作开展的实际，针对村级会计委托代理服务工作中常用到的法律法规，当前的财政支农惠农政策，涉及到的会计科目，结合日常发生的经济业务就如何取得原始单据、如何填制会计凭证、如何建账、登账，如何填报会计报表以及软件处理等一整套业务知识进行讲解。培训采取学习与举例、做题与讲解、讲授与提问等多种教学方式进行，对会计委托代理服务工作进行深入的学习，取得很好的培训效果。通过此次培训，一是提高参训学员的业务素质，规范农村财务收支行为。二是加强农村财务管理，强化了农村财务监督。三是维护集体与农民利益，促进农村经济发展。四是对全面推动全州的村级委托代理服务工作起到了积极的促进作用。

【全省财政决算工作会议在瑞丽召开】 2011年11月23至25日，云南省财政决算工作会议在德宏瑞丽召开。省财政厅国库处、16个地州、3个省直管县及德宏州5个县市和1个经济开发区国库人员143人参加了会议。参会领导有德宏州人民政府副州长板岩过、省财政厅副厅长王卫昆、省财政厅国库处副处长孙爱平、德宏州财政局党组书记、局长刘新光。会上德宏州政府副州长板岩过致欢迎词，并介绍德宏的基本情况，省财政厅副厅长王卫昆通报了1至10月全省财政收支进度，对加快支出进度提出了要求。省财政厅国库处副处长孙爱平总结表彰2010年度决算工作情况，安排部署2011年度决算编制工作。省财政厅国库处副调研员黄家祥、省财政厅国库处科长王莲娥分别对总决算和部门决算做了详细的讲解。此次决算会议的召开，对进一步提高报表编审质量和水平，不断规范决算编审程序，增强软件的操作能力，为全省财政决算工作的顺利完成打下良好的基础。

【财政部调研组到德宏调研】 2011年12月4至6日，财政部预算司体制处处长项中新率财政部调研组一行8人，在省财政厅王卫昆副厅长和预算处负责人的陪同下，到德宏州就桥头堡黄金口岸、瑞丽国家重点开发开放试验区建设与均衡性转移支付相关情况进行调研。调研组在德宏专题召开座谈会，认真听取德宏州政府领导关于均衡性转移支付和桥头堡建设的专题汇报，并前往瑞丽市实地考察了国家重点开发开放试验区建设情况。同时，对均衡性转移支付、桥头堡黄金口岸建设和瑞丽国家重点开发开放试验区建设的相关财政政策进行深度解读。调研组根据实地考察的情况，提出一系列指导性意见和建议，对德宏州推进桥头堡建设、加快边疆民族地区发展、构建沿边经济发展示范区具有重要的指导意义。

【收支管理】 2011年，德宏州各级财税部门紧紧抓住机遇，密切配合，认真分析税源，努力开辟财源，积极挖掘税收潜力，大力加强税收和非税收入征管，狠抓财政收入；坚持依法治税，严格执行财税优惠政策，加强税收入库管理，强化征管手段，提高税收征管效率，有效堵塞“跑、冒、滴、漏”；稳步推进非税收入管理改革，规范非税收入管理，税收与非税收入做到应收尽收；预算执行两手抓、两手硬，一手加强收入管理，一手强化支出监管，合理调度资金，严格执行预算，加强专项资金的跟踪监督，确保全州干部职工工资及时足额发放和机构的正常运转。全年全州财政总收入规模在上年突破20亿元的基础上，又迈上30亿元的台阶。财政部门采取强有力的措施，着重抓好预算执行，完善支出管理机制，确保预算支出均衡实现，促进支出效益提高。全州财政一般预算支出完成92.3亿元，为推动德宏实现跨越式发展提供了强劲的动力。

【落实强农惠农政策】 2011年，德宏州财政局坚持“统筹城乡发展，实现共同富裕”的目标，积极筹措资金，改善农村生产、生活条件，兑现各项惠农补贴，为推动农民增收、农业增效、农村发展打下实实在在的强心剂。一是以农田水利建设和农业综合开发为重点，夯实农业生产基础。年内，全州安排拨付中央、省补助水利专项资金2.7亿元，州级财政安排“山区五小水利、农村人畜饮水、病险水库除险、水源工程建设”等专项资金1731万元，为全州大兴水利提供资金保障。全州完成农业综合开发投资12665万元，改造中低产田3万亩，建设高标准农田2.3万亩，治理生态面积1万亩；实施5个财政补助经营项目、2个省级先建后补经营项目和5个银行贷款中央财政贴息项目，进一步夯实了农业生产基础。二是认真落实兑现各项惠农补贴，提高农业生产积极性。全年全州兑现落实中央、省安排的粮食直接补贴、良种补贴、农机具购置补贴、农资综合补贴、畜牧良种补贴、能繁母猪补贴等各项惠农补贴22661万元，州级财政安排各项农业政策性保险补贴212万元，为调动农民积极性，保障农业生产，促进农民增收起到了积极作用。三是加大扶贫开发和新农村建设投入力度。全年全州财政安排下达中央和省级扶贫资金16291万元，州级财政安排1500万元，用于实施社会主义新农村建设、整村推进、易地扶贫搬迁、扶贫安居工程等重点项目工程，为贫困、落后地区生产发展、生活提高提供了有力的支持。四是加快推进农村综合改革。全年全州筹集资金12419万元，用于推进村级公益事业建设“一事一议”财政奖补试点工作，实施315个以“道路硬化、村容村貌整治”为重点的村级公益事业建设项目，受益人口达10.58万人，极大的改善了广大农村群众的生产生活条件。

【支持重大项目建设和产业发展】 2011年，德宏州财政部门充分发挥职能，积极建言献策，筹措建设资金，落实宏观调控，支持全州经济又好又快发展。一是抓住机遇，推进桥头堡建设。为加快“桥头堡黄金口岸和瑞丽重点开发开放试验区”建设步伐，就完善财税政策与投融资机制相关问题，做深入细致的研究，并努力争取中央、省给予更多的财税政策和资金支持。二是筹措资金，支持重大基础设施建设和产业发展。围绕州委、政府的战略部署，创新工作方式，全力筹措资金，支持事关全州经济社会长远发展的重大项目。全年州本级筹措资金8909万元，垫付资金8.9亿元，用于支持潞梁二级公路等重大基础设施建设，积极做好规范融资平台管理、划转资产增强融资平台实力等工作，争取金融组织贷款，支持社会公益事业和基础设施建设。州级财政安排4173万元，推进“六棵树一棵草”及蔗糖、畜牧等优势特色产业发展。三是稳物价，促进居民消费增长。兑现新增农资综合补贴资金9853万元，促进粮食生产稳步发展和农民持续增收；兑付成品油价格改革财政补贴3730万元，对种粮农民、部分困难群体和公益性行业进行补贴。推进“家电下乡”和“汽车摩托车下乡”，累计发放财政补贴资金8999万元；及时下拨2011年储备肉专项补助资金，稳定猪肉价格。积极配合做好事业单位实施绩效工资改革，制定实施方案，努力推动城镇居民收入增长与经济发展同步，增强居民消费能力。

【筹集资金保障民生】 2011年，德宏州财政部门把“以人为本”的理念落实到财政工作的方方面面，全力筹集资金保障民生需要，为和谐社会建设提供保障。全年全州财政教育支出109638万元，比上年增长23.6%，增加20910万元，其中州级财政安排资金5288万元。在保障州级教育事业机构运转的基础上，实施全州农村中小学校舍安全工程，实施农村义务教育薄弱学校改造，提高义务教育阶段学校公用经费和家庭经济困难寄宿生生活补助标准，全面加强学前教育、高中教育、职业教育和高等教育，使全州教育条件不断改善，农村教育资源加速赶上城市，义务教育向均等化的目标不断迈进。

全州财政医疗卫生支出63248万元，比上年增长15.4%，增加8461万元，其中州级财政安排资金3847万元，用于支持医疗机构建设和运转，完善全州基层医疗服务体系，促进基本公共卫生服务均等化，投入传染病防治，促使公共卫生服务水平普遍提高。继续实施好新型农村合作医疗、农村医疗救助、城镇居民基本医疗、城镇医疗救助、城镇职工基本医疗保险等惠民政策，使广大城乡群众得到切实的医疗保障。

全州财政科技文化体育传媒支出13899万元，比上年增长58.1%，增加5105万元，其中州级财政安排资金4223万元，实施科普惠农兴村和建设创新型德宏行动计划，实施科技奖励，促进科技成果加速转化为推进经济发展服务。新增文化事业建设和文化产业发展专项资金，加强基层文化设施，鼓励文化艺术创作，抢救保护民族文化遗产，推进文化惠民和文化信息资源共享工程；建设维护城乡体育设施，促进体育竞赛和群众体育活动蓬勃开展；扩大媒体影响力，实现“村村通”工程目标，保障安全播出。全州财政社会保障支出26144万元，比上年增长41.1%，增加7617万元，其中州级财政安排资金1806万元，配套用于建立完善以城镇职工养老保险、失业保险、农村养老保险、最低生活保障为主的社会保障体系，残疾人、失业人员、收养人员等特殊困难群体医疗、生活得到基本保障，促进就业力度加大。

截至3月11日，拨付抗震救灾资金2700万元，其中省级财政补助2200万元、州级财政补助500万元。在救灾补助资金中，2200万元用于地震灾区灾民的抢险、转移安置、遇难人员家属一次性抚慰金等，400万元用于抗震救灾经费，100万元用于地震灾区群众的吃、穿、住和对伤员的抢救治疗等。

【扶持企业推动地方发展】 2011年，德宏州财政部门加强扶持企业，不断推动地方经济发展。一是按照“政府引导、市场化运作、企业化管理”的原则，认真做好中央、省级财政支持中小企业发展的资金项目申报工作，加大与上级财政及各部门沟通协调和工作汇报力度，积极争取上级财政支持。年内，完成技术改造贷款财政贴息、农村现代流通网络体系建设专项补助资金、非公经济暨中小企业发展专项资金、新型产业化发展专项资金、走出去战略发展专项资金、担保机构贷款项目、特色产业等16个100多户企业的项目申报工作，提高企业核心竞争能力和自主创新能力，鼓励扶持企业做大做强，增强经济发展和财政增收的基础，服务于全州经济又好又快发展的大局。二是继续支持企业到境外开展罂粟替代种植，发展替代产业，努力推动罂粟替代种植示范基地建设项目的实施，发挥替代示范基地建设项目的带动效应，从源头上有效遏制毒品的蔓延。目前，替代示范项目境外受益人群已超过4万人。

【政府采购管理】 2011年，德宏州政府采购工作继续认真贯彻落实《政府采购法》、《政府采购货物和服务招标投标管理办法》，不断加大规范采购力度，扩大政府采购范围和规模，努力提高工作质量和服务水平，扎实开展反商业贿赂专项治理工作。年内实现政府采购金额33534万元，比上年同期增长9.3%，节约资金5291万元，节约率为13.6%。其中：州级自行采购2315万元，州公共资源交易中心采购8949万元，中界代理机构采购3699万元，芒市10422万元，梁河1489万元，陇川3421万元，瑞丽1365万元。通过实施政府采购，提高财政资金使用效益，维护国家和社会公共利益，保护政府采购当事人合法利益，有力地治理商业贿赂和促进党风廉政建设工作的开展，为构建公开、公平、公正、和谐的政府采购环境做出了积极贡献。

【会计监督管理】 2011年，德宏州财政部门积极对财政资金管理和使用情况进行监管和检查，有针对性地完善、健全各项内部规章制度，形成各个环节、各个工作岗位之间的互相监督、互相制约，切实保障资金的快速、高效、安全运行。一是认真开展《会计法》、《云南省会计条例》、《会计基础工作规范》执法检查，重点检查会计人员是否持有《会计从业资格证》，规范全州会计工作，严肃法纪法规，提高会计人员的业务素质和法律意识，使会计人员真正能够做到持证上岗、规范会计工作。二是圆满完成会计专业技术资格及注册会计师考试、高级会计师考试的报名工作。三是加强会计后续教育工作。为加强会计人员管理，推进会计人员继续教育科学化、制度化、规范化，培养造就高素质的会计队伍，整体提高全州会计人员的业务技能。

【国有资产管理】 2011年，德宏州财政部门加强国有资产管理，积极采取措施，确保国有资产的保值和增值。一是认真做好国有资产处置工作。及时组织土地、房屋中介机构对将处置的国有资产进行测绘、评估，同时将拍卖基价报政府。积极与宏康投资公司配合开展国有资产注入工作，将15户州级行政事业单位的土地和废物资产1.7亿元(评估价)和3家行政事业单位非经营性国有资产1.3亿元，全部划转注入州宏康投资公司，增加宏康公司的股本，拓宽宏康公司的融资平台，为宏康公司的整改保全提供强有力的保证。二是规范行政事业单位国有资产管理。对各单位国有资产的整合、处置、报损等均严格审核，经审核无误后按相关程序办理。

【加快财政改革】 2011年，德宏州财政部门在“依法理财、为民理财、精细理财”的思路指导下，着力解决制约财政科学发展的体制机制问题，积极稳妥的推进各项财政改革，使财政管理朝着“法制化、科学化、精细化”的方向继续迈进。一是加强政府债务管理。认真配合审计部门完成地方政府性债务的审计工作，参照省级的办法，结合德宏实际制定出台《德宏州州级财政偿债准备金暂行办法》，为规范偿债资金管理，建立健全地方政府性债务“风险控制、规范使用、有序偿还”的管理机制奠定基础。二是完善非税收入征管体系。以《云南省非税收入管理条例》和《云南省财政票据管理办法》的颁布为契机，全面启用“财政票据电子化管理系统”，进一步夯实非税收入征管基础，将非税收入征管、预算、考核奖惩、监督检查等配套措施，纳入《德宏州2011年州级行政事业单位定员定额、增收节支、以奖代补考核办法》中，逐步形成完整的制度体系。三是实施财政信息一体化建设。德宏州州级和芒市被纳入全省首批“财政信息一体化”建设范围，6月完成各项招标，7月开始全面建设，8月底完成培训投入运行。通过实施财政信息一体化建设，整合规范财政核心业务，逐步实现财政与同级预算单位之间，以及财政系统内部的数据共享、信息互通，为实施“财税库银”横向联网积累经验。四是加强资金监管，确保资金安全。制定出台《德宏州财政局内部监督检查暂行办法》，加快构建“相互制约、规范高效”的财政监督机制和监督格局。积极探索建立重点项目投资评审制度，全年完成4个重点项目的评审工作，评审金额4152万元，收回（含审减）资金341万元；完成绩效评价项目29个，评价金额61609万元。深入开展“小金库”治理，完成全州576个行政事业单位的全面复查和77个行政事业单位的重点抽查，梳理规范2009年以来全州各级各部门出台的治理“小金库”规定1342个。认真组织开展财政专户清理整顿，完成全州246个专户的清理和42个专户的撤并、移交、建账工作，财政专户实现统一规范管理。五是发挥地方金融职能，促进小额贷款业健康发展。紧紧抓住桥头堡黄金口岸建设和瑞丽重点开发开放试验区建设机遇，加大宣传、引导，促成一批经营理念好、资本实力强、信用信誉高的民营企业参与小额贷款公司筹建工作。全州申请筹建小额贷款公司11家，经省金融办批准成立小额贷款公司5家，其中芒市2家、瑞丽1家、陇川1家、盈江1家，注册资本1.1亿元，2011年累计投放贷款4216万元，贷款余额50353万元，净利润144万元，均无不良贷款，为引入民间资本进入金融业，切实缓解“三农”和中小企业融资难问题，开辟了新途径。

【财政宣传工作】 2011年，德宏州财政局认真做好宣传工作，增强财政工作的透明度。全年撰写《德宏财政信息》247期，及时向州委、州政府及省厅报送，并积极向《德宏团结报》和德宏电视台投稿，其中在德宏州人民政府公众信息网上发表83篇，《德宏团结报》刊发64篇，《云南经济日报》刊发44篇，《云南科技报》刊发42篇，德宏电视台新闻报道4次，《云南财会》刊发8篇，《云南日报》发表2篇，进一步加大州财政工作的对外宣传力度，增强财政工作的透明度。

【抗震救灾资金拨付】 2011年盈江县发生里氏5.8级地震，德宏州财政局立即召开会议，部署安排盈江“3·10”抗震救灾工作，并成立德宏州财政局盈江“3·10”抗震救灾工作领导小组。具体负责抗震救灾资金经费保障及物资监管相关工作，同时积极做好抗震救灾资金拨付工作。中央、省、州财政安排下拨抗震救灾资金13183万元，其中中央财政安排下拨抗震救灾资金10870万元，省级财政安排下拨抗震救灾资金2000万元，州级财政安排下拨抗震救灾资金313万元，中央、省、州资金已全部按德宏州抗震救灾指挥部的批示安排下达盈江灾区。一是下达盈江县灾区11800万元，具体用于灾区应急抢险，灾民生活安置2100万元，用于应急抢险工作经费200万元，用于灾民紧急转移安置补助1800万元（其中用于25人死亡人员抚慰金12.5万元，每人补助5000元），用于“三无人员”的过渡性生活救助补助3700万元（具体补助标准按每人每天10元，补助3个月），用于基础设施抢险工程资金4000万元（具体由州发改委协同盈江发改委、财政局等相关部门提出分配意见）；二是下达州交通局1000万元，用于潞梁路保障救灾抢险人员、物资运送抢通工程；三是下拨盈江相关部门13万元，其中下达盈江县教育局3万元，用于教育抗震救灾恢复重建工作经费，下达盈江县林业局10万元，用于灾后林业管理站点设施的修缮；四是下达盈江县疾控中心370万元，其中救灾防疫40万，业务用房修复重建330万元。

【兑付农民补贴】 2011年，为认真贯彻落实好《中共中央国务院关于加大统筹城乡发展力度进一步夯实农业农村发展基础的若干意见》的精神，德宏州把惠农补贴工作作为重点来抓，本着支持春耕生产，促进稳粮增收，精心组织，科学安排，各部门密切配合，将工作落到实处，至4月30日，已全部完成农资综合补贴、种粮农民直接补贴、农作物良种等补贴工作。全年全州兑付种粮农民补贴资金13222.18万元，其中农资综合补贴资金9853.11万元、补贴面积170万亩；粮食直补资金1000.05万元、直补面积87.66万亩；水稻等农作物良种补贴资金2369.02万元、补贴面积185.37万亩，切实缓解了农民备春耕生产资金紧张的矛盾，为高标准、高质量搞好备春耕生产创造了有利条件。

【表彰先进】 2011年，德宏州财政局被云南省委省政府授予云南省第四批新农村建设工作队及指导员工作先进派出单位、2008至2010年云南省禁毒人民战争先进集体；被云南省财政厅评为“2006至2010全省财政法制宣传教育先进集体”。州财政局被德宏州委评为德宏州创先争优百强工会组织；被德宏州委、州政府授予2010年度党风廉政建设责任制考核优秀单位、德宏州第四批新农村建设工作队及指导员工作先进派出单位、2010年发展生物特色产业工作先进单位、德宏州2008至2010年禁毒防艾人民战争先进挂钩单位一等奖、盈江“3·10”抗震救灾先进集体、2010年度德宏州综治维稳工作一等奖；被德宏州政府授予德宏州政务督查工作二等奖、2010年度职能部门消防工作目标责任制先进单位、2010年度招商引资工作优秀服务单位、2009至2010年度无偿献血先进集体、2010年人口和计划生育目标管理奖、“德宏州2011年度烤烟生产工作先进单位”、“十一五”德宏州农业综合开发先进单位；被德宏州委办公室评为“2010年度全州党委信息工作二等奖”。州财政局被德宏州妇联、德宏州总工会授予“红歌唱响新边疆”庆三八歌咏比赛优秀组织奖；被州直属机关工作委员会授予纪念建党90周年文艺汇演一等奖；被德宏州国防动员委员会评为德宏州“十一五”期间国防动员建设先进单位；被德宏州依法治州和法制宣传教育工作领导小组评为2006至2010年全州“五五普法”、“三五”依法治州工作先进集体。

刘新光被德宏州科协被评为优秀学会工作者，撰写的《浅谈德宏经济发展》在德宏州“桥头堡建设大讨论”征文比赛中，荣获优秀奖，被云南省政府评为“基本普及九年义务教育、基本扫除青壮年文盲”先进个人，被云南省广播电视局、云南省发展和改革委员会、云南省财政厅评为“十一五”广播电视村村通工作先进个人，被德宏州委、州政府评为2010年度综治维稳工作优秀领导干部，被德宏州国防动员委员会评为德宏州“十一五”国防动员建设先进个人，被德宏州委、州政府评为2010年发展生物特色产业先进个人；罗洪启被省财政厅评为2010年度全省财政信息优秀信息员，被州直机关工委评为建党90周年优秀党员；赵江被州直机关工委评为建党90周年优秀党务工作者。

（《财政》撰稿　罗洪启）

2011年度德宏傣族景颇族自治州一般预算收支决算总表决算表一

单位：万元

预算科目	调整预算数	决算数	预算科目	调整预算数	决算数
一、税收收入	131536	131294	一、一般公共服务	115266	107271
增值税	24576	24563	二、外交		
营业税	59173	58804	三、国防	1366	1364
企业所得税	5143	5158	四、公共安全	63968	62318
企业所得税退税			五、教育	112348	109638
个人所得税	2744	2822	六、科学技术	3769	3767
资源税	825	823	七、文化体育与传媒	14644	13899

续 表

预算科目	调整预算数	决算数	预算科目	调整预算数	决算数
固定资产投资方向调节税			八、社会保障和就业	216672	216089
城市维护建设税	7444	7394	九、医疗卫生	67047	63248
房产税	2583	2578	十、节能环保	15306	15084
印花税	1901	1883	十一、城乡社区事务	26164	26144
城镇土地使用税	2441	2441	十二、农林水事务	130449	128671
土地增值税	4807	4812	十三、交通运输	67586	67581
车船税	1896	1896	十四、资源勘探电力信息等事务	7252	7250
耕地占用税	3210	3210	十五、商业服务业等事务	13246	11294
契税	9808	9890	十六、金融监管等事务支出	1617	1617
烟叶税	4985	5020	十七、地震灾后恢复重建支出	9	9
其他税收收入			十八、国土资源气象等事务	17837	15649
二、非税收入	57845	57777	十九、住房保障支出	48482	48153
专项收入	10661	10640	二十、粮油物资管理事务	1381	1381
行政事业性收费收入	18600	18971	二十一、储备事务支出		
罚没收入	9807	9884	二十二、预备费		
国有资本经营收入	3352	3352	二十三、国债还本付息支出	133	133
国有资源(资产)有偿使用收入	6856	6361	二十四、其他支出	25869	22441
其他收入	8569	8569			
本年收入合计	189381	189071	本年支出合计	950411	923001

2011年度德宏傣族景颇族自治州一般预算收支决算总表决算表二

单位：万元

预算科目	决算数	预算科目	决算数
本年收入合计	189071	本年支出合计	923001
上级补助收入	735525	上解上级支出	10627
返还性收入	21692	一般性转移支付	4034
增值税和消费税税收返还收入	19077	体制上解支出	
所得税基数返还收入	2615	出口退税专项上解支出	4034
成品油价格和税费改革税收返还收入		成品油价格和税费改革专项上解支出	
其他税收返还收入		专项转移支付	6593

续 表

预算科目	决算数	预算科目	决算数
一般性转移支付收入	252018	专项上解支出	6593
体制补助收入	18506	计划单列市上解省支出	
均衡性转移支付收入	28772		
民族地区转移支付补助收入	9956		
调整工资转移支付补助收入	41583		
农村税费改革转移支付收入	13437		
县级基本财力保障机制奖补资金收入	12954		
结算补助收入	15680		
化解债务补助收入			
资源枯竭型城市转移支付补助收入			
企业事业单位划转补助收入	2992		
成品油价格和税费改革转移支付补助收入			
工商部门停征两费转移支付收入			
一般公共服务转移支付收入			
公共安全转移支付收入	12177		
教育转移支付收入	26784		
社会保障和就业转移支付收入	31806		
医疗卫生转移支付收入	12770		
农林水转移支付收入	2570		
产粮（油）大县奖励资金收入	132		
其他一般性转移支付收入	21899		
专项转移支付收入	461815		
地震灾后恢复重建补助收入			
省补助计划单列市收入			
财政部代理发行地方政府债券收入		财政部代理发行地方政府债券还本	
转贷财政部代理发行地方政府债券收入	4338	转贷财政部代理发行地方政府债券支出	
		增设预算周转金	332
国债转贷收入		拨付国债转贷资金数	
国债转贷资金上年结余		国债转贷资金结余	
国债转贷转补助			
上年结余	17465		

续表

预算科目	决算数	预算科目	决算数
调入预算稳定调节基金		安排预算稳定调节基金	
调入资金	14971	调出资金	
1. 政府性基金调入		年终结余	27410
2. 国有资本经营预算调入		其中：本级	19509
3. 财政专户管理资金调入	1736	减：结转下年的支出	20776
4. 其他调入	13235	其中：本级	13390
地震灾后恢复重建调入资金		净结余	6634
预算稳定调节基金调入		其中：本级	6119
收入总计	961370	支出总计	961370

税　　务

国　　税

【概　述】 2011年，德宏州国税系统组织各项税收收入13.73亿元(不含海关代征)，首次突破13亿元大关，为年计划的126.3%，比上年增长39.3%，增收3.88亿元，其中“三税”(国内增值税、国内消费税、企业所得税)收入12.27亿元，为年计划的127.7%，比上年增长40.4%，增收3.52亿元，圆满完成了省国税局和州委、州政府下达的各项税收计划任务。一、国税增值税收入9.83亿元，为年计划的118.4%，比上年增长30.7%，增收2.38亿元。二、国内消费税收入4424万元，为年计划的107.9%，比上年增长18.5%，增收690万元。三、企业所得税收入2.01亿元，为年计划的222.4%，比上年增长135.6%，增收1.15亿元。四、储蓄存款利息所得个人所得税收入62万元，比上年下降51.9%，减收67万元。五、车辆购置税收入1.45亿元，为年计划的115.4%，比上年增长32.4%，增收3554万元。

【税收征管】 2011年8月18日，德宏州国税系统税收管理员监控系统上线运行。监控系统上线的运行，推进了税收管理员制度深入落实，对纳税人加强户籍管理，杜绝漏征漏管起到积极的促进作用；加强征管“六率”监控和考核力度，适时监控税务登记、申报、入库、欠税等数据，对可能出现的问题，积极采取预防措施，并以征管质量考核为手段，每半年抽查2个县市局。全年办理税务登记26320户，登记率达100%；核定税种19480户次，应申报107637户次，已申报107089户次，申报率为99.49%，税款入库率为100%，做到应收尽收，无新增欠税，欠税增减率为零，滞纳金加收率、处罚率均保持在100%。加强机打普通发票推广应用工作，开展虚假普通发票及非法代开发票等日常管理和专项检查，开展重点税源监控，对小规模纳税人坚持核定及核定调整制度。

【税收特点】 2011年，德宏州国税收入取得新的突破。其主要因素是：一、全州经济社会持续稳定发展，为组织税收收入创造良好的条件。随着全州产业结构和经济结构调整，产业与经济结构日趋合理，同时以桥头堡黄金口岸和瑞丽重点开发开放试验区建设战略实施为契机，进一步扩大对外开放，增强招商引资力度，加之各重点工业企业技改增效，传统产业蔗糖价格上涨，新增电站投产，供电充足，拉动电冶业产量产值增加，有力地促进了税收增收。二、大力提升税收征管质量效率。全系统大力加强依法治税和科学化精细化专业化管理，特别是在强化执法意识、规范执法管理、防范执法风险、深化纳税评估、优化纳税服务等五方面突出重点，狠抓落实，为税收大幅增长奠定了基础，增值税和企业所得税都出现较快增长。三、大力推进税收信息化建设。以税收信息化建设搭建平台，为税收征管工作提供强有力的支持，着重抓好信息安全保障工作，确保信息系统高效运转；继续鼓励和支持自主开发运用，自主开发的“CTAIS自动升级软件”通过试运行，于3月完成服务器配置和软件安装，向全系统推广使用；4月自主开发的“德宏国税12366纳税服务在线”网站建设完成投入运行，实现了国税机关与纳税人在互联网上的互动交流，为纳税人提供便捷的网络服务平台；做好各系统软件运行维护及升级等工作；顺利开展新版普通发票换版推广使用工作，“以票控税”进一步强化，促进税收增收。

【税收分析】 2011年，德宏州国税系统列入增值税考核项目的重点行业税收均实现了增长增收。全年全州制糖业收入2.08亿元，比上年增长26.8%，增4406万元；电力生产及供应行业收入3.77亿元，增长17.5%，增5620万元；电解铝收入1349万元，增长18.9%，增214万元；工业硅收入6214万元，增长51.8%，增2121万元；水泥收入3532万元，增长95.3%，增1626万元；商业收入1.85亿元，增长64.1%，增7244万元；其他收入1.01亿元，增长22.2%，增1841万元。增收的主要原因是重点行业如制糖业、工业硅、水泥、电力等生产正常、产量增加，产品市场价格上涨，特别是白糖、酒精价格创历史新高。消费税增长主要得益于卷烟年销售收入7.39亿元，比上年增1.31亿元；酒精产量2.8万吨，增产2161吨，吨酒精平均含税销售价格6253元，上涨901元。企业所得税增收的主要原因是全州经济运行总体良好，企业利润稳定增长，保证了企业所得税税基稳定增长，进而带动企业所得税属期预缴税款的增长。此外，减免税到期和进入减半征税期的企业所得税增加，纳税评估和稽查查补入库增加。车辆购置税增收主要是1.6升及以下排量乘用车车购税税率由7.5%恢复到10%带来的政策性增收，同时居民可支配收入增加，购买力和购车需求不断加大。储蓄存款利息所得个人所得税减收主要是因为政策因素，国家从2008年10月9日起对该税暂免征收。

【纳税服务】 2011年，德宏州国税系统坚持将纳税服务作为基础性战略任务来抓，努力建设服务型国税机关，深化纳税服务各项工作；开展纳税需求问卷调查，准确把握纳税人合理需求，受到纳税人的好评；从推行纳税服务标准化建设、推进网上办税、推进“两个减负”落实、深化纳税人权益保护、建立纳税信用体系以及纳税服务体系建设等方面深入开展调研，为构建征纳和谐的税收环境进行了建设性和可行性的有益探索；开展注册税务师行业监督管理自查工作；为进一步优化纳税服务、促进税收管理信息化建设、提高办税效率、减轻办税大厅工作压力、方便纳税人轻松办税、降低征纳成本，加快网络申报推行力度，到12月底完成企业网络办税培训工作，已推行增值税网络申报企业944户，占增值税一般纳税人1172户的80.55%，实现增值税网络申报3456户次，申报增值税应纳税款5.33亿元，实现消费税网络申报267户次，申报消费税应纳税款3987.21万元。

【纳税评估】 2011年，德宏州国税系统为有效加强税源管理，充分发挥纳税评估促进税收征管质效的作用，以“降低频率、加大深度、提高质量、注重效益”为目标，逐步建立和健全纳税评估分析指标体系，综合征管、货物和劳务税、所得税、稽查和进出口税收管理等部门，实施多税种联动、征退税联动和征管查联动等综合评估，开展月、季评估；在做好日常评估的基础上，抽调骨干开展集中评估，在工作中发现问题，采取“送出去，请进来”的方式，开展多次专题培训和实地培训。与昆明市局联合在昆明和德宏分别举办1期纳税评估培训班，实行“一带一”在实际评估中学习，同时“一带一”在评估中开展内部培训。先后抽选21人，组成3个评估组进行专项评估，组织业务骨干分成多个工作组，以木材加工、食品加工、硅冶炼等行业为重点，开展评估工作，切实发挥纳税评估在组织收入工作中的作用，促进规范执法和税收征管。经过近8个月的努力，不仅初步实现“以评促收”的新突破，进一步规范了纳税行为，提高征管质量，优化执法环境，实现“三个提高”和“三个减少”。即：提高税收征管质量，提高评估工作效率，提高管理人员综合素质；减少税收执法风险，减少税收管理人员执法随意性，减少税收执法工作的被动性。到12月底，完成纳税评估227户次，其中有问题152户次，有问题面66.96%；补缴增值税1048.36万元，进项税转出386.77万元，企业所得税504.27万元，调减待弥补亏损3056.84万元，加收滞纳金45.39万元。

【税务稽查】 2011年，德宏州国税系统以加大稽查工作力度和组织稽查收入为中心，以分级分类稽查及专项检查和打击制售虚假发票违法犯罪活动专项整治为重点，加大对涉税违法案件的查处力度，对整顿规范税收秩序、优化纳税环境起到积极的促进作用。全年检查纳税户1178户，查出有问题1175户，查补入库3178.84万元，比上年增170.25%，查实率94.83%，结案率98%，偷税处罚率63.39%，综合处罚率5.49%，入库率99.66%。

【税收优惠】 2011年，德宏州国税系统在推进依法治税、加强税收征管和全力组织税收收入的同时，深入执行好各项税收优惠政策：一、全州减免企业所得税5693万元，比上年增30.07%。二、对享受增值税征前减免的438户纳税人进行直接免征，免税销售额为72.41亿元，比上年增34.12%。三、落实增值税即征即退优惠政策，为10户企业办理增值税即征即退1665.4万元。四、加强出口退税管理和服务工作，全州有285户登记在册出口企业，比上年增29户，为122户出口企业退付税款8.7亿元，增38.1%，其中以人民币结算退税4.94亿元，占退税款的56%，以外汇结算办理退税1.13亿元，跨境贸易人民币结算退税2.63亿元，出口退税增长有效促进德宏外贸经济的发展。

【税收宣传】 2011年，德宏州国税系围绕“税收.发展.民生”的税收宣传月主题和“服务基层年”的工作主题，以“税收促进发展，发展改善民生”为宣传主线，以“声势与实效”并举为方针，坚持连续性、针对性、广泛性并重的原则，把税收宣传与组织税收收入、打击涉税违法行为相结合，广泛深入开展第20个税收宣传月活动：一、及时召开筹备会议，研究宣传方案，成立宣传工作领导小组，落实分工，明确责任，制定下发《关于开展第20个全国税收宣传月活动的通知》，开展税收宣传“好点子”征集活动，广泛征集宣传好思路、好项目、好方法，就宣传形式、方法、内容广泛征求纳税人的意见建议，力求宣传更加深入有效。二、3月30日，州和芒市局联合召开纪念税收宣传月活动20周年座谈会，拉开宣传序幕。三、结合德宏“边疆·民族·团结”的州情，利用“中国·德宏2011国际泼水狂欢节”及“寻找最美丽的孔雀公主”牛车选美比赛，组织宣传队到活动现场进行宣传。四、充分利用网络和通讯平台宣传税法，利用当地媒体和《云南国税》，着重开展州情和税收宣传；利用省局外网平台和政府信息网站以及12366纳税服务热线等形式，深入开展税收宣传咨询和纳税辅导。五、在全力做好抗震救灾工作的同时，坚持组织收入不放松，多次深入灾区开展企业受灾情况调研，并借助税收宣传活动，向灾区纳税人宣传震后税收政策，进一步做好纳税服务工作，帮助受灾纳税户开展抗灾自救、恢复生产，对受灾严重的全面调查了解，掌握情况，以人为本，帮助纳税户做好减免税、缓缴税等申报审批工作，切实维护灾区秩序的稳定。六、组织召开重点税源企业暨税收专项检查座谈会，做宣传动员并就具体涉税事宜从业务招待费用扣出比例、扣出项目、发票取得须注意的事项等方面作纳税辅导；对参会企业财务负责人发放查前告知书，要求企业认真自查，让企业尽量把涉税问题自查自纠在稽查之前，提升征纳双方税法遵从度和税企和谐度，避免不必要的损失，确保自查面达100%。七、组织干部参与总局举办的税法动漫大赛、税收短信征集、税收公益广告征集、税收征文、税收漫画大赛、知识竞赛等活动。

【表彰先进】 2011年，德宏州国税局机关党委被州直机关工委表彰为“先进基层党组织”和“基层党组织工作示范点”，有1人被表彰为“优秀党务工作者”，2人分别被州委表彰为“百优党员”、“百优工会会员”。州局党组和机关党委表彰2个党支部为“先进基层党支部”，表彰30名党员为“优秀共产党员”，表彰5名党员为“优秀党务工作者”。州局获得2011年度全州推进惩防体系建设暨落实党风廉政建设责任制优秀单位；被州综治维稳委检查考评为2011年全州综治维稳工作一等奖。

【服务桥头堡黄金口岸和瑞丽重点开发开放试验区建设】 2011年，德宏州国税局为进一步服务好国家和省州发展战略，加快桥头堡黄金口岸和瑞丽重点开发开放试验区建设，着力破解优惠政策争取难题，积极主动配合州委、州政府及相关部门，从边疆国税工作实际出发，多方组织开展调研活动，积极向上级局和州委、州政府反映相关情况，并得到各级领导高度重视。省局成立桥头堡黄金口岸和瑞丽重点开发开放试验区建设专题调研组，深入德宏各地广泛开展调研。通过深入调研，分别向省、州党委政府提出具有战略性、前瞻性、可行性和可操作性的意见建议，获得各级党委、政府的高度评价，对相关政策的争取产生了积极推动作用。同时，根据省、州政府关于由省级对口厅局领导率队赴京争取国家对口部委支持工作的安排部署，州局严格按照要求，及时组织召开专题会议，召集政策法规科、货物和劳务税科、所得税科、征管科及办公室等相关人员，在前期广泛开展调研，进一步修改完善和争取总局对税收优惠政策支持的汇报材料。通过省局领导和相关处室积极汇报与争取，总局对对口汇报及请求给予了积极回应，积极与财政部和国家发改委进行接洽、协调，全力配合争取相关配套的优惠政策。

（《国税》撰稿　郑碧锋）

地方税

【税费收入】　2011年，德宏州地方税费收入突破19亿元大关，达到19.78亿元，比上年增长46%，增收6.23亿元。其中：地方税收收入14.07亿元，比上年增长40.6%，增收4.06亿元，完成年度计划的105.6%；社会保险费收入5.03亿元，增长59.8%，增收1.88亿元；文化事业建设费收入175万元，地方教育费附加收入3069万元，税务部门罚没收入64万元；工会经费和建会筹备金3317万元。残疾人就业保障金246万元。地方税收收入按州政府下达计划口径（不含金融保险营业税）考核，完成地方税收收入13.52亿元，完成年度计划的113.8%，比上年同期增长42.2%，增收4.01亿元。

【税收执法】　2011年，德宏州地方税务局在税收执法中主要做了如下工作：一是积极开展税收政策执行情况反馈，对基层执法中发现的新问题，认真讨论研究并形成情况反馈，上报《关于新营业税条例细则执行中存在的问题反馈》和《关于契税征收管理是否适用征收法专题报告》。二是根据州政府法制局的要求，对涉及地税的8份规范性文件进行清理；根据省局要求对德宏州地税系统制定公布或与其他部门联合公布的49份规范性文件进行清理；加强规范性文件审查工作，对《瑞丽市地方税务局二手房交易计税管理办法（草案）》按照规范性文件管理要求进行严格审查；就瑞丽市地税局上报的关于瑞丽市综合农贸市场延期缴纳税款的申请事项，召开重大税务事项行政审批会议，集体审议重大涉税事宜，规范行政审批行为。三是按时按质完成上年各口岸涉及农产品、木材、玉石和矿石的有关数据统计工作，协助省局做好口岸税收调研。四是开展《行政强制法》学习培训，州局40名行政执法人员参加州政府法制局组织的培训考试。五是对盈江和芒市地税局机关、分局和稽查局2009至2010年执法行为进行重点督察，重点对涉税文件制定管理、企业注销清算、减免税政策执行情况、重大税务案件审理、行政审批、发票管理、税费征收核定等方面进行检查。

【税收征管】　2011年，德宏州地方税务局在税收征管工作中主要抓好如下工作：一是继续巩固和完善征管措施。制定出台《德宏州地方税务局建筑业税收管理暂行办法》，在城区管理分局设立建筑业税源管理组，进一步完善征管措施。全年累计入库建筑业营业税2.06亿元，比上年增长33.5%，增收5162万元；二是积极配合省局完成基层征管模式调研，结合德宏实际，对新形势下征管模式提出合理化建议；三是积极开展“优秀办税服务厅”创建工作，向省局申报陇川县地税一分局为省级优秀办税服务厅，并积极接受省局优秀办税服务厅考评组对陇川县地方税务局一分局办税服务厅的考评和对芒市地方税务局一分局办税服务厅的复评考核；四是完成普通发票简并票种换版工作，并于1月1日全面启用新版发票，发票改革工作取得圆满成功；五是积极与州商务局、州国税局、州工商行政管理局联系，认真做好外资企业联合年检工作，完成外资企业联合年检24户；六是按质按量完成州政协《关于加强对建筑市场税收管理工作》提案和州人大《关于理顺州级税收管辖权问题议案》交办函的回复；七是税收精细化管理水平不断提高。年内，重点规范房地产企业、房产税以及土地使用税管理。全年全州入库土地增值税4813万元，比上年增长70%，增收1981万元；房产税完成2578万元，增长11.2%，增收259万元；土地使用税完成2441万元，增长54.7%，增收863万元。开展2010年度年所得12万元以上个人所得税申报工作，全州完成自行纳税申报人数322人，比上年实际完成数增加41人，比上年增长14.59%，申报年所得税额17992万元，应纳税额1296万元，已缴（扣）税额1236万元，补税额60万元；圆满完成2010年企业所得税汇算清缴工作，应纳税企业户比同期增加81户，实际上交所得税6036万元；做好新税法宣传贯彻工作，先后2次组织召开企业办税人员培训会，讲解新个人所得税政策，讲解新车船税政策，讲解新税收政策变化。严格落实经济结构调整政策，用足用活再就业政策，全年办理减免户数1850户，减免税款3900万元；稳步推进应用房地产评估技术，加强存量房交易税收征管工作，根据省局、州政府文件精神，州税务局及时成立应用房地产估价技术评估存量房交易价格办公室暨工作分解制小组，制定工作实施方案和时间进度计划表，确定芒市为试点地区，并结合本地实际，确定评估技术标准，建立评估模型，划分评估分区。注重税收政策调研，先后开展盈江地震灾区恢复重建有关税政策调研、车船税立法调研、房地产税收一体化管理调研，完成建筑业营业税征收管理问题反馈和营业税若干政策业务问题征求意见的反馈，认真贯彻落实省、州关于建设桥头堡的战略部署，为服务地方经济发展做好深入调研和专题汇报，主动建言献策，提出支持德宏桥头堡建设的税收政策。目前，被政府采纳并形成上报材料的涉税政策主要有6方面内容：一是“境内关外”地方税收优惠政策；二是瑞丽试验区企业比照高新技术开发区执行15%所得税优惠；三是新办生产性企业从事生产之日起，执行10%的企业所得税税率；四是地方税务局征收的2个所得税比例共享建议；五是对石油、天然气按照进口数量就地缴纳资源税；六是“五免五减半”企业所得税等优惠措施。

【税务稽查】 2011年，德宏州地方税务局税务稽查工作一是积极组织开展税收专项检查，对资本交易项目(上市公司和非上市公司的股权交易项目)、广告业等指令性项目，以及高收入者个人所得税、金融行业非居民企业等指导性项目，开展专项检查。查补地方税费、滞纳金及罚款233.55万元；二是深入开展打击发票违法犯罪活动。对80户纳税户1664份发票进行检查，通过发票检查查补收入23.72万元，加收滞纳金3.38万元，处予罚款20.29万元；三是协助省局稽查局成功查办“11·10”发票违法专案，对涉案发票的57户纳税企业337份发票进行检查；四是大力开展税收重点检查工作，为进一步深入贯彻执行国家税务总局关于房地产税收一体化管理的相关规定，完善德宏州房地产税收一体化管理。德宏州政府及时成立以州长为组长，州财政局、州地税局、州建设局、州国土资源局、州公安局主要领导任副组长的房地产税收一体化管理清理检查工作领导小组，制定下发《德宏州人民政府办公室关于开展房地产税收一体化管理清理检查工作的通知》，州政府于6月21日主持召开全州房地产税收一体化管理清理检查工作会议，州长到会并作重要讲话，对检查工作提出要求，明确了各部门的职责。根据州政府的统一安排部署，由地税部门牵头，国土、建设等部门分别抽调工作人员组成检查组，对2007至2010年房屋、土地交易信息进行全面清理检查。在此次清查中，全州对29081户(其中房屋11177户，土地17813户，建筑安装工程91户)房屋、土地交易信息与税收征管信息进行比对，发现有问题户数415户，应补地方税费568.63万元，另有500宗出让土(包括机关团体办公用地、留地安置农民用地、市政建设及公共用地)应补缴耕地占用税款4196.47万元，2项合计应补地方税费4765.1万元，已追缴入库税费670.47万元；五是认真组织开展重点企业发票自查工作。按照省局的统一安排，对中国人寿保险股份有限公司德宏分公司、中国人寿财产保险股份有限公司德宏州中心支公司、中国农业银行德宏州支行2007至2009年领购、开具、取得、使用、入账、缴销的地税发票和地方税缴纳情况进行检查；六是认真开展重点税源企业轮查工作。对全州20户房地产开发企业，3户其他行业实施重点检查，期间对线索延伸4户建筑安装业纳税情况进行检查，查补地方税费1522万元，入库1073万元，强化了对重点税源的管理，规范了行业税收征管秩序；七是做好举报案件的查处工作。全州受理案件4件，省局转办2件，查处举报案件2件，查补各项税款及罚款6.74万元；八是按照全州行政执法机关移送涉嫌犯罪案件专项监督活动的安排，由州检察、州公安局、州监察局等部门组成联合检查组，对州局稽查局2008至2010年度办理的行政案件20件进行实地检查，通过检查提高稽查干部依法行政和廉洁从政的意识。全年全州地税稽查完成检查纳税户79户，其中税务稽查检查51户，组织企业自查28户，查补税款、滞纳金、罚款收入2902.9万元，比上年同期增长36%(稽查查办税款收入2231.66万元，罚款收入56.81万元，滞纳金收入77.26万元，企业自查补税收入537.17万元)，实际入库2332.15万元，实际入库率为80%，追缴应缴未缴税款322.85万元。通过强化地方税务稽查，彰显了执法的刚性和效率，进一步规范了地方税收秩序。

【规费征收】 2011年，德宏州地方税务局坚持“税费并重”的工作思路，在全州实行税费同征收、同管理、同检查、同考核，为规费的稳步增收和规范化管理奠定坚实基础。一是继续加强重点费源管理。对规费费源的总量、结构、分布、变化等情况进行跟踪管理，做到费源情况清、管理措施硬。二是做好社会保险费和工会经费扩面工作。及时将新办企业及已办理税务登记证，但还没有参保或成立工会的企业名单提供给社保部门和工会部门，协助劳动保障部门和工会部门做好扩面工作。全年全州社保费扩面人数37875人，其中养保扩面9239人、失保扩面1936人、医保扩面26700人。三是逐步完善户籍档案管理。按照《云南省地方税务局关于社会保险费征缴工作具体问题的通知》的要求，结合税务登记开户、变更、停复业、注销等情况，对纳税人实行“一户三档”管理，即一个纳税户既有纳税档案、又有缴费档案。四是加强规费宣传力度。各级地税部门还与劳动和社会保障部门、工商部门通力合作，利用劳动执法年审、办理工商营业执照和办理税务登记的时机，向个体私营企业宣传社会保障知识，动员参保，使私营企业、个体工商户和灵活就业人员参保率呈现上升趋势，规费征收管理各项重点工作取得较好的成绩。全年收回社会保险费欠费8185万元，其中收回本年欠费4676万元，收回以前年度欠费3509万元；超额完成省局下达的基本养老保险清欠任务，全年征收基本养老保险费以前年度欠费482万元，占清欠任务300万元的160.7%，超任务数182万元；完成农垦企业历年欠缴基本养老保险费核销工作，全州核销欠费8281万元；代收工会经费工作取得新成效，全年地税部门代收工会经费3317万元，比上年同期增长21.3%，工会代收实现较快增长。同时，各级地税部门积极与党委政府汇报，全面贯彻落实财政直接代扣行政事业单位工会经费的管理办法，全年全州地方行政事业单位缴纳工会经费1888万元，比上年增长30.7%，增收443万元。

【代收残疾人保障金】 2011年，德宏州地方税务局接到云南省地税局和省残联确定德宏作为全省地税代收残保金试点单位之一的任务后，全面扎实做好代收相关工作：一是加强领导，精心组织代收残保金各项准备工作。及时向州政府领导汇报，积极主动与州残联联系，对代收前的残保金管理、核定和征收等情况认真进行了解和摸底，成立地税机关代收残疾人就业保障金领导小组，并制定实施方案，及时召开代收残疾人就业保障金试点工作会议，明确规费、征管、计会、信息中心等部门职责，形成齐抓共管的良好工作局面。二是积极协作配合，确保代收工作顺利平稳推进。按照《云南省残疾人就业保障金征收使用管理办法》的要求，加强与各级残联、财政、银行等部门协作，建立健全征收管理内部的各项制度，相关部门定期或不定期召开工作联席会，相互通报工作进展情况，及时研究解决工作中出现的问题。三是多渠道广泛宣传，争取社会各界理解支持。州税务局通过广播、电视、报刊等媒体和地税网络、办税大厅营造舆论氛围；采取同企业面对面形式座谈宣传，分阶段、分步骤、分类型组织一些不同层面的企业，召开宣传座谈会，宣传残保金代收依据、代收范围等，使之家喻户晓，取得企业对缴纳残保金的支持、理解和配合；对行政事业单位采取印发宣传资料，分送到各行政事业单位，为代收残保金奠定基础。四是加强请示，行政事业单位残保金代收工作有新突破。按照《云南省残疾人就业保障金征收使用管理办法》，行政事业单位为应缴纳残保金对象，而行政事业单位的经费是靠财政，针对工作中出现的新问题，地税部门积极配合残联一道向地方党委政府汇报，争取地方党委政府的支持，从财政预算上增加部门预算经费，从而确保了残保金足额代收。代收残疾人就业保障金工作于11月1日正式启动，截止12月31日，全州有559户申报缴纳残保金443万元，比上年同期增收95万元，增长27.36%，其中地税部门代收入库残保金246万元，占上年度残联自收收入348万元的70.69%，代收工作成效显著。

【信息化建设】 2011年，德宏州地方税务局在信息化建设中主要做了如下工作：一是进一步加强日常网络安全管理和监控。全州23条区间、区内链路及所有路由器除因电网公司改造线路和盈江地震外，未发生其他通讯中断事项，整个地税征收网络未发生病毒大规模爆发情况，信息化各系统平稳安全运行；二是积极开展纳税服务平台建设调研工作。3月对全州各县进行综合调研，实地掌握纳税服务平台建设存在的困难和需求，并形成调研情况报省局。7月主动配合省局完成纳税服务平台调研工作，对全州机房进行全面检查，如实详细反映工作中存在的困难；三是加强技术人员培训。指导各县市完成数据大集系统操作培训，使全州地税干部的数据大集中系统操作水平得到进一步提高。此外，还选派2名技术人员到省局进行为期1个多月的学习培训，提高信息技术人员的综合业务素质。

【表彰先进】 2011年，德宏地税部门被州文明委评为“2011至2013年州级文明行业”；州地税局被州普法办评为“五五”普法和“三五”依法治州工作先进单位；芒市地税一分局被省局和省妇联授予“巾帼文明示范岗”，2名干部被授予“巾帼建功标兵”称号；盈江地税和1名干部分别被德宏州委授予抗震救灾先进集体和先进个人，1名干部被州委州政府评为“百佳书记”，1名干部被州直机关工委评为优秀共产党员。

（《地方税》撰稿 郑加强）

金 融

人 行

【概 述】 2011年，人民德宏州中心支行面对国内外极其复杂的经济金融形势和德宏州重大自然灾害的严峻考验，突出“执行货币政策、提高金融服务水平、维护金融稳定和加强自身内部建设”四大任务，紧紧围绕德宏桥头堡黄金口岸和瑞丽重点开发开放试验区建设，抢抓机遇，共克时艰，积极应对挑战，科学破解难题，全力推动边疆央行事业全面、健康、快速发展，各项工作取得新的进步，保持了“十一五”以来平稳较快的发展态势。2011年1月1日，德宏州金融稳定工作机制建设取得重大突破，德宏州政府在全省率先出台并正式实施《德宏州金融稳定联席会议制度》和《德宏州金融稳定协调工作制度》，对有效防范和化解系统性金融风险，促进德宏经济持续快速健康发展创造良好的金融环境，维护辖区金融业和社会稳定具有重要的里程碑意义。截至年末，全州各项存款余额达352.5亿元，比年初增长21.3%。其中：储蓄存款余额206.7亿元，比年初增长12.9%；各项贷款余额达195.1亿元，增长20.3%，其中短期贷款余额48.9亿元，增长18.5亿元，中长期贷款146.2亿元，增长20.9%；存贷款增速分别高于全州GDP增速5.8个百分点和4.8个百分点，有效支持了全州基础设施、支柱产业、民生工程等领域的全面发展，为德宏州“桥头堡黄金口岸”和“瑞丽重点开发开放试验区”建设，为德宏州“十二五”规划实现“开门红”提供了有力的信贷支持。全年累计向社会投放现金59亿元，回笼现金36亿元，年净投放现金23亿元，收缴假币41万元，民间小币种紧缺的状况得到明显改善。

【冻结毒资】 2011年1月上旬，人行德宏州中心支行冻结毒资204万元。德宏中支在已破获的2007年“9·17”王某特大贩毒(缴获毒品22500克，毒资500多万元)案件中，经过对后续数据的筛查，发现该毒犯仍有未交待的毒资，涉及资金共7笔430万元。德宏中支将此情况及时通报芒市公安局，并经过最终查实，确认毒资为204万元，其中含美元42100元。此毒资已由公安机关冻结。

【召开政府金融工作座谈会】 2011年1月27日下午，德宏州人民政府召开德宏州金融工作座谈会。会议总结回顾上年金融工作取得的成绩，表彰奖励工作成绩突出的金融单位，并安排部署年内金融工作任务。会上，州长孟必光对做好2011年全州金融工作提出六点要求：一是进一步加大金融服务经济社会的力度。二是进一步加大金融创新力度。三是进一步优化金融生态环境和防范金融风险。四是进一步构建良好的银政企合作关系。五是进一步促进保险业健康快速发展。六是进一步加强协调领导。

【调整存贷利率】 2011年2月9日，中国人民银行对金融机构1年期存贷款基准利率上调0.25个百分点，上调个人住房公积金贷款利率，5年期以下由现行的3.33%上调至3.50%，5年期以上由现行的3.87%上调至4.05%。4月21日，中国人民银行上调人民币存款准备金率0.5个百分点；5月18日，中国人民银行上调人民币存款准备金率0.5个百分点。6月20日，中国人民银行上调人民币存款准备金率0.5个百分点。7月7日，中国人民银行对金融机构1年期存贷款基准利率、个人住房公积金贷款利率上调0.25个百分点。12月5日，中国人民银行下调人民币存款准备金率0.5个百分点。

【开展金融机构综合执法检查】 2011年4月15至19日，人民德宏州中心支行开展对银行业金融机构综合执法检查工作。为更好的开展工作，成立银行业金融机构综合执法检查领导小组，制定出人行德宏州中心支行、州外汇管理局综合执法检查方案。5月4日召开综合执法检查动员会，要求全体检查人员要以综合执法检查方案为指南，认真细致开展检查，及时报送工作动态和进展情况。会上，纪委书记张金湛宣读了《综合执法检查廉政纪律告知书》，要求检查组成员要认真遵守各项规章制度，保持良好的工作作风。5月5日，由16人组成的检查组抵达保山，开始为期2个月的现场检查。

【参加第十届缅甸·中国边境经济贸易交易会】 2011年4月29日至5月1日，国家外汇管理局云南省分局经常项目处文坚处长参加在缅甸木姐105码贸易区举行的“第十届缅甸·中国边境经济贸易交易会”。人行德宏州中心支行郑艳玲副行长陪同出席了开幕式。会展期间，举行了中缅两国高层领导会务、经贸会谈、商务会谈、联席会议等一系列活动，加深合作关系，开创了中缅经贸发展的新局面。

【人总行货币金银局到德宏调研】 2011年7月2至5日，人总行货币金银局韩利卫处长率昆明中支货币金银处和西南财经大学专家调研组一行8人到德宏，开展对德宏州边境地区人民币现钞跨境流动情况调研。通过走访、发放调查问卷、召开座谈会。调研组认为：鉴于瑞丽市特殊的地理环境，个人携带人民币现钞出入境仍是今后很长一段时期内人民币跨境流动的主要方式，德宏州应采取多项措施，加强人民币现钞出入境限额管理，引导边民主动进行出入境申报，逐步扩大跨境贸易人民币结算同业往来账户适用范围，建立健全具有瑞丽特色的人民币现钞跨境流动统计监测体系，进一步推进人民币区域化、国际化进程。

【举办国际收支人民币申报专项业务培训班】 2011年8月25日，人行德宏州中心支局举办人民币国际收支统计申报专项业务培训班。全州外汇局、外汇指定银行和进口企业从业人员81人参加了培训。通过培训和宣传相关政策规定，统一了本地进口人民币支付国际收支申报口径，强化了信息采集基础，对今后进口付汇核查和人民币国际收支申报业务起到规范和促进作用。

【开展“银行卡联合宣传启动暨刷卡无障碍揭牌仪式”】 2011年9月15日上午，人行德宏州中心支行在芒市勐巴娜西广场组织开展“2011年德宏州银行卡联合宣传启动暨芒市风情街刷卡无障碍示范街揭牌仪式”宣传活动。德宏州人民政府副州长板岩过、人行昆明中支段会全副行长、芒市政府副市长洪文、人行德宏中支罗本祥行长、中国银联云南分公司宋汉石总经理、德宏州银行卡产业发展领导小组各成员单位领导和新闻媒体及广大特约商户出席了宣传活动，“刷卡无障碍示范街”揭牌仪式启动。活动旨在做好公务卡的发行及受理市场环境的建设，拓展银行卡在满足消费支付需求、促进消费、提高流通效率等方面的积极作用，全面改善受理环境，加强非现金结算支付工作的开展。

【德宏州惠农支付服务业务正式开通】 2011年9月15至20日，由人行德宏州中心支行组织、德宏州银行卡产业发展领导小组成员单位联合举办的“德宏州惠农支付服务业务开通暨惠农支付服务点授牌仪式”活动，分别在德宏州芒市、梁河、盈江、陇川、瑞丽举行。全州授“惠农支付服务点”标识牌180块，标志着德宏州惠农支付服务业务正式开通。

【昆明中支到德宏开展小币种汇率调研】 2011年9月20至21日，人行昆明中支调研组一行5人到瑞丽市，就《人民币与周边国家小币种汇率形成机制》课题进行调研。调研组在瑞丽姐告和畹町2个口岸开展现场调查，针对民间货币兑换市场的情况，走访畹町、姐告、华丰等集市、街头兑换商及2家外币代兑机构，并组织人行、建行和工行代表座谈。会议一是听取银行关于缅币经营中的困难、意见和三点请求：即特许业务是小币种挂牌业务的一个重要突破口，尽快予批准本外币特许业务试点；允许开展贸易项下缅币结算；银行汇率对外公布牌可加挂周边国家的小币种汇率业务。二是人行德宏州中心支行就银行缅币挂牌及民间缅币市场成因、现状和汇率定价模式等进行全面汇报。调研组在听取汇报后，高度肯定和评价了德宏进行的缅币市场定价模式，并表示将及时反映德宏目前银行工作的困难、建议和要求。

【首次采用约见金融机构高管谈话监管】 2011年10月10日、11日上午，人行德宏中心支行首次采用约见谈话监管措施进行管理。罗本祥行长依法分别对邮储银行德宏州分行和农行德宏分行行长等高管人员，就2011年综合执法检查中发现的违规问题进行问责谈话。约谈中，对约谈机构通报了综合执法检查中发现的情况，责问了问题形成的原因和整改措施，并就下一步工作提出具体的要求。被约谈高管均表示：一定认真领会人民银行要求和约见谈话精神，积极采取措施，切实做好整改工作，依法合规经营，防范金融风险。

【昆明中支边境反洗钱调研组到德宏调研】 2011年10月24至27日，昆明中支边境反洗钱调研组到德宏开展反洗钱工作调研。调研组听取了工作汇报，并提出六点要求：一是金融机构应注重加强业务发展与提高反洗钱工作使命感和责任心，切实推进反洗钱工作；二是加强反洗钱制度法规学习，充分利用现场和非现场监管相结合方式，加大反洗钱工作执行力；三是积极拓展支付结算业务渠道，不断强化非现金结算业务发展；四是加强边境缅籍人员使用“马帮丁”开户的身份核查工作，规范“货币兑换点”的管理；五是提高工作责任心，做好大额、可疑支付信息的甄别，分析上报和交易信息资料保存工作；六是加强同司法部门案件查询协作配合工作；七是要突出调研的特点和亮点，为上级部门决策提供参考依据。

【泰国银行到瑞丽市考察调研】

2011年11月25日，泰国银行北部支行副行长颂萨·旺潘亚塔翁先生率泰国银行北部办事处考察团一行6人，到瑞丽市就跨境贸易人民币结算情况进行考察调研。泰国银行代表向中方代表详细询问了瑞丽市的进出口贸易、进出口贸易结算、跨境贸易人民币结算及跨境贸易人民币结算试点企业、人民币与外币尤其是人民币与缅币的兑换、中方银行与缅方银行之间合作等方面的工作开展情况，双方交换了意见和建议。

【货币政策】 2011年，人行德宏州中心支行认真落实金融宏观调控政策措施，积极探寻货币政策与地方经济发展的契合点，全力推动辖内经济发展。一是加强“窗口指导”。引导全州金融机构立足州情，突出信贷投放重点，切实加大对重点地区、重点企业和重大项目的信贷投入，较好支持了全州交通能源、民生水利及瑞丽重点开发开放试验区和盈江灾区建设。其中：瑞丽试验区贷款余额达58.7亿元，比年初增长31%，高于全州贷款平均增速10.7个百分点；盈江灾区贷款余额达32.1亿元，增长31.16%，高于全州贷款平均增速10.86个百分点。二是加强“涉农贷款管理”。积极开展信贷政策导向效果评估，认真做好“贷免扶补”、“贴息贷款”、“支农再贷款”等项目，稳步扩大农户小额信用贷款和贷款额度。全州涉农贷款余额达140.1亿元，比年初增长31.9%，高于全州贷款平均增速11.6个百分点。三是加强“货币政策工具管理”。灵活审慎发挥货币政策工具杠杆功能，切实加大对中小企业、保障性住房、战略性新兴产业的支持力度。同时，果断严控“两高一剩”行业贷款，不断优化信贷结构。年末，全州各项存款余额达352.5亿元，比年初增长21.3%；各项贷款余额达195.1亿元，增长20.3%。

【金融服务】 2011年，人行德宏州中心支行持续加大金融基础设施建设，着力提升边疆金融服务水平。一是加强系统维护，确保资金安全、高效、准确清算。全年累计办理大小额支付系统业务5407笔，金额300.73亿元。二是协助财政当好政府的“好管家”，把好全州财政资金的“总闸门”。全年累计办理国库业务32万笔，实现各级预算收入11.34亿元，拨付一般预算支出73.78亿元。三是稳步推进现代化支付结算管理改革，采取有效措施积极缓解“银行排队”、“乡镇金融服务”等难题。年内，在芒市建成“芒市风情街刷卡无障碍示范街”，设立180个“惠农支付服务点”，发展1416个特约商户，全州非现金结算工具覆盖面稳步扩大。四是以市场为导向，合理、有序、适度供应人民币现金。全年累计向社会投放现金59亿元，回笼现金36亿元，年净投放现金23亿元，收缴假币41万元，民间小币种紧缺状况得到明显改善。五是积极推动人民币国际化战略，人民币与周边国家货币兑换机制建设取得重大突破。12月26日云南省外汇管理局批准瑞丽大通公司和台丽公司2家企业，正式试点个人本外币兑换特许业务，填补了德宏州民间无正式兑换机构的历史空白。

【金融稳定】 2011年，人行德宏州中心支行继续着力维护辖内金融稳定，不断优化金融生态环境。一是深入推进辖内金融改革。农业银行三农金融事业部改革初步形成“三级督导、一级经营”的基本框架和“六个单独”运行机制，涉农贷款不断增加。农村信用社资产质量不断改善，地方法人金融机构改革取得阶段性成果。二是制定出台《德宏州金融稳定工作协调机制》、《地方银行业金融机构突发事件应急预案》等，努力探索系统性金融风险防范的方法和手段。成功化解盈江灾区"星星佳园"小区新居成为危房，部分灾民拒绝偿还银行个人住房贷款所引发的重大风险隐患。三是建立《应对缅甸民族武装冲突的紧急预案》和信息报送制度，有效应对和稳妥处置缅甸局势紧张对边疆金融稳定带来的冲击。通过"外管绿色通道"帮助德宏州天瑞公司延期核销"替代种植"收汇583万美元。四是认真履行反洗钱工作职责，积极参与地方重大非法集资案件侦查工作，采取有效措施切实保护金融消费者权益。五是及时启动应急预案，做好金融支持救灾重建工作。组织灾区银行机构迅速建成"板房银行"、"帐篷银行"，第一时间恢复营业；按照特事特办的原则，开通"央行绿色通道"，为灾区提供全天候不间断的人民币现金供应，保证救灾资金及时安全到位；争取出台13条金融特殊政策，积极支持灾后恢复重建等。年末，全州银行业发放救灾重建贷款突破7亿元，拨付救灾资金12亿元，90%以上的民房恢复重建得到信贷支持。六是认真做好"两管理，两综合"工作，基层央行权威形象得到进一步巩固。按照《德宏州新设银行业金融机构开业管理与服务实施细则》，审核同意中国银行姐告支行加入现代化金融服务体系，帮助上海农商行瑞丽村镇银行做好支付系统、信贷政策、科技信息联网、现金管理等开业可行性研究，完成9家银行业金融机构19个营业网点的综合执法检查，查出164个违规问题，并依法进行行政处罚。在全省率先开展综合执法检查"回头看"工作，全州银行业金融机构合规经营水平不断提高，不良贷款持续双降，盈利能力持续增强，抗风险能力显著提升。

【征信管理】 2011年，人行德宏州中心支行社会信用体系建设工作取得重大进展。一是制定印发《德宏州社会信用体系建设实施方案》与《德宏州社会信用体系建设联席会议制度》，德宏州社会信用体系建设工作迈上制度化、系统化、规范化的轨道。二是农村信用体系建设试点工作全面铺开。成立德宏州农村信用体系建设试点工作领导小组，制定《德宏州信用村镇创建实施方案》。在昆明中支只要求试点州(市)选取1个县(市)作为试点的基础上，德宏中支大胆尝试，选取芒市和陇川2个县(市)作为德宏农村信用体系建设试点县(市)，有55009户农户参与试点，两地参与试点的农户总数达50%以上。积极组织涉农金融机构开展农户信用信息采集工作，全年采集农户信用信息40份，建立农户电子经济档案40户，为全省农户信用信息系统在德宏的推广和运行铺平了道路。三是农村青年信用示范户创建试点工作取得阶段性成果。成立州、县两级创建试点工作领导小组，按照"政府领导、人行主导、多方参与、多方受益"的原则，制定州、县两级创建试点工作方案，统筹安排，深入调研，扎实推进。12月末，德宏州评选出县级农村青年信用示范户2000户、州级500户，向共青团省委成功推荐AAA信用标准农村青年信用示范户100户。

【外汇管理】 2011年，人行德宏州中心支行在外汇管理中主要做了如下工作：一是按照"务实、创新、先行、先试"的工作思路，扎实推进跨境贸易人民币结算试点工作迈入正常化。全年完成跨境贸易人民币结算金额达59亿元，超额完成德宏州政府下达"全年30亿元"的重点工作目标任务，完成量占全省四分之一，位列云南地州之首。二是积极推动人民币国际化战略，人民币与周边国家货币兑换机制建设取得重大突破。2011年12月26日云南省外汇管理局批准瑞丽大通公司和台丽公司2家企业，正式试点个人本外币兑换特许业务，填补了德宏州民间无正式兑换机构的历史空白。三是继续深入推进外汇便利化改革。全年全州跨境收支实现12亿美元，比上年增长35.65%，高于德宏州对外贸易进出口总额增幅17个百分点。充分利用现有外汇管理改革政策措施，按照贸易和投资便利化原则，简化进出口核销手续，提高境外投资用汇审批效率，积极支持支柱产业和优势企业，实施"走出去"战略。全州进出口企业盈利状况明显改善，有效支持了地方外向型经济的发展；全州外贸企业国际结算成本不断降低，盈利状况明显提升，有效促进了涉外经济快速发展。

【反洗钱工作】 2011年，人行德宏州中心支行积极发挥反洗钱管理职能作用，加大可疑资金监测上报，积极配合司法部门做好反洗钱侦查工作。截至年末，全州累计筛查、上报重点可疑交易报告180份，涉及人民币40.9亿元，美元4.5万元，欧元23.8万元，英镑0.4万元。对辖内23家金融机构进行反洗钱非现场监管和现场检查，协助公安、海关及国家安全局协查毒品、犯罪、走私等各类案件10起、20余次；开展反洗钱宣传培训工作，努力营造社会反洗钱氛围，确保了德宏辖内经济金融的平稳运行。

【信息调研】 2011年，人行德宏州中心支行组织上报各类调研报告40余篇，组织编报《德宏州"十二五"金融业发展规划》，提前谋划德宏金融未来5年的发展与改革方向。年内，围绕桥头堡黄金口岸战略目标开展专题调研，提出向省级争取支持瑞丽重点开发开放试验区建设的9条具体政策措施和多份调研报告，形成《关于加强政银企协调配合，推进德宏重大项目建设的意见》；上报的《边境民族地区小额贷款公司可持续发展问题研究》被人总行《金融研究报告》刊用，《对德宏州金融业扶持人口较少民族发展情况的调查》被昆明中支《云南金融研究报告》刊用。同时，完成人民币境外使用、德宏州工业发展状况、小额贷款公司经营现状调查、民间融资专项调查、农村信用体系建设情况等调查项目。年内，组织编报《德宏金融信息》96期、《金融简报》7期，被成都分行采用4条，昆明中心支行采用11条，德宏团结报采用2条。

【应用门户整合推广】 2011年，人行德宏中心支行开展外汇管理系统应用门户整合推广工作。11月1日起，外汇管理服务贸易系统和银行结售汇统计系统正式运行，实现以应用服务平台为基础的统一应用门户和单点登录的目标。应用门户整合的推广，从根本上解决了"系统数量多，用户访问不同系统时需多次登录、多次输入用户名和密码，操作不便"等问题。

（《人行》撰稿　杨红梅）

德宏傣族景颇族自治州全金融机构（不含外资、证券）—（区域用）金融机构人民币信贷收支月报表

单位：万元

	本期余额	比上月增减额	去年比上月	今年比年初增减额	去年比年初增减额
一、各项存款	3525094	119262	70502	620183	803059
1.单位存款	1262184	99175	–12406	349208	249847
其中：活期存款	1111167	96965		335633	
定期存款	108302	3369		23544	
通知存款	3400	–800		–20101	
保证金存款	9164	–7	318	3631	3356
2.个人存款	2067915	32207	79204	235925	459511
储蓄存款	2067915	32207	79204	235925	459443
保证金存款1			0		68
结构性存款					
3.财政性存款	90474	–6714	4829	35497	–7557
4.临时性存款	2905	–5084	–174	394	–484
5.委托存款	1264	–436	–952	–931	2192
6.其他存款	100352	113	1	90	99549
二、金融债券					
三、中长期借款					
四、应付及暂收款	40549	2447	1515	10032	7582
其中：应付利息	24569	–967	296	5758	4339
五、同业往来（来源方）	4161	2	0	942	157

续 表

	本期余额	比上月增减额	去年比上月	今年比年初增减额	去年比年初增减额
六、系统内资金往来（来源方）					
七、外汇买卖（来源方）	33858	518	1728	16322	17536
其中：结售汇	33858	518	1728	16322	17536
八、各项准备	45322	-390	-233	5924	3095
其中：贷款损失准备金	44296	-389	-217	6090	2946
九、所有者权益	86838	3049	7122	27785	17357
其中：实收资本	25195	2984	407	8833	2583
十、其他	-500721	-188554	-135271	-221851	13318
资金来源总计	3235101	-63667	-54638	459336	862104

德宏傣族景颇族自治州全金融机构(不含外资、证券)—(区域用)金融机构人民币信贷收支月报表

单位：万元

	本期余额	比上月增减额	去年比上月	今年比年初增减额	去年比年初增减额
一、各项贷款	1951285	33699	55357	328775	306696
（一）境内贷款	1951199	33700	55357	328790	306696
1.短期贷款	489227	15031	35305	76296	82451
（1）个人贷款及透支	259745	1410	10506	46842	80776
其中：个人消费贷款	20727	586	615	5986	-3473
（2）单位普通贷款及透支	224975	12621	20752	35990	-4368
其中：经营贷款	224975	12918	20752	36287	-2305
固定资产贷款		-297		-297	-2063
（3）普通并购贷款					
（4）银团贷款					
（5）贸易融资	4507	1000	4048	-6536	6043
（6）境外筹资转贷款					
2.中长期贷款	1461971	18669	19922	252623	224145
（1）个人贷款	598766	-1329	6815	158902	98992
其中：个人消费贷款1	231620	2301	1644	62954	41641
（2）单位普通贷款	863206	19998	13107	93721	125153

续 表

	本期余额	比上月增减额	去年比上月	今年比年初增减额	去年比年初增减额
其中：经营贷款1	109205	-6933	-3494	26966	13209
固定资产贷款1	754000	26932	16601	66755	111944
（3）普通并购贷款1					
（4）银团贷款1					
（5）贸易融资1					
（6）境外筹资转贷款1					
3.融资租赁					
4.票据融资			130	-130	100
其中：贴现			130	-130	100
5.各项垫款					
（二）境外贷款	86	-1		-15	
二、有价证券	-762	-141	-71	60	-2135
三、股权及其他投资	130		-120		-120
四、应收及预付款	6167	-13579	-7565	2803	-369
其中：应收利息	5145	-12295	-5814	2547	50
五、同业往来（运用方）			-28000		36000
六、系统内资金往来（运用方）	1168479	-97314	-75128	92538	497693
七、金银占款					
八、外汇买卖（运用方）	33859	519	1727	16323	17536
其中：结售汇1	33859	519	1727	16323	17536
九、固定资产	42397	6933	1093	7165	3170
十、库存现金	33547	6216	-1931	11672	3633
十一、投资性房地产					
资金运用总计	3235101	-63667	-54638	459336	862104

德宏银监分局

【概　述】　2011年，德宏银监分局认真贯彻落实中央经济工作会议和银监系统工作会议精神，紧紧围绕云南银监局"两强、两控"要求，按照"防风险、促发展、强基础"的工作思路，紧扣中心、主抓重点、力克难点，先后召开12次专题会议，采取监管通报、监管座谈、监管提示、监管走访以及有针对性的现场检查等方式，持续跟踪督导，有效督促辖内银行业机构深入贯彻落实宏观调控政策，促进宏观环境持续优化。年末，全州银行业金融机构各项存款余额354.89亿元，比年初增加63.74亿元，增长21.89%；各项贷款余额195.13亿元，增加32.88亿元，增长20.26%。涉农贷款、小企业贷款增速分别高于贷款平均增速8.46和17.28个百分点，信贷资金主要投向大通道建设、等级公路改造、城市基础设施建设、民生水利等领域，为地方经济发展提供了强有力的金融支撑。

【重点监管】　2011年，德宏银监分局认真落实"两强、两控"的各项工作部署，将融资平台贷款清理、贷款新规推进、中长期合同修订补正列为全年三项重点工作，通过健全组织架构谋划工作全局，开展高管测试传递政策要求，建立报告制度明晰监管导向，汇集多方共识赢得工作主动，进行定期通报提升推进效率，做好现场检查验证推进效果。通过努力，三类贷款按新规"走款"的比例在年末超过80%；中长期贷款合同的修订补正提前完成；全州各级政府先后为平台公司增加注册资本金1.26亿元，划转抵押资产8.24亿元，贷款担保全面落实；收回陈年贷款0.89亿元，3家平台公司实现现金流全覆盖。

【非现场监管】　2011年，德宏银监分局根据形势发展和实际需要完善监管机制、创新监管方式，努力解决影响监管质效的掣肘性问题。年内，对辖内各银行金融机构114名高管人员进行履职考核，组织32名拟任高管进行任职资格考试，对109名高管进行履职测试，并通过约见谈话等方式规范履职行为、强化持续监管，从而实现对高管人员市场准入、日常履职行为和年度履职情况的全覆盖监管。为提升非现场监管和现场检查服务的功效，利用"1104"系统在云南银监系统率先开发特色报表，涵盖十大类风险监测台账，及时、准确反映辖区经济金融特点和银行业风险状况，为现场检查和领导决策提供有效信息指导。

【现场检查】　2011年，德宏银监分局开创源头管控更"严"，风险预警更"准"，打击力度更"大"，协调配和更"紧"的监管新局面，探索出一条符合边疆民族地区实情的监管新路径。特别是将现场检查作为促进银行业稳健运行、防范风险和提高监管有效性的重要手段，按照"5+2"（"5"即问题库、人员库、案例库、查处库、信息库"五个资料库"；"2"即实施"现场检查问题整改跟踪联动单制度"和"现场检查总结会"）的模式，进一步整合资源、提高效率、强化整改。全年先后开展17个现场检查项目，投入1304个工作日，检查机构网点85个，检查金额33.33亿元，发现问题金额3亿多元，提出整改意见66条。针对个别银行业金融机构的违规行为，依法对其处以10万元罚款，并责令对高管人员进行纪律处分，较好地实践了银监会"长牙齿、敢碰硬"的监管要求，切实增强了监管的权威性。

【风险管控】　2011年，德宏银监分局从"深、实、细"入手，扎实做好房地产贷款风险、创新业务风险、声誉风险和体系外风险管控，切实增强银行业运行的稳健性。年内，对6家机构12个网点的代理保险、个人理财、信用卡业务以及违规揽储情况进行明查暗访，提出监管意见，集中整治市场纪律；对免除部分服务收费执行情况开展现场检查，责令3家机构及时退还多收取的服务费820元。同时，对社会公众反映的银行服务收费问题做好沟通解释工作，妥善处理客户投诉。对民间借贷日益活跃带来的风险，开展调查研究，加强风险提示，部署清理清查，构筑风险"防火墙"。派员参加德宏州"9.06"涉嫌非法集资专案组，经云南省处置非法集资部门联席会议办公室定性为非法集资案件，积极协助有关部门打击非法集资，防范体系外风险。

【案件防控】　2011年，德宏银监分局始终保持案件防控高压态势，以增强内生动力、建立长效机制为抓手，先后召开5次专题会议，深入推进"案件防控执行年"活动，签订目标责任书，将案防安保工作列入年度考核，提高约束力；结合实际，着力增强"案防新规"贯彻落实的针对性和有效性，责任清晰、协调有序、科学高效的案防工作体系初步建立；8次深入基层、盈江地震灾区开展突击检查，加大对重点领域和薄弱环节的检查力度，排除风险隐患；开展“九种人”专项排查活动，排查面达100%，严格规范银行业员工从业行为，增强案件防控的前瞻性、针对性和威慑力，实现了全年“零案件”的目标。

【抗震救灾】 2011年，德宏银监分局面对突如其来的盈江3·10地震灾害，充分发挥监管引领作用，引导银行业全力以赴打响抗震重建的攻坚战。第一时间召开党委会研究部署，第一时间赶赴灾区成立“银行业抗震救灾指挥部”进行实地督导，推动抗震救灾工作及时、有序开展。紧急下发3份通知，抢修受损设备，确定临时营业地点，金融服务不到20小时便迅速恢复，确保了灾区支付结算畅通、服务方便快捷、资金供给充足、运行安全有序。召开6次专题会议，研究银行业支持灾后重建工作；3月中旬，云南银监局局长林勇力率队亲赴盈江灾区组织召开“银行业支持盈江抗震重建现场会”；4月云南银监局马驰副局长赴德宏分局指导工作，并参加省政府盈江“3·10”地震恢复重建工作会议。截至12月末，全州银行业机构累计发放救灾重建贷款7.53亿元，90%以上民房恢复重建得到有效信贷支持。

【宣传信息】 2011年，德宏银监分局着力办好《德宏团结报》的银行之窗栏目，组织银行业金融机构完成29期栏目宣传，组织开展庆祝建党90年“辉煌银行业.颂歌献给党”专题报道。全年编报监管信息22期，上报信息23期，调研报告21期，信息专报10期，其中被中办采用4篇，国办采用8篇，新华社采用1期，银监会采用31期，省委省政府采用32篇，云南银监局采用78期。同时，部分信息被新华网、金融网、云南网、舜财网等媒体刊载。信息工作荣获云南银监局系统唯一特等奖。

【表彰先进】 2011年，德宏银监分局先后荣获银监会“文明单位”称号；分局机关第二党支部荣获银监会“先进基层党组织”称号；云南银监局系统先进单位；德宏州党风廉政建设优秀单位；德宏州综治维稳一等奖；德宏州2008至2010年禁毒防艾人民战争先进挂钩单位一等奖。

（《德宏银监分局》由办公室供稿）

农发行

【经营管理】 2011年，农发行德宏州分行进一步强化农业政策性银行职能作用，围绕保障全州粮食安全和主要农产品市场稳定、支持农业农村基础设施建设两大重点任务，强支农促发展，控风险保稳健，夯基础强管理，抓班子带队伍，经营管理各项工作成效显著，为德宏农业农村经济发展做出积极贡献。全年累计发放贷款135846万元，累计收回116812万元，年末各项贷款余额212017万元，是2005年的6.5倍，比年初增加18665万元，增幅9.65%，连续6年保持平均50%以上的增幅。人均贷款2305万元，比上年增226万元。贷款结构进一步优化，政策性(含准政策性)贷款170217万元、占比80.28%，商业性贷款41480万元、占比19.72%；短期贷款82167万元、占比38.75%；中长期贷款129850万元、占比61.25%。各项存款(含同业存款)余额44769万元，日均存款49744万元，人均日均存款535万元。全辖未出现不良贷款，不良贷款余额和比率继续保持为零。全年实现账面利润5291万元，比上年增加1095万元，增幅26.1%；人均利润56.89万元，增加9.14万元，增幅19.14%。全年实现了无经济案件、刑事案件、重大责任事故、严重违规违纪行为的“四无”目标。

【政策性主体业务】 2011年，农发行德宏州分行切实履行政策性银行职能，始终把粮油信贷作为工作的重中之重抓细抓实、抓紧抓好，确保政策性信贷资金的及时足额供应，抓好粮油企业收购资金的供应和管理。全年累计发放粮油贷款32520万元，比上年增加13642万元；支持企业收储粮食16301万公斤，增加1023万公斤；年末粮油贷款余额55367万元，占各项贷款余额的26.11%，确保国家粮食安全、维护粮油市场稳定和保护农民利益的政策效应得到充分发挥。

【农村基础设施建设贷款】 2011年，农发行德宏州分行结合德宏实际，积极拓展支农领域，大力开展农村基础设施建设中长期政策性信贷业务，积极支持农村基础建设。全年发放新农村建设贷款1.2亿元，支持农村土地收储项目1个；发放农村基础设施贷款7000万元，支持水电站建设项目2个；加强与水利等部门的沟通协调，积极建立项目库，将8个水利项目纳入项目库，贷款金额2.39亿元，为开办水利贷款做好准备，有力地支持了德宏州农业农村基础设施建设，充分体现农发行在农村金融中的支柱和骨干作用。

【食糖贷款】 2011年，农发行德宏州分行把积极支持蔗糖产业作为信贷业务的重点，针对企业生产的特点，加强向省分行的汇报反映，优化贷款品种组合，用好用活信贷政策，对蔗糖企业在生产和储备中所需的资金及时给予支持。全年累计向3户制糖企业发放贷款7.65亿元，其中地方食糖储备贷款3000万元；产业化龙头企业贷款7.35亿元。年末食糖贷款余额3.1万元，占贷款总额的14.5%，突出农发行对德宏支柱产业的倾斜支持，为德宏地方经济的平稳发展作出积极贡献。

【龙头企业贷款】 2011年，农发行德宏州分行紧密结合德宏实际，突出重点，突出特色，因地制宜，择优支持农业产业化龙头企业和农业小企业发展。年内，向3户农业产业化龙头企业提供信贷支持9900万元，向2户农业小企业发放贷款500万元，对缓解企业“融资难”问题起到积极的作用。

【存　款】 2011年，农发行德宏州分行加强组织领导，完善工作机制，积极主动营销，全力抓好存款组织。年末，各项存款余额44769万元，其中同业拆借11000万元，比年初减少34017万元，减幅43.18%；全行日均存款49744万元，减少21201万元，减幅29.88%；人均日均存款535万元，减少224万元，减幅29.51%。

【中间业务】 2011年，农发行德宏州分行不断深化与保险公司的合作，成功开办咨询顾问业务，积极做好票据业务，努力抓好中间业务。全年实现中间业务收入89万元，比上年增加33万元，增幅58.93%；咨询顾问业务从无到有，实现业务收入30万元；办理银行承兑汇票31笔，金额5220万元；办理银行承兑汇票贴现1笔，金额240万元；网银交易量12.9亿元，增长24.18%。

【风险防控】 2011年，农发行德宏州分行继续加强信贷基础管理，狠抓信贷规章制度落实，认真做好贷款调查、审查、审议和审批；切实抓好风险防控，进一步完善风险防控机制；加强贷后管理，认真执行“实贷实付”制，认真按照《客户尽职尽责记录文本》开展贷后检查；抓好地方政府融资平台公司贷款的规范清理整改落实工作，州宏康公司和盈江兴盈投资公司的风险分析定性为“全覆盖”；继续介入全州粮改工作，切实防控粮油收购贷款风险。由于风险防控措施到位有力，全年未出现不良贷款，年末不良贷款余额和占比继续保持为零。

【基础管理】 2011年，农发行德宏州分行抓好“两基”建设，多层次提升管理水平。一是严格资金计划管理。认真执行信贷计划，信贷计划执行率为100%；强化资金运营管理，降低闲置资金占用；加强与财政部门的沟通联系，财政补贴资金到位率为100%。二是加强财会管理，抓好增收节支，重视收息工作，综合收息率为99%，严格内控制度，抓好综合业务系统的运行和维护，加强固定资产管理。三是规范机关办公秩序，抓好办文办会办事、催办督办和后勤服务等工作，进一步加强行务值班和应急管理，努力提高执行力和工作效率。四是加强内控机制建设，认真开展和接受序时审计和专项检查，做好对检查发现问题的整改。五是加强信息化建设，保障各应用系统安全、稳定、高效运转。六是层层签订安全保卫责任书，按季抓好安全保卫工作的检查，消除安全隐患，确保安全营运。

【队伍建设】 2011年，农发行德宏州分行抓好班子带好队伍，促进业务又好又快发展。一是继续推进“四好”领导班子创建活动，认真落实诫勉谈话、述职述廉、个人有关重大事项报告等制度，认真落实党风廉政建设责任制。二是按照上级行对在一个地方任职满5年的县支行行长进行交流的要求，对盈江和陇川2个县支行行长进行交流。三是采取以会代训、视频培训会等形式，抓好业务学习培训，全年培训员工137人次。

（《农发行》撰稿　朗恩存）

工　行

【概　述】 2011年，工行德宏分行结合推进德宏桥头堡黄金口岸建设的新要求，牢牢把握发展机遇，紧紧围绕地方经济发展“十二五”规划新要求，着力把握好全州信贷投放的重点、力度和节奏，用好用活信贷政策，努力提高金融支持经济发展的可持续性，重点加大对基础设施、电力生产、进出口贸易、中小企业、贸易融资等项目的信贷投放力度，积极参与地方经济建设，不断提高自身服务管理水平，为德宏地方经济发展与金融和谐稳定做出应有的贡献。截至年末，人民币各项存款余额31亿元，比上年增加3亿元；累计发放贷款12亿元，贷款余额22亿元，比上年增加3亿元。对贷款投放严格把关，加强贷后管理，开展信贷业务专项治理活动。年末，不良贷款余额61万元，不良贷款率0.03%，比上年末下降0.01%，保持了高质量信贷资产。中间业务比上年增加511万元，增长28.61%。年末，扣除减值准备前利润比上年增长24.02%，扣除减值准备后利润比上年增长26.83%，净利润增长31.72%。

【签订《金融战略合作协议》】 2011年，工行德宏分行以"强行"战略为指导，认真贯彻上级行党委、地方党政及监管部门重要工作的指示，全力以赴投入到各项工作中，为支持地方经济发展提供强有力的支持。12月28日，在省分行党委和地方党政部门的关心支持和直接协调下，工行云南省分行与德宏州人民政府签订支持桥头堡建设《金融战略合作协议》，搭建了银政深化合作平台，为德宏分行抢抓发展机遇、更好地服务地方经济建设、实现跨越发展奠定了坚实的基础。

【信贷结构优化】 2011年，工行德宏分行在"两强一堡"的建设形势下，全州以公路、铁路、口岸城市建设为重点的基础设施项目进入新的高潮时期，把信贷工作重心放到地方基础设施项目上，紧紧围绕地方经济建设"十二五"规划，中国—东盟贸易区、大湄公河次区域经济合作、龙瑞高速公路、中缅油气管道码头工程、管道工程及重点项目等建设，不断完善调整符合地方实际需求的信贷思路，在政策紧、信贷紧、资金紧，多因素叠加导致金融机构出现放贷困难的情况下，加快信贷结构调整步伐。一是继续做好"十二五"重点建设项目的跟踪和金融服务工作，积极争取上级行政策支持；二是转变和拓宽思路，全力支持中小企业和涉农企业的发展；三是进一步加大个人信贷业务发展，重点发展个人住房贷款和个人消费贷款；四是结合德宏经济发展特点，通过发展贸易融资、商品融资业务，想方设法提供融资支持。

【金融服务】 2011年，工行德宏分行全面梳理分析，统筹规划，合理启动闲置窗口，切实解决当前营业网点服务窗口闲置问题，着力做好金融服务。完成7个营业网点改造，增加现金及非现金窗口26个；完善网点综合服务功能，积极优化柜面业务服务模式和流程，设施更加齐全，网点功能有较大提升；完善多渠道业务发展体系，以离行式自助银行建设和自助设备布放为工作重心，努力建成自助银行的网络服务体系，消除服务盲区；强化业务创新和服务提升，加强产品和市场研究，灵活做好产品与客户需求的对接，为方便社会居民消费、扩大内需提供更加快捷、方便的金融支持。年末，各营业网点平均客户满意度达98.70%。

【金融创新】 2011年，工行德宏分行加快金融创新的不断发展，通过不断推出新业务、新产品，为地方经济发展提供更优质的服务。在信贷需求方面：积极探索与"桥头堡"建设相适应的银政、银企合作模式，切实提高为"桥头堡"建设中的战略性产业、主导性产业、支撑性产业提供服务的能力。在产品服务上：不断完善支付结算基础设施，以货币兑换便利化、贸易投资便利化为导向，以西南地区国家货币兑换服务为重点，加快外汇服务网点建设，全面提供便捷高效的外汇服务。通过多方努力，成功设立瑞丽市大通实业有限公司和瑞丽台丽农牧发展有限公司2个个人本外币代兑机构，并获准开办个人本外币特许业务。

【防范金融风险】 2011年，工行德宏分行在积极参与地方建设的同时，始终坚持依法合规和稳健经营，坚持一手抓业务发展，一手抓案件防范工作，建立案件防范长效机制，防范好操作风险，将案防工作与业务工作同安排、同部署，正确处理业务发展和风险防控的关系，落实好案件防范责任制，强化内控案防及安全保卫工作，基础管理、内控工作、安全工作取得一定实效，全年实现安全经营。严格防范信贷风险，贯彻落实银监会执行"三个办法一个指引"相关要求，不断完善贷后管理机制。同时，高度重视思想政治工作，做好维护稳定工作，扎实抓好信访工作，构建和谐银行，为维护地区金融稳定做出积极贡献。

（《工行》撰稿　唐海赢）

农　行

【概　述】 2011年，农行德宏分行认真贯彻执行国家宏观政策，面对复杂多变的内外部经济金融形势，积极转变发展方式，把快发展、调结构、打基础有机结合，狠抓业务拓展，严守风险底线，注重可持续发展，全行市场竞争力、价值创造力和风险管控力持续上升，各项业务经营指标实现了预期的目标，各项存款稳步增长，经营实力进一步增强。年末，全州农行各项人民币存款余额1138098万元，比年初净增

128336万元，增速为12.71%，完成省分行下达计划的98.72%，全省排名第9位，其中个人存款比年初净增71481万元，完成率为82.16%，全省排名第7位。年末，各项贷款余额426696万元，比年初增加34956万元，增速为8.92%，控制在省分行计划内。全年实现中间业务收入4740万元，比上年增收1230万元，增幅为35.04%，完成省分行计划的103.04%。不良贷款清收力度加大，资产质量明显好转，全年累计清收自营不良贷款本息7101万元，完成省分行计划的215.18%；清收委托资产本息5130万元，完成省分行计划的128.25%。年末，不良贷款余额11136万元，比年初下降5536万元，全省余额排名第3位，比上年同期上升2个位次，不良占比为2.61%，比年初下降1.65个百分点，全省占比排名第9位，比上年同期上升1个位次，实现了余额和占比双下降。全年实现拨备前利润22883万元，完成省分行计划的120.43%，在贷款增量较小的情况下，实现拨备后利润24218万元，完成省分行计划的162.53%，2项指标完成率居全省第一。

【不良贷款清收】 2011年1至12月，农行德宏分行自营不良资产实际清收7101万元(清收本金6073万元，利息清收1028万元)，完成省分行下达德宏分行次级、可疑、损失合计清收3300万元任务的215.18%。其中：1、清收次级不良资产4458万元(本金3899万元，利息559万元)，完成省分行下达清收1600万元任务的278.63%；2、清收可疑、损失类和账销案存不良资产2643万元(本金2175万元，利息468万元)，完成省分行下达清收1700万元任务的155.47%。全州委托资产1至12月清收5130万元，完成省分行下达德宏州委托资产清收4000万元任务的128.25%，其中清收本金4899万元，清收利息231万元，清收户数达321户。通过清收委托资产获得手续费和上存收入1911万元。

【召开全州农行工作会议】 2011年3月28日，农行德宏分行召开工作会议。州分行领导班子成员、州分行本部各部负责人、各县(市)支行行长、综合管理部主任和基层营业网点主任60多人参加了会议。会上听取州分行党委书记、行长郑守廉作题为《科学谋划　奋发有为　加快有效发展　努力推动各项业务经营再上新台阶》的工作报告，学习和传达省分行工作会议精神，总结回顾2010年工作，报告2011年工作目标、任务和措施，各县(市)支行在会上汇报上年的工作批算。会议印发《综合绩效考核办法》、《费用配置办法》、《工资分配办法》、《综合经营计划》。党委书记、行长郑守廉与各县(市)支行签订《党风廉政建设责任书》、《高级管理人员防范案件责任书》、《反洗钱责任书》、《安全保卫责任书》、《计算机安全责任书》。会议表彰2010年度2个先进单位、10个先进集体、23名先进个人、20名岗位标兵、7名业务能手。

【省分行行长字如钧到德宏调研】 2011年3月26日上午，云南省分行字如钧行长到德宏分行进行工作调研。在听取德宏分行工作汇报后，字行长对德宏分行的工作给予充分肯定。并提出三点要求：一是寻求新的信贷增长点，实现自身有效发展。德宏分行存贷款占比较低，一定程度影响了自身的有效发展。为此，德宏分行要切实增加紧迫感、责任感，正确把握和应对新的形势，紧紧抓住德宏“十二五”发展规划和德宏桥头堡建设的有利时机，破解信贷有效投放难题，找准信贷支撑点，促进自身有效发展。二是夯实基础管理，提升管理水平。要正确认识自身与同业、与系统存在的差距，要不断夯实基础管理，以“基础管理提升年活动”为契机，下大力气、花大功夫，抓落实促管理，力争基础管理取得实质性突破，确保内控管理再上新台阶。三是加强干部队伍建设，提升队伍素质。要通过加强干部队伍建设，提高队伍的素质能力，增强经营活力，以队伍建设促进各项工作又好又快发展。

【领导赴盈江指导抗震救灾】 2011年4月15日，中国农业银行工会委员会工作部副主任张玲在云南省分行副巡视员、工会委员会主席吴佩锋陪同下，到盈江农行营业网点了解房屋受损情况，看望慰问一线员工，组织机关员工、5个营业网点主任和2名受灾相对严重的员工，召开专题座谈会。张副主任在充分了解各方面的情况后，提出意见：一是要认真总结经验，特别是要对在此次抗震救灾中表现出色的集体和个人的先进事迹进行专题表彰，充分挖掘典型事例，引领农行员工学习先进事迹，向先进靠拢，带动大家努力工作，促进业务经营快速稳健发展；二是要以当地政府的灾后重建“美丽盈江”规划为契机，积极做好网点调整工作，进一步优化网点布局，切实提高网点综合竞争能力，努力建设“新盈江农行”。张副主任代表总行向盈江县支行递交20万元的慰问金。3月27日，云南省分行字如钧行长一行奔赴盈江地震灾区指导抗震救灾工作。字如钧行长在认真听取州、县行领导对抗震救灾工作进展情况的汇报后，对抗震救灾和恢复重建提出要求：一是按照当地政府统一规划，积极做好支行和营业网点的规划设计工作，尽快恢复营业网点正常对外营业；二是加强安全保卫工作，确保员工生命安全、金库安全和账款安全；三是加强与地方政府、县人行、县银监办及相关单位的联系沟通，积极做好各方面协调工作；四是统一思想，坚定信心，充分依靠农行大家庭的力量，积极做好恢复重建工作。

【召开一届职工代表第三次会议】 2011年8月16日，农行德宏分行召开工作会暨一届职工代表第三次会议。州分行领导班子成员、本部各部负责人、各县(市)支行行长、州分行工会委员、职工代表73人参加了会议。会议选举农行德宏分行工会委员会和工会委员会主席，并经省农行批复，党委委员、行长助理谭柏阳为德宏分行工委委员会主席。

【公司业务】 2011年12月末，德宏州农行公司类存款余额为136144万元，比上年末增加33731万元，占各项存款余额1138033万元的11.96%，完成省分行计划31000万元的108.81%，完成州分行计划48000万元的70.27%；全州农行公司类贷款余额为279398万元，比上年增加2162万元，占各项贷款426697万元的65.48%，完成计划29000万元的7.46%。

【开办临时金融服务点】 2011年，盈江发生“3·10”强烈地震后，盈江农行在确保内部员工生命和国家财产安全的同时，强化社会责任意识，想客户之所想，急客户之所急，克服重重困难，组织人力、物力和财力，于3月11日及时创建2个临时金融服务点，为当地政府和人民群众解决急需金融服务实际问题，受到社会各界和党委、政府的好评，塑造了农行的良好形象。

【成功营销2800万美元资本金结汇业务】 2011年5月20日，农行德宏分行为德宏银邦矿业技术发展有限公司办理2790万美元的结汇业务，为德宏分行带来334800元的业务收益。德宏银邦矿业技术发展有限公司是2009年进驻德宏州的外商投资企业，经过2年的运转，于2011年5月成功增加注册资本2800万美元。农行德宏分行主动上门，为该企业制定相关营销方案，给企业提供一套完整的服务功能，最后成功营销了该笔资本金增资结汇业务。

【服务“三农”】 2011年，农行德宏分行服务“三农”工作稳步推进。年末，全州农行发放惠农卡23066张，总量达73806张，完成省分行计划的112.51%。全年累计发放农户小额贷款和农村个人生产经营贷款2393万元，支持“三农”经济发展。同时，在全州无金融服务网点的乡镇设立惠农支付点106个，填补了当地的金融服务空白。瑞丽支行新农保代理稳步推进，为服务“三农”经济开辟新渠道。

【风险防控】 2011年，农行德宏分行信贷风险防范能力逐步增强，基础管理水平大幅提升。一是信贷风险管控水平不断提高。全年贷款综合收回率与现金收回率均为99.98%，高于省分行下达目标1.98个百分点，比上年上升0.34个百分点；退出潜在风险客户1000万元，完成省分行计划的100%。二是贷后管理全面加强。全年累计投放贷款199601万元，仅产生逾期贷款22万元，占比0.01%；逾期贷款减少，贷款到期现金收回率提高，全年法人客户(含小企业)贷款现金收回率100%，贷后管理水平进一步提升。三是抗风险能力不断增强。年末，农行德宏分行信贷拔备覆盖率为116.81%，损失准备充足率117.39%，比年初分别上升30.82%、15.34%，全行风险水平跨入A类行，与监管要求的差距逐步缩小。

【内控风险】 2011年，农行德宏分行内控风险管控力进一步加强。一是对梁河、陇川支行库存现金由人行异地调缴改变为系统内调缴，实施业务流程改造，提高了金库集约化管理水平。二是全年运营主管预警核销率100%，监管员预警核销率99.50%，综合对账收回率93.82%，临柜业务操作风险得到有效控制。三是从各种内外部检查结果看，问题数比上年下降48.75%，问题综合整改率达95%。四是加大对违规责任人的处理处罚。全年处理违规责任人35人次，处罚金额2.18万元。从年度内控评价看，州分行及4个县支行现场评价得分均在95分以上，内控管理水平继续提升。

【案件防控】 2011年，农行德宏分行监督管理控制机制进一步健全，案件防控得到有效防范。

一是继续开展案件专项治理活动，加大案件风险排查、责任追究和问责力度，持续保持案件防控高压态势；二是加大对安全保卫责任制落实情况的检查，督促认真履职；三是加强安防基础设施建设，努力做好营业网点前端设备改造及网点转型技防工作，切实提高安全保卫科技水平，确保了各类风险可控和发案率为零，连续实现六个平安年。

【退役金发放】 2011年，农行德宏分行为深入贯彻落实党和国家关于退役士兵安置制度改革的大政方针，确保自主就业退役士兵一次性退役金发放工作的顺利实施，根据上级行的安排部署，成立由行长为组长的专门工作领导小组，公司业务部、个人金融部、信息技术管理部全力合作，并配备优秀客户经理、产品经理和营销服务团队，农行为民支行为发卡行和服务窗口。从11月初开始，农行德宏分行营销服务团队深入到德宏军分区、77332部队、武警德宏支队、武警德宏边防支行、武警德宏消防支队，积极与部队首长和财务部门沟通对接，共同制定工作方案。经过部队和农行双方共同努力，11月10日完成方案制定和部队退役士兵计划人数的统计工作，与部队签订退役金专用卡服务管理协议。11月15日完成辖内分支机构相关业务人员的转培训工作。按照相关制度和工作流程，11月28日前将各部队347张退役金专用卡全部发放到退役士兵手中，确保退役金发放及时，准确入账，得到了部队首长和退役士兵的高度赞扬。

【信贷投放运行】 2011年，农行德宏分行累计投放各项贷款199601万元，比上年同期少投放9099万元，新增贷款主要投向批发和零售业20840万元、制造业16430万元、电力行业14900万元、个人生产经营82113万元、个人住房18662万元和农户贷款49932万元。其中：向法人客户投放78088万元，占新投放贷款的39.12%，比上年同期少投放25307万元；向小企业客户投放24890万元，占新投放贷款的12.47%，比上年多投放7470万元；向个人客户投放121513万元，占新投放贷款的60.88%，比上年多投放16208万元。全年累计收回贷款164644万元，其中收回法人客户75926万元，收回小企业客户28314万元，收回个人客户88718万元。全年到期贷款6202笔、金额160207万元，其中现金收回6187笔、金额160185万元，逾期15笔、金额22万元。

【个人业务】 2011年末，农行德宏分行个人储蓄存款余额达775215万元，比上年末净增71522万元，完成省分行任务计划87000万元的82.21%，完成州分行自定计划150000万元的47.68%。个人贷款年末余额为137267万元，比上年末净增31403万元，占全行增量的90%。其中：个人住房贷款余额42049万元，比上年末净增11964万元，完成省分行计划3000万元的398.8%；非住房类贷款余额95218万元，比上年末净增19439万元(助业贷款余额72960万元，比年初净增15860万元)，完成省分行计划4000万元的485.97%。

【信用卡业务】 2011年末，农行德宏分行信用卡存量客户达到15025张，全年新增发卡2394张，完成省分行下达任务数2600张的92.08%。信用卡贷款余额达到3283万元，比年初增长1856万元，不良额为17.38万元，不良率仅为0.57%。POS商户存量客户1463户，全年新增POS商户达到626户。

【电子银行业务】 2011年末，农行德宏分行个人网银新增26299户，完成省分行下达任务数14000户的187.85%，存量客户达到50357户。企业网银新增357户，完成省分行下达任务数400户的89%，存量客户达到2259户。短消息服务新增42703户，完成省分行下达任务数25000户的171%，存量客户达到76208户。手机银行新增24213户，完成省分行下达任务数15000户的161%，存量客户达3435户。电话银行新增26248户，完成省分行下达任务数11000户的238%，存量客户达44281户。

【对公业务】 2011年末，德宏“三农”金融事业分部对公存款余额36.3亿元，净增5.8亿元，完成省行计划的135%；法人贷款余额27.9亿元，净增2100万元，其中法人不良贷款余额10899万元，比年初下降5200万元，法人不良贷款占比下降1.9个百分点；全年实现法人贷款利息收入1.9亿元，占全行贷款利息收入的68%；部门直管7户水电客户贷款余额99560万元，6户为五星级客户，年末存款余额7900万元，占全行五星级有贷客户存款余额的45%，7户全年日平均存款6600万元；全年代理直管客户保费258万元，实现投行业务收入80万元。

【机构业务】 截至2011年末，德宏州农行机构类存款余额为225350万元，比年初增加22860

万元，占各项存款余额1138033万元的19.8%，完成省分行计划12000万元的190.5%，完成州分行计划32000万元的71.44%；金融同业存款余额为3264万元，比年初增加28万元，完成省分行计划2000万元的1.4%，完成州分行计划3000万元的0.93%；第三方存管业务客户新增932户，完成省分行计划700户的133.24%，完成州分行计划1000户的93.2%；银期转账客户新增42户。

【保险代理业务】 截至2011年末，全州农行保费收入6700.35万元，其中财险保费778.29万元，寿险经费5922.06万元，完成手续费收入349万元，完成省分行下达361万元的96.678%。

【国际业务】 2011年，农行德宏分行外币存款631万元，比上年增561万元。截至年末，国际结算量达43437.72万美元，比上年的37496万美元增长15.85%；结售汇业务量为5946万美元，增长50.65%，结售汇收入83万元，完成省分行下达68万元的122%。年末，瑞丽支行国际结算量为29025万美元，结售汇业务量为1503万美元；为民支行国结算量为14250万美元，结售汇业务量为4438万美元；盈江支行162万美元，结售汇业务量为5万元。自缅甸经济银行在农行开立结算账户以来，与其合作关系良好，截至年末，缅甸经济银行在农行的存款余额为3253万元人民币。

【中间业务收入】 截至2011年末，农行德宏分行中间业务收入4740万元，比上年增收1230万元，增幅为35.04%，完成省分行年度计划4550的104.18%。其中：个人中间业务收入达到3450万元，占全行中间业务收入的72.78%，完成省分行下达任务数3178万元的108.6%，比上年多增806万元，增长率为30.5%。

【发放惠农卡】 截至2011年12月31日，农行德宏分行累计发放金穗惠农卡73678张，当年新增22938张，完成省行下达年度计划的112%；农户小额贷款累计授信8156户，授信额度16614万元，当年新增授信1120户，新增授信额度3530万元。累计发放3832笔，金额7461万元，累计收回4420笔，金额7997万元。其中：直属网点累计发放460笔，金额1064万元，累计收回1217笔，金额2625万元。农村个人生产经营贷款授信65户，贷款余额1648万元，比年初增加1171万元，完成省行下达1000万计划的117%。农村个人生产经营贷款：累计发放42笔，金额1835万元，累计收回21笔，金额743万元。其中：直属网点累计发放5笔，金额202万元，累计收回0笔，金额18万元(分期还款)。2个贷款种类合并统计：贷款总余额8397万元，当年新增706万元，完成省行计划的15%，完成率排全省第11位。

【经营效益】 2011年，农行德宏分行通过增收节支、开源节流，实现营业收入37586万元，营业支出13725万元，营业外净收入358万元，收支相抵实现拨备后利润24219万元，比上年增加4854万元，完成省分行年初下达拨备后利润计划14900万元的162.53%；资产减值准备拨回1335万元后，实现拨备前利润22884万元，比上年增加6062万元，完成省分行年初下达拨备前利润计划19000万元的120.43%，利润计划完成较好。直属网点(芒市)存款余额为335574万元，比上月增加2175万元，增长0.65%，比年初增加39070万元，增长13.18%。其中：储蓄存款余额为183397万元，比上月增加7614万元，增长4.33%，比年初增加20849万元，增长12.83%，占各项存款存量的54.64%；公司类存款余额为151371万元，比上月减少5559万元，下降3.54%，比年初增加18007元，增长13.5%。外币存款余额为626万元，其中个人存款余额为16万元，单位存款610万元；各项贷款余额为104944万元，比上月减少1584万元，下降1.51%，比年初增加926万元，增长0.89%。在各项存贷比中：余额存贷比为31.27%，增量存贷比2.37%。人民币不良贷款余额五级分类为193万元，比上月减少124万元，比年初减少3175万元，占各项贷款0.18%。清收自营不良贷款1528万元，完成任务151.5%，清收委托资产977万元，完成任务238.3%，利息收入9029万元，中间业务收入1477万元，实现拨备前利润8029万元，拨备后利润9837万元。

(《农行》撰稿　何本华)

中　行

【概　述】 2011年，中国银行德宏分行以“桥头堡”建设为依托，以“保先、争位、再翻番”为发展目标，以“提速度、扩规模、强特色、上水平”为发展方针，以“四项”主要工作为抓手(一是以客户基础为抓手，抓好客户基础来发展业务；二是以网点建设为抓手，以抓好网点建设来强化竞争力；三是以人力资源管理为抓手，以抓好人力资源管理来提高工作效率；四是以内部控制、改进管理体制为抓手，以抓好内部控制来确保安全运营，以改进管理体制来提高生产力），以支持地方经济发展为已任，立足本地，积极进取，充分发挥中行特色业务，为支持地方大中型企业和小企业的建设，为地方经济的振兴做出了积极的贡献。年内，德宏分行人民币各项存款余额366779万元（含金融机构存款），比上年末增加73580万元，完成省分行下达指标的118.68%，其中公司存款余额为162695万元，增加61456万元，完成省分行下达49000万元的125.42%，；储蓄核心存款104084万元，增长12124万元，完成省分行下达13000万元的93.26%。外币各项存款余额1965万美元，比上年末增加1217万美元，其中公司外币存款966万美元，增加617万美元，完成省分行下达10万美元的617%；储蓄外币存款999万元，增加600万元。年末，各项人民币贷款余额为212014万元，其中公司贷款余额为184752万元，比上年末增加14847万元；个人零售贷款余额为27262万元，增加4984万元，完成省分行下达4200万元的118.67%。全辖净利润5375.83万元；人均净利润49.7万元，上缴地方税款1121万元。德宏分行在省分行年终综合性考核中被评为A+级，考核得分115.91分，在全辖22家二级分行、直属支行中排名第一位；企业文化建设工作被省分行授予“先进职工之家”荣誉称号。

【举办“信贷工厂”推介会】 2011年1月21日，中国银行德宏分行为进一步加大中小企业的支持力度，拉动中小企业中高端客户数量增长，深入实施“1331”工程，在瑞丽中欧大酒店举办中小企业“信贷工厂”产品推介会。推介会全力推广中小企业“信贷工厂”新模式，加快拓展中小客户资源，转变从大客户为主到大中小客户并重的业务转型。积极创新个人客户营销模式，由原来的单一发展客户向批量发展客户转变，由简单销售产品向特色业务转变，由卖产品向卖服务转变。建立具有中国银行特色的增值服务，实现有针对性地进行中高端客户分层营销，为客户提供“一站式”的金融服务。本次推介会达到预期目的，进一步加强了中国银行与进出口贸易企业的沟通与联系，各参会客户对中小企业“信贷工厂”产品表示出极大兴趣，为下一步业务的拓展奠定了基础。

【海内外业务发展座谈会】 2011年3月10日，中国银行总行在德宏芒市宾馆举办海内外一体化业务发展座谈会。总行岳毅副行长出席会议，总行国际结算部滕琳惠总监、海外机构管理部邱恒昌总经理助理、曼谷分行车军总经理、胡志明市分行汪浩总经理、金边分行陈长江总经理、云南分行谭炯行长、周洪源副行长、广西自治区分行江宁行长助理等总分行领导参加了会议。本次海内外一体化发展座谈会是总行海外机构部举办的，旨在推动东南亚海外各分行与相关国内各分行业务联动一体化进程，加快东南亚海外人民币业务发展，以贯彻落实肖钢董事长提出的“专业化经营、集约化管理、海内外一体化发展”战略指示而举办的一次重要会议。作为一家唯一连续经营百年的银行，中国银行始终坚持走国际化经营之路，凭借全球化的经营网络、丰富的外汇业务经验和良好的风险控制能力，中国银行构建了海内外一体化发展的新格局。

【反洗钱培训】 2011年8月18日，中国银行德宏分行为进一步提高全辖员工反洗钱业务水平和反洗钱工作能力，增强风险防范能力和依法合规经营意识，结合州人行综合执法检查反洗钱业务中存在的共性问题及近期中行制定的“内控在行动”实施方案，开展以反洗钱知识为主要内容的专项培训活动。特邀请人民银行德宏州中心支行反洗钱工作方面的资深老师对反洗钱知识进行讲授，并结合德宏地处边境、边境贸易相对较为活跃，涉嫌可疑交易资金可能性较高的特点，以客户身份识别为授课主要内容，同时以鲜活的实例以及近期典型的案例，穿插讲解了可疑交易的特点和表现。本次培训，使全行员工对反洗钱知识的了解和掌握得到进一步的提升，为下一步反洗钱工作的开展起到较好的指导作用。同时，又一次向全辖所有一线员工敲响警钟。

【云南省第二届运动会德宏分赛区比赛在芒市举行】 2011年10月15日，“百年中行·百年辉煌”中国银行云南省分行第二届运动会德宏分赛区比赛在芒市举行。本届运动会是迎接2012年中国银行的百年诞辰系列活动之一。大理、丽江、保山、临沧、楚雄、德宏、迪庆7家分行派出各自的强将精英参加本片区比赛。比赛分乒乓球、羽毛球2个大项目6个小项。此次比赛充分展现了中国银行员工的风采，弘扬了中国银行的企业文化，为各行搭建一个交流平台，使各州市分行员工得到相互交流、相互学习的机会，从而增进员工之间的了解和友谊。此次德宏分行承办分赛区比赛获得省分行颁发的“优秀组织奖”。

【中间业务】 2011年，中国银行德宏分行中间业务较上年末有较大的增幅，国际结算和资金业务条线完成较好。全年中间业务净收入1525.74万元，完成省分行下达全年计划1737万元的87.84%，其中公司业务净收入370.32万元，完成全年计划490万元的75.58%；国际结算条线业务净收入338.49万元，完成全年计划280万元的120.89%；国内结算条线业净收入76.51万元，完成全年计划133万元的57.53%；零售业务净收入423.5万元，完成全年计划535万元的79.16%；银行卡业务净收入235.1万元，完成全年计划289万元的81.35%；资金业务净收入81.85万元，完成全年计划10万元的818.5%.

【国际结算】 2011年，中国银行德宏分行国际结算业务以优势领先于同业。截至年末，全行国际结算量为27398万美元，其中出口结算1760笔，22376万美元；进口结算54笔，5022万美元。出口收汇618笔，9620万美元；进口付汇24笔，1609万美元。跨境人民币结算94552万元，排名各地州分行之首，取得了较好的成绩。

【资产质量】 2011年，中国银行德宏分行资产运行继续向好的方向发展，不良资产清收有较大收获。截至年末，公司不良贷款余额1601万元，比上年减少468万元，零售不良贷款余额168万元，减少140万元，不良率为0.98%，下降0.11个百分点，资产质量持续改善，不良资产实现双降。

【举办“双十禁”演讲比赛】 2011年，中国银行德宏分行为强化内部管理，加大内控制度执行力，严肃内控管理和案件防范，举办“双十禁”背诵及演讲比赛。本次比赛结合州分行“年内控在行动”“案件防范暨内控教育”活动而制定，是验证全行员工对《中国银行营业机构负责人十个严禁》和《中国银行营业网点柜员十个严禁》认知和理解。次此活动进一步强化员工合规意识和案件防范意识，从而促使员工合规经营理念的进一步升华。为此，州分行强调：一是要从思想上高度重视，进一步提高对内控工作严峻性的认识，增加自身的责任感和使命感；二是要从管理上重视，进一步加大对内控规章制度的执行力；三是要从检查上重视，进一步提高检查效果，最大限度地消灭和抑制一些屡犯性问题；四是要从奖惩机制上重视，进一步加大激励和问责力度，对一些屡犯性问题，加大问责力度并在全辖范围内通报，进一步形成合规经营的氛围，加大内控管理的深度，确保平安、稳定、和谐发展。中行德宏分行内控工作荣获省分行“2011年内控在行动”活动优秀组织奖。

（《中行》撰稿　蒋丽茜）

建　行

【经营情况】 2011年末，中国建设银行股份有限公司德宏州分行一般性存款余额456828万元，比年初新增93210万元，增幅25.63%。其中：单位存款余额208334万元，比年初新增54553万元，增幅35.47%；个人存款余额242462万元，新增37724万元，增幅18.43%。各项贷款余额252629万元，新增55388万元，增长28.08%，其中对公贷款余额190702万元，新增39090万元；个人贷款余额61927万元，新增16290万元。中间业务收入2721万元，比上年增加934万元，增长52.27%。拨备前利润8454万元，比上年增加2494万元，增长41.85%，年度计划完成率120.89%。五级分类不良贷款余额93万元，不良率0.04%，分别比年初下降77万元和0.05个百分点。

【资产业务】 2011年，中国建设银行股份有限公司德宏州分行积极关注集团公司、中央省属企业进入德宏的项目融资需求，结合行业准入政策积极开展营销。及时投放云南省交通厅腾陇二级公路建设项目2.8亿元贷款。认真研究德宏特色产业优势，对特色产业龙头企业扩大授信额度，加大涉农信贷支持力度，及时调整经营策略，以小企业客户和个人客户为突破口，重点加快小企业客户和个人资产业务发展。重点支持边贸、珠宝、红木家具等信贷准入行业的优质客户，不断扩大中小企业客户覆盖面。年内，新拓展小企业贷款客户17户，比年初净新增6户；小企业贷款新增10184万元，增幅62.27%，小企业贷款余额占全行对公贷款的14%，比上年提高3个百分点。其次，除流动资金贷款支持外，积极向企业营销国内保理和信用证等产品，并尽可能使用产品来替换流动资金贷款。同时，结合区域优势，储备一批符合上级行信贷政策导向，具有地方区域优势、综合贡献潜力较大的客户。储备信贷客户17户，贷款资金储备总量合计81810万元，主要涉及电力、制糖、批发行业，以及中小企业客户。个人类贷款重点以个人住房贷款、消费贷款和助业贷款产品为主，抓楼盘的营销与管理，同时加强委托性业务管理，自营性和委托性业务互相配合、互相促进。

【负债业务】 2011年，中国建设银行股份有限公司德宏州分行面对日趋严峻的存款形势，针对存款大起大落、稳定性不足的特点，与支行（网点）多次“会诊”，明确抓账户增存款的方针。一是成立存款工作领导小组，行长、分管副行长带头营销，靠前指挥，前线督战，鼓舞士气，针对各行存款增存特点进行分类指导，不断督促各级负责人转变观念，增强全行员工增存稳存的大局意识和责任意识。二是深入贯彻“围、堵、抢”三字诀，细分客户群体，针对有贷户、无贷户落实责任主体，紧盯客户上下游制定营销策略。三是依托财政局、发改委、商务局、工业园区等平台，密切关注德宏桥头堡黄金口岸建设和瑞丽国家重点开发开放试验区建设带来重大项目落地的情况，以链式营销和客户综合金融服务解决方案为手段，加大下游客户营销，努力实现资金体内循环。四是积极营销小企业客户，存贷联动，对公业务与个人业务联动，存款与理财产品联动，争抢小企业单位账户和业主个人账户。五是对高端个人客户落实相应的人员进行跟踪维护，根据客户的不同需求，提供全面的金融产品服务，满足客户不断变化的金融服务需求。六是本着强激励、抓服务的工作思路，针对市场变化及时调整个人存款经营策略，制定以“价值贡献、市场表现和业务稳步增长”为目标的考核导向，分时段分产品实施挂价考核，按市场份额新增、日均新增数据进行细化、量化考核。七是抓住州住房公积金中心整合全州金融机构业务委托的契机，使全行有机构的县市都成功成为住房公积金合作伙伴，为自营性和委托性业务互相配合、互相促进发展奠定了良好的基础。

【中间业务】 2011年，中国建设银行股份有限公司德宏州分行加强产品学习与运用，加大传统中间业务产品的推广，努力增加传统中间业务收入。人民币理财产品销售额、时点保有余额均创历史新高，销售额达103204万元，比上年增长4.98倍，实现中间收入78万元，增长170%，成为中间业务创收的新亮点。充分挖掘存量客户的潜力，加大新型产品和服务的推广，努力创造收入，信用卡购车分期业务取得突破性发展，“要买车，找建行，分期付款帮您忙”的品牌形象已初步成型。全年信用卡分期付款手续费中间业务收入14.88万元。同时，提高经营意识和谈判意识，加强贷前核准与综合定价的联动管理，切实提高信贷业务综合收益水平，加强对增量客户的宣传和引导，加强新开账户考核，增加产品覆盖率。

【电子银行】 2011年，德宏州分行业务管理部门在全行掀起学习产品、宣传产品、运用产品的活动高潮，把产品知识带到支行、带到网点，促使每一位员工都能熟悉，并灵活运用几种电子银行产品，提高全行员工的个人电子银行业务水平，增强发展该项业务的信心。一是强化绩效考核，辅以行政考核。对存量客户电子渠道签约覆盖率和增量客户电子渠道同步开通率进行专项考核，加大ATM等自助设备的使用率考核，将对公、房金条线的客户经理的绩效收入与电子渠道销售业绩挂钩，充分调动客户经理营销电子渠道产品的积极性和主动性。二是将任务目标划分到每一个部门，领导干部和管理人员的工作业绩和个人电子银行业务的发展紧密挂钩，实行绩效收入负激励的制度。三是各业务部门紧密联动，凡是有客户资源的部门，均要在各自业务中嵌入发展个人电子银行业务，企业客户经理上门服务的同时，增加个人电子银行业务的推荐；银行卡等非电子银行产品的买单与该产品的个人电子银行同步率正向挂钩。四是加强自助设备管理和维护，动态管理设备，合理调配资源，最大限度发挥设备的效率和效益。通过以上措施，提前4个月完成手机银行客户全年新增计划，提前5个月完成企业网银高级版客户全年新增计划，提前4个月完成个人网银客户全年新增计划。

【风险管理】 2011年，中国建设银行股份有限公司德宏州分行在风险管理工作中，主要抓好如下工作：一是加强资产质量基础管理，确保资产质量持续向好。运用管理工具完善动态风险监测与排查机制，差别化实施积极主动的风险管理，加强信用风险预警和监管工作。二是强化基础管理，提高全面风险管理水平。深入分析执行“三办法一指引”存在的问题，提出针对性的改进措施，促进贷款新规落到实处。三是针对操作风险新的特点和趋势，从基础制度和基础流程入手抓好操作风险治理，强化基层机构关键风险点监控检查，持续提高员工岗位操作风险报告系统运用能力，做好操作风险自评估工作。四是强化信贷审批管理，提升信贷审批质量和服务水平。完善交流沟通机制，严格把握政策底限，从授信环节加以政策指引，促使全行自觉贯彻好监管要求、行业产业政策、行内信贷政策及风险偏好。五是积极化解盈江“3·10”地震灾害对全行信贷资产产生的重大影响。争取受灾贷款客户延期还款的相关政策，积极开展政策宣传与解释工作，取得客户理解和支持，使灾后大量出现的不良贷款得以妥善解决，没有产生新的不良贷款。六是制定《各级负责人风险责任目标考评办法》，将各项综治维稳与安全保卫工作目标纳入统一的考评，对各部门和支行网点进行评比，扎实推进综治维稳“平安建行”创建工作。七是加强员工从业行为的教育和引导，重点帮扶内控评价等级较低、案件管控能力较弱的基层机构，逐步提升基层机构内控管理水平。

（《建行》撰稿　王华明）

农村信用社

【经营情况】　2011年，德宏州农村信用社业务快速发展，整体实力显著增强。一是经营规模快速增长。年末，全州农村信用社各项存款余额864547万元，比上年净增247254万元，增长40.05%；各项贷款余额469780万元，比年初净增100447万元，增长27.2%；二是涉农贷款保持较快增长，实现“二个高于”目标。年内，涉农贷款余额407523万元，占各项贷款的86.75%，比年初提高1.84个百分点，比年初净增93914万元，增长29.95%，比年初提高0.28个百分点，实现“二个高于”的目标；三是资产质量显著提高。年末，全辖不良贷款余额15102万元，占比3.21%，绝对额和不良率比上年同期分别下降4963万元和2.22个百分点，其中呆账核销2796.66万元，资产质量稳步提高；四是经营效益稳步提高。全辖实现总收入48480万元，比上年同期增加17515万元，实现利润总额8233万元，且所有县联社均实现盈余；五是抗风险能力进一步增强。全辖一般准备金余额6790万元，贷款损失准备余额21723万元，拨备覆盖率为188.81%，比年初提高68.81个百分点，贷款损失准备充足率为258.22%，比年初提高100.64个百分点，资本充足率达12.17%，比上年提高3.02个百分点，抗风险能力进一步增强。

【支农信贷】　2011年，德宏州农村信用社积极筹措资金和规模，调整信贷结构，加大支农信贷投入，支持“三农”和地方经济发展。一方面积极向上反映情况，最大限度争取贷款规模；另一方面积极筹措资金，调整信贷结构，加大支农信贷投入，积极支持春耕生产，促进粮食增产、农民增收和农业增效。年末，贷款总规模达469780万元，占全州金融系统的24.08%，排名由上年的第二上升为第一。全年累计发放各项贷款365829万元，其中涉农贷款275685万元，占累计发放额的75.36%；涉农贷款比年初净增93914万元，增长29.95%，占全辖净增额100447万元的93.5%，实现了“二个高于”的目标，有力支持了“三农”和地方经济发展。

【便民惠民服务】　2011年，德宏州农村信用社为进一步改善农村支付环境建设，减轻柜台压力，节省农民办理金融业务的时间和费用，积极向人民银行争取设立惠农支付服务点，提升农村金融服务水平，为农民提供便民惠民服务。年末，设立惠农支付服务点74个，其中芒市23个、梁河5个、盈江11个、陇川6个、瑞丽29个，办理取款交易2465笔，金额133.5万元；转账交易690笔，金额53.9万元；查询交易1865笔。

【增资扩股和优化股权结构】　2011年，德宏州各联社按照监管部门和省联社提出的“确保年内资本充足率提高到11%，调整优化股权结构，消灭资格股”的要求，积极开展增资扩股和优化股权结构及提高资本充足率工作。年末，全辖股本金余额25195万元，比年初增8823万元，增长53.89%，其中资格股比年初减少10079万元，下降100%；投资股余额25195万元，比年初增18912万元，提高301%，全辖资本充足率达到12.17%，比年初提高3.02个百分点，全部完成了年初提出的监管工作要求。

【抗震救灾】　2011年，盈江发生3·10地震后，盈江联社第一时间成立抗震领导小组，启动应急预案，开展有序抗震自救工作。

一、积极开展恢复自救工作。地震造成盈江联社5个网点受损，其中3个网点重损，电子设备、办公用品损坏无数，直接经济损失1865余万元，员工家庭财产损失365余万元。全社员工在舍小家顾大家，加班加点抢修网络线路、机器设备，搭建临时营业点，确保全县5个受灾网点于3月11

日率先恢复正常营业，为灾区群众提供及时、优质的金融服务。

二、认真做好安置资金、甘蔗款、惠农资金的发放工作。一是动员一切力量，加班加点做好收购资金兑付工作。自3月10日以来，兑付蔗款88853笔，金额2.9亿元。二是利用“点多面广、联结城乡”的优势，与财政、民政及各乡镇通力合作，共同代理好“3·10”抗震资金兑付工作。截至年末，已兑付3·10民房重建资金35698笔，金额18570.5万元。三是在克服灾后民房重建贴息贷款任务繁重等困难下，做好各种惠农资金的兑付，让党和国家的温暖及时传递到灾民手中。全年代付农村低保128278笔，金额3822万元；新农保289576笔，金额1956万元；城镇养老保险1008笔，金额7万元；代付财政“惠农一折通”笔数408413笔，金额20012万元；代付家电下乡213笔，金额417万元；代付汽车、摩托下乡8278笔，金额401万元。

三、积极筹措资金，全力支持盈江灾后重建。按照省联社对重建工作中提出的信贷资金首先满足农民生产(生活)、农民恢复重建及中小企业、农资部门组织货源、物资的信贷资金的需求，一方面积极筹措资金和争取专项贷款规模，另一方面简化贷款审批手续、扩大授信额度、及时满足。从3月10日至12月底，盈江联社投放震后各类贷款24354笔，金额88785万元，极大地支持了农户、个体商户、中小企业灾后重建资金的需求。

四、采取特别措施，对到期、逾期贷款实施“三不”政策。对因灾造成的、无法归还的到期、逾期贷款，做到“不催收、不收罚息、不影响今后贷款的申请”，并主动给予办理贷款展期手续。3月10日至12月底，为客户办理贷款展期67笔，金额3096余万元，其中农户44笔，金额162.59万元。

【信用村镇建设】 2011年，德宏州农村信用社通过对信用户、信用村、信用组的贷款户，给予优先安排信贷资金、放宽授信额度、贷款利率优惠等奖励政策，有力促进了信用村镇建设。年末，为13.3万农户建立经济档案，为10.2万农户核定贷款，向9.2万农户(其中小额户5.4万户，联保户0.2万户，其他户3.6万户)发放32.9亿元贷款。全州评定信用村11个，信用组227个，信用户78724户。

(《农村信用社》撰稿　林国钦)

保　　险

人保财险

【业务经营情况】 2011年，德宏州人保财险系统实现签单保费收入14994.65万元，比上年增长28.17%，完成省公司下达保费收入年初计划(14034万元)的106.85%。其中：机动车辆险完成保费收入9128.91万元，比上年增长18.61%；企财险完成1501.39万元，增长6.40%；家庭财产险完成165.58万元，增长7.35%；责任险完成291.48万元，增长2.5%；工程险完成27.07万元，增长52.75%；人身意外伤害险完成908.64万元，增长31.49%；健康险完成8.67万元，增长11.14%；农业险完成2928.66万元，增长115.00%；货运险完成39.01万元，减少49.79%。产代寿保费收入600.63万元，完成全年计划数600万元的100.1%；应收保费率1.68%，创造了近年最低点，低于全省平均水平2.8个百分点。

全年结赔案18756件，比上年增长17.56%；综合赔付率58.69%，下降1.08%；赔款金额6795.14万元，上升33.74%。累计实现账面利润总额1287万元，实现未经精算的考核利润1175万元，完成省公司下达利润计划的116.47%。

【机动车保险】 2011年，人保财险德宏州分公司机动车保险实现有效益的平稳发展。全州系统实现车险保费收入9129万元，比上年增长18.61%。车险市场历来都是各保险主体争抢的主阵地，特别是2011年来，面对更为激烈的竞争态势，公司上下处变不惊，沉着应对。一是全面实施进取型发展策略，通过调整完善“承保、费用、考核”三项政策，强化“代理业务、电销网销、新车贷”三个业务渠道的建设；二是加强实施车险业务考核办法和激励措施，并通过逐级督促检查确保得到贯彻落实；三是根据车险的分散性业务特点，坚持走发展营销团队的道路。同时，还与各代理渠道加强合作，努力发展个人代理业务；四是重视拓展车险承保新渠道，下大力开展车险电销并取得较好效果。通过有力举措的实施和不懈努力，确保全年车险各项业务指标的全面实现，保持了平稳发展的良好态势。

【非车险业务】 2011年，人保财险德宏州分公司非车险业务实现稳中有升的业务发展目标。全年全州财产险保费收入1694.3万元，比上年增长7%；意责险保费收入1203.8万元，增长22.47%。年内，公司的非车险业务面对中介机构的全面介入、银行代理机构的高手续费、各竞争主体的无序降费竞争、企业重组整合、行业统购招标等不利因素，使公司非车险业务发展遇到举步维艰的局面。州县(市)两级公司审时度势，因地制宜，按照在稳定现有业务的基础上保持适度增长，积极寻求发展业务的经营思路。一是全力跟进市场竞争；二是全面加强原有客户的公关协调力度，稳住大客户，确保保费在不降的基础上略有提高；三是充分抓住德宏加快建设桥头堡黄金口岸的机遇，大力巩固和发展各种企业财产保险、工程保险、责任保险、意外险等业务；四是充分利用公司的资源优势，加强与职能部门的公关协调力度，确保学幼险的承保率，市场份额稳中有升；五是通过加大营销力度、创新承保模式、采取改进承保条件等多种手段，促进了意外险和责任险业务的发展。

【涉农保险】 2011年，人保财险德宏州分公司认真落实国家的支农惠农政策，依靠党委、政府，确立“以险养险，促农业保险规模迈上新台阶”，为地方农业产业升级做好服务的总体经营思路。在能繁母猪保险连年经营亏损的情况下，继续落实服务地方经济和国家的支农惠农政策。全年承保水稻、甘蔗、油菜、烟叶等各类农作物种植保险136.2万余亩；承保能繁母猪32000余头，承保面达80%；政策性农房保险承保203180户，承担风险责任12.8亿元，承保面100%；咖啡种植保险、坚果种植保险、农村小额意外伤害保险、奶牛养殖保险等一批为涉农服务的险种陆续得到开办。公司农业保险保费收入达到2929万元，累计承担种植、养殖业风险责任4.4亿元，农险保费规模超过公司历年来农业保险保费收入的总和。赔款3100件、1042万元，比上年同期有大幅度上升，其中能繁母猪的简单赔付率达136.11%。2011年1月17日，陇川县境内发生霜冻，导致景罕镇广宋村、曼胆村的香料烟及章凤镇户弄村、芒弄村的红土晒烟受损；2月5日、6日陇川县再次发生2次霜冻灾害，导致章凤镇弄贯村、拉勐村、迭撒村、芒拉村的红土晒烟，景罕镇罕等村、曼面村、景罕村的香料烟，城子镇姐乌村、磨水村、新寨村、城子社区以及清平乡、护国乡的香料烟大面积受损。以上受灾损失共计2276.3亩、544922元，合计赔款870000元；2月26日，盈江县平原镇芒璋乡璋刀村茅草寨村民小组发生火灾，造成农户张仁仙、雷木米等8户人家房屋严重损毁，公司领导随即现场兑现赔款48000元；8月3日，芒市发生洪灾，造成风平镇、轩岗乡5个村委会水稻受损，涉及农户1026户。8月24日，人保财险德宏州分公司在芒市风平镇召开水稻保险洪灾赔款兑现会，现场兑现部分赔款7.9万元。省财政厅、州政府、芒市市委，省、州、市农业、财政、人保财险公司的领导，风平镇的领导、所辖各村委员会、受灾村民代表200多人参加了兑现会。

【理赔工作】 2011年，人保财险德宏州分公司按照总公司的统一安排部署，积极推进理赔事业部改革工作，完成理赔人力资源改革，整合理赔资源工作，实现“垂直管理、集中管控、统一标准、就近服务”的理赔工作要求；紧紧围绕“促发展、防风险”的工作主基调，着力夯实理赔工作的“四大管理基础”，全力落实成本控制的“十项关键举措”，以提高精细化管理水平为导向，优化业务处理流程，创新服务思路，严格管控成本，理赔工作的管理理念、运行模式、技术手段有了明显进步，各项理赔考核指标完成较好；进一步优化理赔流程、简化手续，向社会郑重承诺，并公布车险理赔各环节时限，严格进行考核。其5000元以下案件实现1张纸的快捷理赔服务，车险5000元以下案件2日核赔通过率达77.17%，万元以下案件1小时通知赔付率达96.24%。年内，全系统已决案18756件，比上年上升17.56%，赔款金额达6795.3万元，上升33.74%。

【强化经营管控】 2011年，人保财险德宏州分公司在经营管控中主要做了如下工作。一、理赔管控方面：在实施“车险金牌服务工程”、“理赔无忧－车险快捷服务”、车险理赔程序公示制度及车险限时理赔服务承诺的基础上，在公司客户服务节上又推出一系列提高服务水平的新举措，推出“新理赔无忧工程”，并向社会做出理赔无忧、便捷理赔和四海通行三项重要承诺。同时，通过对理赔各环节流程进行时限管控，达到提高理赔速度、降低理赔周期，为社会提供及时、快速、有力的风险保障的目的，实现车险理赔关键环节、重要节点的省集中和非车险理赔省集中。二、加强财务管控。一是将费用、薪酬按比例分别与实收保费及利润双挂钩，制定并执行“德宏州分公司经营性亏损及业务发展滞后支公司管控办法”，引导和鼓励基层公司树立正确的发展观。二是实施全面预算管理，强化“下管一级”的力度。把成本控制目标落实到每一个环节，推动全员参与成本管理，实现成本管理的日常化；严格将资金划拨与成本预算挂钩，严格执行手续费跟单核算，实现分公司对基层销售费用的有效管控，强化预算执行力。三是坚持经营成果真实性的原则。通过推行“全员、全面、全过程”的数据质量管理机制，将数据质量管理工作贯穿于公司经营的每一环节，确保了经营成果的真实性。四是财务工作得到进一步规范。从抓风险防范、抓基础规范建设入手，进一步加强对各级管理人员财务基础知识的培训，提高财务人员履职能力，公司的风险防范机制得到进一步完善。财经纪律和财务规范得到较好遵守，杜绝了重大财务案件的发生。

（《人保财险》撰稿　曾广济）

人寿保险

【概　述】　2011年，中国人寿保险股份有限公司德宏分公司有在编员工110人，大专及以上文化94人，占比85.45%，平均年龄31.9岁。同时，拥有专业营销人员900余人，分公司设机关9个部室、4个综合县市支公司、3个直属售销部、20个乡镇营销服务部。按照总、省公司关于深化经营管理体系改革的部署，全员通过双向选择、公开竞聘上岗，总经理室成员减少1人，全辖有23人走上中层管理岗位，82名员工凭能力走上适合自己的工作岗位，分公司机构设置更加科学、合理，人力资源配置进一步优化，有为才有位的机制得到体现，形成争先竞位氛围。年内，德宏分公司以“转方式、促发展、防风险、稳增长”为指针，围绕德宏桥头堡黄金口岸建设，以业务发展和队伍建设为根本，以改革创新为动力，以提升服务为突破，不断强化风险管控，各项业务实现较好发展。截止12月31日，公司实现股份总保费收入21993.35万元，比上年增长9.31%，寿险市场平均占有率67%。其中：长期险首年新单保费7001.70万元，首年新单期交保费3316.66，趸交保费3685.04万元；短期险保费2378.27万元；续期保费12613.38万元。全年支付死亡、医疗、伤残、满期、年金、红利、赔款、退保15741笔，金额5632.63万元。代理集团公司保费收入783.97万元，代理产险业务632.42万元。客户服务综合考核全省第一，个险渠道、财务管理指标综合考核全省第二，继续保持甲AA公司的地位；公司连续4年获得“德宏州消费者喜爱服务单位”荣誉称号。

【学生保险】　2011年，中国人寿保险股份有限公司德宏分公司与教育主管部门密切协作，积极与各学校、幼儿园沟通，通过《致学生家长的一封信》、安全知识、保险知识进校园等丰富多彩的宣传，使学校的保险意识、参保的积极性不断增强。全年全州有155所学校参保，承保学生154882人，承保率75.55%，学平险保费收入1099万元，为创建平安校园发挥了积极作用。

【计生保险】　2011年，中国人寿保险股份有限公司德宏分公司按照高层次倡导、高起点设计、高规格启动、高水平推进的方计，通过财政补贴等惠民方式，进行计生保险工作。全州有49809户家庭享受到计生系列保险，实现保费153.81万元，完成省下达任务的192%。

【信贷保险】　2011年，中国人寿保险股份有限公司德宏分公司切实加强与银邮、农信社沟通，加大专管员队伍建设和人员培训，形成专人负责、专人服务、专人维护的局面。全年实现小额信贷借款人保险279.59万元，风险保额达13亿元，为银行业化解信贷风险，借款人抵御风险提供了重要支撑，成为业务发展新的增长点。

【开展“双创”活动】　2011年，中国人寿保险股份有限公司德宏分公司按照城乡并重的发展原则，积极开展中国人寿“保险先进村”和乡镇营销服务部星级网点“双创”活动。背包下乡，进村入户，加强保险知识宣传，提升农村商业保险覆盖面，为新农村建设提供配套服务。年内，新增“保险先进村”11个，全州累计达59个，乡镇营销服务部星级达标取得新进展。

【理赔服务】　2011年，中国人寿保险股份有限公司德宏分公司围绕“一切为客户，为客户的一切”，着力落实《中国人寿德宏分公司理赔业务管理规定》，充分发挥理赔重大疑难委员会的综合职能作用。盈江“3·10”强烈地震，立即启动《重大自然灾害事故应急预案》，开设2个理赔报案点，开辟“绿色理赔服务通道”，及时将29万元赔款送到8位死亡客户家属手中，3天时间完成所有死亡客户赔付。全年完成9857件赔案，金额1464万元，为灾区社会稳定和经济社会发展发挥了积极作用。

【风险管控】 2011年，中国人寿保险股份有限公司德宏分公司加强法规、制度学习，树立合规意识；全员网签《依法合规经营承诺书》、《内控标准执行承诺书》；以防范“销售误导”和“代签名”为重点，深入开展“诚信我为先”活动，落实一把手每月进职场、“诚信5分钟”职场早会教育、创建职场“诚信墙”、评选诚信服务“金牌团队”、营销员信用评估等举措，诚信经营，有效维护消费者合法权益；开展2011年穿行测试，“坚持依法合规，防范经营风险”专项自查自纠、“小金库”专项治理。全年无案件发生，实现了风险控得住的目标。

【教育培训】 2011年，中国人寿保险股份有限公司德宏分公司本着“让员工更出色，使公司更卓越”的教育培训理念，增设教育培训部，配备4名专职讲师；认真开展“国寿E学”网上学习、考试，推进各职级员工制式和非制式教培工作；选送6人参加研究生班考试、学习；以保险知识、销售技能为重点，举办15期共888人培训，组织137人参与保险代理人资格考试，101人通过。

【企业文化】 2011年，中国人寿保险股份有限公司德宏分公司以人为本，秉持“成己为人，成人达己”核心理念。加强品牌管理，通过德宏各主流媒体加大宣传；参与云南保险学会“有奖征文活动”，1篇论文获专题研究类优秀奖；举办“创先争优做贡献、爱岗敬业我为先”演讲比赛，参与桥头堡建设知识竞赛，1人获二等奖；开展“书香国寿”员工“读一本好书”，“职工之家”、“职工书屋”、“双先”评比、建党90周年纪念活动；分公司客服中心再获省公司“青年文明号”称号；德宏分公司被州委、州政府授予2011至2013年“文明行业”，被州委、州政府授予抗震救灾“先进集体”，2011年综治维稳工作“二等奖”。

（《人寿保险》撰稿　杨为珏）

天安保险

【业务经营情况】 2011年，天安保险股份有限公司德宏中心支公司紧紧围绕上级公司的经营管理理念，牢固树立依法合规经营意识，不断改进工作方式，努力拓展业务，取得了一定的成绩，提前52天实现了保费承接的目标。全年承保各类财产总额476331万元，实现保费收入2235万元，其中财产险收入2215万元，人身险收入20万元，完成省分公司下达年度计划任务的111.75%。其中：芒市本部完成1254万元，完成年计划的116.24%；瑞丽营销服务部完成412万元，完成年计划的99%；盈江营销服务部完成308万元，完成年计划的106%；梁河营销服务部完成157万元，完成年计划的111%；陇川营销服务部完成104万元，完成年计划的139%。市场份额为8.51%。全年受理各类案件3400件，其中已结案3074件，未结案件326件，结案率为90.41%；支付赔款1387万元，综合赔付率为62%。全年累计缴纳各种税金366万元，其中缴纳营业税金及附加125万元，代扣代缴车船税210万元，代扣代缴其他税金31万元，为促进德宏经济发展作出了积极贡献。

【经营管理和优质服务】 2011年，天安保险德宏中心支公司始终抓住客户的服务需求，不断创新客户服务方法，提高客户服务效率，以更加优质的服务赢得更多的客户群。为保证客服中心95505调度电话畅通，公司理赔岗位人员继续以正、副班的形式轮流值班，随时为天安客户提供“快速、便捷、优质、高效”的服务，使广大客户充分享受到保险保障，损失得到及时补偿。在业务承保管理方面，紧紧围绕向管理要效益的经营理念，按不求盲目增长，只求平稳发展的工作思路，严格执行当地行业手续费自律协议，尽可能的稳住客户群；在理赔管理方面，积极向上级公司争取政策，不断改进理赔管理工作中存在的问题，提高理赔实效，提高客户满意度；在营销管理方面，继续采取合理有效的激励措施，不断激发和调动员工的工作积极性和展业热情，充分体现多劳多得，按劳分配的原则，为公司的持续、快速、健康发展打下了有力的基石。同时，向客户推出电话预约、送单上门，以及安排专人为客户落户及检审等服务举措，将服务触角延伸到了客户所需的方方面面，想方设法为客户提供一切便利服务。

（《天安保险》由办公室供稿）

国 土 建 设

国土管理

【出台支持“桥头堡”措施】 2011年，德宏州国土部门为争取国家、省对桥头堡和试验区建设给予最大的土地政策倾斜和支持，在深入调查研究、广泛征求意见的基础上，主动到昆明、北京对口汇报工作，积极争取支持。与省厅一道最终促成《国土资源部支持云南加快“桥头堡”建设有关措施的通知》正式出台。该文件对全省的特殊支持力度大、含金量高、操作性强，为今后几年创造性地开展工作，积极探索破解“两难”局面，提供了充分的政策空间和有力的政策支持，使国土资源服务“桥头堡”建设站在更高的起点，走向了一个新的阶段。

【“用地上山”新政策】 2011年，德宏州国土部门推进“用地上山”新政策取得进展。在召开“全省保护坝区农田建设山地城镇工作会议”和“云南省山地综合开发利用试点现场会议”结束后，德宏州国土资源系统多措并举、强势推进“用地上山”新政策，并提出具体贯彻意见，迅速行动，掀起了推进“用地上山”的热潮。采取制作宣传册、围裙、环保袋、50万条群发手机公益短信等，广泛深入宣传山地城镇建设政策，坚持走山坝结合具有德宏特色的城镇化道路。调整完善5县市土地利用总体规划，全州在土地利用总体规划完善期间，新增建设用地指标上山1833.47公顷。加快推进实施芒市、陇川和瑞丽3个国家级山地综合开发利用试点工作，芒市、陇川低丘缓坡荒滩等未利用土地开发利用项目实施方案编制完成。积极配合省专业队，开展全州大于1平方公里坝子范围界线核定和地类核实工作，确定全州有32个坝子，面积1312.96平方公里。

【建设用地】 2011年，云南省下达德宏州用地计划指标420公顷，其中瑞丽单列200公顷，比上年增长48%。通过积极努力，全年报批用地76件(15个批次、61个单独选址项目)，总面积1507.35公顷，其中新增建设用地1333.97公顷，耕地761.8公顷，报件数量、用地总量和新增耕地分别比上年增长90%、278%和256%，有力保障了国家、省、州、县市重大工程、灾后重建、保障性住房、基础设施等用地需求及项目落地，千方百计确保全州固定资产投资增长。

【土地供应】 2011年，德宏州国土资源部门土地供应彰显效益。全年供地488宗，面积415.21公顷，出让304宗255.97公顷，成交价款92117.97万元。其中：招拍挂出让107宗，面积240.16公顷，成交价款89299.91万元，占应招拍挂出让比例100%。

【土地综合整治项目】 2011年，德宏州国土资源部门土地综合整治项目取得成效。全州“兴地睦边”农田整治重大工程惠及芒市、瑞丽、陇川、盈江4县市103.25万人，建设规模54.6万亩，估算投资14亿元，计划2014年内完成，项目实施后将新增耕地1.6万亩。年内，组织实施首批“兴地睦边”农田整治重大工程项目9个，建设规模10.54万亩，新增耕地0.57万亩，总投资2.3亿元。完成中低产田地改造项目1个，建设规模242.19公顷，投资预算685.83万元。实施耕地占补平衡项目13个，建设规模3057.65公顷，新增耕地2016.43公顷，投资预算1.28亿元。

【地质灾害防治】 2011年，德宏州国土资源部门认真贯彻落实温家宝总理到盈江地震灾区视察讲话精神，采取一系列强有力防灾措施，做好以汛期和地震灾区为重点的地质灾害防治工作，最大限度减少因地质灾害造成的生命财产损失。年内，争取和投入地质灾害专项经费1872万元，排查出全州有地质灾害隐患点785个，其中严重隐患点329个，完善群测群防网络体系，建立地质灾害监测点773个，明确监测人员956人，发放防灾工作明白卡1578份，防灾避险明白卡18740份，开展地质灾害应急演练7次，有1477人参加；编制完成5县市地质灾害防治规划(2011～2020)。全年全州发生地质灾害46起，成功预报1起，及时转移受威胁群众20人，避免人员伤亡10人，由于防范措施得当，未造成人员伤亡。全力支持开展盈江“3·10”地震抗震救灾工作，号召全省国土资源系统向盈江县国土资源局踊跃捐款捐物价值163.57万元，以不同方式表达声援和慰问。主动为灾后重建提供服务保障，争取盈江“3·10”地震灾区地质灾害治理工程10个，总投资1.2亿元(目前到位资金10490万元)；争取盈江县平原镇富联等(3)个村灾毁土地复垦项目1个，建设规模239.82公顷，预算总投资1000.02万元，新增耕地面积8.5公顷，新增耕地率3.54%。

【国土资源执法监察】 2011年，德宏州国土资源执法监察主要做了如下工作：一是自查自纠，整改完善，积极主动到成都督察局和省厅请示汇报、沟通协调。争取全州26个工业硅和1个水泥厂违法违规和遗留用地问题得到妥善处理。二是依法开展土地卫片执法检查和处置闲置土地。2010年全州土地卫片执法检查宗地数209宗，总面积7112.1亩，耕地1794.64亩，违法建设占用耕地面积占新增建设占用耕地面积的比例为3.42%。全州清理处置闲置土地731宗，面积203.24公顷；清查处理非法买卖土地263宗，面积72.29公顷；开展动态巡查236次；立案查处违法用地案件84件，面积102.74公顷。

【矿产资源规范管理】 2011年，德宏州国土资源局编制完成和颁布实施德宏州矿产资源总体规划，完成换发采矿许可证178个，完成43份探矿权年检和180个采矿权年检。查询并出具130份建设项目压覆矿产资源查询结果表，为完善建设项目用地报件提供服务。完成10个矿种(类) 24个矿区(矿段、井田)矿产资源利用现状调查工作，编制上报全州2012年度矿业权出让计划建议报告，建议拟出让探矿权3宗，出让区块总面积96.38平方千米。充分利用公共资源交易平台，挂牌出让探矿权13宗，出让探矿权区块面积506.8平方千米，收取探矿权出让金1363万元。完成铝、锑、稀土专项整治和开采总量控制工作，完成矿产资源有偿使用费征收入库250万元、采矿权出让金475.5万元。签订矿业权行政管理合同286份。

【国土登记】 2011年，德宏州国土资源局如期完成土地利用总体规划、矿产资源规划及各专项规划的编制任务。年内，土地确权登记发证规范有序，全面开展第二次全国土地调查的各项工作，农村调查部分已经完成；县城所在地的城镇地籍调查基本完成，待省级验收；一般建制镇和乡镇地籍调查已进入扫尾阶段。州国土系统以进驻“政府政务中心”为切入点，依法登记、文明服务，地籍发证工作便捷高效，全年办理国有土地使用证6627宗、集体土地所有权证12宗、集体土地使用证48宗、转让变更登记1462宗、抵押登记2075宗。

【法律法规宣传】 2011年，德宏州国土资源系统围绕地球日、土地日、安全生产月、测绘日等宣传活动，以地质灾害防治宣传为重点，创新宣传方式，积极广泛深入开展有声有色的宣传活动。国土资源政务信息工作扎实有效，全系统通讯员在各级各类报刊、网站及媒体上报道和发表大量的信息文章，其中被《中国国土资源报》、《云南国土》等采用250余篇。

【测绘地理信息工作】 2011年，德宏州国土资源系统进一步强化测绘地理信息工作，开展全州互联网地图和涉密测绘成果检查。检查涉密计算机120台、1：1万图纸1578张、1：5万图纸147张、1：5千图纸390幅，涉及单位45个。完成全州34个测绘资质单位年度注册、30个测绘资质单位在线办理和10个测绘资质单位房产测绘检查。年内，向各级党委政府及相关部门提供600余份各种图纸和地理信息数据，其中测绘成果290幅，2000平方公里。全面推动“数字德宏”地理空间框架建设，完成梁河、盈江、陇川1：5000测图项目上报，争取投资经费1444万元。

【重大项目临时用地】 2011年，德宏州国土资源局将州政府确定的“两个20项”涉及国土资源工作任务纳入政府自身建设的重要工作内容，积极配合开展龙瑞高速公路、大瑞铁路、中缅油汽管道等重大项目临时用地、征地补偿测算、先行用地报批等相关前期工作。其中：龙瑞高速公路控制性单体工程223个点先行用地，用地已通过国土资源部审批。

【干部培训和队伍建设】 2011年，德宏州国土资源局制定《2011年度干部教育培训计划》和加大干部队伍建设力度。全年州局举办8期业务培训班，培训人员167人次；安排和选送7人次到国土资源部学习培训，1人次参加国土部干部廉政教育集训，28人23次到省厅学习培训，38人15次参加地方组织人事部门及党校理论知识培训，13人参加云南干部培训学校在线学习，州局34名公务员参加“忠诚教育”培训考试。通过多层次多方式的教育培训，进一步提升干部队伍的整体素质。年内，完成8名科级干部的试用期满考核，完成芒市、畹町局主要班子成员4名干部推荐考察及任用工作。按照新一轮机构改革人员分流办法，办理审批29名干部(州局2名)提前退休手续，州局接收3名退役军人、吸收2名大学生志愿者。顺利完成新一轮机制改革《三定方案》。

【国土资源网站信息】 2011年，德宏州国土资源局紧紧围绕土地管理、矿产资源、地质灾害、干部队伍和党风廉政建设“四位一体”的工作思路，着力打造“阳光国土”，加强各项重要工作的督查督办力度，扎实推进政务公开各项工作的深入开展。在州政府信息公开网站公开政务信息50条，其中工作动态40条、法律法规5条、公示公告4条，发布重大决策听证1项；在德宏州国土资源局网站发布信息149条，切实做好“两个网站”管理、局内电子设备和视频会议系统的日常管护工作。继续抓好12336国土资源违法举报电话和96128政务信息专线工作，全年接听“96128”政务信息查询专线电话8个，未出现无人接听或二次转接现象，对所咨询问题当场给予圆满答复。

【专项治理】 2011年，德宏州国土资源局党组始终坚持一手抓资源管理，一手抓党风廉政建设，把党风廉政建设工作与业务工作同部署、同检查、同落实、同考核，层层签订党风廉政建设目标责任书，形成主要领导亲自抓，工作人员具体抓，层层抓落实，一级抓一级，一级对一级负责的党风廉政建设工作机制。年内，州局紧密结合工程建设领域突出问题专项治理工作和开展“两整治一改革”专项行动，积极开展廉政风险点排查和自查自纠工作。对清理出的廉政风险进行等级评估，排查A级风险点48个、B级风险点15个，从加强教育、健全制度、强化监督、严格责任追究等方面，提出风险防控措施215条，及时发现存在问题和漏洞，建立完善相关制度。认真落实党风廉政建设暨惩防体系建设工作方案，建立干部廉政档案104人(份)。学习《廉政准则》，营造“廉洁国土”，组织全系统副科以上干部及部分重点岗位人员70余人到全国廉政教育基地(第二监狱)接受警示教育。

【信　访】 2011年，德宏州国土资源系统认真化解矛盾纠纷，加强来信来访接待工作。全系统接待群众来信54件、来访315次/390人，受理网上信访7件，办结率100%。积极配合做好矛盾纠纷化解，调处土地纠纷41起，办理州级代表议案1件。州人大常委会和州政协分别组成调研组对全州建设用地保障暨土地市场整治和城镇土地利用情况进行调研指导，完成相关调研成果，并作出审议、评议意见。

（《国土管理》撰稿　安顺川）

住房和城乡建设

【概　述】 2011年，德宏州住房和城乡建设系统紧紧围绕州委、州政府确定的建设“山水田林园城市”发展目标，加大建设工作力度，进一步指导城乡快速健康发展。全州城镇规划区面积为665平方公里，城市建成区面积由上年的53.52平方公里扩展为56.50平方公里。认真开展《城市规划法》、《建筑法》、《房地产管理法》、《中华人民共和国招投标法》、《防震减灾法》、《城市供水管理条例》、《风景名胜管理条例》、《云南省绿化管理办法》等一系列法律法规的宣传工作，全州各县市建设局在资金较为紧缺的情况下，克服困难，保证了宣传所需的资金。此外，充分利用报刊、电视、广播、宣传栏、法律知识讲座、标语和举办各种培训班等多种形式，加大宣传力度，使建设法规进一步深入人心，从而保证了建设法规的顺利实施。根据“城镇上山”战略部署和桥头堡黄金口岸建设的需要，积极组织新一轮的城市总体规划修改，目前芒市城市总体规划修改正在进一步完善，瑞丽市城市总体规划修改正进行前期调研。认真组织编制专业规划，芒市完成《中国咖啡小镇控制性详细规划》；瑞丽市启动弄莫湖湿地公园的控制性详细规划；盈江县完成《盈江县城控制性规划》；陇川县完成拉影片区控制性详细规划及西南片区控制性详细规划。启动芒市遮放镇、瑞丽市畹町镇、陇川县陇把镇、盈江县那邦镇、梁河县芒东镇等12个特色小镇规划编制工作。至年末，全州完成1833个村庄规划编制，其中142个行政村，1691个自然村。补充完善集镇总体规划编制，芒市中山乡、江东乡、五岔路乡、三台山、西山乡集镇总体规划编制完成，并通过评审。同时，全州积极开展一些概念性等规划的编制工作。盈江县完成3·10地震灾后恢复重建《大盈江(县城段)综合治理建设项目规划》编制。全年完成市政公用基础设施建设投资8.1亿元；全州房地产在建项目91个，施工面积391.70万平方米，比上年增长77%，其中新开工面积169.34万平方米，增长90%；完成投资36.61亿元，增长1.08倍。组织二级建造师的考试报名和考前培训工作，全年全州有87人参加考前培训。完成全州造价员继续教育网络培训工作，参训人员288人；完成全州造价员181人续期验证及67人变更初审工作。

城乡建设

【市政基础设施建设】 2011年，德宏州完成市政公用基础设施建设投资8.1亿元。一是市政道路设施建设完成投资5.8243亿元。先后实施梁河县龙窝大道、瑞丽市瑞江路片区和姐岗南路、芒市团结大街北段和金孔雀大街、盈江允燕大道和滨江路、陇川县三象北路和环城北路等27条道路的改造建设。二是治污项目累计完成投资3.8712亿元，年内完成投资1.34亿元。实施盈江县城市生活垃圾处理工程、梁河县城市生活垃圾处理工程，总投资5499万元，完成投资2928万元；实施芒市污水处理厂二期及配套管网工程、瑞丽污水处理厂二期及配套管网工程、盈江县污水处理厂及配套管网工程、梁河县城市污水处理场和配套管网工程，总投资1.77亿元，完成投资1.05亿元。三是实施芒市城市供水改造工程、盈江县城市排洪系统改造工程，完成投资1423万元。四是加大城市绿化及公园建设力度，城市绿化亮化工作完成投资7726万元。年内，芒市完成创建省级园林城市，目前正积极加紧争创国家级园林城市，完成绿化亮化投资1657万元；瑞丽市提出创建省级园林城市，目前累计完成绿化投资1.7亿元，年内完成绿化投资5000多万元；盈江县完成绿化投资1069万元。

【城市燃气管理】 2011年，德宏州住房和城乡建设局根据国家、省有关燃气管理工作的文件精神及要求，结合德宏州燃气地域现状，配合省住建厅、省燃气规划设计院完成全省中缅输气管线规划实地调研工作。根据未来几年内中缅输气管线的进入，作为进入国内的首站城市，州局积极配合省住建厅、省发改委、中石油云南省昆仑燃气公司等相关部门，对该项目在德宏如何开展相关工作，进行实地调研。针对燃气企业安全生产管理工作，每月对燃气行业下发安全生产管理的文件通知，尤其是节假日前夕，实地对燃气企业储备站进行安全生产管理检查，并针对检查情况，要求不符合规范的企业及时进行整改并报验。

【城乡规划管理】 2011年，德宏州住房和城乡建设局加强城乡规划编制力度，指导城乡快速健康发展，强化城市总体规划的引导作用，根据"城镇上山"战略部署和桥头堡黄金口岸建设的需要，积极组织新一轮的城市总体规划修改。目前，芒市城市总体规划修改正在进一步完善，瑞丽市城市总体规划修改正进行前期调研。认真组织编制专业规划，芒市完成《中国咖啡小镇控制性详细规划》；瑞丽市启动弄莫湖湿地公园的控制性详细规划；盈江县完成《盈江县城控制性规划》；陇川县完成拉影片区控制性详细规划及西南片区控制性详细规划。全面开展村庄规划全覆盖工作，按省政府的工作安排部署，德宏州2012年底前需完成3190个村庄的规划编制，至2011年完成1833个村庄规划编制，其中142个行政村，1691个自然村。补充完善集镇总体规划编制，芒市中山乡、江东乡、五岔路乡、三台山、西山乡集镇总体规划已编制完成，并通过了评审。同时，全州积极开展一些概念性等规划的编制工作，瑞丽市启动城乡发展空间战略规划、中央商务区南片区概念性规划和瑞丽国际物流园区规划编制；盈江县完成3·10地震灾后恢复重建《大盈江(县城段)综合治理建设项目规划》编制；完成《德宏州国民经济和社会发展第十二个五规划——城市建设管理专项规划》编制工作。

【一书两证发放】 截至2011年末，德宏州核发新建建设项目选址意见书95份，拟用地面积约320.67万平方米；新建建设用地规划许可证245份，用地面积约786.64万平方米；新建建设工程规划许可证837份，建设规模约425.85万平方米。盈江恢复重建建设中，核发建设项目选址意见书2份，拟建设用地157.62万平方米；建设用地规划许可证452份，用地面积约62.77万平方米；建设工程规划许可证495份，建设规模约21.91万平方米。州局完成全州限额内的建设项目选址意见书审查2项，拟用地面积约82.85万平方米；用地规划许可证审查39项(不含规划调整项目)，用地规模185.07万平方米，建设规模383.26万平方米，拟投资规模约

754173.8万元；建设工程规划许可证审查35项，用地规模234.48万平方米，建设规模318.01万平方米，拟投资规模约537837.5万元。截止12月31日，州规划局审查商品房预售许可29项，用地规模130.53万平方米，建筑面积225.69万平方米，总投资约294354.97万元。

【特色小镇建设】 2011年，经德宏州积极申报争取，省政府以云政发〔2011〕101号《关于加快推进特色小镇建设的意见》批准德宏州12个镇为省级特色小镇，其中芒市遮放镇、梁河县芒东镇、陇川县陇把镇为“现代农业型”特色小镇，盈江县昔马镇为“工业型”特色小镇，瑞丽市畹町镇、瑞丽市姐相乡（大等罕村）为“旅游型”特色小镇，芒市芒海镇、瑞丽市弄岛镇、盈江县那邦镇为“边境口岸型”特色小镇，芒市三台山乡、梁河县九保乡、陇川县户撒乡为“生态园林型”特色小镇。目前，12个特色小镇正在做项目的前期规划工作。

【住宅与房地产管理】 2011年，德宏州住房和城乡建设局加大对房地产市场的监管力度，加强城市房屋拆迁监管力度，继续加大房地产市场管理，规范和调控房地产市场秩序，加强房地产开发企业资质管理和日常监管。全年在建项目91个，施工面积391.70万平方米，比上年增长77%，其中新开工面积169.34万平方米，增长90%；完成投资36.61亿元，增长1.08倍。商品房销售面积75.46万平方米，比上年增长32%；商品房实现销售额21.07亿元，增长38%。全州发放《商品房预售许可证》35份，批准预售面积126.86万平方米，比上年增长27.17%。全州办理《商品房购销合同》备案7221户，备案总面积8118.61万平方米，其中住宅1440.71万平方米；总金额45.74亿元，其中住宅23.17亿元；发放《房屋所有权证》9358户，建筑面积218.47万平方米。办理房产交易3662户，交易面积69.11万平方米；办理《房屋他项权证》5807户，抵押面积403.64万平方米。全年全州房地产市场运行情况总体平稳，商品房新增供应量稳定增长，房价总体水平处在相对合理的范围内，没有出现大的波动。

【城镇住房保障】 2011年，德宏州政府十分重视城镇住房保障工作，及时召开保障性安居工程建设工作会，将保障性安居工程建设任务进行细化分解下达。同时，州政府同各县市政府签订《保障性安居工程建设目标责任书》，确定目标，分解任务，明确责任。年内，省下达德宏州公租房结转项目建设指标18000平方米、300套，总投资3530万元，芒市及瑞丽各9000平方米、150套；2011年5月省下达保障房建设任务为6718套，其中新建廉租房2278套、新建公租房3800套、城市棚户区改造540套、国有工矿棚户区改造100套，403143平方米，计划总投资88239.51万元。截至12月底，各项目已全部开工建设，完成投资54270.8万元，各项目建设正在按要求如期正常推进。经审查，全年全州符合租赁补贴发放的1424户，年末发放1424户，发放金额339.505万元/年。

【物业管理】 2011年，德宏州住房和城乡建设局进一步规范和培育物业服务市场，全面提升服务水平。依据修订后的《物业管理条例》等相关法规，积极做好物业管理工作，从解决群众最关心、最直接的物业企业选聘、维修基金等问题，积极创新思路，着力破解难题，促进物业管理工作的规范发展。一是加强物业企业资质管理，严格按照规定办理物业服务企业资质。全年新批三级暂定资质企业4家。二是大力推进维修基金管理制度，不断完善维修基金管理。把维修基金缴存作为房产登记申请的前置条件，截至年末，当年归集商品房住宅维修项目19个，归集金额2504.63万元，其中建行归集项目11个、归集金额1502.63万元，农行建行归集项目8个、归集金额1002万元；自实行监管以来累计归集项目63个、金额5604.50万元，其中建行归集项目37个、归集金额3486.43万元，农行建行归集项目26个、归集金额2118.07万元。三是积极做好小区业主成立业主委员会工作的指导与备案登记工作。通过深入宣传，物业管理逐步被广大群众所接受，业主们维权意识不断得到增强，但由于物业管理还属于起步阶段，大多数业主对相关的法律法规了解不够，缺乏一定的认识，对成立业主委员会的小区，积极给予指导和帮助。

【拆迁管理】 2011年，德宏州住房和城乡建设局严格拆迁管理，切实维护社会稳定。1月《国有土地房屋征收管理条例》实施后，认真贯彻学习“条例”的相关内容，做好拆迁管理，强化房屋拆迁补偿安置资金监管。同时，做好拆迁信访工作，切实维护社会稳定。要求各县市建立健全拆迁信访工作责任制，依法及时解决群众反映的问题，积极化解拆迁纠纷和矛盾，发现上访苗头及时解决问题，坚决制止群众非正常到省、进京上访事件的发生。

【住房补贴发放】 2011年3月，德宏州启动州直机关行政事业单位离退休干部职工住房补贴发放工作，5月启动州级25年工龄以上人员住房补贴发放工作。截至年末，全州州直机关行政事业单位，离退休干部职工及25年工龄以上人员住房补贴审核160个单位、673人，住房补贴总额7868971.1元。其中：审核通过的离休干部职工有19个单位、29人，发放住房补贴255624.72元；审核通过退休干部职工住房不达标的有59个单位、509人，发放住房补贴2844667.19元；审核通过退休干部职工未享受福利分房的有28个单位、64人，发放住房补贴2115244元；审核通过在职25年工龄以上干部职工住房不达标的有31个单位、135人，发放住房补贴846967.59元；审核通过在职25年工龄以上干部职工未享受福利分房的有23个单位、51人，发放住房补贴1806467.6元。审核省直属单位7个、187人。

【农村危房改造】 2011年，德宏州住房和城乡建设局为贯彻落实国家和省关于农村危房改造(农村民居地震安全)工程建设惠民政策，推进引导和逐步加强农村建设安居房、抗震房的工作力度，与各县市签订责任书，要求尽快将计划指标落实到村、到户，并抓紧拆除重建户信息录入和工程建设推进工作，要求在年内完成工程建设任务。截至年末，全州累计争取国家和省下达计划51500户，其中拆除重建34320户、修缮加固17180户，争取下达补助资金36212万元。工程的推进，极大的改善德宏州农村住房面貌，提高农村建设安居房的抗震意识，强化农村建房的管理，使广大农村真正感受到党和政府惠民工程的温暖。年内，省下达德宏州农村危房改造及农村民居地震安全工程19100户计划(第一批18100户、第二批1000户)，6月州级三部门及时将第一批计划指标下达至县市(含州级配套修缮加固196万元补助资金，第二批指标9月14日下达到县)，明确第一批计划指标中有10000户用于地震民房恢复重建。目前，全州已完成农户信息录入，并开始动工建设18100户、竣工17572户，分别占总任务的100%和92%。

【瑞丽江—大盈江风景名胜区管理】 2011年，德宏州进一步加大对《风景名胜区条例》的宣传工作，加强对“两江”风景名胜区内建设项目的审查力度。完成那邦水电站220kv送出线路、勐乃河三级电站、盈江县弄璋大桥项目选址的初步审查和上报，积极帮助配合相关部门做好芒市环东路建设工程、盈江芒允至芒线农村公路改造工程、盈江县行政中心建设工程等项目初步的审批工作。年内，解决州人民政府关于对中缅油气管道通过“两江”风景名胜区的施工问题，协同州林业局完成盈江县铜壁关自然保护区升级为国家级自然保护区初审的前期工作。

【盈江“3·10”灾后恢复重建】 2011年，德宏州住房和城乡建设部门始终按照温家宝总理提出的“大震不倒，中震可修，小震无害”的要求，牢牢把握“安全、经济、适用”的方针，坚持“统规自建与统规统建相结合，以统规自建、分散自建为主，统规统建为辅”的原则，实行农户自建、政府补助和社会帮扶相结合，按照科学选址，科学设计，科学选材，确保质量和安全的要求，加快推进民房恢复重建。恢复重建中，精心筹备并召开“德宏州建设工程质量管理暨盈江“3·10”地震恢复重建项目推荐会议”，观看盈江“3·10”地震建筑灾害警示片，瞩目惊心的真实画面为所有参加恢复重建人员敲响了警钟。会议深刻分析全州建设工程质量所面临的形势，对全力做好盈江“3·10”地震恢复重建工程质量管理工作提出具体要求。从州、市(县)住建部门抽调12名技术骨干组成质监工作组，走访农户进行全面细致的摸底调查，对盈江县辖区内的建材产品质量进行监督检查，从生产、销售、使用各环节着手，杜绝未经质量检测、技术不达标的建材产品进入施工现场。在把好安全质量关的前提下，州、县住建部门采取“白加黑”、“5+2”等工作方法，抓紧组织施工力量，加强施工现场管理和监督，强化领导干部分片包点指导和督查，及时发现问题，研究制定解决方案，科学重建、依法重建、和谐重建，民房重建工作进展顺利。截止12月30日，全州民房恢复重建总动工38632户，占全州总恢复重建任务数39034户的98.97%；入住30635户，占全州总恢复重建任务数39034户的78.48%。

盈江县城市供水恢复重建工程、城区市政道路、排水及照明系统恢复重建工程和城区广场公园设施恢复重建工程可研通过审查，南部新区市政道路建设工程因规划改变，需重做可研。

【建筑市场管理】 2011年，德宏州住房和城乡建设部门加强建筑市场管理，营造有序的建筑市场环境。对全州35个建筑施工企业、12家设计企业、3个监理公司、5个质量检测机构的资质证书、安全生产许可证进行年度检审及新核定资质资料初审和上报工作；对项目负责人、专职安全员、专职质检员等技术人员进行资格证培训，有433人次参加培训审验。全年全州有1009个项目报建，建筑面积417.18万平方米，总投资30.41亿元；发放362个项目审查通知书，398个项目审查备案；办理929项次资质注册备案。年内，组织二级建造师的考试报名和考前培训工作，全州有87人参加考前培训。

【招标投标监督管理】 2011年，德宏州住房和城乡建设部门进一步完善有形建筑市场，做好招标投标监督管理工作，对建设工程招投标工作进行监督管理，并在《云南省工程建设信息网》上发布全州公开招标工程公告信息。全年全州有建设工程招标项目252个，建筑面积273.93万平方米，标底价46.81亿元，中标价46.02亿元，招标节约资金8126万元。对州外进入德宏州的61家次招标代理机构资质进行注册备案管理，对其代理的工程，按照德宏州招标投标管理办法进行审查管理。

【安全生产管理】 2011年6月，德宏州住房和城乡建设部门在做好日常安全生产宣传、教育工作的基础上，紧紧围绕"安全生产年"的总体部署，精心组织全州建设领域"安全生产月"活动。期间，发放各类宣传资料5265余份，粘贴、悬挂安全标语190条，展板17块，各县(市)出动宣传及执法人员53人。年内没有发生较大事故以上的建筑安全事故。全年全州建筑项目安全报监411项，检查工地1211个次，对建筑施工项目进行停工整顿16个工地，下发整改通知书489份，对隐患严重的实施处罚，对州内32家建筑施工企业进行安全质量标准化达标检查，综合结论合格23家，基本合格8家，不合格1家。在全州内推行意外伤害保险，对全州建筑施工企业应急救援机械的机主及驾驶员进行统计造册，建立市政公用设施运营安全月报制度。

【建筑工程质量监督】 2011年，德宏州住房和城乡建设部门加强建筑工程质量的监督管理工作，建立健全工程质量监督告知制度，提高监督执法的透明度，使工程质量监督真正成为"阳光监督"，减少和避免质量事故的发生。全年监管工程491项，总建筑面积274万平方米；监督竣工验收270项工程，完成建筑面积78万平方米，通过竣工验收合格率100%。年内，出具工程质量监督报告167个项，办理工程竣工验收备案总数167个项，竣工备案覆盖率为100%。工程质量总体受控，未发生大的工程质量事故，质量水平稳步提高。

【建筑工程造价管理】 2011年，德宏州住房和城乡建设部门进一步规范建设工程造价管理，按时完成《德宏建筑经济信息》的调查、发布及上报联网工作，督促全州各县市开展好工程造价"三价"(即拦标价、合同价、结算价)备案管理工作。全年对78项工程进行拦标价备案，外地州工程造价咨询企业入州备案11家。完成全州造价员继续教育网络培训工作，参训人员288人；完成全州造价员181人续期验证及67人变更初审工作。

【信　访】 2011年，德宏州住房和城乡建设局深化内部管理，强化信访工作，牢固树立全心全意为人民服务的思想，进一步加强来信来访接待工作，对来信来访做到热情接待，认真按照政策规定妥善处理好每位信访者反映的问题，凡受理的来信来访，主要局领导进行批阅督办，使信访问题妥善解决。全年办理建议、意见和提案16件，办结率和满意率均达100%；回复信访及书记、州长信箱40多件，接待来访人员30余人次，来信来访处理率达100%，有效地实施事前预防、事中监督、事后查处。

【表彰先进】 2011年，德宏州城市建设、禁毒防艾、环境卫生、安全生产等工作分别荣获国家、省建设厅、州委、州政府先进单位和先进个人的表彰。年内有8人被评为优秀国家公务员。

(《住房和城乡建设》撰稿　李　燕)

人　防

【召开全州人民防空会议】 2011年2月28日至3月1日，德宏州人民防空工作会议在芒市召开。此次会议是德宏州委、德宏州人民政府、德宏军分区为全面贯彻第六次全国人民防空会议精神，推进德宏人防事业发展的一次重要会议。州委书记赵金、州长孟必光、军分区司令员龚平、州人大副主任王兴才、副州长马闻、州党政纪工委领导，全州3县2市1区政府主要领导、分管人防工作的副县市长和军事机关领导、人防办主任及相关业务人员参加了会议。会上，州委书记赵金、州长孟必光、军分区司令员龚平分别就加强人防工作的深远意义、人防工作如何实现融合式发展，以及德宏的战略地位与人防建设的战备作用作了重要讲话。

【表彰先进】 2011年，德宏州人民防空办公室和芒市人民防空办公室在全省人民防空建设目标管理责任制考核中获优秀等级评定；芒市、瑞丽、盈江人民防空办公室在全州人民防空目标责任制考核中获优秀等级评定。年内，德宏州人民防空办公室被评为"全省人民防空宣传教育先进单位"，于江辉被评为成都军区"十佳人防办主任"，周爱国被《中国人民防空》杂志社评为通讯报道先进个人。

【"三所"建设】 2011年，德宏州根据云南省防空办的工作安排，投资300余万元，完成州直四大机关疏散基地200余亩土地的征地工作。该项目系上年的跨年工作，截至年末，征地各项手续已全部完善，前期设计工作在准备过程中。同时，各县市积极开展人防指挥所建设。芒市人防指挥所完成一期工程，并已投入使用；瑞丽人防指挥所继上年竣工投入使用后，年内完善指挥平台和内部建设；陇川人防指挥中心一期工程土建部分已进入施工扫尾阶段；盈江指挥所在"3·10"地震中2幢大楼损坏严重，成为危房，州人防办及时拨付资金60余万元，建成300平方米的抗震钢架办公用房。同时，指挥所恢复重建工作已列入盈江县灾后重建计划；梁河县指挥所在多次易地，反复择优过程中最后敲定，征地相关手续在逐一落实中。为此，德宏州各县市人防不仅机构独立，同时拥有指挥所和办公用地，为党委、政府平战时期更好地组织指挥人民防空工作提供了平台。

【准军事化建设】 2011年，德宏州人民防空办公室及各县市人民防空办公室按照军地双重领导和准军事化建设要求，以"政治坚定、业务精湛、纪律严明、作风过硬、廉政高效"为队伍建设目标，认真开展"我是人防应急队员"为核心的"准军事化"建设，从政治思想、业务能力、工作作风、办公秩序等方面入手，抓队伍建设，使每个干部从思想上、行动上向"准军事化"目标看齐，坚持以抓作风建设促工作推进，以抓组织建设促思想统一，以抓业务建设促效能提高，以抓廉政建设促队伍纯净。结合"四项制度"和相关措施的落实，使全州人防系统整体素质有了全面的提升，"准军事化"水平和应对突发事件的能力不断增强，并在盈江"3·10"地震应急抢险救援中发挥作用，得到了检验。4月底，在不断总结紧急情况下通信联通工作经验的基础上，州人防办又在陇川组织全州人防系统野外通信训练，参训人员78人。通过训练，对今后人防在紧急状态下联通对接产业了积极的示范作用。

【执法检查】 2011年4月、8月和11月，为认真贯彻全省人民防空工程建设管理会议精神，由德宏州人防办、德宏州纪委党政纪工委联合组成的"结建"工作检查组，对全州各县市人防"结建"工作进行专项检查。从检查结果看，全州人防部门认真贯彻人民防空各项法律法规，严格依法行政，做到公开、公平、公正执法，切实做到审批程序规范严谨，月报表向纪委等部门呈报准时，形成较好的公开机制和接受监督制度，确保了人防法律、法规和各项措施的有效落实，保证了人防依法行政工作的健康推进。

【宣传教育】 2011年，德宏州人民防空宣传教育工作紧扣第六次全国人民防空会议精神的贯彻落实，对宣传教育工作进一步加大投入和力度，在上年取得较好成绩的基础上又有较大提高。一是加大对各级领导干部的宣传力度。州和各县市人防办特别重视主动向分管和相关部门领导汇报人防工作。同时贯穿工作报告及时将人防的法律法规向领导干部进行宣讲宣传，在提出贯彻合理化建议的基础上，积极争取各级领导和相关部门的理解和支持。二是加大宣传教育经费的投入。全州人防系统在经费非常紧张的情况下，仍然在上年的基础上加大投入，全年发放《德宏州居民防空防灾手册》1.2万册，传单8500份，部分县市采取向相关单位和群众发放印有人防法律法规的贺卡、挂历等形式，扩大宣传面和知晓度。三是积极与教育主管部门协调，通过初中新生入学军训、人防专题讲座及部分学校的防空防灾演练等，把人防知识从校园辐射到社会，从干部辐射到群众。全年受人防教育学生8347人，科以上干部300余人，参加人防知识考试人数38040人。四是利用每年警报鸣放前宣传周和国防教育日，请分管领导发表电视讲话，借助电视、报刊、手机短信等直观、快捷的信息媒介，传递人防法律法规和人防知识。五是积极在《中国人民防空》、《云南国防》、

《春城晚报》、《德宏团结报》及德宏州电视台刊登人防动态，宣传人防法律法规和人防知识，树立人防形象，取得了良好的效果。全年被各级报刊、杂志刊用文章、消息84篇（条），并被《云南人防》杂志社评为全省七个宣传先进单位之一。

【工程结建】 2011年，德宏州人民防空办认真贯彻全省人防工程建设管理会议精神，及时召开对口会议，并结合德宏州具体实际，制定《德宏州人防工程建设管理规定》，遵循“应建必建、应收必收、以建为主、建收结合”的原则，对城市新建民用建筑防空地下室建设的设计、审批、工程监理、质量监督、竣工验收等作出更为明确的要求和规范。截至年末，通过实施全面的规范管理，全州已建和在建的民用防空地下室面积在上一年的基础上翻了3倍，“结建”工作呈现出良好的发展势头。10月，在芒市召开全州人防工程建设法规培训会，就如何整顿治理和进一步规范行政行为制定了实施方案，为今后依法行政奠定了良好的基础。

【抗震救灾】 2011年3月10日12时58分，盈江发生里氏5.8级地震，德宏州人防办立即召集党组和科以上成员召开紧急会议，通报当前灾情，部署工作，并进行战前动员，要求党员干部充分发挥先锋模范和表率作用，做抗震救灾的主力军、灾区群众的主心骨。同时，芒市人防办带队到州办请战。由44人组成的一支应急救援小分队迅速前往灾区救援。全体干部分头行动，车载电台进行快速的调试和联通，发动机、帐篷、铁榔头等工具紧急装车，食品、矿泉水等物资快速采购到位，充分检验防空人员的准军事化建设成果，是一支拉得出、用得上、能战斗的队伍。应急救援小分队于江辉主任带队与盈江、梁河2县人防部门汇合，按照省、州领导当晚紧急会议精神和盈江救灾指挥部要求，结合人防部门特点，积极投入房屋排危除险、道路清障、为受灾群众搭建帐篷、检修警报设备、慰问灾区群众和按系统勘察上报受灾情况工作。救援期间，出动人防应急队员44人次，送往灾区并搭建军用（班用）帐篷12顶，检修警报设备11台，危房排险、道路清障920平方米，协助抢救伤员、转移伤员5人，慰问灾区群众食品、饮料及生活用品价值2.6万元。

【警报鸣放】 2011年，德宏州人民防空办按计划在“8.15”防空警报鸣放日前完成全州警报及线路检修工作。结合城市新区建设和警报布点要求，全州新增警报器2台，调整2台。在盈江3·10地震后，州办通信保障人员冒着余震的危险，第一时间组织抢修。“8.15”警报鸣放时，州办为保证灾后第一次警报鸣放活动万无一失，出动移动警报车2辆，对盈江灾后鸣放工作给予了重点保障。

（《人防》撰稿　周爱国）

环　　保

【概　述】　2011年，德宏州环保系统紧紧围绕全面落实州委州政府重大决策来开展工作，努力构建生态文明，打造生态立州，建设生态安全屏障，以优质的服务全力推进桥头堡黄金口岸、瑞丽重点开发开发试验区和盈江恢复重建工作，以污染减排为龙头，以七彩云南德宏保护行动为抓手，以环境监管为突破口，认真做到“一”是一个杜绝、“二”是增强两种意识、“三”是突出三个重点、“四”是扩展四个亮点、“六”是强推六项工作，全面落实好各项工作任务。

一、污染减排工作扎实推进，全面完成年度任务。年内，州政府与省政府签订《云南省“十二五”低碳节能减排目标责任书》，并与各县市人民政府签订《“十二五”污染减排目标责任书》。

二、加强环境监管，切实维护全州环境安全。1、开展高考、中考护考行动。州和各县市环保部门加大高、中考期间噪声整治工作，着力解决一批餐饮娱乐、建筑施工、铁艺、铝合金加工点等行业噪声扰民问题，为考生营造一个安静的学习、备考环境。2、依法、全面、足额征收排污费，利用经济手段促进企业治污减排。全州各级环保部门严格执行征收标准和收费程序开展排污收费工作。全年全州申报排污企业513家，申报户数大幅提高，其中州本级30家，芒市60家，梁河县36家，盈江县274家，陇川县20家，瑞丽市93家，累计征收排污费1200万元。与财政局、州发改委共同为因地震受灾的平原糖厂、弄璋糖厂、盏西糖厂减免排污费49.3万元。3、加强污染源自动监控、监测系统建设。规范污染源自动监控设施管理工作，依法建立委托第三方运营管理机制，强化日常检查督导和系统维护。全州13家糖业、2家污水处理厂安装水质在线分析仪自动监控设备，5家水泥制造业安装烟气在线分析仪自动监控设备，48家硅业、水泥业、糖业和水电站安装“全球眼”视频监控设备。积极推进污染源监控中心升级建设，完成在线监测系统数据平台的升级工作，以及国控企业数据网上平台的使用。指派专人对22家企业安装的自动在线监控系统和48家污染源视频监控系统的排污状况进行实时在线监控管理，做到及时发现问题及时处理。5月，全省环境监察工作会在德宏州召开，污染源自动监控进行了现场演示，受到省厅及省监察总队认可，并在全省推广。4、加强环境监测工作，对主要出境河流、饮用水源地水质、城市大气质量和重点企业开展监测，完善出境河流水质监测断面布局，建立主要污染源档案，出境水和饮用水质年平均符合国家规定的相关标准和要求。加强建设项目“环评”编制和验收监测工作。通过监测，全面掌握了全州重点领域的环境状况，为环境管理提供科学依据。5、认真开展芒市、瑞丽市2011年城市环境综合整治定量考核工作，并通过省厅考核。完成全州12家污染源单位的“排污许可证”年检工作；完成汞污染调查、持久性污染物调查工作，共调查6家企业，其中医疗机构4家，殡仪馆1家，医疗废物处置中心1家，二恶英排放量21.775mg/TEQ。切实抓好医疗废物处置中心建设和试运行管理，处理医疗废物361.86吨。6、完成第四批强制性清洁生产审核，勐养糖厂、芒东糖厂和梁河糖厂3个企业通过了审核验收。认真完成州2010年污染源普查动态更新调查工作，全州调查120个对象，编制《2010年德宏州污染源普查动态更新调查工作总结》和《技术分析报告》。

三、积极开展环保宣传、政务公开活动，努力扩大环保影响，提高公民的环境意识。加强环境信访工作，及时处理群众来电、来访及投诉。

四、加强基础设施建设，基层环境执法能力不断得到加强。开展德宏州环境监测执法业务用房建设，国家补助资金200万元，项目总建筑面积4048平方米，工程于4月开工建设，目前已完成第4层浇灌，投入建设资金809.6

万元。州环境监测站设备不断得到更新和增强，瑞丽江国家水质自动站投入97万元，于6月建成并投入运行。

五、认真做好桥头堡黄金口岸和瑞丽重点开发开放试验区建设有关环保方面的工作。积极配合国家综合调研组对瑞丽重点开发开放试验区的调研工作，及时为调研组提供全州和瑞丽市环境保护方面的情况，向调研组和州委州政府提出环保方面需向上级反映的问题和需上级解决的政策、项目和资金方面的意见。

六、全力支持盈江抗震救灾和恢复重建工作。盈江“3·10”地震发生后，重点对可能造成群众危害、污染环境的糖厂、硅厂、水泥厂、危险化学品、放射源及射线装置、尾矿库、集中式饮用水源地水质等进行严格的检查和监测，及时向抗震救灾指挥部汇报环保方面的情况，确认饮用水源安全。

【环保专项行动】 2011年，德宏州环保局深入开展“环保专项行动”，加强“环境风险源”管理和环境综合整治，有效遏制突出环境问题。5月18日，由州环保局牵头联合州发改委、州经济委等8部门的相关领导召开专项行动协调会议，制定并向全州印发《德宏州2011年整治违法排污企业保障群众健康环保专项行动实施方案》，加大环境执法力度。重点组织开展重金属污染物排放企业专项检查、饮用水源地环境安全隐患排查、重点行业企业污染减排专项检查、环境风险源排查、尾矿库环境安全隐患排查、含铅酸蓄电池专项检查、畜禽养殖业专项环境执法检查等工作。环保专项行动出动执法监察人员676人次，检查企事业单位169家，其中重金属污染企业17家，27家硅冶炼业，6个尾矿库，19家国控重点污染源和5家省级污染物减排项目，5家污水处理厂，118家养殖数量及规模相对较大的畜禽养殖场。

【全省环境监察工作会议在德宏召开】 2011年5月6日，云南省环境监察工作会议在芒市召开。来自省环保厅、省环境监察总队和昆明、昭通、曲靖、丽江、迪庆、文山、保山、楚雄、红河、大理、怒江等全省16个州市的160多名相关领导参加了会议。德宏州人民政府高铁英副州长就德宏州在过去5年环保工作取得的成效做了汇报。德宏州在认真贯彻环保基本国策，坚持实施“生态立州”战略，强化环保“一岗双责”制度落实，大力开展“七彩云南德宏保护行动”，生态环境保护，加强环境治理，全力推进污染减排，生物多样性保护和生态创建方面成效显著；省环境保护厅杨志强副厅长作题为“科学谋划、勇于创新、努力实现云南省环境监察工作全面协调发展”的重要讲话；杨志强副厅长明确提出会议的主要任务是认真贯彻落实全国环境执法工作会议及全省环保工作会议精神，总结“十一五”环境监察工作，研究部署“十二五”及2011年环境监察工作任务，安排年内全省环保专项行动，布置落实重金属污染防治规划编制实施的有关问题。“十一五”期间，全省环境执法工作解决了一大批群众关心的突出环境问题，维护了广大群众的环境权益和社会稳定。今后，全省环境监察系统要不断提高执法水平，为“十二五”各项环保目标的全面实现和云南省“桥头堡”建设提供坚强有力的环境执法保证。德宏州环保局杨成礼局长对德宏州污染源自动监控系统建设工作情况向大会做了汇报。会上，所有参会代表观摩了德宏州污染源在线监控系统。德宏州建设污染源自动监控系统是为强化德宏州污染源监管而进行的有益尝试和探索，对有效防止重点污染源偷排、漏排、超标准排放等环境违法行为发挥重要的作用。通过对污水和大气状况的实时监控，切实解决了环保部门对污染现象发现难、取证难、处理难和控制难等老大难问题，使德宏州重点污染源处于有效的监控范围，实现“监、管、查、控”的初步统一。此次全省环境监察工作会议在德宏的召开，将激励全州环保战线干部职工振奋精神，埋头苦干，扎实工作，在促进德宏环保事业又好又快发展上发挥积极的作用。

【项目环评】 2011年，德宏州环保局为提高“环评”审批效率，开展延伸服务，主动上门服务，到有关部门、企业宣传“环评”制度，主动为企业办理“环评”手续。对不同建设项目“环评”进行分类对待、分类审批，对符合国家产业政策的建设项目、国家扩大内需项目、“三农”项目、州委州政府“两个20项”工程项目、瑞丽开发开放试验区项目和盈江恢复重建项目开设“绿色环评通道”，简化手续，缩短审批时间，优先审批办理；对事关全州经济社会发展的全局重大项目跟踪服务，特事特办；对于高耗能、高污染、资源消耗严重的项目严格把关，尽量少批或不批。全年完成州本级66个建设项目的环评审查及行政许可(含环评登记表)；审查流域规划政府评2个，工业园区规划环评1个；批准试生产项目21个；进行竣工环保验收25个。同时，加强项目的现场监督检查工作。对全州所有在建或已建项目进行大检查，认真督查建设项目"三同时"及整改措施的执行情况，重点对硅冶炼企业、铅锌矿选矿厂建设情况进行督查，向47家企业下发限期整改意见，并通过整改遏制环境污染态势，消除了生态安全隐患。

【污染减排】 2011年，德宏州政府与云南省政府签订《云南省"十二五"低碳节能减排目标责任书》。德宏州的减排目标为：不计新增排放量，全州化学需氧量（COD）新增削减量不低于2126吨，氨氮（NH3-N）不低于59吨，二氧化硫（SO2）、氮氧化物（NOx）不低于0.0吨，涉及具体工程有6项。德宏州政府为完成"责任书"，专门成立污染减排领导小组，下设办公室于州环保局内，负责具体工作。州政府召开专题会议，研究部署全州污染减排工作，并与各县市人民政府签订《"十二五"污染减排目标责任书》。德宏州环保局按照"责任书"的要求，督查各县市人民政府、县市环保局和减排企业认真开展减排活动，县市环保局与企业签订"责任书"。州环保局领导多次率检查组到企业检查指导工作，全州各项减排工程进展顺利，全面完成了年度任务：一、瑞丽市污水处理厂二期工程项目总投资13357.4万元，2010年9月投入试运行，2011年上半年实际处理量0.98万吨/日，实际进水COD浓度174.16mg/L，NH3-N浓度23.6mg/L，NH3-N出水浓度5.5mg/L，符合要求。二、盈江县平原糖厂末端废水综合治理项目，设计处理能力150m3/h，2010/2011榨季减排设施运行正常。三、盈江县弄璋糖厂末端废水综合治理项目总投资1392万元整，1月5日投入运行，项目处理能力350m3/h，2010/2011减排设施运行正常。四、龙江糖厂PSB光合菌液态肥治理项目2010/2011榨季运行正常，减排台账齐全、规范，COD、NH3-N排放浓度达标，工程项目已验收。五、梁河县梁河糖厂PSB光合菌液态肥工程项目总投资110万元，2010～2011年榨季运行82天，COD、NH3-N排放浓度达标，工程项目已验收。六、二氧化硫和氮氧化物削减项目：州公安交警部门严格执行国家机动车强制报废制度，已报废机动车辆294辆。全年COD削减3686吨，NH3-N削减60吨，SO2、NOx也完成目标任务。

【监测监控】 2011年，德宏州环保局加强污染源自动监控、监测系统建设，规范污染源自动监控设施管理工作，依法建立委托第三方运营管理机制，强化日常检查督导和系统维护。德宏州13家糖业、2家污水处理厂安装水质在线分析仪自动监控设备，5家水泥制造业安装烟气在线分析仪自动监控设备，48家硅业、水泥业、糖业和水电站安装"全球眼"视频监控设备。年内，州环保局积极推进污染源监控中心升级建设，完成在线监测系统数据平台升级工作，以及国控企业数据网上平台的使用；指派专人对22家企业安装自动在线监控系统和48家污染源视频监控系统的排污状况，进行实时在线监控管理，做到及时发现问题及时处理。5月，全省环境监察工作会在德宏州召开，污染源自动监控进行了现场演示，受到省厅及省监察总队的认可，并在全省推广。

【环境监察】 2011年，德宏州环保局深入开展环境监察执法活动，防范污染事故，维护人民群众环境权益。年内，联合州发改委、州经济委等8个部门开展"德宏州2011年整治违法排污企业保障群众健康环保专项行动"，重点解决危害群众健康和影响可持续发展的突出问题，开展全州重金属污染防治专项整治，加大对违法排污行为的惩处力度，促进主要污染物减排。专项行动中，对4家州级挂牌督办企业、27家硅冶炼厂、6个集中式饮用水源地、8家选矿企业尾矿库、5个城镇垃圾填埋场、5个城镇污水处理厂和畜禽集中养殖业共169家较危险行业，进行专项检查，出动执法人员676人次。通过专项行动，消除污染隐患，全州未发生一起污染事故，确保了环境安全。

【生态保护】 2011年，德宏州环保局认真落实滇西北生物多样性保护联席会议第二次会议精神，积极开展生物多样性保护活动。将瑞丽植物园确定为"云南省生物多样性保护德宏教育基地和环境教育基地"，免费向群众开放，将瑞丽莫里热带雨林公园和芒市遮放南见村定为全州环境教育基地。努力创建国家级生态示范区，开展《德宏州生态创建规划》的编制。目前，州级创建规划基本完成，芒市、瑞丽市、盈江县的创建规划正在编制中。在全州5个县市和7个乡镇开展生态创建工作，开展芒市风平镇、三台山乡，瑞丽市弄岛镇，梁河县勐养镇4个生态乡镇的规划编制工作，已建成3个生态乡镇创建。大力开展农村环境综合整治试点工作，开展盈江县新莲村等5个村的治理，已完成2个村的工程。

【恢复重建】 2011年，盈江“3·10”地震发生后，德宏州环保局立即组织由主要领导带队的工作组，深入灾区了解情况，检查排污企业，救助受灾群众。重点对可能造成群众危害、污染环境的糖厂、硅厂、水泥厂、危险化学品、放射源及射线装置、尾矿库、集中式饮用水源地水质等进行了严格的检查和监测，及时向抗震救灾指挥部汇报了环保方面的情况，确认饮用水源安全。积极协助受灾停产的平原糖厂对放射源、酒精、废醪液和光合菌肥液作妥善处置，避免污染事故的发生。抗震救灾期间，环保系统派出专业人员60余人次，对灾区重点防范的30多家企业进行多次巡查和监测，为州委州政府决策提供环保方面有关咨询，为稳定灾区秩序，确保环境安全作了积极的贡献。积极为盈江地震灾区捐献资金，局机关和环境监测站向盈江县环保局拨出救灾应急工作经费7万元，号召全局干部职工捐款2次，捐款2.76万元，对在地震中房屋受损的干部职工家属进行慰问。同时，全力做好盈江地震灾区恢复重建工作，及时向省环保厅、环保部汇报灾区情况，认真做好恢复重建项目编制上报工作。目前，中央财政已批准12个环保项目，下达资金1500万元；省财政批准5个环保项目，下达资金250万元；环保部问题村整治项目资金420万元。州环保局为确保项目建设质量，抽派专人到盈江县环保局，帮助指导恢复重建工作。

【辐射管理】 2011年，德宏州环保部门加强对全州放射源和射线装置的监管。认真开展全州放射源和射线装置使用单位的安全大检查，检查17家放射源使用单位105枚放射性同位素，68家射线装置使用单位119台套装置；配合省厅核发芒市机场等12家相关单位的辐射安全许可证；配合省辐射监督管理站安全收储芒市卓信硅业有限公司的45枚退役V类放射源；开展废旧金属回收熔炼企业辐射工作调查。通过检查，排除了隐患，确保了安全。年内，编制《德宏州“十二五”辐射环境规划》和《德宏州辐射项目实施方案》。

【环保宣传】 2011年，德宏州环保局围绕“六五”环境日，通过手机短信、街头环保宣传活动等方式宣传环保工作。全州环保部门悬挂环保宣传布标60条，展出展板80块，发送手机短信25000条，免费发放环保布袋10900个，环保围腰1500个，环保宣传单8000份，环保宣传守则8500，受理环保投诉和咨询120多件。

【举办“环保杯”摄影大赛】 2011年，德宏州环保局为进一步增强素有“孔雀之乡”美誉的德宏广大干部群众的环保意识，保护好赖以生存的家园，营造良好的环保氛围，与德宏团结报社联合开办“环保杯”征文摄影大赛。广大摄影家、摄影爱好者涌跃投稿，稿件履盖全州各县市，内容广泛，有反映德宏秀美山川、自然景色、优美环境的，有弘扬环境文化和生态文明建设成就的，也有反映破坏环境行为或环境污染的事件，而且稿件质量优越，宣传效果明显。摄影大赛择优刊登9组图片和文字，刊登优秀摄影图片28张。通过评审，《孔雀湖的别样风情》荣获一等奖，《采摘鲜果市民共享甜蜜》荣获二等奖，《风景如画的江东乡》、《新春到梁河大厂看油菜花》、《世外桃源何处觅芒市团箐好去处》荣获三等奖。同时表彰5个鼓励奖和5个优秀组织奖。

【信　访】 2011年，德宏州环保局加强环境信访工作，及时处理群众来电、来访及投诉。一是坚持执行“12369”环保热线值班制度，做到24小时值班，确保全州环保系统群众举报渠道信息畅通，使各类环境污染问题上报及时、处理及时；二是做好来电来访督查工作，切实做到群众投诉的“每一个问题”都有回音，查处的“每一个案件”都有结果。年内，全州受理投诉案件286件，已全部办结，处理率为100%。

【党务政务公开】 2011年，德宏州环保局按照“阳光政府”四项制度的要求，认真开展党务、政务公开工作，制定党务、政务公开工作制度，将环保法律法规、政策、收费标准、办事程序、责任人和办理时限等内容编制成《德宏州环境保护局政务公开手册》，提供给机关单位、企业和群众，并在环保网站、环保宣传栏上公开。专门制作党务、政务公开栏，将要求公开的党务、政务方面的工作全部公开。按照《德宏州企业环境行为公开实施方案》，对全州44家重点污染企业实行环境行为公开制度，接受公众对企业环境行为的监督。按照州政府的要求，州环保局建立政府信息查询网络平台，提供环保10项行政审批项目的办理程序、办理时限、办事机构，提供15个环保主要业务问题查询，开通“96128”政府信息查询专线，建立行政审批网络平台，逐月公布行政审批内容。通过政务公开，方便了群众办事，也接受社会监督，收到了好的效果。

（《环保》撰稿　何广修）

教　育

教育管理

【概　述】　2011年，德宏州有幼儿园104所，含民办幼儿园87所；有在园幼儿33121人，其中少数民族幼儿15305人，占在园幼儿总数的46.21%；有教职工1607人，其中专任教师978人，幼儿教师学历合格率98.26%，专科学历485人，占49.59%；本科学历136人，占13.9%。有小学251所，教学点140个；有在校学生105519人，其中少数民族学生55887人，占在校学生总数的52.96%；有教职工6684人，其中专任教师6634人，小学教师学历合格率99.71%，专科学历4764人，占71.81%；本科学历1363人，占20.55%。有特殊教育学校6所，在校学生273人，其中少数民族学生144人，占在校学生总数的52.75%；有教职工37人，其中专任教师30人，教师学历合格率100%。有普通中学61所，其中完全中学3所(含民办1所)，高级中学5所，九年一贯制学校7所，初级中学46所；有在校初中学生49974人，在校普通高中学生13145人，少数民族学生30368人，占普通中学学生数的48.11%；有教职工4726人，其中专任教师4159人，初中教师学历合格率99.38%，高中教师学历合格率98.30%，研究生49人，占普通中学专任教师的1.18%。有中等职业学校8所(中等技术学校1所，职业高中7所)，有在校学生11899人(含2所高等教育学校中专段学生数)，其中少数民族学生5443人，占在校学生总数的45.74%；有教职工580人，有专任教师482人，教师学历合格率76.35%。有高等教育学校2所，其中德宏师专在校学生5305人，德宏职业学院在校学生2035人。有教师进修学校4所。全年全州分别招聘新任教师324名，“特岗教师”397名，紧缺学科优秀教师52名，免费师范生4人，支教教师10人。

【省教育督导团对梁河县政府教育工作进行督导评估】　2011年1月3至5日，云南省人民政府教育督导团代表省政府，组成了以省政府督学、省政府教育督导团办公室副主任吕志雄为组长的督导评估组一行6人，对梁河县人民政府教育工作进行督导评估。督导评估组通过查阅有关档案资料，到财政部门核实相关数据，观看梁河县教育改革与发展专题片，听取县人民政府自评报告，召开人大代表和政协委员、有关职能部门领导、部分校长和教师代表参加的座谈会，深入到4个乡(镇)，12所中小学、幼儿园，实地查看学校办学条件、学校建设情况等方式，经过定性与定量分析，认为梁河县人民政府教育工作基本达到教育先进县的标准，待报省教育厅党组和省政府审定。

【全州中小学勤工俭学工作现场会】　2011年1月6至8日，德宏州中小学勤工俭学工作现场会在芒市召开。芒市教育局、遮放镇新民小学、芒市镇下东小学、瑞丽市弄岛中学、陇川县民族小学、盈江县太平镇中心小学在会上交流了开展勤工俭学的成功经验。州教育局电教站站长、勤工俭学办公室主任安排布置了2011年勤工俭学工作。会后，与会人员实地参观了勐稳小学、勐戛镇中心小学、遮放镇新民小学和芒市镇下东小学。

【云南省俊发教育扶贫基金会向德宏灾区献爱心】　自“3·10”地震发生以来，灾情牵动着社会各界好心人士的心。云南省俊发教育扶贫基金会及时与德宏州取得联系。2011年4月24日，云南省俊发教育扶贫基金会向德宏灾区捐赠仪式在州教育局举行，此次捐赠活动共向梁河县勐养镇受灾学校捐赠校舍建设资金600万元。

【云南省基础教育关工委工作会议在德宏召开】 2011年5月17至18日，云南省基础教育关工委工作会议在德宏州芒市召开。省委高校工委副书记、省教育厅关工委副主任陶晴，省关工委顾问、省教育厅关工委主任吴家仁，省教育厅关工委副主任、秘书长于达林，教育部关工委社区教育中心副秘书长张天荣等领导出席会议。全省各州市教育局关工委分管领导和负责人以及州内各县市和州属各院校（园）关工委主任参加了会议。会议期间，中国教育报、中国新闻出版报、金童牛中小学教育视频网向德宏州盈江地震灾区捐赠了一批少儿图书和优秀儿童影片光碟。

【德宏州教育局首次开展科级干部竞争上岗工作】 2011年7月7日至8月23日，为进一步加强州教育局干部队伍建设，优化干部队伍结构，激发干部队伍活力，根据《德宏州州直党政机关内设机构科级领导干部竞争上岗暂行办法》，德宏州教育局党组首次组织开展了科级领导干部竞争上岗工作，通过笔试、竞职演讲、组织考察、任前公示等环节，共选拔任用了两名正科级干部。

【德宏州学前教育师资培训基地正式挂牌成立】 2011年7月16日，德宏州教育局在州幼儿园举行"德宏州学前教育师资培训基地"挂牌暨全州幼儿园园长、骨干教师培训开班仪式。本次培训聘请了北京劲松幼儿园园长、特级教师于渊莘、卢德芹，苏州市幼儿高等师范专科学校附属幼儿园总园长特级教师孟瑾作了主题报告。来自全州260余名公办、民办幼儿园的园长、骨干教师参加了为期6天的培训。

【德宏州职业教育校长联谊会正式成立】 2011年7月22日，德宏州职业院校校长联谊会正式成立。首届联谊会会长由德宏职业学院院长李长富担任。职业教育校长联谊会的成立，将为全州职业教育的校院长提供了一个交流、沟通的平台，是本州职业教育步入平稳有序发展的良好开端。

【进修学校复评】 2011年7月27至28日，德宏州教育局抽调专家组成评估组，分别对陇川县和梁河县教师进修学校进行了全面的评估复查。经认真复评，评估小组认定两所学校在基础条件、经费投入、职能发挥、规划管理等方面都已达到一级教师进修学校的办学条件和水平，量化打分为陇川县教师进修学校92.6分，梁河县教师进修学校92.1分。

【"第四期培罗成少数民族教师培训班"在德宏开班】 2011年8月11日，由中国宋庆龄基金会、云南省教育厅联合主办，德宏州教育局承办的2011年"第四期培罗成少数民族教师培训班"在德宏州委党校开班。来自全州的200名小学语文、数学少数民族教师接受了为期6天的高质量高水准的公益培训。此次学员培训费用由浙江宁波培罗成集团公司和赵文瑄先生捐赠，旨在对全州少数民族骨干教师进行有针对性的培训，搭建专业研修的交流平台，提升教师们的教学理念和实际能力，提高少数民族聚集区双语教学水平。

【参加全省第十二届中学生运动会】 2011年8至9月，德宏州选派33名运动员、8名教练共54人到昆明参加全省第十二届中学生运动会。通过顽强拼搏，德宏州代表队获得了11枚金牌(其中田径9枚，游泳2枚)，16枚银牌（其中游泳7枚，田径9枚），13枚铜牌（其中田径6枚，游泳7枚）的好成绩。同时，还获得了B组游泳团体总分第一名，B组田径团体总分第一名，云南省第十二届中学生运动会B组团体第一名；5名运动员获"体育道德风尚奖"。

【举办教真育爱快乐成长幸福生活巡回报告会】 为继续深入实施好"三生教育"，加强学校、家庭、社会育人合力的形成，2011年9月16至28日，德宏州举办了为期13天30场次、2万余名师生及家长参加的巡回报告会。报告会由云南省教育厅特邀全国知名心理健康教育、家庭教育专家、"三生教育"基金会万场巡讲报告团成员赵桂兰主讲。报告会的举办，对学生树立正确的生命观、人生观、价值观，家长形成正确的育儿观，学校、教师构建科学的育人观，最终达成学校、家庭、社会的育人合力起到了积极的作用。

【举行德宏州校园文化建设中小学校长论坛】 2011年10月8至9日，由德宏州教育局主办、州民族初级中学协办的"德宏州校园文化建设中小学校长论坛"活动在芒市举行。全州160余名教育管理干部、中小学校长、幼儿园园长参加了此次活动。此次活动是全州教育系统举行的首次专题论坛活动，既是一次尝试，更是本州教育系统力求解放思想，努力把改革创新作为教育发展的强大动力和提升教育内涵的具体体现。

【举办首届小学生汉字录入比赛】 2011年10月20日，德宏州首届小学生汉字录入比赛在芒市第四小学举行。由各县市教育局选送的27名小学高年级选手参加了比赛。本次比赛以“金山打字通2003”作为比赛软件平台，所有参赛选手输入同一篇文章《冰灯》，文章包括中文和英文。经过激烈的角逐，共评出4个一等奖、7个二等奖和18个三等奖。

【举行办学特色年主题报告会】 2011年11月21至22日，云南省教育厅副厅长王建颖和香港真道书院校长丘日谦到德宏对部分曾经到香港真道书院培训学习过的校长进行回访。自省教育厅启动了“千名校长培训工程”以来，德宏州已选派28名中小学校长参加了该项培训。结合德宏教育主题年活动，丘校长围绕德宏教育2012年的“办学特色”这个主题作了专题报告。全州近400名教育干部和中小学校长参加了培训。

【召开全州教育工作会】 2011年12月29至30日，中共德宏州委、州人民政府在芒市德安酒店相继召开了全州教育工作会和2012年度教育工作会。州委副书记、代州长龚敬政，副州长孔勒干出席会议并作重要讲话。州委副书记唐文祥主持会议。云南省教育厅副厅长王建颖到会并讲话。州人大常委会主任余麻约，州政协党组书记孟必光，瑞丽市委书记杨跃国，州委秘书长番跃平，州人大常委会副主任杨红，州政协副主席董成宝出席会议。各县市(区)委书记、县市长，分管教育的副县市长，州直各单位主要负责人，德宏师专、州属各校(院、园)长参加了会议。会上，州政府表彰奖励了2011年教育目标管理工作先进县市、单位，签订了2012年教育目标管理责任书。

【普通高考再创佳绩】 2011年，德宏州普通高考报名3588人，实考3588人，报考人数比上年增206人，增5.7%。普通高考所有类别专科及以上上线人数(含照顾分)3405人，占实考人数的94.9%，比上年提高1.08个百分点；一般本科及以上上线人数2318人，占实考人数的64.6%，比上年提高16.02个百分点；重点院校上线人数386人，占实考人数的10.76%，比上年提高0.38个百分点；文史类上线1705人，上线率96.01%；理工类上线1700人，上线率93.77%。全州600分以上13人，其中州民一中11人，瑞丽一中2人。排名在全省前50名的考生有5人，分别是：州民一中学生瞿强勇685分，理工类第6名；州民一中学生陈宏华629分，文史类第10名；瑞丽一中学生刘桢663分，理工类第31名；瑞丽一中学生曹雨佳612分，文史类第32名；州民一中学生吴高连子607分，文史类第42名。

【学前教育】 2011年，德宏州教育局遵循以公办幼儿园为示范，积极鼓励和引导发展民办幼儿教育的思路，促进学前教育的发展。年内，全州共有民办幼儿园87所，学前三年毛入园率为47.9%，比上年提高5.04个百分点。年内，积极向上申报云南省民办教育发展专项资金项目，经省审核，芒市凌红幼儿园、芒市天天乐幼儿园、芒市红苹果幼儿园、盈江县幸福幼儿园、瑞丽市小博士幼儿园等5所民办幼儿园分别获得10万元资金补助。

【控辍保学】 2011年，德宏州教育局狠抓《德宏州人民政府关于进一步加强义务教育阶段“控辍保学”工作的意见》、《德宏州义务教育段“控辍保学”工作实施方案》、《关于切实做好义务教育段学生“控辍保学”工作的紧急通知》等相关文件的贯彻落实；继续在全州统一实行农村小学毕业生升初中整体移交制度；严格执行国家、省《课程设置方案》，有效组织初中毕业生水平测试和中考；实施“控辍保学”乡镇、村、组三级联动责任制，将部分惠农政策，新农村建设项目，村、组干部报酬与“控辍保学”工作挂钩；认真落实国家农村义务教育经费保障机制改革各项政策，严禁教育乱收费，建立贫困学生救助制度，确保家庭贫困学生完成学业。年内，全州适龄儿童入学率99.77%，比上年下降0.03个百分点；初中毛入学率112.91%，比上年提高3.18个百分点；小学毕业生升入初中就读的比例为93.94%，初中在校生年辍学率2.02%；高中阶段毛入学率51%，比上年提高2.23个百分点。

【民族教育】 2011年，德宏州各级各类学校深入开展民族历史、民族文化、民族音乐教育，营造民族大团结的良好氛围。积极争取相关部门加大对民族聚居区中小学校的扶持力度，认真开展“双语双文”教学，提高办学水平和教育教学质量。完成了傣、景、载瓦3个语种学前、小学高年级民文教材编写，并于8月参加了云南省少数民族民文教材的审定，为全州学校开展“双语双文”教学提供了实用教材。

【成人教育】 2011年，德宏州共有农村成人文化技术培训教学点164个，其中有独立建制乡镇成人文化技术学校8所，省级示范性成技校3所，省级合格成技校5所。年内，农村成人文化技术学校共完成24939人次的培训任务。其中：短期培训22466人次，劳动力转移培训2473人次；培训后就业2164人次。各中等职业学校面向城镇职工、农村从业人员开展职业教育培训8000余人次，为全州城乡经济社会发展、农民脱贫致富奔小康作出了突出贡献。

【中等职业教育招生成绩喜人】 2011年，德宏州教育系统通过多方努力，完成中等职业教育招生4558人(不含送教下乡人数)，比省教育厅下达的4500人超过58人。

【职教园区建设】 2011年，德宏州教育局全力推进德宏职教园区建设，园区规划投资10.4亿元，征地800亩，建设21.6万平方米；按照“一次规划、分步实施”的要求，确定一期工程投资7.2亿元，建设12.7万平方米，其中德宏职业学院9个单体7万平方米，德宏州中等职业学校8个单体5.7万平方米。截至年末，州政府确定的一期工程已全部开工，有4个单体已封顶，累计完成工程投资3亿元。

【职业学校贫困生救助工作】 2011年，根据《云南省中等职业学校贫困学生救助办法》、《国务院关于建立健全普通本科高校、高等职业学校和中等职业学校家庭经济困难学生国家资助政策体系的意见》(国发(2007) 13号)、财政部、教育部《中等职业学校国家助学金管理暂行办法》(财教(2007) 84号)等文件精神，德宏州各职业学校认真做好中等职业学校学生资助管理工作。年内，春季学期共发放国家助学金881.07万元，资助学生8135人。

【中小学校舍安全工程建设】 2011年，云南省教育厅下达德宏州年内完成的撤并任务是：普通初中(含九年一贯制学校)4所，小学(含“非一师一校”教学点) 30所，“一师一校”教学点34个。年内，实际撤并普通初中(含九年一贯制学校) 4所(瑞丽市曙光中学，陇川县清平中学、勐约九年一贯制学校、护国九年一贯制学校)，小学22所，教学点58个。全年共投入建设资金2.27亿元，启动重建项目77个，重建面积10.7万平方米，完成省下达目标任务的102.7%；启动加固项目83个，加固面积7.68万平方米，完成省下达任务的138.9%。

【教师资格认定】 2011年是云南省及德宏州全面实施网络申报教师资格认定的第一年，全州共受理认定教师资格1491人，其中认定幼儿教师资格74人，小学教师资格496人，初级中学教师资格863人，高级中学教师资格37人，中等职业学校教师资格21人。

【职称评审】 2011年，德宏州共有593人申报小学高级教师，338人申报中学一级教师，220人申报中学高级教师，18人申报中专讲师，7人申报中专高级讲师；经过评审，有592人晋升为小学高级教师，332人晋升为中学一级教师，198人晋升为中学高级教师，17人晋升为中专讲师，6人晋升为中专高级讲师。

【教师培训】 2011年，借助“现代教育示范学校”平台，德宏州教育局组织全州28所项目学校的校长，语文、思品、数学、物理4个学科的教研组长分两期到上海、山东、武汉等地名校进行访学培训；组织全州近30名小学校长前往香港、上海等地参加各种形式的中小学校长培训；选派14名骨干教师到省外高校参加教育部组织的中小学骨干教师示范性集中培训项目的培训；选派1500名中小学、幼儿园教师参加国培计划——中小学骨干教师培训项目的顶岗置换、短期集中、远程培训3个子项目的培训。

【州级名校(园)长学科带头人评选工作】 2011年，为认真实施云南省提升中小学教师队伍素质的“5122”工程，培养、造就本州一支名校(园)长、学科带头人队伍，提高中小学教师队伍的整体素质，根据《德宏州教育局关于印发德宏州中小学名校(园)长评选管理考核办法的通知》(德教发(2011) 40号)和《德宏州教育局关于印发德宏州中小学学科带头人评选管理考核办法的通知》(德教发(2011) 37号)精神，共评选出7名州级中小学名校(园)长、7名州级中小学学科带头人，任期都为3年，期满后将再次进行评选。

【教育经费投入】 2011年，德宏州共收到中央、省、州各级各类教育补助资金58050.97万元。其中：农村义务教育保障经费15755.25万元，惠及学生385613人次(农村义务教育阶段家庭经济困难寄宿学生生活费补助资金5688.85万元，惠及学生69314人次；义务教育公用经费及杂费8468.09万元，惠及学生158195人；免费教科书资金1598.31万元，惠及学生

158104人）；普通高中国家助学金535.95万元，惠及学生4253人；中等职业学校国家助学金881.07万元，惠及学生8135人；校安工程资金12516万元；州级配套资金1516.22万元；各级各类教育经费26846.48万元。开展了生源地助学贷款工作，全州共受理助学贷款3444人，贷款金额1997.78万元。

【德育工作】 2011年，德宏州教育系统坚持以爱国主义教育为核心，以公民道德教育为基础，以养成教育为主线，以法制教育为重点，全面开展德育工作。先后组织开展了“青少年思想道德建设征文”竞赛，《中国精神颂》征文竞赛、演讲比赛、辩论赛等“中华魂”主题教育活动。全年共评选推荐省级三好学生120人、优秀学生干部30人、先进班集体7个，评选表彰州级三好学生134人、优秀学生干部72人、先进班集体41个。

【教育督导工作】 2011年，德宏州聘任了129个督学、17个特聘督学，55个学校督导评估专家。全年共选送教育督导人员参加省级业务培训160人，国家级业务培训15人，选派7名专职教育督导工作者到辽宁省培训学习。认真组织开展教育综合督导检查，开展了校园文化建设年教育主题年活动、“两基”巩固提高、平安校园创建、教育教学管理、教育收费等教育热点问题的综合专项督导检查工作。

【教育工作目标管理考核】 2011年，为确保教育工作目标管理考核工作的顺利进行，德宏州政府成立了以孔勒干副州长为组长的考核工作领导小组和办公室。考核领导小组办公室认真审查了各县市的《自检自查报告》，并结合平时工作检查记录情况进行了严肃认真、客观公正、实事求是、定量与定性相结合的综合考核。考核结果为：州教育局、芒市、瑞丽市、陇川县、梁河县荣获2011年度教育工作目标管理考核一等奖，盈江县、畹町经济开发区获得2011年度教育工作目标管理考核二等奖。

【校园安全】 2011年，德宏州教育系统坚持“安全第一，预防为主”的思想，严格执行“一岗双责”制度，层层签订安全责任状，积极推行“党委政府领导、公安教育互动、学校社会联动”的工作机制，形成了主要领导亲自抓，分管领导具体抓，全体人员共同抓的良好氛围。认真落实公安部8条措施和教育部的6条措施，加大警务室建设、建立“3+1”的警务模式、加快“人防、物防和技防”建设，增加投入，加强学校安保设施的配备，全年共投入经费236万元，安装校园监控设备520套，配备安保器械1014件，配备专兼职保安1034人。

（《州教育局》撰稿　陈　敏）

普通教育

【晋级升等工作】 2011年12月24至27日，云南省教育厅组成省级综合评价组，对德宏州民族第一中学的“晋级升等工作”进行了综合评价。专家组通过认真听取德宏州民族第一中学校长党颖作的自评汇报和德宏州教育局副局长寸待龙作的复评情况汇报；巡视校园校容校貌，查看教室、实验室、计算机室、图书室、学生宿舍、食堂、运动场和各种专用办学设施设备的建设、管理和使用情况；召开教师代表、班主任代表、学生代表3个座谈会；发放学生问卷表（A）140份，学生问卷表（B）140份，教职工问卷表202份，家长问卷表140份；深入课堂听课14节（涉及所有学科教学）；查阅并核实学校提供的涉及评价方案的36个C级指标121个要素的资料。对德宏州民族第一中学的发展规划资源配置及使用情况，办学理念及发展目标，管理决策及能力，后勤保障及服务，课程规划及实施，教学环境及优化过程，评价机制及反馈体系，师资建设及水平提高，学校发展及办学特色的培育进行客观、真实的评议。通过评议，专家组一致认为：德宏州民族第一中学的自评和德宏州教育局的复评是真实可信的；学校自1998年认定为省一级三等完中以来，经过13年的努力，办学基础设施建设，教学设备，教学理念，管理水平，师资队伍建设，办学质量和效益均有了较大的发展，综合办学水平有较大的提高。按照《云南省普通高完中办学综合评价方案》的规定和“实事求是，综合评价，硬件从实，软件从严，以评促建，以评促发展”的原则，经认真综合评价后认为，德宏州民族第一中学基本达到云南省一级二等普通高完中的办学水平，成功晋升为云南省一级二等中学。

【表彰先进】 2011年，德宏州民族第一中学获得以下几项表彰：10月，德宏州民族第一中学获得北京大学2012年度“中学校长实名推荐制”推荐资质（推荐名额为1人），成为全州唯一一所获得实名制推荐的学校。年内，学校还先后获得了德宏州党风廉政建设先进单位，德宏州创先争优“百强基层党组织”，年度综合治理一等奖，德宏州教育系统篮球运动会“道德风尚奖”，德宏州中小学运动会田径第一名，德宏州文明单位，云南省教育厅2011年创新项目一等奖。

【教学模式】 2011年，德宏州民族第一中学构建了“先学后教、问题引导、精讲精练、当堂检测、课后配餐”的课堂教学模式、“三轮复习＋阶段性演练”的高考复习教学模式和“1+2（一次初讲二次跟踪）”的磨课教研模式，形成了“民族学生成功学习”和“科技创新教育”两大特色，培养了大批各族各类人才，赢得了全州各族干部群众的信赖和好评，成为德宏州高中教育的窗口学校、示范学校，在云南省同类学校中名列前茅。

【高考成绩创佳绩】 2011年，德宏州民族第一中学有630名学生参加了高考。600分以上11人（文科3人，理科8人），占全省600分以上人数的1.43%（全省600分以上人数767人）。其中：瞿强勇同学以685分获云南省第6名，成为滇西理科冠军，全州理科状元，被清华大学录取；陈宏华同学以629分获云南省第10名，全州文科状元，被北京大学录取；吴高莲子获全省第42名。一本上线207人，上线率32.86%；总上线人数625人，上线率99.21%。年内，有当地少数民族考生195人，本科以上上线160人，总上线人数194人，上线率99.5%。其中：景颇族学生邵宗财获得云南省美德少年称号；景颇族学生雷茗获全省第52名。

【科技成果】 2011年，德宏州民族第一中学教师代表在各级各类大赛中先后获得国家级奖12项次，省级奖91项次，州级奖28项次。参加国家级、省级、州级课题研究18个（国家级2个、省级6个、州级10个），其中《现代信息技术与边疆少数民族地区中学地理教学的有效整合研究》、《民族地区中学英语教师专业发展认知研究》的省级课题已经顺利结题；编辑出版了《青少年科技创新教育》；编写了《德宏五种世居少数民族概况》、《高三第一轮复习指导教材》等校本教材；年内，教师撰写论文752篇，有128篇论文在国家、省、州级刊物上发表（10篇获国家级一等奖，26篇获省级一等奖）；编辑教师论文集3册，收录了教师在国家级、省级、州级及校际交流论文260余篇。学校还涌现出了一大批省内外知名的专家型教师，有2名教师获得云南省教育功勋奖，有1名教师被表彰为云南省先进工作者。

【教师队伍建设】 2011年，德宏州民族第一中学有教职工总数202人，专任教师177人，中高级教师110人（占专任教师总数的62%），研究生13人，有省、州级中小学名校长1人，特级教师5人，有省级学科带头人4名，国家级骨干教师4名，省级骨干教师19名，州级骨干教师2名，校级67名。

【德育工作】 2011年，德宏州民族第一中学提出了“德育与教学并驾齐驱”的工作理念，要求学生“先学会做人，再学会学习”，从培养学生的习惯入手，制定了学校“食堂管理三字经”模式，实施了教学区域校领导分楼栋管理责任制、校领导联查制、班主任进驻宿舍制等制度。同时，学校十分重视学生个性特长的培养。开展了第三届校园文化体艺节，益暖春行、志愿者、文学社、街舞社、竹墨轩等社团也坚持开展各类活动，为学生提供了展示平台和发展空间。年内，学生自编的校报《边陲红韵》成为学生们交流成长的重要阵地，学生业余党校成为学校一大亮点，从发展第一批学生党员至今，已有65名优秀学生光荣地成为中共预备党员。

【校际交流】 2011年，德宏州民族第一中学作为全州唯一一所“省一级二等中学”，在全州教育系统中充分发挥了骨干和示范引领的作用。先后承办过4次全州高中有关教育教学方面的研讨会或推进会；梁河一中和学校结成州内兄弟学校，学校派1名领导到梁河一中交流锻炼（一年），学校校长或副校长7次在全州教育系统会议上交流介绍学校教育教学管理经验；10月7日，校长在全州校园文化建设中小学校长论坛中作了题为《规范加情感构建高品位校园文化》交流发言；25日，在全州高中教育教学改革德宏一中现场会上，副校长作了题为《坚持改革不放松，精心组织抓落实，努力构建适合学校实际的课堂教学模式》的主题发言。同日，全州高中课堂教育教学改革会议在本校召开，学校9位教师（其中有7位学科长、备课组长）给全州与会老师上了示范课，有5个学科展示了集体备课过程。所有参会老师对此次活动给予了很高的评价。此外，学校积极与省内外许多先进中学、大学开展交流与学习。分别与广州第十中学缔结为友好学校；校际间分别派出5批教师进行了往来学习和交流，先后迎来了山西省教育厅教育考察团、广州省中山市教育考察团、广州越秀区教育考察团、北京大学招办云南招生组长、清华大学招办云南招生组长到校为学生作讲座。

（《普通教育》撰稿　李傣静）

职业教育

【首批“送教下乡”班开学典礼】

经云南省州教育主管部门批准，德宏州中等职业学校在芒市镇、轩岗乡、遮放镇、江东乡、风平镇5个乡镇设立“送教下乡”教学点，2011年1月4日，学校分别在5个乡镇举行首批“送教下乡”班开学典礼暨挂牌仪式，219名学生开始了为期3年的学习。实施“送教下乡”是一项惠民工程，是中国中等职业教育的教育思想、教育制度、教育内容和教育方式的重大变革，其教学管理实行“宽进严出”的管理模式，学制3年，招收对象为18至40岁从事农业生产、农村专业户经营、村镇企业经营、村镇管理，或准备从事这方面工作的社会青年。

【建立健全基层党组织】 2011年1月，德宏州中等职业学校分别组建机关党支部、财经党支部和机电党支部；4月15日，校党委组织召开离退休党员大会，又组建了离退休党支部。至此，德宏州中等职业学校党委及下设的4个党支部全部组建完成。

【科级领导干部竞争上岗】 2011年3至4月，德宏州中等职业学校在州人力资源和社会保障局、州教育局党组和州教科文卫纪工委的组织、监督下，完成了2011年科级领导干部竞争上岗的报名、资格审查、笔试考试、竞职演讲、量化测评和民主推荐工作。6月，2人被州教育局党组任命为正科级干部，9人被任命为副科级干部。

【在全省中职学校技能竞赛中获佳绩】 2011年4月10日，云南省中等职业学校“亚龙杯”电工电子技能竞赛在玉溪工业财贸学校成功举行。德宏州中等职业学校组织2名学生参赛，均获优秀奖。5月15日，云南省中等职业学校“松骋杯”汽车维修技能竞赛在昆明市官渡区职中成功落下了帷幕。学校组织参赛的3名学生均获奖，其中刘晨泽、邵维康两位同学获得团体项目竞赛二等奖；王勇同学获得个人项目竞赛二等奖。

【举办第二届专业技能大赛】

2011年5月27日，德宏州中等职业学校组织开展第二届学生专业技能大赛，有364名选手参加了财经、机电、汽车维修、信息技术及服务管理类5个大项17个竞赛项目的比赛。经过评委们严肃、认真地评审，最终有17名同学获一等奖，29名同学获二等奖，55名同学获三等奖，另有100名同学获优秀奖。

【召开第一次教职工代表大会】

2011年6月3日，德宏州中等职业学校召开首次教职工代表大会。大会选举产生了学校第一届工会委员会委员、经费审查委员会、妇女工作委员会。讨论并审议通过了《学校章程》、《教职工代表大会制度》、《岗位设置及教职工聘用办法》及相关规章制度。

【晋升云南省重点中等职业学校】

2011年10月25日，云南省教育厅专家组对德宏州中等职业学校申报云南省重点中等职业学校进行了评估。专家组认为：有33个指标达到A等、6个指标达到C等，已达到云南省重点中等职业学校评估验收标准，通过评估验收。学校顺利晋升为云南省重点中等职业学校，标志着办学水平迈上新台阶，学校发展取得阶段性成果。

【召开首届团员代表大会】 2011年10月27日，在校党委的领导下，共青团德宏州中等职业学校召开首届团员代表大会，84名学生团员代表参加了会议。大会选举产生了共青团德宏州中等职业学校首届委员会委员、书记和副书记。

【取得学前教育专业办学条件资质】

根据德宏州幼儿教师需求大、缺口大的实际，德宏州中等职业学校审时度势，及时向云南省州教育行政部门申报开办学前教育专业。2011年11月，省教育厅派专家组对学校开办学前教育专业办学资质进行评审，同意直接开办学前教育专业，学校成为全州具有学前教育办学资质的唯一一所中职学校。

【管理制度不断完善】 2011年，德宏州中等职业学校致力于校本管理制度建设，把建章立制作为重要工作来抓，先后制定并经教代会讨论通过《学校章程》、《教职工代表大会制度》、《岗位设置及教职工聘用办法》、《教职工管理制度》、《会议制度》、《职称评定办法》、《教学常规管理制度》等20多项管理制度。同时深入调研，科学编制学校发展“十二五”规划，确立了“十二五”期间学校的发展定位、发展目标、发展思路、重点工作及保障措施。

【教学教研工作】 2011年，德宏州中等职业学校组建了教学督导委员会，负责对学校教育教学工作进行全面督促、检查、指导。全年共完成45个中专班级450门课程的教学任务；组织开展了教师课堂教学比赛、“立足岗位、创先争优”演讲比赛；1名教师参加全省中等职业学校教学技能竞赛，获语文学科二等奖。年内，由校长、副校长带队组成考察组，专程前往楚雄、玉溪、昆明等地考察，学习先进学校的成功办学经验。

【实训条件进一步改善】 2011年，德宏州中等职业学校先后投入资金140多万元，新建了餐厅实训室、客房实训室、珠宝玉石加工及鉴定实训室，购置了挖机、装机等教学设备。同时，通过与德宏职业学院的共同努力，使上年争取到的800万欧元的外国政府贷款项目获得了国家发改委的正式批准。

【招生与就业】 2011年，德宏州中等职业学校完成普通中专、技校招生1279人，比上年减30人。其中：中专类1125人，比上年增12人；技工类154人，减42人；成人函授本专科招生604人，比上年增19人，其中脱产大专(日制生) 41人，比上年减43人，函授、网教563人，增62人。全年脱产大专毕业生104人，全部为会计专业。成人教育共毕业419人，其中本科244人，专科175人。中职毕业生409人，其中水利电工类毕业生160人，汽车运用类毕业生63人，计算机类毕业生59人，财经类毕业生91人，其他专业毕业生36人；完成就业398人，就业率达97%。

【培训与鉴定】 2011年，依托德宏州技工学校、云南省第36职业技能鉴定所、安全生产培训站、农村劳动力转移培训基地等服务平台，德宏州中等职业学校全年共开展了以下各种培训和鉴定。其中：云南省第36国家职业技能鉴定所完成5376人，比上年增2382人；云南省安全生产教育培训13站完成922人，减1466人；农村劳动力转移培训1619人，增861人；委托107所鉴定的培训任务96人，增30人；完成206所鉴定的培训任务956人，增776人；机关事业单位工勤人员培训266人；组织保险代理、农行上岗考试2546人次；共计11781人次。

（《德宏州中等职业学校》撰稿 陆 勇）

高等教育

德宏师范高等专科学校

【通过思想政治理论课建设合格评估】 2011年11月18日，云南省高校思想政治理论课建设评估专家组一行5人对德宏师范高等专科学校思想政治理论课建设工作进行实地考察评估。专家组通过听汇报、开座谈会、审阅相关材料、开评审会等程序进行严格评审，学校顺利通过了合格评估验收。此次评估使学校进一步明确了思想政治理论课作为高校第一课的办学理念、理清了发展思路、明确了工作重点；进一步明确了思想政治理论课对师资队伍建设、教学团队建设、精品课程建设、教学条件建设、教育教学改革、教学管理、教学效果等方面的规定和要求，为下一步优秀评估奠定了基础。

【教学质量工程建设和专业建设】 2011年，德宏师范高等专科学校十分重视教学质量工程建设和专业建设，在质量工程建设方面取得了可喜的成绩，共获得省级立项9项。即：省级教学团队1个(农学专业群)，省级教学名师1人(外语系王静副教授)，省级特色专业1个(文秘、商务方向)，省级精品课程1门(《基础会计》)，省级“十二五”规划教材1部(《大学生心理健康教育》)，省级校内示范实训基地1个(大学生数学建模实训基地)，省级校外示范实训基地1个(德宏州农科所)，省级人才培养模式创新实验区1个(电算化会计专业)，省级优秀教材1部(《载瓦语基础教程》)。同时，根据德宏桥头堡黄金口岸和瑞丽重点开发开放试验区建设的需要，新申报了生物技术及应用、音乐表演、艺术设计等5个三年制专业，以及舞蹈表演、民语、民族传统体育等5个五年制专业，为学校进一步扩大招生规模奠定了基础。学校还在艺术系学生中开设了民族文化遗产传承选修课，聘请非物质文化遗产传承人、地方知名艺人等为学生开设了孔雀舞、象脚鼓、傣族剪纸和葫芦丝选修课程，对青年学生毕业后传承和抢救民族文化遗产，从事文化遗产保护工作以及发展中外文化交流，传播优秀民族文化起着重要的作用。

【招生与就业】 2011年，德宏师

范高等专科学校共招生2152人(含五年制转段121人)。截至当前，学校有136个教学班，在校全日制学生达5859人。本年度，学校招生工作显现以下三大特点：一、招生规模大。招生总计划2370人(含弹性计划300人)，实际录取2739人(含五年制转段121人)，实际报到2152人(含五年制转段121人)，报到人数首次突破2000人。二、招生专业和班级多。招生专业37个，招生班级49个。三、生源质量好。上线考生数量多，上线录取率达90.3%，为历年最高；降分幅度小，上线报到率和新生上线比例高。在毕业生就业指导和服务工作方面，千方百计促进学生就业。本年度有毕业生1520名，就业率达94.7%，学校荣获省教育厅2011年就业目标责任考核二等奖。

【科研能力进一步提高】 2011年，德宏师范高等专科学校积极组织学校各系部科研团队骨干队伍，向国家、省、州成功申报科研项目与课题28个。其中：自然科学项目8个，社会科学课题20个(云南省哲学社会科学项目1项，省教育厅科研重点项目1项，一般项目8个，校级项目9个，省教育厅“十二五”科学研究规划课题1个)。完成州委、州政府委托课题4个；编制了德宏师专提交州委的重大政策咨询研究课题目录26个，完成10个科研项目的结题工作。至7月，学校教师发表于各类刊物论文就达257篇，并参加了其他多部书籍的编撰。全年全校共申请项目立项62项，投入资金37.62万元(学校投入资金27.62万元，争取外来资金10万元)；争取到德宏州科普计划项目3项，资金2万元；与地方和企事业单位进行校校、局校合作项目6项，学校投入1万元，争取社会资金6万元；开展了校企合作项目10项，吸纳资金4万元。本年度，学校获科研成果奖188项，获得奖励资金13.62万元。

【助困工作】 2011年，德宏师范高等专科学校认真执行国家奖助学金政策，坚持标准条件公平公正、民主公开，严格推荐、上报、审核、公示、批准、发放等程序，确保优秀学生和家庭经济困难学生及时获得奖助。年内，评选出国家奖学金5人，国家励志奖学金165人，国家助学金一等423人、二等1289人，省政府奖学金7人，省政府励志奖学金34人，国家助学金(中专)321人，校内奖学金345人、助学金555人，助学总金额达670余万元。争取到党政机关、企事业单位、社团资助资金110多万元，700多名贫困学生得到资助，确保没有一名学生因经济困难而辍学。

【教师队伍建设】 2011年，德宏师范高等专科学校继续加大人才引进力度，调整人才引进政策，采取多种方式选贤纳才。年内，招聘博士1人，硕士37人(含调入2人)，急需专业本科生7人(含调入1人)。有1名教师成功申报教授，7名教师成功申报副教授。学校现有300名专兼职教师，其中有教授6人，副教授及相当职务教师80余人，硕士学历(学位)研究生155人，博士研究生7人(含在读博士4人)。

【食用昆虫研究所成绩喜人】 2011年，德宏师范高等专科学校自成立食用昆虫研究所以来，在食用昆虫研究方面取得了较好成绩：一、葫芦蜂人工条件下雌雄蜂批量交配、蜂王批量越冬、蜂王批量筑巢、产卵育职蜂技术基本成功。年内，在大理州漾濞县瓦场乡黑马村、临沧地区凤庆县郭大寨乡、保山地区龙陵县河头村、德宏州芒市轩岗乡、五岔路乡等地区推广养殖技术达到理想效果。二、金黄虎头蜂人工条件下雌雄蜂批量交配、蜂王批量越冬技术基本取得成功，金黄虎头蜂蜂王批量筑巢、产卵育职蜂技术正在艰苦地摸索试验中。年内，用电击法取金黄虎头蜂蜂毒人工基本取得成功，正在完善相关技术。三、人工条件下金黄虎头蜂的雌雄蜂批量交配、蜂王批量越冬、蜂王批量筑巢、产卵育职蜂技术、取金黄虎头蜂蜂毒技术等在全国处于领先地位。四、食用昆虫研究所工作被中央电视台十台——走进科学栏目做为典型事例，分别于2010年9月《竹虫的秘密》和2010年11月《蜂口夺金》进行专题播出报道。五、食用昆虫研究所开发的“太力牌”蜂毒酒于11月在《中国食品科学》杂志社主办的首届中国食品产学研创新发展高峰论坛交流发言，引起到会赵燕、杨公明等食品专家和李宁、孙宝国等院士的特别关注。食用昆虫研究所、所长郭云胶分别获北京食品科学研究院、中国食品科学杂志社“突出贡献创新科研院所奖”、“杰出创新科研人才奖”。

【表彰先进】 2011年，德宏师范高等专科学校多位老师获省、州表彰。一、食用昆虫研究所所长郭云胶副教授，长年从事青少年科技创新教育，率先开展胡蜂科食用药用蜂类的人工科学养殖试验研究，为当地农户脱贫致富提供技术支持。为表彰郭老师在教学科研方面所作的贡献，云南省教育厅授予郭云胶副教授第二届云南教育功勋奖荣誉称号。二、施洪教授从事园艺专业技术和教学工作，30多次获得国家、省、州、市及农业系统科学技术成果奖和发明奖；在《中国蔬菜》、《中国果菜》等杂志报刊发表论文70多篇，科普作品60余篇，多篇论文被评为优秀论文；多次主持和参与国家、省部级农作物技术规程的研究、编写和审定，参加了柚子栽培技术、柠檬栽培电视专题片的拍摄；参加国家、农业部、省、州各部门下达的课题研究、技术推广、技术创新、技术开发、成果转化、科学技术普及和基地建设工作。年内，获云南省政府特殊津贴。三、杨明宏副教授以云南桥头堡战略和瑞丽开发开放实验区建设为契机，针对云南德宏边疆少数民族地区教育发展过程中存在的现实问题，开展了卓有成效的科学研究。被授予德宏州“十二五”中青年学术和技术带头人荣誉称号。

【升本前期准备工作】 2011年，德宏师范高等专科学校积极做好升本前的准备工作。一是投入500万元购置图书资料23万册，同时加大投入购置教学科研仪器设备，使教学科研仪器设备值和图书资料达标；二是引进和外聘高职称、高学历教师。截至当前，高学历教师已超过标准，副教授以上高职称教师已达标。三是新校区建设前期各项准备工作正在紧张有序地进行。完成了新校址土地测量及地形图出图工作；举行听证会，37位听证代表对学校新校区建设发表了赞成意见；完成了新校区规划总规设计初设。于12月22日召开了新校区建设规划设计方案汇报会，州、市及有关单位的领导对总规设计提出了很多好的意见和建议，总规设计正在进一步修改完善中；新校区建设可研报告将于近期初审；完成了老校区土地、房产评估，出具了评估报告；林评、环评、地勘、矿押等相关手续正在办理中；省教育厅安排的2000万元建设资金目前已到位500万元；省发改委已给予前期工作经费100万元；州政府承诺每年安排经费600万元，已安排80万元；学校拿出20万元；新校区第一期建设所需的10多亿元资金正在积极地多渠道筹措中。

【德宏师专被确定为首批云南省华文教育基地学校】 2011年，德宏师范高等专科学校认真贯彻落实云南省委、省政府关于加强海外华文教育工作的精神，积极开展对外华文教育工作。为促进全省华文教育的发展，为“桥头堡”建设做贡献，经云南省华文教育基地评审工作领导小组审定，确定德宏师范高等专科学校为首批云南省华文教育基地学校。

（《德宏师范高等专科学校》撰稿 胡 斌）

德宏职业学院

【获得聘请外国文教专家来院工作资格】 2011年4月，德宏职业学院邀请德宏州相关单位对本院申请外国专家进行了评审初查。8月，取得国家外国专家局颁发的“聘请外国专家单位资格认可证书”，学院获得开展聘请外国文教专家来院工作资格。

【举办教学技能大赛和首届青年教师讲课比赛】 2011年5月，德宏职业学院举行护理、药学、临床技能操作比赛；10月，举行首届青年教师讲课比赛。通过比赛，提高了师生理论知识和动手操作能力，一大批青年教师得到了锻炼，促进了学院教学质量的提高。

【完成新《教学大纲》、《授课计划》审定】 2011年7月，德宏职业学院教务处牵头带领相关专业教师，并邀请州医疗集团州人民医院、德宏州第二人民医院、德宏州药检所、德宏州中心血站部分专家共同完成了学院59门课程的《教学大纲》、《授课计划》的审定工作。

【专业建设】 2011年，围绕把德宏建设成中国面向西南开放桥头堡黄金口岸的需要，德宏职业学院及时调整办学思路、专业结构，成功申报了“宝玉石鉴定与加工技术”、“建筑工程技术”、“建筑工程管理”、“经济管理”等4个高中起点三年制专科专业，专业建设取得新突破，并形成具有地方特色的专业和骨干学科。截至当前，学院共有护理学、药学、医学检验技术、医学影像技术、助产、临床医学、会计电算化、水利水电工程管理、工程造价、计算机应用技术、涉外旅游、宝玉石鉴定与加工技术、建筑工程技术、建筑工程管理、经济管理等15个专业。此外，学院护理专业作为中央财政支持高等职业学校提升专业服务产业发展能力的项目正在申报。

【教师队伍建设】 2011年，德宏职业学院引进研究生5名，带编招聘本科生9名，顺利完成职业学院教师由中专教师向高校教师的转型工作。组织75名教师参加《高等教育学》、《高等教育心理学》的考试，77名教师获得高校教师资格，14名高级讲师转评为高校副教授。年内，学院重视教师理论进修和技能培训工作。先后选派1名教师到昆明医学院进修；4名教师到州医院临床进修；有1名教师在职攻读博士学位，1名教师在职攻读硕士研究生，1名教师选送到新加坡留学，1名教师取得美国访问留学1年的资格。

【招生与就业】 2011年，德宏职业学院招生1358人，比上年增299人。其中：大专招生742人(三年制567人，五年制175人)，比上年增68人；中专招生617人，增231人。完成了617名中专生的信息采集、核对、录入和上报工作。年内，学院有在籍学生4425人，春季学期有授课班级36个，开设课程220门次，总课时达14046余学时；秋季学期授课班级35个，开设课程263门次，总学时达14940学时。在毕业生就业指导方面，共举办就业指导培训班7期，内容涉及国家和省州关于就业工作的政策、法规和就业形势及各类考试的相关要求等内容；积极组织开展校园供需见面会，7月，在供需见面会上有30多家用人单位到校招聘人才，约有100多人与用人单位签约；建立了招生就业工作管理QQ群，通过QQ群发布各种实习、就业工作信息，在学院网站上开辟了就业指导和考培工作网络信息服务工作平台。

【内部管理制度】 2011年，德宏职业学院经过各处室、系科的共同努力，由学院党办和行政办公室汇总、编写了《中共德宏职业学院委员会管理制度汇编》和《德宏职业学院行政管理制度汇编》。7月，由学生处牵头举行了学生管理研讨会。通过研讨，完成了《德宏职业学院学生日常行为规范》、《德宏职业学院学生学籍管理规定》、《德宏职业学院奖助学金管理办法》和《德宏职业学院实习生管理规定》等规章制度。以上一系列制度的出台，使学院的内部管理制度得到进一步完善。

【贫困生补助发放与管理】 2011年，德宏职业学院完成了国家、省、州财政下拨的针对贫困优秀学生的共计12种类别、总额达457.9万元的奖助学金的发放任务，受益学生达9257名次。其中：学院安排专项资金近40万元用于学院学生奖励及困难补助，受资助学生达500多名。年内，响应国家优惠政策为236名家庭经济困难学生免除学费21.3万元；芒市民政局继续资助学院300多名贫困生就学，累计资金达45.44万元；中国移动德宏分公司、德宏武警一中队等部门也不同程度地资助了学院部分贫困学生，及时解决了学院部分贫困学生的生活困难，帮助他们度过了难关。10月，通过了省教育厅和省财政厅组织的国家助学金和免学费政策落实复查组的检查。检查组一致认可：德宏职业学院按照相关规定对补助资金进行专项管理，没有发生挪用、套用资金情况，发放及时，按程序发放。

【表彰先进】 2011年，德宏职业学院积极开展各项工作。通过各方努力，获得以下奖励：被州委、州政府授予“中国德宏2011年国际泼水狂欢节活动“先进集体”；被州政府授予“无偿献血先进集体”和“禁毒防艾人民战争先进挂钩单位二等奖”；被州教育局授予“招生工作先进学校”；被芒市人民政府授予“平安单位”荣誉称号；被芒市综治委授予“芒市综治维稳工作一等奖”荣誉称号；院工会荣获德宏州“百强工会组织”荣誉称号。参加州总工会组织的“党工共建、创先争优”知识竞赛获“三等奖”；参加全州大众广播体操比赛，荣获“三等奖”；参加“三八”节歌咏比赛，荣获“三等奖”；教职工参加德宏州孔雀杯篮球比赛，荣获男子乙组“冠军”；学院“护理系党支部”被云南省高校工委、中共云南省教育厅党组表彰为“云南省教育系统先进基层党组织”；“机关党支部”被德宏州教育系统创先争优活动领导小组、中共德宏州直属教育工作委员会表彰为“先进基层党组织”。年内，有2名党员受省高校工委、中共云南省教育厅党组表彰；有5名教职工受德宏州委表彰(百佳书记1名，百佳工会主席1名，百佳妇女工作者1名，百佳团支部书记1名，百佳团员1名)；有13名党员受德宏州直属教育工委表彰；有13名党员受学院党委表彰(优秀党务工作者4名，优秀共产党员9名)；有41名“优秀教师”和“优秀教育工作者”、“优秀班主任”受学院表彰。有6名学生荣获省级“三好学生”称号；2名学生干部荣获省级“优秀学生干部”称号；2个班集体荣获省级优秀班集体(09级护理一班、10级护理一班)。

(《德宏职业学院》撰稿　杨菊芬)

科　学

自然科学

科　技

【概　述】 2011年，德宏州科技局科协认真落实州委、州政府工作部署，扎实开展工作，较好地完成了全年工作任务。一是科技工作环境不断改善。州政府印发了《德宏州“十二五”科学和技术发展规划》，明确了“十二五”全州科技工作思路和任务目标；出台了《德宏州扶持培养中青年学术和技术带头人、技术创新人才、创新团队管理办法》文件，为全州科技工作营造了良好的发展环境。二是实施建设创新型云南行动计划有新成果。建设创新型云南行动计划被州委、州政府纳入全州重点督查的20项重点工作之一，本年度制定了工作方案，明确了责任人、目标任务，与各县市签订了年度目标责任书，并专门安排了40万元专项经费。三是科技支撑产业发展不断提升。争取到国家、省科技计划和科普计划项目53项，争取项目经费支持1419万元。其中：争取州市党政“一把手”科技项目两项，书记项目为“光伏功能材料——绿碳化硅微粉产品研发及产业化”，争取科技经费支持300万元；州长项目为“德宏州优质稻种植、加工技术研究与产业化开发”，争取科技经费支持250万元。以上项目重点对咖啡速溶粉生产的冷冻干燥技术、柠檬早结优质丰产栽培关键技术、草果高产种植技术、“滇屯502”提纯复壮、坚果丰产栽培关键技术进行攻关，取得了明显成效。四是科技成果硕果累累。共组织科技成果鉴定（验收）39项，进行科技成果登记43项，共评审出奖励项目34项。其中：特等奖空缺；《冠状动脉造影/介入治疗临床应用》等3个项目被评为一等奖；《本地优质野生鱼类人工驯养繁殖技术研究及示范》等7个项目被评为二等奖；《澳洲坚果快繁技术研究》等24个项目被评为三等奖。五是知识产权工作有新局面。州、县市知识产权局密切与工商、质检、公安等相关部门配合，组织开展打击侵犯知识产权专项行动，优化了桥头堡黄金口岸建设知识产权保护的环境，维护了企业和专利权人的利益。活动共出动车辆15辆，执法人员44人，检查企业16家，受理专利纠纷案件1起，结案1件。全州获省专利资助26项，资助金额8300元；获德宏州政府专利奖励60项，资金9.9万元。完成专利申请66件，比上年增10%。六是创新体系建设有新突破。积极组织申报创新型企业试点认定1家（云南迪思企业集团坚果有限公司）、云南省工程技术研究中心1家（德宏后谷咖啡有限公司）；组织云南省重点新产品认定2项。培养认定省技术创新人才2名，选拔培养州级学科技术带头人4名、州级技术创新人才3名、州级技术创新团队4个。七是科技创新园建设有新进展。州科技局与省科技发展研究院共同成立桥头堡德宏研究中心，经过近半年的调研、评估、论证，最终形成《德宏科技创新园建设项目建议书》，于10月8日上报州委督查室，为科技创新园的规划编制工作打下了坚实的基础。八是科技民生工作有新成效。德宏州实施云南边疆解“五难”（学科技难）惠民工程的芒市、瑞丽市、陇川县、盈江县紧紧围绕优质稻产业、柠檬产业、坚果产业，完成项目覆盖区3个以上乡镇“六个一”工作目标。通过实施项目，建立示范基地5个，示范面积3028亩；配置农业技术手册2064册，发放科普宣传资料8900份，完善科普宣传栏1块；选派科技特派员7名，培养村级科技辅导员62名；开展实用技术培训74期，培训农民1.2万人次；完善乡镇科技活动室7个，建立科普惠农服务站7个，培育科技协会10个，解决农民工就业100人。九是科技对外交流不断深化。为了充分利用高校资源为德宏州经济社会发展服务，推进州政府与云南农业大学州校合作，州政府安排100万元作为州校合作专项经费，通过州校合作委员会办公室筛选、评定，重点扶持了《牛肉制品精深加工关键技术研究开发》、《德宏州水稻、玉米主要病害监测技术应用》、《德宏州红魔芋新品种筛选与良种繁殖》、《茶园食用菌复合生态与产业化》4个项目，项目实施进展顺利。十是科普县市乡镇创建工作成效明显。上年8月，芒市、盈江县被中国科协批准参加全国科普示范县(市)创建活动。经县市创建工作自查，省、州科协检查和中国科协检查验收，均达到全国科普示范县(市)测评标准。2011年5月31日，在中国科协第八次全国代表大会闭幕式上，中国科协对芒市、盈江县在内的902个全国科普示范县(市、区)进行了命名和授牌。年内，盈江县、瑞丽市被列入省级科普富民兴边示范县市创建工作试点。州科技局科协与州委组织部共同制定了《德宏州创建科普富民兴边示范乡镇标准》，在全州5个县市的7个乡镇开展了科普富民兴边示范乡镇创建工作。至年末，科普示范县市和科普富民兴边示范乡镇累计共选派科技特派员3名，选派科普辅导员44名，开展科普宣传128场次，1.4万余人受益；开展农村实用技术培训51期，受训3804人次；引进新技术2项，创建科普示范基地100亩，有力推进了城乡科普工作。十一是大力开展农村实用技术培训。在农村开设40多个专业、64个实用技术培训班，培训基层群众3512名，使群众都掌握1至2门农业实用技术。

【段学聪和岳建强喜获“三农科技服务金桥奖”】 2011年3月18日，由中国技术市场协会主办的2010年度“三农科技服务金桥奖”颁奖大会在北京召开，德宏州科技局组织推荐的段学聪、岳建强两位同志荣获“三农科技服务金桥奖”先进个人。“三农科技服务金桥奖”是经国家科学技术奖励工作办公室授权设定的奖项，旨在表彰全国积极从事农业新品种、新技术、新成果的转化和推广应用工作，为农业增效，农民增收，建设社会主义新农村服务中做出突出贡献的先进集体和先进个人。

【全州科技工作暨州科协五届五次全委会】 2011年4月8日，全州科技工作暨州科协五届五次全委会在芒市召开。德宏州人大常委会副主任杨红、州人民政府副州长孔勒干等领导出席会议。州直有关委办局，各县市(区)政府分管科技工作副县市长、管委副主任，州科协第五届委员会委员，各县市(区)科技局科协、科研单位、学会协会、有关企业负责人共200多人参加会议。会议由州政府副秘书长刀保信主持，副州长孔勒干做了重要讲话，州科技局局长何琳代表州科技局、州科协作工作报告。孔副州长代表州政府与各县市政府签订了《建设创新型云南行动计划2011年目标责任书》，会议表彰了2010年度建设创新型云南行动计划目标责任考核先进县市和2010年度州级学会目标管理考核先进集体、优秀个人；颁发了科技工作特邀监察员聘书，聘请了3位同志担任科技工作特邀监察员。芒市、瑞丽市代表作了交流发言。

【科技惠及农村】 2011年4月10日，为配合瑞丽市“花果乡村、幸福家园”工程在大等喊的实施，德宏州科技局在村寨中心投入资金30.15万元，每间隔25米安装1盏清洁环保方便的CYYG-LED-017自动开关多晶硅太阳能照明灯，共安装45盏。此项工程是全州目前最大的乡村太阳能照明工程。

【德宏参赛作品获全国和全省第26届青少年科技创新奖】 2011年4月30日至5月4日，在云南省第26届青少年科技创新大赛中，德宏州选送的参赛作品取得了好成绩。共获省级一等奖9项、二等奖7项、三等奖24项、优秀科技教师2个、优秀组织奖1个，并荣获主席奖1项。8月2至7日，在内蒙古呼和浩特市举行的第26届全国青少年创新大赛中，德宏州荣获全国青少年科技创新大赛科技论文三等奖1项、教师成果二等奖1项、实践活动三等奖1项、科学幻想绘画二等奖2项和三等奖2项。

【科技活动周】 2011年5月15日上午，云南省2011年“科技活动周”在德宏州芒市勐巴娜西珍奇园广场隆重举行。省人大常委会副主任杨保建，省政协副主席顾伯平，省科技厅厅长龙江，省科协巡视员罗永翔，德宏州委书记赵金，州人民政府州长孟必光，州政协主席龚敬政，州人大常委会副主任杨红等领导出席开幕式；省科技厅副厅长关鼎禄主持开幕仪式，州委副书记唐文祥致欢迎辞，省政协副主席顾伯平作了重要讲话，省人大常委会副主任杨保建宣布云南省2011年科技活动周开幕；龙江厅长代表省科技厅向德宏州赠送2万册防震减灾科普资料，孔勒干副州长代表德宏州接受赠送。本届科技活动周以“携手建设创新型云南”为主题，举办了防震减灾科普宣传、建筑工程减幅震新技术应用科普宣传、建设创新型公安专题展、节能减排科普宣传、安全生产科普宣传、禁毒防艾科普宣传、义诊活动、常见传染病预防宣传、德宏州企业技术创新成果展、青少年百米绘画和德宏科学大讲坛《桥头堡建设——德宏创新与发展》专题讲座、德宏科普大讲坛《老年健康科普知识》专题讲座、《地震灾害应对和处置》地震科普专题讲座、《青少年心理健康》等专题讲座。

【机构改革】 2011年5月23日，德宏州人民政府办公室印发《德宏州科学技术局科学技术协会主要职责内设机构和人员编制规定的通知》(德政办发〔2011〕83号)，明确设立德宏州科学技术局(科学技术协会)为州政府工作部门，正处级。德宏州科学技术协会与德宏州科技局合署，同时加挂德宏州知识产权局牌子。德宏州科学技术局、科学技术协会机关编制16名(行政编制11名、事业编制5名)，其中局长1名(正处级同时兼任科协主席)，副局长3名(副处级同时兼任科协副主席)，科级领导职数9名(含秘书长1名)。

【签订“科技战略合作”协议】 为抓住发展先机，着力把德宏打造成为中国面向西南开放重要桥头堡的黄金口岸。德宏州科学技术局与省科学技术发展研究院于2011年6月1日在芒市共同签署桥头堡科技战略合作协议。双方将围绕国家和省实施的桥头堡建设，在科技研发、成果转化、人才培养和国际合作交流方面建立“创新方法、科技支持、优势互补、共谋发展”的合作机制。

【科协领导力提升高级研修班在清华开班】 为提高德宏州科协系统干部的整体素质，2011年9月5日，由云南省科协、德宏州科协主办的领导力提升高级研修班在清华开班。来自州科协、芒市、瑞丽、陇川科协的22名科技管理干部和州林业、医疗、蔗糖学会的7位专家以及2名企业高管共计31人参加学习。本次学习开设了《十二五规划纲要解读》、《公共前沿问题解析》、《领导干部心理调试》、《人本管理与执行力打造》、《中国传统文化传承与发展》、《政务礼仪》、《国家创新体系与科技政策》、《国际形势与国家安全》8门课程，内容涉及科技方针政策、管理学、传统文化、心理学、政务礼仪和国家安全。

【中国科协书记处书记王春法到德宏调研】 2011年9月9至11日，中国科协书记处书记王春法率队到德宏调研科协工作。云南省科协党组书记、副主席唐兵，州委常委、州委秘书长番跃平、州人大副主任杨红、州政府副州长孔勒干、州科协主席何琳陪同调研。调研组一行先后到瑞丽市勐卯镇姐东村农民种植营销协会、珠宝街、姐告国门、芒市户育咖啡科普示范基地进行实地考察，在详细了解瑞丽、芒市科协工作后，充分肯定了瑞丽市、芒市科协在围绕党委政府中心工作、服务大局工作中所取得的成绩。他指示：基层科协组织要自觉把科协工作融入州委、州政府工作大局之中，团结带领广大科技工作者，紧紧围绕科学发展主题和加快转变发展方式主线，解放思想，坚持改革开放，推动自主创新，服务科学发展，提升科学素质，促进桥头堡黄金口岸建设，开创德宏边疆科协工作新局面。

【科技部农村科技司司长陈传宏到德宏调研】 2011年10月11至12日，科技部农村科技司司长陈传宏在云南省科技厅副厅长李树洁、德宏州人民政府副州长孔勒干、副州长板岩过、省科技厅农村科技处处长王立新和州科技局局长何琳陪同下，对全州农业农村科技工作和科技支撑桥头堡建设工作进行调研。通过调研，陈司长对德宏州科技支撑产业发展方面开展的工作给予了肯定，对下一步全州农业农村科技工作进行了指导。他要求，在农业产业发展中要进一步加大科技创新力度，鼓励科技人员创业，加强科技服务体系建设，提高农业农村科技信息服务能力，以科技链支撑产业链。

【云南省桥头堡建设知识产权工作推进会在瑞丽召开】 2011年10月13至14日，云南省知识产权系统“桥头堡”建设知识产权工作推进会在德宏州瑞丽市隆重召开。全省16个州市的知识产权局局长、负责人齐聚一堂，共同探讨知识产权工作如何服务“桥头堡”建设。省知识产权局局长高颂山、省知识产权局党组书记方涛、副州长孔勒干、瑞丽市副市长排桂红等领导出席了会议。孔副州长代表州政府为大会致词；省知识产权局局长高颂山作了重要讲话；两位知识产权专家介绍了《东南亚及南亚国家概况》和《东盟及南亚国家知识产权管理机构和法律制度》。昆明市知识产权局、德宏州知识产权局作了交流发言。会后，省知识产权局在瑞丽市开展了形式多样的知识产权知识培训。

【督查党政"一把手"科技工程书记项目】 为进一步加强科技计划项目执行情况及科技经费使用情况的监督检查，推进德宏州重点生物特色产业的发展，2011年10月25日，由德宏州科技局科协相关业务科室组成的检查组就云南永利发林业有限公司承担的德宏州2009年党政"一把手"科技工程书记项目"竹子种植、深加工技术研究及产业化开发示范"进行督查。该项目总投资6028万元，省科技经费支持280万元，项目实施期为3年半。检查组根据科技计划项目任务书的要求与永利发公司相关负责人就项目实施情况、项目总经费的投入和省科技经费到位情况、知识产权保护情况和种植、加工、销售过程中存在的问题，以及在产业化生产过程中亟需解决的技术难题进行了沟通交流。通过对项目的督办检查，永利发公司承担的德宏州2009年党政"一把手"科技工程书记项目进展顺利。

【奖励获国家授权专利项目】 2011年11月3日，德宏州人民政府对全州2011年度获国家授权的60项专利项目给予奖励。其中：发明专6项，实用新型专利15项，外观设计专利39项。

【德宏州星火科技工作受到国家科技部表彰】 2011年11月22日，在北京召开的全国基层科技工作会议上，德宏州的云南迪思企业集团坚果有限公司被科技部表彰为"十一五"国家星火科技工作先进团队，州科技局革永斌同志、瑞丽市科技局张茂林同志被科技部表彰为"十一五"国家星火科技工作先进个人。"十一五"期间，全州星火科技工作成效显著，全州科技部门围绕重点产业发展规划，认真加强对国家星火计划科技工作的管理，共有7个项目获国家星火计划立项支持，其中已有2个结题项目通过科技部验收。

（《科技》撰稿　张亚伟）

气象工作

【抗震救灾气象服务】 "3·10"地震发生后，德宏州气象局及时下发了《德宏州气象局关于做好抗震救灾工作的紧急通知》，并落实了应急值班制度，做好《重大突发事件报告》上报、灾情收集、信息宣传报道等工作。2011年3月13日，云南省气象局援助的救灾物资由专车送到盈江县气象局。盈江县气象局全体职工团结一心，保障气象业务正常运转，在开展生产自救的同时，坚守岗位，尽职尽责，积极做好抗震救灾气象服务保障工作。年内，盈江县气象局共上报《重大突发事件报告》3期，撰写抗震救灾气象服务简报25期，进行专题气象服务25次，每天向县抗震救灾指挥部进行天气实况汇报2次和未来天气预报81次，抗震救灾期间利用手机短信发布气象信息7429条；州气象台为盈江地震灾区发布专题预报服务材料288期；中国气象局还下拨预算内基本建设项目资金120万元，用于盈江县气象局的基础设施修复及维修加固。

【汛期气象服务和重大活动气象保障服务】 2011年4月28日至5月3日，德宏州气象局组成汛期检查组对全州基本业务、气象服务及安全生产工作进行了检查。进入汛期，全州气象部门密切监视天气变化，及时、主动地做好灾害性天气的监测预报预警工作，及时向地方政府和国土、防汛等部门通报雨情，提供专题预报服务，为地方政府及相关部门组织防灾救灾提供了科学的决策依据。汛期全州通过短信预警平台、电子显示屏等方式发布重要天气消息10次，发布信息1850条。在做好汛期气象服务的同时，全州气象部门根据地方政府和部门需求积极做好各种重大活动的气象保障服务工作。通过及时、准确地开展现场决策服务、提供滚动跟踪预报服务等方式，有效保障了各项活动的顺利开展。

【基础业务质量完成省局目标管理任务】 2011年，德宏州气象局完成地面观测工作基数35192.7个，错情0.1条，错情率0.0‰。报表审核按时按质完成，并及时上传；做到出门合格，报表审核全部无错。农气观测基数3277.0个，观测过程中未发生缺测、漏测现象，未发生任何责任性事故，观测、发报、报表错情均为零条，错情率为0.0‰，完成了省局下达的观测指标和观测任务。3月，州气象局组织人员对上年全州申报的17个百班无错情进行了验收，全州共有14个百班通过验收；5月，云南省气象局对德宏州申报的农气250班进行验收；6月，省气象局下发了表彰奖励文件，德宏州共有4人获250班通报表彰，14人获百班通报表彰。

【气象宣传工作】 2011年，德宏州气象局继续做好《气象灾害防御条例》和《云南省人民政府关于进一步加强气象防灾减灾能力建设的意见》的学习宣传和贯彻实施工作，开展了"3·23"世界气象日、科技周、“5·12”安全生产日等科普宣传活动。撰写稿件被《中国气象报》中国局网站采用13篇，地方媒体采用20篇，《云南气象工作信息》采用30篇，编辑《德宏气象简报》23期；同时，做好州局政务信息公开网站及德宏气象网、德宏气象工作网的维护更新，及时上传工作动态信息；编撰出版了《德宏气象志》。

【气象文明文化建设】 2011年，德宏州气象局制定下发了《2011年全州气象部门精神文明和气象文化建设工作要点》，持之以恒的开展气象文明文化建设和警民共建活动。年内，配合省气象局完成了文明行业复查，接受了省文明委对州局申报全国文明单位的考核评审，结合实际开展了春节慰问、三八、五一、五四、六一、七一、八一等纪念活动，丰富了职工文化生活。

【安全生产】 2011年，德宏州气象局加大安全生产宣传和监督检查力度，制定了《德宏州气象局2011年安全生产工作计划》，开展安全生产月咨询活动，按要求认真组织防雷、人影、业务等安全生产隐患排查治理，确保安全生产不出问题。单位实现了安全稳定，干部职工遵纪守法，未发生治安事件和安全生产事故，各项工作完成良好。

（《气象工作》撰稿　王绍山　李娟）

地震科研

【盈江“3·10”地震应急】 2011年3月10日12时58分12秒，德宏州盈江县平原镇（东经97.9°，北纬24.7°）发生5.8级地震，宏观震中位于盈江县城（平原镇）至盈江农场一带，此次地震造成25人死亡，314人受伤（134重伤，180轻伤），多间房屋墙体开裂转为危房以及倒塌。地震发生后，德宏州防震减灾局值班人员立即向州委、州政府汇报了地震的相关信息。经过对现有信息的简短分析，决定立即启动地震应急预案三级响应，并向州抗震救灾指挥部提出了抗震救灾工作的十条建议。震后30分钟，派出了地震现场工作组赶赴盈江灾区，开展国家、省、州、县4级地震部门组成的联合现场工作队的前期准备。一、震情跟踪监视。在灾区平原农场、铜壁关镇、勐弄乡、县防震减灾局架设流动测震台4个，对灾区进行加密监测。在县防震减灾局、旧城镇派出所、太平镇政府和莲花山架设4台强震动流动观测仪。二、地震灾害损失评估。地震现场指挥部调集、组织了全国地震系统19名专家，分成12个小组对德宏州盈江、梁河、陇川等县开展灾害损失调查评估工作。至3月12日，累计完成116个调查点、36项生命线工程的调查工作，调查行程约1.8万千米。三、防震减灾知识宣传。在盈江城区和平原镇、弄璋镇学校、乡村开展了宣传讲解防震避震基础知识、应急救援常识、自救互救知识等专场讲座20余场；在学校现场指导地震应急演练；应盈江电视台邀请，录制1期专家访谈节目；印制了傣文版的防震避震常识宣传材料53400余份，并发放到傣族群众手中。四、灾后损失评估工作。盈江“3·10”地震发生后，现场工作和应急救援组织严密，震后4天（3月14日）即完成了《地震灾害损失评估报告》，紧急救援、受灾群众转移及过渡安置迅速展开，在最短时间内恢复了灾区的生产生活秩序。

【震　情】 2011年，德宏州防震减灾部门坚持“预防为主，防御与救助相结合”的防震减灾工作方针，建立健全地震监测预报、地震灾害预防、地震紧急救援和地震科技创新“3＋1”工作体系，社会事务管理能力明显提升，实施“1224”防震减灾目标战略工程，进一步强化基础能力建设。年内，德宏州境内共发生地震3302次，其中M≥1.0～1.9级2677次，M≥2.0～2.9级518次，M≥3.0～3.9级92次，M≥4.0～4.9级14次，M≥5.0～5.9级1次，最大为2011年3月10日12时58分发生在盈江县平原镇（东经97.9°，北纬24.7°）的5.8级地震。

【基础能力建设】 2011年，德宏州防震减灾部门继续推进“1224”工程，基础能力建设成效明显。年内，州防震减灾局成立了监测防御中心；芒市防震减灾局完成了业务用房建设项目，并继续进行监测台站选址工作，对南蚌洗澡堂和坝托温泉通过水质样品化验后，撰写了《南蚌地震监测站可行性研究报告》；瑞丽市、盈江县完成了应急指挥中心的改扩建工程；陇川县防震减灾局初步确定专业台站的选址，并将资料收集上报上级业务主管部门。

【地震监测预报】 2011年，德宏州地震活动频繁，与云南全省地震活动相比明显偏高。面对复杂多变的震情形势，州防震减灾局始终加强震情跟踪监视工作，较好的把握了全年的地震活动。做好每一次有感地震的震情跟踪与监视工作。1月1至2日，盈江县发生4.6、4.8级强感地震，州防震减灾局向州委、州政府和盈江县报送了近期3个月盈江有5～6级地震发生的震情反映。2月1日盈江再次发生4.8级地震，州局再次向州委、州政府上报了盈江近期有5～6级地震发生，并用密码电报向盈江县做了震情通报，要求盈江做好防震减灾及地震应急的各项工作准备。州防震减灾局还下发了《德宏州防震减灾局会商制度》、《德宏州防震减灾局应对不同震级地震的地震趋势判定工作方案》、《德宏州防震减灾局应对地震谣传和震时地震信息保障制度》、《德宏州防震减灾局重大宏、微观异常处置制度》。异常上报制度规定，要求各县市地震前兆台站、宏观网点发现异常必须及时上报，严格执行重大异常上报不过夜的原则。年内，进一步强化了台站管理，保障仪器正常运转，确保数据真实可靠，为预防预报研究提供了前提保障。

【地震灾害预防】 2011年，德宏州防震减灾部门在地震灾害预防方面主要开展了以下几项工作。一是在抗震设离管理方面始终加强同各相关部门联系、协调，抓住抗震设防要求管理关键环节，使抗震设防要求管理工作进一步规范化、制度化。二是加强抗震设防要求审核和地震安全性评价管理工作。年内，全州共有911项一般工程办理了抗震设防要求审核手续；对瑞丽时代佳园小区、盈江弄璋糖厂等41项工程进行了地震安全性评价。三是继续推进防震减灾科普知识宣传教育工作。实施了“家喻户晓”工程，将防震减灾宣传面覆盖全州；同时，组织全州防震减灾部门在各种纪念日（如“防灾减灾日”、“科技周”等）开展宣传活动。四是紧急救援体系建设得到加强，进一步建立完善了地震应急指挥体系和联席会议制度，确保地震应急工作落到实处。五是加强行政执法检查，防震减灾法律法规进一步得到贯彻落实。11月8至10日，对瑞丽、陇川、芒市防震减灾局贯彻实施《云南省建设工程抗震设防管理条例》情况开展了执法检查；同时，还协同有关部门做好农村民居地震安全工程和中小学安全工程建设。

【群防群测工作】 2011年，德宏州防震减灾部门加大了对群防群测工作的支持力度。年内，云南省地震局专门下拨德宏州群防群测经费5万元，州防震减灾局拨付县市2万元以支持宏观观测点建设。截至当前，全州共设立了25个宏观骨干观测点（每个县5个）。观测点有专人负责，保证了观测的连续性以及宏观异常报送的及时性和准确性。宏观观测点的建立，有效弥补了德宏州专业地震监测台网的不足。

【表彰先进】 2011年，德宏州防震减灾局提交的《德宏州防震减灾科普示范学校建设》获得德宏州人民政府2011年度科学技术三等奖，被德宏州委、州人民政府授予2011盈江“3·10”抗震救灾先进集体，并在全省地震预报评比中获集体第一名、在地震趋势研究评比中获第二名、在地震预报效能评比中获第三名。

（《地震科研》撰稿　赵　靖）

文　化　体　育

文　　化

【概　述】 2011年，德宏州文化体育局紧紧围绕省委提出的“两强一堡”战略、州委确定的“十二五”工作目标及全州宣传思想暨文化建设工作会议精神，开拓创新、与时俱进，较好地完成了各项工作任务。

一、文化体育基础设施建设成绩斐然。积极推进芒市民族文化园区项目建设工作；州傣剧团、州民族歌舞剧院综合业务大楼顺利开工；芒市体育运动中心室外游泳池续建工程顺利完工；芒市体育中心体育场塑胶跑道维修工作正式启动；德宏民族出版社建设得到加强；德宏印务中心建设得到改善；完成49个文化站、163个农家书屋、644个村社文化活动室及7个州县级文化信息资源共享支中心、44个乡镇基层站点、335个农文网培分校建设；完成云南省第三次文化馆评估及第二批乡镇综合文化站评估定级工作；完成各县市（区）乡镇文化站建设的检查及文化广场建设、文化惠民示范村的选点工作。

二、舞台艺术精品佳作不断涌现。一是《烈焰景颇》参加省新剧目展演获金奖，并荣获编导一等奖、舞美一等奖、表演一等奖、音乐二等奖等多个奖项；二是《刀安仁》剧本创作完成。目前，排练工作已全面展开，音乐设计、舞美设计、服装道具设计已定稿，并正在制作当中。

三、积极完成各类大型演出任务。圆满完成2011德宏国际泼水节、瑞丽中缅胞波节、瑞丽国际珠宝文化节、中缅边交会、梁河葫芦丝艺术节、中国东盟石博会等各项演出任务；成功申报3项世界纪录（世界最大规模的傣族象脚鼓舞蹈、世界最大的象脚鼓和世界最重的钢制长刀）；完成省委、省政府德宏现场办公会的演出任务；完成州委州政府春节团拜会、拥军优属慰问等演出。

四、非遗及文物保护工作力度不断加大。一是完成第三批州级及第四批国家级非遗传承人的申报，申报32名州级传承人和5名国家级传承人；二是在中国·德宏国际泼水狂欢节期间，成功举办德宏州非物质文化遗产展；三是申报14项文物为省第七批文物保护单位，评审通过9项；评审公布第二、第三批共45个州级文物保护单位；四是完成“三普”工作实地调查单位357处，其中复查56处，新发现301处，并通过省检查组验收；编制完成《德宏州第三次全国文物普查工作报告》和《盈江弄璋大桥施工前文物勘查报告》；对瑞丽江流域进行田野考古调查和考古发掘；五是完成菩提寺、皇阁寺第三期维修工程，等喊弄奘寺第一期维修工程及刀安仁墓周围环境整治工程；六是圆满完成2011年“目瑙纵歌”节期间景颇博物馆展览布展工作及2011年德宏国际泼水狂欢节文物展览工作；七是制定德宏博物馆内部陈列展示方案和日常科学规范管理初步方案；八是编辑出版各类民族文化出版物。出版《艺境》画册，完成《云南省文化志》德宏部分12万字的编撰，完成《傣族文身》、《神圣的歌》及《目瑙纵歌—震撼心灵的万人舞》的撰稿和图片收集，出版《傣剧教程》及《傣剧优秀剧目选》。

五、群众文体活动及赛事精彩不断，文体辅导活动广泛开展。一是组织开展德宏州第三届广场大家乐舞蹈比赛、庆祝建党九十周年文艺汇演、全州中小学生运动会及中缅篮球友谊赛；二是组织参加全省第二届大家乐文化广场舞蹈大赛（德宏州3个节目参赛，获得1银2铜）、全省第七届歌舞乐展演（德宏州3个节目参赛，获得1银2铜1优秀）、第九届全国少数民族传统体育运动会（德宏州选送的表演类项节目《谷斯伴》和孔雀拳分别获得表演项目第一和竞技项目第三）、云南少数民族健身操比赛及全省第七届城市运动会；三是群众文化丰富多彩。全州艺术团完成各类演出任务495场，观众达71.5万人次；全州文化馆开展文艺辅导281次，辅导节目380个，辅导89538人次，派出文辅人员813人次，创作文艺作品127件。

六、芒市体育中心场馆经营管理初见成效，消费市场进一步扩大。一是承接中缅边境青年篮球友谊赛、省第七届老年人体育健身运动会气排球比赛、全省林业系统第20届“德林杯”老年人运动会、云南省举重锦标赛、德宏州第二届残疾人运动会等比赛；二是承接芒市更名活动、德宏州2011年国际泼水狂欢节系列活动等；三是场馆收入连续2年保持高增长率，达到137万余元，比2010年增加64.5万元；四是积极组织开展青少年体育培训。全年举办周末、寒暑假培训8期，开展篮球、网球、羽毛球、乒乓球、游泳、象棋6个项目的培训工作。

七、七彩云南全民健身工程稳步推进。德宏州的“三纳入”工作已落实“两纳入”（即：全民健身事业纳入地方国民经济和社会发展规划、全民健身工作部署纳入政府工作报告）；分别在全州39个行政村及4个边境县的36个自然村修建篮球场；“德宏州篮球场建设进村工程”（在5个乡镇建设灯光篮球场，在40个行政村（社区）建设篮球场、60个自然村建设篮球场）稳步推进，已完成70块建设任务；成立德宏州围棋协会、德宏州跆拳道协会；特色群众体育活动广泛开展，篾弹弓射击、荡秋千、民间武术、嘎秧和万人纵歌狂欢等特色体育项目逐渐形成体育旅游品牌。

八、竞技体育运动水平不断提升。竞技体育后备人才队伍建设成效显著，州少体校举重队、游泳队及畹町少体校游泳队被确定为省级一类重点项目训练点；州少体校办学效率不断提高，举重项目被批准为“全国举重高水平后备人才基地”。

九、体育彩票销售稳中有升。2011年省体育局下达德宏州的基本销售额7424万元，奋斗目标8561万元。截至年末，全州销售

9162.9264万元，超额完成基本销售任务1738.9264万元，超额完成奋斗目标601.9264万元。

十、新闻出版及文化市场健康有序发展。一是加强娱乐场所的监管工作，坚决取缔无证无照游艺娱乐场所，开展歌舞娱乐场所自查自纠；二是开展知识产权保护专项执法行动；三是加大对网吧的监管和整治力度，重点整治城乡结合部、农村、学校周边及各类变相经营的黑网吧以及网吧接纳未成年人等违法违规行为；四是为农家书屋配送书架书桌、出版物，并对管理员进行培训，在全州选择确定20个试点阅报栏；五是加强歌舞娱乐场所推套防艾工作，全州68家歌舞娱乐场所基本做到100%摆放安全套；全省文化娱乐场所推广使用安全套防治艾滋病试点项目顺利落户陇川县；六是开展政府机关软件正版化治理工作，对3379台电脑的软件使用需求情况进行检查统计，操作系统正版率为73%，办公软件正版率为45%，杀毒软件正版率为95%；七是开展全国知识产权宣传等活动，组织参加“版权保护知识竞赛”答题活动，派代表队参加版权知识电视竞赛活动，均获得组织奖；八是加快推进县市新闻出版（版权）局成立工作，已有1个县市挂牌成立；九是加强文化市场消防安全工作，确保了文化市场无重大火灾事故的发生；十是加强社会监督，推进行业自律。积极发挥“五老”义务监督员的作用，对网吧、电子游戏经营单位进行巡查；向社会公开文化市场举报电话12318和举报方式，并依法对举报案件进行及时处理。

十一、突出重点，明确目标，扎实开展“扫黄打非”工作。大力开展“扫黄打非”工作，坚决查缴有害出版物，严肃查处非法报刊；以封堵和查缴攻击党政领导人、污蔑社会主义制度、传播政治谣言、制造混乱思想、煽动民族分裂的政治性非法出版物和法轮功等邪教组织宣传品为重点，深入开展“扫黄打非”专项整治工作，做到发现一本、查缴一本，发现一案、查处一案，始终保持打击制贩各类非法出版物的高压态势，严防其流传扩散。全年出动检查人员3352人次，检查经营户4915家，责令整改42家，立案调查10件，处予罚金65000元，责令停业整顿9家。

十二、图书服务质量提高，全民读书氛围浓郁。全州图书馆免费开放工作有序推进，接待读者人次不断攀升，共接待读者76534人次，图书流通120328册次；建立德宏州图书馆网站，顺利举办“颂歌献给党—全国文化信息资源共享工程迎接建党90周年”群众歌咏活动；积极参与“国门书社”建设，与陇川图书馆联合建立拉影国门分馆；圆满完成芒市轩岗乡等10个“农文网教育网培训学校”站点的检查工作。

十三、国有文艺院团改革有序推进。认真搞好全州国有文艺院团体制改革工作。目前，3个州直国有文艺院团体制改革方案已通过州委州政府审批，并上报省文化厅改革办审批通过，正在按照相关手续程序办理。芒市、瑞丽、盈江3个县市国有文艺院团体制改革单位的改革方案，已经当地改革办和县市委政府研究同意，并分别从县市编办、县市政府上报州体改指导组、州编办和州人民政府。梁河县葫芦丝艺术团因挂靠县文化馆，没有独立机构，相关改革方案尚未完善，有关工作正在进一步协调之中。

【组建德宏州文化体育局】 2011年3月5日，德宏州委组织部等相关部门宣布州文化局与州体育事业局正式组建为德宏州文化体育局。德宏州为优化政府组织结构，明确和强化责任，完善运行机制，提高行政效能，推进依法行政，根据中共德宏州委办公室、德宏州人民政府办公室关于印发《德宏州人民政府机构改革实施意见》的通知（德办发〔2010〕43号）精神，决定组建德宏州文化体育局。将州文化局的职责、州体育事业局的职责整合划入州文化体育局，在州文化体育局加挂州新闻出版局牌子，不再保留州文化局、州体育事业局。合并后的州文化体育局核定内设机构为6个科室（文化的3个业务科，体育的2个业务科，1个综合办公室，不含机关党委），仅核编14人（含2个工勤编制），现有人数22人。州文化局与州体育事业局的组建，必将对德宏州文化体育事业的发展产生重大影响，标志着德宏州文化体育事业的发展步入了崭新的一页。

【领导调研】 2011年5月4日，德宏州政府副州长孔勒干到州文化事业部门，对全州部分文化事业单位进行调研。孔勒干一行先后到州图书馆、州傣剧团、州民族歌舞剧院、州民族艺术研究所、州文物管理所，对这些单位的工作情况、办公环境和设施进行查看，同时对职工住宿情况和各单位存在的困难进行了解。8月26日，州政府副州长陈德金对芒市文化建设工作进行调研。调研组一行到市图书馆、市文化馆、风平镇弄么村、轩岗乡文化站、芒市民族文化园进行实地调研，并看望工作在一线的文化工作人员。同时，召开座谈会。陈副州长在会上就怎样做好文体广电旅游工作提出六点要求：一是市委、市政府要更加自觉更加主动地抓好文化建设工作；二是要统筹兼顾，强化职能，提高效力，切实做好文化体育广电旅游工作；三是要认真贯彻落实好中央、省、文化建设方面的指示精神；四是要在文化与旅游与市场与科技相结合方面闯出一条新路子；五是要研究体制性、积极性的问题，并在这些方面有突破和创新。

【召开文化新闻出版暨“扫黄打非”工作会】 2011年4月22日，德宏州文化新闻出版(版权)暨“扫黄打非”工作会在芒市召开。州人大副主任杨红、州人民政府副州长陈德金、州政府秘书长杨洪、州教科文卫纪工委书记许枝熙等领导及州文化局全体干部职工、下属各单位副科以上干部参加了会议。会议总结德宏州“十一五”文化事业取得的成绩和经验，明确“十二五”期间德宏州文化事业发展的目标和任务，部署年内新闻出版工作和“扫黄打非”任务。会议对德宏州新闻出版局、瑞丽市文化局获得“全省农家书屋工程建设工作”先进单位称号，芒市松树寨农家书屋管理员万林安等3人获得“全省农家书屋工程建设工作”先进个人称号；德宏州新闻出版局获得“2010年度云南省‘扫黄打非’工作”先进集体称号，瑞丽市文化市场稽查队队长赵超获得“2010年度云南省‘扫黄打非’工作”先进个人称号，陇川县文化体育局文化市场稽查队获“2010年度云南省‘扫黄打非’”有功集体称号，梁河县文化体育局王要治获“2010年度云南省‘扫黄打非’”有功个人称号；德宏州文化馆、德宏州民族歌舞剧院、德宏州傣剧团、潞西市文化市场稽查队获得“‘十一五’云南文化建设”先进单位称号，尹丽君等13人获“‘十一五’云南文化建设”先进个人称号；陇川县文化馆获得“‘十一五’云南文化遗产保护”先进单位称号，梁河县文物管理所所长周德才等3人获“‘十一五’云南文化遗产保护”先进个人称号；芒市图书馆等13家单位获“‘十一五’德宏文化建设”先进单位称号，李品春等35人获“‘十一五’德宏文化建设”先进个人称号进行了表彰。

【开展“4·26知识产权宣传周”活动】 2011年，德宏州新闻出版局为进一步提高德宏州公众的版权保护意识，努力营造一个诚信、规范、健康、有序的版权保护社会环境，在全国“4·26知识产权宣传周”中开展一系列活动。3月6至25日期间，州新闻出版局组织各县市区、相关部门1000人踊跃参加云南日报和春城晚报报纸“版权保护知识竞赛”答题活动；4月22至25日组织德宏代表队一行4人到昆明参加版权知识电视竞赛活动，2项活动均获得云南版权知识竞赛(报纸、电视)组织奖；4月22日，全州开展侵权盗版制品及非法出版物集中销毁活动，销毁盗版音像制品5642张、盗版书刊500本；4月26日在芒市街心花园举行“尊重知识、崇尚创新、诚实守法”全国知识产权宣传活动。

【大型傣剧《刀安仁》剧本研讨会在芒市召开】 2011年4月28日，德宏州文化体育局组织召开大型傣剧《刀安仁》剧本研讨会。中国少数民族戏剧学会会长、博士生导师谭志湘，中国戏曲研究院研究员、《京剧杂志》主编吴乾浩，云南省艺术学院院长、艺术博士、云南省剧协主席吴卫明及云南著名剧作家包钢、甘昭沛、赵建华、李世勤和德宏州傣族专家学者、相关领导应邀参加了会议。会议就《刀安仁》剧本的思想性、艺术性、观赏性以及其现实意义等多个方面进行研究讨论，各专家站在全省全国的高度，对剧本作了深入的分析和点评，并提出修改意见和建议。会议认为：剧本成功塑造了刀安仁“边塞伟男”、“中华精英”的中国民主革命先驱、中华民族优秀儿女的英雄形象，主题鲜明，立意高远，具有鲜明的艺术个性和浓郁的民族风格，具备打造戏剧艺术精品的主要条件，建议马上投排，并积极参加2012年云南省新剧目展演和全国第三届少数民族戏剧汇演。目前，《刀安仁》剧本作者根据专家的意见，会同导演作曲等主创人员对剧本进行修改，将于6月15日正式进入全面投排。

【芒市3D国际影院开业】 2011年7月21日，芒市3D国际影城正式开业。芒市3D国际影城是德宏首家率先启用当今世界最先进的数字放映系统，以及国内主流影院采用的最先进的主动式3D放映系统。观影使用的高科技3D主动式眼镜，能使眼睛看到逼真的立体图像，挑战最丰富的梦幻想象力。影城影片由中国电影集团公司所属的中影南方新干线股份有限公司提供，影片资源丰富，将为影城提供最前沿、最全面、最丰富的选择。芒市3D国际影城拥有2个标准的专业电影放映厅和1个VIP观影区及接待区，大厅设有476个座位，VIP观影区设有20个座位，小影厅设有84个座位。

【开展纪念中国共产党建党九十周年活动】 2011年6月20日，以“铭记党史，感恩母亲”为主题的“庆祝中国共产党成立90周年图书展销活动”启动仪式在德宏州图书馆门前举行。州委常委、州委宣传部部长、州妇联主席李燕兰，州人大副主任杨红等领导出席了活动。活动期间，参加活动的领导到各个图书展销点了解图书展销情况，在州图书馆的多媒体室与30多名同学一起观看红色系列电影《狼牙山五壮士》。据统计，此次活动展出红色书籍10000余册、音像资料17种。

【“春雨工程”全国文化志愿者边疆行启动仪式在芒市举行】 2011年7月9日，“春雨工程”——全国文化志愿者边疆行云南启动仪式在芒市图书馆隆重举行。州、市相关单位负责人、各县市(区)志愿者代表及基层群众300余人参加了启动仪式。仪式上，文化部全国文化信息资源建设管理中心副主任刘惠平向省图书馆馆长李友仁授旗，全国文化信息资源建设管理中心、首都图书馆、云南省图书馆向德宏州捐赠1800张光碟、7000册图书。仪式结束后，各级领导和志愿者一起参观了“全国文化信息资源共享工程成果巡回展”和芒市文体广电旅游工作图片展。此次云南省2011年“春雨工程”——全国文化志愿者边疆行活动在全州图书馆开展为期20天的系列服务活动，内容有读者培训、上机指导、农文网培训、基层站点设备集中维护、电影放映等丰富多彩、形式多样的文化志愿者服务活动。

【举行“中国文化遗产日”宣传活动启动仪式】 2011年6月11日，德宏州第六个“中国文化遗产日”宣传活动启动仪式在州图书馆隆重举行。启动仪式上，副州长陈德金指出：要深刻认识新形势下加强文化遗产保护的重要意义，严格执行《文物保护法》和《非物质文化遗产法》，认真贯彻落实《国务院关于加强文化遗产保护的通知》精神，从被动保护向主动保护转变，从单一保护向全面保护转变，从静态保护向“活态”整体性保护转变，要构建起政府主导，全社会共同参与的文化遗产保护新格局。

【《第三次全国文物普查·芒市文物汇编》出版发行】 2011年，由芒市文体广电旅游局组织编纂的《第三次全国文物普查·芒市文物汇编》一书出版发行。该书以第三次全国文物普查芒市普查到的文物点为主要内容，介绍古遗址、古墓葬、古建筑、近现代重要史迹及代表性建筑物和其他文物5类56处不可移动文物的详细情况和图片资料，展示芒市从新石器时代起到历史各个时期的社会发展状况和浓郁的地方民族文化资源，是一本有较高文化内涵的专业学术书籍，对今后保护和利用好文物，开展科学研究，继承优秀历史文化遗产有着重要的意义。该书为大32开本，有正页42页，附页10页，约5万字。

【勐戛抗日字迹重放光彩】 2011年8月3日，芒市文体广电旅游局邀请云南省文物考古所黄萍、陈鲭妃2位专业老师，为芒市文物保护单位——勐戛镇莲台山抗日字迹“还我河山”进行清洗防风化保护处理。据目前掌握的资料，在云南省内还没有发现类似的抗战石刻字迹，此次对石刻字迹保护工作显得意义重大，保护修复工作得到关爱抗战老兵志愿组织的大力支持。

【省文化厅评估专家组对德宏州文化馆评估定级】 2011年6月12至16日，以云南省文化馆副馆长刘亚平为组长的云南省文化厅第三次文化馆评估定级专家组一行7人到德宏州，对全州7个文化馆进行评估定级。专家组一行实地查看州文化馆的馆舍建筑、室内外活动场地，检查了州文化馆必备的专用设备等硬件设施，并在州文化馆多功能教室召开评估会议。评估会上，专家组严格按照《地(市)级文化馆等级必备条件和评估标准》的规定和要求，对全州文化馆进行逐项检查。刘亚平组长通报此行对全州7个文化馆的评估结果：州文化馆928分，拟报二级馆；芒市文化馆、瑞丽市文化馆拟报三级馆；梁河县文化馆771分，无产权证，不达级；盈江县文化馆为三级，无产权证；畹町文化馆、陇川县文化馆不达级。

【乡镇综合文化站评估达级】 2011年，德宏州9个乡镇(街道)文化站经上年云南省文化厅组织评估审查，结果全州9个乡镇(街道)文化站达级情况如下：梁河县勐养镇综合文化站、平山乡综合文化站和瑞丽市勐卯镇文化站3站获评二级文化站；畹町镇文化站和盈江县勐弄乡文化站及梁河县的河西乡综合文化站、大厂乡综合文化站、曩宋乡综合文化站、九保乡综合文化站6站获评三级文化站。全州乡镇(街道)文化站建设成绩喜人，截至年末，全州有达级站46个，其中一级站1个、二级站20个、三级站25个。

【德宏州“大家乐”群众文化广场舞蹈大赛在芒市举行】 2011年9月15日晚，来自全州各县市的138名演员跳着各具民族特色的“广场舞”，拉开德宏州第三届“大家乐”群众文化广场舞蹈大赛的序幕。欢快的鼓点敲起来，健康的舞蹈跳起来。《哨傣勒》、《月光下的凤尾竹》、《景颇山上丰收乐》、《加玲赛》、《呱切来》、《花德昂·德昂花》、《激情大三弦》、《窝罗织锦欢》等18个优秀节目轮番上演，展示着德宏各族群众美好的生活面貌，也让与会人员感受着孔雀之乡的浓浓情韵。经激烈角逐，由陇川县和州文化馆选送的自创节目景颇舞蹈《目瑙韵》、傣族舞蹈《啊吧摆啵》勇夺一等奖。

【全州中小学生运动会在瑞丽举行】

2011年1月22至25日，由德宏州教育局、州体育局主办，瑞丽市教育局、瑞丽市体育局承办的全州中小学生运动会在瑞丽举行。有来自全州6个县市(区)、州直2所学校、州少体校9支代表队、451运动员参加了田径、篮球、女子排球3个大项77个小项的比赛。田径组获奖情况：州民一中代表队获得94以上组团体第一名，芒市代表队获团体第二，盈江代表队名列第三。95～97组团体前三名分别被盈江、州民族初级中学、芒市代表队夺得。98～2000组团体前三名则被盈江、陇川、瑞丽代表队夺得。州民一中的杨耀攀打破94以上组男子800米项目的州青少年纪录，创造新的州青少年纪录。篮球组获奖情况：芒市代表队获男子篮球桂冠，瑞丽、盈江、州民一中代表队分获亚军、季军和第四名；陇川代表队夺得女子篮球的冠军，芒市、州民一中、盈江代表队名列亚军、季军和第四名。瑞丽代表队获得女子排球第一名，二至四名分别被盈江、梁河、陇川代表队夺得。此次运动会的顺利召开，为进一步促进德宏州县级业余训练工作和学校体育工作的深入开展，提高德宏州竞技体育运动水平起到积极的推动作用。

【云南体彩携手公益支援盈江灾区】

2011年3月10日12时58分，盈江县发生5.8级地震，地震造成25人遇难，250人受伤。灾情牵动云南体彩人的心。4月11日，云南省体育彩票管理中心葛晓玲副主任代表云南省体育彩票管理中心向德宏州红十字会捐款100万元，用于支援盈江灾区恢复重建。4月12日，省体彩中心工作人员赶往盈江县，慰问震区的体彩从业者，并实地考察了受地震损害体彩网点，鼓励当地体彩网点业主和销售人员重建家园。

【开展大众广播体操比赛】 2011年4月29日，为进一步推广大众广播体操，深入开展全民健身活动，提高广大职工的健康水平，由德宏州委、州人民政府主办，德宏州总工会、州文化体育局承办的庆祝“五一”国际劳动节大众广播体操比赛在芒市体育运动中心体育馆拉开序幕。来自州直各基层工会的10支代表队近400人参加了比赛。德宏医疗集团、德宏供电公司、德宏职业学院、德宏检察院、德宏师专、德宏英茂糖业有限公司代表队分获前六名，德宏政协、德宏财税系统代表队获得优秀组织奖和体育道德风尚奖，德宏农业局、德宏州委党校代表队获得优秀组织奖。

【举办第二届职工篮球运动会】 2011年5月13日，为期7天的德宏州第二届职工篮球运动会在德宏供电公司与州司法局的冠军争夺战中圆满落幕。比赛期间，来自全州党政机关、企事业单位的12支代表队近百名运动员参加了比赛。经过激烈的比拼、角逐，德宏供电公司代表队、德宏财税系统代表队分获男、女队第一名；州农业局男队、州检察院女队获体育道德风尚奖；德宏教育一队、德宏粮食协会等代表队获优秀组织奖。

【芒市第二届“校讯通杯”小学生羽毛球乒乓球比赛】 2011年6月11日，由德宏州文化体育局主办，芒市体育运动中心、芒市教育局、芒市文体广电旅游局承办，中国移动通信集团云南有限公司德宏分公司冠名的2011年中国移动芒市地区第二届“校讯通杯”小学生羽毛球、乒乓球比赛在芒市体育运动中心体育馆举行。本次比赛有来自芒市城区的三小、四小、民小、华小和芒市镇中心校的332名运动员，在2个大项，4个小项中展开激烈角逐。经过激烈的角逐，48名运动员获得前六的奖项，60名同学获得鼓励奖；5名老师被评为优秀教练，10名老师获得体育道德风尚奖；芒市镇中心校、芒市民族小学获得优秀组织奖。

【“体校6班”招生测试】 2011年7月8至12日，德宏州体校为培养高水平、有竞争力的竞技体育后备人才，促进全州学校的业余训练工作，推动全州竞技体育事业的发展，组织州体校招生测试小组对全州报考德宏州民族初级中学“体校班”的学生进行体育素质测试。全州参加测试的人员有169人。招生测试小组参照测试的体育成绩、文化成绩和适应各项目训练的队员进行综合分析，确定34名初选学生，并进行为期10天的集训，从中择优录取。

【德宏代表队参加云南省少数民族健身操比赛】 2011年8月6日，德宏州少数民族健身操代表队一行15人到昆明，参加全民健身日系列活动——云南少数民族健身操比赛。经过一天两轮的紧张角逐，德宏州代表队从全省15支参赛队伍中脱颖而出，分别获得优秀组织奖、规定类(傣族健身操)一等奖、自选类(阿昌族健身操)二等奖的好成绩。此次比赛对德宏州民族健身操的开展和推广起到积极的作用，为下一步挖掘、整理编创德昂族健身操和提高、升华阿昌族健身操奠定了坚实的基础。

【德宏州参加云南省第七届城市运动会】 2012年8月8至14日，云南省青少年体育比赛暨云南省第七届城市运动会分别在德宏、玉溪和红河等地举行。德宏州体育健儿参加网球、举重、排球、游泳、田径5个项目的角逐。在教练员的沉着指挥下，德宏州全体运动员奋力拼搏，勇夺31枚金牌、9枚银牌、24枚铜牌，实现了运动成绩和精神文明双丰收。其中：网球比赛获4枚金牌、1枚银牌、2枚铜牌，代表队荣获体育道德风尚奖；举重比赛获11枚金牌、2枚银牌、7枚铜牌，获女子团体第一名和男子团体第一名；女子排球比赛获4人组第二名、6人组第三名；游泳比赛获8枚金牌、2枚银牌、5枚铜牌，荣获体育道德风尚奖；田径比赛获8枚金牌、2枚银牌、10枚铜牌，荣获男子团体第二名、女子团体第四名。

【德宏州组团参加全国民运会】 2011年9月10至18日，德宏州组团参加在贵阳举行的由国家民委、国家体育总局主办，贵州省人民政府承办的全国第九届少数民族传统体育运动会。德宏州组团参赛的表演类项目《谷斯伴》和竞技类项目孔雀拳分别荣获第一和第三的好成绩。每4年一届的全国少数民族传统体育运动会是中国规格最高、规模最大的综合性民族体育盛会，是弘扬民族文化、展示中国少数民族风采、振奋民族精神、推进民族团结的盛会，是党的民族政策和社会主义制度优越性的具体体现，是推进全民健身的重要举措，影响广泛，意义重大。

【德宏州参加全国高水平后备人才基地举重锦标赛】 2011年10月25至30日，德宏州少体校举重队参加在湖南湘西自治州吉首市举行的全国高水平后备人才基地举重锦标赛。作为“全国高水平后备人才基地”，本次比赛德宏州少体校举重队选派6名运动员(男子3人，女子3人)参加了此次比赛。在教练员的精心组织下，在运动员的顽强拼搏下，德宏州少体校举重队获得1个第二名、2个第五名、1个第七名、1个第八名的好成绩，为德宏争得了荣誉。

【举行德宏州第二届残疾人运动会】 2011年11月25日晚，德宏州第二届残疾人运动会在芒市体育运动中心隆重开幕。来自全州130名残疾人运动员参加4个大项111、个小项的比赛。保山市、临沧市和怒江州残联有关领导应邀参加了开幕式。州委、州政府、州人大、州政协、省残疾人体育运动指导中心及州文体局、州残联、州残工委成员单位的相关领导，州特殊教育学校、德宏职业学院、德宏中等职业学校的1000多名师生和社会各界朋友参加了开幕式。本届残运会决出金牌118枚、银牌118枚、铜牌80枚。其中：芒市代表团以189分的总积分高居榜首，夺得团体总分第一名，陇川和梁河代表队分获二、三名。

(《文化》撰稿　魏　锋)

德宏州少体校省年度比赛各项目成绩

2011年云南省青少年锦标赛暨第七届城市运动会

青少年组德宏代表团获奖牌和团体总分名次

项　目	第一名	第二名	第三名	第四名	第五名	第六名	第七名	第八名	合计	名次	备注
举　重	8	1	2								
网　球	4	1	2								
游　泳	2	11	9								
排　球		1	1								
田　径	8	10	3								
总　分											
奖　牌											

2011年省第七届城市运动会比赛各项目前三名成绩

姓　名	项　目	名　次	奖牌数	比赛成绩	破纪录情况	教　练	备　注
男子团体	网球团体	第一名	1.0				
女子团体	网球团体	第一名	1.0				
李余子禾	男子单打	第一名	1.0				
李余子禾　晋海峰	男子双打	第一名	1.0				
张韬雯　杨景棋	女子双打	第三名	1.0				
张　璨	女子单打	第二名	1.0				
濮仪霖　李龙敬	男子双打	第三名	1.0				
何果吧	举重女子44kg	第一名	1.0				
冯旺弟	举重女子48kg	第一名	1.0				
刀承芳	举重女子58KG	第一名	1.0				
杨彩翔	男子56kg	第一名	1.0				

续表

姓 名	项 目	名 次	奖牌数	比赛成绩	破纪录情况	教 练	备 注
孙占才	男子69kg	第一名	1.0				
李吉俊	男子77kg	第一名	1.0				
杨淑媛	女子40kg	第二名	1.0				
杨深华	举重男子77kg	第三名	1.0				
朱明民	举重男子85kg	第三名	1.0				
举重	男子团体	第一名	1.0				
举重	女子团体	第一名	1.0				
钱镜明	男子100米	第一名	1.0				
家芹	女子跳高	第一名	1.0				
李枝胜	男子铅球	第一名	1.0				
孟有忠	男子跳远	第一名	1.0				
郭兆芹	女子标枪	第一名	1.0				
左安凯	男子标枪	第一名	1.0				
杨耀攀	男子800米	第一名	1.0				
孟有忠	男子三级跳远	第一名	1.0				
冯甘	女子铅球	第二名	1.0				
杨恩鹏	男子100米	第二名	1.0				
封家芹	女子跳远	第二名	1.0				
杨 康	男子铅球	第二名	1.0				
左安凯	男子铅球	第二名	1.0				
哏贺板	女子标枪	第二名	1.0				
冯 甘	女子铁饼	第二名	1.0				
钱镜明	男子三级跳远	第二名	1.0				
左安凯	男子铁饼	第二名	1.0				
线宏权	男子跳远	第三名	1.0				
冯 甘	女子标枪	第三名	1.0				
孟旺元 赵应胜 雷 明 杨耀攀	男子4×400米	第三名	1.0				
男子团体	田径	第二名	1.0				

史志工作

【召开全州史志工作会议】 2011年2月24日，德宏州史志工作会议在芒市召开。云南省党史办侯明森副主任、云南省志办李一是主任、德宏州委番跃平秘书长、州政府孔勒干副州长、州及各县市志办人员80人参加了会议。侯明森、李一是、番跃平、孔勒干分别在会上讲话，充分肯定全州史志系统工作取得的成绩，并就做好史志工作提出要求。会议全面总结上年全州史志工作取得的成绩，表彰5个先进集体，10名先进工作者，4名重视史志工作的好领导。会上，还举行《中共德宏州委执政纪要》、《德宏年鉴》、《德宏纵横》“三刊”首发仪式以及全州党史系统成果展。

【云南省地方志年鉴期刊信息会在芒市召开】 2011年2月25日，由云南省地方志办公室主办，德宏州史志办承办的云南省地方志系统年鉴期刊信息会在芒市召开。中指组期刊指导处处长、《中国地方志》主编于伟平，云南省地方志办公室主任李一是、副主任陈天武、袁丽萍，省直机关年鉴编纂单位、各州(市)地方志(史志)办公室分管年鉴期刊信息工作的领导(含年鉴主编、期刊主编)，德宏州史志办全体干部职工，德宏州县市(区)史志办主任89人参加了会议。会上，副州长孔勒干向与会人员介绍了德宏州的概况和边、情、绿、宝、和的风情特色；省直机关、各州(市)地方志(史志)办公室16位分管年鉴期刊信息工作的参会领导就本部门开展的年鉴、期刊、网络、简讯4项工作进行全面细致的交流发言，根据各部门地方志工作的发展状况、存在问题提出很多切合实际、有针对性的建设性意见建议。会议提出：全省地方志系统要转变传统志鉴模式，继续发扬甘于清贫、乐于奉献的精神，为全省地方志工作谱写新篇章，作出新的贡献。

【承办德宏州老干部座谈会】 2011年6月24日，由德宏州委、州政府主办，州史志办、州老干局承办的庆祝中国共产党成立90周年德宏州老干部座谈会在芒市召开。为开好此次会议，德宏州史志办领导班子认真研究会议方案，报送上级领导审批，并部署好会议的全面工作。会议主题是回顾中国共产党90年来的光辉历程，歌颂党在边疆民族地区取得的丰功伟绩，继承和发扬党的优良传统，进一步发挥老干部的作用，努力为德宏州桥头堡黄金口岸建设和瑞丽重点开发开放试验区建设做出贡献。州人民政府副州长板岩过主持会议。州委常委、州委组织部长何汝利出席会议，回顾总结了德宏解放60年来党领导各族人民取得的伟大成就，充分论证“没有共产党就没有新中国”的科学论断，并通报当前全州经济社会发展状况和面临的新形势、“十二五”规划、党组织建设等工作情况。原省政协副主席、原州委书记朗大忠，原州人民政府州长刀安钜，原州政协主席张国龙、杨拾全、杨文忠等州级离退休老干部50余人参加会议。

【德宏州史志督查组到县市督查】 2011年8月11至17日，为贯彻落实德宏州委《关于贯彻落实〈中共中央关于加强和改进新形势下党史工作的意见〉的实施意见》(德发〔2011〕13号）和2011年全州史志工作会议精神，经德宏州委督查工作领导小组批准，由州委督查室、州政府督查室牵头，会同州史志办组成督查组，到德宏州各县市开展史志督查工作。督查组采取听、查、看、问等方式，对各县市(区)贯彻落实州委13文件和2011年全州史志工作会议精神进行督查。督查组全面深入了解各县市(区)史志部门近年来开展工作的状况、办公条件、人员配备和经费保障等情况，查找存在的问题和困难，提出整改的措施。通过实地督查，全州各县市(区)委、政府高度重视史志工作，并结合本地实际情况，采取有力措施，认真贯彻落实文件精神，从政策、制度、资金等方面给予支持和帮助，全面加强对党史工作的领导。督查组针对存在的问题和不足，提出五个方面的意见建议：一是提高认识，切实加强和改进对史志工作的领导，健全和落实党委领导党史工作，政府领导地方志工作的制度。二是围绕党委、政府中心工作，为大局工作服务。三是充分发挥史志部门职能作用，提高史志工作科学化水平。四是保障工作经费，改善工作条件。五是加强干部队伍建设，采取有效措施，为史志工作提供有力的保障。督查后，形成综合督查通报，并经州委同意，由州委督查室下发(第9期)督查通报《各县市(区)贯彻落实州委加强和改进新形势下党史工作实施意见的督查通报》。此次督查是州委、州政府第一次专项督查全州史志工作。

【召开全州史志学会第五届代表大会】 2011年12月9日，德宏州史志学会第五届会员代表大会在芒市召开。德宏州社科联主席林念兰及全州史志工作者60人参加了会议。会议传达学习云南省第九次党代会精神，全面总结全州第四届史志学会工作，要求广大史志工作者团结奋进，再接再厉，努力开创新形势下史志工作的新局面。会议要求：全州史志工作者要加强思想道德教育，加强政治理论和业务知识学习，提高史志工作者的思想道德水平和史志业务及理论水平，培养史志人才，壮大史志工作队伍；积极组织史志学术活动，开展史志管理和理论研究，交流史志编写和开发利用的工作经验；加强与州内外史志、文史等学术团体的联系沟通，促进史志学术交流、成果转换，积极参与评优活动，宣传史志工作优秀成果，为地方经济及社会建设服务。会议通过史志学会章程，选举陈德寿为史志学会第五届理事会名誉会长，杨星明为理事会会长，张保和(傣)、杨政府为理事会副会长，陈德寿、杨星明、张保和(傣)、杨政府、尹富才、孙稚泳、李林忠、甫如明、杨进才、杨明军为理事会常务理事，尹富才为理事会秘书长，选举陈德寿等30人为理事会理事。会议决定从明年起创办《德宏史志园地》半年刊，为全州广大史志工作者提供一个全新的学习交流平台。

【党史工作】 2011年，德宏州史志办认真贯彻落实州委13号文件精神，根据全州史志工作"十二五"规划，较好完成各项党史工作任务。一是编纂完成《中共德宏州委执政纪要》(2010卷)工作任务，全书80万字；编辑完成《德宏纵横》(季刊)3期出版发行任务；在全州纪念建党90周年系列活动中，组织筹办州委州政府老干部座谈会，结合"桥头堡"建设，积极宣传地方党史，并选派业务骨干到州委党校教授地方党史，鼓舞士气，激发斗志，收到良好的效果。同时，积极配合完成上级党史部门到德宏调研及相关课题的上报工作，开展德宏党史调研工作，积极联络离退休人员，多次组织人员深入各社区进行访谈。通过走访收集老领导、老革命的口述资料和亲历资料，进一步丰富德宏党史资料，为党史的编研提供大量的资料，对进一步搞好党史工作打下良好的基础。二是芒市史志办编辑出版发行《中国共产党潞西市历史大事记》(1949.08～1978.12)；完成《拉着封建人物　打倒封建制度》——潞西"和平协商"与"缓冲"土地改革纪实的印刷出版；完成《芒市风情》的印刷出版；开始对《和平协商土地改革纪实》进行印刷出版；11月正式启动创办《中共芒市委执政纪要》(2012卷)，组织召开撰稿员编纂业务培训会，并邀请省、州专家进行业务培训，为办好该书奠定了基础。三是瑞丽市史志办编辑出版发行《中共瑞丽市党史资料选编》(第二、三集)，为中国共产党成立90周年献礼。年内，正式启动《中共瑞丽地方史》正本(1950～1978)编辑工作，预计2012年12月出版发行。同时，经市委同意，正式启动《瑞丽亲历者回忆录》编辑工作，计划2013年6月出版发行。四是盈江县史志办按照《盈江县党史、地方志"十二五"规划》，启动《中国共产党盈江历史》(第二卷)、《中共盈江党史资料集》(第五辑)、《盈江图志》和《盈江改革开放重要文献集》(第一辑)编纂工作。五是梁河县史志办为迎接中国共产党成立90周年，根据梁河县委的安排部署，完成《中国共产党梁河县历史大事记(1994～2010)》编纂出版工作。该书32万字，客观记录1994至2010年梁河县党的历史大事。同时，开展《大事记》"进机关、进厂矿、进学校、进乡镇(社区)、进部队"活动(简称"五进活动")，发放《大事记》780本，为中国共产党成立90周年营造了良好的社会氛围。六是陇川县史志办进一步完善《中共陇川县地方史》第一卷篇目的编写，成立陇川县党史工作领导小组。由县委发文《关于征集中国共产党陇川县历史资料的通知》，要求全县各乡镇、县直各部门认真收集整理陇川县1950至1978年的历史资料。七是畹町史志办于2月编辑出版发行《中国共产党畹町历史》(1950.4～2010.12)。该书20万字，6月23日召开《中国共产党畹町历史》出版发行座谈会。

【地方志工作】 2011年，德宏州史志办认真贯彻落实《国务院地方志工作条例》、《云南省地方志工作规定》，进一步促进全州地方志工作的快速发展。一是州史志办针对第一轮志书尚未完成的实际，加快一轮修志的攻坚工作。年底，55万字的《德宏州志·文化卷》已交付印刷；完成《德宏州志·社会卷》、《德宏州志·政治卷》的编辑扫尾工作，10月送云南省志办终审。同时，加快第二轮修志《德宏州志(1978～2005)》编辑工作，已完成60%以上的编辑任务。加强对全州第二轮续修工作的指导督促，截至11月，全州通过终审稿的有《德宏州农业志》、《德宏州电力志》、《德宏州档案志》、《德宏州农垦志》等部门志书。年内，加强对县(市)续修地方志工作的指导，多次下派指导组到县(市)培训撰稿员。二是芒市史志办将《潞西市志》编纂出版工作作为主业，上半年完成《潞西市志》稿件征集任务的90%以上，编辑稿件完成80%；完成《潞西市扶贫开发志》、《潞西市民政志》2部部门志的审稿工作，并针对送审稿存在的问题和不足，提出审查意见，严格把好志书质量关。三是瑞丽市史志办加快修志工作步伐，完成《瑞丽市志》70%的编纂工作，计划2012年6月出版发行。同时，为深入挖掘和弘扬“勐卯古文化”，打造“勐卯古文化”名片，发展地方特色文化产业，繁荣边疆民族文化事业，建设“民族文化强市”，推动瑞丽重点开发开放试验区建设步伐，精心编制《傣(泰)文明发祥地探寻》课题研究方案，并通过审核。四是盈江县史志办加快第二轮《盈江县志》编辑工作，并完成统稿工作，计划2012年5月完成征求意见稿。年内，加强对部门(乡镇)志工作的督促和指导，完成《盈江农场志》的审定工作；指导乡镇志编纂《昔马镇志》，即将通过评审；《旧城中学志》完成征求意见稿；《太平街志》即将完成初稿。五是梁河县史志办于3月28日完成《梁河县志》100多万字的送审稿，并通过四大机关领导、县有关部门复审，送省、州史志部门终审验收；8月4日，县政府下发《关于出版发行(梁河县志)的决定》(梁政发【2011】73号)，批准该志书正式出版发行，年底正式出版发行。年内，深入到公安局、交通局、教育局等部门，开展部门志服务指导工作，并为《梁河县教育志(1991——2008)》进行审查把关，提出审查出版意见。六是陇川县史志办着力抓好续修志书前期准备工作。根据《云南省第二轮地方志续修工作规划》，拟定《陇川县第二轮地方志续修编撰方案》，形成《县志篇目》讨论稿，并上报撰稿人员名单和第二轮县志续修工作领导小组。

【年鉴工作】 2011年12月，德宏州史志办编辑的《德宏年鉴》2011卷正式出版发行。该卷正文为90万字，由特载、专文、州情概览、大事专题、附录5部分构成；编辑仍采用新体式分类编辑法，分类层次清晰，门类齐全；彩版为80个版面，设5大版块。该卷最大特点是在文字印刷上进行彩色双色套印，既美观大方，又突出栏目。年内，德宏州史志办为进一步在当地发挥年鉴权威性工具书的功能，为德宏经济文化交流提供信息资料，为各部门和单位提供可靠翔实的资料，更好的突出年鉴的年度特点和地方特色，促使县市办年鉴书刊取得重大成功。截至年末，全州史志系统创办年鉴的县市有《芒市年鉴》、《瑞丽年鉴》、《盈江年鉴》、《陇川年鉴》，梁河县未创办，在“资政、存史、育人”上发挥重要的作用，为宣传德宏、提高德宏知名度做出较大贡献。年内，完成《芒市年鉴》(2011卷)出版印刷工作，全书80万字；11月《瑞丽年鉴》(2011卷)出版发行；《盈江年鉴》(2011卷) 11月出版发行；陇川县重新启动《陇川年鉴》(2010卷)的编辑工作，全书50余万字，将在下年1月底出版发行。同时，全州、县(市)史志部门认真完成《云南年鉴》、《云南经济年鉴》、《云南小康年鉴》(德宏州县市部分)稿件及宣传彩页的撰写上报工作。

(《史志工作》撰稿　线智林　田启云)

广播电视

【节目改版】 2011年，德宏州广播电视局认真抓好节目改版，着力提高宣传质量和宣传水平。州电台、电视台和各县市广播电视台针对不同时期、不同阶段的宣传重点，结合人民群众的文化需求，不断探索节目内容走向，认真抓好节目改版，创新节目形式，适时开设“聚焦两会”、“十一五”辉煌成就、“十二五”发展规划、“桥头堡黄金口岸建设大家谈”、“建设美丽富饶新盈江”、“众志成城，抗震救灾”、“迎接建党90周年”、“喜迎党代会”等一系列专题专栏节目，并取得了很好的宣传效果。德宏电视台《第二视角》、《风尚德宏》、《德宏警方》等民生栏目继续发挥节目互动优势，为人民群众了解政策和反映社情民意搭建良好的平台，受到了观众的喜爱；德宏人民广播电台《德宏新闻》特别开设“县市新闻”专栏，增加《芒市在线》、《木土音乐秀》、《轻松下午茶》、《开心时刻》等新栏目，切实体现了“三贴近”的原则。节目改版和新节目的推出，使广播电视节目更加灵活多样，满足了不同受众的需求。

【节目获奖】 2011年，德宏州广播电视局以节目栏目创优评优为抓手，促进节目栏目质量的提高。年内，举行2次全州节目推优评审会，积极参加省广电局举办的好稿评审会，并通过创优评优，激励创新的积极性，进一步促进节目质量的提高，好节目、好作品不断涌现。全年，州广播电台、电视台、民语译制中心和各县市文广局推荐参加“云南广播电视奖”评选的节目，有43件作品获奖，其中广播作品23件，电视作品20件；参加"云南广播电视奖县(市)优秀节目奖"评选的17件作品全部获奖。送省台播出的稿件和获奖数量位居全省前列。德宏人民广播电台的少儿广播栏目《阳光城堡》荣获"全国优秀少儿广播栏目奖"，选送的新闻作品《"国门书社"给力和谐边疆》荣获中国新闻界顶级奖"中国新闻奖"，是德宏州新闻界历史上首个最高奖，实现了德宏广电新闻宣传的历史性突破。

【广播电视传播】 2011年，德宏州和各县市广播影视行政部门以"构建广播影视公共服务体系"为己任，采取有效措施，加大覆盖工作力度，着力解决群众听广播看电视难的问题，进一步提升广播电视传播能力，努力加快广播电视传播事业建设。截至年底，全州建有广播电视"村村通"工程1698个村，78792户，占全州总户数(31万户)的25%；群众自己购买"小锅盖"40607户，占全州总户数的13%；全州有线电视用户89453户，其中数字电视70747户，模拟电视18706户，占全州总户数的29%；数字微波用户20500户，占全州总户数的7%。积极推进新媒体、新业态发展，全州各县市均开通手持电视和车载电视，发展手持电视用户12000多户；支持电信部门推出电视传播业务；发展IP电视7800多户。目前，农村电视入户率达到92%，全州广播电视综合覆盖率达到97%。

【电影发行放映】 2010年10月，德宏州电影管理职能划转州广电以来，州广电局及时深入调研，研究制定德宏电影振兴方案，并向州委州政府汇报，州政府及时出台2个促进电影发展的文件，使工作经费、放映补贴、译制经费有政策和资金保障。年内，积极筹措资金，对原电影公司老办公楼和录音室进行全面改造装修，购置民族语电影译制录音设备，建立与国家数字电影节目中心对接的影片下载授权通道；注册设立德宏州惠民农村数字电影院线公司，重新规划调整全州农村放映服务网点，组建28支电影放映队，开展放映员招标和数字电影放映技术培训，并与院线公司签订农村电影放映协议，建立以农村数字电影院线公司为龙头的电影公共服务体系。为各县市配发数字电影放映设备，全面实现公益电影放映数字化整体转换。截至年底，采集储备公益电影放映节目143部，购置故事片、科教片8689场公益电影放映权，有效保障德宏州336个行政村"一村一月一场"和广场的公益数字电影节目放映。自6月正式运转以来，农村放映2353场，观众70万多人次；广场(社区)放映319场，观众11万多人次。

【民语电视译制】 2011年，德宏州广播电视局认真搞好中央、省及地方新闻译制播出工作，积极做好党和国家重要会议和重大事件的宣传报道，用傣、景颇、载瓦3种少数民族语言译播《中央新闻联播》、《云南新闻联播》和《德宏新闻》，做到当日节目当日译制播出，及时把党和政府的声音传到广大少数民族群众中。同时，译制播出一批农村实用科技知识和影视剧节目，增强了少数民族群众的致富本领，满足了少数民族群众的文化娱乐需求。民族语电影译制工作在恢复中有序开展，译制设备全面实现数字化，译制人员身份转变为公益事业性质，解决了后顾之忧，工作积极性空前提高。全年完成傣语15部故事片、9个科教片，景颇语13部故事片、9个科教片的台本翻译；8月录音室和译制设备改造安装完成后，8至12月完成傣语10部故事片、10个科教片，载瓦语2部故事片、4个科教片，景颇语2个科教片的数字电影译制。

【开展"广电"专项整治】 2011年，德宏州广播电视局强化行业管理，加大执法力度，开展专项整治工作。一、对非法销售、安装和使用卫星地面接收设施进行专项整治。积极组织相关部门参加"全国治理非法经营电视接收设施视讯会议"和"国家《最高人民法院关于审理破坏广播电视设施等刑事案件具体应用法律若干问题的解释》电视电话会"，就11个部(委、局)联合开展治理非法经营电视接收设施专项行动进行具体部署，采取有力措施，全面整治非法安装和使用卫星地面接收设施的行为，加强对境外广播电视节目落地管理，取得了明显效果。二、建立长效监听监看机制，规范电视广告播出行为。采取动态管理和突击检查相结合的方式，进行明察暗访和随机检查，对整改不力和继续违规播出医疗药品广告的单位给予警告和严肃处理。认真处理群众信访函件，及时纠正医疗药品广告播放违规现象，发出整改通知5家，责令停播3家，确保广告宣传导向正确、内容健康积极向上，有效净化了声频荧屏。三、开展互联网视听节目专项整治。对州内重点新闻网站、视频网站、游戏网站、动漫网站，以及各类网站中的播客栏目和频道进行全面核查；对芒市地区"飞翔网络(德宏鸿韵葫芦丝文化产业信息有限公司）”网站无证经营网络视听节目行为进行查处，并立即停止经营行为；对游商小贩非法兜售“电视棒”等产品进行清理整治，取得了明显效果。

【安全播出】 2011年，德宏州广播电视局进一步完善规章制度，严格执行各项安全播出规定，有效遏制邪教组织和敌对势力对德宏州广播电视信号及传输网络的攻击破坏，圆满完成“元旦”、“春节”、全国、全省、全州“两会”、“目脑纵歌节、泼水节”等民族节日、“五一劳动节”、“七一庆祝中国共产党成立90周年”、“十一国庆节”以及中央、省、州党代会等重保期和敏感期的安全播出任务。年内，进一步修订《反恐维稳应急预案》和《安全播出应急预案》，防范体系更加完善；建立健全值班制度，领导带头，靠前指挥，加强对重点设施和重点部位的重点防范，加大巡查力度，确保设备运转正常。积极筹措资金，投资50万元建起安全播出监测平台，实现对中央、省和州级广播电视节目安全播出的有效监测。加强广电大楼的安全保卫，增加投入，增加安保力量，全面实行视频监控，严格执行挂牌上下班制度和来访登记制度，严禁无关人员进入要害部位，做到严防死守，确保万无一失。

【抗震救灾和恢复重建】 2011年，德宏州广播电视局全力以赴，做好盈江抗震救灾和恢复重建工作。盈江地震发生后，全州广电系统反应迅速，抽调州县广电系统精兵强将60余人，组成设备抢修和新闻报道2个工作组，第一时间赶赴灾区，用最短时间抢修灾区受损的广播电视传输光缆、无线发射设施及广播电视节目采编播设备，使盈江广播电视很快恢复播出。宣传小组及时展开工作，从各个侧面加强宣传报道，在最短时间准确、真实、全面、安全地向外界传递灾情，引起社会各界的高度重视，广泛参与到抗震救灾和恢复重建工作中，有效发挥了广播电视的职能作用。同时，州广电局为稳定人心，组织电影放映力量，在灾民集中安置地点放映，对安抚人心、缓解情绪起到很好的调节作用。及时向省局、总局报告盈江灾情，得到省局的大力支持，送来援助资金和广电设施设备。

（《广播电视》撰稿　李勒干）

民族语言文字

【翻译出版农村实用小百科丛书】 2011年，德宏州民语委为让基层少数民族干部群众更加了解党的农村工作政策，进一步提高政策水平，不断丰富知识和拓展视野，与云南出版集团有限公司合作翻译出版农村基本政策100问、农村经济工作270问、农村实用科技110问、农村法律法规150问、农村民主政治200问、农村社会发展220问涉及农村基本政策、经济工作、社会发展、民主政治、法律法规、实用科技等六个方面的内容。一问一答的方式简明扼要地回答了农村基层工作中常见的1000多个问题，为社会主义新农村建设作出新的贡献。

【民汉双语调研】 2011年，德宏州民语委根据《国家民委关于做好少数民族语言文字管理工作的意见》》（民委发〔2010〕53号）和《国家民委关于进一步做好民族语文翻译工作的指导意见》（民委发〔2010〕198号）等文件精神，积极开展德宏州民族语文及民族语文翻译工作机构基本情况、存在问题和措施建议调研工作。调研组先后到州、县市13个各民族语文工作部门进行调查了解，采集到35个存在的问题和40个措施建议，为德宏州进一步做好民汉双语人才培训基地建设做好前期工作。

【牌匾印章工作】 2011年，德宏州民语委积极做好全州牌匾印章工作。用傣文和景颇文翻译382块（枚）牌匾印章以及《边检常用缅语、傣语、景颇语一月通》、《安全使用沼气常识》、《关于严厉打击食品非法添加行为严格规范食品添加生产经营使用的公告》、《关于防范和减少野生蕈中毒事件发生的预警公告》、《2011年州、县、乡党委换届严肃纪律手册》；用傣文翻译《爱国守信》、《健康教育》、《推动科学发展观》、《村务公开制度》、《对反腐倡廉作出新概括》、《公开栏》、《集体快板》、《举案说明》、《遮安村近年来的工作总结》、《艾滋病的传播途径》、《文明芒市》、《基层党组织》、《全民齐动员》、《倡导文明新风共建美好家园》、《夫妻离婚协议书》；用景颇文翻译《中华人民共和国艾滋病防治条例》、《农业科技知识2》、《地震应急自救互救手册》；用载瓦文翻译《农村生活气象灾害避险常识》、《健康预警与疾病信号》、《中国读本》（此书类在出版中）、《脑血管防治知识》。

【征集少数民族语言文字实物】 2011年，德宏州民语委根据云民语办字〔2011〕21号文件“云南省民语委办公室关于协助征集少数民族语言文字实物的通知”精神，组织开展征集傣族、景颇族、傈僳族、阿昌族和德昂族语言文字实物工作。通过征集调查，征集到实物类20件，文献类包括经书在内157本，圆满完成征集调查任务。同时，按照文件要求做各类汇总表和征集卡，成绩成果上交省民语委办公室。

（《民族语言文字》撰稿　杨忠明）

档　案

【档案利用】　2011年，德宏州及各县市有346个部门和10个临时机构或二级立档单位完成电子公文归档管理与移交工作，移交进馆光盘1940碟42391件。同时，继续加强少数民族特色档案的征集工作，不断改善馆藏结构，丰富馆藏内容。全年接待现行公开文件查阅人数2463人次，提供查阅档案5168卷、423件；接收档案9961卷87607件，其中会计档案2073卷，录音、录像档案（磁带）94盒，照片档案1386张、印章421枚、基建档案4卷。

【数字化档案建设】　2011年，德宏州数字化档案馆建设工作发展迅速。由州级财政补助144万元，补足经费从2011年起列入政府财政预算，分3年完成。通过招投标，确定永朗科技公司为馆藏档案数字化加工承包商。该项工作于4月正式启动，并投入20万元资金采购数字化档案管理服务器和管理软件，架构了新的服务器硬件平台。录入文件级目录14万条，加工完成38个全宗、5802卷，扫描纸质档案原文86万页。为保证该项工程质量，州档案局成立数字化档案馆建设工作领导小组，不断完善对档案数字化加工承包商的管理，建立健全抽检和验收制度，对档案数字化加工前期工程进行验收，为数字化档案馆建设打牢基石。

【州委秘书长番跃平到州档案局调研】　2011年8月30日下午，德宏州委常委、州委秘书长番跃平到州档案局调研。番秘书长看望了局馆干部职工，视察了档案管理情况，听取电子文件归档、档案数字化加工、县级综合档案馆建设项目等工作情况汇报，对长期来克服资金困难、努力开创工作新局面以及所取得的成绩给予充分肯定，并对全州档案工作提出要求：一是要不断加强和规范全州电子政务活动中形成的电子公文归档案管理及移交进同级档案馆工作；二是严格按照国家标准，做好馆藏档案数字化加工工作，选择好异地备份地，保证馆藏档案数字化成果的安全，提高数字档案的社会利用水平，积极推进数字化档案馆建设；三是紧紧抓住国家对中西部地区县级综合档案馆投资建设的历史机遇，提高认识，积极争取当地党委政府的支持，尽快落实建设项目用地和前期工作经费。

【召开县级综合档案馆建设会议】　2011年9月5日下午，德宏州委、州政府在芒市召开全州县级综合档案馆建设专题会议。省档案局副局长龙岗，州委常委、州委秘书长番跃平，州政府秘书长周湛鸿，州委办、州委督查室领导，州财政局经建科领导，州档案局班子成员以及各县市（区）分管档案工作领导参加了会议。会上，省档案局副局长龙岗介绍了全省县级综合档案馆建设情况，各县市分管领导分别汇报县级综合档案馆建设前期准备工作，州档案局副局长朗青汇报了全州县级综合档案馆建设项目申报过程及存在的主要困难和问题，对《德宏州县级综合档案馆建设规划总表》作了说明。州委常委、州委秘书长番跃平、州政府秘书长周湛鸿要求各县市要认真落实档案馆建设用地，积极推进县级综合档案馆建设。此次会议的召开为切实加强档案馆基础设施建设，推动全州经济社会跨越式发展及桥头堡黄金口岸建设起到重要促进作用。

【省档案局黄凤平局长到德宏调研】　2011年12月13至15日，云南省档案局局长黄凤平、馆室督导处处长马永群一行在德宏州委副秘书长陶继清、州档案局局长杨航深的陪同下，先后对盈江县、陇川县、瑞丽市、畹町经济开发区和芒市县级综合档案馆建设前期工作进行专项调研。黄局长一行实地查看各县市（区）综合档案馆建设项目选址情况，听取了各县市（区）党政分管领导近年来的档案工作情况汇报。黄局长充分肯定了各县（市）近年来在县级综合档案馆建设、特色档案征集、爱国主义教育展览材料收集、民生档案业务指导等方面所取得的成绩，并对今后工作提出要求。重点提出要加快德宏州县级综合档案馆建设项目工作和高度重视档案干部队伍素质建设。

【加强档案行政执法监督检查】　2011年，德宏州各县市档案局按照“依法治档、科技兴档、强化服务、发挥效益”的工作思路，认真开展贯彻执行档案法律法规检查，坚持档案年检制度。年内，全州各级档案部门对591个机关、企事业单位进行检查。其检查结果为优秀125个、合格453个、不合格13个。对在检查中存在问题的单位，进行通报并提出整改意见。通过档案执法年检专项活动，进一步增强了各立档单位的档案意识和安全保管意识，使档案人员的管档水平得到很大提高。此外，为更加规范各县市的执法检查行为州档案局10月31日至11月8日成立了档案行政检查组，由业务科长杨锦艳带队，分别对芒市、畹町、瑞丽、陇川、盈江、梁河6个县市及姐告管委在内的3个乡镇、1个企业、16个机关共20个单位进行抽检。

【培训学习】 2011年，德宏州档案局组织干部培训学习，进一步提高档案人员业务素质。举办会计档案规范管理业务培训班1期，与德宏州司法局联合在瑞丽市举办司法公证培训班1期，与德宏州人力资源和社会保障局联合组织社会保险业务档案管理培训班1期；瑞丽市举办“2011年机关档案业务培训班1期，梁河县举办电子文件管理培训班1期，全州有415名专兼职档案管理人员参加培训。全年选派2名档案领导干部到新加坡参加“口述历史档案培训班”，11名档案干部到省档案局、临沧参加重大项目档案、文秘培训和档案学术研讨会。同时，组织全体干部职工到保山、龙陵等地考察学习。通过培训、学习，使档案干部更加全面的掌握档案规范整理的要求，理论水平和业务能力得到进一步提高。

【完成首个重点建设项目档案验收】 2011年11月22日，由德宏州档案局局长杨航深带队的项目档案验收组，对梁河县大盈江水电开发有限责任公司葫芦口水电站项目(工程)档案进行验收。项目档案综合评分达94.5分，已达到《国家档案局建设项目(工程)档案验收办法》的要求，项目档案验收组同意该工程档案验收合格。该项工程建设项目档案的验收，是第一个由德宏州档案局组织的重点建设项目(工程)档案验收。

【档案编研】 2011年，德宏州档案部门档案编研工作稳步推进。州档案局完成《德宏年鉴》(档案2011年)的稿件撰写，为州史志办《和谐跨越》一书提供有关档案事业发展照片11张；完成《德宏州档案志》的审定。畹町档案局(馆)为《德宏年鉴》编写畹町部分的稿件1.5万字；编制《畹町史志工作“十二五”规划》；为《2010年中共德宏州委执政纪要》撰写1万字的(畹町部分)稿件。

(《档案》撰稿　王文云)

卫　生

卫生管理

【概　述】 2011年，德宏州有卫生机构321个(含诊所、医务室215家)，病床4543张，拥有卫技人员4569人。全州每千人口拥有病床3.7张、卫技人员3.7人。属当地政府举办的医疗卫生机构87个，病床3459张，卫技人员3342人(正高45人，副高180人，中职1193人，初职1812人)。有医院29所(含个体办医、企业办医21个)，卫生专业技术人员2713人；疾控机构7所，卫生专业技术人员311人；保健院7所，卫生专业技术人员225人；卫生监督机构7所，人员82人；乡镇卫生院49个，卫生专业技术人员768人；中心血站1个，卫生专业技术人员26人；社区卫生服务中心(站)6个，专业技术人员53人；州急救中心1个。年内，全州设有村卫生室329个，覆盖率为98.2%；有乡村医生722人，卫生员35人。全州诊疗病人492.62万人次(含村卫生室117.85万人次)，治愈率为61.35%，好转率34.54%。卫生部门固定资产总额达67479.36万元。

【召开传染病疫情分析会】 2011年1月28日，德宏州卫生局组织召开德宏州2010年度传染病疫情分析会，会议听取全州2010年度传染病疫情通报，分析探讨了防控形势，研究部署了下步防控工作。州政协副主席董成宝、州政府副秘书长沈澎、州政协主任陈川云、德宏出入境检验检疫局副局长寸待凯应邀出席会议，州卫生局领导和局机关各科室负责人，州直医疗卫生单位领导参加了会议。会议由赵兴海副局长主持。会上，沈副秘书长高度肯定了德宏州2010年传染病防控工作，认为全州传染病发病率连续5年呈现2位数下降的良好形势，充分说明了卫生系统和各相关部门在防控工作上做出的巨大努力，要求各部门继续完善工作管理制度，加强应急处置能力建设，提高卫生服务能力，为保障全州桥头堡黄金口岸建设做出应有贡献。赵副局长就传染病防控工作作了总结和部署。他认为：目前全州各类传染病传播得到有效控制，突发公共卫生事件得到及时处置，防控工作局面较好，但也存在传染病跨境传播风险增大、疫苗针对性疾病防控工作力度削弱等隐患，防控工作压力依然较大。2011年是实施“十二五”规划的第一年，做好开局之年的传染病防控工作意义重大，全州卫生系统要充分认识工作的长期性、艰巨性、复杂性和紧迫性，认真总结经验，着力抓好以下8方面的工作：一是认真落实传染病控制措施，重点抓好疟疾、麻疹、艾滋病等重点传染病的防控管理和督导检查；二是加大免疫接种工作力度，抓好扩大免疫规划项目，有计划的组织开展二类疫苗接种，确保疫苗接种工作持续推进；三是健全卫生应急工作机构，增加应急物资储备，完善应急处置预案，提高应急处置能力；四是规范疫情报告管理制度，提高管理人员业务能力，强化管理指导，提升全州疫情报告管理水平；五是明确慢性病管理目标，健全管理机构，切实履行工作职责，推进慢性病管理工作深入开展；六是抓好学校传染病预警和疫情报告工作，主动向学校提供防控技术指导，进一步减少传染病在学生中的传播流行；七是加强同相关防控部门的联系和协调，强化外籍入境人员的防控干预，降低传染病跨境传播风险；八是推进疾病预防控制绩效考核工作，制定符合本州实际的工作方案，提升各级防控机构的规范管理水平；九是做好项目实施和管理工作，认真完成项目各项工作要求。

【举办医药卫生体制改革专题讲座】 2011年4月1日下午，德宏州卫生局在州医疗集团会议室举办医药卫生体制改革专题讲座，云南省卫生厅厅长陈觉民亲临授课，各县市卫生局、州直医疗卫生单位共70余名卫生工作者听取了讲座。陈厅长结合德宏州卫生事业发展的现状，对德宏州医药卫生体制改革情况进行了深入的剖析，并对今后推进医药卫生体制改革中的经常性工作作了讲解。陈厅长从医疗保障体系、基本药物制度、医疗服务体系、公共卫生服务逐步均等化四个方面，对医药卫生体制改革以来取得的成效和存在的困难进行了剖析。他指出，通过前两年的改革，四个体系的建设得到积极推进和深化，并取得了初步成效：如全省新型农村合作医疗覆盖率已达90%以上；实施基本药物制度的基层医疗机构达80%；基本公共卫生服务项目9项，人均基本公共卫生服务经费达到20元。但还存在公立医院改革不理想，基层医疗机构实施基本药物补偿经费难以落实的困难。他认为，2011年医改的重点在公立医院改革，公立医院的改革没有现成的模式，德宏卫生部门要把握建设桥头堡的机遇，要有危机意识、忧患意识，大胆探索，迎接挑战，充分发挥医疗资源的最大作用，满足老百姓看病就医的需求。陈厅长还从9个方面对今后推进医药卫生体制改革，如何开展好经常性工作进行了深入讲解：一是要稳固实施国家基本药物制度，切实减轻群众用药负担；二是加快公立医院的改革试点，加强医疗服务质量监管；三是巩固发展新型农村合作医疗，健全基层医疗服务体系；四是积极促进基本公共卫生逐步均等化，做好卫生应急、卫生妇幼基本工作；五是加强食品安全综合协调，提高卫生综合监督管理能力；六是扎实推进中医药、民族医药的继承和发展，不断提高服务水平；七是抓好“十二五”规划的编制，深入推进卫生桥头堡建设；八是加强行风和医德医风建设，构建和谐的医患关系；九是统筹做好法制、科研、信息、党建、信访等其他卫生工作。陈厅长强调，卫生部门要把握好中央和省委、省政府对医改工作的要求，完成好“规定动作”，循序渐进，谋划好“自选动作”；要不急躁、不浮躁，认真总结经验教训，逐步推进医药卫生体制改革的深入开展。讲座结束后，州卫生局局长杨杏结合讲座内容，要求各单位务必组织抓好学习贯彻，要在做好抗震救灾工作的同时，统筹兼顾，按照陈厅长提出的9项经常性工作做好安排，扎实推进医改各项工作。

【开展全州卫生监督员培训】 2011年4月17至19日，德宏州卫生局举办全州卫生监督员培训班，对全州卫生监督员进行全员培训。培训班邀请到了卫生部卫生监督局首席专家石滨老师前来授课。石老师结合实际案例和多年卫生监督执法经验，讲授了《卫生行政处罚程序、技巧和风险》、《卫生行政执法证据学基础》、《医疗服务监督》和《案例评析》等课程，所授内容生动具体、深入浅出，对全州今后开展卫生监督执法工作，规范执法行为，推进依法行政，规避执法风险起到很大的促进作用。

【州级食品安全监管工作职能正式移交卫生局】 根据《食品安全法》和《德宏州人民政府机构改革实施意见》(德办发(2010) 43号)文件要求，2011年4月20日上午，德宏州卫生局与州食品药品监督管理局举行了食品安全监管职能移交工作，将承担综合协调食品安全、组织查处食品安全重大事故的职能由州食品药品监督管理局移交到州卫生局，将承担餐饮服务食品安全、保健食品及化妆品监管的职能由州卫生局移交到州食品药品监督管理局。州卫生局、州食品药品监督管理局、卫生监督支队主要负责人及相关科室工作人员参加了移交仪式。移交仪式上，州卫生局党组书记、局长杨杏领学了《德宏州人民政府办公室关于德宏州卫生局与德宏州食品药品监督管理局进行工作职责职能移交的通知》；双方相互交换了相关文件和档案资料，并就进一步做好食品安全综合监管和餐饮服务监管进行了沟通交流。双方表示，将一如既往加强沟通与合作，共同做好食品安全监管工作，真正让广大人民群众饮食消费安全和身体健康得到保证。

【召开全州卫生暨防治艾滋病工作会】 2011年4月21日，德宏州政府在芒市召开全州卫生暨防治艾滋病工作会议。州委副书记唐文祥，州人大副主任杨红，州政府副州长苏洪涛，州政协副主席董成宝出席会议；全州各县市政府，畹町管委分管卫生工作的领导，卫生局长、书记、办公室主任、防艾办主任，州防艾委成员单位领导和州直医疗卫生单位负责人等150多人参加会议。会上，州委副书记唐文祥高度评价了德宏州卫生事业近5年来取得的工作成绩，分析了全州卫生事业发展面临的形势和机遇，并提出了工作要求。州卫生局局长杨杏，州防艾局常务副局长段祝聪分别作了卫生、防治艾滋病工作报告。副州长苏洪涛回顾总结了全州“十一五”期间卫生事业取得的成绩，安排部署了“十二五”和2011年工作任务。他指出，“十一五”以来，全州卫生工作在州委、州政府的领导下，取得显著的成就：一是全州卫生总体规模不断扩大，深化医药卫生体制改革工作顺利推进，卫生事业发展活力日益增强；二是医疗卫生服务体系不断健全，卫生基础设施和人才队伍建设进一步加强；三是艾滋病防治工作稳步推进，总结了一套符合德宏实际的防治模式，逐步从艾滋病的“重灾区”转变为防治艾滋病的“示范区”。各项疾病防控措施落实到位，传染病发病率不断下降，摘掉了传染病发病率全省第一的“帽子”；四是新农合制度全面覆盖，保障程度逐步提高，广大农民群众的就医负担明显减轻；五是公共卫生服务范围不断扩展，面向全民提供的公共卫生服务逐步实现均等化；六是卫生应急能力不断加强，突发公共卫生事件处置能力得到提高，各族人民的生命安全得到保障；七是卫生监督执法、食品安全、爱国卫生运动、行业自身建设等方面明显加强，卫生总体服务能力和服务质量不断提高。他强调，2011年和今后一段时期的工作任务是：一要抓好深化医药卫生体制改革工作。全面推行国家基本药物制度，积极推进公立医院改革试点，加快城乡医疗卫生服务体系建设，进一步提升公共卫生服务水平，加快建设覆盖全民的基本医疗保障制度；二要继续抓好以艾滋病为主的疾病预防控制和卫生应急等工作。继续贯彻“预防为主”的卫生工作方针，深入推进禁毒防艾人民战争，不断完善重大疾病预防控制体系，加大对重点传染病、地方病、慢性病、职业病、精神病等疾病的防治力度，落实各项防控措施，继续保持全州传染病发病率稳中有降，确保全州人民群众的身体健康；三要加强食品安全综合协调和卫生监督执法工作。建立完善食品安全综合协调和监管长效机制，加大监管执法力度，确保食品安全监管工作不间断、不停顿，让人民群众“吃得安全、吃得放心”；四要大力推进中医药事业发展。加快中医服务能力建设，推进各级医疗机构的中医科、中药房建设，大力推行常见病、多发病中医药适宜技术，推动中医药(民族医药)事业全面发展；五要加强党风廉政建设。继续加大整治医药购销领域商业贿赂，杜绝医务人员拿回扣、收红包等不良风气的同时，加强对盈江地震恢复重建和扩大内需建设项目资金的管理，重点是项目规划、建设标准、招投标等的监管，确保专款专用，提高资金使用效益。苏副州长要求，各县市政府要加强对卫生工作的领导，把卫生事业纳入当地经济社会发展规划，以“保基本”、“强基层”、“建机制”为工作着力点，继续加大投入，加快卫生队伍建设，提升卫生服务能力，切实改善人民群众“看病难”问题，促进全州卫生事业又好又快发展。

会议通报了上年度各县市政府卫生、防艾工作责任目标以及卫生局工作责任目标考核结果，表彰了全州优秀乡村医生，苏副州长还与各县市政府领导签订了2011年卫生工作责任目标书。

【召开第四届无偿献血表彰会】

2011年4月21日下午，德宏州人民政府在州委党校组织召开“德宏州2009～2010年度无偿献血表彰会”。州人大常委会副主任杨红，州人民政府副州长苏洪涛，州政协副主席董成宝，州委副秘书长车发云，州卫生局局长杨杏等领导出席会议。参加表彰会的还有各县市人民政府、畹町管委分管领导，卫生局长、书记、防艾办主任，县直医疗卫生单位负责人，州无偿献血领导小组各成员单位领导，州直医疗卫生单位负责人，以及被表彰的先进县市、先进集体和先进个人代表等共计160余人。会上，苏副州长全面总结了德宏州过去几年来血液工作奠定的坚实基础和成功经验。同时，结合全州实际及面临的困难，要求各级党委政府、各单位、各部门要充分认识血液工作的重要性、艰巨性和长期持续性，认识“十二五”期间是德宏州“桥头堡”建设发展的重要时期，保证临床用血，保障人民群众的健康，才能为医药卫生体制改革的深入推进和德宏州桥头堡建设提供坚实的血液保障；他指出：在今后的一段时期内，一是要以科学发展观为指导，依法推进无偿献血全面可持续发展；二是要以志愿者为依托，重点突破，创造条件，拓宽渠道，优化服务管理，努力开创无偿献血工作的新局面；三是加大宣传教育，营造良好的社会氛围；四是以强化管理为核心，确保血液质量和安全。要求各级领导干部要以强烈的使命感和责任心，开拓进取，求真务实，稳步推进全州无偿献血工作的开展，为加快全州桥头堡建设，促进经济社会又好又快发展、构建平安和谐德宏做出应有的努力和贡献。会议还对在过去两年内为全州无偿献血事业作出突出成绩的瑞丽、陇川2个县市、德宏师范高等专科学校等38个单位及关岷等124名个人进行表彰，分别授予“先进县市”、“先进集体”和“奉献金(银、铜)奖”、“先进个人”荣誉称号。

【召开全州疾病预防控制工作会】

2011年5月5至6日，德宏州卫生局在芒市召开了全州疾病预防控制工作会。会议认真总结了“十一五”全州疾病预防控制工作，表彰了“十一五”全州疾病预防控制、爱国卫生工作先进集体及个人，分析了面临的形势及挑战，部署全州疾控工作重点。州卫生局副局长赵兴海、州疾病预防控制中心主任张保森出席会议并作讲话。赵副局长充分肯定了全州疾控工作所取得的成绩：“十一五”期间全州传染病发病率连续5年呈两位数下降，发病率从787.03/10万下降至207.38/10万；农村爱国卫生工作稳步推进，农村改水改厕普及率逐年提高，卫生厕所普及率从38.46%提高到45.02%，农村改水受益率从85.88%提高到93.40%，城乡环境卫生面貌得到显著改善，为保护人民群众健康、促进经济社会协调发展做出了积极贡献。同时他强调：2011年是“十二五”规划开局之年，也是落实基本公共卫生服务项目工作任务的攻坚之年，全州疾控系统面临着严峻的考验。一是2011年是实施医改、落实近3年医改工作重点的最后1年，要完成各项任务指标时间紧迫、任务繁重；二是境外传染病向境内传播蔓延的危险增大，对巩固“十一五”传染病防控工作成果构成严重威胁；三是随着德宏州桥头堡黄金口岸的建设，国内外流动人口增多，疾病防控工作负担进一步加重；四是重大传染病流行形势依然严峻，慢性非传染性疾病防治任务日益加重，面临传染性疾病和慢性非传染性疾病双重负担的格局。在全面分析疾病防控形势的基础上，赵副局长部署了2011年疾控工作：一是加强慢性病管理工作。各县市务必在辖区内建立慢性病管理工作领导小组、办公室及技术指导组，明确职责，组织疾控中心、医院、保健院、乡镇卫生院、社区卫生服务中心全面开展对35岁以上高血压、糖尿病、重性精神疾病患者的登记管理和信息收集、统计、上报工作。二是加强重点传染病防控工作。按照“重点疾病重点防治、重点地区重点预防、重点人群重点防护”的原则，切实做好重点传染病防治工作，以重点疾病防治推动各项疾病预防控制措施的落实，努力实现不发生人间鼠疫、不发生霍乱二代病例和全州传染病平稳有效控制的工作目标。三是继续抓好疫苗针对性疾病防控工作。认真组织开展扩大免疫规划工作，落实15岁以下人群补种乙肝疫苗工作，确保接种率达95%以上；认真实施消除麻疹行动计划，做好麻疹控制工作；抓好脊灰疫苗强化免疫，加强AFP监测，巩固无脊灰成果。四是有效防范传染病跨境传播。

加强与缅方的协调、沟通，强化疫情监测，落实防治措施，严防疫情输入，出现输入性疫情时，要及时处置，严防疫情扩散和蔓延。五是继续加强重点人群防控工作。把学校学生、托幼园儿童所作为防控重点，完善应急预案，落实防控措施，规范疫情报告，及时报告和处理疫情，防止疫情在学校、托幼园所内暴发流行。六是深入开展爱国卫生运动。认真实施好农村改水改厕重大公共卫生项目，积极开展创建卫生城市、卫生乡镇、卫生村寨活动，推进爱国卫生工作深入开展。

【召开全州医疗监管工作会】 2011年5月18日，德宏州卫生局召开全州医疗监管工作会议，各县市(区)卫生局分管领导、医教科长，州中心血站、州卫生监督支队、州CDC相关领导，全州二级以上医院、中医医院及州审批各民营医院院长、医务科长、护理部主任，州、县市抗病毒治疗定点医院从事艾滋病治疗工作的负责人共70余人参加会议。云南省卫生厅副厅长徐和平从公立医院在新医改中的重要地位，公立医院改革的思路、主要内容，中国公立医院改革试点工作成效，云南省公立医院改革试点的基本情况，2011年和“十二五”期间重点工作等五个方面做了全面的讲解。省第三人民医院院长杨湛从建立法人治理结构，改进完善医院监管；完善财政补偿机制，提供公益服务保障；探索社会融资机制，加快医院基本建设；推进多点执业试点，加强上下协作机制；促进基本药物使用，探索药品托管经营；规范财务管理制度、强化经济运行监控；改革人事分配制度，激活内部竞争机制；改革医院组织架构，提升管理效率效能；致力服务质量提升，持续改进服务水平；加快信息系统建设，争取电子病历试点；探索监管机制改革，保证事业持续发展；加强医院文化建设，提高医德医风水平等十二个方面进行了医院内部改革运行机制具体操作办法的讲解。州卫生局副局长邵国荣作了德宏州2010年医疗管理工作报告，并对2011年工作进行安排布置暨艾滋病抗病毒治疗工作2010年阶段总结。

【组织督查全州医改工作推进情况】 2011年11月7至14日，德宏州卫生局派出督导组对各县(市)医改责任目标书执行情况进行督查。督查内容涵盖基本公共卫生服务项目、重大公共卫生服务项目、基础设施建设、新型农村合作医疗、食品安全综合协调、基层卫生单位综合改革、县级医疗机构综合改革、医改信息报送等。通过督查发现，各项医改工作得到稳步推进，工作取得显著成绩。一是在州卫生局的组织协调和推动下，全州公共卫生服务项目实施推进较快，除基本公共卫生服务项目县市级配套经费尚未全部下拨到位、城乡居民健康电子档案建档率、糖尿病患者筛查管理任务指标还未达标外，其他各项指标均达到了省、州责任目标要求，城乡居民公共卫生服务满意度不断提高，各族群众享受到了公共卫生服务带来的实惠；二是各县市卫生基础设施建设项目得到顺利推进，盈江“3·10”地震灾后恢复重建项目实施进展较快，多数项目已开工建设，尚未开工项目也已做好了前期准备工作，为确保建设任务如期完成奠定了坚实基础；三是各县市新农合资金总体运行平稳，监管工作不断规范，县乡合管办工作人员、经费落实，新农合资金二次补偿正在实施，乡、村两级医疗机构一般诊疗费设立和新农合补偿政策得到落实，盈江县门诊总额预付和住院床日付费制改革运行平稳，其他县(市)开始运行，提高农村儿童重大疾病医疗保障水平试点工作起动实施，2012年筹资工作进展顺利，新型农村合作医疗政策得到全面落实；四是各县市结合州政府出台的《基层医疗机构综合改革方案》已制定了本县(市)基层医疗机构综合改革方案，将在近期出台实施，县级医院综合改革试点工作、乡镇卫生院全员聘用制改革稳步推进，各种单项改革深入实施，有力地推动了医改工作的全面开展；五是各项卫生监督工作扎实开展，各县(市)卫生局食品安全综合协调职能得到很好履行。

【召开德宏州卫生事业发展大会】 2011年12月29日，德宏州卫生事业发展大会在芒市召开。云南省卫生厅副厅长杜克琳，德宏州党政领导龚敬政、唐文祥、余麻约、孟必光、杨跃国、番跃平、杨红、苏洪涛、董成宝出席会议。会议总结了全州卫生工作取得的成绩和经验，研究出台了《中共德宏州委、德宏州人民政府关于加快卫生事业发展的决定》。杜副厅长指出，德宏是全省边疆少数民族经济社会欠发达地区，是全省疾病预防控制尤其是艾滋病防治的前沿重点地区。近年来，德宏卫生事业在各级党委政府的坚强领导下，深化卫生医药体制改革，建立了覆盖全民的基本医疗保障服务，尤其是在禁毒防艾方面总结提炼出了艾滋病综合防治“德宏模式”，为全省、全国艾滋病防治提供了宝贵经验。全州传染病发病率实现连续五年两位数下降的好成绩。这样的地理区位，这样的经济基础，肩负这样繁重的工作任务，取得这样的工作业绩实属来之不易。他希望卫生战线全体干部职工加倍努力，进一步提高思想认识，进一步创新务实，齐心协力，凝聚智慧，奋进不懈，以深化卫生医药体制改革来夯实卫生基础，壮大卫生基层，建立健全卫生事业良性发展长效机制。通过认真贯彻州委、州政府《决定》，全面完成《决定》中的任务和“十二五”工作目标，用“白衣天使”和“健康卫士”的身躯筑起坚强的国门疾病防控线，担起人民健康的保护神，为全州经济社会的科学发展、和谐发展、跨越发展再立新功。州委副书记、代州长龚敬政在会上强调，未来五年，全州卫生事业以“人人享有基本医疗卫生服务”为目标，以实施“百姓健康工程”为抓手，以打造“健康德宏”为要求，保基本，强基层，建机制，转方式，明责任，增投入，围绕深化医药卫生体制改革这条主线，解决看病难、看病贵两大难点，加强卫生基础设施、卫生人才队伍、医德医风三项建设，抓好公共卫生、农村卫生、社区卫生、中医药四项工作，实现基本医疗保障制度、基本药物制度、基层卫生服务体系、基本公共卫生服务均等化和公立医院改革试点五个突破，使边疆各族群众享有更加安全、有效、方便、价廉的医疗卫生服务。他要求，全州各级、各部门要深刻认识发展卫生事业的重要性、特殊性和紧迫性，把维护人民健康权益放在第一位，牢固树立抓卫生工作就是抓健康，抓卫生工作就是抓生产力，抓卫生工作就是抓经济社会建设的理念，真正把发展卫生事业摆上重要议事日程，纳入社会经济发展大局中统筹谋划和部署，为提高全州各族群众的健康水平，推动全州科学发展、和谐发展、跨越发展提供有力保障。

【全州医疗质量万里行和抗菌药物专项整治活动】 2011年，德宏州卫生局遵照卫生部、省卫生厅、州卫生局关于“医疗质量万里行”、“三好一满意”、“抗菌药物专项整治”等活动的部署，成立了医疗质量万里行、三好一满意和抗菌药物使用等活动的督导检查工作领导小组，并抽调医院管理、医疗、护理、检验、感控、药事等人员组成督导检查组。11至12月，督导检查组分别对各县级综合医院、德宏州第二人民医院、畹町医院、芒市丽人医院共8家医院开展了医疗质量万里行等活动的综合督查。督查标准主要依据《2011年质量万里行活动督导检查标准》、《2011年医疗卫生系统开展“三好一满意”活动》、《2011年抗菌药物临床应用专项整治活动》、《2011年推广优质护理服务工作方案》、《关于开展临床路径管理试点工作的通知》、《关于开展医院感染管理专项检查的通知》等文件，采取听汇报、查资料、现场查看、现场反馈、综合评分等方法进行。通过督查，医院从以下几方面提高自身服务水平，改善社会和人群医疗服务需求问题。一是以人为本，提高医院品质，提升医院核心竞争力，增强医院的发展潜力，促进医院的可持续性发展。二是提高医院建设与内涵快速发展，不断提高专业素质，增强学科建设，提高疗效，提高诊治与治愈率，加快医院信息化建设，不断提升医院管理水平。三是提高医疗质量和服务水平，落实患者安全目标。四是组织实施临床路径工作，规范治疗，开展成本核算，降低医疗成本，减少了患者医疗费用，缩短了患者住院天数，提高了床位周转率，提高患者对病情的知情权，提高患者满意度。五是强化服务意识，优化服务流程，改善群众就医感受。开展农村巡回义诊和对口支援等活动，让广大群众不出村、不出乡就能享受到全方位的医疗服务；开展远程医疗服务，切实为群众解决疑难问题；推行预约挂号，预约就诊等模式，建立急诊急救绿色通道，实行先抢救后结算；建立患者“回访”机制，自觉接受服务对象和社会各界的监督。六是思想统一，民主决策，实施院务公开，推动医疗机构进一步优化服务流程和内部民主管理决策。七是加强医疗机构药事管理，推进临床规范用药。完善抗菌药物临床应用管理长效工作机制，提高抗菌药物临床合理应用水平，保障患者合法权益和用药安全，实现为人民群众提供安全、有效、方便、价廉的医疗服务的医改目标。八是加强护理工作，落实基础护理，提高护理质量，开展优质护理活动，进一步和谐医患关系、保障医疗安全。医院和病房取得了“三提高、三下降”的显著成效，即患者满意度提高、患者的表扬增多、护士责任感提升和患者的投诉降低、自聘护工或家属陪客比例降低、不良事件数量降低。九是认真贯彻落实《医院感染管理办法》，预防和控制医院重点部门、重点环节的医院感染。十是加强临床实验室管理和生物安全与质量控制。

【"中医药中国行——进乡村·进社区·进家庭"宣传活动】 2011年，德宏州卫生局制定下发了《2011年德宏州"中医中药中国行——进乡村·进社区·进家庭"文化科普宣传周活动实施方案》。9月26日，在芒市街心花园组织召开了芒市地区活动的启动仪式，并组织开展了丰富多彩的中医药知识竞答、太极养生舞表演等活动。此次活动共编制印发健康处方8000余份，发放中医药文化宣传册3000份，展出中医科谱知识展板36块(次)；各医疗机构共悬挂中医药文化宣传标语9条，开展板报宣传14版面。10月21日，州卫生局组织州科技局、州药监局、芒市卫生局、州医疗集团、州民族医药研究所、芒市人民医院、农垦二院、解氏医堂、云南傣药有限公司负责人等共20人开展发展中医药座谈会。对全州中医工作进行了全面认真的回顾总结，并对今后开展中医工作提出了建议：一是要提高认识，认真贯彻执行党和国家中医工作方针政策，坚持中西医并重，高度重视德宏州中医药事业的发展。二是加强领导，建议州政府牵头成立"德宏州发展中医药工作领导小组"，进一步明确各部门职责，切实加强对中医药事业发展的领导，全面推进全州中医药发展。三是要继续认真贯彻落实一系列关于进一步发展中医事业的决定，切实落实各项发展措施。四是要加大政府投入，加快中医基础设施和专业人才队伍建设。五是要加强各相关部门协调配合，明确部门职责，分工协作、各司其职，积极为中医药事业发展创造良好的环境。10月，分别开展中医大型义诊活动和中医中药座谈会。组织芒市辖区内各医疗机构在街心花园、建国社区、丙门社区等公众场所结合云南省首个中医药宣传日先后为群众组织开展义诊4次。全州共组织进乡村、进社区、进家庭、进单位等各类义诊活动9场次，免费为群众提供中医药服务1400余人次，提供健康咨询服务2000余人次，为群众发放常用药品20余种3000余元。

【爱国卫生工作】 2011年，德宏州认真组织实施农村改厕重大公共卫生服务项目，投入农村改厕项目经费1140.23万元，新建户厕8000座。截至当前，全州累计有卫生厕所92061座，卫生厕所普及率为45.02%，无害化卫生厕所普及率为24.38%。完成了149个集中式供水项目水源776份水样水质监测任务。认真组织开展了创建卫生城市活动，芒市成功创建"国家卫生城市"，瑞丽市被评为"乙级卫生城市"，陇川县、盈江县评为"甲级卫生县城"，梁河县被评为"乙级卫生县城"称号，城乡卫生面貌明显改观。

【突发卫生事件处置】 2011年，德宏州卫生局认真贯彻落实《突发公共卫生事件应急条例》，建立完善了卫生应急组织机构及信息报告系统，认真落实各项预防控制措施，进一步完善卫生应急预案，强化卫生应急队伍建设和人员培训，加强应急物资储备，圆满完成盈江"3·10"抗震救灾医疗救治和卫生防疫工作，地震受伤人员得到及时救治，确保了盈江灾区灾后无大疫。全年全州共发生突发公共卫生事件8起，发病274人，死亡1人。其中：甲类传染病暴发疫情3起，发病3例，无死亡；乙类传染病暴发疫情1起，发病1例，死亡1人；丙类及其他传染病暴发疫情3起，发病194人；食物中毒1起，发病76人。

【新型农村合作医疗】 2011年，德宏州继续加强对新农合工作的领导，切实加大对新农合资金的监管力度，重点以保大病为主，兼顾门诊小病，逐步降低住院起付线，提高补偿比例和住院补偿最高支付限额，继续扩大和巩固基本医疗保险覆盖面，管好用好这笔人民群众的"救命钱"，切实减轻人民群众的就医负担。全州共补偿205.12万人次，补偿资金17965.44万元，基金使用率为85.79%。其中：住院补偿8.62万人次，补偿资金13794.65万元；门诊补偿195.67万人次，补偿资金2191.04万元；住院正常分娩补偿8273人次，补偿资金375.79万元。

【妇幼卫生工作】 2011年，德宏州卫生部门继续贯彻落实《母婴保健法》和"两纲"规划目标，以实施妇幼卫生项目为龙头，开展县、乡、村妇幼卫生人员的业务培训，加强县、乡医疗机构产科建设，努力提高住院分娩率，切实降低孕产妇和婴儿死亡率。全年全州有产妇15681人，活产婴儿15784人，孕产妇系统管理率86.54%，住院分娩率97.39%，新法接生率99.39%。孕产妇死亡率为38.01/10万，婴儿死亡率为12.16‰。年内，认真落实农村孕产妇住院分娩补助项目，全州共补助孕产妇10555人，补助经费442.34万元。

【基本公共卫生服务均等化工作】 2011年，德宏州卫生系统继续做好基本公共卫生服务均等化工作。截至12月，全州城镇居民健康档案建档人数为149301人，建档率为35.98%；农村居民健康档案建档人数为591127人，建档率74.6%；其中：城乡居民电子建档人数为673248人，建档率为55.47%。筛查并管理高血压37676人，糖尿病8307人，重性精神病1256人。为61550名65岁以上老年人开展健康体检和建档，为663名农村贫困白内障患者实行免费手术治疗，对芒市地区19112名妇女实施宫颈癌免费检查，查出宫颈癌患者103例，均进行了相应的处理。

【医疗卫生体制改革】 2011年，德宏州深化医药卫生体制改革工作在州委、州政府坚强领导下，及时建立健全了医药卫生体制改革领导组织机构，出台了《关于深化医药卫生体制改革的实施意见》以及3年实施方案。各级各部门紧密配合，真抓实干，全州以5项重点任务为主的医改工作得到稳步推进。5月3日，州政府召开全州深化医药卫生体制改革大会，安排部署了全州医改工作任务，与各县市签订了《2011年德宏州深化医药卫生体制改革责任目标书》。医改各项工作得到全面、顺利推进。

（《卫生》撰稿　李宗旭）

卫生监督支队

【概　述】 2011年，德宏州有卫生监督机构7个，其中州级1个，2市3县各1个，畹町经济开发区1个。有在职卫生监督员82人，聘用、临时人员7人；在职卫生监督员学历结构为：本科54人，占总人数的65.85%；大专21人，占25.61%；中专、高中及以下7人，占8.54%。年内，全州有餐饮、食堂等消费环节经营单位3928户，从业人员9429人，接受体检培训5509人，体检培训率为58.43%；检出职业禁忌人员2人，调离工作岗位2人，调离率为100%。有公共场所经营单位2138户，从业人员5762人，接受体检培训5285人，体检培训率为91.72%；检出职业禁忌人员1人，调离工作岗位1人，调离率为100%。使用放射装置单位93个，放射工作人员179人，参加放射工作人员培训169人，培训率为94.41%；赴省体检157人，体检率为87.71%。有作业场所职业危害企业64家，存在职业危害因素43类，接触职业危害因素5639人，从事职业危害人员体检284人，接受职业防护知识培训1602人。

【卫生行政许可】 2011年，德宏州卫生监督机构共受理各项卫生行政许可3072件，办结3072件。一、餐饮服务行政许可：办理餐饮服务许可657件，其中新发《餐饮服务许可证》343件，校验、变更《餐饮服务许可证》314件。二、公共场所卫生行政许可：办理公共场所卫生行政许可申请1074件，其中新发《公共场所卫生许可证》580份，校验、变更、换发《公共场所卫生许可证》493件；办理《消毒产品生产许可证》1件。三、医疗机构执业许可：办理医疗机构执业许可申请593件，其中新发《医疗机构执业许可证》17件，校验、变更、换发《医疗机构执业许可证》576件；办理放射诊疗许可申请18件，其中新发《放射诊疗许可证》2件，校验、变更、换发《放射诊疗许可证》16件；办理母婴保健技术服务执业许可申请15件，新发《母婴保健技术服务许可证》2件，新发《母婴保健考核合格证》13件；办理医师执业注册、变更296件；办理护士执业注册、变更404件；办理《云南省麻醉药品、第一类精神药品印鉴卡》15件。

【食品卫生综合监督执法】 2011年，德宏州卫生监督机构围绕食品安全、餐饮监督和食品安全保障方面开展了以下工作。一、对辖区内的宾馆饭店、酒店等餐饮经营单位开展了监督检查，重点对餐饮服务许可证、从业人员健康证持证情况、食品原料采购和管理、卫生设施设备配备使用、食品卫生监督量化分级管理等内容进行了监督检查。二、全力做好餐饮服务环节葡萄酒和白酒质量安全专项整治，保证春节和“两会”期间食品安全，防止发生食品安全事故，州卫生监督支队按分级管理的原则于1月7至27日，对辖区内餐饮经营单位进行了监督检查。共出动卫生监督执法人员31人次10车次，监督检查餐饮经营单位67户次，均持有有效《餐饮服务许可证》；检查从业人员469人次，持有有效《健康培训合格证》450人次，持证率为96%。三、为“中国目瑙纵歌节”、“中国德宏2011年国际泼水狂欢节”、全国人大领导、中央巡视组视察德宏、州、县两级“人代会、政协会”、盈江“3·10”地震重建工作会等53次大型活动及重要贵宾接待执行了食品安全保障任务，出动车辆179辆次，卫生监督员389人次，保障人数22790人次，确保了大型活动和重要贵宾接待期间无食物中毒和食源性疾患的发生。四、按照《德宏州人民政府办公室关于州卫生局与州食品药品监督管理局进行工作职责职能移交的通知》(德政办发〔2011〕42号)要求，将卫生局承担的餐饮服务、食品安全监管、保健品、化妆品卫生监督管理职能移交州食品药品监督管理局；将州食品药品监督管理局承担的食品安全综合协调、组织查处食品安全重大事故的职责移交州卫生局，州卫生监督支队协助州卫生局做好相关工作。州及各县(市)卫生监督机构食品安全监管职能也于上半年全部移交完毕。

【公共场所卫生监督】 2011年，德宏州卫生监督机构在公共场所卫生监督方面开展了以下工作：一、公共场所集中空调系统卫生学评估。为贯彻实施《公共场所集中空调通风系统卫生管理办法》，进一步加强公共场所集中空调通风系统卫生监督管理工作，预防空气传播性疾病在公共场所传播，保障公众身体健康。3月3至31日，对辖区内公共场所集中空调通风系统使用情况开展了现状调查。经调查，12户公共场所使用着19套不同类型的集中空调系统，18套集中空调使用年限为2至4年，卫生状况良好；1套在地震中受损已停止使用。截至当前，尚未发现因使用集中空调而导致空气传播性疾病发生。二、公共场所卫生监督量化分级管理。为切实履行公共场所卫生监督职责，不断提高公共场所卫生监督管理水平。开展了卫生信誉度达标单位评选活动，全州共评定出卫生信誉度达标单位610户，其中A级38户、B级255户、C级317户。住宿场所、游泳场所也基本完成省下达的量化分级管理目标任务。年内，州卫生监督支队在对各县(市)进行督查指导的同时，还积极协助瑞丽、陇川两县(市)对公共场所从业人员进行培训，共举办培训班15期，培训从业人员1743人。

【健康相关产品卫生监督】 2011年，德宏州卫生监督机构围绕以下几方面开展了健康相关产品卫生监督工作。一、游泳场所监督抽检：全年监督检查11个人工游泳场馆，均持有有效《卫生许可证》，持证率100%；从业人员27人，持有效健康培训合格证24人，持证率88.9%。抽取12份游泳场馆水样送疾病预防控制中心进行微生物、尿素、浑浊度、泳池水余氯项目检测，共检测11个单位，合格6个单位，合格率54%；检测细菌总数12份，合格12份，合格率100%。二、生活饮用水卫生监督抽检：对州、县(市)政府所在地的4家市政水厂，57家二次供水单位，2家城市学校自备供水，10家农村学校自备供水单位进行了监督检查，检测出厂水样31个，合格率100%；检测末梢水样70个，合格率100%。三、学校生活饮用水、传染病防治卫生监督检查：7至9月，州及各县(市)卫生监督机构对辖区内的农村中小学校、城市中小学校、高校生活饮用水卫生及学校传染病防控工作进行了监督检查。出动卫生监督执法人员167人次、车辆58辆次，监督检查学校147所，监督检查自建集中式供水设施学校70所，有卫生防护合格学校59所，合格率为84%。监督检查二次供水学校117所，有蓄水设施并定期清洗消毒学校102所，占87%；有供水设施周围无污染物学校114所，占97%；水质合格学校18所，合格率为15%。监督检查各级各类学校146所，制定有学校传染病突发事件应急预案的学校108所，占74%；将健康教育纳入年度教学计划的学校90所，占61%；按要求配备卫生专业技术人员或专兼职保健教师的学校83所，占57%；建立疫情报告专人配备和制度的学校132所，占90%；有晨检记录的学校133所，占91%；有因病缺勤病因追查与登记记录的学校126所，占86%；有新生入学接种证查验登记记录的学校86所，占59%；有学生健康档案的学校91所，占62%。年内，没有因饮用水不卫生而发生传染病的暴发流行。四、餐饮具监督抽检：根据《云南省卫生厅关于开展餐饮具集中消毒单位专项监督检查的通知》(云卫发(2011) 648号)要求，州卫生监督支队对芒市城区5家餐饮具集中消毒单位进行了监督抽检。重点对餐饮具消毒单位的选址、布局、生产用水、设备、出厂检查及包装等内容进行了监督检查，按照《食(饮)具消毒卫生标准》(GB14934)采集了50件经消毒处理的餐饮具送芒市疾病预防控制中心进行检测，检测结果为：5家餐饮具消毒单位中有3家单位消毒餐饮具中检测出大肠菌群。依法对检测不合格的3家餐饮具消毒单位实施了卫生行政处罚，罚款人民币8000元，并责令其限期整改。

【医疗卫生监督】 2011年，德宏州卫生监督机构在医疗卫生监督管理方面开展了以下几项工作：一、医疗服务市场监督检查。加大对医疗服务市场监督检查力度，全年全州出动卫生监督执法人员145人次、车辆57辆次，共查处非法行医24起，查处医疗机构使用非卫生技术人员3起，取缔非法义诊3起，取缔非法牙医34起，其他医疗违法案件4起，依法实施卫生行政处罚28起，罚款人民币5.06万元，没收药品器械价值1.93万元。二、母婴保健技术服务监督检查。年内，州卫生监督支队出动卫生监督执法人员12人次、车辆6辆次，对6个医疗保健机构进行了随机抽查。抽查结果为：6个医疗保健机构均持有有效《母婴保健技术服务执业许可证》，抽查74名卫生技术人员，均持有有效《母婴保健技术考核合格证》，未发现利用B超非法鉴定胎儿性别和选择性别终止妊娠手术的情况；未发现利用《出生医学证明》搭车销售卡、册等纪念品现象。三、麻醉药品和第一类精神药品监督管理。为加强医疗保健机构麻醉药品和第一类精神药品的购买、使用、储存、销毁的监督管理工作，保证麻醉药品和精神药品合法、安全、合理使用，州卫生监督支队分别于5月和7月，对辖区内6个医疗保健机构和1个计划生育服务机构进行了监督检查。检查结果为：均持有有效的《麻醉药品、第一类精神药品购用印鉴卡》，入库验收采用专簿记录，内容齐全，建立了麻醉药品、第一类精神药品、第一类易制毒化学品进出专库(柜)专用帐册，并实行月报告制度。处方格式符合要求，未发现医师为他人开具不符合规定的处方或为自己开具麻醉药品、第一类精神药品处方等情况。四、医疗废物和医院感染监督管理。依据《医疗废物管理条例》、《医疗卫生机构医疗废物管理办法》，州卫生监督支队分别3月和7月，出动卫生监督执法人员23人次、车辆11辆次，对芒市地区9个医疗保健机构、1个采供血机构、1个计划生育服务机构，1个医疗废物集中处置单位进行了监督检查。检查结果为：各机构均建立有医疗废物管理制度，设有监控部门和人员，有相关培训记录，有医疗废物登记记录，并按规定对医疗废物进行分类收集和包装，医疗废物贮存设施符合规定，相关人员配有卫生防护设施。同时加大对医院感染管理的监督检查力度，以有效预防和控制医源性疾病的传播流行。五、疫苗流通和预防接种监督管理。为加强对疫苗流通和预防接种的监督管理，预防控制传染病的发生流行，保障人民群众身体健康，根据《中华人民共和国药品管理法》、《中华人民共和国传染病防治法》和《疫苗流通和预防接种管理条例》的规定，州卫生监督支队分别于5月和7月，对5个医疗保健机构进行了监督检查。经查：大部分医疗保健机构建立有乙肝疫苗出入库领发登记制度和相关台帐，并有专人负责；建立有新生儿登记本，有疫苗储存冰箱；乙肝疫苗均为免费接种，疾病预防控制中心按要求免费下发计划免疫用乙肝疫苗和自毁型注射器，并对医疗保健机构的接种人员进行了预防接种知识培训，取得《云南省预防接种培训合格证》。六、采供血和临床用血监督检查。为确保临床用血安全，保障人民群众身体健康和生命安全，根据《中华人民共和国献血法》、《血站管理办法》、《临床输血技术规范》等相关法律法规和技术规范，州卫生监督支队分别于5月和7月，对芒市地区9个州管医疗保健机构、采供血机构临床用血和采供血情况进行了监督检查。检查结果为：临床用血来源统一，均使用州中心血站提供的血液，未发现因临床紧急用血而自采自供血现象。采供血机构持有效《血站执业许可证》，从业人员均持有全国采供血机构人员《岗位培训证书》，体检医师均取得执业医师资格并注册；抽查100张《血源登记卡》，记录完整；血液存储、发放、运输符合规范要求。七、传染病疫情报告管理。为认真贯彻执行《中华人民共和国传染病防治法》、《传染病信息报告管理规范》等卫生法律法规的规定，依法加大对传染病疫情报告管理工作的监督检查力度，落实“早发现、早隔离、早治疗”的防治措施，州卫生监督支队、州疾病预防控制中心联合于12月5至19日，对全州辖区范围内的34个医疗机构传染病疫情报告管理质量进行了监督检查(其中州级医疗机构2个、州级妇幼保健机构1个、县级医疗机构7个、乡(镇)级医疗机构12个、民营医疗机构12个)。34个机构均使用全省统一规范的门诊日志、住院病人登记本和传染病疫情登记本，设有疫情报告管理领导小组，并制定有传染病疫情报告管理制度、自查制度和奖惩制度。自查有记录，网络直报人员取得培训合格证，配备A、B角，现场查看专用传染病疫情网络直报设备及报告系统(均运转正常)，疫情报告管理人员演示传染病网络直报，操作熟练。监督检查中，针对存在问题的医疗保健机构下达了责令整改的《卫生监督意见书》31份。

【职业卫生监督】 2011年，德宏州卫生监督机构在职业卫生监督方面做了以下几项工作。一、职业危害评估：配合省卫生监督局职业卫生监督处对大盈江6个一级电站职业病危害效果进行评估，并对部分建设项目职业病防护设施进行了竣工验收。二、职业防护调查：积极开展了全州医疗卫生机构放射诊疗防护摸底调查，掌握了基本情况。会同省CDC对瑞丽市医院新大楼放射诊疗建设项目职业危害因素进行了预评价。

开展职业危害企业现场调查2个，组织职业健康体检380人。三、职业健康检查能力建设项目培训：为进一步贯彻落实《中华人民共和国职业病防治法》和《云南省职业病防治规划(2010～2015年)》，全面提高职业健康检查能力和水平，依托中央财政补助云南省2010年职业病防治项目专项经费和省级师资支持，德宏、保山、怒江3个卫生监督机构联合于5月12至19日在保山举办了"职业健康检查能力建设培训班"，全州共有48名职业健康检查医师参加培训并取得了相应资质。四、放射工作人员培训：为加强对医用辐射机构的准入管理，切实保障放射工作人员的身体健康和生命安全，规范放射工作操作规程，严防放射事故的发生，根据《中华人民共和国职业病防治法》、《放射性同位素与射线装置安全和防护条例》、《放射诊疗管理规定》、《放射工作人员健康管理规定》的有关规定，州卫生监督支队邀请省卫生厅卫生监督局师资，于8月22至28日在陇川举办了两期全州医疗卫生机构放射工作人员培训班，共有166名来自州、县、乡医疗卫生机构以及民营医院的放射工作人员参加培训，并取得了《放射工作人员证》。

(《卫生监督支队》撰稿　王瑞森)

疾病预防控制

【传染病管理和疫情分析】　2011年，德宏州共报告甲、乙类传染病15种2240例，其中甲类传染病1种1例，比上年同期降10.04%；发病率184.90/10万，下降11.72%；死亡235例，死亡率19.40%，降4.31%；病死率10.49%，上升8.39%。年内，疫情的主要特点：乙类传染病总发病率稳中有降；报告发病数前五位的疾病是病毒性肝炎、肺结核、疟疾、艾滋病、痢疾，发病占发病总数的89.29%，主导着全州发病率的趋势和走向；报告发病率各县市的位次是瑞丽市、盈江县、陇川县、芒市、梁河县。年内，成功处理突发公共卫生事件8起。

【艾滋病监测检测与防治】　2011年，德宏州艾滋病累计监测检测血样48.32万人份，新发报告艾滋病病毒感染者和艾滋病病人1525例。其中：艾滋病病毒感染者1204例(含本州603例，外籍535例，外地66例)，艾滋病病人321例(本州203例，外籍60例，外地31例)，报告死亡392人(因艾滋病死亡205人)。年内，完成了德宏州2005～2010年两轮防治艾滋病人民战争的评估工作，形成报告《德宏州防治艾滋病人民战争评估报告(2005～2010)》。主要结论为：经过6年两轮的防治艾滋病人民战争，随着中央财政、地方财政以及国际合作项目等的增多，德宏州各项防治艾滋病措施力度不断加大，防治服务逐步落实到位，宣传教育、监测检测、行为干预、抗病毒治疗、母婴阻断、关怀救助等工作得到有力的推进，扩大了国际交流合作并积累了实施防治艾滋病项目经验，德宏州政府领导、部门负责、全社会共同参与的艾滋病防治工作机制基本形成，并初步建立了较为完善的防治工作体系，探索出了有效和值得推广的——"政府重视，全社会参与，家庭为基础，社区为依托，专业机构为技术支撑，多项防治措施并举"的艾滋病综合防治模式即德宏模式。

【计划免疫及预防接种】　2011年，德宏州疾病预防控制中心认真开展基础免疫和强化免疫。一、基础免疫：疫苗接种率分别为：卡介苗99.54%、脊灰疫苗99.56%、百白破99.37%、麻风疫苗99.29%、麻腮疫苗99.29%、乙肝疫苗99.38%、乙脑疫苗99.13%、A群流脑疫苗99.21%、甲肝疫苗98.94%、A+C群流脑疫苗98.80%、百破疫苗98.84%。二、强化免疫：对全州大中专、中小学在校学生及社会适龄人群开展了一次麻疹疫苗强化免疫，全州应种23.52万人，实种22.99万人，接种率为97.74%；在全州范围内对5岁以下儿童开展了两轮脊髓灰质炎疫苗应急强化免疫和麻疹疫苗查漏补种活动，脊质疫苗常住儿童应种18.1万人、实种17.81万人，接种率98.4%，流动儿童应种2.68万人、实种2.67万人，接种率99.66%；麻疹疫苗常住儿童应种3295人、实种3267人，接种率99.15%，流动儿童应种481人、实种478人，接种率99.38%。

【传染病监测检测】　2011年，德宏州疾病预防控制中心认真开展了以霍乱为主的肠道传染病监测防治工作。全州监测检测样本3325份，其中腹泻病例1020例，外环境及生活饮用水1557份，食品及海水产品748份；检出霍乱弧菌阳性标本7份，其中病例3份，健康带菌者2份，病家水井水2份。年内，发生3起霍乱疫情，通过多部门的协调配合，各项防控措施得到及时落实，未发生二代病例；完成了州直卫生监督发证管理的13家医疗机构172份413项医院消毒感染监测工作，合格135份，合格率78.49%。受理从业人员预防性健康体检3146人；办理发放健康证3144人；完成各县市疾控中心送检疑似麻疹、风疹血清样本49份，检出麻疹抗体阳性2份、风疹抗体阳性2份；完成各县市疑似乙型脑炎病例样本监测检验70份，检出乙型脑炎IgM抗体阳性19份；对哨点医院采集送检的285份流感样病例咽拭子标本进行特异性核酸检测，检出A/H1N1型5份，季节性流感B型2份；检测手足口病患者咽拭子样品142份，进行特异性核酸检测，检出肠道病毒71型核酸阳性40份，柯萨奇A组病毒16型阳性10份。

【结核病防治与管理】 2011年，德宏州疾病预防控制中心按结核病控制项目工作要求，深入开展结核病防治宣传，加大对县乡两级专业人员培训，全面推行现代结核病控制策略，加强肺结核病归口管理，积极发现和规范治疗肺结核病人，加强管理、重点督导等工作。全年全州共报告肺结核及疑似肺结核病人614例；接诊初诊病人3561人，确诊活动性肺结核患者481例。全州初(复)治涂阳肺结核病人阴转率2月末、3月末分别为95.1%、98.3%；治愈率95.4%。继续在HIV感染者/AIDS病人中开展筛查肺结核病工作，共有2828例HIV/AIDS病人接受结核病检查，筛查出肺结核病人28例，接受治疗28例。

【鼠疫监测与防治】 2011年，德宏州疾病预防控制中心系统地开展了鼠疫监测和防治工作。无鼠间鼠疫疫情和人间鼠疫病例发生。年内，全州平均黄胸鼠室内笼密2.05%、夹密1.16%，室外黄胸鼠夹密1.56%。活黄胸鼠体表印鼠客蚤指数0.48；地面游离蚤指数0.0014。动物检菌2681份，昆虫检菌666组，血清学检验868份，病原学和血清学检验结果均为阴性。自死鼠报告和零报告制度健全后，全州未发生鼠疫疫情。年内，按照“重点疾病，重点预防；重点地区，重点防治；重点人群，重点保护”及因地制宜、分类指导的原则，各县市认真开展了春秋两季灭鼠工作，通过开展以灭鼠灭蚤为主的综合性爱国卫生运动，有效控制鼠疫宿主和媒介数量，巩固了鼠疫防治联防成效。

【狂犬病防治】 2011年，德宏州疾病预防控制中心认真开展了狂犬病健康教育和疫情监测，判定人间狂犬病疫情1起，发病死亡1人；动物狂犬病疫情2起。对以上人间和动物疫情与畜牧等相关部门合作，对疫区采取“灭、管、免”等综合性防治措施，有效地控制了狂犬病疫情。年内，全州对犬伤人员预防接种狂犬疫苗7545人份。

【疟疾防治与监测】 2011年，德宏州疟疾发病284例，占全州传染病发病总数的12.68%，比上年同期下降55.63%；发病率为2.39/万，下降56.03%；无死亡病例发生，与上年同期持平。年内，对537例恶性疟和1776例间日疟病例进行了规范治疗；开展休止期根治5097人；对出入境流动人员、大型施工队和山区下坝生产人员进行预防服药10212人份；完成发热病人血检43473人份。年内，对全州30个乡镇、223个自然村或单位、7896户和1所学校开展杀虫剂室内滞留喷洒工作，面积达181.5万平方米，受益人口2.93万人；完成蚊帐浸泡54516顶，同时采用人诱叮人率和人工小时密度调查方法进行定时定点监测。盈江县3·10地震后，为灾后防疫进行灭媒喷洒工作，喷洒面积346.31万平方米，耗药大功达1447.35千克。

【慢性非传染性疾病防治与管理】 2011年，德宏州建立了由卫生行政部门组织协调，州市疾控中心、各综合医疗机构、社区卫生服务中心(站)、乡镇卫生院共同实施的社区居民慢性病系统管理模式。结合健康体检、临床资料以及主动上门服务，规范建立各类健康档案，并对高血压、糖尿病等慢性病人以及精神病人定期随访管理和健康教育，实行月报告制度，及时掌握、分析慢性病患者情况。年内，全州共管理高血压病人40151人，糖尿病人9844人；排查重性精神病人1091人，确诊824人，排除267人，网络上报1238人，随访表录入753人；举办了慢性病防治管理培训班，共培训120余人。

【健康教育】 2011年，德宏州疾病预防控制中心利用1月25日“世界防治麻风病日”、3月24日“世界结核病宣传日”、4月25日“计划免疫宣传日”、5月15日“碘缺乏病防治日”、6月14日“世界献血日”、6月26日“国际禁毒日”、9月28日“世界狂犬病日”、10月8日“全国高血压日”、11月14日“世界糖尿病日”等宣传日活动，在集市、街头设宣传咨询点，播放电视宣教片，悬挂标语，张贴宣传画，发放宣传单和宣传折页。全州共发放艾滋病宣传折页、自制免疫规划疫苗针对传染病、麻风病、碘缺乏病、结核病、手足口病等防治知识宣传资料23.32万份，粘贴宣传画日历3200张，悬挂布标217条，电视播放260次，广播宣传57次，黑板报及各种宣传展板201期次，民众观看科普知识约2.8万余人，咨询群众5010人次，覆盖人口约170万人次。年内，还开展了爱国卫生、创建卫生城市、除“四害”、控烟等工作。

（《疾病预防控制》撰稿　王光惠）

医疗集团

【概　述】　2011年，德宏州医疗集团有编制科室64个，编制外科室1个，下属企业1个。其中：编制内科室为管理及职能保障科室18个，人民医院临床、医技科室37个，中医医院临床科室7个，德宏州民族医药研究所1所以及德宏州紧急医疗救援中心1个；编制外科室为德宏州医疗集团司法鉴定中心；下属企业为工会职工服务中心。有编制床位480张，实际开放780张。有离退休人员237人，在职职工738人(干部678人，工人60人)。在职职工中：女职工496人，占在职职工总数的67%；少数民族职工221人(其中傣族126人，景颇族27人，其他少数民族68人)，占31%；中专以上学历682人，占96%；其中：硕士研究生4人，大学本科442人，大学3人，大专197人，中专64人；有专业技术人员677人(其中卫技人员629人，其他专业技术人员48人)。集团党委下设11个党支部，实有党员264人(其中在职党员197人，离退休党员65人，其他党员2人)。集团团委下设4个团支部，实有团员234人。年内，集团人民医院共接诊门诊病人48.1万人次，比上年增10.4%；出院病人2.28万人次，增12.69%；开展手术8087台次，增16.53%；病床使用率130.73%；病床周转次数46.52次，比上年增12.69%；出入院诊断符合率98.46%。中医医院接诊门诊病人7688人次，比上年增5.59%；出院病人2635人次，增6.55%；开展手术417台次，增30.31%；病床使用率93.64%；病床周转次数29.28次，比上年增6.55%；出入院诊断符合率96.06%。紧急医疗救援中心共出诊(车)2166次，接送病人1921次，送尸体117次，各种原因空诊(车)128次。

【参与盈江“3·10”地震医疗救援工作】　2011年3月10日盈江地震发生后，德宏州医疗集团紧急启动《突发事件及紧急医疗救援应急预案》，先后派出2批共38名医疗救援队员赶赴灾区伤员转诊点——梁河县人民医院实施医疗救援工作，是首批到达指定医疗救援点的医疗队伍。出动120急救车及各种车辆30余趟次，往返于梁河、盈江、芒市、昆明等地，转诊伤员，运送医疗设备、器材和药品。同时，集团人民医院积极做好灾区转诊伤员的救治工作，共接诊伤员22名，其中住院治疗伤员16名、门诊治疗6名。集团1073名职工(含住院患者2名)为灾区恢复重建捐款8.14万元。22日，集团工会主席及职工代表前往盈江地震灾区慰问集团受灾职工家属52户，并送去慰问金共计10.4万元。

【医疗服务质量管理】　2011年，德宏州医疗集团深入推进医疗质量管理规范化建设，狠抓各项服务质量管理制度的落实。一是坚持门诊处方、住院病历每月检查制度，并按规定实施奖惩。全年共检查门诊处方7279张，合格率95.6%；检查住院病历305份，合格率91.8%。组织院内专家大会诊15次。二是进一步规范输血科管理工作，确保临床用血安全。共使用成分血8661.55μ，其中去白红细胞7116.75μ、去白洗涤红细胞92.25μ、新鲜冰冻血浆179154ml、机采血小板735μ、冷沉淀480μ、普通冰冻血浆557870毫升。三是加强抗菌药物的管理，进一步规范医师用药行为。8月，正式开展抗菌药物专项整治活动，先后组织全院545名医务人员进行抗菌药物全员培训；医务科定期检查住院病历及门诊处方，至年末共检查住院病历640份、处方21537份，用药情况较以前有明显好转。四是选择17个临床科室40个病种逐步推行临床路径管理工作。五是重点抓好医院感染管理、预防保健及传染病防治工作。开展消毒隔离查房12次；重点科室监测573例，重点科室感染检测合格率73.23%；压力容器生物监测52次；处理输液反应9例。按季度完成细菌耐药统计表、医院感染表的登统工作。上报各类急性中毒及突发公共卫生事件11例；上报各类传染病2274例(其中甲类传染病1例、乙类传染病1314例、丙类传染病959例)。每月开展传染病漏报自查工作。完成上级部门安排的AFP疑似病例、麻疹、新生儿破伤风、15岁以下儿童乙肝等哨点检测工作，上报AFP疑似病例41例、麻疹7例。处理职工职业暴露100例，其中按要求服用HIV预防药物12例，注射乙肝免疫球蛋白、乙肝疫苗8例，注射青霉素(预防梅毒)5例。开展住院病人现患率调查，现患率4.06%，符合国家标准。开展手术病人感染目标性监测7165人次，其中Ⅰ类切口感染率0.37%，Ⅱ类切口感染率0.57%，Ⅲ类切口感染率6.91%。大规模投放灭鼠药6次，开展敌敌畏喷洒60次。六是加强护理管理，进一步提高护理质量和服务质量。6个护理质控小组共开展各类查房2616科次。护理教研室组织业务学习33次，参加培训人员共3808人次。各科室组织业务学习276次；召开公休座谈会，组织病人及家属开展健康教育小讲课228场次；护理人员服务满意度调查，满意率96.75%。在全院15个科室开展优质护理工作，开展优质护理服务问卷调查，满意率98.1%；住院病人健康教育覆盖率100%，随机抽查知晓率〉73.07%；临床科室编绘健康教育宣传栏120期；门诊发放健康教育处方13997份、宣传册1395份，播放健康教育录像706小时，宣传卡片736份。七是深入抓好医疗服务质量监控工作。严格落实告知义务，及时完善记录或履行签字手续。通过远程教育系统和特邀专家授课等形式，开展医疗纠纷防范和服务质量教育培训。全年医疗服务质量监控办公室共接办投诉56件，处理完毕43件，事故纠纷赔偿金额77.95万元。为699名在职医务人员办理执业安全保险，保费共计72.24万元；为981名职工购买意外伤害险，保费15.3万元。

【艾滋病防治】 2011年，德宏州医疗集团继续承担全州艾滋病抗病毒治疗及中医药治疗艾滋病试点项目的临床治疗和指导工作。一是每月及时收集各县市艾滋病病人的相关信息资料，按时将药物治疗信息上报云南省关爱中心和省中医药研究所。全年共审核报表410份，上报40份，报表上报及时、准确，受到省关爱中心好评。二是累计开展抗病毒治疗412人，死亡17人，仍在治疗332人，退出治疗63人，退出率15.3%；入组中医药治疗艾滋病病人65人，死亡3人，退组25人，转介15人，仍在治疗22人，退组率38.5%。认真实施“推安防艾”干预工作，免费发放安全套8645只，对35名艾滋病感染者进行了安全防护知识培训。三是与“德宏州中英艾滋病项目办”联合开展“爱心园”关爱项目，由专科医务人员和聘请的艾滋病同伴宣传员对艾滋病病毒感染者进行疾病知识宣传和心理支持干预。

【卫生支农工作】 根据国家卫生部、财政部、中医药管理局《关于实施万名医师支援农村卫生工程的通知》和《云南省2010年万名医师支援农村卫生工程项目执行方案》的要求，2011年，德宏州医疗集团继续安排人员支援梁河县人民医院、陇川县人民医院的各项业务工作。至年末，集团共选派4个批次累计20名卫技人员前往受援单位开展各项专科建设、技术指导及临床带教等工作（分别为梁河县人民医院2批10人次，陇川县人民医院2批10人次）。在临床工作方面，派出人员服从受援医院安排，积极参与坐诊、义诊、会诊和抢救等日常工作，指导并参与医院大查房和危重疑难病例讨论等工作，本年度受援医院转院率有所下降。在护理工作方面，帮助陇川县人民医院规范病人就诊秩序，得到医生和患者的认可。在学科建设方面，注重新技术、新项目的开展与学科人才的培养。同时，免费接收受援医院医务人员到集团进修学习。在医技工作方面，指派影像学（CT）、检验学等专业人员协助对口科室开展日常工作。

【开展新技术项目】 2011年，德宏州医疗集团开展的新技术、新项目有：骨一科——PFNA治疗股骨粗隆间骨折、环形外支架治疗垂足畸形、手术治疗大龄儿童先天性髋关节脱位、应用硫酸钙万古霉素治疗创伤性骨髓炎；骨二科——钽棒治疗早期股骨头缺血性坏死；妇科——宫颈癌病因学诊断（病理、检验）；产科——欣普贝生引产；普外科——腹膜前疝气修补术；外三科——B超引导下经皮肾钬激光碎石术、改良式前列腺剜除术；外二科——颅内复杂动脉瘤手术治疗；口腔科——颞下颌关节髁状突骨折切开复位内固定；眼科——泪道支架、眼球震颤手术治疗；麻醉科——超高龄（≥80岁）患者麻醉技术及术中处理；耳鼻喉科——鼻唇沟皮瓣修复鼻缺损、腮腺癌颈部淋巴结清扫；内一科——先心病的介入治疗；内二科——肿瘤免疫治疗；内四科——肝病治疗仪治疗肝炎；儿科——肺表面活性物质气管注入治疗新生儿肺部透明膜病变；风湿病科——银质针；检验科——同型半胱氨酸、血清胱抑素C测定、糖类抗原CA19～9测定、厌氧菌培养、ABO、RH血型测定等共28项，其中大部分新技术填补了州内空白。

【人才培养及教学】 2011年，德宏州医疗集团共安排外出进修学习22人次（3个月以上）、短期学习培训1312人次。卫技人员参加远程继续医学教育823人（含“华医网网站”、“医德医风”学习人员）。开展全院性学术活动39次，教研室活动21次。组织申报并实施州级继续医学教育项目4项，协助上海复旦大学完成国家级继续医学教育项目1项，协助云南省医学情报研究所完成省级继续医学教育项目1项。获州级科学技术奖6项，其中一等奖1项，二等奖1项，三等奖4项。邀请院外专家到集团进行讲课、业务技术指导113人次，参与远程继续医学教育讲座27期1594人次，在公开刊物上发表论文48篇。选派技术骨干到下级医院指导工作49人次。带教实习生178人次，进修医生53人次，护士15人次。

【后勤保障工作】 2011年，德宏州医疗集团继续抓好后勤服务保障工作。一是基建和总务工作，内科住院大楼、中医医院业务楼建设项目室内装修均已完成70%以上。完成日常零星修缮、改扩建，完善后勤物资采购供应等后勤保障工作。二是完善后勤托管工作。委托深圳尚荣医院后勤管理服务有限公司管理已进入最后一年，托管的服务性后勤保障工作运行平稳、有序，后勤服务质量得到持续保障。三是抓好工会职工服务中心经营工作。职工服务中心下设便民一药房、便民二药房、招待所、自选超市、仓库及食堂等6部门，主要承担经营性后勤服务保障工作。截至年末，共有职工65名，其中编制内职工13名(含集团派驻财务人员4名)、退休返聘1名、编制外聘用人员51名。

【老干部工作】 2011年，德宏州医疗集团继续抓好老干部工作。一是认真落实好老干部政治待遇。每月组织处级老干部阅读文件1次；3个离退休党支部每月过组织生活1次；重要会议均特邀离退休职工代表参加；向离退休职工通报集团上一年度工作情况及本年度工作计划。二是组织老干部参加有益的文体活动。为老年活动室订阅报刊杂志14份；集团老体协共有地掷球队6个、小金属球队5个、门球队1个，各组活动均正常开展；“六一”国际儿童节，集团老体协代表到陇川县景罕镇中心小学开展慰问活动，赠送价值3000元的文体用品。三是关心老干部日常生活。为离退休职工办理医疗互助手续；组织全体离退休职工健康体检；探望生病住院离退休职工32人次；为住昆老职工办理医药费报销手续；为60岁以上老职工办理老年优待证。

【工会工作】 2011年，德宏州医疗集团工会委员会继续履行职责，较好的完成各项服务集体和职工的工作。一是积极维护职工权益，关心职工身心健康。组织1212名职工参加云南省第八期医疗互助活动，在第七期职工医疗互助活动中共有102名职工获得补助，获补助金额为8.26万元；协助办理职工及亲属丧事30起；慰问看望生病住院职工47人；组织在职职工体检725人次；严格执行《劳动合同法》，按要求为签订劳动合同的编制外聘用人员购买“五险”，按时足额发放工资。5月10日，召开集团第二届职工代表大会第四次会议，审议通过集团形成的重要决议，努力保障职工各项权益。二是开展送温暖、献爱心活动。利用各种节日开展形式多样的活动，向职工子女发放儿童节慰问金；年内，职工捐款1.81万元，用于资助州妇联“春蕾计划”失学女童32人(其中9名为集团禁防点贫困学生)继续学业；参与了州总工会开展的“金秋助学”活动，集团职工子女中，3人获得补助。三是开展丰富多彩的文化活动，增强集团凝聚力。3月4日，参加州妇联举办的“红歌唱响新边疆”歌咏比赛，获第一名；4月25至26日，举行“庆五一趣味运动会”，共有600余名职工参与；4月28至29日，组织40名职工参加州总工会开展的大众广播体操比赛，获一等奖；6月19日，选送舞蹈《生命礼赞》参加州卫生系统文艺汇演；6月24日，集团党委、集团工会联合举办“德宏州医疗集团纪念中国共产党建党90周年文艺晚会”；10月，组队参加芒市地区第36届“孔雀杯”运动会，参赛项目有男子足球、篮球、女子篮球；11月，举办第七届集团职工运动会。

【共青团工作】 2011年，德宏州医疗集团团委共设委员7名，下设团支部4个，每个支部设支委3名，团干部均为兼职。至年末，共有团员234名，其中男团员27名，占团员总数的11.5%；女团员207名，占88.5%；少数民族团员85名，占36.3%。集团团委严格按照集团党委、上级团委的工作部署和要求，围绕中心工作，积极开展各项活动，继续发挥好党的助手和后备军作用。一是按规定办理团费的收缴工作，除向上级团委缴纳年度团费外，严格按照团章规定使用团费。二是认真做好团员的注册及超龄离团人员注销工作，为23名超龄离团人员办理离团手续。三是坚持“党建带团建”的工作方针，向党组织推荐优秀团员作为党员培养对象，年内共完成“推优”1人。四是组织开展形式多样的团员活动。3月31日，开展集团职工第一届硬笔书法比赛；4月23日，举办青年职工游园活动；为支持芒市“创卫”工作，14名团员组成集团控烟宣传员，针对病人陪客、医务人员等开展禁烟宣传劝导等工作；7月，集团团委委员及支部委员响应州妇联“春蕾计划”，捐助陇川县景罕村委会2名贫困失学女童继续学业。

【医疗设备购置】 2011年，德宏州医疗集团投入资金1445.02万元，购置各种医疗设备共计185台(件)，其中单价20万元以上设备15台(件)，万元以上设备96台(件)，主要是：口腔全景X线机、彩色超声诊断仪、全自动组织脱水机、妇科电脑综合治疗仪、婴儿车、多普勒胎心听诊器、婴儿辐射台、心电监护仪、鼻窦内窥镜系统、空气消毒机、电子鼻炎喉镜、电脑搅拌煎药包装机、内热式治疗仪、肛肠内腔治疗机、经颅多普勒机等。

【宁养服务】 2011年，德宏州医疗集团人民医院宁养院严格执行全国宁养办各项管理章程，系统开展晚期癌症病人的镇痛治疗、心理疏导、哀伤辅导、护理指导以及义工培训等工作。年内，共服务晚期癌症病人529人，其中新增病人368人，目前在册106人；累计服务9802人次，出诊5386次，电话随访4416人次，出诊里程15万余千米；发放宁养服务宣传单2万余份，利用电视等媒体宣传6次；项目运行总费用149.16余万元，其中基金会支出110.87万元，集团自筹38.29余万元；建立宁养义工服务队伍，开展义工培训4次、培训119人次，目前有在册义工65人。年内，共收到患者及家属赠送锦旗27面，感谢信11封；本年度，宁养院被评为“全国五一巾帼标兵岗”、集团“先进科室”；2人被集团评为“先进工作者”；6名宁养义工被全国宁养办授予“全国优秀宁养义工”称号。

【创安和综治维稳工作】 2011年，德宏州医疗集团进一步抓好建设“平安单位”和综治维稳工作。一是巩固、扩大“平安单位、科室”和“平安楼院、家庭”以及“无毒品危害单位、楼院”建设成果，对本年度31个科室开展建设“平安”工作情况进行考评。年初，与集团所有科室、租房户签订内部“平安工作”责任书。电子监控系统第四期安装工程实施完毕，设置电子监控总数达191个，实现对集团各重要部位的全覆盖；通过监控系统配合公安机关抓获犯罪嫌疑人1名，帮助住院患者找回走失儿童4名、老人2名，及时阻止酗酒闹事、打架斗殴行为6次。二是加大建设“平安单位”宣传及教育力度。6月28日，组织集团工会职工服务中心、尚荣医院后勤服务管理公司德宏分公司的工作人员开展以“禁毒防艾、反邪教”为主题的宣传教育活动，有180余人参加。结合集团人民医院门诊部人流量大的特点，利用大厅内部空间及闭路电视条件，开展国际禁毒日宣传活动，滚动播放禁毒、反邪教、交通安全宣传教育片。2月14日、7月8日，先后两次请消防设备维技人员和芒市消防大队干警对集团消防控制室操作人员进行强化消防技能培训。三是加强安全生产隐患排查。分8次对各重点部门、部位存在的安全隐患进行排查，及时发现存在问题、解决问题，明确整改，督促落实。年内，集团保卫科共接警处理各类案件22件(次)，其中及时制止治安、刑事隐患事件8起，斗殴事件6起，处理其他突发事件7起。上报综治简报15期。

(《医疗集团》撰稿　李文芳　黄益民)

妇幼保健

【概　述】 2011年，德宏州有7个妇幼保健机构，有在岗人员264人。其中：管理人员37人，占在岗人员的14.02%；卫生技术人员204人，占77.27%；其他技术人员5人，占1.89%；工勤人员18人，占6.82%。全州妇幼保健机构本科及以上学历68人，占25.76%；大专145人，占54.92%；中专39人，占14.77%；其他12人，占4.55%。有床位229张，比上年增10张。年内，总诊疗369939人次，比上年增27053人次；其中：妇女诊疗122002人次，儿童诊疗214905人次，其他30996人次；出院9925人次，增1106人次；其中：妇科1198人次，产科6073人次，儿科2605人次，其他49人次。下基层指导1153人次6804天次。全年全州妇幼保健院业务总收入3700万元，比上年增475万元。

【开展免费婚前医学检查工作】 为有效地提高德宏州婚前医学检查率，预防传染病、降低出生缺陷和影响婚育疾病的发生，提高出生人口素质，如期实现《德宏州妇女儿童发展规划(2011～2015年)》的目标。根据《中华人民共和国母婴保健法》、《中华人民共和国母婴保健实施办法》和卫生部《婚前保健工作规范》，经州政府常务会议决定，从2011年6月1日起在全州实施自愿免费婚前医学检查。6月13至15日，德宏州举办了免费婚前医学检查培训班，各县(市)保健院及43个乡镇卫生院定点婚检机构的男女婚检医师共100人参加了培训。6至12月，全州结婚登记12658人，婚前医学检查了5070人，检出疾病244人，疾病检出率4.8%。

【人才培养及教学】 2011年，德宏州级、县(市)保健院共培养16名学科带头人，德宏州妇幼保健院用于人才培养经费为41万元，占业务总收入的4%。年内，有57名在职专业技术人员参加了州人事局举办的“危机管理”培训并通过了考试；有47名卫技人员参加了国家级“乳腺癌、宫颈癌筛查管理培训”远程继续医学教育，继续医学教育的卫技人员占全院卫技人员的92.16%。

【全省妇幼卫生院院长工作会议在瑞丽召开】 为加大云南省妇幼保健机构贯彻落实《母婴保健法》的力度，促进妇女儿童健康水平的提高，2011年5月29至30日，云南省妇幼保健院院长会议在瑞丽召开。来自省及16个地州的保健院院长、相关工作人员35人出席了会议。省保健院院长王兴田就“德宏妇女儿童权益的社会保障培训项目”做了汇报；省保健院副院长张燕就”云南省《母婴保健法》的实施情况和2011年云南省预防艾滋病母婴传播工作面临的困难、挑战和对策及2011年妇幼卫生业务工作面临的重点与要点进行了分析；来自16个州(市)保健院院长还就目前各地州(市)妇幼卫生工作存在的热点、难点、重点及对策进行了交流发言和讨论。

【孕产妇保健工作】 2011年，德宏州有产妇15681人，活产婴儿15784人，新法接生率99.39%，住院分娩率97.39%，孕产妇保健覆盖率98.54%，孕产妇系统管理率86.54%。孕产妇死亡6例，死亡率38.01/10万；经州级孕产妇死亡评审专家组评审，6例孕产妇死亡均为可避免死亡。新生儿破伤风死亡率0.06‰。

【儿童保健工作】 2011年，德宏州新生儿访视人数15420人，访视率97.69%；5岁以下儿童死亡数252人，死亡率15.97‰；婴儿死亡数192人，死亡率12.16‰。监测各县(市) 103名婴儿死亡死因排位：第一位早产低出生体重28例，占27.18%；第二位出生窒息17例，占16.5%；第三位先天异常15例，占14.56%；第四位肺炎10例，占9.71%；第五位意外死亡9例，占8.74%；其他疾病24例，占23.31%。

【“降消”项目工作】 2011年，德宏州“降消”项目工作仍然以抓产科基础设施和能力建设为突破口，通过建立健全产科急救“绿色通道”、开展人员培训、社区健康教育、农村孕产妇住院分娩救助、选派专家住乡蹲点等措施，提高住院分娩率，逐步降低孕产妇死亡率和消除新生儿破伤风工作为重点。年内，制定下发了《德宏州降低孕产妇死亡率和消除新生儿破伤风项目实施方案(2011年)》；组织州级专家分别于6月9日、11月18日召开了两次孕产妇及儿童死亡评审会议。全年全州共使用项目补助经费614.33万元，补助农村孕产妇住院分娩人数14451人。

【预防艾滋病母婴传播】 2011年，德宏州妇幼保健机构严格按照《德宏州预防艾滋病母婴传播工作实施方案》要求，扎实开展全州预防艾滋病母婴传播工作。年内，采取有效措施，为HIV阳性孕产妇提供母婴阻断服务。检测孕产妇总数35426人，阳性检出率占0.89%；对阳性孕产妇进行了建档管理，阳性孕产妇服药率98.45%，婴儿服药率99.22%；对已满18个月的婴儿进行HIV抗体检测99人，阴性99人；对全州新婚人群22792人进行了检测，阳性检出率0.74%。接受梅毒检测20974人，阳性检出率0.09%。

【健康教育】 2011年，德宏州妇幼保健院开展了以“开展妇女儿童保健为重点对象，家庭为最佳场所”的社区健康教育。年内，共出宣传栏4期12块；组织各种义诊咨询7期，发放各种宣传资料1100份。“母婴天地”对0～1岁婴儿开展早教亲子互动婴儿操；孕妇学校对孕期保健、轻松分娩、产褥期保健、胎儿早教、拉梅滋、无痛分娩等知识进行了培训。

（《妇幼保健》撰稿　吴瑞萍）

红十字会

【香港红十字会以农村社区为本备灾项目在梁河启动】 2011年3月6至9日，香港特别行政区红十字会的传统项目“以农村社区为本备灾项目”在梁河县启动。该项目的宗旨是，通过组织贫困并长期受到自然灾害困扰的农村社区的所有村民共同分析灾害产生的原因，然后根据所有村民的意见出资援建其所需的备灾减灾硬件工程，并通过对村民进行培训，让村民提高备灾减灾防灾的意识。此次在梁河选定的援建点分别是：梁河小厂乡大邦幸一组、龙抱树、龙塘3个村，硬件工程分别是大邦幸一组防滑坡挡墙，龙塘村防滑坡挡墙，龙抱树村防洪灌溉渠。

【参加紧急救援及灾情考察】 2011年3月10日12时58分，德宏州盈江县发生5.8级地震。灾情发生后，德宏州红十字会立即启动应急响应，向中国红十字会总会、云南省红十字会上报了灾情，第一时间将首批由中国红十字会总会、云南省红十字会、德宏州红十字会三级红十字会紧急调拨的价值50万元的物资(帐篷150顶、被子3800床、衣服2230件)做为首批救灾物资于震后第二天送达盈江地震灾区，用于紧急救助灾民。根据灾情情况，红十字会立即向全州发出募捐倡议，为灾区募集到4081.69万元的救灾款物。

【香港澳门特别行政区红十字会到盈江考察灾情】 2011年3月12至17日，香港、澳门特别行政区红十字会在获悉德宏州盈江县发生地震灾害后，遂先后派员前往灾区考察灾情，并确定了恢复援建项目。分别为：香港红十字会出资198万元，援建盈江太平芒棒小学教学楼；澳门红十字会出资25万元，援建盈江弄璋允帽村文化活动室。5月，香港特别行政区红十字会还针对盈江地震灾后恢复重建项目的管理工作，举办了灾后重建管理培训班，来自盈江县、梁河县红十字会和项目援建点主要管理方的30人参加了培训。培训旨在管好各援建项目，切实做到为捐赠方和受益方负责。

【时任中国红十字会总会党组书记王伟一行到盈江考察灾情】 2011年4月11至13日，时任中国红十字会总会党组书记、常务副会长王伟在云南省政协副主席、省红十字会会长陈勋儒等领导的陪同下，到盈江灾区考察灾情。考察组一行察看了灾情，探访了受灾群众，确定了恢复重建项目。

【召开盈江“3·10”地震恢复重建项目启动会】 2011年8月30日，中国红十字会总会云南省红十字会德宏州盈江县地震灾区恢复重建启动仪式在允帽、贺哈重建点举行。中国红十字会总会副会长王海京在启动仪式上讲话，并向德宏州副州长、州红十字会会长苏洪涛递交了捐赠牌。启动仪式结束后，与会人员考察了弄璋镇广云村红十字博爱家园重建点。此次恢复重建项目启动后，将有来源于中国红十字总会、中国红十字基金会、香港、澳门特别行政区红十字会、云南省红十字会、其他省区红十字会以及州县红十字会募捐的2324.37万元的援建资金用于盈江灾后恢复重建工作，项目涉及民房、学校、卫生室、村民活动室、公共厕所、垃圾处理中心及后续生计等共30多个。

【卫生救护培训工作】 2011年8月，德宏州红十字会与相关部门研究布署了相关工作，及时下发了《德宏州交通运输行业开展卫生救护培训工作实施方案》。年内，对全州2.99万人进行了培训，其中州本级1191人，芒市红十字会11361人，畹町开发区红十字会53人，瑞丽市红十字会5461人，陇川县红十字会5629人，盈江县红十字会3322人，梁河县红十字会2854人。

【中国红十字基金会“天使阳光”救心活动在芒市启动】 为了让更多的先天性心脏病儿童获得新生，中国红十字基金会、云南省红十字会、中央电视台、昆明延安医院联合开展的德宏州“天使阳光救心行”活动于2011年11月15日在芒市三小启动。红十字基金会相关机构负责人、德宏州人民政府副州长孔勒干出席启动仪式。“天使阳光基金”是中国红十字基金会倡导实施的“红十字天使计划”的组成部分，是继救助白血病儿童、脑瘫儿童等重症患儿之后推出的又一个大病医疗救助行动。该行动旨在动员社会力量，建立“天使阳光基金”，对患有先天性心脏病的贫困儿童提供医疗救治。当天，专家组对芒市三小、州特殊教育学校的2000多名学生进行了筛查。16至18日，专家组对芒市二小、瑞丽三中、姐勒中学、姐东中学、梁河曩宋小学和盈江部分学校的学生进行筛查。凡是符合条件的先心病儿童，凭户口本、当地政府部门出具的贫困证明，都可向“天使阳光基金”申请资助。通过审核的先心病儿童家庭，最高可获得2万元定额资助。

【红十字国际委员会心理援助项目在德宏州芒市举办培训班】 2011年，红十字国际委员会心理援助项目在德宏州芒市举办了2期培训班。10月18至21日，来自州教育局、德宏师专、德宏职业学院、芒市教育局下属各学校和州市红十字会的35名志愿者参加了第1期培训；11月22至26日，来自州医疗集团、农垦医院、勐焕街道办事处11个社区和州市红十字会的35名志愿者参加了第2期培训。在每期各3天的培训活动中，云南省红十字会心理援助中心的心理老师对如何在社区开展社会心理支持、社会心理支持工具包的应用、灾后心理急救知识、团体心理辅导知识、灾后心理危机干预等内容进行了培训和演练。

【表彰先进】 2011年，德宏州红十字会先后被中国红十字会总会授予“玉树地震先进集体”，被德宏州委州政府授予“盈江地震先进集体”和“两基迎国检先进集体”。

（《红十字会》撰稿 方文慧）

社会生活

人口计生

【概 述】 2011年，德宏州各级党委政府和人口计生部门深入贯彻落实科学发展观，全面贯彻胡锦涛总书记4月26日在中央政治局第二十八次集体学习时就全面做好新时期人口工作发表的重要讲话精神和党的十七届五中全会、省委八届十次全会、州委五届十三次全会和全国、全省人口计生工作会议精神，坚持计划生育基本国策不动摇，坚持人口计生事业科学发展不动摇，紧紧围绕加快推进桥头堡黄金口岸和瑞丽重点开发开放试验区建设、推动德宏经济社会跨越式发展这个大局，以综合改革为动力，以体制机制建设为抓手，认真谋划统筹解决人口问题的思路和具体措施，凝心聚力，攻坚克难，全州人口工作取得了新的成效和进展，低生育水平继续保持稳定。全州总人口控制在122.05万人，人口出生率在14.55‰，人口自然增长率控制在7.38‰，依法生育率达到98%以上，全面完成省政府下达人口和计划生育目标管理责任书。

【召开人口计生工作会】 2011年4月22日，德宏州委、州人民政府召开全州人口计生工作会议。州长孟必光，州委常委、宣传部长陈德金，州人大常委会副主任杨红，州政府副州长苏洪涛出席会议；州人口和计划生育协调领导小组成员单位主要领导，州人大教科文卫委、州政协经济人口资源环境委、教科文卫纪工委负责人；各县市(区)县市长(管委主任)，分管人口计生工作的副县市长(管委副主任)，人事、财政、教育、人口计生部门负责人；各乡镇乡镇长及州人口计生委全体干部150多人参加会议。孟必光州长全面总结“十一五”人口计生工作的成绩和经验，部署2011年及“十二五”人口计生工作，与各县市政府和州人口计生综治成员单位签订目标责任书。副州长苏洪涛主持会议，并通报2010年各县市及州人口计生协调领导小组成员单位人口和计划生育目标责任考核情况；出席会议的领导为获奖单位颁发2010年人口计生目标责任奖；州人口计生委主任番绍芬作全州人口和计划生育工作报告。

【“十二五”人口发展规划】 2011年，德宏州人口计生部门在多方征求意见建议，几易其稿的基础上，按照胡锦涛总书记提出的以“大统筹”解决“大人口”问题的理念，以及“加强战略研究、加强政策统筹、加强工作协调、加强任务落实”和“切实稳定低生育水平、切实加快建设人力资源强国、切实促进社会性别平等、切实加强流动人口管理和服务、切实应对人口老龄化、切实促进家庭和谐幸福”(以下简称“四个加强，六个切实”)的要求，进一步修改完善德宏州“十二五”人口发展规划。规划分为德宏人口发展现状、“十二五”面临的人口发展形势、“十二五”人口发展的目标任务、保障措施、重点建设项目5部分。修改完善后的人口规划更加符合科学发展观的要求，更加体现“大统筹”、“大人口”的理念，更加符合加快建设桥头堡黄金口岸和瑞丽国家重点开发开放试验区的发展要求，州政府于5月印发“十二五”人口发展规划。

【抗震救灾】 2011年，德宏州人口计生部门积极投入抗震救灾和恢复重建工作。盈江“3·10”地震灾害发生后，州人口计生委迅速安排专人了解灾情，并及时将灾情整理上报省人口计生委；第一时间召开干部职工大会，传达学习州委、州政府指示精神，动员全委干部职工捐款17300元，安排盈江县人口计生局应急抢险工作经费2万元；及时组成由委员会主任番绍芬带队的工作组，深入盈江地震灾区，开展抗震抗灾工作，看望在地震灾害中家庭财产受到严重损失的人口计生干部职工和部分独生子女家庭，并发放慰问金7900元。按照全省恢复重建工作方案和省人口计生委的指导，科学选址、科学规划，做好计划生育服务体系恢复重建项目的规划和申报工作；积极争取省医疗扶贫基金会、陕西医疗科技有限公司为盈江计生服务站捐赠价值141.5万元的医疗器械，中国人口福利基金会、霁霁企业为盈江灾区小学生捐赠价值50万元的史奴比书包3000个、玩偶3000套。

【实施"少生快富"政策】 2011年，云南省政府德宏专题工作会议将"梁河县列入计划生育少生快富实施县"作为对德宏州桥头堡建设的政策支持之一。作为责任单位，州人口计生委及时采取措施认真抓好落实。一、成立由委员会主任负总责，办公室、计划统计科、政策法规科共同参与的工作班子，制定工作计划和流程，做好与省人口计生委的请示、沟通、协调、衔接工作。二、9月5日，苏洪涛副州长率州人口计生委主任番绍芬、梁河县政府副县长赵家德等相关人员，就"将梁河县列入计划生育少生快富工程实施县"事宜专题向省人口和计划生育委员会党组进行汇报，党组书记郝青山、主任陈云生对此项工作进行具体部署。三、按照省人口计生委的要求，于9月7至13日认真组织、指导梁河县做好实施计划生育"少生快富"政策基线调查和所需资金的测算工作。四、认真研究，制定好梁河县实施计划生育"少生快富"政策的建议方案，并于9月14日报请省人口计生委审批。五、委员会主任多次到省人口计生委进行跟踪、沟通和协调。梁河县实施少生快富政策的方案已获省政府批准，2012年梁河县1461户独生子女户和2672户双女户将享受到计划生育"少生快富"政策，每户家庭将得到3000元的奖励金。

【综合改革和业务培训】 2011年，德宏州人口计生部门认真落实《德宏州人口和计划生育综合改革试点工作实施意见》，围绕构建"统筹协调、科学管理、优质服务、利益导向、群众自治、人财保障"六个机制的人口计生综合改革任务，突出重点，多元推动，以点带面推进综合改革示范工作。芒市人财保障和科学管理机制建设、梁河的统筹协调机制建设、盈江的利益导向机制建设、陇川和瑞丽的优质服务机制建设都取得积极进展。以提升能力为重点着力推进队伍职业化建设，组织各县市(区)政府分管领导，人口计生局领导班子、股室站负责人，乡镇分管领导、计生办主任、服务站长，州人口计生委干部等200多人，分3批到省计划生育宣教中心，聘请北京大学穆光宗教授等知名专家学者，就人口计生综合改革、优质服务、优生促进等重点内容进行培训；各县市结合人口转型发展的需要和新"三定"方案规定，进一步完善职业分类、岗位设置，制定岗位标准、任职条件、职业道德规范等，采取多种形式，对县乡村组人口计生工作人员进行了全方位、大规模的业务培训。

【计划生育惠民政策】 2011年，德宏州人口计生部门坚持以人为本、执政为民的理念，认真抓好国家"少生快富"、"养老扶助"、"特别扶助"3项制度和云南省"奖优免补"等人口计生惠民政策的贯彻落实，为2010年享受各种奖励扶助的对象兑现奖励扶助金525.94万元。其中：兑现养老扶助金1311人、101.84万元；兑现特别扶助金392人、45.22万元；兑现"少生快富"奖励金949户、346.4万元；兑现独生子女户一次性奖励金64户、5.84万元；兑现教育奖学金1275人、26.64万元。同时，为符合"少生快富"条件的938户家庭申报奖励金279.3万元，为402人申报特别扶助金46.34万元，为1365人申报养老生活补助106.06万元，为252人申报教育奖学金28.3万元。全面落实《德宏州计划生育家庭系列保险工作方案》，启动实施计划生育家庭意外伤害保险工作，与中国人寿保险公司密切协作，强力推进计划生育意外伤害保险工作，为全州5万个计划生育家庭承保意外伤害险，为实施计划生育手术的5046人承保手术安康。全州处理各类给付案件248件，支付赔款34.04万元。

【优生促进工程】 2011年，德宏州人民政府把"加强人口和计划生育工作，推行人口和计划生育乡村常态化管理，加大优生促进工作力度，巩固扩大创优成果，稳定低生育水平"确定为州政府20项重点工作之一。全州人口计生部门稳步推进优生促进工程工作，认真抓好落实。一、把乡村常态化管理纳入目标责任管理，细化常态化管理的具体内容、工作目标和工作措施，一季一督查。

二、以创建活动促进优质服务水平提升，在巩固好芒市达国优，瑞丽、陇川、盈江达省优成果的基础上，积极推进瑞丽、陇川创国优，梁河创省优活动。三、强化服务机构的标准化、规范化建设，县、乡服务中心、站的服务能力服务质量得到提升。四、积极推进优生促进工程工作，认真组织实施好孕前优生健康检查试点工作和增补叶酸预防神经管缺陷项目工作。年内，有11272人服用叶酸，完成省政府下达任务数的161.03%；新婚夫妇、孕产妇叶酸服用率达96.09%、服用依从率达84.18%；开展叶酸服用随访25360人次，群众对叶酸增补知识知晓率达96.98%。优生促进工程的全面实施，为减少出生缺陷发生、提高出生人口素质、实施百姓健康工程发挥了积极作用。

【流动人口服务管理】　2011年，德宏州人口计生部门以加强和完善基层基础工作为主要内容，强基础、补短板、破难点，不断完善全员流动人口统计信息工作制度，提升流动人口信息化工作水平；积极推进流动人口计划生育基本公共服务均等化，切实维护流动人口合法权益；落实双向服务管理责任，切实提升网络化协作水平，全力实现流动人口服务管理全国“一盘棋”各项工作目标。年底，全州人口计生部门统计在册流动人口为71524人，其中男39619人，女31905人；流入人口47310人，流出人口24214人；跨省流入19892人，省内流入27418人。各级人口计生部门为流出成年育龄妇女发放《婚育证明》8271人；免费为跨省流入已婚育龄妇女放置宫内节育器1781人，取出宫内节育器155人，采取绝育手术751人，其他手术178人；免费为跨省流入已婚育龄妇女查环查孕5649例；流动人口计划生育免费服务基本实现全覆盖；流动人口协查信息反馈率达到80%以上；区域协作机制不断完善，流动人口服务管理覆盖率达到85%以上。

【推套防艾工程】　2011年，德宏州人口计生部门认真履行好牵头部门职责，强化目标管理，层层签订目标责任书，切实抓好宣传教育、培训和督促检查，推套防艾工程工作成效显著。德宏州42家星级宾馆、310家普通宾馆酒店、274家社会旅馆、65家歌舞厅、147家酒吧发廊、223家医疗疾控机构、1家私立门诊、266家零售药店100%摆放安全套；宾馆、酒店、社会旅馆、娱乐场所等艾滋病防治重点场所摆放“防艾专用免费安全套”147.93万只，使用118.56万只；宾馆、酒店、社会旅馆等营业性住宿场所、酒吧发廊等娱乐场所、零售药店和自动售套机营销安全套62.26万只；医疗机构、疾控中心等部门免费发放给HIV/AIDS人员及其家属和性病患者免费安全套27.11万只。在劳务市场设置安全套发放点10个，免费发放安全套14.87万只；在流动人口集聚地设置发放点43个，免费发放安全套18.96万只；在大型建筑工地设置安全套发放点7个，免费发放安全套0.98万只；在计生服务站所设置安全套发放点54个，免费发放安全套16万只；在药店、机关事业单位等设置安全套发放点77个，免费发放安全套22.83万只；为已婚育龄妇女免费发放安全套105.93万只；开展宣传活动免费发放36.29万只。高危人群艾滋病知识知晓率达到98%以上，高危人群最近一个月安全套使用率达95%以上，为有效阻断艾滋病经性途径传播作出积极贡献。

【州政协评议人口计生工作】　2011年7月15日，政协德宏州第十届委员会第三十八次主席会议专题评议人口和计划生育工作。州政协主席龚敬政主持会议；州政协副主席杨庆华、李有升、董成宝、王兴明、杨丽云、肖占先，秘书长管国照出席会议；州政协副秘书长、各专门委员会主任和经济委全体成员，州人口计生委领导班子成员及相关科室负责人列席会议。出席会议的各位副主席、秘书长和各专门委员会主任在听取人口计生委工作汇报后进行认真评议。听取大家发言后，龚敬政主席指出：近几年来全州人口计生工作全面推进，卓有成效。一、计划生育基本国策日益深入人心，科学文明进步的婚育观念已经成为时代主流，少生优生快富的理念深入千家万户。二、人口计生工作业绩突出，贡献显著。三、实现工作思路、工作理念和工作方法的转变。四、积累丰富的经验，为今后发展奠定良好的基础。并要求全州人口计生干部既要牢牢把握难得的发展机遇，又要清醒认识到人口结构的变化，桥头堡和瑞丽重点开发开放试验区建设带来流动人口规模扩大、服务管理难度增加，以及传统婚育观念与新思想碰撞等各种因素给人口工作带来的挑战。坚持统筹兼顾的根本方法，综合运用人口与经济社会发展政策，既立足当前，抓紧解决重点、难点问题，又着眼长远，注重解决重大战略性、根本性问题，不断创新统筹解决人口问题的新举措、新机制，实现人口长期均衡发展。要坚持计划生育基本国策不动摇，坚持现行生育政策不动摇，全面贯彻计划生育基本国策和中央、省委、州委《决定》和人口计生法律法规；要加强学习，研究探索，全面系统学习人口计生政策法规，学习借鉴国内外先进理念和先进服务管理经验，认真研究人口工作的新任务、新规律，积极探索人口工作的新思路、新方法，当好党委政府决策的参谋；要全面贯彻落实科学发展观，坚持以人为本，进一步加强人口工作队伍建设，解决好基层人员不足、变动频繁、整体素质不高等问题，进一步完善基础设施建设和服务管理网络。

【省人口计生委纪检组长到芒市调研】 2011年8月25至26日，云南省人口计生委党组成员、省纪委派驻省人口计生委纪检组长聂愿平到芒市调研“阳光计生行动”工作。聂组长一行听取了市人口计生局的工作汇报，先后深入到芒市人口计生局、芒市计生服务中心、芒市镇松树寨村委会、风平镇计生办和计生服务站，认真查看了市、乡、村各级的“阳光计生行动”工作开展情况。聂组长对芒市开展“阳光计生行动”工作给予充分肯定。经逐级推荐、审核，国家人口计生委授予“阳光计生行动”示范单位57个，云南省有2个，芒市人口计生局获此殊荣。芒市人口计生局讲政治、讲纪律，“阳光计生行动”的“三项公开”、“四项评议”、“五项监督”等工作不仅达到国家和省、州人口计生委的工作要求，而且有自己的特色和亮点，完全符合国家人口计生委授予“阳光计生行动”示范单位的条件。要求芒市认真总结开展“阳光计生行动”工作的成功经验，突出芒市特点，把好经验、好做法向全省推广。

【省人口计生委检查评估组到德宏检查】 2011年8月24至26日，云南省人口计生委优生促进工作督导组一行4人，对德宏州实施国家免费孕前健康检查和增补叶酸项目工作进行检查评估。检查评估组先后深入到陇川县人口计生服务中心、陇把镇人口计生服务站、梁河县人口计生服务中心查看开展孕前优生健康检查工作的手术室、化验室、妇检室、B超室、药具室、诊断室、咨询室、消毒供应室等科室的设置布局、设备配置及工作开展情况；听取2县工作情况汇报；查看县、乡孕前优生健康检查和增补叶酸工作资料；向技术服务人员和项目管理人员详细了解人口计生技术服务人员资质和对群众服务情况。省检查评估组对陇川、梁河2县人口计生服务中心推行规范化管理、打造温馨的育龄群众之家工作给予很好评价，认为德宏州孕前优生健康检查和增补叶酸工作领导重视、措施到位，保障有力，管理规范，积极探索有效的工作方法和管理措施，工作有成效、有亮点。并提出进一步规范县级服务中心功能设置布局，加强乡镇计生服务站人员配备和设备配置，通畅项目工作流程，不断提高孕前优生健康检查覆盖率的工作建议。

【中国联合国人口基金调研组到德宏调查】 2011年11月8至10日，中国联合国人口基金第七期文化敏感性项目基线调研工作组以芒市西山景颇族乡、三台山德昂族乡为样本点，采取政策梳理和资料收集、实地考察、机构调研、人群调研、召开座谈会、调查个别访谈的方式，开展定性调查。本次调查活动主要是通过了解项目点少数民族地区具有文化敏感性的孕产妇保健和性健康现状，以及孕产妇对生殖健康知识、信息、服务的需求，结合实际制定出更有针对性的项目活动计划和开发、制作符合孕产妇保健与生殖健康知识、信息、服务需求的培训教材和宣传教育资料。通过开展基线调查，对项目内容及项目地区妇幼卫生状况有了进一步的了解，增强了在卫生服务领域中应用社会、文化等因素解决问题的敏感性，为项目工作的顺利开展奠定了基础。省计生协张丽萍秘书长、州计生协副会长雷麻腊参加调查。

【召开全州人口形势分析会】 2011年8月18至19日，德宏州人民政府在陇川县召开全州人口形势分析会议。各县市(区)分管人口计生工作的副县市长(管委副主任)；人口计生局长、计划统计股长；州人口计生委科以上干部等40余人参加会议。苏洪涛副州长出席会议，并就全面做好人口工作提出4点要求：一、围绕中心任务开展工作。要紧紧围绕加快推进桥头堡黄金口岸和瑞丽重点开发开放试验区建设、实现德宏经济社会跨越式发展这一中心任务，切实增强做好人口工作的自觉性和主动性，加强战略研究，加强政策统筹，加强工作协调，加强任务落实，不断开创人口和计划生育工作新局面。二、围绕重点问题开展工作。要结合德宏州实际，按照胡锦涛总书记“四个加强、六项重点任务”的总要求，抓住稳定低生育水平、稳步推进优生促进、加强基层基础工作、加强统筹协调、强化流动人口服务管理、提升信息化水平等重点工作，创新思路，狠抓落实。三、要围绕创新机制开展工作。各县市各部门要增强忧患意识、机遇意识、发展意识、创新意识，坚持综合决策、以人为本、循序渐进、改革创新的原则，以建立完善“统筹协调、科学管理、优质服务、利益导向、群众自治、人财保障”的六个机制为主线，以广大人民群众的基本需求和提高人民群众的满意度为根本出发点，加强载体建设，整合社会资源，全面推进人口和计划生育工作体制、机制创新，增强创新社会管理和公共服务的能力，更好地服务全州经济社会建设。四、围绕落实责任开展工作。各县市和有关部门要认真贯彻“经常性工作为主”的人口计生工作方针，认真落实好州政府“加强人口和计划生育工作，推进乡村人口和计划生育工作常态化管理，加大优生促进工作力度，巩固扩大创优成果，稳定低生育水平”的工作要求，积极探索工作常态化管理的思路和举措，注重加强对重点地区、重点工作的分类指导和重点检查，抓好重大决策部署的督查检查，推动工作任务落实。会议听取州人口计生委主任番绍芬作的人口形势分析报告，通报州政府人口计生工作半年督导和专项工作督查情况，各县市（区）领导交流汇报工作，芒市人口计生局、陇川县清平乡政府分别就人口计生科学管理与人财保障机制建设、人口和计划生育乡村常态化管理工作进行交流发言。

【开展集中检查督导和评估】 2011年，德宏州人口计生部门在加强经常性督促的同时，开展集中检查督导和评估工作。年内，重点开展5次督查和评估工作。一、开展暗访。7月4至12日，组成工作组，采取不打招呼、随机进村入户的方式，对5县市及畹町开放区人口计生工作进行暗访。二、开展半年督查。经州人民政府批准，7月28日至8月11日，组成人口计生督导工作组，采取随机抽样、入户调查、查阅资料、听取汇报等形式，对各县市（区）人口计生责任目标执行情况进行全面监督检查，及时发现各县市存在的问题，提出改进和加强工作建议；根据督查情况，州政府下发督查通报，并于8月18至19日组织召开人口形势分析会议，苏洪涛副州长出席会议，并就全面做好德宏州人口工作提出要求。三、开展目标责任和重点工作落实情况督查。为及时贯彻落实州第六次党代会和州政府工作会议精神，10月12至20日，州人口计生委主任番绍芬率领相关科室人员，深入5县市及畹町开发区，就人口计生目标责任书完成情况，人口计生综合改革、队伍职业化建设、乡村常态化管理等重点工作的推进情况，州政府半年督导指出的存在问题整改落实情况等内容进行全面检查，并与各县市研究工作措施。四、认真做好推套防艾督查评估。协调州推套防艾工程组成员单位组成督查评估组，于11月15至20日，对全州开展推套防艾工程工作情况进行督导评估。五、开展年终抽样和数据资料提取工作。11月28日至12月11日，对5县市及畹町开发区年内人口建设目标管理责任执行情况进行入户抽样调查。

【开展“双评”活动】 2011年，德宏州人口计生部门为尊重和保障人民群众对人口计生工作的知情权、参与权、表达权、监督权，促进全州人口计生系统政风行风的进一步好转，开展“双评”活动。5至10月期间，全州人口计生系统坚持以人民群众满意为根本标准，以查找和解决群众反映的突出问题为重点，采取现场发放、无记名填写后收回问卷调查的办法，认真组织开展“请农民兄弟姐妹评计生”、“请流动人口评计生”和“下级人口计生部门评议上级人口计生行政部门”“双评活动”。请农民兄弟姐妹评计生发放调查问卷1174份，收回1174份，参评已婚育龄妇女890人，评议满意率为99%；请流动人口评计生发放调查问卷384份，收回378份，参评已婚育龄妇女291人，评议满意率为100%；县、乡人口计生部门对州人口计生委的评议发放调查问卷59份，评议7项评价中，6项满意率为100%，1项为98%；乡、村人口计生干部对县市人口计生局的评议发放调查问卷64份，评议满意率为100%。

【开展廉政风险防范管理】 2011年，德宏州人口计生部门在全州人口计生系统组织开展以各项工作风险点查找、岗位风险查找、制定防控措施、制定流程图、编制风险防范管理手册为内容的廉政风险防范管理工作。州人口计生委机关及下属2站查找各项工作风险点133个，制定防控措施208条；查找岗位风险点115个，制定防控措施120条；制定《工作流程图》28张。各县市（区）人口计生局查找风险点587个，制定防控措施688条。州人口计生委和各县市人口计生局分别编制涵盖人口计生各项业务、全部工作岗位，集廉政风险点及防控措施、各项工作办理流程图为一体的廉政风险防控管理手册，为全面推进人口计生系统惩防体系建设和促进人口计生工作健康发展提供了坚强的制度保障。同时，深入推进廉政文化建设。把组织干部职工开展廉政文化活动以制度的形式确定下来，定期开展廉政文化活动；大力营造廉政办公环境，精选21组廉政格言、警句、诗句，设计制作了25幅图文并茂的廉政画镶于办公区走廊和各办公室，充分发挥环境对干部职工产生直接持久的熏陶效应，大力营造遵纪守法、办事公道、克已奉公的廉政环境。

（《人口计生》撰稿　宁显流）

民　政

【概　述】 2011年，德宏州民政局积极开展救助困难群众，强化抗灾减灾措施，推进军民共建共创，创建和谐社区，竭诚为老年人服务，认真开展婚姻登记、区划地名、社团登记等专项工作，精心组织开展“千名干部下基层”活动，全力为群众排忧解难，为百姓办实事，办好事，充分发挥民政在保障和改善民生中的保底作用，为德宏经济发展、社会进步、民族团结、边境安宁、民生改善做出积极的贡献。

一、认真做好城乡社会救助工作。一是城市低保扎实推进，农村低保范围不断扩大。2011年下拨中央和省级城市低保资金7183万元、农村低保资金15006万元。二是农村五保供养制度进一步巩固，敬老院建设步伐加大。全州五保供养对象10568人，集中供养1470人，集中供养率为14%。三是全面提高城乡医疗救助水平、管理服务模式有效改进。全州城市医疗救助累计救助4.08万人次，其中资助2011年参保3.5万人，累计支出救助资金969.24万元；农村医疗累计救助34.16万人次，其中2011年资助2012年参合32.19万人，累计支出救助资金4622.47万元。筹集城乡医疗救助资金4285.59万元，比上年增加975.61万元。四是临时救助资金投入加大，救助效果显著。城乡临时救助累计救助17756人次，累计支出救助资金1145.14万元。9月，根据物价上涨影响社会救助对象基本生活的情况，以10元/月的标准对城市低保、农村低保、五保供养以及重点优抚对象发放3个月的价格临时补贴，较好地缓解了社会救助对象临时生活困难，帮助他们度过难关。全年救助1984名流浪乞讨人员。

二、扎实做好防灾减灾工作。年内，德宏州先后遭受地震、干旱、风灾、滑坡泥石流、洪涝等自然灾害，造成全州44.2万人受灾。盈江县先后发生多次地震，其中3月10日盈江县发生的5.8级地震震级大波及面广，造成大量民房倒损和人员伤亡，因灾死亡25人，受伤314人；因灾倒塌房屋3698户18556间，严重损坏11569户55345间，轻损23486户99786间。道路、水利、电力等基础设施严重受损，造成直接经济损失约30亿元。

三、切实抓好双拥优抚安置工作。一是广泛开展拥军优属慰问活动，增强军政军民团结。春节期间，全州组成13个慰问组，慰问5000名部队官兵，1000多名重点优抚对象和100多名军队离退休干部，表达党和政府对广大优抚对象和人民子弟兵的关怀。二是抓好各项优抚政策的落实。按时下拨中央、省级优抚补助资金2611.5万元，足额兑现优抚对象抚恤金和生活补助费。全年办理伤残等级评定3人，伤残抚恤关系转移3人；接收2010年冬季退役士兵223人，符合在城镇安置的106人，就业安置101人，自谋职业5人，发放自谋职业补偿金431282元，安置率100%。三是大力培育拥军典型。全力推荐芒市为“全国双拥模范城（县）”，傣族拥军人士多华勋为“全国爱国拥军模范”。

四、稳步推进基层政权和社区建设工作。全年投入社区建设资金628万元，全州社区活动场所建设及时推进，按时、按质完成5个社区建设任务。通过建立46个社区服务中心（站、点），服务队67支，开展一站式办公、一站式服务，为辖区国内外经商务工人员提供各类投资、就业政策咨询服务5233人次，协助办理有关证照手续1667件次。

五、加强以养老服务、艾滋孤儿生活保障、流浪未成年人保护为重点的社会福利工作。一是认真落实老年人优待政策，热情为老年人服务。全州累计办理优待证19036本，为全州12092位高龄老人发放高龄长寿补助金346.59万元；积极筹措配套资金20万元，解决10户“五老”住房难问题。二是积极推进瑞丽市、陇川县、盈江县的30个与联合国儿童基金会开展的中国儿童福利示范区项目，全州25197名儿童得到有效救助。三是认真组织开展“重生行动”、疝气儿童手术康复计划，送患者到省红十字医院治疗，为全州127名儿童解决病患的痛苦；为全州68人贫困残疾人免费安装假肢及矫形器。四是积极开展收养工作。全年接收“关爱之家”艾滋病致孤儿童28名，新收弃婴12名，办理国内收养手续39人，救助社会流浪乞讨儿童287名。五是福利彩票发行实现新突破。全年全州发行福利彩票8564万元，比上年(6473万元)同期增长2091万元，增幅32.3%，增幅全省排名第二。年内，为国家筹集福利彩票公益金2500多万元，为德宏州筹集福利彩票公益金632.59万元，全州投入25.06万元，资助199名贫困学子，注资56.5万公益金，建设18个老年活动室。同时为德宏州社会福利机构建设和全面开展福利服务提供强有力的资金保障。

六、创新专项社会管理工作。一是依法核准社会组织登记、变更登记和监督管理工作。年内，全州有社会组织389个，州级在册登记的社会组织114家，新登记社团21家，注销登记10家。二是区划地名工作稳步推进。瑞丽市是国务院第二次全国地名普查领导小组确定的19个试点县市之一，是云南省唯一的试点单位。瑞丽市作为国家级试点城市肩负着第二次全国地名普查工作探索、经验积累的重任。12月15日，国家验收组对瑞丽市第二次全国地名普查试点工作进行检查验收，给予了高度评价。芒市、陇川、盈江3个边境县市第二次全国地名普查试点工作稳步推进。三是加强殡葬管理，提高殡葬服务水平。积极开展“除陋习、树新风、文明葬礼”活动，推行文明殡葬、健康殡葬，倡导科学文明的丧葬新风。悬挂宣传标语120幅，发放宣传资料2000余份，积极筹建2个县级殡仪馆。年内，州殡仪馆火化遗体282具。四是依法强化婚姻登记规范化建设，实现婚姻登记全省联网资源共享。全州发放结婚证6830对、离婚证738对、补办及补领结婚证3302对、补领离婚证27人、办理边民结婚证699对、出具无婚姻登记记录1202份、涉外婚姻登记139对。

【社会救助】 2011年，德宏州民政局认真做好社会救助工作。德宏州基本建成以最低生活保障制度为基础，临时救助为补充，专项救助相配套，覆盖城乡困难居民的社会救助体系，城乡居民最低生活保障制度运行规范，保障标准和补助水平随经济发展不断提高。全州现有城市低保对象46634人，农村低保对象170051人。从7月起，全州城市低保对象每人每月提高15元的补助，连续补助6个月。农村最低生活保障标准由原来的梁河、陇川693元/年，芒市、盈江720元/年，瑞丽960元/年统一提高至1300元/年；累计支出农村低保资金1.3亿元。农村低保对象在原来补助水平基础上每人每月提高12元，连续补助6个月，增加发放低保金1224.37万元。全州五保供养对象10568人，集中供养1470人，集中供养率为14%。州、县两级中心敬老院建设全面完成，城乡医疗救助水平全面提高。全州5个县市推行“一站式”即时结算管理服务模式，及时调整医疗救助方案，政策范围内住院自付费用救助比率提高不低于50%。11月份起，住院救助年封顶线由6000元提高到15000元；门诊救助由400元提高到1000元；大病救助由10000元提高到30000元，有效解决困难群众看病难的问题。

【防灾减灾】 2011年，德宏州民政局认真做好防灾减灾工作。一、救灾减灾及时有效。盈江“3·10”地震灾情发生后，州、县、乡3级民政部门立即启动应急预案，全力投入做好抗震救灾工作。局领导第一时间赶赴灾区，重心下移、靠前指挥，紧急调遣州民政局15名工作人员、5辆救灾应急车到救灾现场。紧急安置转移群众12.71万人，及时核实上报灾情，及时调运发放救灾物资。按照州委、州政府“白加黑”、“5+2”的工作要求，全天候在地震灾区，夺取盈江“3·10”地震抗震救灾的阶段性胜利。发放14495顶救灾帐篷、28448床棉被、11120件大衣、1696件彩条布、234吨大米、19056桶食用油，确保灾区群众有饭吃、有衣穿、有干净水喝、有住处、生病能得到及时医治、学生有学上，确保灾区的社会稳定。二是恢复重建稳步推进。全州民房拆除重建动工9572户，占总拆除重建户9572户的100%。其中：主体完成7160户，占74.8%；竣工2375户，占24.81%；入住2772户，占23.74%。修复加固29462户，已全部完工并入住。三、防灾减灾宣传有力。及时成立德宏州防灾减灾委员会，深入开展预防和处置地震灾害能力建设，以“防灾减灾日”活动为平台，通过悬挂横幅、张贴标语，发放宣传单等形式，积极开展防灾减灾知识宣传；组织开展好应急“三小”工程，发放300000本应急小手册，300000个小急救包，20000多份宣传材料；组织和参与102次各种防灾应急演练，全州防灾减灾基础性工作进一步推进，应急处突能力明显提高。

【双拥优抚安置】 2011年，德宏州民政局认真做好双拥优抚安置工作，深入开展双拥共建共创活动，双拥工作水平得到整体提高。春节期间，全州组成多个慰问组，慰问5000名部队官兵，1000多名重点优抚对象和100多名军队离退休干部，表达党和政府对广大优抚对象和人民子弟兵的关怀。“八一”前夕，组织芒市峡门村村民和德宏州老年大学的离退休老干部200余人，看望慰问驻芒市解放军和武警官兵。7月，全州启动“关爱功臣”巡回医疗活动，为全州革命伤残军人、三属、在乡老复员军人、带病回乡退伍军人和参战人员等5类优抚对象、700余人进行身体检查，诊断病情，建立健康档案。按时足额兑现优抚对象抚恤金和生活补助费，做到优抚对象生活水平略高于当地群众平均生活水平。全州接收冬季退役士兵223人，其中回农村安置117人，符合在城镇安置的106人参加城镇退役士兵文化考试，就业安置101人，自谋职业5人，发放自谋职业补偿金431282元。圆满完成年度退役士兵安置任务，安置率100%。在全国爱国拥军模范赵淑芬老人后又涌现出傣族拥军人士多华勋为代表的一批拥军先进个人。

【基层政权和社区建设】 2011年，德宏州民政局认真做好基层政权和社区建设工作。一、加强城市社区建设力度。8月19日，德宏州委、州政府召开全州社区建设工作会议，安排部署社区建设工作任务。二、加大力度，开展社区活动场所建设工作。全年投入社区建设资金628万元，全州社区活动场所建设及时推进，按时、按质完成5个社区建设任务。通过建立46个社区服务中心(站、点)，服务队67支，开展一站式办公、一站式服务，为辖区国内外经商务工人员提供各类投资、就业政策咨询服务5233人次，协助办理有关证照手续1667件次，深受居民、群众欢迎。三、积极开展城市社区党风廉政建设工作和街道社区创先争优活动，不断提升社区服务品质，促进社区党建工作和服务工作长效发展，维护社会和谐稳定。四、认真组织开展全州第四届社区“两委”换届选举工作，做好换届选举各项前期准备工作，推进社区“两委”换届选举工作顺利开展。五、加大“难点村”治理力度，全州“难点村”得到根本治理。六、认真开展“农村社区建设实验全覆盖”创建活动，加强村(居)自治制度，不断提升村民自治整体水平。

【社会福利】 2011年，德宏州民政局认真做好社会福利工作。老龄事业得到进一步加强，全州投入167万元资金，149110名老人的优待政策得到落实。认真贯彻落实老年人优待政策，热情为老年人服务；办理19036本优待证，为全州12092位高龄老人发放高龄长寿补助金。积极筹措配套资金解决“五老”住房难问题，德宏州老年人社会福利对象由传统的“三无”对象、“五保”老人向全州所有需要的老年人拓展，州县两级中心敬老院建设全面完成。加强以艾滋孤儿生活保障、流浪未成年人保护为重点的社会福利工作，稳步推进中国儿童福利示范区项目的开展。“六一”儿童节前夕，联合国儿童基金会官员、民政部儿童福利服务示范项目部负责人、爱心大使濮存昕到盈江县平原镇拱腊村新平小学参加“中国儿童福利周走进盈江”活动，给孩子们感受来自学校、家庭外的另一种关爱。8月，上海理工大学童雪红副教授一行6人到瑞丽市、陇川县、盈江县的30个儿童福利示范区，对762名儿童开展为期11天的问卷调查工作，对3个县市的儿童福利主任进行了业务培训。大力推进艾滋病致孤儿童救助安置工作，认真做好社会散居孤儿及机构养育孤儿的信息录入和管理，将社会散居孤儿纳入城乡救助体系，切实解决了孤儿的生活问题。摸索出“政府统筹、民政牵头、各部门齐抓共管、分散供养、集中培训、社会力量参与救助”的多元救助模式。儿童福利示范区项目使全州25197名儿童受益。认真组织开展“重生行动”、疝气儿童手术康复计划，送患者到省红十字医院治疗，为全州127名儿童解决病患的痛苦。接收“关爱之家”艾滋致孤儿童28名，新收弃婴12名，办理国内收养手续39人，救助社会流浪乞讨人员1984人次。完成福利企业的年检，安置244名残疾人到福利企业工作。积极开展“义肢助残”活动，全州68人贫困残疾人免费安装假肢及矫形器，帮助他们恢复劳动能力，改善生活状况。大力推进福利彩票发行工作，年内销量突破8564万元，为社会福利机构建设和全面开展福利服务提供强有力的资金保障。

【专项社会事务】 2011年，德宏州民政局深化“平安德宏”建设，妥善处理涉及民生的各项社会事务工作。积极应对境外突发事件，加强边境管控体系建设。瑞丽市省级社会管理创新综合试点工作积极推进。一、强化制度建设、提高服务水平，依法强化婚姻登记和收养登记规范化建设，实现婚姻登记全省联网资源共享。全州发放结婚证6830对、离婚证738对、补办及补领结婚证3302对、补领离婚证27人、办理边民结婚证699对、出具无婚姻登记记录1202份、涉外婚姻登记139对。二、区划地名工作稳步推进。12月15日，国家验收组对瑞丽市第二次全国地名普查试点工作进行检查验收并给予高度评价。试点工作的完成为全国全面开展地名普查工作提供宝贵的工作经验和可行的工作方法。芒市、陇川、盈江3个边境县市第二次全国地名普查试点工作稳步推进。积极推动"平安边界"活动的深入开展，加强行政区划界线管理，有效地维护边界地区民族团结和社会稳定。三、加强殡葬管理，提高殡葬服务水平。进一步深化殡葬改革，全面推行火葬，逐步限制土葬。积极开展"除陋习、树新风、文明葬礼"活动，推行文明殡葬、健康殡葬，倡导科学文明丧葬新风。开展殡葬活动中悬挂宣传标语120幅，发放宣传资料2000余份，年内州殡仪馆火化282具尸体。四、依法核准社会组织登记、变更登记和监督管理工作。全州现有社会组织389个，州级在册登记社会组织114家，全州新登记社团21家，注销登记10家。重点检查20家社会组织，进一步巩固"小金库"专项治理成果。认真贯彻落实境外非政府组织的"双备案"制度，加强在德宏州开展活动的境外非政府组织监督管理和教育引导工作。

【自身建设】 2011年，德宏州民政局积极做好机构改革，加强机关建设工作。年初，对德宏州民政局机构进行调整，对部分科室工作人员和下属单位领导进行岗位轮换，进一步优化人力资源配置，增强机关活力。编制出台《德宏州民政事业"十二五"发展规划》、《德宏州老龄事业"十二五"发展规划》。9月14日，召开全州民政系统"千名干部下基层活动"动员部署会，全州民政系统组建26个工作组、373人次，深入全州6个县市(区)、50个乡镇、1个街道，走访575户家庭、1273名群众，各级民政干部进村入户，排查纠纷，化解社会矛盾172件，做到工作开展在一线，情况掌握在一线，措施落实在一线，问题解决在一线；全年接待群众来访3320人次，群众来信70件，调查处理信访问题完成率100%。

（《民政》撰稿　李富文）

移民开发

【拍摄《迁徙之路》纪实专题片】 2011年3至5月，德宏州移民局组织拍摄"龙江水电站枢纽工程移民搬迁安置纪实专题片"——《迁徙之路》。"专题片"以文字解说和图像记录州委、州政府建设龙江水电站枢纽工程的正确决策性，记录全州广大移民工作者在移民搬迁安置工作中的不懈努力和艰辛，记录广大移民群众响应和支持国家建设的大无畏精神，记录广大移民自力更生、艰苦奋斗和勇于适应新生活的积极精神状态，记录党和政府惠民政策给予广大移民群众的温暖。由于州委、州政府的正确领导和有一支为民务实、工作技能过硬、能吃苦耐劳的移民队伍以及各级各部门和广大移民的支持，最终使移民"搬得出、稳得住"，移民工作实现了"政府满意、移民群众满意、业主满意"的"三意满"工作目标。在州委、州政府的重要会议期间，《迁徙之路》在德宏电台主要频道的黄金时间轮翻播出，拓展了社会各界了解水库移民工作的认识和充分认可龙江移民工作成效。

【云南省政府邹纲仁顾问视察德宏】 2011年3月3至4日，云南省政府邹纲仁顾问一行8人，在德宏州政府州长助理刀承贤、州移民局局长杨世彪、云南龙江水利枢纽开发有限公司移民部及各县市相关领导的陪同下已进村入户，走访群众和干群座谈交流等方式，视察德宏州水库移民工作。视察期间，邹纲仁顾问召开专题会议，听取州移民局局长杨世彪的专题汇报。在充分肯定德宏州移民工作的同时，提出：一、要求州、县(市)党委政府要高度重视移民工作，认真贯彻落实科学发展观，坚持以移民为本和可持续发展，各种措施和移民政策要执行到位；二、要加强政策宣传，为移民解疑释惑，多渠道多部门整合各种资金和资源，尽可能地促进移民安置点农业生产向产业化、规模化、效能化发展，扶持引导移民群众发展生产，提高生活水平；三、要搞好移民培训和教育工作，提高移民的生活技能；四、要丰富移民的精神文化生活，树立一些良好的生活规范，努力把移民村建设成为精神文明建设、新农村示范村；五、要抓好移民村组班子建设，选好村民小组带头人，制定一些好的村规民约；六、要按照以人为本、构建和谐社会的要求，围绕移民工作的重点和难点问题，认真贯彻落实移民政策，真抓实干，开拓创新，以项目稳移民、以项目富裕移民，努力开创移民工作新局面。

【开展庆祝建党90周年活动暨移民培训】 2011年6月24至26日，德宏州移民局党组、党支部在陇川县和瑞丽市开展庆祝建党90周年活动暨移民培训。参加本次活动的单位及人员有州财经纪工委领导，州移民局党组、党支部全体党员和干部职工，瑞丽市移民和陇川县移民局全体党员干部职工、芒市移民局、盈江县移民局、麻栗坝水库移民办10人，陇川县景罕镇领导、陇川县麻栗坝水库和龙江水电站的14个移民村领导代表，参加人数98人，其中党员66人、积极分子3人、群众29人。此次活动是德宏州移民系统成立以来，组织移民最多、参加单位最多、投入最多的一次建党节。各移民村代表本着如何提高移民村的整体发展水平进行发言，明确提出发展中存在的困难。州移民局党组书记就“和谐稳定、发展富裕”主题进行发言，并提出：一、广大移民群众要坚持共产党的绝对领导，坚定共产主义理想信念，按照创先争优“五好五带头”的要求，来“思稳定、谋发展、促进步”。二、各移民党支部或党小组要加强党的组织建设，积极引导、广开门路，培养和吸收积极分子，增强基层党组织的战斗力量。三、州移民局党组及党支部书记为勐约栋移民新村揭牌。要求各县市移民局领导干部职工和广大移民村代表，要加强学习和交流，以勐约栋移民村为榜样，学习先进移民村的管理办法和生产模式，结合实际、因地制宜、创新思维，做出具有各县市和各移民村自己特点的发展措施和模式，改善移民的生产生活条件，发展生产，增加收入，逐步致富，以实际行动支持养殖项目。州移民局党支部杨局长还为勐约栋移民村现代化养殖基地揭牌，组织参与活动的各位代表参观了勐约栋仔猪养殖厂，并向勐约栋村赠送了40头仔猪；亲身体验瑞丽开发开放试验区建设热潮。州移民局组织参加活动的各县市代表，参观考察了瑞丽市开发开放试验区建设的场馆，以增强代表们的感性认识，从而积极支持桥头堡黄金口岸和瑞丽市开发开放试验区建设。

【召开移民工作总结暨表彰会】

2011年9月7日，德宏州政府召开“龙江水电站枢纽工程移民工作总结暨表彰会议”。会议提出：各级各有关部门要把握大局，狠抓落实，推动全州移民工作再上新台阶，确保全州经济发展、社会和谐。州委副书记、州长孟必光，州委副书记唐文祥，州人大常委会副主任王兴才，副州长板岩过，州政协副主席肖占先，州政府副巡视员、龙江工程建设协调指挥部指挥长杨俊忠，州政府秘书长周湛鸿出席会议。周湛鸿主持会议。孟必光充分肯定龙江水电站枢纽工程移民工作所取得的成绩。全州具有标杆意义的龙江水电站枢纽工程如期建成下闸蓄水发电，对全州经济社会发展产生了强大的推动作用，而工程的建成是建立在移民搬迁工作完成的基础上，凝聚着各县市、各部门特别是各级移民工作部门和广大移民工作者的艰苦努力。孟必光州长指出：抓好移民工作，是深入贯彻落实科学发展观的需要，是建设和谐安宁边疆的需要，是统筹城乡和山坝经济社会发展的需要。各县市、各部门一定要统一思想，提高认识，站在全局和战略的高度，深刻认识做好今后移民工作的重要性，切实增强做好移民工作的使命感和责任感，以对国家、对历史、对库区人民高度负责的精神，高标准、高质量、高效率地做好移民安置各项工作。并强调：要加大责任落实力度，落实领导责任、管理责任和工作责任；加大宣传引导力度，关键要做到公开政策、宣传政策、直面矛盾并化解矛盾，把各种问题解决在萌芽状态；抓好政策落实，要吃透政策，严格执行政策，加强资金监管；创新工作机制，建立健全群众激励机制、投入机制和工作推进机制；切实做好移民维稳工作，进一步转变工作作风，改进工作方法，下移工作重心，认真研究解决移民的合理诉求和移民工作中存在的突出问题；抓好后期扶持工作，加强规划引导力度，加大项目储备力度，不折不扣兑现直补资金，加大对移民实用技术的培训力度；妥善处理好全州大中型水库移民工作遗留问题，主要有龙江水电站工程移民安置点基础设施建设投资和实物漏项补偿缺口资金的问题，继续抓好麻栗坝水库移民工作，加快盈江户宋河水库移民村基础设施建设，提高移民生产生活水平；认真抓好小型水库移民帮扶前期工作，将工作经费纳入同级财政预算予以保障；积极推进龙江库区综合开发利用，坚持“统一规划、分步实施”的开发利用思路，把握保护环境与旅游资源开发相结合、旅游开发与多样性植被保护相结合、产业开发与水库安全相结合、水库综合开发利用与桥头堡黄金口岸和瑞丽开发开放试验区建设相结合四项原则，做到经济效益、社会效益和生态效益三统一；加强移民干部队伍自身建设，努力建设一支职责明确、队伍精干、作风优良、业务精湛的移民管理工作队伍。会上，板岩过宣读了州政府的表彰决定：州政府龙江工程建设协调指挥部、芒市政府、陇川县政府和州移民开发局4个先进集体和杨世彪等27名先进个人受到表彰。与会领导为获奖的先进集体和个人颁奖；杨俊忠作了龙江水电站移民工作总结。

【省移民局张异副局长到德宏检查】2011年9月7至10日，云南省移民局张异副局长率检查组一行5人，对德宏州大中型水库农村移民后期扶持政策实施情况进行检查。省检查组打破常规，以深入移民安置区走村入户，听民声、访民情、问民意，实地察看后扶项目实施情况、召开移民群众座谈会等方式，从最基层一线开展检查。一、实地查看曾遭受多次地震灾害的南岭、洋伞河坝、瓦焦、叠水、吴诺5个村民小组的住房受损情况，仔细向移民群众了解家庭人口、生产资料、生产条件、家庭收入及来源、劳动力就业、种养殖、后期扶持资金直补兑现、后期扶持政策实施体会等情况。二、省检查组实地查看边疆民族地区罕见的1300亩景颇族茶叶产业基地、茶叶加工厂、移民村基础设施项目建设等情况。三、召开移民群众座谈会，与移民村干和移民群众交流思想认识，认真听取盈江移民局、南岭村委会、移民群众对后期扶持政策的意见和建议，认真听取移民群众在生产生活方面急需解决的困难，认真听取民族与基层组织、民族信仰、民族文化、思想建设等情况，并专题听取杨世彪局长对大中型水库后期扶持人口管理、后期扶持资金兑现、后期扶持项目立项审批、项目实施管理、项目资金管理、项目验收管理、项目移交及管理、档案管理、“十二五”项目规划编制、落实14部委文件要求、存在困难等情况的汇报。通过检查，省检查组认为：德宏州各级党委、政府高度重视后期扶持工作，各级移民部门认真贯彻落实国家和省的移民政策，真抓实干，切实将移民群众的温饱和冷暖放在心上，切实将库区和移民安置区的社会和谐稳定、经济发展、移民发家致富作为德宏州移民工作的重点摆上议事日程；德宏州后期扶持工作的各项制度完善、扶持思路清晰、发展定位准确、项目选择切合实际、措施有力、成效明显。同时提出：一是州、县市党委政府继续大力支持移民工作，坚持科学发展观、坚持以移民为本、坚持可持续发展，进一步强化措施和责任，保障移民政策执行到位；二是加强政策宣传力度，认真落实14部委文件精神，多渠道多部门整合各种资金和资源，扶持引导移民群众发展生产，促进移民村农业产业化、规模化、效能化，提高生活水平；三是搞好移民培训，提高移民的生产生活和就业技能，同时加强移民思想教育工作，坚持党的领导，加强党的基层组织建设；四是科学策划、精心组织，按照以人为本、构建社会的要求，真抓实干，开拓创新，以项目稳移民、以项目富裕移民，建设一批移民示范村、和谐村，努力开创移民工作新局面。

【移民情况】 2011年，德宏州移民局编制上报“十二五”期间大中型水库移民后期扶持规划以及大中型水库“两区”基础设施建设和经济发展规划。“规划”为：后期扶持规划人数18398人，年度投资规模1103.88万元，总投资规模5519.4万元；“两区”规划总人口18408人，规划项目共858个，年度投资规模3231万元，总投资规模16158万元。“规划”的编制完成为德宏州实施项目扶持奠定了基础。年内，德宏州以“三靠近、两方便、五统一”原则，围绕“三满意”工作目标，完成龙江水电站移民安置7801人，占安置任务数的100%；完成瑞丽市芒林水库移民632人，占安置任务数的100%；完成芒市芒里水电站移民安置467人，占安置任务数的100%；完成龙陵腊寨水电站移民3人占安置任务数的100%。年底，累计争取上级批准德宏州大中型水库移民后期扶持总人口14223人(动迁13535人、生产安置688人)，批准享受20年每人每年600元后期扶持资金直补人口13535人，批准享受20年每人每年1000元项目扶持到村组指标14911人。年内，向上争取后期扶持资金投入4818.03万元，其中实施结余资金项目200万元、实施库区基金项目3888万元、兑付后期扶持直补资金640.03万元、应急补助资金90万元。

(《移民开发》撰稿　杨开纪)

残疾人事业

【举办德宏州第二届残疾人运动会】2011年11月27日，德宏州第二届残疾人运动会在芒市体育中心举行。本届残运会由州人民政府主办，州残联、州文化体育局承办。5个县市及州特殊教育学校共6支代表队，130名残疾运动员参加了田径、游泳、举重、乒乓球4个大项，111个小项的比赛。比赛决出金牌118枚、银牌118枚、铜牌80枚。参赛运动员不畏客观身体条件限制，奋力拼搏、勇创佳绩，赛出了风格、赛出了水平、赛出了友谊，取得了运动成绩和精神文明双丰收；各媒体积极宣传报道，裁判员公平公正，安保人员、工作人员、青年志愿者，用严谨负责的态度为本次比赛提供了强有力的保障，确保了比赛顺利进行。

【残疾人状况监测】 2011年11月，德宏州和陇川县组成工作组，分别深入到勐约乡广瓦村委会第3调查小区和城子镇城子居委会第1调查小区进行新一轮残疾人状况监测。共筛查205户834人，其中2010年监测人数31人，新增持证人数9人，0～6岁儿童人数74人，7岁以上疑似残疾人44人。通过医师筛查，共新增残疾人22人，其中新增持证残疾人9人，新增7岁以上残疾人13人，摸清陇川县2个调查小区残疾人数量，按时按质完成2个小区残疾人状况监测工作。

【康复工作】 2011年，德宏州各级残疾人联合会开展残疾人康复需求状况调查工作。完成康复需求数据录入12000人；组织实施白内障复明术676例，对330名肢体、智力等各类残疾人进行康复训练，对100名盲人进行定向行走训练；免费发放轮椅226辆，提供拐杖、坐厕椅等残疾人辅助器具627件，免费安装假肢11例，发放耳背式助听器15台，为40名低视力患者配发助视器；对197名重症精神病患者进行监护，为110名贫困精神病患者提供医疗救助；开展“预防残疾，共享和谐”宣传活动，发放残疾预防书刊、宣传画2000多份，组织知识问答活动10场，进一步普及残疾预防基本知识，增强公众的残疾预防意识。

【教育工作】 2011年，德宏州各级残联对被大、中专院校录取的11名贫困残疾学生和48名贫困残疾人子女提供一次性资助，资助金额14.9万元，其中州残联拨付7.45万元，县市残联配套7.45万元；组织实施“通向明天—交通银行残疾青少年助学计划项目”任务，资助10名残疾学生，发放助学金1.4万元；安排资金5万元，补助州特殊教育学校学生学习生活费用，各县市残联由残疾人就业保障金中列支资金15万余元，对高中阶段残疾人子女、残疾学生提供资助。

【就业工作】 2011年，德宏州各级残联加强残疾人就业工作。具体做法是：一、结合全州农业产业发展布局，举办柠檬、坚果、核桃、咖啡、石斛等农村种植及养殖实用技术培训45期，参训残疾人达1600人；结合残疾人自身特点，以就业市场需求为导向，对45名盲人进行中、初级保健按摩培训。经过培训的盲人全部就业，从靠家人和社会供养变成自食其力的劳动者，大多数从事盲人按摩的盲人已成为家庭主要收入来源之一。二、支持福利企业发展，集中安置残疾人就业。年内，全州有福利企业11个，集中安置残疾人就业247人。三、利用社会资源，建立职业培训基地，为残疾人就业搭建培训平台。州残联依托职业中学，其他县市依托社会办的培训机构，均建立职业技能培训基地。四、大力扶持残疾人自谋职业、自主创业。各县市残联由残疾人就业保障金中列支资金，无偿扶持残疾人，为残疾人注入创业资金。芒市投入资金3万元，扶持12名残疾个体就业，盈江县投入资金2.2万元，扶持16名残疾人从事家电维修、摩托车修理等。五、大力推进地税机关代收残疾人就业保障金工作。年内，省残联、省地税局把德宏列为地税代收保障金工作试点州市。11月1日，州和各县市区同时举行启动仪式。仪式结束后，缴款单位按照州和县市区残联就业服务机构审核认定的缴款数额，分别到当地地税办税大厅交款。年内，收缴入库保障金398.2万元，其中州直109万元。

【扶贫工作】 2011年，云南省下达德宏州农村贫困残疾人危房改造项目任务300户，每户获上级补助1万元，中国残联专项彩票公益金补助1000元，州和县市残联分别配套500元，配套项目资金30万元；争取到残疾人申请康复扶贫到户贷款100万元，财政贴息资金5万元，州残联从保障金中列支5万元，对贫困残疾人到户贷款全额贴息；组织实施“阳光家园计划”项目，州残联下拨经费30万元，使300户智力、精神和重度残疾人家庭每户获得1000元补助；组织实施残疾人机动轮椅车燃油补贴项目，共补贴640人，发放资金12.9万元；春节、全国助残日期间，各级党委政府领导和残疾人工作者，深入基层一线残疾人家中，走访慰问贫困残疾人家庭1000余户，发放慰问金40余万元；各级残联由残疾人就业保障金中列支资金70万元，帮助1200余名特殊困难残疾人家庭解决生活、就医、养老保险交纳等困难和问题。

【维权工作】 2011年，德宏州各级残联认真贯彻落实《信访工作条例》，设有专兼职信访工作人员，全年共接待残疾人来访491

人次。州残联党组理事会领导时常深入到县市残联、残疾人家中，倾听基层残疾人工作者和残疾人朋友的意见建议；各县市残联变上访为下访，坚持经常性下访和节日走访相结合，把问题和矛盾化解在基层。年内，无一起集体上访和越级上访。

【法规宣传】 2011年，德宏州各级残联利用移动、电信手机短息平台，向全州范围内所有移动、电信手机用户发布公益广告信息；自行印制发放《残疾人保障法》宣传单50000张，分别用汉语、傣族、景颇语印制发放《残疾人就业条例》宣传手册12000本，制作《按比例安排残疾人就业知识问答》彩色宣传单15000张，在人口密集的县城街道张挂宣传标语300幅。

【残疾证核发】 2011年，德宏州各级残联认真做好残疾人证核发管理工作。截至年末，办理残疾人证19887本，其中盈江县6400本，芒市5058本，梁河县3195本，陇川县2802本，瑞丽市2432本。

【抗震救灾】 2011年，盈江"3·10"地震灾情发生后，德宏州残联及时深入一线走访慰问受灾残疾人家庭，查看灾情，统计汇报残疾人家庭受灾情况。经多方协调，联系到广东狮子会，为盈江灾区捐助物资总价值达339305元，其中价值95976元的棉被和净水设备、价值98729元的残疾人辅助器具、价值138000元的电脑和电子图书22000册、价值6600元的礼包。

（《残疾人事业》撰稿　余　梁）

民族宗教

【概　述】 2011年，德宏州民族宗教事务局牢牢把握'两个共同'民族工作主题和宗教工作'四句话'方针，以民族团结和宗教和睦为主线，以解决少数民族与民族地区的特殊困难和需求为重点，履行职责，服务大局，为推进民族团结进步事业作出了应有的贡献。

一、进一步推进民族团结模范州建设。(一)党的民族宗教政策和法律法规得到进一步贯彻落实。年内，编制完成《德宏州扶持人口较少民族(阿昌、德昂、景颇)发展"十二五"规划》和《德宏州民族法制宣传教育第六个五年规划》，不断巩固和完善民族团结和宗教工作目标管理责任制，加强部门协作，强化政策措施，层层狠抓落实，进一步促进了民族宗教政策和法律法规的贯彻落实。(二)民族团结宣传教育活动不断推进。认真贯彻落实州委、州政府《德宏州深入开展民族团结宣传教育活动实施方案》(德办发〔2010〕10号文件)，将民族团结宣传工作纳入民族团结目标管理责任制考核内容，有计划、有针对性地开展宣传教育活动。年内，州委、州政府领导参加全国民族工作经验交流会，交流宣传德宏州"十一五"民族工作取得的成效和经验；与州电视台、《今日民族》杂志社合作开展德宏州"十一五"扶持人口较少民族发展工作的系列宣传报道，拍摄制作DVD宣传片，与《德宏团结报》报社联合开设"民族政策法规"专栏，开展民族政策法规系列宣传报道；收集整理《德宏州"十一五"扶持人口较少民族发展的实践与探索》一书的相关材料，收集整理编印《扶持人口较少民族发展规划(2011～2015年)》宣传册；州政府分管领导、州民宗局领导到州委党校民干校开展民族政策与实践、民族工作与民族文化等专题讲座；在芒市三台山德昂族乡组织开展全州第29个"民族团结月"庆祝活动，各县市、乡镇开展形式多样、内容丰富的"民族团结月"活动，产生了良好的社会影响。(三)民族团结进步创建活动有序推进。不断巩固和发展"民族团结示范村"、"兴边富民示范村"建设成果。年内，在芒市勐焕街道丙午社区创建德宏州首个"民族团结进步示范社区"，争取用5年时间将该示范社区打造成芒市的标杆、全州的示范、全省的典型；同时，下拨专项经费在各县市城市社区开展示范社区创建活动；向省民委推荐申报盈江县刀安仁故居、马嘉里事件起源地、陇川县抗日英雄早乐东为民族团结教育基地。(四)排查调处影响民族团结的矛盾纠纷和隐患。年初，与各县市民宗局签订民族团结目标管理责任书，召开民宗系统民族关系状况分析研判会暨民族团结稳定工作座谈会，提出工作重点，完善工作措施。各县市相继与51个乡镇、138个村、11个居委会、27个宗教活动场所、2个农场签订了责任书。全年州级安排民族团结工作经费110万元，各县市安排313.8万元，确保各项工作的开展。年内，按时上报《影响民族团结矛盾纠纷排查调处情况统计表》，按照"没有问题抓预防、潜在问题抓排查、发现问题抓疏导、出现问题抓调处"的原则，协调相关部门，把工作做在平时，把矛盾隐患化解在萌芽状态，把问题解决在基层。全州没有发生涉及民族方面的群体性事件。年内，州民宗局获综治维稳州级考核二等奖、推进惩防腐败体系建设和党风廉政建设州级考核合格等次、"五五"普法及"三五"依法治州州级考核先进集体、民族团结目标管理责任制省级考核一等奖。

二、进一步加大对民族地区经济社会发展的扶持力度。2010年，国家把扶持人口较少民族上限从10万人提高到30万人，景颇族被纳入扶持人口较少民族发展“十二五”规划范围。德宏州5个县市42个乡镇161个建制村列入省扶持范围，阿昌、德昂、景颇3个人口较少民族17.91万人受益。年内，省下达德宏州各类民族专项资金8866万元，588个建设项目，包括扶持人口较少民族发展资金、兴边富民重点县建设资金、民族特色村寨建设资金等。已分批下达各县市组织实施。年内，全面总结“十一五”全州民族经济工作成效及经验，分别总结扶持人口较少民族发展工作、兴边富民重点县建设工作、民族特色村寨保护与发展工作等，为实施“十二五”各类专项规划打下了良好的基础。盈江“3·10”地震后，国家民委下拨抗震救灾经费100万元，省民委、省宗教局各下达工作经费5万元，为灾区提供了应有的支持。

三、进一步推进民族教育文化体育等社会事业协调发展。(一)民族教育工作。年内，协助配合州教育局招生办开展少数民族学生招生工作，从州内各级学校选送27名少数民族学生到省内外中学、大中专院校就读；执行政策规定，下达分配省定民族中学(州民一中)高中住宿学生生活费补助资金38.46万元，1282名学生受益；下达分配全州人口较少民族义务教育阶段学生生活费补助资金183.06万元，5054名小学在校生、2267名初中在校生受益；争取到少数民族教育中央补助专款60万元，分配盈江民族小学30万元、瑞丽民族小学30万元，重点用于学校双语教师培训及改善办学条件。(二)民族文化工作。年内，争取到省民委少数民族传统文化抢救保护专项经费76万元、9个项目，少数民族传统文化精品工程项目资金130万元，其中德宏州傣剧团打造的云南少数民族戏剧精品剧目《刀安仁》80万元、德宏州民族歌舞剧院打造的大型景颇族舞蹈史诗精品剧目《烈焰景颇》30万元。以民宗部门为主扶持建设的全国唯一德昂族博物馆，于9月28日在芒市三台山乡开馆。(三)民族体育工作。

四、进一步维护宗教领域团结和谐的良好局面。(一)认真开展调查研究。年内，完成《宗教界参与社会公益慈善事业情况调研报告》、《外籍僧人在我境内南传上座部佛教地区活动调研报告》等6篇调研报告，对做好下一步工作打下了良好基础。(二)加强教职人员培训。年内，全州共举办各类培训班71期，培训12667人次。(三)加强宗教团体建设。年内，指导州基督教“两会”在盈江县锡安教堂为各县市44名牧人举行传道员培训及派立仪式，颁发资质证书，逐步缓解了基督教部分传道员年龄偏大、不能胜任传道服务等问题。(四)开展宗教活动场所财务监督管理工作。根据《德宏州开展宗教活动场所财务监督管理试点工作实施方案》，在各县市选定4个宗教教派的17处场所开展试点工作，主要内容是建立财务管理、财务审批、财务公开、财务监督、财产管理制度，制度上墙接受监督。年内，已有15处宗教活动场所办理了单位银行结算账户。(五)开展教职人员认定备案工作。年内，州基督教“两会”共完成82名传道员认定备案，发放82本《德宏州宗教教职人员资质证书》，并录入信息库导入德宏州民族宗教网向外公示。(六)妥善解决宗教方面热点难点问题。年初，与各县市民宗局签订宗教工作目标管理责任书，各县市与51个乡镇(街道办事处)、370个村(居)委会签订责任书，把目标任务层层落实到基层，落实到具体工作中。为加强宗教工作，州财政安排年度工作经费20万元、州级宗教团体工作经费2.2万元、州级宗教团体教职人员驻会补助3.8万元，为开展各项工作提供了经费保障。年内，针对天主教工作薄弱、部分傣族转信基督教的情况，认真进行调研，对可能引发的社会问题及时进行排查研判，找到了解决问题的对策和方法。盈江县“3·10”地震发生后，及时上报宗教活动场所受损情况，争取到省宗教局抗震救灾资金45万元。有效答复涉及宗教方面的3件提案，依法查处了多起非法传教和非法宗教活动案件，维护了宗教领域的和谐稳定。年底，州民宗局获宗教工作目标管理责任制省级考核二等奖。

【创建“和谐寺观教堂”】 2011年，从启动“和谐寺观教堂”创建活动以来，德宏州民宗局与各县市民宗局签订创建活动目标责任书，各县市(区)民宗局与各宗教团体签订责任书，在全州宗教活动场所开展“和谐寺观教堂”创建活动。通过2年半的创建活动，全州有1处场所(芒市菩堤寺)被评为全国创建“和谐寺观教堂”先进集体，3处场所(陇川县景罕镇宝灵寺、盈江县沙坡佛寺、锡安教堂)、1个宗教团体(瑞丽市佛教协会)被评为全省创建“和谐寺观教堂”先进集体，有5人(召问地达、召旺面、释续愿、密秉兴、排昆弄)被评为全省创建"和谐寺观教堂"先进个人。

【参加全国第九届少数民族传统体育运动会】 2011年9月10至18日，全国第九届少数民族传统体育运动会在贵州省贵阳市隆重举行。德宏州有6名运动员及1名编导被抽调参加云南省代表团前往参赛。云南省代表团参赛的竞赛项目有抢花炮、珍珠球、木球、蹴球、毽球、龙舟、独竹漂、秋千、射弩、陀螺、押加、高脚竞速、板鞋竞速、武术、民族式摔跤、马术16个大项，表演项目分竞技类、技巧类和综合类3个大项。德宏州组织选送的景颇族舞蹈《谷斯伴》荣获表演项目一等奖，武术《孔雀拳》荣获竞技项目三等奖。德宏州运动员及编导在参与其它项目的比赛中均获得了优异成绩，为云南、德宏争得荣誉。

【德宏州基督教"两会"派立传道员】 2011年10月21至23日，德宏州基督教"三自"爱国运动委员会和州基督教协会在盈江县锡安教堂举行了传道员任前培训和派立仪式。有来自各县市的44名牧人符合《中国基督教教职人员认定办法》，州民宗局王二软局长为新派立的传道员颁发《宗教教职人员资质证书》，500多名信徒见证了派立仪式。

【民族专项资金】 2011年，国家及云南省下达德宏州民族专项资金8866万元，588个项目。其中：少数民族发展资金1676万元，126个项目(包括扶持人口较少民族发展专项资金565万元、36个项目，兴边富民补助资金1080万元、85个项目，项目管理费31万元、5个项目)；边境县人口较少民族聚居村"整村推进"资金5750万元，428个项目；民族机动金52万元，8个项目；兴边支持特色产业试点资金1100万元，4个项目；民族特色村寨建设资金200万元，14个项目；扶持民族地区企业发展财政贴息资金20万元，2个项目；电脑农业推广资金8万元，1个项目；上海对口帮扶资金60万元，5个项目。按地区分配为：芒市2161万元，169个项目；瑞丽1260万元，79个项目；畹町100万元，11个项目；陇川3079万元，175个项目；盈江1696万元，111个项目；梁河531万元，37个项目；州级39万元，6个项目。

【民族团结目标管理责任制】 2011年，德宏州民宗局按照民族团结目标管理责任书的内容，主要开展四方面工作：一、贯彻落实党的民族政策和法律法规。2月25日召开的全州民族宗教工作会议上，孔勒干副州长对做好全州民族宗教工作作了具体部署和重要指示；6月28日，德宏州第十三届人民代表大会常务委员会第二十五次会议上，州民宗局2008～2010年工作被综合评价测评为优秀；《德宏州国民经济和社会发展第十二个五年规划》中，州民宗局编制的《德宏州扶持人口较少民族(阿昌、德昂、景颇)发展"十二五"规划》被列入部门专项规划之一；编制完成《德宏州民族法制宣传教育第六个五年规划(2011～2015年)》；参加州人大常委会组织的贯彻落实《德宏州自治条例》情况检查活动，提出下一步贯彻落实的意见建议；对民族宗教重大问题开展调研，提交调研报告，为州委、政府及上级部门决策提供依据。年内，根据政策规定，全州共办理民族成分更改132人。春节前夕，慰问民族上层人士1人、民族上层人士遗孀8人，发放慰问金7400元。二、落实民族团结目标管理责任制。2月25日，全州民族宗教工作会议上，州民宗局与各县市民宗局签订民族团结目标管理责任书。年内，主要开展三项工作：一是开展调查研究。开展城市少数民族工作情况、少数民族语言文字使用情况、少数民族社会事业发展情况、"民族团结进步示范社区"创建前期基本情况、宗教方面热点难点情况等方面调研。向省民委提交3篇民族工作方面调研报告。二是创建"民族团结进步示范区"。在巩固发展"民族团结示范村"建设成果的基础上，创建了芒市勐焕街道丙午社区"民族团结进步示范社区"，投入资金20万元。同时，投入33万元，在瑞丽、陇川、梁河开展创建活动。三是开展城市民族工作。三、排查调处影响民族团结的矛盾纠纷和隐患。年初，召开全州民宗系统民族关系现状分析研判会暨民族团结稳定工作座谈会，汇总各县市汇报的情况，提出年度工作重点、工作措施和相关要求。年内，按时上报《影响民族团结矛盾纠纷排查调处情况统计表》各季度报表，全州没有发生涉及民族方面的群体性事件。四、开展民族理论、民族政策、民族法律法规、民族团结宣传教育活动。根据州委、州政府《关于深入开展民族团结宣传教育活动实施方案》(德办发〔2010〕10号文件)，将民族团结宣传教育工作纳入民族团结目标管理责任制考核内容，认真组织实施。年内，通过全国民族工作经验交流会、与《今日民族》杂志社、州电视台、州团结报社、州广播电台合作及开展"民族团结月"活动等形式，广泛宣传德宏州民族团结进步事业取得的成绩和经验，宣传各级各部门、各条战线上涌现出来的先进典型，宣传党的民族政策和法律法规，进一步增强了全州各族干部群众“三个离不开”的思想意识，为德宏州桥头堡黄金口岸建设营造了良好的社会环境。

【德宏州扶持人口较少民族发展规划】 2011年，德宏州民宗局编制的《德宏州扶持人口较少民族发展规划(2011～2015年)》，被列为《德宏州国民经济和社会发展第十二个五年规划》的部门专项规划之一，同时，也列入了国家和省的规划盘子。“十一五”期间，列入规划扶持的人口较少民族有全国22个、云南省7个、德宏2个。2010年，国家把扶持人口较少民族上限从10万人提高到30万人后，列入规划扶持的人口较少民族有全国28个、云南省8个(增加了景颇族)、德宏州3个。据2010年底统计数据，德宏州列入规划扶持的人口较少民族德昂族1.44万人，占全州总人口的1.2%；阿昌族3.04万人，占2.5%；景颇族13.44万人，占11.1%。规划涉及全州5个县市区、42个乡镇、161个村委会、1458个村民小组，涉及人口317438人。5年内，通过实施“六大工程”，将使人口较少民族聚居建制村基本实现“五通十有”，人口较少民族聚居区基本实现“一减少、二达到、三提升”的目标。

【创建“民族团结进步示范社区”】 2011年，德宏州民宗局选定芒市勐焕街道丙午社区为德宏州首个“民族团结进步示范社区”，在完成调研报告和实施方案的基础上，成立示范社区创建协调领导小组及办公室。年内，省民委下达示范社区创建经费20万元，完成了示范社区创建活动实施方案、5个世居少数民族简介、民族政策法规等内容的20幅标语、30幅彩图的制作上墙及人畜饮水工程等项目建设。同时，下拨瑞丽市10万元、梁河县13万元、陇川县10万元，在城市社区开展示范社区创建活动，不断推进城市民族工作。

【宗教活动场所管理】 2011年，德宏州有宗教活动场所926所(寺观教堂917所，其它固定处所9所)，其中佛教寺院672所，固定处所5所(南传寺院608所，固定处所3所；汉传寺院66所，固定处所2所)；道教宫观1所；伊斯兰教清真寺1所；基督教堂232所，固定处所4所；天主教堂9所。宗教活动场所中有20处列入各级文物保护单位，其中汉传1处列入国家级文物保护单位，汉传1处、南传2处列入省级文物保护单位，汉传2处、南传2处列为州级文物保护单位，汉传4处、南传15处、道教1处列入县级文物保护单位。全州信教群众499658人(按国家统计口径，傣族、德昂族、阿昌族和回族为全民信教民族)占全州总人口的40.93%，其中佛教454805人(汉传55498人，南传399307人)，道教452人，伊斯兰教2282人，基督教39541人，天主教2578人。全州宗教教职人员433人，其中佛教323人(汉传89人，南传234人)，道教1人，伊斯兰教6人，基督教102人，天主教1人。宗教职人员政治安排：县市(区)人大代表4人；省政协委员2人，州政协委员14人，县政协委员30人。全州宗教工作专职干部8人，兼职干部2人。全州宗教团体18个，其中佛教6个，基督教9个，天主教3个。

(《民族宗教》撰稿　鲍　平)

逝世人物

濮自品　男，汉族，云南省芒市人，1938年3月生，1955年12月参加工作，1960年1月加入中国共产党。历任德宏州供销社党组书记、主任等职。2011年1月28日因病在芒市逝世。

李昭敏　男，汉族，贵州省遵义市人，1940年2月生，1959年11月参加工作，1964年8月加入中国共产党。历任德宏州劳动局助理调研员等职。2011年3月18日因病在芒市逝世。

杨耀中　男，白族，云南省剑川县人，1929年6月生，1949年5月参加工作，非党。历任德宏州委办公室副调研员、调研员等职。2011年3月27日因病在芒市逝世。

段泽龙　男，汉族，云南省龙陵县人，1930年3月生，1949年12月参加工作。1956年9月加入中国共产党。历任德宏州水利局副局长、州建设局副局长等职。2011年5月28日因病在芒市逝世。

刀忠明　男，景颇族，云南省陇川县人，1963年6月生，1979年12月参加工作，1985年11月加入中国共产党。历任陇川县委常委、县委办公室主任，德宏州人民政府副秘书长、办公室主任，州蔗糖办主任、党组书记等职。2011年8月23日因病在芒市逝世。

张　宽　女，景颇族，云南省盈江县人，1960年2月生，1977年9月参加工作，非党。历任德宏州总工会副主席、常务副主席等职。2011年6月13日因病在芒市逝世。

(《逝世人物》撰稿　吴　翔)

附　　录

凝心聚力　真抓实干
努力建设美丽富饶新盈江

——2011年灾后恢复重建工作情况

2011年3月10日中午12：58时，德宏州盈江县发生5.8级地震，人民群众生命财产遭受严重损失。地震共造成全州5县(市)以及保山市龙陵县7.73万户35.13万人受灾，26人死亡、313人受伤，紧急转移安置12.71万人，其中需救助“三无”(无住房、无粮食、无经济收入)人员41500人；民房倒塌和重损15096户73790间，一般损坏22897户98939间；教育、卫生、水利、交通、电力、通信等基础设施和厂矿企业、办公用房不同程度受损。地震发生后，党中央、国务院和省委、省政府高度重视、亲切关怀，社会各界热切关心。在党中央、国务院和省委、省政府的坚强领导下，全州各族干部群众奋勇自救，社会各界积极支援，把抢救生命放在第一位，最大程度解救被困人员，及时救治伤员，妥善安置受灾群众，全面开展卫生防疫，迅速抢修受损基础设施，确保了灾区人心安定、民族团结和社会稳定，取得了抗震救灾的重大胜利，得到了中央和省委、省政府的充分肯定。

4月1日，省政府在德宏召开盈江“3·10”地震恢复重建工作会议，部署安排恢复重建任务，标志着盈江抗震救灾工作进入灾后恢复重建阶段。根据4月1日会议以及省政府89号文件精神，德宏州紧紧围绕建设美丽富饶新盈江目标任务，全面快速启动了灾后恢复重建工作。

一、灾后恢复重建目标、任务及进展情况

(一)目标：通过灾后恢复重建，进一步改善灾区基础设施条件，提升灾区人民整体生活水平，增强灾区整体经济实力，到2015年建设一个美丽富饶的新盈江。目标分两个阶段共5年实施，即：恢复重建阶段(2011～2012年)和发展提升阶段(2013～2015年)。

(二)任务：重点实施十大工程：抗震安居工程、基础设施建设工程、社会事业发展工程、特色优势产业培育工程、扶贫开发工程、城镇建设工程、兴边富民工程、防灾减灾体系建设工程、生态环保工程、强基固本工程。

(三)恢复重建进展情况：截止2011年12月31日，全州民房拆除重建动工9170户，占总拆除重建户9572户的95.80%；其中：主体完成6083户、占63.55%，入住1618户、占16.9%；修复加固29462户(已全部动工)，入住29017户，占98.49%。在抓好抗震安居工程建设的同时，基础设施建设、社会事业发展、特色产业培育、兴边富民、防灾减灾体系建设、强基固本等七大工程有序推进，其中大盈江震损防洪堤应急除险加固、平原大桥修复加固已完工，县城供排水、学校、医院业务用房等一大批涉及公益、民生的基础工程项目正在扎实推进。

二、具体的措施

建设美丽富饶新盈江，是党中央、国务院和省委、省政府的亲切关怀，是灾区群众的殷切期盼，也是全州各族人民的共同心愿。州委、州政府和盈江县委、县政府认真按照建设美丽富饶新盈江的目标定位，紧紧围绕“一个目标，两个阶段，五个结合，十大工程”的目标任务，坚持“规划先行、统筹安排、分清缓急、突出重点、自救为主、政府支持”的原则，以“重建促发展”为理念，集中一切可以集中的力量，统筹一切可以统筹的资源，全力推进灾后恢复重建工作。

(一)加强领导，落实责任

一是健全组织领导工作机制。及时成立了以州委、州政府主要领导为组长、副组长的灾后恢复重建工作领导小组，领导小组下设指挥部，负责组织协调和指导督促实施恢复重建工作。指挥部下设办公室和农村民房等8个工作组，负责指导、协调、督促、检查各个项目的恢复重建。盈江县也成立了相应工作领导小组。二是充分发挥领导干部、基层党组织、党员干部的作用。盈江县建立了县四班子主要领导包片区、其他县处级领导干部包村(居)委会、科级领导包组、县乡村组党员包户的“四包”责任制，量化工作指标、细化工作职责，采取“一帮一”、“一助一”、“一盯一”的办法机制，开展灾后恢复重建工作。全县共有12448名党员按照“四包”责任制要求挂钩到户。三是抓好建材供应、价格监管和干预工作。引进有实力的建材生产企业14家，有效缓解了恢复重建建材供应紧张的困难；昆钢集团在盈江设立了直销点。同时，组织相关部门加大物价监测和市场监管力度。四是积极组织施工单位进驻。引进云南建工集团等一批建设企业进驻盈江开展恢复重建。五是认真做好恢复重建信贷支持。至当前，已发放恢复重建贷款2.6亿元。六是突出工作重点，加快施工进度。在把好安全质量关的前提下，实行每10天上报统计一次各乡镇、农场和挂钩单位民房重建进度，并对后10位的挂钩单位进行通报、约谈负责人的工作制度，其他恢复重建项目每15天一报，高效推动恢复重建工作。

(二)强化学习，完善规划

为借鉴外地先进经验，州委、州政府两次派出学习考察团，分别赴四川阿坝州汶川县、绵阳市北川县和楚雄州姚安县、永仁县及昭通市盐津县考察学习恢复重建的先进经验。通过考察，学到了许多好的重建理念、成功经验和科学方法，为高标准、高质量完成盈江“3·10”灾后恢复重建任务提供了有益的借鉴。同时，积极开展民房恢复重建工作培训活动，深入各民房恢复重建点开展技术培训120次，受训人员达8000多人次；发放《民房恢复重建工程技术要点》手册7000份。

(三)强化监督，确保安全

截止2011年12月31日，全州共收到恢复重建资金14.6185亿元，已全部安排。为把恢复重建打造成廉政工程、优质工程和民心工程，纪检监察、城建质监等部门提前介入，全程监管；下发了《关于加强盈江“3·10”地震救灾资金管理的通知》、《关于印发德宏州盈江“3·10”地震灾后恢复重建监督检查办法(试行)的通知》等文件，实行每月督查、通报、约谈等制度，建立了用“四个严格”控制质量、“四条措施”管好资金、“一书一合同”看好干部、“三支队伍”强化监督检查等工作机制。共签订建设工程廉政责任承诺书936份；州、县督查组开展巡查、抽查334次，发放整改记录173份，发出检查记录511份，停工通知书4份，签订质量承诺书23份。已处理施工不规范、质量把关不严的施工企业1家，监理公司1家，对工作不力、质量把关不严的相关人员行政问责11人次。至当前，未发生违规违法及安全事故等行为。

(四)突出民生社会设施保障，基础设施条件得到有效改变

按照先民房、再公共服务设施及基础设施、后产业发展的顺序，优先推进了民房、教育、卫生等民生工程，交通、水利、市政建设、防灾减灾体系、生态环保、文化体育建设、强基固本等关乎灾区长远发展的基础性工程也得到有效推进。按照2012年上半年全面完成受损医院恢复重建工作、9月秋季开学前完成全部受损学校恢复重建的时限要求，至当前，教育方面：已完成可行性研究报告评审21所学校；完成52个单体建筑物地勘，52个单体项目的施工图纸设计；已发布21所学校的招标公告。卫生方面：盈垦社区卫生服务站业务用房等九个项目已开工建设。其余水利、交通等重建项目正按计划扎实推进中。

(五)多措并举，做好受灾群众基本生活保障

共拨付8307名城镇低保对象和51585名农村低保对象补助资金6000万元；拨付2015名五保对象补助资金193万元；拨付1609名优抚对象补助资金193万元和876名其他优抚对象补助资金471万元；拨付受灾群众临时生活困难救助资金151万元；拨

付城乡医疗救助581万元；助缴五保对象、低保对象、优抚对象参加新农村合作医疗268万元和边民参加新农村合作医疗174万元；拨付农房火灾保险32.7万元；拨付边民补助1223万元；拨付受灾群众冬春救助资金350万元；拨付冬春救灾救济资金600万元和救灾大米100吨，棉被2000床，大衣4000件。通过以上措施，保障了灾区困难群众的基本生产生活。

建设好美丽富饶新盈江，责任重大、使命光荣。在州委、州政府的坚强领导下，指挥部将以科学发展观为统领，继续加强领导，不断改进和解决工作中存在的困难和问题，以高度的政治责任感和对人民群众高度负责的态度，以只争朝夕的工作作风，抢抓机遇，抢抓时间进度，狠抓质量监管和工作落实，确保圆满完成各项恢复重建任务。

（《恢复重建指挥部》撰稿　克晓军　沈　玉　啸　四）

中共德宏州委　德宏州人民政府
关于贯彻国家和云南省中长期教育改革和发展规划纲要
的实施意见

（2012年1月31日）

为认真贯彻落实《国家中长期教育改革和发展规划纲要（2010～2020年）》和《云南省中长期教育改革和发展规划纲要（2010～2020年）》（以下简称《教育规划纲要》）精神，加快全州教育现代化进程，促进教育事业科学发展，为德宏经济社会科学发展、和谐发展、跨越发展提供智力支持，现结合我州实际，特制定本实施意见。

一、深刻领会实施《教育规划纲要》的重大战略意义

教育是民族振兴、社会进步的基石，是提高国民素质、促进人的全面发展的根本途径。强州必先强教，兴州必先兴教。教育能走多远，全州经济社会的发展就能走多远。优先发展教育，提高教育现代化水平，建设人力资源强州，对加快面向西南开放重要桥头堡和瑞丽重点开发开放试验区建设具有战略意义。德宏是边疆民族地区，长期以来，州委、州政府大力实施科教兴州、人才强州战略，制定并实施了一系列加快教育改革和发展的政策措施。各级党委、政府和全社会关心支持教育发展，全州教育工作者勤恳努力、不懈奋斗，教育事业取得了巨大成就。教育投入持续增长，办学条件明显改善，教师队伍素质不断提高，素质教育扎实推进，教育质量逐年提升。学前教育有所突破，义务教育普及程度逐步提高，高中教育“瓶颈”得到进一步缓解，职业教育规模明显扩大，高等教育稳步发展，建立起了较为完备的国民教育体系。人民群众受教育的权利日益得到保障，教育公平取得初步成果。教育为提高全州各民族素质，为经济发展、社会进步和民生改善作出了重要贡献。但必须清醒的认识到，我州教育在保持良好发展态势的同时，与经济社会发展和人民群众的需要，特别是与面向西南开放重要桥头堡和瑞丽重点开发开放试验区建设的需要还不相适应。教育观念相对落后，教育发展总体水平、人才培养质量不高，优质教育资源短缺，“上好学难”的问题日益凸显；教育结构不尽合理，学前教育、高中教育、职业教育发展相对缓慢，高等教育办学层次低，继续教育质量不高，终身教育体系不完善，区域、城乡、校际间发展不平衡；教育改革创新力度不够，体制机制单一，办学活力不足，尊师重教良好氛围尚未完全形成；教师结构性短缺，流动渠道不畅，队伍总体水平不高，特别是农村地区教师素质有待进一步提高；学校现代管理、内涵提升等还存在诸多薄弱环节，提高办学质量和效益的任务依然艰巨；教育投入总体不足，办学条件较差，优先发展的战略地位尚未得到完全落实。进一步深化教育改革，推进教育事业科学发展，是今后10年需要解决的重要课题。百年大计，教育为本。未来10年是我州全面建设面向西南开放桥头堡黄金口岸和瑞丽重点开发开放试验区的关键时期，无论是转变经济发展方式和调整经济结构的新形势，还是满足人民群众对美好生活的新期盼，都对加快教育改革和发展提出了更高要求，教育在现代化建设整体格局中的先导性、基础性、全局性、战略性地位更加突出。在建设富裕开放、和谐安宁的社会主义新边疆中，教育既担负着特殊而崇高的历史使命，也面临着难得的发展机遇。全州上下要牢固树立在德宏“抓教育就是抓基础、抓发展、抓希望”的思想，真正把教育摆在优先发展的战略地位，推进教育事业科学发展、协调发展，实现更高水平的普及教育、形成惠及全民的公平教育、提供更加丰富的优质教育、构建体系完

备的终生教育，全面提高全州公民素质。

二、指导思想、工作思路和目标任务

(一)指导思想

始终高举中国特色社会主义伟大旗帜，以邓小平理论和“三个代表”重要思想为指导，深入贯彻落实科学发展观，全面贯彻党的教育方针，大力实施科教兴州和人才强州战略，坚持教育优先发展，以办好人民满意教育为宗旨，以服务经济社会发展为导向，以实现教育现代化为目标，以促进教育公平为重点，以实施素质教育为主题，以提高教育质量为核心，以改革创新为动力，推进全州教育事业科学发展，提高教育现代化水平，培养德智体美全面发展的社会主义建设者和接班人。

(二)工作思路

坚持优先发展。坚持把教育摆在优先发展的战略地位，全面落实“三个优先”：经济社会发展规划优先安排教育发展，财政资金优先保障教育投入，公共资源优先满足教育需要。

坚持育人为本。坚持德育为先、育人为本，遵循教育规律和学生身心成长规律，全面实施素质教育，着力培养学生的社会责任感、创新精神和实践能力，为学生全面发展和终身发展奠定基础。

坚持改革创新。深入推进教育体制机制改革，重点推进管理体制、办学体制、管理机制、招生考试评价制度等方面的改革，着力破解制约教育事业科学发展的体制机制障碍，着力解决人民群众关心的重点难点问题和突出矛盾，推进教育事业持续健康发展。

坚持协调发展。统筹教育规模、结构、质量和效益，分区规划，分类指导，促进均衡，重点抓好学前教育、农村教育、职业教育，加快缩小区域、城乡、校际间差距，整体推进各级各类教育协调发展。

坚持内涵发展。牢固树立以质量为核心的教育发展观，加强干部、校长、教师三支队伍建设，注重教育科研，深化课堂教学改革，完善教育评价机制，鼓励学校办出特色、办出水平，建立健全教育质量保障体系，全面提高教育质量。

(三)目标任务

到2020年，实现较高水平的普及教育，形成惠及各族群众的公平教育，优质教育资源更加丰富，终身教育体系基本建立，教育体制更具活力，基本实现教育现代化，基本形成学习型社会，全州教育总体发展达到全省平均水平。分两个阶段：

第一阶段(2010～2015年)：力争全州50个乡镇都建有1所中心幼儿园，学前一年毛入园率达90%，学前三年毛入园率达60%，城镇地区基本普及学前三年教育，农村地区基本普及学前一年教育；“普九”水平进一步提高，小学年巩固率达99.54%以上，初中年巩固率达98.5%以上，实现县域内义务教育发展初步均衡；高中阶段教育规模进一步扩大，普通高中与中等职业教育协调发展，在校生规模大体相当，优质高中资源进一步扩大，办学水平不断提高，高中阶段毛入学率达72%以上；特殊教育持续发展，在特殊教育学校课程中融入职业课程，三类(视力、听力、智力)残疾儿童少年入学率达82%以上；职业教育集团初步建立；终身教育体系初步形成；德宏职业学院通过国家验收，德宏师范高等专科学校升格为本科院校。

第二阶段(2015～2020年)：基本普及学前教育，学前一年毛入园率达95%，学前三年毛入园率达70%；“普九”水平再上新台阶，实现县域内义务教育发展基本均衡；基本普及高中阶段教育，高中阶段毛入学率达90%以上，基本实现普通高中优质化、多样化、特色化发展；职业教育质量和社会效益明显提高，基本建成适应经济社会发展、覆盖城乡的现代职业教育体系；特殊教育水平明显提高，三类残疾儿童少年入学率达85%以上；建成较为完善的终身教育体系，全州人均受教育年限由6.75年提高到7.6年，新增劳动力平均受教育年限从10.4年提高到13.5年。

表1：教育事业发展主要目标

	单位	2010年	2015年	2020年
学前教育				
幼儿在园（班）人数	万人	2.91	3.9	4.8
学前一年毛入园率	%	52.66	90	95
学前三年毛入园率	%	42.86	60	70
九年义务教育				
在校生	万人	15.83	17.5	18.3
小学	万人	10.71	11	11.5
初中	万人	5.12	6.5	6.8
年巩固率	%			
小学	%	99.54	99.54	99.6
初中	%	98.44	98.5	99
高中阶段教育				
在校生	万人	2.44	3.6	4.6
其中：普通高中教育	万人	1.17	1.8	2.3
毛入学率	%	48.77	72	90
职业教育				
中等职业教育在校生	万人	1.27	1.8	2.3
高等教育				
高等教育在校生	万人	0.77	0.96	1.2

三、发展任务

(一)全面推进素质教育

全面贯彻党的教育方针，创新人才培养模式，提高人才培养水平，做到因材施教，鼓励个性发展，促进人人成才。坚持全面发展，将德育、智育、体育、美育有机融合，提高学生综合素质。学前教育要遵循幼儿身心发展规律，坚持科学保教方法，纠正学前教育“小学化”错误倾向，促进幼儿快乐健康成长；义务教育要更加注重品行培养，激发学习兴趣，培养健康体魄，养成良好习惯；普通高中要深入推进课程改革，全面落实课程方案，保证学生全面完成国家规定的各门课程学习，创造条件开设丰富多彩的选修课，为学生提供更多选择，促进学生全面而有个性的发展，推进培养模式多样化，满足不同潜质学生的发展需要；职业教育要着力培养学生的职业道德、职业技能和就业创业能力；牢固确立人才培养在高校工作中的中心地位，着力培养信念执着、品德优良、知识丰富、本领过硬的高素质专门人才和拔尖创新人才。以德宏师范高等专科学校升本为契机，加强学科专业建设，重点打造几个适应面向西南开放桥头堡黄金口岸和瑞丽重点开发开放试验区建设的特色学科和专业。

(二)大力发展学前教育

1．强化政府发展学前教育职责。县市、乡镇人民政府要把学前教育纳入当地经济社会发展规划，建立政府主导、社会参与、公办民办并举的办园体制和政府投入、社会举办者投入、家庭合理负担的投入机制；把学前教育纳入城镇和新农村建设总体规划，构建城镇公办民办并举和以公办幼儿园为龙头，乡镇公办幼儿园为骨干，农村小学附设学前班的学前教育发展新格局。

2. 建立有效的学前教育发展保障体系。执行好国家、省公办幼儿园教职工编制标准，及时配齐教职工；把学前教育发展经费列入财政预算，州级财政每年安排100万元学前教育发展资金，用于支持州属幼儿园、农村幼儿园建设。县级财政按年生均不低于100元的标准核拨农村公办幼儿园和学前班公用经费，并逐年增长。州和县级财政统筹的幼儿园保教收费全额返还学校用于保教开支。

3. 加强学前教育管理。建立以县为主，县、乡共管的学前教育管理体制，县级教育行政部门归口管理学前教育，相关部门履行各自职责。加强学前教育管理人员队伍建设，州、县市教育行政部门配备幼教专干和专职教研员。规范办园行为，严格执行幼儿园资格准入、督导和等级管理制度。完善学前教育师资培训制度，实行公办幼儿园城乡联动、对口支援、“捆绑”考核制度，充分发挥优质幼儿园的引领辐射功能，促进城乡学前教育均衡发展。坚持正确的办园方向，完善幼儿园工作制度和管理办法，规范收费和办园行为。建立幼儿园保教质量评估监管体系。

4. 创新学前教育办学模式。积极探索国有民办、民办公助、股份制、联合办学、管办分离等办园模式，促进办园体制改革。鼓励优质公办幼儿园举办分园或合作办园，举办一批起点高、质量优、社会认可、家长满意的民办幼儿园，扩大优质学前教育资源总量。

(三)巩固提高义务教育发展水平

1. 因地制宜加快中小学区域布局调整步伐。在有条件的县市按照“中学向县城集中，小学向乡政府所在地集中的思路，以集中办学为方向，以科学规划、合理布局、优化结构、适度集中、整体规划、分步实施为原则，以提高质量和促进教育公平为目标”的总体要求，以县级统筹为主，以实施重大教育项目为抓手，以中小学校舍安全工程、农村寄宿制学校建设工程、农村初中改造工程等为突破口，依据地理环境、人口变化等因素，科学规划学校布局。坚持“规划先行，资金随着项目走，项目随着规划走，规划跟着事业发展走”的管理模式，积极推进义务教育统一规划与集中建设。在新建小区、成片开发的城市新区、城镇化重点地区，依法规划和优先建设中小学，保证教育设施同步配套建设，保证中小学增容用地，建设单位和开发商按学校建设标准，统一向政府缴纳教育经费补偿金，确保教育与城镇协调发展，确保适龄儿童少年就近接受义务教育。

2. 推进区域内义务教育均衡发展。按照以县为主，分类指导，点面结合，整体推进的原则和“硬件从实、软件从严”的要求，科学编制标准化学校建设规划。组织实施好重大教育项目，重点加强薄弱学校、农村寄宿制学校的改造。建立与义务教育均衡发展相适应的教师配置、校舍建设、条件装备等保障机制。建立对县级政府推进义务教育均衡发展的监测评估、绩效考核和定期表彰制度。建立城乡一体化的义务教育发展机制，推进城乡、区域、校际间对口支援，实行优质学校与薄弱学校结对帮扶和交流服务制度。建立和完善区域内教师和校长定期合理流动机制。逐步扩大普通高中招生名额分配到区域内初中“定向择优”招生的比例。

3. 巩固提高义务教育水平。全面落实义务教育有关政策，强化政府责任，在经费投入、管理机制、质量提升、公平竞争等方面提供充分、有效的机制保障。加快缩小区域、城乡、校际之间教育资源配置差距，着力解决大班额和“择校”问题，确保适龄儿童少年免费就近入学。加大统筹力度，解决好农业转移人口子女接受公平义务教育的问题；坚持以输入地政府管理和以公办学校为主，落实进城务工人员随迁子女平等接受义务教育的权利。落实政府主导、社会共同参与的农村留守儿童关爱服务体系和动态监测机制。健全“控辍保学”机制，实行问责制度，确保适龄儿童少年不因家庭经济困难、就学困难、学习困难等辍学。逐步推行小班化教学。全面落实国家义务教育课程标准、质量标准，建立和完善义务教育质量检测制度和教学指导体系。配齐音乐、体育、美术、综合实践活动等学科教师，开足开好规定课程。严格执行课程标准，改革考试评价制度和学校考核办法。因地制宜、创造条件加强校内活动场地建设。大力开展“阳光体育”运动，科学安排学生的学习、生活和锻炼，切实保证中小学生每天1小时校园体育活动。大力开展以养猪、种菜为主的勤工俭学活动，改善中小学寄宿学生营养状况，增强学生体质。加强校外活动场所建设和管理，按编制标准配齐人员，保证活动正常开展，丰富学生的课外、校外活动。严禁中小学在职教师有偿补课或举办、推荐课外辅导班以及在课外辅导班授课。

(四)稳步发展普通高中教育

1. 加快普通高中建设。坚持政府投入为主发展普通高中教育，调整普通高中教育资源布局，确保普通高中学校布局、办学规模适应经济社会发展要求，满足各族群众接受高中教育的需求。严格控制普通高中学校规模和班额，普通高中办学规模控制在4000人以内，班额控制在50人以内。加大政府投入，保证普通高中财政性生均公用经费不低于国家标准，逐步化解学校建设债务。积极争取国家、省的项目支持，吸纳社会资金、引入民间资本、争取银行信贷，加快现有高中改建扩建，加快芒市国际中学、瑞丽市第二高中、盈江县第二高中建设步伐。在人口较多、城镇化进程较快的集镇谋划普通高完中建设。有计划地扩大普通高中招生数量。从2012年起，州级财政在5年内，每年安排700万元，合计3500万元，用于州民族第一中学建设。州县两级财政每年根据所属普通高中学校发展的实际情况和需要安排专项资金，用于帮助学校解决项目前期费、贷款还息、偿还债务、设备采购等资金问题。

2. 提升普通高中教育质量。以等级学校建设为抓手，提高普通高中办学质量和办学水平。2015年前，努力将州民族第一中学晋升为一级一等高中，瑞丽一中晋升为一级二等高中，芒市中学、陇川县第一中学、盈江县第一中学、梁河县第一中学晋升为一级三等高中，使全州优质普通高中资源比例大幅提升。每晋升一所一级高中，州属学校州级财政给予50万元、县属学校州级财政给予25万元的奖励。

3. 推进普通高中学校特色化、多样化发展。立足区域和学校实际，适应经济社会发展和人民群众对高中教育多元化需求，明确定位，进行多种形式的教育教学改革和办学模式改革，加强特色高中和综合高中建设，使高中学校各有特色，促进普通高中多样化发展。鼓励和引导普通高中学校充分挖掘学校历史、传统、民族文化、学科等特色因素，将学校办成各具特色的优质高中。

表2：德宏州2010～2020年高中阶段教育发展目标

(单位：人、%)

年　度	招　生		在校生		毛入学率
	普　高	中　职	普　高	中　职	
2010	4467	5048	11655	12133	48.77
2011	5275	4558	13145	11975	51
2012	5500	5700	16000	16000	64
2013	5720	5880	16720	16880	67.2
2014	5880	6080	17100	17670	69.54
2015	6070	6280	17670	18250	72
2020	7500	7500	22500	22500	90

(五)加快发展职业教育和继续教育

1. 以州为主统筹规划各类职业教育发展。各级政府要切实履行发展职业教育的职责，把职业教育纳入经济社会发展和产业发展规划。重点加强涉农专业、现代物流、第三产业链的专业建设，促使职业教育办学规模、专业设置与经济社会发展需求相适应。整合职业教育资源，加快职教园区建设，增强办学实力，扩大办学规模，提高办学效益；依托德宏州中等职业学校，逐步组建全州职业教育集团，实现统筹配置全州职业教育资源，统一设置专业，统一招生，统筹学生实训与就业；充分利用全州有关行业、企业的资源，通过“政府推动、龙头带动、项目驱动、多方互动”的形式，实现资源共享、优势互补，扩大办学规模，打造出适合德宏州经济社会发展的品牌专业和品牌学校；高规格、多样化建设瑞丽职业教育基地，将基地建成集人才培养，职业教育与行业、企业合作，教学、生产、经营相结合的职教实习实训基地与教育合作平台。

2. 着力加强职业学校基础设施和专业实习实训基地建设。积极争取国家、省的项目支持，吸纳社会资金、引入民间资本、争取银行信贷，有效解决扩大规模与教学用房不足的矛盾；州级财政每年安排50万元、县级财政安排相应资金，用于职业学校的招生等工作奖励；确保城市教育费附加的30%用于职业教育；州、县两级财政按不低于所属普通高中的标准将职业学校生均公用经费纳入本级财政预算安排。

3. 扩大办学规模，提高办学效益。到2020年，争取德宏州中等职业学校、芒市职业教育中心两所学校在校学生分别达8000人和5000人以上；盈江县职业高中建设成省级重点职业学校，在校学生达3000人以上；梁河县、陇川县、瑞丽市职业高中扩大规模，达到国家《中等职业学校设置标准》要求，在校学生达1500人以上。

4. 搭建终身学习"立交桥"。健全"宽进严出"的学习制度，依托云南开放大学在德宏设立分校，畅通中等职业教育与开放大学直通渠道，完善职业学校毕业生直接升学制度。建立继续教育学分积累与转换制度，实现不同类型学习成果的互认和衔接。

5. 大力发展非学历继续教育，稳步发展学历继续教育。全面开展初中后、高中后、大学后继续教育，重视老年教育，促进各类学习型组织的广泛建立。依托社区和乡村学习组织及其资源，开展继续教育和职业培训，开展科普活动，扫除青壮年文盲，创新农村劳动者继续教育工作，认真抓好省内外高校在德宏开办函授辅导站(分校、教学点)的相关管理工作，确保质量；认真做好干部学历学位审核确认工作，基本形成全民学习、终身学习的学习型社会。

(六)推进特殊教育发展

加大政府统筹力度，加强组织领导，把各级各类特殊教育纳入当地经济、社会及教育发展整体规划，明确和落实各部门和社会团体发展特殊教育的职能和责任，形成发展合力。不断完善以特殊教育学校为主体、普通学校随班就读为补充的特殊教育服务体系，提高特殊教育普及水平，确保残疾儿童少年平等接受义务教育。健全公共财政特殊教育保障机制，确保特殊教育学校教师岗位补助津贴、生均公用经费、家庭经济困难学生生活补助费等按时足额拨付。州级财政每年预算安排50万元特殊教育专项资金，用于改善特殊教育学校办学条件。加快芒市和盈江县特殊教育学校建设，确保两校2012年秋季学期招生。执行好国家、省特殊教育学校教职工编制标准，配齐配足教职工。加强特殊教育师资培养培训，提高教师队伍专业化水平。积极探索发展不同年限、不同程度、不同形式的特殊学前教育、职业教育或高中教育，切实提高残疾群体生活自理、人际交往、融入社会、劳动就业等方面的能力。

(七)高度重视民族教育

进一步加大对民族聚居区中小学校的扶持力度，提高办学水平和教育教学质量。在不通或少通汉语的少数民族聚居地区，坚持以政府办园为主开办双语幼儿园，在推广国家通用语的同时，较好解决少数民族儿童不通或少通汉语的语言桥梁问题。努力将民族聚居区学前一年教育纳入免费教育范畴，予以保障。加大财政投入，改善州和县市民族中小学办学条件，适当提高少数民族学生招生比例，为培养高层次少数民族人才奠定基础。依托德宏师专和相关高校，加大通晓少数民族语言师资的培养培训，为少数民族聚居区学校双语教学提供师资保障。州级财政每年安排50万元专项经费用于民文教材、扫盲教材的编印和少数民族双语教师培训。多形式、多渠道开展民族文化传承教育。加强国门学校建设和管理，努力提高教育教学质量，使其成为办学条件一流，师资队伍一流，管理水平一流，教学质量一流的优质学校和德宏对东南亚教育辐射的桥头堡。公共教育资源向边境和少数民族聚居区学校倾斜，加大对各段家庭贫困少数民族学生救助力度，确保这些学生不因家庭贫困而辍学。配足配齐少数民族聚居区学校教职工，为他们创造更多外出学习培训、顶岗学习等提高的机会。加大投入，改善少数民族聚居区学校教职工工作、生活条件。加强民族团结教育，推动党的民族理论和民族政策、国家法律法规进教材、进课堂、进学生头脑，引导广大师生牢固树立马克思主义祖国观、民族观、宗教观，不断夯实民族团结基础。支持学校开发少数民族文化校本课程，加强民族文化教育与其他学科的联系。

(八)提升发展高等教育

通过共建和内合外联，积极发展普通高等教育，大力发展高等职业教育，到2020年，基本形成交叉融合、共同发展的三大教育体系，即以德宏本科院校为龙头的普通教育体系，以德宏职业学院为龙头的职业技术教育体系，借助高校网络平台为主的成人教育体系和终身教育体系。支持德宏师范高等专科学校扩大办学规模，提升办学水平和科研能力，升格为本科院校。加大投入与建设力度，改善教学环境，增设具有区域特色的专业，实现德宏职业学院高职高专的评估验收。搭建合作平台，引进国内优质高校到我州开办分校或开办特色专业与职业培训，培养高素质专业技能人才，服务开发开放试验区，辐射南亚、东南亚。

(九)规范发展民办教育

1. 积极支持开办民办学校。民办教育是教育事业发展的重要增长点，是促进教育改革和发展的重要力量，各级政府要按《民办教育促进法》的要求积极引导民间资金开办民办学校，并在土地使用、资金筹措等方面给予优惠和支持。州级财政每年预算安排100万元民办教育发展专项资金，用于支持民办学校规模发展、示范学校建设或以奖代补。

2. 加强对民办学校的管理。各级教育行政部门要积极引导民办幼儿园走集团化发展之路，提高办园质量和办园效益；加强对民办学校的管理指导，及时帮助民办学校解决办学过程中出现的困难和问题。州和县级教育行政部门配备专兼职民办教育管理人员，依法促进民办学校规范办学。健全民办教育审批管理和年检备案制度，加大政府监管力度。

(十)加强教育合作与交流

鼓励区域内学校之间“结对子”，通过定期召开研讨会、相互听课评课、开展文体活动等形式，促进区域内校际合作交流。通过“走出去、请进来”的办法，加强与省内外、国内外地区之间的交流。结合德宏与缅甸毗邻的实际，探索开展多形式的对外合作交流。加强教育对外宣传工作。

四、保障措施

(一)加强教师队伍建设

1. 强化师德师风建设。加强教师职业理想和职业道德教育，认真实施师德表现在教师考核、聘任、推优评先树模等方面作为第一要素的评价体制。

2. 完善教职工管理制度。认真落实城乡统一的各级各类中小学和幼儿园教职工编制配备标准以及教科研机构人员配备标准，并对边远、民族、山区、农村地区学校实行倾斜政策。完善教职工补充机制，重点做好新任教师招聘、特别是农村学校新任教师、少数民族集聚区双语双文新任教师招聘以及特殊教育学校教师定向委托培养工作。开展好职业学校教师特聘、特岗、特邀“三特”计划，强化职业学校“双师型”教师培养和教师定期到企业实践工作。严格实施全省统一的教师资格考试、认定和定期登记制度，全面推行教师聘任制、岗位管理制，实施好因事设岗、按岗聘用、以岗定薪、岗变薪变制度。严格执行全省统一的中小学教师职务(职称)评审政策，特别要执行好城镇中小学教师在评聘高级职务时，原则上要有一年以上的农村学校或薄弱学校任教经历的政策，加快启动城镇中小学教师交流任教工作，推进实施义务教育学校教师和校长流动机制，教师转岗和退出机制，促进优质教师资源共享。探索取消中小学行政级别，推行校长职级制，严格校长任职资格制度，促进校长专业化，提高校长管理水平。

3. 健全教师保障激励机制。完善教师绩效工资制度，执行好教师平均工资水平不低于或者高于当地公务员的平均工资水平，并逐步提高政策。执行好对农村、民族、山区、边远地区和贫困地区教师工资待遇高于当地城镇教师工资待遇政策。执行好国家、省关于中小学教师享受政府代偿学费、助学贷款、政府保障性住房、教师周转房、医疗养老等政策，切实提高教师的地位和待遇。积极开展评比表彰奖励活动，激发教师工作积极性和创造性。自2010年起，州级财政每3年预算安排150万元资金实施“领雁工程”，评选表彰一批优秀教师。

4. 加强教师培训培养。建立中小学教师、校长培训经费长效保障机制，州级财政每年预算安排100万元专项资金，用于中小学教师、校长培训。完善中小学教师继续教育制度，按照“分级培训、分级管理”的原则，对教师实行五年一个周期的全员培训，确保每位教师每年参加继续教育培训不少于50学时。加强教师培训基地建设，把德宏州学前教育师资培训基地建设成为云南省学前教育师资培训基地；按照“分级管理，以县为主”和“小实体、多功能、大服务”的原则，把芒市教师进修学校建设成为省级示范性教师进修学校，梁河县、盈江县、陇川县、瑞丽市四所教师进修学校建设成为一级教师进修学校。晋升为一级教师进修学校的，州和县级财政分别给予5万元的奖励，晋升为示范性教师进修学校的，州和县级财政分别给予10万元的奖励。以农村中小学教师为重点，加强中小学骨干教师队伍建设；以“双师型”教师为重点，加强职业院校教师队伍建设；以“中青年教师”为重点，建设高素质的教育科研队伍。

（二）提高教育经费保障水平

1. 加大教育投入力度。健全以政府投入为主、多渠道筹集教育经费的体制，大幅度增加教育投入。优化政府财政支出结构，统筹各项收入，把教育作为财政支出重点领域予以优先保障，严格按照教育法律法规规定，依法确保教育经费“三个增长”（即财政对教育的拨款逐年增长，增长比例高于财政经常性收入的增长比例；年生均教育事业费逐年增长；财政拨发的年生均公用经费达到省定标准并逐年增长）；州、县两级财政将教育专项经费列入当年财政预算，足额落实各类教育项目中州、县政府需要承担的配套经费；严格执行财政预算中超收入分配确保教育支出的法定增长要求；从2011年起，农村税费改革转移支付资金按每年不低于50%的比例用于教育；足额征收教育费附加并按国家规定全额用于教育事业支出；严格执行国家财政部、教育部关于从土地出让金中按照10%的比例计提教育资金并专项用于教育的规定。

2. 提高教育经费保障水平。义务教育经费全面纳入财政保障范围，将城市义务教育阶段公办学校公用经费纳入同级财政预算，并确保高于农村义务教育阶段公办学校公用经费标准。非义务教育实行以政府投入为主、受教育者合理分担、多渠道筹措经费的投入机制，提高财政投入水平，将非义务教育阶段学校生均公用经费和专项经费列入同级财政预算。按国家和省的标准要求，按时、足额拨付学校公用经费，确保学校正常运转。认真落实国家和省对各级各类学校学生的资助政策，使党和国家的惠民政策惠及边疆各族群众。

3. 加强教育经费使用监管。形成教育部门主管，财政和审计部门专业监督，学校日常管理相结合的教育经费监督管理机制。加强对教育重大项目的监察和审计，确保资金使用安全、规范、高效。规范学校收费行为，加强收费资金使用管理，坚决查处截留、挤占、挪用教育经费和学校资源等违法违规行为。坚持勤俭办学，建设节约型学校。

4. 实行政府教育经费投入增长考核问责制。各级政府每年向同级人民代表大会或其常委会报告教育经费预算、决算情况，对政府教育经费增长达不到法定增长要求的，要限期补足，并对政府主要责任人进行问责。建立政府教育经费落实与增长考核制度。将教育财政拨款增长比例与主要工作目标任务完成情况列入年度考核体系，由上级组织、教育、财政、审计和监察等部门联合进行督导和考核，并将落实情况作为政绩考核和任用干部的重要依据。建立各级政府教育投入公告制度，由教育、财政、统计、审计部门共同向社会定期公布政府对教育投入的情况。

（三）深化教育体制机制改革

1. 健全完善教育管理体制。落实“省州统筹、分级管理、分工负责、以县为主”的学前教育管理体制，充分发挥乡镇、社区在发展学前教育中的作用；完善“以县为主”的义务教育管理体制，强化政府发展义务教育的责任；落实“州县两级办学、分级管理、以县为主”的普通高中教育管理体制；健全“政府统筹、行业参与、社会支持”的职业教育管理体制，促进州内职业教育协调发展和资源共享；完善各级政府及相关组成部门职责，促进全州各级各类教育协调发展；以转变政府职能和简政放权为重点，明确政府职责，促进办、管、评分离，形成政事分开、权责明确、统筹协调、规范有序的教育管理体制。州和县级财政每年各预算安排30万元经费，专项用于教育改革。

2. 创新教育公共服务机制。教育增量资源安排重点向城区和薄弱学校倾斜，存量资源安排重点是促进优质教育资源建设。积极推进基础教育城乡一体化发展，建立公共政策和公共资源配置机制。州和县市相关部门在制定公共政策、城区规划、新农村建设、小区设施配套建设规划与公共资源配置时，优先考虑教育发展和人力资源开发需要。建立重大教育决策咨询制度和重大事项公示、听证制度。充分发挥专家、学者在重大教育决策和项目实施过程中的作用。

3. 深化办学体制改革。坚持教育公益性原则，健全政府主导、社会参与、办学主体多元、办学形式多样、充满生机活力的办学体制，形成以政府办学为主体、全社会积极参与、公办和民办教育共同发展的办学格局。在部分农村公办幼儿园推行合作办学、委托管理等改革试点，提高办园水平。在维护学生利益和安全稳定的前提下，深化非义务教育学校后勤保障制度改革。按国家、省的有关要求，完善民办教育发展的优惠政策，建立公共财政对民办教育的扶持政策，州和县级财政设立专项资金支持民办学校发展。遵循“积极鼓励、大力支持、正确引导、依法管理”的方针，鼓励社会力量通过出资、捐资等多种形式发展民办教育。探索建立依法办学、自主管理、民主监督、社会参与的现代学校制度，逐步推进政校分开，管办分离，完善学校目标管理和绩效管理机制。完善校长负责制，构建校长负责、党组织发挥政治核心作用、教职工代表大会和工会参与管理监督的运行机制。建立中小学家长委员会，引导社会和有关专业人士参与学校管理和监督。

4. 继续深化教育教学改革。以提高质量为目标，以教育科研为抓手，全力推进中小学教育教学改革。本着科学发展，统筹兼顾，试点先行，逐步推开的原则，选择部分有代表性的学校作为全州教育教学改革的试点校，重点指导研究，在实践中探索教育教学改革的模式，着力打造教育教学改革品牌学校，充分发挥改革示范校对各级各类学校的引领和辐射作用，积极探索有效改革模式，为全面推进教育教学改革提供借鉴。

5. 深化招生考试评价制度改革。坚持义务教育阶段公办中小学免试划片就近入学制度。在实行初中统一学业水平考试的基础上，加强综合素质评价，将结果作为高中学校招生录取的重要依据。改进高中阶段学校考试招生方式，逐步扩大学校自主招生的比例，优质普通高中面向区域内初中定向择优招生的比例逐年扩大。规范和完善普通高中特长生录取程序与办法。完善中等职业学校免试注册入学制度和自主招生制度及多元录取体制。切实解决好“择校”和城区“大班额问题”。不断完善州民族初级中学和州民族第一中学招生录取方式，适当增加当地世居少数民族优秀学生的招生比例，为培养当地少数民族高层次人才奠定基础。加强招生考试信息公开和社会监督，清理并规范升学加分政策。树立全面发展、人人成才、多样化人才观念和系统培养观念；建立健全科学、多元的教育评价体系，形成政府、学校、家长、社会各方面参与的教育质量评价机制。建立教育质量评估监测机制，完善监测评估体系，定期发布监测评估报告。州级财政每年预算安排专项资金，用于初中学业水平测试命题、制卷等工作。

(四)提高教育信息化和教育技术装备水平

1. 加快教育信息基础设施建设。以信息化建设推进教育现代化进程。依托“农村义务教育薄弱学校改造计划”、“中小学校标准化建设”等项目的推进。除按时足额拨付中央、省相关项目所要求的州、县配套资金外，州和县级财政每年各安排资金100万元用于所属学校信息基础设施建设，重点加强计算机、校园网、多媒体投影教室(班班通)设备配备，使教师和学生能充分利用各类教育数字化资源进行教学和学习。到2020年，在全州各级各类学校基本形成设备完备、功能齐全、运行高效、应用广泛的教育信息化格局。同时，按照省的规划和标准逐步建立和完善全州教育基础信息库以及教育质量、学生流动、资源配置和毕业生就业状况等监测分析系统。

2. 提升信息技术应用水平。推进信息技术在课程开设、学科教学、教育科研、教师队伍建设、社会服务等方面的有效应用，提高教育质量和效益。将信息技术培训纳入教师培训计划，加强教师教育技术能力培训，提高教师应用信息技术水平，推动教师教育观念和教学方式的变革，使普通教师运用信息技术的水平和能力进一步提升。建立州级教育资源信息中心，引进、购买、征集各种信息资源并分类、整理，提供具有本地特色的教育教学资源供教师下载使用。

表3：教育信息基础设施建设目标

<table>
<tr><th colspan="2">目标项目</th><th>2010年</th><th>2015年</th><th>2020年</th><th>备注</th></tr>
<tr><td rowspan="4">生机比（学生与计算机之比）</td><td>普通高中、中等职业学校</td><td>10.5：1</td><td>8：1</td><td>5：1</td><td>含高（完）中和中等职业学校</td></tr>
<tr><td>初级中学</td><td>18.2：1</td><td>12：1</td><td>8：1</td><td>含九年一贯制学校</td></tr>
<tr><td>乡镇以上小学及城市幼儿园</td><td>28：1</td><td>23：1</td><td>15：1</td><td>指乡镇中心小学、县城小学和县城幼儿园</td></tr>
<tr><td>村完小</td><td>45：1</td><td>37：1</td><td>25：1</td><td></td></tr>
<tr><td rowspan="2">校园网</td><td>初级中学、普通高中及中等职业学校</td><td>6所达标</td><td>48%以上学校校园网覆盖所有教学场所</td><td>所有初中、高（完）中和中等职业学校校园网覆盖所有教学场所</td><td>教学场所指各种教室、实验室、实习实训室、图书馆等各种功能室</td></tr>
<tr><td>乡镇以上小学及城市幼儿园</td><td>2所达标</td><td>30%以上的学校校园网覆盖所有教学场所</td><td>80%以上的学校校园网覆盖所有教学场所</td><td>教学场所指各种教室、实验室、图书馆、音乐舞蹈室等各种功能室</td></tr>
<tr><td rowspan="2">班班通（多媒体投影教室）</td><td>普通高中
初级中学</td><td>2所达标</td><td>40%以上的普通教室配备多媒体投影设备</td><td>每班配备多媒体投影设备</td><td>每个普通教室都配备多媒体投影设备，具备开展多媒体教学的条件</td></tr>
<tr><td>乡镇以上的小学及城市幼儿园</td><td>0</td><td>20%以上的普通教室配备多媒体投影设备</td><td>50%以上的普通教室配备多媒体投影设备</td><td></td></tr>
<tr><td colspan="2">教师拥有计算机数量</td><td>3312台</td><td>5000台</td><td>11000台</td><td></td></tr>
</table>

3. 实施薄弱学校改造教育装备项目，均衡配置教育装备资源。加大投入，到2020年，使全州所有普通高中、初中学校的物理、化学、生物、数学、地理、音乐、体育、美术学科和全州所有完小以上小学的科学、数学、音乐、体育、美术学科的教学仪器设备配备达到省定一类配备标准；生均图书高中达到50册、初中达到40册、小学达到30册。

(五)推进依法治教

1. 全面推进依法治教。全面贯彻落实国家、省各项教育法律法规和《云南省德宏傣族景颇族自治州自治条例》等有关教育规定；依法维护学校、学生、教师、校长和举办者的权益；依法制定学校各项管理制度，实现学校管理、运行的制度化和规范化；落实教育行政执法责任制，及时查处教育违法违规行为；完善教育信息公开制度，保障公众对教育的知情权、参与权和监督权；加强法制教育，提高教育干部队伍、师生的法律素质和公民意识。

2. 完善教育督导制度和监督问责机制。探索建立相对独立的州、县两级政府教育督导机构，建立专兼职督学队伍，教育督导工作经费、督学津贴列入同级财政预算。坚持督政与督学并举，评估与检测、监督与指导并重。加强义务教育督导检查，开展学前教育和高中阶段教育督导检查。强化对政府落实教育法律法规和政策情况的督导检查。建立督导检查结果公告制度和限期整改制度。主动接受和积极配合各级人大及其常务委员会对教育法律法规执行情况的监督检查。加强监察、审计等专门监督并严格落实问责制。

3. 推进平安和谐校园建设。建立校园安全联席会议制度，健全综治、公安、教育、工商、文化、卫生、住建等部门联合执法工作机制，加强校园和周边环境治安综合治理，完善矛盾纠纷、隐患排查化解机制和学校突发事件应急处理机制，依法严厉打击涉校涉园违法犯罪活动。切实加强安全教育和学校安全管理，着力提升校园安全人防、物防、技防水平，深入开展平安校园、文明校园、绿色校园、和谐校园创建活动，为师生创造安定有序、和谐融洽、充满活力的工作、学习、生活环境。每年评选20所平安校园先进学校并给予表彰奖励。

（六）加强教科研工作

充分发挥州和县级教科研部门的引领作用，健全州、县、校三级教研网络，建立一支高水平的教科研队伍，加强教科研及其成果的推广转化。努力拓宽教育科研领域，结合区域教育改革与发展中的突出问题进行调研和课题攻关，提高教育科研实效，发挥教育科研为教育行政决策服务、为教育改革服务、为繁荣教育科学服务的功能，使教育科研为教育改革和发展提供理论支持。到2020年，基本构建与教育现代化相匹配的教育科研管理运行机制，形成符合德宏教育改革和发展实际需要的教育科研工作特色。落实教育科研工作的经费保障制度，州、县政府将教育科研经费纳入本级财政预算，州级财政每年安排50万元经费用于教育科研工作，县级财政安排相应教科研经费，保证教育科研工作的正常开展。

（七）重大工程和项目

通过实施中小学校舍安全、寄宿制学校建设、农村初中改造、薄弱学校建设、农村学校食堂改造、农村教师周转房等工程，逐步实现义务教育学校标准化。州级财政每年安排50万元项目前期工作经费，用于项目申报、评审和管理。

1. 学前教育建设工程。充分利用中小学布局调整后的闲置校产，以农村学前教育建设工程为契机，合理规划学前教育学校布局，新建农村幼儿园50所，改扩建幼儿园26所，新建校舍11.3万平方米，改扩建7.4万平方米，购置设备14.5万件，投入资金3亿元。

表4：学前教育建设目标

县市	新建			投资计划（万元）		改扩建			投资计划（万元）	
	学校数	面积（平方米）	设备购置（件）	合计	其中购置设备	学校数	面积（平方米）	设备购置（件）	合计	其中购置设备
德宏州合计	50	113444	105463	18530	474	26	73706	40297	11792	204
瑞丽市	8	19620	18565	3219	80					
芒　市	7	21600	17010	3526	70	22	61494	31452	9839	166
梁河县	13	25020	23428	4113	110					
盈江县	12	24570	24785	4051	120	1	3580	2430	572	10
陇川县	10	22634	21675	3621	94	3	8632	6415	1381	28

2. 义务教育发展工程。科学规划，合理调整义务教育学校布局；加大薄弱学校建设力度，努力改善薄弱学校办学条件；加大农村学校远程教育建设力度，全州农村长期保留的中小学校全部拥有远程教育设备，配齐配足远程教育专业教师，使农村孩子和城填孩子一样共同享受优质教育资源；继续采取“争、投、贷、垫、捐、免”等筹资方式筹措校舍安全工程资金，推进中小学校舍安全工程，全面排除中小学危房，重建和加固中小学校舍52.2万平方米，投入资金6.34亿元。努力化解中小学校舍安全工程欠债2.7亿元。

表5：中小学校点布局调整目标

县市名称	2010年			撤并校点			2020年保留学校		
	小学		初中（所）	小学		初中（所）	小学		初中（所）
	小学校数（所）	小学教学点（个）		小学校数（所）	小学教学点（个）		小学校数（所）	小学教学点（个）	
合　计	263	202	52	40	129	6	223	73	47
瑞　丽	26	22	6	2	17	1	24	5	5
芒　市	69	38	14	8	28	0	61	10	15
梁　河	52	27	8	4	15	2	48	12	6
盈　江	69	95	18	4	49	2	65	46	16
陇　川	47	20	6	22	20	1	25		5

表6：校安工程目标

县市名称	危房情况（万平方米）			投资（亿元）
	小计	D级危房	B、C级危房	
合　计	52.2	33.7	18.5	6．34
瑞　丽	5.2	4.6	0.6	0．77
芒　市	16.6	3.4	13.2	1．2
梁　河	5.9	4.8	1.1	0．83
盈　江	12.1	8.5	3.6	1．55
陇　川	12.4	12.4	0	1．99

3. 职业教育基础能力建设工程。全力推进职教园区建设工程。筹措资金10.4亿元，按规划推进德宏职教园区项目建设，新建校舍21.6万平方米；加大县级中等职业学校改扩建、新建力度，使中等职业学校生均校舍面积达16平方米以上，基本满足全州中等职业教育发展需要。加强示范和优质特色中等职业学校建设，加大对特色专业实训设备的投入。

表7：中等职业教育基础能力建设目标

学校名称	规划总面积（平方米）	总投资（万元）
合　计	286188	126890
德宏职教园区建设	216000	104000
瑞丽市职业高中	32640	14500

续 表

学校名称	规划总面积（平方米）	总投资（万元）
芒市职教中心	6000	1600
梁河县职业高中	16568	3160
盈江县职业高中	6700	2130
陇川县职业高中	8280	1500

4. 普通高中建设。在芒市、瑞丽、盈江分别新建普通高中学校1所，州民族第一中学晋升为省一级一等高中，瑞丽市第一中学晋升为省一级二等高中，芒市中学、梁河县第一中学、盈江县第一中学、陇川县第一中学晋升为省一级三等高中，并扩大办学规模。

表8：新建普通高中目标

学　　校	规划建设面积m^2	规划投资（万元）
瑞丽市第二高中	40500	13000
芒市国际中学	71787	20000
盈江县第二高中	52660	20000
合　计	164947	53000

表9：普通高中改扩建目标

学　　校	规划建设面积m^2	规划投资（万元）
德宏州民族第一中学	18572	5340
瑞丽市第一中学	30174	5526
芒市中学	18037	3150
梁河县第一中学	26365	5506
盈江县第一中学	15848	4238
陇川县第一中学	26536	5299
合计	135532	29059

5. 高等教育提升工程。根据桥头堡黄金口岸建设对人才的需求，积极创造条件，确保德宏师范高等专科学校升本；建立一所立足德宏，服务周边州市，辐射南亚、东南亚的国际职业技术学院，将其建成高等职业教育合作基地，构建教育合作平台，围绕瑞丽重点开发开放试验区建设对高素质技能人才的需求，积极引进国内外优质高校和具有办学特色的高等院校，到基地开办特色专业，培养具有特长的专业技能人才。

表10：高等教育学校建设目标

学校名称	规划建设面积（m^2）	计划投资（亿元）
德宏学院	360000	10
瑞丽国际职业技术学院	100000	5.5
合　计	460000	15.5

五、切实加强组织领导

（一）加强和改善对教育工作的领导

实现德宏州中长期教育改革和发展目标，是全州各级党委、政府的一项重要任务，也是全社会的共同责任。要切实把实施意见纳入各级党委、政府政绩考核范围，建立健全各级党政领导班子成员定点联系学校制度。各级政府要把教育改革和发展纳入经济社会发展总体规划，广泛听取社会各界意见和建议，并定期向同级人民代表大会常委会报告教育改革和发展情况。各有关部门要结合各自职能，贯彻落实好相关工作任务，加强部门之间的协调，把支持教育事业发展与部门工作目标任务紧密结合起来，动员和争取社会各方面关心支持教育事业，形成推动教育事业科学发展的强大合力。

（二）加强和改进教育系统党的建设

充分发挥学校党组织在学校工作中的政治核心作用和党员的先锋模范作用。切实加强各级各类学校党组织的思想建设、组织建设、作风建设、制度建设和反腐倡廉建设。重视在优秀教师和高中阶段以上学校优秀学生中发展党员工作，把优秀教师培养成党员，把党员教师培养成教学能手，把优秀党员教师培养成学校领导。加强教育系统党风廉政建设和行风建设，完善体现教育系统特点的惩治和预防腐败体系，加强民主监督，坚决纠正损害群体利益和影响学生健康成长的各种不正之风。

（三）切实做好本实施意见的贯彻落实

本实施意见是指导德宏未来10年教育改革发展的纲领性文件，各级政府和各有关部门要切实负起责任，按照“全州教育一盘棋”的总体要求，增强维护和执行实施意见的自觉性，制定详细的贯彻落实计划，确保各项任务落到实处。州和县市教育部门要结合《德宏州教育事业发展“十二五”规划》和本实施意见，认真制定各年度工作计划，确保年度及阶段目标如期实现。各级各类学校要围绕实施意见提出的总体目标和主要任务，制定符合学校实际的具体方案，并认真组织实施。

延安精神研究会

【概　述】 德宏州延安精神研究会(简称州延研会)经德宏州委批准，于2010年11月29日正式成立；截至当前，有会员81人。延研会是同级党委加强新时期思想政治工作的重要组成部分，是在同级党委领导下配合有关部门建设社会主义核心价值体系的重要帮手；是政治性、学术性、群众性很强的社团组织。该会的主要工作及业务范围是：开展延安精神理论研究、学术、宣传教育活动；协助有关单位开展弘扬延安精神相关活动，联络协助州内、县市延安精神研究会的工作，调查研究、总结交流理论研究和宣传教育的信息及工作经验。为确保各项工作的正常运转，延研会从退休干部中聘用选配了两位同志到办公室工作，一位任办公室主任，一位任驻会工作人员，加上在职兼职人员，办公室工作班子得以健全。年内，在省延研会组织的以弘扬延安精神为主题的纪念建党90周年理论研讨会活动中，州延研会撰写论文5篇，其中3篇被省延研会选用作大会交流；在省延研会召开的延安精神进农村工作第二次经验交流会上，州延研会组织上报了单位和个人典型材料4篇，其中单位材料2篇，先进个人材料2篇。

【召开两次常务理事会】 2011年5月10日，德宏州延安精神研究会召开了第一次常务理事会，讨论确定了《州延研会2011年工作安排意见》；通过了《德宏州延研会会员编组名单》，并确定了各组组长、副组长；传达了省延研会成立20周年及第七届一次会议精神，围绕弘扬延安精神，努力发挥延研会作用，积极为德宏经济社会跨越式发展和服务桥头堡黄金口岸建设提出了3点工作要求。11月29日，召开第二次常务理事会，专题研究召开理论研讨会以及召开第二次会员大会相关事宜。理事会和常务理事会按照《会章》要求，认真履行职责，准确把握方向，团结协作，优势互补，为做好延研工作奠定了基础。

【延安精神进校园试点】 2011年，德宏州延安精神研究会十分重视对学生进行思想道德和革命传统教育。7月，延研会批复在德宏师范高等专科学校成立分会，并将该校作为延安精神进校园试点单位。全年在学校开展了以下工作：一是建立组织，明确职责。形成在校党委统一领导下，党政工团各司其职，协同配合的工作格局；二是建设阵地，强化活动。建立了时代先锋演播厅，播放红色影视资料及纪录片、抗战影片等；利用德艺馨电台宣传延安精神，将延安精神融入政治理论课教学；三是资源建设，夯实阵地。购买图书资料和红色影视资料为师生提供精神食粮；与相关单位合作建立爱国主义教育基地和科普基地，积极组织会员和学生撰写论文，组织学生参观滇西抗日英雄纪念碑等。

【召开工作推进会】 2011年10月14日，德宏州延安精神研究会召开工作推进会，学习传达了州第六次党代会精神，全文印发了赵金书记的报告，学习中国延研会李铁映会长在纪念建党90周年理论研讨会上的重要讲话。会议总结了1至9月份延研会的各项工作，对本年度后3个月工作进行了部署，并提出明年延研会工作的初步打算。会上，还为13个企事业成员单位颁发了牌匾。

【召开首次会员大会暨理论研讨会】 2011年12月22日，德宏州延安精神研究会召开第一次会员大会暨以“弘扬延安精神，促进德宏经济社会跨越式发展”为主题的理论研讨会。州委常委、宣传部部长李燕兰到会并作了重要讲话，州延研会会长赵家培作了工作报告。此次理论研讨会是州延研会成立以来的首次理论研讨活动，为筹备好此次会议，9月6日，经会长办公会议研究，以《通讯》第8期发了通知，在此提出了研讨会的指导思想及目的意义、研讨会主题、论文选题内容及范围、时间安排和几点要求；共收到会员、师专学生及其他人士撰写的论文52篇，会议印发交流发言材料11篇，并印发了论文篇目和“论文综述”材料。

【开展学习宣传延安精神活动】

2011年，德宏州延安精神研究会在宣传和弘扬延安精神方面，开展了以下几方面工作：一是从5月19日开始，在州电视台播放大型革命历史电视连续片《延安颂》，收到良好社会效果；二是通过新闻媒体、广播电视进行宣传；三是开展延安精神“五进”（即进机关、进学校、进农村、进企业、进社区）的宣传工作；四是借助社会力量组织一些老年文艺团体自编自演节目，唱红歌、跳红舞等宣传延安精神；五是参加有关部门纪念建党90周年座谈会进行宣传延安精神；六是结合学习杨善洲活动宣传弘扬延安精神；七是认真抓好信息交流平台，办好《德宏州延研会通讯》，本年已编印9期。

（《延安精神研究会》撰稿　杨常升）

2011年德宏州环境质量公报

2011年，在德宏州委州政府的坚强领导下，全州环保系统紧紧围绕"加强环境保护，建设生态文明"这一中心任务，着重抓好环境治理、生态保护、污染减排等重点工作，强力推进综合整治，全面加强环境监察、环境监测和环境考核等重要体系建设，逐步形成社会各界广泛参与的环保工作大格局，较好地完成了州委州政府确定的各项环保工作任务。全州环境质量总体保持良好。

一、空气环境质量状况

1、2011年德宏州开展环境空气质量监测的城市为芒市、瑞丽市。

芒市城区空气质量监测采用自动监测系统，空气质量监测有效天数358天，空气质量为优的天数为134天，比2010年少15天；环境空气质量为良的天数为224天，比2010年多23天，环境空气质量优良率为100%。芒市城区大气中二氧化硫（SO2）年平均浓度为0.016mg/m3，二氧化氮（NO2）年平均浓度为0.004mg/m3，可吸入颗粒物（PM10）年平均浓度为0.063mg/m3，三项指标年平均浓度值均符合《环境空气质量标准》二级标准。

瑞丽市城区空气质量监测采用24小时连续采样，人工分析，每周监测3天，全年空气质量监测有效天数156天，其中空气质量状况达到优的周数为19周、达到良的周数为30周、轻微污染的周数为3周、轻度污染的周数为0周。PM10超出《环境空气质量标准》（GB3095～1996）二级标准的天数为10天。二氧化硫（SO2）年平均浓度为0.001mg/m3，二氧化氮（NO2）年平均浓度为0.003mg/m3，可吸入颗粒物（PM10）年平均浓度为0.084mg/m3，均符合空气质量二级标准。具体见表1。

德宏州2010年、2011年空气监测结果

			SO2（mg/m3）	NO2（mg/m3）	PM10（mg/m3）
芒　市	2010	日均浓度范围	0.001～0.164	0.001～0.084	0.001～0.172
		年均值	0.012	0.009	0.057
		超标率（%）	0.0	0.0	0.16
	2011	日均浓度范围	0.001～0.036	0.001～0.015	0.004～0.164
		年均值	0.016	0.004	0.063
		超标率（%）	0.0	0.0	0.0
瑞　丽	2010	日均浓度范围	0.001～0.023	0.001～0.042	0.001～0.121
		年均值	0.012	0.009	0.057
		超标率（%）	0.0	0.0	0.0
	2011	日均浓度范围	0.000～0.003	0.000～0.006	0.020～0.302
		年均值	0.001	0.003	0.084
		超标率（%）	0.0	0.0	9.1

2、降水

2011年德宏州在位于州府芒市的州环境监测站设置降水监测点位一个，全年共得到样本数85个，降水pH值范围为6.12～7.87，pH年均值为7.04，全年无酸雨发生。

二、声环境质量状况

1、区域环境噪声

2011年，芒市城区区域环境噪声设测点119个，环境噪声(昼间)年平均等效声级为51.6分贝，比上年下降0.7分贝。

2011年，瑞丽市城区区域环境噪声设测点78个，环境噪声(昼间)年平均等效声级为55.8分贝，比上年上升0.1分贝。

2、交通噪声

2011年芒市交通干线监测路段总长9.6公里，平均加权等效声级(昼间)为68.2分贝(dB)，比上年上升0.1dB，超标路段(平均等效声级在70dB以上路段)长度为2.3公里，占监测路段总长度的24.0%；车流量为1760辆/小时，较2010年上升107辆/小时。

瑞丽市道路交通噪声共监测交通干线8条，设监测点16个，监测道路总长14.2km。2011年全市交通干线平均加权等效声级(昼间)为67.4dB（A），比2010年下降0.3dB（A），平均车流量1275辆/小时，比2010年下降204辆/小时，超过70.0dB（A）路长为2.4公里，占监测路段总长度的16.9%。

三、地表水环境质量状况

根据《2011年云南省环境监测工作实施方案》，2011年德宏州环境监测站对地表水国控监测断面、省控地表水监测断面进行水质监测，其中地表水国控监测断面(大盈江汇流、瑞丽江姐告大桥、南畹河迭撒大桥)、城市集中式饮用水源地(勐板河水库，姐勒水库、勐卯水库)监测频率为每月一次，省控监测断面(芒市大河木康、风平大桥、瑞丽江嘎中大桥、芒究水库)监测频率为逢单月监测。监测指标为水温、pH、电导率、DO、高锰酸盐指　数、CODcr、BOD5、NH3-N、TP、TN、Cu、Zn、F-、Se、As、Hg、Cd、Cr+6、Pb、CN-、挥发酚、石油类、阴离子表面活性剂、S-2、粪大肠菌群、叶绿素a、透明度、SO42-、Cl-、NO3--N、Fe、Mn等30余项。

根据《地表水环境质量评价办法(试行)》，2011年德宏州辖区内地表水监测断面水质类别均满足云环控发〔2001〕613号《云南省地表水水环境功能区划(复审)》规定的水质类别，水质达标率100%。水质状况除芒市大河风平断面由2010年良好上升至轻度污染外，其余监测断面水质状况与2010年相比无较大变化，2011年水质状况优良率90.0%，轻度污染占10.0%。

勐板河水库、芒究水库、姐勒水库、勐卯水库营养状态为中营养。

地表水环境质量状况

监测断面		主要污染物（类别）	地表水水质类别（年平均）	水质状况	云环控发〔2001〕613号规定的水质类别
大盈江汇流（国控）	2010年		Ⅲ	良好	Ⅲ（一般鱼类保护、跨国界河流）
	2011年		Ⅱ	优	
南畹河迭撒（国控）	2010年		Ⅲ	良好	
	2011年		Ⅱ	优	
瑞丽江姐告（国控）	2010年		Ⅲ	良好	
	2011年		Ⅱ	优	
瑞丽江戛中（省控）	2010年		Ⅲ	良好	Ⅲ　（一般鱼类保护）
	2011年		Ⅱ	优	
芒市河木康（省控）	2010年		Ⅲ	良好	Ⅲ（饮用二级）
	2011年		Ⅱ	优	

续 表

监测断面		主要污染物（类别）	地表水水质类别（年平均）	水质状况	云环控发〔2001〕613号规定的水质类别
芒市河风平（省控）	2010年		Ⅲ	良好	Ⅳ（工业用水）
	2011年	五日生化需养量	Ⅳ	轻度污染	
芒究水库（省控）	2010年		Ⅱ	优	Ⅲ（饮用二级）
	2011年		Ⅱ	优	
勐板河水库（省控）	2010年		Ⅱ	优	Ⅱ（饮用一级）
	2011年		Ⅱ	优	
姐勒水库（省控）	2010年		Ⅱ	优	
	2011年		Ⅱ	优	
勐卯水库（省控）	2010年		Ⅱ	优	
	2011年		Ⅱ	优	

备注：根据《地表水环境质量评价办法(试行)》水温、总氮、粪大肠菌群不参与评价。

水库营养状态

水库名称	综合营养状态指数TLI（∑）	营养状态
勐板河水库	31.1	中营养
芒究水库	32.2	中营养
姐勒水库	31.6	中营养
勐卯水库	35.0	中营养

备注：营养状态指数 TLI（∑）分级标准为：TLI（∑）〈30为贫营养，30≤TLI（∑）≤50中营养，50≤TLI（∑）≤60轻度富营养，60≤TLI（∑）≤70中度富营养，TLI（∑）〉70重度富营养。

（德宏州环境保护局　供稿）

德宏州统计公报

主要年份国民经济主要指标

指　　标	单　位	1952年	1978年	1985年	1990年	1995年	2000年	2009年	2010年	2011年
一、年末总户数	万户	6.83	12.72	14.78	17.66	21.31	26.25	31.12		32.79
二、年末总人口	万人	34.51	69.39	80.59	90.64	96.61	107.39	119.40	121.38	122.05
城镇人口	万人						24.48	39.46	41.49	43.21
农村人口	万人						82.71	79.94	79.89	78.84
少数民族人口	万人	21.61	33.80	40.57	46.63	49.95	53.32	59.44	58.34	58.67
三、人口自然增长率	‰		20.30	18.30	16.18	8.77	12.22	7.30	7.59	7.38
四、年末社会从业人员	人		288038	369533	451107	523300	567256	685763	724096	743934
其中：在岗职工	人	2804	31097	45523	84757	92611	86373	87362	96429	95426
五、生产总值	万元	2653	14668	40412	103840	286475	391478	1157088	1406270	1723162
第一产业	万元	2310	10589	21758	49327	108435	135993	330910	372446	454102
第二产业	万元	5	1699	7847	19282	78178	90906	346675	476180	598496
第三产业	万元	338	2380	10807	35231	99862	164579	479503	557644	670564
六、农业生产										
1.农林牧渔业总产值（当年价）	万元	3080	12411	28097	67913	154802	187337	515304	579985	714514
2.主要农产品产量：										
粮　食	万吨	12.46	27.77	33.18	42.21	44.44	39.68	54.83	60.30	65
油　料	吨	260	930	1365	4337	9618	17117	19282	14581	17385
甘　蔗	万吨	0.28	18.39	98.16	161.11	156.38	256.06	365.68	399.09	415.31
水　果	吨		1769	3303	6634	10822	11399	99614	145179	159458
茶　叶	吨		583	1570	3170	4569	4734	12198	13235	16029
橡　胶	吨		1593	2678	3564	4468	4660	6089	6031	3998
水产品	吨			560	1432	4382	9325	18854	23880	6013
猪、牛、羊肉产量	吨		5267	9651	13369	20923	28554	63902	70127	77388

注：总户数和人口从2000年开始为常住人口口径。

续表

指　　标	单　位	1952年	1978年	1985年	1990年	1995年	2000年	2009年	2010年	2011年
七、工业生产										
工业总产值（当年价）	万元	1	5281	14411	47987	151134	205008	731158	1026463	13302875
轻工业	万元	1	4362	11367	38106	114148	134014	264445	329813	4406843
重工业	万元		919	3044	9881	36986	70994	466713	696650	8896032
主要工业产品产量										
成品糖	万吨		1.52	5.19	11.75	17.28	33.19	47.35	45.47	42.37
酒　精	吨		729	2789	9030	14367	31950	31829（千升）	33354（千升）	32522（千升）
原　煤	万吨		3.66	6.01	6.39	9.16	10.16	1.79	1.69	1.13
发电量	万千瓦小时		3052	7388	21019	31149	63595	761251	1039857	1143778
水　泥	万吨		0.71	2.56	9.02	25.00	42.59	137:30	172.04	186.09
机制纸及纸板	吨		2480	3095	3645	7323	6459	2144	3006	2043
精制茶	吨		30	515	2228	2935	1732	7375	6926	6276
八、全社会固定资产投资完成额	万元	0.83	2178	14577	15371	89974	118692	1009216	1313152	1713912
1.国有单位投资完成额	万元	0.83	2153	8245	8260	67542	83193	466054	655588	532116
2.集体单位投资	万元		25	2939	2646	4990	3062	18142	9791	18942
3.城乡个人投资	万元			3393	4465	10704	15143	153485	141511	303646
4.其他单位投资	万元					6738	17294	371535	506262	859208
九、社会消费品零售总额	万元	762	7458	35022	49062	122139	166178	460131	543613	652814
十、对外贸易进出口总额			342	10972	106697	277030	213986	76279	113860	138500
进口总额			62	5990	40209	76644	30101	19535	28790	27535
出口总额			280	4982	66488	200386	183885	56744	85070	110965

注：2005年，2006年对外贸易进出口总额为昆明海关提供数。

续表

指　标	单　位	1952年	1978年	1985年	1990年	1995年	2000年	2009年	2010年	2011年
十一、财　政										
财政总收入	万元	13	1464	3675	13910	26528	35058	172308	217289	309048
其中：上划中央省税收	万元					11427	12460	73963	84899	
财政一般预算收入	万元					15101	22598	98345	132390	189071
财政总支出	万元	42	4551	9735	24753	43640	72356	488697	581117	923001
十二、人民生活										
在岗职工年平均工资	元		590	1234	2031	4344	7559	22287	25511	28592
其中：国有单位	元	338	592	1281	2052	4369	7645	22534	26110	28994
集体单位	元		572	1034	1807	4039	6350	22560	26923	47792
农民人均纯收入	元		87	289	568	862	1142	2831	3368	4096
城镇居民人均可支配收入	元					4479	7008	12558	13788	15255
十三、物价指数（以上年为100）										
商品零售价格指数	%				102.9	118.7	97.3	99.2	103.8	104.9
居民消费价格指数	%				102.4	119.2	97.5	99.3	103.5	105.2
农业生产资料价格指数	%				106.9	122.9	97.4	96.9	101.6	110.4
十四、教　育										
中等技术学校在校学生数	人		1082	1367	1984	1777	2443	1720	1567	2425
普通中学在校学生数	人	78	30536	27220	34482	32113	60926	61463	62891	63119
小学在校学生数	人	7116	105773	112405	115036	144476	136128	107872	107137	105519
十五、卫生										
卫生机构数	个	8	164	209	232	228	128	102	338	341
床位数	张	27	2030	2512	2934	3222	3122	4379	4461	4543
其中：医院床位数	张		1818	2259	2627	2826	2240	3088	3102	3102
专业卫生技术人员	人	137	1940	2624	3063	3699	3465	3645	4486	4569

注：1952年至2000年单位为万元，其余　年份为万美元。

历年生产总值

单位：万元

年份	增加值				比重（%）			
	总计	第一产业	第二产业	第三产业	总计	第一产业	第二产业	第三产业
1952	2653	2310	5	338	100	87.1	0.2	12.7
1953	3061	2636	13	412	100	86.1	0.4	13.5
1954	3182	2657	19	506	100	83.5	0.6	15.9
1955	3722	3149	33	540	100	84.6	0.9	14.5
1956	4155	3471	72	612	100	83.6	1.7	14.7
1957	4132	3349	140	643	100	81.0	3.4	15.6
1958	4147	3140	311	696	100	75.7	7.5	16.8
1959	4315	3220	385	710	100	74.6	8.9	16.5
1960	4679	3372	568	739	100	72.1	12.1	15.8
1961	4727	3606	292	829	100	76.3	6.2	17.5
1962	4458	3304	238	916	100	74.1	5.3	20.6
1963	4958	3630	296	1032	100	73.2	6.0	20.8
1964	5581	4253	294	1034	100	76.2	5.3	18.5
1965	6310	4562	654	1094	100	72.3	10.4	17.3
1966	6096	4411	520	1165	100	72.4	8.5	19.1
1967	6497	4736	485	1276	100	72.9	7.5	19.6
1968	6449	4755	539	1155	100	73.7	8.4	17.9
1969	6146	4349	548	1249	100	70.8	8.9	20.3
1970	6209	4521	469	1219	100	72.8	7.6	19.6
1971	8157	6203	579	1375	100	76.0	7.1	16.9
1972	10854	8581	686	1587	100	79.1	6.3	14.6
1973	10498	7936	794	1768	100	75.6	7.6	16.8
1974	10483	7472	961	2050	100	71.3	9.2	19.5
1975	11830	8493	1096	2241	100	71.8	9.3	18.9

续表

年 份	增加值				比重（%）			
	总 计	第一产业	第二产业	第三产业	总计	第一产业	第二产业	第三产业
1976	11135	7786	1055	2294	100	69.9	9.5	20.6
1977	11948	8150	1368	2430	100	68.2	11.5	20.3
1978	14668	10589	1699	2380	100	72.2	11.6	16.2
1979	16066	10893	2167	3006	100	67.8	13.5	18.7
1980	18431	12078	2522	3831	100	65.5	13.7	20.8
1981	22193	13878	3163	5152	100	62.5	14.3	23.2
1982	25980	15746	4218	6016	100	60.6	16.2	23.2
1983	30044	17335	5508	7201	100	57.7	18.3	24.0
1984	33709	17230	8505	7974	100	51.1	25.2	23.7
1985	40412	21758	7847	10807	100	53.8	19.4	26.8
1986	49122	26692	9274	13156	100	54.3	18.9	26.8
1987	62619	33040	11340	18239	100	52.8	18.1	29.1
1988	88698	41946	16899	29853	100	47.3	19.0	33.7
1989	96916	47095	18836	30985	100	48.6	19.4	32.0
1990	103840	49327	19282	35231	100	47.5	18.6	33.9
1991	116153	53444	24435	38274	100	46.0	21.0	33.0
1992	130884	54416	24850	51618	100	41.6	19.0	39.4
1993	175753	64349	48955	62449	100	36.6	27.9	35.5
1994	224874	86274	52141	86459	100	38.4	23.2	38.4
1995	286475	108435	78178	99862	100	37.8	27.3	34.9
1996	310668	135360	58556	116752	100	43.6	18.8	37.6
1997	352066	146453	78032	127581	100	41.6	22.2	36.2
1998	362121	147340	74389	140392	100	40.7	20.5	38.8
1999	359791	131472	75869	152450	100	36.5	21.1	42.4
2000	391478	135993	90906	164579	100	34.7	23.2	42.1

续 表

年 份	增加值				比重（%）			
	总 计	第一产业	第二产业	第三产业	总计	第一产业	第二产业	第三产业
2001	406464	131886	90581	183997	100	32.4	22.3	45.3
2002	408353	136895	75355	196103	100	33.5	18.5	48.0
2003	439816	150378	91237	198201	100	34.2	20.7	45.1
2004	528227	167037	126305	234885	100	31.6	23.9	44.5
2005	588468	194592	127146	266730	100	33.1	21.6	45.3
2006	703607	219673	188039	295895	100	31.2	26.7	42.1
2007	841651	249115	238474	354062	100	29.6	28.3	42.1
2008	1004832	295559	274442	434831	100	29.4	27.3	43.3
2009	1157088	330910	346675	479503	100	28.6	30.0	41.4
2010	1406270	372446	476180	557644	100	26.5	33.9	39.6
2011	1723162	454102	598496	670564	100	26.4	34.7	38.9

历年生产总值指数

单位：%

年 份	以上年为100的指数				以1952年为100的指数			
	总 计	第一产业	第二产业	第三产业	总 计	第一产业	第二产业	第三产业
1952								
1953	115.4	114.1	260.0	121.9	115.4	114.1	260.0	121.9
1954	104.0	100.8	146.2	122.8	120.0	115.0	380.1	149.7
1955	117.0	118.5	173.7	106.7	140.4	136.3	660.2	159.7
1956	111.6	110.2	218.2	113.3	156.7	150.2	1440.6	180.9
1957	99.4	96.5	194.4	105.1	155.8	144.9	2800.5	190.1
1958	100.4	93.8	222.1	108.2	156.4	135.9	6219.9	205.7
1959	104.1	102.5	123.8	102.0	162.8	139.3	7700.2	209.8
1960	108.4	104.7	147.5	104.1	176.5	145.8	11357.8	218.4

续表

年份	以上年为100的指数				以1952年为100的指数			
	总计	第一产业	第二产业	第三产业	总计	第一产业	第二产业	第三产业
1961	101.0	106.9	51.4	112.2	178.3	155.9	5837.9	245.0
1962	94.3	91.6	81.5	110.5	168.1	142.8	4757.9	270.7
1963	111.2	109.9	124.4	112.7	186.9	156.9	5918.8	305.1
1964	112.6	117.2	99.3	100.2	210.4	183.9	5877.4	305.7
1965	113.1	107.3	224.0	105.8	238.0	197.3	13165.4	323.4
1966	96.6	96.7	79.5	106.5	229.9	190.8	10466.5	344.4
1967	106.6	107.4	93.3	109.5	245.1	204.9	9765.2	377.1
1968	99.3	100.4	111.1	90.5	243.4	205.7	10849.1	341.3
1969	95.3	91.5	101.7	108.1	232.0	188.2	11033.5	368.9
1970	101.0	104.0	85.6	97.6	234.3	195.7	9444.7	360.0
1971	131.4	137.2	123.5	112.8	307.9	268.5	11664.2	406.1
1972	133.1	138.3	118.5	115.4	409.8	371.3	13822.1	468.6
1973	96.7	92.5	115.7	111.4	396.3	343.5	15992.2	522.0
1974	99.9	94.2	121.0	116.0	395.9	323.6	19350.6	605.5
1975	112.8	113.7	114.0	109.3	446.6	367.9	22059.7	661.8
1976	94.1	91.7	96.3	102.4	420.3	337.4	21243.5	677.7
1977	107.3	104.7	129.7	105.9	451.0	353.3	27552.8	717.7
1978	119.7	119.9	124.5	115.7	539.8	423.6	34303.2	830.4
1979	109.7	103.1	127.8	126.5	592.2	436.7	43839.5	1050.5
1980	114.9	111.1	116.6	127.7	680.4	485.2	51116.9	1341.5
1981	113.2	108.0	118.0	126.6	770.2	524.0	60317.9	1698.3
1982	113.7	110.1	129.4	113.3	875.7	576.9	78051.4	1924.2
1983	111.8	106.5	126.3	115.8	979.0	614.4	98578.9	2228.2
1984	105.8	93.7	145.7	104.4	1035.8	575.7	143629.5	2326.2
1985	109.8	115.7	84.5	124.2	1137.3	666.1	121366.9	2889.1
1986	114.3	115.3	111.1	114.4	1299.9	768.0	134838.6	3305.1

续表

年份	以上年为100的指数				以1952年为100的指数			
	总计	第一产业	第二产业	第三产业	总计	第一产业	第二产业	第三产业
1987	115.4	112.0	110.6	125.4	1500.1	860.2	149131.5	4144.6
1988	123.4	110.6	129.9	142.6	1851.1	951.4	193721.8	5910.2
1989	92.6	95.1	94.4	87.9	1714.1	904.8	182873.4	5195.1
1990	103.0	100.8	98.5	109.4	1765.5	912.0	180130.3	5683.4
1991	111.9	108.4	126.7	108.7	1975.6	988.6	228225.1	6177.9
1992	112.7	101.8	101.7	134.9	2226.5	1006.4	232104.9	8334.0
1993	114.5	95.9	169.2	108.0	2549.3	965.1	392721.5	9000.7
1994	108.8	105.0	104.0	117.9	2773.6	1013.4	408430.4	10611.8
1995	109.6	107.6	122.5	101.2	3039.9	1090.4	500327.2	10739.1
1996	100.9	109.7	84.4	107.0	3067.3	1196.2	422276.2	11490.8
1997	114.3	113.1	125.5	106.9	3505.9	1352.9	529956.6	12283.7
1998	107.3	108.9	100.0	112.0	3761.8	1473.3	529956.6	13757.7
1999	104.6	96.7	111.7	108.6	3934.8	1424.7	591961.5	14940.9
2000	107.1	101.4	113.1	108.4	4214.2	1444.6	669508.5	16195.9
2001	103.0	96.9	90.1	115.1	4340.6	1399.8	603227.2	18641.5
2002	105.2	107.5	95.6	107.7	4566.3	1504.8	576685.2	20076.9
2003	108.6	108.6	134.4	98.7	4959.0	1634.2	775064.9	19815.9
2004	110.5	98.5	124.7	112.3	5479.7	1609.7	966505.9	22253.3
2005	107.0	111.6	94.5	111.1	5863.3	1796.4	913348.1	24723.4
2006	112.5	109.1	126.6	108.1	6596.2	1959.9	1156298.7	26726.0
2007	113.4	109.5	123.3	110.7	7480.1	2146.1	1425716.3	29585.7
2008	112.0	108.0	109.9	116.2	8377.7	2317.8	1566862.2	34378.6
2009	115.1	107.4	127.7	113.0	9642.7	2489.3	2000883.0	38847.8
2010	115.1	107.2	125.0	113.6	11098.7	2668.5	2501103.8	44131.1
2011	115.5	107.8	122.0	115.0	12819.0	2876.6	3051346.6	50750.8

生产总值构成情况（2011年）

单位：万元

项　目	增加值	劳动者报酬	生产税净额	固定资产折旧	营业盈余
地区生产总值	1723162	997566	230384	194710	300502
第一产业	454102	430432	5019	18651	
农　业	267764	251747	5019	10998	
林　业	65359	62675		2684	
畜牧业	95721	91790		3931	
渔　业	14640	14038		602	
农、林、牧、渔服务业	10618	10182		436	
第二产业	598496	170982	128166	65380	233968
工　业	466472	115502	104422	54815	191733
采矿业	6245	2238	1465	629	1913
制造业	211401	68404	48863	22398	71736
电力、燃气及水的生产和供应业	248826	44860	54094	31788	118084
建筑业	132024	55480	23744	10565	42235
第三产业	670564	396152	97199	110679	66534
交通运输、仓储及邮政业	47716	34953	5159	7346	258
交通运输和仓储业	43373	33008	5028	4093	1244
邮政业	4343	1945	131	3253	–986
信息传输、计算机服务和软件业	47441	7336	2625	15875	21605
批发和零售业	143443	60905	54188	16160	12190
批发业	98475	28842	49087	12985	7561
零售业	44968	32063	5101	3175	4629
住宿和餐饮业	33999	25076	2270	10942	–4289
住宿业	4899	4150	1041	4075	–4367
餐饮业	29100	20926	1229	6867	78
金融业	99430	35746	10030	5680	47974
银行业	90394	25932	7136	5315	52011
证券业					
保险业	9031	9780	2892	362	–4003

续 表

项　　目	增加值	劳动者报酬	生产税净额	固定资产折旧	营业盈余
其他金融活动	5	34	2	3	-34
房地产业	43532	10588	17241	28626	-12923
房地产开发经营业	13495	8034	17069	1525	-13133
物业管理业	1331	1127	110	46	48
房地产中介服务业	329	241	62	15	11
其他房地产活动	1567	1186		230	151
居民自有住房服务业	26810			26810	
租赁和商务服务业	15449	7967	3889	1940	1653
科学研究、技术服务和地质勘查业	8719	7526	317	647	229
水利、环境和公共设施管理业	2749	2081	38	727	-97
居民服务和其他服务业	15931	11266	910	3668	87
教　育	49376	46665	71	2628	12
卫生、社会保障和社会福利业	28339	25284	15	3055	-15
文化、体育和娱乐业	8384	7581	138	521	144
公共管理和社会组织	126056	113178	308	12864	-294

注：本表按当年价格计算。

按行业分县市生产总值(2011年)

单位：万元

指　标	全州	瑞丽	畹町开发区	芒市	梁河	盈江	陇川
地区生产总值	**1723162**	**352426**	**32771**	**538470**	**120479**	**491160**	**223558**
#非公经济增加值	721989	160024	19438	200815	48905	280761	64044
非公经济增加值占生产总值比重(%)	41.9	45.4	59.3	37.3	40.6	57.2	28.6
人均生产总值(元/人)	14157	19279	23408	13743	7803	16040	12283
第一产业	454102	69299	8221	131497	36460	131854	84992
农　业	267764	28025	3538	75446	18886	83059	59238
林　业	65359	12995	1241	24513	4768	16402	9791
畜牧业	95721	21246	2398	27000	8840	25635	13000
渔　业	14640	5310	442	1800	1763	3329	2438

续表

指　标	全州	瑞丽	畹町开发区	芒市	梁河	盈江	陇川
农、林、牧、渔服务业	10618	1723	602	2738	2203	3429	525
第二产业	598496	70965	8478	177337	37432	245934	73114
工　业	466472	39893	5318	135076	26848	210090	60350
采矿业	6245			830	5094	612	
制造业	211401	39517	5164	52957	15477	59591	53304
电力、燃气及水的生产和供应业	248826	376	154	81289	6277	149887	7046
建筑业	132024	31072	3160	42261	10584	35844	12764
第三产业	670564	212162	16072	229636	46587	113372	65452
交通运输、仓储及邮政业	47716	12723	633	16122	3405	9235	4871
交通运输和仓储业	43373	10909	494	14712	3215	8500	4477
邮政业	4343	1814	139	1410	190	735	394
信息传输、计算机服务和软件业	47441	14958	551	17828	3541	5729	4386
批发和零售业	143443	65615	6638	35668	5954	23516	10875
批发业	98475	44759	4484	24361	3745	16547	7448
零售业	44968	20856	2154	11307	2209	6969	3427
住宿和餐饮业	33999	11562	733	11085	1555	5713	3586
住宿业	4899	436	158	1677	248	2183	456
餐饮业	29100	11126	575	9408	1307	3530	3130
金融业	99430	34226	192	37456	3621	16002	8217
银行业	90394	31597	152	35290	2926	14222	6659
证券业							
保险业	9031	2616	40	2156	695	1780	1558
其他金融活动	5	13		10			
房地产业	43532	12755	653	17201	1871	8217	4552
房地产开发经营业	13495	2928		8697	482	1046	654
物业管理业	1331	172		1231			
房地产中介服务业	329	33		259		29	7
其他房地产活动	1567	334		968		37	21
居民自有住房服务业	26810	9288	653	6046	1389	7105	3870
租赁和商务服务业	15449	6138	18	3488	684	4302	608

续 表

指 标	全州	瑞丽	畹町开发区	芒市	梁河	盈江	陇川
科学研究、技术服务和地质勘查业	8719	2028	33	4668	756	679	1072
水利、环境和公共设施管理业	2749	298	82	1739	152	113	195
居民服务和其他服务业	15931	4930	16	5506	1507	2720	1448
教 育	49376	7267	916	20665	6319	9009	7647
卫生、社会保障和社会福利业	28339	4267	411	13166	2814	5007	3041
文化、体育和娱乐业	8384	2657	77	4334	476	922	927
公共管理和社会组织	126056	32738	5119	40710	13932	22208	14027

各县市生产总值增长速度(2011年)

单位：%

指 标	全州	瑞丽	畹町开发区	芒市	梁河	盈江	陇川
地区生产总值	15.5	16.5	15.2	15.0	11.5	15.0	15.1
人均生产总值	14.2	11.9	13.5	13.5	14.1	13.7	14.5
第一产业	7.8	9.1	20.6	5.9	7.2	7.4	10.6
农 业	6.9	13.5	18.9	4.3	5.5	6.4	12.6
林 业	8.7	4.2	36.7	6.1	2.1	10.5	0.2
畜牧业	9.1	7.3	13.8	8.9	11.0	10.8	12.1
渔 业	10.0	6.5	95.3	29.0	11.3	5.8	4.3
农、林、牧、渔服务业	9.2	7.1	–0.9	8.0	15.6	–4.9	8.1
第二产业	22.0	15.1	16.1	25.4	16.6	19.5	25.7
工 业	23.5	13.3	11.6	27.5	17.4	19.7	28.3
采矿业	–20.0			119.4	–9.9	6.5	
制造业	22.9	14.4	11.7	30.0	31.3	18.3	25.7
电力、燃气及水的生产和供应业	25.7	–41.8	10.5	25.4	11.0	20.3	47.3
建筑业	16.9	17.5	24.5	18.8	14.7	18.4	15.9
第三产业	15.0	19.5	12.3	12.8	11.0	14.2	11.3
交通运输、仓储及邮政业	12.4	9.9	3.9	8.8	8.3	9.5	7.9
交通运输和仓储业	12.5	9.9	3.7	9.2	8.3	9.3	7.7
邮政业	11.4	10.0	4.7	4.6	7.1	12.2	9.6

续表

指标	全州	瑞丽	畹町开发区	芒市	梁河	盈江	陇川
信息传输、计算机服务和软件业	9.3	11.9	12.0	9.2	9.2	11.2	5.6
批发和零售业	16.0	12.7	15.5	13.0	5.0	25.4	15.1
批发业	17.8	13.7	16.6	14.3	6.5	29.7	16.7
零售业	12.2	10.6	13.0	10.5	2.6	16.4	12.0
住宿和餐饮业	14.9	28.2	22.3	13.1	7.0	–3.3	6.0
住宿业	24.9	32.1	39.3	27.6	3.1	4.0	1.7
餐饮业	13.4	28.0	18.1	10.8	7.8	–7.5	6.7
金融业	10.8	12.8	8.3	9.0	7.1	17.5	8.8
银行业	11.9	12.8	7.5	9.3	7.4	16.7	8.9
证券业							
保险业	0.5	12.8	11.4	4.4	5.6	24.8	8.6
其他金融活动	150.0	9.1		80.0			
房地产业	16.8	–1.4	4.9	57.6	42.7	10.0	5.0
房地产开发经营业	38.0	–14.9		114.0	190.7	22.5	4.9
物业管理业	102.3	–14.7		114.2			
房地产中介服务业	131.9	–13.2		112.7		7.7	40.0
其他房地产活动	26.4	–14.9		113.6		9.1	持平
居民自有住房服务业	5.0	5.0	4.9	5.0	20.6	8.4	5.0
租赁和商务服务业	20.8	37.9	–71.4	10.7	45.6	16.5	13.3
科学研究、技术服务和地质勘查业	10.5	1.7	–8.6	11.5	3.0	12.3	14.4
水利、环境和公共设施管理业	9.3	–65.5	5.4	4.9	55.9	4.9	16.3
居民服务和其他服务业	31.9	37.8	持平	31.4	29.1	11.7	13.7
教　育	–1.0	7.4	0.5	–0.1	–1.2	1.9	13.0
卫生、社会保障和社会福利业	16.9	26.5	21.8	8.3	22.0	15.4	12.8
文化、体育和娱乐业	8.3	37.9	–11.8	5.4	2.0	19.5	15.3
公共管理和社会组织	26.2	69.2	13.0	14.4	15.0	16.2	14.9

注：增长速度与上年比，采用可比价计算。

分县市主要民族人口数(2011年)

单位：人

指　标	合　计	瑞　丽	畹町开发区	芒　市	梁　河	盈　江	陇　川
全州年末总人口	1220532	184288	14056	392812	154581	306705	182146
汉　族	633822	106180	8040	205572	103436	135109	83525
少数民族	586710	78108	6016	187240	51145	171596	98621
五种少数民族合计	564760	72914	5412	179274	49088	167449	96035
傣　族	352514	56110	4165	133381	31951	100432	30640
景颇族	135356	13664	687	29466	2232	44977	45017
阿昌族	30635	482	34	2555	12699	1327	13572
傈僳族	31731	858	52	3821	1418	20285	5349
德昂族	14524	1800	474	10051	788	428	1457

注：分县市各项指标为人口变动情况抽样调查推算数据。

（德宏州统计局　供稿）

索 引

说 明

一、本索引采用主题分析索引，索引范围包括特载、专文、州情概览、大事专题及附录。

二、本索引分两部分，第一部分为按首字笔画为序排列，第二部分以首字的汉语拼音为序排列。

三、索引条目后的阿拉伯数字表示该索引内容所在的页码，数字后的字母（a、b、c）表示栏别，即版面从左至右的1、2、3栏。

主题索引

（按首字笔画）

二画

三画

四画

五画

六画

七画

八画

九画

十画

十一画

十二画

十三画

十四画

十五画

十六画

主题索引

（按首字汉语拼音）

A

B

C

D

F

G

H

J

K

L

M

N

P

Q

R

S

T

W

X

Y

Z